COUTUMES

DES DUCHÉ,

BAILLIAGE ET PRÉVÔTÉ

D'ORLÉANS.

COUTUMES
DES DUCHÉ,
BAILLIAGE ET PRÉVÔTÉ
D'ORLÉANS,
ET RESSORT D'ICEUX;

AVEC une Introduction générale auxdites Coutumes, & des Introductions particulieres à la tête de chaque Titre, corrigées & augmentées, dans lesquelles les principes des matieres contenues dans le Titre, sont exposés & développés.

LE TEXTE EST ACCOMPAGNÉ DE NOTES.

Par M. POTHIER, Conseiller au Présidial d'Orléans.

NOUVELLE ÉDITION.

A PARIS,

Chez DEBURE l'aîné, Libraire, Quai des Augustins, à l'Image de S. Paul.

A ORLÉANS,

Chez la Veuve ROUZEAU-MONTAUT, Imprimeur du Roi, de S. A. S. Mgr. le Duc d'Orléans, de l'Evêché, de l'Université & de la Ville.

M. DCC. LXXX.

AVEC APPROBATION, ET PRIVILEGE DU ROI.

ÉLOGE

DE M. POTHIER.

ROBERT - JOSEPH POTHIER naquit le 9 Janvier 1699, de Robert Pothier, Conſeiller au Préſidial d'Orléans, & de Marie - Madeleine Jacquet. Florent Pothier, ſon aïeul, étoit auſſi Conſeiller au même Siege, & deſcendoit de Florent Pothier, élu Maire de la Ville d'Orléans en 1603.

Il fit ſes premieres études au College des Jéſuites d'Orléans, & s'y diſtingua par ſon eſprit, & par la facilité avec laquelle il y réuſſit. Sorti des Humanités & de Philoſophie, il s'appliqua pendant quelque temps à l'étude de la Géométrie & des Belles-lettres; mais une inclination naturelle qui ſe déclara bientôt, le porta à la Juriſprudence. Il étudia en Droit dans l'Univerſité d'Orléans; & dès qu'il eut lu les Inſtitutes de Juſtinien, il devint Juriſconſulte, & ſe livra entiérement à cette ſcience. Ce n'eſt pas que M. Pothier n'eût d'ailleurs beaucoup de goût & d'heureuſes diſpoſitions pour les autres genres d'étude. Il paroiſſoit même dans ſa converſation qu'il avoit lu avec fruit les Poëtes Latins: il ſe plaiſoit ſouvent à en rapporter des paſſages, & ſurtout de Juvénal, qui étoit ſon Poëte favori. Mais il négligea toutes les autres ſciences pour s'attacher uniquement à la Juriſprudence, pour laquelle il ſentit bientôt qu'il étoit né.

Auſſi-tôt qu'il eut fini ſon Droit, il fut pourvu d'un Office de Conſeiller au Préſidial d'Orléans. Il y fut reçu à l'âge de vingt-un ans, & ne tarda guere à s'y diſtinguer dans un âge où les autres commencent à peine à ſe faire connoître. Comme il avoit un goût vif & décidé pour la Juriſprudence, il ſaiſiſſoit toutes les occaſions de s'y perfectionner; & pour ſe mettre plus en état de réſoudre les queſtions de Droit qui pouvoient ſe préſenter, il alloit ſouvent paſſer des journées chez un Avocat très-employé (1), pour y voir propoſer & réſoudre les différens cas ſur leſquels on venoit le conſulter.

Son amour pour la ſcience des Loix alla toujours en augmentant; & dès qu'il fut en âge d'opiner, il devint un des Juges les plus célebres. Un goût particulier le porta d'abord vers le Droit Romain, & il en fit une étude particuliere. Il le poſſéda à fond, & on peut même dire qu'il fut à cet égard un des plus ſçavans Juriſconſultes du Royaume. C'eſt pour ſe former de plus en plus dans cette ſcience, qu'il entreprit, quoique jeune encore, de mettre dans leur ordre naturel toutes les Loix du Digeſte.

On ſçait que le Digeſte eſt une collection de Loix faite par l'Empereur Juſtinien. Cette Collection eſt infiniment précieuſe; mais elle renferme pluſieurs défauts. En effet, il n'y regne aucune méthode; le texte des Au-

(1) Me Perche, Avocat autant diſtingué par ſes talens pour le Barreau, que par la nobleſſe avec laquelle il exerçoit ſa profeſſion.

teurs qui y ſont cités n'y eſt pas toujours fidellement rapporté ; & quoique Juſtinien, dans le préambule de ce Recueil, ait ordonné que les déciſions des Juriſconſultes dont il eſt tiré, ſerviſſent de Loix, on y trouve cependant pluſieurs de ces déciſions qui ſont contraires entre elles, & qui ne peuvent ſe concilier.

L'Ouvrage de M. Pothier eſt pour remédier à ces défauts. Il le donna au públic en l'année 1748, ſous le titre de *Pandectæ Juſtinianeæ in novum ordinem digeſtæ*, en 3 vol. *in-folio*. L'objet qu'il ſe propoſe dans cet Ouvrage, eſt de rétablir la méthode qui manque dans le Digeſte, où, ſans déranger en rien l'ordre des livres & des titres, mais ſeulement celui des loix & des paragraphes de chaque titre, il les place dans l'ordre qui leur convient, en expoſant ſous chaque titre des définitions, des diviſions, des regles & des exceptions qu'il eſt ſouvent même obligé de ſuppléer. Il établit enſuite des regles qui en font voir la liaiſon & l'enchaînement : il y applique les textes qui appartiennent à ces Loix ; ce qui en facilite beaucoup l'étude : & pour ne pas confondre les additions avec le texte, il a eu ſoin que toutes ces additions, différentes du texte des Loix, fuſſent marquées en caracteres italiques.

Dans les articles particuliers qui concernent chaque eſpece de Droit, il examine en peu de mots quelle étoit autrefois ſon autorité : & pour parvenir à cette connoiſſance, il raſſemble & confere enſemble tous les différens endroits des Pandectes où il reſte des traces de l'ancien Droit, les différens fragmens qui nous reſtent de celui qui avoit lieu avant Juſtinien, les Conſtitutions de cet Empereur qui l'abrogent, ainſi que les

Inſtitutes du même Empereur, avec la paraphraſe de Théophile, qui ſont abſolument néceſſaires pour l'intelligence de cet ancien Droit, & ſur-tout de celui qui avoit lieu du temps des Juriſconſultes dont les Ouvrages ont ſervi à compoſer le Digeſte. Sans cette connoiſſance on court riſque à chaque inſtant de s'égarer dans l'intelligence & l'application d'un grand nombre de Loix. Et afin de n'avoir rien à deſirer là-deſſus, M. Pothier a cru devoir ajouter à ſon Ouvrage les fragmens qui nous reſtent de la Loi des douze Tables, avec divers morceaux tirés des Inſtituts de Gaïus & des Fragmens d'Ulpien, des Sentences de Paul, & de quelques autres Auteurs anciens.

Outre les Loix du Digeſte, M. Pothier a eu ſoin d'inſérer dans ſon Ouvrage un grand nombre de Loix du Code & des Novelles, ſur-tout les Loix qui ſervent à éclaircir & développer le Droit des Pandectes, & principalement celles qui abrogent l'ancien Droit. Enfin, pour rendre plus facile l'intelligence de ſon Ouvrage, il y a ajouté, d'après Cujas & les meilleurs Interpretes, des notes courtes qui ſervent à éclaircir ce qu'il y a d'obſcur dans le texte des Loix, à concilier celles qui paroiſſent ſe contredire, à corriger des leçons défectueuſes, & à diſtinguer les choſes que Tribonien ou ſes aſſociés ont ajoutées au vrai texte des anciens Juriſconſultes.

Cet Ouvrage de M. Pothier, auquel il a travaillé pendant plus de vingt ans, le fit bientôt connoître de tous les Juriſconſultes de l'Europe, & en particulier de M. le Chancelier d'Agueſſeau, qui en faiſoit un grand cas, & qui donna à l'Auteur, dans pluſieurs occaſions, des marques particulieres de ſon eſtime.

La chaire de Professeur en Droit François de l'Université d'Orléans étant venue à vaquer par la mort de M. Prévôt de la Janès (1) en l'année 1749, M. Pothier fut choisi par M. le Chancelier pour remplir cette place, sans l'avoir demandée ; & depuis ce temps-là il s'attacha particuliérement à cette partie du Droit.

Il y avoit déja plusieurs années qu'il avoit établi chez lui une Conférence de Droit, qui s'y tenoit toutes les semaines, & à laquelle assistoient plusieurs jeunes Conseillers & Avocats, pour s'instruire & se perfectionner dans la science des loix : mais devenu Professeur en Droit François, il voulut ranimer encore de plus en plus l'étude du Droit, en établissant tous les ans un prix (2) pour celui des Etudians qui se distingueroit le plus dans un Exercice sur le Droit François, & un autre prix

---

(1) M. Prévôt de la Janès, Conseiller au Présidial d'Orléans, avoit rempli cette chaire avec *distinction pendant près de vingt ans ; & l'on peut dire* que c'est lui & M. Pothier qui ont ranimé dans notre Université le goût & l'étude de la Jurisprudence Françoise. M. Prévôt de la Janès étoit un Magistrat très-distingué par ses talens, par la beauté de son esprit, & par les agrémens de sa conversation. Il est Auteur du Livre qui a pour titre, *Les Principes de la Jurisprudence Françoise, exposés suivant l'ordre des actions qui se poursuivent en Justice*, imprimé à Paris en 1750, en 2 vol. *in-12*, & depuis réimprimé en 1759, aussi en 2 volumes, avec des augmentations qui consistent en une Dissertation & deux Discours de lui. Il est aussi Auteur d'une grande partie de ce qui compose l'édition de la *Coutume d'Orléans*, qui a paru en 1740, & dont je parlerai ci-après, & de plusieurs Ouvrages manuscrits sur la Jurisprudence, la Philosophie & les Mathématiques, dont quelques-uns sont à la bibliotheque publique des Bénédictins d'Orléans, & la plus grande partie entre les mains de M. d'Orléans de Villechauve, son beau-frere. M. de la Janès étoit né le 5 Août 1696, & est mort le 20 Octobre 1749.

(2) Ce prix étoit une médaille d'or de la valeur d'environ cent francs, tant pour l'exercice du Droit François que pour celui du Droit Romain. Il avoit aussi établi des médailles d'argent de même forme & grandeur pour ceux qui, après le premier, se distinguoient le plus dans les mêmes Exercices.

destiné pour un Exercice sur le Droit Romain ; ce qui a beaucoup contribué à donner de l'émulation, & à former d'excellens sujets pour le Barreau.

M. Pothier, quoiqu'extrêmement appliqué à ses fonctions de Professeur, n'en étoit pas moins assidu à remplir celles de Juge ; & pendant tout le temps qu'il a exercé sa Charge, qui a été près de cinquante-deux ans, il n'a jamais manqué d'aller exactement au Palais, tant aux Audiences qu'aux affaires de rapport, à moins qu'il ne fût malade ou absent. Aussi son goût & son attachement à l'étude des Loix étoient-ils incroyables. Il y étoit occupé depuis son lever jusqu'à son coucher, c'est-à-dire, depuis quatre ou cinq heures du matin jusqu'à neuf heures du soir, sans être distrait par aucun plaisir ni par le moindre amusement, ni même par des promenades ou des visites, qu'il ne faisoit que très-rarement. Il avoit seulement réservé une après-dînée dans la semaine, qu'il appelloit son jour de congé, à l'exemple des écoliers, & qui étoit le jeudi, qu'il employoit en visites, & le plus ordinairement en promenade. C'est à cette assiduité au travail que nous sommes redevables des différens Ouvrages qu'il a donnés au public, dont plusieurs ont paru d'abord manuscrits, & qui depuis ont été imprimés pour la plus grande partie. J'aurai bientôt occasion d'en parler.

Quoique d'un tempérament très-délicat, & malgré son assiduité au travail, M. Pothier avoit toujours joui d'une assez bonne santé, dont il étoit redevable à sa vie réglée & uniforme, & à la sagesse de ses mœurs. Mais sur la fin du mois de Février dernier (1772), il fut attaqué d'une fievre léthargique, dont il est mort le 2 Mars suivant, après huit jours de maladie, & après avoir reçu les Sacremens de l'Eglise, à l'âge de soixante-treize ans & deux mois (1). Sa mort nous a privés de plusieurs Ouvrages sur la Jurisprudence Françoise, qu'il étoit prês de donner au public, & qui devoient être la suite de ceux qu'il nous a donnés de son vivant. Il est mort universellement regretté, & chacun s'est empressé de rendre hommage à sa mémoire. MM. les Maire & Echevins d'Orléans, par une marque d'estime & de distinction particuliere, ont fait célébrer pour lui un Service public dans l'Eglise des Jacobins, auquel tous les Corps ont été invités, & lui ont fait dresser une épitaphe de marbre, gravée en lettres d'or : distinction rare & presque sans exemple, mais qu'ils ont cru devoir à son mérite & à ses talens. En effet, outre les excellens Ouvrages dont M. Pothier a enrichi le public, il étoit regardé avec raison comme l'oracle de la Province. La confiance universelle lui avoit ménagé chez lui une espece de tribunal public (2), dans lequel il terminoit une grande quantité d'affaires, & prévenoit, par ses conseils, les procès qu'elles auroient occasionnés. Sa réputation n'étoit pas même bornée à la Province : il étoit consulté de toutes parts, & les premiers Magistrats s'adressoient à lui dans plusieurs occasions, & se faisoient gloire de déférer à ses avis.

---

(1) Il est enterré au grand Cimetiere, environ au milieu de la galerie de la Chapelle du Saint-Esprit, où l'on voit son épitaphe écrite en ces termes :

Hìc jacet ROBERTUS-JOSEPHUS POTHIER, vir Juris peritiâ, æqui studio, scriptis, consilioque, animi candore, simplicitate morum, vitæ sanctitate, præclarus. Civibus singulis, probis omnibus, studiosæ juventuti, ac maximè pauperibus, quorum gratiâ pauper ipse vixit, æternum sui desiderium reliquit, anno reparatæ salutis M. DCC. LXXII, ætatis verò suæ LXXIII.

Præfectus & Ædiles, tàm Civitatis nomine quàm suo, posuêre.

(2) *Perpetuus populi privato in limine Prætor.*

Le caractere de M. Pothier étoit aimable : la douceur de ses mœurs & la tranquillité de son ame étoient peintes sur son visage. A ces qualités se joignoient une modestie rare, beaucoup de politesse, & un grand fond de bonté ; & cette bonté étoit même telle, qu'elle l'empêchoit de témoigner de la fermeté dans des occasions où il étoit nécessaire d'en avoir (1). On admiroit en lui cette grandeur & cette simplicité que l'on aime dans les grands Hommes, & qui semblent être plus communes chez les Sçavans que chez les autres. Il étoit de plus affable, officieux, & facile à se communiquer ; ce qui le faisoit aimer de tout le monde. Avec une probité parfaite il eut toujours des mœurs très-réglées, telles que la Religion les demande ; & il fut assez heureux pour ne pas trouver à cet égard beaucoup de résistance du côté de la nature. Si l'on joint à tout cela une vie simple & uniforme, sans aucune ambition ; un attachement à tous les devoirs de la vie civile, & sur-tout à ceux de Religion, qu'il a toujours remplis avec une entiere fidélité, on aura une idée assez exacte du caractere de M. Pothier. Il fut aussi bienfaisant & très-charitable envers les pauvres, auxquels il donnoit une bonne partie de son patrimoine. Enfin son désintéressement fut toujours des plus marqués, & tel qu'il doit être dans un Sçavant & un homme d'étude.

Il est étonnant que M. Pothier, occupé comme il l'étoit par le travail de sa chaire, & par l'exercice de ses

(1) M. Pothier ne voulut jamais être Rapporteur d'aucun procès de grand criminel, dans la crainte d'être obligé de faire donner la question à des condamnés ; & il refusa, par la même raison, d'assister en qualité de Commissaire à des procès-verbaux de torture.

ſes fonctions de Juge, & diſtrait continuellement par des viſites de perſonnes qui venoient à chaque inſtant le conſulter, ait pu trouver un temps ſuffiſant pour travailler aux Ouvrages qui ſont ſortis de ſa plume. Les ſeules réponſes aux queſtions qu'on lui propoſoit par écrit de toutes parts, auroient été capables d'occuper en entier tout autre que lui; car il avoit un commerce de lettres prodigieux : on étoit même sûr d'avoir une réponſe de lui quand on lui écrivoit; & il eſt impoſſible que ces lettres ne lui aient fait perdre un temps conſidérable. Mais il avoit une mémoire étonnante, & une grande facilité de travail; & avec cela un tel amour pour la Juriſprudence, qu'on ne pouvoit lui faire un plus grand plaiſir que de lui propoſer des queſtions à ce ſujet. Toujours prêt à répondre ſur celles qu'on vouloit lui propoſer, il les écoutoit avec patience; & quoiqu'il s'exprimât aſſez ſouvent avec difficulté, il avoit l'art de rendre ſes réponſes ſenſibles & à la portée de tout le monde, de maniere que l'on devenoit preſque Juriſconſulte avec lui. D'ailleurs, uniquement attaché à l'étude du Droit, & n'ayant jamais été marié, il s'occupoit peu du ſoin de ſon ménage. Ses domeſtiques gouvernoient ſa maiſon; ils en faiſoient ſeuls toute la dépenſe, & il s'en rapportoit là-deſſus entiérement à eux. Son extérieur, qui étoit des plus négligés, ſe reſſentoit de cette indifférence pour les ſoins économiques, & ſon cabinet même n'en étoit pas exempt. Ses livres & ſes papiers y étoient tellement dérangés & ſi peu en ordre, que le plus ſouvent il avoit toutes les peines du monde à trouver ceux dont il avoit beſoin. En général M. Pothier étoit peu propre pour toute autre occupation que celle du Droit, & il n'eut jamais de goût ni de disposition pour aucune espece d'administration publique. Il avoit été élu Echevin en l'année 1746; mais il n'en fit presque aucune fonction.

OUVRAGES DE M. POTHIER.

Le premier Ouvrage imprimé auquel M. Pothier a travaillé, est la *Coutume d'Orléans avec des Observations nouvelles*, qui parut en 1740, en 2 vol. *in*-12. Il est Auteur des Notes & des Observations sur les Titres des Fiefs, des Cens & Droits & Censuels, des Relevoisons à plaisir, de la Communauté, de Société, des Douaires, des Successions, du Retrait lignager, des Criées & des Cas possessoires (1), ainsi que des Observations sur la Coutume de Lalande qui sont dans le second tome.

Le second Ouvrage que M. Pothier a donné au public, & dont il a été parlé ci-dessus, est celui qui a pour titre, *Pandectæ Justinianeæ, in novum ordinem digestæ, Parisiis* 1748, *in-fol.* 3 vol. dédié à M. le Chancelier d'Aguesseau (2).

---

(1) Les Notes sur les Titres des Enfans qui sont en leurs droits, des Servitudes, des Prescriptions, des Donations, & des Testamens, sont de M. Prévôt de la Janès, Conseiller au Présidial, dont il a été parlé ci-dessus; ainsi que le Discours historique sur la Coutume d'Orléans qui est à la tête du second volume, le Traité des Profits & Droits Seigneuriaux, ou Supplément aux Notes sur les Articles du Titre des Fiefs, & l'Eloge de M. de Lalande, Professeur en l'Université d'Orléans. A l'égard des Observations sur les autres Titres de la Coutume, elles sont de M.**, aussi Conseiller au Présidial d'Orléans.

(2) M. de Guienne, d'Orléans, Avocat au Parlement, & Docteur en l'Université de Paris, a beaucoup travaillé à cet Ouvrage. Il est Auteur de la belle & sçavante Préface latine qui est à la tête du premier Volume, & qui forme cent pages *in-folio*, dans laquelle, après avoir traité des différentes sources du Droit Romain & de ses différentes Loix, & donné une ample notice de tous les Jurisconsultes qui ont vécu depuis le commencement de la République Romaine jusqu'au regne de Constantin le Grand, il examine la maniere dont les Pandectes ont été rédigées, quelle a été leur autorité, & le différent sort qu'elles ont éprouvé. Le Commentaire sur la Loi des Douze Tables qui est au commencement du second Volume, est aussi de lui, & il y a joint le fragment de l'Edit perpétuel donné par Ranchin, avec des Notes qui en facilitent l'intelligence, ce qui forme en tout 167 pages. Il est aussi Auteur des *Index*, & d'une grande partie des Notes & des Remarques qui sont dans les trois Volumes. M. de Guienne, outre cet Ouvrage, a composé plusieurs Mémoires imprimés, dont il y en a un considérable, & qui contient un grand nombre de recherches sçavantes sur la Jurisdiction de la Prévôté de l'Hôtel; un autre touchant les droits & fonctions des Officiers du Guet de Paris, &c. Il est mort à Paris, le 23 Avril 1767, âgé de 55 ans. C'étoit une personne également estimable par les qualités du cœur & par celles de l'esprit, auxquelles étoit jointe une piété rare & un grand fond de Religion.

Il donna ensuite en l'année 1760 un nouvel Ouvrage sur la Coutume d'Orléans, sous ce titre : *Coutumes des Duché, Bailliage & Prévôté d'Orléans & ressort d'iceux, avec une Introduction générale auxdites Coutumes, & des Introductions particulieres à la tête de chaque Titre,* &c. *enrichi de Notes*, en 2 vol. *in*-12, dont on donne ici une nouvelle édition, avec des augmentations. Ces Introductions sont extrêmement utiles, & peuvent tenir lieu de Traités sur la matiere qui fait l'objet de chaque Titre.

En 1761, parut son *Traité des Obligations*, en 2 vol. *in*-12, qui a été depuis réimprimé en 1764, avec des augmentations.

En 1762, il donna le *Traité du Contrat de Vente, selon les regles tant du for de la conscience que du for extérieur ;* & le *Traité des Retraits, pour servir d'Appendice au Traité du Contrat de Vente*, 1 vol. *in*-12.

En 1763, le *Traité du Contrat de Constitution de Rente ;* avec le *Traité du Contrat de Change, de la Négociation qui se fait par les lettres de change, des billets de change, & autres billets de commerce*, 1 vol. *in*-12.

En 1764, le *Traité du Contrat de Louage, selon les regles tant du for de la conscience que du for extérieur ;* & le *Traité du Contrat de Bail à rente*, 1 vol. *in*-12.

En 1765, un *Supplément au Traité du Contrat de Louage*, ou *Traité des Contrats de Louage maritimes ;* avec le *Traité du Contrat de Société, selon les regles tant du for de la conscience que du for extérieur ; auquel on a joint deux Appendices, dans l'un desquels on traite des obligations qui naissent de la communauté qui est formée sans contrat de société ; & dans l'autre, de celles qui naissent du voisinage ;* & le *Traité des Cheptels, selon les regles tant du for de la conscience que du for extérieur*, 1 vol. *in*-12.

En 1766 & 1767, le *Traité des Contrats de Bienfaisance*, où l'on trouve le *Traité du Prêt à usage, & du Précaire ;* & le *Traité du Contrat de Prêt de consomption.*

Traité du Contrat de Dépôt & de Mandat ; un Appendice du Quasi-contrat negotiorum gestorum ; & le *Traité du Contrat de Nantissement.*

Traité des Contrats aléatoires, où se trouvent les *Traités des Contrats d'Assurance, de Prêt à la grosse aventure ;* & le *Traité du Jeu*, 3 vol. *in*-12.

En 1768, le *Traité du Contrat de Mariage*, auquel est jointe *une Observation générale sur les précédens Traités de l'Auteur*, 2 vol. *in*-12.

En 1769, le *Traité de la Communauté*, 2 vol. *in*-12.

En 1770, le *Traité du Douaire*, 1 vol. *in*-12.

En 1771, *Traité du droit d'Habitation, pour servir d'Appendice au Traité du Douaire.*

Traité des Donations entre mari & femme.

Traité du Don mutuel, auquel on a joint *une Interprétation de l'article 68 de la Coutume de Dunois*, 1 vol. *in*-12.

En 1771 & 1772, le *Traité du Droit de Domaine de propriété*, auquel est joint un

Traité du Droit de Possession, 2 vol. *in*-12.

M. Pothier venoit de finir le second tome de ce dernier Ouvrage, & il se disposoit à donner ensuite des Traités sur les fiefs & censives, servitudes, droits d'hypotheques, &c. quand la mort l'a enlevé. Il a laissé plusieurs autres Ouvrages manuscrits sur la Jurisprudence, auxquels il avoit travaillé anciennement, & qu'il comptoit augmenter & perfectionner, & entre autres sur les fiefs, successions, donations, testamens, &c. Ces Manuscrits ont été copiés plusieurs fois, lorsque M. Pothier commença à y travailler; ce qui fait que la plupart se trouvent aujourd'hui entre les mains de plusieurs personnes. Voici la Liste de ces Manuscrits.

Epitome operis Grotii de jure belli & pacis.

Sinopsis Institutionum juris Pontificis.

Paratitla in quinque libros Decretalium Gregorii IX.

Traité des Fiefs, Censives, Relevoisons & Champarts.

Traité des Tuteles & de la Garde-noble.

Traité des Servitudes.

Traité des Donations entre vifs.

Traité de la Légitime.

Traité des Testamens.

Traité des Substitutions.

Traité des Successions.

Traité de l'Hypotheque.

Traité de la Subrogation.

Traité de la Vente des immeubles par décret.

Traité de la Procédure civile & criminelle.

Sinopsis Tractatûs Molinæi, de dividuo & individuo.

Traité de la Représentation.

Traité des Réparations des Bénéficiers.

Extraits du Journal du Palais, d'Augeard, &c.

Fin de l'Eloge.

TABLE

DES TITRES, CHAPITRES, SECTIONS, ARTICLES ET PARAGRAPHES

Contenus dans ce Volume.

TITRE PREMIER.

DES FIEFS.

TITRE II.

DES CENS ET DROITS CENSUELS.

TITRE X.

DE LA COMMUNAUTÉ D'ENTRE HOMME ET FEMME.

TITRE XI.

DE SOCIÉTÉ.

TITRE XII.

DU DOUAIRE.

TITRE XIII.

DES SERVITUDES.

TITRE XIV.

DES PRESCRIPTIONS.

TITRE XV.

DES DONATIONS FAITES ENTRE VIFS ET EN MARIAGE.

§. VII.

TITRE XVI.

DES TESTAMENS, ET DONATIONS TESTAMENTAIRES, ET POUR CAUSE DE MORT.

TITRE XVII.

DES DROITS DE SUCCESSIONS.

TITRE XVIII.

DE RETRAIT LIGNAGER.

TITRE XIX.

DES EXÉCUTIONS POUR RENTES FONCIERES, MOISONS, FERMES OU PENSIONS D'HÉRITAGES, LOYERS ET BÉNÉFICE DE CESSION ET ATERMOIEMENT.

TITRE XX.

DES ARRÊTS ET EXÉCUTIONS FAITES PAR VERTU DE LETTRES OBLIGATOIRES ET SENTENCES.

TITRE XXI.

DES CRIÉES.

TITRE XXII.

DES CAS POSSESSOIRES.

Fin de la Table des Titres, Chapitres, &c.

APPROBATION.

J'AI lu, par ordre de Monseigneur le Chancelier, les *Œuvres de M. Pothier*, & notamment la *Coutume d'Orléans :* je n'y ai rien trouvé qui ne m'ait paru devoir en favoriser l'impression, & qui ne réponde parfaitement à la réputation de ce sçavant Jurisconsulte. A Paris, ce 15 Avril 1773.

COQUELEY DE CHAUSSEPIERRE.

EXTRAIT DU PRIVILEGE DU ROI.

PAR Privilege général du Roi, donné à Paris le *quinzieme* jour de Janvier, l'an de grace *mil sept cent soixante-dix-sept*, signé, Par le Roi, LE BEGUE, il est permis aux Sieurs DEBURE & à la Dame Veuve ROUZEAU-MONTAUT, Libraires, de faire imprimer & donner au Public les *Œuvres de M. POTHIER, Conseiller au Présidial d'Orléans*, autant de fois que bon leur semblera, pendant le temps & espace de *six années* consécutives, à compter du jour de la date des présentes; avec défenses à tous Imprimeurs, Libraires & autres personnes, de quelque qualité qu'elles soient, d'imprimer ou faire imprimer, vendre, faire vendre, débiter ni contrefaire lesdites *Œuvres*, en tout ou en partie; comme aussi d'en introduire d'impression étrangere dans aucun lieu de ce Royaume, & d'en faire aucuns Extraits, sous quelque prétexte que ce puisse être, sans le consentement exprès & par écrit des susdits Impétrans; à peine de confiscation des Exemplaires contrefaits ou vendus en fraude, de trois mille livres d'amende contre chacun des contrevenans, & de tous dépens, dommages & intérêts.

Registré le présent Privilege sur le Registre XX de la Chambre Royale & Syndicale des Libraires & Imprimeurs de Paris, N°. 485, fol. 282; *conformément au Réglement de* 1723. *A Paris, ce* 21 *Janvier* 1777.

LAMBERT, *Adjoint.*

INTRODUCTION

INTRODUCTION
GÉNÉRALE
AUX COUTUMES.

1. ON appelle *Coutumes*, des Loix que l'uſage a établies, & qui ſe ſont conſervées ſans écrit par une longue tradition : *Lex non ſcripta, diuturni mores conſenſu utentium comprobati ;* Inſtit. de Jure naturali.

2. Telles étoient dans leur origine les Coutumes d'Orléans, ainſi que celles des autres Provinces de la partie du Royaume, qu'on appelle *Pays Coutumier.*

Comme il y avoit ſouvent des conteſtations ſur ce qui étoit obſervé, ou non, comme Coutume dans une Province, le Roi Charles VII, pour empêcher les procès diſpendieux auxquels ces conteſtations donnoient lieu, ordonna par ſon Edit de Montil-lès-Tours de l'année 1453, *art.* 125, que les Coutumes des différentes Provinces du Royaume ſeroient rédigées par écrit par des Commiſſaires, dans les aſſemblées des Etats de chaque Province, & que par la ſuite, on ne pourroit plus alléguer en jugement d'autres Coutumes que celles qui auroient été ainſi rédigées.

Cet Edit demeura long-temps ſans exécution. Ce ne fut qu'en

1509, en vertu des Lettres-patentes de Louis XII, que nos Coutumes d'Orléans furent rédigées par écrit pour la premiere fois. Elles ont été imprimées chez Eloi Gibier, avec des notes de Léon Tripault, Avocat.

Depuis, nos Coutumes ont été corrigées & réformées en 1583, telles qu'elles ſont aujourd'hui, en vertu des Lettres-patentes de Henri III.

3. On doit, pour les bien entendre, les conférer avec l'ancienne Coutume d'où elles ont été tirées, & avoir recours au Procès-verbal qui indique ſur chaque article celui de l'ancienne dont il a été tiré, & les changemens qui ont été faits.

Ces Coutumes ſont le Droit municipal de notre Province.

4. On diſtingue trois différentes eſpeces de nos Loix Coutumieres. Nous traiterons ſommairement de cette diviſion dans le premier Chapitre de cette Introduction. Dans les trois Chapitres ſuivans, nous donnerons quelques notions générales ſur les trois objets généraux de notre Droit municipal, qui ſont, les perſonnes, les choſes, & les actions.

CHAPITRE PREMIER.

Des différentes eſpeces de Loix Coutumieres.

5. NOUS avons trois eſpeces de Statuts ou Loix Coutumieres, les Statuts perſonnels, les Statuts réels, & ceux qui ont pour objet ce qui concerne la forme extérieure des actes.

§. I.

Des Statuts perſonnels, & du domicile qui y rend les perſonnes ſujettes.

6. On appelle *Statuts perſonnels* les diſpoſitions coutumieres qui ont pour objet principal de régler l'état des perſonnes. Telles ſont celles qui concernent la puiſſance paternelle, la tutelle des mineurs, & leur émancipation, *Orléans*, *tit.* 9 ; l'âge requis pour teſter, *ibid. art.* 293 ; la puiſſance maritale, *ibid. art.* 194 *& ſuiv.*

7. Ces Statuts perſonnels n'ont lieu qu'à l'égard des perſonnes qui y ſont ſujettes par le domicile qu'elles ont dans le Bailliage d'Orléans, ou autres lieux régis par notre Coutume. Au reſte, ces Statuts perſonnels exercent leur empire ſur ces perſonnes par rapport à tous leurs biens, quelque part qu'ils ſoient ſitués.

Par exemple, une perſonne ſoumiſe à la Coutume d'Orléans, ne peut teſter avant l'âge de vingt ans, réglé par cette Coutume, même des biens qu'elle auroit dans les Pays régis par le Droit écrit, qui permet aux garçons de teſter à quatorze ans, & aux filles à douze : une femme mariée, ſoumiſe à la Coutume d'Orléans, ne peut, ſans l'autoriſation de ſon mari, aliéner ni acquérir des biens, quoique ſitués dans le pays du Droit écrit, qui n'exige point l'autoriſation, &c.

8. Le domicile des perſonnes les rendant ſujettes aux Statuts perſonnels du lieu où il eſt établi, il eſt néceſſaire de donner quelques notions de ce domicile.

Nous en trouvons la définition en la Loi 7, *Cod. de incol.* ; c'eſt le lieu où une perſonne a établi le ſiege principal de ſa demeure

& de ses affaires ; *Ubi quis larem rerumque ac fortunarum summam constituit ; unde non sit discessurus si nil avocet ; unde, quum profectus est, peregrinari videtur, &c.* L. 7, Cod. de incol.

9. Observez qu'il n'est pas néanmoins toujours nécessaire qu'une personne ait actuellement une demeure dans un lieu, pour que ce lieu soit celui de son domicile : car une personne ne peut, à la vérité, établir son domicile dans un lieu qu'*animo & facto*, en s'y établissant une demeure : mais le domicile une fois établi dans un lieu, peut s'y retenir *animo solo.* C'est ce qui arrive lorsqu'une personne quitte le lieu de son domicile pour un long voyage, ou pour aller résider dans un lieu où l'appellent des affaires passageres, ou un emploi amovible ; car quoique cette personne ait emporté avec elle tous ses effets, & n'ait conservé aucune demeure dans le lieu de son domicile d'où elle est partie, néanmoins elle est toujours censée conserver *animo* son domicile dans ce lieu, & elle demeure sujette aux Statuts personnels de ce lieu, tant qu'elle ne s'est pas établi ailleurs un véritable & perpétuel domicile.

10. Le domicile d'une personne est aussi celui de sa femme. Comme la femme, dès l'instant de la célébration du mariage, passe sous la puissance de son mari, elle cesse, en quelque façon, d'avoir *propriam personam*, & elle ne fait plus qu'une même personne avec son mari. Elle perd dès cet instant son domicile ; celui de son mari devient le sien, & elle devient dès ce jour sujette aux Statuts personnels du lieu de ce domicile, quoiqu'elle n'y soit pas encore arrivée. Ceci n'est pas contraire à ce qui sera dit ci-après, que la translation de domicile d'un lieu à un autre, ne peut s'effectuer que lorsqu'on y est arrivé ; car ce principe a lieu à l'égard du domicile propre qu'une personne se propose d'établir, & non à l'égard de ce domicile que la femme ne s'établit pas elle-même, mais qu'elle tient de son mari.

Lorsqu'une femme est séparée d'habitation par un jugement qui n'est suspendu par aucun appel ni opposition, elle peut s'établir un domicile qui lui devient propre.

11. Le domicile d'une personne est aussi celui de ses enfans, jusqu'à ce qu'ils s'en soient choisi & établi un autre ; ce qu'ils peuvent faire lorsqu'ils sont en âge suffisant pour cela : *Nam placet etiam & filium-familias domicilium habere posse, non utique ubi pater habuit, sed ubicumque ipse constituit ;* L. 3 & 4, ff. *ad munic.*

12. De tout ceci il résulte que le domicile qui oblige les per-

ſonnes aux Loix perſonnelles du lieu où il eſt établi, peut être de trois eſpeces.

Il y en a un qu'on peut appeller *domicile de choix*, qui eſt celui qu'une perſonne s'eſt choiſi & établi elle-même.

Il y a le domicile paternel ou d'origine, qui eſt celui que les enfans ont reçu de leurs parens, & qu'ils ſont cenſés conſerver, même après la mort de leurs parens, tant qu'ils ne s'en ſont pas choiſi un autre; mais qu'ils perdent même du vivant de leur pere, auſſi-tôt qu'ils s'en ſont choiſi & établi un autre.

Enfin, il y a le domicile qu'une femme tient de ſon mari, & qu'elle conſerve étant devenue veuve, juſqu'à ce qu'elle s'en ſoit choiſi & établi un autre, ou qu'elle ſe ſoit remariée.

13. Le changement de domicile délivre les perſonnes de l'empire des Loix du lieu du domicile qu'elles quittent, & les aſſujettit à celles du lieu du nouveau domicile qu'elles acquierent.

14. Un majeur uſant de ſes droits, peut changer de domicile, & le transférer en tel lieu que bon lui ſemble: mais il faut pour cette tranſlation le concours de la volonté & du fait; *Domicilium re & facto transfertur non nudâ conteſtatione*, L. 20, ff. *ad municip.* C'eſt pourquoi, quelques ſignes qu'ait donnés une perſonne de la volonté qu'elle a de transférer ſon domicile dans un autre endroit, & quelque raiſon qu'elle ait de l'y transférer, elle demeure ſujette à la Loi de ſon ancien domicile, juſqu'à ce qu'elle ſe ſoit effectivement tranſportée ſur le lieu où elle veut en établir un nouveau, & qu'elle l'y ait effectivement établi.

15. La volonté de transférer notre domicile dans un autre lieu, doit être juſtifiée. Elle n'eſt pas équivoque, lorſque c'eſt un bénéfice, une charge ou un autre emploi non amovible qui nous y appelle. En ce cas, dès que nous y ſommes arrivés, nous y acquérons domicile, & nous perdons l'ancien.

Au contraire, lorſque la cauſe qui nous appelle en un autre lieu eſt paſſagere, telle qu'un exil, ou un emploi amovible, quelque long ſéjour que nous y ayons fait, quoique nous y ſoyons décédés ſans être retournés au lieu de notre premier domicile depuis que nous en ſommes ſortis, & quoique nous n'y ayons plus eu de demeure, nous ſommes néanmoins cenſés avoir conſervé ce premier domicile; (*Arrêt du* 5 *Avril* 1713, *au* 6e *To. du Journal des Aud.*) à moins que notre volonté d'y transférer notre domicile ne parût par d'autres circonſtances; comme ſi, par exemple, nous y avions acquis des héritages, & que nous euſſions aliéné ceux que nous avions au lieu de notre premier domicile.

On doit auſſi préſumer que nous avons voulu transférer notre domicile au lieu où nous ſommes allés demeurer, ſi depuis que la cauſe paſſagere qui nous y retenoit, a ceſſé; *putà*, ſi depuis la révocation de notre emploi, nous avons continué d'y demeurer pendant un temps conſidérable. C'eſt ſur ce principe que la Loi 2, *Cod. de incol.* décide que celui qui avoit été demeurer en une ville pour y faire des études, n'étoit pas cenſé y avoir acquis domicile, à moins qu'il n'y eût demeuré dix ans; car le temps des études ne poûvant être ſi long, ce long-temps qu'il y a paſſé, fait préſumer en lui la volonté d'y établir ſon domicile.

Lorſqu'on ne connoît pas la cauſe pour laquelle quelqu'un eſt allé demeurer ailleurs qu'au lieu de ſon domicile, ſa volonté d'y transférer ſon domicile, peut ſe prouver tant par la longueur du temps qu'il a commencé d'y demeurer, que par d'autres circonſtances, qui ſont laiſſées à l'arbitrage du Juge.

16. Un mineur ne peut pas transférer à ſon gré ſon domicile: il le peut néanmoins en certains cas. 1°. Il peut, en contractant mariage du conſentement de ceux ſous la puiſſance deſquels il eſt, transférer ſon domicile au lieu où il prend ſa femme; & il peut même, depuis qu'il eſt marié, le transférer où bon lui ſemblera. 2°. Un mineur peut transférer ſon domicile, ſoit au lieu où il eſt pourvu d'un bénéfice ou d'une charge, ou autre emploi non amovible qui demande réſidence perpétuelle; ſoit au lieu où, du conſentement de ceux ſous la puiſſance deſquels il eſt, il formeroit un établiſſement de commerce.

17. Lorſqu'un mineur, à la mort de ſon pere, tombe ſous la tutelle d'un parent qui a ſon domicile dans un autre lieu, c'eſt une queſtion, ſi ce mineur perd le domicile paternel, & acquiert celui de ſon tuteur. Bretonnier ſur Henrys, *t.* 1, *p.* 635, tient l'affirmative; & en conſéquence il décide qu'un mineur qui, à la mort de ſon pere Pariſien, étoit tombé ſous la tutelle d'un Lyonnois, avoit pu teſter avant l'âge requis par la Coutume de Paris. Boullenois, en ſon Traité des Statuts, *qu.* 2, eſt de même avis. Au contraire Mornac, ſur la Loi *Uniq. Cod. ubi de hæred. ag.* dit que les plus habiles Avocats de ſon temps tenoient que les mineurs n'acquéroient pas, à la mort de leur pere, le domicile du tuteur qu'on leur donnoit, & étoient cenſés conſerver le domicile paternel: il établit ce ſentiment par de bonnes raiſons, que l'on peut voir au lieu cité. Il nous ſuffit de dire que les mineurs ne compoſent pas la famille de leur tuteur, comme les enfans compoſent

la famille de leur pere : ils sont dans la maison de leur tuteur comme dans une maison étrangere : ils y sont *ad tempus*, pour le temps que doit durer la tutelle ; par conséquent le domicile de leur tuteur n'est pas leur vrai domicile, & ils ne peuvent être censés en avoir d'autre que le domicile paternel, jusqu'à ce qu'ils soient devenus en âge de s'en établir un eux-mêmes par leur propre choix, & qu'ils l'aient effectivement établi.

18. Il n'en est pas de même de la mere : la puissance paternelle étant, dans notre Droit, différent en cela du Droit Romain, commune au pere & à la mere, la mere, après la mort de son mari, succede aux droits & à la qualité de chef de la famille qu'avoit son mari vis-à-vis de leurs enfans : son domicile, quelque part qu'elle juge de le transférer sans fraude, doit donc être celui de ses enfans, jusqu'à ce qu'ils aient pu s'en choisir un qui leur soit propre.

Il y auroit fraude, s'il ne paroissoit aucune raison de sa translation de domicile, que celle de se procurer des avantages dans les successions mobiliaires de ses enfans.

19. Les enfans suivent le domicile que leur mere s'établit sans fraude, lorsque ce domicile lui est propre, & que, demeurant en viduité, elle conserve la qualité de chef de famille : mais lorsqu'elle se remarie, quoiqu'elle acquiere le domicile de son second mari en la famille duquel elle passe, ce domicile de son second mari ne sera pas celui de ses enfans, qui ne passent pas comme elle en la famille de leur beau-pere ; c'est pourquoi ils sont censés continuer d'avoir leur domicile au lieu où l'avoit leur mere avant que de se remarier, comme ils seroient censés le conserver, si elle étoit morte.

20. Il paroît quelquefois incertain où est le domicile d'une personne ; ce qui arrive lorsqu'elle a un ménage dans deux lieux différens où elle va passer alternativement différentes parties de l'année. Il n'y a pas lieu à cette incertitude, lorsque cet homme a un bénéfice ou une charge, ou autre emploi non amovible qui demande résidence dans l'un des lieux ; car il n'est pas douteux en ce cas que c'est dans ce lieu où doit être fixé son domicile. Lorsque cet homme n'a aucun bénéfice ni charge ou emploi qui l'attache à l'un de ces deux lieux, on doit, pour fixer son domicile, avoir recours à d'autres circonstances, & décider, 1°. pour le lieu où il laisse sa femme & sa famille lorsqu'il va dans l'autre ; 2°. pour celui où il fait le plus long séjour ; 3°. pour celui où il

ſe dit demeurant dans les actes; ou pour celui où il eſt impoſé aux charges publiques; ou pour celui où il ſe rend avec ſa famille pour faire ſes Pâques; (Argentré ſur Bret. *art.* 449.) A défaut de toutes ces circonſtances, on doit, *in dubio*, décider pour celui des deux qui étoit le domicile de cet homme ou de ſes pere & mere, avant qu'il ait commencé de tenir un ménage dans l'autre; car le changement de domicile d'un lieu à un autre devant être juſtifié, on eſt toujours, *in dubio*, préſumé avoir conſervé le premier.

§. II.

Des Statuts réels.

21. On appelle *Statuts réels* les diſpoſitions qui ont pour objet principal les choſes. Telles ſont celles qui concernent les fiefs, les cenſives, les ſervitudes, les ſucceſſions, le douaire coutumier, les choſes dont on peut diſpoſer par teſtament, les donations, les preſcriptions, les retraits lignagers, &c.

22. Les Statuts réels d'une Coutume ont lieu ſeulement à l'égard des choſes qui ſont ſoumiſes à ſon empire; & ils ont lieu à l'égard de quelque perſonne que ce ſoit, même de celles qui ſont domiciliées hors de ſon territoire.

23. Pour ſçavoir à l'empire de quelle Coutume une choſe eſt ſujette, il faut diſtinguer celles qui ont une ſituation véritable ou feinte, & celles qui n'en ont aucune.

Les choſes qui ont une ſituation véritable, ſont les héritages, c'eſt-à-dire, les fonds de terre & maiſons, & tout ce qui en fait partie.

Les droits réels que nous avons dans un héritage, qu'on appelle *Jus in re*, tels qu'un droit de rente fonciere, de champart, &c. ſont cenſés avoir la même ſituation que cet héritage. Pareillement les droits que nous avons à un héritage, qu'on appelle *Jus ad rem*, c'eſt-à-dire les créances que nous avons contre quelqu'un qui s'eſt obligé à nous donner un certain héritage, ſont cenſés avoir la même ſituation que l'héritage qui en eſt l'objet.

Les offices ſont cenſés avoir leur ſituation au lieu où s'en fait l'exercice. Les rentes conſtituées ſur le Roi, pour le paiement deſquelles il y a un Bureau public, ſont cenſées avoir leur ſituation au lieu où eſt établi ce Bureau.

Toutes ces choſes qui ont une ſituation réelle ou feinte, ſont ſujettes

ſujettes à la Loi ou Coutume du lieu où elles ſont ſituées, ou cenſées l'être.

24. Les choſes qui n'ont aucune ſituation, ſont les meubles corporels, les créances mobiliaires, les rentes conſtituées, autres que celles dont il a été ci-deſſus parlé, quand même elles auroient un aſſignat ſur quelque héritage; car cet aſſignat n'eſt qu'un acceſſoire.

Toutes ces choſes qui n'ont aucune ſituation, ſuivent la perſonne à qui elles appartiennent, & ſont par conſéquent régies par la Loi ou Coutume qui régit cette perſonne, c'eſt-à-dire par celle du lieu de ſon domicile.

§. III.

De la troiſieme eſpece de Statuts.

25. Il y a une troiſieme eſpece de diſpoſitions coutumieres qui concernent la forme des actes: tel eſt l'article 47 de notre Coutume, pour la forme du port de foi; & l'article 289 pour celle des teſtamens. Ces diſpoſitions n'ont lieu qu'à l'égard des actes qui ſe paſſent dans le territoire de la Coutume, & il n'importe entre quelles perſonnes.

CHAPITRE II.

Des Perſonnes.

26. LEs perſonnes qui ſont l'objet de nos Loix coutumieres, ſont celles qui jouiſſent de la vie civile.

§. I.

De la Vie civile.

27. La vie civile, ou l'état civil d'une perſonne, n'eſt autre choſe que la participation d'une perſonne aux droits de la ſociété civile.

La mort civile eſt le retranchement de cette ſociété, & la privation de ces droits.

28. On perd la vie civile de deux manieres. La premiere est lorsqu'on renonce volontairement au siecle & à la société civile, par la profession religieuse dans un Ordre approuvé par les Loix du Royaume.

Le Religieux qui a obtenu du Pape dispense de ses vœux, ne recouvre pas par cette dispense la vie civile ; car le Pape n'a aucun pouvoir dans ce Royaume sur tout ce qui est de l'ordre politique, tel qu'est l'état civil des personnes ; le Roi seul peut restituer la vie civile à ceux qui l'ont perdue.

A l'égard de celui qui a fait déclarer nuls ses vœux par Sentence de l'Official, par défaut de liberté, ou de publicité, ou de l'intervalle d'un an de Noviciat, qui doit précéder la profession, ou parce qu'ils auroient été faits avant l'âge de seize ans accomplis, requis par les Ordonnances ; il n'est pas douteux qu'il jouit de l'état civil : non que la Sentence de l'Official le lui restitue, ce qui ne pourroit être au pouvoir de l'Official ; mais parce que ses vœux étant déclarés nuls par un Juge à qui nos Loix attribuent la connoissance de cette matiere, il s'ensuit qu'il n'a jamais perdu l'état civil, qui ne peut l'être que par une profession valablement faite.

29. *La profession religieuse que les Jésuites de France faisoient* par l'émission de leurs premiers vœux, suspendoit plutôt leur état civil qu'elle ne le leur faisoit entiérement perdre : ils n'en jouissoient pas tant qu'ils demeuroient dans la Société ; mais s'ils en étoient congédiés avant l'âge de trente-trois ans, ils étoient tellement censés ne l'avoir jamais perdu, que ceux qui avoient recueilli à leur place les successions de leurs parens échues pendant qu'ils étoient dans la Société, étoient tenus de les leur rendre, sans néanmoins aucune restitution de fruits. Lorsqu'ils étoient congédiés après l'âge de trente-trois ans, non-seulement ils ne recouvroient pas les successions de leurs parens, échues avant leur congé, mais ils demeuroient inhabiles à succéder à l'avenir : ce qui avoit été ainsi ordonné pour assurer la tranquillité des familles, par Déclaration du Roi de 1715. Au reste, ils jouissoient, quant à tous autres effets, de leur état civil, qui n'a été que suspendu pendant qu'ils étoient dans la Société.

30. La seconde maniere dont se perd la vie civile, est lorsque quelqu'un est retranché malgré lui de la société civile par une condamnation à une peine capitale.

Ces peines sont la mort naturelle, la peine des galeres à perpétuité, & celle du bannissement perpétuel hors le Royaume.

Il faut excepter des condamnations à peine capitale qui font perdre la vie civile, celles qui sont rendues par un Conseil de guerre. Le bannissement hors du Royaume par un simple ordre de Sa Majesté, sans condamnation judiciaire, ne fait pas perdre l'état civil, ni les droits de citoyen.

31. Les condamnations à peine capitale, lorsqu'elles sont contradictoires, font perdre la vie civile à l'accusé, du jour qu'elles lui sont prononcées. C'est pourquoi, comme il est d'usage de ne prononcer aux condamnés les Sentences qui ont besoin d'être confirmées par Arrêt, qu'après l'Arrêt qui les a confirmées, le condamné n'est pas censé avoir perdu la vie civile du jour de la date de la Sentence; il la perd seulement du jour de la prononciation qui lui est faite de la Sentence, & de l'Arrêt qui la confirme: car de même que les Loix publiques n'ont d'effet que du jour qu'elles sont promulguées, de même les Jugemens de condamnation, qui sont comme des Loix privées, ne peuvent avoir d'effet que du jour qu'elles sont notifiées au condamné.

32. Les condamnations à peine capitale rendues par contumace, suspendent plutôt l'état civil du condamné, qu'elles ne le lui font perdre absolument. Il ne jouit plus, à la vérité, de la vie civile, depuis l'exécution qui se fait du Jugement par effigie, ou par un tableau; mais s'il meurt dans les cinq ans depuis l'exécution, ou s'il se constitue ou est arrêté prisonnier, soit dans les cinq ans, soit après les cinq ans, la condamnation par contumace est anéantie, & le condamné est censé n'avoir jamais perdu la vie civile. Au contraire, s'il meurt après les cinq ans sans s'être représenté ni avoir été arrêté prisonnier, il est censé l'avoir perdue du jour de l'exécution de la Sentence par contumace. *Ord. de* 1670, *t.* 17, *art.* 18 *&* 29.

Lorsqu'il s'est écoulé un temps de trente ans depuis l'exécution de la Sentence, le condamné ne pouvant plus être arrêté, & n'étant plus reçu à se représenter, la mort civile qu'il a encourue devient irrévocable, si ce n'est par une grace spéciale du Prince. Le laps de trente ans opere bien une fin de non-recevoir contre les peines qui lui restent à subir, mais il ne peut abolir celle de la mort civile qu'il a encourue de plein droit.

§. I I.

Division des Personnes en François & Etrangers.

33. Entre les personnes qui sont membres de la société civile, on distingue les François naturels, ou naturalisés, lesquels jouissent des droits de citoyen; & les étrangers qu'on appelle Aubains, *quasi alibi nati*, qui participent seulement aux droits que le Droit des gens a établis, mais non à ceux que les Loix civiles n'ont établis que pour les citoyens, tels que sont les droits de succession active & passive, de testament, de retrait lignager, &c.

34. Les François naturels sont ceux qui sont nés en France, ou dans les autres Etats de la domination de Sa Majesté. Ils jouissent des droits de citoyen, pourvu qu'ils n'aient pas abdiqué leur Patrie par un établissement en pays étranger, sans aucun esprit de retour en France.

Les François qui ont des établissemens de commerce dans les Etats du Turc, ou autres pays, sous la protection des Consuls de Sa Majesté, ne sont pas censés avoir abdiqué leur Patrie, & jouissent des droits de citoyen.

Ceux qui sont nés dans les pays étrangers, d'un pere François qui n'avoit pas abdiqué sa Patrie, ni perdu l'esprit de retour, sont réputés François à cause de leur origine, pourvu qu'ils reviennent en France. Ceux qui sont nés dans un pays conquis par Sa Majesté, soit avant, soit depuis la conquête, deviennent François par la conquête, & ils en conservent les droits, quoique depuis par le traité de paix cet Etat ait été rendu à une Puissance étrangere; pourvu qu'ils en soient sortis & aient transféré leur domicile en France avant le traité.

35. On appelle *François naturalisés*, les étrangers établis dans le Royaume, qui ont obtenu du Roi des Lettres de naturalisation, qui s'expédient à la grande Chancellerie, & doivent être registrées au Parlement & à la Chambre des Comptes.

Ces Lettres de naturalisation leur donnent les mêmes droits qu'aux François naturels.

Sans ces Lettres ils ne peuvent les acquérir, quelque long-temps qu'il y ait qu'ils aient établi leur domicile en France.

Néanmoins, par un privilege particulier de la Marine, les étrangers, au bout de cinq ans de service dans la Marine de Sa

Majesté, acquierent les droits de François sans avoir besoin de Lettres de naturalisation. *Edit du mois d'Avril* 1687.

§. III.

Autres divisions des Personnes.

36. Une autre division des personnes, est en celles qui sont usantes de leurs droits, & en celles qui sont ou sous puissance de mari, ou sous la puissance paternelle, ou sous celle de tuteurs ou curateurs. *Voyez sur ce le tit.* 9, *& l'introd. au tit.* 10, *ch.* 8.

37. On divise encore les personnes en Clercs & Laïques. Les Clercs ou Ecclésiastiques sont distingués des Laïques par plusieurs privileges que nos Rois ont accordés au Clergé. Un des principaux, est qu'ils peuvent être jugés par un Juge d'Eglise, qu'on appelle Official, lorsqu'ils sont assignés sur une action purement personnelle. L'exemption de la contrainte par corps, des tutelles, curatelles & autres charges publiques, des tailles, sont aussi censées des privileges de Cléricature.

On ne répute Clercs à l'effet de jouir de ces privileges, que ceux qui sont constitués dans les Ordres sacrés, c'est-à-dire qui sont au moins sous-Diacres; ou ceux qui n'étant que simples tonsurés, sont actuellement résidans & servans aux Offices, Ministeres & Bénéfices qu'ils tiennent en l'Eglise. *Ordonnance de Moulins, art.* 60; *Edit du mois d'Avril* 1695, *art.* 38.

Ceux qui sont membres d'une Congrégation Ecclésiastique, tels que sont les Confreres de l'Oratoire, paroissent aussi devoir jouir des privileges de Cléricature, quand même ils ne seroient pas Clercs.

38. Enfin, on distingue les personnes en Nobles & non-Nobles.

La Noblesse qui distingue les Nobles des non-Nobles, consiste en certains titres d'honneur & en certains privileges qui leur sont accordés. Il y a aussi quelques points de notre Droit Coutumier qui n'ont lieu qu'entre les Nobles, tel que le droit de Garde-noble, dont nous traitons dans l'*Intr. au tit.* 1, *ch.* 9.

39. Il y a une Noblesse transmissible, & une qui n'est que personnelle. La transmissible passe aux enfans du pere noble: telle est celle qu'on a acquise par la naissance, ou par des Lettres de Noblesse, ou par quelque office qui donne à ceux qui en sont pourvus une Noblesse transmissible. La Noblesse personnelle est

celle qui expire avec la perſonne, & ne ſe tranſmet point à ſes enfans. Il y a certains offices & états qui donnent cette Nobleſſe purement perſonnelle.

Entre les offices qui donnent une Nobleſſe tranſmiſſible, les uns la donnent au premier, les autres au ſecond degré.

La Nobleſſe eſt tranſmiſſible au premier degré, lorſqu'il ſuffit, pour qu'elle paſſe irrévocablement aux enfans, que le pere ſoit mort revêtu de l'office, ou vétéran : elle eſt tranſmiſſible ſeulement au ſecond degré, lorſqu'il faut que l'aïeul paternel auſſi-bien que le pere ſoient morts revêtus de l'office, ou vétérans.

Les enfans de celui qui eſt revêtu d'un office anobliſſant au premier degré, ou de celui qui ſe trouve dans le ſecond degré auquel la Nobleſſe de ſon office eſt tranſmiſſible, jouiſſent proviſionnellement de l'état de Nobleſſe dès le moment que leur pere eſt reçu dans l'office : mais ſi leur pere s'étoit démis de ſon office ſans avoir acquis la vétérance, cette Nobleſſe s'évanouiroit.

Le Roi, par ſon Edit du mois de *Janvier* 1751, a créé une Nobleſſe militaire, ſur laquelle il faut voir cet Edit.

40. La Nobleſſe ſe prouve ou par le rapport des titres par leſquels elle a été acquiſe, tels que ſont les Lettres de Nobleſſe, les proviſions d'offices; ou ſans ces titres, par une poſſeſſion centenaire qui ne ſoit pas contredite par la preuve contraire d'une origine roturiere.

41. La Nobleſſe ſe perd ou par un Jugement qui porte dégradation de Nobleſſe, ou par l'exercice d'une profeſſion dérogeante à Nobleſſe, telle que celle des arts méchaniques, de l'état d'Huiſſier, &c.

Autrefois tout commerce dérogeoit à Nobleſſe. Louis XIV en a excepté le commerce de mer; & depuis, celui de terre en gros; pourvu qu'ils s'exercent ſans ouverture de boutique, ouvroir ou autre appareil mercantil. *Edits d'Août* 1669, *& de Déc.* 1701.

42. La Nobleſſe perdue par la dérogeance peut ſe recouvrer par celui qui l'a perdue, ou par ſes enfans, en obtenant du Roi des Lettres de réhabilitation.

43. La diviſion des perſonnes en celles qui ſont de condition franche, & celles qui ſont de condition ſervile, n'a plus lieu dans notre Coutume; car depuis long-temps il n'y a plus de ſerfs dans cette Province.

CHAPITRE III.

Des Choses.

44. LEs choses qui sont l'objet de nos Loix municipales, sont celles qui sont dans le commerce, & qui composent les biens des particuliers; *res quæ sunt in bonis.*

SECTION PREMIERE.

Des différentes divisions des choses.

45. On divise les choses en corporelles & en incorporelles.

Les choses corporelles sont celles qui ont un être réel & physique, & qui se perçoivent par les sens; comme une maison, un cheval, une bibliotheque.

Les choses incorporelles sont celles qui n'ont qu'un être moral & intellectuel, & qui ne se perçoivent que par l'entendement; comme un droit de créance, une rente, un droit de succession, &c.

On divise encore les choses en meubles & immeubles; & cette division est d'un grand usage dans la plupart des parties de notre Droit municipal.

Cette division des choses en meubles & immeubles, s'applique, tant aux choses corporelles, qu'aux choses incorporelles.

ARTICLE PREMIER.

De la division des choses corporelles en meubles & immeubles.

46. Les meubles sont les choses qui sont transportables d'un lieu à un autre, & qui ne font pas partie de quelque immeuble.

La grandeur du volume & du prix d'une chose n'empêche pas qu'elle ne soit meuble; c'est pourquoi on ne doute pas que les navires ne soient meubles.

47. Les immeubles ſont les fonds de terre & maiſons, & tout ce qui en fait partie.

Ce qui eſt dans une terre ſeulement pour ſon exploitation, n'en fait pas partie, & eſt meuble : *inſtrumentum fundi non eſt pars fundi.* Tels ſont les beſtiaux & les meubles aratoires.

Les choſes qui font partie d'un héritage, ſont celles qui ſervent en quelque façon à le compléter, & qui y ſont pour perpétuelle demeure, ſur-tout ſi elles y ſont cohérentes. C'eſt par cette raiſon que notre Coutume déclare immeubles les moulins à vent, les preſſoirs, comme cohérens & faiſant partie de l'héritage où ils ſe trouvent. Quoique les échalas ne ſoient que légérement cohérens à la terre, & qu'on les en retire tous les ans; néanmoins comme ils ſont dans l'héritage à demeure, & qu'ils paroiſſent faire comme un corps avec la vigne qui y eſt attachée, ils ſont cenſés faire partie de l'héritage, & ſont réputés immeubles. Les pailles, fourrages & fumiers d'une terre ſont auſſi réputés immeubles & parties de l'héritage. *L.* 7, §. 2, ff. *de act. empt.*

La raiſon de la perpétuelle demeure a fait auſſi réputer partie de l'héritage & immeuble, l'artillerie d'un château, les ornemens, vaſes & livres ſervans au culte Divin dans la chapelle du château.

Les choſes qui étant miſes dans une maiſon ou autre héritage par le propriétaire, ſont cenſées y être miſes pour perpétuelle demeure, & en faire en conſéquence partie. Elles ſont pareillement cenſées y être miſes pour perpétuelle demeure, & faire partie de la maiſon ou autre héritage, lorſqu'elles y ont été miſes par un emphytéote qui avoit la ſeigneurie utile réverſible de ladite maiſon ou autre héritage. La raiſon en eſt qu'il eſt de la nature des baux emphytéotiques qu'ils ſoient faits dans la vue que l'emphytéote fera des améliorations à l'héritage; qu'il ne puiſſe en conſéquence enlever à la fin du bail, ni même dans un temps voiſin de l'expiration du bail, celles qu'il y a faites : en quoi un emphytéote differe d'un ſimple uſufruitier.

Sur pluſieurs autres choſes qui ſont cenſées, ou non, faire partie d'un héritage ou d'une maiſon, *Voyez les articles* 354, 355, 356 de notre Coutume, & les notes ſur ces articles, où nous donnons des regles pour décider ce qui fait, ou non, partie d'une maiſon.

48. Obſervez à l'égard des choſes qui ſont partie d'une maiſon ou autre héritage, qu'elles ſont cenſées immeubles, & continuent d'en faire partie, quoiqu'elles en aient été détachées, tant que leur

leur destination est d'y être replacées ; tels sont les éclalas, qu'on sépare de la vigne pendant l'hiver, pour les y remettre au printemps ; les tuiles qu'on a ôtées de dessus une couverture pour les y remettre après que la couverture aura été réparée.

Cette destination conserve bien la qualité d'immeubles aux choses qui ont été déja attachées à l'héritage ; mais elle ne suffit pas pour la leur acquérir. C'est pourquoi des échalas, des tuiles & autres matériaux, quoique déja voiturés sur l'héritage pour y être attachés, n'en sont point censés faire partie, & conservent leur qualité de meubles jusqu'à ce qu'ils y soient effectivement attachés.

ARTICLE II.

Division des choses incorporelles en meubles & immeubles.

49. Le Droit coutumier ayant divisé tous les biens en meubles & immeubles, les choses incorporelles, quoiqu'elles ne soient pas par elles-mêmes susceptibles de ces qualités, doivent être assignées à l'une ou à l'autre de ces classes.

Les droits réels que nous avons dans un héritage, *jus in re*, tels que sont les droits de rente fonciere, de champart, d'usufruit, &c. sont réputés de même nature d'immeubles que l'héritage sur lequel ils sont à prendre.

Les droits que nous avons à cause de quelqu'un de nos héritages, tels que les droits de servitudes prédiales dûes à quelques-uns de nos héritages, sont censés immeubles de même que l'héritage, étant censés n'être autre chose que des qualités de l'héritage, & ne faire qu'un seul & même tout avec lui : *quid aliud sunt jura prædiorum quàmpridem qualiter se habentia. L.* 86, ff. *de verb. sign.*

50. A l'égard des droits de créance, qu'on appelle *jus ad rem*, qui résultent des obligations que quelqu'un a contractées envers nous, ils suivent la nature de la chose dûe qui en est l'objet, & à laquelle elle doit se trouver, suivant cette regle, *Actio ad mobile est mobilis*, *actio ad immobile est immobilis*.

Suivant ce principe, la créance d'une somme d'argent, ou de quelque autre chose mobiliaire, doit être assignée à la classe des biens meubles. On y doit pareillement assigner les créances qui résultent des obligations de faire ou de ne pas faire quelque choſe; car l'objet de ces créances conſiſte dans l'intérêt qu'a le créancier que le débiteur faſſe ce qu'il s'eſt obligé de faire, ou qu'il ne faſſe pas ce qu'il s'eſt obligé de ne pas faire; & même lorſque le débiteur ne fait pas ce qu'il s'eſt obligé de faire, le créancier ne peut exiger de lui que la ſomme à laquelle ſera réglé & eſtimé cet intérêt du créancier, qui fait l'objet de ces créances, étant quelque choſe de mobilier, puiſqu'il conſiſte dans la ſomme d'argent à laquelle il doit être réglé & eſtimé; d'où il ſuit que ces créances doivent être rangées ſous la claſſe des actions mobiliaires.

Cette déciſion a lieu quand même ces créances ſeroient accompagnées d'hypotheque même ſpéciale ſur quelque héritage du débiteur : car quoique l'hypotheque ſoit un droit dans la choſe, & ſoit par conſéquent, à le conſidérer en lui-même, de nature immobiliaire; néanmoins comme ce droit n'eſt qu'un acceſſoire des créances, une créance qui a pour objet quelque choſe de mobilier, n'eſt pas moins une créance mobiliaire, quoiqu'elle ſoit accompagnée d'hypotheque : car ce n'eſt pas de l'acceſſoire que la choſe principale tire ſa nature; mais c'eſt au contraire l'acceſſoire qui doit ſuivre celle de la choſe principale : *acceſſorium ſequitur naturam principalis.*

51. Les créances qui ont pour objet quelque héritage ou autre immeuble, doivent être aſſignées à la claſſe des biens immeubles. Telle eſt, par exemple, la créance ou action que j'ai contre celui qui m'a vendu un héritage, à ce qu'il ait à me le livrer.

Que ſi par la demeure & l'impuiſſance en laquelle s'eſt trouvé le vendeur de me livrer ce qu'il m'avoit vendu, l'action que j'avois pour me le faire livrer, s'eſt convertie en une action aux fins de dommages & intérêts; cette action ne ſera qu'une action mobiliaire, puiſqu'elle ne doit ſe terminer qu'à une ſomme d'argent à laquelle ſeront liquidés ces dommages & intérêts.

52. L'action qui naît de la vente qui m'a été faite des fruits pendans par les racines, ou d'un bois ſur pied pour le couper, eſt une action mobiliaire : car quoique ces choſes faſſent partie de la terre, & ſoient immeubles pendant qu'elles y ſont cohérentes, néanmoins les ayant achetées pour les acquérir ſeulement après que par leur ſéparation du ſol, elles ſeroient devenues meubles, l'action que j'ai *tendit ad quid mobile*, & par conſéquent eſt une action mobiliaire.

53. Les droits d'un fermier d'une métairie, & d'un locataire

d'une maiſon ſont des droits mobiliers : car le droit de ce fermier ou locataire n'eſt pas un droit dans la choſe, *jus in re ;* mais une créance ou action perſonnelle contre le bailleur, qui naît de l'obligation que le bailleur a contractée envers lui de le faire jouir pendant le temps du bail de la métairie ou de la maiſon. Or cette créance n'a pas pour objet la métairie même, ou la maiſon même ; elle ne tend pas à lui faire acquérir la métairie ou la maiſon ; mais elle a pour objet un fait, ſçavoir, à l'égard du fermier d'une métairie, *ut præſtetur ipſi frui licere ;* c'eſt-à-dire à ce qu'il puiſſe percevoir les fruits de la métairie, & les acquérir par la perception qu'il en fait : ces fruits devenant meubles par la perception qui en eſt faite, le droit du fermier tend donc à acquérir des meubles, & eſt par conſéquent un droit mobilier.

Pareillement à l'égard du locataire d'une maiſon, la créance qu'il a contre le bailleur, qui réſulte de ſon bail, a pour objet un fait *ut præſtetur ipſi habitare licere.* Or ces créances qui ont pour objet un fait, ſont de la claſſe des actions mobiliaires, comme nous l'avons vu *ſuprà.*

En cela le droit d'un Fermier & celui d'un locataire ſont différens du droit d'un uſufruitier, lequel étant un droit dans l'héritage, *jus in re*, eſt un droit immobilier.

Lorſqu'une choſe meuble & une choſe immeuble ſont dues ſous une alternative, la créance ſuit la nature de celle des deux qui aura été payée ou offerte au créancier.

Il n'en eſt pas de même lorſqu'une ſeule choſe eſt dûe, mais avec la faculté accordée au débiteur de prendre une autre choſe à la place : en ce cas la créance ſuit la nature de la choſe qui eſt dûe, & non de celle qui auroit été payée à ſa place.

54. Les Coutumes ſe ſont partagées ſur la claſſe à laquelle devoient être aſſignées les rentes conſtituées. Quelques Coutumes les rangent dans la claſſe des meubles : ces Coutumes ont conſidéré les rentes comme n'étant autre choſe que la créance d'autant de ſommes d'argent qu'il courra d'années depuis la création de la rente juſqu'à ſon rachat ; & par conſéquent comme une créance mobiliaire, ſuivant la regle ci-deſſus citée, *Actio ad mobile eſt mobilis*, puiſque les ſommes d'argent qui en ſont l'objet, ſont quelque choſe de mobilier.

Les autres Coutumes, du nombre deſquelles eſt la nôtre, & qui font le Droit commun, ont au contraire mis les rentes dans la classe des biens immeubles, parce qu'elles ont considéré la rente constituée, non pas simplement comme la créance des arrérages qui en doivent courir jusqu'au rachat, mais comme un être moral & intellectuel, distingué par l'entendement de ces arrérages, qui sont plutôt les fruits que produit la rente, qu'ils ne sont la rente même; puisque le créancier les perçoit sans entamer ni diminuer l'intégrité de la rente. Or cet être moral a paru, par le revenu annuel & perpétuel qu'il produit, ressembler aux biens immeubles, & devoir être par conséquent mis dans la classe de ces biens. On s'est d'autant plus porté à embrasser ce sentiment, que les patrimoines d'un grand nombre de familles sont souvent composés, pour le total ou pour la plus grande partie, de cette espece de biens.

Il n'importe pour qu'une rente soit réputée immeuble, qu'elle soit créée par un acte devant Notaires, ou par un simple billet sous seing privé. *Voyez sur les rentes constituées, l'art. 191 de notre Coutume.*

55. Les Coutumes ne se sont pas expliquées sur les rentes viageres. Les raisons qu'on pourroit alléguer pour les réputer meubles, sont, qu'il semble que les arrérages des rentes viageres forment tout le fonds & l'être entier de ces rentes, puisque la perception de tous lesdits arrérages courus jusqu'à la mort de la personne sur la tête de qui elles sont créées, acquitte & éteint entiérement lesdites rentes, qu'elles ne sont donc rien autre chose que la créance de ces arrérages, & par conséquent créances mobiliaires. Néanmoins il paroît avoir prévalu de réputer immeubles les rentes viageres aussi-bien que les perpétuelles. La raison est que de même que les Coutumes ont feint dans les rentes perpétuelles, un être moral & intellectuel, distingué par l'entendement, des arrérages qu'elles produisent, quoique dans la vérité ces rentes perpétuelles ne soient autre chose que la créance des arrérages qui en courront jusqu'à la fin du monde, ou jusqu'à leur rachat; on peut aussi de même dans les rentes viageres, feindre un être moral & intellectuel, distingué par l'entendement, des arrérages qui sont regardés comme les fruits civils desdites rentes; & considérer lesdites rentes comme n'étant différentes des perpétuelles qu'en ce que les rentes perpétuelles ont un être perpétuel; au-lieu que les viageres ont un être périssable, dont la durée est bornée au temps de la vie de la personne sur la tête de qui elles sont créées; mais à cela près, de même nature d'immeubles, puisque

les unes & les autres produisent un revenu annuel, à l'instar des véritables immeubles.

56. A l'égard des créances d'une somme exigible, qui produisent des intérêts *ex naturâ rei*, telles que sont les créances d'une somme pour le prix de la vente d'un héritage, dont l'acheteur a été mis en possession, ou pour un retour de partage, &c. il ne faut pas douter qu'elles ne laissent pas d'être *biens meubles*, puisque la somme d'argent qui en est l'objet principal, est quelque chose de mobilier.

Mais quoiqu'une rente constituée devienne, *ex accidenti*, exigible, *putà* par la faillite du débiteur, elle ne laisse pas de conserver sa qualité d'immeuble tant qu'elle durera, & jusqu'à ce qu'elle soit rachetée: car elle n'est pas pour cela, *in se*, la créance de la somme d'argent pour le prix de laquelle elle a été créée; & ce n'est qu'*ex accidenti* & *ex causâ extrinsecâ*, que le créancier a le droit de contraindre le débiteur au rachat de la rente par le paiement de cette somme.

57. On a douté autrefois à quelle classe de biens on assigneroit les Offices. La question ne peut pas tomber sur les Offices qui sont en la pleine disposition du Roi, auxquels il n'y a aucune finance attachée; tels que sont *les Offices de Chancelier de France*, de Premier Président des Parlemens, de Gouverneur de Province, &c. Ces Offices ne sont pas *in bonis*, ils ne sont pas *le bien* de celui qui en est revêtu, & par conséquent il ne peut y avoir lieu à la question s'ils sont biens meubles, ou biens immeubles.

La question tombe principalement sur les Offices vénaux, tels que sont ceux de judicature & de finance. Il faut distinguer dans ces Offices le droit d'exercer la fonction publique dans laquelle consiste l'Office, & la finance attachée à l'Office. Le droit d'exercer la fonction publique n'est pas ce qui est dans le commerce, & sur quoi tombe la question; c'est sur la finance attachée à l'Office. Cette finance consiste dans une somme d'argent qui a été payée lors de la création de l'Office, & dont il a été expédié quittance par le Garde du Trésor Royal, qu'on appelle quittance de finance de l'Office. Cette finance donne à celui qui l'a payée & à ses successeurs, soit à titre universel, soit à titre singulier, jusqu'à ce qu'il plaise au Roi de la rembourser, le droit de se présenter, ou une autre personne en sa place, au Roi pour être pourvu de l'Office. Le Roi n'est pas néanmoins astreint à accorder des provisions à la personne qui lui est présentée, & il n'est pas même obligé d'alléguer les raiſons qu'il a de les refuſer: mais lorſqu'il n'a aucune raiſon de refus, il accorde les proviſions de l'Office à la perſonne qui lui eſt préſentée, ſous la condition qu'elle ſera jugée capable par la Cour ou Juriſdiction à qui elles ſont adreſſées, & qui en ce cas doit recevoir le pourvu dans ſon Office.

C'eſt en tant que les Offices ſont conſidérés par rapport à cette finance qui y eſt attachée, qu'ils ſont dans le commerce, & qu'ils ſont *in bonis* des particuliers. Cette eſpece de biens étant d'une nature très-ſinguliere, il étoit très-incertain à laquelle des deux claſſes de biens meubles ou immeubles elle ſeroit aſſignée. On s'eſt déterminé à l'aſſigner à celle des biens immeubles. Notre Coutume en a une diſpoſition en l'article 485.

Il y a une autre eſpece d'Offices, qu'on appelle *Domaniaux*, parce qu'ils appartiennent au Domaine du Roi, & ont été engagés moyennant une certaine finance: ces Offices ſont pareillement réputés immeubles. Ils conſiſtent dans le droit qu'a *l'engagiſte* de percevoir certains droits pécuniaires attachés à l'exercice d'une fonction publique, à la charge par l'engagiſte d'exercer, ſoit par lui-même, s'il en eſt capable, ſoit par un Commis, cette fonction publique. Les Greffes ſont des Offices de cette nature.

Il y a de certains Offices dont dépend une pratique, tels que ſont les Offices de Notaire ou de Procureur. On entend par ce nom de *pratique*, l'univerſalité des dettes actives dûes au Notaire pour les actes qu'il a faits, ou au Procureur pour les inſtances qu'il a pourſuivies, tant pour les ſalaires qui leur ſont dûs pour ces actes ou procédures, que pour les déboursés qu'ils ont faits pour leurs parties.

Cette pratique ne doit point être regardée comme un acceſſoire de l'Office, ni par conſéquent en ſuivre la nature: c'eſt une eſpece de bien qui eſt diſtingué de l'Office, & qui étant compoſé de dettes actives mobiliaires, eſt un bien mobilier.

Les privileges de Perruquier ſont une eſpece de bien qui eſt réputé immeuble à l'inſtar des Offices; parce qu'il conſiſte pareillement en une quittance de finance qui a été payée au Roi pour le privilege. Cette quittance eſt dans le commerce, & elle donne à celui qui en eſt le propriétaire, le droit de ſe faire recevoir Maître Perruquier, ou une autre perſonne à ſa place, dans la ville où le privilege a été établi; pourvu que lui ou la perſonne qu'il préſente à ſa place, ait fait le temps d'apprentiſſage, & ait les autres qualités requiſes.

ARTICLE III.

De la division des immeubles en Propres & Acquêts.

§. I.

Définition des Propres & des Acquêts, & des différentes especes de Propres.

58. La distinction des biens immeubles en *propres* & *acquêts*, a lieu dans plusieurs matieres de notre Droit coutumier, sçavoir dans celles des testamens, des successions & du retrait lignager.

On entend par *propres*, ce que plusieurs Coutumes appellent *anciens héritages* (Bourgogne III, 46; Nivernois XXXIV, 12); c'est-à-dire les héritages de nos ancêtres, ou autres parens, qu'ils nous ont transmis par leur succession, ou par quelque autre titre équipollent à succession.

Les héritages qui ne sont pas propres, sont appellés *acquêts*, de quelque maniere que nous les ayons acquis, *commercio*, *merito aut fortunâ*.

En matiere de communauté de biens, le terme de *propre* se prend dans un autre sens, pour tout ce qui n'est pas commun, mais appartient en particulier à l'un des conjoints.

Il n'y avoit anciennement que les héritages & les droits dans un héritage qui fussent susceptibles de la qualité de *propres*, parce qu'il n'y avoit pas d'autre espece d'immeubles : mais depuis qu'on a inventé les rentes constituées, & qu'on les a rendues en quelque façon semblables aux héritages en leur donnant la qualité d'immeubles, ces especes de biens, dans les Coutumes telles que la nôtre, qui leur donnent cette qualité d'immeubles, sont aussi devenues susceptibles de la qualité de propres. Il faut dire la même chose des Offices.

59. Lorsqu'un Orléanois a recueilli la succession d'un parent domicilié sous une Coutume qui répute meubles les rentes constituées, c'est une question si les rentes qu'il a recueillies de cette succession, deviennent propres en sa personne.

Pour l'affirmative on dira que ces rentes sont devenues immeubles en la personne de l'héritier Orléanois dès l'instant qu'il a succédé ; que ce sont des immeubles qu'il a à titre de succession, & par conséquent des propres. Néanmoins j'inclinerois à penser que ces rentes ne sont pas propres, mais acquêts ; la raison est que les propres étant, comme nous l'avons dit selon le langage des Coutumes, *les anciens héritages*, il faut pour qu'une chose ait la qualité de propre, qu'elle ait eu la nature d'*héritage*, & ait été réputée immeuble dans la personne du défunt à qui l'héritier a succédé, aussi-bien que dans celle de l'héritier : car si elle n'a commencé à avoir la nature d'héritage que dans la personne de l'héritier, on ne peut dire qu'elle soit un *ancien héritage*, l'héritier étant le premier de la famille qui l'ait possédée comme héritage & immeuble. Boulenois, Tr. des Statuts, 2, XII, est de ce sentiment. L'Annotateur de Lebrun, Tr. de la Comm. l. 1, ch. 5, D. 4, n. 37, rapporte un Arrêt du 14 Mars 1697, & une Sentence des Requêtes du 10 Avril 1710, qui ont confirmé cette opinion.

60. Les propres se divisent en propres réels & propres fictifs. Les réels sont ceux que nous avons ci-dessus définis, & dont nous traiterons d'abord : nous traiterons des fictifs dans un autre article.

On distingue encore les propres en *naissans* & *avitins*. Les propres naissans sont ceux dans lesquels nous avons succédé à notre pere, notre mere, ou à quelque autre parent qui les avoit acquis, & qui ne les tenoit pas de la succession de quelqu'un de nos aïeux. Les avitins sont ceux que le parent à qui nous avons succédé, tenoit lui-même de la succession de quelqu'un de nos aïeux.

On distingue encore les propres en propres de ligne, & propres sans ligne.

Les propres *de ligne* sont ceux qui sont affectés à une certaine ligne ou famille d'où ils nous sont venus ; tels que sont les propres paternels ou les maternels.

Les propres *sans-ligne*, sont ceux qui ne sont pas plus affectés à une ligne qu'à l'autre, parce que le parent qui les avoit acquis, & de la succession duquel nous les avons eus immédiatement ou médiatement, étoit notre parent tant de pere que de mere. Tels sont les héritages que mon frere germain avoit acquis, & que j'ai eus de sa succession ou de celle de ses enfans.

61. Entre les propres de ligne, les uns sont affectés ou à toute la ligne ou côté paternel, tels que sont les propres naissans que j'ai eus de la succession de mon pere ; ou à toute la ligne ou côté maternel, tels que sont les propres naissans que j'ai eus de la succession de ma mere. D'autres sont affectés seulement à l'une des

des lignes dans lesquelles l'un desdits côtés se divise ou subdivise.

Pour comprendre ceci, il faut observer que chaque ligne ou côté de parenté se divise & subdivise en plusieurs lignes. Par exemple, ma parenté paternelle se divise en deux lignes; l'une, de mes parens du côté de mon aïeul paternel; l'autre, de ceux du côté de mon aïeule paternelle. Chacune de ces deux lignes se subdivise de même: par exemple, la ligne de mon aïeul paternel se subdivise en deux lignes; sçavoir en celle de mes parens du côté de mon bisaïeul, pere de cet aïeul; & l'autre en celle de mes parens du côté de ma bisaïeule, mere de cet aïeul, & *sic in infinitum.*

Pour connoître à quelle ligne un propre est affecté, il faut remonter jusqu'au premier de la famille qui l'a acquis, & d'où il est depuis parvenu par un fil non interrompu de successions, jusqu'à celui de la succession duquel il m'est avenu. Par exemple, si un héritage qui m'est avenu de la succession de ma mere, avoit été acquis & mis dans la famille par mon bisaïeul, pere de mon aïeul maternel, cet héritage sera affecté à la seule ligne de ce bisaïeul, c'est-à-dire, à ceux seulement de mes parens qui touchent ce bisaïeul de parenté, ou directe, ou au moins collatérale.

62. Lorsque le propre a été acquis pendant la communauté de biens de deux conjoints, & qu'il ne paroît pas de partage par lequel il soit tombé à l'un des deux; il sera pour la moitié propre de la ligne de l'un de ces deux conjoints, & pour l'autre moitié, propre de la ligne de l'autre conjoint.

Lorsqu'un héritage a été acquis pendant une continuation de communauté entre le survivant & un enfant, lequel a depuis succédé au survivant, cet héritage, dans notre Coutume, est acquêt à cet enfant pour la moitié qu'il avoit dans la continuation de communauté, & propre du côté du survivant, pour l'autre moitié, auquel il a succédé au survivant.

En cela notre Coutume est différente de celle de Paris & autres semblables, dans lesquelles l'enfant en ce cas est censé avoir succédé à l'héritage pour le total au survivant, lequel en conséquence lui est propre pour le total. La raison de différence est que dans ces Coutumes il n'y a lieu à la continuation de communauté que lorsqu'elle est demandée. C'est pourquoi lorsque l'enfant est devenu héritier du survivant sans l'avoir demandée, il n'y a pas eu de continuation de communauté: le survivant est censé avoir acquis pour lui seul l'héritage qu'il a acquis depuis la mort du prédécédé, & l'enfant y succede pour le total au survivant. Au contraire, dans notre Coutume d'Orléans, la continuation de communauté a lieu, quoiqu'elle n'ait pas été demandée : c'est une société formée par la Coutume, qui a lieu de plein droit.

63. Lorsque l'héritage est depuis si long-temps dans la famille, qu'on n'en connoît pas l'acquéreur, on remonte à celui de la famille qui en est le plus ancien possesseur connu ; & le propre est réputé de la ligne de ce plus ancien possesseur.

§. II.

Quelles Successions sont des propres, & quels titres équipollent à celui de Succession.

64. Il n'importe que le parent auquel nous avons succédé, soit de la ligne ascendante, descendante, ou collatérale ; mais les immeubles auxquels un mari, à défaut de parens, succede à sa femme, *aut vice versâ*, ne sont pas propres.

65. La succession de nos biens étant dûe par la loi de nature à nos enfans & descendans, les dons ou legs que nous leur faisons sont censés leur être faits en avancement de notre succession, ou pour leur en tenir lieu ; c'est pourquoi ces titres sont censés équipoller à succession, & les immeubles qu'ils ont à ces titres, sont propres.

66. Lorsqu'un pere a donné à son fils une rente d'une certaine somme, dont il s'est par la donation constitué débiteur envers lui, à prendre sur tous ses biens immeubles ; cette rente sera-t-elle propre ? Lors de la premiere édition de cet Ouvrage, j'avois suivi l'opinion de ceux qui pensoient que cette rente devoit être regardée comme un propre, que feu M. Rousseau, Professeur du Droit François en l'Université de Paris, m'avoit dit être alors l'opinion la plus suivie au Palais. Pour le fondement de cette opinion, on disoit que cette rente dont le pere s'est constitué débiteur envers son fils, par la donation qu'il lui en a faite, n'avoit pu, à la vérité, commencer à exister en sa forme de rente, que dans la personne du fils, le pere n'ayant pu, *per rerum naturam*, avoir une rente dont il avoit été le débiteur envers lui-même : mais si cette rente est une chose qu'il n'a pu avoir *formaliter*, en sa forme de rente, on doit nécessairement supposer

que le pere, avant de donner cette rente à ſon fils, avoit dans ſes biens cette rente, *non quidem formaliter*, dans ſa forme de rente; mais du moins *cauſaliter & eminenter;* autrement il n'en auroit pas pu faire donation à ſon fils: car on ne peut donner que ce que l'on a; *nemo dat quod non habet.* Avant donc que le pere eût donné cette rente à ſon fils, elle appartenoit au pere *cauſaliter*, en ce ſens qu'elle faiſoit partie de la maſſe & du corps du patrimoine du pere, lequel a été d'autant diminué par la donation par laquelle le pere s'en eſt conſtitué débiteur envers ſon fils. Cette rente eſt donc véritablement une choſe qui a paſſé du pere au fils à titre de donation, & une choſe immeuble, puiſque c'eſt une rente, & par conſéquent un propre.

J'ai appris depuis la premiere édition de cet Ouvrage, qu'il étoit intervenu un Arrêt qui avoit jugé, contre cette opinion, qu'une renté dont un pere s'eſt conſtitué débiteur envers ſon fils par la donation qu'il lui en a faite, eſt un pur acquêt en la perſonne du fils. Je me ſoumets de tout mon cœur à la déciſion de cet Arrêt. Ce qu'on dit pour l'opinion contraire, a plus de ſubtilité que de ſolidité. Dans la vérité des choſes, cette rente n'a commencé à exiſter que lorſque le pere a donné l'être à cette rente, par l'acte par lequel il s'en eſt conſtitué le débiteur. Cette rente, auſſi-tôt qu'elle a commencé à exiſter, a été une choſe appartenante au fils; elle n'a jamais appartenu au pere; elle ne peut donc être regardée que comme un acquêt du fils. L'exiſtence *cauſale* de cette rente qu'on ſuppoſe dans la perſonne du pere, avant qu'il en ait fait donation à ſon fils, n'eſt, dans la vérité, rien autre choſe que le pouvoir qu'avoit le pere de former cette rente, & de lui donner l'être en s'en conſtituant débiteur envers ſon fils. Ce pouvoir de former cette rente, eſt quelque choſe très-réellement diſtingué de la rente même que le pere a formée en s'en conſtituant débiteur. Par conſéquent, de ce que le pouvoir de former cette rente a exiſté en la perſonne du pere, il ne s'enſuit nullement que la rente elle-même ait exiſté en la perſonne du pere, ni par conſéquent qu'elle ait paſſé du pere au fils; ce qui ſeroit néceſſaire pour qu'elle fût propre.

Si le pere avoit donné à ſon fils une ſomme d'argent, pour le prix de laquelle il lui eût, par le même contrat, conſtitué une rente, nul doute qu'en ce cas la rente ſeroit acquêt; car ce n'eſt pas la rente que le pere a donnée, mais une ſomme d'argent pour le prix de laquelle le fils a acquis la rente.

67. Ce principe, que les donations & legs que nous faisons à nos enfans, sont considérés comme succession anticipée, a lieu quand même ils renonceroient à notre succession; car ils n'y renoncent que parce qu'ils se trouvent satisfaits & payés de cette dette naturelle dont nous étions tenus envers eux par le don ou legs que nous leur avons fait, lequel leur tient lieu de notre succession.

La décision a lieu, quand même nous leur aurions donné ou légué plus qu'ils n'auroient dû avoir dans notre succession.

Enfin elle a lieu quand même un aïeul auroit donné à son petit-fils, qui n'étoit pas son héritier présomptif, le petit-fils étant précédé par son pere: car les biens de l'aïeul devant, selon l'ordre & la loi de nature, parvenir un jour au petit-fils, sinon directement, au moins par le canal de son pere, l'aïeul, en les lui donnant, ne fait qu'anticiper le temps auquel ils doivent lui parvenir, & sauter par-dessus le canal par lequel il devoit les lui transmettre; c'est pourquoi ce don peut être considéré comme un avancement de sa succession.

68. Il n'en est pas de même des titres de commerce. Lorsqu'un pere vend à son fils un héritage, cet héritage lui est acquêt comme s'il l'eût acheté d'un étranger.

Mais quoique la dation en paiement passe pour une vente, lorsqu'un pere donne à son fils un héritage pour la somme qu'il lui avoit promise pour sa dot, il n'est pas censé le lui avoir vendu; on suppose plutôt que les parties se sont désistées de la donation de la somme d'argent, qui n'étoit pas encore exécutée, pour faire à la place donation de l'héritage; *Mol.* §. 33, *gl.* 1, *n.* 28. C'est sur ce principe que la Coutume de Paris, *art.* 26, décide que cet acte ne donne pas lieu au profit de vente; & le même principe doit faire décider que l'héritage n'est pas acquêt, mais propre en la personne du fils, qui est censé le tenir à titre de donation.

Les Commentateurs ont étendu cette disposition même au cas auquel un héritage seroit donné après la mort du pere en paiement de la somme par lui promise en dot à l'enfant qui avoit renoncé à sa succession, (Br. R. C. T.) même au cas auquel l'enfant se le feroit adjuger en paiement sur un curateur à la succession vacante; (*Renusson*, 1, VI, 7). Ces actes passent plutôt pour l'exécution de la donation qui se fait *quamvis in re diversâ*, que pour une vente qui lui soit faite de cet héritage pour le prix de la somme qui lui est due; c'est pourquoi il est censé tenir cet héritage à titre de donation, & il lui est par conséquent propre. Renusson, *dicto loco*, observe que si l'héritage étoit cédé à cet enfant pour une somme plus grande que celle qui lui étoit due pour sa dot, l'héritage ne seroit propre qu'à proportion de ce qui étoit dû pour la dot, & acquêt pour le surplus.

La Jurisprudence a encore étendu la disposition de cet article 26 de Paris à tous les actes d'accommodement de famille qui se passent entre un pere ou une mere & leurs enfans. C'est pourquoi lorsqu'un pere donne un héritage à son fils, à la charge de payer ses dettes, en tout ou en partie, ou pour se libérer envers lui d'un compte de tutelle; quoique ces actes paroissent être des donations onéreuses, ou des dations en paiement, qui sont des actes équipollens à vente, néanmoins il a prévalu de les regarder plutôt comme des anticipations de succession: le pere fait d'avance & de son vivant succéder son fils à cet héritage, aux mêmes charges qu'il y auroit succédé après sa mort; car il n'auroit pu succéder à son pere qu'à la charge d'acquitter ses dettes, soit envers les tiers, soit envers lui-même. *Arrêt du 12 Mai 1631, au premier tome du Journal des Audiences.*

69. Lorsqu'un pere acquiert un héritage au nom de son fils, l'héritage est un acquêt de ce fils qui a accepté cette acquisition, quand même le pere lui auroit remis la somme pour laquelle il l'a acquis; car en ce cas la donation tombe sur la somme qu'il lui a fournie pour acquérir l'héritage, plutôt que sur l'héritage.

Cela a lieu quand même le pere, après que le fils auroit accepté expressément ou tacitement l'acquisition de cet héritage, en auroit par la suite, fait donation à son fils: car la donation inutile qu'il fait à son fils d'un héritage qui lui appartenoit déja, ne peut empêcher que cet héritage ne continue d'être un acquêt de son fils. Il en seroit autrement s'il lui en avoit fait donation avant que son fils eût accepté l'acquisition faite en son nom; car le fils, en acceptant la donation qui lui en est faite, est censé ne pas accepter l'acquisition qui en avoit été faite en son nom.

Lorsque le pere est mort avant que le fils se soit expliqué sur l'acceptation de l'acquisition faite en son nom; si l'héritage se trouve compris dans le partage de la succession, c'est une preuve que le fils a refusé d'accepter l'acquisition qui en a été faite en son nom: & au contraire, si l'héritage n'a pas été compris dans le partage, c'est une preuve qu'il a accepté l'acquisition.

Si le fils héritier unique de son pere est mort lui-même sans s'être expliqué sur l'acceptation de cette acquisition, il ne laisse pas d'être censé l'avoir acquis. Cela n'est pas douteux, si le pere avoit qualité pour faire cette acquisition au nom de son fils, *putà* s'il étoit son tuteur; car le fait du tuteur étant le fait du mineur, le fils est censé avoir fait l'acquisition par le ministere de son pere. Mais même dans le cas auquel le pere, sans autre qualité que comme se faisant fort de son fils, auroit fait l'acquisition au nom de son fils, ce fils doit être réputé avoir accepté cette acquisition, & l'héritage doit en conséquence être censé acquêt. La raison en est qu'on est toujours présumé avoir choisi le parti le plus avantageux. Or ce fils étant nécessairement obligé d'être acquéreur de cet héritage, ou de son chef, ou comme héritier de son pere, il lui étoit plus avantageux de l'être de son chef en acceptant l'acquisition qui en a été faite en son nom; car il est plus avantageux d'être propriétaire à titre d'acquêt d'un héritage dont on a la pleine & libre disposition, que de le posséder comme propre.

Si le pere avoit acquis en son nom l'héritage, quoiqu'il en eût fait donation à son fils par le même acte, l'héritage seroit propre en la personne du fils; car dans cette espece, l'héritage a appartenu au pere au moins pendant un instant de raison, & a passé de lui au fils.

70. L'héritage donné à un ascendant ou collatéral, quoiqu'héritier présomptif du donateur, lui est acquêt (*voyez l'article* 211 *& les notes*). Cela a lieu quand même il seroit expressément dit qu'il est donné en avancement de succession: car il n'y a que nos enfans à qui nous devions de notre vivant notre succession: ce que nous donnons à d'autres héritiers présomptifs, ne peut être qu'une vraie donation, & non un paiement anticipé de la dette naturelle de notre succession, puisque nous ne la leur devons pas.

71. Les immeubles que quelqu'un a recueillis d'une substitution à laquelle il a été appellé, lui sont *propres*, lorsque l'auteur de la substitution étoit un de ses ascendans, quoiqu'il les ait recueillis par le canal d'un collatéral ou même d'un étranger. *Contrà vice versâ*, ils lui sont acquêts, lorsque l'auteur de la substitution n'étoit son parent qu'en collatérale, quoiqu'il les ait recueillis par la mort de son pere qui a donné ouverture à la substitution; *Arrêts des* 24 *Fév.* 1718 *&* 19 *Mars* 1720, *au Tome VII du Journal.* La raison en est, qu'un substitué ne tient pas du grevé les biens compris dans la substitution, mais de l'auteur de la substitution: c'est la substitu-

tion qui eſt ſon titre, & cette ſubſtitution eſt une donation en collatérale qui fait des acquêts.

Quelques Auteurs ont penſé que cette regle devoit ſouffrir exception lorſque la ſubſtitution a été faite dans l'ordre des ſucceſſions : leur raiſon eſt, que le teſtateur n'ayant eu, en faiſant la ſubſtitution, d'autre intention que d'aſſurer la conſervation de l'héritage en ſa famille, la ſubſtitution auroit un effet contraire à cette intention, ſi elle rendoit acquêt, dans la perſonne du ſubſtitué, l'héritage compris dans la ſubſtitution qui lui auroit été propre, s'il n'y avoit pas eu de ſubſtitution, & qu'il l'eût recueilli à titre de ſucceſſion. Mais ce ſentiment n'a pas prévalu. La raiſon ſur laquelle il eſt fondé eſt mauvaiſe : car il n'importe quelle intention ait eue l'auteur de la ſubſtitution, puiſque les qualités de *propre* ou d'*acquêt* dépendent uniquement de la nature du titre auquel les héritages nous ſont avenus, & non de la volonté de la perſonne qui nous les a tranſmis.

On a beaucoup agité la queſtion ſi la remiſe que le Roi fait d'une confiſcation aux enfans ou autres héritiers du condamné, tient lieu de ſucceſſion & fait des propres, ou ſi elle fait ſeulement des acquêts. Je penſe que cela doit beaucoup dépendre des termes du brevet. S'il paroît que le Roi a voulu ſe déſiſter de ſon droit de confiſcation, &, par la plénitude de ſa puiſſance, rendre au condamné le droit de tranſmettre ſes biens à ſes héritiers ; les biens immeubles dont la confiſcation aura été remiſe, ſeront propres : mais ſi le Roi a entendu faire ſimplement un don de ces biens, ils ſeront acquêts.

§. III.

Quelles choſes nous ſommes cenſés tenir à titre de ſucceſſion.

Premiere Maxime.

72. Il eſt évident que nous ne poſſédons plus à titre de ſucceſſion les héritages que nous avons eus de la ſucceſſion de quelqu'un de nos parens, lorſqu'après les avoir aliénés, nous en ſommes redevenus propriétaires par un nouveau titre d'acquiſition ; c'eſt pourquoi ces héritages ſont des acquêts. Mais lorſque nous en redevenons propriétaires plutôt par la deſtruction, ou même par

la ſimple ceſſation de l'aliénation que nous en avions faite, que par un nouveau titre d'acquiſition, nous recommençons à les poſſéder à titre de ſucceſſion, & ils recouvrent la qualité de propres qu'ils avoient avant l'aliénation.

Suivant ce principe, l'héritage que j'avois eu à titre de ſucceſſion, & que j'avois aliéné, reprend ſa qualité de propre, non-ſeulement lorſqu'en vertu de quelque action reſciſoire ou redhibitoire, l'aliénation que j'en avois faite a été déclarée nulle : mais auſſi lorſque ne l'ayant aliéné que pour un temps, j'en ſuis redevenu propriétaire par l'expiration de ce temps; ou lorſque l'ayant aliéné ſous quelque condition réſolutoire exprimée ou ſous-entendue, j'en ſuis redevenu propriétaire par l'exiſtence de cette condition, comme lorſqu'après avoir vendu mon héritage propre, j'y ſuis rentré en vertu d'une clauſe de réméré appoſée au contrat, ou lorſque pour cauſe de ſurvenance d'enfans, je ſuis rentré dans l'héritage que j'avois donné.

Il y a plus : quand même ce ne ſeroit en vertu d'aucune condition réſolutoire, mais *ex causâ novâ* que je redeviendrois propriétaire, il ſuffit que cette cauſe ſoit plutôt un réſiliement de l'aliénation que j'en avois faite, qu'un nouveau titre d'acquiſition, *magìs diſceſſus à contractu quàm novus contractus*, pour que je recommence à le poſſéder au même titre de ſucceſſion, & qu'il recouvre ſa qualité de propre; comme lorſqu'on me déguerpit l'héritage que j'avois aliéné à titre de bail à rente; *Arrêt du* 16 *Mars* 1717, *T. 6 du Journal;* ou même comme dans l'eſpece de l'article 112 de notre Coutume.

II. Maxime.

73. Pour que je ſois cenſé poſſéder à titre de ſucceſſion un héritage, & qu'il ſoit propre, il n'eſt pas néceſſaire que j'aie trouvé l'héritage même dans la ſucceſſion de mon parent; il ſuffit que j'y aie trouvé le droit en vertu duquel j'en ſuis depuis devenu propriétaire.

La raiſon de cette Maxime eſt, que le droit à une choſe étant, *juris effectu & eventu*, réputé la choſe même à laquelle il ſe termine, & dans laquelle il ſe fond & ſe réaliſe par la ſuite, ſuivant cette regle de Droit, *Is qui actionem habet, ipſam rem habere videtur*, L. 15, ff. *de R. J.* il ſuit de là que celui qui a ſuccédé au *droit à une choſe*, en vertu duquel il eſt devenu depuis propriétaire, eſt cenſé avoir ſuccédé à la choſe même.

Suivant

Suivant cette Maxime, si le parent à qui j'ai succédé, avoit acheté un héritage qui m'ait été livré par le vendeur depuis la mort de mon parent, je serai censé avoir cet héritage à titre de succession, quoique je n'aie pas trouvé l'héritage dans la succession de mon parent, mais seulement l'action *ex empto*, en vertu de laquelle je me le suis fait livrer, & en suis devenu propriétaire.

Pareillement, si le parent à qui j'ai succédé, avoit aliéné un héritage sous une condition résolutoire, & que cette condition ait existé depuis sa mort, je serai censé tenir à titre de succession l'héritage dans lequel je serai rentré par l'existence de cette condition, quoique je n'aie pas trouvé l'héritage même dans la succession, & même quoique le droit qui résultoit de la condition résolutoire, ne fût encore qu'un droit informe lorsque j'ai succédé à mon parent.

Lorsque l'acheteur d'un héritage à qui le parent dont je suis l'héritier l'avoit vendu & livré sans en recevoir le prix pour lequel il lui avoit donné terme, se désiste du marché par une convention que j'ai avec lui, cet héritage dans lequel je rentre, m'est propre; car j'ai trouvé, dans la succession de mon parent, le droit en vertu duquel j'y suis rentré. Ce droit est celui qu'a, dans tous les contrats synallagmatiques, la partie qui a, de sa part, exécuté le contrat, pour répéter contre l'autre partie qui refuseroit de l'exécuter de sa part, la chose qu'elle lui a donnée en exécution du contrat: c'est ce qu'on appelle *condictio ob rem dati re non secutâ*. La convention que j'ai eue, en ma qualité d'héritier du vendeur, avec l'acheteur de l'héritage, par laquelle il s'est désisté du contrat, est un acquiescement qu'il a donné à l'exécution de ce droit auquel j'ai succédé à mon parent, de rentrer, *condictione ob rem dati*, dans l'héritage, en cas d'inexécution du contrat. Par conséquent, en rentrant dans cet héritage en exécution de cette convention, j'y rentre en vertu d'un droit immobilier que j'ai trouvé dans la succession de mon parent; & par conséquent l'héritage m'est propre.

74. Lorsque j'ai succédé à une Seigneurie qui a droit de retrait féodal, ou droit de refus sur les héritages qui en sont mouvans, & que depuis j'exerce le droit de retrait féodal ou de refus sur quelqu'un de ces héritages qui n'a été vendu que depuis que la succession m'est échue, cet héritage est acquêt; car le droit attaché à la Seigneurie à laquelle j'ai succédé, n'est pas la cause prochaine de mon acquisition, il en est seulement la cause éloi-

gnée : ce droit auquel j'ai ſuccédé, n'eſt pas le droit préciſément d'avoir l'héritage ; c'eſt le droit d'être préféré à un autre, pour l'acheter toutes les fois qu'il ſera vendu : la cauſe prochaine de mon acquiſition eſt le contrat de vente qui en a été fait depuis la mort de mon parent ; & le droit de retrait ſur l'acheteur auquel ce contrat a donné ouverture, n'eſt pas celui auquel j'ai ſuccédé, mais en eſt ſeulement une eſpece de fruit civil, & en eſt diſtingué comme les fruits le ſont de la choſe qui les a produits. Je ne deviens donc pas propriétaire de l'héritage retiré, en vertu d'un droit auquel j'ai ſuccédé ; j'en deviens propriétaire à titre d'achat, puiſque mon droit de retrait n'eſt autre choſe que le droit de l'acheter préférablement à celui à qui il avoit été vendu ; & par conſéquent on ne peut douter qu'il ne ſoit acquêt. *Arrêt du mois de Janvier* 1623, *dans Bardet*, 1, 109.

Par la même raiſon, l'héritage qui m'eſt avenu par déshérence ou confiſcation, eſt acquêt, lorſque la déshérence ou la confiſcation ont été ouvertes de mon temps, quoique mon droit de juſtice ſoit un droit auquel j'ai ſuccédé à mes parens : car ce n'eſt pas *proximè & immediatè*, en vertu de ce droit de juſtice que je ſuis devenu propriétaire de l'héritage, mais en vertu du droit de déshérence ou de confiſcation né de mon temps, qui eſt diſtingué de mon droit de juſtice, comme la fille l'eſt de la mere, & comme le ſont les fruits de la terre qui les a produits. *Molin. in Conſ. Par.* §. 30, *N.* 182 & 183, *Argentré*, ff. 418, *gl.* 2.

Il en eſt autrement d'une autre eſpece de droit de déshérence que quelques Coutumes accordent aux Seigneurs de fief, en cas de défaillance de la famille de celui au profit de qui l'inféodation a été faite. Voyez mon *Traité de la Communauté.*

Lorſque le jugement de condamnation qui emporte confiſcation, a été prononcé à l'accuſé, ou exécuté par effigie ou par affiche, du vivant de mon parent auquel j'ai ſuccédé ; & pareillement lorſque la mort de celui qui eſt mort ſans héritiers, eſt arrivée du vivant de ce parent, quoiqu'il ſoit mort avant que de ſe faire adjuger les biens de ce condamné, ou de ce défunt mort ſans héritiers, & que c'eſt moi qui me les ſuis fait adjuger ; les biens que je me ſuis fait adjuger, ſont des propres en ma perſonne ; car, ſuivant le principe que nous avons établi ci-deſſus, il ſuffit pour cela que le droit de ſe les faire adjuger ait été acquis à mon parent, & que ce ſoit en vertu de ce droit que j'ai trouvé dans ſa ſucceſſion, que je me les ſuis fait adjuger, & que j'en ſuis devenu propriétaire.

Il en eſt de même, lorſque la vente qui a donné ouverture à l'action de retrait féodal, eſt intervenue du vivant de mon parent propriétaire de la Seigneurie à laquelle le droit de retrait eſt attaché, quoiqu'il ſoit mort ſans l'avoir exercé, & que ce ſoit moi qui l'aie exercé : l'héritage dont j'aurai exercé le retrait, me ſera propre; car l'action par laquelle je l'ai exercé, eſt une action qui a été acquiſe à mon parent, & que j'ai trouvée dans ſa ſucceſſion.

III. Maxime.

75. Je poſſede à titre de ſucceſſion & comme propre l'héritage dont j'ai trouvé la poſſeſſion dans la ſucceſſion de mon parent, quoiqu'il le poſſédât ſans aucun droit, juſqu'à ce que j'en ſois évincé, ou que je l'aie acquis du propriétaire par un nouveau titre d'acquiſition.

76. Lorſque quelqu'un m'a fait conteſtation ſur la propriété d'un héritage auquel j'ai ſuccédé, & que, par tranſaction, il s'eſt déſiſté de la demande pour une ſomme que je lui ai donnée, cette tranſaction ne doit pas paſſer pour un nouveau titre d'acquiſition, ni par conſéquent empêcher que cet héritage ne ſoit propre. On ne doit pas même admettre mon héritier aux acquêts à prouver que l'héritage appartenoit effectivement à celui avec qui j'ai tranſigé, & qu'ainſi l'acte eſt un titre d'acquiſition; à moins qu'il n'eût cette preuve à la main par des titres clairs & inconteſtables; autrement le Juge ne doit pas permettre de renouveller un procès aſſoupi par la tranſaction. Si la ſomme que j'ai donnée pour me conſerver l'héritage, égaloit ſa valeur; ce ſeroit une forte préſomption que l'acte ſeroit un vrai contrat de vente déguiſé ſous le nom de tranſaction.

77. Si quelqu'un, ſe faiſant fort du vrai propriétaire, avoit vendu un héritage à celui à qui j'ai ſuccédé, quoique le propriétaire n'ait ratifié la vente que depuis la mort de mon parent, & que je n'en ſois conſéquemment devenu propriétaire que depuis ce temps, néanmoins cet héritage ſera propre; car la ratification n'eſt pas un nouveau titre d'acquiſition; le propriétaire qui a ratifié eſt cenſé avoir fait lui-même la vente qui a été faite en ſon nom, ſuivant la regle de Droit, *Ratihabitio mandato comparatur*; & celle-ci, *Qui mandat, ipſe feciſſe videtur*; & c'eſt en vertu de cette vente, au droit de laquelle j'ai ſuccédé à mon parent, que je ſuis devenu propriétaire.

78. Si une femme ſous puiſſance de mari, ſans être autoriſée, avoit vendu un héritage au parent à qui j'ai ſuccédé, & que depuis cette femme devenue veuve, par un acte entre elle & moi, eût ratifié & conſenti à mon profit la vente qu'elle en avoit faite, j'inclinerois à penſer que cet héritage ſeroit acquêt; car il me paroît que cet acte ne peut paſſer que pour un nouveau titre d'aliénation qu'elle fait de cet héritage à mon profit, & non pour une ſimple confirmation de la vente qu'elle en avoit faite au défunt; ce qui eſt abſolument nul, tel qu'eſt un acte d'une femme non autoriſée, ne pouvant être confirmé.

79. Il n'en eſt pas de même de la ratification que feroit un mineur devenu majeur, de la vente qu'il auroit faite de ſon héritage en minorité; car la vente des héritages des mineurs n'eſt réputée nulle qu'en faveur des mineurs, & non *abſolutè* : elle ne l'eſt pas lorſque le mineur devenu majeur juge qu'elle lui eſt avantageuſe, ſoit en la ratifiant expreſſément, ſoit même tacitement, par le ſeul laps de dix ans qu'il laiſſe écouler depuis ſa majorité ſans ſe pourvoir contre. C'eſt pourquoi lorſqu'un mineur devenu majeur, depuis la mort du parent à qui j'ai ſuccédé, ratifie la vente qu'il lui a faite de ſon héritage en minorité, je ſuis cenſé avoir cet héritage en vertu de ce contrat de vente fait à mon parent, qu'il a confirmé par ſa ratification, & au droit de laquelle vente j'ai ſuccédé à mon parent; & par conſéquent l'héritage eſt propre.

IV. Maxime.

80. Un héritier eſt cenſé tenir à titre de ſucceſſion pour le total, & non pas ſeulement pour la part dont il eſt héritier, les héritages qui lui échéent par un partage fait avec ſes cohéritiers, quoique fait avec retour de deniers.

La raiſon eſt, que les partages ne ſont pas regardés comme des titres d'acquiſition, mais comme des actes qui n'ont d'autre effet que de déterminer la part auparavant indiviſe & indéterminée qu'avoit le co-partageant à ce qui lui eſt aſſigné pour ſon lot; de maniere qu'il eſt cenſé avoir directement ſuccédé au défunt à tout ce qui eſt échu en ſon lot, à la charge du retour.

Il en eſt de même de l'héritage dont un héritier ſe rend adjudicataire par licitation avec ſes cohéritiers, fût-ce l'unique héritage de la ſucceſſion (Arrêts du 23 Juin 1660, & du 24 Mai 1729, rapportés par Lacombe). La raiſon eſt, qu'une licitation équipolle à un partage; *L.* 22, §. 1, ff. *famil. ercisc.* D'ailleurs, le droit qu'a l'héritier de liciter l'héritage & d'en devenir propriétaire pour le total, s'il eſt le plus hardi licitant, étant un droit attaché à la qualité d'indiviſe qu'avoit la part à laquelle l'héritier à ſuccédé, on peut dire que lorſque par la licitation il devient propriétaire du total, il le devient en vertu d'un droit auquel il a ſuccédé.

Il en eſt de même des actes par leſquels un héritier acquiert de ſes cohéritiers, ou de quelqu'un d'eux, leurs parts à titre d'achat, ou à quelque autre titre onéreux que ce ſoit; car la préſomption eſt que la principale intention qu'ont eue les parties dans cet acte, a été de ſortir de communauté; & comme c'eſt ce que les parties ont eu principalement en vue, en paſſant un acte qui en conſtitue la nature, plutôt que le nom qu'on lui a donné, cet acte doit paſſer moins pour un titre d'achat, ou un autre titre d'acquiſition, que pour un acte qui tient lieu du partage qui étoit à faire entre les parties. *Voyez l'Arrêt du* 29 *Février* 1692, *au Journal du Palais.*

Que ſi un héritier acquéroit à titre de donation la part de ſon cohéritier, il eſt évident que ce titre ne pourroit paſſer pour tenir lieu de partage: c'eſt pourquoi cette part ſeroit acquêt.

§. IV.

De ce qui eſt uni à un propre, & de ce qui en reſte.

81. Tout ce qui eſt uni à un propre, en ſuit la nature, ſuivant la regle, *Acceſſorium ſequitur naturam rei principalis.* Ce principe a lieu à l'égard de l'union réelle, telle que celle d'un bâtiment conſtruit ſur un terrein propre, ou de ce qui eſt accrû par alluvion.

82. Il en eſt autrement lorſque l'union n'eſt que civile: par exemple, lorſque j'ai réuni à mon fief dominant des héritages qui en étoient mouvans, ces héritages ne laiſſent pas d'être acquêts, & ne ſuivent pas la qualité de propre qu'avoit mon fief dominant; car cette union n'eſt qu'une union de fief, une union civile: ces héritages n'en ſont pas moins des corps diſtincts & ſéparés, qui peuvent avoir une qualité différente; *Arrêt de* 1623, *cité* ſuprà, *N.* 74.

L'union de ſimple deſtination ne donne pas auſſi la qualité de propre à la choſe unie. Par exemple, lorſque j'acquiers un morceau de terre contiguë à celles d'une métairie qui eſt propre, quoique je l'unisse à ma métairie, en le donnant à ferme par un même bail avec ma métairie, & comme une terre qui en dépend, ou en l'enfermant dans l'enceinte de mon parc, dont j'ai pour cet effet reculé les murs, il ne laissera pas d'être acquêt.

83. Ce qui reste d'un propre, en conserve la qualité; & il en est de même des droits que quelqu'un retient dans un héritage propre en l'aliénant, tel qu'un droit de rente fonciere; & des droits qu'il conserve par rapport à cet héritage, telles que sont les actions rescisoires, l'action de réméré, &c.

ARTICLE IV.

Des Propres fictifs, & de leurs divisions.

84. Les propres fictifs sont les choses qui, dans la vérité, ne sont pas des propres, n'étant pas des immeubles que nous possédions à titre de succession; mais qui sont réputées l'être par une fiction résultante de la Loi ou de la convention.

Il y en a qu'on peut appeller *propres fictifs parfaits*, & d'autres qui sont *propres fictifs imparfaits*.

§. I.

Des Propres fictifs parfaits.

85. Les propres fictifs parfaits sont les propres de subrogation parfaite, c'est-à-dire les immeubles que j'ai acquis à la place & pour me tenir lieu d'un propre que j'ai aliéné. Ces immeubles ne sont pas propres véritables, puisque je n'en suis pas devenu propriétaire *jure sanguinis*, mais par un titre de commerce & d'acquisition: mais ils sont propres fictifs parfaits, parce que la fiction de la subrogation leur donne la même qualité de propre qu'avoit l'héritage dont ils me tiennent lieu, & ce dans tous les cas, & à l'égard de quelques personnes que ce soit, suivant la regle, *Subrogatum sapit naturam subrogati.*

Pour que cette fiction ait lieu, il faut, 1°. que la chose acquise à la place d'un propre, soit, par sa nature, susceptible de cette qualité; c'est-à-dire, soit immeuble, & située dans un pays régi par une Loi qui connoît la qualité de propre. Il faut, 2°. qu'elle nous tienne lieu immédiatement de notre héritage propre: tel eſt l'héritage que j'ai acquis en échange de mon héritage (*voyez l'article 385 de notre Coutume*) : mais ſi je vends mon héritage propre pour une certaine ſomme pour laquelle, par le même contrat, on me conſtitue une rente, cette rente ne ſera pas propre, parce qu'elle ne me tient pas lieu immédiatement de mon héritage, mais ſeulement de la ſomme pour laquelle je l'ai vendu.

86. Une perſonne a laiſſé dans ſa ſucceſſion un héritage de valeur de 40,000 livres, qui eſt pour moitié propre paternel, & pour l'autre moitié propre maternel, ayant été acquis conjointement par ſes pere & mere ; il laiſſe un autre héritage de valeur de 20,000 livres, qui eſt en entier propre paternel. L'héritier paternel, pour éviter le partage qui étoit à faire entre lui & l'héritier maternel, & retenir en entier l'héritage de 40,000 livres, cede à cet héritier maternel le petit héritage paternel. On doit, ſuivant notre principe, décider que cet héritage paternel cédé à l'héritier maternel, ſera, par ſubrogation en la perſonne de cet héritier maternel, réputé propre de la même ligne qu'étoit la portion maternelle de l'héritage de 40,000 livres, à laquelle il a ſuccédé ; car il lui tient lieu immédiatement de cette part, qui étoit un propre maternel. *Voyez Sens*, 44, & *Troyes*, 154.

87. Il n'en eſt pas de même lorſque deux enfans partagent confuſément les ſucceſſions de leurs pere & mere, & que tous les héritages paternels tombent au lot de l'un, & tous les maternels au lot de l'autre : les héritages paternels ſont pour le total propres paternels en la perſonne de l'enfant à qui ils ſont tombés, & les maternels ſont, pour le total, propres maternels en la perſonne de l'autre. Cette eſpece-ci eſt très-différente de la précédente. Dans la précédente, l'héritier maternel ne ſuccédant pas aux propres paternels, il ne peut être cenſé avoir le propre paternel qui lui a été cédé, qu'à la place du maternel auquel il a ſuccédé ; ce qui le rend par ſubrogation propre maternel : mais chaque enfant étant héritier tant du pere que de la mere, & la vérité devant prévaloir ſur la fiction, les héritages qui ſont avenus à chacun deſdits enfans, doivent être plutôt cenſés lui être avenus de la ſucceſſion d'où ils viennent véritablement, qu'ils ne doivent être cenſés ſubrogés, par le ſecours de la fiction, à la part qui lui revenoit dans les biens de l'autre ſucceſſion ; & on doit plutôt croire que le retour que devoit à ſon frere celui à qui ſont tombés, pour le total, les héritages de la ſucceſſion du pere, quoiqu'il n'en fût héritier que pour moitié, a été compenſé avec celui qui lui étoit

dû par son frere, à qui sont avenus pour le total ceux de la succession de la mere, quoiqu'il n'en fût pareillement héritier que pour moitié. On cite à la fin du *Traité des Propres* de Renusson, un Arrêt de 1710, qui a jugé conformément à ce sentiment.

D'Argentré, sur l'article 418 de *Bretagne*, donne une semblable décision dans l'espece de deux freres, qui avoient partagé confusément les acquêts qu'ils avoient faits en commun, & les biens de la succession de leur pere.

§. II.

Des Propres fictifs imparfaits formés par l'article 351 de la Coutume.

88. La Coutume, *art.* 351, veut que lorsque la rente d'un mineur est rachetée, ou que son héritage est vendu durant sa minorité, la somme de deniers provenue du prix du rachat de cette rente, ou de la vente de cet héritage, ou l'emploi qui aura été fait de cette somme, ait dans la succession du mineur la même qualité de propre de ligne qu'avoit la rente ou l'héritage.

La Coutume ne fait, par cet article, que des propres imparfaits, puisqu'ils ne sont réputés tels que dans le seul cas de la succession du mineur; & il faut même qu'il décede en minorité. En cela la subrogation que cet article produit, differe de la subrogation parfaite. Elle en differe encore, en ce que la subrogation parfaite ne fait passer la qualité de propre qu'à des immeubles, qui tiennent lieu immédiatement de celui qui a été aliéné; au lieu que la subrogation imparfaite que cet article de la Coutume produit, fait passer la qualité de propre à des sommes de deniers, & à des choses qui ne tiennent lieu que médiatement de la rente propre qui a été rachetée, ou de l'héritage qui a été aliéné. *Voyez* sur cette espece de propre, *l'art.* 351 *de notre Coutume, & les notes.*

§. III.

Des Propres fictifs conventionnels.

89. Les propres conventionnels que forment les conventions par lesquelles on stipule qu'une somme de deniers donnée à l'un des futurs conjoints, ou par lui apportée en mariage, lui sera propre,

pre, ou par lesquelles on convient qu'elle sera employée en acquisition d'héritage, sont aussi des propres imparfaits; car ces propres ne sont réputés tels que pour le seul cas de la convention, & seulement entre les familles qui y ont été parties.

Ces propres conventionnels ont plus ou moins d'effet, suivant qu'on a donné plus ou moins d'étendue à la convention.

90. Lorsqu'on est seulement convenu qu'une somme de deniers seroit propre à l'un des futurs époux, ou qu'elle seroit employée en achat d'héritages, sans rien ajouter de plus; cette convention ne fait de cette somme qu'un simple propre de communauté; & l'autre conjoint survivant succede à ses enfans comme à un pur mobilier, au droit qu'ils ont de reprendre cette somme. Néanmoins lorsque c'est la femme qui a apporté une somme, avec la clause qu'elle seroit employée en achat d'héritages; si le mari n'avoit pas satisfait à la clause, soit en n'acquérant aucun héritage, soit en ne faisant pas de déclaration d'emploi dans les contrats d'acquisition de ceux qu'il auroit acquis, on jugeoit autrefois qu'il ne devoit pas succéder à ses enfans au droit de reprise de cette somme, parce que, s'il eût fait l'emploi, il ne leur auroit pas succédé aux héritages qui auroient été acquis de cette somme, lesquels auroient été des propres maternels; & qu'il semble qu'il ne doit pas profiter de sa négligence: mais cette Jurisprudence a changé, & le mari n'est plus exclus de cette succession, à moins qu'il ne se fût formellement obligé par le contrat de mariage à faire cet emploi; auquel cas, étant tenu des dommages & intérêts résultans de l'inexécution de son obligation, envers la famille de sa femme, envers qui il l'a contractée, il doit, pour lesdits dommages & intérêts, abandonner à cette famille cette succession. *Voyez Renusson, Traité des Propres, chap.* 6, §. 7.

91. La convention de propre a plus d'étendue, lorsqu'elle est faite non-seulement au profit de l'un des futurs, mais au profit de ses enfans; ce qui s'exprime par cette addition, *& aux siens;* en ce cas, le droit de reprise de la somme stipulée ainsi propre, n'est pas un simple propre de communauté, mais un propre fictif de succession, en faveur des enfans qui se succedent les uns aux autres aux parts qu'ils ont dans cette reprise, comme à un propre du prédécédé, à l'exclusion du survivant, leur héritier au mobilier.

Mais, comme ces termes, *siens*, *hoirs*, dans leur étroite signification, selon laquelle s'interpretent les conventions des propres qui sont de droit étroit, ne comprennent que les enfans, & ne s'étendent pas aux collatéraux, le droit de reprise cesse d'être réputé propre dans la personne du dernier qui reste des enfans, & le survivant lui succede à cette reprise, comme à un pur mobilier.

92. Lorsque les collatéraux ont été compris dans la convention de propre; comme lorsqu'il est dit, *laquelle somme sera propre à la future, aux siens & à ceux de son côté & ligne*; en ce cas, le droit de reprise de la somme ainsi stipulée propre, est réputé même dans la personne de celui des enfans qui est resté le dernier, un propre fictif du côté du prédécédé, auquel succedent ses parens de ce côté, à l'exclusion du survivant.

93. Ce droit de reprise n'est réputé propre que pour le cas de la succession: c'est pourquoi les enfans qui ont succédé à ce droit de reprise, peuvent, lorsqu'ils sont parvenus à l'âge de tester, en disposer comme d'un pur mobilier, même au profit de l'autre conjoint survivant, à moins que la convention de propre ne portât expressément que la somme seroit propre, *même quant à la disposition* ou *quant à tous effets*.

94. Observez, 1°. sur les conventions de propre, que celles qui se bornent à faire de simples propres de communauté, peuvent se faire par de simples contrats de donations ou par des testamens, aussi-bien que par des contrats de mariages: car, suivant la regle, *Unicuique licet quem voluerit modum liberalitati suæ apponere*, un donateur ou testateur peut donner, à la charge que ce qu'il donne n'entrera pas dans la communauté de biens qui est entre le donataire & sa femme. Mais ce n'est que par le contrat de mariage qu'on peut faire des conventions de propres qui fassent des propres fictifs de succession; car les successions étant de droit public, on ne peut pas, hors les contrats de mariage que notre Droit rend susceptibles de toutes conventions, faire aucune convention ou disposition qui en intervertisse l'ordre, suivant cette regle, *Privatorum pactis juri publico derogari non potest*; & cette autre, *Privatorum cautionem legum autoritate non censeri*. *L.* 16, ff. *de suis & leg. her.*

95. Observez, 2°. que les conventions de propre étant de droit étroit, elles s'entendent selon la rigueur des termes, & ne sont guere susceptibles d'aucune extension ni interprétation qui s'en écarte: c'est par cette raison que nous avons dit ci-dessus, que dans ces conventions, les termes de *siens*, *hoirs*, ne s'étendoient pas aux collatéraux. Au reste, ils ne se bornent pas aux seuls

enfans qui naîtront du futur mariage; mais ils comprennent indiſtinctement tous les enfans.

C'eſt auſſi par cette raiſon que, lorſqu'un pere ou une mere a doté *de ſuo* ſa fille d'une ſomme de deniers, & a ſtipulé qu'elle ſeroit *propre à la future, aux ſiens, & à ceux de ſon côté & ligne;* quoiqu'on jugeât autrefois que cette convention de propre devoit être cenſée faite au profit de la ſeule famille du donateur qui étoit cenſé avoir voulu conſerver ſon bien à ſa famille, plutôt qu'à celle de ſa femme; néanmoins on juge aujourd'hui que tous les parens de la future épouſe ſont indiſtinctement compris dans cette convention de propre; parce que, dans cette phraſe, ces termes, *de ſon côte & ligne*, dans le ſens rigoureux & grammatical, ſe réferent à la future, & s'entendent de tous ceux qui ſont du côté & ligne de la future, & non pas ſeulement de ceux qui ſont du côté & ligne du donateur. On l'a ainſi jugé par Arrêt du 4 Juillet 1713, *R. au t. 6 du Journal.* Autre Arrêt, en forme de Réglement, du 16 Mars 1733, rapporté par Lacombe.

Par la même raiſon, s'il eſt dit qu'en cas d'aliénation des propres de l'un des futurs conjoints, l'action de remploi lui ſera propre, *aux ſiens, & à ceux de ſon côté & ligne*, cette action ne ſera pas affectée ſeulement à ceux de la ligne d'où le propre procede, mais généralement à tous les parens dudit futur. Arrêt du 16 Mai 1735, rapporté par le même Auteur.

96. Par la même raiſon, lorſque l'un des futurs a ſtipulé propre à ceux de ſon côté & ligne, *le ſurplus de ſes biens*, la convention ne comprend que le mobilier qu'il avoit lors de ſon mariage, & ne s'étend pas à ce qui lui eſt échu depuis par ſucceſſion ou donation; ni même aux actions de remploi du prix de ſes propres qui ſeroient aliénés durant le mariage.

Néanmoins ſi le ſurplus de ſes biens ne conſiſtoit qu'en immeubles; comme ils n'ont pas beſoin de convention pour être propres, & que conſéquemment la convention ne peut avoir aucun effet que dans le cas auquel ils ſeroient aliénés, & par rapport à l'action de remploi; on en doit néceſſairement conclure, en ce cas, que c'eſt l'action du remploi du prix deſdits immeubles qui pourroient être vendus, qu'on a eu en vue, & qui a fait l'objet de la convention.

Suivant le même principe, la clauſe que les ſucceſſions qui aviendront à l'un des futurs conjoints, lui ſeront propres, *& aux ſiens, &c.* ne s'étend pas aux donations ou legs qui lui ſeront faits pendant le mariage. Lebrun, *l. 3*, *ch. 2*, §. *1*, *D. 3*, *N. 34*, en exclut même les donations qui lui seroient faites par quelqu'un de ses ascendans : mais cet avis est trop rigoureux ; car ces donations étant des avancemens de succession, elles sont comprises sous le terme de *succession*, & paroissent avoir été l'objet de la convention. *Vice versâ*, la clause que ce qui aviendra à l'un des futurs par donation ou legs, lui sera propre *& aux siens*, *&c.* ne s'étend pas aux successions ; mais elle comprend les donations qui lui seroient faites par quelqu'un de ses ascendans, aussi-bien que les autres ; car, quoiqu'elles soient réputées successions anticipées, elles n'en sont pas moins aussi donations. Suivant ce même principe, ces clauses ne comprennent que ce qui avient au conjoint pendant le mariage, & non ce qui avient depuis sa mort, par succession ou donation à ses enfans. *Renusson*, *vj*, 5, 18.

97. Observez, 3°. que les conventions n'ayant d'effet qu'entre les parties contractantes, suivant cette regle, *Animadvertendum ne conventio in aliâ re facta aut cum aliâ personâ, in aliâ re aliâve personâ noceat*, l. 27, §. 4, *de pact.* les propres conventionnels ne peuvent être réputés tels qu'en faveur de la famille du conjoint qui a fait la stipulation, & seulement contre la famille de l'autre conjoint. C'est pourquoi si Titius *Primus* a épousé Sempronia, qui a apporté une somme de 10,000 livres, qu'elle s'est stipulée propre, & à ceux de son côté & ligne ; & que Sempronia ait laissé pour fils & héritier Titius *Secundus*, qui a épousé Maria, lequel Titius est mort, & a laissé pour héritier Titius *Tertius*, qui est mort aussi ; Maria sa mere succédera, comme à un mobilier, à son fils, au droit de reprise de la somme de 10,000 livres, que Sempronia avoit stipulée propre à ceux de son côté & ligne, sans que ceux du côté & ligne de Sempronia puissent lui disputer cette succession ; car ce droit de reprise n'est propre conventionnel du côté & ligne de Sempronia que vis-à-vis de la famille des Titius avec qui la convention a été faite, & il ne peut être réputé tel vis-à-vis de Maria, qui n'y étoit pas partie.

Il suit de notre principe, que Lebrun s'est grossiérement trompé, lorsqu'il a dit, *l. 1*, *ch. 5*, *S. 1*, *D. 3*, *N. 12*, que lorsqu'une veuve créanciere de la reprise de ses deniers stipulés propres, *même quant à la disposition*, par son premier contrat de mariage, passoit à un second, cette reprise ne tomboit pas dans la communauté légale de ce second mariage, étant réputée immeuble, même pour le cas de la disposition : car cette reprise n'étant qu'un propre conventionnel, ne peut être réputée immeuble que vis-à-vis de la famille du premier mari, avec qui la convention a été faite, & non vis-à-vis de son second mari, à qui cette convention de propre, qui n'a pas été faite avec lui, ne peut être opposée.

Depuis la premiere édition de notre Ouvrage, il est intervenu, sur les conclusions de M. de Saint-Fargeau, alors Avocat-Général, un Arrêt du 17 Mai 1762, en forme de Réglement, qui a restreint encore davantage l'effet de ces conventions. Avant cet Arrêt, les conventions par lesquelles l'un des conjoints stipuloit propres ses effets mobiliers, *à lui, aux siens, & à ceux de son côté & ligne*, étoient regardés comme des loix entre les deux familles; & les propres formés par ces conventions, étoient regardés comme tels dans la succession des enfans du conjoint qui avoit fait la stipulation, non-seulement contre l'autre conjoint, mais pareillement contre tous les parens de la famille de l'autre conjoint. Mais cet Arrêt a jugé que ces conventions ne devoient avoir d'effet qu'entre les seules parties contractantes, c'est-à-dire, entre les seuls conjoints; & qu'en conséquence, dans la succession des enfans de celui des conjoints qui a fait la stipulation, les héritiers aux propres du côté du conjoint qui a fait la stipulation, ne pouvoient prétendre comme propres de leur côté, les effets mobiliers compris en la stipulation, que contre l'autre conjoint qui se trouveroit être l'héritier au mobilier de cet enfant, & contre ceux qui seroient à ses droits; mais qu'ils ne pouvoient pas prétendre comme propres les effets mobiliers compris en la stipulation contre les parens de la famille de l'autre conjoint, qui viendroient de leur propre chef à la succession de l'enfant, comme ses plus proches parens, & ses héritiers au mobilier; la convention par laquelle ils ont été stipulés propres, étant une convention à laquelle ils n'ont pas été parties. *Voyez mon Traité de la Communauté*, n. 339, où j'ai rapporté cet Arrêt.

98. Ces propres conventionnels s'éteignent lorsque la fiction a été consommée.

Observez que lorsqu'une somme a été stipulée propre à plusieurs enfans par leur mere, l'un de ces enfans venant à mourir, la fiction n'est pas consommée pour la part que cet enfant avoit dans la reprise de cette somme, par la succession de cette part à laquelle ses freres & sœurs ont succédé comme à un propre, à l'exclusion du pere : car cette part à laquelle ils ont succédé à leur frere, sera encore considérée comme un propre dans leur succession, lorfqu'ils mourront. La fiction ne sera consommée que lorsqu'il ne restera plus qu'un enfant; & si la stipulation a été faite au profit de ceux du côté & ligne, la fiction ne sera consommée que par la succession des collatéraux au dernier resté des enfans.

Ces propres conventionnels s'éteignent aussi par le transport que l'enfant créancier de la reprise de la somme stipulée propre, en fait à quelqu'un; de même que les héritages perdent la qualité de propres réels, par l'aliénation qu'en font ceux en la personne de qui ils avoient cette qualité de propres. Ils s'éteignent aussi par le paiement que le conjoint, débiteur de la somme réservée propre par le prédécédé, en fait à ses enfans à qui la reprise en appartient; car la créance de la reprise de cette somme étant éteinte par le paiement qui en est fait, ne peut plus avoir la qualité de propre; ce qui n'existe plus n'étant pas susceptible d'aucune qualité. Par la même raison, lorsque les enfans créanciers de la somme réservée propre, sont devenus héritiers purs & simples du survivant qui en étoit le débiteur, leur créance étant éteinte par la confusion qu'opere le concours des deux qualités de créanciers & de débiteurs dans leurs personnes, il ne peut plus rester de propre conventionnel.

Secùs, s'ils avoient accepté la *succession sous bénéfice* d'inventaire, le bénéfice d'inventaire empêchant cette confusion. *Voyez l'Introduction au Titre XVII, ci-après, n.* 52.

Ces décisions souffrent exception, lorsque l'enfant qui a fait le transport, ou à qui le paiement du propre conventionnel a été fait, ou qui a succédé au survivant qui en étoit le débiteur, étoit mineur, & est décédé mineur; car, en ce cas, les deniers qu'il a reçus en paiement du prix de ce propre conventionnel doivent tenir même nature de propre en sa succession, suivant l'art. 351 de notre Coutume, comme il a déja été dit au paragraphe précédent. Pareillement les biens auxquels il a succédé au survivant débiteur du propre conventionnel, doivent, jusqu'à due concurrence, tenir lieu à cet enfant du remploi de ce propre conventionnel qui s'est éteint par l'acceptation de cette succession; & ce remploi doit, aux termes dudit article 351, tenir même nature de propre que le propre conventionnel, en la succession de cet enfant, s'il décede mineur.

Il pourroit y avoir lieu à la reprise de la somme propre, dans la succession de l'enfant qui en auroit été payé, même dans le cas auquel il seroit décédé majeur, si la clause étoit ainsi conçue:

laquelle ſomme demeurera propre à la future, aux ſiens, & à ceux de ſon côté & ligne, qui la prendront dans la ſucceſſion des enfans, ſoit que la repriſe leur en fût encore due, ſoit qu'elle eût été déja payée auxdits enfans.

SECTION II.

Des Droits par rapport aux choſes; & de la Poſſeſſion.

99. On conſidere, par rapport aux choſes, deux eſpeces de droits; le droit qu'on a dans la choſe, *jus in re;* & le droit qu'on a ſimplement à la choſe, *jus ad rem.* Il y a pluſieurs eſpeces particulieres de droits *dans la choſe*, que nous allons indiquer.

§. I.

Du Domaine de propriété.

100. La principale eſpece de droit qu'on a dans une choſe, eſt le droit de domaine ou de propriété. Ce droit, lorſqu'il eſt parfait, renferme éminemment tous les autres, qui n'en ſont que des émanations.

On peut définir le droit de propriété, le droit de diſpoſer d'une choſe comme bon ſemble, ſans donner atteinte au droit d'autrui, ni aux Loix.

Ce droit de *diſpoſer* qu'a le propriétaire, renferme celui de percevoir tous les fruits de la choſe, de s'en ſervir non-ſeulement aux uſages auxquels elle paroît naturellement deſtinée, mais même à tels uſages que bon lui ſemblera; d'en changer la forme; de la perdre & détruire entiérement; de l'aliéner; de l'engager; d'accorder à d'autres dans cette choſe tel droit que bon lui ſemblera; & de leur en permettre tel uſage qu'il jugera à propos.

101. Le propriétaire ne peut pas néanmoins toujours faire toutes ces choſes que le droit de propriété renferme: il peut en être empêché, ſoit par le défaut de ſa perſonne, comme par ſa minorité ou par l'interdiction de ſa perſonne, ſoit par quelque imperfection de ſon droit.

Par exemple, celui qui eſt propriétaire ſous quelque condition réſolutoire appoſée au titre d'acquiſition que lui ou ſes auteurs ont faite de la choſe, ou qui eſt grevé de ſubſtitution, ne peut l'aliéner, l'engager, ni accorder à d'autres des droits dans cette chose que pour le temps que doit durer son droit de propriété ; c'est-à-dire, jusqu'au temps de la condition ou de l'ouverture de la substitution qui le doit résoudre. Il ne doit aussi ni perdre, ni détériorer cette chose au préjudice de ceux à qui elle doit retourner après l'extinction de son droit.

Pareillement le propriétaire d'une chose dans laquelle d'autres ont quelque droit, comme d'usufruit, de rente fonciere, &c. n'ayant pas une propriété parfaite, puisqu'elle est diminuée par les droits que d'autres ont dans la chose, il ne lui est pas permis de la perdre, ni de la détériorer au préjudice du droit des autres.

Pareillement, quoique le domaine de propriété renferme le droit de percevoir les fruits de la chose, néanmoins si quelqu'un a le droit d'usufruit de cette chose, le propriétaire ne peut les percevoir tant que l'usufruit durera.

Ces termes de la définition, *sans donner atteinte aux droits d'autrui*, ne s'entendent pas seulement des droits que d'autres ont ou doivent avoir un jour dans l'héritage ; ils s'entendent aussi des propriétaires & possesseurs voisins. Quoique le domaine de propriété donne au propriétaire le pouvoir de faire ce que bon lui semble dans son héritage, il ne peut néanmoins y faire ce que les obligations du voisinage ne permettent pas d'y faire au préjudice des voisins. *Voyez le second Appendice à notre Traité du Contrat de Société*, où nous avons traité des obligations du voisinage.

Enfin, quelque grand que soit le pouvoir que le domaine de propriété donne au propriétaire de disposer de sa chose comme bon lui semble, il est borné par les Loix. Par exemple, quoique le propriétaire d'une chose ait une liberté indéfinie de la vendre, & de la transporter où bon lui semble ; néanmoins lorsqu'il y a une Loi qui défend d'exporter hors du Royaume certaines marchandises, le propriétaire de ces marchandises ne peut licitement les exporter, ni les vendre pour le compte de l'étranger.

Nous avons aussi ajouté, *ni aux Loix ;* car s'il y avoit quelque Loi de Police qui ordonnât quelque chose pour conserver la symmétrie des maisons qui composent une place publique, les propriétaires des maisons de cette place ne pourroient pas en changer la forme d'une maniere contraire à ce qui seroit prescrit par cette Loi.

102. Les bornes de cette Introduction ne nous permettent pas de traiter ici des différentes manieres d'acquérir le droit de domaine ou propriété, soit par le droit naturel, soit par le droit civil.

civil. Il nous suffira d'observer que les simples conventions ne peuvent que former des obligations, & n'ont pas la vertu de transférer le domaine d'une personne à une autre, si elles ne sont accompagnées ou suivies de tradition réelle ou feinte; *traditionibus & usucapionibus dominia rerum non nudis pactis transferuntur*; *l.* 20, *Cod. de pact.* ou si ce n'est que la chose se trouvât déja, lors de la convention, pardevers celui à qui l'on veut en transférer le domaine.

La tradition réelle, si la chose est un immeuble, se fait *de manu in manum datione;* c'est-à-dire, lorsque celui qui entend m'en faire la tradition, la remet entre mes mains, ou entre les mains d'une personne par qui je l'envoie querir, & qui la reçoit pour moi & en mon nom.

Si c'est un héritage, la tradition réelle s'en fait par la possession que j'en prends du consentement de celui qui entend m'en faire la tradition, en me transportant sur l'héritage, ou par moi-même, ou par quelqu'un que j'y envoie de ma part.

Lorsque celui qui entend me faire la tradition d'une maison, m'en remet les clefs après en avoir délogé ses meubles, c'est une tradition symbolique qui équivaut à la tradition réelle.

Il en est de même de la remise qui m'est faite des clefs d'un magasin où sont les marchandises dont on entend me faire la tradition : cette remise des clefs du magasin est une tradition symbolique qui équivaut à la tradition réelle des marchandises. *L.* 9, §. 6, ff. *de acq. rer. dom.*

La montrée qui m'est faite d'une chose dont on entend me faire la tradition, avec le pouvoir qui m'est donné de m'en saisir ou de la faire enlever, est aussi une espece de tradition qui équivaut à la tradition réelle; je suis censé, en attendant, en prendre possession *oculis & affectu*; l. 1, §. 21, ff. *de acq. poss.* On appelle cette espece de tradition, tradition *longæ manûs;* l. 79, ff. *de solut.* Elle a lieu non-seulement à l'égard des meubles, mais aussi à l'égard des héritages; *l.* 18, §. 2, ff. *de acq. poss.*

Il y a une autre espece de tradition qu'on appelle *brevis manûs*, qui a lieu lorsque quelqu'un m'a vendu ou donné une chose qui étoit déja pardevers moi, *putà* à titre de prêt ou de dépôt. On feint que je l'ai rendue à mon vendeur ou donateur, lequel me l'a sur le champ remise, en exécution de la vente ou de la donation qu'il m'en a faite. Cette fiction est assez inutile : il est plus simple de dire que lorsque la chose dont on est convenu de transférer le domaine à quelqu'un, se trouve pardevers lui, la seule convention suffit pour la lui transférer, sans qu'il soit besoin, en ce cas, de tradition. Cette fiction *brevis manûs* a lieu dans d'autres cas que nous avons rapportés en notre *Traité du Domaine de Propriété*, n°. 207.

On a élevé la question si la marque mise par l'acheteur, du consentement du vendeur, équivaloit à tradition. Il a prévalu, à l'égard des choses facilement transportables, que cette marque n'étoit censée mise que pour faire preuve de la vente, & pour qu'on n'en pût substituer d'autres; mais qu'elle ne tenoit pas lieu de tradition. C'est ce que nous apprenons de la Loi 1, §. 2, ff. *de percic. & com. rer. vend.* où il est dit: *Si dolium signatum sit ab emptore, Trebatius ait traditum sic videri; Labeo contrà quod & verum est: magìs enim ne summutetur signare solere, quàm ut tradere tùm videatur.*

A l'égard des choses de grands poids, la marque qui y est mise équipolle à tradition. Paul, en la Loi 14, §. 1, ff. *de per. & com. rei vend.* dit, *videri trabes traditas quas emptor signasset.*

103. Il y a certaines clauses qu'on appose quelquefois aux contrats de vente, de donation, ou autres semblables, lesquelles sont censées renfermer une tradition, faute de la chose. Par exemple, les clauses par lesquelles un vendeur ou donateur se retient par le contrat l'usufruit de la chose qu'il aliene, ou la retient à titre de ferme ou de loyer, renferment une tradition feinte; car un usufruitier, fermier ou locataire ne pouvant être censé posséder en son propre nom, & comme une chose à lui appartenante, la chose qu'il tient à ces titres, le vendeur ou donateur, en se rendant usufruitier, fermier ou locataire de la chose qu'il aliene, cesse de la posséder en son nom, & en prend en quelque façon possession pour & au nom de l'acheteur ou donataire de qui il la retient à ces titres.

Par la même raison, les clauses de constitut & de précaire, par lesquelles un vendeur ou donataire déclare, par le contrat, qu'il ne retient plus la chose qu'au nom de l'acheteur ou donataire, & qu'il reconnoît la tenir précairement de lui, renferment une tradition feinte.

Dans notre Coutume, la simple clause de *dessaisine-saisine*, dans les actes pardevant Notaires, équipolle aussi à tradition. *Voyez l'article* 278.

104. Les choses incorporelles n'étant pas susceptibles d'une vé-

ritable poſſeſſion, mais d'une quaſi-poſſeſſion, ne ſont pas ſuſceptibles d'une tradition réelle. A l'égard des droits réels, tels que ſont les droits de ſervitudes, la tradition eſt cenſée s'en faire *uſu & patientiâ*, c'eſt-à-dire, auſſi-tôt que j'ai commencé à jouir & uſer du droit au vu & au ſçu de celui qui entend m'en faire la tradition.

A l'égard des créances, ſoit rentes, ſoit créances mobiliaires, la tradition ne peut s'en faire que par une ſignification que le ceſſionnaire fait, par un Huiſſier, de ſon tranſport au débiteur; ou par l'acceptation qui eſt faite du tranſport par le débiteur, lequel s'oblige de payer la dette au ceſſionnaire. Cette acceptation doit ſe faire par acte devant Notaire; les actes ſous ſignatures privées ne faiſant pas foi de leur date vis-à-vis des tiers.

La regle qui exige l'acceptation pour la tranſlation de la propriété d'une créance, ſouffre exception à l'égard des lettres de change & des billets à ordre. Le propriétaire de la lettre ou du billet, qui l'a endoſſé au profit de quelqu'un, lui transfere la propriété de la créance qu'elle renferme, en remettant la lettre ou le billet endoſſés, ſans qu'il ſoit beſoin de faire aucune ſignification au débiteur.

La propriété des créances que renferment les billets au porteur, ſe transfere auſſi par la tradition du billet.

Il reſte à obſerver, à l'égard de toutes les traditions réelles ou feintes, que pour qu'elles transferent la propriété, il faut, 1°. qu'elle ſoit faite, ou par le propriétaire de la choſe, ou de ſon conſentement au moins général & implicite, ou par quelqu'un qui ait qualité ou pouvoir de la faire pour lui. 2°. Il faut que le propriétaire par qui ou du conſentement de qui la tradition eſt faite, ſoit uſant de ſes droits, & ait pouvoir d'aliéner. 3°. Il faut que la tradition ſe faſſe en exécution d'un juſte titre qui ſoit intervenu, ou que les parties croient être intervenu. On appelle juſtes titres ceux qui ſont de nature à transférer la propriété par la tradition qui ſe fait en exécution. 4°. Enfin il faut que le conſentement des Parties intervienne; c'eſt-à-dire, que celui qui fait la tradition, ait la volonté de transférer la propriété de la choſe à celui à qui il la fait, & que celui-ci ait la volonté de l'acquérir. *Voyez mon Traité du Domaine de Propriété.*

§. II.

Du Domaine de supériorité, & des autres Droits qu'on peut avoir dans une chose.

105. Le domaine de supériorité, qu'on appelle aussi *domaine direct*, est celui que les Seigneurs de fief ou de censive se sont retenu dans les héritages donnés à l'un ou l'autre de ces titres. Il consiste à se dire & porter Seigneur de ces héritages, & à exiger des propriétaires & possesseurs certains devoirs ou redevances recognitifs de cette Seigneurie. *Voyez* sur ce *l'Introduction au titre des Fiefs, & celle au titre des Censives.*

106. Les autres droits qu'on peut avoir dans une chose, sont les droits de rente ou redevance fonciere, de servitudes, tant personnelles que prédiales, & d'hypotheque. Le droit de rente ou redevance fonciere est le droit d'exiger des propriétaires & possesseurs d'un héritage cette redevance. *Voyez l'Introduction au titre* 19.

Les droits de servitudes personnelles sont l'usufruit, l'usage & l'habitation.

L'*usufruit* est le droit d'user non-seulement de la chose d'autrui, mais d'en jouir, c'est-à-dire, d'en percevoir tous les fruits, & d'en faire son profit. L'*usage* est le droit d'en user seulement. L'*habitation* est le droit de loger dans une maison. *Voyez*, sur ces droits de servitudes personnelles, *l'Introduction au titre* 13.

Le droit de servitude prédiale est le droit qu'a le propriétaire d'un héritage de faire quelque chose dans l'héritage voisin pour la commodité de son héritage, ou d'empêcher qu'il n'y soit fait quelque chose. *Voyez l'Introduction au titre* 13.

Enfin le droit d'hypotheque est le droit qu'un créancier a dans un héritage pour la sûreté d'une créance ; il consiste à pouvoir, à défaut de paiement, la saisir & la faire vendre pour être payé sur le prix.

§. III.

De la Possession.

107. La possession n'est pas proprement un droit dans la chose, puisqu'on peut posséder une chose sans y avoir droit, & que la

possession consiste dans le simple fait de posséder. Néanmoins cette possession a des effets de droit qui consistent, 1°. En ce que le possesseur est présumé propriétaire de la chose jusqu'à ce que le vrai propriétaire ait pleinement justifié sa propriété ; 2°. En ce qu'elle donne au possesseur des actions contre ceux qui l'y troubleroient ou qui l'en dépouilleroient ; sur quoi *voyez le titre* 22 ; 3°. En ce que, lorsqu'elle est accompagnée de bonne foi, elle donne au possesseur le droit de retenir les fruits qu'il a perçus jusqu'au jour de la demande du propriétaire qui a justifié de sa propriété ; 4°. Enfin, en ce qu'elle fait acquérir au possesseur le droit de propriété au bout du temps requis par la prescription. *Voyez le titre* 14.

§. IV.

Du Droit à la chose, ou Jus ad rem.

108. Le droit à la chose, ou *jus ad rem*, naît de l'obligation personnelle que quelqu'un a contractée envers nous de nous donner une chose, ou quelque usage d'une chose. Cette obligation ne nous donne aucun droit dans la chose qui en fait l'objet ; elle oblige seulement envers nous la personne qui l'a contractée. C'est pourquoi le droit qui en résulte, n'est pas un *droit dans la chose*, mais un droit contre la personne qui a contracté l'obligation, pour la faire condamner à nous donner la chose qu'elle s'est obligée de nous donner.

De là il suit que l'obligation que quelqu'un a contractée envers nous de nous donner une chose, ne l'empêche pas de l'aliéner, & d'en transmettre la propriété à un tiers, sans que nous puissions avoir aucune action contre ce tiers, *l.* 15, *cod. de R. V.* car cette obligation ne nous a donné aucun droit dans cette chose, mais seulement une action contre celui qui s'est obligé envers nous, aux fins de le faire condamner en nos dommages & intérêts, pour n'avoir pas accompli envers nous son obligation. Les bornes de cette Introduction ne nous permettent pas de traiter la matiere des *Obligations*, d'où naît *le droit à la chose* : son étendue exige un traité particulier.

CHAPITRE IV.

Des Actions.

109. ON appelle *action* le droit que chacun a de poursuivre en jugement ce qui lui appartient, ou ce qui lui est dû: *actio est jus persequendi in judicio.*

Ce terme d'*action* se prend aussi pour l'exercice de ce droit, c'est-à-dire, pour la demande judiciaire.

110. Il y a deux especes principales d'actions; les actions *réelles*, & les actions *personnelles*. Plusieurs ajoutent une troisieme espece; sçavoir, les *mixtes*.

L'action réelle est celle que celui qui est propriétaire d'une chose, ou qui a quelque droit dans cette chose, a contre le possesseur, pour qu'il soit tenu de lui délaisser la chose, ou de le servir ou laisser jouir du droit qu'il y a.

L'action personnelle est celle qu'a un créancier contre son débiteur pour qu'il soit tenu d'accomplir l'engagement qu'il a contracté envers lui.

L'action réelle, qui naît d'un droit que quelqu'un a dans la chose, suit la chose, & se donne contre ceux qui la possedent.

L'action personnelle, qui naît de l'obligation qu'une personne a contractée envers nous, suit la *personne*, & se donne contre la personne qui a contracté l'obligation, ou contre ses héritiers, ou autres successeurs universels qui succedent à ses *obligations*.

Elle ne se donne pas contre les tiers détenteurs de la chose qui a fait la matiere de l'obligation, parce que l'obligation ne donne au créancier aucun droit dans la chose, comme nous l'avons observé au Chapitre précédent.

§. I.

Des Actions réelles.

111. Il y a plusieurs especes d'actions réelles: la premiere est celle qui a lieu pour les droits successifs & universels, qu'on appelle *petitio hæreditatis.*

Cette action est celle par laquelle un héritier réclame une succession, ou pour le total, s'il est unique héritier; ou pour la part qui lui en appartient, s'il n'est héritier que pour partie.

Cette action s'intente contre ceux qui étant en possession de quelques biens de la succession, disputent la succession à l'héritier qui la réclame.

Cette action est donnée aux fins qu'après que l'héritier demandeur aura justifié de son droit, ces possesseurs soient condamnés à lui restituer, ou pour le total, les biens de la succession qu'ils possedent, s'il est unique héritier; ou pour la part pour laquelle il est héritier, s'il ne l'est que pour partie.

On peut intenter la pétition d'hérédité contre un débiteur de la succession qui refuseroit de payer ce qu'il doit à la succession, parce qu'il prétend que c'est à lui qu'appartient la succession: car, en formant cette contestation, il dispute la succession à l'héritier, & il se rend en quelque façon possesseur de la créance que le successeur a contre lui.

Celui à qui appartient le pécule d'un Religieux défunt, ou les biens d'une personne morte sans héritiers, ou confisqués, a une action à l'instar de la pétition d'hérédité, contre ceux qui en possedent quelque chose, & qui lui disputent cette succession.

112. Il y a autant d'especes d'actions réelles à l'égard des choses particulieres, comme il y a de différens droits dans une chose.

Du droit de propriété naît l'action de revendication qu'a le propriétaire d'une chose contre le possesseur, pour qu'il soit tenu de la lui délaisser.

Lorsque la chose que le propriétaire veut revendiquer, est un meuble corporel, il peut y procéder par la voie de l'entiercement, dont notre Coutume parle aux articles 454 & 455. *Voyez l'Introduction au titre* 20.

L'action de revendication étant une action qui naît du droit de propriété, c'est une conséquence qu'elle ne peut être légitimement intentée que par le propriétaire de la chose. Néanmoins, lorsque quelqu'un, après avoir possédé une chose avec titre & bonne foi, en a perdu la possession, quoiqu'il n'en soit pas encore le propriétaire, on lui accorde, contre la rigueur du Droit, une action de revendication de cette chose contre celui qui la possede sans titre. On appelle cette action, *actio Publiciana*. Voyez, sur cette action, notre *Traité du Domaine de Propriété*, page 2, chap. 1

Du domaine de supériorité qu'un Seigneur a sur un héritage qui releve de lui, soit en fief, soit en censive, naît l'action qu'a ce Seigneur contre son vassal ou censitaire, pour qu'il le reconnoisse pour son Seigneur.

Du droit de rente fonciere, ou autre redevance fonciere que quelqu'un a sur un héritage, naît l'action qu'a celui à qui elle appartient, contre le possesseur de l'héritage, pour qu'il soit tenu de la reconnoître, & de l'en servir. *Voyez le tit.* 19 *de notre Coutume.*

Des droits de servitude naissent l'action *confessoire*, qu'a celui à qui appartient le droit de servitude, contre le possesseur de l'héritage, qui l'empêche d'en user, pour qu'il soit tenu de l'en laisser jouir; & l'action *négatoire*, qu'a le propriétaire & possesseur de l'héritage contre celui qui s'y attribue sans droit une servitude, par laquelle action il réclame la liberté de son héritage, & conclut à ce qu'il soit fait défenses au défendeur de s'y attribuer aucun droit de servitude; sur quoi *voyez le titre 13.*

Du droit d'hypotheque naît l'action *hypothécaire*, qu'a le créancier contre le possesseur de l'héritage sujet à son hypotheque, pour lui faire délaisser cet héritage pour être vendu, & le créancier payé sur le prix.

Il en naît une autre action, qui s'appelle *action d'interruption*, qui se borne à faire déclarer sujet au droit d'hypotheque l'héritage qui y est sujet. *Voyez*, sur ces actions, *le titre* 20.

§. II.

Des Actions personnelles.

113. Il y a une infinité d'especes particulieres d'actions personnelles, y ayant une infinité de contrats, quasi-contrats, délits ou quasi-délits, d'où elles naissent.

114. On appelle *contrat* la convention de deux ou plusieurs personnes, par laquelle l'une & l'autre réciproquement, ou l'une d'elles seulement, s'engage envers l'autre à lui donner quelque chose, ou à faire ou ne pas faire quelque chose.

De là la division des contrats en *synallagmatiques*, par lesquels chacune des parties s'engage réciproquement envers l'autre, & d'où naissent par conséquent des actions respectives; tels sont les contrats de vente, de louage, de société, de mandat, &c.: & en

contrats

contrats *unilatéraux* par lesquels il n'y a que l'une des parties qui s'engage envers l'autre ; tel est le contrat de prêt d'argent.

115. On appelle *quasi-contrat*, un fait licite d'où résulte quelque obligation d'une personne envers une autre, sans qu'il soit intervenu aucune convention entre elles. Telle est la gestion qui se fait des affaires d'un absent sans aucun ordre de sa part ; car cette gestion oblige celui qui a géré, à rendre compte ; & celui dont les affaires ont été gérées, à indemniser celui qui les a gérées de ce qu'il lui en a coûté.

116. On appelle *délits* & *quasi-délits* les faits illicites qui ont causé quelque tort à quelqu'un, d'où naît l'obligation de le réparer.

Si ce fait procede de malice & d'une volonté de causer ce tort, c'est un *délit* proprement dit, tel que le vol : s'il ne procede que d'imprudence, c'est un *quasi-délit*.

117. Il y a aussi des actions personnelles qui naissent de certains engagemens que la Loi seule forme, & qu'on appelle pour cet effet, *condictio ex lege*. Telle est l'action de retrait lignager. Telle est aussi celle qui naît de l'article 235. Voyez sur ce l'*Introduction au Tit.* 18.

Il y a même des engagemens formés par la seule équité naturelle, d'où naissent des actions. Telle est l'obligation en laquelle sont les enfans, de donner des alimens à leurs pere & mere indigens.

118. Les actions possessoires, qui sont la réintégrande & la complainte, doivent aussi être rangées sous la classe des actions personnelles : car la premiere naît du délit de celui qui a spolié le possesseur, & l'autre du quasi-délit de celui qui, sans droit, le trouble dans sa possession. *Interdicta omnia, personalia sunt ; L.* 1, *§.* 3, *de Interd.*

119. Les actions personnelles se subdivisent en actions personnelles mobiliaires, & en actions personnelles immobiliaires.

Les actions personnelles mobiliaires sont les actions personnelles qui n'ont pour objet qu'une somme d'argent ou quelque chose de mobilier : ce sont celles que l'Ordonnance de 1667, titre 17, article 1, appelle *pures personnelles.*

Entre ces actions personnelles mobiliaires, les unes sont accompagnées d'hypotheques, telles que sont celles qui naissent de dettes contractées par actes passés devant Notaires, ou par Sentences. D'autres ne sont accompagnées d'aucune hypotheque : on les appelle aussi *pures personnelles.*

Les actions personnelles immobiliaires sont celles qui ont pour objet un immeuble, comme celle qu'a l'acheteur d'un héritage contre le vendeur, pour se le faire livrer.

120. Ces actions personnelles immobiliaires sont ou simplement personnelles, ou personnelles réelles. Celles qui sont simplement personnelles, sont celles qui ne peuvent s'intenter que contre la personne du débiteur & ses successeurs universels, & non contre les tiers détenteurs de l'immeuble, qui fait l'objet de l'obligation; telles sont toutes celles qui naissent des simples obligations qui ne sont accompagnées d'aucun droit d'affectation dans la chose qui en fait l'objet; telle qu'est, par exemple, l'action de l'acheteur d'un héritage, dont on vient de parler ci-dessus. Les actions personnelles réelles sont celles qui, quoique personnelles, peuvent s'intenter contre le tiers détenteur de la chose qui en fait l'objet, dont nous parlerons *infrà*, n. 122.

121. Il y a des actions proprement *mixtes* dont la nature participe de celle des actions réelles & de celle des actions personnelles.

On en compte trois; l'action de bornage entre voisins, l'action de partage d'une succession entre des cohéritiers, & l'action de partage de quelque autre chose que ce soit. Elles participent de la nature de l'action réelle ou de revendication, en ce que le voisin réclame & revendique, en quelque façon, par cette action, la partie limitrophe de son héritage qui doit être fixée & déterminée par le bornage : le cohéritier ou copropriétaire réclame la portion qui lui appartient dans la succession, ou la chose commune qui doit être déterminée par le partage. Elles participent de la nature des actions personnelles, en ce qu'elles naissent d'un engagement personnel. L'action de bornage naît de l'engagement respectif que le voisinage forme, *quasi ex contractu*, entre les voisins, qui oblige chacun d'eux à borner leurs héritages lorsque l'un d'eux le requiert. Les actions de partage naissent de l'engagement que la communauté ou indivis forme entre des cohéritiers ou copropriétaires, qui oblige chacun d'eux à partager la succession ou autre chose qui leur est commune, lorsque l'un d'eux le requiert.

122. Il y a d'autres actions qu'on appelle *mixtes* en un autre sens, lesquelles étant principalement & par leur nature actions personnelles, néanmoins, par rapport à quelque chose qui leur est accessoire, tiennent de la nature de l'action réelle.

Telles sont les actions qu'on appelle *personnelles réelles*, ou personnelles *in rem scriptæ*, qui naissent d'une obligation personnelle, à l'exécution de laquelle la chose qui en fait l'objet est affectée.

On peut apporter pour exemple l'action de réméré. Cette action est principalement personnelle, puisqu'elle naît de la clause du contrat de vente, & de l'obligation que l'acheteur d'un héritage a contractée envers le vendeur, de lui rendre l'héritage lorsqu'il y voudroit rentrer, en offrant la restitution du prix & des loyaux coûts. Mais comme l'héritage est affecté à l'exécution de cette obligation, n'ayant été aliéné qu'à cette charge, cette action quoique personnelle principalement, tient de la nature des actions réelles, en ce qu'elle suit l'héritage, & qu'elle peut se donner contre les tiers détenteurs de l'héritage, pour qu'ils le délaissent comme affecté à l'exécution de l'obligation de l'acheteur.

Toutes les autres clauses expresses ou sous-entendues, sous lesquelles un héritage est aliéné, l'affectent pareillement à l'obligation que l'acheteur contracte, par rapport à cet héritage, envers celui qui le lui aliene ; & en cela ces clauses ont plus d'efficace que les simples conventions qui ne peuvent affecter à l'obligation qui en résulte, la chose qui en fait l'objet.

Il y a d'autres exemples d'actions personnelles réelles ; l'action de retrait lignager est de ce nombre. *Voyez le titre 18* de notre Coutume.

Il y a d'autres actions qui étant principalement actions réelles, ont quelquefois des conclusions accessoires qui sont personnelles. Telle est l'action de revendication, lorsqu'elle est intentée contre un possesseur de mauvaise foi. Les conclusions principales pour le délai de l'héritage, sont les conclusions d'une action réelle : mais celles pour la restitution des fruits, & pour les dommages & intérêts résultans des dégradations par lui faites, sont des conclusions personnelles qui naissent de l'obligation personnelle *ex delicto*, qu'a contractée ce possesseur de restituer les fruits qu'il a perçus d'un héritage qu'il sçavoit ne lui pas appartenir, & de réparer le tort qu'il a fait en le dégradant.

COUTUMES
DES DUCHÉ,
BAILLIAGE ET PRÉVÔTÉ
D'ORLÉANS,
ET RESSORT D'ICEUX.

TITRE PREMIER.
DES FIEFS.

INTRODUCTION AU TITRE.
ARTICLE PRÉLIMINAIRE.
§. I.
EXPLICATION DE QUELQUES TERMES.

1. DUMOULIN définit le FIEF, *benevola, libera & perpetua concessio rei immobilis vel æquipollentis, cum translatione utilis dominii, proprietate retentâ sub fidelitate & exhibitione servitiorum;* c'est-à-dire, la concession gratuite que quelqu'un fait à perpétuité à un autre d'une chose immeuble ou réputée immeuble, à la charge de lui en faire la foi & hommage, & du service militaire, & sous la réserve qu'il fait de la seigneurie directe.

On donne aussi le nom de *fief*, tant à l'héritage qui a été pris à ce titre, & qui est possédé à cette charge, qu'au droit de Seigneurie directe que s'est réservé celui qui l'a concédé à ce titre.

2. Lorſque le propriétaire d'un héritage en détache quelque morceau qu'il donne à titre de fief, en retenant le ſurplus, le droit de Seigneurie directe qu'il a ſur ce qu'il a donné à titre de fief, eſt attaché au corps d'héritage qu'il a retenu, lequel en conſéquence s'appelle *fief dominant;* & ce qu'il a donné à titre de fief, s'appelle *fief ſervant.*

Lorſque quelqu'un a donné à titre de fief tout ſon héritage ſans s'en rien réſerver, ſon droit de Seigneurie directe qui n'eſt attaché à aucun corps d'héritage, puiſqu'il n'en a retenu aucun, s'appelle un *fief en l'air.*

Le propriétaire du fief ſervant ſe nomme *vaſſal*, ou *homme de fief.* Celui du fief dominant ſe nomme *Seigneur.* Le même fief peut être ſous différens reſpects *dominant* & *ſervant*, & le propriétaire de ce fief être ſous différens reſpects *Seigneur* & *vaſſal* : car ſi étant propriétaire d'un héritage que je tiens en fief, j'en détache quelque morceau que je donne à la charge de la foi & hommage envers moi, ce que j'en retiens continue d'être *fief ſervant* vis-à-vis de la Seigneurie de qui je le tiens en fief, & il devient en même temps fief dominant, vis-à-vis du morceau que j'en ai détaché & que j'ai donné à titre de fief; & pareillement je ſuis, pour raiſon de l'héritage que je retiens, & *vaſſal* vis-à-vis du Seigneur de qui je le tiens en fief, & *Seigneur* vis-à-vis de celui qui tient en fief de moi le morceau que j'en ai détaché.

3. Lorſqu'on dit qu'un héritage *eſt tenu en fief*, *eſt mouvant en fief*, ou *releve en fief*, d'une telle Seigneurie ou d'un tel Seigneur, cela ſignifie qu'il eſt chargé de la foi & hommage envers le Seigneur.

4. On diſtingue *tenir en plein fief*, & *tenir en arriere-fief.* Un héritage eſt tenu *plein fief* d'une telle Seigneurie, lorſqu'il en releve immédiatement: l'héritage qui ne releve pas immédiatement de cette Seigneurie, mais qui releve d'un vaſſal de cette Seigneurie, en eſt un *arriere-fief.*

Le propriétaire du plein fief eſt appellé ſimplement vaſſal vis-à-vis du Seigneur de qui il releve immédiatement; & ce Seigneur vis-à-vis de lui eſt appellé ſimplement *Seigneur.* Le propriétaire de l'arriere-fief eſt appellé *arriere-vaſſal*, vis-à-vis du Seigneur de qui il ne releve qu'en arriere-fief, & ce Seigneur vis-à-vis de cet arriere-vaſſal eſt appellé *Seigneur ſuzerain.*

Mon arriere-vaſſal n'eſt pas proprement mon vaſſal, & je ne ſuis pas proprement ſon Seigneur; car tant qu'il n'eſt que mon arriere-vaſſal, il n'eſt tenu à aucun devoir envers moi. De là cette regle, *Vaſallus mei vaſalli non eſt meus vaſallus :* mais cet arriere-vaſſal peut devenir & deviendra effectivement mon vaſſal, comme je deviendrai ſon Seigneur, dans le cas où ſon fief ſeroit réuni au fief de qui il releve, ou dans le cas auquel je réunirois à ma Seigneurie le fief de mon vaſſal de qui cette arriere-vaſſal releve.

Pareillement, lorſque j'ai ſaiſi féodalement le fief qui releve du mien, ce fief étant, pendant tout le temps que dure la ſaiſie, réputé réuni au mien, mes arriere-vaſſaux qui relevent du fief ſaiſi deviennent pendant ce temps mes vaſſaux.

§. II.

De l'essence & de la nature du Fief.

5. L'essence du fief, comme nous l'apprend Dumoulin *in Consf. Par. pr. n.* 115, consiste dans la foi; *feudi substantia in solâ fidelitate quæ est ejus forma substantialis subsistit :* car il ne peut y avoir, & on ne peut concevoir de fief, qu'il n'oblige celui à qui il appartient, en tant qu'il lui appartient, aux devoirs de fidélité & de gratitude envers le Seigneur de qui son fief releve.

6. L'essence du fief ne peut changer, les essences des choses étant invariables : mais la nature des fiefs a été différente dans les différens temps. Ils n'étoient d'abord que de simples bénéfices à vie, *beneficia ;* mais depuis ils sont devenus biens patrimoniaux, que le vassal transmet dans sa succession, & dont il peut disposer comme de tout autre bien.

7. Le vassal a le domaine utile du fief, qui ne consiste pas seulement dans le droit de percevoir à son profit tous les fruits & émolumens qu'il peut produire; mais qui comprend même tous les droits honorifiques attachés à son fief. C'est pourquoi ce domaine utile n'est pas *purè & absolutè* un simple domaine utile : il n'est tel que vis-à-vis le droit de Seigneurie directe de supériorité féodale que le Seigneur de qui le fief releve, a sur ce fief, & auquel droit de supériorité féodale du Seigneur, le domaine du vassal est subordonné.

8. La Seigneurie directe que retient le Seigneur sur l'héritage qui est tenu de lui en fief, est une Seigneurie purement d'honneur, qui consiste dans le droit de se dire & porter Seigneur, & de se faire reconnoître Seigneur du fief qui releve de lui, par son vassal qui en a le domaine utile.

9. A raison de cette Seigneurie directe, le vassal est tenu à certains devoirs envers son Seigneur, lequel de son côté doit amitié & protection à son vassal.

Le principal devoir du vassal est la prestation de la foi & hommage, qui renferme une reconnoissance solemnelle de la Seigneurie directe & supériorité féodale du Seigneur.

Le service militaire étoit aussi un des principaux devoirs des vassaux envers leur Seigneur : mais comme il n'y a plus aujourd'hui que le Roi dans son Royaume qui ait le droit de faire la guerre, ce service militaire ne peut plus être dû aux Seigneurs de fief, si ce n'est au Roi lorsqu'il lui plaît de l'exiger, par la convocation qu'il fait du ban & arriere-ban.

10. Le service militaire ayant été autrefois la principale charge des fiefs, les femmes n'étoient pas capables d'en posséder; & il reste encore un vestige de cet ancien droit, en ce que les mâles excluent les femmes dans les successions des fiefs en ligne collatérale.

C'est par la même raison que les roturiers étoient aussi inhabiles à posséder des fiefs : ils peuvent aujourd'hui en posséder, à la charge de payer au Roi le droit de franc-fief, qui est une finance qui se paie tous les vingt ans, & à toutes mutations, & qui consiste dans le revenu du fief.

11. Les autres droits qui, selon notre Coutume, appartiennent au Seigneur de fief, sont le droit de saisie féodale, le droit de se faire donner un dénombrement par ses vassaux, le droit de commise pour cause de désaveu & de félonie, le droit de quint pour les ventes du fief, le droit de rachat pour les autres mutations. A l'égard du droit de retrait féodal, notre Coutume ne l'accorde qu'aux Seigneurs châtelains, ou de plus grande dignité.

12. Après que nous aurons parlé, dans un premier Chapitre, de la foi & hommage, nous parlerons de ces autres différens droits dans les six Chapitres suivans. Nous traiterons dans le huitieme du démembrement du fief & de la réunion des fiefs : dans le neuvieme, de la succession des fiefs : dans le dixieme, du droit de garde-noble : dans le onzieme, des droits de bannalité & corvées ; la Coutume ayant placé ces matieres sous ce titre. A l'égard de ce qui concerne le droit qu'ont les Seigneurs de fief de contraindre les gens de main-morte à vuider leurs mains des fiefs qu'ils acquierent dans leurs mouvances, Voyez les articles 40, 41 & 42, & les notes. Pareillement sur ce qui regarde la prescription, Voyez l'article 86, & les notes.

CHAPITRE PREMIER.

De la Foi & Hommage.

13. LA prestation de la foi & hommage consistoit principalement autrefois dans la promesse solemnelle que le vassal faisoit à son Seigneur de le servir en guerre. L'obligation du service militaire ayant cessé, la foi se borne aujourd'hui à *la promesse de porter au Seigneur* l'honneur qui lui est dû ; & l'*hommage* est proprement la reconnoissance solemnelle que fait le vassal de la supériorité féodale que le Seigneur a sur lui, *à cause de son fief*, laquelle il témoigne *par certaines démonstrations* de *respect*, telles qu'elles sont prescrites par chaque Coutume.

Le Seigneur à qui son vassal porte la foi, doit l'y recevoir. Cette réception de foi s'appelle *Investiture ;* parce que le Seigneur en le recevant en foi, est censé le saisir & vêtir en quelque façon de son fief ; le vassal ou propriétaire du fief servant n'en étant point, vis-à-vis de son Seigneur, censé saisi jusqu'à ce qu'il ait été reçu en foi, ou que son Seigneur ait été mis en demeure de l'y recevoir, comme nous le verrons par la suite.

§. I.

En quels cas la Foi doit être portée.

14. La foi est quelque chose de personnel au vassal qui l'a portée, & au Seigneur à qui elle a été portée ; d'où il suit qu'elle est due toutes les fois qu'il

qu'il y a mutation, soit de *vassal*, c'est-à-dire de propriétaire du fief servant, soit de *Seigneur*, c'est-à-dire de propriétaire du fief dominant.

Lorsque le vassal qui a porté la foi pour son fief en a perdu la propriété, & qu'il en est redevenu de nouveau propriétaire, en vertu d'un nouveau titre, il doit porter la foi de nouveau; car la foi en laquelle il a été reçu, a été entiérement anéantie par l'aliénation qu'il a faite de son fief. Pareillement, lorsque le Seigneur à qui j'ai porté la foi, a aliéné son fief, & en est depuis devenu propriétaire, en vertu d'un nouveau titre, je dois lui porter la foi de nouveau; celle que je lui avois portée ayant été éteinte par l'aliénation qu'il a faite de son fief.

15. Mais lorsque je redeviens propriétaire du fief que j'avois aliéné par la rescision de l'aliénation que j'en avois faite, je ne suis pas obligé de porter la foi de nouveau: car l'aliénation que j'avois faite étant anéantie par les lettres de rescision, je suis censé être toujours demeuré propriétaire de mon fief; & par conséquent la foi en laquelle j'ai été reçu en cette qualité est censée avoir toujours subsisté.

Il y a plus: quand même j'aurois véritablement cessé d'être pendant quelque temps propriétaire du fief pour lequel j'ai été reçu en foi, si ne l'ayant aliéné que pour un certain temps, ou sous une condition résolutoire, j'en suis redevenu propriétaire par la cessation ou résolution de l'aliénation que j'en avois faite, il y a lieu de penser que je ne suis pas obligé de porter la foi de nouveau; car n'étant pas propriétaire en vertu d'un nouveau titre, je ne suis pas un nouveau vassal; mon ancien titre de propriété pour lequel j'ai été reçu en foi, venant à revivre, & ayant été plutôt suspendu qu'éteint, la foi en laquelle j'ai été reçu à ce titre, doit pareillement revivre, & être censée avoir été plutôt suspendue qu'éteinte. On doit, par les mêmes raisons, décider que lorsque le Seigneur à qui j'ai porté la foi, a aliéné son fief, & en est redevenu propriétaire par la rescision, ou même par la simple cessation de l'aliénation qu'il en avoit faite, je ne suis pas obligé de lui porter la foi de nouveau.

16. Lorsqu'une femme qui a porté la foi pour son fief, se marie, quoiqu'elle demeure propriétaire de son fief, néanmoins son mari est tenu d'en porter la foi: car comme elle passe sous la puissance de son mari avec tout ce qui lui appartient, le mari est censé acquérir par le mariage une espece de droit dominical, non de propriété, mais d'honneur & d'autorité sur les biens propres de sa femme, à raison duquel il est censé l'homme du Seigneur pour les fiefs du propre de sa femme, & en cette qualité tenu d'en porter la foi.

Voyez art. 35, un cas d'exception lorsque la femme a un frere ainé qui la garantit.

Le mari porte en son nom de mari & pour lui, la foi pour les fiefs du propre de sa femme. C'est pourquoi si la femme ne l'a pas portée elle-même, elle doit la porter après la mort de son mari. Mais si elle l'avoit portée avant son mariage, elle n'est pas obligée de la porter de nouveau: cela est décidé par l'article 39 de la Coutume de Paris, qui dit, Que la femme demeurante en viduité, est tenue faire la foi pour ses propres, *si elle ne l'a faite*,

La raison est que le domaine d'honneur & d'autorité que le mari a acquis sur les propres de sa femme, & pour raison duquel il a été reçu en foi, n'est qu'un *dominium superimposititium*, qui éclipse pendant le mariage celui de la femme plutôt qu'il ne le détruit : d'où il suit que la foi en laquelle la femme a été reçue, qui dépend de son droit de propriété du fief servant, n'est pas détruite par le mariage, mais seulement éclipsée ; & qu'elle reprend sa force lors de la dissolution du mariage, de même que le droit de propriété de la femme auquel elle est attachée.

Les mêmes décisions doivent avoir lieu lorsque la femme, propriétaire du fief dominant, se marie : son mari est regardé comme un nouveau Seigneur à qui les vassaux doivent porter la foi, quoiqu'ils l'eussent déja portée à la femme avant son mariage ; mais après la dissolution du mariage, ils ne sont obligés de la porter de nouveau à la femme, que dans le cas auquel ils ne la lui auroient pas déja portée avant son mariage.

17. Si l'acceptation que la veuve fait de la communauté, ou la répudiation qu'en font ses héritiers, donnent ouverture à la foi pour les conquêts ; *Voyez* les articles 38 & 39.

Voyez, pour le cas de la saisie réelle, l'article 3.

Sur les cas auxquels il y a ouverture à la foi pour les fiefs des Communautés, *Voyez* l'article 42 & les notes.

§. II.

Par qui la Foi doit être portée ; & des qualités que doit avoir celui qui la porte.

18. Le vassal doit porter la foi en personne. Le Seigneur n'est tenu, si bon ne lui semble, de l'admettre à la porter par Procureur.

Cette regle reçoit exception, 1°. dans le cas d'un juste empêchement, art. 65.

2°. A l'égard des Communautés : comme elles ne peuvent porter la foi par elles-mêmes, le Seigneur doit les admettre à la porter par le vicaire qu'elles nomment pour cet effet.

3°. Dans le cas de l'art. 4, & autres semblables : *Voyez-le*, & les notes.

19. Lorsqu'il y a plusieurs propriétaires du fief servant, le Seigneur n'est point obligé d'admettre l'un d'eux à la porter pour ses copropriétaires ; chacun la doit porter pour soi.

Voyez une exception en l'article 35 & suivant.

20. Celui qui porte la foi, soit pour lui, soit pour un autre, doit avoir l'âge réglé par l'article 24. Lorsque le vassal, pour cause d'empêchement, est admis à porter la foi par Procureur, ce Procureur doit être une personne honnête. S'il avoit donné sa procuration à son laquais, ou à quelque autre personne méprisable, le Seigneur pourroit la refuser.

§. III.

A qui la Foi doit être portée.

21. La foi doit être portée au Seigneur, c'est-à-dire au propriétaire du fief dominant, ou à la personne qu'il a commise pour la recevoir.

22. Les Princes apanagistes sont vrais propriétaires des domaines qui leur ont été donnés en apanage : c'est donc à eux ou à leurs préposés à qui la foi doit être portée par les vassaux qui en relevent.

Il n'en est pas de même des engagistes. Le Roi demeure le vrai propriétaire des domaines engagés : l'engagiste n'en a que les droits utiles. C'est pourquoi c'est au Roi & non à l'engagiste à qui les vassaux de ces domaines doivent porter la foi.

23. Lorsque la dame de qui releve le fief est sous puissance de mari, c'est à son mari ou aux préposés par son mari, & non à elle, à qui la foi doit être portée : car son droit est éclipsé par celui de son mari pendant qu'elle est sous sa puissance.

Lorsque le Seigneur est mineur ou interdit, la foi doit être portée à son tuteur ou curateur, ou au préposé par le tuteur ou curateur. Je pense qu'elle pourroit aussi être portée au mineur aussi-bien qu'à son tuteur, s'il avoit l'âge réglé par l'article 24; l'âge auquel on peut la recevoir devant être le même que celui auquel on peut la porter.

24. Le Seigneur doit préposer pour recevoir la foi de ses vassaux une personne honnête, tel que son Juge, son Procureur-fiscal, son Receveur, ou même son Fermier. Il ne pourroit pas préposer pour cela une personne méprisable, tel qu'un laquais ou un pâtre. *Molin.*

La foi peut être portée au chef-lieu, même sans qu'il y ait personne pour la recevoir. *Voyez l'article 47.*

§. IV.

Où, & comment la Foi doit être portée.

25. La foi doit être portée au chef-lieu du fief dominant, *art. 47.* Le Seigneur ne peut être obligé de la recevoir ailleurs. Si l'accès en étoit empêché, comme en cas de peste ou de guerre, Dumoulin décide fort bien que le Seigneur seroit tenu de recevoir les offres de foi qui lui seroient faites ailleurs : je pense pourtant qu'il faut ajouter, si mieux n'aime le Seigneur accorder souffrance, jusqu'à ce que l'empêchement ait cessé : *arg. de l'art. 65.*

Le vassal ne peut pas non plus ordinairement être obligé à porter la foi ailleurs.

Voyez un cas d'exception en l'article 45.

26. Le chef-lieu où la foi doit être portée est le château ou principal manoir du fief dominant; ou s'il n'y en a plus, la place où il étoit autrefois.

Si le Seigneur l'avoit transféré dans un autre endroit du fief dominant, & que ce changement ne causât pas une incommodité notable à ses vassaux, ils seroient tenus d'y aller. Il ne change pas plus en cela la condition de ses vassaux, que le créancier d'une rente payable en sa maison, change celle de son débiteur lorsqu'il va se loger dans un autre quartier de la ville. On oppose qu'ordinairement dans les aveux, il est dit que le fief releve d'une telle tour, d'un tel château; que les vassaux n'étant pas obligés de porter la foi ailleurs qu'au lieu d'où leur fief est mouvant, ils ne peuvent être obligés de la porter ailleurs qu'au lieu où étoit ladite tour ou château; la réponse est que ce n'est que par une expression figurée, *metonymicè*, en prenant la partie principale pour le tout, qu'on dit que le fief releve d'une telle tour : il releve de toute l'universalité du fief dominant qui ne compose qu'un seul tout; le chef-lieu de ce fief dépend de la destination du Seigneur.

Lorsque l'ancien château subsistant, le Seigneur en a fait construire un autre dans un autre endroit de son fief, il n'est pas facilement présumé avoir transféré le chef-lieu au nouveau château; & l'ancien doit toujours passer pour le chef-lieu, à moins que le Seigneur ne l'eût entiérement abandonné.

Sur le lieu où la foi doit être portée, lorsque le fief dominant est un fief en l'air & sans domaine, *Voyez l'art. 45, in fine.*

27. Sur la forme en laquelle la foi doit être portée, les choses que doit contenir l'acte de port de foi, & les offres qui doivent l'accompagner, *Voyez l'article 47.*

§. V.

Du délai qu'a le Vassal pour porter la Foi; ou de la Souffrance.

28. On appelle *Souffrance*, le délai accordé au vassal pour porter la foi.

Il y a deux especes de souffrance, la légale, qui est accordée par la loi, & qui n'a pas besoin d'être demandée, & celle qui doit être demandée au Seigneur.

29. Notre Coutume distingue les différens cas de mutation qui donnent ouverture à la foi pour régler les délais de la porter.

Lorsque la mutation arrive du côté du vassal; si c'est par l'aliénation qu'il a faite de son fief, notre Coutume n'accorde aucun délai à l'acquéreur; elle permet au Seigneur de saisir le fief *incontinent*, *art.* 43 : les notes sur cet article expliquent comment ce terme *incontinent* doit s'entendre. Si c'est par la mort du vassal que la mutation est arrivée, la Coutume accorde à l'héritier un délai de quarante jours pour porter la foi. *Voyez l'art. 50 & les notes.*

Dumoulin pense que le délai n'a lieu que dans le cas auquel le fief est ouvert par la mort d'un vassal qui étoit en foi; que la mort de celui qui n'y étoit pas ne peut suspendre le droit de saisir que le Seigneur avoit déja; que l'héritier de celui-ci ne peut, sur le prétexte qu'il n'est pas en demeure, prétendre jouir de son chef d'un délai que le défunt n'avoit pas; le droit de saisir féodalement, étant un droit *qui afficit rem, non personam*, & qui a lieu plutôt *propter carentiam hominis* que *propter moram clientis*. Plusieurs bons Auteurs pensent au contraire que l'héritier doit de son chef jouir du délai entier. Quoique le droit de saisir féodalement soit fondé principalement dans le défaut d'homme, qui fait réputer le fief comme vacant vis-à-vis du Seigneur, & qu'en ce sens *afficiat rem;* néanmoins ce droit ne peut être exercé par le Seigneur qu'avec des tempéramens qu'exigent l'humanité & les égards qu'il doit à son vassal. De là le délai que la Coutume accorde au vassal pour porter la foi, pendant lequel elle ne permet pas au Seigneur d'user de son droit de saisie féodale : de là certains égards auxquels elle l'oblige même durant la saisie, *art. 73.* Ce délai étant donc fondé sur des égards que le Seigneur doit à la personne de son vassal, c'est-à-dire du propriétaire du fief servant, chaque propriétaire du fief servant jouit de son chef de ce délai; & par conséquent il en doit jouir, quand même le défunt auquel il a succédé n'auroit pas été dans le cas d'en jouir. On pourroit peut-être concilier ces deux sentimens, en disant que le Seigneur, qui n'est pas obligé d'être informé de la mort d'un vassal qui ne s'est pas fait connoître à lui, peut aussi-bien saisir valablement incontinent après sa mort, comme il le pouvoit auparavant : mais que si son héritier se présente dans les quarante jours, la saisie doit être sans perte de fruits; le Seigneur devant avoir cet égard pour ce nouveau vassal qui n'a pas été en demeure.

30. Lorsque la mutation arrive du côté du Seigneur, la Coutume accorde un délai de quarante jours pour porter la foi, qui court du jour de la sommation que le nouveau Seigneur a faite à ses vassaux. *Voyez les articles 60, 61 & 62, & les notes.*

Il y a lieu au même délai lorsque la mutation est arrivée de la part de l'un & de l'autre, *art.* 64.

31. Notre Coutume accorde une autre espece de souffrance en l'*art. 285. Voyez cet article.*

32. Ces souffrances étant accordées par la loi, n'ont pas besoin d'être demandées.

33. Il y a des souffrances qui n'ont lieu que lorsque le Seigneur les a accordées, ou du moins lorsqu'elles lui ont été demandées.

Telle est celle dont il est traité, *art.* 4.

Telle est celle qui est due au vassal, lorsqu'il n'est pas en âge de porter la foi, ou qu'il a quelque autre juste cause d'empêchement.

Je pense que c'est aussi une juste cause de demander souffrance, lorsque l'héritier présomptif n'a pu dans le délai de quarante jours accordé par la Coutume pour porter la foi, prendre son parti sur l'acceptation ou répudiation de la succession. Car il a un intérêt sensible à ne pas s'engager témérairement dans une succession dont il ne connoît pas encore les forces, par un port de foi qui est un acte d'héritier : c'est pourquoi le Seigneur ne peut sans inhumanité lui refuser les délais que l'Ordonnance a jugés nécessaires pour s'en instruire. Qu'on ne dise pas que la Coutume ayant borné à quarante jours le délai qu'elle accorde à l'héritier pour porter la foi, il ne doit pas être étendu au-delà. Ce délai de quarante jours accordé par la Coutume est le délai légal qui n'a pas besoin d'être demandé. Nous convenons qu'il ne peut être étendu au-delà des quarante jours; mais la loi, en accordant ce délai à l'héritier, ne l'exclut pas des autres especes de délais qui se demandent au Seigneur lorsqu'il y a une juste cause.

34. C'est au Seigneur que la souffrance doit être demandée, à moins qu'il ne fût mineur ou interdit, ou que ce ne fût une femme sous puissance de mari; auxquels cas elle devroit être demandée au tuteur, curateur, ou mari.

Un Procureur fondé de procuration *ad hoc*, & même un Procureur général *omnium bonorum*, peut valablement accorder cette souffrance : car cette souffrance ne pouvant se refuser, & n'étant qu'un acte d'administration, est comprise dans la procuration générale.

35. La requisition de souffrance n'étant pas un acte solemnel, elle peut être demandée par quelque personne que ce soit qui ait charge du vassal de la demander, ou qui ait charge de son tuteur ou curateur, si le vassal est sous puissance de tuteur ou de curateur; & même à défaut de tuteur, la Coutume permet aux parens des mineurs de la demander, *art.* 34.

36. Il suit aussi de là qu'il n'est pas nécessaire de se transporter au chef-lieu pour la requisition de cette souffrance, & qu'elle peut valablement se faire, comme tout autre exploit, à la personne du Seigneur, quelque part où elle soit trouvée, ou à son domicile ordinaire. Elle peut néanmoins aussi se faire au chef-lieu, qui est aussi censé le domicile du Seigneur pour ce qui concerne les devoirs de fief.

37. Il n'y a aucune formalité à observer pour cette requisition de souffrance; il suffit pour la constater qu'il en soit donné acte par un Notaire & deux témoins, ou deux Notaires; & si elle est faite en l'absence du Seigneur, en son domicile, soit ordinaire, soit de fief, il doit en être laissé copie. Cette requisition de souffrance doit être accompagnée des offres de payer les profits lorsqu'il en est dû; & en cela elle est différente de la légale, qui s'étend au paiement des profits comme à la prestation de la foi.

§. V I.

De l'effet qu'ont la prestation de Foi, les offres de Foi, & la Souffrance.

38. L'effet de la prestation de foi est de *couvrir le fief.* Auparavant, le fief est dit *ouvert*, c'est-à-dire vacant comme s'il n'avoit point de maître; le Seigneur ne connoissant pas pour propriétaire du fief mouvant de lui, celui qu'il n'en a point investi. Par la prestation de foi, le fief, d'ouvert qu'il étoit, devient *couvert.* Le vassal en étant investi par le Seigneur, en étant saisi vis-à-vis de lui, le Seigneur ne peut plus dès-lors regarder le fief comme vacant, ni par conséquent le saisir féodalement; & s'il l'avoit saisi féodalement auparavant, la saisie seroit éteinte de plein droit.

C'est par cette raison qu'il ne reste plus au Seigneur que la voie d'action pour se faire payer des profits qui lui seroient dûs par le vassal, *art.* 66.

C'est par la même raison qu'il est dit, *art.* 68, que le vassal qui a porté la foi peut former complainte contre le Seigneur, s'il étoit troublé par lui, en quelque maniere que ce fût, dans la possession de son fief.

39. Lorsque le vassal a offert de faire la foi à son Seigneur qui a refusé de le recevoir en foi, ou qui ne s'est pas trouvé, ou n'a fait trouver personne pour lui au chef-lieu pour l'y recevoir, ces offres, lorsqu'elles sont duement faites, couvrent le fief, comme si le vassal eût effectivement porté la foi, *art.* 67, 68, 88.

C'est l'effet naturel de la demeure en laquelle les offres ont mis le Seigneur de recevoir en foi son vassal, conformément à cette regle de droit : *In omnibus causis pro facto id accipitur id in quo per alium mora fit quominùs fiat. L.* 59, *ff. de R. J.*

Pour que ces offres soient *duement faites*, & qu'elles puissent couvrir le fief, il faut qu'elles soient faites par celui qui doit porter la foi, c'est-à-dire par le vassal en personne, à celui à qui elle doit être portée, au lieu où elle doit être portée, & avec les solemnités qui doivent être observées pour la prestation de foi.

Il faut aussi qu'elles soient accompagnées des offres de payer les profits, lorsque le vassal en doit, *art. 88 ;* il faut enfin qu'il en ait été laissé copie.

Le fief étant couvert par les offres duement faites, il suit de là que le Seigneur, non-seulement ne peut plus dès-lors saisir tant que l'effet des offres dure, mais que la saisie qu'il auroit faite auparavant est éteinte de plein droit.

40. L'effet des offres duement faites est le même que l'effet de la prestation de la foi, tant que l'effet des offres dure ; mais il en est très-différent quant à la durée. Le vassal qui a porté la foi ne peut plus être obligé de la porter au même Seigneur : la foi couvre tellement son fief, qu'il ne peut plus devenir ouvert que par la mort du vassal, ou du Seigneur, ou lorsque l'un ou l'autre aura aliéné son fief. Lorsqu'il n'a fait que des offres, il doit retourner à la foi dans les quarante jours, après qu'il en a été sommé par son Seigneur : l'effet des offres, qui avoit pour fondement la demeure en laquelle avoit été le Seigneur de recevoir en foi son vassal, cesse lorsque cette demeure en laquelle étoit le Seigneur a cessé, & que le vassal a été depuis lui-même en demeure de la porter ; le fief qui avoit été couvert par les offres redevient ouvert.

Il reste à observer que les offres que le vassal a faites lui sont personnelles comme la prestation de foi, & qu'elles ne peuvent couvrir le fief pour son héritier, ou autre successeur. L'héritier jouit seulement de son chef de la souffrance ou délai de quarante jours que la Coutume accorde aux héritiers.

41. La souffrance, tant la légale que celle qui a été accordée par le Seigneur, & même celle qui lui a été demandée pour une juste cause, quoiqu'il ne l'ait pas accordée, couvre aussi le fief tant qu'elle dure. C'est ce que décide la Coutume, *art.* 24, en ces termes : *Souffrance équipolle à foi tant qu'elle dure.* De là il suit que le Seigneur, non-seulement ne peut saisir féodalement pendant qu'elle dure ; mais que s'il avoit saisi avant la souffrance demandée, la souffrance opéreroit non une simple main-levée provisionnelle, mais une entiere extinction de la saisie. Car la souffrance équipollant à foi tant qu'elle dure, & faisant réputer pendant ce temps le vassal saisi de son fief vis-à-vis

du Seigneur, comme s'il en eût porté la foi, il est impossible que ce fief soit en même temps, pendant ce temps en la main du Seigneur par la saisie féodale. La souffrance détruit donc nécessairement la saisie qui avoit été faite : & lorsque le fief redevient ouvert par l'expiration de la souffrance, le Seigneur ne peut le mettre en sa main que par une nouvelle saisie.

Néanmoins, lorsque le Seigneur accorde la souffrance de sa pure volonté pendant un certain temps, le vassal n'étant pas dans le cas de pouvoir l'exiger, le Seigneur peut exprimer par l'acte qu'il n'accorde qu'une main-levée provisionnelle de la saisie; & cette souffrance, en ce cas, n'est pas tant une vraie souffrance qui couvre le fief, qu'une simple provision de fruits : *Feudum non relaxatur, sed tantùm usus & perceptio fructuum sub manu dominicâ.* Le Seigneur ne pourroit apposer cette clause dans les cas auxquels la souffrance est due.

42. Il reste à observer que l'effet de la souffrance ne s'étend qu'aux fiefs que le vassal avoit dans la mouvance du Seigneur lorsqu'il l'a demandée, & pour lesquels il l'a demandée. S'il en acquéroit d'autres depuis; quoique son empêchement de porter la foi continuât, ces fiefs ne pourroient être couverts que par la demande d'une nouvelle souffrance.

Néanmoins, lorsque le tuteur de plusieurs mineurs en bas âge a eu souffrance pour un fief possédé par *indivis* par ses mineurs, plusieurs pensent qu'il n'est pas besoin d'une nouvelle souffrance pour la portion de l'un de ces mineurs décédé depuis, & à laquelle les autres lui succedent. Ce sentiment souffre difficulté : car la souffrance est personnelle à chaque mineur, & chacun d'eux ne l'obtient par son tuteur que pour sa portion. La souffrance, pour la portion de celui qui est depuis décédé, a donc expiré par sa mort : d'où il paroît suivre qu'il en faut demander une nouvelle.

43. La souffrance ne couvre le fief que tant qu'elle dure ; il devient ouvert, & peut être saisi féodalement aussi-tôt qu'elle est expirée.

Elle expire par l'expiration du temps pour lequel la loi ou le Seigneur l'a accordée, lorsqu'elle l'a été pour un temps limité : s'il n'y a pas de temps limité, elle finit lorsque l'empêchement de porter la foi pour lequel elle a été demandée a cessé.

Comme elle équipolle à la foi, elle expire aussi de même que la foi par la mort du vassal ou du Seigneur, ou lorsque l'un ou l'autre a aliéné son fief.

La souffrance étant expirée par la mort du vassal, son héritier jouit de son chef d'une autre souffrance; sçavoir du délai de quarante jours que la loi accorde à tout héritier. Pareillement, lorsque la souffrance en laquelle le vassal étoit de son Seigneur est expirée par la mort de son Seigneur, ou par l'aliénation que le Seigneur a faite de son fief, le vassal jouit d'une autre souffrance que la Coutume accorde aux vassaux à chaque avénement de Seigneur.

§. VII.

De la réception en foi par main souveraine, en cas de combat de Fief.

Voyez sur ce l'article 87.

CHAPITRE

CHAPITRE II.

Du Droit de Saisie féodale.

44. NOus ne parlons ici que de la saisie féodale qui se fait lorsque le fief est ouvert, c'est-à-dire lorsque le vassal n'est point en foi de son Seigneur. Il y a une autre espece de saisie féodale que le Seigneur a droit de faire pour contraindre son vassal qui est en foi, à lui donner un dénombrement dont nous parlerons au Chapitre quatrieme ; elle est d'une nature toute différente de celle dont nous parlons.

§. I.

Ce que c'est que la Saisie féodale.

45. La saisie féodale est un acte solemnel par lequel le Seigneur se met en possession du fief mouvant de lui, lorsqu'il le trouve ouvert, & le réunit à son domaine jusqu'à ce qu'on lui en ait porté la foi.

Ce droit est fondé sur ce que les fiefs, de personnels qu'ils étoient dans leur origine, n'étant devenus héréditaires & commerçables qu'à la charge que l'héritier ou acquéreur s'en feroit investir par le Seigneur en lui portant la foi; tant qu'il ne se présente point pour la porter, le Seigneur n'est point obligé de le reconnoître pour le propriétaire du fief servant : d'où il suit que le Seigneur peut par la saisie féodale s'en mettre en possession, comme d'un fief vacant & sans maître, & le réunir à son domaine.

De là il suit que la saisie féodale n'est pas une simple saisie des fruits du fief: c'est le fonds même qui est saisi.

Elle est aussi très-différente de la saisie réelle qu'un créancier fait de l'héritage de son débiteur. Celle-ci n'est qu'un simple empêchement de l'héritage qui n'en dépossede point le débiteur, mais qui l'empêche seulement d'en percevoir par lui-même les fruits. Le Commissaire établi à la saisie en jouit pour le débiteur saisi, en employant les fruits à l'acquittement de ses dettes. Au contraire, la saisie féodale dépossede vraiment le vassal vis-à-vis du Seigneur, quoiqu'il ne soit pas censé dépossédé vis-à-vis des autres : le Seigneur possede l'héritage qu'il a saisi féodalement, comme une chose qui est réputée lui appartenir tant que la saisie dure : c'est pour cela qu'il en perçoit les fruits à son profit, & en pure perte pour le vassal.

§. II.

Quand y a-t-il ouverture à la Saisie féodale.

46. Il y a ouverture à la saisie féodale toutes les fois que le fief est ouvert.

Le fief est ouvert lorsque le Seigneur n'a point d'*homme* : ce qui arrive, soit qu'il n'y ait aucun propriétaire du fief ſervant, comme lorſque le vaſſal a laiſſé ſa ſucceſſion vacante, ſoit qu'il y en ait un qui ne ſoit pas en foi du Seigneur.

Il ceſſe d'être ouvert, & devient couvert, non-ſeulement lorſque le Seigneur a un homme qui lui a porté la foi; mais encore par les offres qui lui ont été duement faites de la lui porter tant que dure l'effet de ces offres, & par la ſouffrance tant qu'elle dure. *Voyez ci-deſſus*, §. 5.

§. III.

Quelles Perſonnes peuvent ſaiſir féodalement.

47. Il réſulte de la définition que nous avons donnée de la ſaiſie féodale, *ſuprà*, §. 1, qu'il n'y a proprement que le Seigneur, c'eſt-à-dire le propriétaire du fief dominant, qui puiſſe ſaiſir féodalement, ou du moins que la ſaiſie doit être faite en ſon nom.

Les Princes apanagiſtes ſont vrais propriétaires des domaines qu'ils ont en apanage; & par conſéquent il n'eſt pas douteux qu'ils peuvent ſaiſir féodalement en leur nom les fiefs qui en relevent.

48. Le Seigneur peut ſaiſir féodalement en ſon nom, quoiqu'il ſoit grevé de ſubſtitution: car il n'en eſt pas moins propriétaire juſqu'à l'ouverture de la ſubſtitution. Il le peut, quoiqu'il ne ſoit pas lui-même en foi de ſon Seigneur, pourvu que ſon Seigneur n'ait pas encore ſaiſi féodalement ſon fief: car tant que ſon Seigneur le laiſſe jouir de ſon fief, il a le libre exercice de tous les droits qui y ſont attachés.

49. Le poſſeſſeur du fief dominant, qui le poſſede *animo domini*, quoiqu'il n'en ſoit pas le propriétaire, étant réputé l'être tant que le vrai propriétaire n'apparoît point, c'eſt une conſéquence qu'il peut ſaiſir féodalement en ſon nom les fiefs qui en relevent. Les vaſſaux ne ſont pas recevables à lui oppoſer qu'il n'en eſt pas le propriétaire; ce ſeroit de leur part exciper du droit d'autrui.

Cela a lieu, quand même il y auroit procès intenté par le vrai propriétaire contre ce poſſeſſeur: car le poſſeſſeur d'une choſe en eſt toujours réputé le propriétaire, juſqu'à ce qu'il ait été condamné par un jugement dont il n'y ait point d'appel, à la délaiſſer au vrai propriétaire, ou qu'il la lui ait volontairement délaiſſée.

Je penſe même que la ſaiſie qu'il auroit faite avant l'éviction continueroit d'être valable après l'éviction, & profiteroit au propriétaire qui l'auroit évincé: car la qualité que ce poſſeſſeur, lors de la ſaiſie, avoit de propriétaire *putatif* du fief dominant, étoit une qualité qui lui donnoit le droit d'exercer tous les droits qui y ſont attachés. D'où il ſuit que la ſaiſie a été par lui valablement faite; & qu'ayant eu l'effet de réunir le fief ſervant au fief dominant juſqu'au temps que le vaſſal en porteroit la foi, le fief dominant doit être reſtitué au vrai propriétaire, avec le fief ſervant qui s'y trouve réuni par la ſaiſie féodale qu'en a faite le poſſeſſeur ſur qui il l'a évincé.

50. Le Seigneur qui par la ſaiſie féodale a mis en ſa main le fief de ſon vaſſal,

en étant réputé le propriétaire tant que la saisie dure, il peut saisir féodalement les fiefs qui relevent de celui qu'il tient en sa main; mais il ne le peut qu'au *nom & comme tenant en sa main* le fief de son vassal, car ce n'est qu'en cette qualité qu'il est le Seigneur de ces fiefs.

51. Le mari ayant une espece de domaine d'honneur & d'autorité sur les biens propres de sa femme, il peut saisir féodalement les fiefs relevans des Seigneuries du propre de sa femme; mais comme c'est en sa qualité de mari qu'il a cette espece de domaine, il ne peut saisir qu'en sa qualité de mari d'une telle.

Au contraire, la femme ne peut saisir : car quoiqu'elle conserve pendant son mariage le droit de propriété sur ses biens propres, son droit est comme éclipsé pendant son mariage par celui de son mari.

Ces deux décisions n'ont pas lieu lorsque le contrat de mariage porte, outre la clause d'exclusion de communauté, celle que la femme aura la jouissance & administration de ses biens : en ce cas c'est la femme & non le mari qui peut saisir féodalement.

52. Les Titulaires de bénéfices peuvent aussi saisir féodalement les fiefs relevans des domaines de leur bénéfice : les tuteurs, curateurs & autres administrateurs, ceux relevans des domaines des personnes qui sont sous leur tutelle, curatelle, &c., pourvu que ce soit en leur qualité de bénéficiers, tuteurs, curateurs, &c.; car ces *personnes représentent le propriétaire, domini loco habentur.*

53. Il n'en est pas de même d'un simple Procureur, quoique fondé de procuration spéciale : la saisie ne seroit pas valable si elle étoit faite à sa requête, comme Procureur du Seigneur; il faut qu'elle soit faite à la requête du Seigneur. La raison est que la saisie féodale qui se fait aujourd'hui en vertu d'une commission de Justice & par le ministere d'un Huissier, est regardée comme un acte judiciaire qui ne se peut faire par Procureur, suivant cette regle, *Personne ne plaide par Procureur que le Roi.*

En conséquence de ce droit qu'a le Roi, la saisie féodale des fiefs des domaines du Roi se fait à la requête du Procureur du Roi.

Les Seigneurs Haut-Justiciers ayant, à *l'instar* du Roi, le droit de plaider dans leurs Justices sous le nom de leur Procureur-Fiscal contre leurs justiciables pour les contraindre au paiement de leurs droits Seigneuriaux, dont le fonds ne leur est point contesté, c'est une conséquence que la saisie féodale des fiefs situés dans l'étendue de leur justice puisse se faire à la requête de leur Procureur-Fiscal; les nouveaux Arrêts l'ont jugé.

54. Lorsqu'il y a plusieurs co-Seigneurs du fief dominant, chacun d'eux peut, sans le consentement de ses co-Seigneurs & malgré eux, saisir féodalement en son nom les fiefs qui en relevent; mais il ne le peut que pour sa portion.

Cela est indubitable lorsque les autres co-Seigneurs, ou ont donné souffrance, ou déclarent formellement qu'ils n'entendent point saisir. Hors ces cas, Dumoulin paroît penser que la saisie faite par l'un des Seigneurs est valable pour le total, comme étant présumée faite tant pour lui que pour ses co-Seigneurs, desquels il doit être regardé comme un Procureur légal.

55. Il est évident que l'usufruitier du fief dominant ne peut saisir en son nom; mais la Coutume, *art.* 63, lui permet de le faire à ses risques sous le

nom du propriétaire, après sommation à lui faite de le faire lui-même : ce qui doit être étendu aux engagistes, au Commissaire établi à la saisie réelle du fief dominant, &c. *Voyez cet article 63, & les notes.*

§. I V.

Pour quelles causes se fait la Saisie féodale.

56. Il résulte de ce qui a été dit *suprà*, paragraphe premier, touchant la nature de la saisie féodale, que le défaut d'homme ou de prestation de foi est la seule cause principale pour laquelle puisse se faire la saisie féodale ; & que la cause du défaut de paiement des profits ne peut être regardée que comme une cause accessoire & concomitante de la premiere. *Causa principalis, est interruptio fidelitatis ; defectus autem solutionis jurium, non est causa productiva potestatis prehendendi, sed solùm accessorium & concomitans causam principalem.* Molin.

57. De là il suit, 1°. qu'après la réception en foi, la saisie féodale ne peut plus subsister pour les profits dûs par le vassal, lesquels ne peuvent plus être exigés que par voie d'action. Néanmoins Dumoulin observe que si le Seigneur avoit reçu le vassal en foi, sous la condition expresse que jusqu'au paiement des profits, la saisie féodale tiendroit avec perte de fruits pour le vassal ; ou bien sous la condition que faute par lui de payer dans un tel temps, le Seigneur pourroit saisir féodalement & acquérir les fruits en pure perte pour le vassal ; ces conventions seroient valables. Car le Seigneur, qui étoit le maître de ne le point recevoir en foi jusqu'au paiement des profits, & qui jusques-là auroit gagné les fruits, ne fait aucun tort au vassal en lui imposant ces conditions : mais la saisie qui auroit lieu en ce cas ne seroit pas la vraie saisie féodale qui se fait en vertu de la Coutume, mais une saisie qui n'auroit lieu qu'en vertu de la convention : *Ista prehensio non est propriè feodalis, quia non fit virtute consuetudinis, & secundùm naturam feudi ; sed est prehensio merè conventionalis, &c.* Molin.

Que si le Seigneur avoit reçu le vassal en foi, sous la condition résolutoire que cette réception en foi seroit nulle, à défaut de paiement des profits dans un tel temps ; en ce cas, après avoir constitué par une sommation le vassal en demeure de satisfaire à la condition ; ou pour plus grande précaution, après avoir fait prononcer par Sentence la nullité de la réception en foi, le Seigneur pourroit procéder par une saisie féodale proprement dite, puisque le vassal en ce cas se trouveroit n'être pas en foi.

58. Une seconde conséquence de notre principe, est que quand le port de foi fait en l'absence du Seigneur se trouve nul, faute par le vassal d'avoir offert les profits ou d'en avoir effectué les offres, le Seigneur peut bien, à la vérité, sans avoir égard à ce port de foi nul, saisir féodalement pour foi non faite & droits non payés ; mais il ne pourroit pas, comme l'a pensé M. Guyot, en se contentant du port de foi, quoique nul, saisir féodalement pour les profits qui lui sont dûs ; le défaut de paiement de profits n'étant pas, selon nos principes, une cause suffisante pour saisir féodalement.

59. Une troisieme conséquence est que quoique la foi n'ait point été faite,

la saisie féodale sera nulle, s'il n'est pas dit expressément par l'exploit qu'elle est faite *par faute d'homme*, ou *faute de foi non faite;* & qu'il soit dit seulement qu'elle est faite *à défaut de paiement des profits.*

§. V.

Des formalités de la Saisie féodale.

60. Autrefois le Seigneur saisissoit féodalement en se mettant, de son autorité, par lui-même ou par ses préposés, sans aucune formalité judiciaire, en possession du fief lorsqu'il étoit ouvert, & en faisant défenses à son vassal d'en jouir jusqu'à ce qu'il eût porté la foi.

La saisie féodale est aujourd'hui assujettie à plusieurs formalités.

1°. Il a prévalu contre l'avis de Dumoulin, qu'elle ne pût se faire qu'en vertu d'une commission du Juge dans le ressort duquel le fief qu'on veut saisir est situé.

Cette commission doit être spéciale, c'est-à-dire à l'effet de saisir tel & tel fief. Il n'y a que le Roi qui saisisse en vertu d'une commission générale.

Lorsque plusieurs fiefs appartiennent à une même personne, ils peuvent être saisis en vertu d'une même commission en laquelle ils soient exprimés: s'ils appartiennent à différentes personnes, il faut autant de commissions qu'il y a de vassaux dont on veut saisir les fiefs; c'est l'avis de M. Guyot.

Le défaut de sceau dans la commission ne la rend pas nulle. M. Guyot rapporte des Arrêts récens qui l'ont jugé.

2°. La saisie féodale doit se faire par le ministere d'un Sergent, qui doit à cet effet se transporter sur le fief qu'on veut saisir.

Il ne peut y avoir lieu à ce transport, lorsque le fief est une chose incorporelle; il suffit en ce cas de dénoncer au vassal la saisie.

Cette saisie étant une saisie du fonds, *suprà*, *n.* 45, doit être recordée de deux témoins. *Edit du Contrôle.*

Elle est sujette à toutes les formalités auxquelles l'Ordonnance assujettit les autres exploits.

Il est d'usage que cette saisie contienne un établissement de Commissaire: la Coutume, *art.* 51, suppose cet usage, ainsi que celle de Paris, *art.* 31: ce qui a fait penser à quelques Auteurs que cet établissement de Commissaire étoit nécessaire pour la validité de la saisie. L'opinion contraire paroît plus véritable: car cet établissement de Commissaire n'est nécessaire dans les autres saisies que parce que le saisissant doit un compte au saisi, qui pour cette raison a intérêt d'opposer le défaut d'établissement de Commissaire: mais dans la saisie féodale le Seigneur ne devant aucun compte au saisi ni à personne, puisqu'il fait les fruits siens en pure perte pour le vassal, l'établissement de Commissaire ne s'y fait que pour la commodité du Seigneur; le vassal n'y a aucun intérêt, & ne peut par conséquent en opposer le défaut: c'est l'avis de M. Guyot.

En cela la saisie féodale differe des autres saisies. Elle en differe encore en ce qu'elle n'a pas besoin d'être précédée de commandement; car elle se fait *non propter moram clientis, sed propter carentiam hominis.*

61. Cette saisie est valablement signifiée au vassal au lieu du fief servant, & le fermier est responsable envers son maître, s'il ne l'en avertit; *art. 72.*

§. VI.

Des effets de la Saisie féodale.

62. Il faut se rappeller trois principes pour décider quels effets doit avoir la saisie féodale.

Le premier, que la saisie féodale réunit le fief saisi au fief dominant tant qu'elle dure, de maniere que le Seigneur en est cependant réputé propriétaire par la résolution du droit du vassal.

Le second, que cette résolution du droit du vassal, & cette réunion du fief saisi au dominant, ne sont que fictifs & momentanés, jusqu'à ce que le vassal ait fait ses devoirs ou qu'il ait eu souffrance.

Le troisieme, que le Seigneur doit certains égards à son vassal, même avant qu'il ait fait ses devoirs.

63. Il suit du premier de ces principes, que le Seigneur qui a saisi féodalement le fief servant, a droit de percevoir à son profit tous les fruits de ce fief naturels, industriels & civils, qui se trouvent être à percevoir pendant tout le temps que la saisie dure. *Voyez les art. 71, 72, 73, 74, 75.*

Il suit du même principe qu'il a même l'exercice de tous les droits domaniaux & honorifiques attachés au fief saisi.

C'est pour cela qu'il peut se faire porter la foi par ses arriere-vassaux, qui relevent en plein fief du fief saisi, & saisir féodalement leurs fiefs; *Voyez l'art. 76*; & en exercer le retrait féodal; *Voyez infrà, chap. 7.*

Par la même raison, il peut contraindre les gens de main-morte qui ont acquis des héritages mouvans en fief, ou en censive de fief saisi, à en vuider leurs mains, soit qu'ils les aient acquis avant ou depuis la saisie.

S'il y a quelque droit de justice ou de patronage attaché au fief saisi, il doit jouir pendant que la saisie dure, des honneurs, prééminences & droits y attachés. Il peut en conséquence nommer aux offices qui se trouvent vacans, & présenter aux bénéfices; il le peut d'autant plus qu'il a passé en Jurisprudence, que le droit de présentation étoit *in fructu.*

64. Il suit du même principe, que le Seigneur n'est pas tenu des charges foncieres & droits de servitudes imposées sur le fief servant par le vassal & les précédens vassaux, puisqu'il ne tient point son droit du vassal, & que la résolution du droit du vassal emporte celle des charges qu'il a imposées, suivant la regle, *Soluto jure dantis, &c.*

Il seroit néanmoins tenu des rentes foncieres dont est chargé le fief servant, si lui ou ses prédécesseurs les avoient inféodées ou consenties.

Il ne peut pas non plus méconnoître celles qui lui sont dues : c'est pourquoi il doit en faire confusion pour le temps que durera la saisie.

Il est aussi tenu de toutes les charges du fief qui n'ont point été imposées par les vassaux, mais qui sont des charges naturelles dont le Seigneur seroit tenu quand même le fief ne seroit jamais sorti de ses mains. Telles sont la dîme, les charges du Dixieme ou Vingtieme imposés par le Roi ; les tailles d'Eglise ; les impositions pour les pavés, fortifications, ban & arriere-ban, qui seroient faites pendant le temps que dure la saisie.

A l'égard du droit de franc-fief, comme c'est une charge plus personnelle que réelle, due pour la permission accordée au propriétaire roturier de posséder son fief, le Seigneur qui a saisi féodalement n'en est point tenu. Cela doit avoir lieu quand même le Seigneur seroit lui-même roturier : car le franc-fief qu'il paie pour le fief dominant, lui donne le droit d'exercer tous les droits attachés à son fief, dont la saisie féodale des fiefs de ses vassaux fait partie : le vassal roturier dont le fief est saisi féodalement n'en étant pas moins, vis-à-vis de tous autres que son Seigneur, le vrai propriétaire & possesseur, n'en doit pas moins le franc-fief; & il ne peut opposer que la saisie féodale l'empêche d'en jouir, puisqu'il ne tient qu'à lui d'en jouir en portant la foi : *Damnum quod quis culpâ suâ sentit, non videtur sentire.*

Il suit du second principe, que le Seigneur n'ayant qu'un droit momentané dans le fief saisi féodalement, & étant obligé de le remettre à son vassal aussi-tôt qu'il aura fait ses devoirs, il ne peut disposer de ce fief, ni en mésuser, ni le dégrader; mais il doit le conserver, & en jouir comme un bon pere de famille : *Voyez l'art. 70.*

Il suit du même principe, que le Seigneur ne peut recevoir à vicaires les gens de main-morte qui auroient acquis des héritages dans la mouvance du fief saisi. Si ces gens de main-morte avoient obtenu Lettres d'amortissement pour le posséder, le Seigneur pourroit bien recevoir d'eux le droit d'indemnité pour en jouir pendant que dureroit la saisie; mais il seroit tenu d'en rendre le fonds au vassal lorsqu'il auroit fait ses devoirs, & même il pourroit être contraint par le vassal, même durant la saisie, à en faire emploi.

Par la même raison, lorsqu'il y a droit de Justice attaché au fief saisi, il ne peut pas destituer les Officiers.

65. Il suit du troisieme principe, que le Seigneur ne peut point, durant la saisie, déloger le vassal, *art. 73*, & qu'il doit entretenir les baux par lui faits, s'ils sont faits sans fraude, *art. 72.*

Par la même raison, il ne doit pas être écouté à vouloir, par mauvaise humeur, empêcher l'usage des servitudes, des vues, égoûts, & autres semblables imposées par le vassal ou ses prédécesseurs sur le fief saisi, qui ne causent pas une incommodité notable; quoique, *stricto jure*, ces droits dussent se résoudre pendant que dure la saisie, par les raisons rapportées *suprà, n. 64.*

§. VII.

Quand finit la Saisie féodale.

66. La saisie féodale finit de plein droit par la prestation de foi, par les offres duement faites, & par la souffrance accordée, ou même seulement demandée, lorsqu'il y a juste cause de la demander.

Elle finit aussi par le laps de trois ans, si elle n'est pas renouvellée : *Voyez l'art. 51.*

§. VIII.

Des oppositions à la Saisie féodale.

67. Le vassal ne doit point enfreindre la saisie, *art. 77*; mais il peut se pourvoir contre par les voies, soit d'opposition ou d'appel, & l'attaquer ou par la forme, s'il prétend qu'il y ait quelque nullité de forme, soit par le fond, s'il prétend que le saisissant n'a pas eu droit de saisir; *putà*, parce que le fief étoit couvert, ou parce qu'il n'étoit pas le Seigneur.

Réguliérement la saisie tient, & le vassal n'en peut avoir main-levée par provision jusqu'à ce que l'opposition ait été jugée : car c'est une regle en matiere de fiefs, que le Seigneur ne plaide point dessaisi; *art. 80*.

Cette regle a néanmoins ses exceptions. *Voyez l'art. 81*.

CHAPITRE III.

Du Droit de Commise.

68. LA foi ou fidélité que le vassal doit à son Seigneur étant de l'essence du fief, le violement formel & caractérisé de cette fidélité a paru devoir faire perdre au vassal son fief.

C'est sur cette raison qu'est fondé le droit de commise, qu'on peut définir, le droit qu'a le Seigneur de confisquer & réunir à perpétuité à son domaine le fief mouvant de lui pour cause de désaveu ou de félonie du vassal.

§. I.

Du Désaveu qui donne lieu à la Commise.

69. La Coutume prononce la peine de la commise pour le cas du désaveu. *Voyez l'art. 81*.

Le désaveu est l'acte par lequel le vassal dénie formellement à son Seigneur qu'il soit Seigneur,

70. Le désaveu, pour donner lieu à la commise, doit être parfait, inexcusable, judiciaire.

Le désaveu *personæ tantùm* n'y donne donc pas lieu; c'est-à-dire, lorsque mon vassal convient relever de mon fief, mais qu'il nie que j'en sois le propriétaire. Car ce désaveu n'est pas parfait, puisqu'il reconnoît, *aliquatenùs*, mon droit de supériorité féodale que j'ai comme propriétaire du fief dominant dont il convient relever,

Le

Le désaveu *rei tantùm* n'y donne pas lieu non plus ; c'est-à-dire, lorsque mon vassal dénie relever de mon fief dominant duquel il releve effectivement, en me reconnoissant néanmoins pour son Seigneur, pour raison d'une autre de mes Seigneuries.

Si la Seigneurie de laquelle mon vassal prétend relever, & pour raison de laquelle il m'offre la foi, étoit une Seigneurie qui ne m'appartînt point, ou qui ne m'appartînt qu'en une autre qualité que celle en laquelle je lui demande la foi ; *putà*, si je la lui demandois en mon propre nom, & qu'il me l'offrît pour raison d'une Seigneurie appartenante à ma femme ou dépendante de mon bénéfice, *aut vice versâ ;* en ces cas le désaveu est *rei simul & personæ*, & par conséquent parfait, & qui donne lieu à la commise ; car ce n'est pas reconnoître quelqu'un sérieusement à Seigneur, que de le reconnoître pour une Seigneurie qui ne lui appartient pas.

Si le Seigneur ne l'a aliéné que depuis l'acte qui contient le désaveu, il n'y aura pas lieu à la commise, à moins que depuis l'aliénation connue au vassal, le vassal n'eût signifié quelque autre acte de persistance en son désaveu ; car le désaveu porté par ce nouvel acte se trouvant alors être *rei simul & personæ*, donneroit lieu à la commise. *Molin.* §. *43*, *gl. 1*, *q. 1.*

71. Quelques Auteurs ont prétendu que le désaveu n'étoit pas parfait & ne donnoit pas lieu à la commise lorsque le vassal soutenoit ne relever de personne. Cette opinion paroît dénuée de fondement. Le désaveu consiste à méconnoître son Seigneur ; & il n'est pas moins méconnu lorsque son vassal se prétend indépendant, que lorsqu'il veut se donner à un autre Seigneur. Dumoulin décide expressément qu'il y a lieu à la commise en l'un & l'autre cas. *Cùm vassallus absolutè negat & prehensorem & qualitatem in quâ prehendit, hoc est planè abnegat ipsam feudalitatem, sive contendat rem prehensam esse allodialem, sive non ; quia satìs est quòd planè abnegat feudaliter moveri à prehendente,* Molin. *ibid. n. 10.*

Il résulte de ces derniers termes, que selon la doctrine de Dumoulin, le désaveu ne laisseroit pas d'être parfait & de donner lieu à la commise, quoique le vassal offrît de reconnoître à cens son Seigneur ; *satìs est quòd abnegat feudaliter moveri,... abnegat feudalitatem.* En effet, un Seigneur de censive n'ayant de droit que sur les héritages, & n'ayant aucuns devoirs à exiger de ses censitaires, il paroît que ce n'est pas en tout reconnoître son Seigneur de fief que de ne le reconnoître que comme un Seigneur de censive. Néanmoins plusieurs pensent que ce n'est pas entiérement le méconnoître, & qu'il n'y a pas lieu en ce cas à la commise.

Il est hors de doute que ce n'est pas désaveu, & qu'il n'y a pas lieu à la commise, lorsque le vassal convient relever en fief de son Seigneur, & conteste seulement sur les charges auxquelles il releve ; *putà*, lorsqu'il soutient que son fief n'est tenu d'aucune autre charge féodale que de la foi, *si affirmaret feudum francum & liberum.* Molin. *ibid. n. 7.*

72. Le désaveu, pour donner lieu à la commise, doit être inexcusable.

Il est réputé excusable lorsque le vassal ne désavoue son Seigneur que pour reconnoître le Roi de qui il soutient relever, ou l'apanagiste qui est aux droits du Roi ; & il a passé en maxime qu'il n'y a pas lieu en ce cas à la commise. Mais si après qu'il a été abandonné par le Procureur du Roi, il persévere dans son désaveu, le désaveu devient inexcusable, & donne lieu à la commise *Livoniere*, *p.* 123.

Le désaveu est encore excusable, lorsque le vassal a été induit en erreur par le fait même du Seigneur; *putà*, si le Seigneur des fiefs A. & B. m'a par erreur reçu en foi en qualité de Seigneur du fief A. pour mon fief qui relevoit du fief B. & qu'ensuite il ait laissé différens héritiers, dont l'un a succédé au fief A. & l'autre au fief B. si je désavoue l'héritier Seigneur du fief B. de qui mon fief releve effectivement, prétendant relever du fief A. mon désaveu doit être jugé excusable, ayant été induit par le précédent Seigneur dans l'erreur qui m'a porté à ce désaveu. *Mol. d. gl. Q.* 24.

Au reste, il ne suffit pas pour que le désaveu soit jugé excusable & exempt de la peine de la commise, que le vassal qui a désavoué le Seigneur n'eût pas une connoissance positive qu'il étoit son Seigneur. *Voyez l'art.* 81, *& les notes.*

Quelques Auteurs prétendent aussi que le désaveu est excusable, & ne doit pas être assujetti à la peine de la commise, lorsque le vassal s'est désisté avant le jugement. On peut tirer argument *à simili* pour ce sentiment des *L.* 14, §. 8, & *L.* 16, §. 3, *ff. de bon. libert. L.* 8, §. 14, *ff. de inoff. Testam.* & *L.* 8, *Cod. de his quib. utend.* Néanmoins Dumoulin, *ibid. Q.* 1, pense que le vassal ne peut plus, en rétractant son désaveu, se soustraire à la peine de la commise aussi-tôt que le Seigneur y a conclu, ou déclaré qu'il entendoit y conclure.

73. Enfin le désaveu, pour donner lieu à la commise dans notre Coutume, doit être judiciaire. *Voyez l'art.* 81, *& les notes.*

De là il suit que le désaveu formé par une personne qui n'est pas capable d'ester en jugement, ne peut donner lieu à la commise. Tel est celui qui seroit fait par une femme, qui l'auroit formé sans être assistée & autorisée de son mari; ou par un mineur, sans être assisté par son curateur aux causes.

74. Même le désaveu formé par le mineur, assisté de son curateur, ne donne pas lieu à la commise, pourvu qu'il ne paroisse pas qu'il ait été malicieux; *arg. L.* 9, §. 5, *ff. de minor.* car on pardonne aux mineurs l'indiscrétion, mais non le dol. C'est l'avis de Dumoulin, *ibid. Q*, 13, qui me paroît régulier; quoique plusieurs qui ont écrit depuis décident indistinctement que le désaveu du mineur ne donne pas lieu à la commise, ce désaveu, quoique malicieux, étant plutôt un délit féodal qu'un crime. *Guyot.*

Il est évident que celui formé par un tuteur, curateur ou administrateur, ne peut donner lieu à la commise.

§. II.

De la Félonie qui donne lieu à la Commise.

75. La félonie est une injure atroce commise par le vassal contre son Seigneur, connu pour tel.

Il faut, 1°. que l'injure soit atroce.

On laisse à l'arbitrage du Juge à juger de l'atrocité. Elle peut être jugée telle, non-seulement lorsque le Seigneur a été attaqué dans sa personne, comme lorsque son vassal a porté la main sur lui ou attenté à sa vie; mais aussi lorsqu'il l'a été dans son honneur, comme lorsque son vassal a répandu des écrits ou des discours dans le public, contenant des faits calomnieux, circonstanciés & graves contre la probité ou les mœurs du Seigneur; ou lorsqu'il a commis adultere avec sa femme, ou abusé de sa fille, de sa bru ou de sa mere; & enfin lorsqu'il a été attaqué dans ses biens; comme lorsque son vassal, par de mauvaises manœuvres, a causé la ruine de toute ou de la plus grande partie de sa fortune. *V. L. ult. Cod. de revoc. Donat.*

76. Il faut, 2°. que celui qui a commis l'injure fût vassal au temps qu'il l'a commise. De là il suit que l'injure faite par le fils du vassal, ou par un appellé à la substitution du fief servant avant qu'elle fût ouverte, ou par l'acheteur du fief servant avant aucune tradition réelle ou fictive, ou celle faite par celui qui a vendu & livré le fief servant, avec clause de réméré, avant qu'il ait exercé le réméré, ne sont point félonie; car la félonie étant essentiellement le violement de la foi que le vassal a faite, ou qu'il est tenu de faire, toutes ces personnes, qui au temps de l'injure, n'étant pas encore propriétaires du fief servant, n'étoient pas encore tenues à la foi, n'ont pu commettre félonie; c'est pourquoi lorsqu'elles seront devenues propriétaires, le Seigneur ne pourra pas leur refuser l'investiture à cause de cette injure, à moins qu'elles ne refusassent d'en faire au Seigneur réparation : car ce refus fait par ces personnes depuis qu'elles ont la qualité de vassal, est une félonie. *Molin.* §. *43, q. 40.*

Au contraire, le grevé de substitution, l'acquéreur à la charge de réméré avant qu'on l'ait exercé, le vendeur avant la tradition, étant vrais propriétaires, l'injure par eux commise est félonie, qui donne lieu à la commise, à la charge néanmoins de la substitution ou du réméré.

77. L'injure commise par l'héritier du vassal, qui sçait que la succession lui est déférée quoiqu'il ne l'ait pas encore acceptée, est félonie, & donne lieu à la commise s'il accepte la succession; car il est censé avoir été propriétaire dès l'instant qu'elle a été ouverte, *art. 301.* S'il renonce à la succession, il n'y aura pas lieu à la commise. *Molin. ibid.*

Lorsque le légataire d'un fief, depuis la mort du testateur & avant qu'il ait accepté le legs, injurie le Seigneur, Dumoulin décide que si le légataire accepte le legs par la suite, cette injure aura été félonie, qui doit donner lieu à la commise, parce que la propriété de la chose léguée est censée transférée en la personne du légataire dès l'instant de la mort du testateur, suivant les principes du Droit. *Molin. 43.*

Observez qu'il faut qu'il ait sçu, lors de l'injure, que le legs lui étoit déféré, autrement il n'auroit pas connu pour son Seigneur la personne qu'il offensoit; ce qui est nécessaire pour la félonie; *infrà, n. 82.*

Si dans la même espece c'étoit l'héritier qui eût commis l'injure, elle ne seroit félonie que dans le cas auquel le légataire répudieroit le legs; car s'il l'acceptoit, l'héritier se trouveroit n'avoir jamais été propriétaire du fief légué. *Q. 43.*

L'héritier, quoique sous bénéfice d'inventaire, étant vraiment héritier, & par conséquent vrai propriétaire des biens de la succession, l'injure par lui commise envers le Seigneur de qui releve un fief de la succession, est félonie qui donne lieu à la commise. *Mol. Q. 42.*

78. L'injure faite par le membre d'un corps au Seigneur de quelque fief qui appartient au corps, n'est pas félonie; car c'est le corps, qui est une personne civile distinguée *intellectu* des membres qui le composent, qui est propriétaire & vassal, & non aucun de ses membres. *Arg. l. 7, ff. quod. cuj. univ.* §. 1.

79. Le titulaire d'un bénéfice, comme un Prieur, un Curé, un Chapelain, est vassal pour les fiefs de son bénéfice, quoiqu'il n'en soit pas propriétaire, puisque c'est lui qui est obligé à la foi; & il en est de même d'un mari pour les fiefs du propre de sa femme. C'est pourquoi l'injure commise par l'un ou l'autre est félonie, qui donne lieu à la commise du droit qu'ils y ont. *Molin. Q. 14 & 15.*

Quoique le mari soit vassal pour les fiefs du propre de sa femme, la femme ne laisse pas aussi de l'être, puisqu'elle demeure, pendant le mariage, propriétaire de ses propres : c'est pourquoi l'injure par elle commise est félonie, qui donne lieu à la commise de son fief, sans préjudice du droit qu'a le mari d'en jouir. *Mol. Q. 16.*

A l'égard des fiefs conquêts, la femme n'y ayant aucun droit formé pendant le mariage, (*infrà*, Tit. de la Commun. *n. 1*) l'injure qu'elle commettroit pendant le mariage envers le Seigneur de qui ils relevent ne feroit pas félonie. *Mol. Q. 16.*

80. Le simple usufruitier d'un fief n'est pas vassal; c'est pourquoi l'injure commise par celui qui a donné son fief, sous la réserve de l'usufruit, n'est pas félonie; mais plutôt celle qui seroit commise par le donataire, qui étant propriétaire, est le vrai vassal, quoique la loi lui accorde souffrance pour la foi, jusqu'à l'extinction de l'usufruit, *art. 285.*

Il reste à observer que le propriétaire du fief servant est censé vassal, & commettre félonie, quoiqu'il n'ait pas encore porté la foi; il suffit qu'il la doive : la félonie est le violement de la foi que le vassal a portée, ou qu'il est tenu de porter.

81. Il faut, 3°. pour qu'une injure soit félonie, qu'elle soit faite au Seigneur, c'est-à-dire au propriétaire du fief dominant.

Il suffit qu'il le soit pour partie, quelque petite qu'elle soit. Il n'importe aussi que le droit de propriété qu'il a soit résoluble.

Celui qui possede le fief dominant *animo domini*, quoiqu'il n'en soit pas le vrai propriétaire, étant réputé tel tant qu'il le possede, & ayant l'exercice de tous les droits y attachés, l'injure qui lui est faite est félonie.

Le titulaire d'un bénéfice, quoiqu'il ne soit pas propriétaire des fiefs de son bénéfice; le mari, quoiqu'il ne le soit pas de ceux du propre de sa femme, ayant l'exercice des droits y attachés, sont réputés Seigneurs, & l'injure qui leur est faite par les vassaux est félonie. *Mol. Q. 30 & 31.*

Celle qui feroit faite à la femme le feroit aussi : car comme elle conserve la propriété, c'est elle qui est la Dame du fief. Celle faite à l'un des membres d'un corps par un vassal de ce corps, n'est pas félonie, car il n'a pour Seigneur que le corps. *Suprà, n. 78.*

Au reste, l'injure est censée faite au Seigneur & est félonie, non-seulement lorsqu'elle lui est faite en sa propre personne, mais lorsqu'elle lui est faite en la personne de sa femme ou de ses enfans. *Inst. tit. de injur.* §. 2; mais il faut qu'elle soit plus atroce que si elle lui étoit faite en sa propre personne.

82. Il faut, 4°. pour que l'injure soit félonie, qu'elle soit faite au Seigneur connu pour tel; *Mol. Q. 41 :* car il n'y a pas de crime sans intention de le faire; le caractere essentiel de la félonie consistant à ce que l'injure soit faite par quelqu'un *à son Seigneur.* Celui qui fait une injure à son Seigneur, sans le connoître pour tel, a bien intention de commettre une injure; mais il ne peut avoir intention de commettre une félonie, & par conséquent il ne commet point de félonie.

Si le vassal de deux Seigneurs, ayant intention d'injurier l'un de ses Seigneurs, injurioit l'autre en se méprenant de personne, ce seroit félonie. *Arg. l. 18, §. 3, ff. de injur.*

Au reste, un vassal ne seroit pas facilement écouté à dire qu'il ne connoissoit pas son Seigneur; il faut que son ignorance paroisse par les circonstances. *Mol. ibid.*

Le propriétaire du fief dominant qui n'en est point en possession, n'est point présumé connu pour Seigneur; & par conséquent l'injure qui lui est faite par ses vassaux n'est point présumée félonie.

§. III.

Quand est acquis le droit de Commise; en quoi il consiste; & à quoi il s'étend.

PREMIERE MAXIME.

83. Selon la doctrine de Dumoulin, le droit de commise *antè acceptatum jus commissi* est en suspens; de maniere que si le Seigneur, *antè acceptatum jus commissi*, pardonne l'offense, le droit de commise sera censé plutôt n'être jamais né que remis ou aliéné.

Dumoulin pensoit que le Seigneur devoit être censé avoir accepté ce droit, de quelque maniere qu'il eût sur ce déclaré sa volonté; mais comme ces déclarations de volonté pourroient souvent être équivoques & donner lieu à des procès, le Seigneur ne doit être censé accepter ce droit que par la demande qu'il forme : c'est par l'action qu'il intente que le droit de commise devient un droit ouvert & formé.

II. MAXIME.

84. Le droit de commise acquis au Seigneur ne le fait pas rentrer de plein droit dans le fief de son vassal; *Mol. Q. 6.* Il ne consiste que dans une action

pour faire ordonner la confiscation du fief à son profit, en punition du délit de son vassal. Nous traiterons de cette action au paragraphe suivant.

Le vassal demeure donc propriétaire de son fief jusqu'à ce que la confiscation en ait été ordonnée & exécutée; il contracte seulement par son délit l'obligation personnelle de le délaisser à son Seigneur lorsqu'il requerra la confiscation; il ne peut plus néanmoins l'aliéner ni l'obliger en fraude de la confiscation, car la loi affecte le fief à son obligation : c'est pourquoi Dumoulin dit que l'action de commise *afficit rem*, *n*. 103.

III. Maxime.

85. La commise s'étend à tout ce qui fait partie du fief, comme fief, & non à autre chose.

Les choses unies au fief par une union naturelle sont partie du fief, & par conséquent sont comprises dans la commise; *v. g.* ce qui est accrû par alluvion, & les bâtimens construits sur le terrein féodal.

Le vassal qui a construit ces bâtimens avant le désaveu ou la félonie qui a donné lieu à la commise, ne pourroit pas les enlever; car ces bâtimens étant unis au terrein féodal, sont devenus eux-mêmes quelque chose de féodal, suivant la regle, *Accessorium sequitur naturam rei principalis ;* & par conséquent sujets à toutes les obligations féodales & à la commise. C'est pourquoi on ne peut pas dire que le Seigneur s'enrichit en ce cas aux dépens de son vassal qui les a construits : *Non censetur Patronus locupletari cum jacturâ alienâ, sed jure suo uti & exigere jus commissi sibi debitum.* Le vassal, en les construisant, n'a enrichi que lui-même; c'étoit lui qui en profitoit, puisqu'il les construisoit sur son fonds.

Si les bâtimens avoient été construits depuis le droit de commise acquis au Seigneur, en ce cas le Seigneur doit en permettre l'enlévement : autrement cette construction l'enrichiroit aux dépens du vassal, puisqu'elle a été faite sur un terrein auquel le Seigneur avoit déja acquis droit, & que le vassal ne pouvoit conserver. La décision est indistinctement certaine, lorsque ce sont les héritiers du vassal qui a commis désaveu ou félonie, qui les ont construits. Lorsque c'est le vassal lui-même, Dumoulin ne lui accorde cette permission que dans le cas du désaveu téméraire, & non lorsqu'il y a dol, le vassal dans ce dernier cas en étant indigne. *Mol. Q.* 26.

Les héritages que le vassal a acquis dans sa censive, sans faire déclaration pour empêcher la réunion, sont aussi enveloppés dans la commise; car par l'acquisition qu'il en a faite, ils sont devenus partie de son fief.

La commise ne s'étend pas aux choses mobiliaires qui sont dans l'héritage féodal, car elles ne sont pas partie du fief.

IV. Maxime.

86. Le Seigneur n'acquiert par la commise que le droit qu'avoit dans le fief le vassal qui a commis désaveu ou félonie, & tel qu'il l'avoit.

Suivant ce principe, si ce vassal n'avoit qu'un droit de propriété résoluble ſous quelque condition, comme s'il étoit grevé de ſubſtitution, s'il étoit acquéreur à la charge de réméré, ou à titre de donation ſujette à la révocation pour ſurvenance d'enfans, le Seigneur ne confiſqueroit le fief qu'à la charge de la ſubſtitution du réméré, ou de la révocation pour cauſe de ſurvenance d'enfans.

87. Si un mari a commis déſaveu ou félonie envers le Seigneur du fief propre de ſa femme, le Seigneur ne pourra confiſquer le fief que pour le temps que le mari avoit droit d'en jouir, c'eſt-à-dire pendant le temps que durera le mariage. *Mol. Q. 16.*

A l'égard des fiefs conquêts de la communauté, le mari en étant pendant le mariage le ſeul maître abſolu, & ayant le droit de les aliéner même *delinquendo*, (*Intr. au tit. 10, ch. 8;*) c'eſt une conſéquence qu'ils ſoient confiſqués pour le total à perpétuité. *Mol. ibid.*

Notre déciſion a lieu même à l'égard des propres ameublis de la femme, quoiqu'il y ait clauſe par le contrat de mariage, qu'elle reprendra, en cas de renonciation, ce qu'elle a apporté : car cette clauſe n'ôte pas au mari le droit d'en diſpoſer en maître, & par conſéquent de les confiſquer. *Mol. ibid.*

La femme devient ſeulement, dans le cas auquel la clauſe de repriſe de ſon apport auroit lieu, créanciere de l'eſtimation de cet héritage à la place de l'héritage, de même que lorſque ſon mari l'a aliéné.

Notre déciſion ſouffre exception lorſque le jugement qui prononce la confiſcation pour cauſe de félonie, prononce en même temps une condamnation capitale : car la communauté étant diſſoute par cette condamnation, & le droit du mari par conſéquent reſtreint à la moitié des conquêts, la confiſcation ne peut avoir lieu que pour la moitié.

88. Lorſqu'un bénéficier a commis déſaveu ou félonie, le Seigneur ne peut confiſquer le fief du bénéfice que pour le temps que le bénéficier a droit d'en jouir, c'eſt-à-dire pour le temps qu'il conſervera le bénéfice ; & même ſi les autres biens du bénéfice n'étoient pas ſuffiſans, le Seigneur ne le confiſqueroit même pendant ce temps qu'à la charge d'une ſomme telle qu'elle ſeroit réglée pour la deſſerte.

S'il le réſigne, quoiqu'avec penſion, le Seigneur n'en pourra refuſer l'inveſtiture au réſignataire ; mais ſi le bénéficier qui a commis l'offenſe redevenoit de nouveau titulaire du bénéfice, le Seigneur ſeroit fondé à lui refuſer l'inveſtiture de ce fief, car l'offenſe ſubſiſte toujours. *Mol. Q. 14.*

V. MAXIME.

89. La commiſe ſe fait avec la charge des rentes foncieres, droit d'uſufruit ou autres ſervitudes, & des hypotheques dont le fief étoit chargé.

Cette maxime a prévalu, ſuivant l'avis de Dumoulin, *Q. 18, 19 & 20*, contre celui de d'Argentré. La maxime *Soluto jure dantis, ſolvitur jus accipientis*, ſur laquelle eſt fondé l'avis de d'Argentré, ne doit avoir lieu que lorſque le droit de celui qui a impoſé les charges ſe réſout & s'éteint *per ſe & ſuî ipſius naturâ*, & ſans aucun fait de celui qui les a impoſées. Mais il en doit être autrement lorſque c'eſt par ſon fait & ſon délit, n'étant pas juſte que la peine de son délit tombe sur d'autres que sur lui : *culpa suos debet comitari authores.* Si dans le cas de la saisie féodale, le Seigneur n'est pas tenu de toutes ces charges, c'est qu'il est au pouvoir de ceux qui ont des droits sur le fief de se les conserver, & d'obtenir main-levée de la saisie, en reconnoissant le Seigneur autant qu'il est en eux, & lui demandant souffrance. Mais dans le cas de la commise, si elle ne se faisoit pas avec toutes les charges imposées sur le fief, ceux qui ont des droits sur le fief n'auroient aucune voie pour les conserver; ce qui seroit trop dur.

Si ces charges avoient été imposées depuis que le droit de commise a été acquis, le Seigneur n'en seroit pas tenu : car le droit de commise, aussi-tôt qu'il a été acquis au Seigneur, a dès-lors affecté le fief en l'état qu'il se trouvoit, & le vassal n'a pu dès-lors y imposer aucunes charges au préjudice de cette affectation.

Le Seigneur qui a confisqué le fief à la charge des hypotheques dont il est chargé, étant poursuivi hypothécairement, peut, comme tout autre tiers détenteur, renvoyer le demandeur à discuter les débiteurs personnels, *Molin, n.* 117.

VI. Maxime.

90. Le Seigneur n'est point tenu des engagemens personnels que le vassal a *contractés par rapport au fief confisqué.*

Par exemple, le Seigneur n'est point tenu d'entretenir les baux qu'en a faits le vassal. Si la Coutume l'y oblige dans le cas de la saisie féodale, c'est à cause des égards qu'il doit à son vassal; mais il n'en doit aucun à celui qui s'est rendu indigne de l'être. *Il doit néanmoins laisser jouir le fermier pendant l'année qui est commencée.* Par la même raison, si le vassal avant le désaveu ou la félonie commise, avoit vendu son fief sans l'avoir livré, non-seulement l'acheteur n'auroit aucune action contre le Seigneur; mais si le vassal, depuis que ce droit de commise a été acquis au Seigneur, avoit livré le fief à cet acheteur, le Seigneur pourroit le lui faire délaisser. *Mol. Q.* 21 & 22.

Observez néanmoins que si le bail ou la vente avoient été faits avant le délit par acte qui emportât hypotheque, le Seigneur, qui ne confisque le fief qu'à la charge des hypotheques, en pourroit être tenu hypothécairement. *Q.* 23.

91. Pareillement lorsque le mari a fait des deniers de la communauté, sur son héritage propre, des impenses nécessaires, pour raison desquelles il doit récompense de mi-denier à sa femme, & qu'il a commis ensuite désaveu ou félonie qui a donné lieu à la commise de cet héritage envers le Seigneur de qui il releve en fief, le Seigneur ne sera pas tenu de cette récompense, qui n'est pas une charge réelle de l'héritage, mais une dette personnelle dont le mari est tenu envers sa femme, *actione pro socio.* Mol. *ibid.*

VII. Maxime.

92. Les créanciers chirographaires, quoique antérieurs au délit qui a donné lieu à la commise, n'ont pas l'action révocatoire contre le Seigneur, quand même le vassal se seroit rendu par-là insolvable. *Molin. Q.* 21.

La

La raison est, que cette action n'a lieu que contre des acquéreurs qui ont été participans de la fraude du débiteur, ou qui ont acquis de lui à titre purement lucratif. Le Seigneur n'est ni dans l'un ni dans l'autre cas. La commise n'est point un titre purement lucratif, puisqu'il acquiert le fief pour la réparation qui lui est due de l'injure qui lui a été faite, & par conséquent en paiement d'une dette.

Il faut néanmoins avouer que cette maxime souffre difficulté. Plusieurs pensent qu'il suffit que le Seigneur acquiere, par la commise, le fief, sans qu'il lui en coûte rien, pour qu'il y ait lieu à l'action révocatoire, ne devant pas profiter aux dépens des créanciers.

§. IV.

Comment s'exerce le droit de Commise ; & de l'action de Commise.

93. Il n'y a que le Roi qui ait droit de saisir les fiefs qu'il prétend sujets au droit de commise ; les autres Seigneurs n'ont que la voie d'action. *Molin. Q. 6 & 7.*

Lorsque le Seigneur a saisi le fief par défaut de foi, & que le vassal se présente à sa foi, & demande main-levée de la saisie, le Seigneur peut aussi conclure à la commise par forme d'exception, suivant cette regle de Droit ; *Qui actionem habet, multò magis debet habere exceptionem.* Mais le vassal qui a fait duement ses offres de foi, doit avoir par provision main-levée de la saisie féodale pendant le procès sur la question de commise proposée par l'exception du Seigneur.

94. L'action de commise est une action personnelle *ex delicto*, qui naît de l'obligation du vassal, qui, par son délit, s'est obligé à la peine de la commise. Elle n'est pas simplement personnelle, mais personnelle réelle, *in rem scripta*, comme l'enseigne Dumoulin, *d. gl. n. 58.* C'est pourquoi elle peut être intentée contre des tiers détenteurs qui auroient acquis le fief depuis le délit, pour être condamnés à le délaisser, après que le Seigneur aura fait déclarer contre le vassal la peine de la commise encourue.

95. Lorsque le Seigneur ne l'est pas *proprio nomine*, mais comme mari, comme titulaire d'un tel bénéfice, & qu'il est désavoué par le vassal de sa femme, de son bénéfice ; il ne peut exercer l'action de commise qu'en son nom qualifié de mari d'une telle, de titulaire d'un tel bénéfice ; & c'est au profit de sa femme ou de son bénéfice, qu'il confisque le fief. Car c'est sur ces personnes que rejaillit l'offense du désaveu : il a seulement droit d'en jouir tant que le mariage durera, ou qu'il sera possesseur du bénéfice.

Il y a plus de difficulté dans le cas de la félonie : néanmoins Dumoulin décide qu'il en doit être de même ; car l'injure qui lui est faite n'est félonie, & ne donne lieu à la commise, qu'en tant qu'il est mari d'une telle, titulaire d'un tel bénéfice, &c. ; & par conséquent en tant qu'elle rejaillit sur sa femme, sur son bénéfice, &c. *Molin.* §. *43 ; q. 30 & 31.*

96. Il n'en est pas de même du Seigneur qui tient en sa main le fief de son vassal par la saisie féodale. Lorsqu'un vassal, relevant de ce fief saisi, commet

M

pendant la ſaiſie féodale, déſaveu ou félonie envers ce ſuzerain; quoique ce ſuzerain n'exerce pareillement l'action de commiſe qu'en ſa qualité de *tenant en ſa main* le fief d'où ce vaſſal releve, néanmoins il exerce cette action entiérement à ſon profit, & il demeure propriétaire du fief confiſqué, après la main-levée de la ſaiſie du fief d'où il releve. *Molin.* §. *55*, *gl. 10*, *n. 45.* La raiſon de différence eſt, que le mari tient & emprunte de ſa femme les droits qu'il a ſur les propres de ſa femme, & la qualité de Seigneur des vaſſaux qui en relevent. Il n'a cette qualité que parce que l'union du mariage & la puiſſance maritale font conſidérer ſa femme & lui comme n'étant tous les deux qu'une même perſonne, dont il eſt le chef: le déſaveu ou la félonie que ces vaſſaux commettent envers lui, n'eſt un délit féodal qui donne lieu à la commiſe, qu'autant qu'il rejaillit ſur ſa femme, & ce n'eſt qu'à cauſe de ſa femme qu'il a & qu'il exerce l'action de commiſe. Il en eſt de même du titulaire de bénéfice; mais il en eſt autrement du Seigneur qui tient en ſa main, par la ſaiſie féodale, le fief de ſon vaſſal : ce n'eſt point de ſon vaſſal qu'il emprunte le droit qu'il a ſur le fief qu'il tient en ſa main; il ne le tient que de lui-même. C'eſt donc de ſon chef, & non du chef de ſon vaſſal, qu'il eſt le Seigneur des vaſſaux qui en relevent; & par conſéquent c'eſt de ſon chef, & pour lui-même qu'il a droit de pourſuivre par l'action de commiſe, la réparation de l'injure qui lui eſt faite en cette qualité.

97. Lorſque ſur l'action du Seigneur, le fief eſt jugé ſujet à la commiſe, le défendeur doit être condamné à le lui délaiſſer avec reſtitution de fruits du jour de la demande.

98. Le pardon de l'offenſe intervenu depuis que l'action de commiſe a été intentée, l'éteint; de même qu'il l'empêche de naître lorſqu'il intervient auparavant.

C'eſt une preuve non équivoque de ce pardon, lorſque le Seigneur ayant connoiſſance de l'offenſe, a reçu le vaſſal en foi ou à ſouffrance.

Il n'y a que la perſonne offenſée qui puiſſe remettre l'offenſe; c'eſt pourquoi le mari ne peut pardonner l'injure faite à ſa femme par le vaſſal de ſa femme; & la femme peut, nonobſtant ce pardon, intenter l'action de commiſe. On peut tirer argument de l'article 200.

La femme peut, ſans ſon mari, la pardonner tant que la choſe eſt entiere, *ante acceptatum commiſſum*; mais depuis que l'action de commiſe a été intentée, elle ne le peut plus, parce qu'elle ne peut rien aliéner ſans l'autoriſation de ſon mari. (*Article 194.*)

Lorſque l'injure a été faite au mari ou au bénéficier par le vaſſal de ſa femme ou de ſon bénéfice, il peut pareillement, en pardonnant l'injure *ante acceptatum commiſſum*, ſouſtraire le vaſſal à la peine de la commiſe: mais *poſt acceptatum commiſſum*, il ne le peut plus au préjudice du droit acquis à ſa femme ou à ſon bénéfice. *Molin. q. 31.*

99. La mort du Seigneur ou du vaſſal, qui ſurvient depuis l'action intentée, ne l'éteint pas; mais elle l'empêche de naître ſi elle ſurvient auparavant.

La regle ſouffre exception lorſque la félonie qui a donné lieu à l'action de commiſe, conſiſte dans l'homicide du Seigneur, qui n'a pas vécu aſſez de temps pour en pourſuivre lui-même la vengeance. *Voyez* Molin. *q. 33 & 34.*

100. L'action de commise, selon Dumoulin, ne se prescrit que par trente ans : néanmoins un long silence doit facilement faire présumer le pardon, & exclure par ce moyen l'action.

§. V.

De la peine de la déloyauté du Seigneur.

101. La même espece d'injure, qui est *félonie* lorsqu'elle est commise par le vassal envers son Seigneur connu pour tel, est *déloyauté* lorsqu'elle est commise par le Seigneur envers son vassal connu pour tel.

Les devoirs d'amitié & de protection dont le Seigneur est tenu envers son vassal, n'étant pas moins de l'essence du fief, que ceux de fidélité dont le vassal est tenu envers son Seigneur ; de même que le vassal félon qui y manque est privé de son fief, de même le Seigneur déloyal doit être privé de sa dominance sur le fief de son vassal.

De ce délit de Seigneur naît une action qu'a le vassal contre son Seigneur, pour le faire déclarer déchu de son droit de dominance ; laquelle action est semblable à celle qu'a le Seigneur contre son vassal en cas de félonie, pour le priver de son fief.

Le Seigneur, par cette action, est privé de sa dominance sur le fief de son vassal, & de tous les droits, tant honorifiques qu'utiles, qui en dépendent: *Privatur directo dominio & omni jure feudali, & ejus juribus & pertinentiis ;* Mol. §. *8*, *gl.* 4, *n. 11 ;* ce qui comprend non-seulement les droits ordinaires & réglés par les Coutumes, mais ceux qu'il auroit en vertu de quelque clause particuliere de l'inféodation. Pocquet prétend néanmoins que les redevances extraordinaires cessent seulement d'être seigneuriales, & que le Seigneur les conserve comme redevances pures foncieres; mais cette opinion ne me paroît pas fondée. Si le Seigneur avoit des droits en autre qualité que de Seigneur, il ne les perdroit pas.

102. La privation de la dominance du Seigneur sur le fief de son vassal, n'empêche pas qu'il ne demeure fief, & sujet aux droits ordinaires des fiefs: mais ce n'est plus envers le Seigneur immédiat qui a été privé de sa dominance, mais envers le Seigneur suzerain, qui en devient par-là le Seigneur immédiat, *sublato medio*. Molin. *ibid. n. 13*.

A l'égard des droits seigneuriaux extraordinaires qu'avoit le Seigneur qui a été privé de sa dominance, le fief en demeure entiérement affranchi.

Il reste à observer que lorsque le Seigneur déloyal n'est Seigneur que comme mari ou comme bénéficier, il ne perd que l'exercice de la dominance pendant le temps que durera le mariage, ou qu'il sera bénéficier, *Molin. ibid. n. 19*.

CHAPITRE IV.

Du Dénombrement, & de la Saisie à défaut de dénombrement.

103. LE dénombrement est une description que le vassal doit donner à son Seigneur, par le détail de tous les héritages & droits qu'il tient en fief de lui.

§. I.

De ce que doit comprendre le Dénombrement.

104. Le dénombrement doit contenir, non-seulement chaque corps d'héritage, mais par le menu chacune des pieces de terre qui en dépendent; leur nature, continence, tenans & aboutissans. Il doit pareillement contenir tous les droits du fief, tels que ceux de patronage, de justice, de bannalité, de dîmes inféodées; la nature de ces différens droits, en quoi ils consistent; la continence, tenans & aboutissans du territoire sur lequel ils s'exercent; les actes par lesquels ils ont été reconnus.

Le vassal doit y déclarer les noms & surnoms de chacun de ses vassaux, qui sont les arriere-vassaux du Seigneur, & de ses censitaires; & en gros la quantité & qualité des héritages & droits qu'ils tiennent de lui, soit en fief, soit en censive; le lieu de leur situation; les droits & devoirs auxquels ils les tiennent; la date & le Notaire des actes par lesquels il en a été reconnu. Dumoulin demandoit bien davantage : il vouloit que le vassal insérât en entier dans son dénombrement, ceux que lui avoient donnés ses vassaux; mais cela ne s'observe pas.

Le détail que nous venons d'expliquer dans lequel le dénombrement doit être donné, étant nécessaire absolument pour remplir la fin de cet acte, qui est de conserver au Seigneur, tant contre son vassal que contre les Seigneurs voisins, la preuve de tout ce qui releve de lui, soit immédiatement, soit médiatement; ce détail est tellement de la substance de l'acte, que le vassal ne peut s'en dispenser, quand même pendant plusieurs siecles les dénombremens auroient été donnés sans ce détail : ce seroit un désordre, *vetustas erroris*, qui ne peut faire de loi. *Molin. gl. 7, n. 20.*

§. II.

De la forme extrinseque du Dénombrement.

105. Le dénombrement étant par sa nature destiné à être conservé dans les archives du Seigneur *ad perpetuam rei memoriam & fidem*, il doit être expédié en forme probante & authentique ; c'est-à-dire, par acte devant Notaire & en parchemin. C'est la disposition de l'Article 8 de la Coutume de Paris, qui, étant fondée, & sur la Jurisprudence des Arrêts rendus avant la réformation, & sur la nature même de cet acte, doit être observée dans les Coutumes, qui, comme la nôtre, ne s'en sont point expliquées.

Cet acte peut s'expédier en brevet, dont le vassal peut tirer un *duplicata.*

Lorsque le fief est de peu de détail, le dénombrement se donne souvent par même charte que le port de foi. *Molin.* §. *8*, *gl. 1*, *n. 1.* On dit que l'usage de la Chambre des Comptes est contraire.

Il y auroit plus d'inconvénient à permettre au possesseur de plusieurs fiefs séparés, relevans d'un même Seigneur, d'en donner les dénombremens par même charte. Auzanet & plusieurs autres pensent qu'il en doit donner de séparés. Livoniere, *p. 38*, & quelques autres, pensent qu'il peut donner le dénombrement de tous ses fiefs par même charte, par chapitres séparés.

§. III.

En quels cas le Dénombrement est-il dû ; & des délais qu'a le Vassal pour le donner.

106. Le dénombrement n'est dû qu'aux mutations de vassal. Un nouveau Seigneur ne peut l'exiger du vassal qui en a donné un à son prédécesseur. Paris, *art. 66 ; Molin.* §. *8*, *gl. 1*, *n. 3 ; Livon. p. 38.*

Lorsqu'une femme qui a porté & donné dénombrement, se marie, le mari, quoiqu'il doive de nouveau porter la foi, ne doit pas un dénombrement ; car il devient bien par le mariage, vassal ; mais la femme propriétaire du fief servant, l'étant aussi, il n'y a pas mutation parfaite de vassal.

Lorsque le fief servant dépend d'un bénéfice, le dénombrement est dû par chaque nouveau titulaire : s'il dépend d'une communauté, il est dû par chaque nouveau Vicaire.

Le Seigneur ne peut demander le dénombrement à son vassal qu'après qu'il l'a reçu en foi ; *& vice versâ*, le vassal n'est pas reçu à l'offrir avant qu'il ait porté la foi (*Paris, art 8.*) ; mais il peut le donner en même temps : *suprà*, *n. 105.*

107. Sur les délais que la Coutume accorde pour le donner, voyez l'*article 78 ;* & sur la communication de titres pour y parvenir, l'*article 79.*

§. IV.

Par qui, & à qui le Dénombrement est-il dû ; par qui, & à qui doit-il être présenté ; en quel lieu.

108. Le dénombrement est dû par le vassal au Seigneur. L'usufruitier du

fief dominant, de même que l'engagiste, n'étant point Seigneurs, ce n'est point à eux à qui le dénombrement est dû. Néanmoins, comme ils ont intérêt à la conservation des mouvances du fief, à cause des droits utiles qui leur appartiennent, & par conséquent à ce que le dénombrement soit donné, je pense qu'en cas de négligence du propriétaire du fief dominant à le demander, ils peuvent, après sommation à lui faite, le demander au nom de ce propriétaire, par argument de ce qui est décidé en l'article 63 pour la foi.

Ils peuvent aussi, par la même raison, lorsque le dénombrement a été donné au propriétaire du fief dominant, en prendre communication, même des copies collationnées à leurs frais.

A l'égard du mari, il n'est pas douteux qu'il peut en son nom de mari exiger un dénombrement des vassaux de sa femme qui n'en ont pas donné; de même que le titulaire de bénéfice, des vassaux de son bénéfice; le Seigneur qui tient en sa main le fief de son vassal, des vassaux de ce vassal; car toutes ces personnes sont en ces qualités Seigneurs.

109. Lorsqu'il y a plusieurs propriétaires par indivis du fief servant, ils ne doivent tous ensemble qu'un seul acte de dénombrement; mais cet acte doit être donné par tous; & il est censé donné par tous, lorsque l'un d'eux l'a donné au nom de ses autres co-propriétaires dont il avoit procuration spéciale, ou qui ont depuis ratifié.

Lorsqu'il a été donné par l'un de ces co-propriétaires, en son nom seul, les co-propriétaires ne sont pas déchargés; mais ils peuvent employer pour dénombrement celui donné par leur co-propriétaire.

Lorsqu'il y a plusieurs Seigneurs dominans, le vassal ne doit qu'un seul acte de dénombrement; mais il le doit à tous les Seigneurs, qui pour cet effet doivent être tous nommés en l'acte de présentation.

110. Le dénombrement doit être donné par le vassal, ou son Procureur fondé de procuration spéciale.

Comme le dénombrement engage celui qui le rend & celui qui le reçoit, la majorité féodale qui rend habile à porter & à recevoir la foi, ne rend pas le mineur parvenu à cet âge, habile à donner ou à recevoir le dénombrement : c'est pourquoi lorsque le vassal est mineur de vingt-cinq ans, le dénombrement doit être donné ou reçu par son tuteur; ou s'il est émancipé, par lui, assisté de son curateur, ou par un Procureur spécial de ces personnes.

Si c'est une femme mariée, quoiqu'elle soit séparée de son mari, elle ne peut le donner ni le recevoir qu'avec l'autorisation de son mari : car c'est un acte qui n'est pas de pure administration, mais *in quo* (comme dit Dumoulin) *agitur de proprietate & perpetuo præjudicio rerum ac jurium feudalium*.

111. Le dénombrement se présente au Seigneur, ou à quelqu'un qui ait charge de lui. La présentation s'en constate par un récépissé qu'en donne le Seigneur, & qui s'écrit ordinairement sur le *duplicata* que le vassal retient. Si le Seigneur le refusoit, ou étoit absent, il faudroit la constater par un Notaire, qui en dresseroit acte devant deux témoins.

§. V.

Par quelles voies le Seigneur contraint le Vassal à lui donner Dénombrement.

112. Le vassal peut être contraint à donner son dénombrement par amendes, qu'il encourt faute de satisfaire à chacune des sommations qui lui sont faites de le donner; & enfin après quatre sommations, par la saisie de son fief. *Voyez* sur cette saisie & ces sommations, les *art. 78 & 83.*

§. V I.

Des blâmes que le Seigneur peut donner contre le Dénombrement qui lui a été présenté.

113. On appelle *blâmes*, la critique articulée que donne le Seigneur, de ce qu'il prétend avoir été omis, ou mal-à-propos compris dans le dénombrement.

Putà, s'il prétend que le vassal a omis certaine piece d'héritage, ou certain droit qu'il tient en fief; s'il a omis de déclarer quelqu'un des droits ou devoirs dont son fief est chargé; s'il a omis les tenans ou aboutissans, ou quelque autre chose qui doive être exprimé par le dénombrement; s'il y a compris quelque chose comme le tenant en fief, que le Seigneur prétende être de son domaine; s'il a compris comme arriere-fief ce que le Seigneur prétend être son plein fief; s'il a compris quelque droit, ou pris quelque qualité que le Seigneur lui conteste, comme de Seigneur d'une telle Paroisse.

Le Seigneur ayant fourni ses blâmes, si le vassal refuse de réformer son dénombrement conformément à ces blâmes, il en résultera un procès, sur l'assignation que donnera le Seigneur au vassal, pour voir ordonner la réformation du dénombrement conformément aux blâmes; ou sur celle que donnera le vassal au Seigneur, pour voir ordonner que, sans avoir égard aux blâmes, le dénombrement passera.

Sur le temps dans lequel le blâme doit être fourni, voyez l'*article 82.*

§. V I I.

De la réception du Dénombrement.

114. Le dénombrement est reçu ou expressément, lorsque le Seigneur, par un acte au bas, a déclaré qu'il le recevoit; ou tacitement, ce qui arrive, 1°. lorsque le Seigneur est déchu de fournir des blâmes, sur quoi *voyez* l'art. 82; ou 2°. lorsqu'en ayant fourni, le vassal a réformé son dénombrement conformément aux blâmes; 3°. ou lorsqu'il a été statué sur les blâmes par une Sen-

tence dont il n'y a pas d'appel : en ce cas le dénombrement passe pour reçu, tel qu'il a été présenté, si le Juge n'a pas eu d'égard aux blâmes, ou sous les réformations ordonnées par la Sentence.

Si le Seigneur a fourni des blâmes, & qu'il ait laissé passer trente ans sans agir contre son vassal, aux fins de réformation de son dénombrement, il ne pourra plus, à la vérité, intenter contre lui cette action qu'il a laissé prescrire; mais on ne pourra pas en conclure qu'il ait reçu & approuvé le dénombrement dans les articles qu'il a blâmés. La présomption d'approbation résulte bien du silence du Seigneur, lorsqu'il n'a fourni aucuns blâmes; mais lorsqu'il en a fourni, ces blâmes, quoique non suivis d'action, résistent à cette présomption; car *ubi est evidens voluntas improbandi, non est præsumptioni locus :* le changement de volonté ne se présume point, & doit être prouvé par celui qui l'allegue. Le Seigneur ne pouvant donc point en ce cas être réputé avoir approuvé le dénombrement dans les articles qu'il a blâmés, il ne résultera de ce dénombrement aucune fin de non-recevoir contre les blâmes que lui ou ses successeurs fourniroient contre les dénombremens que donneront par la suite les successeurs du vassal.

Le Seigneur n'est pas tenu de me garantir ce qui est compris dans mon dénombrement qu'il a reçu; car le fief est un titre lucratif; (*n.* I.) il est seulement tenu de rapporter les profits qu'il a reçus, lorsque je suis attaqué par un autre qui se prétend Seigneur. *Molin.* §. *10, gl. 7, n. 23.*

§. VIII.

De la foi que font les Dénombremens.

115. Le dénombrement fait foi au profit du Seigneur contre le vassal, aussitôt qu'il a été présenté, & quoique le Seigneur ne l'ait pas reçu; il fait foi aussi au profit du vassal contre le Seigneur, mais seulement lorsque le Seigneur l'a reçu.

Cette foi que fait le dénombrement peut être détruite par une preuve contraire qui peut se faire par le rapport du titre d'inféodation, ou des anciens dénombremens.

116. Le titre d'inféodation doit l'emporter sur les dénombremens, en quelque nombre qu'ils soient : car ces actes étant par leur nature purement recognitifs, les parties n'ayant point intention de rien innover par ces actes, dans lesquels la clause *sans innovation* est même de style, & doit être suppléée lorsqu'elle n'est pas exprimée; on doit juger que lorsqu'il s'y trouve quelque chose de différent de ce qui est porté par le titre d'inféodation, ce ne peut être que par erreur que cela s'y est glissé.

Si néanmoins ces actes établissoient une possession centenaire & uniforme en laquelle le vassal seroit de n'être pas tenu de quelque droit porté par le titre d'inféodation; le Seigneur ne seroit pas fondé à le prétendre, quoiqu'il rapportât le titre d'inféodation : non que ces dénombremens puissent, *per se*, déroger au titre; mais parce que la possession centenaire en laquelle est le vassal d'être affranchi

affranchi de ce droit, fait présumer qu'il est intervenu un titre par lequel le vassal s'est rédimé de ce droit, lequel titre s'est perdu par l'injure des temps : car c'est une maxime que la possession centenaire équipolle à un titre, & le fait présumer.

Par la même raison, si les dénombremens établissoient une possession centenaire uniforme, en laquelle seroit le Seigneur, de quelque droit particulier qui ne seroit pas porté par le titre d'inféodation, il pourroit être fondé à le prétendre; parce que cette possession centenaire doit faire présumer qu'il est intervenu un nouveau titre, par lequel le Seigneur, qui depuis le premier titre seroit rentré dans son fief, l'auroit de nouveau concédé à la charge des droits dont il se trouve être en possession.

Telle est la doctrine de Dumoulin, contre laquelle Me Guyot n'oppose rien de plausible.

117. Lorsque le titre d'inféodation n'est pas rapporté, & que de part & d'autre on rapporte des dénombremens contraires les uns aux autres, les anciens sur-tout, s'ils sont voisins du titre primordial, & qu'il y soit énoncé, doivent l'emporter sur les postérieurs, quoiqu'en beaucoup plus grand nombre, pourvu qu'ils n'établissent pas une possession centenaire uniforme.

118. Les dénombremens servent à faire foi, non-seulement entre le Seigneur & le vassal; ils font foi au profit du Seigneur contre d'autres Seigneurs de la possession de sa directe sur les fiefs que le vassal y reconnoît tenir de lui; ils peuvent faire foi aussi au profit du vassal, de l'ancienneté de la possession en laquelle il est des droits qui y sont contenus, & qu'il porte en fief.

CHAPITRE V.

Du Profit de Quint.

119. Le profit de quint, qu'on peut aussi appeller *profit de vente*, est ainsi appellé parce qu'il consiste dans la cinquieme partie du prix de la vente qui est due au Seigneur lorsqu'un fief mouvant de sa Seigneurie est vendu.

L'origine de ce profit vient de ce qu'autrefois les vassaux ne pouvoient vendre leurs fiefs qu'avec le consentement du Seigneur, qu'ils avoient coutume d'obtenir en lui payant une certaine finance. Depuis, les vassaux n'ont plus eu besoin de ce consentement; mais les Seigneurs ont retenu le droit d'exiger, en cas de vente, un profit qui leur tient lieu de cette finance.

C'est par cette raison que le vendeur étoit autrefois chargé de ce profit, à moins qu'il n'en eût chargé l'acheteur par la clause de *franc denier au vendeur*, qui s'inséroit assez souvent dans les contrats de vente. Par notre Coutume réformée, *art.* 1, ce n'est plus le vendeur, mais l'acheteur qui est chargé du profit.

ARTICLE PREMIER.

Principes généraux sur ce qui donne ouverture au profit de vente.

PREMIERE MAXIME.

120. C'est le contrat de vente plutôt que la mutation, qui donne ouverture au profit de vente. *In venditione statim contractu concluso, acquisitum est jus quinti denarii.* Molin. §. 20, gl. 3, n. 12.

En cela ce profit est différent du profit de rachat.

Nous verrons dans un article séparé quels sont les contrats qui sont à cet égard réputés contrats de vente.

II. MAXIME.

121. C'est la vente du fief même, & non d'autre chose, qui donne ouverture au profit.

Nous expliquerons cette maxime dans un article séparé.

III. MAXIME.

122. Tant qu'il n'y a pas encore un contrat de vente parfait, il ne peut y avoir ouverture au profit. C'est une conséquence de la premiere maxime.

Premiere Conséquence.

L'obligation de vendre, n'étant pas un contrat de vente, ne donne donc pas ouverture au profit. C'est pourquoi si le défunt à qui j'ai succédé, avoit ordonné par son testament que je vendrois à Pierre, moyennant un certain prix, un certain fief de sa succession qui est à la bienséance dudit Pierre ; quoiqu'en acceptant sa succession, je contracte l'obligation de vendre ce fief à Pierre, néanmoins le profit n'est pas dû, & il ne le sera que lorsque que j'aurai effectivement vendu ce fief à Pierre.

Seconde Conséquence.

123. Les contrats qui se font sous une condition suspensive n'étant pas parfaits tant que la condition n'est pas accomplie, si un contrat de vente est fait sous une pareille condition, le Seigneur ne peut prétendre aucun profit tant que la condition n'est pas accomplie ; & si la condition vient à défaillir, il ne sera pas dû profit de vente pour un tel contrat.

Que si avant la condition accomplie, le contrat étoit exécuté de part & d'autre par la tradition de l'héritage & le paiement du prix, en ce cas, dit Dumoulin, *discessum est à conditione quoad vim suspensivam ;* les parties sont censées s'être désistées de l'effet suspensif de la condition, & avoir converti leur contrat, de conditionnel qu'il étoit, en un contrat de vente pure & simple, mais seulement résoluble sous la condition apposée au contrat : c'est pourquoi le profit sera dès-lors dû, & ne pourra être répété, quand même par la suite & peu après, la condition viendroit à défaillir, & que le vendeur rentreroit dans son héritage.

Il en feroit autrement ſi le contrat n'avoit été exécuté que d'une part; *putà*, ſi le vendeur, ſans ſe faire payer le prix par l'acheteur, & ſans attendre l'accompliſſement de la condition, avoit fait entrer l'acheteur en poſſeſſion de l'héritage : les parties ne doivent pas être cenſées pour cela s'être déſiſtées de l'effet ſuſpenſif de la condition; mais la tradition, dans le doute, eſt préſumée faite tacitement ſous la même condition appoſée au contrat, & il n'eſt dû aucun profit juſqu'à l'accompliſſement de la condition.

Il y a plus : quand même il paroîtroit que la tradition auroit été faite purement & ſimplement, & dans l'intention de transférer dès-lors à l'acheteur la propriété de l'héritage, les parties ne doivent pas être cenſées pour cela s'être déſiſtées de la condition de la vente, & le quint ne feroit pas dû avant ſon accompliſſement : mais comme il y a eu en ce cas mutation dans le fief par la tradition qui s'eſt faite, non en conſéquence du contrat de vente, qui n'eſt pas parfait avant la condition, mais par une eſpece de libéralité du vendeur envers l'acheteur; il ſera dû pour cette mutation le profit de rachat qui eſt dû pour quelque mutation que ce ſoit, hors les cas exceptés (*infrà*, ch. 6.); & ce rachat ne pourra être répété, ſoit que la condition du contrat de vente vienne à défaillir ou à exiſter; parce qu'il demeure toujours vrai en l'un & l'autre cas, que l'acheteur a été fait, à titre de libéralité, propriétaire de l'héritage *ad tempus*, juſqu'à l'événement ou défaillance de la condition.

Nous avons extrait tout ceci de Dumoulin, ſur le §. 13, hodiè 20, *gl.* 5, *n.* 23, *& ſeqq.*

IV. MAXIME.

124. Lorſque le contrat de vente eſt nul, il ne peut être dû aucun profit de vente.

Ex contractu nullo nulla debentur laudimia. C'eſt encore une conſéquence de la premiere maxime.

Obſervez que tant que le contrat n'eſt pas *déclaré nul* par un jugement rendu entre les parties contractantes, l'acheteur à qui le Seigneur demande le profit, n'eſt pas recevable à oppoſer la nullité du contrat, & il doit payer le profit demandé : mais lorſque le contrat aura été déclaré nul, il en aura la répétition. *Mol.* §. 33, *gl.* 1, *n.* 32 & 33.

V. MAXIME.

125. Le contrat de vente d'un fief, lorſque la tradition qui ſe fait en exécution n'en peut transférer la propriété à l'acheteur, eſt regardé comme nul & inefficace, & ne donne pas lieu au profit. *Mol. ibid. n.* 64.

Premiere Conſéquence.

La vente faite par celui qui n'eſt pas le propriétaire du fief, ſans le conſentement du propriétaire, ne donne pas lieu au profit : car quoiqu'elle ſoit valable, quant à l'obligation de garantie à laquelle elle oblige le vendeur, & qu'on puiſſe dire en ce ſens que *res aliena vendi poteſt*, il ſuffit qu'elle ne puiſſe avoir l'effet d'opérer une mutation de main, qui eſt ce qu'on conſidere en matiere de profits, pour qu'elle doive être regardée comme nulle & inefficace. *Ibid.*

Obſervez que tant que l'acheteur n'a pas été obligé de délaiſſer l'héritage au propriétaire, il n'eſt pas recevable à oppoſer que ſon vendeur ne l'étoit pas, & ne lui a pas transféré la propriété.

Lorſqu'il a été obligé de délaiſſer, non-ſeulement il ne doit pas le profit pour la vente qui lui a été faite; mais s'il l'avoit payé, il en auroit la répétition.

Obſervez ſur cette répétition, que ſuivant les principes de Droit en la Loi 65, §. 8, ff. *de cond. ind.* le Seigneur qui a reçu de bonne foi n'eſt tenu à la reſtitution de la ſomme qui lui a été payée, que juſqu'à concurrence de ce qu'il en a profité: mais la préſomption eſt qu'il en a profité, tant que le contraire ne paroît pas. Il n'en auroit pas profité, ſi la ſomme avoit été reçue par ſon tuteur ou autre adminiſtrateur devenu depuis inſolvable; & il ne ſeroit en conſéquence tenu à autre choſe qu'à céder ſes actions contre lui.

Lorſque l'acheteur, pour éviter de délaiſſer l'héritage au propriétaire, l'a de nouveau acheté de lui en reconnoiſſant ſon droit, il n'eſt dû profit que pour la ſeconde vente; & ſi le Seigneur en a reçu un pour la premiere, il doit le compenſer juſqu'à due concurrence avec la ſomme qui lui eſt due pour le profit de la deuxieme.

Seconde Conſéquence.

126. L'adjudication faite à un héritier bénéficiaire d'un héritage de la ſucceſſion ſur la ſaiſie réelle des créanciers, ne donne pas lieu au profit de vente. *Arrêt du 22 Août 1685, au Journal du Palais. Autre de 1645.*

La raiſon eſt que cette adjudication ne lui transfere pas la propriété de cet héritage, qu'il avoit déja en ſa qualité d'héritier: elle ne fait qu'aſſurer & confirmer ſon droit.

VI. Maxime.

127. Lorſque le contrat de vente a, par ſon exécution, transféré à l'acheteur la propriété du fief vendu, quoiqu'il ne la lui ait pas transférée d'une maniere irrévocable, il ne laiſſe pas d'être regardé comme efficace, & de donner lieu au profit.

Premiere Conſéquence.

Lorſque l'acheteur, depuis ſon acquiſition, a été obligé de délaiſſer l'héritage, ſoit ſur des actions hypothécaires des créanciers de ſon vendeur, ſoit ſur l'action de quelqu'un à qui cet héritage devoit retourner par l'événement de quelque condition accomplie depuis l'acquiſition de cet acheteur, *putà*, en vertu d'une ſubſtitution; le profit de vente n'en eſt pas moins dû pour le contrat de vente. *Molin. ibid. n. 63.*

Dumoulin, *dicto loco*, n'en exempte l'acheteur qui en a été chargé par le contrat, que lorſque deux choſes concourent: 1°. lorſque l'acheteur n'a pas de garantie contre ſon vendeur, ſoit à cauſe de ſon inſolvabilité, ſoit parce que l'acheteur s'eſt chargé du riſque de l'éviction; 2°. lorſqu'il n'a pas joui aſſez de temps pour ſe dédommager du profit par la jouiſſance de l'héritage.

Notre Coutume réformée, art. 115, conforme en cela à celle de Paris, a ſubvenu d'une autre maniere à l'acheteur dans le cas particulier de l'éviction ſur une action hypothécaire : elle veut indiſtinctement, qu'en ce cas l'acheteur, pour dédommagement du profit par lui dû pour la vente de l'héritage qu'il a été obligé de délaiſſer, ſoit ſubrogé juſqu'à due concurrence dudit profit aux droits du Seigneur, pour le profit qui ſera dû par la vente qui ſera faite ſur le curateur au délais ; notre Coutume a jugé équitable que le Seigneur ne profitât pas en ce cas, par un double droit, de l'infortune de cet acquéreur évincé. *Voyez ledit art. 115.*

Suivant cet article, le Seigneur ne peut prétendre le profit pour l'adjudication, qu'en rendant à l'acheteur évincé celui qu'il a reçu pour la premiere vente. On pourroit douter ſi lorſque c'eſt l'acheteur lui-même qui s'eſt rendu adjudicataire, le Seigneur peut lui demander le profit de l'adjudication, en lui faiſant déduction de celui de la premiere vente. La raiſon de douter eſt, que cette adjudication ne lui ayant pas transféré la propriété de l'héritage qu'il avoit déja en vertu de la premiere vente, il ſemble qu'elle ne puiſſe donner ouverture au profit, ſuivant la maxime 5. La raiſon de décider eſt, que ſi l'acheteur avoit été rendu propriétaire par la premiere vente, ce n'étoit que *commutabiliter ;* le délais qu'il a été obligé de faire, a deſtitué la premiere vente de ſon effet pour l'avenir : ce n'eſt qu'en vertu de la ſeconde qu'il demeure propriétaire, & par conſéquent il doit le profit pour cette ſeconde vente. C'eſt ce que décide Dumoulin, §. 33, *gl. 1, n. 65.*

Voyez une deuxieme conſéquence de cette maxime en la maxime 13.

VII. Maxime.

128. Auſſi-tôt que le contrat de vente eſt parfait par le conſentement des parties, quoiqu'il n'ait pas encore été exécuté, & qu'il n'ait pas encore par conſéquent opéré une mutation de main, il y a ouverture au profit : mais tant que la choſe eſt entiere, & que ce contrat peut être détruit, le profit eſt bien dû, mais il ne l'eſt pas incommutablement.

La premiere partie de cette maxime eſt une ſuite de la premiere. D'Argentré, en ſon Traité de *Laudim.* §. 2, la combat, & ſoutient que le contrat de vente ne peut donner ouverture au profit avant qu'il ait opéré la mutation par la tradition de l'héritage : il faut s'en tenir, à cet égard, à la doctrine de Dumoulin. La ſeconde partie s'explique par la maxime ſuivante.

VIII. Maxime.

129. Quoique le contrat de vente ait été d'abord valablement fait par un vendeur qui avoit droit d'aliéner ſon héritage ; ſi par la ſuite, avant la tradition réelle, la choſe étant entiere, les parties ſe déſiſtent du contrat, le contrat eſt cenſé, par ce déſiſtement, anéanti & réduit *ad non actum*, & le profit auquel il avoit donné ouverture, ceſſe d'être dû.

La raiſon eſt, que le contrat ne conſiſtant encore que dans le conſentement des parties, ce conſentement peut facilement être détruit par un conſentement contraire. *Leg. 35 & 100, ff. de Reg. Jur.*

Cette maxime a lieu quand même il ſeroit intervenu une tradition feinte, telle que celles qui ſe font par la rétention d'uſufruit, les clauſes de conſtitut, de deſſaiſine, &c. quoique ces traditions feintes transferent la propriété, & opérent une mutation de main. Car ces traditions feintes ne consistant dans aucun fait extérieur, mais dans le seul consentement des parties, elles peuvent être elles-mêmes détruites, aussi-bien que le contrat de vente, par un consentement contraire. *Mol.* §. *78*, *gl. 1*, *n. 32*, *& seq.*

La maxime a aussi lieu, quoique le contrat de vente ait été effectué de la part de l'acheteur par la numération du prix : car cet effet du contrat est étranger au Seigneur ; il n'y a que l'effet qui consiste dans la mutation de main, qui le concerne : *ibid.*

130. Cette maxime a lieu, non-seulement lorsque les parties se sont désistées purement & simplement de leur contrat ; mais aussi lorsqu'il est intervenu entre elles un nouveau contrat qui renferme un désistement du premier.

IX. Maxime.

131. Après la tradition, tant que le contrat n'est pas exécuté de la part de l'acheteur, par le paiement entier du prix, les parties peuvent bien encore se désister du contrat de vente ; mais seulement pour l'avenir. C'est pourquoi le profit auquel il avoit donné lieu continue d'être dû ; mais il n'en est pas dû un nouveau pour le désistement. *Mol.* §. *33*, *gl. 1*, *n. 20.*

La raison de la premiere partie est que le contrat de vente, tant qu'il ne consiste que dans le droit qui naît du consentement des parties, peut bien être anéanti par un consentement contraire, parce que *omnia quæ jure contrahuntur*, *contrario jure pereunt. L. 100*, *ff. de Reg. Jur.* Mais il n'en peut pas être de même lorsque la vente a été effectuée par la tradition réelle, qui est un fait extérieur, *quia facta prò infectis haberi non possunt.*

Observez que si dans l'instant même de la tradition réelle, les parties s'étoient désistées, & que l'acheteur, avant que de divertir à d'autres actes, eût remis la possession de l'héritage au vendeur, ce désistement auroit le même effet que s'il eût été fait avant la tradition réelle, & il ne seroit dû aucun profit au Seigneur : car on ne doit pas considérer une tradition momentanée qui n'a pas duré ; *non videtur factum quod non durat factum.* Molin. §. 78, *gl. 1*, *n. 35.*

132. La raison de la seconde partie, est que l'acte par lequel les parties se désistent d'un contrat de vente avant qu'il ait reçu son entiere exécution, est plutôt un *distract* qu'un nouveau contrat de vente ; *partes discedunt à contractu*, *magìs quàm novam venditionem contrahunt.*

C'est un distract lorsque le vendeur rentre dans l'héritage en acquit du prix qui lui en restoit dû, & en rendant celui qu'il a déja reçu : mais s'il y rentre pour un prix différent, ou à des conditions différentes que celles auxquelles il l'a vendu, ce n'est pas un distract, mais un nouveau contrat, qui donne lieu à un nouveau profit.

133. C'est aussi un distract lorsque le vendeur rentre dans l'héritage pour un autre qu'il vend à la place du premier. Par exemple, si après vous avoir vendu & livré le fief A, je conviens avec vous avant le paiement dû prix que je vous vendrai le fief B à la place de celui que je vous avois vendu, il sera dû un profit pour la vente que je vous ai faite du fief A, qui a été exécutée par la tradition réelle : il en sera dû un second pour celle du fief B que je vous ai vendu à la place ; mais je n'en devrai pas un nouveau pour être rentré dans le

fief A ; car j'y rentre *per distractum primæ venditionis , magis quàm per novum contractum.* En vous vendant le fief B à la place du fief A, nous nous sommes désistés de la vente du fief A. *Molin.*

X. Maxime.

134. Lorsque le contrat a été exécuté de part & d'autre par la tradition de la chose, & le paiement entier du prix, la convention par laquelle l'acheteur retrocéderoit volontairement l'héritage au vendeur, quoique pour le même prix & aux mêmes conditions, ne peut plus passer pour un désistement, mais pour un nouveau contrat de vente qui donne lieu à nouveau profit. *Molin.* §. *33, gl. n. 19.* La raison est que *non potest intelligi discessio, nisi ab eo quod cœptum & nondum consummatum est.*

Il en seroit autrement si le vendeur, quoiqu'après la tradition de sa chose, & le paiement entier du prix, étoit forcé de la reprendre, faute de pouvoir exécuter quelqu'un de ses engagemens, *occasione subortæ hypothecæ*, dit Dumoulin, *vel juris evicti, vel pactionis non impletæ.* Il est évident que le vendeur rentre en ce cas par le résiliement du contrat, qui n'étoit pas encore entiérement accompli, puisqu'il restoit encore à remplir cette obligation du vendeur, dont l'inexécution donne lieu au résiliement : c'est pourquoi il ne sera pas dû un nouveau profit.... *d. n. 19, in fine.*

XI. Maxime.

135. Le profit auquel le contrat de vente avoit donné ouverture, cesse d'être dû lorsqu'il devient inefficace avant que d'avoir été exécuté par la tradition, ou dans l'instant même de la tradition.

C'est sur ce principe que Dumoulin, sur le §. 78, *gl.* 3, *n.* 27 & 29, décide que si le premier acheteur, avant la tradition, a revendu le fief à un second acheteur qu'il en a mis en possession, aussi-tôt après qu'il y a été mis lui-même par le vendeur, il n'est pas dû profit pour la premiere vente qui est devenue inefficace ; n'ayant transféré qu'une possession & propriété momentanée du fief au premier acheteur, qui la fait passer incontinent au second, au moyen de la revente qu'il lui en avoit faite.

Il décide au *n.* 29, sur le même principe, que si le vendeur ne pouvant être payé par le premier acheteur, avant la tradition faite à ce premier acheteur, a vendu & livré le fief à un second acheteur, il n'est dû aucun profit pour la vente faite au premier, qui est devenue inefficace.

136. Cela décide la question controversée entre les Auteurs, si lorsque faute par un adjudicataire de payer dans la huitaine le prix de son adjudication, l'héritage est de nouveau crié & adjugé à un autre, il est dû double profit. Il faut décider selon ce principe, qu'il n'en est pas dû pour la vente que renfermoit la premiere adjudication : car quoiqu'elle ait l'effet d'obliger l'adjudicataire au paiement de ce que l'héritage sera vendu de moins, elle est destituée de l'effet qu'on considere en matiere de profits, qui est celui de transférer la propriété de l'héritage à l'acheteur, cet adjudicataire n'ayant pu l'acquérir qu'en payant le prix. *Inst. T. de R. D.* §. *43.* Etant donc devenue inefficace par ce défaut de paiement, il ne peut être dû de profit pour cette vente, & il en sera seulement dû pour la nouvelle adjudication.

Il en seroit autrement, si le premier adjudicataire avoit été long-temps en possession de l'héritage avant qu'on l'eût crié de nouveau sur lui à sa folle-enchere; car ce long-temps prouve qu'on a suivi sa foi & qu'on lui a fait crédit du prix, & par conséquent que son adjudication lui ayant transféré la propriété de l'héritage, a été efficace. C'est dans cette espece qu'il faut croire qu'étoient les Arrêts rapportés par Brodeau, R. 11, 4, qui sont cités par ceux qui sont d'avis qu'il est dû double droit.

137. Lorsque l'acheteur, après avoir payé le prix, décharge par libéralité le vendeur de l'obligation en laquelle il est de lui livrer l'héritage, Dumoulin décide que le profit ne laisse pas d'être dû; parce que le contrat subsiste, puisque ce n'est qu'en vertu de ce contrat que le vendeur retient le prix. Je pense qu'il faut décider le contraire; car quoique le contrat subsiste de la part de l'acheteur, il est, par la nouvelle convention intervenue, *re integrâ*, destitué de l'effet de transférer la propriété à l'acheteur, qui est celui que l'on considere en matiere de profits, & par conséquent étant devenu inefficace, le profit n'en peut être dû.

Cela me paroît être une conséquence des principes qu'établit Dumoulin lui-même en d'autres endroits, comme nous l'avons rapporté.

XII. Maxime.

138. Après la tradition réelle, le contrat ne peut plus être anéanti, si ce n'est *ex causâ necessariâ & inexistenti contractu*, pour raison de quelque vice du contrat, & il n'est pas dû de profit pour ce contrat rescindé & anéanti.

Cela arrive lorsque l'une ou l'autre des parties se fait restituer par lettres de rescision contre le contrat, pour cause, soit de minorité, soit de dol, soit de lésion énorme, &c., ou lorsque l'acheteur fait rescinder le contrat sur une action redhibitoire, pour quelque vice ou quelque charge de l'héritage qu'on ne lui a pas déclaré, & qui l'auroit empêché d'acheter, s'il l'eût connu. *Mol.* §. *78*, *gl. 1*, *n. 13*.

139. Lorsque le contrat est rescindé pour le dol de l'acheteur, quoique le profit ne soit pas dû pour ce contrat qui est anéanti, néanmoins l'acheteur n'en a pas la répétition s'il l'a payé. La raison est qu'il n'est pas recevable pour fonder sa demande en répétition, à alléguer son dol; *cùm nemo audiatur propriam allegans turpitudinem, & cùm nemo ex proprio dolo consequatur actionem.*

Mais si le profit n'a pas encore été payé, le Seigneur ne peut le lui demander: car le Seigneur, en demandant un profit pour un contrat nul qui ne lui est pas dû, seroit lui-même en mauvaise foi, & ne doit pas par conséquent être écouté. *In pari causâ doli melior est causa possidentis.* Mol. §. 33, *gl. 1*, *n. 55.*

140. Hors ce cas du dol de l'acheteur, non-seulement on ne peut demander un profit pour le contrat qui a été rescindé; mais il y a lieu à la répétition s'il a été payé, sous les limitations rapportées *suprà*, *Maxime 5.*

Il n'importe que l'acquéreur ait été dédommagé du profit par les fruits qu'il auroit perçus, & qu'il n'auroit pas été condamné de restituer. Le texte de Dumoulin, *ibid. n.* 33, qu'on allegue pour cette distinction, ne peut s'appliquer qu'au profit de rachat qui est dû pour la mutation, & non au profit de quint;

auquel

auquel le contrat de vente donne lieu plutôt que la mutation, & qui ne peut par conséquent être dû lorsque ce contrat est anéanti.

Observez que le Seigneur ne pourroit pas, pour éviter la restitution du profit, appeller ou former opposition en tiers, au jugement contradictoire rendu entre le vendeur & l'acheteur qui a rescindé le contrat, à moins qu'il ne justifiât des faits de collusion; mais avant le jugement, il peut intervenir en l'instance pour soutenir la validité du contrat. Il n'est pas tenu d'ajouter pareille foi à un jugement par appointé, ou par défaut; l'acheteur qui oppose ce jugement au Seigneur, doit en prouver le bien-jugé. *Mol. ibid. n.* 34.

141. Lorsque sur la demande du vendeur en rescision du contrat pour cause de lésion de plus de moitié du juste prix, l'acheteur a suppléé le juste prix, suivant qu'il lui est permis par la loi 2, *cod. de rescind. vend.* le profit de quint du prix porté au contrat, continue d'être dû au Seigneur, ou au fermier des droits seigneuriaux du temps de ce contrat; car le contrat qui y a donné ouverture subsiste : il n'est pas en ce cas rescindé, mais réformé & perfectionné.

Il y a plus de difficulté de sçavoir si le quint du prix qui a été suppléé est aussi dû au fermier du temps du contrat : Me Guyot est d'avis qu'il lui est dû. La raison sur laquelle il se fonde est, que ce supplément peut être considéré comme faisant partie du prix de ce contrat, puisque l'acheteur étoit par ce contrat obligé de le suppléer, dans le cas auquel il voudroit tenir l'héritage. D'autres pensent que le prix de ce supplément est dû au fermier du temps auquel ce prix a été suppléé : la raison sur laquelle ils se fondent est, que ce supplément ne peut être considéré comme faisant partie du contrat, tel qu'il a d'abord été fait, & comme dû dès ce temps. Le vendeur ne pouvoit pas conclure au paiement de ce supplément; il n'étoit donc pas *in obligatione*, il n'étoit qu'*in facultate solutionis*; il n'est devenu partie du prix du contrat que lorsque l'acheteur l'a suppléé, & perfectionné le contrat par ce supplément : ce n'est donc que de ce temps, & au fermier de ce temps, que le quint de ce supplément peut être dû. Ce dernier sentiment est autorisé par deux Arrêts rapportés par *Livoniere, pag.* 142, qui ont adjugé le quint du prix porté au contrat, au fermier du temps du contrat; & le quint du supplément, au fermier du temps auquel l'acheteur l'a suppléé.

142. Lorsqu'un mineur devenu majeur, ratifie la vente qu'il a faite en minorité pour un supplément de prix que lui paie l'acheteur, il y a plus de difficulté si l'on doit décider que le quint du prix porté au contrat, est dû au fermier du temps du contrat. La raison de douter est que dans cette espece, différente en cela de la précédente, le supplément se paie en vertu d'une nouvelle convention; & il pourroit paroître que par cette nouvelle convention, les parties auroient rescindé la premiere vente, & en auroient contracté une nouvelle pour le nouveau prix; d'où il suivroit que le profit entier seroit dû au fermier du temps de la nouvelle convention. On autorise ce raisonnement par la Loi 72, ff. *de contrah. empt.* Nonobstant ces raisons, je pense qu'on doit décider comme dans l'espece précédente. La Loi opposée, qui dit que les parties qui sont convenues d'un nouveau prix, sont censées s'être désistées de la premiere vente & en avoir contracté une nouvelle, est dans l'espece d'une vente qui n'avoit pas encore été effectuée par la tradition, *omnibus integris manentibus :* en ce cas la

vente, qui ne consiste encore que dans le consentement, se détruit aisément par un autre consentement : mais lorsqu'elle a été exécutée, on doit croire que les parties, par la nouvelle convention, n'ont pas tant eu la volonté de détruire le contrat, que de le perfectionner, & de purger le vice d'iniquité qu'il renfermoit, en suppléant ce qui manquoit au juste prix.

XIII. MAXIME.

143. Lorsque le contrat de vente, après la tradition réelle, vient à se résoudre en vertu de quelque clause résolutoire qui y étoit apposée, le contrat n'étant en ces cas détruit que pour l'avenir, & ayant subsisté & eu effet jusqu'à son résiliement, le profit auquel il a donné ouverture continue d'être dû ; mais il n'en est pas dû un nouveau pour le résiliement.

On peut apporter pour exemple la clause de réméré. *Voyez l'art. 12.*

XIV. MAXIME.

144. Lorsqu'il n'y a eu qu'un seul contrat de vente, il n'est dû qu'un seul profit de vente, quoiqu'il ait donné lieu à plusieurs mutations.

Cette maxime est une conséquence de la premiere.

On peut apporter pour exemple de cette maxime, 1°. les cas auxquels le vendeur rentre dans l'héritage vendu, soit en vertu d'une clause résolutoire, suivant la maxime 12 ; soit en vertu d'un désistement, suivant la maxime 9.

Un second exemple, est celui du retrait lignager exercé sur l'acheteur. Quoiqu'il y ait en ce cas deux mutations, la propriété ayant passé du vendeur à l'acheteur, & ensuite de l'acheteur au retrayant, il n'est dû qu'un seul profit, auquel le contrat de vente fait à l'acheteur, sur qui le retrait a été exercé, a donné lieu. Il n'en est pas dû un nouveau pour le retrait ; car le retrait n'est pas une nouvelle vente ; il ne fait autre chose que subroger le retrayant à l'acheteur, aux droits du contrat de vente faite à cet acheteur.

Il en est de même du retrait conventionnel que du lignager. Lorsque j'ai vendu un héritage avec clause que lorsqu'il sera revendu, je serois préféré pour l'acheter à celui à qui il seroit revendu, & qu'en conséquence de cette clause j'ai exercé le retrait sur celui à qui il a été revendu ; il n'est pas dû trois profits, mais seulement deux ; un pour la vente que j'ai faite, & un second que je dois pour celle que mon acheteur a faite à celui sur qui j'ai exercé le retrait en vertu de la clause de mon contrat. Au reste, je dois ce second profit, quoique ce soit en vertu d'une clause de mon contrat de vente que j'exerce ce retrait : car cette clause n'est pas une clause résolutoire du contrat de vente que j'ai fait, mais une clause qui me donne seulement le droit d'acheter, préférablement à un autre, l'héritage que j'ai vendu, lorsqu'il sera revendu : j'en redeviens propriétaire, non par la résolution de la vente que j'en avois faite, mais par la seconde vente qui en a été faite à celui aux droits duquel le retrait m'a subrogé.

145. Lorsque quelqu'un a acheté volontairement, ou s'est rendu adjudicataire d'un héritage, & qu'il fait déclaration que c'est pour un autre qu'il en fait l'acquisition, c'est une question de fait, si l'on doit, en ajoutant foi à sa déclaration, juger qu'il n'y a qu'une seule vente faite par son canal & son mi-

nistere, à celui au profit de qui la déclaration est faite ; ou si en regardant cette déclaration comme faite à dessein de cacher une seconde vente, on doit juger qu'il y a deux ventes, & que le Seigneur est bien fondé à demander double profit. On peut sur cette question tenir les regles suivantes.

PREMIERE REGLE.

Lorsque l'acheteur a déclaré par le contrat d'acquisition, qu'il acquéroit pour un autre qu'il nommeroit dans un certain temps, & qu'il fait dans ce temps sa déclaration, on doit y ajouter foi, quoiqu'il ne rapporte pas de procuration ; & le Seigneur ne peut prétendre qu'un profit.

Il faut pour cela, 1°. que ce temps dans lequel il se réserve de faire sa déclaration, soit un temps court : autrement on faciliteroit les fraudes de ceux qui, acquérant pour leur compte, & ayant néanmoins l'intention de revendre, si par la suite ils trouvoient une occasion favorable, feroient cette déclaration pour frauder le Seigneur du profit qui lui seroit dû pour la revente. Livoniere fixe ce temps à un an ; Chopin à deux mois ; Guyot pense qu'il ne doit pas excéder quarante jours. Je pense que cela doit être laissé à l'arbitrage du Juge, qui doit avoir égard aux circonstances.

Il faut, 2°. que la personne au profit de qui il fait sa déclaration ait été, au temps du contrat d'acquisition, en état de donner charge d'acquérir pour elle. C'est pourquoi si l'acheteur faisoit sa déclaration au profit d'une personne qui n'étoit pas même encore conçue au temps de l'acquisition, cette déclaration ne pourroit passer que pour une revente, qui donneroit lieu à un second profit.

Il faut, 3°. que l'acheteur n'ait pas fait depuis quelque acte qui fasse présumer qu'il a acheté pour lui-même, & qu'il se regardoit comme propriétaire. Au reste, on ne peut inférer cela de ce qu'il a perçu les fruits, ou fait les réparations, même à ses dépens ; car il pouvoit faire toutes ces choses pour celui qui lui avoit donné charge d'acheter.

Enfin il faut, 4°. que la déclaration qu'il fait au profit d'une personne, & l'acceptation qu'en fait cette personne, soient pures & simples, & ne renferment pas un prix différent, ou des conditions & clauses différentes de celles portées au contrat d'acquisition.

II. REGLE.

Quoique l'acheteur n'ait pas fait mention par le contrat qu'il achetoit pour un autre, néanmoins on doit ajouter foi à la déclaration qu'il fait depuis le contrat, s'il l'a fait *in continenti ;* ou même lorsqu'il l'a fait *ex intervallo*, pourvu qu'en ce cas il rapporte une procuration qui ait une date certaine antérieure au contrat d'acquisition, ou du même jour.

Lorsqu'un Procureur se rend adjudicataire à son Siege, sa qualité de Procureur sans procuration suffit pour ajouter foi à la déclaration qu'il fait au profit d'une personne qui l'accepte. *Voyez sur cette question*, Mol. §. 33, *gl.* 2, *n.* 24 *& seq.* & Livoniere, *p.* 171 *& seq.*

ARTICLE II.

Quels Contrats sont réputés Contrats de vente pour donner ouverture au profit de vente.

146. Il n'importe qu'une vente soit nécessaire ou volontaire, pour qu'elle donne ouverture au profit.

C'est pourquoi la vente par décret y donne ouverture.

Pareillement si un testateur avoit ordonné à son héritier de me vendre un certain héritage qui est à ma bienséance ; soit que le prix soit fixé, soit qu'il ne le soit pas, la vente que cet héritier me fera en exécution du testament donnera ouverture au profit de vente.

Pareillement si j'ai échangé avec vous le fief A contre le fief B, avec clause que lorsqu'il me plairoit, vous me vendriez pour un certain prix le fief A que je vous ai donné en échange ; la vente que vous m'en ferez en exécution de cette clause, quoique nécessaire, donnera ouverture au profit. *Molin.* §. *78*, *gl. 1*, *n. 97*, *99*.

Cette clause est bien différente de celle de réméré apposée dans un contrat de vente. Celle-ci, remettant les parties au même état qu'elles étoient avant le contrat de vente, est une résolution de ce contrat faite en vertu d'une clause qui en fait partie, plutôt qu'une nouvelle vente, & ne doit pas par conséquent donner lieu à un nouveau profit. On ne peut pas dire la même chose de la clause apposée à ce contrat d'échange.

147. Non-seulement le contrat de vente proprement dit donne lieu au profit de quint ; les contrats équipollens à vente y donnent aussi ouverture ; comme aussi ceux qui sont mêlés de vente, à proportion de ce qu'ils tiennent de la vente : mais il y a certains contrats qui, quoiqu'en apparence ressemblans à la vente, ne sont pas néanmoins contrats de vente, & ne donnent pas lieu au profit.

§. I.

Des Contrats équipollens à vente.

148. Les contrats équipollens à vente, qui donnent ouverture au profit de quint ou de vente, sont, 1°. celui qu'on appelle *datio in solutum*, lorsqu'un débiteur donne à son créancier un héritage en paiement d'une somme d'argent qu'il lui doit, ou en paiement de choses mobiliaires qu'il doit, ou pour le rachat d'une rente rachetable à prix d'argent ; car *dare in solutum, est vendere. L. 4, cod. de evict.*

Si l'héritage étoit donné en paiement d'un autre héritage que le débiteur devoit, ou pour le rachat d'une rente non rachetable, il faut distinguer s'il est donné au créancier immédiatement à la place de l'héritage, ou de la rente non rachetable qu'on lui devoit : en ce cas le contrat n'est pas équipollent à vente, & tient plutôt de l'échange. Mais s'il est dit que le créancier d'un tel héritage, ou d'une telle rente non rachetable, tient son débiteur quitte de cet héritage ou de cette rente pour la somme de tant, en paiement de laquelle le débiteur lui donne un tel fief; en ce cas le contrat est encore équipollent à vente, & donne lieu au profit de vente.

Observez que la cession qu'un débiteur fait de ses héritages à tous ses créanciers en grand nombre, en paiement de ce qu'il leur doit, ne doit pas passer pour un contrat de vente, mais pour un simple abandon, & un pouvoir qu'il leur donne de les vendre en direction : car ces créanciers n'acceptent pas cet abandon dans la vue d'acquérir pour chacun d'eux, & ils ne forment pas ensemble un corps politique capable d'acquérir. C'est pourquoi le débiteur demeure propriétaire jusqu'à ce que les héritages aient été vendus par les créanciers; & un tel abandon ne peut donner ouverture à aucun profit. *Arrêt du 7 Septembre 1660, rapporté par Livon. p. 186.*

149. On peut aussi, 2°. mettre au nombre des contrats équipollens à vente, les donations remunératoires & les donations onéreuses, lorsque les services ou les charges sont appréciables à prix d'argent.

3°. Et aussi l'échange contre des meubles.

150. 4°. Enfin le bail à rente rachetable en conséquence de la somme d'argent pour laquelle les parties se proposent de la racheter un jour, a paru un titre d'aliénation à prix d'argent, & un contrat équipollent à vente, qui donne lieu au profit de quint. *Paris, art.* 23. On peut aussi l'inférer de notre *article 390.*

Il n'importe que la rente soit rachetable par la convention portée au bail, ou par la Loi, telles que sont les rentes créées par baux de maisons de ville. Car si dans ces baux la faculté de racheter la rente n'est pas expressément stipulée, c'est qu'il est inutile de stipuler ce que la Loi permet : mais la volonté de libérer son bien, lorsqu'on en aura la commodité, étant naturelle, & devant toujours se présumer, ces baux ne doivent pas moins être censés des aliénations à prix d'argent, à raison de la somme pour laquelle la rente est rachetable, que le sont les baux faits avec la convention expresse de racheter la rente. On peut même dire qu'ils sont en plus forts termes, *baux à rente rachetable*, puisque la faculté de racheter ces rentes ne se peut prescrire. Néanmoins Livoniere est d'avis contraire.

Au contraire, le bail à rente non rachetable, & l'échange d'un immeuble contre un autre immeuble, ne sont pas équipollens à vente, & ne donnent lieu qu'au rachat. *Voyez sur l'échange, l'article 13 & les notes.*

§. II.

Des Contrats mêlés de vente.

151. Lorsque par le bail à rente non rachetable d'un fief, ou par l'échange d'un fief contre un autre immeuble, l'acquéreur donne en outre, ou promet donner une somme d'argent, ou quelque chose de mobilier par forme de deniers d'entrée, ce contrat est mêlé de vente à raison de ces deniers d'entrée, & donne lieu au profit de quint de ces deniers d'entrée.

Un contrat peut aussi être mêlé de donation & de vente, lorsque la donation est faite à des charges appréciables à prix d'argent, dont le prix est inférieur à celui de l'héritage : le quint est dû du prix des charges seulement.

Il en est de même lorsqu'il est dit que je vous vends mon fief pour une certaine somme, & que je vous en fais don pour le surplus ; car en ce cas le don tombe sur le fief pour le surplus de ce qu'il vaut. Mais s'il étoit dit que je vous vends mon fief pour une telle somme, & que je vous remets le surplus du prix ; la donation ne tombant en ce cas que sur le prix, le contrat seroit entiérement contrat de vente. *Mol.* §. *33*, *gl.* *2*, *n.* *54*. Voyez *infrà*, *n.* *173*.

§. III.

De certains Actes qui, quoiqu'en apparence ressemblans à la vente, ne sont pas réputés Contrats de vente, & ne donnent pas lieu au profit de quint.

152. Tout acte par lequel un co-héritier ou co-propriétaire acquiert, moyennant une somme d'argent, les parts que quelqu'un de ses co-héritiers ou co-propriétaires ont dans un fief commun entre eux par indivis, n'est pas réputé vente, *mais partage* ; & en conséquence ne donne pas lieu au profit de quint. *Voyez les articles 15 & 16, & les notes.*

A plus forte raison, un partage fait avec un retour en deniers, n'est point censé pour cela un acte mêlé de vente, mais un pur partage : *art. 15.*

153. L'acte par lequel le mari ou ses héritiers cedent à la femme qui a renoncé à la communauté, ou à ses héritiers, un conquêt pour la payer de ses reprises, ne passe pas pour une dation en paiement équipollente à vente, & ne donne lieu à aucun profit : c'est une jurisprudence reçue depuis très-long-temps. La raison est que la renonciation de la femme à la communauté, n'empêche pas qu'il y ait eu une communauté dans laquelle elle avoit une part *habitualiter* : en renonçant à la communauté, elle ne renonce qu'à ce qui pourroit rester après le prélevement de ses reprises, qui sont à exercer sur les biens de la communauté ; elle ne renonce pas à ce qu'elle a droit d'en prélever pour ses reprises. C'est pourquoi lorsqu'on lui donne pour ses reprises un conquêt de la communauté, ce n'est pas tant une acquisition qu'elle fait, que son droit habituel dans les biens de la communauté, qui se réalise & se détermine à ce conquêt. *Livon. p. 191.*

Lorsque c'est un propre du mari, qui est donné en paiement des reprises de la femme, c'est une vraie dation en paiement, qui donne lieu au profit de quint, *Dumoulin*, *78*, *gl.* *1*, *n.* *111*. Arrêts des 7 Mai 1712, & 12 Mai 1722, aux 6e & 7e volumes du Journal des Audiences.

Il en est de même lorsque le mari lui donne en paiement de son douaire un héritage, quoique conquêt.

154. L'acte par lequel un pere ou une mere qui a promis en mariage une certaine somme à son fils, lui donne par la suite un héritage, semble d'abord être une dation en paiement, qui doit donner lieu au profit de quint ;

néanmoins la Coutume de Paris, *art.* 26, ſuivant une juriſprudence déja établie lors de la réformation, décide qu'il ne donne pas lieu au profit. La raiſon eſt que la donation de la ſomme promiſe en dot, n'ayant pas encore été exécutée, les parties ont pu, *rebus integris*, s'en déſiſter, & ſont cenſées en effet s'en être déſiſtées, pour faire à la place donation de l'héritage. *Molin.* §. 33, *gl.* 1, *n.* 28.

On a étendu cette diſpoſition au cas auquel un pere ou une mere donneroit à un Monaſtere un héritage à la place de la ſomme d'argent qu'ils lui auroient promiſe pour la dot de leur fille. *Brodeau, Livoniere.*

155. *Vice versâ*; lorſque des enfans rendent à leurs pere & mere l'héritage qu'ils ont reçu en dot, pour une ſomme d'argent qu'ils reçoivent à la place, il a été jugé que ces actes n'étoient point équipollens à vente, mais de purs accommodemens de famille, qui ne donnoient ouverture à aucun profit. *Brodeau, ſur l'article 26 de Paris; Livoniere.* On peut apporter pour raiſon, que ces donations étant cenſées faites en avancement de ſucceſſion, & à la charge du rapport à la ſucceſſion, l'acte par lequel l'enfant rétrocede cet héritage au donateur, eſt une anticipation du rapport qu'il doit.

156. Lorſqu'un pere ou une mere donne à un enfant un certain héritage, à la charge de payer ſes dettes, ou une partie de ſes dettes, ou certaines dettes, ou pour ſe libérer d'un compte de tutelle, il ſemble que c'eſt une donation onéreuſe, ou une dation en paiement, qui ſont des contrats équipollens à vente, & qu'il y a ouverture au profit. Cependant la juriſprudence a établi qu'on devoit favorablement conſidérer ces actes plutôt comme des anticipations de ſucceſſion, par leſquelles le pere ne fait que faire ſuccéder d'avance ſon fils à cet héritage, aux mêmes charges auxquelles il y auroit ſuccédé après ſa mort; car il n'auroit pu lui ſuccéder qu'à la charge de payer ſes dettes. *Voyez Henrys & Bretonnier, T.* 1, III, III, 28.

§. IV.

Des Contrats à deux faces, & de la Tranſaction.

157. Il y a des contrats d'aliénation qui ſont gratuits par rapport à celui qui aliene, & aliénations à prix d'argent par rapport à celui qui acquiert: *v. g.* ſi je donne un fief à Pierre, créancier de Jacques d'une ſomme de 10000 liv. à la charge qu'il quittera Jacques de cette ſomme, contre qui je n'entends avoir aucune répétition; ce contrat eſt gratuit vis-à-vis de moi, qui ne reçois rien pour le fief que j'aliene; & il eſt acquiſition à prix d'argent vis-à-vis de Pierre acquéreur, à qui il en coûte les 10000 liv. qui lui étoient dues par Jacques.

Il n'en eſt pas de même du contrat par lequel je donne un fief à Pierre, à la charge qu'il donnera 10000 liv. à Jacques à qui j'en fais préſent. Ce contrat eſt aliénation à prix d'argent des deux côtés: car Pierre acquéreur les payant par mon ordre à Jacques, eſt cenſé me les avoir payées à moi-même, ſuivant cette regle de Droit: *Quod juſſu alterius ſolvitur, pro eo eſt quaſi ipſi ſol-*

vatur. L. 180, ff. *de Reg. Jur.* Je suis censé, *fictione brevis manûs*, les avoir reçues de Pierre & les avoir données à Jacques : l'aliénation est donc vis-à-vis même de moi à prix d'argent. Mais dans l'espece précédente, dans laquelle je charge Pierre acquéreur de quitter Jacques de ce qu'il lui doit, je ne puis être censé avoir reçu aucune chose, parce qu'il n'y a que le débiteur qui puisse recevoir la libération de sa dette.

Vice versâ, il y a des contrats d'aliénation qui sont à prix d'argent de la part de celui qui aliene, & gratuits de la part de celui qui acquiert ; comme lorsque de l'ordre de Jacques mon créancier, je donne un fief à Pierre à la charge que je demeurerai quitte envers Jacques de 10000 liv. que je lui dois, pour laquelle somme Jacques déclare n'entendre avoir aucune répétition contre Pierre : j'aliene en ce cas à prix d'argent pour les 10000 liv. dont j'obtiens la libération, & Pierre acquiert gratuitement. Il en seroit autrement si Jacques me comptoit une somme de 10000 liv. pour Pierre ; car Pierre seroit censé l'avoir reçue de Jacques pour me la payer lui-même.

Touchant ces contrats à deux faces, Dumoulin établit cette regle, qu'on doit estimer leur nature plutôt par rapport à celui qui aliene, que par rapport à l'acquéreur ; & qu'en conséquence ils ne doivent pas donner lieu au profit de quint, si l'aliénation est gratuite de la part de celui qui aliene, quoiqu'elle soit à prix d'argent de la part de l'acquéreur ; *& contrà vice versâ*. Il en donne cette raison que, *tradens est primitiva, originalis & efficacissima causa mutationis manûs; accipiens autem est tantùm causa concurrens & concomitans.*

Cette décision ne souffroit aucune difficulté dans l'ancienne Coutume de Paris, sur laquelle Dumoulin écrivoit, le profit étant dû alors par le vendeur : mais le profit étant dû par l'acquéreur, suivant nos Coutumes réformées, on pourroit soutenir que c'est de son côté qu'on doit considérer si le contrat est vente, plutôt que du côté de celui qui aliene. Néanmoins Me Guyot pense qu'on doit suivre encore dans nos Coutumes réformées l'avis de Dumoulin, & j'inclinerois à son avis : car c'est pour le contrat de vente que le profit est dû ; il n'importe laquelle des deux parties en soit chargée. La raison de Dumoulin, que la nature du contrat doit s'estimer *ex parte tradentis qui est originalis causa mutationis manûs*, subsiste toujours.

158. A l'égard de la transaction sur la propriété d'un fief, lorsqu'il reste au possesseur qui donne une somme d'argent au demandeur pour qu'il se désiste de sa demande, tous conviennent qu'il n'y a pas lieu au profit. Le possesseur est censé avoir été propriétaire du fief dès avant la transaction, & n'avoir donné de l'argent au demandeur que pour se rédimer d'un procès : la transaction ne peut donc passer pour un titre d'aliénation qui ait pu donner lieu au profit de quint, à moins qu'il ne parût évidemment que l'acte est un contrat de vente déguisé sous le nom de transaction, tant par l'évidence des titres de celui avec qui ce possesseur a traité, que par la somme que ce possesseur lui a donnée égale à la valeur entiere de l'héritage.

Lorsque par la transaction le fief est délaissé au demandeur pour une somme d'argent qu'il paie au possesseur, plusieurs pensent qu'indistinctement il y a lieu au profit de quint ; parce qu'en ce cas, disent-ils, la transaction opere un changement de main ; à moins que le demandeur ne fût en état de justifier

justifier que l'héritage qui lui a été délaissé par la transaction, lui appartenoit effectivement. Dumoulin pense au contraire que c'est encore le Seigneur qui doit justifier que l'héritage appartenoit à celui qui l'a délaissé par la transaction; parce que la transaction étant par sa nature *de re incertâ & dubiâ*, ne peut établir que l'héritage appartenoit effectivement au possesseur, & qu'en conséquence la transaction par laquelle il a été délaissé au demandeur, soit un titre d'aliénation qui ait donné lieu au profit. *Cùm quis transigit restituendo rem actori, adhuc idem puto : si sola transactio attendatur, non erit fundata intentio patroni super quinto pretio, etiamsi mediante pecuniâ transactum, nisi probet eum qui restituit reverà fuisse dominum.* Molin. §. 23, *gl. 1, n. 64 & 68.*

Si par la transaction le demandeur payoit au possesseur qui lui délaisse l'héritage, une somme à peu près égale à sa valeur, ce seroit une présomption qu'il appartenoit au possesseur, & que l'acte seroit un vrai contrat déguisé sous le nom de transaction.

ARTICLE III.

Que c'est la vente du Fief, & non d'autre chose, qui donne ouverture au profit.

159. Ce n'est que la vente du fief même qui donne ouverture au profit. C'est pourquoi il ne sera pas dû si je vends les fruits de mon héritage féodal, quoique pendans par les racines, sans vendre le fonds, ou même un bois de haute futaie pour l'abattre : car cette vente ne devant transférer à l'acheteur la propriété de ces choses que lorsqu'elles seront séparées du fonds, & par conséquent devenues choses mobiliaires, cette vente n'est qu'une vente de choses mobiliaires, & non une vente du fief.

Il en est autrement lorsque ces fruits sont vendus avec l'héritage sur lequel ils sont pendans : il n'y a en ce cas que le fief qui soit vendu, dont les fruits qui y sont pendans font partie : *art. 390 ; Argentré, de Laudim.* §. 27.

160. La vente de quelque droit d'usufruit ou de quelque autre droit réel dans l'héritage féodal, comme d'une rente fonciere, pourvu qu'elle ne soit pas inféodée, ne donne pas lieu au profit ; car ces droits réels dans un héritage féodal, lorsqu'ils ne sont pas inféodés, ne sont pas le fief, ni partie d'icelui.

161. Observez que lorsque quelqu'un vend d'abord le bois de haute futaie pour l'abattre, & ensuite peu de jours après le fonds au même acheteur; ou lorsqu'il vend d'abord l'usufruit, & peu de jours après la propriété; ces deux contrats sont présumés n'avoir été faits séparément qu'en fraude du Seigneur : c'est pourquoi ils sont réputés n'en faire qu'un, qui donnera ouverture au quint des prix portés par les deux contrats.

Il en est de même *vice versâ*, si quelqu'un m'a vendu d'abord le fief sous la réserve de l'usufruit, ou sous la réserve du droit de réméré, & que peu après il me vende ce droit d'usufruit ou de réméré qu'il s'étoit retenu. Dans tous ces cas, ces deux contrats sont censés ne faire qu'un seul contrat de vente du fief plein & entier, & le quint est dû des prix portés aux deux contrats. *Mol.* §. 78, *gl.* 1, *n.* 191.

Cette décision a lieu quand même l'acheteur acquerroit de différens vendeurs, *putà* du propriétaire, l'héritage à la charge de l'usufruit envers un tiers, & peu après l'usufruit de ce tiers ; il devroit le profit des deux contrats. Il en seroit autrement si c'étoit long-temps après qu'il rachetât l'usufruit.

162. Le droit *ad rem*, ou l'action que quelqu'un a pour se faire délaisser le fief, n'étant pas le fief même, la vente qu'en fait celui à qui elle appartient, ne donne pas par elle-même, & tant que l'action n'est pas exercée, ouverture au profit : mais si l'acheteur ayant exercé cette action, acquiert le fief, en ce cas, comme l'action qui a été vendue se termine & se fond dans le fief, la vente qui a été faite de cette action devient la vente du fief, & donne ouverture au profit : c'est ce qu'enseigne d'Argentré, *de Laudim.* §. 22. *Venditio juris* (dit-il) *nihil continet præter incorporale, nihil feudale, nullam mutationem manûs ; sed si virtute talis cessionis emptor feudum consecutus sit, laudimia debebuntur.* Dumoulin a varié sur la seconde partie de ce principe : au §. 33, il décide que la vente de l'action pour avoir le fief, *putà* d'une action de réméré, quoiqu'exercée par le tiers cessionnaire, ne donne pas ouverture au profit de quint ; mais au §. 78, il décide conformément à notre principe, qu'elle donne ouverture au quint, tant du prix pour lequel l'action de réméré a été vendue, que de celui du réméré. Effectivement lorsque Titius, après avoir vendu son fief à Pierre avec clause de réméré pour 10000 liv. me vend pour 2000 liv. son droit de réméré que j'exerce sur Pierre comme cessionnaire de Titius, c'est comme si Titius, après avoir lui-même exercé ce réméré, me revendoit son fief pour 12000 liv.

S'il m'avoit fait donation de son action de réméré, pour par moi l'exercer à mes dépens, & qu'en conséquence je l'aie exercé, je devrai le quint de dix mille livres. Mon titre n'est pas une donation gratuite : car Titius en me donnant l'action de réméré, ne m'a pas donné pour rien le fief dans lequel cette action devoit se résoudre ; mais il me l'a donné à la charge de payer en sa place les dix mille livres qu'il eût été obligé de payer en exerçant lui-même le réméré.

Si avant que d'exercer le droit de réméré que Titius m'a cédé, je le revends à Paul qui l'exerce, suivant notre principe, il ne sera dû aucun profit pour la cession que Titius m'a faite, qui ne s'est point terminée en ma personne à l'acquisition d'un fief ; il sera dû seulement pour celle que j'ai faite à Paul, qui doit le quint, tant du prix pour lequel je lui ai vendu, que de celui du réméré.

Si mon oncle m'avoit, par mon contrat de mariage, promis de me donner un certain fief, & que je transportasse mon droit pour dix mille livres à Pierre, qui en conséquence se le fît livrer par mon oncle, Dumoulin, au §. 33, décide qu'il n'est pas dû profit de quint pour cette cession, mais seulement rachat pour la donation. Mais cette décision étant fondée sur le principe qu'il a abandonné lui-même au §. 78, il ne faut pas s'y arrêter ; & il faut décider au contraire, suivant notre principe, que la vente que j'ai faite de mon droit à Pierre, s'étant terminée à l'acquisition du fief, elle donne lieu au profit de quint; & qu'au contraire il n'eſt point dû de rachat pour la donation qui ne m'a point fait acquérir le fief.

163. La vente des droits ſucceſſifs donne lieu au profit de quint pour les fiefs qui ſe trouvent dans cette ſucceſſion. Car quoique l'hérédité, *juris intellectu*, ſoit quelque choſe de diſtinct des corps héréditaires qui la compoſent, néanmoins on ne peut nier que la vente des droits ſucceſſifs ne renferme celle de tous les corps héréditaires, & que les fiefs qui la compoſent, paſſent, à titre de vente, à l'acheteur des droits ſucceſſifs, qui ne peut par conſéquent éviter d'en payer le quint. Sur la ventilation qu'il faut faire en ce cas, *voyez* Bourbonnois, *art. 396*.

Si le cédant n'étoit héritier qu'en partie, la vente qu'il feroit de ſes droits ſucceſſifs avant partage, ne donnera lieu au profit que pour raiſon des fiefs qui tomberont au lot du ceſſionnaire.

ARTICLE IV.

Quand la cauſe pour laquelle la vente eſt faite, ou la qualité de la perſonne des vendeurs ou des acheteurs, la ſouſtrait au profit de Quint.

164. Pluſieurs Auteurs enſeignent que la vente d'un héritage faite pour cauſe de quelque utilité publique, eſt exempte de profit; & on rapporte quelques Arrêts qui l'ont jugé: cette maxime eſt néanmoins conteſtée par Dupineau & Livoniere.

A l'égard de l'indemnité dûe par les gens de main-morte lorſqu'ils acquiérent, il n'eſt pas douteux que la cauſe d'utilité publique ne les en affranchiroit pas.

165. Lorſque c'eſt le Seigneur du fief qui a lui-même vendu le fief mouvant de lui, dont il étoit propriétaire, ſans qu'il l'eût encore réuni à ſon domaine, cette vente ne doit pas de profit: car les profits dans leur origine, étant dûs pour rendre commerçables les fiefs de perſonnels qu'ils étoient, & comme pour le prix du conſentement que le Seigneur eſt obligé de donner à la vente du fief, une vente qui étant faite par le Seigneur lui-même, ne peut avoir beſoin d'aucun autre conſentement, ne peut être ſujette à aucun profit.

Cette raiſon peut faire décider que même dans le cas auquel les profits appartiendroient à un autre qu'à la perſonne du Seigneur, *putà* à un uſufruitier, ou à un fermier, il n'en ſeroit point dû pour cette vente.

166. Il paroît que par la même raiſon on devroit décider que lorſque c'eſt le Seigneur qui achete le fief mouvant de lui, il ne doit point de profit à l'uſufruitier ou au fermier des droits ſeigneuriaux de ſon fief dominant, cette vente n'étant pas de nature à en produire: néanmoins Dumoulin, §. *78*, *gl. 1*, *n. 113*, & d'Argentré, décident que le profit eſt dû à l'uſufruitier ou au fermier; & leur avis, dont, contre leur ordinaire, ces Auteurs ne donnent pas de raiſon, a été confirmé par quelques Arrêts: il y en a un

de 1718. On dit pour leur ſentiment que le Seigneur doit payer en ce cas profit à l'uſufruitier ou au fermier, comme par forme de dédommagement de ce qu'en achetant, il les prive des profits qui leur ſeroient dûs, ſi les fiefs de ſa mouvance euſſent été vendus à d'autres, ne pouvant pas par ſon fait *deteriorem fructuarii aut conductoris conditionem facere.* Ces Arrêts & autorités n'ont pas empêché Me Guyot de ſuivre l'avis contraire.

167. Il y a certaines perſonnes qui ſont exemptes de payer profit lorſqu'elles vendent ou achetent quelque héritage dans les mouvances du Roi. Tels ſont les Secrétaires du Roi, par Edit de 1545; les Chevaliers de l'Ordre, Meſſieurs du Parlement de Paris, Meſſieurs de la Chambre des Comptes de Paris, &c. Leurs veuves, tant qu'elles demeurent en viduité, doivent auſſi jouir de ce privilege, par la regle générale qu'elles jouiſſent de tous les privileges de leur mari.

Ils jouiſſent de ce privilege, même dans les mouvances des domaines des apanagiſtes & des engagiſtes, lorſque leur privilege eſt plus ancien que l'érection de l'apanage ou de l'engagement. Le contraire néanmoins a été jugé en faveur de M. le Duc d'Orléans, contre les Secrétaires du Roi, par un Arrêt du Conſeil de Régence, du 30 *Juillet 1718.*

Ils jouiſſent auſſi de ce privilege dans les mouvances des Seigneuries qui ſe trouvent être en la main du Roi, ſoit par droit de régale, ſoit par la ſaiſie féodale.

Ils n'en jouiſſent pas pour les droits d'échange qui appartiennent au Roi dans les mouvances des Seigneurs particuliers; ce droit étant un droit domanial de burſalité plutôt que de propriété. Ainſi jugé par Arrêt du Conſeil du 23 Décembre 1738.

Ils jouiſſent de ce privilege lorſqu'ils vendent, comme lorſqu'ils achetent.

Le vendeur privilégié, même dans les Coutumes qui, comme la nôtre, chargent du profit l'acheteur, jouit de ce privilege lorſqu'il s'eſt chargé du profit par le contrat, quoique l'acheteur ne ſoit pas privilégié : ainſi jugé en 1738, pour M. Pelletier. Cela avoit été décidé dans le cas inverſe par Lettres-patentes de 1573, rapportées par Chopin ſur l'article 4 d'Anjou, pour les privilégiés acheteurs dans les Coutumes qui chargent du profit le vendeur.

168. Lorſqu'un privilégié exerce le retrait lignager ſur un acheteur non privilégié, doit-il jouir de ſon privilege, & le profit doit-il être rendu par le fermier à qui il paroît avoir été acquis par la vente faite à l'acquéreur non privilégié ? Par Lettres-patentes des 14 Avril & 12 Mai 1545, il eſt dit, « que les Secrétaires du Roi jouiront de leur privilege, même dans le cas » auquel ils exerceront un retrait lignager ». Mais dans l'Arrêt d'enrégiſtrement de la Chambre des Comptes, il y a une modification qui porte qu'ils n'en jouiront pas dans ce cas de retrait. *Voyez Chopin, ſur l'article 4 d'Anjou. Dumoulin, ſur le* §. 22, *n.* 6, *in fine*, rapporte ces Lettres-patentes ſans faire mention de la modification, & il décide en conſéquence que le profit doit être rendu au privilégié retrayant; ce qui peut faire croire que la modification n'a pas été obſervée. Cependant Guyot penſe qu'elle doit l'être.

Vice verſâ, lorſque le retrait eſt exercé par un non privilégié ſur un acheteur privilégié, plusieurs Auteurs, appuyés d'un Arrêt du 14 Mai 1714, rapporté au sixieme tome du Journal des Audiences, pensent que le privilégié doit jouir de son privilege, & que le retrayant lui doit tenir compte du profit, comme s'il l'eût payé. C'est beaucoup étendre le privilege: le privilégié, au moyen du retrait exercé sur lui, se trouvant n'être plus acheteur, il semble qu'il ne peut user d'un privilege qui ne lui est accordé que lorsqu'il vend ou qu'il achete: *non debet negotiari ultra fines privilegii.* Molin. §. 22, n. 6. D'ailleurs ce seroit ouvrir la voie aux fraudes; car il seroit très-facile à un parent qui voudroit acheter de son parent, d'acheter sous le nom d'un privilégié, sur lequel il exerceroit aussi-tôt le retrait. Cet Arrêt de 1714 se trouve contredit par des Arrêts précédens des 21 Août 1649, & 18 Décembre 1668, rapportés aussi au même Journal, qui ont jugé le contraire.

ARTICLE V.

Par qui, & à qui est dû le profit de Quint; & en quoi il consiste.

169. Le profit de quint, dans notre Coutume réformée, n'est dû que par l'acheteur, à moins que le vendeur ne s'en fût chargé par le contrat : & même en ce cas le Seigneur pourroit l'exiger de l'acheteur, sauf son recours. Il est dû au Seigneur, ou à ceux qui seroient à ses droits pour percevoir les fruits du fief dominant; tels que sont un engagiste, un usufruitier, un fermier des droits seigneuriaux.

170. Ce profit est appellé *profit de quint*, parce qu'il consiste dans la cinquieme partie du prix.

Ce quint est dû non-seulement du prix principal, mais de tout ce qui en fait partie; telles que sont les sommes stipulées pour pot-de-vin, épingles, où sous quelque autre dénomination que ce soit. Il ne faut pas néanmoins étendre cela aux présens modiques faits par l'acheteur à la femme, ou aux enfans, ou aux domestiques du vendeur.

Les charges qui sont imposées à l'acheteur, & qui sont appréciables à prix d'argent, sont aussi partie du prix, & le quint est dû de la somme à laquelle elles sont appréciables.

Mais lorsque pour la sûreté d'une rente que le vendeur retient sur l'héritage, l'acheteur est chargé d'y faire certaines méliorations, cette charge ne peut passer pour faire partie du prix, & pour être sujette au quint, puisque c'est l'acheteur qui profite de ces méliorations.

On ne doit pas non plus évaluer pour le profit de quint, les charges imposées à l'acheteur, qui sont charges du fief, telle qu'est celle des rentes inféodées dont le fief est chargé.

Les frais ordinaires de criées, dont un adjudicataire est chargé, sont plutôt regardés comme loyaux coûts & frais de contrat, que comme faisant partie du prix; *secùs*, des extraordinaires.

171. Le quint est dû non-seulement du prix porté au contrat, & des charges appréciables qui y sont contenues; mais si par la suite le contrat a été ré-

formé, & le prix augmenté, le quint est dû de l'augmentation du prix. Cette décision a lieu même dans le cas auquel l'acheteur auroit donné ce supplément par pure délicatesse de conscience, la lésion n'étant pas assez grande pour que le vendeur eût pu se pourvoir en justice.

Contra vice versâ. Si depuis le contrat exécuté par la tradition réelle, le vendeur eût fait volontairement une remise d'une partie du prix à l'acheteur, sous le prétexte qu'il étoit excessif, l'acheteur ne laisseroit pas de devoir le quint sur le pied du prix entier porté au contrat; car en ayant contracté l'obligation envers le Seigneur, il ne peut en être déchargé par une convention où le Seigneur n'est pas partie.

172. Lorsque le contrat porte un terme pour le paiement du prix sans intérêts, Dumoulin, §. *78*, *gl. 1*, *n. 43* & 42, décide que le Seigneur ne peut exiger profit de vente avant le terme expiré. Sa raison est, que *cùm dies solutionis sit pars diminutiva pretii, si emptor solidam laudimiorum summam repræsentare teneretur, plus solveret quàm est duodecima pretii* (& dans les fiefs *quinta*), *contrà mentem consuetudinis.* Livoniere, *p. 170*, atteste que l'usage est contraire à l'opinion de Dumoulin, & que le Seigneur peut exiger le profit aussi-tôt qu'il est ouvert, sans attendre le terme.

173. Le Seigneur ne peut demander le profit de quint sur un pied plus fort que le prix du contrat, sous le prétexte que le fief n'auroit pas été vendu sa valeur; le vendeur ayant été le maître de donner à la chose tel prix qu'il a jugé à propos; *cùm sit unusquisque suæ rei arbiter.*

Mais s'il étoit dit que le vendeur a fait remise à l'acheteur du surplus du juste prix, le quint ne seroit pas dû seulement de la somme portée au contrat, qui n'est pas en ce cas le total du prix que le vendeur a donné à son fief; mais il seroit dû de la somme entiere, à laquelle le fief seroit estimé. *Mol.* §. *33*, *gl. 2*, *n. 54.*

174. Dans le cas de l'art. 9, le quint ne se regle pas sur le prix du contrat; *Voyez cet article.*

CHAPITRE V.

Du Profit de Rachat, & du Cheval de service.

175. LE droit de rachat est le droit qu'a le Seigneur d'avoir le revenu de l'année du fief relevant de lui, toutes les fois qu'il change de main, sauf lorsque c'est à titre de vente, ou contrat équipollent à vente, & en quelques autres cas exceptés par la Coutume.

176. Le cheval de service est aussi une autre redevance, sur laquelle voyez l'*art.* 84.

ARTICLE PREMIER.

Regles générales sur les cas auxquels le Droit de Rachat est dû.

PREMIERE REGLE.

177. Le rachat est dû réguliérement à toutes mutations du fief servant. *Quoties & quomodocumque feudum mutat manum, hoc est, contingit mutatio vassalli, debetur relevium.* Molin. §. 33, *gl.* 1, *n.* 10.

On peut distinguer deux especes de mutations de fief, qui donnent l'une & l'autre ouverture au rachat; l'une que j'appelle *parfaite*, qui arrive lorsque la propriété du fief passe d'une personne à une autre; car le nouveau propriétaire devenant vassal à la place de l'ancien, il y a mutation dans le fief: l'autre que j'appelle *imparfaite*, qui arrive lorsqu'il y a un nouveau vassal, sans qu'il y ait néanmoins aucun changement dans la propriété. Il en est traité *infrà, art.* 2, §. 4.

Lorsque le propriétaire du fief donne à quelqu'un un droit d'usufruit, ou quelque autre droit réel dans son fief, lorsqu'il l'engage, lorsque ce fief est saisi réellement sur lui, il n'y a dans tous ces cas aucune mutation de fief, ni par conséquent lieu au rachat; car il demeure toujours propriétaire & vassal; & l'usufruitier, l'engagiste, le Commissaire à la saisie réelle, ne sont point vassaux. *Molin. d. gl. n.* 9.

II. REGLE.

178. La simple ouverture de fief qui arrive par la mort du vassal, dont la succession est laissée vacante, n'est pas une mutation; il faut pour qu'il y ait mutation, & en conséquence ouverture au profit, que le fief passe d'une personne à une autre. *Mol. ibid. n.* 5.

En cela le droit de rachat differe du droit de saisie féodale, à laquelle le seul défaut d'homme donne ouverture. Le Seigneur peut donc saisir féodalement les fiefs de la succession vacante; mais le curateur, en faisant les devoirs, doit en avoir main-levée sans payer aucun rachat: *ibid. n.* 5. Le Seigneur peut seulement exiger qu'en attendant que le fief soit vendu sur le curateur à la succession vacante, ce qui n'arrive quelquefois qu'après un très-long-temps, il lui soit nommé un homme vivant & mourant, par la mort duquel il lui sera dû rachat. *Voyez Lalande sur l'article* 4.

III. REGLE.

179. Le contrat d'aliénation ne donne point ouverture au profit de rachat, jusqu'à ce qu'il ait été suivi d'une tradition ou réelle, ou du moins feinte, par laquelle la propriété du fief ait été transférée de l'une des parties contractantes à l'autre. *Molin. d. gl. n.* 2.

C'est une suite du principe, que c'est la mutation plutôt que le contrat qui donne ouverture au rachat; en quoi il differe du profit de quint, auquel le contrat de vente donne ouverture.

Suivant cette regle, si deux parties ont échangé leur fief l'un contre l'autre, le rachat n'en sera dû que, ou lorsqu'ils en seront entrés en possession réelle, ou du moins lorsqu'ils s'en seront fait une tradition feinte.

Observez que lorsque la tradition n'a été que feinte, le rachat auquel elle a donné ouverture cesse d'être dû lorsque les parties se sont désistées du contrat avant la tradition réelle; *quia quamvìs ex fictâ traditione sequatur vera mutatio, tamen illa sicut solo consensu est inducta, ità solo consensu resolubilis est & reductibilis ad non causam.* Molin. *ibid. n.* 10, *in fine.*

IV. REGLE.

180. Lorsque quelqu'un a acquis un fief en vertu d'un titre putatif qui n'a jamais existé, ou d'un titre nul; quoique par la suite, *errore comperto*, il ait été condamné à le restituer, pourvu que ce soit sans restitution de fruits, le rachat est dû.

C'est une suite du principe, que ce n'est pas le titre, mais la mutation qui donne lieu au rachat. Ce nouveau possesseur étant réputé propriétaire, quoiqu'il ne le fût pas effectivement, étoit tenu à la foi, & par conséquent *nouvel homme, nouveau vassal:* il y a donc eu mutation, & par conséquent lieu au rachat. Si ce possesseur avoit été condamné à la restitution des fruits, le rachat ne seroit pas dû, & il y auroit lieu à la répétition par la regle sixieme, *infrà.*

V. REGLE.

181. Les mutations qui donnent ouverture au rachat, sont celles qui contiennent l'acquisition que quelqu'un fait d'un fief, & non celles par lesquelles quelqu'un rentre par la destruction de l'aliénation qu'il en avoit faite, ou même par la simple cessation ou résiliement pour l'avenir de cette aliénation, plutôt que par une nouvelle acquisition qu'il en fasse.

Suivant cette regle, si quelqu'un a aliéné son fief à titre de vente, échange, donation ou autre titre, & qu'ayant pris des lettres de rescision contre, & ayant fait déclarer nulle la vente, donation ou échange qu'il avoit fait, il est rentré dans son fief; il ne doit pas de rachat pour y être rentré : car ce n'est point une acquisition qu'il fasse : il est même censé en être toujours demeuré propriétaire, l'aliénation qu'il en avoit faite ayant été déclarée nulle.

Si quelqu'un rentre dans le fief qu'il avoit aliéné, non par la rescision & destruction entiere du titre d'aliénation, mais par le résiliement pour l'avenir de cette aliénation; comme lorsque quelqu'un, pour cause de survenance d'enfans, révoque la donation d'un fief qu'il avoit faite, il y a plus de difficulté : car en ce cas l'aliénation a subsisté jusqu'au temps de la révocation; ce donateur redevient véritablement de nouveau propriétaire du fief. Il y a donc eu deux mutations, d'où il sembleroit qu'il seroit dû double rachat. Néanmoins il faut, suivant notre regle, décider qu'il n'est pas dû un nouveau rachat; parce que ce n'est point par une nouvelle acquisition qu'il fasse qu'il redevient propriétaire de ce fief, mais par la cessation de l'aliénation qu'il en avoit faite, qui ne devoit durer que jusqu'au temps de la condition de la survenance d'enfans, sous laquelle elle avoit été tacitement faite. Il n'est donc point un nouvel acquéreur, un nouveau vassal, & par conséquent il ne doit point le rachat;

c'est

c'eſt la déciſion de Dumoulin ſur l'art. 33, *gl. 1, n. 58*, qui avoit néanmoins décidé formellement le contraire un peu plus haut, *n. 31*. Il faut s'en tenir à ſa derniere déciſion.

Notre déciſion doit avoir lieu, non-ſeulement lorſque l'aliénation ſe réſout ſans le fait du vaſſal, comme dans l'eſpece précédente, mais même lorſqu'elle ſe réſout par ſon fait; comme lorſqu'une donation eſt révoquée pour l'ingratitude du donataire. *Molin. ibid. n. 57*. Même lorſque l'aliénation ſe réſout *ex causâ novâ & merè voluntariâ*, il n'y a pas lieu à un nouveau rachat; comme lorſque l'héritage que j'avois donné à rente m'eſt déguerpi; ou lorſque, *re integrâ*, avant que le contrat ait eu ſon entiere exécution de part & d'autre, les parties conviennent de s'en déſiſter. *Mol. ibid. n. 21.*

Suivant ce principe, ſi j'ai échangé avec vous mon fief A contre un autre héritage, & qu'après vous en voir mis en poſſeſſion, & avant que vous m'ayez mis en poſſeſſion du vôtre, nous convenions enſemble que je reprendrai le fief A, & que je vous donnerai à la place le fief B, il ſera dû deux rachats; un pour l'aliénation que j'ai faite du fief A, & un pour celle que j'ai faite du fief B : mais il n'en ſera pas dû un troiſieme pour ma rentrée en la propriété du fief A; *quia*, dit Dumoulin, *ibid. n. 27*, *recuperatio primæ rei ſpectat ad merum diſtractum;* nous ſommes cenſés nous être déſiſtés du premier contrat d'échange qui n'étoit pas encore conſommé, & il n'eſt pas dû de rachat pour le déſiſtement.

Obſervez qu'on ne peut être cenſé ſe départir d'un contrat que lorſqu'il n'a pas reçu ſon entiere exécution. C'eſt pourquoi ſi après un échange exécuté de part & d'autre, les parties ſe rétrocedent chacune l'héritage qu'elle avoit acquis de l'autre, ce n'eſt pas un déſiſtement du premier contrat d'échange, mais un nouveau contrat d'échange, & une nouvelle acquiſition que chacune fait de l'héritage qu'elle avoit aliéné, qui donne lieu à un nouveau profit. *Voyez ſuprà, n. 134.*

VI. Regle.

182. Les mutations inefficaces ne donnent pas ouverture au rachat.

Une mutation eſt réputée inefficace, lorſque j'ai été contraint, au bout d'un temps court, de délaiſſer le fief que j'avois acquis, ou auquel j'avois ſuccédé, ſur une action ou de revendication, ou hypothécaire, ou par quelque autre genre d'éviction que ce ſoit, dont la cauſe fût ancienne, & non nouvellement ſurvenue.

Si je n'ai été condamné à le délaiſſer qu'au bout de quelques années, & qu'après que j'aurai pu me dédommager du rachat par les fruits que j'ai perçus; ſi c'eſt ſans reſtitution de fruits, la mutation ne laiſſera pas d'être réputée efficace, & d'avoir donné lieu au rachat. Si c'eſt avec reſtitution de fruits, quelque long que ſoit le temps au bout duquel j'ai été condamné à le délaiſſer, la mutation ſera cenſée avoir été inefficace, & il y aura lieu à la répétition du rachat, ſi je l'ai payé.

183. Suivant cette regle, lorſque le vendeur d'un fief eſt mort avant aucune tradition; quoique ce fief vendu ſe trouve encore dans ſa ſucceſſion, & paſſe de lui à ſon héritier collatéral, néanmoins cet héritier ne devra pas le rachat, s'il a été obligé, peu après, de le livrer à l'acheteur en exécution de la vente

que le défunt en avoit faite; parce qu'en ce cas la succession n'a produit qu'une mutation inefficace. *Molin.* §. 33, *n. 127.*

Quelqu'un se faisant fort du propriétaire, a vendu son fief : le propriétaire meurt avant que de ratifier; son héritier collatéral ratifie : le Seigneur à qui, en conséquence de cette ratification, le quint est dû pour la vente, ne pourra pas demander un rachat pour la succession; car la ratification ayant un effet rétroactif au contrat, c'est comme si le défunt avoit vendu lui-même : auquel cas nous venons de voir que la mutation ne pourroit produire qu'une mutation inefficace qui ne peut donner lieu au rachat. *V. Molin.* §. 33, *gl.* 2, *n.* 42.

Il y auroit plus de difficulté si le vendeur avoit vendu l'héritage en son propre nom, & non au nom du propriétaire, & comme se faisant fort de lui; & que les héritiers de ce propriétaire donnassent leur consentement à cette vente: car un tel consentement n'est pas une ratification dont l'effet soit rétroactif, & il n'a d'effet que du jour qu'il est interposé. Néanmoins Dumoulin, *dicto*, *n.* 42, décide que même en ce cas le rachat n'est pas dû; *quamvis hujusmodi approbatio* (dit-il) *non operetur nisi ut ex nunc, tamen eo ipso quòd patronus percipit aut percepturus est quintum pretii ex dictâ venditione, non potest prætendere relevium à tempore dictæ venditionis, ex personâ quondam domini vel ejus heredum.*

Il en feroit autrement si les héritiers avoient vendu eux-mêmes, depuis la succession, échue un fief de cette succession : l'eussent-ils vendu & livré le jour même que la succession leur est échue, la mutation n'en est pas moins efficace, & n'en donne pas moins lieu au rachat. *Mol. d.* §. 1, *gl.* 1, *n.* 127, *in fin.*

Voyez une autre espece de mutation que la Coutume regarde comme inefficace, en l'*art.* 21.

VII. Regle.

184. La mutation ne donne pas lieu au rachat, lorsque le Seigneur la désapprouve, & contraint l'acquéreur de vuider *ses mains*; comme lorsque ce sont des gens de main-morte qui ont acquis, *art.* 40 : le rachat étant dû pour le prix du consentement que le Seigneur est obligé de donner à la mutation, ce feroit une contradiction qu'il exigeât le rachat pour une mutation à laquelle il refuse son consentement. *Molin.* §. 33, *gl.* 1, *n.* 134 *& seq.*

VIII. Regle.

185. Les mutations du fief servant, qui arrivent soit par l'acquisition qu'en fait le Seigneur de qui il releve, soit par l'aliénation qu'il en fait après l'avoir acquis & avant qu'il l'ait réuni, ne donnent pas lieu au rachat. *Voyez le Chapitre précédent*, *art.* 4.

IX. Regle.

186. Lorsque le propriétaire du fief dominant & du fief servant qu'il n'avoit pas réuni, a aliéné l'un & l'autre en même temps à deux différentes personnes, ou les a transmis dans sa succession à deux différens héritiers, il n'y a pas lieu au rachat pour le fief servant. *Mol.* §. 33, *gl.* 2, *n.* 47. C'est une suite de la regle précédente.

X. Regle.

187. Les mutations qui arrivent à titre de vente, ou contrat équipollent à vente, ne donnent pas lieu au rachat.

La raiſon eſt que la Coutume a établi une autre eſpece de profit pour ces mutations, dont il a été parlé au Chapitre précédent.

XI. Regle.

188. Les mutations qui arrivent en ligne directe, tant aſcendante que deſcendante, par ſucceſſion, donation ou legs; & dans notre Coutume, celles qui ſont faites pour cauſe pie, ne donnent pas lieu au rachat. C'eſt une faveur. *Voyez les articles 14 & 22.*

Obſervez à l'égard des ſubſtitutions, qu'en fait de profits la mutation eſt cenſée arriver en collatérale & donner lieu au rachat, lorſque le ſubſtitué recueille le fief par le canal de ſon collatéral qui en étoit grevé envers lui, quoique l'auteur de la ſubſtitution fût un de ſes deſcendans.

Vice versâ. La mutation eſt cenſée en directe, & ne donne pas lieu au profit, lorſque le ſubſtitué recueille le fief par le canal de quelqu'un de ſes aſcendans, quoique la ſubſtitution lui ait été faite par un collatéral. *Voyez* l'Arrêt de Réglement de 1727; Ordonnance des Subſtitutions, *pag. 1, art. fin.* Cela eſt fondé ſur le principe que le rachat, à la différence du profit de vente, étant produit par la mutation plutôt que par le titre, on ne doit pas examiner ſi le titre eſt un legs en directe ou en collatérale, mais ſi la mutation ſe fait en directe ou en collatérale.

Suivant ce principe, il paroît qu'on devroit décider que lorſqu'un pere ou une mere ont donné un fief à un couvent pour la dot de religion de leur fille, il doit être dû rachat; car quoique la donation ſoit faite principalement en conſidération de la fille du donateur, & que pour cette raiſon elle puiſſe être regardée comme une donation en directe, néanmoins on ne peut nier que la mutation ne ſe fait pas en directe, puiſque le fief paſſe de la perſonne du donateur au couvent, qui eſt une perſonne civile étrangere au donateur : tel eſt auſſi le ſentiment de Lemaître. Néanmoins Brodeau, Guyot, décident que le rachat n'eſt pas dû; & la Peyrere rapporte un Arrêt qui l'a jugé. Dans notre Coutume, qui exempte du rachat les donations faites pour cauſe pie, il y a moins de difficulté à exempter du rachat cette donation.

XII. Regle.

189. Pluſieurs mutations qui arrivent par mort en une même année, ne donnent lieu qu'à un ſeul rachat envers le même Seigneur. *Voyez l'art. 17, & les notes.*

XIII. Regle.

190. La mutation qui arrive dans la nue propriété du fief, donne lieu au rachat ſans que le Seigneur ſoit obligé d'attendre l'extinction de l'uſufruit pour l'exiger.

Notre Coutume apporte une exception à cette regle dans le cas de la donation faite avec rétention d'usufruit : elle accorde délai pour le rachat aussi-bien que pour la prestation de foi jusqu'après l'extinction de l'usufruit. *Art. 285.* Cette exception est particuliere à notre Coutume, & n'a pas lieu ailleurs.

Hors le cas de cette exception, c'est une question, si c'est à l'usufruitier à acquitter le rachat auquel a donné lieu la mutation arrivée pendant le cours de l'usufruit, ou au propriétaire ? Dumoulin en charge l'usufruitier, sauf en deux cas : le premier, lorsque la mutation arrive par une aliénation volontaire du fief, le propriétaire ne devant pas par son fait diminuer l'usufruit, & charger l'usufruitier d'un profit : le second cas d'exception est, lorsque l'usufruit a été laissé pour alimens, tel qu'est présumé celui d'une douairiere. D'Argentré charge aussi l'usufruitier du rachat, sauf lorsqu'il est usufruitier à titre onéreux. La plupart des Commentateurs de la Coutume de Paris en chargent indistinctement le propriétaire qui acquiert ou succede à la nue propriété du fief : ils se fondent sur cette raison que le rachat étant dû originairement pour le prix de l'investiture & du consentement que le Seigneur est tenu donner à la mutation, c'est celui en qui se fait cette mutation qui doit en être tenu. *Voyez* Brodeau & les autres cités par Lemaître, *T. 1, ch. 2,* §. 3.

XIV. Regle.

191. *Les mutations qui arrivent dans* le fief pendant que le Seigneur le tient en sa main par la saisie féodale, ne laissent pas de donner lieu au rachat, sans que les fruits que le Seigneur perçoit en vertu de la saisie féodale, puissent s'imputer sur le *rachat.*

C'est la décision de Dumoulin, §. 33, *gl. 1, n. 143, & seq.* La raison de la premiere partie est que, quoique par fiction, le Seigneur soit censé avoir réuni à son domaine le fief saisi féodalement, pendant que la saisie dure, à l'effet de percevoir les fruits & d'exercer même les droits domaniaux y attachés ; néanmoins la propriété & la possession civile de ce fief demeurent réellement, pendant la saisie, en la personne du vassal, & peut, durant la saisie, se transporter de sa personne à une autre ; ce qui forme de vraies mutations qui donnent lieu au rachat. La raison de la seconde partie est, que le rachat consistant dans le revenu de l'année qui suit les offres, *art. 56,* les fruits perçus durant la saisie féodale & par conséquent avant ces offres, ne peuvent s'y imputer.

XV. Regle.

192. Il n'y a que les mutations qui arrivent dans le fief même, qui donnent lieu au rachat ; non celles qui arrivent dans le corps de l'héritage lorsque le fief est séparé de la propriété du corps de l'héritage (ce qui arrive dans le cas du jeu de fief. *Voyez l'art. 8.*), ni celles qui arrivent dans quelque droit réel qui ne fait pas partie du fief (telles que sont les rentes foncieres non inféodées).

En cela le rachat convient avec le profit de quint. *Voyez* ce que nous en avons dit au Chap. précédent, *art. 3.*

XVI. Regle.

193. Lorsque quelqu'un a acquis ou a succédé non au fief même, mais à une

action pour avoir le fief; s'il a exercé cette action, & par ce moyen acquis le fief même, c'est comme s'il eût acquis ou eût succédé au fief même, & c'est une mutation du fief qui donne lieu au rachat : *secùs*, s'il n'a pas exercé cette action.

Par exemple, si celui qui a vendu son fief avec clause de réméré, laisse pour son héritier collatéral Pierre, qui succede à cette action de réméré, & meurt sans l'avoir exercée, laissant pour son héritier collatéral Jean, qui exerce cette action & rentre dans le fief; il sera dû rachat du chef de Jean; car l'action de réméré à laquelle il a succédé s'est terminée au fief : mais il ne sera dû aucun rachat du chef de Pierre, lequel a bien succédé à l'action de réméré pour avoir le fief, mais qui ne l'ayant pas exercée, ne peut être censé avoir succédé au fief.

Ceci est encore conforme à ce que nous avons dit touchant le profit de quint, au Chap. précédent, art. 3. *V. Molin.* §. 33, *gl.* 1, *n.* 107.

XVII. REGLE.

194. Lorsque la propriété du fief & la possession se trouvent séparées, ce sont les mutations qui arrivent du côté des possesseurs, & non celles qui arrivent du côté des propriétaires, qui donnent lieu au rachat, tant que le possesseur n'a pas été condamné à délaisser, ou n'a pas délaissé volontairement le fief au vrai propriétaire.

XVIII. REGLE.

195. Même après la condamnation ou le délais, si c'est sans restitution des fruits, les rachats sont dûs pour toutes les mutations arrivées auparavant dans les possesseurs, & non pour celles arrivées dans les propriétaires, si ce n'est pour celle arrivée en la personne du dernier propriétaire à qui le fief a été restitué.

XIX. REGLE.

196. Lorsque le dernier posseur a été condamné à restituer le fief au propriétaire avec restitution de tous les fruits perçus depuis l'usurpation, tant par lui que ses prédécesseurs dont il étoit héritier, tant médiat qu'immédiat, les rachats se trouvent n'avoir point été dûs par les mutations arrivées dans les possesseurs, lesquelles, au moyen de la restitution des fruits, se trouvent avoir été sans effet; & en conséquence ils doivent être rendus : mais en récompense, il est dû rachat par chaque mutation arrivée dans les propriétaires pendant ce temps.

Ces trois regles sont de Dumoulin, *d. gl. n.* 149, *& seqq.* qui apporte néanmoins cette exception à la seconde partie de la regle 18; sçavoir, que lorsque le Seigneur a refusé de reconnoître pour ses vassaux les possesseurs, il peut demander les rachats pour toutes les mutations arrivées dans les propriétaires pendant que la propriété étoit séparée de la possession. La raison est que le propriétaire auroit mauvaise grace à se plaindre que le Seigneur n'ait pas reconnu pour ses *hommes* les usurpateurs de son fief; le Seigneur n'en ayant point eu par ce moyen du côté des possesseurs, les propriétaires qui se sont succédé doivent être considérés comme ayant été ses *hommes :* car il lui en faut ou d'un côté ou de l'autre ; & par conséquent les mutations arrivées dans ces propriétaires doivent donner lieu au rachat.

Suivant ces regles, quoique la propriété du fief légué soit pardevers le légataire dès le temps de la mort du testateur, néanmoins tant que l'héritier le possede, & en perçoit irrévocablement les fruits, ce sont les mutations qui arrivent du côté de l'héritier, & non celles qui arrivent du côté du légataire, qui donnent ouverture aux rachats : mais dès que l'héritier est sujet à la restitution des fruits, soit par la demande en délivrance, soit parce que le testateur a ordonné que le fief seroit délivré au légataire avec les fruits, du jour de sa mort, ce sont les mutations qui arrivent de la part du légataire, quoiqu'il n'ait pas encore été saisi de son legs, qui donnent ouverture aux rachats, & non celles qui arrivent du côté de l'héritier. C'est pourquoi si dans ce second cas le légataire meurt laissant un héritier collatéral, il sera dû double rachat ; & si cet héritier du légataire meurt lui-même avant la délivrance du legs, laissant pareillement un héritier collatéral, il en sera dû trois, *& deinceps.* Pareillement si le légataire fait don de son legs à quelqu'un avant la délivrance, il sera dû double rachat, un du chef du légataire, l'autre du chef du cessionnaire à qui la délivrance a été faite. Mais si le cessionnaire, avant la délivrance, étoit mort laissant un héritier collatéral, il ne seroit pas dû un troisieme rachat : car un cessionnaire ne pouvant acquérir la propriété de la chose qui lui est cédée, que par la délivrance qui lui est faite, la mort du cessionnaire n'a pu opérer une troisieme mutation ; la propriété du fief a passé directement du légataire à l'héritier du cessionnaire, & n'a jamais appartenu au cessionnaire, qui n'a jamais eu qu'une action pour se le faire délivrer. *Molin.* §. 33, *gl.* 1, *n.* 108, 109, 110.

XX. Regle.

197. Non-seulement il y a lieu au rachat par les mutations qui arrivent dans la propriété ou possession civile du fief ; mais aussi toutes les fois qu'il y a un nouvel homme de fief, quoiqu'il n'en soit pas proprement le propriétaire ; ce qui arrive lorsqu'une femme propriétaire du fief se marie, ou par les mutations de titulaire de bénéfice, ou d'homme vivant & mourant des communautés. La Coutume a néanmoins excepté les premiers mariages. *Voyez les art.* 36 *&* 37, *& les notes.*

Article II.

Des différentes especes de mutations qui donnent lieu au Rachat.

§. I.

De la Succession collatérale.

198. Un héritier collatéral doit le rachat pour les fiefs auxquels il a succédé.

Il n'importe que ce soit le fief même qui se soit trouvé dans la succession : lorsqu'il a succédé à une action que le défunt avoit pour avoir le fief ou pour rentrer dans le fief, & qu'en vertu de cette action à laquelle il a succédé, il est devenu effectivement propriétaire du fief qu'il s'est fait livrer ou restituer, il est censé avoir succédé au fief, & il doit le rachat : car l'action est réputée la chose même lorsqu'elle s'y termine, comme nous l'avons observé au Chap. précédent.

199. L'héritier ne doit pas le rachat pour les fiefs que le défunt a légués purement & simplement : car en ce cas c'est le légataire, & non l'héritier qui y succede. *Molin.* §. 33, *gl.* 1, *n.* 106.

Mais si le fief n'a été légué qu'au bout d'un temps, ou sous une certaine condition qui ne soit arrivée qu'après la mort du testateur ; y ayant en ce cas deux mutations, puisque le fief a passé de la personne du défunt en celle de l'héritier jusqu'au temps de la condition du legs, & depuis de celle de l'héritier en celle du légataire, il sera dû double rachat. Néanmoins si la condition du legs étoit arrivée peu de temps après la mort du défunt ; ou si l'héritier, pour remplir plus pleinement la volonté du défunt, eût délivré volontairement l'héritage au légataire sans attendre la condition, il ne seroit pas dû en ce cas de rachat par l'héritier, suivant la regle 6. *Molin. ibid. n.* 111, *& seqq.*

200. Lorsqu'une personne laisse des héritiers collatéraux, & une veuve qui accepte sa communauté dans laquelle il y a un fief, Dumoulin, *d. gl. n.* 142, avoit pensé qu'il étoit dû rachat pour la moitié de ce conquêt, quoique par le partage il échût en entier, soit à la veuve, soit aux héritiers ; le partage, qui est un acte étranger au Seigneur, ne pouvant donner atteinte au droit de rachat qui lui est acquis dès l'instant de la mort du défunt, ni l'augmenter : mais cette opinion a été rejettée, & le sentiment commun aujourd'hui est qu'il n'est dû aucun rachat en ce cas, si par le partage ce conquêt échet en entier à la veuve ; & qu'au contraire il est dû pour le total, s'il échet pour le total aux héritiers du mari : c'est une suite de l'effet déterminatif & rétroactif que la Jurisprudence donne aux partages.

Si le Seigneur demandoit le profit avant que le partage fût fait, il devroit être sursis à faire droit sur sa demande pendant le temps nécessaire pour le faire.

201. Quoiqu'une succession collatérale soit acceptée sous bénéfice d'inventaire, le rachat n'en est pas moins dû ; car l'héritier bénéficiaire est propriétaire.

Ce rachat est dû par l'héritier en sa qualité d'héritier bénéficiaire, & doit être payé sur les biens de la succession ; car le rachat est une charge réelle du fief.

Le rachat est dû par l'héritier bénéficiaire, quand même il renonceroit peu après à la succession ; car cette renonciation n'a d'effet que de le décharger de l'administration des biens de la succession : il n'en conserve pas moins la qualité d'héritier & de successeur en tous les droits actifs & passifs du défunt ; *semel heres, semper heres :* il continue d'être propriétaire des biens de la succession ; il est même censé en jouir nonobstant cette renonciation, puisque les revenus servent à acquitter les dettes de la succession, qui, par la qualité qu'il conserve d'héritier, sont véritablement ses dettes, quoique par la vertu du bénéfice d'inventaire il n'en soit tenu que sur les biens de la succession.

Il y a plus : si cet héritier bénéficiaire, après avoir renoncé, & avant que les biens de la succession aient été vendus, meurt & laisse un héritier collatéral, il sera dû un nouveau rachat : car conservant en sa personne, nonobstant cette renonciation, tous les droits actifs & passifs de la succession attachés à la qualité d'héritier qu'il conserve, il les transmet à son héritier, & par conséquent il transmet à cet héritier la propriété des fiefs de cette succession. Il se fait donc une nouvelle mutation de ces fiefs, qui donne lieu à un nouveau rachat, lequel doit être payé sur les biens de la succession bénéficiaire à laquelle les fiefs appartiennent.

202. Lorsqu'un héritier se fait restituer contre l'acceptation qu'il a faite de la succession, étant restitué contre la qualité même d'héritier qu'il a prise, il est censé n'avoir jamais été héritier; & par conséquent il n'est point dû rachat, & il doit être rendu s'il a été payé.

203. Lorsque Jean, héritier collatéral de Pierre, meurt sans s'être expliqué sur l'acceptation de la succession, & que Thomas, héritier de Jean, accepte du chef de Jean la succession de Pierre, il est dû double rachat : car il s'est fait deux mutations, les fiefs de Pierre étant censés être passés de sa personne, suivant la regle, *Le mort saisit le vif*, en la personne de Jean, quoique mort sans s'être expliqué sur l'acceptation de la succession, & ensuite par la mort de Jean, en celle de Thomas.

Si Thomas, héritier de Jean, se trouvoit lui-même de son chef, à défaut de Jean, en degré de succéder à Pierre, pourroit-il, pour éviter un double rachat, renoncer du chef de Jean à la succession de Pierre, & l'accepter de son chef? Dumoulin, §. 33, *gl.* 1, *n.* 102, décide qu'il ne peut éviter par-là le double rachat; parce que celui qui meurt sans s'être expliqué sur l'acceptation ou renonciation à une succession qui lui étoit déférée, est censé l'avoir acquise lorsqu'elle étoit avantageuse, & que Thomas, en l'acceptant de son chef, décide lui-même qu'elle étoit avantageuse.

204. Lorsque les parens habiles à succéder à un absent dont on ignore l'existence, se font mettre provisionnellement en possession de ses biens, le Seigneur ne peut demander le rachat, tant qu'il ne justifie pas de la mort de cet absent, ou d'un laps de cent ans depuis sa naissance, qui doit le faire présumer mort; *quia is finis vitæ longævi hominis est*. L. 56, ff. *de usuf.* Mol. §. 1, *gl.* 2, *Q.* 4, *Livoniere*, *pag.* 272.

205. Mais ces parens étant devenus possesseurs; si par la suite ils transmettent cette possession à leurs héritiers, il y aura lieu au rachat, à moins qu'ils n'eussent été obligés de restituer les fruits à l'absent qui seroit revenu. *Voyez les Regles* 17, 18 & 19.

§. II.

De la mutation par déshérence ou confiscation.

206. Lorsqu'un Seigneur de Justice acquiert par droit de déshérence ou de confiscation, un fief qui releve d'un autre Seigneur, c'est une mutation de fief qui donne lieu au rachat, si le Seigneur haut-justicier veut conserver ce fief: mais lorsqu'il le met hors de ses mains, la Coutume, *art.* 21, l'en exempte,

&

& regarde la mutation qui est arrivée en sa personne comme sans effet. *Voyez l'art.* 21.

Les biens confisqués sont acquis au haut-justicier du jour du jugement qui lui adjuge la confiscation ; *nam adjudicatio est modus acquirendi dominii jure civili.* C'est donc de ce jour que se fait la mutation, & que le rachat est dû, lorsque le Seigneur ne met pas l'héritage hors ses mains.

Ceux auxquels il succede à titre de déshérence lui sont acquis du jour qu'ils lui ont été adjugés, ou qu'il s'en est mis en possession, & non pas du jour de la mort de celui qui n'a pas laissé d'héritiers : car la regle, *Le mort saisit le vif*, n'a lieu qu'à l'égard des héritiers, & non pas à l'égard des Seigneurs justiciers, qui ne succedent aux biens du défunt que comme à des biens vacans, dont ils ont droit de s'emparer exclusivement à tous autres. *Molin.* §. 33, *gl.* 1, *n.* 7.

§. III.

Des Mutations qui arrivent par Contrats ou Testamens.

207. Les mutations qui arrivent en vertu de quelques contrats d'aliénation, autres que ceux exceptés, *art.* 1, *R.* 10 & 11, donnent lieu au rachat, du jour seulement de la tradition réelle ou feinte, qui se fait en vertu du contrat : car c'est par cette tradition que se fait la mutation qui donne lieu au rachat. Celles qui arrivent par testament donnent lieu au rachat du jour de la mort du testateur, lorsque le legs est fait sans condition : car c'est de ce jour que la propriété du fief légué est censée transférée en la personne du légataire : mais on ne peut l'exiger du légataire qu'après qu'il a accepté le legs & en a eu délivrance. A l'égard des legs conditionnels & des substitutions, le rachat n'est dû que du jour de la condition qui donne ouverture au legs ou à la substitution; car ce n'est que de ce jour que la propriété du fief légué est transférée au légataire ou substitué. *L.* 5, §. 1 & 2, *Q. d. Leg. c.*

§. IV.

Des Mutations imparfaites qui donnent lieu au Rachat.

208. J'appelle *mutations imparfaites* celles qui n'arrivent pas dans la propriété du fief, mais qui résultent de ce qu'il y a un nouvel homme de fief.

Telles sont celles qui arrivent par mariage. Il n'arrive aucune mutation dans la propriété du fief de la femme qui se marie, laquelle demeure pendant le mariage seule & vraie propriétaire de son fief : néanmoins, comme son mari, à cause d'un certain domaine, non de propriété, mais de gouvernement & d'autorité qu'il acquiert sur les propres de sa femme, devient *homme de fief*, par rapport aux fiefs du propre de sa femme, c'est une espece de mutation imparfaite qui donne lieu au rachat. Notre Coutume en exempte néanmoins les premiers mariages. *Voyez les art.* 36 & 37, & *les notes sur ces articles.*

Lorſqu'il y a clauſe par le contrat de mariage qu'il n'y aura pas de communauté, & que la femme jouira ſéparément de ſes propres ; le mari n'acquérant pas en ce cas ce domaine de gouvernement & d'autorité ſur les propres de ſa femme qui le rend *l'homme du Seigneur*, il n'y a pas lieu au rachat; mais la ſimple excluſion de communauté n'empêchant pas le mari d'acquérir ce droit ſur les propres de ſa femme, n'empêche pas qu'il y ait lieu au rachat. *Voyez Livoniere*, IV, 7.

Il y a lieu auſſi au rachat, quoique la femme n'ayant que la nue propriété du fief, n'en ait pu apporter la jouiſſance à ſon mari : car ce n'eſt pas à cauſe des fruits qu'il perçoit qu'il doit le rachat, mais parce qu'il devient *l'homme du Seigneur*, pour raiſon des fiefs propres de ſa femme qui paſſent avec la perſonne de la femme ſous la puiſſance du mari, lorſqu'il n'y a pas de clauſe par le contrat de mariage qui les en ait ſouſtraits.

Obſervez que c'eſt le mari qui doit perſonnellement le rachat auquel le mariage donne ouverture : & comme il n'eſt pas le propriétaire du fief de ſa femme, & qu'il ne peut l'engager, ce fief n'eſt pas, après la diſſolution du mariage, affecté à la dette de ce rachat. *Arrêt du 16 Avril 1707*, au ſupplément du 7e T. du Journal. *Mol. en ſa note ſur* Vitry, *art. 21.*

209. Les mutations qui arrivent dans les titulaires de bénéfice ſont auſſi des mutations imparfaites ; car il ne ſe fait aucune mutation dans la propriété du fief qui appartient à l'Egliſe, & non à ces titulaires : mais comme le titulaire du bénéfice eſt l'homme de fief pour les fiefs de ſon bénéfice, la mutation du titulaire eſt une mutation d'homme de fief qui donne lieu au rachat.

La vacance du bénéfice, ſoit par mort, ſoit par deſtitution, rend bien ouverts les fiefs du bénéfice, mais elle ne donne pas lieu au rachat ; car ce n'eſt pas la ſimple ouverture de fief qui y donne lieu, mais la mutation ; & il n'y a de mutation que lorſqu'il y a un nouveau titulaire de pourvu. Je penſe même qu'il faut qu'il ait pris poſſeſſion : car c'eſt la priſe de poſſeſſion qui le rend l'homme de fief; c'eſt donc elle qui opere la mutation, & ce n'eſt que de ce jour que le rachat eſt dû.

210. Les mutations d'homme vivant & mourant pour les fiefs des communautés donnent auſſi lieu au rachat. *Voyez ſur ce les art.* 41 *&* 42. *Voyez un autre cas, ſuprà, n. 178, in fine.*

Les curateurs à une ſucceſſion vacante ne ſont pas cenſés hommes vivans & mourans, s'ils n'ont été nommés pour tels : cela a été jugé contre le Chapitre de Sainte-Croix d'Orléans.

ARTICLE III.

De certains cas à l'égard deſquels on pourroit douter s'ils renferment, ou non, une mutation.

211. Les partages, licitations, & tous autres actes qui tiennent lieu de partage que des co-héritiers, ou autres co-propriétaires ſont enſemble pour ſortir de communauté, ne ſont point cenſés renfermer de mutation, & ne donnent pas lieu au rachat, ni à aucun profit. *Voyez ſur ce les art. 15 & 16, & les notes.*

212. L'acceptation & la renonciation de la femme ou de ses héritiers à la communauté, ni la renonciation d'un héritier à la succession, ne sont pas censées non plus faire aucune mutation, ni donner lieu au rachat. *Voyez* sur ces différens cas les *art.* 38 & 39.

213. L'apport que le mari fait de son héritage féodal à la communauté de biens d'entre lui & sa femme, n'est point censé avoir fait aucune mutation dans ce fief, ni donné lieu au rachat, à moins que par le partage de la communauté il ne tombe au lot de la femme ou de ses héritiers : car la femme n'a jamais eu de droit qu'à sa part des biens de la communauté qui se trouvent lors de la dissolution, laquelle part est, par le partage de la communauté, déterminée aux seules choses qui tombent dans son lot. Si ce fief ameubli tombe au lot de la femme, la femme est censée l'avoir acquis par l'ameublissement qui en a été fait par le contrat de mariage : mais comme la mutation qu'opere en ce cas l'ameublissement, n'est consommée & effectuée que par le partage, le rachat auquel elle donne lieu, n'est ouvert qu'au temps du partage, & est dû à celui qui est Seigneur en ce temps.

214. A l'égard des héritages féodaux apportés en communauté par la femme, quoique le mari devienne pendant le mariage seul maître des biens de la communauté, & par conséquent de ces fiefs ameublis par la femme, néanmoins, comme elle a un droit informe aux biens de la communauté, & qu'elle conserve l'espérance de conserver son fief ameubli, soit par le partage de la communauté par lequel il peut tomber en son lot, soit en cas de renonciation à la communauté, lorsqu'il y a clause par le contrat de mariage qu'elle reprendra ce qu'elle a apporté; tant que cette espérance subsiste, la femme n'est point censée encore expropriée de son fief ameubli; & l'on ne peut encore dire qu'il y ait mutation, ni qu'il y ait plus lieu au rachat que pour les autres fiefs propres non ameublis, pour lesquels il n'en est pas dû si le mariage est le premier mariage de la femme.

Mais lorsqu'après la dissolution de la communauté, il tombe dans le lot du mari ou de ses héritiers, en ce cas l'ameublissement est censé avoir opéré une mutation qui donne lieu au rachat; & comme la mutation que l'ameublissement opere en ce cas, ne se consomme que par le partage, le rachat auquel elle donne lieu n'est ouvert qu'au temps du partage, & est dû à celui qui se trouve Seigneur en ce temps.

Lorsque le mari a vendu durant le mariage le propre ameubli de sa femme, le mari vendant comme chef de la communauté, la femme est censée vendre avec lui & par son ministere; & comme tant que la communauté dure, elle n'est pas encore censée expropriée des héritages qu'elle y a ameublis, la propriété est censée passer directement de la femme à l'acheteur, & l'ameublissement n'est pas censé avoir donné lieu à aucune mutation qui puisse opérer un rachat.

215. Lorsque le mariage de la femme est un second mariage, il est dû, quelque cas qui arrive, un rachat pour le fief ameubli de la femme; car si ce n'est par l'ameublissement, c'est par le mariage qui donne ouverture au rachat pour les fiefs propres de la femme, quoique non ameublis : c'est pourquoi le rachat pourra être exigé dès le temps du mariage.

216. Lorsque deux conjoints se sont faits par contrats de mariage donation mutuelle en propriété des biens de leur communauté au survivant, il est évident que lorsque la femme survit, le don que lui a fait son mari de sa part opere pour cette part une mutation dans les conquêts féodaux pour la part du mari, qui donne lieu au rachat. Il y a plus de difficulté lorsque c'est le mari qui survit : le mari étant réputé, pendant le mariage, le maître & seigneur pour le total des biens de la communauté, (*art.* 193) il pourroit sembler que le don mutuel que lui a fait sa femme, lui conserve plutôt la part qu'auroient pu prétendre les héritiers de sa femme sans le don mutuel, qu'elle ne la lui fait acquérir ; & qu'en conséquence il ne se fait aucune mutation qui puisse donner lieu au rachat. Néanmoins tous conviennent que si les héritiers de la femme, nonobstant le don mutuel, acceptent la communauté, il y a mutation de fief dans les conquêts féodaux pour la part de la femme qu'elle a donnée à son mari, & qu'il y a lieu au rachat. La raison est que par la dissolution de la communauté qui est arrivée par la mort de la femme, le droit informe qu'elle avoit dès le temps du mariage à la moitié des biens de la communauté qui se trouveroient lors de la dissolution, s'est développé & réalisé, de maniere que la femme est morte avec un droit de propriété pour moitié dans ces biens, qui, par le don qu'elle en a fait à son mari, a réellement passé de sa personne en celle de son mari.

Si au contraire les héritiers de la femme renoncent à la communauté, le total des biens demeurant en ce cas au mari par cette renonciation, le don mutuel que la femme a fait à son mari devient superflu, & ne donne lieu à aucune mutation qui puisse opérer un rachat. Notre décision néanmoins n'est pas unanimement suivie. M. Guyot prétend que même en ce cas il est dû rachat, à moins que le mari ne justifiât que sa communauté n'étoit pas avantageuse; parce que si elle l'étoit, les héritiers de la femme n'ayant en ce cas renoncé qu'à cause du don mutuel, c'est plutôt en vertu du don mutuel qu'en vertu de la renonciation des héritiers, que le mari devient propriétaire des biens de la femme. Je ne puis être de cet avis : 1°. parce que le Seigneur ne doit pas être recevable à entrer dans le secret des affaires du mari, pour examiner si sa communauté étoit avantageuse. 2°. C'est qu'en la supposant telle, il s'ensuivroit seulement que le don mutuel auroit été la cause occasionnelle de ce que le total des biens de la communauté seroit demeuré au mari; mais il n'en est pas moins vrai que la femme qui ne peut avoir de part dans les biens de la communauté que par l'acceptation qu'elle ou ses héritiers en font, ne peut, au moyen de la renonciation, être censée avoir eu réellement une part dans ces biens, que le don mutuel ait fait passer de sa personne en celle du mari : le don mutuel n'a donc en ce cas qu'un effet indirect, & n'a opéré aucune mutation qui ait pu donner lieu au rachat. Par ces raisons, je crois devoir aussi rejetter l'avis de Livoniere, qui distingue si la renonciation a été faite auparavant ou depuis la demande du mari en délivrance de son don mutuel; car quoiqu'elle n'ait été faite que depuis, les mêmes raisons militent.

Le rachat qui est dû par le donataire mutuel en propriété des conquêts, n'est dû que du jour de la mort du donateur prédécédé. Je sçais qu'il y en a qui pensent qu'il est dû du jour de la donation, quoiqu'il ne puisse être exigé qu'au temps du décès ; mais cela ne peut être : car selon le principe avoué par eux, ce n'est pas le titre, mais la mutation qui donne lieu au rachat. Or, quelque effet rétroactif qu'on donne à la condition du prédécès du donateur, sous laquelle il fait la donation de sa part dans les conquêts qui se trouveroient lors, il n'est pas possible de supposer qu'il en ait transféré la propriété au donataire dès le temps de la donation, puisqu'il n'a pu transférer la propriété de sa part dans les conquêts avant qu'ils aient été acquis.

ARTICLE V.

En quoi consiste le profit de Rachat.

217. Le profit de rachat consiste ordinairement en trois choses, dont le vassal doit donner par ses offres le choix au Seigneur ; sçavoir, le revenu de l'année du fief en nature, ou l'estimation par dire de deux prud'hommes, ou une somme que le vassal doit offrir, *art. 52. Voyez* sur ce choix & sur le temps dans lequel il doit être fait, sur la somme que le vassal doit offrir & sur le dire de prud'hommes, les *art. 52, 53, 55, 59, & les notes.*

218. Sur le temps auquel commence l'année dont le Seigneur doit avoir le revenu, lorsqu'il a choisi le revenu en nature, ou lorsqu'il n'a fait aucun choix, *voyez l'art. 56 & les notes.* Sur ce à quoi le vassal est tenu en ce cas, *voyez l'art. 54.*

219. Le Seigneur a droit de jouir pour son rachat de tout ce qui composoit le fief lors de la mutation qui a donné ouverture, & non des parties que le vassal a depuis réunies. Il a droit d'en jouir en l'état où il se trouve lors des offres, soit qu'il soit mélioré ou détérioré.

Sur les fruits qui entrent dans le revenu de l'année que le Seigneur a choisi pour son droit de rachat, tenez pour regle que le Seigneur doit avoir la récolte de cette année de toutes les especes de fruits, tant naturels qu'industriels, que l'héritage tenu en fief produit. *Voyez l'art. 56, & les notes.*

Si néanmoins cette récolte étoit la production d'une succession de plusieurs années, telle qu'est une coupe de bois ou une pêche d'étang, il ne prendroit dans cette récolte que la valeur d'une année : *art. 57 & 58.*

Tous les fruits civils des droits tenus en fief, qui naissent durant l'année du rachat, entrent aussi dans le rachat. Si pendant l'année du rachat il étoit né un gros profit ou un gros droit de confiscation, quand même il surpasseroit ce que la Seigneurie a coutume de produire dans le cours de vingt ou trente années, il appartiendroit en entier au Seigneur pour son rachat : car on ne peut pas dire que ces fruits civils soient les fruits de plusieurs années, n'étant pas produits par une succession de temps, mais par le seul instant qui leur donne la naissance : *eodem instanti & seminantur & nascuntur.* Molin. §. 50, *gl. 1, n. 4.*

Quoique le droit de présentation aux bénéfices soit *in fructu*, & appartienne en conséquence à l'usufruitier, néanmoins, comme il est purement honorifique, je ne penserois pas qu'il entrât dans le revenu de l'année : c'est l'avis de Guyot.

220. Sur la maniere dont le Seigneur doit jouir, *voyez les art. 72, 73, & les notes.*

Sur les charges du rachat, *voyez l'art. 53, & les notes.*

Lorſque le vaſſal eſt mineur, & que tout ſon bien conſiſte dans le fief dont le Seigneur jouit pendant une année pour ſon droit de rachat, la Coutume d'Anjou, *art. 108*, charge en ce cas le Seigneur de laiſſer au mineur, pour ſes alimens, le tiers du revenu. Cette Coutume paroît devoir, à cauſe de ſon équité, être ſuivie dans celles qui, comme la nôtre, ne s'en ſont pas expliquées. Celle de Sens, qui refuſe en ce cas des alimens au mineur, eſt appellée par Dumoulin *iniquiſſima conſuetudo.*

APPENDICE

AUX DEUX CHAPITRES PRÉCÉDENS.

§. I.

Des voies qu'ont les Seigneurs pour ſe faire payer des profits qui leur ſont dûs.

221. Le Seigneur a le choix de deux voies pour exiger les profits qui lui ſont dûs, tant que ſon vaſſal ne lui a pas porté la foi; ſçavoir celle de la ſaiſie féodale, & celle de la ſimple action ou demande en juſtice.

Lorſque le vaſſal a porté la foi, il ne reſte plus au Seigneur qui a fait réſerve des profits, que la voie de l'action.

222. Cette action eſt une action perſonnelle-réelle. Elle eſt perſonnelle, car elle naît de l'obligation que le vaſſal, en acquérant, contracte de payer les profits. C'eſt la loi municipale qui forme cette obligation; c'eſt pourquoi cette action eſt de celles qu'on appelle *condictio ex lege.*

Le vaſſal étant obligé perſonnellement au paiement du profit dû pour ſon acquiſition, il ne feroit pas recevable à offrir d'abandonner le fief pour le profit. C'eſt ce qui a été jugé par Arrêt contre un particulier qui avoit acheté le fief de la Jonchere, près d'Orléans, dans le temps des billets de banque.

Le fief eſt affecté à cette obligation; c'eſt ce qui rend cette action *perſonnelle-réelle.* C'eſt pourquoi le Seigneur peut intenter cette action contre le poſſeſſeur du fief, non-ſeulement pour le profit qu'il doit perſonnellement & de ſon chef, mais pour ceux dûs par ſes auteurs, quoiqu'il n'en ſoit pas héritier : mais il pourroit délaiſſer le fief pour ceux-ci.

223. Notre Coutume donne encore au Seigneur, pour le paiement des profits qui lui ſont dûs, la voie de la ſaiſie-arrêt des revenus du fief. *Voyez l'art. 423.*

§. II.

Des remises que les Seigneurs ont coutume de faire d'une partie du profit.

224. Du principe établi ci-dessus, que suivant la nature des fiefs, le Seigneur doit amitié & protection à ses vassaux, est né l'usage dans lequel sont les Seigneurs de ne pas exiger à la rigueur les profits qui leur sont dûs, & d'en faire remise d'une portion, comme d'un tiers, d'un quart, ou d'une autre portion moindre ou plus grande.

Cette remise est une donation, le Seigneur n'étant point obligé en rigueur à la faire; c'est *liberalitas nullo jure cogente facta.*

225. Mais l'usage ayant fait de cette remise, sinon une obligation de rigueur, au moins un devoir de bienséance, il suit de là,

1°. Que quoiqu'un mineur soit restituable contre les donations qu'il fait, néanmoins un Seigneur mineur n'est pas restituable contre ces remises, n'ayant fait en cela que ce qu'un majeur sage auroit pu faire. *Facit L. 1, cod. si adv. donat. Livoniere, p.* 250.

2°. Que quoique le pouvoir du tuteur n'aille pas jusqu'à pouvoir donner ni faire des remises de ce qui est dû au mineur, néanmoins comme ce principe souffre exception à l'égard des donations & remises qui sont de bienséance, *arg. L. 12, §. 3, ff. de adm. Tut.* il peut valablement faire pour son mineur ces especes de remises, pourvu qu'elles ne soient pas excessives, *ibid.* Dupineau permet aux tuteurs de remettre jusqu'au tiers du profit. Livoniere pense que la remise ne doit pas excéder le quart, cette remise étant la plus ordinaire. On pourroit néanmoins en permettre une plus forte, lorsqu'elle se fait par convention avant le marché, qui ne se feroit pas sans cela.

C'est aussi sur ce fondement que les Receveurs des domaines sont autorisés à faire la remise du quart, qui leur est passée à la Chambre des Comptes, pourvu que les acquéreurs déclarent leur acquisition, & paient dans les trois mois. *Lettres-patentes de 1556, citées par Livoniere, ibid.*

226. De là il suit, 3°. que les remises de cette espece, lorsqu'elles sont faites par un pere à un de ses enfans, ne sont point considérées comme une donation sujette à rapport; cette remise lui étant faite comme elle auroit été faite à un étranger.

227. Les compositions de profit se font de deux différentes manieres entre le Seigneur & celui qui se propose d'acquérir le fief.

Quelquefois la composition porte que le Seigneur, pour une certaine somme que je lui ai payée ou promise, m'a fait cession ou don du profit qui lui seroit dû par la premiere vente ou adjudication qui seroit faite du fief. En ce cas, si la terre est vendue à un autre qu'à moi, je puis, comme subrogé aux droits du Seigneur, exiger le profit entier de cet acquéreur, & il ne peut, pour s'en défendre, m'opposer les loix *ab Anastasio* & *per diversas;* le profit que je me suis fait céder ne pouvant passer pour un droit litigieux,

Quelquefois la composition porte seulement que le Seigneur s'engage à me faire une certaine remise, si j'achete un tel fief : en ce cas, si le fief est vendu à un autre qu'à moi, cette convention qui étoit conditionnelle, est annullée par la défaillance de la condition, & le Seigneur peut exiger le profit entier de l'acquéreur.

§. III.

Des Fins de non-recevoir contre les profits.

228. La premiere fin de non-recevoir contre les profits, se tire du défaut de réserve dans l'acte de réception de foi : ce défaut de réserve les fait présumer dans notre Coutume, ou payés, ou remis. *Voyez l'art. 66.*

La seconde résulte de la prescription de trente ans. *Voyez l'art. 263.*

La troisieme résulte du décret auquel le Seigneur à qui ils étoient dûs ne s'est pas opposé : *art. 480.*

CHAPITRE VII.

Du Droit de Retrait féodal.

ARTICLE PREMIER.

De la nature du Retrait féodal.

229. LE retrait féodal, selon les principes de Dumoulin, est le droit qu'a le Seigneur, lorsque le fief mouvant de lui est vendu, de le prendre pour lui, pour pouvoir le réunir au fief dominant, à la charge de rendre à l'acheteur le prix qu'il lui a coûté, & les loyaux coûts.

Il n'est pas, à la vérité, de l'essence du retrait, que le Seigneur réunisse actuellement par le retrait le fief qu'il retire : *formalis unio non est de essentiâ retractûs feudalis.* Molin. *art. 55, gl. 10, n. 44.* Il peut, depuis qu'il l'a retiré, le posséder encore comme un fief mouvant de son fief dominant, *d. n. 44, &* §. 20, *gl. 1, n. 69.* Mais suivant la doctrine de Dumoulin, il est de l'essence de ce retrait que le Seigneur l'exerce dans la vue de garder pour lui le fief qu'il retire, & au moins de pouvoir le réunir à son fief dominant, quand il le jugera à propos, s'il ne l'y réunit pas actuellement : *fuit ad hoc introductum ut patronus præferatur extraneo emptori, & ut sibi & pro se habeat feudum à se avocatum & mensæ suæ unire possit*, §. 20, gl. 1, n. 27 ; d'où Dumoulin conclut que ce retrait n'est pas cessible, & qu'on peut même exiger du Seigneur son serment que c'est pour lui, & non pour un autre, qu'il exerce le retrait : *d. gl. n. 31.*

Il

Il en conclut aussi que le retrait n'est pas un fruit du fief dominant, & qu'en cela il differe des autres droits utiles, parce qu'il ne s'exerce pas simplement pour en retirer émolument, mais pour la fin de la réunion : *non est in fructu.... & ratio est quia non potest peti nisi nomine domini & ad finem consolidationis & reversionis ad mensam :* d. gl. §. 38.

230. Ce principe de Dumoulin n'a pas été suivi, & la Jurisprudence est aujourd'hui constante, que dans les Coutumes qui n'ont pas de disposition contraire, le retrait féodal peut être exercé pour une autre fin que la réunion, & seulement pour en retirer de l'émolument, puisqu'on juge constamment que ce retrait est cessible.

Ce droit doit donc aujourd'hui être défini simplement le droit qu'a le Seigneur, lorsque le fief mouvant de lui est vendu, de prendre le marché de l'acheteur, en le remboursant du prix & des loyaux coûts.

Ce retrait differe du lignager, en ce que celui-ci est une pure grace de la loi, au lieu que le droit de retrait féodal est un droit que le Seigneur est présumé s'être retenu par le titre d'inféodation, ou expressément, ou implicitement. *Dumoulin, art. 20, gl. 1, n. 2.* De cette différence il naît plusieurs autres qui seront observées au *Traité des Retraits.*

ARTICLE II.

A qui appartient le Droit de Retrait féodal; & par qui peut-il être exercé.

§. I.

A quel Seigneur il appartient.

231. Par le droit commun tout Seigneur de fief a le droit de retrait féodal : notre Coutume ne l'accorde qu'aux Seigneurs châtelains, ou d'une plus grande dignité ; les autres Seigneurs doivent justifier ce droit par titre ou possession.

L'érection d'une terre en châtellenie, ou autre plus grande dignité, faite depuis la réformation de la Coutume, ne rend pas sujets au retrait féodal les fiefs qui en relevent, qui n'y étoient pas sujets auparavant, le Roi n'accordant pas ses graces au préjudice du droit d'autrui.

232. Notre Coutume n'exclut pas du droit de retrait les Seigneurs Ecclésiastiques. L'Edit de 1749, qui porte, *art. 25*, que *les gens de main-morte ne pourront exercer à l'avenir aucune action en retrait féodal*, les en a-t-il exclus? On peut dire en leur faveur que l'Edit les exclut seulement de *pouvoir l'exercer* pour leur compte ; ce qui est une suite de la disposition principale, qui leur défend d'acquérir des héritages, mais qui ne les exclut pas de pouvoir le céder à des particuliers ; la vue de l'Edit n'ayant pas été de les dépouiller de leurs droits, mais seulement d'empêcher qu'ils n'acquissent de nouveaux héritages : c'est pourquoi l'Edit ne dit pas qu'ils *n'auront plus le droit de retrait féodal*, mais seulement qu'ils ne *pourront plus l'exercer.*

Nonobſtant ces raiſons, on peut ſoutenir que cet Edit, pour une cauſe d'utilité publique, a privé abſolument les gens de main-morte de leurs droits de retrait féodal. La raiſon eſt que le Légiſlateur ayant eu l'intention de leur réſerver leurs autres droits ſeigneuriaux par ces termes, *ſauf à eux à ſe faire ſervir de leurs droits ſeigneuriaux*, n'auroit pas manqué de leur réſerver le pouvoir de céder à d'autres le droit de retrait féodal, s'il eût eu intention de le leur conſerver : l'Edit ne dit pas que les gens de main-morte ne pourront exercer *pour leur compte* aucune action de retrait féodal ; mais il dit abſolument & indiſtinctement qu'ils n'en pourront exercer aucune : or c'eſt exercer le retrait féodal que de l'exercer par un ceſſionnaire qui ne l'exerce qu'en notre nom, & comme ayant nos droits cédés.

233. Quelques anciens Auteurs prétendoient que le Roi ne pouvoit exercer le retrait féodal. Loiſel en a fait une regle ; mais ce ſentiment, qui n'étoit appuyé d'aucune bonne raiſon, a été rejeté. *Voyez Livoniere, pag. 463.*

§. II.

Par qui le Retrait féodal peut être exercé ; & ſur qui.

234. Quoique le retrait féodal, conſiſtant dans l'utilité qu'il y a à profiter d'un marché avantageux, ſoit un droit utile & un fruit du fief dominant ; néanmoins comme l'exercice de ce retrait féodal renferme le refus de l'inveſtiture du fief, fait à l'acquéreur ſur qui le retrait eſt exercé, & que le droit de refuſer comme d'accorder l'inveſtiture, eſt un droit qui ne peut appartenir qu'au Seigneur, il ſuit de là qu'il n'y a que le Seigneur qui puiſſe exercer le retrait féodal, & ceux à qui le Seigneur auroit cédé ſon droit, & en faveur deſquels il auroit jugé à propos de refuſer l'inveſtiture à l'acquéreur.

De là il ſuit, que le Seigneur qui a aliéné ſon fief ne peut dès-lors ni par lui, ni par un ceſſionnaire étranger, exercer le retrait féodal, quoique né & ouvert pendant qu'il étoit encore Seigneur : car pour exercer un droit dominical, qui ſuppoſe dans celui qui l'exerce la qualité de Seigneur, il faut néceſſairement avoir cette qualité dans le temps qu'on l'exerce. Chopin & Livoniere ſont d'avis contraire : leur moyen conſiſte à dire qu'un étranger qui a les droits cédés du Seigneur, étant admis à exercer le retrait, le Seigneur à qui le droit a été acquis, doit à plus forte raiſon être admis à l'exercer ; quoique par l'aliénation qu'il a faite depuis ſon fief il ſoit devenu étranger ; ce droit qui lui a été acquis étant quelque choſe de plus fort que celui d'un ceſſionnaire. Je réponds que l'étranger ceſſionnaire du Seigneur qui exerce le retrait, ne l'exerçant pas de ſon chef, mais l'exerçant *tanquàm procurator in rem ſuam* de ſon cédant, il ſuffit que la qualité de Seigneur ſe trouve, lors de l'exercice du retrait, en la perſonne de ſon cédant du chef de qui il exerce le retrait ; mais le Seigneur qui a ceſſé de l'être, n'ayant plus ni de ſon chef, ni du chef d'aucun autre, la qualité de Seigneur néceſſaire pour exercer le retrait, il ne peut plus l'exercer.

Obſervez que l'acquéreur du fief dominant ne pourra pas non plus exercer le retrait né avant son acquisition, à moins qu'il ne lui ait été cédé par son auteur à qui il a été acquis.

235. Il suit aussi de notre principe, que ni l'engagiste, ni l'usufruitier du fief dominant, ni le fermier des droits seigneuriaux, ni les autres personnes à qui appartient le droit de percevoir les fruits du fief dominant, ne peuvent exercer en leur nom le retrait féodal.

Car le retrait féodal est bien un fruit du fief dominant, à l'égard de ceux qui ayant l'exercice des droits domaniaux peuvent l'exercer; mais il n'est pas fruit à l'égard de ceux qui n'ayant pas cet exercice des droits dominicaux, nécessaire pour l'exercer, ne peuvent le percevoir; ou s'il est fruit, il doit être excepté de ceux qu'ils ont droit de percevoir: c'est ce qu'établit fort bien M. Guyot.

La plupart des Auteurs, après Dumoulin, §. 20, *gl.* 1, *q.* 2, permettent néanmoins à l'usufruitier d'exercer le retrait féodal, non en son nom, mais au nom du Seigneur, & comme son procureur légal, pour tout ce qui peut tendre à l'amélioration du fief dominant.

D'où il suit, 1°. qu'il peut bien l'exercer à l'insçu du Seigneur, mais non contre son gré, s'il plaît au Seigneur de recevoir en foi l'acquéreur, ou si le Seigneur veut l'exercer lui-même. Il suit 2°. qu'il ne peut le céder.

Il suit, 3°. qu'après l'usufruit fini, le fief retiré doit être restitué avec le dominant au Seigneur, à la charge de restituer à la succession de l'usufruitier tout ce qu'il en a coûté pour le retrait, même le profit de vente que l'usufruitier a manqué de percevoir pour exercer ce retrait; car cela fait partie de ce qu'il lui a coûté. *Mol. ibid. n.* 46.

M. Guyot ne reconnoît point dans l'usufruitier cette qualité de procureur légal du propriétaire pour exercer le retrait, & il lui en refuse absolument l'exercice, s'il n'a le droit cédé du propriétaire. Son sentiment ne paroît pas autorisé suffisamment: ce qui a été dit de l'usufruitier s'applique à l'engagiste; mais un simple fermier ne peut exercer le retrait sans une cession des droits du Seigneur.

236. Il n'est pas douteux que non-seulement le vrai propriétaire du fief dominant peut exercer le retrait féodal, mais que tous ceux *qui domini loco habentur*, & qui en cette qualité ont droit de recevoir à la foi les vassaux, le peuvent aussi. Ainsi celui qui possede *animo domini* le fief dominant, peut exercer le retrait féodal des fiefs qui en relevent; le mari, de ceux qui relevent de sa femme, & qui ont été vendus durant le mariage. Le suzerain qui tient en sa main, par la saisie féodale, le fief de son vassal, peut pareillement, pendant qu'il le tient en sa main, exercer le retrait de ses arriere-fiefs mouvans de celui qu'il tient en sa main, pourvu que le retrait soit né durant la saisie féodale, &c. *Molin.* §. 20, *gl.* 4, *n.* 2, §. & *q.* 55, *gl.* 10, *n.* 43.

Il n'en est pas de même du suzerain qui jouit du fief de son vassal pour son droit de rachat: il ne peut pas exercer le retrait féodal de l'arriere-fief, quoique né durant l'année du rachat; car il n'a pas en ce cas l'exercice des droits dominicaux attachés au fief de son vassal.

S ij

237. Celui qui n'est propriétaire que pour partie du fief dominant, n'a droit d'exercer le retrait que pour cette partie.

Mais l'acquéreur peut, si bon lui semble, forcer ce retrayant à retirer le total, ou à se désister de son action, ne devant pas souffrir de ce que le fief dominant est commun entre plusieurs propriétaires. *Mol.* §. 20, *gl. 1*, *n. 51*.

238. Le retrait féodal ne peut être exercé que sur les acquéreurs étrangers, & non sur ceux qui seroient descendus de la ligne d'où est provenu le fief au vendeur : car bien loin que le Seigneur puisse exercer le retrait sur eux, ils peuvent exercer le retrait sur le Seigneur; *art. 365*.

Par la même raison, le Seigneur ne peut exercer le retrait sur un acquéreur étranger qui est en communauté de biens avec une femme lignagere, ou qui a des enfans lignagers, tant qu'il y a espérance que l'héritage pourra échoir à la femme lignagere par le partage de la communauté, ou aux enfans lignagers par la succession de l'acquéreur; *art. 381 & 403*.

Observez que les lignagers du vendeur ne doivent être préférés au Seigneur que pour les héritages qui sont de leur ligne : c'est pourquoi si avec un héritage de leur ligne, ils en ont acquis ou retiré d'autres qui ont été vendus conjointement & pour un même prix, le Seigneur pourra retirer sur eux les fiefs qui ne sont pas de leur ligne.

239. Le retrait ne peut s'exercer sur le Roi. *Grimaudet*.

240. Il peut être exercé sur les gens d'Eglise, quoiqu'ils aient obtenu du Roi Lettres-patentes portant permission d'acquérir, & payé le droit d'amortissement; car le Roi n'entend pas préjudicier au droit des tiers; mais le Seigneur retrayant doit leur rembourser le coût des lettres, & le droit d'amortissement qu'ils ont payé, sauf à lui à exercer leur action en répétition contre le fermier : car tout retrayant doit rendre *indemne* l'acquéreur.

§. III.

Si le Seigneur qui n'a qu'un droit révocable dans le Fief dominant, peut exercer d'une maniere irrévocable, & pour toujours, le Retrait féodal des Fiefs qui en relevent.

241. Dumoulin, *ibid. n. 64*, décide pour l'affirmative dans l'espece d'un Seigneur grevé de substitution : il décide qu'il peut, après l'ouverture de la substitution, retenir le fief qu'il a retiré. La raison est évidente. Quoiqu'il ne soit pas propriétaire incommutable de l'héritage, néanmoins il perçoit les fruits incommutablement : or le retrait est une espece de fruit à l'égard de celui qui a qualité pour l'exercer. Il faut décider la même chose dans tous les cas semblables, même dans le cas auquel le droit de celui qui a exercé le retrait féodal auroit été absolument rescindé *prout ex tunc*. Néanmoins si le jugement qui l'a condamné à délaisser l'héritage ne l'a point condamné aussi à la restitution des fruits par lui perçus, Dumoulin, *ibid. n. 66*, décide qu'il pourra conserver les fiefs qu'il auroit retirés par retrait féodal.

242. Suivant les mêmes principes, si pendant que je tenois en ma main

par saisie féodale le fief de mon vassal, j'ai exercé le retrait féodal d'un arriere-fief qui en relevoit, né pendant la saisie, je ne serai pas obligé de restituer ce fief à mon vassal lorsqu'il aura eu main-levée de la saisie. *Mol. art. 55, gl. 10, n. 44.* Car quoique je n'aie pu exercer ce retrait qu'en la qualité de *tenant en ma main le fief* de mon vassal, dont l'héritage retiré relevoit, *Molin. art. 20, gl. 4, n. 2*, néanmoins je l'ai retiré pour mon compte, & non pour celui de mon vassal, le Seigneur, pendant le cours de la saisie, exerçant pour son propre compte tous les droits du fief saisi.

243. Il en est autrement du mari qui exerce pendant le mariage, en sa qualité de mari, le retrait féodal d'un fief relevant d'un propre de sa femme. Dumoulin, *art. 20, gl. 1, n. 47 & 48*, décide qu'il exerce le retrait *ad causam uxoris suæ*, & que le fief retiré doit demeurer à la femme après la dissolution du mariage, à la charge de la récompense envers la communauté. *Voyez la raison de différence*, suprà, *n. 95 & 96.* Ce que Dumoulin décide à l'égard du mari, s'étend au titulaire de bénéfice, qui n'est Seigneur que comme époux de son Eglise.

244. Lorsqu'un possesseur de bonne foi du fief dominant, qui n'en étoit pas le propriétaire, a, durant le temps de sa possession, retiré féodalement un fief qui en releve, le véritable propriétaire du fief dominant peut, après l'éviction du fief dominant, retirer sur lui le fief par lui retiré : car ce possesseur n'étant, lorsqu'il a exercé le droit, qu'un Seigneur apparent, n'avoit qu'un droit apparent, & non un véritable droit de retrait; l'acquisition qu'il a faite par ce retrait n'est qu'une acquisition faite par un étranger, & par conséquent sujette au retrait du véritable Seigneur. *Mol.* ibid. *n. 65.*

ARTICLE III.

Quand il y a ouverture au Retrait féodal.

245. C'est un principe qu'il y a ouverture au retrait féodal dans les mêmes cas auxquels il y a ouverture au droit de quint : la Coutume donne au Seigneur le choix de l'un ou de l'autre droit.

C'est pourquoi tout ce qui a été dit au Chapitre précédent, *art. 1, 2 & 3*, sur le profit de quint, reçoit ici application pour le retrait féodal. Notre principe reçoit néanmoins quelques exceptions.

La premiere est lorsque le fief a été vendu à un lignager du vendeur : cette vente ne donne pas lieu au retrait féodal, *art. 365*, quoiqu'elle donne lieu au profit de quint.

La seconde exception concerne les contrats qui participent de la vente & d'un autre contrat. On ne suit pas, à l'égard de ces contrats, la même regle pour le retrait que pour le quint ; mais c'est par la nature du contrat qui prédomine, qu'on décide s'il y a lieu en tout au retrait, ou non. *Voyez* les exemples aux *art. 384 & 389.*

Suivant ce principe qui nous est indiqué par lesdits articles, on doit décider à l'égard des donations rémunératoires de services mercenaires, ou faites sous des charges appréciables, qu'il n'y a pas lieu en tout au retrait, lorsque le prix des services ou des charges n'excede pas la moitié de la valeur de l'héritage ; mais que s'il l'excede, il y a lieu pour le total au retrait de l'héritage, à la charge par le retrayant de rembourser non-seulement le prix des services ou des charges, mais encore le surplus de la juste valeur de l'héritage, afin que le donataire jouisse de la libéralité que le donateur lui a voulu faire.

246. L'aliénation d'un héritage féodal pour le prix d'une rente viagere, est-il un contrat équipollent à vente qui donne ouverture au retrait ? Il faut distinguer. Si la rente viagere que l'acquéreur s'oblige de payer par chacun an, est à peu près égale au revenu annuel de l'héritage, ce contrat équipolle plutôt à une donation qui se feroit avec rétention d'usufruit, qu'il n'équipolle à un contrat de vente. Par ce contrat le donateur entend donner à l'acquéreur seulement la nue propriété de l'héritage, & lui vendre l'usufruit qu'il eût pu se réserver, pour la rente viagere que l'acquéreur donataire s'oblige de lui payer : ce contrat étant donc plutôt donation que vente, ne peut donner ouverture au retrait. Mais lorsque la rente viagere que l'acquéreur s'oblige de payer, excede assez le revenu de l'héritage, & est assez considérable pour qu'elle paroisse renfermer le prix du fonds, le contrat est en ce cas un contrat équipollent à vente, qui doit donner ouverture au retrait.

Observez que ce contrat d'aliénation pour une rente viagere est de la classe des contrats aléatoires, & renferme essentiellement un risque que l'acheteur court de payer beaucoup plus que la valeur de l'héritage, dans le cas auquel le vendeur à qui la rente viagere doit être payée, vivroit long-temps ; lequel risque est compensé avec celui que court de son côté le vendeur, de ne recevoir que très-peu de chose du prix que vaut son héritage, dans le cas auquel il mourroit peu après le contrat.

Le prix de ce contrat consiste essentiellement dans ce risque, dont l'acheteur se charge par ce contrat : ce risque fait véritablement le prix de ce contrat. Lorsque le Seigneur exerce le retrait pendant que le risque dure, le Seigneur, en se chargeant de payer la rente pendant tout le temps qu'elle aura cours, & en donnant caution à l'acheteur de s'en acquitter, se charge par ce moyen du risque qui fait le prix du contrat à la place de l'acheteur, & lui rend par ce moyen le prix du contrat.

De là naît la question, si le Seigneur est à temps pour pouvoir exercer le retrait, lorsque le vendeur sur la tête de qui la rente viagere que l'acheteur s'étoit obligé de payer, étoit créée, est mort ? La raison de douter est que le retrait n'étant accordé au Seigneur qu'à condition de rendre à l'acheteur le prix du contrat, il semble ne pouvoir plus satisfaire à cette condition, puisqu'il ne peut plus se charger, à la place de l'acheteur, du risque qui faisoit le prix du contrat, ce risque n'existant plus. On doit néanmoins décider que le Seigneur peut exercer le retrait, & satisfaire à la condition de rendre à l'acheteur le prix du contrat, en lui rendant le prix du risque dont il s'étoit chargé par le contrat, qui consiste dans la somme à laquelle des arbitres estimeront que valoit au temps du contrat la rente viagere que l'acheteur s'étoit obligé par ce contrat de payer pendant le temps incertain de la vie du vendeur.

Mais il ne suffit pas que le retrayant offre de rembourser seulement tous les arrérages de la rente viagere que l'acheteur a payés jusqu'à la mort du vendeur ; car ces arrérages ne sont que les arrérages de quelques années, ou même seulement de quelques mois ou de quelques jours. Or ce n'est pas ce qui a été payé pour ces arrérages, qui faisoit tout le prix du contrat ; autrement le contrat seroit une donation qui ne donne pas ouverture au retrait, plutôt qu'il ne seroit un contrat de vente. Le prix de ce contrat aléatoire consiste dans le risque dont l'acheteur s'est chargé de payer cette rente pendant une longue suite d'années, si le vendeur eût vécu long-temps. Le retrayant ne peut donc être censé lui rendre le prix du contrat qu'en lui rendant l'estimation de ce risque. On cite un Arrêt par lequel on dit avoir été jugé qu'il suffisoit au retrayant de rendre ce qui a été payé d'arrérages jusqu'à la mort du vendeur : mais quand il seroit vrai qu'il fût intervenu, il ne devroit pas être suivi, par les raisons que nous venons de rapporter.

ARTICLE IV.

Dans quel temps, & par quelles voies le Retrait peut s'exercer.

247. Le retrait peut s'exercer aussi-tôt que la vente qui y donne ouverture est parfaite, même auparavant la tradition : c'est l'avis de Dumoulin, §. 20, *gl.* 3. La raison est que le retrait n'étant autre chose que le droit que la Loi donne au Seigneur de prendre le marché de l'acheteur, il suffit qu'il y ait un marché conclu & parfait pour que le Seigneur puisse le prendre. Il est vrai que le Seigneur ne peut retirer sur l'acheteur le fief, même avant que cet acheteur l'ait acquis par la tradition ; mais il peut retirer sur lui l'action *ex empto*, que cet acquéreur a acquise pour se le faire livrer.

Tant que l'acquéreur vassal ne se présente point au Seigneur pour lui faire ses offres de foi, le droit de retrait féodal ne peut se prescrire que par trente ans, comme les autres actions ; mais lorsque l'acquéreur a fait duement ses offres de foi, le Seigneur n'a plus que quarante jours après ces offres pour l'exercer. *Voyez l'art.* 49.

Si le Seigneur à qui la notification a été faite, venoit à décéder dans les quarante jours, son héritier n'auroit pour exercer le retrait que ce qui resteroit de ce temps, lequel restant de temps ne commenceroit néanmoins à courir contre cet héritier que depuis qu'il auroit sçu ou pu sçavoir la notification faite au défunt. *Mol.* §. 20, *gl.* 12, *n.* 7.

Ce délai de quarante jours court contre le Seigneur, quoique mineur : car l'acquéreur qui s'est mis en regle ne doit pas souffrir de la minorité de son Seigneur, & être trop long-temps incertain de la stabilité de son acquisition ; ce qui seroit contre l'intérêt public, & détourneroit les acquéreurs de méliorer leurs héritages.

248. Le retrait peut s'exercer ou par action, ou par exception. L'ac-

tion de retrait eſt une action perſonnelle réelle, que le Seigneur ou autre qui eſt à ſes droits, peut exercer contre l'acquéreur, pour qu'il ſoit condamné à délaiſſer le fief, aux offres de le rembourſer du prix de la vente & des loyaux coûts.

Cette action eſt perſonnelle, parce qu'elle naît de l'obligation que l'acheteur du fief contracte en l'achetant de le délaiſſer au Seigneur, s'il juge à propos d'en exercer le retrait; & cette obligation eſt formée en ſa perſonne par la loi municipale : l'action qui en naît eſt de celles qu'on appelle *condictio ex lege.*

Cette action eſt auſſi réelle, ou *in rem ſcripta;* parce que la Loi affecte le fief à cette obligation de l'acquéreur. C'eſt pourquoi cette action peut être exercée, non-ſeulement contre l'acquéreur obligé au retrait, mais contre les tiers détenteurs.

249. De là il ſuit que ſi le fief a été vendu & revendu ſucceſſivement pluſieurs fois, ſans qu'il y ait eu d'offres qui aient arrêté le retrait, le Seigneur qui a autant d'actions en retrait qu'il y a de contrats de vente qui y ont ſucceſſivement donné lieu, peut intenter celle qu'il lui plaira contre le dernier poſſeſſeur du fief, qui comme poſſeſſeur, eſt tenu de toutes. *Mol.* §. 20, *gl.* 5, §. 44.

Obſervez que s'il retire ſur la derniere vente, les profits de quint ne laiſſent pas de lui être dûs pour les précédentes, & il ſera tenu des charges impoſées ſur le fief par les précédens vendeurs : mais s'il retire ſur la premiere, il eſt exclus des profits de quint pour toutes, les ayant rendues inefficaces par le retrait; & il n'eſt pas tenu des charges impoſées par les vendeurs poſtérieurs. *Mol. d. gl.* §. 44 & 45.

250. Le retrait s'exerce auſſi par forme d'exception, ſoit dans le cas auquel le Seigneur auroit ſaiſi féodalement, auquel cas le Seigneur peut retenir le fief, en rembourſant l'acquéreur lorſqu'il ſe préſentera à la foi; ſoit dans le cas auquel, ſans qu'il y ait eu de ſaiſie féodale, l'acquéreur aſſigneroit le Seigneur pour voir déclarer valable ſon port de foi, ou ſes offres de foi; auquel cas le Seigneur peut conclure au congé de la demande, en offrant de le rembourſer : mais dans tous ces cas, il faut que le temps du retrait ne ſoit pas expiré.

ARTICLE V.

Que doit retirer le Seigneur qui exerce le Retrait; de ſes obligations, & de celles de l'Acquéreur.

251. Le Seigneur qui exerce le retrait féodal n'a droit de retirer que le fief qui releve de lui, & non les autres choſes, quoique vendues conjointement & pour un même prix avec ce fief. L'acquéreur ne peut pas auſſi l'obliger à retirer autre choſe; & en cela ce retrait eſt différent du lignager, *art.* 395. La raiſon de différence, eſt que le retrait lignager n'eſt qu'une grace de la Coutume, qui ne doit pas empêcher le vendeur de diſpoſer comme bon lui ſemble de ſes biens : au contraire, le retrait féodal étant un droit

auquel

auquel le vassal ne peut préjudicier, il ne doit pas être permis au vassal de rendre le retrait plus onéreux, en vendant d'autres choses avec le fief sujet au retrait.

Lorsque plusieurs fiefs relevans du même Seigneur ont été vendus conjointement & pour un même prix, le Seigneur peut aussi retirer l'un d'eux sans les autres. *Mol.* §. 20, *gl.* 1, *n.* 54.

252. Le principe général sur les obligations du retrayant, est qu'il doit rendre l'acquéreur *indemne* autant qu'il est possible.

Il doit par conséquent le rembourser, tant du prix de son acquisition, que de tous les loyaux coûts & mises.

§. I.

De ce que le Retrayant doit rembourser.

253. Le retrayant doit rembourser à l'acquéreur le prix porté au contrat que cet acquéreur a payé. A l'égard de celui qui est encore dû au vendeur, il suffit au retrayant d'en rapporter à l'acquéreur quittance ou décharge.

Si le retrayant met en fait qu'en fraude du retrait on a exprimé par le contrat un prix plus fort que celui convenu, il peut être admis à la preuve testimoniale de ce fait, s'il y a des circonstances qui portent le Juge à l'admettre. L'Ordonnance de 1667, qui défend de l'admettre outre & contre le contenu aux actes, ne concerne que les parties contractantes, qui doivent s'imputer de ne s'en être pas procuré une preuve par écrit, & non pas les tiers, au pouvoir desquels il n'est pas de se procurer une preuve par écrit de la fraude qui leur est faite.

254. Les augmentations naturelles, telles qu'une alluvion survenue à l'héritage depuis le contrat, n'augmentent pas le prix que le retrayant doit rembourser, de même que les dégradations survenues par cas fortuits, sans le fait ni la faute de l'acquéreur, ne le diminuent pas : le retrayant, en prenant le marché de l'acquéreur, le prend avec ses risques, comme avec les bonnes fortunes qui ont pu survenir.

255. Si par convention des parties & sans fraude, depuis le contrat & avant la tradition réelle de l'héritage, le prix avoit été augmenté ou diminué, les parties, par cette convention, seroient censées avoir anéanti le premier contrat, & avoir en la place fait un nouveau contrat de vente pour ce nouveau prix. *L.* 72, *ff. de cont. empt. suprà*, *n.* 129; & en conséquence ce seroit ce nouveau prix que le retrayant devroit rembourser. *Mol.* §. 20, *gl.* 8, 1.

Si c'est depuis la tradition réelle que l'acheteur a payé un supplément de prix, il faut distinguer s'il l'a payé *ex necessitate*, pour empêcher des lettres de rescision, dans lesquelles le vendeur eût été fondé, soit pour cause de lésion d'outre moitié du juste prix, soit pour cause de minorité; ce supplément doit lui être remboursé. Il en est autrement s'il a payé ce supplément sans nécessité; car il ne doit pas être en son pouvoir de préjudicier au droit de retrait, lorsqu'il a été une fois acquis incommutablement au Seigneur, & d'en rendre la condition plus onéreuse.

Vice versâ. Lorsque depuis le contrat exécuté, le vendeur a fait remise d'une partie du prix ; s'il paroît qu'il l'ait faite, parce qu'il a reconnu que le prix étoit excessif, & pour rendre justice à l'acquéreur, le retrayant qui est en ses droits en doit profiter : mais si la remise a été faite par libéralité envers la personne de l'acheteur, le retrayant doit lui rembourser cette partie du prix dont on lui a fait remise, à moins qu'il ne parût que ce prix dont il a été fait remise, ne fût un prix simulé ; ce qu'on présumera facilement, s'il ne paroît aucune raison qui ait porté le vendeur à faire cette remise à l'acquéreur, & que le prix qui reste, outre celui dont on a fait remise, soit à peu près la valeur de l'héritage. *Mol. d. gl. n.* 3 & 4.

256. Lorsque l'héritage a été vendu avec les fruits qui y étoient pendans pour un seul prix, on doit faire déduction au retrayant sur le prix porté au contrat de celui auquel on évaluera celui desdits fruits que l'acquéreur a perçus, si mieux n'aime l'acquéreur compter de ces fruits.

257. Lorsque le contrat porte un terme pour le paiement du prix, Dumoulin, *d. gl. n.* 5, pense que le Seigneur prenant pour lui par le retrait le marché de l'acquéreur, doit jouir de tous les avantages y portés, & par conséquent du terme ; & qu'en conséquence il doit suffire en ce cas que le Seigneur donne caution à l'acquéreur, de payer le prix dans le terme porté au contrat.

Par la même raison, si par le contrat l'acquéreur avoit constitué rente pour le prix, selon le sentiment de Dumoulin, il devroit suffire au Seigneur de donner caution à l'acquéreur qu'il la continueroit à sa décharge, & néanmoins qu'il la rembourseroit dans un certain temps qui seroit fixé par le Juge ; car il ne seroit pas juste que l'acquéreur demeurât perpétuellement obligé.

Ce sentiment de Dumoulin n'a pas été suivi : l'acquéreur ne seroit pas indemnisé autant qu'il est possible par une caution ; il a intérêt d'être pleinement déchargé. C'est pourquoi notre Coutume, *art.* 390, dans le cas du retrait sur un bail à rente rachetable, oblige précisément le retrayant à racheter la rente.

Lorsque le terme pour le paiement du prix est en faveur du vendeur, qui ne peut être forcé de le recevoir auparavant, en ce cas il n'est pas douteux que l'acquéreur doit se contenter que le Seigneur lui donne caution pour le paiement, n'étant pas possible en ce cas de pourvoir autrement à son indemnité.

Il y en a qui pensent que le retrait subrogeant le retrayant au marché de l'acheteur, il doit être subrogé à ses obligations qui en résultent ; & qu'en conséquence le vendeur peut être obligé à l'accepter pour débiteur avec caution, & à décharger l'acheteur. Ce sentiment est réfuté par Dumoulin, §. 20, *gl.* 8, *n.* 8. Le vendeur ne peut être forcé à cela, par la regle générale que personne n'est tenu de changer de débiteur malgré lui. L'acheteur ne peut l'y obliger ; car ayant acheté à la charge du retrait, le retrait ne peut être pour lui une raison pour demander la décharge de son obligation. Le retrayant ne le peut pas davantage ; car le retrait étant une affaire qui ne se passe qu'entre le retrayant & l'acheteur sur qui le retrait est exercé, & qui est étrangere au vendeur, ne peut obliger à rien le vendeur. La Coutume, *art.* 390, en obligeant le retrayant sur un bail à rente rachetable à racheter la rente pour l'indemnité de l'acquéreur, suppose assez clairement que le vendeur ne peut être obligé à décharger l'acquéreur.

258. Outre le prix principal, le retrayant doit rembourser à l'acquéreur tout ce qui en fait partie. C'est pourquoi s'il y a des charges imposées par le contrat à l'acheteur, ce retrayant doit rembourser la somme à laquelle elles seront appréciées.

Ce que l'acheteur a donné au vendeur ou à sa femme, à ses enfans ou à ses domestiques pour pots-de-vin ou épingles, convenus par le contrat, fait aussi partie du prix : mais l'acquéreur n'a pas de répétition contre le retrayant de ce qu'il a donné volontairement.

259. Le retrayant doit aussi rembourser à l'acquéreur ses loyaux coûts; c'est-à-dire, toutes les dépenses qu'il a faites avec prudence pour son acquisition : tels sont les frais du contrat, le centieme denier, le salaire du proxenete, les frais de voyage pour visiter ou faire visiter l'héritage, les frais de décret qu'il a fait faire pour purger les hypotheques. On doit aussi passer à l'acquéreur en loyaux coûts les intérêts de la somme qu'il a payée pour le prix de son acquisition depuis le paiement qu'il en a fait, jusqu'au remboursement que lui en fera le retrayant, pourvu néanmoins que l'acquéreur n'ait perçu aucuns fruits qui l'en aient dédommagé.

260. Lorsque le fief retiré a été vendu avec plusieurs autres choses pour un même prix, le retrayant ne doit rembourser qu'une portion du prix & des loyaux coûts qui réponde à l'objet qu'il a retiré. La ventilation qu'il est nécessaire de faire pour cela, doit se faire aux dépens de l'acquéreur; car le Seigneur ne doit pas souffrir de ce que les parties n'ont pas, comme elles le pouvoient, distingué les prix de chaque chose.

Lorsque le contrat porte une ventilation de chaque objet, il faut la suivre; à moins qu'il ne parût qu'elle est frauduleuse, & que les objets sujets à retrait ont été estimés beaucoup plus à proportion que les autres.

261. Enfin l'acquéreur doit être remboursé des réparations par lui faites aux héritages, si elles étoient nécessaires. La Coutume, par l'article 373, dispense le retrayant de rembourser celles qui ne seroient qu'utiles. La raison est qu'il ne doit pas être au pouvoir de l'acquéreur de rendre, en les faisant, le retrait plus difficile, & qu'il ne souffre pas beaucoup d'attendre pour les faire, que le temps du retrait soit expiré. Il est vrai que cet article est dans l'espece du retrait lignager; mais il y a même raison de décider pour le féodal, le temps de celui-ci étant encore plus court. Au reste, il doit être permis à l'acquéreur qui auroit fait des impenses utiles, de les enlever, si elles peuvent l'être, en rétablissant les choses.

Si l'acquéreur avoit joui long-temps de l'héritage avant qu'on exerçât le retrait sur lui, il n'auroit pas la répétition des impenses de simple entretien, ces impenses étant censées une charge de sa jouissance.

A l'égard des impenses qui sont faites *magìs propter fructus percipiendos*, telles que les impenses de labour & semences, elles doivent être portées par celui qui perçoit les fruits : c'eſt pourquoi ſi l'acquéreur a perçu les fruits, il n'a aucune répétition de ces impenſes : au contraire, le retrayant les lui doit rembourſer, ſi l'héritage eſt retiré avec les fruits pendans.

§. II.

Comment ſe fait le rembourſement, & dans quel temps il doit ſe faire.

262. Il n'eſt pas néceſſaire de faire le rembourſement du prix dans les mêmes eſpeces dans leſquelles l'acheteur l'a payé. Quand même, par une augmentation ſurvenue ſur la monnoie, les eſpeces dans leſquelles le retrayant rembourſe, auroient une moindre valeur intrinſeque que celles dans leſquelles l'acheteur a payé, le retrayant ne ſeroit pas néanmoins tenu de payer une plus grande ſomme que celle que l'acheteur a payée ; car dans la monnoie on ne conſidere pas *ipſa nummorum corpora*, mais ſeulement la valeur qu'il plaît au Roi de lui aſſigner.

Il y a d'aſſez grandes raiſons contre cette déciſion. Il eſt vrai de dire que l'acquéreur qu'on rembourſe en eſpeces augmentées n'eſt pas parfaitement indemne ; car s'il n'eût pas acquis, ou il auroit gardé ſon argent, auquel cas il auroit profité de l'augmentation ; ou il en auroit acquis d'autres biens, & il les auroit acquis à meilleur marché qu'il ne les acquerra, les biens augmentant à proportion de ce que les eſpeces augmentent : néanmoins la déciſion eſt conſtante dans l'uſage.

Le rembourſement peut ſe faire par le retrayant, en offrant à l'acheteur la compenſation de quelque ſomme liquide qui ſeroit due au retrayant par l'acheteur : §. 20, *gl. 7, n. 10*.

263. Notre Coutume n'a fixé aucun temps fatal dans lequel le Seigneur fût tenu de rembourſer : on peut dire que ce rembourſement étant de la ſubſtance du retrait, il doit être fait dans le temps de quarante jours accordé au Seigneur pour exercer le retrait. Si l'acquéreur eſt refuſant de recevoir, les offres qui lui ont été faites, ſuivies de conſignation, tiennent lieu de rembourſement, lorſqu'il y a eu procès ſur le retrait. *Brodeau*, *ſur Paris*, eſtime qu'il ſuffit de rembourſer dans le temps qui ſera limité par le jugement qui adjugera le retrait.

§. III.

Des Obligations de l'Acquéreur.

264. L'acquéreur, après que le retrayant a ſatiſfait à ſes obligations envers lui, eſt tenu de lui délaiſſer l'héritage ſur lui retiré, s'il n'eſt pas déja en la main du Seigneur par la ſaiſie féodale.

Il doit le laiſſer en l'état qu'il l'a reçu, & il ne lui eſt pas permis de le détériorer, ni d'en changer la forme, à peine des dommages & intérêts du retrayant : *art. 373*.

Il doit aussi rendre les fruits perçus depuis que le Seigneur a conclu au retrait, & fait des offres réelles de rembourser ; mais il n'est pas tenu à la restitution de ceux perçus auparavant. *Voyez néanmoins* suprà, *n.* 256.

ARTICLE VI.

Des effets du Retrait féodal.

265. Le retrait étant le droit de prendre pour soi le marché de l'acheteur sur qui il s'exerce, il suit de là que par le retrait le Seigneur est censé avoir acheté le fief de celui qui l'a vendu.

D'où il suit, 1°. qu'il est subrogé à l'acheteur à toutes les actions qui naissent de ce contrat ; telles que sont l'action de garantie, même les actions rescisoires & redhibitoires ; & qu'il peut les exercer contre le vendeur, comme l'acheteur auroit pu faire.

Vice versâ. Le Seigneur retrayant est sujet aux actions que le vendeur a retenues par rapport à l'héritage ; telles que celles qui procéderoient de quelque clause résolutoire, comme est l'action de réméré : il est pareillement sujet aux actions rescisoires du vendeur. Observez néanmoins que lorsqu'il n'a pas connu le vice de l'acquisition, étant possesseur de bonne foi, il n'est pas tenu sur ces actions à la restitution des fruits, pour lesquels le vendeur doit se pourvoir contre l'acheteur, que le retrait qui a été exercé sur lui ne décharge pas de ses obligations.

266. De là il suit, 2°. qu'il est censé tenir du vendeur l'héritage qu'il a retiré, lequel en conséquence lui passe avec la charge de toutes les hypotheques, servitudes, charges foncieres que le vendeur ou les auteurs du vendeur y ont imposées ; même de celles dont l'héritage étoit chargé avant le contrat envers l'acquéreur ; car l'éviction qu'il souffre par le retrait empêche la confusion. *Mol.* §. 20, *gl.* 5, *n.* 36.

Mais il n'est pas tenu de celles qui ont été imposées par l'acheteur sur qui il a exercé le retrait ; car il n'achete pas de cet acheteur : il est censé acheter directement du vendeur. Le droit que l'acheteur avoit dans l'héritage s'éteint par le retrait, & par une suite, toutes les charges qu'il y a imposées, suivant la regle, *Soluto jure dantis, solvitur, &c.*

267. De là il suit, 3°. que le Seigneur tenant cet héritage à titre d'achat, cet héritage est un acquêt en sa personne.

C'est ce qui a été jugé par les Arrêts rapportés par Chopin & par Bardet, 1, 109 ; c'est aussi l'avis de Dumoulin, §. 43, *n. fin.* C'est une conséquence que si le retrait a été exercé pendant la communauté, l'héritage doit être conquêt : il est vrai que Dumoulin, §. 20, *gl.* 1, *n.* 48, est d'avis contraire, & décide qu'il est propre de communauté ; mais cette décision est fondée sur ce qu'il pensoit que le retrait féodal étoit incommunicable. Nous avons vu que ce sentiment n'a pas été suivi : en cela le retrait féodal differe du lignager ; car celui-ci n'étant pas cessible, l'héritage retiré par retrait lignager n'est pas conquêt.

ARTICLE VII.

Des Fins de non-recevoir contre le Retrait féodal.

268. La premiere est la prescription. *Voyez l'article 49.*

269. La seconde est, lorsque le Seigneur a accepté l'acheteur pour vassal, en le recevant en foi, ou en le comprenant sans protestation, comme arriere-vassal dans le dénombrement qu'il a donné à son Seigneur.

Dumoulin, §. 21, *gl. 1, n. 6*, pense que la simple souffrance accordée par le Seigneur à l'acquéreur pour porter la foi, ne renferme pas cette acceptation. J'inclinerois au contraire à penser qu'elle la renferme, lorsque le Seigneur l'a accordée avec connoissance de cause sans protestation, après que l'acquéreur lui a exhibé son contrat. C'est l'avis de Livoniere.

Le réception en foi exclut le Seigneur du retrait, lorsque c'est lui-même ou son tuteur, ou quelqu'un de son consentement, qui a reçu en foi l'acquéreur : mais si ce sont ses Officiers qui, à son insçu, ont reçu en foi l'acquéreur, il n'en est pas exclus : c'est ce qui a été jugé pour Madame de Conti, par l'Arrêt du 10 Mars 1717, au sixieme tome du Journal des Audiences.

Quoique le tuteur qui a reçu en foi l'acquéreur, eût eu alors des deniers de son mineur entre les mains, qu'il eût été utile d'employer à exercer le retrait, néanmoins le mineur n'est pas restituable contre l'investiture que son tuteur a accordée à l'acheteur. *Mol.* §. 20, *gl.* 2, *n. 1 & 2.*

270. La troisieme fin de non-recevoir, est lorsque le Seigneur a fait choix du profit de quint ; ce qu'il est censé avoir fait *lorsqu'il l'a reçu*, même en partie, ou en a *chevi* (c'est-à-dire, composé du profit), ou *baillé souffrance* (c'est-à-dire, terme pour le payer). *Paris, 21.*

S'il a donné à l'acheteur de plusieurs fiefs une quittance à compte, sans exprimer pour quelle vente il recevoit, il est censé avoir reçu la somme à compte de tous les profits qui lui étoient dûs, & en conséquence avoir agréé toutes les ventes.

Il faut, pour exclure le retrait, que ce soit le Seigneur lui-même ; ou s'il est mineur, son tuteur ; si c'est une femme, son mari, ou un Procureur spécial de ces personnes, qui ait reçu le profit, chevi, ou baillé souffrance. *Mol.* §. 21.

Le paiement du profit fait à l'usufruitier ou au fermier, n'exclut pas du retrait le Seigneur, qui est seulement tenu de le rembourser à l'acquéreur : *d. gl.*

Observez que le Seigneur, en composant du profit, peut apposer cette condition, que faute par l'acheteur de payer le profit dans certain temps, il pourra exercer le retrait. *Mol.* §. *21, n. 1.*

La demande du Seigneur contre un homme qu'il trouve en possession du fief relevant de lui aux fins de porter la foi, payer les profits, & rapporter son contrat d'acquisition, n'exclut pas le Seigneur du retrait : mais la demande que le Seigneur fait des profits après que le contrat lui a été exhibé, contient un choix, & exclut le Seigneur du retrait, pourvu que l'acquéreur n'ait pas contesté sur cette demande, & refusé de payer. *Mol.* §. *21, n. 4 & 5.*

La découverte de la fraude, *putà*, d'une contre-lettre qui modéreroit le prix porté au contrat, rend le Seigneur restituable contre tous les actes approbatifs qu'il y a donnés, & en conséquence recevable au retrait, nonobstant ces actes.

271. Il est évident que lorsque le Seigneur est lui-même vendeur en son nom, il ne peut exercer le retrait; car on ne peut être vendeur & acheteur tout à-la-fois.

Il en est autrement lorsqu'il n'a vendu qu'en qualité de tuteur, ou de fondé de pouvoir. Par la même raison, sa présence au contrat comme Notaire, ou comme témoin, ne doit pas l'exclure du retrait. *Mol.* §. *20, gl. 1, n. 10, 13*; §. *21, n. 3*.

Dumoulin, *d. n. 10*, pense aussi que le Juge ne doit pas être exclus du retrait de l'héritage qu'il a adjugé. Quelques Auteurs néanmoins ont pensé qu'il devoit l'être, de peur qu'il n'écartât les enchérisseurs, & ne fît une adjudication à vil prix pour en profiter : mais c'est trop mal présumer des Juges.

Le Seigneur qui s'est rendu caution pour le vendeur, ou qui est devenu son héritier, ne doit pas être exclus du retrait : car l'obligation de garantie que contracte le vendeur, ne s'étend pas au retrait. *Molin. ibid.*

Lorsque le Seigneur propriétaire en partie du fief qui releve de lui, l'a, avec ses co-propriétaires, vendu; s'il a vendu sa part, divise ou indivise, pour un prix séparé, quoique par même charte, rien n'empêche qu'il puisse exercer le retrait des portions de ses co-propriétaires. *Secùs*, s'il l'a vendu conjointement avec ses co-propriétaires pour un même prix quoique sans solidité : car en ce cas la chose ayant été vendue *sub specie unitatis*, il n'y a qu'une chose vendue, il n'y a qu'un contrat, dans lequel il ne peut être vendeur & acheteur. *Molin. ibid. n. 13*, §. *21, n. 3*.

CHAPITRE VIII.

Du Démembrement, du Jeu, & de la Réunion des Fiefs.

ARTICLE PREMIER.

Du Démembrement.

272. DUmoulin, §. *51, gl. 1, n. 1*, distingue trois especes de démembremens; *à capite, à capite & corpore simul, à corpore tantùm.* Il entend par *caput* le fief dominant; par *corpus* le fief servant, composé de toutes ses parties intégrantes, qui ne font toutes ensemble qu'un même fief, qui a pour chef le fief dominant dont il releve.

273. Le démembrement *à capite* se fait lorsqu'un Seigneur voisin, en se faisant reconnoître pendant quarante ans & plus, par les propriétaires d'un fief relevant du mien, en acquiert par prescription la directe : car par cette prescription ce fief est démembré de son chef, qui étoit mon fief duquel il relevoit, pour s'unir à un autre chef, qui est le fief du Seigneur qui a prescrit contre moi.

Si le Seigneur voisin n'a prescrit la directe que sur une des parties intégrantes dont le fief servant est composé, le démembrement qu'opere cette prescription est *à capite & corpore simul :* car cette partie sur laquelle il a acquis par prescription la directe, est démembrée & détachée non-seulement de son *chef*, qui est mon fief d'où elle relevoit, mais aussi de son *corps*, qui est le reste du fief servant qui releve de moi, dont elle est détachée pour faire un fief séparé qui releve du Seigneur qui a prescrit.

Ces démembremens ne sont point contraires à ce principe des fiefs, que le vassal ne peut démembrer son fief sans le consentement du Seigneur; puisqu'ils s'operent plutôt par le fait & la négligence du Seigneur qui souffre qu'un autre Seigneur se fasse reconnoître, que par le fait du vassal.

La prescription qui opere ces démembremens est établie par notre art. 86.

274. La troisieme espece de démembrement, qu'on appelle *à corpore tantùm*, consiste à diviser le fief servant, & à en faire plusieurs qui relevent du même fief dominant dont ils relevoient avant leur division.

C'est de cette troisieme espece de démembrement qu'on doit entendre ce principe des fiefs qui se trouve en l'art. 51 de la Coutume de Paris : *Le vassal ne peut démembrer son fief au préjudice & sans le consentement de son Seigneur.*

Pour l'entendre bien, il faut distinguer le *subjectum materiale* du fief, c'est-à-dire le corps d'héritage, d'avec le *titre du fief*, c'est-à-dire *la foi*, à la charge de laquelle l'héritage féodal est tenu. Ce n'est que du titre du fief dont le démembrement est prohibé, & non du corps de l'héritage tenu en fief. Par exemple, dans les Coutumes qui défendent le démembrement, si je possede un fief de cent arpens, je puis bien aliéner quarante arpens, qui continueront de composer un seul & même fief avec les soixante que je retiens, pour raison duquel l'acquéreur des quarante arpens & moi serons co-vassaux, chacun à proportion des parts que nous y avons : il n'y a en cela aucun démembrement du fief, qui demeure toujours un seul & même fief. Mais je ne puis pas, sans le consentement du Seigneur, aliéner ces quarante arpens, pour par l'acquéreur les tenir du Seigneur comme un fief distinct & séparé de celui des soixante arpens que je retiens, Telle clause, si le Seigneur ne la consent, est de nul effet; parce qu'en ce cas ce ne seroit pas seulement l'héritage *subjectum materiale* du fief qui seroit divisé, mais le fief même, le titre du fief; ce que le droit commun des fiefs ne permet pas.

C'est ce que nous apprenons de Dumoulin, *d. §. n. 3. Vassalli invito patrono possunt dividere fundum & non feudum : & possunt singuli pro portionibus suis justa offerre & investiri tanquam de parte quotâ & integrali unius feudi, sed non tanquam de feudo separato.*

C'est donc fort mal-à-propos que quelques Auteurs, comme Duplessis, confondant la division du fonds avec le démembrement du fief, s'efforcent de re-

chercher

chercher quelle doit être la peine du démembrement fait sans le gré du Seigneur ; il faut plutôt dire qu'il ne peut absolument se faire sans son gré.

Il y a quelques Coutumes qui se sont écartées du droit commun des fiefs, en permettant le démembrement sans le gré du Seigneur. Nous verrons sur l'*art. 1*, si la nôtre est de ce nombre.

ARTICLE II.

Du Jeu de Fief.

275. Le jeu de fief est la disposition que quelqu'un fait pour le total ou pour partie de l'héritage qu'il tient en fief, sans toucher au titre du fief. C'est ce qu'explique la Coutume de Paris, art. 51. *Le vassal ne peut démembrer son fief sans le consentement de son Seigneur ; bien se peut jouer, & disposer & faire son profit des héritages, cens ou rentes dudit fief.*

Ces termes, *disposer & faire son profit, &c.* sont l'explication de ceux qui précedent, *se peut jouer*, telle que l'avoit donnée Dumoulin, *d. §. gl. 2, n. 1. Istud verbum*, se jouer, *habet emphasim metaphoræ admixtam à similitudine licentiæ qualis esse solet in ludo joco, significat licentiam & facultatem liberam disponendi ad libitum de feudo circà dismembrationem.*

276. M. Guyot a fort bien distingué deux especes de jeu de fief ; celui qui se fait avec démission de foi, & celui qui se fait sans démission de foi.

Le premier se fait lorsque, dans les Coutumes qui ne permettent pas le démembrement du fief, j'aliene une partie de mon héritage tenu en fief, en chargeant l'acquéreur pour cette partie, des devoirs féodaux qu'il fera pour cette partie, laquelle, avec celle que je retiens, continue de ne composer qu'un fief. Cette aliénation n'est point un démembrement, puisque le fief demeure dans son intégrité, & n'est point divisé ; c'est *un jeu de fief*, parce que j'use, par cette aliénation, de la liberté que j'ai de disposer à mon gré de mon héritage tenu en fief, en ne touchant point à l'intégrité du fief.

277. Le jeu de fief sans démission de foi, que Guyot appelle aussi *sans profit*, se fait, lorsqu'en aliénant en tout ou partie mon héritage féodal, je retiens pardevers moi *la foi*, c'est-à-dire, la charge des devoirs féodaux, même pour la partie que j'aliene, qui est toujours censée m'appartenir, au moyen de quelque redevance ou devoir recognitif d'un *dominium civile* que j'y retiens ; comme lorsque je donne mon héritage, en tout ou en partie, à titre de foi & hommage, ou à titre de cens, rente, &c.

Notre Coutume differe sur ce jeu de fief, de la Coutume de Paris réformée. Celle-ci ne permet de se jouer ainsi, sans démission de foi, de l'héritage tenu en fief, que jusqu'à concurrence des deux tiers de cet héritage. Notre Coutume permet de se jouer du total.

Cette matiere du jeu de fief est traitée par notre Coutume dans les *art. 7, 8, 9, 10 & 11. Voyez ces articles.*

Les effets de ce jeu de fief peuvent se réduire aux maximes suivantes.

PREMIERE MAXIME.

278. Lorsqu'un vassal s'est joué de son fief, en le donnant, par exemple, à cens ou rente, c'est toujours le corps de l'héritage qui demeure le fief du Seigneur, quoique ce ne soit pas le possesseur de l'héritage, mais celui qui a le droit de cens ou rente, qui soit vassal pour raison dudit fief; *art. 7 & 8.*

II. MAXIME.

279. Le vassal ne doit pas porter la foi pour le cens & la rente qu'il s'est retenu sur cet héritage, mais pour l'héritage même. Il doit le comprendre de cette maniere dans l'aveu : *un tel héritage, dont un tel est détenteur.*

C'est à quoi le Seigneur doit bien prendre garde : car s'il recevoit en foi le vassal pour le cens ou la rente qu'il s'est retenu, au lieu de l'y recevoir pour l'héritage même; ou s'il souffroit qu'il comprît dans son dénombrement le cens ou la rente au lieu de l'héritage, il n'auroit plus pour fief relevant de lui que le cens ou la rente.

III. MAXIME.

280. Quoique l'héritage dont le vassal *s'est joué*, demeure toujours le fief vis-à-vis du Seigneur, néanmoins il est possédé comme bien roturier par le possesseur qui le tient à cens ou rente de ce vassal; *art. 345, 346.*

IV. MAXIME.

281. Les ouvertures & les mutations de fief ne se font que du côté de celui à qui appartient le cens ou la rente, & non du côté des possesseurs de l'héritage; *art. 8 & 9.*

V. MAXIME.

282. Néanmoins lorsque ces ouvertures & mutations arrivent, c'est l'héritage même que le Seigneur saisit féodalement, & non le cens ou la rente; & c'est sur le prix de l'héritage que se reglent les profits de quint & de rachat, & non sur celui du cens ou de la rente; *art. 9.*

VI. MAXIME.

283. Par la même raison, la vente du cens doit donner ouverture au retrait féodal, non du cens seulement, mais de l'héritage; & le retrayant sera tenu en ce cas, non-seulement de rembourser l'acquéreur du cens du prix & loyaux coûts de son acquisition, mais aussi de rembourser le preneur ou ses successeurs, des deniers d'entrée payés par le bail à cens, & de tous les loyaux coûts dudit bail.

VII. MAXIME.

284. En cas de commise, le Seigneur ne confisque que le cens ou la rente qui appartient au vassal, & non l'héritage.

La raison est que le Seigneur ne confisque le fief de son vassal qu'autant & jusqu'à concurrence du droit qu'y a son vassal avec toutes les charges que son vassal y a imposées, *suprà*, *n. 86*, & par conséquent à la charge du domaine utile qu'il a aliéné.

ARTICLE III.

De la Réunion des Fiefs.

285. La réunion de fief est le retour de la partie au tout.

L'héritage qui releve, soit en fief, soit en censive de mon fief dominant, est présumé en avoir été autrefois une partie intégrante, & en avoir été détaché par l'inféodation ou le bail à cens; & par l'acquisition que j'en fais, ou par celle que fait de mon fief le propriétaire de l'héritage qui en releve, il redevient le plein fief du Seigneur de qui mon fief dominant releve : c'est en quoi consiste la réunion de fief.

Cette réunion ne se fait point nécessairement & *potestate juris;* il n'y faut point appliquer les principes du Droit Romain, suivant lesquels les droits de servitude réelle s'éteignent *consolidatione*, lorsque l'héritage dominant & le servant viennent à appartenir à un même maître, selon la regle, *Res sua nemini servit.* Dans notre Droit, la dominance du fief dominant, & la servitude féodale ou censuelle de l'héritage servant, sont des qualités réelles des héritages, que nous estimons pouvoir subsister, quoique ces héritages appartiennent à un même maître : l'exercice de la dominance est seulement en ce cas suspendu pendant le temps qu'ils appartiendront au même maître.

286. Les Coutumes ont suivi différens principes sur la réunion de fief. Nous n'expliquons ici que ceux de la nôtre; elle fait différence à cet égard de l'héritage qui releve en fief, & du censuel.

Celui-ci (& c'est la premiere différence) est présumé réuni à la censive dès l'instant même de l'acquisition que le Seigneur de censive a faite de l'héritage mouvant de sa censive, ou de celle que le censitaire a faite de la censive, s'il n'a fait incontinent une déclaration expresse qu'il ne veut pas réunir. L'héritage qui releve en fief n'est réuni au dominant que par la foi que le propriétaire de l'un & de l'autre porte à son Seigneur pour l'un & l'autre, comme pour un seul plein fief.

287. Le Seigneur de censive qui par l'acquisition, soit de l'héritage mouvant de sa censive, soit de la censive dont son héritage étoit mouvant, a déclaré qu'il ne vouloit pas réunir, ni ses héritiers, ne peuvent être contraints à la réunion par le Seigneur de qui releve la censive. Au contraire (& c'est la deuxieme différence) celui qui est propriétaire du fief dominant & du servant, peut, lorsqu'il n'est pas en foi pour le dominant, être forcé à la réunion, par le refus que son Seigneur est en droit de lui faire de le recevoir en foi pour l'un sans l'autre.

288. Lorsque la censive & l'héritage qui en releve, ont été l'un & l'autre acquis durant la communauté des deux conjoints par mariage, il n'est pas douteux que si par le contrat de la derniere acquisition il n'y a pas déclaration contraire, il y a réunion, quand même le partage de la communauté donneroit la censive au mari, & l'héritage à la femme, *aut vice versâ ;* car la censive

& l'héritage étant l'un & l'autre conquêts, le mari en a fait la réunion en sa qualité de chef de la communauté, & la femme est censée avoir elle-même avec lui fait cette réunion ; une femme commune étant censée faire avec son mari tout ce qu'il fait en qualité de chef de la communauté.

Si le mari acquiert, durant la communauté, un héritage relevant d'une censive qui est son bien propre, *aut vice versâ*, il n'y aura pas de réunion, si par le partage le conquêt tombe à sa femme ; car il n'a pu réunir en qualité de chef de la communauté, deux choses, dont l'une n'appartenoit pas à la communauté ; & il a pu encore moins les réunir *proprio nomine*, l'une des deux choses se trouvant, par l'événement du partage, ne lui pas appartenir. Mais si par le partage le conquêt tombe en son lot, ou en total, ou pour partie, il y aura eu réunion, ou pour le total, ou pour cette partie, si par le contrat d'acquisition il n'y a déclaration contraire ; le conquêt en ce cas, étant censé lui avoir toujours appartenu, ou pour le total, ou pour la partie pour laquelle il est tombé en son lot.

Lorsque le mari acquiert durant la communauté l'héritage qui releve de la censive propre de sa femme, *aut vice versâ*, il n'y aura pareillement de réunion que dans le cas auquel le conquêt tombera au lot de la femme ; & elle peut, lors du partage, faire une déclaration pour empêcher la réunion, n'ayant pas été en son pouvoir de la faire lors de l'acquisition ; en quoi elle differe de l'homme.

289. L'héritage mouvant de ma censive, auquel j'ai succédé, est réuni faute de déclaration, quoique j'aie accepté la succession sous bénéfice d'inventaire ; ce n'est que vis-à-vis les créanciers de la succession, que le bénéfice d'inventaire empêche la confusion des droits de l'héritier & de la succession. Néanmoins si j'abandonne par la suite les biens de la succession, la réunion doit être censée n'avoir jamais été faite, mon acquisition n'ayant pas été durable.

290. Lorsque le propriétaire du fief dominant qui a acquis le servant, *aut vice versâ*, n'a, à l'égard de l'un des deux, qu'un droit de propriété résoluble, la réunion est sujette à se résoudre par la condition par laquelle doit se résoudre son droit de propriété ; car l'effet ne peut pas avoir plus d'étendue que sa cause. C'est pourquoi si quelqu'un me donne un héritage mouvant de ma censive, *aut vice versâ*, la réunion qui se fait par cette acquisition, faute de déclaration, se résoudra par la révocation de la donation pour cause de survenance d'enfants ; & l'héritage reprendra sa premiere qualité de mouvant de ma censive.

Il en seroit autrement si le droit de propriété du vassal dans l'un des deux héritages, venoit à se résoudre par une cause volontaire & par le fait du vassal ; comme lorsque la donation de l'héritage qu'il a réuni à sa censive, est révoquée pour cause d'ingratitude : en ce cas, la réunion ne laisse pas de subsister, ne devant pas être au pouvoir du vassal de priver par son fait son Seigneur du droit que la réunion lui a acquis.

291. Lorsqu'un enfant a eu de la succession de son pere la censive, & de celle de sa mere l'héritage qui en étoit mouvant, sans avoir, par une déclaration, empêché la réunion, Livoniere & Guyot pensent que cette réunion cesse à la mort de cet enfant, lorsqu'il laisse différens héritiers paternels & maternels ; & que l'héritage passe aux maternels, comme mouvant de la censive qui passe aux paternels. Cette décision me paroît n'être aucunement fondée.

CHAPITRE IX.

De la Succession des Fiefs.

292. IL est traité sous ce titre de la succession des fiefs. La succession des fiefs dans la ligne directe descendante, a cela de particulier, que l'ainé y a un avantage sur ses freres & sœurs, qu'on appelle *droit d'ainesse*, dont nous allons traiter.

Dans la succession des fiefs en ligne collatérale, il n'y a pas de droit d'ainesse: mais cette succession a cela de particulier, que les mâles sont, en pareil degré, préférés aux filles pour succéder. *Voyez* sur ce les *art. 98, 99, 320, 321 & 322.*

ARTICLE PREMIER.

A qui est dû le droit d'ainesse.

293. Notre Coutume, *art. 89*, accorde le droit d'ainesse au *fils ainé* dans la succession de ses pere ou mere; ou au cas qu'il soit prédécédé, à sa postérité qui le représente. *Voyez l'art. 305.*

Le fils ainé est celui qui, lors de l'ouverture de la succession, c'est-à-dire, lors du décès de celui *de cujus bonis agitur*, se trouve le premier né de tous les enfans mâles. Il n'importe qu'il y en ait eu d'autres avant lui, s'ils sont prédécédés ou morts civilement, sans aucune postérité qui les représente : il n'importe aussi que ses sœurs soient plus âgées que lui.

Il est évident que l'ainé, pour jouir de ce droit dans la succession de ses pere & mere, doit être capable de leur succéder. Non-seulement la mort civile, mais une juste exhérédation le prive de ce droit.

Mais quoique l'ainé soit exhérédé, le second fils n'a pas pour cela en sa place le droit d'ainesse. Cette exhérédation n'exclut l'ainé que de la succession, & n'empêche pas qu'il ne tienne dans la famille du défunt la place d'ainé, laquelle étant occupée par lui, ne peut l'être par le second fils.

A plus forte raison, quoique l'ainé renonce même gratuitement à la succession, le second n'a pas le droit d'ainesse. *Voyez l'art. 359.*

294. L'enfant légitimé par le mariage contracté depuis sa naissance entre ses pere & mere, a le droit d'ainesse sur les enfans nés de ce mariage; mais il ne l'a pas sur ses freres nés d'un premier mariage contracté dans le temps intermédiaire entre sa naissance & le mariage que son pere a contracté avec sa mere, quoiqu'il soit né avant eux : car on ne doit pas compter le temps de sa naissance du jour qu'il est venu au monde, mais du jour qu'il est né à la famille par le mariage que son pere a contracté avec sa mere; & il seroit absurde qu'étant, par la légitimation, réputé enfant de ce second mariage de son pere, il fût l'ainé de ceux d'un premier mariage. D'ailleurs l'enfant du premier mariage, qui

ſe trouvoit en poſſeſſion de la place d'ainé lors du ſecond mariage, n'a pu en être dépoſſédé. *Molin.* §. 13, *gl.* 1, *n.* 34 & 35.

295. Entre deux jumeaux, c'eſt celui qui eſt ſorti le premier du ſein de la mere qui eſt l'ainé; car l'ainé eſt le premier né; & naître, n'eſt autre choſe que ſortir du ſein de la mere.

Dans le cas d'une entiere incertitude, il y en a qui penſent que le droit d'aineſſe doit ſe partager entre les deux jumeaux. D'autres penſent qu'il ne doit pas y avoir lieu, en ce cas, au droit d'aineſſe, aucun ne pouvant juſtifier qu'il eſt l'ainé, ni par conſéquent le prétendre. *Facit. L.* 10, ff. *de R. dub.*

Dumoulin, *ibid.* 4 & *ſeq.* rejette la premiere opinion, qui, en faiſant deux ainés, donne deux têtes à un même corps : la ſeconde lui paroît plus plauſible. Néanmoins comme il faut un chef à une famille, il la rejette auſſi, & il penſe qu'on doit en ce cas commettre au jugement du ſort lequel des deux jumeaux ſera l'ainé. Ne ſeroit-il pas plus raiſonnable de commettre ce jugement aux ſuffrages de la famille?

296. La poſtérité de l'ainé, lorſqu'il eſt prédécédé, le repréſente dans le droit d'aineſſe. *Voyez ſur ce l'art.* 305, & *les notes.*

297. Sur la queſtion ſi l'ainé de chaque branche doit prendre un droit d'aîneſſe dans la ſubdiviſion, *voyez les notes ſur cet art.* 305.

ARTICLE II.

Sur quels biens s'exerce le droit d'aineſſe.

298. Le droit d'aineſſe n'a lieu que ſur les biens nobles, c'eſt-à-dire ſur les fiefs, *art.* 89; & ſur les franc-aleux nobles. *Voyez l'art.* 255.

Il ne ſuffit pas qu'un héritage de la ſucceſſion ſoit intrinſéquement féodal pour être ſujet au droit d'aineſſe; il faut que le défunt le tînt lui-même à titre de fief : c'eſt pourquoi l'héritage féodal qui a été donné à cens, n'eſt pas ſujet au droit d'aineſſe dans la ſucceſſion du poſſeſſeur qui le tient à titre de cens. *Voyez ſur ce les art.* 345, 346.

Les rentes à prendre ſur un fief ne ſont pas biens nobles, ni par conſéquent ſujets au droit d'aineſſe; ſi ce n'eſt qu'elles fuſſent inféodées, ou que celui à qui elles appartiennent fût, à cauſe deſdites rentes, tenu de la foi pour les héritages ſur leſquels elles ſont à prendre. *Voyez l'art.* 347.

299. La créance d'un fief qui ſe trouve dans une ſucceſſion, eſt ſujette au droit d'aineſſe : car elle eſt réputée être le fief même auquel elle doit ſe terminer, ſuivant la regle, *Qui actionem habet, ipſam rem habere videtur.* Lebrun, II, II, I, *n.* 57 & 58.

Cela n'eſt pas douteux, lorſque la créance d'un fief qui s'eſt trouvé dans la ſucceſſion, s'eſt effectivement depuis terminée à ce fief, qui a été livré aux héritiers par le débiteur.

Mais que doit-on décider, ſi elle ne s'eſt terminée qu'à des dommages & intérêts? Je penſe qu'il faut diſtinguer ſi dès le temps de l'ouverture de la ſucceſſion, la créance ne devoit ſe terminer qu'à des dommages & intérêts, le débiteur n'ayant pas eu dès ce temps le pouvoir de livrer le fief qu'il s'étoit obligé de donner ; la créance ne pourra en ce cas être considérée comme fief, & ne sera pas sujette au droit d'ainesse. Mais si au temps de l'ouverture de la succession, la créance trouvée dans la succession devoit se terminer au fief, & que le débiteur fût depuis devenu, par sa faute, hors d'état de le livrer ; en ce cas, la nature des choses auxquelles on succede devant se considérer au temps de l'ouverture de la succession, l'ainé a succédé à cette créance comme à un fief; il a été saisi du droit de demander pour sa portion avantageuse le fief qui en faisoit l'objet : le débiteur n'a pu, par son fait, diminuer le droit de l'ainé ; le tort qu'il a fait aux enfans de son créancier, en se mettant, par sa faute, hors d'état de leur livrer le fief qu'il leur devoit, est proportionné à la part que chacun d'eux auroit eue dans le fief : par conséquent l'ainé doit avoir, dans les dommages-intérêts résultans de ce tort, la même portion avantageuse qu'il auroit eue dans le fief.

300. Lorsqu'il se trouve dans la succession un héritage féodal sujet à éviction, soit parce que le défunt n'en avoit que la possession sans en être propriétaire, soit parce que son droit de propriété étoit résoluble, l'ainé ne laisse pas d'y prendre son droit d'ainesse jusqu'à l'éviction. Mais après l'éviction, l'ainé aura-t-il son droit d'ainesse sur les deniers qu'aura été obligé de rembourser celui à qui aura été fait le délais de l'héritage ? Cela dépend de la nature de l'action sur laquelle l'éviction est intervenue. Si c'est sur une action de réméré exercée sur les enfans par celui qui avoit vendu l'héritage à cette condition, l'ainé doit avoir son droit d'ainesse dans la somme qui est remboursée, comme prix du réméré ; car les enfans recevant cette somme comme le prix de leur héritage qu'ils sont obligés de rétrocéder, en exécution de la clause de réméré, chacun d'eux doit avoir dans le prix une portion proportionnée à celle qu'il avoit dans l'héritage. *Lebrun*, 11, 11, 1, 15.

Il en est de même dans le cas d'un retrait, soit lignager, soit féodal, & dans le cas d'un droit de refus : mais il en doit être autrement, si l'éviction est intervenue sur des lettres de rescision que celui qui avoit vendu l'héritage au défunt a pris contre la vente, ou sur une action redhibitoire : car la vente, dans ces cas, étant détruite, & l'héritage étant censé n'avoir jamais appartenu au défunt ni à ses enfans, la somme d'argent que le vendeur avoit reçue du défunt pour le prix de la vente qui est rescindée, & qu'il est obligé de restituer, ne peut être considérée comme le prix d'un héritage qui appartînt aux enfans ; mais simplement comme une somme qui se trouvant avoir été payée sans sujet par le défunt, au moyen de la rescision de la vente, doit être restituée à sa succession, *condictione sine causâ*; & dans laquelle, par conséquent, l'ainé ne peut prétendre de droit d'ainesse. *Lebrun*, *ibid.*

301. Lorsque le créancier de celui qui avoit vendu un héritage féodal au défunt, l'a évincé sur une action hypothécaire, à la charge par lui de rembourser une certaine somme pour le prix des augmentations faites par le défunt sur cet héritage, l'ainé doit avoir son droit d'ainesse dans cette somme : car les augmentations faites sur l'héritage en faisant partie, suivant la regle, *Inædificatum solo cedit*, l'ainé doit avoir une part dans le prix proportionnée à celle qui lui appartenoit dans l'héritage. Il faut décider autrement si le délais avoit été fait sur une action de revendication, ou sur une action rescisoire :

car l'héritage, en ces cas, n'ayant jamais appartenu, ou étant censé n'avoir jamais appartenu au défunt, ni à ses enfans, les augmentations qui ont été faites par le défunt sur cet héritage, & qui sont partie de cet héritage, ne sont point quelque chose qui ait appartenu au défunt, ni à ses enfans: d'où il suit que la somme qui leur est remboursée, ne leur est pas remboursée comme le prix d'un héritage de la succession; mais comme une somme qui est due à la succession du défunt pour impenses par lui faites sur l'héritage du demandeur. L'ainé n'y peut donc prétendre de droit d'ainesse.

302. Il ne peut non plus prétendre aucun droit d'ainesse dans l'action de garantie à laquelle l'éviction donne ouverture contre le garant; car cette action devant se terminer à des dommages & intérêts, elle ne peut être regardée comme quelque chose de féodal sujet au droit d'ainesse.

303. Si le défunt étoit propriétaire d'un héritage féodal, pour une portion indivise avec une autre personne, laquelle s'est rendue adjudicataire du total, sur la licitation faite entre les enfans du défunt & elle, l'ainé doit avoir son droit d'ainesse dans les deniers de la licitation; *Lebrun, ibid. 58.* La raison de douter se tire de l'effet rétroactif qu'on donne aux partages & licitations, suivant lequel le propriétaire qui s'est rendu adjudicataire étant censé avoir été toujours propriétaire de l'héritage féodal, à la charge du retour, il ne se trouveroit rien de féodal dans la succession sur quoi l'ainé eût pu avoir droit d'ainesse. La réponse est, que cet effet rétroactif est une fiction qui a lieu quant à certains effets; mais il n'est pas moins vrai que le défunt a laissé dans sa succession une portion indivise de l'héritage féodal; que l'ainé a été saisi de son droit d'ainesse, & de sa portion avantageuse dans cette portion; qu'en conséquence, dans la licitation dans laquelle il a été partie avec ses freres & sœurs & le co-propriétaire, il a été partie licitante pour une plus grande part que ses freres & sœurs, & qu'il doit avoir par conséquent une plus grande part dans le prix de la licitation. *Lebrun, ibid. n. 58.*

Vice versâ; si l'ainé, & ses freres & sœurs conjointement, s'étoient rendus adjudicataires, l'ainé ne pourroit prétendre qu'une part virile & égale dans la portion du co-propriétaire, dont ils seroient devenus propriétaires par la licitation: car le co-propriétaire par indivis d'une portion, quelque petite qu'elle soit, a autant de droit de se rendre adjudicataire du total, que celui qui a une plus grande portion: les puînés ayant donc eu un droit égal à celui de leur ainé pour acquérir par la licitation la portion de leur co-propriétaire, ils doivent avoir chacun une part égale dans cette portion. *Lebrun, ibid.*

304. Lorsque le défunt a laissé dans sa succession un héritage féodal qui ne lui appartenoit pas, l'ayant acquis de celui qui n'en étoit pas le vrai propriétaire; & que depuis sa mort, l'ainé, & ses freres & sœurs conjointement, l'acquierent, *ex novâ causâ*, du véritable propriétaire, l'ainé cesse d'avoir son droit d'ainesse dans cet héritage: car ce droit n'a lieu que dans les biens de la succession; les enfans ne tenant plus cet héritage de la succession, mais de la nouvelle acquisition qu'ils en ont faite, il ne peut plus être considéré comme un bien de la succession dans lequel l'ainé puisse avoir son droit d'ainesse.

305. Observez que lorsque les enfans ont transigé pour une somme d'argent avec celui qui s'en prétendoit propriétaire, ils ne sont pas censés avoir

acquis

acquis l'héritage par cette transaction, & l'ainé y conserve son droit d'ainesse; à moins qu'il ne fût évident que l'héritage appartenoit effectivement à celui avec qui ils ont transigé. Au reste, il doit contribuer au prix de la transaction, à proportion de la part qu'il a dans l'héritage.

306. Lorsque celui qui a vendu l'héritage au défunt, le lui a vendu comme se faisant fort de celui qui en étoit le propriétaire; quoique ce propriétaire n'ait ratifié que depuis la mort de l'acheteur, & qu'en conséquence les enfans de cet acheteur n'en soient devenus propriétaires que depuis; néanmoins comme les ratifications ont un effet rétroactif au temps du contrat, & que celui qui ratifie la vente faite en son nom, est censé, dès ce temps, l'avoir vendu lui-même, suivant les regles, *Ratihabitio mandato comparatur;* & celle-ci, *Qui mandat, ipse fecisse videtur;* cet héritage, en ce cas, n'appartient point aux enfans *ex novâ causâ*, mais en vertu de la vente qui en a été faite à leur pere; & par conséquent ils le tiennent de la succession de leur pere, qui leur a transmis, sinon l'héritage même, au moins l'action *ex empto*, à laquelle s'est depuis terminé l'héritage; & par conséquent l'ainé y doit conserver son droit d'ainesse.

ARTICLE III.

En quoi consiste le droit d'ainesse; & à quel titre l'ainé a ce droit.

307. Le droit d'ainesse consiste en plusieurs avantages, tels que celui de porter les armes pleines de la famille, d'avoir le dépôt des titres de la famille, les tableaux de famille, les choses qui ont été les marques de la dignité du pere commun ou des ancêtres, comme sont des croix de S. Louis; leurs ouvrages manuscrits, qui sont les productions de leur esprit. L'ainé peut jouir de ces avantages sans être héritier de ses pere & mere. A l'égard du droit d'ainesse que la Coutume accorde à l'ainé dans leur succession, il est évident que l'ainé ne peut en jouir sans être héritier.

308. Ce droit consiste, 1°. dans un manoir, c'est-à-dire une maison à demeurer, dont la Coutume accorde à l'ainé le choix entre ceux tenus noblement qui se trouvent dans la succession, avec un arpent de terre contigu audit manoir, qu'on appelle *vol de chapon*, aussi tenu noblement. Sur ce que comprend ledit manoir, *voyez les art. 89 & 92.*

Si une rente à prendre sur un manoir en peut tenir lieu, *voyez les art. 93 & 94.*

Voyez un cas en l'*art. 96*, auquel l'ainé n'a pas le manoir.

Enfin sur la question, si l'ainé en doit avoir un dans chacune des successions de ses pere & mere ou autres ascendans, *voyez l'art. 97.*

Observez que lorsqu'il y a des manoirs situés en différentes Coutumes principales qui déferent à l'ainé un manoir, l'ainé a droit d'en prendre un dans chaque Coutume; parce que chaque Coutume défere la succession des biens situés en son territoire, indépendamment des autres.

309. Le droit d'ainesse consiste, 2°. en ce que notre Coutume donne à l'ainé, dans le surplus des biens nobles, une portion plus considérable que celle des

autres enfans : cette portion est les deux tiers lorsqu'il n'y a que deux enfans ; & la moitié lorsqu'il y en a un plus grand nombre. *Voyez sur ce les art. 89, 90 & 95.*

310. Quoique l'ainé ne puisse jouir de son droit d'ainesse sans être héritier, néanmoins ce qu'il prend de plus que ses freres & sœurs en vertu de ce droit, ne le rend pas héritier pour une plus grande portion que chacun de ses freres & sœurs ; la Coutume lui accordant ce qu'il a de plus qu'eux, comme un préciput qu'il prend hors part & avant partage.

D'où il suit, 1°. qu'il n'a pas plus que chacun de ses co-héritiers dans l'accroissement de ceux qui renoncent, *art. 369 ;* 2°. qu'il n'est tenu des dettes de la succession que pour la même part que chacun d'eux.

ARTICLE IV.

Si les Pere & Mere peuvent donner atteinte au droit d'ainesse ; & si ce droit doit céder à celui de la légitime.

311. Les pere & mere peuvent bien diminuer le droit d'ainesse de leurs enfans, en aliénant entre vifs leurs biens nobles envers des tiers, ou en commuant leurs fiefs en censive par une convention faite avec le Seigneur de qui ils relevent ; mais ils ne peuvent y donner atteinte par des donations même entre vifs qu'ils feroient à leurs puînés. C'est pourquoi quand même ces puînés donataires renonceroient à leur succession pour se tenir à leur don, les fiefs qui leur ont été donnés devroient se compter par fiction dans la masse des biens nobles dans lesquels l'ainé doit avoir son droit d'ainesse ; & si dans le surplus des biens restés dans la succession, il ne se trouve pas de quoi le remplir en total de son droit d'ainesse dans les biens compris dans cette masse, & de sa légitime de droit dans les autres biens, l'ainé pourra quereller les autres donations faites à ses puînés, & en retrancher ce qui lui manque.

De là cette maxime, qu'encore que dans les biens ordinaires la légitime de l'ainé, comme celle des autres enfans, soit seulement la moitié de ce qu'il auroit eu si son pere n'eût pas disposé par donation ; la légitime dans les biens nobles est, vis-à-vis de ses puînés, le total de ce que la loi lui accorde dans lesdits biens.

La règle que les pere & mere ne peuvent donner atteinte au droit d'aînesse, reçoit dans notre Coutume une exception en l'*art. 91. Voyez cet article.*

312. Le droit d'ainesse doit céder à la légitime des puînés dans le cas auquel il l'absorberoit. *Voyez l'art. 96, & l'introd. au T. 15, ch. De la légitime.*

CHAPITRE X.

De la Garde-Noble.

313. GARDE & *Bail*, ſont des termes qui, dans nos Coutumes, ſignifient gouvernement, adminiſtration avec autorité.

Notre Coutume appelle *Garde*, tant entre nobles qu'entre non-nobles, la tutele d'enfans mineurs qu'elle défere de plein droit au ſurvivant de leurs pere & mere; ou à ſon défaut ou refus, à leurs autres aſcendans, *art.* 23; & elle donne à ces tuteurs le nom de *Gardiens; art.* 26.

Entre nobles, lorſque la mere ou l'aïeule, gardienne de ſes enfans, ſe remarie, elle communique & fait paſſer à ſon mari la tutele qu'elle a de ſes enfans. Cette tutele, en ce cas, change de nom; elle s'appelle *Bail; art.* 25; & cette mere ou aïeule remariée, & ſon mari, s'appellent *Bailliſtres; art.* 27.

La tutele que la Coutume entre nobles, à défaut d'aſcendans, défere aux collatéraux, s'appelle auſſi *Bail*, & ces tuteurs s'appellent *Bailliſtres; art.* 27, 28, 29 & 30.

314. *Garde-noble* ſe prend, ou pour la tutele que la loi défere entre nobles au ſurvivant de deux conjoints par mariage ſur ſes enfans mineurs, & à ſon défaut, aux autres aſcendans; ou pour l'émolument qu'elle y attache.

La garde-noble, priſe en ce ſecond ſens, peut être définie, l'émolument que la Coutume accorde ſous certaines charges, dans les biens de la ſucceſſion du prédécédé de deux conjoints nobles, au ſurvivant qui accepte la garde de ſes enfans mineurs héritiers dudit prédécédé; & à ſon défaut ou refus, aux autres aſcendans deſdits mineurs.

Cet émolument eſt dans notre Coutume un acceſſoire de la tutele qu'elle accorde au ſurvivant ou autres aſcendans; & comme un acceſſoire ne peut ſubſiſter ſans le principal, mais peut en être ſéparé, le ſurvivant ou autres aſcendans ne peuvent, dans notre Coutume, avoir cet émolument ſans la tutele; mais ils peuvent renoncer à cet émolument, & néanmoins conſerver la tutele légitime de leurs enfans: c'eſt ce qui s'appelle renoncer à la garde-noble, pour s'en tenir à la garde ordinaire & comptable.

315. Notre Coutume a traité de la garde-noble ſous le titre des fiefs, parce qu'elle en tire ſon origine. Comme les fiefs étoient tenus autrefois à la charge du ſervice militaire, lorſqu'un vaſſal laiſſoit à ſa mort des enfans mineurs qui n'étoient pas encore capables de ce ſervice, le Seigneur ſe mettoit en poſſeſſion de leurs fiefs, & en jouiſſoit juſqu'à ce qu'ils euſſent atteint un âge ſuffiſant, en ſe chargeant de pourvoir, en attendant, à leurs alimens & à leur éducation. De là l'origine de la garde royale & ſeigneuriale qui a lieu en Normandie: depuis les Seigneurs ſe déchargerent de ce ſoin ſur quelqu'un des proches parens des mineurs, qui jouiſſoit des fiefs des mineurs juſqu'à ce qu'ils fuſſent en âge ſuffiſant, en ſe chargeant, tant de faire le ſervice militaire à leur place, que de pourvoir aux alimens & à l'éducation des mineurs.

Ce droit des gardiens-nobles, qui, dans son origine, n'avoit lieu qu'à l'égard des fiefs, & qui encore aujourd'hui, dans quelques Coutumes, est restreint à ces sortes de biens, s'étendit à la jouissance des autres biens des mineurs. Bien plus; l'avarice des gardiens alla jusqu'à s'arroger le droit de s'emparer en propriété de tout le mobilier des mineurs; & quoique ce droit ait été abrogé dans la plupart des Coutumes, la nôtre l'a conservé aux gardiens.

316. Pour traiter sommairement cette matiere de la *garde-noble*, nous verrons, 1°. à quelles personnes la Coutume l'accorde, & sur quelles personnes; 2°. Ce qui y donne ouverture; quand & comment elle se défere; 3°. En quoi consiste l'émolument de la garde; quelles sont les obligations du gardien, & les charges de la garde; 4°. Des manieres dont elle finit; 5°. De la qualité des dispositions coutumieres touchant la garde.

SECTION PREMIERE.

A quelles personnes notre Coutume défere la Garde-noble; & sur quelles personnes.

317. Notre Coutume défere la garde-noble, non-seulement au survivant des pere & mere des *mineurs*, mais encore, au défaut ou refus du survivant, à leur aïeul ou aïeule, *art.* 23; & autres ascendans, *art.* 26; mais seulement à ceux du côté du prédécédé. *Voyez l'art.* 23, *& les notes.*

Elle accorde ce droit à ceux de cette ligne, en considération de ce qu'ils sont de la famille du prédécédé d'où viennent les biens du mineur.

318. Lorsqu'à défaut ou refus du survivant, il se trouve un aïeul ou une aïeule du côté du prédécédé, qui accepte la garde, il n'est pas douteux que les bisaïeuls & les bisaïeules, comme étant en dégré plus éloigné, sont exclus: mais lorsqu'il ne se trouve ni aïeul ni aïeule, & qu'il se trouve plusieurs bisaïeuls ou bisaïeules dudit côté, la question n'est pas décidée si on doit les faire tous concourir. On peut, pour la concurrence, tirer argument de la loi Romaine, qui fait concourir pour la tutele légitime tous les agnats mâles qui se trouvent au même degré le plus prochain. Néanmoins cette concurrence a des inconvéniens, & j'inclinerois à préférer le mâle à la femelle, c'est-à-dire, le bisaïeul à la bisaïeule; & entre deux bisaïeuls, celui de la ligne paternelle du prédécédé, à celui de la ligne maternelle. On peut tirer argument pour cette préférence, de l'*art.* 4 de Blois, Coutume voisine.

319. Il faut être noble pour avoir la garde-noble; c'est pourquoi un aïeul de mineurs nobles, qui n'est pas lui-même noble, ne peut avoir cette garde.

Mais la veuve d'un noble, quoiqu'elle soit d'extraction roturiere, étant devenue noble par son mariage, peut avoir la garde-noble de ses enfans.

320. Il faut aussi être usant de ses droits pour être capable de la garde; car celui qui n'est pas capable de se gouverner soi-même, est incapable d'en gouverner d'autres. C'est pourquoi un interdit pour cause de démence, ou même seulement de prodigalité, est incapable de la garde.

Mais celui à qui l'on a donné seulement un conseil pour l'aliénation de ses biens, peut être gardien.

Il y a plus de difficulté si le conseil lui a été donné même pour l'administration de ses biens. Je pense que si c'est pour ses infirmités que ce conseil lui a été donné, il ne doit pas être pour cela exclus de la garde ; & il suffira de créer aux mineurs un tuteur onéraire, qui, aux frais, aux risques & à la décharge du gardien, administrera leurs biens. Mais je pense qu'il faudroit décider autrement, si le conseil étoit donné à quelqu'un pour cause de mauvaise conduite ou de foiblesse d'esprit.

321. Les mineurs ne sont point exclus de la garde de leurs enfans : l'usage en est constant dans notre Coutume, quoique la tutele soit jointe à la garde. On crée seulement en ce cas aux mineurs un curateur aux causes, pour les défendre en justice, & pour les actes où il s'agiroit d'aliénation.

322. Je ne pense pas que l'infamie qui résulte de quelque condamnation infamante, puisse seule par elle-même exclure quelqu'un de la garde de ses enfans ; car l'infamie n'exclut que des fonctions publiques, & non des droits de famille.

323. L'insolvabilité notoire n'est pas non plus une cause qui doive exclure de la garde ; mais on doit en ce cas créer aux mineurs un tuteur onéraire, qui administrera & donnera tous les ans au gardien ce qui restera, les dépenses de la garde déduites. Arrêt dans Soefve, 11, 4, 23.

324. La Coutume donne le droit de garde-noble sur les mineurs qui sont au-dessous de l'âge fixé par l'*art. 24. Voyez cet article, & le 25.*

325. Il faut qu'ils soient nobles : il ne suffit pas que le gardien le soit ; *art. 179.*

SECTION II.

Quand, & comment la Garde se défere ; & de sa répudiation.

326. La garde-noble ne se défere qu'une seule fois ; & c'est lors de la mort de celui des pere & mere des mineurs qui meurt le premier, qu'elle se défere ; *art. 23.*

327. Elle n'a pas besoin dans notre Coutume d'être acceptée : la garde-noble est acquise au gardien de plein droit, *art. 23 ;* à moins qu'il ne juge à propos de la répudier. *Voyez* sur la maniere & le temps dans lequel se doit faire cette répudiation, l'*art. 23.*

Lorsque celui qui a la garde-noble a été déférée, est mort peu après sans s'être expliqué, il est présumé l'avoir acquise, s'il étoit avantageux de l'acquérir ; & par conséquent le droit de garde-noble est consommé, & ne peut plus se déférer une seconde fois.

328. Lorsque le prédécédé a laissé plusieurs enfans mineurs, quoiqu'il y ait autant de droits de garde-noble qu'il y a d'enfans, néanmoins on n'admet pas que le gardien puisse retenir la garde-noble de l'un d'eux, *putà*, celle de l'aîné, comme plus avantageux, & répudier celle des autres; car cette distinction, qui a un motif d'avarice, choque la bienséance.

Section III.

En quoi consiste la Garde-Noble.

329. Le droit de garde-noble a cela de commun dans notre Coutume avec la garde simple & comptable, qu'elle consiste principalement dans le droit de gouverner les personnes des mineurs, & de disposer de leur éducation; & elle est en cela une espece de tutele légitime. *Sur quoi voyez l'Introduction au tit. 9.*

Ce qui la distingue de la garde simple, est le droit que notre Coutume accorde sous certaines charges au gardien-noble dans les biens des mineurs qui sont sujets à la garde, lequel consiste dans la propriété du mobilier, & dans la jouissance des immeubles pendant le temps que durera la garde.

§. I.

Quels biens sont sujets à la Garde.

330. Il n'y a de biens sujets à la garde-noble que ceux de la succession du prédécédé de ses pere & mere. *Voyez l'article 25, & les notes; & nos Observations sur Lalande, dans l'édition de la Coutume d'Orléans de l'année 1740.*

On doit regarder comme biens de cette succession, & par conséquent sujets à la garde, non-seulement les choses qui s'y sont trouvées lors de son ouverture, mais tout ce qui seroit advenu depuis au mineur en vertu de quelque droit dépendant de cette succession, tels que seroient des héritages qui seroient advenus aux mineurs durant la garde, par l'expiration d'un bail à temps qui en auroit été fait par le défunt, ou qui auroient été déguerpis pour une rente fonciere de la succession.

On doit aussi regarder comme biens de cette succession tout ce qui est accrû & uni à quelque héritage de cette succession par une union naturelle, telles que sont les alluvions.

331. A l'égard des autres biens qui adviennent au mineur durant la garde, soit par les dons ou legs qui lui seroient faits, soit de la succession de ses aïeuls ou aïeules, ou de ses collatéraux, même de celle de ses freres & sœurs qui seroient tombés comme eux en garde-noble; quoique ces biens viennent originairement de la succession du prédécédé, ils ne sont pas sujets à la garde-noble : mais le gardien-noble, qui dans notre Coutume est tuteur des mineurs, doit les administrer, à la charge de compter des fruits, revenus, intérêts, & intérêts d'intérêts, de même qu'un autre tuteur.

§. II.

Du droit qu'a le Gardien-noble de s'approprier en propriété le mobilier de la succession du prédécédé, échue au Mineur.

332. Ce droit comprend tout ce qui est réputé meuble dans la succession du prédécédé, tant les meubles corporels que les incorporels; c'est-à-dire,

les créances des sommes exigibles, ou de quelque chose de mobilier; tant celles que la succession a contre des tiers, que celle qu'elle a contre le survivant, qui en ce cas, comme gardien-noble, en fait confusion & en est libéré.

333. L'usage a néanmoins excepté les créances que la succession du prédécédé a pour la reprise de ses deniers stipulés propres, ou pour le remploi de ses propres aliénés : car quoique ces créances soient dans la vérité mobiliaires, étant créances de sommes de deniers exigibles, elles sont considérées comme des especes de propres fictifs.

C'est pourquoi, lorsque le gardien-noble rendra compte à ses mineurs, il faudra faire un état de toutes les créances que les mineurs tombés en garde-noble avoient contre la communauté lors de sa dissolution; & sur la somme totale à laquelle toutes ces créances se trouveront monter, il faudra faire déduction du montant des sommes que lesdits mineurs devoient à la communauté.

334. Tous conviennent que la créance des enfans tombés en garde-noble contre le survivant leur gardien, pour la reprise de leurs deniers stipulés propres, & pour le remploi du prix de leurs propres aliénés durant le mariage, est une créance qui ne fait pas partie de leur mobilier, que la Loi donne en propriété à leur gardien; cette créance étant regardée comme une espece de propre fictif. Il y a plus de difficulté à l'égard de la créance que les enfans ont en cas de renonciation de communauté, pour la reprise de la somme apportée par leur mere en communauté, stipulée audit cas à leur profit par le contrat de mariage : cette créance, quoique mobiliaire, mérite une faveur particuliere, ayant un objet qui fait partie de la dot de leur mere. Néanmoins Renusson, en son *Traité de la Garde-noble*, *VI*, 92, pense que cette créance que ces enfans ont pour cette reprise contre leur pere & gardien-noble, étant une créance mobiliaire, doit, dans les Coutumes qui donnent au gardien-noble les meubles des mineurs en propriété, être comprise dans la généralité des meubles des mineurs que ces Coutumes donnent au gardien-noble, & se confondre par conséquent dans la garde-noble.

Il y a beaucoup moins de difficulté à l'égard de la créance que les enfans mineurs tombés en garde-noble auroient, en qualité d'héritiers du prédécédé, contre le survivant leur gardien, pour les récompenses qu'il doit à la communauté. Il n'est pas douteux que cette créance, comme faisant partie des biens meubles, se confond dans la garde-noble, dans les Coutumes qui donnent au gardien-noble les meubles des mineurs en propriété. Supposons, par exemple, que la femme gardienne-noble avoit pendant son mariage, pour ses affaires particulieres, tiré du fonds de la communauté une somme de dix mille livres : n'ayant aucunes créances à exercer contre la communauté, qui puissent venir en déduction de cette somme, elle est débitrice envers la communauté de cette somme de dix mille livres. Supposons que les enfans doivent de leur côté 4000 liv., compensation faite de ces dettes respectives : la femme doit encore à la communauté 6000 liv., dont elle en confond 3000 sur elle comme commune; & à l'égard des autres 3000 liv., elle les doit à ses enfans : mais elle en est acquittée par la garde-noble, parce que cette créance de 3000 liv., en tant que créance mobiliaire, tombe dans la garde-noble avec tout le reste du mobilier des mineurs. Il en seroit de même, en cas de renonciation à la communauté, de la somme entiere de dix mille livres qu'elle devroit en ce cas à ses enfans; elle en seroit pareillement acquittée par la garde-noble, dans laquelle elle tomberoit comme créance mobiliaire de ses enfans. Il n'en est pas de même de la récompense due aux enfans mineurs tombés en garde-noble par le survivant leur gardien, pour le rachat des rentes par lui dues, fait pendant le temps du mariage, des deniers de la communauté; car cette récompense qui leur est due, consistant dans la continuation que le survivant doit leur faire desdites rentes, soit pour moitié, en cas d'acceptation de communauté; soit pour le total, dans le cas auquel leur gardienne, débitrice desdites rentes, auroit renoncé à la communauté; la créance des enfans étant la créance d'une rente, n'est pas une créance mobiliaire, & elle ne peut par conséquent se confondre dans la garde-noble, si ce n'est pour les arrérages qui en courront pendant la durée de la garde.

335. Il seroit fort à souhaiter qu'on exceptât du gain des meubles accordé aux gardiens-nobles, les bestiaux qui se trouvent dans les biens de la succession du prédécédé, & qui sont absolument nécessaires pour l'exploitation des biens de la Sologne; étant très-injuste que les mineurs, en sortant de garde, soient obligés d'engager leurs fonds pour racheter de leurs gardiens les bestiaux nécessaires pour embestialer leurs terres; mais on n'a pas jusqu'à présent fait cette exception.

§. III.

Du droit qu'a le Gardien-noble de jouir des immeubles sujets à la garde.

336. Ce droit comprend tous les fruits qui sont à percevoir sur les biens de la succession du prédécédé pendant tout le temps de la garde-noble. Néanmoins si lorsque le temps de la garde étoit prêt à expirer, le gardien eût coupé des fruits avant leur maturité, & qui n'auroient été bons à couper qu'après l'expiration du temps de la garde, il seroit tenu des dommages & intérêts du mineur.

337. Le gardien-noble a les fruits civils qui naissent durant la garde, comme les fruits naturels. Les fermes des biens de campagne étant le prix des récoltes, elles sont censées nées & acquises au gardien-noble, lorsque la récolte s'est faite durant le temps de la garde, quoique les termes de paiement n'échussent qu'après. A l'égard des arrérages des rentes foncieres ou constituées, & des loyers de maisons, ils se comptent de jour à jour; & ils sont dûs au gardien-noble pour tout ce qui en a couru jusqu'au temps qu'a fini la garde.

Les profits de fiefs & de censive sont aussi des fruits civils, qui sont censés nés durant la garde & acquis au gardien, lorsque les contrats de vente & mutations qui y ont donné ouverture, sont arrivés durant le temps de la garde. Les amendes, les épaves, la portion due au Seigneur justicier du

trésor

trésor trouvé dans le territoire de sa Justice ; les confiscations & droits de déshérence, même d'héritages, sont fruits civils des droits de Justice, & par conséquent appartiennent au gardien, lorsqu'il y a eu ouverture à ces droits durant le temps de la garde.

La présentation des bénéfices est réputée un fruit civil du droit de patronage, qui est acquis au gardien-noble, lorsque le bénéfice vaque durant le temps de la garde. Il y présente donc *proprio jure*, & peut en conséquence nommer au bénéfice son mineur : en quoi il differe d'un tuteur ordinaire, qui ne présente qu'au nom de son mineur, & ne peut par conséquent nommer son mineur. *Chopin, de Mor. And. Tit. de jur. de port. n. 8.*

Le gardien nomme aussi aux Offices des Justices de son mineur ; mais il ne peut accorder des survivances, ni destituer les Officiers.

§. IV.

Des charges de la Garde, & des obligations du Gardien.

338. La premiere obligation que doit remplir le gardien, est de faire, aussi-tôt après la mort du prédécédé, un inventaire des titres de la succession du prédécédé.

Quoique la Coutume ne s'en soit pas expliquée, il a été jugé plusieurs fois que les parens du mineur pouvoient poursuivre le gardien en Justice pour l'obliger à faire cet inventaire.

L'inventaire des meubles peut même quelquefois être nécessaire, comme dans le cas rapporté. *Voyez l'art. 25, in fin. & les notes 9 & 10.*

339. 2°. Le gardien doit pourvoir aux alimens du mineur, & à tout ce qui est nécessaire pour son éducation : s'il y manquoit, il pourroit être, à la requête des proches parens, contraint par le Juge ; & même en cas de contumace, privé de la garde.

340. 3°. Il doit entretenir en bon état les héritages sujets à la garde ; c'est pourquoi il n'est pas douteux qu'il est tenu de toutes les réparations d'entretien survenues durant la garde. A l'égard de celles qui étoient à faire lors de son ouverture ; la Coutume donnant au gardien tout le mobilier, sur lequel doit naturellement se prendre le coût de ces réparations, il est équitable que le gardien en soit tenu au moins jusqu'à concurrence de l'émolument qu'il a eu. Il n'est pas tenu des grosses, à moins qu'elles ne fussent survenues par sa faute, par défaut d'entretien.

341. 4°. Enfin il est tenu d'acquitter toutes les dettes mobiliaires dont la succession du prédécédé est tenue, soit envers des tiers, soit envers lui. Par exemple, si le prédécédé étoit débiteur envers la communauté de partie de son apport mobilier qu'il n'avoit pas fourni, le survivant gardien-noble seroit tenu de tenir ses mineurs quittes de cette dette. On excepte de cette regle ce que la succession du prédécédé doit au survivant pour les reprises & remplois de propre du survivant. Cette espece de créance du survivant ne se confond pas entiérement par la garde-noble, & voici ce qui se pratique.

Cette créance de survivant, déduction & compensation préalablement faite de ce qu'il peut devoir à la communauté, se préleve par proportion, tant sur le mobilier que sur les conquêts qui composent la communauté; & les mineurs, nonobstant la garde-noble, demeurent débiteurs de ce que leur part desdits conquêts en doit porter. *Finge :* le survivant, pour lesdites reprises, est créancier de la communauté, toutes déductions faites, de 1200 liv. Le mobilier de la communauté vaut 5000 liv., les conquêts 10000 liv. Le mobilier doit en porter le tiers, montant à 400 liv.; dont le survivant, qui a tout ce mobilier, doit faire confusion; & les mineurs, qui en cas d'acceptation de la communauté, succedent à la moitié des conquêts, sont débiteurs envers leur gardien de la moitié des 800 liv. restans.

C'est ce qui paroît avoir été jugé en la Coutume de Montargis, semblable à la nôtre, par un Arrêt du 28 Février 1668, rapporté au IIIe tome du Journal des Audiences, par lequel il fut jugé que la Dame Le Cirier, créanciere de son mari d'un remploi de propre, devoit faire confusion, non-seulement de moitié en sa qualité de commune, mais encore d'un tiers en l'autre moitié, comme ayant succédé, en sa qualité de gardienne-noble de ses enfans, à la part de son mari dans le mobilier des biens de la communauté, dont on estima que le mobilier faisoit le tiers.

C'est une question, si l'on ne doit pas encore excepter des dettes dont la gardienne-noble doit acquitter ses mineurs, celles dont ils sont tenus envers elle pour la reprise de son apport mobilier qu'elle a stipulé en cas de renonciation à la communauté; comme aussi celles dont ils sont débiteurs envers elle pour son douaire, lorsqu'il a été convenu à une certaine somme d'argent en propriété ? J'inclinerois beaucoup à ne les point excepter, la garde-noble étant très-odieuse dans les Coutumes qui donnent les meubles au gardien.

A l'égard de ce que les enfans doivent à leur mere leur gardienne-noble pour son forfait de communauté, tous conviennent qu'elle en doit acquitter ses mineurs, & en faire confusion.

Il en est de même de ce que les enfans doivent à la communauté, soit pour ce qui se manque de l'apport du prédécédé, soit pour les récompenses des sommes qu'il en a tirées : tous conviennent que le gardien-noble doit les en acquitter, aussi-bien que du préciput, & des donations de choses mobiliaires que le prédécédé auroit faites au survivant leur gardien.

On a fait la question de sçavoir si le gardien-noble doit acquitter ses mineurs des legs de sommes d'argent considérables portées au testament du prédécédé ? Pour la négative on dit : La Coutume charge bien le gardien *d'acquitter de toutes dettes* les mineurs; mais les legs sont bien des charges de la succession du prédécédé, & ne sont pas dettes du prédécédé. On dit au contraire pour l'affirmative, que les legs étant des charges de la succession du prédécédé, sont des dettes des mineurs qui l'ont acceptée; ce qui suffit pour que le gardien soit tenu de les en acquitter. Car la Coutume ne dit pas que le gardien-noble est tenu d'acquitter ses mineurs des dettes du prédécédé : elle le charge indistinctement de les acquitter de toutes dettes; ce qui comprend non-seulement les dettes du prédécédé, mais pareillement toutes celles que les mineurs contractent en acceptant sa succession. Renusson, *chap. 7*, a suivi cette seconde opinion, même pour les Coutumes qui ne donnent au gardien-noble que les revenus des biens de la succession du prédécédé : elle doit, à plus forte raison, être suivie dans celles qui lui donnent les meubles en propriété.

Le gardien-noble doit aussi acquitter ses mineurs des frais d'inventaire, des frais funéraires du prédécédé, des profits de relevoisons dûs par la mort du prédécédé, des frais des actes de souffrance, de reconnoissances & des déclarations d'hypotheque qu'il a été obligé de passer pour leurs héritages, & généralement de toutes les sommes d'argent ou autres choses mobiliaires qui pourront être dues par les mineurs, soit à des tiers, soit à leur gardien, pour quelque cause que ce soit, sauf le cas d'exception ci-dessus, suivant cette maxime de Loysel, *Qui bail ou garde prend, quitte le rend.*

Plusieurs prétendent aussi que la gardienne-noble à qui l'on a promis par le contrat de mariage une certaine somme en propriété pour son douaire, ne doit pas confondre cette créance, dont la succession de son mari est tenue envers elle.

La Coutume, sous le terme de dettes, comprend les frais funéraires du prédécédé, quoiqu'ils soient plutôt charges de sa succession que dettes : on peut soutenir qu'il en doit être de même des legs de sommes modiques.

A l'égard des rentes dont la succession du prédécédé est débitrice, soit envers des tiers, soit envers le survivant, il n'est tenu que des arrérages courus jusqu'au temps de l'expiration de la garde.

De là il suit que lorsque le prédécédé a remboursé des deniers de la communauté, une rente qu'il devoit de son propre, la récompense qui est due au survivant, consistant en ce cas en ce que cette rente revit au profit du survivant pour la part qu'il a en la communauté, contre la succession du prédécédé, (*infrà, Introd. au tit. 10, chap. 6;*) le survivant, gardien-noble de ses enfans héritiers du prédécédé, ne fait aucune confusion de cette récompense, si ce n'est des arrérages courus durant la garde.

342. Le gardien-noble est tenu de toutes ces charges, même au-delà de l'émolument qu'il auroit retiré de la garde-noble : car l'acceptation qu'il en fait est comme un marché à forfait, par lequel il s'engage envers ses mineurs à l'acquittement de toutes ces charges, pour le mobilier & la jouissance des immeubles de la succession, qui est comme le prix du marché. Il y en a même qui prétendent que le gardien, quoique mineur, ne seroit pas restituable contre l'acceptation de la garde-noble; ce qui me paroît souffrir difficulté.

Au reste, comme ce n'est que vis-à-vis du mineur que le gardien a contracté cette obligation, si le mineur, en se faisant restituer contre l'acceptation de la succession du prédécédé, se trouvoit déchargé des dettes, le gardien se trouveroit pareillement indirectement déchargé, en comptant aux créanciers de ce qu'il auroit touché des biens de la succession.

SECTION IV.

Quand finit la Garde-noble.

343. La garde-noble finit de plein droit, 1°. lorsque le mineur est parvenu à l'âge fixé par l'article 24. *Voyez l'art.* 25.

Observez néanmoins qu'en ce cas, c'est plutôt l'émolument de la garde, ou le droit de percevoir les revenus du mineur, qui cesse d'avoir lieu, que la garde même : car le gardien-noble, après ce temps, continue d'avoir la garde & tutele légitime de ses mieurs, sauf qu'il devient comptable de leurs revenus.

2°. Lorsque le mineur, même avant cet âge, est émancipé, soit par lettres du Prince, entérinées devant le Juge du consentement du gardien, soit par le mariage qu'il a contracté du consentement du gardien.

3°. Par la mort naturelle ou civile, soit du gardien, soit du mineur.

344. Dans notre Coutume, la garde-noble ne finit pas lorsque le gardien ou même la gardienne se remarie, à moins qu'elle n'épousât un homme qui ne fût pas noble; & en cela la gardienne-noble differe de la bourgeoise. *Voyez l'art.* 25.

345. Lorsque le mari noble à qui la gardienne s'est remariée, ne veut pas se charger de la garde, l'aïeul peut la prendre. (*Voyez l'art.* 25, *& les notes.*) C'est la même garde, qui n'étant pas finie en la personne de la mere qui s'est remariée, peut continuer en la personne de l'aïeul, qui veut bien s'en charger en sa place : mais lorsque la gardienne s'est remariée à un homme qui n'est pas noble, la garde étant finie, parce qu'ayant perdu la qualité de noble, elle en est devenue incapable, l'aïeul ne peut pas la prendre en sa place.

346. La garde-noble peut aussi finir par le ministere du Juge, lorsque le gardien mérite d'en être privé pour de justes causes; comme s'il dilapidoit les biens, s'il refusoit les choses nécessaires au mineur; ou pour cause de débauche publique à l'égard d'une gardienne.

SECTION DERNIERE.

De la qualité de nos dispositions coutumieres touchant la Garde.

347. La disposition de notre Coutume, en tant qu'elle défere la garde des mineurs au survivant, & à son défaut ou refus, aux autres ascendans, est un statut personnel, puisque ce statut a pour objet principal la personne des mineurs dont elle regle l'état, en les soumettant jusqu'à un certain âge à la puissance des personnes à qui elle défere leur garde. D'où il suit qu'il ne peut exercer son empire que sur des mineurs soumis par leur domicile à notre Coutume. Au contraire, la disposition Coutumiere, en tant qu'elle attribue au gardien-noble le droit de jouir des héritages de la succession du prédé-

cédé, dont ses mineurs sont héritiers, est un statut réel, puisqu'elle a pour objet les biens de cette succession : d'où il suit qu'il ne peut avoir lieu qu'à l'égard des biens situés sous cette Coutume. *Mol.* §. *32*, *n.* *5*.

La conséquence de la premiere partie de notre principe est, que l'aïeul des mineurs nobles domiciliés sous une Coutume qui ne défere la garde qu'au survivant, & non à l'aïeul, ne peut prétendre jouir, en qualité de gardien-noble, des biens des mineurs, quoique situés sous la Coutume d'Orléans ; car la Coutume d'Orléans, qui n'a point d'empire sur ces mineurs, n'a pu donner à leur aïeul le droit de garde-noble.

Au reste, je penserois qu'il suffit que les mineurs soient domiciliés sous notre Coutume, quoique l'aïeul à qui notre Coutume, au refus du survivant, défere la garde, n'y ait pas pareillement son domicile : car en déférant la garde, ce n'est que sur les mineurs qu'elle assujettit au pouvoir du gardien, qu'elle exerce son empire, & non sur celui à qui elle la défere.

La conséquence de la seconde partie du principe est, que le gardien-noble des mineurs Orléanois ne pourra pas, en cette qualité, avoir la jouissance des héritages de ses mineurs situés dans les Provinces où ce droit est absolument inconnu. Il pourra bien jouir de ceux situés sous des Coutumes qui admettent aussi le droit de garde-noble ; mais comme ce ne sera pas en vertu de la Coutume d'Orléans, qui ne peut exercer aucun empire sur les héritages situés hors de son territoire, qu'il en jouira, mais en vertu des Coutumes sous lesquelles ces biens se trouvent situés, il n'en pourra jouir que sous les modifications & limitations portées par lesdites Coutumes. C'est pourquoi si les Coutumes fixent la durée de la garde-noble à un temps moindre que celui fixé par notre Coutume, il n'en pourra jouir après le temps fixé par lesdites Coutumes. Si ces Coutumes font cesser le droit de garde-noble lorsque le gardien s'est remarié, le gardien de mineurs Orléanois qui se fera remarié n'aura plus le droit de jouir des biens situés dans lesdites Coutumes, quoique la nôtre conserve la garde au gardien qui s'est remarié.

Quoique le gardien-noble ne jouisse pas des biens de ses mineurs, qui sont situés en des lieux régis par des Loix qui ne lui donnent pas cette jouissance, l'émolument de la garde qu'il a dans les biens régis par notre Coutume, ne laisse pas de l'obliger pour le total, aux frais de l'entretien du mineur, & aux autres charges de la garde ; & non pas seulement au *prorata* des biens dont il jouit, comme l'a mal décidé Renusson : car ce n'est que sous ces charges que la Coutume lui défere l'émolument de la garde.

CHAPITRE XI.

Des Droits de Bannalité & de Corvées.

ARTICLE PREMIER.

Du Droit de Bannalité de Moulin ou de Four.

§. I.

Ce que c'est que le Droit de Bannalité; & en quoi il consiste.

348. BANNALITÉ est un mot qui vient de *Bannum*, lequel, selon Ducange, se prend pour *Edictum publicum, interdictum*.

On peut définir le droit de bannalité de moulin ou de four, le droit qu'a un Seigneur de contraindre les gens demeurans sur sa Seigneurie à faire moudre leurs grains à son moulin, ou à faire cuire leurs pâtes à son four, & d'empêcher qu'ils ne les fassent moudre ou cuire ailleurs.

349. C'est une suite de ce droit, que le Seigneur peut faire saisir par un Huissier dans le chemin les farines & les pains que les personnes sujettes à sa bannalité auroient fait moudre ou cuire ailleurs; en faire ordonner la confiscation à son profit, ou faire condamner les contrevenans en des amendes, selon ce qui est porté par les titres de son droit; mais il n'est pas permis au Seigneur de faire dans les maisons des perquisitions de farines ou pains pour établir les contraventions.

C'est une suite de ce droit, que le Seigneur peut empêcher les personnes sujettes à la bannalité, autres que les Boulangers publics, d'avoir chez eux des fours, si ce n'est de petits fours pour la pâtisserie; & les faire condamner à les abattre, si elles en avoient.

Enfin, c'est une suite du droit de bannalité de moulin, que le Seigneur peut empêcher les Meuniers voisins de chasser sur son territoire, par saisie de leurs mulets & des sommes. *Voyez l'art. 101.*

§. II.

A qui peut appartenir le Droit de Bannalité.

350. Le droit de bannalité, suivant ce qui vient d'être dit, ne peut appartenir qu'au Seigneur du territoire. C'est pourquoi, si un particulier qui n'a aucune Seigneurie, convenoit avec ses voisins, que pour leur commodité commune, il construiroit à ses dépens un moulin, à la charge qu'ils y fe-

roient moudre leurs grains, moyennant une certaine rétribution ſpécifiée par la convention, il ne réſulteroit de cette convention qu'une ſimple obligation perſonnelle de ceux qui s'y ſeroient obligés envers lui, laquelle ne paſſeroit qu'à leurs héritiers, & non à ceux qui ſuccéderoient à titre ſingulier à leurs héritages. Cette convention ne donneroit à ce particulier qu'une action perſonnelle contre ceux qui l'ont contractée, qui ſe termineroit à des dommages & intérêts, & à être indemniſé de la dépenſe qu'il a faite, au cas qu'ils contrevinſſent à leur obligation; mais elle ne pourroit donner le droit de contrainte en quoi conſiſte le droit de bannalité : il ne pourroit, en vertu de cette convention, ſaiſir les grains ou les farines de ceux qui contreviendroient à leur obligation, ni les faire condamner en des amendes; ce droit ſuppoſant un droit de Seigneurie que ce particulier n'a pas.

351. Le droit de bannalité, non-ſeulement ne peut appartenir à un particulier qui n'a aucune Seigneurie; il ne peut appartenir qu'au Seigneur du territoire. C'eſt pourquoi ſi des habitans s'étoient ſoumis à une bannalité envers un Seigneur étranger, le Seigneur du territoire pourroit empêcher ce Seigneur étranger de l'exercer. C'eſt ce qui a été jugé pour le Chapitre de Clery, Seigneur dudit lieu, contre l'Evêque d'Orléans, par Arrêt du 30 Mars 1609, rapporté par Lalande ſur l'*art.* 100.

352. Il ſuit de ce que nous avons dit, que le Seigneur ne pourroit pas céder à une autre perſonne purement & ſimplement ſon droit de bannalité ſans la Seigneurie à laquelle il eſt attaché; mais il peut le donner à ferme, ou à rente, ou à cens, ou même à titre de fief; & ceux qui le tiennent de lui à quelqu'un de ces titres, peuvent l'exercer, parce que c'eſt au nom du Seigneur qu'ils ſont cenſés l'exercer.

§. III.

Sur quelles perſonnes s'exerce le droit de Bannalité; & à l'égard de quelles choſes.

353. La bannalité de four & la bannalité de moulin ſont des bannalités perſonnelles, qui ne s'exercent que ſur les perſonnes qui demeurent dans l'étendue du territoire du Seigneur : c'eſt à raiſon du domicile qu'elles y ont, ou de la réſidence qu'elles y font, qu'elles y ſont ſujettes.

En cela ces bannalités different de la bannalité de preſſoir, laquelle eſt une bannalité réelle, à laquelle ceux qui poſſedent des vignes dans le territoire, ſont ſujets à raiſon des vignes qu'ils y poſſedent, quand même ils auroient leur domicile ailleurs. Je ne connois aucun exemple dans ce Bailliage de bannalité de preſſoir; c'eſt pour cela que la Coutume n'en a pas parlé.

354. Dans les bannalités réelles, telle que celle de preſſoir, il eſt évident qu'on ne doit avoir aucun égard aux qualités des perſonnes, puiſque ce n'eſt qu'à raiſon de leurs biens qu'elles y ſont ſujettes : mais dans les bannalités perſonnelles, telles que ſont celles de moulin & de four, il y a plu-

ſieurs Coutumes qui n'y aſſujettiſſent que les roturiers ; *hommes levans & couchans roturiérement.* Dans celles qui, comme la nôtre, ne s'en expliquent pas, c'eſt un ſentiment aſſez commun que les Eccléſiaſtiques & les Nobles doivent être exempts de la bannalité de four pour le pain de leur table, à cauſe du riſque qu'il y a que la pâte ne s'aigriſſe en la portant au four bannal. Lalande en rapporte un Arrêt. Au contraire, pluſieurs Arrêts ont jugé qu'ils n'étoient pas exempts de la bannalité de moulin : ils ſont rapportés par Guyot, qui eſt néanmoins d'avis contraire.

355. Le droit de bannalité n'a lieu que ſur les grains & farines qui ſe trouvent dans le territoire ſujet à la bannalité : mais quoique demeurant dans l'étendue de la bannalité, ſi j'ai des grains hors de la bannalité, je puis les faire moudre hors la bannalité, & en faire venir les farines chez moi : & pareillement je puis faire cuire hors la bannalité les farines que j'ai hors la bannalité, & en faire venir les pains chez moi.

Ce droit ne doit s'exercer non plus que ſur ce qui doit être conſommé dans le territoire. C'eſt pourquoi un Boulanger n'eſt tenu de faire cuire au four bannal que les pains qui doivent ſervir pour ſa maiſon, ou qui ſeront débités aux perſonnes demeurantes ſur le territoire de la bannalité : il peut faire cuire dans ſon four les pains qu'il débite aux forains, à la charge de les marquer d'une marque particuliere, pour éviter les fraudes. *Voyez les Arrêts cités par Guyot, ch. IX, n. 5.*

§. IV.

Comment s'établit le droit de Bannalité ; & comment il ſe perd.

356. Le droit de bannalité ne peut s'établir dans notre Coutume que par un titre, *art. 100 :* c'eſt une exception à l'*art. 261.* Ce qui y a donné lieu, eſt l'abus que pluſieurs Seigneurs avoient fait de leur puiſſance pour s'arroger ſur leurs juſticiables ou cenſitaires, des droits de bannalité qui ne leur appartenoient pas.

357. Les titres qui peuvent établir ce droit ſont, ou le titre conſtitutif de ce droit pour quelque cauſe juſte, ou pluſieurs reconnoiſſances paſſées par les cenſitaires, dans leſquelles ce droit eſt énoncé.

Un décret d'adjudication de la terre & Seigneurie, où ce droit eſt énoncé comme dépendant de ladite Seigneurie, n'eſt pas un titre ſuffiſant, quoique les habitans ne ſe ſoient pas oppoſés au décret : car les décrets ſont établis pour purger les droits dont l'héritage ſeroit chargé, & non pour faire acquérir à l'adjudicataire des droits qui n'en dépendent pas. *Voyez les Arrêts cités par Guyot, IV, 18.*

Les dénombremens dans leſquels le Seigneur auroit énoncé ſes droits de bannalité, ne ſont pas non plus des titres ſuffiſans pour l'établir : car il ne peut pas ſe faire des titres à lui-même. Il en eſt de même du préambule d'un terrier, qui eſt l'ouvrage du Seigneur, & dont on ne donne pas ordinairement lecture aux cenſitaires qui paſſent des reconnoiſſances au terrier. C'eſt pourquoi ſi les déclarations des cenſitaires n'expriment pas le droit de bannalité, quand même le Notaire y auroit gliſſé la clauſe, *& autres droits ci-deſſus réſervés,* Guyot, *ibid.*

ibid. n. 32 & seq. pense que le préambule du terrier ne seroit pas suffisant pour établir le droit.

C'est une question si la possession centenaire équipolle à titre pour ces sortes de droits. Voyez ce que nous disons sur cette possession sur le titre des servitudes.

358. Quoique la bannalité ne s'établisse que par titre, la libération de ce droit peut s'acquérir sans titre, par la prescription ordinaire de trente ans, si le Seigneur est un particulier majeur; ou de quarante, si c'est l'Eglise ou une Communauté. Notre Coutume l'ayant décidé, *art. 226*, pour la libération des servitudes prédiales, on doit le décider, à plus forte raison, pour la libération des servitudes personnelles, qui est bien plus favorable. Si donc pendant ce temps le Seigneur n'a pas usé de son droit, il ne sera plus, par la suite, recevable à le prétendre; par exemple, si pendant ce temps les meûniers voisins ont chassé sur son territoire à son vu & sçu, & sans qu'il les en ait empêchés.

359. Quoique la bannalité soit due par la Communauté des habitans, néanmoins comme chaque habitant s'y trouve personnellement sujet, Guyot, *VII, 2*, pense que chaque habitant peut en particulier prescrire la libération de cette servitude; comme si pendant le temps de la prescription un particulier avoit eu, au vu & sçu de son Seigneur, un four chez lui, ou avoit journellement porté ses grains à un autre moulin. *Voyez les Arrêts qu'il cite.*

ARTICLE II.

Du Droit de Corvées.

360. Coquille, sur la Coutume de Nevers, VIII, 5, définit la corvée, *l'ouvrage d'un jour pour l'aménagement du Seigneur.*

Il y a différentes especes de corvées, selon les différens titres par lesquels elles sont dues. Il y en a qui ne consistent que dans un ouvrage de corps seulement; d'autres doivent se faire avec bêtes & charrois.

361. On les divise principalement en personnelles & réelles: celles-ci sont dues par les possesseurs des héritages situés dans l'étendue de la seigneurie, à raison desdits héritages. La qualité du possesseur de ces héritages n'exempte point de ces corvées: les Ecclésiastiques & les Nobles sont tenus de les acquitter, non par eux-mêmes, mais par des gens qu'ils doivent envoyer de leur part. Les corvées personnelles sont dues par les habitans du territoire sujet à ce droit, à raison du domicile qu'ils y ont: les Ecclésiastiques & les Nobles en sont exempts. *Guyot*, II, 21.

Dans les corvées personnelles dues avec charrois & bêtes, ceux qui n'ont pas de charroi, & n'ont qu'une bête de somme, ne sont tenus servir le Seigneur qu'avec leur bête de somme: ceux qui n'ont ni charrois ni bêtes, ne sont tenus qu'à servir de leur corps; & ils en sont dispensés lorsqu'ils sont malades ou infirmes. *Arrêt de 1671, cité par Bretonnier sur Henris. Guyot, ch. 7.*

362. Les titres du droit de corvées limitent ordinairement le nombre qui est dû par chacun an. Il y en a qui ne limitent point, & qui portent qu'elles seront

dues à la volonté du Seigneur, toutes les fois qu'il en aura besoin : on les appelle *corvées à volonté*. La Jurisprudence les a limitées à douze par an, sans que le Seigneur puisse en demander plus de trois en un mois, & plus d'une chaque semaine. *Loysel*, *VI*, *7*.

363. Le nombre des corvées réelles n'est pas sujet à variation : lorsque l'héritage qui étoit chargé d'un certain nombre de corvées, se partage, le nombre des corvées se divise & répartit à proportion. Par exemple, si un héritage chargé de quatre corvées par an, est partagé en quatre portions, chacune sera tenue d'une corvée : s'il est divisé en trois, chacune des portions devra pour elle seule une corvée, & la quatrieme sera due solidairement par les trois portions ensemble.

A l'égard des personnelles, si par les titres chaque feu ou ménage, ou chaque personne est chargée d'un certain nombre de corvées, le nombre de corvées dues au Seigneur augmentera ou diminuera, suivant que le nombre des ménages ou des personnes augmentera ou diminuera. Si au contraire c'est la communauté d'habitans qui est chargée d'un certain nombre de corvées, le nombre demeure invariable, quoique le nombre des feux augmente ou diminue.

364. Il est de la nature de toutes les corvées qu'elles doivent être demandées aux redevables par le Seigneur à qui elles sont dues ; *non antè cedunt quàm indictæ fuerint. L. 24*, ff. *oper. Libert.* D'où il suit qu'elles ne s'arréragent pas, lorsque le Seigneur ne les a pas demandées.

Cela doit s'entendre de celles qui sont dues en nature : mais lorsque le Seigneur les a abonnées à une somme d'argent, il en peut demander vingt-neuf années d'arrérages.

Lorsqu'il n'y a pas d'abonnement, le Seigneur ne peut pas demander au redevable l'estimation en argent de la corvée qu'il est prêt de faire ; il ne peut demander cette estimation que lorsque le redevable à qui la corvée a été demandée, ne l'a pas faite : *operæ peti non possunt nisi præteritæ. L. 15*, §. *2*, ff. *d. tit.*

Cette décision a lieu quand même il seroit dit par le titre qu'il seroit dû tant de corvées ou telle somme, à moins qu'il ne fût dit expressément que ce seroit au choix du Seigneur.

365. Le droit de corvées étant un droit attaché à la seigneurie, qui est dû au Seigneur à cause de sa seigneurie ; les corvées tiennent plus de la nature de celles qu'on appelloit en Droit *officiales*, que de celles appellées *operæ fabriles* : c'est pourquoi elles ne sont pas cessibles. Elles peuvent néanmoins entrer dans le bail que le Seigneur fait de sa terre, & être exigées par son fermier ; car le fermier jouissant pour & au nom du Seigneur, les corvées faites pour le fermier sont censées faites pour le Seigneur : ce qui doit s'entendre de celles qui concernent le service de la terre. Celles qui concerneroient l'utilité personnelle du Seigneur, ne peuvent entrer dans le bail de la terre, suivant qu'il a été jugé à l'égard d'une espece de corvées qui consistoit à voiturer le vin que le Seigneur faisoit venir pour la provision de sa maison.

366. Réguliérement le Seigneur ne peut obliger les redevables de corvées à les faire hors l'étendue de la Seigneurie, à moins que le contraire ne soit établi par les titres. Le temps d'aller à l'endroit où le service est demandé, & d'en revenir, est compté dans les journées qui sont dues. *Arg. L. 20*, §. *1*, ff. *de oper. libert.*

Les redevables ſe doivent fournir d'outils & ſe nourrir à leurs dépens ; *ſuo victu veſtituque operas præſtare debet libertus. L. 18*, ff. *de oper. libert.* à moins que le redevable n'eût pas le moyen de ſe nourrir, *d. l.;* ou à moins que les titres, ou même ſeulement l'uſage, n'établiſſent que le Seigneur le doit nourrir.

367. Le droit de corvées, comme celui de bannalité, ne peut s'établir que par titres ; la ſeule poſſeſſion ne ſuffit pas : mais la liberté de ce droit peut s'acquérir par preſcription, lorſque le Seigneur n'a pas uſé de ſon droit.

Obſervez que lorſque les corvées ſont dues par une communauté d'habitans, au Syndic de laquelle le Seigneur s'adreſſe pour être ſervi de ſes corvées ; tant que le Seigneur eſt ſervi par la communauté, les particuliers ne peuvent pas acquérir la libération des corvées : chacun eſt cenſé acquitter ce droit par ceux qui rendent le ſervice. Ce droit pouvant ſe preſcrire pour le tout, peut, par la même raiſon, ſe preſcrire pour la quotité ; *v. g.* ſi le Seigneur à qui il eſt dû par chaque ménage quatre corvées par chacun an, n'en avoit, pendant le temps requis pour la preſcription, exigé que deux, il ſeroit non-recevable à en demander quatre.

COUTUMES DES DUCHÉ, BAILLIAGE ET PRÉVÔTÉ D'ORLÉANS, ET RESSORT D'ICEUX.

TITRE PREMIER.

DES FIEFS.

ARTICLE PREMIER.

UN vaſſal peut vendre ſon fief, ou partie (1) d'iceluy, ſans le conſentement de ſon Seigneur de fief. Et eſt tenu ledit Seigneur de fief, de recevoir en foy & hommage l'achepteur dudit fief, ou partie d'iceluy, en payant le quint denier de la ven- Ancienne Coutume, art. 1, 60.

(1) Ces termes comprennent même les droits incorporels attachés au fief. Ainſi je puis, ſans le conſentement de mon Seigneur, vendre & détacher de ma terre un droit de juſtice, ou bien un ou pluſieurs des vaſſaux qui en relevent. Mais cela ne doit point changer la condition des juſticiables ni des vaſſaux. C'eſt pourquoi la juſtice devra toujours s'exercer au même lieu, & les vaſſaux ne feront pas tenus porter foi à l'acquéreur leur nouveau Seigneur, ailleurs qu'au chef-lieu de mon fief où ils étoient tenus de la porter auparavant.

te : (2) *& quant au requint*, (3) *n'en sera doresnavant deu.* Et est le quint denier, la cinquieme partie du prix (4) que le fief a été vendu.

M. de Lalande pense que par ces termes *ou partie d'icelui*, la Coutume permet le démembrement de fief, que celle de Paris & beaucoup d'autres défendent. M. Guyot s'éleve fort contre ce sentiment. Il est vrai que les termes de la Coutume ne sont pas entiérement décisifs ; car le terme de *fief* se prenant souvent pour le corps du domaine tenu en fief, aussi-bien que pour le *titre du fief*, ces termes peuvent s'entendre aussi-bien du simple jeu de fief, avec démission de foi dont il est parlé, *Introd. ch.* 8, *art.* 2, comme du démembrement du fief. L'argument qu'on voudroit tirer de ce que la Coutume, *art.* 121, déclare que le cens est divisible, n'est pas plus concluant : le féodal & le censuel étant de natures différentes, on ne peut argumenter de l'un à l'autre ; mais ce qui doit faire décider pour le sentiment de Lalande, c'est l'usage ; *optima legum interpres consuetudo.* Une personne très-éclairée, qui a dépouillé toutes les archives de cette Province, m'a dit n'avoir pas vu d'aveu par lequel l'acquéreur d'une portion divisée d'un héritage féodal, en eût porté la foi autrement, que comme d'un fief séparé.

(2) Seulement, & non les anciens profits qui pourroient être dûs, si ce n'est au cas de l'article suivant. *Voyez cet article.*

(3) Par l'ancienne Coutume, outre le quint qui étoit dû par le vendeur, l'acheteur devoit le requint, qui étoit la cinquieme partie du quint : cet article abroge le requint & charge du quint l'acheteur.

(4) Tant du prix principal que de ce qui y accede. *Voyez, sur le profit du quint, tout le Chapitre cinquieme de l'Introduction.*

ARTICLE II.

Toutesfois si le Seigneur du fief, auparavant la vente du fief, ou partie d'iceluy, avoit saisi (1) *& apposé sa main sur le total dudit fief : En ce cas l'achepteur, qui auroit acquis ledit fief, ou partie, sera tenu payer entiérement au Seigneur de fief les profits qui étoient deubz auparavant la vente, pour lesquels ledit Seigneur avoit apposé sa main & fait sa saisie, ensemble les frais de la saisie ; sauf audit achepteur son recours, pour lequel ledit Seigneur du fief sera tenu lui céder ses actions, & le subroger en son lieu & droict.*

(1) Donc hors ce cas, le tiers acquéreur n'est pas obligé, pour être reçu en foi, d'offrir les anciens profits ; sauf au Seigneur à se pourvoir par action, soit contre ceux qui en sont personnellement tenus, soit contre cet acquéreur, comme détenteur du fief qui y est affecté. *Introd. Append. aux ch.* 5 & 6, §. 1.

ARTICLE III.

A. C. *art.* 96. Quand le vassal est en foy, ou a duement fait ses devoirs envers son Seigneur de fief, & l'héritage dudit vassal pour ses debtes, est saisi & mis en criées ; par telle saisie & criées, ne sera le fief ouvert, & ne joüyra ledit Seigneur de fief, dudit héritage. Car tousiours dure la foy, jusqu'à ce que ledit héritage soit vendu

& adjugé par décret, ou que la foi fust faillie [autrement (1) que par ladite saisie, & criées finies], du costé dudit Seigneur de fief, ou dudit debteur son vassal : Aussi (2) que la main de Justice ne dessaisit personne (3).

(1) Ce qui est entre deux [ ] est transposé, & doit être à la fin de la phrase, après le mot *vassal* : de maniere qu'il faut lire, *ou que la loi fût faillie du côté dudit Seigneur de fief, ou dudit débiteur, son vassal, autrement que, &c.*

(2) *Aussi que* pour *parce que.*

(3) La saisie réelle & l'établissement de Commissaire, empêchent seulement le débiteur de jouir par lui-même de son héritage : mais il n'en est pas moins, jusqu'à l'adjudication, le vrai propriétaire, & même le vrai possesseur ; c'est pour lui, & pour l'acquittement de ses dettes, que le Commissaire en perçoit les fruits.

ARTICLE IV.

Le curateur (1) ou commissaire (2) établi à la requête des créanciers, à un fief saisi par le Seigneur féodal, soit auparavant ou depuis la saisie des créanciers, peut demander souffrance au Seigneur féodal, pour obtenir main-levée de la saisie féodale. Et sera le Seigneur du fief tenu bailler ladite souffrance audit curateur ou commissaire : Sauf audit Seigneur soi pourvoir pour ses profits sur les deniers de la ferme de l'héritage, ou deniers qui proviendront de la vente. Et à défaut de le recevoir par ledit Seigneur, il sera reçeu par Justice. Coutume de Paris, *art.* 34.

Voyez sur les cas de cet article, & sur ceux auxquels il peut être étendu, *l'Introduct. ch.* 1, §. 5.

(1) A la succession vacante du vassal.

(2) Etabli à la saisie réelle du fief d'un débiteur qui n'en a pas porté la foi.

ARTICLE V.

Un vassal peut vendre ou (1) constituer rente sur son fief, sans le consentement de son Seigneur de fief : Mais ledit Seigneur de fief n'est tenu de recevoir en foy & hommage l'acquéreur de ladite rente, si bon ne lui semble. Et aussi ledit Seigneur de fief peut contraindre ledit acquéreur de lui faire la foy & hommage d'icelle rente. A. C. *art.* 34.

(1) *Ou* est pris ici pour *id est.*

ARTICLE VI.

Et quand le Seigneur de fief exploictera son fief, sur lequel a été vendue ou constituée ladite rente, par son vassal ; iceluy C. de Par. *art.* 28. A. C. *art.* 3. 101.

& art. 314 *en la fin, & infrà, art.* 202. Seigneur de fief exploictera entiérement sondit fief, sans payer ladite rente (1) ainsi constituée : sinon que auparavant elle eust été inféodée (2).

(1) Voyez *l'Introd. ch.* 8, *art.* 2.
(2) Elle est inféodée lorsque le Seigneur a reçu le créancier de la rente à lui en porter la foi. Si le Seigneur avoit simplement consenti la rente, il en seroit aussi tenu, par argument tiré de l'article suivant, *in fine*.

ARTICLE VII.

A. C. *art.* 4 & 57. Un vassal peut bailler (1) à cens, rente, ferme ou pension, son domaine (2) à vies, à temps, ou à tousiours, en retenant (3) à lui les foi & hommage : & n'y a en ce faisant le Seigneur de fief aucun profit. Toutesfois, quand ledit fief chet en profit (4), le Seigneur qui n'a consenty, ne inféodé ledit bail, peut entiérement exploicter sondit fief (5).

(1) *Etiam mediante pecuniâ* : Ainsi a été jugé, selon mon opinion, par Sentence du Bailli d'Orléans, du 5 Janvier l'an 1542, entre Guillaume Durant, Notaire d'Orléans, qui avoit baillé le domaine de son fief à cens & rente, moyennant somme d'argent, excédant lesdits cens & rente, d'une part ; & Florent Bourgoin, Seigneur de Cleves, qui avoit saisi par faute d'homme, droits & devoirs, & demandoit le quint & requint, dont il fut débouté, & sa saisie déclarée tortionnaire, lui condamné ès dépens de la cause, dommages & intérêts de la saisie ; ce qui fut confirmé par Arrêt prononcé le 5 Février, l'an 1543, Rapporteur, Bermonet, & Présidens, de Goüy & Spifame. *Molin.* sur notre ancienne Coutume, *art.* 4.

Dumoulin, §. 51, *gl.* 2, *n.* 9 *& seq.* rapporte un autre Arrêt de 1538, rendu dans l'ancienne Coutume de Paris, semblable à la nôtre, par lequel il fut jugé qu'un contrat de vente de 150 arpens de terre, faite pour le prix de 2000 liv. & pour 4 deniers de cens par arpent, n'avoit donné ouverture ni à la foi, ni aux profits. On avoit toujours depuis regardé comme un droit constant dans cette Province, que la rétention de foi, par ces baux, étoit valable, quoique les deniers égalassent à peu près la valeur de l'héritage. Depuis peu la question s'est renouvellée, & on a soutenu nulle la rétention de foi faite par ces contrats. Pour moyens, on dit, 1°. que ces contrats ne doivent point passer pour des contrats de bail à cens, rente, ferme ou pension, par lesquels la Coutume a permis de retenir la foi ; puisque c'est une autre nature de contrat, sçavoir celle du contrat de vente, qui y prédomine ; 2°. que ces contrats doivent être présumés frauduleux, & faits uniquement pour frauder le Seigneur du profit de vente. Enfin ils prétendent que leur sentiment a été confirmé par l'Arrêt du 12 Août 1752, pour la terre de Laronciere. La réponse au premier moyen, est que cet article n'est qu'une suite de ce principe des fiefs, qui est en l'art. 35 de l'ancienne Coutume de Paris ; *Un vassal peut se jouer de son fief jusqu'à démission de foi, sans payer profit* ; c'est-à-dire, suivant que l'explique Dumoulin, qu'il a une liberté aussi grande que l'on puisse concevoir, d'en disposer à quelque titre que ce soit, soit de donation, soit de vente, soit d'échange, &c. sans donner ouverture au profit, pourvu qu'il ne se démette pas de la foi, & que pour cet effet il retienne dans l'héritage dont il dispose quelque droit réel qui puisse être représentatif d'un *dominium civile* qu'il conserve dans cet héritage, auquel *la foi*, c'est-à-dire, la charge des devoirs féodaux soit attachée. Ceci supposé, il est clair qu'il ne s'agit point, en cet article, de décider par quelle espece de contrat le vassal peut *se jouer* de son fief ; mais plutôt quelle est l'espece de droit ou de redevance qu'il doit se retenir dans l'héritage dont il dispose, qui puisse être représentatif du *dominium civile* qu'il s'y retient, & auquel la foi qu'il retient doit être attachée. Notre

Coutume

Coutume décide qu'il n'est pas absolument nécessaire que ce soit un cens, & qu'un vassal peut retenir la foi en donnant son héritage, soit à cens, soit à *rente*, *ferme* ou *pension*; parce que quoiqu'il soit propre au cens d'être essentiellement représentatif du *dominium civile* de l'héritage, néanmoins toute autre redevance, quelque nom qu'on lui ait donné, soit de *rente*, de *ferme* ou de *pension*, en peut aussi être représentative lorsque le vassal s'est retenu la foi, & cette foi peut y être attachée.

A l'égard du second moyen tiré de la fraude, on convient que lorsqu'il y a des circonstances qui donnent lieu de présumer que le bail à cens ou à rente n'a pas été sérieux, & qu'il y a eu quelque paction secrete de rétrocéder le cens ou la rente au preneur, à quelque titre qui ne donne pas lieu au profit de quint, tel que celui de donation, on ne doit avoir aucun égard à la rétention de foi qui y est portée. Si cette rétrocession s'étoit faite dans les dix ans du bail, ce seroit une circonstance suffisante pour faire présumer cette paction, & faire juger le bail frauduleux, suivant la Déclaration du Roi du 27 Juillet 1731, rendue pour la Normandie. Mais lorsqu'il n'y a aucune circonstance qui fasse présumer cette paction secrete, l'acte ne doit point être présumé frauduleux, par cela seul qu'il y a des deniers d'entrée d'égale valeur au prix de l'héritage : car la fraude ne se présume point. Les parties ont pu avoir leurs raisons pour convenir que la foi seroit retenue par le vendeur : l'acheteur a pu ne pas vouloir posséder noblement l'héritage, pour n'être pas sujet au franc-fief, ou pour que l'héritage ne se partageât pas noblement dans sa famille. On peut même dire que quand même l'acheteur n'auroit eu d'autre vue, en acquérant de cette maniere, que d'éviter le profit de quint, & le vendeur de retirer un prix plus cher de son héritage en se chargeant de la foi, il n'y auroit point en cela de fraude; car ce n'est pas une fraude que d'acquérir d'une maniere permise par la Loi; *non videtur dolo facere qui jure communi utitur*, l. 55. ff. *de R. J.* La fraude consiste seulement à faire paroître une rétention de foi, lorsque l'intention des parties n'est pas qu'elle demeure toujours pardevers le vendeur.

A l'égard de l'Arrêt qu'on oppose, n'étant pas rendu en forme de réglement, il ne fait point de loi : on ne peut même dire qu'il ait préjugé la question, y ayant lieu de croire que dans l'espece il y avoit des circonstances de fraude sur lesquelles la Cour s'est déterminée; au lieu qu'il est certain que les Arrêts rapportés par Dumoulin ont jugé la question *in meris terminis* pour notre sentiment.

Observez qu'il y a de certains droits qui sont de nature à ne pouvoir être tenus que noblement, tels que les droits de justice ou de censive. Un vassal à qui ces droits appartiennent, ne peut s'en jouer par un bail à cens; ces droits étant de nature à ne pouvoir être tenus à cens.

(2) Même pour le total; en quoi notre Coutume differe de la Coutume de Paris réformée, qui ne permet au vassal de se jouer de son domaine tenu en fief, que jusqu'à la concurrence des deux tiers.

(3) Dans un bail à cens il n'est pas nécessaire que cette rétention de foi soit exprimée; car le cens est essentiellement représentatif du *dominium civile* retenu par le bailleur, & auquel la foi est attachée; autrement ce ne seroit pas un cens. Il en est autrement du bail à rente; car la rente fonciere n'étant pas essentiellement représentative du *dominium civile* de l'héritage, pour qu'il paroisse que le bailleur a voulu retenir ce *dominium civile*, dont la rente seroit représentative, il faut que cela soit exprimé : c'est la distinction que fait Lalande après Dumoulin. Notre Coutume même paroît l'insinuer dans les articles 345 & 346; car dans le 345, elle dit simplement, *héritage féodal baillé à cens est réputé censuel*: dans le 346, à l'égard de l'héritage féodal pris à rente, elle ajoute, *dont le bailleur a retenu à soi la foi.* Voyez la note sur l'art. 10.

(4) Par les mutations qui arriveront du côté du bailleur & de ses ayans cause, *art.* 9, *infrà.*

(5) C'est-à-dire l'*héritage*, qui demeure toujours le fief. *Voyez l'Introd. ch.* 8, *art.* 2.

ARTICLE VIII.

Et si le preneur *ou ses successeurs* vendent, baillent & transportent lesdits héritages, *& autres choses aliénées, ainsi que dessus,* A. C. art. 58.

n'eſt pour ce deu aucun profit au Seigneur de fief (1) : Mais leſdits baulx & aliénations ne peuvent préjudicier audit Seigneur de fief, qu'il ne puiſſe exploicter ſon fief (2), s'il le trouve ouvert (3), ſans avoir eſgard au bail fait par ledit vaſſal.

(1) C'eſt une ſuite de l'article précédent. *Voyez l'Introd. ch.* 8, *art.* 2.
(2) L'héritage qui demeure toujours le fief. *Voyez l'Introd. ibid.*
(3) Ces ouvertures de fief arrivent du côté du bailleur. *ibid.*

ARTICLE IX.

Mais ſi vente étoit faite dudit cens ou rente, à quoy auroit eſté baillé ledit héritage; en ce cas l'acquéreur ſera tenu de payer quint denier au Seigneur de fief, à cauſe de ladite acquiſition, ſelon l'eſtimation du total dudit fief (1), *qui ſera faite par preud'hommes, dont le Seigneur en nommera un, & l'acquéreur l'autre. Et où leſdits preud'hommes ne ſe pourront accorder, ſeront tenus leſdits preud'hommes convenir d'un tiers : & ſe fera ladite eſtimation aux frais de l'acquéreur.*

(1) Car quoique ce ſoit la vente du cens ou de la rente, & non celle de l'héritage, qui donne ouverture au profit de quint, parce que le *dominium civile* de l'héritage eſt cenſé être pardevers celui à qui appartient le cens ou la rente : néanmoins comme c'eſt toujours l'héritage qui demeure le fief du Seigneur, & non le cens ou la rente, le profit de quint ne doit point ſe régler ſur ce prix de la vente, mais ſur la valeur de l'héritage.

Il en eſt de même des profits de rachat qui ſeroient dûs par les mutations qui arriveroient du côté de ceux à qui le cens ou la rente appartient; ils doivent ſe régler ſur le revenu de l'héritage, & non ſur celui du cens ou de la rente.

ARTICLE X.

A. C. *art.* 87 & 88. Si aucun Seigneur (1) d'héritage tenu en fief baille icelui héritage à rente, ſoubz faculté (2) de pouvoir rachepter icelle rente : pour raiſon dudit bail n'eſt deu aucun profit au Seigneur de fief, ſinon que ledit bailleur ſe fuſt deſſaiſi (3) de la foy & hommage

(1) Cet article n'eſt qu'une répétition inutile. La premiere partie, juſqu'à *& toutefois*, eſt renfermée dans l'art. 7, & le ſurplus dans l'art. 9.
(2) Sous faculté *ou* ſans faculté, n'importe.
(3) L'Auteur des notes de 1711, ſuivi en cela dans celles de 1740, prétend que ces termes & ceux *ſans ſoi déſaiſir*, qui ſont en l'article ſuivant, prouvent que la rétention de foi n'a pas beſoin d'être exprimée dans le ſimple bail à rente, contre ce qui a été ci-deſſus dit en la note 3 ſur l'art. 7. Je ne crois pas aſſez déciſif l'argument qu'on veut tirer de ces termes : l'objet de la Coutume eſt ſeulement de décider ce qui doit être quand le bailleur ne s'eſt pas deſſaiſi de la foi; non de décider quand il doit paroître ou non s'en être deſſaiſi. Pour que l'argument qu'on tire de ces termes fût concluant, il faudroit que la Coutume n'eût pas dit ſimplement *ſans ſoi déſaiſir*, mais qu'elle eût dit, *ſans ſoi déſaiſir expreſſément de la foi.*

dudit héritage (4). Et toutesfois si-tôt que ladite rente sera en vertu de ladite faculté, ou autrement racheptée, le fief sera ouvert, & deu profit de quint audit Seigneur de fief.

(4) Sur les profits auxquels donne lieu le bail lorsqu'il est fait avec dessaisissement de foi. *Voyez l'Introd. ch. 5, art. 2.*

ARTICLE XI.

Celui qui a baillé à cens ou à rente son héritage tenu en fief, sans soi dessaisir de la foy, est tenu faire & porter la foy, & payer tous les droits & profits féodaux dudit héritage, & en acquitter (1) le preneur, sinon qu'il y ait convention expresse au contraire. A. C. art. 29.

(1) Car le Seigneur s'attaque à l'héritage, qu'il peut saisir féodalement, jusqu'à ce que le bailleur ou ses ayans cause lui aient porté la foi : il peut aussi assigner le preneur comme possesseur de l'héritage tenu en fief pour le paiement des profits dûs par le bailleur, auxquels cet héritage est affecté.

ARTICLE XII.

Quand le vassal vend son fief soubz faculté de réméré (1), il y a profit de fief (2), soit que le réméré fust en une même carte avec la vente, ou en diverses, [pourvu (3) que ladite faculté de réméré soit accordée par le traicté de ladite vente.] Mais quand ledit vendeur rachepte ledit fief dedans le terme (4) de ladite faculté, n'est deu aucun profit. A. C. art. 76.

(1) C'est-à-dire, avec clause qu'il pourra dans un certain temps limité ou illimité, rentrer dans l'héritage qu'il a vendu, en rendant à l'acheteur tout ce qu'il lui a coûté.

(2) En cela la vente avec clause de réméré, differe du contrat pignoratif : la raison de différence est que cette vente est un titre translatif de propriété, & que le contrat pignoratif ne l'est pas. L'acheteur, avec clause de réméré, est vraiment propriétaire de l'héritage, quoique *resolubiliter* : le vendeur ne conserve que l'action de réméré, qui est sujette à prescription : au contraire, le contrat pignoratif n'est point translatif de propriété ; celui qui a engagé son héritage en demeure le propriétaire ; l'engagiste ne le possede que *tanquam rem alienam.*

(3) Ce qui est renfermé entre les deux [ ] est transposé, & ne doit être placé qu'à la fin de l'article.

(4) Ou même après le terme ; pourvu que ce ne soit pas en vertu d'une nouvelle convention, mais seulement faute par l'acheteur d'avoir, après l'expiration du terme, fait prononcer la déchéance du réméré.

Si le réméré se faisoit en vertu d'une convention intervenue depuis le contrat de vente, ce réméré seroit une nouvelle vente, qui donneroit lieu à un nouveau profit.

ARTICLE XIII.

En eschange d'héritage féodal, quand il n'y a aucunes tournes, A. C. art. 83.

n'est deu quint denier au Seigneur féodal, mais seulement rachapt (1). Et quand il y a tournes, ou autres choses équipollentes, il est acquis quint denier audit Seigneur pour les tournes : (2) & pour l'outre plus, est deu rachapt selon que dessus. Et si les fiefs eschangés *sont sous même teneure* (3) *féodale*, n'y a profit, sinon qu'il y ait tournes; pour raison desquelles (4) seulement sera deu quint denier au Seigneur.

(1) Par les Edits de Mai 1645, Février 1674, & les Déclarations des 13 Mars, 1 Mai & 4 Septembre 1696, les contrats d'échange engendrent le même profit que ceux de vente, c'est-à-dire, le profit de quint dans notre Coutume, au profit des Seigneurs qui ont financé pour jouir de ce droit, sinon au profit du Roi; sur lequel profit le Seigneur qui n'a pas financé, prend ce qui lui est dû par la Coutume, & le surplus appartient au Roi.

(2) *Voyez l'Introd. ch. 5, art. 2.*

(3) Il ne suffiroit donc pas que les fiefs échangés relevassent du même Seigneur; il faut qu'ils relevent de la même Seigneurie.

(4) Il ne laisse pas d'y avoir profit de quint pour les tournes, quoique les deux fiefs soient sous même tenue, & qu'il n'y ait pas lieu au rachat pour le surplus du contrat. La raison de différence est, que c'est la mutation de vassal qui donne lieu au rachat, & qu'il n'y a point en ce cas de mutation de vassal, l'un & l'autre des co-permutans demeurant vassaux; au lieu que c'est le contrat même de vente qui donne lieu au profit de quint : il suffit donc qu'il y ait un contrat où il y ait quelque mêlange de vente; ce qui se trouve par les tournes, pour qu'il y ait lieu au profit de quint, pour raison desdites tournes. *Voyez l'Introd. ch. 5, art. 2.*

ARTICLE XIV.

A. C. *art.* 61. Si un fief est donné, (1) il y a rachapt, pourveu que la donation ne soit faite pour Dieu (2), ou en aumosne sans (3) fraude, ou qu'elle ne soit faite en mariage, ou autrement, par les pere ou mere, aïeul ou aïeule, ou autres ascendants, en avancement de succession à fils ou filles, ou autres descendants en droite ligne. Et pareillement si par les descendants est donné aux ascendants : en chacun de tous lesquels cas exceptés, n'est deu aucun profit.

(1) Il s'agit ici des vraies donations; & non de celles faites pour récompenses de services appréciables à prix d'argent, ou sous des charges pareillement appréciables : elles sont réputées contrats équipollens à vente, & donnent lieu au quint, jusqu'à concurrence de la valeur desdits services ou charges; & elles ne sont réputées donations & ne donnent lieu au rachat que pour le surplus. *Voyez infrà* l'art. 117. *Voyez l'Introd. ch. 5, art. 2.*

(2) C'est-à-dire, pour cause pie; *v. g.* pour la fondation d'une école de charité.

(3) Ces termes, *sans fraude*, paroissent avoir été transcrits ici par inadvertance, du texte de l'ancienne Coutume : ils n'ont ici aucun sens.

ARTICLE XV.

A. C. *art.* 54. Pour partage (1) *& subdivision entre toutes personnes*, n'y a profit

(1) La raison de cet article est, que le partage, dans notre Droit, n'est pas regardé comme un nouveau titre d'acquisition, mais comme une suite & une exécution nécessaire

au Seigneur féodal, *ni aussi pour également fait entre co-héritiers, encore que audit également y eust tournes* (2).

de la succession qui est échue à plusieurs co-héritiers en commun, ou de l'acquisition que plusieurs co-propriétaires ont faite en commun; toute communauté exigeant le partage; *nulla in æternum communio est.* L. 70. ff. *pro soc.*

Par le partage chacun des co-partageans n'acquiert rien l'un de l'autre; le partage fixe & détermine seulement la portion indivise & indéterminée de chacun des co-partageans, aux choses qui lui échéent par le partage; de maniere que chacun des co-héritiers est censé avoir seul directement succédé aux choses qui lui sont échues en partage, & à rien de plus.

(2) Cet article & l'article 113, qui dit formellement, *entr'autres personnes que co-héritiers est dû profit seulement pour les tournes*, établissent une différence entre les co-héritiers & le tiers acquéreur de la portion d'un co-héritier. Un exemple l'éclaircira.

Trois co-héritiers, Pierre, Jacques & Jean, partagent la succession de leur oncle, dans laquelle il y a trois métairies tenues en fief d'un Seigneur, une de 8000 liv. & deux chacune de 2000 liv. Pierre a pour son lot celle de 8000 liv. chargée d'un retour de 2000 liv. envers chacun de ses co-héritiers; il n'est dû aucun profit pour les tournes. Mais si Pierre avoit vendu sa portion indivise dans ces trois métairies à un étranger, & que celle de 8000 liv. tombât au lot de cet étranger, chargée d'un retour de 2000 liv. envers chacun de ses co-partageans, cet étranger devroit profit de quint pour ces tournes; non en vertu du partage, qui n'étant pas un nouveau titre d'acquisition, ne peut donner lieu par lui-même à aucun profit, mais en vertu du contrat de vente que Pierre lui a faite de sa portion indivise, laquelle s'est déterminée par le partage à la métairie tombée en son lot; du prix duquel contrat de vente les tournes dont il a été chargé par le partage, sont censées faire partie : car celui des héritiers qui lui a vendu sa part indivise, lui a vendu tout ce à quoi cette part se détermineroit par le partage; c'est-à-dire ce qui lui tomberoit en partage, tant pour le prix porté par la cession, qu'à la charge de payer à ses co-héritiers les retours dont il pourroit être chargé : c'est ainsi que doivent être entendus ces articles. Au reste, toutes les fois qu'un fief est partagé entre des personnes auxquelles il est advenu en commun par un même titre, non-seulement lorsque c'est à titre de succession, mais pareillement lorsque c'est à titre de donation, de legs ou de vente qui leur en a été faite en commun, il n'est point dû de profit pour les tournes; car il y a une entiere parité de raison pour le décider, à l'égard de tous ces co-propriétaires, comme à l'égard de ceux qui partagent une succession. Il n'y a que les tiers acquéreurs qui ont acquis la part indivise de quelqu'un de ces co-propriétaires, qui doivent profit pour les tournes dont leur lot est chargé.

ARTICLE XVI.

Si (1) *l'héritage féodal ne se peut partir* (2) *entre co-héritiers* (3), *& se licite par Justice* (4), *sans fraude* (5), *ne sont deubz aucuns profits pour l'adjudication faite à l'un d'eux. Mais s'il est adjugé à un étranger* (6), *l'acquéreur doit profit.*

(1) Cet article est une suite de l'autre; car une licitation entre co-propriétaires est une espece de partage avec tournes; c'est l'esprit de la Loi 55, ff. *fam. ercis.*

(2) Il n'est pas nécessaire, pour que la licitation soit regardée comme un acte équipollent à partage, & qui en conséquence ne donne pas ouverture à aucun profit, que le fief ne puisse absolument se partager : il suffit qu'il ne le puisse à la commodité des parties; & cela se présume toujours lorsqu'elles onr recours à la licitation.

(3) Ou autres co-propriétaires auxquels un fief est advenu en commun, à quelque autre titre que ce soit, y ayant même raison. Arrêts des 29 Mai 1615 & 5 Août 1619. *Brodeau sur Louet*, L. l. 9.

(4) Ces termes ne doivent pas s'entendre *restrictivè* : il en seroit de même, quoique la licitation eût été faite chez un Notaire, de gré à gré, sans avoir été ordonnée, ni même demandée en Justice. Il y a plus; la Jurisprudence a établi que tout acte fait entre co-héritiers ou co-propriétaires auxquels un fief est advenu en commun, par lequel il peut paroître que leur principale vue a été, en le faisant, de sortir de communauté, tient lieu de partage, & ne donne pas lieu à aucun profit, quoiqu'il ait été conçu sous la forme & dénomination d'un contrat de vente ou d'un autre contrat; *putà*, si un co-héritier a vendu sa part indivise dans un fief de la succession à l'un de ses co-héritiers, ou s'il la lui a donnée pour une rente viagere, assez forte pour être le prix de cette part : tels actes sont réputés tenir lieu de partage, & ne donnent pas lieu au profit. *Voyez les Arrêts des* 15 *Décembre* 1648, *au Journal des Audiences ; & du* 29 *Février* 1692, *au Journal du Palais.*

(5) Il y auroit *fraude*, si après que par un partage inconnu au Seigneur, l'héritage auroit été divisé en deux portions, je cachois la vente que mon co-héritier me feroit de sa portion divisée, sous l'apparence d'une licitation d'un héritage indivis.

(6) Lorsqu'on a admis les étrangers à enchérir, il est pareillement dû profit, s'il est adjugé à un tiers cessionnaire de la portion de l'un des héritiers ou co-propriétaires. *Voyez la note sur l'article précédent.*

ARTICLE XVII.

Si en une année (1) un même fief tombe en plusieurs rachapts, par mort (2), envers même Seigneur (3), ne sera deu qu'un seul (4) rachapt.

C'étoit, avant la réformation de la Coutume, une question controversée, si plusieurs mutations arrivées en une même année donnoient lieu à autant de rachats, ou à un seul : notre Coutume a embrassé à cet égard la distinction de Dumoulin entre les fortuites & les volontaires.

(1) C'est-à-dire un espace de 365 jours, qui ne se compte que par jours, & non par momens. *V. g.* si la mort qui a donné lieu au premier rachat est arrivée le 25 Avril 1758, quoiqu'à 11 heures du soir, l'année sera expirée aussi-tôt que commencera le jour 25 Avril 1759.

Dans les années bissextiles le jour intercalaire n'est pas compté.

(2) M. Guyot pense qu'il suffit que la seconde des deux mutations arrivées dans la même année, soit par mort, quoique la premiere ait été volontaire. Cette décision souffre difficulté ; le sens obvie de ces termes, *plusieurs rachats par mort*, semble être que tous sont échus par mort, & non pas seulement le dernier.

Notre Coutume n'ayant parlé que des mutations par mort, j'aurois de la peine à croire qu'elle pût être étendue à celles qui arrivent par mariage. Mais à l'égard des Coutumes qui ne se sont pas expliquées sur la question, il a été jugé par Arrêt du 20 Mars 1662, au second *tome du Journal*, qu'elles doivent passer pour mutations fortuites, qui ne donnent lieu qu'à un seul rachat lorsqu'elles arrivent en même année.

(3) Si celui du temps duquel arrive la seconde mutation, étoit l'héritier de celui du temps duquel est arrivée la premiere, on pourroit soutenir qu'il devroit passer pour *même Seigneur* ; puisqu'il trouve dans la succession le premier rachat, & que comme *héritier* du défunt Seigneur, il succede à l'obligation en laquelle étoit le défunt de confondre avec le premier rachat qui lui étoit échu tous ceux qui pourroient naître dans la même année.

C'est *envers même Seigneur*, quoiqu'au temps de la seconde mutation il y ait un autre fermier des droits seigneuriaux que celui qui l'étoit au temps de la premiere : car c'est proprement au Seigneur que les profits sont dûs, & non à ses fermiers, qui n'ont aucun droit dans le fief, & qui n'ont droit de les demander qu'au nom & comme ayant les droits cédés du Seigneur.

C'est aussi *envers même Seigneur*, lorsque la mutation qui a donné ouverture au premier rachat, est arrivée du temps que j'étois déja propriétaire de la Seigneurie, quoique ce rachat ait été acquis à un usufruitier, qui avoit lors droit d'en jouir, & qui depuis est mort dans le temps intermédiaire entre les deux mutations : car cet usufruitier n'étant pas *Seigneur*, & n'ayant perçu le premier rachat qu'en vertu d'un droit de servitude personnelle, dont ma Seigneurie étoit chargée envers lui, qui m'obligeoit à lui en laisser percevoir en ma place les fruits dont ce rachat faisoit partie, les deux mutations n'ont pas fait tomber le fief en rachat *envers différens Seigneurs*, mais *envers le même Seigneur*.

(4) Sçavoir celui auquel a donné lieu la premiere mutation : il n'en est point dû pour les autres.

ARTICLE XVIII.

Le Seigneur de fief peut acquérir (1) le fief que son vassal tient de luy, & le joindre & unir (2) à son domaine : & n'est tenu en faire foy & hommage au Seigneur de qui il tient son plein fief. Mais son héritier (3) ou celui qui aura cause de luy, en est tenu (4) faire la foy, sans payer profit (5) de ladite union. Et aussi si le Seigneur de fief va de vie à trespas, après que son vassal aura achepté son arriere-fief, ledit vassal est tenu (6) faire la foy, tant dudit fief que de l'arriere-fief, & n'est plus réputé qu'un fief (7). A. C. art. 47.

Voyez l'Introd. ch. 8, *art.* 3.

(1) Cela comprend toutes sortes de titres, *achat*, *donation*, *succession*, *&c.*

(2) Mais il ne fait cette réunion que s'il le veut : son Seigneur ne peut l'y contraindre ; tant que l'ancien fief n'est point ouvert.

(3) Qui possédera les deux.

(4) Le Seigneur l'y obligera, en refusant de l'admettre à la foi pour l'ancien fief, à moins qu'il ne la lui porte pour les deux, & en saisissant cependant l'ancien fief, & même celui qui a été nouvellement acquis, aux termes de l'article 76. Mais cet héritier peut éviter la réunion en mettant hors de ses mains l'un des deux, avant que d'en avoir porté la foi. C'est ainsi que cet article a été entendu par de Lalande ; par l'Auteur des notes de 1711 ; par Lhoste, sur Montargis, semblable à la nôtre ; par Dumoulin, en sa note sur l'article 15 de Dunois, semblable à la nôtre. Cependant M. Guyot soutient que l'héritier de l'acquéreur ne peut, dans notre Coutume, empêcher la réunion en aliénant : il ne rapporte aucune raison solide de son opinion.

(5) Car lorsque mon héritier y a succédé, il ne relevoit pas encore de mon Seigneur, n'étant point encore réuni ; il ne sera réuni que lorsqu'il en portera la foi comme plein fief.

(6) C'est-à-dire que le Seigneur peut l'y contraindre de la même maniere qu'il a été dit en la note 4.

(7) Après la foi portée. C'est par ce port de foi que se fait la réunion. *Voyez l'article suivant.*

ARTICLE XIX.

Et s'il le revend ou met hors de ses mains par quelque maniere que ce soit, après que il en aura fait la foy & hommage, il demeure plein fief à son Seigneur. Mais s'il le vend ou aliene avant lesdits foy (1) & hommage faits à sondit Seigneur, icelui arriere-fief sera tousiours tenu en arriere-fief dudit Seigneur féodal selon qu'il avoit esté. A. C. art. 48.

(1) Quand même ce seroit après la saisie féodale qui en auroit été faite par le Seigneur.

ARTICLE XX.

C. de Paris, art. 53.

Les héritages acquis (1) par un Seigneur de fief en sa censive (2), sont réunis à son fief, & censez féodaux, si par exprès le Seigneur (3) ne déclare par le contrat d'acquisition (4), qu'il veut que lesdits héritages demeurent en roture (5).

(1) Ou dont il devient propriétaire à titre de succession, ou à quelque titre que ce soit.

(2) *Et vice versâ*, lorsque le censitaire devient propriétaire de la censive dont releve son héritage.

(3) Qui a acquis l'héritage mouvant de sa censive; ou le censitaire qui a acquis la censive.

(4) Ou par l'acte qui le saisira de son legs, si c'est à titre de legs qu'il en est devenu propriétaire; & si c'est à titre de succession, il doit faire cette déclaration dans un temps court, dans lequel il aura pu avoir connoissance que cet héritage se trouve dans la succession, & qu'il est mouvant de sa censive: l'estimation de ce temps doit être laissée à l'arbitrage du Juge.

Si lors du contrat d'acquisition le Seigneur n'a pu ni dû sçavoir que l'héritage étoit mouvant de sa censive, la déclaration pourroit se faire depuis, aussi-tôt que cela seroit venu à sa connoissance.

(5) Auquel cas ils demeurent en roture perpétuellement; & il n'est pas nécessaire que l'héritier qui y succédera, réitere une pareille déclaration; l'acquéreur est censé avoir fait la sienne, tant pour lui que pour ses héritiers: *quicquid enim quis sibi cavit & heredibus suis cavisse intelligitur.* C'est l'avis de Lalande, de Livoniere, &c. duquel M. Guyot s'est mal-à-propos écarté. L'acquéreur néanmoins, & ses héritiers, conservent le pouvoir de déroger à cette déclaration, & de le réunir lorsqu'il leur plaira.

ARTICLE XXI.

A. C. art. 50.

Quand à un haut-justicier advient par aubaine (1) ou confiscation, un fief ou arriere-fief (2), qui n'est tenu de luy, il en doit dedans l'an, qu'il en sera requis, vuider ses mains (3) pour l'indemnité (4) du Seigneur du fief ou arriere-fief, ou faire la foy & hommage

Voyez l'Introd. ch. 6, art. 2, §. 2.

(1) Ce terme ne se prend pas ici pour le droit d'aubaine proprement dit, qui est le droit de succéder aux *aubains* ou étrangers, lequel droit n'appartient qu'au Roi: mais il se prend, *lato sensu*, pour le droit qu'ont les Seigneurs justiciers de succéder aux Régnicoles qui ne laissent point d'héritiers.

(2) C'est-à-dire, ou un fief qui n'est tenu de lui ni médiatement, ni immédiatement, ou un fief qui releve seulement de lui en arriere-fief. *Ita* Lalande.

(3) Comme autrefois un Seigneur haut-justicier auroit pu quelquefois avoir de la peine à devenir le vassal d'un Seigneur de moindre qualité que lui, pour le fief qui lui est advenu à ce titre, la Coutume lui permet, en ce cas, d'en vuider ses mains; & au cas qu'il le fasse dans le temps marqué, la mutation arrivée dans le fief par l'acquisition que le haut-justicier en a faite, est regardée comme une mutation inefficace qui n'a pas duré, & qui par conséquent n'a pas donné lieu au rachat; mais il y aura lieu au profit par l'aliénation qu'en fera le justicier, suivant la nature du titre de cette aliénation.

(4) De ces termes, Lalande conclut que le justicier, pour être dispensé du rachat auquel auroit dû donner lieu l'acquisition qu'il a faite, doit mettre hors de ses mains le fief à un

hommage au Seigneur féodal, & lui payer le profit de rachapt. Autrement (5) le Seigneur de fief en jouira & l'exploictera.

titre qui donne au moins lieu à un profit de rachat; autrement le Seigneur ne feroit pas indemnifé.

(5) M. Guyot prétend que le Jufticier doit le rachat lorfqu'il ne met le fief hors de fes mains qu'après l'année : mais la Coutume paroît permettre feulement au Seigneur de faifir féodalement après l'année, pour contraindre le Jufticier à faire fon choix; il ne paroît pas qu'elle le faffe déchoir de ce choix après l'année.

ARTICLE XXII.

En fucceffion de ligne directe (1) n'y a aucun profit de fief. Mais en tous cas que le fief échet en ligne collatérale, eft deu profit de rachapt au Seigneur de fief. A. C. *art.* 36 & 62. C. de Par. *art.* 33.

(1) Tant defcendante qu'afcendante : *arg. de l'art.* 14.

ARTICLE XXIII.

Quand homme (1) ou femme, noble ou non noble, vont de vie à trefpas, délaiffant un ou plufieurs enfants mineurs, le furvivant (2) a & peut avoir, fi bon lui femble (3), la garde d'iceux: & en leur défault (4) ou refus, l'aïeul ou l'aïeule (5) du cofté du décédé (6), fi aucun y a : & ne doivent que la foy, fans profit (7) des héritages defdits mineurs. Et font les Seigneurs de fief tenus bailler aufdits gardiens fouffrance fans payer profit. *Et en cas de refus d'accepter par eux ladite garde, feront lefdits pere & mere, aïeul & aïeule, fubordinément tenus dedans quinzaine en faire déclaration* (8) *au Greffe, & faire pourveoir à leurs frais & dépens dedans la huitaine enfuyvant, de tuteurs ou curateurs à leurfdits enfans, à peine de tous* (9) *defpens, dommages & intérefts defdits mineurs. Et à laquelle charge de tuteur ou curateur, ils pourront* (10) *être efflus comme un autre parent.* A. C. *art.* 28 & 98.

(1) *Voyez*, fur la matiere de la garde, *l'Introd. à ce titre, ch.* 10; & *l'Introd. au tit.* 9.

(2) De plein droit, fans qu'il foit befoin d'aucune acceptation expreffe.

(3) Car il peut la répudier.

(4) Si le furvivant en étoit incapable, *putà*, pour caufe de démence. *Voyez l'Introd.*

(5) Ou même en défaut ou refus d'aïeul ou d'aïeule, les afcendans d'un dégré plus éloigné. *Infrà, art.* 26.

(6) Ces termes, à l'égard de la garde-noble, qui eft défavorable & contraire aux intérêts des mineurs, font reftrictifs; ceux du côté du furvivant ne peuvent jamais la prétendre : mais à l'égard de la garde ordinaire & comptable, qui eft favorable, ces termes établiffent feulement une préférence envers les afcendans du côté du prédécédé fur ceux du côté du furvivant, qui eft fondée fur ce que les biens du mineur venant de leur famille,

ils auront plus d'affection pour les bien conserver ; mais à défaut ou refus de ceux du côté du prédécédé, ceux du côté du survivant sont admis à la garde.

(7) Autrefois le gardien-noble étoit pour les fiefs de ses mineurs l'homme du Seigneur, étant tenu en leur place du service militaire & des autres devoirs du fief, jusqu'à ce que les mineurs eussent atteint un âge suffisant pour les remplir : c'est pourquoi, comme nouvel homme, il devoit la foi en son propre nom, & le rachat. Ce droit n'est plus en usage depuis long-temps ; les gardiens doivent la foi, non plus en leur nom, mais pour leurs mineurs : c'est pourquoi il est dit plus bas, que le Seigneur est tenu *bailler auxdits gardiens souffrance*, c'est-à-dire délai pour cette foi, jusqu'à ce que les mineurs pour lesquels ils la doivent soient en âge de la porter par eux-mêmes. De là il suit pareillement que la garde-noble ne doit pas donner ouverture au profit de rachat.

(8) Même sans déclaration au Greffe, en faisant, à leur requête, nommer un tuteur aux mineurs, ils sont déchargés de la garde.

(9) Ces dommages & intérêts consistent entre nobles, en ce qu'ils demeurent gardiens-nobles, & sujets à toutes les charges de la garde, suivant un acte de notoriété du 27 Août 1660, rapporté en entier dans l'édition de notre Coutume de 1740.

(10) S'ils en sont capables, & n'ont cause d'excuse.

ARTICLE XXIV.

A. C. *art.* 28 & 56. C. de Paris, *art.* 42.

Souffrance équipole à foy (1), tant qu'elle dure. Et dure ladite souffrance, jusqu'à ce que lesdits mineurs soient en aage de porter la foy : Assavoir, jusqu'à ce que le masle soit aagé de vingt ans & un jour, & la femelle de quatorze ans & un jour, ausquels temps lesdits garde (2) & bail finissent.

(1) C'est-à-dire qu'elle couvre le fief, & empêche qu'il ne puisse être saisi féodalement ; comme si le mineur eût été reçu en foi. *Voyez l'Introd. ch.* 1, §. 5.

(2) Ces termes sont pris ici seulement pour le droit qui est attaché à la garde & au bail entre nobles, de jouir des héritages des mineurs : mais la tutelle légitime, en quoi principalement consiste la garde, ne finit pas, & dure jusqu'à la majorité ou l'émancipation des mineurs.

ARTICLE XXV.

A. C. *art.* 29, 43 & 98.

Les gardiens-nobles prennent les meubles (1) de leurs enfants mineurs, & les font leurs, jusques à ce (2) que lesdits enfants mineurs soient en aage de porter la foy, comme dessus. Et outre lesdits nobles gardiens gaignent les fruits des héritages (3) desdits mineurs durant ledit temps, à la charge de les nourrir, entre-

(1) Tous les biens mobiliers de la succession du prédécédé. *Voyez l'Introduct. ch.* 10, *s.* 3, §. 2.

(2) Cette phrase est ici mal placée : elle donneroit à entendre que les gardiens devroient restituer les meubles après la garde ; il est néanmoins constant qu'ils les gagnent en pleine propriété & irrévocablement.

(3) Ce terme comprend tous les immeubles réels ou fictifs.

Observez que les avantages qui sont accordés par cet article au gardien-noble sur les biens des mineurs, n'ont lieu qu'à l'égard de ceux qui leur sont venus de la succession du prédécédé. C'est ce qui résulte clairement de l'article 43 de l'ancienne Coutume, d'où celui-ci est tiré, en le conférant avec l'article 42 qui le précède : l'usage est constant.

tenir, alimenter (4), & acquitter de toutes debtes, & arrérages de rentes, *ſans qu'ils ſoient tenus icelles rachepter :* Pareillement entretenir leurs héritages en ſuffiſant eſtat, payer les charges (5) d'iceux, & les rendre indemnes (6), & ſans empeſchement. Leſquels pere, mere, ayeul ou ayeul, ayant ladite garde-noble, s'ils ſe remarient, ſeront tenus bailler *au préalable* (7), caution de rendre indemnes leſdits mineurs de ce qu'ils ſont tenus les acquitter par ladite garde. Toutefois ſi la veufve noble, gardienne de ſes enfans, ſe remarie, *& que ſon mari & elle ne voulſiſſent accepter le bail deſdits enfans, aux charges que deſſus ;* en ce cas, s'il y a ayeul ou ayeule (8) deſdits mineurs, iceulx ayeul ou ayeule pourront prendre & avoir la garde (9) deſdits mineurs ſans payer aucun profit. Et prendront leſdits meubles (10) & fruits des héritages comme deſſus, & aux charges ſuſdites.

(4) Cela comprend toute la dépenſe néceſſaire pour leur éducation, & pour les faire inſtruire dans les lettres & dans les exercices convenables à leur naiſſance.

(5) *Voyez l'Introd. d. ſect.* 3, §. 4.

(6) C'eſt-à-dire, quittes de toutes les choſes mentionnées ci-deſſus.

(7) C'eſt-à-dire que le gardien-noble qui s'eſt remarié ne doit pas continuer à s'immiſcer dans l'adminiſtration de la garde, qu'il n'ait, *au préalable*, donné caution.

(8) Du côté du décédé; *art.* 23.

(9) La garde n'eſt pas pour cela déférée deux fois, & il n'y a pas lieu à deux gardes-nobles; car la garde que prend en ce cas l'aïeul, eſt la même qui avoit été déférée à la mere qui s'eſt remariée, & que l'aïeul prend & continue en la place de la mere qui s'en démet, tant pour l'avenir que pour le paſſé, & qui doit en conſéquence compter à l'aïeul de tous les émolumens qu'elle a perçus, ſous la déduction des charges qu'elle a acquittées. Obſervez que la mere qui s'eſt remariée, ne laiſſe pas de demeurer obligée envers le mineur, & même envers les créanciers, aux charges de la garde qu'elle n'auroit pas acquittées, ne devant pas dépendre d'elle de s'en décharger, par ſon fait, en ſe remariant; mais elle en doit être acquittée par l'aïeul qui a bien voulu ſe charger de la garde en ſa place.

(10) Dont la mere qui les a eus leur doit compte, ſuivant la commune renommée, s'il n'y a pas eu d'inventaire.

ARTICLE XXVI.

Gardiens ſont pere & mere, ayeul ou ayeule, ou autres aſcendants. *A. C. art.* 37.

ARTICLE XXVII.

Bailliſtres ſont la mere ou ayeule nobles, qui ſe ſont remariées. Et les parents en ligne collatérale, comme frere, ſœur, oncle, couſin ; & le plus prochain eſt préféré, de quelque coſté que ce ſoit. *Et néanmoins en pareil degré les mâles ſont préférez aux femelles ; & des freres le plus aîné, idoine & ſuffiſant, ſera préféré aux* *A. C. art.* 38 & 39.

autres audit bail. Et ne gaignent lesdits freres, sœurs, oncles, tantes, cousins & autres baillistres, les meubles ni les fruits des héritages desdits mineurs (1). *Aussi ne doivent lesdits baillistres aucun profit* (2) *pour ledit bail.*

(1) Ce bail des collatéraux est tombé en désuétude : comme il ne contient aucun émolument, & qu'il est volontaire, personne ne se soucie de l'accepter, & on a recours à la tutelle dative.

(2) Autrefois le baillistre collatéral étoit l'homme du Seigneur comme l'étoit le gardien ; jouissoit du fief, & devoit rachat : ne l'étant pas aujourd'hui, il n'est plus dû de profit.

ARTICLE XXVIII.

A. C. art. 51. Si plusieurs enfans, freres & sœurs nobles, estoient en bail sous leurs oncles ou cousins ; l'un d'iceux venu en aage de *vingt-cinq ans*, soit fils ou fille, acquiert le bail des autres mineurs s'il veut, & en forclost leur baillistre plus loingtain en degré, sans payer aucun profit.

ARTICLE XXIX.

A. C. art. 52. Quand les mineurs sortent de bail ou garde, & veulent (1) entrer en foy, le Seigneur de fief est tenu de les recevoir sans profit.

(1) Cela est à leur choix lorsqu'ils ont un aîné qui l'a portée pour eux ; *art.* 35.

ARTICLE XXX.

A. C. art. 63. Si homme ou femme nobles délaissent fils ou filles mineurs, qui chéent en bail de leur oncle ou cousin, ou parent en ligne collatérale, & par le laps de temps l'un des fils ou filles vient en aage pour faire la *foy*, *lesdits fils ou filles peuvent* requerir entrer en foi : Et est le Seigneur tenu les y recevoir sans profit ; encores que *estant aagez de vingt-cinq ans*, ils acquierent & attirent à eux (1) le bail de leurs autres freres & sœurs.

(1) *Suprà*, *art.* 28.

ARTICLE XXXI.

A. C. art. 64. Et quand les autres enfants viendront en aage, ils pourront entrer en foy, & y seront receuz sans payer profit de ce qui vient en ligne directe. Et ne seront à ce contrainćts, parce que leur frere les garantit (1) & affranchit en portant la foi pour eux.

(1) *Infrà*, *art.* 35.

ARTICLE XXXII.

Et au regard des non-nobles, s'ils ont aucuns héritages tenus en fief, & ils ont enfants yſſus de leur mariage, le ſurvivant a la garde deſdits mineurs, *& doit demander, & être reçu en ſouffrance pour eux, de leurs héritages tenus en fief*, ſans qu'ils ſoient tenus payer rachapt ne profit. Et ne fait le gardien, qui n'eſt noble, les fruits (1) ſiens deſdits héritages. Et ſi la femme ſurvit, qui ait prins la garde de ſes enfants, & elle ſe remarie, ſeſdits enfants eſtant mineurs, & non aagés, elle en perd la garde (2) : & n'eſt tournée la garde en bail, combien que entre nobles ladite garde tourne en bail. A. C. art. 32.

Tous les articles qui précedent, depuis le 25, regardent les nobles.

(1) Encore moins les meubles.

(2) Il faut en ce cas élire un tuteur ; & ſon mari, comme beau pere, peut être élu ; à moins qu'il n'y ait quelqu'un des aſcendans du mineur qui voulût prendre la garde. Si la mere & le beau-pere n'ont pas ſoin de faire pourvoir de tuteur aux mineurs, ils demeurent l'un & l'autre, ſans avoir la qualité de tuteurs, ſolidairement chargés des riſques de la tutelle.

ARTICLE XXXIII.

En défaut, ou refus de pere & mere deſdits enfants mineurs, non-nobles, l'ayeul ou l'ayeule a la garde deſdits enfans : *& doibt demander & eſtre reçu en ſouffrance pour eux*, de leurſdits héritages tenuz en fief, comme leſdits pere & mere, ſans payer aucun profit ne rachapt au Seigneur féodal. A. C. art. 33.

ARTICLE XXXIV.

Entre nobles ou non nobles, par dation de tuteur ou curateur, ſoit par minorité ou autrement, en quelque ſorte que ce ſoit, n'*eſt deu* aucun *profit* : ains eſt tenu le Seigneur de fief, bailler ſouffrance auſdits mineurs, ou à leurs tuteurs & curateurs, juſques à ce que iceux mineurs, ou l'un d'eux ſoit en aage, pour faire ladite foy & hommage. *Et en défaut de tuteur & curateur, eſt tenu ledit Seigneur bailler ladite ſouffrance à l'un des parents deſdits mineurs, ou autre à ce commis par Juſtice, qui pour eux la demandera, & déclarera les noms & aages deſdits mineurs.* A. C. art. 31 & 34.

ARTICLE XXXV.

Un fils aiſné (1), ſoit noble, ou non noble, aagé de vingt ans & A. C. art. 35 & 102.

Suivant un ancien droit, l'ainé ſuccédoit ſeul au titre du fief en la ſucceſſion de ſes pere & mere. Les puinés tenoient de lui, en *parage*, leur portion dans l'héritage féodal ; c'eſtun jour, peut, si bon lui semble (2), porter les foy & hommage (3) pour tous ses freres & sœurs (4) mariez ou non mariez (5). Et ayant ledit fils aisné porté ladite foy & hommage pour sesdits freres & sœurs, il ne s'en peut plus désister (6) à leur préjudice, sinon que lesdits freres & sœurs puisnés la voulsissent porter pour eux-mêmes. *A laquelle foy ledit Seigneur de fief sera tenu les recevoir, sans pour ce payer profit.*

à-dire, *non tanquam à superiori, sed tanquam à pari*, comme d'un égal qui n'avoit que la primauté entre eux; ils n'étoient pour ces portions que des arriere-vassaux du Seigneur. Ce droit de *parage* est aboli depuis long-temps dans notre Coutume : mais l'usage s'est conservé que l'ainé portât la foi pour ses freres & sœurs; & il sembleroit qu'il ne reste aujourd'hui à l'ainé d'autre qualité pour cela, *pour les portions de ses freres*, que celle de leur procureur légal. Cependant il est quelque chose de plus : la Coutume lui permet d'être lui-même l'homme de fief, pour les portions de ses freres & sœurs; & ce ne peut être qu'en cette qualité, que dans notre ancienne Coutume, il affranchissoit du rachat le premier mariage de ses sœurs. Au reste c'est par une faveur personnelle à ses freres & sœurs, & leurs premiers maris, que l'ainé peut être l'homme du fief à leur place : c'est pourquoi il cesse de l'être pour les portions de ses freres & sœurs qui les alienent, ou qui meurent, ou qui passent sous la puissance d'un second mari.

(1) Ajoutez, *héritier de ses pere ou mere;* car ce droit que la Coutume donne à l'ainé de porter la foi pour ses puînés, étant une suite du droit d'ainesse qu'elle lui accorde en la succession, *il* ne peut en user pour les fiefs de cette succession, s'il n'est héritier.

Si l'ainé étoit prédécédé, *son fils ainé, petit-fils du défunt*; ou si l'ainé n'a laissé que des filles, les filles qui le représentent dans le droit d'ainesse, ont le même droit de porter la foi pour leurs oncles & tantes.

En cas de renonciation de l'ainé à la succession, Dumoulin admettoit le second fils à porter la foi pour ses freres & sœurs; ce qui ne me paroît pas devoir être : car, par la renonciation de l'ainé, le second ne devient pas l'ainé, & ne succede pas au droit d'ainesse; *Introd. ch.* 1, *art.* 1. Dumoulin avoit fait plusieurs autres extensions à cet article pour sauver les premiers mariages des filles du rachat; ce qui n'est plus nécessaire.

(2) Le droit de *parage* étant aboli, l'ainé ne se fait recevoir en foi pour les portions de ses freres & sœurs, que si bon lui semble, & si bon semble aussi à ses freres & sœurs.

(3) N'importe que ce soit avant ou après le partage.

(4) C'est-à-dire qu'il peut porter la foi à la place de celle que le mari de leur sœur seroit tenu de porter pour les fiefs de sa femme, dépendans des successions des pere & mere communs.

(5) Ou leurs représentans, avec lesquels il vient à la succession.

(6) Ces termes font voir que l'ainé n'est pas un simple procureur légal de ses puînés, par le ministere duquel ses puînés seroient reçus en foi; mais que c'est lui-même qui est reçu en foi en leur place pour leurs portions.

ARTICLE XXXVI.

A. C. art. 40 & 49. C. de Par. art. 36.

Et *s'il n'y a que filles, ou que* le fils aisné (si aucun y a) n'a porté la foi, *n'est pareillement* (1) deu *aucun* profit par lesdites filles, à cause de leur premier mariage (2) : lesquelles (3) néantmoins esdits cas, ou leurs maris, pour elles, pourront (4) porter ladite foy, *sans payer profit pour ledit premier mariage. Et sera tenu ledit Seigneur de fief les y recevoir.*

Lorsqu'une femme se marie, soit avec communauté de biens, ou sans communauté, pourvu que ce ne soit pas avec la clause qu'elle jouira séparément de son bien, le mari, à raison du droit de bail, gouvernement & autorité qu'il acquiert sur les propres de sa femme, devient vassal pour les fiefs du propre de sa femme (*Introd. au titre des Fiefs*, *ch.* 6, *art.* 2, §. 4.) : ce qui fait une espece de mutation imparfaite de vassal qui donne lieu au rachat, hors les cas exceptés par la Coutume. Par l'ancienne Coutume, il étoit dû rachat pour les fiefs qu'une fille avoit eus de la succession de ses pere & mere, tant pour chacun des mariages qu'elle contractoit depuis la succession échue, suivant l'*art.* 49, que pour celui dans lequel elle se trouvoit engagée lors de l'échéance de la succession; *art.* 40, soit que ce mariage fût son premier, ou son second, ou autre ultérieur mariage. L'ancienne Coutume n'exceptoit qu'un seul cas; sçavoir, lorsque cette fille avoit un frere ainé, lequel, disoit l'ancienne Coutume, « peut porter la foi pour ses freres & sœurs, » mariés & non mariés, & acquitter & garder, *une fois*, leurs freres & sœurs de payer » profit ». La foi portée par l'ainé mettoit donc à couvert du rachat un des mariages de sa sœur; sçavoir, ou celui dans lequel elle étoit engagée lors de l'échéance de la succession; ou si elle n'avoit pas alors de mari, celui qu'elle contracteroit par la suite. Ce que l'ancienne Coutume accordoit à la femme dans le cas auquel elle avoit un frere ainé qui avoit porté la foi pour elle, la nouvelle le lui accorde, même dans le cas auquel elle n'auroit point de frere, ou dans celui auquel son frere n'auroit pas voulu porter la foi pour elle.

(1) C'est-à-dire, il n'est pas plus dû que si lesdites filles avoient un ainé qui eût porté la foi pour elles.

(2) Il résulte de ce qui a été dit ci-dessus, que ces termes ne s'entendent pas précisément du premier de tous les mariages, comme l'a mal entendu Lalande; mais de celui qui est le premier par rapport au Seigneur, & pour lequel elle auroit dû rachat dans l'ancienne Coutume, si elle n'eût été garantie par l'hommage d'un frere ainé. Ce premier mariage est, ou celui dans lequel elle se trouve engagée lorsque le fief lui advient; ou, si lorsqu'il lui est avenu, elle étoit fille ou en viduité, le premier de ceux qu'elle contractera depuis. C'est pour cela que l'article 40 de l'ancienne Coutume, qui concerne le mariage dans lequel la fille étoit engagée lors de la succession échue, & pour lequel, si elle n'eût pas été garantie par un frere ainé, elle auroit dû profit, a été rayé de la nouvelle; parce que ce mariage, soit qu'il soit le second ou le troisieme, étant toujours le premier par rapport au Seigneur, il ne peut plus jamais donner lieu au rachat dans la nouvelle Coutume. Cet article a toujours été entendu dans ce sens dans ce Bailliage.

(3) *Lesquelles* filles, *si elles ne sont point mariées, ou si elles sont mariées, leurs maris pour elles*, c'est-à-dire, *à cause d'elles*, & en leur qualité de maris, pourront, &c.

(4) *Pourront*, se rapporte à *sans payer profit*.

ARTICLE XXXVII.

Mais si elles se marient en secondes (1) ou autres nopces, est deu rachapt pour chacun desdits autres mariages (2). C. de Par. *art.* 37.

(1) Les secondes noces sont celles qu'elles contractent depuis le mariage qui a été exempt de profit. Si elles étoient mariées en premieres noces lorsque le fief leur est échu, le second qu'elles contracteront devra rachat : car il y en a eu déja un premier exempt. Mais si elles étoient lors en viduité, celui qu'elles contracteront sera un premier mariage par rapport au Seigneur, n'y en ayant eu encore aucun qui ait été exempt de profit.

Au reste, il suffit qu'il y ait eu un premier mariage dans lequel une femme étoit engagée lorsque le fief lui est avenu, ou qu'elle ait contracté depuis; & il n'importe pour que ceux qu'elle contractera par la suite donnent lieu au rachat, que le premier ait été exempt de profit, par la disposition même de notre Coutume, ou qu'il en ait été exempt indépendamment de cette disposition; *putà*, parce que le contrat de ce premier mariage portoit une clause de séparation de biens : car la Coutume n'a exempté que ce premier mariage, & elle assujettit au rachat tous les autres.

(2) Ce rachat n'est dû que pour les mariages valablement contractés, & qui ont les effets

civils. Au reste il est dû, quelque peu de temps qu'il ait duré. *Mol.* §. 37, *n.* 7 & 9. C'est le mari qui le doit, ou sa communauté, s'il y en a une ; car il naît lors de la célébration du mariage, & par conséquent durant la communauté qui commence en ce temps.

ARTICLE XXXVIII.

C. de Par. *art.* 5. *N'est deu foy & hommage, rachapt, ne profit féodal, par la femme* (1), *acceptant communauté, à cause d'icelle acceptation, pour le fief acquis par le mary, durant ladite communauté. Aussi n'est deu rachapt, ne profit féodal, par les héritiers en droite ligne* (2) *du mary, advenant que la veufve renonce à ladite communauté : encore que par le moyen de ladite renonciation, le total dudit fief demeure ausdits héritiers : Pourveu que esdits cas le mari ait fait la foy & hommage & payé les droits.*

(1) La femme est censée en foi par celle que son mari a portée comme chef de la communauté.

(2) Car ils tiennent ce total de la succession de leur pere, & rien de la femme renonçante, qui, lorsqu'elle renonce, est censée n'avoir jamais rien eu dans les biens de la communauté.

ARTICLE XXXIX.

C. de Par. *art.* 6. *N'est aussi deu droit de rachapt par la renonciation faite par aucuns des enfans, à l'hérédité de leurs pere & mere, ayeul ou ayeule ; encores que par ladite renonciation y ait accroissement au profit des autres enfans : Pourveu que pour faire ladite renonciation, n'y ait argent baillé* (1), *ou autre chose équipolente.*

(1) Car les autres enfans tiennent cet accroissement immédiatement de la succession du défunt, & non de leur frere renonçant, qui est censé n'y avoir jamais rien eu.

La fin de cet article a été mal-à-propos ajoutée ; car une renonciation, quoique faite *aliquo dato*, n'en est pas moins valable : *qui pretium omittendæ hereditatis causâ capit, non videtur heres esse;* L. 24, ff. *acq. her.* Et quand elle passeroit pour une cession que le renonçant auroit faite à ses co-héritiers de ses droits successifs, ce seroit un accommodement de famille qui ne donne pas lieu au profit. *Voyez l'Introd. n.* 152 & 211.

ARTICLE XL.

A. C. *art.* 99. Les gens d'Eglise & de main-morte (1) ne peuvent acquerir, ne tenir héritage en leurs mains au préjudice des Seigneurs de fief : Ains sont tenus d'en vuider leurs mains, & de les mettre entre les mains de personnes qui ayent puissance de les vendre, aliéner, & d'en disposer, ensorte que les droits féodaux n'en soient

(1) Cela comprend les Communautés ecclésiastiques & séculieres, & les Bénéficiers, lorsqu'ils acquierent pour le bénéfice : ils sont dits gens de main-morte, parce que ce qui est entre leurs *mains*, cessant d'être aliénable, est *mort* pour le commerce.

diminuez

diminuez (2). Et après que sommation ou commandement sera fait ausdits gens d'Eglise, & autres de main-morte, de vuider leurs mains desdits héritages, ils auront délay d'un an pour ce faire : Et si ledit Seigneur (3) féodal les a une fois reçeuz à vicaire (4), il sera tenu à toutes mutations les y recevoir.

(2) Cela doit s'entendre pour l'avenir.
(3) Ayant la libre disposition de ses biens.
(4) *Idem*, s'il a reçu les profits de leur acquisition, par lui ou par un Procureur fondé de pouvoir spécial de les recevoir d'eux.

Observez que depuis l'Edit de 1749, les gens de main-morte ne peuvent plus, même du consentement des Seigneurs, acquérir aucuns héritages sans une permission spéciale du Roi, par Lettres-patentes duement registrées. *Voyez cet Edit.*

ARTICLE XLI.

Si lesdits gens d'Eglise, ou de main-morte, ne vuident leurs mains desdits héritages dedans l'an : en ce cas le Seigneur de fief exploictera l'héritage féodal, & en fera les fruicts siens, jusques à ce qu'ils ayent vuidé leurs mains. Toutesfois si lesdits gens d'Eglise, ou de main-morte, avoient tenu & joüy desdits héritages par soixante ans, *ou qu'ils eussent lettres d'amortissement* : en ce cas ne seront tenus en vuider leurs mains; mais seront tenus bailler & nommer (1) vicaire audit Seigneur de fief, sans payer profit. Et deslors en avant, par la mort (2) de chacun Vicaire, sera deu rachapt & profit de fief. A. C. art. 100.

(1) Les gens de main-morte doivent fournir au Seigneur une expédition de cette nomination, qu'on appelle autrement *lettres de vicaire*. Ils doivent donner aussi au Seigneur l'extrait baptistere du vicaire. Le vicaire doit être en âge de porter la foi; il doit être domicilié en la Province, suivant la note de Dumoulin sur l'art. 100 de notre ancienne Coutume. Au reste, quoiqu'il en sorte par la suite, il ne cesse d'être vicaire : il doit être séculier; un Religieux n'étant pas habile à porter la foi. *Voyez l'article suivant.*

Les gens de main-morte, outre ce vicaire qu'ils doivent donner au Seigneur, lui doivent payer une indemnité que la Jurisprudence a réglée au tiers du prix du fief: le Seigneur de Justice dans le territoire duquel est le fief, doit avoir le dixieme de cette indemnité. *Réglement de la Cour du 28 Mars 1692.*

Le droit de demander l'indemnité doit se perdre par la prescription; mais le droit de demander vicaire est imprescriptible.

(2) C'est au Seigneur qui demande le rachat à justifier de la mort du vicaire, qui est le fondement de sa demande; à moins qu'il ne se fût écoulé cent ans depuis la naissance du vicaire : car un homme est présumé ne pouvoir pas vivre au-delà de ce terme. *L. 8. de usufr. leg.*

ARTICLE XLII.

Si gens d'Eglise, ou de main-morte, pour l'héritage tenu en fief, nomment & baillent vicaire, qui comme tel soit reçeu en foy, A. C. art. 103.

& après iceluy vicaire faict vœu & profession en religion; de là en avant, s'il y a mutation du costé du Seigneur féodal, avant le trespas dudit vicaire, qui s'est rendu Religieux & profez : En ce cas, après sommation, ou empêchement fait de la part d'iceluy Seigneur, ledit fief est ouvert; & le peut iceluy Seigneur exploicter en pure perte jusqu'à ce qu'il ait nouvel vicaire : sauf que lesdits gens d'Eglise, & de main-morte, ont quarante jours de delay après ledit empeschement ou sommation pour bailler nouvel vicaire. Et ledit nouvel vicaire estant baillé [dedans (1) lesdits quarante jours], n'y a aucun profit.

(1) Ces termes abondent ici : le délai de quarante jours est accordé pour éviter la perte des fruits : mais soit que le vicaire soit donné ou non dans les quarante jours, il n'y a rachat; car il ne peut être dû que par la mort naturelle d'un vicaire. Les Seigneurs ont souvent intérêt de ne pas user du droit que la Coutume leur accorde, de peur qu'on ne leur donne un vicaire plus jeune que celui qu'ils ont.

Cet article doit s'étendre à tous les autres cas dans lesquels le vicaire ne pourroit porter la foi; comme s'il étoit devenu fou, absent de longue absence, &c.

ARTICLE XLIII.

A. C. *art.* 7. Quand le Seigneur de *fief n'a point* d'homme, parce que son vassal a vendu, transporté, ou autrement aliéné son héritage tenu en fief, ledit Seigneur peut incontinent (1) saisir ledit héritage, & l'exploicter; & fait les fruicts (2) siens, jusques à ce qu'il ait homme, & qu'il ait esté payé de ses devoirs, & profits de fief.

(1) Il doit néanmoins laisser à l'acquéreur le temps nécessaire pour le voyage pour venir à la foi; *hoc tempus vi ipsâ inest obligationi; L.* 41, §. 1, ff. *de verb. obl.* On peut fixer ce temps à un jour pour chaque dix lieues de distance du lieu où se trouve l'acquéreur au chef-lieu; *arg. L.* 137, §. 2, ff. *d. T. & L.* 3, ff. *de V. S.*

(2) Les bestiaux étant du mobilier, qui ne fait point partie du fief, le Seigneur n'en peut avoir les fruits. *Voyez* Berry, *tit.* 5, *art.* 42.

ARTICLE XLIV.

A. C. *art.* 59. Quand le fief est vendu, le Seigneur de fief, auquel est deu le quint denier, se peut adresser pour ledit quint à l'achepteur, & le poursuivre personnellement, ou se prendre à son fief par saisie (1), à son choix & option.

(1) Si la foi n'est pas faite; car si elle est faite, il ne lui reste que la voie d'action; encore faut-il qu'il se la soit réservée; *art.* 66.

ARTICLE XLV.

Le vassal, quand la foy faut de son costé (1), & il est saisi (2) par son Seigneur de fief, est tenu aller vers son Seigneur lui faire la foy (3) & hommage de son fief, & lui payer les profits, si aucuns sont deuz, s'il est *demeurant* à dix lieues (4) près de sondit fief & lieu à cause duquel ledit vassal est tenu lui faire lesdits foy & hommage, *& que le domicile* (5) *dudit Seigneur soit déclaré* (6) *par la saisie ou autrement deuëment notifié audit vassal, ou detenteur de l'héritage tenu en fief.* Et s'il est *demeurant* outre les dix lieuës, ou soit refusant recevoir iceluy vassal, *ou que la demeurance dudit Seigneur féodal n'eust été exprimée par la saisie, ou deuëment notifiée comme dessus;* il suffit aller (7) audit lieu (8) & domaine, faire ou offrir (9) lesdits foy & hommage, & payer les profits, si aucuns sont deuz, & faire telles offres qu'il feroit à la personne de son Seigneur féodal. Après lesquelles offres, ledit vassal peut jouir de son fief sans offence (10). Et si c'est un fief sans domaine, il suffit aller pardevers le Seigneur de fief, à sa personne, ou en son domicile, à dix lieuës près de l'héritage tenu en fief: & s'il n'est audedans des dix lieuës, il suffit audit vassal aller pardevers le Juge en la Jurisdiction duquel est assis l'héritage, & lui notifier & faire ses (11) offres: lesquelles vaudront jusques à ce qu'il soit sommé.

A. C. *art.* 12.

(1) Premiere des conditions qui doivent concourir pour que le vassal soir tenu d'aller chercher le Seigneur ailleurs qu'au chef-lieu. Il n'y est donc pas obligé, si la foi faut du côté du Seigneur. *Quid*, si c'est des deux côtés ensemble? On peut dire qu'il n'y est pas non plus obligé; car en ce cas on regarde le défaut de foi par le côté le plus favorable au vassal: on peut tirer argument de l'article 64.

(2) Seconde condition. Avant la saisie le vassal n'est donc pas tenu aller ailleurs qu'au chef-lieu, suivant l'article 47.

(3) Cet article ne concerne donc que la foi; ainsi on n'est pas obligé d'aller ailleurs qu'au chef-lieu pour demander souffrance.

(4) Troisieme condition. Ce doit être dans le terme de dix lieues.

(5) Quatrieme condition. Il faut que ce soit au domicile du Seigneur, non dans quelque autre maison.

(6) Cinquieme condition. On pourroit encore en ajouter une autre, qui est qu'il faut ou qu'il n'y ait qu'un Seigneur, ou que s'il y en a plusieurs, ils demeurent en même maison.

(7) Avec un Notaire & deux témoins, pour en avoir acte.

(8) Ne fût-ce qu'une motte de terre.

(9) Le vassal a le choix de faire la foi ou de l'offrir; il lui est plus avantageux de la faire, pour n'être plus sujet à retourner, suivant l'article qui suit.

(10) Jusqu'à ce qu'il soit ressaisi ou sommé, s'il n'a fait que des offres.

(11) La Coutume ne donne ici que le droit de faire des offres; ce n'est qu'au chef-lieu, quand il y en a un, qu'on peut faire la foi en l'absence du Seigneur.

ARTICLE XLVI.

A.C. *art.* 13. Mais si le Seigneur de fief (1) resaisist ledit fief, le vassal est tenu aller faire les foy & hommage, & payer les droits & profits de fief dedans quarante jours, ou faire ses offres comme dessus : Autrement ledit Seigneur peut exploicter (2) ledit fief.

(1) Cet article a lieu, lorsque le vassal n'a fait que de simples offres. S'il avoit fait la foi, comme il le peut, en l'absence du Seigneur, *art.* 45 & 47, il ne seroit pas tenu d'y retourner; mais il s'opposeroit à la saisie : & en faisant prononcer son port de foi bon & valable, il en auroit la main-levée. Si le Seigneur se trouve sur le lieu, & refuse de recevoir en foi son vassal, il ne pourra lui porter la foi; car la Coutume lui permet de la porter au Seigneur absent, & non au Seigneur refusant : mais en ce cas de refus, le vassal fera bien, sans attendre une seconde saisie, d'assigner son Seigneur, pour voir déclarer valables les offres de foi par lui faites, & que pour le refus fait de le recevoir, elles vaudront pour port de foi.

(2) En pure perte; *art.* 50, 71.

ARTICLE XLVII.

Le vassal, pour faire foy & hommage, & ses offres (1) *à son Seigneur féodal, est tenu aller* (2) *vers ledit Seigneur, au lieu dont est tenu & mouvant ledit fief : & y estant, demander si le Seigneur est au lieu, ou s'il y a autre pour lui, ayant charge de recevoir les foy & hommage & offres. Et ce fait doit, estant nuë teste, sans épée, ne esperons, dire qu'il lui porte, & fait la foy & hommage, qu'il lui est tenu faire, à cause du fief mouvant de lui; & déclarer à quel titre* (3) *ledit fief lui est advenu, le requerant qu'il lui plaise le recevoir. Et où le Seigneur ne seroit trouvé, ou autres ayans pouvoir de lui, suffist faire la foy, hommage & offres devant la principale porte du manoir, ou au lieu* (4) *dont est tenu & mouvant ledit fief, après avoir appellé à haute voix le Seigneur par trois fois. Et s'il n'y a manoir au lieu seigneurial, dont dépend ledit fief, & en cas d'absence dudit Seigneur ou ses Officiers, faut notifier lesdites offres au prochain voisin dudit lieu seigneurial, & laisser copie.*

(1) Dans cet article de la réformation, qui permet de faire la foi en l'absence du Seigneur, ce terme d'*offres* s'entend des offres que le vassal doit faire en portant la foi, de payer les profits. Ailleurs, & dans les textes qui sont tirés de l'ancienne Coutume, ce terme d'*offres* s'entend des offres de faire la foi. *Voyez les art.* 45, 67.

(2) En personne. *Voyez l'art.* 65.

(3) S'il avoit déclaré un autre titre que celui auquel il possede, Dumoulin décide que le port de foi seroit nul, quand même le Seigneur l'y auroit reçu. S'il n'a point déclaré du tout à quel titre, c'est une nullité dans un port de foi fait en l'absence du Seigneur : mais si le Seigneur, nonobstant cela, l'a reçu en foi, la réception de foi est bonne.

(4) Quoique ce ne fût pas un manoir, mais, par exemple, une motte de terre. *Voyez* les notes sur l'art. 45.

ARTICLE XLVIII.

Quand il y a plusieurs Seigneurs du lieu & domaine, dont dépendent fiefs & vassaux, & que iceux Seigneurs ne sont demeurants sur icelui *lieu* & domaine, il suffist au vassal aller faire ses offres (1) & devoir sur ledit *lieu* & domaine, & après les signifier à l'un desdits Seigneurs en partie, qui est trouvé, ou est demourant au dedans desdites dix lieues dudit domaine, à sa personne, ou domicile *exprimé par la saisie* (2), *ou deuëment notifié au vassal, comme dessus*. Et n'est tenu ledit vassal faire que une foy, & bailler qu'un adveu. A. C. art. 97.

(1) Il vaut mieux faire la foi.
(2) *Suprà*, *art.* 45.

ARTICLE XLIX.

Le Seigneur Chastelain, quand son fief (1) est vendu, le peut avoir par puissance (2) de fief pour le prix qu'il aura esté vendu, dedans quarante jours après (3) les offres à lui faites (4) par l'achepteur, en payant par ledit Chastelain les loyaux cousts & mises. Et faisant lesdites offres, l'achepteur est tenu de monstrer & exhiber (5) audit Seigneur Chastelain, s'il en est requis, les lettres de son contract. A. C. art. 5. C. de Par. art. 20.

Voyez l'Introd. ch. 7.
(1) Il faut, pour donner ouverture au retrait féodal, comme au quint, que ce soit le *fief* même qui soit vendu. *Voyez l'Introd. ch.* 7.
(2) C'est-à-dire, en vertu du droit attaché à sa seigneurie féodale.
(3) Donc le jour des offres n'est pas compris dans les quarante jours.
(4) En son domicile, ou au lieu dominant.
(5) S'il n'exhibe pas, en étant requis, le temps des quarante jours cessera de courir jusqu'à ce qu'il le fasse.

ARTICLE L.

Le Seigneur féodal, après le trespas de son vassal (1), ne peut (2) saisir le fief mouvant de luy, ne exploicter en pure perte, jusques à quarante jours après ledit trespas (3). Et les quarante jours passez, ledit Seigneur peut saisir son fief, & fait les fruicts siens, qui depuis A. C. art. 8.

(1) Soit que le défunt eût été en foi ou non, le nom de *vassal* est donné même à celui qui n'est pas en foi; *art.* 73. *Voyez l'Introd. n.* 29.
(2) Il résulte de ces mots *ne peut*, que la saisie qui auroit été faite avant ce temps seroit nulle, & que le vassal en doit avoir main-levée, avant que le Seigneur puisse saisir, même après le délai expiré; car *spoliatus ante omnia restituendus*.
(3) Ajoutez, *connu dans le public*. Le jour auquel il est arrivé, ou a commencé d'être connu dans le public, n'est pas compté.

ladite saisie, & auparavant que le vassal ait fait son devoir envers le Seigneur de fief, *auroient esté coupez & abbatus en leur saison &* (4) *maturité*, *encores* (5) *qu'ils ne fussent enlevez & serrez*, en payant par ledit Seigneur de fief les frais & semences, comme cy-après sera dit.

(4) La raison est, qu'il doit jouir comme un bon pere de famille, *art.* 10. Si donc il a cueilli avant *leur saison & maturité*, & que le vassal vienne depuis à la foi, avant le temps auquel ils auroient dû être récoltés, non-seulement le Seigneur ne gagne pas lesdits fruits, mais il est tenu des dommages & intérêts du vassal. Si le vassal ne vient à la foi qu'après le temps auquel les fruits auroient dû être récoltés, il ne peut se plaindre que le Seigneur les ait récoltés trop tôt, le Seigneur n'ayant, en ce cas, fait tort qu'à soi-même.

(5) Car c'est en les séparant du sol qu'il les perçoit & les acquiert.

ARTICLE LI.

La saisie féodale (1) *doit estre renouvellée de trois en trois ans : Autrement n'a effet que pour trois ans. Et pour l'advenir, demeureront les Commissaires* (2) *déchargez.*

(1) Il résulte de cet article, que la saisie féodale a effet pour trois ans. C'est mal-à-propos que l'Auteur des notes de 1711 veut qu'on suive ici l'article 81 du titre des Fiefs de la Coutume de Montargis, qui porte que lorsque le Commissaire a laissé jouir le vassal, le Seigneur ne peut prétendre contre le vassal que les fruits de l'année dans laquelle a été faite la saisie. Cet article est local pour la Coutume de Montargis, & ne peut être étendu ici.

(2) *Voyez l'Introd. N.* 60.

ARTICLE LII.

A. C. *art.* 14. C. de Par. *art.* 47.

Quand aucun doit rachapt, il doit offrir à son Seigneur trois choses (1) : C'est assavoir, le revenu de l'année de son fief, une somme d'argent (2) telle qu'il verra (3) être convenable, ou ce

(1) Donc s'il offroit en général le profit de rachat qu'il doit, ses offres seroient insuffisantes, ainsi que le décide fort bien Dumoulin, §. 63. *N.* 17.

Néanmoins, si le revenu du fief étoit d'une somme certaine & invariable ; comme s'il s'agissoit du rachat d'une rente en argent inféodée ; en ce cas il ne seroit pas besoin d'offrir trois choses, ainsi que le remarque le même Auteur.

Il en est de même lorsque le profit de rachat est abonné, soit dans le cas de l'article 58, soit en vertu des titres particuliers.

Observez qu'un titre d'abonnement ne doit pas s'étendre aux réunions faites depuis le titre, comme l'a cru Livoniere.

(2) La Coutume n'oblige point d'offrir cette somme à deniers découverts.

La Coutume veut que ce soit une somme d'argent qui soit offerte : le vassal ne peut donc offrir du vin, du bled, &c. comme Dumoulin l'avoit pensé.

Au reste, c'est offrir une somme d'argent, que d'offrir de la part du vassal, de compenser le profit de rachat qu'il doit, à une somme d'argent qui lui est due par son Seigneur. *Mol.* §. 47, *gl.* 1, *N.* 5.

(3) Les offres sont valables, quoique la somme offerte soit de beaucoup au-dessous d

que deux preud'hommes estimeront. Et deslors ledit Seigneur de fief ne fait plus les fruicts siens ; & a quarante jours pour choisir, & eslire l'une desdites trois offres.

la valeur du revenu ; car la Coutume ne dit pas une *somme convenable*, mais *qu'il verra* convenable : il peut trouver convenable ce qui ne l'est pas. Si c'étoit une somme de nulle considération, comme un sou, l'offre ne seroit pas valable ; car elle n'est pas sérieuse, c'est *nugatoria oblatio.* Molin. d. gl. N. 2.

ARTICLE LIII.

Si ledit Seigneur de fief prend & eslit l'année (1), il payera les loyaux cousts, semences, labourages & autres frais & mises (2) faits pour lesdits fruicts. Et s'il choisist le dire de preud'hommes, ledit Seigneur en prendra & eslira un, & le vassal l'autre, *à frais communs*, lesquels arbitreront en leur (3) conscience ce que peut valoir (4) ledit rachapt. *Et si lesdits preud'hommes ne se peuvent accorder, prendront un tiers* (5), *sans qu'il soit besoin d'en parler au Seigneur & vassal.* A. C. art. 15.

(1) D'un fief dont le vassal jouissoit par ses mains.

(2) Comme des échalas, du fumier, à proportion de ce qu'on en met par chaque année. Il est tenu aussi des réparations locatives, & d'acquitter les charges annuelles ordinaires de l'héritage, comme la dîme, le dixieme, le vingtieme, &c. non celles imposées par le vassal, ou les auteurs du vassal ; à moins qu'il ne les eût inféodées ou consenties. Si les fruits ne valoient pas les charges, le Seigneur ne seroit pas reçu à les abandonner pour les charges ; car par le choix qu'il a fait du revenu de l'année, il s'est fait un contrat entre lui & son vassal, par lequel il a pris à ses risques ce revenu, & il s'est obligé envers son vassal à l'acquit des charges. Il en est autrement dans le cas de l'article 55, lorsque le Seigneur n'est point entré en jouissance, & dans celui de la saisie féodale : car dans ces cas, il n'y a aucun contrat entre le Seigneur & le vassal ; c'est pourquoi le Seigneur qui ne veut point de fruits, n'est point tenu des charges.

(3) Sans prêter serment, à moins qu'ils n'eussent été nommés en Justice : ils doivent faire cette estimation conjointement ; aussi-tôt qu'elle est faite, le Seigneur en peut poursuivre le paiement, sans homologation. Si l'une des parties la trouvoit *inique*, elle pourroit se pourvoir en Justice contre, & en demander une autre ; mais le Seigneur doit être reçu plus difficilement que le vassal à s'en plaindre, étant de la nature des profits de n'être pas exigés à la rigueur. *Mol.* §. 47, *gl.* 1.

(4) Comme il n'y a que l'argent qui exprime la valeur de chaque chose, les prud'hommes ne peuvent condamner le vassal à autre chose qu'à une somme d'argent, quoique Dumoulin ait pensé le contraire.

(5) Qui les départagera après les avoir entendus.

ARTICLE LIV.

Si le Seigneur féodal a choisi le revenu de l'année, le vassal est tenu de lui communiquer les baux à moison ou à ferme, & papiers de ses receptes ; ou lui en extraire (1) *la déclaration sur iceux papiers, aux despens de son Seigneur de fief.* C. de Par. art. 50.

(1) Cela a lieu quand le Seigneur ne veut pas s'en charger ; ou quand ses papiers de

recette ne sont pas sur chartes séparées, mais font partie du journal qui contient toutes les affaires du vassal, desquelles le Seigneur ne doit pas avoir connoissance.

ARTICLE LV.

A. C. art. 56. Si profit de rachapt est deu, & le vassal, après les offres faictes & signifiées, laisse son héritage vacquant (1), jusques à un an après lesdites offres, & significations d'icelles, & sans que son Seigneur de fief lui ait déclaré laquelle il veut accepter, ledit temps passé, ledit vassal sera quitte dudit profit de rachapt.

(1) S'il y a des logis, il faut en donner les clefs, pour que l'héritage soit censé laissé vacant. On peut tirer argument de l'article 128.

ARTICLE LVI.

C. de Par. art. 49. *Et commence ladite année (1) au jour des offres acceptées, ou valablement faites par le vassal, jusqu'à pareil jour (2), l'an revolu : & ne se fait qu'une seule cueillette d'une sorte de fruicts (3).*

(1) Lorsque le Seigneur, dans le temps de quarante jours, qui lui est donné par l'article 52, a fait son choix du revenu de l'année en nature, l'année commence du jour de ce choix : s'il n'a point fait de choix, elle commence dès le jour que les offres ont été faites & signifiées, pourvu que le vassal ait laissé son héritage vacant.

(2) Cela est exactement vrai à l'égard des fruits civils : le Seigneur doit avoir tous ceux qui naîtront pendant un espace de 365 jours, à compter du jour que l'année commence ; mais à l'égard des fruits que la terre produit, il doit avoir la prochaine récolte à faire de chaque espece de fruits.

Si par stérilité, il ne se faisoit aucune récolte cette année, Dumoulin avoit pensé que le Seigneur pouvoit prétendre celle de l'année suivante. Son sentiment a été rejetté avec raison : car par les offres, le droit du Seigneur a été déterminé au revenu de l'année qui suit immédiatement les offres ; il ne peut donc prétendre le revenu d'une autre. Cela doit avoir lieu, à plus forte raison, si l'héritage ayant été laissé au Seigneur avant le temps de la semence, le Seigneur avoit négligé de l'ensemencer.

(3) Cela doit s'entendre de ceux dont il ne se fait qu'une récolte par chaque année, quoique par la plus ou moins grande hâtiveté des années, il puisse s'en rencontrer deux dans l'espace de 365 jours qui a suivi les offres. Mais à l'égard des fruits qui sont de nature à se recueillir deux fois par chaque année, comme sont ceux des prés à deux herbes, le Seigneur doit avoir les deux récoltes ; car elles ne font ensemble que le revenu d'une année.

ARTICLE LVII.

A. C. art. 93. C. de Par. art. 48. Quand un Seigneur féodal a choisi l'année pour le profit de rachapt, & en icelle année audit fief y a bois prests à couper, ou estangs à pescher (1), ledit Seigneur ne peut couper lesdits bois,

(1) Paris, *art.* 48, ajoute *& autres semblables, qui ne se coupent ou perçoivent par chacun an ;* ce qui doit être suppléé ici.

ne pescher lesdits estangs en l'estat qu'ils sont : mais doit prendre seulement le revenu d'une année. Et doit-on estimer combien le revenu desdits estangs peut valoir pour une année : & n'aura ledit Seigneur, sinon la valeur d'une année seulement.

ARTICLE LVIII.

Et quant ausdits bois, le rachapt de chacun arpent hors (1) grurie est estimé à quatre sols *tournois* : en la forest & grurie d'Orléans, deux sols : & en la Soulongne, où il y a grurie, trois sols. A. C. art. 14.

(1) *Grurie*, est le droit qu'a le Duc d'Orléans d'avoir une portion dans le prix des coupes des bois sujets à ce droit. Cette portion est la moitié, à l'égard des bois de la forêt d'Orléans ; à l'égard de ceux de la grurie ou grairie de Sologne, le cinquieme. En conséquence les propriétaires des bois sujets à ce droit, ne peuvent les faire couper qu'ils n'en aient fait adjuger la coupe au Siege des Eaux & Forêts, au plus offrant & dernier enchérisseur.

ARTICLE LIX.

Si le Seigneur accepte la somme de deniers qui lui sera offerte, ou ce qui sera arbitré par les preud'hommes : en ce cas les fruicts empeschez ou levez, seront restituez au vassal, en payant les frais. A. C. art. 23.

ARTICLE LX.

Quand la foy faut du costé du Seigneur, il ne peut exploicter le fief de son vassal par faute de foy non faicte, & devoirs non payez, sans sommation duëment faicte, ou saisie, & qui ne vaudra que sommation pendant les quarante jours. A. C. art. 17, 86. C. de Par. art. 65.

ARTICLE LXI.

Et après ladite sommation *ou saisie*, le vassal a terme de quarante jours pour entrer en foy, & faire son devoir envers son Seigneur de fief : & en faisant ladite foy, ou offres suffisantes dedans ledit temps, le vassal jouira des fruicts saisis, *sans payer aucuns frais.* Autrement après lesdits quarante jours, les fruicts *cueillis & abbatus comme dessus*, sont acquis en pure perte au Seigneur de fief *qui aura* (1) *saisi.* A. C. art. 18.

(1) Ces derniers termes prouvent que la simple sommation ne peut jamais emporter la perte des fruits ; & ils servent à expliquer les articles 67 & 85.

ARTICLE LXII.

A. C. *art.* 18.

Et si le Seigneur féodal est Chastellain, il peut (1) sommer ses vassaux de plein fief en général par *trois cris* publics, au lieu de la Chastellenie où on a accoustumé faire cris, *& trois proclamations faictes aux Prosnes* (2) *de l'Eglise du lieu principal* (3) *de ladite Chastellenie, dont sont mouvants lesdits vassaux.* Et fera sçavoir le jour qu'il tiendra ses hommages : & ledit jour passé, peut saisir les fiefs & exploicter *les fruicts* d'iceux en pure perte sur ses vassaux, si au temps à eux assigné ne font leur devoir envers ledit Seigneur de fief. Toutefois le terme & delay assigné par ledit Chastellain ne peut estre moindre de quarante jours, *à compter du dernier cry & proclamation.* Et quant aux fiefs qui sont assis hors la Chastellenie & Justice, ledit Chastellain y procédera par sommation, ou saisie particuliere : comme aussi s'il n'est Chastellain, il doibt procéder par saisie, ou sommation particuliere.

(1) Ils peuvent ne pas user de ce privilege, & user de la voie commune marquée en l'article 60.

(2) Par l'Edit de 1695, *art.* 32, & la Déclaration du 16 Décembre 1698, les Curés ne sont pas obligés de faire ces proclamations à leurs Prônes; on les fait faire par un Sergent à la porte de l'Eglise, à l'issue de la Messe Paroissiale.

(3) Cet article ne dit rien du lieu; ce ne peut être qu'au chef-lieu; *art.* 47.

ARTICLE LXIII.

C. de Par. *art.* 2.

L'usufruitier (1) *d'un fief peut à sa requeste, perils & fortunes, faire saisir les fiefs & arriere-fiefs, mouvants & dépendants du fief dont il joüist par usufruit, à faute d'homme* (2), *droicts & devoirs, non faicts & non payez : pourveu que en l'exploit soit mis le nom du propriétaire du fief : Sommation* (3) *toutefois de faire saisir, préalablement faicte audit propriétaire, à sa personne, ou au lieu du fief dominant. Et ne peut* (4) *le propriétaire bailler main-levée, sinon en payant les droicts audit usufruitier.*

(1) *Idem dic* d'un engagiste; mais un simple fermier des droits seigneuriaux n'a pas ce droit. *Molin.* §. 1, *gl.* 1, *N.* 21 : on l'accorde au Commissaire à la saisie réelle du fief dominant. L'usufruitier du fief peut user de ce droit, même dans le cas des mutations qui ne donnent lieu à aucun profit; car il a intérêt que le fief soit reconnu. *Molin. d. gl. N.* 18.

(2) Si le Seigneur propriétaire avoit reçu le vassal en foi, l'usufruitier ne pourroit pas saisir.

(3) Il est plus expédient au Seigneur propriétaire ainsi sommé, de laisser l'usufruitier saisir à ses risques : quand même le propriétaire saisiroit lui-même, l'émolument de la

perte des fruits appartiendroit à l'usufruitier, comme le remarque Dumoulin, *d. gl. N.* 39 *& seqq.*

(4) Cette main-levée sera nulle, & n'empêchera l'usufruitier de continuer à gagner les fruits.

ARTICLE LXIV.

Quand en un mesme temps, la foy faut du costé du Seigneur & du vassal, *& le Seigneur fait saisir son fief*, le vassal a quarante jours *après la saisie deuëment signifiée, & copie baillée d'icelle*, pour aller faire ses devoirs & offres, comme dessus. A. C. *art.* 84.

ARTICLE LXV.

Le Seigneur *féodal* n'est tenu, si bon ne lui semble, de recevoir la foy & hommage de son vassal, s'il n'est en personne, ou s'il n'a cause d'excuse suffisante. Auquel cas d'excuse suffisante (1), est tenu le recevoir par Procureur, *si mieux n'aime ledit Seigneur bailler souffrance, & attendre que l'excuse cesse.* A. C. *art.* 77. C. de Par. *art.* 67.

(1) L'ancienne Coutume expliquoit les excuses. On les a laissées arbitraires par ces termes d'*excuse suffisante. Voyez l'Introd. N.* 33.

ARTICLE LXVI.

Quand un Seigneur de fief a reçeu son vassal, il ne lui peut donner empeschement pour les profits qui lui en pourroient estre deubs devant la reception en foy, ne les demander, sinon qu'il eust faict reservation expresse desdits profits : auquel cas ils gissent en action : *laquelle action* (1) *il peut intenter contre l'acquéreur & detenteur, encores qu'il fust reçeu en foy, reservé à lui son recours.* A. C. *art.* 53.

(1) *Voyez l'Introd. N.* 222.

ARTICLE LXVII.

Quand les offres sont deuëment faictes par le vassal à son Seigneur de fief, il est réputé avoir faict son devoir : Et ne peut ledit Seigneur de fief mettre en ses mains ledit fief, ni faire les fruicts siens, sinon qu'il ait de rechef saisi & signifié ladite saisie, ou sommé (1) deuëment son vassal de lui faire la foy. Esquels cas, ledit A. C. *art.* 85.

(1) S'il n'a fait qu'une sommation au lieu d'une saisie, le Seigneur ne gagnera pas les fruits après les quarante jours, en vertu de cette sommation : il faudra qu'il saisisse. *Voyez l'art.* 61 *& la note.*

vassal a quarante jours après ladite saisie ou sommation, pour faire son devoir, comme dessus.

ARTICLE LXVIII.

A.C. *art.* 91. Le vassal estant en foy, ou ayant deuëment fait ses offres, peut former & intenter complainćte en (1) matiere de nouvelleté, à l'encontre de son Seigneur, pour raison de la possession de l'héritage qu'il tient de luy (2).

(1) Sur ce que c'est que cette complainte, *voyez l'Introd. au T.* 22.
(2) *Voyez l'article* 88.

ARTICLE LXIX.

A.C. *art.* 81. Et combien que le fief soit ouvert, & que le Seigneur de fief le puisse exploićter : néanmoins avant les fruićts cueillis & abbatus, le vassal peut purger sa demeure, & être reçeu à faire ses offres & devoirs. Et deslors desdites offres & devoirs deuëment faićts, le Seigneur ne peut plus abbattre, ne acquerir à soi les fruićts qui ne sont cueillis ni abbatus : & sera seulement tenu payer les frais de la saisie (1).

(1) Dumoulin, *in Cons. Par. art.* 54. *gl.* 1, *n.* 8, dit que si le Seigneur avoit perçu les fruits, il ne pourroit alors répéter les frais, la saisie se trouvant faite *in rem ipsius*.

ARTICLE LXX.

A. C. *art.* 94. Quand le Seigneur de fief exploićte son fief, & en joüit, il ne peut détériorer ledit fief, ne les édifices estans en icelui : ains est tenu le tout conserver & garder, & en jouir comme un bon pere (1) de famille.

(1) *Voyez les articles* 75 & 73, & *l'Introd. N.* 62 & 64.

ARTICLE LXXI.

A. C. *art.* 22 & 69. Toutesfois & quantes que un Seigneur de fief trouve son fief ouvert, qui chet en exploićt, il le peut exploićter, & *prendre les fruićts* en pure perte du vassal, sans que lesdits fruićts viennent en dédućtion des droits à lui deuz par son vassal; en payant *au préalable* (1) par ledit Seigneur féodal les labourages, semences, cultures, & autres loyaux cousts & mises raisonnables.

(1) Si le Seigneur ne rembourse pas, il ne perd que le droit de faire faire la récolte par ses ordres, & non celui de se faire rendre compte des fruits, sur le prix desquels se doivent prendre *au préalable* les frais privilégiés.

ARTICLE LXXII.

Le Seigneur féodal, qui exploicte en pure perte fondit fief, *ou qui a accepté le revenu de l'année, lequel fief aura esté en tout, ou partie, de bonne foy, sans fraude* (1), *baillé à loyer* (2), *ferme ou moison, par son vassal* (3), *doit* (4) *se contenter de la redevance* (5) *deuë par le fermier ou preneur, pour ce qui est baillé à ferme : & pour le surplus*, peut exploicter (6) par ses mains (7), en rendant les labours, semences & frais de ce qu'il exploicte & tient en ses mains. Et sera le fermier ou mestayer, *auquel la saisie aura été signi-* A. C. art. 74. C. de Paris, art. 56 & 57.

Voyez la raison de cet article *dans l'Introd. N.* 62 & 65.

(1) Le Seigneur n'est pas obligé d'entretenir le bail fait en fraude de la saisie féodale. Il est réputé tel lorsqu'il a été fait par le vassal depuis que la saisie lui a été notifiée ; car étant dépossédé, il n'avoit plus le droit d'affermer.

Le Seigneur n'est pas tenu non plus de se contenter du prix du bail, lorsque le vassal a reçu par le bail des deniers d'entrée ; car le prix du bail n'est plus alors l'entiere valeur du revenu de l'héritage qui appartient au Seigneur.

(2) Lorsque le vassal a donné son héritage à rente, sans démission de foi, le Seigneur n'est pas obligé de se contenter de la rente ; car la rente n'est pas toujours la valeur du revenu de l'héritage, comme l'est ordinairement le loyer : ce qui a lieu, quand même le bail à rente auroit été fait sans deniers d'entrée ; car la succession des temps, & les méliorations qui peuvent être faites sur l'héritage, peuvent apporter une grande différence entre le revenu de l'héritage & la rente.

(3) Dans le cas du bail à rente sans démission de foi, le fief étant saisi féodalement, ou tombé en rachat ; si l'héritage se trouvoit avoir été affermé de bonne foi par le preneur, on demande si le Seigneur seroit obligé de se contenter du prix de la ferme. M. Guyot & le Maistre tiennent la négative : leur raison est, que le Seigneur ne devant pas connoître le preneur, qui n'est pas son vassal, ne doit pas non plus connoître son fermier. On ajoute que l'article dit, *a été baillé à loyer par son vassal.* J'inclinerois à l'opinion contraire : car le preneur devant être acquitté par le vassal créancier de la rente, de tout ce que lui coûteront la saisie féodale ou le rachat, & par conséquent des dommages & intérêts qu'il devroit à son fermier si le Seigneur n'entretenoit pas le bail, le vassal, créancier de la rente a autant & plus d'intérêt à l'entretien de ce bail, qu'à l'entretien de celui qu'il auroit fait lui-même ; & par conséquent les égards dûs par le Seigneur à son vassal, qui l'obligent à l'entretien des baux faits par son vassal, doivent pareillement l'obliger à l'entretien de ceux faits par le preneur.

(4) La même relation d'amitié qui doit être entre le Seigneur & le vassal, & qui oblige le Seigneur à entretenir les baux du vassal, doit aussi obliger le vassal à lui céder ses actions contre les fermiers & locataires, pour les contraindre à l'entretien du bail : le vassal n'ayant aucun intérêt à le refuser, la Loi doit suppléer au refus injuste qu'il pourroit faire, & y subroger elle-même le Seigneur.

Si le fermier avoit payé d'avance sa ferme au vassal ; ce fermier recueillant les fruits de l'année du rachat, n'en devroit pas moins au Seigneur la ferme, qui est le prix de ces fruits, sauf à lui à la répéter du vassal.

(5) Comme ce n'est qu'en l'acquit du vassal par qui le rachat est dû, que le fermier doit sa ferme au Seigneur, le vassal doit être garant de l'insolvabilité de son fermier, lorsque le Seigneur, après avoir fait les diligences convenables, n'a pu s'en faire payer : il n'y a pas lieu à pareille garantie dans le cas de la saisie féodale.

(6) Lorsqu'il y a un fermier général, c'est la ferme due par le fermier général qui est due au Seigneur, & non le prix des sous-baux. Le Seigneur doit jouir comme son vassal.

(7) Ou affermer pour le temps seulement que durera la saisie ou l'an du rachat.

fiée, tenu de la faire sçavoir & notifier *incontinent*, *& au plustost que faire se pourra*, audit vassal son maistre. *Autrement sera tenu de rendre indemne ledit vassal son maistre, de la perte desdits fruicts : comme aussi* ledit vassal, auquel ladite saisie a été notifiée par ledit fermier, doit acquitter & rendre indemne sondit fermier des dommages par lui soufferts, à cause de ladite saisie.

ARTICLE LXXIII.

C. de Par. *art.* 58. *Si le vassal tient en ses mains son fief, & ne le baille à ferme ou moison, & est exploicté par le Seigneur dominant ; ledit Seigneur dominant doibt avoir les caves, greniers, granges, estables, pressoüers & celliers, qui sont au principal manoir & basse-cour, servant pour recüeillir & garder les fruicts ; & aussi portion du logis pour se loger, quand il y voudra aller pour cüeillir & conserver les fruicts : sans toutefois desloger* (1) *son vassal, femme, enfants & famille y demourants & habitants. Et si le fief consiste en une maison seule, si elle est loüée par le vassal, se doibt le Seigneur contenter du loüage ; & si elle n'est loüée* (2), *il prendra le loyer au dire de gens à ce connoissants.*

(1) Il ne peut pas même lui en faire payer le loyer ; car les châteaux & maisons de campagne ne sont pas destinés à produire un loyer.
(2) Mais occupée par le vassal.

ARTICLE LXXIV.

A. C. *art.* 71 & 81. Si le Seigneur en l'héritage de son vassal par faute de foy & hommage non faicts, veut exploicter & ravoirer (1), soient estangs, bois, vignes, & desblées meures, il prend tout ce qu'il trouve audit héritage, & l'applique à son profit, fors les bois de haute fustaye (2), & ceux qui sont pour l'embellissement de maisons, & autres qui n'ont accoustumé d'estre coupez, lesquels il ne peut couper. Et quant aux estangs & autres bois, ne les peut pescher ne couper, sinon en temps & saisons deues (3) & convenables. Et si ledit Seigneur de fief ayant saisi les estangs, faict lever la bonde d'iceux en l'année & saison de pescher, il emmeublist le poisson trouvé esdits estangs.

(1) Vieux terme, qui signifie *prendre tout*, de même que *rafler*.
(2) Il peut néanmoins en prendre pour les réparations à faire durant le cours de la saisie. Il peut aussi se chauffer du bois mort. Berry, *tit.* 5, *art.* 43.
(3) Il doit suivre, pour le temps de la pêche, la destination du vassal. Les anciennes carpes de réserve doivent être laissées.

ARTICLE LXXV.

Le Seigneur de fief emmeublist, *& faict siens* les bois de coupe, de lui tenus en fief, estant en estat & saison de couper, en les saisissant & abbatant, *s'ils sont hors de grurie* (1) : Et s'ils sont en grurie, quand ils seront en coupe, mesurez, arpentez, layez (2), criez & livrez (3) selon la coustume de ladite grurie. A. C. art. 82.

(1) *Voyez la note sur l'article* 58.

(2) Des bois sont layés lorsque les pieds corniers, qui sont des arbres qui servent de bornes à la piece de bois qui doit être coupée, & qu'on doit laisser sur pied lors de la coupe, ont été marqués du marteau de la Maîtrise.

(3) C'est-à-dire adjugés au Siege.

Suivant la regle générale, les fruits que la terre produit ne se perçoivent & ne s'acquierent que par leur séparation réelle de la terre. Par une exception à cette regle, la coupe de ces bois, aussi-tôt qu'elle est adjugée, est censée ne plus faire partie de la terre, & appartenir à l'adjudicataire avant qu'il ait abattu les bois : c'est pourquoi le prix de l'adjudication qui s'est faite durant la saisie féodale, appartient au Seigneur, quand même les bois ne seroient abattus qu'après la main-levée de cette saisie.

ARTICLE LXXVI.

Quand le Seigneur de fief exploicte l'héritage tenu de luy en plein fief, par faute d'homme & foy non faicte, il peut exploicter ses arriere-vassaux (1), s'ils ne sont en foy de son vassal. Et s'ils sont en foy (2) dudit vassal, tant que ledit Seigneur tient l'héritage de son vassal, les peut sommer venir à sa foy (3) : à laquelle faire ils ont quarante jours à sommer (4) leur Seigneur de fief, pour aller faire son devoir envers sondit Seigneur. Et si ledit vassal le faict, ledit Seigneur principal ne peut exploicter ses vassaux, arriere-vassaux dudit Seigneur. Et si ledit vassal ne faict son devoir dedans lesdits quarante jours, lesdits arriere-vassaux sont tenus faire A. C. art. 67. C. de Par. art. 54.

Voyez l'Introd. N. 62 & 63.

(1) Il faut pour cela qu'il les saisisse chacun en particulier. Si néanmoins lors de la saisie du Seigneur, ces arriere-vassaux étoient saisis par le vassal leur Seigneur, il ne seroit pas besoin de les saisir de nouveau. *Molin.* §. 54, *N.* 4 & 5. Il doit faire cette saisie en nom qualifié, *comme tenant en sa main* le fief dont ces vassaux relevent : il est censé la faire pour l'intérêt de ce fief ; c'est pourquoi, après qu'il a cessé de le tenir en sa main, la saisie de l'arriere-fief continue de tenir au profit de son vassal rentré dans ses droits. *Mol. d.* §. *N. fin.*

(2) Ou souffrance.

(3) Il est particulier à notre Coutume, que le Seigneur puisse exiger la foi des arriere-vassaux qui sont en foi de son vassal, dont il tient le fief en sa main. La raison sur laquelle elle s'est fondée, est qu'il devient comme un nouveau Seigneur pour le temps que doit durer la saisie.

(4) Afin d'être indemnisés par lui de ce qu'il leur en coûteroit pour porter la foi, si faute par le Seigneur de la porter, ils y étoient obligés.

la foy audit principal Seigneur (5), & bailler leur adveu & dénombrement, comme tenant en arriere-fief de luy, sur peine d'estre exploictez comme plein-fief.

(5) Au lieu d'où ils relevent immédiatement, & non au chef-lieu du Suzerain.
Cette foi couvre leur fief, même à l'égard de leur Seigneur immédiat, lorsqu'il sera rentré dans ses droits : car étant portée au Suzerain, en tant que tenant en sa main le fief de son vassal, leur Seigneur immédiat, elle est censée indirectement portée à ce Seigneur immédiat. *Molin.* §. 55, *gl.* 5, *N.* 2.
Si néanmoins ces arriere-vassaux eussent dû un profit à leur Seigneur, né avant la saisie de son fief, la foi en laquelle ils auroient été reçus par le Suzerain sans avoir payé ce profit à leur Seigneur, ne subsisteroit plus après la main-levée de la saisie; le Suzerain n'ayant pas en ce cas dû les y recevoir, au préjudice de son vassal. *Mol. d.* §. *gl.* 8. Hors ce cas elle subsiste, quand même la saisie du Suzerain, pendant laquelle il les a reçus en foi, seroit par la suite déclarée nulle. *Mol. gl.* 5, *N. fin.*

ARTICLE LXXVII.

A. C. *art.* 72. Si le vassal enfraint la main (1) de son Seigneur mise par faute d'homme, il en chet en l'amende de soixante sols *tournois* envers ledit Seigneur, & doibt restituer tout ce qu'il aura enlevé depuis la main mise deuëment apposée & signifiée, avant que ledit Seigneur soit tenu recevoir son vassal. Toutefois si la main confortative (2) du Seigneur haut-justicier y est mise, l'amende pour l'outreplus de quinze sols appartiendra au haut-justicier.

(1) Il faut un trouble réel : ce n'est pas une infraction de main de serrer les grains & de cultiver les terres.
(2) Il paroît par-là que lors de la réformation, la nécessité d'une commission du Juge pour saisir féodalement, n'étoit pas encore établie. *Voyez l'Introd. N.* 60.

ARTICLE LXXVIII.

A. C. *art.* 65. Au Seigneur de fief est acquis amende de quinze sols pour le deffaut d'adveu (1) non baillé, pour chacune (2) sommation de quarante jours, & jusques à quatre sommations, sauf en la Chastellenie d'Yenville, & ressorts, où l'amende est de cinq sols seulement pour chacune sommation. Et si après quatre sommations deuëment faictes, le vassal est refusant de bailler son adveu, le Seigneur féodal peut prendre & exploicter (3) l'héritage, jusques à

(1) *Id est* dénombrement comme ès articles 82 & 83 : ailleurs ce terme se prend pour port de foi.
(2) Ces sommations se font par un Sergent, dans la forme des autres exploits; elles peuvent se faire ou au vrai domicile du vassal, ou au fief servant, ou à sa personne.
(3) Cette saisie se fait comme les autres saisies : elle n'est qu'un simple empêchement des fruits; en quoi elle est d'une nature entiérement différente de celle qui se fait faute d'homme.

ce

ce qu'on luy ait baillé ledit adveu. Toutefois ne fera les fruicts (4) siens. Et si le vassal veut avoir main-levée de son fief, & fruicts d'iceluy, le vassal baillera son adveu, & payera promptement lesdites amendes, avec les (5) frais.

(4) Encore moins peut-il exercer les droits domaniaux; *art.* 83.
(5) Quoi faisant, il a main-levée de plein droit. *Molin.*

ARTICLE LXXIX.

Et après que le vassal aura advoué (1) le Seigneur féodal, ledit Seigneur & vassal communiqueront l'un à l'autre leurs aveuz, dénombrements & titres de la tenuë dudit fief qu'ils ont pardevers eux : s'en purgeront par serment, s'ils en sont requis. Et est tenu le vassal satisfaire le premier. C. de Par. art. 44.

(1) *Id est*, porté la foi.

ARTICLE LXXX.

Le Seigneur de fief n'est tenu de plaider dessaisi contre son vassal, quand le fief est saisi par faute d'homme : sinon que le vassal feist apparoir estre en foy (1) ou souffrance dudit Seigneur, ou avoir fait deuëment ses offres, ou qu'il fust désavoüé (2) à Seigneur par le vassal : Auquel cas de desaveu, ledit Seigneur aura temps & delay pour informer comme il est Seigneur féodal : & cependant ledit vassal joüira (3). A. C. art. 79. C. de Par. art. 45.

(1) Quand même le Seigneur débattroit l'acte de foi de nullité, ou même de faux; le vassal doit cependant avoir provisionnellement main-levée.

(2) Ne fût-ce qu'un désaveu imparfait, *rei tantùm*, *aut personæ tantùm*; car le Seigneur ainsi désavoué n'a plus de qualité certaine pour saisir; mais ce désaveu doit être formel & précis. De là la maxime, qu'il faut avouer ou désavouer. *Voyez*, sur ces désaveux, *l'Introd. N.* 70.

(3) Par provision à l'avenir, & sans caution : mais les fruits perçus par le Seigneur, avant le désaveu formé, ne seront pas rendus au vassal par provision; mais seulement lorsqu'il aura obtenu au principal.

ARTICLE LXXXI.

Et s'il est trouvé que (1) frivolement & à tort ledit vassal ait faict ledit désaveu, il confisque son fief au profit de son Seigneur : & est tenu rendre (2) icelui vassal les fruicts qu'il auroit perceuz de- A. C. art. 80.

(1) La Coutume ne dit pas *frauduleusement* : donc un désaveu, quoique sans dol, peut donner lieu à la commise. La relation de cet article avec le précédent fait voir qu'il n'est parlé ici que du désaveu judiciaire. *Voyez l'Introd. ch.* 3, *N.* 73.

(2) Et par corps, comme dépositaire de biens de justice.

Ee

puis la saisie. Toutefois s'il est question d'adveu ancien, qui soit au-dessus de cent ans, le Seigneur féodal, qui n'est Chastelain, est tenu en informer (3) autrement que par ledit adveu ancien, avant que le vassal confisque son fief.

(3) Cet aveu suffit bien au Seigneur pour justifier sa seigneurie contre le vassal qui n'est revendiqué par un autre Seigneur, & pour faire déclarer bonne la saisie féodale, avec restitution des fruits, dont le vassal a eu provision : mais il ne suffit pas pour la commise ; le désaveu pouvant en ce cas passer pour excusable. *Introd. N.* 72.

Article LXXXII.

A. C. *art.* 66. C. de Par. *art.* 10.

Et quand aucun adveu est baillé par le vassal à son Seigneur de fief, qui n'a aucune Justice à cause de son domaine, ledit Seigneur peut contredire ledit adveu dedans quarante jours (1) après qu'il lui est baillé. Et si dedans les quarante jours il ne le contredit, il demeure pour passé. Et quand ledit Seigneur a Justice, il faut après que ledit adveu luy a été baillé, que le vassal poursuive ledit Seigneur, ou le Procureur de sa Justice, de le passer ou contredire. Et joüira (2) ledit vassal de son fief, & fera les fruicts siens, nonobstant le debat ou procès meu sur ledit adveu.

(1) Il peut cependant obtenir du Juge un plus long délai, en le faisant dire avec le vassal.

(2) Car l'aveu présenté, quoique sujet à débat, & même débattu, opere la main-levée définitive de la saisie. *Suprà*, *art.* 78, *in fine.*

Article LXXXIII.

A. C. *art.* 68.

En saisissant par le Seigneur de fief son plein fief par faute d'adveu non baillé, il ne peut saisir ne exploicter ses arriere-vassaux, *encores que lesdits arriere-vassaux ne soient en foy de leur Seigneur.*

Voyez la note 4 sur l'article 78.

Article LXXXIV.

A. C. *art.* 73.

Si un héritage tenu en fief est par adveu (1) ou dénombrement redevable de cheval de service au Seigneur de fief, ledit cheval est estimé à soixante sols *tournois*. Et n'est tenu ledit vassal payer

(1) Cette redevance n'est pas ordinaire : le Seigneur doit l'établir au moins par une possession trentenaire, justifiée par des aveux ou dénombremens du vassal. La Coutume ne dit pas par quelles especes de mutations elle est due : lorsque cela n'est pas exprimé par les titres, je penserois qu'elle seroit due seulement par les mêmes mutations de vassal qui donnent lieu au rachat, sous la limitation qui est en la fin de cet article. L'Auteur des

ledit cheval, ſinon que ſon héritage vaille dix livres tournois, *évaluées à trois écus un tiers* par an, & au-deſſus. Et ne peut ledit Seigneur de fief durant ſa vie avoir ledit cheval de ſervice ſur ſon vaſſal, que une ſeule fois.

notes de 1711 dit que cette redevance eſt requérable, & qu'en conſéquence elle s'éteint par la mort du vaſſal à qui on ne l'a pas demandée. Cela peut être fondé ſur un article du livre qui a pour titre, *Ci commencent les ſtatuts du Royaume de France*, rapporté par Lalande. La Coutume de Blois, *art.* 95, en a une diſpoſition.

ARTICLE LXXXV.

Tant que le Seigneur dort, le vaſſal veille : qui eſt à dire, que jaçoit que ledit vaſſal ne ſoit en foy, néanmoins peut joüir de ſon héritage, & faire les fruicts ſiens, juſques à ce qu'il ſoit ſommé ou (1) empeſché par ſon Seigneur de fief. A. C. *art* 6. C. de Par. *art.* 61 & 62.

(1) La Coutume s'exprime mal : la ſimple ſommation ne peut donner les fruits au Seigneur ; il n'y a que la ſaiſie féodale. Ainſi il faut entendre ces termes comme s'il y avoit *ſommé, & enſuite ſaiſi,* ou *ſimplement ſaiſi.*

ARTICLE LXXXVI.

Le Seigneur de fief ne peut preſcrire (1) le fief de ſon vaſſal, ne pareillement le vaſſal ne peut preſcrire la foy (2) contre ſon Seigneur, pour quelque temps qu'ils joüiſſent l'un ſur l'autre, *encores que ce fuſt par cent ans & plus.* Mais deux Seigneurs de fief peuvent preſcrire, & acquerir par preſcription de fief l'un contre l'autre par *quarante ans.* Et quant aux profits féodaux, ſe preſcrivent par trente ans (3). A.C. *art.* 10, 11 & 310. C. de Par. *art.* 12.

(1) Dumoulin, ſur l'art. 10 de notre ancienne Coutume, d'où celui-ci eſt tiré, dit: *Iſta ſunt intelligenda ut ſcripſi in Conſ. Pariſ.* §. 7. Cet Auteur penſoit que cette maxime, *Le Seigneur de fief ne peut preſcrire le fief de ſon vaſſal,* avoit lieu non-ſeulement dans le cas auquel il s'en ſeroit mis en poſſeſſion *jure feudi,* & en vertu d'une ſaiſie féodale; mais même dans le cas auquel il le poſſéderoit *jure plenæ proprietatis,* comme choſe à lui appartenante, & de la même maniere que le poſſéderoit un étranger. Il va juſqu'à dire, que même dans le cas auquel le Seigneur auroit acquis le fief de ſon vaſſal, d'un tiers, en la perſonne duquel le temps de la preſcription auroit commencé de courir contre le vaſſal propriétaire de ce fief, cette preſcription ceſſeroit de courir auſſi-tôt que le fief ſeroit parvenu au Seigneur ; ce qui a lieu, dit-il, *propter ſummam & ſinceram fidem quæ debet ſervari inter patronum & clientem,* qui rejette entre ces perſonnes toute preſcription ; *quæ cùm ſit uſurpatio alieni, repugnat huic fidelitati quæ eſt peculiaris & ſubſtantialis feudo.* Il rapporte néanmoins cette différence entre le cas précédent & ce cas-ci, qu'en rejettant dans ce cas-ci toute preſcription, il en excepte la centenaire ; au-lieu que dans le cas de la ſaiſie féodale, le Seigneur ne peut preſcrire, *etiamſi per mille annos poſſediſſet.* Il paroît que le ſentiment de Dumoulin n'a pas été ſuivi, & que la maxime, *Le Seigneur ne peut preſcrire le fief de ſon vaſſal,* n'a lieu que dans le ſeul cas auquel il s'eſt mis en

possession *jure feudi*, & en vertu d'une saisie féodale; parce que ce titre, par lequel il possede ce fief, *non tanquam rem perfectè suam*, mais comme une chose qu'il ne tient en sa main que jusqu'à ce qu'on lui rende les devoirs auquels elle est sujette, est un titre qui résiste à prescription, & réclame perpétuellement pour le droit du vassal à qui elle appartient. Mais lorsque le Seigneur possede le fief de son vassal comme s'en réputant le vrai propriétaire, en vertu de quelque titre particulier d'acquisition; soit que le titre soit rapporté, soit qu'il soit seulement présumé, il peut prescrire, comme tout étranger le pourroit; c'est pourquoi la Coutume réformée de Paris, *art.* 12, en expliquant cette maxime, l'a restreinte au cas de la saisie féodale : elle dit, *Le Seigneur ne peut prescrire contre son vassal le fief par lui saisi, &c.* Il est vrai que M. Guyot prétend que les termes de cet article ne sont pas restrictifs, & que la maxime doit encore être entendue dans le sens dans lequel l'entendoit Dumoulin : mais il convient lui-même que son opinion est contraire à celle de tous les Auteurs; & les raisons qu'il donne ne sont pas assez puissantes pour faire abandonner le sentiment commun.

(2) La raison est, que la maxime *Nulle terre sans Seigneur*, étant admise dans notre Coutume, le vassal, quoiqu'il ignore de quel Seigneur il releve, ne possede point son héritage comme franc des droits seigneuriaux; & par conséquent il ne peut prescrire contre ces droits, & acquérir la directe de l'héritage par quelque long-temps qu'il ait possédé.

(3) Même contre les gens d'Eglise & Communautés; car cet article a été rédigé avec eux, & ne porte aucune exception en leur faveur. D'ailleurs les profits féodaux, qui sont un fruit, concernent plutôt l'intérêt personnel des bénéficiers que celui de l'Eglise.

ARTICLE LXXXVII.

A. C. *art.* 92. C. de Par. *art.* 60.

Quand deux Seigneurs (1) de fief contendent (2) la foy & hommage d'aucun héritage, le vassal empesché (3), en consignant par luy en Justice (4) les profits tels qu'ils seront trouvez par le Juge Royal (5) estre deuz, aura provision (6) des fruicts : Et ladite consignation faicte, pourra (7) ledit vassal estre reçeu par main (8) souveraine pendant le procès (9).

(1) Ce ne seroit pas le cas de cet article, si la Seigneurie d'où le fief releve étoit constante, & qu'il y eût procès sur la propriété de cette Seigneurie; le vassal seroit tenu porter la foi à celui qui seroit en possession. Si le procès étoit sur la possession, il faudroit par interprétation suivre cet article. *Mol.* §. 60, *N.* 35.

(2) Quoiqu'il n'y ait encore aucun procès de commencé entre deux Seigneurs, si le vassal qui est interpellé par un Seigneur de lui porter la foi pour son fief, l'a déja portée à un autre, ou si elle lui a été demandée par un autre, ou s'il a juste sujet de croire qu'il la demandera, *putà*, parce que son auteur immédiat l'a portée à cet autre Seigneur; en tous ces cas il peut faire assigner ces deux Seigneurs devant le Juge Royal, pour qu'ils aient à se régler, & voir dire que pendant ce temps il sera reçu par main souveraine. *Mol. d.* §. *N.* 17. Quand même l'un des contendans feroit voir qu'il est par ses auteurs en possession de la mouvance contestée, il ne pourroit pas prétendre que pendant le procès sur le fond, le vassal lui portât la foi par provision; mais il y auroit lieu à cet article; car c'est une maxime, que la matiere du combat de fief n'est sujette à provision.

(3) C'est-à-dire, saisi féodalement.

(4) C'est-à-dire, par l'Ordonnance du Juge, rendue contradictoirement, ou par défaut contre les contendans : elle doit se faire les contendans présens, ou appellés. S'il avoit déja payé le profit à l'un des Seigneurs, il n'en seroit pas moins tenu à la consignation vis-à-vis de l'autre; mais il pourroit faire condamner celui des Seigneurs qui a reçu, à consigner à sa décharge ce qu'il a reçu.

Lorsque le profit est un rachat qui consiste en trois choses (*art.* 52), il doit signifier aux contendans, qu'ils aient à convenir entre eux de l'une des trois choses qu'ils entendent choisir; & si les contendans n'en conviennent dans les quarante jours, il y en a qui pensent que le vassal doit en ce cas prendre Sentence avec les contendans, ou par défaut contre eux, qui lui donne acte de ce que faute par les contendans d'avoir fait le choix, il a, conformément à la Coutume, *art.* 55, laissé son héritage vacant, dont il abandonne le revenu pendant l'année; & qu'en conséquence, par la même Sentence, le Juge nomme un séquestre pour toucher ce revenu. Il y en a qui estiment que le Juge doit plutôt, en ce cas, sur le rapport des baux & papiers de recette du vassal, arbitrer une somme que le vassal sera tenu de consigner pour le rachat. J'incline pour ce dernier sentiment. *Voyez Molin. d.* §. *N.* 41.

(5) Qui a la connoissance des cas royaux: un Prévôt Royal n'est pas compétent, encore moins le Juge subalterne.

(6) Du jour qu'il a assigné les contendans pour se régler, avec offres de consigner; car ayant dès-lors cessé d'être en demeure, il ne doit plus perdre les fruits. A l'égard de ceux que l'un des Seigneurs contendans qui a saisi le fief, a perçus auparavant, il les garde, à la charge de les rendre, au cas qu'il succombe, au Seigneur qui aura obtenu, s'il avoit aussi saisi; sinon au vassal. *Molin. d.* §. *N.* 59.

(7) Le vassal n'est donc pas tenu de se faire recevoir en foi par main souveraine; & il peut se contenter de la provision des fruits qu'il obtient de la part du Juge en consignant. Cette réception en foi lui est néanmoins utile, *putà*, pour faire courir l'an du retrait lignager. *Art.* 364.

(8) Cela se fait par Ordonnance du Juge, qui reçoit le vassal en foi par main souveraine.

Par cette réception en foi le fief est couvert, & la mouvance séquestrée en la main du Roi, pendant le procès: c'est pourquoi les mutations de Seigneurs qui arriveroient pendant le procès, ne feroient aucune ouverture de fief pendant que le procès durera. *Mol.* 16, *N.* 67. Mais si le Suzerain, Seigneur commun des deux contendans, saisit leurs fiefs, il pourra sommer l'arriere-vassal, nonobstant sa réception par main souveraine, de venir à la foi. *Mol. d.* §. *N.* 29.

(9) Cette réception en foi finit par le jugement définitif, qui n'est suspendu par aucun appel. Le Seigneur qui a obtenu, peut, en lui signifiant le jugement, le sommer de venir à la foi. *Paris*, *art.* 60.

ARTICLE LXXXVIII.

Un vassal, en quelque maniere que le fief lui soit advenu, soit par succession, acquest ou autrement, ne se peut dire saisi de son fief à l'encontre de son Seigneur (1), jusques à ce qu'il en ait fait la foy & hommage, ou que de lui il soit en souffrance, ou qu'il ait offert deüement à son Seigneur luy faire la foy & hommage, & payer les devoirs & profits, si aucuns sont deuz, *selon qu'il est déclaré ci-dessus.* A. C. *art.* 55.

(1) Lorsque le Seigneur procede en qualité de Seigneur, par la saisie féodale: mais si le Seigneur le troubloit d'ailleurs dans sa possession, il pourroit lui former complainte comme à un autre. *Dumoulin*, *art.* 1, *gl.* 4, *Q.* 5.

ARTICLE LXXXIX.

En succession de fief (1), en ligne directe, entre trois (2) ou plu- A. C. *art.* 25.

(1) Ou de franc-aleu noble; *infrà*, *art.* 255.

(2) Le mort civilement n'est pas compté, non plus que l'exhérédé: mais celui qui

C. de Par. art. 13. sieurs enfants, le fils aisné (3) prendra *par préciput*, un manoir (4) ainsi qu'il se comporte (5) & poursuit (6), avec (7) le vol d'un chapon, estimé à un arpent de terre alentour dudit manoir, s'il y a tant de terre *féodale* joignante (8), avec la moitié de tous les héritages, rentes (9) & revenus tenus en fief. Et les autres enfants, soit fils ou filles, auront l'autre moitié, qu'ils partiront également: Et y aura autant la fille que le fils. Et si les pere & mere vont de vie à trespas sans hoirs masles, delaissant filles seulement, lesdits héritages tenus en fief se partiront entre elles également, & sans prérogative d'aisnesse.

renonce, quoique gratuitement, est compté; ce qui paroît par l'article 359, où il est dit que sa part accroît.

(3) Ou sa postérité, *art.* 305. Il faut qu'il soit héritier; car il est dit *en succession.*

(4) Manoir est une maison où l'on peut demeurer, soit à la ville, soit à la campagne. Un pressoir seul, une grange seule, un moulin seul, ne peuvent passer pour manoir, n'étant pas faits pour y demeurer. *Voyez* Lorris, *tit.* 15, *art.* 16; Dumoulin, *en sa note sur l'art.* 143 *de Blois.*

(5) C'est-à-dire, en quelque état de réparations qu'il soit, bon ou mauvais.

(6) C'est-à-dire, tout ce qui en fait partie, tout ce que renferme l'enclos des édifices, ainsi qu'il résulte de l'*art.* 92. La basse-cour attenante & contiguë au château, quoiqu'il y eût fossé, ou grand chemin entre, fait aussi partie du manoir. *Paris*, *art.* 13.

Le jardin joignant le manoir, n'en fait pas partie: l'aîné n'y a qu'un arpent pour son vol de chapon. Cela a été jugé en 1736, tout d'une voix, entre MM. Decormes.

(7) La Coutume, par ce terme *avec*, donne à entendre qu'elle accorde le vol du chapon comme un accessoire du manoir: l'aîné ne le peut donc prétendre s'il n'y a point de manoir; *secùs* à Paris. L'arpent de terre, ainsi que le manoir, pour tomber dans le préciput, doit être tenu noblement.

(8) Il est censé joignant, *lorsqu'il n'y a* qu'un chemin public entre deux. *Arg. L. fin.* ff. *serv. rust. præd.* Voyez la note 6.

(9) Les rentes se partagent noblement, ou lorsqu'elles sont inféodées, c'est-à-dire, tenues en foi; ou lorsque celui à qui elles appartiennent, est chargé de la foi pour l'héritage sur lequel elles sont à prendre; *art.* 347.

ARTICLE XC.

A. C. art. 26. Et s'il n'y a que deux enfants, le fils aisné prendra le manoir & vol de chapon, comme dit est, & les deux tiers au résidu: & l'autre, soit fils ou fille, aura l'autre tierce partie des choses féodales.

ARTICLE CXI.

C. de Par. art. 15. *Les nobles & non-nobles, qui auront acquis* (1) *& acquerront par cy-après des héritages féodaux, esquels n'y aura Justice ny vassaux,*

(1) Cet article ayant été accordé pour faciliter le commerce des héritages féodaux, que plusieurs ne vouloient pas acquérir, pour ne pas trop avantager leur aîné dans leur succession, il s'ensuit qu'il ne doit être entendu que des héritages acquis à titre de commerce, d'échange, &c. & non de ceux qui seroient acquis à titre de donation ou de legs. C'est l'avis de Lalande.

pourront, tant par le contract d'acquisition, que par déclaration (2) *par escrit subsequente, disposer dudit fief, & ordonner* (3) *qu'il sera parti également entre leurs enfants* (4) *pour une fois seulement* (5), *sans aucune prérogative d'aisnesse, tant pour le manoir, terres, que censives.*

(2) La Coutume ne requiert autre chose pour cette déclaration, sinon qu'elle soit par écrit : elle n'est donc sujette ni aux formes des testamens, ni à aucune autre forme. Il n'est pas nécessaire qu'elle soit faite par acte devant Notaires : on peut la faire sur son journal, ou par quelque acte que ce soit.

(3) Cette déclaration est une espece d'ordonnance de derniere volonté, puisqu'elle n'a d'effet qu'après la mort de celui qui l'a faite, & pour sa succession, d'où il suit,

1°. Qu'elle est toujours révocable, à moins qu'elle n'eût été faite par le contrat de mariage d'un puiné ; car en ce cas, étant une loi & condition de son contrat, elle ne peut être révoquée à son préjudice.

2°. Que le mari ne peut faire cette déclaration que pour sa moitié dans les conquêts, en cas d'acceptation de communauté.

3°. Que la femme peut faire cette déclaration pour sa moitié sans être autorisée de son mari.

4°. Que c'est au temps de la mort, auquel cette déclaration a son effet, qu'on doit considérer si le fief acquis est un simple fief susceptible de la déclaration, ou s'il n'en est pas susceptible, ayant justice ou vassaux.

(4) Cette déclaration ne peut donc se faire pour les successions collatérales, à l'effet de faire succéder les filles avec les mâles.

(5) C'est-à-dire que cette déclaration n'a d'effet que pour le partage de la succession de l'acquéreur, & non pour le partage de celle de ses enfans : car il peut bien, suivant la permission que la loi lui donne, régler à l'égard desdits acquêts le partage de sa propre succession ; mais il ne peut pas régler le partage de celle de ses enfans, qui ne peuvent pas aussi faire pareille déclaration, parce que ces fiefs ne sont plus acquêts en leur personne. Au reste, lorsque la succession de l'acquéreur se partage par souches, *Lebrun*, 11, 11, 35, a tort de dire que la déclaration ne doit pas avoir effet dans les subdivisions des lots échus à chaque souche : car ces subdivisions font partie du partage de sa succession ; les subdivisions ne font, avec le partage principal, qu'un même tout, & doivent se faire de la même maniere.

Observez que cet article ne peut avoir lieu que sur les fiefs situés dans ce Bailliage, la Coutume n'ayant pas d'empire hors de son territoire.

ARTICLE XCII.

Si dedans l'enclos du préciput de l'aisné y a moulin, four ou pressoüer, le corps dudit moulin, four ou pressoüer appartient à l'aisné. Mais le profit dudit moulin banal ou non banal, & du four & pressoüer, s'ils sont banaux, se partira comme le reste du fief. Et sont tenus les puisnez de contribuer aux frais des moulants, tournants & travaillants dudit moulin, corps de four & pressoüer, & de leurs ustenciles, pour portion du profit qu'ils y prennent. Peut toutesfois l'aisné avoir ledit droit de profit & banalité, en recompensant lesdits puisnez en héritages, s'il y en a, en la plus grande commodité que faire se pourra pour les puisnez ; ou en deniers, à faute d'héritages (1). C. de Par, art. 14.

La raison de cet article, à l'égard du moulin non bannal, est qu'un moulin étant destiné principalement plutôt pour en tirer un revenu que pour l'usage domestique du pere de famille, il ne peut pas passer pour faire partie du manoir.

Il n'en est pas de même des fours & pressoirs, lorsqu'ils ne sont pas bannaux : ils sont censés construits principalement pour l'usage domestique, de même qu'un colombier; & par conséquent faire partie de la maison, quand même le pere de famille en auroit tiré quelquefois quelque profit.

A l'égard des fours & pressoirs bannaux, le droit de bannalité étant un droit incorporel, qui fait une des parties intégrantes du fief, & qui est quelque chose de distingué du corps du four ou du pressoir qui sert à l'exercice de ce droit, il ne peut faire partie du manoir, ni par conséquent être prétendu par l'ainé.

Il en est de même des droits de justice, censive & vassaux; ces droits, quoiqu'ils s'exercent dans le principal manoir, sont des droits incorporels qui n'en peuvent faire partie, mais bien de l'universalité du fief, & dans lesquels l'ainé ne peut prétendre que sa portion avantageuse.

(1) Les puînés ayant chacun une portion égale à celle de l'ainé dans les ustensiles qui sont meubles, & n'étant néanmoins obligés d'en fournir tous ensemble qu'autant que l'ainé, il s'ensuit que l'ainé doit les leur acheter, ou leur payer le loyer du surplus.

ARTICLE XCIII.

A. C. *art.* 264. En une rente fonciere deuë & constituée par bail à rente (1) d'héritage féodal, où y a une maison & manoir, ou masure, & apparence de manoir, & vol de chapon à l'entour seulement; le fils aisné pourra, si bon lui semble, prendre ladite rente pour & au lieu du manoir.

(1) Fait avec rétention de foi. *Voyez les art.* 7, 347.

La raison de cet article est, que c'est en quelque façon prendre dans la succession un manoir, que de prendre cette rente à laquelle est attaché le *dominium civile* de l'héritage sur lequel elle est à prendre.

ARTICLE XCIV.

A. C. *art.* 265. Toutefois si rente fonciere estoit deuë & constituée par bail à rente faict d'aucuns héritages féodaux, estans en diverses pieces: le fils aisné, s'il y a manoir, ou apparence de manoir, prendra en ladite rente, au lieu de manoir, ce que pourra valoir iceluy manoir & vol de chapon, à le priser & estimer contre, & eu égard à la valeur des autres terres redevables de ladite rente. Et le surplus se partira comme héritage féodal.

ARTICLE XCV.

Après que le fils aisné aura choisi le manoir & vol de chapon qu'il doit avoir par préciput, l'outre plus de son droit héréditaire luy sera baillé & délivré par les Commissaires qui procéderont au faict du partage, à la commodité tant dudit aisné que des puisnez; sans que ledit

ledit aisné puisse précisément imposer nécessité de lui bailler & délaisser la portion de chacun manoir & héritage tenu en fief.

ARTICLE XCVI.

Si ès successions de pere & mere, ayeul ou ayeule, y a un seul fief soit en la Ville ou aux champs, consistant seulement en un manoir, ou bien en un manoir avec basse-cour, & enclos d'un arpent, sans autres appartenances (1), ne autres biens immeubles; audit fils aisné appartiendra la moitié dudit manoir, basse-cour & enclos, & l'autre moitié appartiendra aux autres enfants. Et s'il n'y a que deux enfants, le fils aisné y prendra les deux tiers, & l'autre enfant l'autre tiers. Et toutesfois en chacun desdits cas le fils aisné pourra bailler aux puisnez recompense en argent, au dire des preud'hommes, de la portion à eux appartenante audit fief, sans que pour ladite recompense en soit deu aucun profit au Seigneur de fief: Et lesquels deniers qui seront baillez en recompense, sortiront nature de propre (2) au récompensé. C. de Par. art. 17.

La raison de cet article, est que la loi veut que chaque enfant ait quelque part dans les successions de ses pere & mere: ce qui s'appelle *légitime*, étant une loi prise dans la nature, elle doit l'emporter sur la loi qui donne à l'ainé dans leur succession un manoir, qui n'est qu'une loi purement arbitraire; d'où il suit que s'il ne se trouve pas dans la succession d'autres biens immeubles que le manoir dans lesquels les puînés puissent avoir une légitime, ils doivent l'avoir dans ce manoir, unique immeuble de la succession, nonobstant le droit d'ainesse.

(1) Notre Coutume ne fait pas attention aux biens mobiliers de la succession; ce qui est conforme à l'ancien esprit du Droit Coutumier, qui n'estimoit biens solides que les immeubles & fonds de terre, & faisoit peu de cas du mobilier, qui étoit fort peu considérable chez nos ancêtres.

Comme dans les choses morales *parùm pro nihilo reputatur*, ce seroit la même chose s'il se trouvoit dans la succession un immeuble de nulle valeur, en comparaison du manoir; *putà*, une rente d'un écu.

(2) A l'effet de ne pas tomber dans la communauté qui est entre lui & sa femme; *item* dans le cas de l'article 351.

ARTICLE XCVII.

Le fils aisné ne peut demander prérogative d'aisnesse quant audit manoir, que une fois seulement: C'est assavoir en succession de pere, ou en succession de mere (1). A. C. art. 27.

(1) L'ainé ayant le choix des manoirs qui sont dans les deux successions, son choix n'est consommé qu'après les deux successions échues: c'est pourquoi il peut, en rapportant celui qu'il a pris dans la succession du prédécédé, & tenant compte à ses puînés pour leurs portions, des revenus qu'il en a perçus, en prendre un plus considérable dans la succession du dernier décédé.

Lorsqu'un conquêt s'est trouvé pour moitié dans la succession du pere, & pour l'autre moitié dans celle de la mere, il y a lieu de penser que l'ainé peut avoir le conquêt entier; car ce n'est toujours qu'un seul manoir qu'il a dans les deux successions : ainsi le décident Lorris, *ch.* 1, *art.* 25; Dunois, *ch.* 1, *art.* 10.

Cet article ne doit pas être étendu aux successions des autres ascendans, dans lesquelles l'ainé qui succede, par représentation de son pere ou de sa mere, peut prendre un manoir, quoiqu'il en ait pris un dans celle de son pere ou de sa mere.

ARTICLE XCVIII.

A. C. *art.* 46.

Quand enfants masles en pareil degré, succedent à fief par ligne collaterale, entre eux n'y a aucun droict de prérogative d'aisnesse, mais succedent également.

ARTICLE XCIX.

A. C. *art.* 45.
C. de Par, *art.* 25.

En succession de fief en ligne collaterale, le masle, en pareil degré (1), forclost la femelle.

L'origine de ce droit vient de ce qu'autrefois les femmes, comme incapables du service militaire, étoient incapables de succéder aux fiefs. Elles ont été admises depuis à la succession des fiefs; mais les mâles ont conservé un droit de préférence en pareil degré dans les successions collatérales.

(1) *Voyez les articles* 320, 321, 322.

ARTICLE C.

C de Par, *art.* 71.

Nul Seigneur ne peut contraindre ses subjets d'aller au four ou au moulin qu'il prétend (1) *banal, ou faire corvées, quelque temps* (2) *qu'il en ait joüy, s'il n'en a* (3) *titre valable, sans préjudicier aux droits des* (4) *Ecclésiastiques.*

(1) *Voyez*, sur le droit de bannalité & sur les corvées, *l'Introd. ch. dernier.*

(2) C'est une question, si ces termes excluent même la possession centenaire, comme plusieurs le pensent : je ne le penserois pas. *Voyez les raisons, Introd. tit.* 13.

Au reste l'usage dans lequel auroient été depuis plus de cent ans les justiciables d'aller au moulin, n'est pas une preuve de la jouissance du droit de bannalité : cette jouissance se prouve par des condamnations prononcées contre les contrevenans.

(3) Quels titres sont valables, *suprà*, *Introd. N.* 357.

(4) Ces droits résultent des Lettres-patentes des 8 Mai 1568, & premier Juin 1584; obtenues par le Clergé d'Orléans, qui, vu la perte qu'ils avoient faite de leurs titres pendant les guerres civiles, leur permettent de justifier leurs droits par la preuve testimoniale de leur possession, & par le rapport de leurs baux & papiers de recette.

ARTICLE CI.

C. de Par, *art.* 72.

Le moulin à vent ne peut être banal, ny sous prétexte de ce les Meusniers voisins empeschez de chasser (1), *s'il n'y a titre valable comme dessus, & sans préjudicier, comme dit est, aux droits des Ecclésiastiques.*

(1) *Chasser*, est aller querir chez les particuliers les grains qu'ils veulent faire moudre; pour les porter au moulin.

TITRE II.

Des Cens & Droits Censuels.

INTRODUCTION AU TITRE.

Article préliminaire.

1. LE Cens est une redevance en deniers ou fruits que les possesseurs des héritages qui en sont chargés, doivent payer annuellement, en reconnoissance de la seigneurie directe desdits héritages que s'est réservée celui qui l'a donné à cette charge.

Cette espece de seigneurie s'appelle *Censive.* Les héritages tenus à cette charge sont appellés *Censuels.* On appelle *Censitaires* ceux qui les tiennent à cette charge.

Ces héritages sont appellés *héritages roturiers*, parce que le censitaire n'a que ce qu'il y a d'utile dans le *dominium* de l'héritage. Tout ce qu'il y a d'honorifique demeure pardevers le Seigneur. C'est pour cela que le droit de chasse, qui parmi nous est censé consister *magìs in honore quàm in quæstu*, n'appartient pas au censitaire sur les héritages censuels, mais au Seigneur de censive.

C'est aussi sur cela qu'est fondé l'article 122.

2. Le droit de cens est de l'essence de la censive : les Seigneurs de censive, outre ce droit de cens, ont plusieurs autres droits sur les héritages qui sont tenus d'eux en censive ; tels que sont les profits censuels, les amendes, &c. Ces droits portés par les Coutumes, sont *de la nature* du droit de censive ; c'est pourquoi tout Seigneur de censive est fondé de droit commun à les prétendre, & il n'a besoin d'aucun titre particulier pour les établir : mais ils ne sont pas *de l'essence* de la censive ; c'est pourquoi des héritages peuvent être tenus à cens, sans être sujets, par exemple, à la charge des profits censuels ; ce qui arrive lorsqu'il est porté par le bail à cens qu'il ne sera dû aucun profit pour les mutations, ou lorsque les héritages y ayant été originairement sujets, en ont été libérés par la prescription ; *art.* 143. Au reste, il ne suffiroit pas, pour justifier l'exemption de ces charges, qu'il n'en fût fait aucune mention expresse par le bail à cens ; car ces charges étant de coutume, y sont sous-entendues, selon la regle *In contractibus tacitè veniunt quæ sunt moris & consuetudinis.*

Nous traiterons séparément des différens droits des Seigneurs de censive.

ARTICLE PREMIER.

Du Cens.

§. I.

De la nature du Cens.

3. Il résulte de la définition que nous avons donnée du cens, qu'il est dû principalement par l'héritage qui en est chargé : c'est pourquoi le censitaire peut se décharger pour l'avenir de la prestation du cens en abandonnant l'héritage.

En cela le cens convient avec la rente fonciere ; mais il en differe en ce que le cens est une redevance seigneuriale, & en conséquence imprescriptible : *voyez l'art.* 263 : enfin, en ce que dans notre Coutume il est divisible : *voyez l'art.* 121.

4. Quoique le cens se paie en reconnoissance de la seigneurie, il n'est pas néanmoins nécessaire que le censitaire aille en personne le payer ; il est censé suffisamment le reconnoître lorsque quelqu'un le va payer de sa part. Il n'est pas même nécessaire que celui qui va payer le cens pour le censitaire, fasse apparoir d'une procuration, à moins que le censitaire n'eût dénié tenir à cens. *Mol.* §. 85, *n.* 77 *& seq.*

5. Mais quand même le censitaire seroit créancier de son Seigneur de censive, d'une somme d'argent plus considérable que n'est celle qu'il lui doit pour son cens, il n'en seroit pas moins tenu d'aller ou envoyer payer le cens, & il ne pourroit pas s'en prétendre quitte par droit de compensation ; *Mol.* §. 85, *n.* 31 *&* 37 : car dans le paiement du cens, c'est beaucoop moins la somme d'argent qui est considérée, que la reconnoissance de la seigneurie qui se fait par ce paiement. La compensation peut bien me donner la somme d'argent qui m'est due par mon débiteur, par la décharge qu'elle me donne d'une pareille somme que je lui devois : car comme on ne considere qu'une certaine *valeur* dans les sommes d'argent, la décharge que me procure la compensation étant de même *valeur* que la somme qui m'est due, elle me procure véritablement ce qui m'est dû. Mais la compensation ne peut pas, par la décharge qu'elle me donneroit d'une somme d'argent que je dois à mon censitaire, me donner *la reconnoissance* qu'il me doit de la seigneurie que j'ai sur son héritage ; car cette reconnoissance ne consiste pas, comme une simple somme d'argent, dans une *valeur*, mais est quelque chose d'inestimable qui ne peut tomber en compensation.

6. Par la même raison, si les créanciers du Seigneur avoient saisi & arrêté les arrérages de cens échus & à échoir, le censitaire arrêté ne laisseroit pas d'être tenu, nonobstant l'arrêt fait en ses mains, d'aller ou envoyer, aux jour & lieu prescrits, déclarer au Seigneur qu'il est prêt de lui payer la somme qu'il lui doit pour son cens, en lui rapportant par le Seigneur la main-levée de l'arrêt. Cette déclaration peut passer pour équipollente au paiement du cens, pour la reconnoissance de la seigneurie.

§. II.

Des différentes especes de Cens.

7. On distingue *chef-cens* & *sur-cens*. *Chef-cens* est le premier cens dont un héritage est chargé. *Sur-cens* est celui que quelqu'un s'est retenu sur un héritage déja chargé envers un autre d'un premier cens : ce *sur-cens* n'est pas proprement un cens, mais une rente fonciere. *Voyez l'art. 122.*

On appelle *gros cens* ou *cher cens* celui pour lequel un héritage a été donné en bloc ; *menu cens*, celui qui par le bail est réparti sur chaque arpent, ou autre partie intégrante de l'héritage compris au bail.

Cher cens, dans notre Coutume, se prend dans un autre sens pour celui qui passe dix sous.

Il y a un cens *portable*, qui est le plus ordinaire, que le censitaire doit porter aux jour & lieu nommés. Il y en a un *requérable*, sur lequel *voyez l'art. 133.*

ARTICLE II.

De l'amende due faute de paiement du Cens, qu'on appelle Défaut.

8. Le *Défaut* est une amende de cinq sous, que la Coutume prononce au profit du Seigneur contre le censitaire qui a manqué de payer le cens aux jour & lieu nommés par les titres de la censive ; *art. 102.*

9. Il faut donc, 1°. pour qu'il y ait lieu à cette amende, qu'il y ait un jour & un lieu nommés par les titres, auxquels le cens ait dû être payé. *Molin.* §. *85*, & *1.*

Il faut, 2°. que ce lieu ait été accessible le jour auquel devoit se payer le cens ; car l'impossibilité fait cesser toutes les obligations.

Il n'est pas néanmoins nécessaire, pour faire encourir cette amende, que le censitaire ait pu y aller lui-même : il suffit qu'il ait pu y envoyer, ou que celui qui étoit chargé de ses affaires ait pu y aller. C'est pourquoi ni la maladie du censitaire, ni sa minorité n'empêchent point qu'il encoure cette amende. On décide même que la succession vacante du censitaire l'encourt ; ceux qui ont intérêt à cette succession ayant dû avoir soin de faire payer le cens par le curateur.

10. Le possesseur de plusieurs héritages chargés de cens payables au même jour, au même lieu & au même Seigneur, quand même les héritages procéderoient de différentes baillées, n'encourt qu'une amende ; car il n'a été qu'une fois en demeure pour ces héritages.

11. Lorsqu'il y a plusieurs copropriétaires de l'héritage censuel, ils n'encourent tous ensemble qu'une amende, faute de paiement de cens ; car *unius personæ vicem sustinent :* & pareillement lorsqu'il y a plusieurs copropriétaires de la censive, le censitaire n'encourt qu'une amende envers tous.

12. L'un des copropriétaires qui a offert sa part du cens, n'en est pas moins tenu pour l'amende ; sauf son recours contre ses copropriétaires ; *Molin.* §. *85*,

n. 17. Cette décision a lieu même dans notre Coutume, quoiqu'elle déclare le cens divisible; car ce n'est que par la division de l'héritage qu'il s'y divise.

13. L'amende ne cesse pas d'être due, quand même le censitaire viendroit dès le lendemain purger sa demeure. *Ibid. n. 9.*

14. Elle cesse de l'être, lorsque le Seigneur ou son procureur l'ont remise; & cette remise se présume lorsqu'ils ont reçu le cens sans l'exiger. *Ibid. n. 11.*

Cette remise étant ordinaire & de bienséance, le procureur du Seigneur n'a pas besoin pour la faire, d'un pouvoir spécial, *ibid. n. 12;* pourvu néanmoins que le censitaire n'ait pas été encore ajourné, ni son héritage saisi. *N. 13.*

Lorsqu'un co-Seigneur a reçu sa part du cens, il est censé avoir remis sa part de l'amende. *N. 18.*

15. Enfin cette amende se prescrit par un an; *art. 102.*

Sur les amendes qui ont lieu dans les censives requérables, *voyez l'art. 133.*

ARTICLE III.

Des Profits censuels; de l'Amende pour ventes recelées; & de l'exhibition du titre.

§. I.

Des Profits censuels.

16. Dans les censives ordinaires, qu'on appelle *à droit de vente*, & dont il est traité sous ce titre, il n'est dû aucun profit censuel que par la vente de l'héritage censuel, & autres contrats ressemblans à la vente; & ce profit s'appelle *profit de ventes.*

Les mêmes principes par lesquels on décide quand il y a lieu au profit de quint, servent à décider quand il y a lieu au profit de ventes dans les censives. *Voyez l'Introd. au Tit. 1, chap. 5.*

Sauf, 1°. que les contrats d'échange & de bail à rente, que notre Coutume n'assujettit pas au profit de quint, (*ibid. n. 150, in fin.*) sont regardés dans les censives comme contrats ressemblans à la vente, & donnent lieu au profit de vente; *art. 108 & 110.*

Sauf, 2°. que dans les censives, non-seulement la vente de l'héritage censuel, mais celle de toutes les rentes foncieres dont l'héritage censuel est chargé, donne lieu au profit de vente, *art. 109;* & en conséquence lorsque l'héritage est vendu, le profit n'est dû que du prix qu'il est vendu, outre la charge desdites rentes.

Ce profit est ordinairement du douzieme du prix. Il y en a néanmoins de différentes especes; sur quoi *voyez l'art. 106.*

Le Seigneur qui reçoit son cens sans faire réserve des profits qui lui sont dus, n'est pas pour cela censé en faire remise; *Molin. §. 74, glos. 1, n. 1, 50 & 51.*

§. II.

De l'Amende pour ventes recelées, & de l'exhibition du titre.

17. L'acquéreur d'un héritage censuel encourt une amende de soixante sous pour ventes recelées, lorsqu'il n'a pas payé ou *déprié*, c'est-à-dire, donné avis au Seigneur dans la quarantaine; *art. 107.*

Il est clair que pour qu'il encoure cette amende, il faut, 1°. avant toutes choses qu'il y ait eu un profit de vente dû. Il ne peut donc y avoir lieu à l'amende, si le contrat étoit nul, ou n'étoit pas de nature à y donner lieu, ou que l'acquéreur en fût exempt par privilege; *Molin.* §. *77, gl. 1, n. 3 & 4.*

Mais quoique par la suite & après le temps du dépri expiré, le profit ait cessé d'être dû, *putà* parce que les parties, avant la tradition, se sont désistées du contrat, *Introd. au Tit. 1, n. 129*, l'amende continue d'être due; car ce n'est pas le contrat qui est la cause productive de l'amende, mais le recel de l'acquéreur, qui est une faute que la destruction du contrat n'a pas détruite; *Mol. ibid. n. 29 & 31.*

18. 2°. Pour qu'il y ait lieu à cette amende, il faut que le Seigneur n'ait pas été présent au contrat; car l'acquéreur n'a pu être obligé de donner avis au Seigneur, de ce que le Seigneur ne pouvoit ignorer: mais la connoissance que le Seigneur auroit pu avoir d'ailleurs, n'excuse pas l'acquéreur qui ne lui a pas donné avis; *ibid. n. 10 & 23.*

Voyez un troisieme cas auquel l'amende n'est pas due; *art. 107.*

19. Lorsque le profit est d'une somme moindre que soixante sous, Dumoulin, *ibid. n. 35*, décide que l'amende ne doit excéder la somme due pour le profit; *arg. L. un. cod. de sent. quæ pro eo quod int. Nec obstat* qu'il est dû une amende de cinq sous pour le défaut de paiement d'un denier de cens; car ce n'est pas le denier qu'on considere dans le cens, mais la reconnoissance de la seigneurie, qui est inestimable.

20. Lorsque l'acheteur a fait un dépri frauduleux, en cachant une partie du prix de la vente, Dumoulin, *ibid. n. 39 & seq.* décide qu'il n'encourt l'amende que pour la partie du profit qu'il n'a pas payée ni dépriée; parce que n'ayant contrevenu qu'en partie à son obligation, il n'est sujet que pour cette partie à la peine de la contravention. La réponse est, que si l'obligation principale de payer le profit est une obligation divisible, l'obligation qui consiste dans la prestation de la bonne foi par rapport à ce profit, est, selon les principes de Dumoulin lui-même, *Tract. de divid. & individ.* une obligation indivisible: le dépri frauduleux, qui est une contravention à cette obligation, ne peut donc être regardé que comme une contravention entiere, qui doit faire encourir l'amende entiere. D'ailleurs la fraude étant plus grande & plus manifeste dans le dépri frauduleux que dans la simple omission de déprier, qui peut arriver par négligence, la peine ne doit pas être moindre.

21. Cette amende s'encourt par toutes sortes de personnes, même par ceux qui sont sous puissance de tuteur ou de curateur; sauf leur recours contre eux; *Molin. d.* §. *n. 21.*

22. Lorſque pluſieurs ont fait une acquiſition en commun, ils n'encourent tous enſemble, faute de dépri, qu'une ſeule amende, *Molin. ibid. n. 38.* Ils ſont tenus chacun ſolidairement; & ſi un ſeul d'entre eux a déprié, il ſauve à tous l'amende, quand même il auroit déclaré qu'il n'entend déprier que pour ſa part: car *déprier* n'étant autre choſe que notifier ſon contrat d'acquiſition, il ne peut le notifier pour lui, qu'il ne le notifie pour ſes co-acquéreurs; *Molin. ibid. n. 36.*

Cette amende ne peut être demandée après le profit reçu; *ibid. n. 7;* de même que le défaut après le cens payé: mais elle ne ſe preſcrit que par trente ans.

23. Sur l'exhibition du titre que le Seigneur a droit de demander aux nouveaux poſſeſſeurs, *voyez l'art. 108.*

ARTICLE IV.

De la Reconnoiſſance cenſuelle.

24. La reconnoiſſance cenſuelle eſt une deſcription détaillée de l'héritage tenu à cens, par nouveaux tenans & aboutiſſans, & des charges auxquelles il eſt ſujet envers le Seigneur, que chaque nouveau cenſitaire doit faire par acte devant Notaire, & dont il doit donner une expédition au Seigneur à ſes frais.

Il n'eſt pas obligé de ſe ſervir du Notaire du Seigneur.

Mais ſi le Seigneur avoit obtenu des Lettres de renouvellement de terrier, le cenſitaire ſeroit obligé de ſe ſervir du Notaire commis par leſdites Lettres.

25. La reconnoiſſance donnée par un tuteur pour ſon mineur, eſt cenſée donnée par le mineur, qui n'eſt pas obligé d'en donner une nouvelle lors de ſa majorité.

26. Le mari devient nouveau cenſitaire pour les propres de la femme (à moins que le mariage n'ait été contracté avec la clauſe qu'elle jouiroit ſéparément.) C'eſt pourquoi il doit reconnoiſſance, quoique ſa femme l'ait déja paſſée.

27. Un nouveau Seigneur ne peut demander reconnoiſſance aux cenſitaires qui l'ont paſſée à ſes prédéceſſeurs, à moins qu'il n'offre en payer les frais.

ARTICLE V.

Des actions du Seigneur; de la Saiſie cenſuelle; & du droit qu'ils ont de faire vuider les mains aux mains-mortes.

28. Le Seigneur a deux voies pour ſe faire payer de ſes cens & droits cenſuels; celle de l'action, & celle de la ſaiſie cenſuelle.

§. I.

De l'Action.

29. L'action qu'a le Seigneur contre ſes cenſitaires eſt perſonnelle-réelle. Le cenſitaire eſt tenu perſonnellement des arrérages de cens de ſon temps,

&

& du temps de ceux dont il est héritier ; des profits censuels & amendes qu'il doit de son chef, & du chef de ceux dont il est héritier.

Quoique le censitaire n'ait pas été expressément chargé par son contrat d'acquisition des cens & droits censuels, il ne laisse pas d'être tenu personnellement de tous les arrérages de son temps, & du profit auquel son acquisition a donné lieu : car la maxime, *Nulle terre sans Seigneur*, étant reçue ici, la charge des droits seigneuriaux est toujours sous-entendue dans les contrats d'acquisition, & l'acquéreur est censé s'y obliger tacitement en acquérant.

Le censitaire étant tenu personnellement de toutes ces choses, il peut en être poursuivi même après qu'il a cessé de posséder l'héritage censuel ; & il ne peut s'en libérer en l'abandonnant.

30. Cette action n'est pas simplement *personnelle*, elle est *personnelle réelle ;* car l'héritage censuel est affecté à l'obligation que contracte le censitaire de payer les arrérages de cens, les profits, même les amendes : c'est pourquoi lorsque le censitaire a aliéné l'héritage, le Seigneur peut demander aux tiers détenteurs les cens, profits & amendes dus par ce censitaire.

§. II.

De la Saisie censuelle.

31. On peut définir la saisie censuelle, la main-mise du Seigneur sur l'héritage mouvant de lui en censive, à l'effet d'empêcher le censitaire d'en jouir jusqu'à ce qu'il ait satisfait à ses devoirs.

32. Cette saisie est une saisie de l'héritage plutôt que des fruits ; *art. 103, & la note 5. Molin. §. 74.*

En cela elle convient avec la saisie féodale ; mais elle en differe d'ailleurs *toto cœlo.* Car le Seigneur qui saisit censuellement un héritage, ne le réunit point à son domaine ; il n'en devient point le possesseur ; il le tient seulement *empêché*, à l'effet que le censitaire n'en puisse jouir, ni percevoir les fruits.

33. Elle differe aussi de la saisie réelle de l'héritage & de la saisie-exécution qu'un créancier qui a un titre exécutoire, fait des fruits pendans par les racines sur l'héritage de son débiteur ; car ces saisies se font à l'effet de vendre ; au lieu que la saisie censuelle n'est qu'un simple arrêt, qui ne donne pas le droit au Seigneur de censive de vendre ni l'héritage, ni les fruits de l'héritage saisi censuellement, ni avant ni après qu'il les a perçus ; mais seulement de les tenir arrêtés, jusqu'à ce qu'il ait obtenu une sentence de condamnation contre le censitaire, en vertu de laquelle il puisse convertir la saisie censuelle en saisie-exécution des fruits.

34. La saisie censuelle peut être faite non-seulement par le propriétaire de la censive, mais par tous ceux qui sont *loco domini.* Tout ce qui a été dit, *Introd. au Tit. 1, ch. 2, §. 3*, sur les personnes qui peuvent, ou non, saisir féodalement, & au nom desquelles la saisie féodale doit être faite, reçoit son application à la saisie censuelle.

Lorsqu'il y a plusieurs Seigneurs de censive, & que l'un d'eux a saisi, il suffit que les autres signifient au censitaire qu'ils entendent se servir de la saisie. *Molin.* §. *74, gl. 1, n. 14.*

35. Sur les causes pour lesquelles cette saisie peut être faite, sur ce qui peut y être compris, sur la forme, sur la peine de son infraction, *voyez l'art. 103 & les notes.*

Sur ce qui concerne l'opposition à cette saisie, & la main-levée, *voyez les art. 104 & 105.*

§. III.

Du droit qu'ont les Seigneurs de faire vuider les mains aux mains-mortes.

36. Voyez sur ce *les art. 118, 119 & 120.*

TITRE II.

Des Cens & Droits Censuels.

ARTICLE CII.

A. C. art. 104. C. de Par. art. 85.

QUAND aucun doit cens payable à jour & lieu nommez (1), & ne paye le jour qu'il est deu, il est amendable envers le Seigneur censier de cinq sols *tournois*, ou (2) *moins*, selon la nature (3) des censives. *Et si le Seigneur censier laisse courir plusieurs années d'arrérages, ne pourra néanmoins faire payer que l'amende d'un seul défaut* (4).

(1) Par le bail à cens ou par les reconnoissances censuelles. Si ces titres n'expriment aucun lieu, ou n'expriment aucun jour, il ne peut y avoir lieu à l'amende faute des paiemens du cens, si ce n'est peut être dans les vingt-quatre heures de la requisition, comme en l'article 133; ce qui souffre difficulté.

(2) Il semble que la Coutume, en confirmant ici les usages particuliers des censives dans lesquelles l'amende est moindre que l'amende ordinaire de cinq sols, rejette tacitement les usages de celles dans lesquelles elle seroit plus forte.

(3) C'est-à-dire, les loix & conditions particulieres de chaque censive prescrite par le bail à cens, ou par les reconnoissances.

(4) Il se prescrit donc par un an, pourvu qu'il n'y ait eu ni saisie censuelle, ni demande formée qui ait interrompu cette prescription.

ARTICLE CIII.

A. C. art. 105.

Le Seigneur de censive, pour les arrérages (1) de son cens & son défaut, & (2) droicts censuels, peut empescher (3) & obstacler

(1) Même ceux courus avant que le censitaire eût acquis.

(2) Ce sont les profits, l'amende pour vente recelée : en cela notre Coutume differe de celle de Paris, qui ne permet de saisir que pour les arrérages de cens.

(3) La saisie censuelle n'est qu'un empêchement ou arrêt. *Voyez l'Introd. N. 32.*

par un (4) *Sergent* l'héritage (5) tenu de lui à cens, si c'est maison, par obstacle & barreau (6) mis ès huys : & si c'est terre labourable ou vignes, par brandons mis ès fruicts. Et si le Seigneur (7) ou (8) détenteur brise la main (9) à luy deuëment signifiée (10), il en chet en cnq sols *tournois* d'amende envers le Seigneur censier. Toutefois si ledit Seigneur censier est justicier, ou procede par empeschement avec (11) autorité de Justice, il y a soixante sols *tournois* d'amende : sur lesquels le Seigneur censier, qui n'a Justice que de censier (12), prend cinq sols *tournois : & le surplus de l'amende appartient au Seigneur justicier.* C de Par. art. 74.

(4) Ces termes ont été ajoutés lors de la réformation : il paroît qu'auparavant le Seigneur de censive pouvoit faire cet obstacle de son autorité privée par ses préposés. Aujourd'hui elle doit être faite par un Sergent, en la forme ordinaire des exploits de saisie, avec établissement de Commissaire : il n'est pas nécessaire qu'elle soit faite en vertu d'une permission du Juge, ni qu'elle soit précédée d'un commandement.

(5) La saisie censuelle est donc une saisie de l'*héritage* même : le Seigneur ne peut donc pas saisir les fruits coupés qui n'en font plus partie, encore moins les meubles. Par la même raison, il ne peut par cette saisie arrêter que les loyers à échoir.

(6) On en fait seulement mention dans le procès-verbal, mais on n'en met plus.

(7) *Utile*, c'est-à-dire le propriétaire de l'héritage censuel, le censitaire.

(8) Tel que le fermier ou locataire.

(9) C'est-à-dire la saisie : il la brise en enlevant les fruits saisis. Dumoulin pensoit qu'une opposition formée à la saisie, lorsqu'elle étoit mal fondée, devoit passer pour infraction à la saisie. Il me paroît qu'il n'est ici question que de l'infraction qui se fait par voie de fait. L'opposition est une voie de droit.

(10) Il suffit de faire cette signification à la maison obstaclée ; le Seigneur n'est point obligé de chercher son censitaire ailleurs.

(11) Cette distinction, qui avoit lieu dans l'ancienne Coutume, ne peut plus avoir lieu aujourd'hui, que toutes les saisies censuelles se font par le ministere d'un Sergent, qui est un Officier de Justice ; & par conséquent par autorité de Justice : c'est pourquoi Lalande a raison de croire que la fin de cet article a été laissée par inadvertence dans le cahier de la réformation. Ou peut-être, par empêchement fait *par autorité de Justice*, la Coutume entend-elle la saisie censuelle qui se feroit en vertu d'une permission du Juge, au bas d'une requête.

(12) Ce n'est autre chose que le pouvoir que la Coutume donne au Seigneur de censive de saisir censuellement ses censitaires.

ARTICLE CIV.

Si le Seigneur de censive empesché pour ses arrérages & droicts censuels ; & celui à qui est l'héritage, s'oppose ; s'il confesse ledit héritage estre redevable envers ledit Seigneur censier dudit cens, ou que le Seigneur de ladite censive en enseigne par ses papiers censiers, ou autrement (1) deuëment : en ce cas la main-mise (2) tiendra. A. C. art. 106.

(1) *Putà*, en justifiant que l'héritage se trouve dans l'enclave du territoire de la censive, à cause de la regle, *Nulle terre sans Seigneur.*

(2) Par provision. Si le saisissant n'apportoit aucun commencement de preuve de

son prétendu droit de censive, le saisi, qui ne conviendroit pas être censitaire, doit avoir main-levée sans caution, ni aucune consignation. Il n'est pas même nécessaire qu'il dénie précisément être censitaire; il suffit qu'il ne convienne pas : ce n'est que dans les fiefs qu'a lieu la maxime qu'il faut *avouer ou désavouer.*

ARTICLE CV.

C. de Par. art. 45.

Si le propriétaire saisi pour arrérages de cens (1) s'oppose à la saisie, il doit, ou son locataire, avoir main-levée par (2) provision, en consignant ès mains du Seigneur trois années de cens, & le défaut.

Cet article est tiré de l'Ordonnance de 1563.

(1) La Coutume n'ajoute pas, comme dans l'article précédent, *& droits censuels;* ce qui fait voir que la main-levée accordée par cet article n'a lieu que lorsque la saisie n'est faite que pour des arrérages de cens; le Seigneur devant s'imputer d'avoir trop laissé accumuler d'arrérages; & non lorsqu'elle est faite pour des profits censuels.

(2) Sans caution : mais si en définitif, il est trouvé débiteur d'une plus grande somme que celle consignée, il doit, s'il ne la paie, être condamné au rapport des fruits saisis dont il a eu main-levée par provision.

ARTICLE CVI.

A. C. art. 107. A. C. art. 74.

Aucunes censives sont à droicts de lots & ventes, autres à gands & ventes simples, autres à vins & ventes, & les autres à ventes simples. Ceux qui doivent lots & ventes, payent pour franc (1) trois sols quatre deniers *tournois.* Ceux qui sont à ventes (2) simples doivent du franc vingt deniers. Ceux qui sont à gands & ventes, autres vingt deniers *tournois*, pour franc, & une paire de gands sur le tout. Et ceux qui sont à vins & ventes, doivent vingt deniers *tournois* pour franc, & une jallaye (3) de vin pour tout : selon la coustume des censives, ainsi que le Seigneur a accoustumé de joüir. Et le tout se paye par l'achepteur.

(1) Ce qui fait le sixieme.
(2) Ce qui fait le douzieme.
(3) *Jallaye.* Voyez ce que c'est, *art.* 492.
Pour sçavoir ce qui fait partie du prix, *voyez l'Introduction au titre des fiefs, N.* 170 *& seqq.*

ARTICLE VII.

A. C. art. 108.

Après que aucun a achepté (1) un héritage redevable de cens, il est tenu de déprier (2), ou payer les profits censuels cy-dessus

(1) Ce terme comprend toutes les acquisitions qui donnent lieu au profit des ventes.

(2) *Déprier*, est demander terme pour le profit dû par l'acquisition dont on donne avis au Seigneur : cet avis peut se donner verbalement par un autre comme par soi-même. Lorsque le Seigneur disconvient qu'on lui ait donné avis, on peut, faute de preuve, lui déférer le serment.

déclarez, dedans la quarantaine (3). Autrement s'il ne paye, ou déprie au Seigneur censier, il est amendable (4) de soixante sols *tournois* d'amende envers le Seigneur censier, pour raison des ventes recelées : & suffit à l'achepteur de déprier dedans ledit temps, pour éviter l'amende. Et si ledit Seigneur censier n'a maison, & (5) n'est trouvé sur le lieu où se paye ladite censive, ny son Procureur, Receveur ou Commis : en ce cas il suffit aller pardevers le Juge de la Jurisdiction où est assis ledit héritage, & illec faire ou faire faire ses offres & depry. Toutefois si un héritage est saisy, vendu & adjugé par décret (6), en ce cas n'y a aucune amende, pour n'avoir payé ou déprié ledit droit des ventes audit Seigneur censier : sinon que tel héritage soit vendu chargé de cens, & le Seigneur auquel il est deu, dénommé audit décret. Et en ce cas l'achepteur aura lesdits quarante jours pour payer ou déprier. C. de Par. art. 77.

(3) Du jour du contrat ; ou s'il étoit suspendu par une condition, du jour de l'échéance de la condition, ledit jour du contrat ou de la condition non compris.

(4) Cette amende s'encourt de plein droit par le laps de temps.

(5) *&* est pris ici pour *ou*.

(6) La raison est, qu'on présume facilement, en ce cas, que l'adjudicataire n'a pu connoître le Seigneur ; ceux sur qui des héritages sont saisis, ayant coutume de retenir les titres. Il résulte de cette raison que la Coutume n'entend parler que du décret forcé.

ARTICLE CVIII.

Si aucun prend héritage censuel à rente perpétuelle (1), dont la censive est à droict de ventes, chacun franc de rente est estimé à dix livres tournois : & de chacun desdits francs doit vingt deniers tournois pour ledit droict de ventes. Et semblablement où il y a droict de lots & ventes, trois sols quatre deniers tournois pour ledit droict de ventes. Et s'il prend à rente de bled ou avene, seront lesdits bled & avene, mesure d'Orléans, estimez ; c'est à sçavoir, chacun muid de bled (2) froment, vingt livres tournois ; le muy de seigle, quinze livres tournois ; le muy d'avene & orge, dix livres tournois ; pois & féves, au prix dudit froment ; chacun A. C. art. 109.

(1) Non rachetable. Pour les baux à rentes rachetables, *voyez l'article suivant.* La Coutume ne parle point des baux à temps ou à vie : il faut en conclure qu'ils ne donnent point ouverture au profit de vente ; on l'a ainsi jugé par Sentence du Bailliage, du 13 Avril 1660, pour un bail de 27 ans.

(2) Plusieurs personnes se méprennent dans le sens de cet article. Cette somme de vingt livres n'est point ici le prix d'un muid de bled, mais le prix du capital d'une rente d'un muid de bled. De même que pour former le capital d'une rente en deniers, la Coutume veut que chaque franc de rente forme dix livres de capital ; de même elle veut que

muy de mil à semblable prix que le seigle, & les autres mesures à l'équipolent : le porc, quinze livres tournois; le tonneau de vin à l'estalon & jauge d'Orléans, quarante livres tournois : le chapon, quinze sols tournois; la poule, dix sols tournois; & chacun fourmage, dix sols tournois. Et est tenu le preneur ou achepteur (3) de monstrer & exhiber (4) les lettres (5) de la prinse ou achapt au Seigneur censier, s'il en est requis; payer ou déprier les droicts de ventes dedans le temps dessus déclaré ; à peine de soixante sols tournois d'amende par défaut de payer ou déprier lesdites ventes.

pour former le capital d'une rente en grains, chaque muid de bled de rente forme un capital de vingt livres.

Il faut entendre de même ce qui est dit des autres grains, du porc, du tonneau de vin, du chapon, de la poule & du fromage.

Il faut se souvenir qu'en 1509, temps auquel cet article a été rédigé, les rentes se constituoient au denier dix, & que le prix de toutes choses étoit bien différent d'aujourd'hui, puisque la journée d'un maître ouvrier, qui est aujourd'hui de trente sols, n'étoit dans ce temps que de trois sols ou même de moins, ainsi qu'il paroît par d'anciens comptes de l'Hôtel-de-Ville. Au reste, au moyen de cet affurement, les Seigneurs ne peuvent prétendre aujourd'hui leurs droits que sur ce pied.

(3) C'est-à-dire, l'acquéreur, que le Seigneur prétend être preneur ou acheteur ; car quand il auroit acquis à un autre titre, qui ne donne point ouverture au profit, il devroit toujours l'exhiber au Seigneur, qui n'est point obligé de s'en rapporter à ce que l'acquéreur lui dit sur la qualité de son titre d'acquisition. Quand même l'acquéreur seroit un privilégié, exempt des profits dans les mouvances du Roi, il n'en seroit pas moins tenu d'exhiber son titre au Receveur du Domaine, qui a intérêt de sçavoir si c'est vraiment pour lui qu'il a acquis.

Le censitaire qui possede à titre d'héritier, n'est pas obligé de montrer l'acte de partage ; mais il doit montrer le titre d'acquisition du défunt, si le défunt n'y a pas satisfait.

(4) C'est laisser lire & prendre copie, *L.* 1, §. 1, ff. *de edend.* Il doit donc confier son titre pour quelques jours à son Seigneur sous son récépissé.

(5) La Coutume de Paris, *art.* 73, ajoute, *si aucunes y a ;* ce qui doit être suppléé ici. C'est pourquoi si l'acquisition a été faite verbalement; ou par un acte sous signature privée qui ait été égaré; ou même par un acte devant Notaire, dont la minute ne se trouve plus, le censitaire est quitte de son obligation en donnant la teneur de son contrat, & en se purgeant par serment qu'il n'en reste aucun acte qu'il puisse exhiber, & que la *teneur qu'il en donne est sincere.*

Mais si la minute est chez le Notaire, il en doit lever une expédition pour l'exhiber au Seigneur, qui n'est pas obligé d'aller chercher le Notaire pour avoir communication de l'acte.

ARTICLE CIX.

A.C. *art.* 110. Et si on prend héritage à rente sous faculté de réméré, le preneur est tenu de payer les ventes au prix du sort principal dudit réméré : & n'est tenu de rien payer lors du rachapt (1) de ladite

(1) Ce rachat n'est point un nouveau titre; ce n'est que l'exécution du bail à rente fait avec la faculté de rachat : or un même titre ne peut pas produire deux droits.

En est-il de même lorsque le bail a été fait sans faculté de rachat ? La raison de douter est que notre Coutume ne s'est pas expliquée sur ce cas; & que Lorris, *tit.* 2, *art.* 10 & 32, décide qu'il est dû, en ce cas, double droit, parce que le rachat se fait en vertu

rente. Mais si ladite rente est venduë *à autres* (2) *que au preneur, ses héritiers ou ayants cause, Seigneurs & possesseurs dudit héritage*, est deu profit audit Seigneur censier *pour la vente* (3).

d'une nouvelle convention : néanmoins il faut décider que cette disposition de la Coutume de Lorris doit être restreinte à son territoire, & que dans notre Coutume il ne doit pas même, en ce cas, être dû double du droit. La raison est que, même en ce cas, le bail de l'héritage, & le rachat de la rente, ne forment ensemble qu'une acquisition de l'héritage : le rachat de la rente ne fait que perfectionner l'acquisition de l'héritage que le preneur avoit déja faite par le bail, en rendant franc de rente le droit de propriété qu'il avoit acquis sous la charge de la rente.

Je pense même, que quoique le rachat de la rente ait été fait pour un prix plus fort que l'évaluation portee par l'article 108, sur le pied de laquelle le profit a été payé lors du bail, le Seigneur ne peut pas prétendre les ventes de l'excédant : car la Coutume ayant entendu, par cet article, évaluer le prix entier de l'héritage, & le profit ayant été payé suivant cette évaluation, étant par conséquent le profit de vente entier de l'héritage, il ne peut plus rester rien à payer : & de même que le Seigneur n'auroit eu rien à rendre, & auroit profité de l'évaluation, dans le cas auquel, par la suite, la rente auroit été rachetée pour un moindre prix que celui de cette évaluation ; de même l'acquéreur doit profiter de l'évaluation, & ne doit plus avoir rien à payer dans le cas auquel le rachat s'est fait pour un prix plus fort.

(2) La Coutume auroit pu dire en peu de mots, *à autres qu'aux débiteurs de la rente.*

(3) Toutes les fois que l'héritage chargé de la rente viendra, par la suite, à être vendu, il se vendra moins, au moyen de ce qu'il est chargé de ladite rente ; par conséquent le profit sera moindre. Pour en dédommager le Seigneur, la Coutume veut qu'il soit dû aussi profit toutes les fois que la rente sera vendue.

ARTICLE CX.

En eschange d'héritage redevable de droict de cens, fait but à but, sans nulles tournes, sont deües ventes au Seigneur censier, si les héritages eschangez sont assis en diverses censives. Mais si lesdits héritages sont en une mesme censive, ne sont deuës (1) aucunes ventes, ne autres profits, sinon qu'il y ait tournes : auquel cas sont deuës ventes pour le prix desdites tournes seulement. A. C. art. 111.

(1) Les Edits ont dérogé à cette disposition. *Voyez la note sur l'article* 13.

ARTICLE CXI.

De toutes rentes constituéees (1) *à prendre spécialement ou généralement sur aucuns héritages, n'est deu aucun profit de vente* (2). *Toutefois si lesdits héritages, ou parties étoient par-après vendus, à la charge desdites rentes, ou partie, en ce cas les ventes se payent au Seigneur censier, tant à cause de la valeur desdites rentes* (3), *que du prix de la vente desdits héritages.*

(1) *Secùs* des foncieres, *articles* 108, 109.

(2) Ni pour la constitution, ni pour le rachat.

(3) Car cette charge fait partie du prix de l'héritage : il en est autrement de la charge des rentes foncieres.

ARTICLE CXII.

A. C. *art.* 113. Si (1) l'achepteur d'un héritage censuel, qui n'a payé le prix de la vente, se déporte de son achapt, & le vendeur reprend ledit héritage par luy vendu en acquict dudit prix (2), au Seigneur censier en sont deuës les ventes de la premiere vendition seulement (3).

(1) Voyez la raison & l'explication de cet article *en l'Introduction au Titre des Fiefs, N.* 131 *& suiv.*

(2) Ajoutez, *& en rendant ce qu'il en auroit reçu.*

(3) Car le désistement n'est pas une seconde vente. *Voyez l'Introd. d. loco.*

ARTICLE CXIII.

A. C. *art.* 114. Pour partage, *division & subdivision entre cohéritiers*, n'y a profit au Seigneur censier, *encore qu'il y ait tournes. Et entre autres personnes que cohéritiers, est deu seulement profit pour les tournes.*

Voyez les notes sur l'art. 15.

Si après le partage, les co-partageans changeoient leurs lots avant qu'ils en eussent pris possession réelle, cet acte passeroit pour un nouveau partage qu'ils auroient fait entre eux à la place du premier, qui n'ayant pas encore été exécuté, & ne consistant que dans le seul consentement des parties, a pu être anéanti par un consentement contraire, suivant les principes établis au *tit.* 1, *N.* 129 *&* 130 : & par conséquent il ne doit y avoir lieu, en ce cas, à aucun profit. Mais si les parties n'ont changé leurs lots que depuis que l'une d'elles, ou l'une & l'autre sont entrées en possession réelle, l'acte est un véritable échange dans le cas de l'*art.* 10.

ARTICLE CXIV.

C. de Par. *art.* 80. *Si l'héritage ne se peut partir entre cohéritiers, & se licite par Justice sans fraude, ne sont deuës aucunes ventes pour l'adjudication faite à l'un d'eux : Mais s'il est adjugé à un estranger, l'acquéreur doit ventes.*

Voyez les notes sur l'article 16.

ARTICLE CXV.

C. de Par. *art.* 79. *Si l'achepteur d'un héritage est contraint* (1) *déguerpir & délaisser l'héritage pour les dettes de son vendeur* (2), *& en ce faisant il se vend*

(1) Si l'acheteur, au lieu de délaisser l'héritage sur l'action hypothécaire donnée contre lui, s'étoit laissé condamner, & que le créancier, en vertu de cette condamnation, eût saisi & fait vendre sur lui l'héritage, il n'y auroit pas lieu à cet article, & il seroit dû double profit; car l'héritage étant saisi & vendu sur lui, c'est comme s'il revendoit lui-même l'héritage qui lui a été vendu; il y a une vente & revente qui donnent lieu à un double profit.

(2) Ou des auteurs de son vendeur.

&

& adjugé par décret à la poursuite des créanciers ; ledit premier acquéreur succede (3) au droit du Seigneur, pour avoir & prendre à son profit les ventes & relevoisons dudit décret, telles que eust pris ledit Seigneur : ou est au choix du Seigneur de les prendre, en rendant (4) celles qu'il a reçues de l'acquisition premiere.

(3) Remarquez que la Coutume ne décharge pas l'acheteur du profit auquel la vente qui lui a été faite a donné ouverture : cette vente ayant subsisté & transféré la propriété à l'acheteur, n'ayant point été réduite *retrò ad non actum*, & n'étant, par l'éviction, destituée de son effet que pour l'avenir, le profit ne laisse pas d'être dû, suivant les principes que nous avons établis d'après Dumoulin, dans l'*Introduction au Titre des Fiefs*, *N.* 127. Mais la Coutume, pour subvenir à cet acheteur, le subroge aux droits du vendeur, pour percevoir en sa place le profit auquel donnera ouverture l'adjudication, jusqu'à concurrence de celui qu'il a payé, ou qu'il doit pour la premiere vente ; de-là il résulte que le profit dû pour la premiere vente appartient au fermier des droits seigneuriaux du temps de la premiere vente, & que le fermier du temps de l'adjudication ne peut prétendre que le profit de ce dont le prix de l'adjudication excéderoit celui de la premiere vente. *Voyez ladite Introduction, d. loco.*

(4) Ou faisant déduction.

ARTICLE CXVI.

Si aucun achepte héritage à la charge qu'il sera adjugé par décret ; ou bien si l'achepteur, pour purger les hypotheques, le fait décreter, & tel achepteur est adjudicataire ; n'est deu qu'un seul droict (1) de quint, ventes, ou relevoisons, tant pour le contract d'acquisition, que décret. Est toutesfois au choix dudit Seigneur de prendre lesdits quint, ventes ou relevoisons, selon le prix dudit contract ou du décret. C. de Par. art. 84.

(1) La raison est, que le contrat & le décret ne font qu'une même vente. Cela est sans difficulté, lorsque le décret n'est pas devenu forcé ; car en ce cas le décret n'est pas une nouvelle vente ; il ne fait que confirmer & assurer celle portée par le contrat. Si le décret est devenu forcé par les oppositions des créanciers, dont les créances excedent le prix porté au contrat, & qui ont enchéri l'héritage au-delà dudit prix, ces oppositions font une éviction, qui rendent le cas de cet article semblable à celui de l'article précédent : l'acheteur qui se rend adjudicataire retient en ce cas, en vertu de cette adjudication, la propriété de l'héritage, qu'il n'avoit pu retenir, en vertu du contrat de vente qui lui en avoit été faite ; il doit donc le profit pour raison de cette adjudication : mais de même que dans l'espece de l'article précédent, il ne le doit que sous la déduction de celui auquel le contrat de vente a donné lieu, les deux ventes ne sont regardées que comme n'en faisant qu'une.

Lorsque c'est un tiers qui s'est rendu adjudicataire, si le décret est devenu forcé, & que l'acheteur n'ait pu retenir l'héritage pour le prix porté au contrat, il doit être subrogé aux droits du Seigneur pour percevoir à sa place le profit dû par l'adjudicataire, jusqu'à concurrence de celui qu'il a payé, ou qu'il doit pour le contrat, suivant qu'il est dit en l'article précédent ; car c'est la même espece : mais si le décret n'a pas été rendu forcé, & que néanmoins l'acheteur ait souffert qu'un tiers se rendît adjudicataire par le décret, c'est une revente volontaire qui donne lieu à un nouveau profit, sans aucune déduction du premier.

ARTICLE CXVII.

Pour toutes donations d'héritages estans en censive à droict de A. C. art. 125.

ventes, ne sont duës aucunes ventes au Seigneur censier : sinon que ladite donation fust faicte pour récompense de service ou charges (1), *autres que celles dont l'héritage* (2) *seroit chargé lors de la donation : Pour le regard desquelles autres charges de nouvel apposées à ladite donation seulement, ventes sont deuës selon l'arbitrage de preud'hommes.*

(1) Lorsque ces services ou charges sont appréciables, la donation, jusqu'à concurrence du prix desdits services ou charges, équipolle à vente, & donne lieu au profit. *Voyez l'Introd. au titre précédent, N.* 149.

(2) Telles que sont les rentes foncieres, servitudes ou autres charges du fonds.

ARTICLE CXVIII.

A. C. *art.* 127. Si aucun héritage censuel (1) est vendu, donné ou autrement aliéné, ou rente (2) sur iceluy constituée (3) à l'Eglise, ou gens de main-morte, le Seigneur censier, si bon lui semble, en fera vuider les mains à celui qui l'a acquis, ou auquel il auroit été donné ou aliéné : & ne le recevra à vicaire, s'il ne lui (4) plaist. Et si une fois il a été reçeu à vicaire, le Seigneur censier sera tenu à toutes mutations de l'y recevoir en payant les redevances (5) telles qu'elles sont deuës.

(1) Cet article est commun pour les censives à droit de relevoisons.

(2) La construction de cet article est embarrassée. Pour la rendre plus claire, il faudroit la rétablir ainsi : *Si aucun héritage censuel, ou aucunes rentes constituées sur icelui, sont vendus, donnés, &c.*

(3) Ce qui doit s'entendre des rentes foncieres ; les autres ne peuvent donner aucune ouverture aux profits, suivant l'article 111 : ainsi le Seigneur n'a aucun intérêt d'en faire vuider les mains aux gens de main-morte.

(4) A moins qu'ils n'eussent lettres d'amortissement, *ut suprà, art.* 41.

(5) Il a été jugé en ce Bailliage le 17 Août 1678, au profit de l'Hôtel-Dieu, contre M. le Duc de Beauvilliers, qu'il n'étoit dû aucun profit par mutation de vicaire dans les censives à droit de ventes ; parce que dans ces censives il n'est pas dû profit par mort ; & qu'ainsi les derniers termes de cet article n'avoient application qu'aux censives à droit de relevoisons, ou bien au cas où dans les censives à droit de ventes, il y auroit eu une convention particuliere de payer un certain profit aux mutations de vicaire, pour l'indemnité du Seigneur. La longue possession de paiement fait présumer cette convention. Ainsi jugé au Bailliage, au profit du même Duc de Beauvilliers, contre l'Abbé de Saint-Mesmin, par Sentence du 21 Juillet 1684.

ARTICLE CXIX.

A. C. *art.* 133. Et si les gens d'Eglise & de main-morte ne vuident leurs mains desdits héritages ou rentes, dedans l'an qu'ils sont sommez de ce faire ; aussi si celui qui tient l'héritage censuel en main-morte sous vicaire, est refusant ou delayant de nommer & bailler nouvel vicaire avec les lettres de vicariat, au Seigneur censier dedans l'an

& jour des sommations & commandements qui auront été faits; en ce cas le Seigneur censier peut saisir (1) & exploicter l'héritage censuel, & en faire les fruicts siens, jusques à ce que lesdits gens d'Eglise & de main-morte ayent vuidé leurs mains desdits héritages ou rentes, ou que ledit vicariat lui ait été baillé.

(1) Comme cette saisie dépossede & emporte le gain des fruits, on prend une commission.

ARTICLE CXX.

Toutefois si lesdits gens d'Eglise & de main-morte avoient joüy par soixante ans d'un héritage censuel sans bailler vicaire; en ce cas ils ne seroient contrainćts vuider leurs mains dudit héritage: mais seulement pourront être contraints à bailler vicaire de là en avant, *sans que pour raison de ce ils soient tenus payer profit pour la premiere* (1) *fois.* A. C. art. 128.

(1) Ces derniers termes n'ont d'application qu'aux censives où il est dû profit par mort. *Voyez la note* 5 *sur l'art.* 118.

ARTICLE CXXI.

Cens est divisible (1), & sont les détenteurs redevables dudit cens, quittes en payant ledit cens chacun pour sa portion de l'héritage divisé (2), dont ils sont détenteurs: Et *aussi* les peut contraindre ledit Seigneur censier à ce faire. *Toutefois les portions estant reünies en la personne d'un seul détenteur, ne le peut le Seigneur censier* (3) *contraindre payer divisément ledit cens.* A. C. art. 129.

(1) La division du cens se fait par la division de l'héritage qui en est redevable : *v. g.* si le propriétaire d'un héritage de quatre arpens, chargé de quatre sous de cens, laisse quatre héritiers, chacun de ces héritiers, tant qu'il sera propriétaire par indivis pour un quart de cet héritage, sera solidairement débiteur du cens de quatre sous dont cet héritage est chargé; mais s'ils viennent à diviser entre eux cet héritage en portions séparées chacune d'un arpent, le cens se divise en autant de portions, & chaque arpent n'est tenu que d'un sou de cens.

(2) Il en est autrement à l'égard des rentes foncieres; la division de l'héritage qui y est sujet, ne fait aucune division de la rente, & chaque partie divisée de l'héritage, quelque petite qu'elle soit, demeure chargée du total de la rente conjointement & solidairement avec les autres parties de l'héritage. La raison de différence est, qu'on ne considere dans la rente fonciere que l'utilité de la somme due. Cette utilité seroit blessée, si le créancier étoit obligé de la percevoir par parcelles : mais cette raison cesse à l'égard du cens, à l'égard duquel on considere l'honorifique, plutôt que la somme qui se paie pour le cens.

(3) *Et vice versâ*, le censitaire ne sera pas reçu à le payer divisément : car comme la division de l'héritage en plusieurs portions a divisé le cens, la réunion de ces portions le réunit. *Voyez Mol. tract. de divid. & indiv.*

ARTICLE CXXII.

A. C. *art.* 131. Héritage tenu à cens ne se peut bailler à autre cens.

La raison est que le censitaire n'ayant précisément que ce qu'il y a d'utile dans le *dominium* de l'héritage, & rien de ce qu'il y a d'honorifique, il ne peut, en aliénant, se retenir un vrai droit de cens recognitif d'une seigneurie directe, qui est quelque chose d'honorifique; car il ne peut se retenir ce qu'il n'avoit pas.

Un tel bail à cens, n'étant qu'un simple bail à rente fonciere, le bailleur ne peut avoir le droit de saisie censuelle : il ne donne lieu aux amendes & profits censuels, à moins qu'il ne fût expressément stipulé par le bail qu'il seroit dû certains profits aux mutations; auquel cas ces profits seroient dûs, non comme droits seigneuriaux, mais comme simples rentes foncieres.

ARTICLE CXXIII.

A. C. *art.* 134. Une censive ne peut être à deux divers (1) droicts. En telle maniere que si une censive est à droict de ventes, ou à relevoisons du denier six, ou de tel cens telles relevoisons; en ce cas elle ne peut être à droict de relevoisons à plaisir.

(1) Par même espece de mutations; mais il y a beaucoup de censives, sur-tout du côté de Meung & de Baugency, qui sont à droit de ventes par mutation en cas de ventes, & à droit de relevoisons dans le cas des autres mutations. Le Seigneur de Prélefort y a été maintenu par Sentence du 8 Juillet 1694.

TITRE III.

Des Relevoisons à plaisir.

INTRODUCTION AU TITRE.

1. QUOIQUE ce titre soit inscrit *des Relevoisons à plaisir*, néanmoins la plupart de ses articles concernent en général toutes les especes de relevoisons.

On appelle dans notre Coutume *Relevoisons*, une espece de profit censuel qui est dû à toutes mutations de censitaire, même en ligne directe.

2. Il y en a différentes especes. La plus considérable est la relevoison à plaisir, qui n'est en usage que dans la ville d'Orléans, & qui consiste dans le revenu de l'année des maisons qui y sont sujettes.

Elle differe du profit de rachat qui a lieu dans les fiefs, en ce que le cenſitaire n'eſt pas obligé de donner au Seigneur à qui la relevoiſon eſt due, le choix de trois choſes, comme dans les fiefs : au contraire il a le choix, lorſqu'il occupe lui-même la maiſon ſujette à ce droit, ou de payer l'eſtimation du loyer, ſuivant le dire d'experts, ou de laiſſer au Seigneur la jouiſſance en nature de ladite maiſon pendant un an, ce qui s'appelle *gueſver. Art. 128 & 129.*

Les regles pour connoître quelles cenſives doivent être préſumées, ou non, à relevoiſon à plaiſir, ſont dans les *art. 124, 131 & 136.*

3. Les autres eſpeces de relevoiſons ſont celles du denier *ſix*, *art. 136;* celles du denier *quatre*, qui ſont du ſextuple ou du quadruple du cens annuel; & celle de *tel cens, telle relevoiſon*, qui eſt d'une ſomme pareille au cens.

4. Ces cenſives à droit de relevoiſons different des cenſives ordinaires, 1°. en ce qu'au lieu que dans celles-ci il n'eſt dû profit qu'en cas de vente ou autre contrat reſſemblant ; au contraire, les relevoiſons ſont dues à toutes mutations ; ſur quoi *voyez l'article 126 & les limitations, articles 127 & 139.*

2°. Dans les cenſives ordinaires, il y a lieu au profit de ventes, tant pour la vente de l'héritage cenſuel, que pour la vente des rentes foncieres à prendre ſur cet héritage. Dans les cenſives à droit de relevoiſon, il n'y a que les mutations qui procedent du côté de celui au nom duquel ſe paie le cens, qui donnent ouverture aux relevoiſons, *art. 126. Voyez une exception, art. 138.*

Enfin il y a du particulier dans les cenſives, touchant l'obſtacle ou ſaiſie cenſuelle ; *art. 125.*

5. Il y a ſous ce titre un article déplacé, qui eſt le 134, qui concerne le déguerpiſſement : il doit être renvoyé au titre 19, où cette matiere eſt traitée.

TITRE III.

Des Relevoiſons à plaiſir.

ARTICLE CXXIV.

TOUTE cenſive eſtant à droit de relevoiſons en la ville & fauxbourgs d'Orléans, au dedans des anciennes barrieres, les relevoiſons ſont à plaiſir (1), qui ne montre du contraire (2): qui eſt le revenu de l'héritage pour un an (3). A. C. *art.* 115.

(1) Deux choſes ſont néceſſaires pour faire préſumer qu'une maiſon eſt ſujette au droit de relevoiſons à plaiſir ; 1°. qu'elle ſoit ſituée au-dedans des anciennes barrieres ; 2°. qu'il ſoit certain que la cenſive où elle eſt, eſt une cenſive à droit de relevoiſons ; & que l'incertitude tombe ſeulement ſur la nature des relevoiſons.

(2) Par titre, convention ou preſcription.

(3) C'eſt-à-dire, de l'année qui ſuit les offres ; ce qui réſulte de la faculté que le cenſitaire a de gueſver par l'article 128.

ARTICLE CXXV.

A. C. art. 125. Pour être payé desquelles relevoisons (1) & (2) arrérages de cens, & d'un défaut qui en seroient deus, le Seigneur censier peut obstacler (3) & barrer l'héritage qui doit lesdites relevoisons, jusques à payement desdites relevoisons, cens, & un défaut ou provision de Justice (4). *Et ne peut ledit Seigneur censier procéder par obstacle, que quinze jours* (5) *après la mutation; ny enlever* (6) *les huys & fenestres obstaclez, que huit jours après l'obstacle fait.*

(1) Tant celles dues par la derniere mutation, que par les anciennes. *Secùs* dans le fief, *art.* 1 & 2.

(2) Il ne faut pas conclure de cette particule &, que le Seigneur ne puisse obstacler pour les relevoisons seules, quand il ne lui est point dû d'arrérages de cens. L'*article* 115 de l'ancienne Coutume doit servir à entendre celui-ci : il s'expliquoit ainsi; *pour être payé desquelles* (relevoisons) *le Seigneur peut obstacler, & aussi pour les cens;* ce qui marque que l'obstacle peut être fait, soit pour les relevoisons, soit pour le cens; & tel est ici l'usage.

(3) Par un Sergent, assisté de deux témoins, qui en dressera procès-verbal en la forme des autres exploits, dont il sera donné copie au détenteur.

(4) Le censitaire aura cette provision dans les mêmes cas où la Coutume la lui donne dans les censives à droit de ventes. *Voyez les art.* 104 & 105, *& les notes.*

(5) Dans les autres censives il en faut quarante. *Voyez l'art.* 103.

(6) C'est-à-dire, les ôter de dessus les gonds & les coucher de travers. Cet enlévement se pratique peu; il ne peut se faire que par le ministere d'un Sergent, de même que l'obstacle. Ce droit d'enlever les portes ne s'est conservé que dans les censives à relevoisons à plaisir; c'étoit autrefois un droit commun. *Voyez l'Auteur du grand Coutumier*, 11, 37.

ARTICLE CXXVI.

A. C. art. 116. Et sont deuës & acquises lesdites relevoisons à plaisir par toutes mutations (1) procédantes du costé de ceux au nom desquels (2) se payent, & ont accoustumé d'être payez lesdits cens, soit par mort (3), *vendition ou autrement* (4).

(1) Ce qui comprend les successions & donations en ligne directe. *Voyez* néanmoins sur ces donations *l'art.* 273. Par Sentence du Bailliage du mois de Novembre 1698, il a été jugé qu'un bail à rente pour vingt ans, ne faisoit point de mutation, & ne donnoit pas par conséquent ouverture au profit de relevoisons.

(2) Plusieurs baux à rentes de maisons sujettes à ce droit, faits avant 1509, portent la clause que le cens continuera à être payé au nom du bailleur. Dans le cas de ces baux, ce ne sont pas les mutations qui arrivent du côté des preneurs & possesseurs des maisons, qui donnent ouverture au profit; mais celles qui arrivent du côté des bailleurs & Seigneurs de la rente, au nom desquels la rente se paie.

Lorsque les baux à rente n'ont point été faits avec une pareille clause, le cens se paie au nom des preneurs & possesseurs des maisons; & par conséquent ce sont les mutations qui arrivent de leur côté, qui donnent ouverture à ces relevoisons.

(3) Ces termes se réferent aux précédens, *à toutes mutations* : les relevoisons different en cela des censives à droit de vente, où il n'est pas dû profit par mort.

(4) Comme par donation, mariage.

ARTICLE CXXVII.

Toutefois les filles, *ny leurs maris pour elles*, ne payent aucunes relevoisons *à cause de leur premier mariage*, *ny* par la mort de leursdits maris, ores que (1) le cens se paye au nom de leurs maris. Mais si elles se remarient *en secondes ou autres subséquentes nopces*, sont deuës relevoisons pour le second, *& autres subséquents* mariages, *& chacun d'iceux ; sans que par le décès de leur premier, second, & autres subséquents maris soient par elles deuës aucunes relevoisons pour leur héritage.* A. C. art. 116.

(1) C'est-à-dire, quoique. *Voyez les notes sur l'art.* 36.

ARTICLE CXXVIII.

Le Seigneur (1) d'un héritage redevable du droict de relevoisons à plaisir, peut (2) *quand bon lui semble*, guesver (3), & délaisser audit Seigneur (4) censier ledit héritage, pour les relevoisons qui seront deuës, pour en joüir par ledit Seigneur censier une année entiere, à commencer au *prochain terme* (5) *d'après le* jour (6) dudit guesvement; *dans le premier jour* (7) *duquel prochain terme* le Seigneur dudit héritage sera tenu bailler, *ou faire bailler* les clefs de A. C. art. 121 & 132.

(1) Lorsqu'il y a plusieurs co-propriétaires, chacun peut guesver pour sa portion, en laissant au Seigneur la maison vacante & lui en faisant remettre les clefs; auquel cas le Seigneur peut en jouir en commun pour la portion qui lui a été guesvée, avec les autres propriétaires.

(2) Il n'est donc pas obligé; & s'il ne veut pas guesver, le Seigneur doit se contenter du prix que la maison se trouve louée, ou de ce que le loyer sera estimé par experts, lorsque le propriétaire l'occupe.

(3) C'est offrir & délaisser au Seigneur la jouissance de la maison pendant une année. Ce guesvement doit se signifier dans la forme des autres exploits, au Seigneur en son domicile, ou au lieu où se paie le cens, par un Sergent, qui doit lui porter & offrir les clefs.

(4) Lorsqu'il y a plusieurs co-Seigneurs, le guesvement doit être fait à tous, & non pas à l'un d'eux, tant pour lui que pour ses co-Seigneurs; autrement le guesvement ne libere le censitaire qu'envers le Seigneur à qui il est fait, & pour la portion revenante à ce Seigneur. *

(5) Quoique les délogemens ne se fassent à Orléans qu'une fois l'année à la Saint Jean, & que le terme de Noël ne soit plus qu'un terme de paiement, plutôt que de délogement; néanmoins Lalande, & l'Auteur des notes de 1711, dont l'avis est rapporté dans celles de 1740, prétendent que le guesvement se peut faire pour le terme de Noël; & ils en rapportent plusieurs Sentences de 1649, 1681 & 1683.

(6) On peut guesver la veille du terme.

(7) L'usage a établi qu'il suffisoit de les remettre dans le jour de Saint Pierre, le locataire qui sort n'étant pas obligé de les remettre plutôt. Il y a une Sentence rapportée dans les notes de 1711 & de 1740, qui confirme cet usage.

la maison (8) audit Seigneur censier : à la charge d'en joüir par ledit Seigneur censier, comme un bon pere de famille (9), *& de rendre ledit héritage en l'estat qu'il étoit lors dudit guesvement.* Pour laquelle année ledit Seigneur d'héritage ne payera aucuns cens (10) audit Seigneur censier; ains en demourera quitte, ensemble desdites relevoisons, *en payant audit Seigneur censier les frais de l'obstacle, si aucun a esté fait.*

(8) Il faut aussi, quoique la Coutume ne s'en explique pas, que la maison soit laissée en état suffisant de réparations pour pouvoir être occupée : car le censitaire étant pour la relevoison débiteur de la jouissance d'une année de sa maison, il doit *præstare frui licere.* Ce ne seroit pas s'acquitter de ce qu'il doit, que de délaisser une maison inexploitable dont le Seigneur ne pourroit jouir; c'est l'avis de Lalande, mal-à-propos contredit par l'Auteur des notes de 1711.

(9) C'est-à-dire, qu'il ne peut l'exploiter que de la maniere dont le propriétaire avoit coutume de l'exploiter; il ne peut pas d'une maison bourgeoise en faire un cabaret ou des magasins : cela signifie aussi qu'il ne doit pas la dégrader, qu'il doit faire les réparations locatives.

(10) Le Seigneur en doit faire confusion sur lui, ne pouvant avoir le revenu de l'année que sous la déduction des charges de ce revenu.

ARTICLE CXXIX.

A. C. art. 121 & 132. *Et si le censitaire exploictoit lui-même l'héritage, en ce cas le loyer de l'année sera estimé aux despens du propriétaire* (1) *par deux preud'hommes, dont l'un sera nommé par ledit Seigneur censier, & l'autre par le censitaire : lesquels preud'hommes seront tenus convenir d'un tiers, s'ils ne s'accordent. Et payant par ledit censitaire l'estimation faicte par lesdits preud'hommes, demeurera pareillement quitte desdites relevoisons, & du cens pour ladite année.*

(1) Car c'est pour sa commodité, pour ne le pas déloger, que se fait cette estimation.

ARTICLE CXXX.

A. C. art. 122. Toutes fois & quantes que relevoisons à plaisir sont deuës par les mutations susdites, les rentes foncieres, arriere-foncieres (1), surfoncieres, ou sortissant nature de rente fonciere (2), encourent & sont exploictées pour lesdites relevoisons: & le Seigneur détenteur est seulement tenu des méliorations (3) qui sont outre lesdites rentes : sinon qu'il y ait convention expresse au contraire.

Lorsqu'il y a ouverture au profit de relevoisons à plaisir, soit que ce soit la mutation arrivée de la part du Seigneur de rente fonciere à prendre sur la maison sujette à ce droit, qui y donne ouverture; soit que ce soit celle qui arrive du côté du preneur & possesseur, suivant la distinction que nous avons établie en la note 2, sur l'*art.* 116; en l'un ou l'autre cas le profit n'est pas dû, ou par le seul Seigneur de tente fonciere, ou par le seul pos-

sesseur

sesseur de la maison qui y fait ouverture; mais il est dû, tant par le possesseur, que par tous ceux qui ont des rentes foncieres à prendre sur la maison, & chacun y contribue à proportion du droit qu'il a. Les Seigneurs de rentes foncieres y contribuent jusqu'à concurrence d'une année d'arrérages de leur rente; & le possesseur paie le surplus de ce que vaut le revenu de la maison au-delà des rentes; c'est là le sens de cet article.

Au reste, le Seigneur ayant droit de se prendre à l'héritage, le possesseur est tenu envers le Seigneur de lui payer tout le profit; & non pas seulement la portion qu'il en doit: mais le possesseur a son recours contre les Seigneurs de rente fonciere, à chacun desquels il retiendra une année d'arrérages de leur rente.

(1) C'est-à-dire, la rente fonciere qui n'est créée que la seconde: la troisieme & les autres ultérieures sont appellées *surfoncieres*.

(2) Ces rentes sont celles dont il est parlé en l'*art.* 271: elles ne sont pas proprement foncieres, parce qu'on ne donne ce nom qu'à celles créées par bail, partage ou licitation, *art.* 349; mais elles en sortissent la nature, en ce qu'elles sont dues par le fonds.

Ces sortes de rentes ne sont sortissantes nature de foncieres, & ne doivent contribuer au profit de relevoisons, que lorsque le testateur a voulu qu'elles ne fussent dues que par la maison qu'il en a chargée, & non point par sa succession; car dans le cas où les héritiers en sont personnellement tenus, la charge sur la maison n'est qu'un simple assignat, qui n'empêcheroit pas que la rente ne demeurât due, quand la maison seroit entiérement anéantie: à plus forte raison elle ne doit pas moins être due lorsque la maison est exploitée pour le profit de relevoison.

(3) C'est-à-dire, de ce que le revenu de la maison est plus fort que les rentes.

ARTICLE CXXXI.

Et sous la généralité desdites relevoisons à plaisir ne sont comprises les censives qui se doivent quérir & chercher, parce que en telles censives qui se doivent quérir & chercher, ne sont deuës relevoisons à plaisir: mais sont icelles censives seulement à droict de relevoisons du denier six (1), ou de tels cens, telles relevoisons, ou à droict de ventes: sinon que le Seigneur censier en informe par titres valables au contraire, *sans préjudicier (2) aux droits des Ecclésiastiques.* A. C. *art.* 117.

(1) *Voyez ce que c'est, art.* 132.

(2) Par ces derniers mots, on conservoit aux Ecclésiastiques le droit de prouver leur possession à cet égard, par témoins, au moyen de ce que tous leurs titres avoient été brûlés dans les guerres. Ceci ne doit plus avoir lieu aujourd'hui; ils ont eu depuis le temps de faire passer des reconnoissances.

ARTICLE CXXXII.

Le droict de relevoisons du denier six, est, que au Seigneur de la censive est deu par toutes (1) mutations de ceux au nom desquels se paye, & a accoustumé d'estre payé ledit cens, six deniers pour chacun denier dudit cens: & n'en encourent les rentes foncieres. A. C. *art.* 118.

(1) Par les mêmes qui font ouverture aux relevoisons à plaisir.

ARTICLE CXXXIII.

A. C. *art.* 119. C de Par. *art.* 85.

En cens requerable, qui se doit aller requerir, n'est deu aucun défaut, plustost que on l'aist ésté demander en la maison au jour qu'il est deu. S'il n'est payé *dedans les vingt-quatre heures* après qu'il aura esté requis (1) & demandé, il y a défaut, qui est de cinq sols *tournois*. Et si ledit Seigneur censier, *ou son Commis*, n'alloit demander ledit cens le jour qu'il est deu, & après le va demander, & on ne le paye dedans les vingt-quatre heures subséquentes, il peut proceder par voye de *saisie ou* obstacle (2), pour payement des arrérages dudit cens *& défaut*. Et si dedans les vingt-quatre heures après ladite *saisie ou* obstacle il n'est payé, en ce cas y a défaut (3) comme dessus.

(1) Une requisition verbale, en présence de témoins, suffit pour faire encourir ce défaut.

(2) *Ou* est pris pour *id est*, en ce sens *saisie*, qu'on appelle autrement *obstacle*; & c'est celle dont est parlé, *art.* 103.

(3) Un second défaut; cela est particulier à ces censives.

ARTICLE CXXXIV.

A. C. *art.* 120 C. de Par. *art.* 109 & 120.

Si aucun détenteur d'héritage *cy-devant* (1) baillé à cens *ou rente* (2) veut renoncer à la tenue dudit héritage, le Seigneur censier ne le peut refuser; pourveu qu'il ait payé les arrérages dudit cens, & autres redevances qui sont deuës *& escheuës pendant & durant le temps que ledit détenteur aura tenu ledit héritage;* sinon qu'il fust preneur ou héritier du preneur : *parce qu'en ce cas ils en sont tenus personnellement & hypothécairement.*

(1) *Ce terme ci-devant, a rapport à ce qui est dit à la fin de l'article*, que le preneur & ses héritiers ne peuvent déguerpir; & signifie qu'ils sont à la vérité exclus du déguerpissement, lorsque le bail a été fait avant la réformation de la Coutume : mais qu'il en sera autrement à l'égard des baux qui se feront depuis la réformation, suivant l'*art.* 412. Suivant les principes de l'ancienne Coutume, *art.* 120, le preneur, par le bail à cens, étoit censé s'obliger à la prestation du cens personnellement & principalement, & non pas seulement à cause de la possession de l'héritage sur lequel le bailleur retenoit le droit de cens. On a changé de principes par la réformation.

(2) Nos anciens, par ces termes *ou rente*, n'entendoient que les rentes créées avec le cens; & en conséquence il a été jugé à la Prévôté & au Bailliage, que quoiqu'un bail à simple rente fonciere eût été fait du temps de l'ancienne Coutume, les héritiers du preneur étoient reçus au déguerpissement, parce qu'elle ne s'étoit expliquée que sur le bail à cens. J'aurois de la peine à déférer à ces Sentences, ne voyant pas quelle auroit pu être la raison de déférence pour laquelle l'obligation personnelle, qui exclut du déguerpissement le preneur & ses héritiers, auroit été plutôt supposée dans le bail à cens que dans le bail à simple rente fonciere.

Voyez, sur la matiere du déguerpissement, *le titre* 19.

ARTICLE CXXXV.

L'héritage tenu à droict de cher cens en la ville d'Orléans (1), n'est subject à droict de relevoisons ne ventes (2) : & n'*est réputé cher cens, s'il n'excede dix sols tournois pour une seule prise, ou s'il n'y a titre au contraire* (3). A.C. art. 123.

(1) Cette présomption n'a donc pas lieu pour les héritages de campagne, & un héritage redevable d'un cher-cens n'en sera pas moins sujet au droit de vente. La Coutume a voulu, par cette présomption, décharger les maisons de ville, qui se trouvoient déja trop chargées par la grosseur du cens.

(2) Partant à aucun profit; car tous nos profits censuels sont ou relevoisons ou ventes.

(3) Qui, nonobstant la grosseur du cens, assujettisse l'héritage à quelqu'un desdits droits.

ARTICLE CXXXVI.

En toutes censives, qui sont à droict de relevoisons sur héritages assis hors la ville & faux-bourgs d'Orléans, & anciennes barrieres, les relevoisons sont du denier six, ou de tel cens telles relevoisons, ou de ventes : *sinon qu'il y ait titre, convention ou prescription* (1) *suffisante au contraire.* A. C. art. 124.

(1) La Coutume entend-elle la prescription ordinaire, qui est de trente ans, *art.* 261; ou celle de quarante ans, qu'elle exige dans l'*art.* 143, qui a assez de rapport à celui-ci? J'incline à ce dernier sentiment.

ARTICLE CXXXVII.

En eschange d'héritage redevable de cens à droict de relevoisons faite but à but, sans tournes, si iceux héritages sont en une mesme censive, pour raison desdites eschanges ne sont deuës (1) relevoisons. Mais s'il y a tournes, relevoisons sont deuës (2) *à raison desdites tournes* (3) *seulement.* A. C. art. 130.

(1) Car il n'y a pas en ce cas mutation de censitaire. Les Edits ont dérogé à cette disposition. *Voyez les notes sur l'art.* 13.

(2) Car celui qui acquiert un héritage plus considérable, pour raison duquel il retourne une somme, devient censitaire pour plus qu'il ne l'étoit : ainsi il y a mutation jusqu'à concurrence de ce plus.

(3) *V. g.* si la tourne est du dixieme de la valeur de l'héritage, il sera dû le dixieme du profit.

ARTICLE CXXXVIII.

Des héritages censuels, dont se payoit (1) au Seigneur censier le cens au nom d'un Chapelain, ou autre Titulaire de bénéfice (2), ne se payent aucunes relevoisons audit Seigneur censier par la A. C. art. 135.

mutation desdits Bénéficiers, sinon de la rente fonciere qui leur est deuë, & non de la seigneurie utile (3) desdites maisons & héritages : mais se payent relevoisons par la mutation desdits Seigneurs utiles pour la mélioration & seigneurie utile. Et sont tenus lesdits Seigneurs utiles, ou ceux qui payent ledit cens, eux nommer audit Seigneur censier, quand ils payent ledit cens.

Cet article est un peu obscur. Il faut se souvenir que lorsque le cens se paie au nom d'un Seigneur de rente fonciere à prendre sur une maison sujette aux relevoisons à plaisir, le profit est dû par les mutations qui arrivent du côté de ce Seigneur de rente, & il n'est rien dû par celles qui arrivent du côté du possesseur, *art.* 126 : néanmoins la mutation du chef du Seigneur de rente fonciere arrivant, ledit Seigneur de rente ne doit sa part du profit que jusqu'à concurrence de la rente; le possesseur de la maison doit le surplus, *art.* 130. Il arrivoit donc que lorsque le cens des maisons sujettes à relevoisons se payoit au nom des bénéficiers Seigneurs de rentes foncieres à prendre sur lesdites maisons, les possesseurs étoient accablés de profits par les fréquentes mutations qui arrivoient de la part de ces bénéficiers, toujours disposés à permuter leur bénéfice pour un meilleur : ce qui obligeoit plusieurs possesseurs de maisons à les laisser tomber en ruine, ainsi que l'ancienne Coutume le marque en l'*art.* 153. Pour remédier à cet inconvénient, nos rédacteurs en 1509 ont fait une exception par cet article à la regle générale, & ils ont ordonné que les mutations qui arriveroient du côté de ces bénéficiers Seigneurs de rentes foncieres à prendre sur des maisons sujettes à relevoisons à plaisir, ne donneroient ouverture au droit de relevoison que jusqu'à concurrence de la rente fonciere due à ces bénéficiers; & afin que les Seigneurs de censive ne perdent rien, ils ordonnent qu'en récompense les mutations qui arriveront de la part des possesseurs, donneront ouverture à cette relevoison pour le surplus de ce que le revenu de la maison surpasse la rente : c'est le sens de cet article.

(1) L'Auteur des notes de l'édition de 1711 infere de ces mots, *se payoient*, qu'on ne peut plus, depuis 1509, faire de baux où la charge du cens demeure vers le bailleur. *Cette conclusion ne paroît pas fondée.*

(2) Cet article ne concerne que les bénéficiers particuliers : lorsque le cens se paie au nom d'une Communauté, on suit la regle générale.

(3) La Coutume appelle ici *seigneurie utile*, le droit du preneur ou de ses ayans cause dans la maison.

ARTICLE CXXXIX.

Pour plusieurs mutations qui pourroient advenir par mort en une même année, n'est deu qu'une relevoison.

Voyez l'art. 17, *& les notes.*

ARTICLE CXL.

A.C. *art.* 136. Es Chastellenies & lieux du Bailliage d'Orléans, où il y a divers usages pour la prestation des droits censuels, sera gardée la nature de chacune censive.

TITRE IV.

Des Champarts & Terrages.

INTRODUCTION AU TITRE.

1. CHAMPART & Terrage, ſont termes ſynonymes ; c'eſt la redevance d'une certaine portion des fruits qui ſe recueillent ſur la terre qui y eſt ſujette.

2. Il y a un droit de champart ſeigneurial ; il y en a un qui ne l'eſt pas.

Cette portion eſt différemment réglée par les titres ou la poſſeſſion du Seigneur.

Le champart, qui eſt la premiere redevance dont la terre qui y eſt ſujette eſt chargée, eſt ſeigneurial, & par conſéquent impreſcriptible : il n'emporte néanmoins, par notre Coutume, aucuns profits ou droits ſeigneuriaux aux mutations ; *art. 143.*

Lorſque la terre ſujette au champart eſt en outre chargée d'un cens envers le même ou un autre Seigneur, le cens, dans le doute, eſt préſumé la premiere redevance ; & le champart en ce cas n'eſt qu'une ſimple redevance fonciere, & par conſéquent preſcriptible ; laquelle néanmoins, par une diſpoſition particuliere de notre Coutume, ne ſe purge pas par le décret ; *art. 480.* S'il paroiſſoit par les titres, que le bail à cens eſt poſtérieur au champart, le cens en ce cas ne ſeroit pas un véritable cens, mais une ſimple redevance fonciere, & le champart ſeroit la redevance ſeigneuriale. Si le cens & le champart ont été créés par même acte, c'eſt le cens qui eſt la redevance ſeigneuriale.

3. Les propriétaires de terres ſujettes à champart ſont obligés de les cultiver, pour que le Seigneur y puiſſe percevoir ſon champart. S'ils les laiſſoient incultes, le Seigneur de champart ſeroit fondé à former contre eux demande aux fins de rentrer dans les terres, faute par eux de les cultiver : pluſieurs Coutumes en ont des diſpoſitions.

Il leur eſt néanmoins permis de changer la nature de leurs terres ſujettes à champart, en indemniſant le Seigneur par une commutation de redevance. La Coutume de Montargis en a une diſpoſition, laquelle étant fondée ſur une raiſon d'utilité publique, doit être ſuivie par-tout. Par Arrêt rendu dans notre Coutume contre le Chapitre de Sainte-Croix, il a été permis aux habitans de Traiſnou de planter en vignes leurs terres ſujettes au champart dudit Chapitre, en donnant une indemnité, qui fut réglée à dix-ſept ſous ſix deniers de redevance annuelle par arpent.

4. Sur les obligations des détenteurs pour la perception du champart, & l'amende en cas de contravention, *voyez l'art. 141.*

Sur les terres exemptes de ce droit, *voyez l'art. 142.*

5. Ce droit s'établit, comme tous les autres droits, ou par titres, ou par la possession trentenaire; *art.* 261.

Celui qui est en possession annale de le percevoir, peut former complainte contre les refusans, & doit être maintenu en possession jusqu'au jugement définitif; *art.* 486.

TITRE IV.

Des Champarts & Terrages.

ARTICLE CXLI.

A. C. *art.* 137. CELUY qui tient & occupe terre subjecte à terrage ou champart, ne peut enlever sa desblée, sans appeller (1) le Seigneur à qui est deu ledit terrage ou champart, son Commis ou Fermier: & s'il fait le contraire, il en chet en l'amende (2) envers le Seigneur dudit champart ou terrage, de la somme de soixante sols *tournois*; pourveu que ledit Seigneur, son Fermier ou Commis, fasse résidence (3) en la Paroisse dont est l'héritage, ou la grange champartresse durant le temps de moissons. Et nonobstant ladite amende sera payé ledit champart; & chacun joüira dudit droit de terrage & champart, ainsi qu'il a accoustumé d'en user d'ancienneté; pource qu'il y a (4) diverses manieres de lever & payer lesdits champarts & terrages.

(1) Afin qu'il puisse compter les gerbes, & combien il en doit avoir pour sa portion: la Coutume ne dit pas combien de temps le redevable doit attendre avant que de les enlever. *Berry, Coutume voisine, fixe ce temps à vingt-quatre heures.*

(2) Cette amende est due par la personne du détenteur, en punition de sa désobéissance à la loi: c'est pourquoi une même personne ne doit qu'une amende pour toutes les pieces de terre qu'il a sujettes au champart.

(3) S'il n'y a personne, il n'encourt pas d'amende; mais il n'en doit pas moins acquitter le champart en le laissant sur le champ, lorsque le champart n'est pas portable. *Blois, art.* 133, veut qu'il prenne des témoins.

(4) Il y a des champarts qu'il suffit de laisser sur le champ: il y en a que les redevables doivent voiturer à leurs frais dans la grange champartresse.

ARTICLE CXLII.

A. C. *art.* 138. Terres retenuës en fief, ne doivent aucun droict de champart ou terrage, & en sont franches & exemptes (1).

(1) A moins qu'il n'y ait titre contraire.

Article CXLIII.

Des terres tenuës à droict de terrage & champart ſeulement, quand elles ſont aliénées, n'eſt deu droict de ventes ne (1) relevoiſons. Toutefois ſi leſdites terres eſtoient redevables de (2) cens avec leſdits terrage & (3) champart, icelles terres ne ſont par leſdits champart & terrage affranchies dudit droict de ventes, ſinon qu'il y ait titre contraire, *ou poſſeſſion de quarante ans.* A.C. art. 240.

(1) Quoique ce champart ſoit ſeigneurial.
(2) Quoiqu'envers le même Seigneur.
(3) Lequel en ce cas n'eſt pas ſeigneurial.

TITRE V.

Des Droits de Pâturage, Herbage, Paiſſons & priſes de bêtes.

INTRODUCTION AU TITRE.

PAR le droit général, il n'eſt pas permis de faire paître ſon bétail ſur l'héritage d'autrui, *ſans droit de ſervitude, qui ne s'établit que par titre; art. 148 & 155.*

Mais en Beauce le pâturage eſt commun à tous les habitans de chaque Paroiſſe ſur toutes les terres *vaines*, c'eſt-à-dire qui ne ſont point enſemencées. Ce droit eſt expoſé dans les quatre premiers articles de ce titre.

Les articles 152, 153 & 154 traitent de certaines natures de terres dans leſquelles il eſt plus particuliérement défendu de laiſſer paître certains animaux.

Il y a un article ſur les pâtils qui appartiennent à une Communauté d'habitans; c'eſt l'article 149. Un autre, qui eſt le 150, concerne les propriétaires par indivis. Le reſte des articles concerne les dommages faits par les animaux, & la priſe des animaux qui ont fait dommage.

TITRE V.

Des Droits de Pasturage, Herbage, Paissons & prinses de bestes.

ARTICLE CXLIV.

A. C. *art.* 141. EN quelque temps que ce soit, on ne peut mener pasturer ses bestes ès héritages tenus en fief, qui sont joignans (1) au manoir tenu en fief, dont ils sont domaine : mais s'ils sont séparés dudit manoir, & non tenans à icelui, ils ensuivent la nature des roturiers, quant au pasturage.

Voyez l'article suivant, auquel celui-ci apporte une exception.

(1) On estime cela, dans l'usage, à un arpent autour du manoir.

ARTICLE CXLV.

A. C. *art.* 42. En terres vaines les habitans d'une Paroisse peuvent mener pasturer leurs bestes, & de leur creu, & pour leur usage (1) jusques aux clouseaux des Paroisses joignantes, & voisins tenans à eux ; sinon que les terres soient closes, ou fossoyées. Et sont dites terres vaines, où il n'y a aucunes semences ou fruicts. Toutesfois peut défendre le Seigneur, ou laboureur de la terre, où il y a chaulmes, d'y aller jusques à ce qu'il ait eu espace d'enlever ledit chaulme sans fraude.

(1) C'est-à-dire, pour l'exploitation des métairies qu'ils font valoir ; non de ceux dont ils feroient trafic : mais il n'est pas nécessaire que les bestiaux leur appartiennent. Un laboureur qui n'ayant pas le moyen d'avoir un troupeau, en prend un d'un Boucher pendant l'hiver pour consommer les pailles & faire les fumiers nécessaires pour l'exploitation de sa métairie, peut faire paître ce troupeau dans les terres vaines de la Paroisse, de même que s'il lui appartenoit ; il suffit qu'il serve à l'exploitation de sa métairie. Observez que chacun ne doit avoir qu'une quantité de bestiaux proportionnée à la quantité de terres qu'il fait valoir : on doit suivre à cet égard les réglemens de Police ; & lorsqu'il n'y en a pas, le Juge, sur la requête & l'avis des habitans, en peut faire un pour fixer la quantité des bêtes que chacun peut avoir par chacun arpent.

ARTICLE CXLVI.

A. C. *art.* 155. En la saison que les bleds & autres grains sont en terre, *ou coupez & non serrez*, est deffendu à toutes personnes mener avant jour

jour pasturer ses bestes *ès chemins & voyes publiques environ d'icelles terres*, & les y tenir après jour failly, sur peine d'amende arbitraire.

ARTICLE CXLVII.

Tous prez, *soient à une herbe ou deux*, (1) sont deffendus depuis le jour & Feste Notre-Dame en Mars, jusques à ce qu'ils soient fauchez, *& l'herbe d'iceux enlevée*, ou le jour S. Remy passé (2). *Et au regard de ceux qui sont clos* (3) *à hayes ou fossez, on n'y peut mener pasturer bestial en aucune saison sans permission.* A. C. *art.* 143.

(1) On appelle cette seconde herbe *regain.*

(2) On peut même envoyer paître ses bestiaux dans les prés avant la S. Remi, quand le propriétaire y a envoyé lui-même son troupeau ; car en en ce cas il est censé avoir renoncé à faucher du foin dans son pré. On n'y peut envoyer les porcs en aucun temps. *Infrà, art.* 153.

(3) Cette défense est commune pour tous les clos, en quelque nature de terre qu'ils soient. *Suprà, art.* 145.

ARTICLE CXLVIII.

Ce que dessus a seulement lieu au pays de Beaulse & hors la forest d'Orléans. Et quant au pays de Solongne, Val-de-Loire, Gastinois & forest d'Orléans, & autres lieux dudit Bailliage, fors ledit pays de Beaulse, nul ne peut mener pasturer & champayer son bestial en l'héritage d'autruy, sans permission *du Seigneur d'iceluy ; le droict du Roi* (1) *& des usagers* (2), *pour le regard de ladite forest, demeurant en son entier.* A. C. *art.* 144.

(1) C'est le droit qu'a le Roi, & en son lieu M. le Duc d'Orléans, d'affermer la paisson & glandée, même dans les tréfonds qui appartiennent aux particuliers dans la forêt.

(2) Il y a différentes especes de droits d'usage ; il n'est ici question que du droit qu'ont certaines communautés d'habitans ou certains particuliers de faire paître certaines especes de bétail qu'ils ont pour leur nourriture, ou pour l'exploitation de leur métairie, dans les bois *défensables* dans lesquels ils ont droit ; c'est-à-dire, qui sont en état de se défendre de la morsure des animaux. Ces usagers sont par la fin de cet article maintenus dans leurs droits, nonobstant la regle générale qui ne permet pas, hors le pays de Beauce, de faire paître ses bestiaux sur l'héritage d'autrui. *Voyez l'Ordonnance de 1669, Titre des droits de Pâturage ;* & le Réglement de M. Lestrée pour la forêt d'Orléans, *Titre des Pâturages.*

ARTICLE CXLIX.

Es prairies, pastils, pasturages & buissons, appartenans à une Communauté, ou estans au public, l'usage sera libre à un chacun (1) *pour y mener pasturer son bestial* (2).

(1) De la Communauté.

(2) Mais la quantité que chacun y peut mener, dépend de l'usage des lieux.

ARTICLE CL.

L'un des Seigneurs d'un pré & pasturage commun entre aucuns particuliers, & indivisé, ne peut faire fossoyer, boucher, ni clorre, au (1) *préjudice de son Coseigneur, y mener, ou faire mener plus grande quantité de bestes, qu'en pourra justement porter la portion & droit qu'il a audit pasturage.*

(1) C'est une regle de droit, *In re communi neminem dominorum jure facere quicquam invito altero posse.* L. 18, ff. *comm. divid.*

ARTICLE CLI.

Nul n'est receu à intenter action pour dommage fait par beste, vingt jours après le dommage fait.

Voyez une autre espece de prescription, *infrà*, 159.

ARTICLE CLII.

Il est deffendu mener pasturer bœufs, vaches, porcs, brebis, chevres, oyes, bestes chevalines, ès vignes, gaignages (1), *clouseaux, vergers, plants d'arbres fruitiers, chesnayes, ormoyes, saulsayes, aulnayes, & entrer en iceux pour y cüeillir fruicts, feüilles, feüillards & herbes; à peine d'un quart d'écu d'amende envers le Seigneur d'iceux, ou de plus grande amende, si le cas y eschet, dont il sera creu par serment avec un tesmoin.*

(1) On appelle *gaignages* les terres ensemencées.

ARTICLE CLIII.

A. C. art. 145. On ne peut mener pasturer porcs ès prés, *pastiz* & vignes, en quelque temps que ce soit.

Parce que ces animaux les dégradent en fouillant.

ARTICLE CLIV.

A. C. art. 146. En temps de glandée & paisson, aucun ne peut aller, ne mener pasturer ses bestes aux escrues (1) des bois venus ès terres

(1) Ce sont de nouveaux bois produits par les glands qui tombent sur les terres labourables voisines des bois. En Beauce, chacun, hors le temps prescrit par cet article,

labourables qui ne luy appartiennent, depuis le jour S. Remy jusqu'au premier Janvier, ne ès forests & autres bois anciens, (2) en quelque temps que ce soit, s'ils ne sont siens, ou qu'il ait titre ou privilege exprès du droict d'usage.

peut y mener paître ses bêtes, comme il le pouvoit auparavant qu'il y fût crû du bois ; en quoi ces escrues different des bois anciens.

(2) Qui sont plantés de temps immémorial.

ARTICLE CLV.

Pasturer, champayer, & faire passer bestial sur l'héritage d'autruy par tolérance, & sans titre, n'attribuë aucun droict à celui qui en auroit joüi pour quelque temps que ce soit.

ARTICLE CLVI.

En prinses de bestes, soit abandon *& sans gardes, ou quand le pastre ou berger est trouvé gardant ses bestes de jour* en l'héritage d'autruy, auquel il ait desblées, prez, bois *de haute futaye*, taillis, *ormoye, garennes & buissons, ou que ledit berger soit proche desdits héritages*, ses bestes estans dedans iceux, est amendable de *vingt* sols *tournois* : & si c'est de nuict, de *quarante* sols *tournois*, (1) *envers le Seigneur dudit héritage : lequel sera creu par serment avec un tesmoin, jusques ausdites sommes.* Et si ledit Seigneur prétend avoir receu plus de dommage que lesdites sommes, sera admis le vérifier. *De laquelle amende, ensemble du dommage, répondront les maistres desdits pastres* (2). A. C. art. 149.

(1) L'amende est plus grande en cet article qu'en l'*art.* 152, parce qu'il s'agit ici de bestiaux pris en flagrant délit.

(2) Sauf leur recours contre ces mêmes pâtres.

ARTICLE CLVII.

Toutefois s'il advient que lesdites bestes soyent pressées & effarouchées par mouches, espouvantement, poursuites de loups ou autres accidens, & le berger ou pastre fasse diligence les suivre *& chasser hors l'héritage d'autruy;* en ce cas n'y escherra *dommage ni* amende (1). A. C. art. 150.

(1) Car alors c'est une force majeure, *quæ à nemine præstatur.*

ARTICLE CLVIII.

A. C. art. 147 & 148. Bestes qui sont trouvées ès prez, *vignes*, terres, bois, escrues & autres endroits cy-dessus deffendus, peuvent être prinses *& baillées en garde* par les Seigneurs, leurs serviteurs, gens, fermiers desdits héritages, *ou* (1) déférées à Justice (2) vingt-quatre heures après la prinse d'icelles : Et outre, par eux pris pan (3) ou gage, pour faire preuve & estre satisfait & réparé du dommage que lesdites bestes auroient fait : duquel, & du lieu de la prinse, il sera creu par serment jusques à cinq sols tournois. (4) *Et dudit dommage respondront lesdites bestes, & le Seigneur, ou fermier d'icelles.*

(1) *Ou* a été mal mis ici au lieu d'*&*, qui est dans l'ancien Coutumier.

(2) Les bêtes sont déférées à Justice lorsqu'elles sont mises en fourriere chez un voisin ou dans un cabaret par un Sergent, qui est un Officier de Justice, lequel en dresse procès-verbal qu'il signifie avec assignation dans les vingt-quatre heures. Le Juge, sur cette assignation, peut ordonner que le maître qui réclame la bête, en aura délivrance en donnant par lui caution pour le dommage prétendu & les frais de fourriere.

Celui qui a pris la bête en dommage, faute de la déférer à Justice dans les vingt-quatre heures, est tenu des dommages & intérêts du maître de la bête, qui pouvoit en avoir besoin; mais la Coutume pour cela ne le fait pas déchoir de son action pour le dommage.

(3) Ces termes sont synonymes, & signifient ce qui peut être pris au berger pour le convaincre du dommage, comme sa houlette, sa gibeciere, &c.

(4) Et s'il prétend une plus grande somme pour le dommage, il le doit vérifier : outre le dommage il y a l'amende, *suprà, art.* 156.

ARTICLE CLIX.

A. C. art. 151. Néanmoins si celuy qui auroit pris lesdites bestes, *pan ou gage* en son héritage, & icelles baillées en garde, les rendoit *sans en faire plainte à Justice* dedans vingt-quatre heures ; ne pourra par après prétendre *aucun dommage, intérest, ou amende* (1).

(1) Il est censé en ce cas avoir fait remise de son action.

ARTICLE CLX.

A. C. art. 153. Le pastre ou berger, qui refuse bailler gage ou pan, est amendable de *dix* sols tournois *envers le Seigneur de l'héritage où il aura mené, ou laissé aller ses bestes ;* soubs l'affirmation dudit preneur, & preuve qu'il en fera par un tesmoin.

ARTICLE CLXI.

A. C. art. 152. Qui ravit ou recoust ses bestes, pan ou gage, est amendable d'amende arbitraire. Et sera creu du ravissement celui qui aura faict ladite prise, par serment avec un tesmoin.

ARTICLE CLXII.

Quand oyes ou autres voltures sont trouvées en dommage, il est loisible au Seigneur *ou détenteur* (1), de l'héritage, en tuer une ou deux, & les laisser sur le lieu, ou les jetter devant ledit héritage; si mieux n'aime pour réparation de son intérest, se pourvoir en Justice (2). A. C. *art.* 154.

(1) Ce terme comprend l'usufruitier & le fermier.

(2) Donc quand il s'est fait justice par lui-même, suivant ce qui est permis par cet article, il ne peut se pourvoir en Justice pour le dommage.

TITRE VI.

Des Épaves & Bêtes égarées.

INTRODUCTION AU TITRE.

1. ON appelle *Epaves* toutes les choses mobiliaires dont on ne connoît pas le maître; telles que sont, par exemple, les bêtes égarées.

Les Seigneurs de Justice étant obligés à de grands frais pour faire administrer la justice, étant d'ailleurs chargés de la nourriture & éducation des enfans exposés dans leur territoire (*Réglement de la Cour, du 30 Juin 1664*), il est juste qu'ils aient aussi en récompense quelques droits utiles : tel est celui qu'ils ont de percevoir les amendes auxquelles les Juges condamnent ceux qui ont commis quelques crimes ou délits; les droits de confiscation, de déshérence, sur lesquels *voyez l'Introd. au tit. 20, ch. fin.* De ce nombre est aussi le droit qu'ils ont de s'approprier, privativement à toutes personnes, & de faire vendre à leur profit les épaves qui sont trouvées dans leur territoire, lorsqu'après avoir observé les formalités prescrites dans ce titre, il n'est apparu aucun propriétaire : c'est pourquoi ceux qui trouvent quelque chose, doivent le déférer à Justice, à peine d'amende, *art. 166.* La Coutume en ce cas leur accorde le tiers du prix de l'épave.

2. La Coutume n'a pas parlé des trésors : la Jurisprudence est que le tiers en appartient au Seigneur de Justice dans le territoire duquel il est trouvé, le tiers au propriétaire du lieu, & le tiers à celui qui l'a trouvé.

Lorsque le propriétaire le trouve lui-même dans son fonds, il se partage par moitié entre le Seigneur de Justice & lui. *Bacquet, des Droits de Justice, 32.*

A l'égard des mines qui sont trouvées dans le fonds d'un particulier, elles en font partie, & appartiennent par conséquent au propriétaire du fonds ; sauf le droit de dixieme que le Roi a droit de prendre dans toutes les mines de métaux, & non dans les substances terrestres. *Ordonnance du mois de Juin 1601.*

TITRE VI.

Des Espaves & Bestes égarées.

ARTICLE CLXIII.

A. C. *art.* 156. ESPAVES se doivent garder par quarante jours, & cependant proclamer par trois divers *Dimanches, aux Prosnes* (1) *de la Grande Messe Parochiale, & au Siege de la Justice du lieu où elles auront été trouvées, à jour de plaids, à la diligence des Seigneurs de haute, moïenne & basse Justice, ou de celui qui aura trouvé lesdites espaves.*

(1) Ces proclamations ne se font plus aux Prônes. *Voyez la note sur l'art. 62.*

ARTICLE CLXIV.

A. C. *art.* 156. Si celui à qui appartiendra l'espave, s'aparoist dans lesdits quarante jours, *à compter du jour* (1) *du premier cri fait solemnellement*, elle lui sera rendue, en payant *les nourritures &* frais *faicts en la garde & proclamation d'icelle.* Et où il ne se trouveroit personne qui recherchast ladite espave dedans ledit temps, & iceluy passé, sera adjugée ausdits Seigneurs justiciers, *selon les droicts de leur* (2) *Justice ; sur l'adjudication de laquelle prendra celui qui l'aura serrée, & déférée à Justice, le tiers de ce qu'elle sera venduë publiquement, tous frais déduicts.*

(1) Ce jour non compris : car *dies à quo, non computatur in termino.*

(2) C'est-à-dire que si la basse ou la moyenne Justice appartient à un autre Seigneur qu'au Seigneur de la haute Justice, ce Seigneur de basse ou de moyenne Justice prendra sur le prix la somme jusqu'à laquelle il a droit de Justice : par exemple, s'il n'est que bas Justicier qui a Justice jusqu'à soixante sous, il prendra ladite somme de soixante sous sur le prix de l'adjudication, les frais & la portion de celui qui a déféré la chose à Justice déduits ; & le surplus appartiendra au haut Justicier. *Voyez l'art. 332.*

ARTICLE CLXV.

Néanmoins advenant que le temps *desdits cris & proclamations* fust passé, & la beste (1) esgarée ne fust encores adjugée (2), viendra le Seigneur d'icelle espave à temps pour la recouvrer, & lui sera renduë, *faisant apparoir qu'elle lui appartienne*, & payant les frais comme dessus. A. C. art. 156.

(1) *Idem* de toute espece d'épave.
(2) Après l'adjudication le propriétaire n'est plus recevable à la réclamer : la vente judiciaire des meubles purge le droit de propriété de ceux à qui ils appartiennent.

ARTICLE CLXVI.

Qui recele aucune espave, ou beste esgarée plus de trois jours sans le déclarer à Justice, ou la faire crier, est amendable d'un escu sol (1) *envers Justice, & tenu des dommages & intérêts du Seigneur d'icelle.*

(1) C'est à-dire, de soixante sous tournois.

TITRE VII.

Des Garennes & Colombiers.

INTRODUCTION AU TITRE.

LA Coutume traite sous ce titre de ce qui concerne les Garennes & les Colombiers : elle déclare en l'article 168, qui sont ceux qui peuvent avoir des colombiers. *Voyez ledit article.*

A l'égard des garennes, chacun peut avoir garenne fermée de mur ou d'eau, parce que ces garennes d'où les lapins ne peuvent sortir, ne peuvent causer aucun dommage aux voisins. A l'égard des garennes ouvertes, c'est-à-dire, qui ne sont closes que de haies & fossés secs, & d'où les lapins peuvent sortir pour se répandre dans la campagne, on ne peut en avoir, sans être fondé en titre pour cela ; faute de quoi, le possesseur de la garenne peut être contraint à les détruire, & à combler les terriers. Il peut être assigné pour cela, soit par le Procureur du Roi ou Fiscal, soit par les voisins qui en souffrent du dommage. *Voyez Saint-Yon, sur l'Ordonnance des Forêts, de 1597*, p. 21. 3.

TITRE VII.

Des Garennes & Coulombiers.

ARTICLE CLXVII.

A. C. art. 157. NUL ne peut chasser *& prendre lapins ou connils ès garennes & buissons d'autruy, par quelque façon & engin que ce soit*, sur peine d'en être tenu comme de larcin.

ARTICLE CLXVIII.

C. de Par. art. 69 & 70. *Le Seigneur haut Justicier, qui a censive, peut avoir coulombier à pied, ayant boullins jusques au rez de chaussée. Et le Seigneur non haut-Justicier ayant fief, censive, & terres labourables* (1) *en domaine jusques à cent arpens de terres labourables, peut avoir coulombier à pied; & celui qui a cent arpens de terres labourables, peut faire faire en ses héritages aux champs une voliere à pigeons, jusques à deux cens boullins* (2), *& sans trappe.*

(1) Ces trois choses sont nécessaires pour avoir droit de colombier à pied, lorsqu'on n'a point de Justice.

(2) Celui qui a plus de cent arpens de terre labourable, peut avoir plus de boulins à proportion; c'est-à-dire, deux fois autant de boulins que d'arpens.

TITRE VIII.

Des Estangs, & Droits d'iceux.

ARTICLE CLXIX.

A. C. art. 157. ESTANGS, fosses & fossez qui ne sont en frou & lieu public, sont défendus *à ceux qui n'y ont droict, pour y pouvoir ligner, pescher & prendre poisson par filets, nasses, troubleaux, étriquets, & autres engins, quels qu'ils soient*, à peine d'être punis comme de larcin.

ARTICLE

ARTICLE CLXX.

Il eſt loiſible à chacun de ſon autorité privée, faire en ſon héritage eſtangs (1), aſſeoir bondes, *grilles & chauſſées*, pourvu qu'il n'entreprenne ſur le chemin & droict d'autruy. A. C. art. 158.

(1) Chacun peut retenir ſur ſon héritage les eaux de pluie; mais on ne peut retenir ni détourner le cours d'une riviere ou d'un ruiſſeau qui y paſſeroit.

ARTICLE CLXXI.

Un Seigneur d'eſtang peut ſuivre ſon poiſſon, qui ſeroit monté par cruë ou débordement d'eaux, en tout temps, juſques & dedans la foſſe & angle de l'eſtang prochain, & qui eſt au-deſſus de ſon eſtang, juſques à faire vuider & eſpuiſer l'eau de ladite foſſe (1), *pour y prendre ſondit poiſſon, huit jours après les eaux retirées, appellé ou deuëment ſommé le Seigneur ou fermier dudit eſtang & foſſe.*

(1) Pourvu qu'elle ne ſoit pas peuplée; *infrà, art.* 162.

ARTICLE CLXXII.

Et où il ne ſe trouveroit eſtang au-deſſus du ſien, lui ſera permis ſuivre le poiſſon de ſondit eſtang, juſques & en l'héritage d'autrui qui lui ſera voiſin, & en icelui le prendre & peſcher comme deſſus : Et ſe fait ladite ſuite en montant, & non en deſcendant. Toutefois ne ſe peut faire ladite ſuite à vivier, ou foſſe à poiſſon peuplée (1) *en l'héritage d'autrui.*

(1) Car en ce cas il ne pourroit pas reconnoître ſon poiſſon & le diſtinguer d'avec le poiſſon de celui à qui eſt la foſſe peuplée.

ARTICLE CLXXIII.

Ne peuvent les Seigneurs d'eſtangs faire vuider l'eau d'iceux par ouvertures faites à l'endroit des grilles, chauſſées & rechauſſées, par leſquelles elle puiſſe endommager l'héritage d'autruy : ains par les bondes, guaiſdes (1), *breſches ou endroits, par leſquels elle tombe dans les ruiſſeaux deſdites bondes d'iceux eſtangs.*

(1) Ainſi on appelle les foſſés ou ruiſſeaux par leſquels les eaux venant d'un lieu ou étang ſupérieur, tombent dans l'étang qui eſt plus bas.

ARTICLE CLXXIV.

Celui qui pesche son estang, peut suivre son poisson, & le pescher au prochain estang d'embas, vuide d'eau, & pesché auparavant le sien.

ARTICLE CLXXV.

Tout Seigneur qui aura estang si plein d'eau, que pour l'abondance d'icelle, l'eau de l'estang proche & au-dessus, ne se peut vuider pour être pesché, est tenu, estant sommé, lever dans trois jours la bonde du sien, pour faire baisser & évacuer l'eau d'iceluy, jusqu'à ce qu'il n'en reçoive perte ne dommage, si à ce il n'est suject par droict de servitude, ou autrement. Et ne peut aucun estre contraint lever la bonde de son estang, sinon que depuis le premier jour d'Octobre jusques au quinzieme Mars.

ARTICLE CLXXVI.

Qui a estangs voisins, & qui se vuident ès prairies, esquelles l'herbe n'est fauchée ne levée, ne peut iceux pescher, tirer ne faire vuider, sans huit jours auparavant, & au jour de Dimanche, l'avoir fait à sçavoir par le Curé aux Prosnes (1) *de la Grande Messe de Paroisse, dont lesdits estangs & prairies seront; à peine de dommages & intérêts des Seigneurs d'icelles.*

(1) Les Curés ne sont plus obligés de faire ces sortes de publications aux Prônes. *Voyez ci-dessus, sur l'art. 62.*

L'usage est de ne plus faire aucune publication quand la Saint Michel est venue, parce qu'alors l'herbe est présumée coupée & serrée : ainsi nulle action.

ARTICLE CLXXVII.

Quand estangs sont assis en même ruisseau & cours d'eau, si l'un d'iceux est prest à pescher, ne pourra celui de dessus lever la bonde du sien, pendant que celui de dessous est en pesche, laquelle il sera tenu faire en toute diligence.

TITRE IX.

Des Enfans qui sont en leurs droits ; & de la Puissance paternelle.

INTRODUCTION AU TITRE.

§. I.

De la Puissance paternelle.

1. IL paroît par la rubrique de ce titre, que notre Coutume reconnoît une puissance paternelle : mais elle est très-différente de celle du Droit Romain, soit pour la nature, soit pour les effets, soit pour la durée.

2. Par le Droit Romain, la puissance paternelle, établie uniquement en faveur des peres, étoit une espece de *jus dominii* que la Loi donnoit aux peres sur leurs enfans, presque semblable à celui d'un maître sur ses esclaves. De là vient que tout ce que les enfans acquéroient, étoit acquis à leur pere ; (ce qui avoit néanmoins été beaucoup modifié par le nouveau Droit :) cette puissance duroit jusqu'à la mort du pere ; à moins qu'il ne plût au pere de mettre ses enfans hors sa puissance par un acte solemnel, qui s'appelloit *émancipation*.

Au contraire, notre puissance paternelle, plus semblable à celle d'un tuteur qu'à celle d'un maître, n'est autre chose que le droit qu'ont les parens de gouverner avec autorité la personne & les biens de leurs enfans : & comme c'est plutôt en faveur des enfans qu'elle est établie qu'en faveur des parens, elle finit lorsque les enfans sont réputés en état de se gouverner par eux-mêmes, c'est-à-dire, lors de leur majorité ou de leur mariage.

3. La puissance paternelle des Romains n'étoit accordée qu'au pere ; *mater filios non habet in potestate.* Notre puissance paternelle est commune au pere & à la mere : néanmoins la mere étant elle-même, pendant le mariage, sous la puissance de son mari, elle ne peut l'exercer que subordinément à son mari, & dépendamment de lui.

§. II.

Des Droits de Garde & de Bail.

4. *La Garde* est le droit que la Coutume donne au survivant de deux conjoints par mariage, ou à son défaut ou refus, aux autres ascendans, de gou-

verner avec autorité les personnes des enfans mineurs dudit mariage, & les biens qui sont avenus auxdits mineurs de la succession du prédécédé, & qui pourroient leur avenir d'ailleurs.

Il résulte de cette définition, que la garde n'est autre chose qu'une tutele légitime : car la tutele est, de même que la garde, le droit de gouverner avec autorité la personne & les biens d'un mineur.

Ce droit de garde peut aussi être considéré dans la personne du survivant, comme une continuation de son droit de puissance paternelle qui continue après la dissolution du mariage.

5. Le survivant a la garde de ses enfans mineurs, quand même il seroit lui-même mineur; *Renusson, Tr. de la Garde, ch. 2, n. 14; Lalande, sur l'art. 180.* On lui joint en ce cas un curateur pour les causes où il s'agiroit de la propriété des immeubles des mineurs : mais s'il étoit mort civilement, ou insensé, ou interdit pour cause de prodigalité, il en seroit incapable.

6. Le survivant, ou à son défaut ou refus, les autres ascendans ont cette garde de plein droit en vertu de la Coutume, sans qu'il soit besoin qu'ils l'acceptent en Jugement.

7. Ils peuvent néanmoins, s'ils ne vouloient pas se charger de l'administration des biens de leurs enfans, répudier cette garde de la maniere prescrite en l'*article* 23; & faute de satisfaire à la disposition de cet article, ils demeurent de plein droit chargés de cette administration.

Le survivant, en répudiant la garde, ne répudie que l'administration des biens échus à ses mineurs de la succession du prédécédé, & de ceux qui pourroient leur échoir d'ailleurs : il conserve le droit qu'il avoit déja en vertu de sa puissance paternelle, de gouverner leurs personnes; car la dissolution du mariage ne peut pas lui faire perdre cette puissance paternelle.

C'est pourquoi la tutele à laquelle, sur le refus du survivant, un autre parent est nommé, n'est, pendant que le survivant vit, qu'une tutele imparfaite qui se borne à l'administration des biens des mineurs.

8. La garde entre nobles est accompagnée d'un émolument qu'on appelle droit de garde-noble, dont la Coutume a traité au titre premier. (*Voyez l'Introduction au tit. 1, ch. 10.*) Cet émolument ne peut pas être sans la garde, dont il est un accessoire : mais le droit de garde qu'un noble a sur ses enfans mineurs, peut être sans cet émolument de la garde-noble; ce qui arrive lorsqu'il répudie la garde-noble, en prenant la garde ordinaire & comptable; ou lorsque les mineurs ont passé l'âge de la garde-noble; *art. 24 & 25.*

9. Le *Bail* ne differe de la *Garde* que *nomine tenùs.* Lorsque la gardienne-noble se remarie, son droit de garde-noble, qu'elle communique & fait passer à son second mari, change de nom, & s'appelle *Bail; art. 26 & 27.*

Notre Coutume admet aussi, *art. 179*, entre nobles, une autre espece de tutele légitime sous le nom de *Bail*, qu'elle défere aux collatéraux au défaut d'ascendans, s'ils veulent l'accepter : mais comme ce *Bail* n'a aucun émolument qui y soit attaché, & qu'il n'est autre chose qu'une simple tutele légitime comptable, il est tombé en désuétude.

§. III.

De la Tutele.

10. A défaut de garde & de bail, qui sont les especes de tutele légitime admises par notre Coutume, il y a lieu à la tutele dative.

11. Cette tutele se défere par le Juge à la personne qui est élue par les parens convoqués à cet effet devant lui. Cette élection se fait à la requête du survivant ou autre ascendant qui a répudié la garde, s'il y en a; sinon à la requête de quelqu'un des plus prochains parens du mineur; quelquefois à la requête du Ministere public, lorsque personne ne prend ce soin; quelquefois aussi à la requête des créanciers ou autres, qui ayant quelque action à former contre le mineur, ont intérêt qu'il ait un tuteur contre qui ils puissent l'intenter.

12. Lorsque le mineur a des biens en France & dans les Colonies, on doit lui élire un tuteur en France pour les biens de France, & un aux Colonies pour les biens des Colonies. Ces tuteurs sont indépendans l'un de l'autre: mais l'éducation du mineur appartient à celui du lieu où le pere du mineur avoit son domicile lors de son décès, ce domicile étant celui du mineur. *Introd. gén. n. 11 & 12. Voyez la Déclaration du 14 Février 1722.*

13. Celui qui est élu tuteur doit aussi-tôt, s'il est présent, prêter le serment de fidellement gérer la tutele. S'il est absent, celui sur la poursuite de qui s'est faite l'élection, l'assigne pour être condamné à accepter la tutele & à prêter le serment. En cela les tuteurs datifs different des gardiens ou tuteurs légitimes, qui ont le pouvoir de répudier la tutele que la Loi leur défere, & qui ne sont tenus à aucun serment lorsqu'ils veulent bien l'accepter.

14. Lorsque le tuteur choisi par les parens, prétend avoir quelques excuses qui le dispensent d'accepter la tutele, il les propose; & si elles sont contestées, le Juge renvoie au Siege pour y être statué.

Les causes d'excuse qui sont admises parmi nous, sont une infirmité habituelle & considérable; *l. 10, §. fin. ff. de exc. tut.;* l'âge de 70 ans accomplis, *l. 2, d. t.;* le nombre de cinq enfans légitimes actuellement vivans, ou qui ont une postérité qui les représente; *l. 1, cod. qui num. lib. l. 2, §. 7, exc. tut.;* (les fils qui sont morts au service du Roi sont comptés pour vivans, *l. 18, ff. d. t.;*) la charge de trois tuteles, qui s'estiment, non par le nombre des mineurs, mais par celui des patrimoines; *l. 3, ff. d. t.;* l'état ecclésiastique, *l. 52, cod. de Episc. & Cler.;* les chaires des Universités, & plusieurs offices auxquels l'exemption de tutele est accordée. *Voyez sur la tutele dative les articles 182, 183 & 184.*

15. Le droit de tutele, soit dative, soit légitime, étant, comme nous l'avons dit, le droit de gouverner la personne des mineurs & d'administrer leurs biens, un tuteur tient lieu de pere à ses mineurs orphelins; ils doivent être dans la même dépendance de lui que s'il étoit leur pere; ils ne peuvent contracter mariage sans son consentement; le tuteur a droit de disposer, comme il le juge à propos, de tout ce qui concerne leur éducation; il peut les placer en tel college, pension, lieu d'exercice que bon lui semble.

Le tuteur a néanmoins cela de moins que le pere, que le gouvernement qu'il a des personnes de ses mineurs, est, dans les choses de grande importance, soumis à l'inspection de la famille, à laquelle n'est pas soumise la puissance du pere : c'est pour cette raison qu'un tuteur ne peut établir par mariage ses mineurs sans un avis de leurs parens, convoqués à cet effet devant le Juge ordinaire ; *Ordonnance de Blois, art.* 43. Par la même raison, il ne peut, pour cause de déréglement, faire enfermer son mineur dans une maison de force, sans y être autorisé par le décret du Juge sur un avis de parens : il n'est réservé qu'au pere seul de pouvoir le faire de sa seule autorité.

16. La tutele donne au tuteur le droit d'exercer en sa qualité de tuteur pour ses mineurs tous les droits qui leur appartiennent. Il peut donc en cette qualité recevoir en foi leurs vassaux ; nommer aux Bénéfices & aux places dont la nomination appartient à ses mineurs ; intenter en Justice les actions de ses mineurs, & défendre en ladite qualité à toutes celles qu'on forme contre eux ; & les Jugemens qui sont rendus pour ou contre lui en ladite qualité, sont censés rendus pour ou contre les mineurs. Pareillement lorsqu'il contracte en ladite qualité pour tout ce qui concerne l'administration des biens de son mineur, & qui n'en passe pas les bornes, c'est comme si c'étoit le mineur lui-même qui eût contracté par *son ministere* : il engage son mineur en contractant en cette qualité, & il engage pareillement envers son mineur ceux avec qui il contracte : il n'y a que les aliénations volontaires des immeubles qui passent les bornes de *son administration* & de son pouvoir.

Si pour acquitter les dettes du mineur, & prévenir la saisie réelle de ses biens, il étoit à propos de vendre quelque immeuble du mineur, le tuteur devroit en ce cas avoir recours au Juge, qui, sur un avis de parens & en connoissance de cause, en ordonneroit la vente. Cette vente doit être faite en Justice sur affiche & publications, au plus offrant & dernier enchérisseur. *Arrêt de Réglement du 22 Février 1722.*

17. Il se forme, lorsque la tutele commence, un *quasi* contrat entre le tuteur & le mineur, par lequel le tuteur s'oblige envers son mineur à rendre compte de son administration ; le mineur, de son côté, s'oblige à indemniser son tuteur des avances qu'il auroit faites dans l'administration de la tutele.

18. Ce compte, que le tuteur doit rendre à la fin de sa tutele, doit être composé de trois chapitres : celui de *recette* comprend tout ce que le tuteur a eu à recevoir pour son mineur, soit qu'il l'ait effectivement reçu, soit qu'il ne l'ait pas reçu : celui de *mise* comprend toutes les sommes qu'il a mises pour le mineur : celui de *reprise* comprend les sommes qu'il n'a pu recevoir pour le mineur, & dont il s'est chargé en recette. Pour pouvoir les coucher ainsi en reprise, il doit justifier qu'il a fait ses diligences contre les débiteurs, ou qu'ils étoient notoirement insolvables : ce qui reste du chapitre de recette, déduction faite tant de la mise que de la reprise, forme le reliquat du compte auquel les biens du tuteur sont hypothéqués du jour que la tutele a commencé, & qui est exécutoire contre lui, *tanquam in debitorem confessum ;* même pendant le procès sur les débats qui auroient été formés contre le compte.

Au contraire, lorsque par les avances que le tuteur a faites, ou pour acquitter les dettes du mineur, ou pour des réparations extraordinaires à ses biens, ou pour lui procurer un établissement, les chapitres de mise & de reprise excedent celui de recette; les biens du mineur ne sont hypothéqués à cet excédant, dont il est redevable envers son tuteur, que du jour de la clôture du compte; & s'il y a procès sur le compte, le tuteur ne peut exiger la somme dont il se prétend créancier pour le compte, jusqu'à ce qu'il ait été jugé par un Jugement définitif dont il n'y ait point d'appel, qu'elle lui est due.

19. Quelque modiques que soient les revenus du mineur, on ne doit rien allouer au tuteur pour les alimens & éducation du mineur, au-delà de ce que les revenus ont produit pendant le cours de la tutele. C'est pourquoi lorsqu'un mineur n'a pas un revenu suffisant pour vivre, le tuteur ne doit pas pour cela entamer son petit fonds; mais il peut ou le placer dans quelque hôpital, ou engager le mineur jusqu'à un certain âge, à quelqu'un qui voudra bien se charger de lui pour le temps convenu, dans l'espérance d'être bien plus que dédommagé des alimens qu'il lui fournira dans le plus bas âge, par les services qu'il en retirera lorsque le mineur sera parvenu à un âge un peu plus avancé: c'est ce qui se pratique communément entre les gens de la campagne.

20. Au contraire, lorsque les revenus du mineur excedent ce qui est nécessaire pour les alimens & l'éducation du mineur, le tuteur doit mettre en réserve le surplus. Suivant un acte de notoriété du Châtelet de Paris, du 11 Juillet 1698, rapporté dans les éditions de notre Coutume de 1711 & de 1740, lorsque le tuteur a entre ses mains, soit desdits revenus, soit d'ailleurs, une somme de quinze cents livres, on ne lui donne que six mois pour trouver un emploi, pendant lequel temps il ne doit point d'intérêt de cette somme; mais faute d'en avoir fait l'emploi, il en doit les intérêts, & il doit les intérêts de ces intérêts, toujours par accumulation, jusqu'au temps de la majorité des mineurs, ou fin de la tutele; & après ledit temps, le reliquat de son compte, composé tant des principaux que des intérêts, & intérêts d'intérêts, comptés par accumulation jusqu'au temps de la fin de la tutele, forme un capital qui produit des intétêts jusqu'au paiement; mais ces intérêts n'en produisent plus d'autres depuis la fin de la tutele.

On ne suit plus aujourd'hui cet acte de notoriété dans toute sa rigueur, & dans les comptes de tutele, les intérêts d'intérêts se tirent en colonnes mortes, & ne produisent plus d'autres intérêts pendant le cours de la tutele.

21. Sur l'âge auquel la tutele finit, *voyez les articles 182 & 183*. Elle finit aussi, de même que la puissance paternelle, par le mariage du mineur; *art. 181 & 182*.

Elle finit pareillement lorsque le mineur a obtenu par lettres du Prince le droit d'administrer ses biens; ce qui s'appelle *émancipation par lettres*. Le mineur ne peut jouir de l'effet de ces lettres qu'en les faisant entériner par le Juge, sur l'avis de sa famille convoquée à cet effet.

Lorsque le mineur a des biens en France & dans les Colonies, pour lesquels il y a différens tuteurs, l'entérinement doit se faire devant le Juge de

France, & devant celui des Colonies : autrement il n'a d'effet que pour les biens du lieu où il a été fait; *Déclaration du 14 Février 1722.*

Enfin la tutele finit, soit par la mort du mineur, soit par celle du tuteur : l'héritier du tuteur ne succede point à la tutele, mais seulement à l'obligation de rendre compte de ce qui a été géré ou dû être géré par le défunt.

Entre non nobles, la garde ou tutele légitime de la mere, & à plus forte raison de l'aïeul, finit aussi lorsqu'elle se remarie : mais tant qu'elle ne fait pas pourvoir d'un tuteur en sa place aux mineurs, elle & son second mari demeurent solidairement chargés de la tutele. Le second mari n'en est néanmoins tenu que pour le temps qui a couru depuis son mariage; & non pour le passé, lorsque par son contrat de mariage il y a séparation de dettes & inventaire fait avec légitime contradicteur.

§. IV.

Des Personnes usantes de leurs droits.

22. Les personnes parfaitement usantes de leurs droits, sont les personnes majeures de vingt-cinq ans, qui ne sont point soumises à la puissance d'un mari, ni interdites pour cause de démence ou de prodigalité.

23. Les mineurs mariés, & ceux qui sont émancipés par Lettres du Prince, sont aussi usans de leurs droits, mais d'une maniere imparfaite; car ils ne sont usans de leurs droits que pour l'administration de leurs biens, & ils n'ont pas le pouvoir d'aliéner leurs immeubles. *Voyez les articles 181 & 182.*

De là il suit qu'ils ne peuvent contracter des engagemens au-delà de leurs revenus, ni faire des transports de leurs revenus à échoir : c'est ce qui a été jugé par l'Arrêt du 19 Avril 1717, au sixieme tome du Journal des Audiences.

Quoique les negres soient meubles, néanmoins les mineurs émancipés ne peuvent aliéner ceux qui servent à l'exploitation des habitations qu'ils ont dans les Colonies. *Déclaration du 14 Juillet 1722.*

24. Les mineurs émancipés ne peuvent pas non plus *ester en jugement*, c'est-à-dire, être parties dans un procès, soit en demandant, soit en défendant, sans être assistés d'un curateur : c'est pourquoi on leur crée un curateur aux causes.

Les mineurs mariés ont aussi besoin d'un curateur dans les causes qui concernent la propriété de leurs immeubles : mais ils n'en ont pas besoin pour celles où il ne s'agit que de leur mobilier ou de leurs revenus. *Renusson, Tr. de la Communauté, l. 1, ch. 5, n. 8.*

TITRE

TITRE IX.

Des Enfans qui ſont en leurs droits, & hors la puiſſance paternelle.

ARTICLE CLXXVIII.

ENTRE non-nobles, quand l'un des conjoints, pere ou mere, va de vie à treſpas, le ſurvivant a (1), ſi bon lui ſemble (2), la garde d'iceux durant leur minorité : *Et à défaut* (3) *ou refus deſdits pere ou mere, l'ayeul ou l'ayeule du coſté du décédé* (4). Mais ne font leurs les meubles deſdits enfans, ne les fruicts de leurs héritages.

A. C. *art.* 159. C. de Par. *art.* 263.

(1) De plein droit, & ſans qu'il ſoit beſoin d'acceptation.

(2) Car il la peut répudier, *art.* 23.

Le mineur n'eſt reſtituable, ni contre cette renonciation, ni contre l'acceptation de cette garde : ainſi jugé *unâ voce* en ce Bailliage le 3 Septembre 1683.

(3) Lorſque le ſurvivant en eſt incapable; *putà* s'il eſt interdit pour cauſe de démence ou de prodigalité.

(4) Ces termes ne ſont pas reſtrictifs, ils n'établiſſent qu'une préférence en faveur des aſcendans du côté du prédécédé; peut-être parce que les biens du mineur venant de leur côté, ils doivent être préſumés plus portés à les bien adminiſtrer. Mais à défaut ou refus des aïeul ou aïeule du côté du prédécédé, ceux du côté du ſurvivant, s'il s'en trouve, ont la garde; c'eſt un uſage conſtant en cette Province. En cela la garde ordinaire & comptable eſt différente de la garde-noble, qui, à défaut ou refus du ſurvivant, ne ſe défere qu'aux aſcendans du prédécédé. La raiſon de différence eſt, que la garde-noble étant préjudiciable aux mineurs, doit recevoir l'interprétation la plus étroite; au lieu que la garde ordinaire & comptable étant favorable aux mineurs, qui ont intérêt d'être confiés à la garde de leurs aſcendans, plutôt qu'à des collatéraux, elle doit recevoir l'interprétation la plus large. C'eſt par cette même raiſon que l'uſage de cette Province a auſſi établi que la garde ordinaire & comptable pouvoit avoir lieu ſucceſſivement pluſieurs fois, tant qu'il ſe trouvoit des aſcendans qui pouvoient l'avoir : au lieu que la garde-noble, après la mort du ſurvivant qui l'a eue, ne ſe réitere plus au profit des autres aſcendans.

ARTICLE CLXXIX.

Au regard des nobles mineurs, ils demeurent en la garde (1) de pere ou mere, ayeul ou ayeule ſurvivant, ſelon la proximité du degré. Et s'ils n'ont parens en ligne directe, ils chéent en

A. C. *art.* 161.

(1) A laquelle garde peut être attaché ou n'être pas attaché le droit de garde-noble, ſuivant que leſdits mineurs ſont ou ne ſont pas en âge d'y tomber; ou ſuivant que le gardien choiſit la garde-noble ou la garde ordinaire & comptable.

bail de leur prochain parent (2), *idoine & suffisant*, s'il en veut (3) prendre la charge.

(2) Collatéral, pourvu qu'il soit lui-même noble; car les roturiers ne peuvent participer au droit établi pour avoir lieu entre les nobles.

(3) Nos tuteles légitimes sont volontaires, en quoi elles different de celles du Droit Romain. Il n'y a parmi nous que la dative qu'on puisse être contraint d'accepter : c'est ce qui a fait tomber en désuétude ce bail ou tutele légitime des collatéraux, qui ne se pratique plus depuis long-temps.

ARTICLE CLXXX.

A. C. art. 163. Entre non-nobles (1), la femme veuve, si elle se remarie, perd la garde de ses enfans, & non le pere; lequel, combien qu'il convole en autres nopces, ne perd la garde de sesdits enfans.

(1) Quoique la gardienne soit noble, si ses enfans sont roturiers, elle perd la garde en ce cas. Cette garde n'est qu'une garde roturiere qui n'est pas de nature à se tourner en bail, & doit par conséquent se perdre par le mariage. Pour une garde-noble il faut la noblesse, tant de la part du mineur que du gardien.

Cet article a lieu aussi, *quoique les mineurs soient nobles & que la gardienne soit noble*, lorsqu'elle épouse un roturier; car elle suit la condition de son nouveau mari, lequel d'ailleurs étant roturier, ne peut pas devenir le baillistre des enfans de sa femme, ce droit de bail n'étant établi qu'entre les nobles.

ARTICLE CLXXXI.

A. C. art. 160. Quand enfans, ayans pere ou mere, sont mariez, ils sont hors de puissance (1) & garde (2) de leurs pere & mere, soit nobles ou non-nobles; *& sont réputés usans de leurs droicts* (3), *pour avoir l'administration* (4) *de leurs biens, & non pour vendre, engager* (5), *ou aliéner leurs immeubles pendant leur minorité.*

(1) Cela se réfere aux enfans qui ont pere & mere : ils sortent, par le mariage, de la puissance paternelle.

(2) La garde du survivant, soit noble ou comptable, finit aussi par le mariage de l'enfant, quand même il seroit au-dessous de l'âge auquel elle finit.

(3) *Voyez l'Introduction*, §. 4.

(4) Cette administration consiste à pouvoir recevoir les revenus de leurs biens; faire des baux à ferme ou à loyer de leurs héritages, pour un temps qui n'excede pas neuf ans; disposer de leurs meubles; faire des marchés pour l'entretien de leur famille & de leurs biens.

(5) Ils ne peuvent engager leurs immeubles en contractant des obligations qui excedent les bornes d'une juste administration, & ils sont restituables contre de tels engagemens.

ARTICLE CLXXXII.

Tous mineurs de vingt-cinq ans, s'ils sont mariez, sont reputez estre à leurs droicts, pour avoir l'administration de leurs biens, & non pour vendre, engager ou aliéner leurs immeubles pendant leur minorité. Et s'ils ne sont mariez, leur sera pourveu de tuteur jusques (1) à l'aage de quatorze ans pour les mâles, & douze ans pour les filles : & (2) de curateurs jusques à vingt-cinq ans ; lequel curateur sera esleu à la diligence & poursuite du tuteur, qui aura été auparavant esleu ausdits mineurs : Et plustost ne sera ledit tuteur deschargé. Et où ledit tuteur sera décédé, & que aucun curateur n'ait encores esté esleu ausdits mineurs, sera ledit curateur esleu à la diligence & poursuite des plus proches parens habiles à succéder aux mineurs, lesquels à faute de ce faire, seront tenus des dommages & intérêts desdits mineurs.

(1) Ceci ne se pratique plus : le tuteur demeure élu tuteur jusqu'à la majorité de ses mineurs, ou jusqu'à leur mariage ou émancipation.

(2) Ces curateurs qu'on nommoit aux mineurs *puberes* non émancipés, ne différoient des tuteurs que de nom : on ne leur nomme plus aujourd'hui que des tuteurs.

ARTICLE CLXXXIII.

Tutelle (1) d'enfans mineurs se doit donner (2) par eslection (3) de cinq des proches parens (4) ou affins (5); & au défaut d'eux, faut appeller des voisins : *Laquelle eslection se fera du plus prochain parent* (6) *habile à succéder* (7), *idoine* (8), *capable* (9), *& suffisant* (10). Et dure ladite tutelle pour les masles, jusques à A. C. art. 162.

(1) Cet article est de la tutele dative, qui a lieu au défaut de la légitime.

(2) Par le Juge du domicile du mineur, qui est celui qu'avoit le dernier mort de ses pere & mere lors de son décès.

(3) C'est-à-dire que le Juge doit nommer pour tuteur celui qui est élu par les parens ou affins, convoqués à cet effet devant lui.

(4) Pour le moins; mais on peut en convoquer un plus grand nombre. On en convoque ordinairement six ; trois du côté paternel, & trois du maternel.

(5) Les affins sont ceux qui ont épousé une parente du mineur, laquelle est vivante, ou dont ils ont des enfans.

(6) Ou affin.

(7) Soit de son chef, soit de celui de sa femme ou de ses enfans. Le sens de la Coutume est qu'on doit préférer dans le choix, pour cette charge, le parent ou affin qui est le plus proche en degré, & qui est habile à succéder aux autres parens ou affins, s'il n'y a aucune bonne raison de lui préférer un parent ou affin plus éloigné, suivant cette maxime de droit : *Æquum est ut eum spectet onus tutelæ quem hereditatis commodum spectaret.* L. 73, ff. *de reg. jur.* l. 1, ff. *de legit. tut.*

(8) C'est-à-dire, qui soit en état de gouverner la personne & les biens des mineurs. Un homme de mœurs déréglées n'est pas idoine au gouvernement de la personne du mineur : l'infirmité, l'ignorance, telle que celle d'un homme qui ne sçait ni lire ni écrire, & n'a aucune expérience d'affaires, empêchent qu'une personne soit idoine.

(9) Ceux qui sont en démence, les interdits, les mineurs, les femmes, ceux qui sont notés d'infamie, & à plus forte raison ceux qui sont morts civilement, & les aubains, ne sont pas capables ; car la tutele est une fonction civile, *civile munus*, *publicum munus.* Néanmoins un aubain peut être tuteur de ses enfans aubains ou François ; même de ses autres parens aubains.

(10) Ceux qui ont fait faillite, ou qui sont notoirement insolvables, ne sont pas suffisans;

l'aage de quatorze ans (11), & aux filles jusques à l'aage de douze ans. *Toutesfois quand les masles auront atteint l'aage de onze ans, & les filles l'aage de neuf ans, leur sera pourveu de tuteur, qui demeurera curateur jusques à l'aage de vingt-cinq ans.*

(11) La fin de cet article ne se pratique plus : la tutele dure jusqu'à la majorité ou l'émancipation.

ARTICLE CLXXXIV.

Esdites eslections ne seront les poursuivans tenus appeller les parens estans hors le Bailliage d'Orléans : sinon qu'ils fussent les plus prochains des mineurs. Et ne peut aucun estre esleu, sans avoir été appellé (1).

(1) Mais il suffit qu'il ait été appellé, quoiqu'il n'ait pas été présent à l'élection.

ARTICLE CLXXXV.

A. C. *art.* 166. Un pere peut émanciper (1) son enfant, tant en la présence que absence dudit enfant, en quelque aage que ce soit.

(1) Cet article n'est plus d'usage. Dans les actes dans lesquels un enfant est partie opposée à son pere, & dans lesquels par conséquent le pere ne peut être partie pour cet enfant, qui ne peut contracter par lui-même, on crée à cet enfant un curateur, ou pour cet acte en particulier, ou généralement pour tous les actes dans lesquels il aura un intérêt opposé à son pere ; ce qui s'appelle *un curateur aux actions contraires.* On ne croit plus qu'il soit nécessaire pour cela que le pere émancipe, c'est-à-dire, mette hors de sa puissance son enfant quant à ces actes ; ce qu'on pensoit autrefois être nécessaire, parce que la puissance paternelle exclut celle des tuteurs & curateurs ; *soli mamque patres-familias possunt esse in tutela aut cura.* C'est de ces émancipations qu'on appelloit *ad unum actum*, & qui sont tombées depuis long-temps en désuétude, qu'il est parlé en cet article. Elles n'avoient aucun fondement dans les Loix, & étoient une pure invention de quelque Docteur qui s'étoit accréditée, & dont on a depuis reconnu l'inutilité.

TITRE X.

De la Communauté d'entre homme & femme.

INTRODUCTION AU TITRE.

ARTICLE PRÉLIMINAIRE.

1. LA Communauté dont il eſt traité ſous ce Titre, eſt *une eſpece* de ſociété de biens que contractent un homme & une femme lorſqu'ils ſe marient.

J'ai dit une *eſpece* de ſociété; car elle eſt très-exorbitante des ſociétés ordinaires. L'homme, qui en eſt le chef, eſt en cette qualité réputé, pendant qu'elle dure, le ſeul ſeigneur & maître de tout ce qui la compoſe : la femme n'y a pendant ce temps qu'un droit informe, qui n'eſt proprement autre choſe que le droit de partager un jour ce qui compoſera cette communauté lors de ſa diſſolution; ce qui a fait dire à Dumoulin, ſur l'*article 119* de l'ancienne Coutume de Paris, que la femme, durant le mariage, *non eſt propriè ſocia, ſed ſperatur fore;* & ailleurs, que cette communauté eſt plutôt *in habitu quàm in actu.*

2. On diſtingue cette communauté en conventionnelle, qui eſt établie par une convention expreſſe du contrat de mariage; & en Coutumiere, qui a lieu ſans convention expreſſe. Elle eſt ainſi appellée, non qu'elle ait lieu *vi ipſius Conſuetudinis immediatè & in ſe*, mais parce qu'à défaut de convention expreſſe, c'eſt la Coutume qui regle ce dont les parties ſont cenſées être convenues touchant la communauté de biens : car les parties qui contractent mariage à défaut de convention expreſſe, ſont cenſées s'en être rapportées à la Coutume, & être tacitement, ou du moins implicitement convenues de tout ce dont il eſt d'uſage de convenir; & par conſéquent être convenues de la communauté, telle que la Coutume l'établit, ſuivant ce principe de Droit: *In contractibus veniunt ea quæ ſunt moris & conſuetudinis in regione.*

3. De là il ſuit que lorſque deux Orléanois ſe ſont mariés ſans faire de contrat de mariage, leur communauté de biens s'étend même aux héritages que le mari acquiert hors le territoire de la Coutume, & dans des Provinces dont la loi n'établit pas de communauté : car ce n'eſt pas la Coutume d'Orléans, qui, à la vérité, n'a point d'empire ſur ces héritages ſitués hors ſon territoire, qui les rend conquêts; mais c'eſt la convention implicite de communauté qu'on ſuppoſe être intervenue entre les parties. *Molin.* Arrêt du 8 Avril 1718, au 7e tome du Journal. Cela a lieu quand même un Orléanois épouſeroit ſans contrat de mariage une femme d'une Province dont la loi

n'établit pas de communauté : car dans le doute, si c'est selon les loix & usages du pays du mari, ou selon ceux de la femme, que les parties ont voulu se marier, il est plus naturel de présumer que c'est selon ceux du pays du mari, qui par le mariage devient aussi celui de la femme.

4. Il suit aussi de nos principes, qu'une aubaine mariée sans contrat de mariage à un Orléanois, peut prétendre droit de communauté : car ce n'est pas tant la Coutume qui donne aux femmes le droit de communauté, que la convention implicite de communauté, qui est supposée intervenue ; laquelle convention est du droit des gens, dont les aubains sont capables.

5. Pour traiter avec ordre ce qui concerne la communauté, il faut traiter, 1°. de quoi la communauté Coutumiere est composée, tant en actif que passif : 2°. des différentes conventions touchant la communauté & autres : 3°. des manieres dont la communauté se dissout : 4°. de l'acceptation & répudiation de la communauté : 5°. du partage de la communauté : 6°. des différentes reprises ou créances que chacun des conjoints, ou ses héritiers ont droit d'exercer contre la communauté, & des différentes récompenses qu'ils peuvent devoir à la communauté : 7°. comment chacun des conjoints est-il tenu des dettes de la communauté après sa dissolution ?

Il est aussi parlé sous ce titre de la puissance maritale sur la personne & les biens de la femme, & de l'Edit des secondes noces.

CHAPITRE PREMIER.

De quoi la Communauté Coutumiere est-elle composée, tant en actif qu'en passif.

ARTICLE PREMIER.

De quoi est-elle composée en actif.

6. LA communauté, selon l'*art.* 1 de ce titre, est composée, 1°. de tous les biens meubles de chacun des conjoints, tant de ceux qu'ils avoient déja lors de la célébration du mariage, que de ceux qu'ils acquierent depuis durant la communauté, à quelque titre que ce soit ; 2°. des conquêts ; 3°. des fruits des immeubles propres de chacun des conjoints qui sont perçus durant la communauté.

§. I.

Des Meubles dont la Communauté est composée.

7. Les biens meubles dont la communauté est composée, comprennent tant les meubles corporels que les incorporels, comme sont les créances d'une somme d'argent exigible, ou de quelque autre chose mobiliaire,

Voyez sur ce qui doit être réputé meuble ou immeuble, l'*Introduction générale, chap. 3, art. 1 & 2.*

Il faut excepter ce qui est dû à l'un des conjoints pour le prix de quelque propre, ou de quelque droit dans quelqu'un de ses propres aliénés durant la communauté. Cette créance, quoique mobiliaire, est propre de communauté, comme l'étoit l'immeuble propre dont elle tient lieu ; & lorsqu'elle est payée au conjoint durant la communauté, les deniers ne se confondent dans la communauté qu'à la charge de la reprise de pareille somme au profit de ce conjoint. Il en est de même de la créance d'une somme d'argent due à l'un des conjoints pour retour d'un partage d'immeubles fait durant le mariage. Mais si l'héritage a été vendu, ou le partage fait avant le mariage, la créance du prix ou du retour tombe en communauté, comme toutes les autres créances mobiliaires.

§. II.

Des Conquêts ; & quels immeubles sont conquêts ou propres.

8. On appelle *Conquêts* tous les *acquêts* fait durant la communauté par l'un ou par l'autre des conjoints.

9. Ceux qui aviennent à titre de succession à l'un des conjoints, lui étant *propres* & non *acquêts* (*Introd. génér. n. 58*), ils ne peuvent être *conquêts*, quoique la succession lui soit avenue durant sa communauté.

Néanmoins si un Orléanois, durant sa communauté, avoit recueilli des rentes constituées de la succession de son parent domicilié sous la Coutume de Troyes, qui les répute meubles ; ces rentes n'étant pas en ce cas *propres* en la personne de cet Orléanois (*ibid. n. 59*), c'est une conséquence qu'elles doivent être *conquêts*. Lebrun est néanmoins d'avis contraire.

Lorsque l'un des conjoints est en continuation de communauté avec le survivant de ses pere & mere, les conquêts de la continuation de communauté faits depuis son mariage, sont, pour la part qui lui en appartient, conquêts de sa communauté : car quoique ce soit comme héritier du prédécédé qu'il est en continuation de communauté, néanmoins il ne tient pas la part qu'il a dans lesdits conquêts, de la succession du prédécédé, qui n'y a jamais eu aucun droit ; il les a véritablement acquis pendant son mariage par le ministere du survivant, qui est censé acquérir tant pour lui que pour ses associés.

10. Les immeubles qui sont acquis à tout autre titre que celui de succession, étant *acquêts*, (*Intr. gén. n. 58*) sont par conséquent *conquêts*, lorsqu'ils ont été acquis durant la communauté. C'est pourquoi les immeubles donnés ou légués à l'un des conjoints, sont conquêts, si la donation a été faite ou la mort du testateur arrivée durant la communauté.

11. Cette regle souffre exception, 1°. à l'égard de ce qui est donné ou légué par les ascendans, ces titres étant censés tenir lieu de succession ; 2°. à l'égard de ce qui est donné ou légué à la charge d'être propre au donataire. *Voyez sur ce l'art. 211, & les notes.*

12. Il est évident aussi que les choses acquises par l'un des conjoints, qui sont de nature à ne pouvoir se communiquer à un autre qu'à celui qui les a

acquises, ne peuvent être conquêts. Par exemple, si pendant ma communauté de biens avec ma femme, j'ai acquis pour ma maison propre un droit de vues, ou d'autre servitude sur la maison voisine ; ce droit de servitude, quoique acquis durant la communauté ne sera pas un conquêt ; parce qu'étant un droit de ma maison, dont il est inséparable, il est de nature à ne pouvoir se communiquer ni appartenir à aucun autre qu'au propriétaire : il y aura seulement lieu en ce cas à une récompense ; (*infrà.*)

Par la même raison, si durant ma communauté, le créancier d'une rente que je devois dès avant mon mariage, m'en fait remise, le don de cette remise ne tombera pas dans la communauté : car la remise & libération d'une rente ne peut subsister que dans la personne de celui qui en étoit le débiteur, & ne peut se communiquer à d'autres. Il en seroit autrement, si ce créancier m'avoit donné ou légué la rente que je lui dois ; elle seroit conquêt, & ne se confondroit que pour ma part en la communauté.

L'action de retrait lignager n'étant ni cessible, ni communicable à un autre qu'au lignager, au profit duquel seul elle peut être exercée, l'héritage retiré en vertu de cette action par l'un des conjoints durant la communauté, lui est propre, sauf la récompense. *Voyez l'art. 382.*

13. Les conquêts étant les acquêts faits *durant le mariage* par l'un ou par l'autre des conjoints, il suit de là que tout ce qu'ils ont acquis, non durant leur mariage, mais auparavant, leur est propre de communauté.

Il suffit même que l'acquisition ait un principe antérieur au mariage, quoiqu'elle n'ait été confirmée que par le mariage, ou quoiqu'elle n'ait été effectuée & consommée que durant le mariage, pour que l'héritage ainsi acquis soit propre de communauté.

14. Suivant ces principes, les immeubles donnés à l'un des conjoints par le contrat de mariage, & en considération du mariage, lui seront propres : quoique la donation ne se confirme que par le mariage, il suffit qu'elle ait un principe antérieur, qui est le contrat.

Cela a lieu, quand même la donation seroit faite en ces termes, *aux futurs époux ;* car, ou le donateur est le proche parent de l'un des conjoints ; & en ce cas, il est censé n'avoir voulu donner la propriété de la chose qu'à celui des conjoints qui est son parent, & n'avoir envisagé par ces termes, *aux futurs époux*, dont il s'est servi, que la jouissance qui leur en devoit être commune à cause de leur communauté de biens : *Ren. 1, 3, n. 20, & seqq.* ou le donateur est un parent ou ami commun des futurs époux ; & en ce cas, quoique la donation soit faite aux deux, & que l'héritage soit commun entre eux, il n'y a pas pour cela conquêt, mais propre à chacun d'eux pour la moitié qu'il y a.

Observez que lorsque la donation est faite par un parent de la future *au futur époux*, la donation ne laisse pas d'être présumée faite à la future, & l'héritage donné lui est propre : le futur époux n'est censé nommé par la donation, qu'à cause du bail & gouvernement qu'il doit avoir de cet héritage comme de tous les autres propres de sa femme ; *Ren. ibid.* Mais lorsque la donation est faite par un parent du futur à la future, on ne peut pas la concevoir autrement que comme faite effectivement à la future.

15.

15. Suivant nos principes, l'héritage que l'un des conjoints a acheté avant le mariage par un contrat sujet à rescision, lui est propre, quoique son acquisition n'ait été confirmée que depuis, par le supplément du juste prix qu'il a payé depuis le mariage.

Il y a plus : quand même le conjoint ne seroit devenu propriétaire d'un héritage que depuis le mariage, il ne laissera pas d'être propre, si la cause en vertu de laquelle il l'est devenu, est antérieure au mariage. Par exemple, si j'ai acheté un héritage avant mon mariage, quoique la tradition ne m'en ait été faite que depuis, & que je n'en sois par conséquent devenu propriétaire que depuis, l'héritage m'est propre. Il en est de même si j'ai acheté avant mon mariage cet héritage d'une personne qui me l'a vendu comme se faisant fort du propriétaire qui n'a ratifié que depuis mon mariage; car, même en ce cas, c'est la vente qui m'a été faite avant mon mariage, qui est mon titre d'acquisition : le propriétaire, qui a ratifié, est censé m'avoir dès ce temps vendu lui-même l'héritage par le ministere de celui qui me l'a vendu comme se faisant fort de lui, suivant cette regle, *Ratihabitio mandato comparatur ;* & celle-ci, *Qui mandat, ipse fecisse videtur.*

Il n'est pas même nécessaire pour qu'un héritage soit propre, que j'aie eu dès avant mon mariage un droit à cet héritage qui fût dès-lors un droit formé ; un droit, quoique encore informe, suffit ; il suffit que l'acquisition que j'en ai faite depuis mon mariage ait eu un germe & un principe antérieur à mon mariage. Par exemple, si par l'accomplissement du temps de la prescription pendant mon mariage, je suis, pendant ce temps, devenu propriétaire d'un héritage que j'ai commencé de posséder sans droit dès auparavant mon mariage, cet héritage m'est propre : car l'acquisition que j'ai faite pendant mon mariage de la propriété de cet héritage, a pour cause, germe & principe, l'acquisition de la possession que j'en avois faite avant mon mariage. Pareillement, si par le testament d'une personne morte avant mon mariage, un héritage m'a été légué sous une condition qui n'est accomplie que depuis, quoique je n'en sois devenu propriétaire que depuis mon mariage par l'accomplissement de la condition, & que je n'y aie eu aucun droit formé auparavant, l'héritage m'est propre ; car le testament qui renferme le legs qui m'a été fait, & qui, dès auparavant mon mariage, avoit, par la mort du testateur, acquis son être de testament, est le germe & la cause principale de l'acquisition que j'ai faite de l'héritage ; l'accomplissement de la condition n'a été que *causa concurrens*, qui a fait éclorre ce germe, qui eût avorté si la condition eût défailli.

Lorsqu'une commission qu'avoit le mari avant son mariage, est érigée en titre d'office que le mari acquiert durant le mariage, il n'est pas douteux que cet office est conquêt. On ne peut dire qu'il ait eu avant le mariage un droit à cet office ; car on ne peut pas avoir de droit à ce qui n'existe pas encore. Mais lorsqu'un office propre de communauté est supprimé durant le mariage, & ensuite rétabli sans que le mari ait été obligé de prendre de nouvelles provisions, cet office rétabli est censé le même office, & est propre de communauté ; la suppression est censée s'être convertie en une simple taxe.

16. Les héritages dans lesquels l'un des conjoints rentre durant la communauté plutôt qu'il ne les acquiert, sont aussi propres de communauté. Cette décision a lieu, non-seulement lorsque le conjoint y rentre en vertu d'un droit antérieur au mariage, mais même lorsqu'il y rentre *ex causâ novâ ;* comme lorsque depuis le mariage il rentre dans l'héritage qu'il avoit vendu avant le mariage, en vertu d'un désistement du contrat convenu entre l'acheteur & lui avant le paiement du prix : mais en ce cas il doit récompense à la communauté, du prix dont il quitte l'acheteur, lequel seroit tombé dans la communauté.

Lorsque le mari, durant le mariage, fait prononcer, pour cause d'ingratitude, la révocation de la donation d'un héritage qu'il avoit faite à quelqu'un avant son mariage, il est censé pareillement rentrer dans cet héritage plutôt que l'acquérir ; d'où il suit que l'héritage est propre.

17. Tout ce qui est dit en *l'Intr. gén. n. 81, 82 & 83*, au sujet des propres de succession, touchant ce qui est uni à un héritage propre, ce qui en reste, les droits que celui à qui il appartient se retient dans cet héritage, ou par rapport à cet héritage lorsqu'il l'aliene, reçoit application à l'égard des propres de communauté. J'y renvoie, pour ne pas répéter.

18. Tout ce qui tient lieu à l'un des conjoints de son propre de communauté, lui est pareillement propre ; comme l'héritage qu'il a reçu en échange de son propre, *infrà*, art. 385, le prix qui en est dû, la rente constituée pour ce prix.

19. Lorsque le mari acquiert durant le mariage, de ses deniers stipulés propres ou provenus de son propre, un héritage, si par le contrat il fait déclaration qu'il l'acquiert pour lui tenir lieu d'emploi de ses deniers propres, l'héritage lui sera propre. Mais il feroit inutilement cette déclaration *ex intervallo :* car l'héritage ayant été une fois acquis à la communauté faute de cette déclaration par le contrat, elle ne peut en être dépouillée, & le mari n'a en ce cas qu'une simple action de reprise de ses deniers contre la communauté.

20. Lorsque c'est des deniers propres de la femme que le mari acquiert un héritage ; pour qu'il soit propre à la femme, outre la déclaration d'emploi qui doit être faite par le contrat d'acquisition, il faut que la femme accepte cet héritage pour emploi de ses deniers ; mais cette acceptation peut se faire *ex intervallo.*

Sans cette acceptation l'héritage est conquêt ; & la déclaration faite par le contrat d'acquisition, que les deniers qui sont payés pour le prix sont les deniers propres de la femme, n'a d'autre effet que de subroger la femme aux droits & privileges du vendeur pour la reprise de ses deniers.

Lebrun, *liv. 3, ch. 2, sect. 2, dist. 1*, ajoute avec raison que cette décision doit avoir lieu, même dans le cas auquel la femme auroit acheté l'héritage conjointement avec son mari, s'il n'est dit qu'elle l'accepte pour son remploi.

21. Ceux qui, dans les temps que les billets de banque avoient cours, avoient reçu en ces effets le rachat des rentes propres de leurs femmes, ont été auto-

risés par une Déclaration du Roi à en faire l'emploi sans leur consentement, en rentes sur la ville de Paris, ou en rentes provinciales.

Lorsqu'on ne trouve pas les titres d'un héritage, & qu'on ignore s'il a été acquis avant ou durant la communauté; aucune des parties ne pouvant établir qu'il lui est propre, il doit, dans le doute, être réputé conquêt.

22. Lebrun, *l. 1, ch. 5, dist. 4, n. 93*, dit qu'une rente constituée au profit du mari par un billet sous signature privée d'une date antérieure au mariage, doit, à cause de la facilité de l'antidate, dans le doute si la date est véritable ou non, être réputé conquêt, & que le mari doit s'imputer de n'en avoir pas assuré la date avant le mariage. Cette opinion, qui suppose une fraude, & dans le mari & dans le débiteur qui a souscrit le billet, ne me paroît pas devoir être suivie; *fraus nunquam præsumitur.* La décision de ces sortes de cas peut dépendre beaucoup des circonstances.

§. III.

Des fruits des propres.

23. Les fruits des propres de chacun des conjoints, lorsqu'ils ont été perçus avant que la communauté ait commencé, y tombent, non en tant que fruits, mais comme faisant partie des biens meubles des conjoints que la Coutume fait tomber en la communauté.

A l'égard de ceux qui se perçoivent ou naissent pendant qu'elle dure, ils tombent en la communauté, non-seulement parce que par leur perception & naissance ils deviennent meubles, mais encore parce que la communauté devant porter les charges du mariage, doit en récompense avoir la jouissance des biens des conjoints.

C'est en conséquence de cette derniere raison, que lorsqu'une femme a été, durant le mariage, condamnée pour quelque délit en quelque somme, la condamnation ne peut être exécutée sur ses biens au préjudice du droit qu'a le mari, à cause de sa communauté, d'en jouir.

La Coutume n'a pas néanmoins suivi l'exacte proportion du Droit Romain, qui accordoit au mari la jouissance des biens dotaux à proportion du temps qu'avoit duré le mariage pendant lequel il en avoit supporté les charges: notre Coutume charge la communauté de toutes les charges qui seront à supporter pendant le mariage, & lui donne à for fait tous les fruits qui se percevront pendant le mariage, quelque long-temps ou quelque peu de temps qu'il ait duré.

A l'égard des fruits qui étoient pendans lors de la dissolution de communauté, ou qui ne sont nés que depuis, la communauté n'y peut rien prétendre. *Voyez les art. 207 & 208.*

ARTICLE II.

Du passif de la Communauté.

24. La communauté est chargée, 1°. de toutes les dettes mobiliaires dont chacun des conjoints étoit débiteur lors du mariage. C'est une suite de ce

que tous leurs biens meubles y tombent ; car suivant les principes de l'ancien Droit François, dont notre Coutume ne s'est écartée que dans la matiere des successions, & qu'elle a conservé dans toutes les autres matieres, les dettes mobiliaires suivent le mobilier & en sont une charge.

On appelle dettes mobiliaires toutes les dettes de quelque somme d'argent exigible, ou de quelque autre chose mobiliaire, comme d'une certaine quantité de vin, de bled, &c.

Si l'un des conjoints est, lorsqu'il contracte mariage, débiteur solidaire d'une dette mobiliaire avec d'autres personnes, il n'est pas douteux qu'elle tombe pour le total dans la communauté ; sauf à la communauté le recours contre ses co-débiteurs. Mais si l'un des conjoints, héritier pour un quart de quelqu'un de ses parens, étoit, lorsqu'il a contracté mariage, débiteur d'une dette mobiliaire hypothécaire de cette succession ; quoiqu'il soit tenu comme biens tenant pour le total de cette dette, néanmoins n'en étant tenu personnellement que pour le quart pour lequel il est héritier, cette dette ne doit tomber en sa communauté que pour le quart : car cette dette est pour les trois autres quarts une charge des biens immeubles auxquels il a succédé, qui ne tombent pas en sa communauté ; & non une dette de sa personne.

25. Les rentes dont chacun des conjoints est débiteur lors du mariage, ne sont point réputées dettes mobiliaires, si ce n'est pour les arrérages qui en sont échus : la communauté n'est chargée que de ces arrérages, & de ceux qui courront pendant tout le temps qu'elle durera ; elle n'est point tenue des principaux. *Voyez l'art. 191.*

La communauté étant tenue des arrérages, le mari, comme chef de la communauté, est tenu de passer titre nouvel aux créanciers des rentes dues par sa femme : mais l'obligation résultante de ce titre, cesse par la dissolution de communauté, sauf pour les arrérages courus jusqu'à la dissolution.

26. La Jurisprudence a excepté de la regle qui fait tomber les dettes mobiliaires en communauté, 1°. celles qui ont été contractées pour raison de quelque immeuble que le conjoint possédoit lors du mariage, telles que la dette du prix pour lequel il l'a acheté ; celle d'un retour en deniers à la charge duquel il lui est tombé en partage, &c. On a trouvé qu'il seroit trop dur que le conjoint fît payer à la communauté le prix d'un immeuble qu'il garde pour lui seul. *Livon. l. 4, ch. 1, r. 22.*

27. 2°. La communauté est chargée de toutes les dettes passives que le mari contracte durant icelle, soit dettes mobiliaires, soit rentes, pour quelque cause que ce soit qu'il les ait contractées, même de celles qui naissent de ses délits, *Livon. ibid. r. 24.* : c'est une suite de l'*art. 193*, & de ce que nous avons dit *suprà*, n. 1.

Il faut pourtant excepter celles qu'il auroit contractées pour ses propres affaires, ou en faveur de quelqu'un de ses enfans d'un précédent lit, ou de quelqu'un de ses héritiers présomptifs ; la communauté devant en être indemnisée par le mari, de même qu'elle doit l'être par la femme, de celles qui auroient été contractées pour le profit particulier de la femme, ou de ses enfans d'un premier lit.

Observez que la communauté n'est point tenue de l'amende jointe à une peine capitale à laquelle le mari auroit été condamné : car la dette de cette amende ne peut paroître contractée durant la communauté, puisqu'elle ne naît que du jugement qui, par la peine capitale qu'il prononce, dissout la communauté. Le coupable est bien *digne* de l'amende avant la condamnation ; mais c'est la condamnation qui l'en rend *débiteur*.

Il y a plus de difficulté à l'égard de la réparation civile ; car le mari a contracté dans l'instant même du délit l'obligation de réparer le tort qu'il causoit. Cette dette a donc été contractée dans un temps auquel le mari, comme Seigneur de la communauté, avoit le pouvoir de la charger de ses dettes : le jugement de condamnation n'a fait que la liquider. Néanmoins on juge favorablement, que lorsque la réparation civile est prononcée par un jugement capital, la communauté n'en est tenue que jusqu'à concurrence de ce qu'elle auroit profité du crime. *Livon. ibid. r. 24.*

28. 3°. Les dettes de la femme contractées durant la communauté sont charges de la communauté, lorsque le mari les a approuvées, soit expressément, en autorisant sa femme pour les contracter, soit tacitement, en permettant que sa femme fasse le commerce pour raison duquel elle les a contractées : les autres dettes contractées par la femme, quoique valablement contractées, comme lorsqu'elle a été autorisée par Justice pour contracter, ne sont charges de la communauté que jusqu'à concurrence de ce dont la communauté a profité du contrat.

29. 4°. A l'égard des dettes des successions échues à l'un ou à l'autre des conjoints durant la communauté, il y a plusieurs sentimens. Je me détermine au sentiment de ceux qui pensent que comme dans notre Coutume les dettes des successions, soit rentes, soit dettes mobiliaires, se répartissent proportionnellement sur les différens biens de la succession, tant sur les meubles que sur les immeubles, la communauté dans laquelle tombent les meubles de la succession échue à l'un des conjoints, doit porter une part, tant des dettes mobiliaires que des rentes, qui soit en même raison & proportion qu'est la valeur des meubles, avec celle du total de la succession ; & que le surplus doit être porté par ce conjoint en son particulier, comme charge des immeubles auxquels il succede qui ne tombent pas en communauté ; sauf néanmoins que la communauté qui a la jouissance desdits immeubles, doit, à cause de ladite jouissance, avancer la part des dettes mobiliaires dont le conjoint est tenu en son particulier ; & jusqu'à ce qu'elle les acquitte, elle est tenue des intérêts desdites dettes mobiliaires, de même que des arrérages des rentes qui courront pendant tout le temps que durera la communauté. On oppose contre cette opinion, qu'il paroît contre les principes de la communauté qu'elle ne soit pas chargée de toutes les dettes mobiliaires de chacun des conjoints, *art. 186*, & que les dettes mobiliaires de la succession échue au conjoint étant devenues les dettes de ce conjoint, sa communauté doit en être chargée. La réponse est, que la Jurisprudence a excepté de cette regle les dettes que le conjoint contracte pour raison des immeubles qui lui sont propres, *suprà*, n. 26 : or les dettes de cette succession, pour la portion dont les immeubles de cette succession auxquels il succede, & qu'il a hors la com-

munauté, sont chargés, sont dettes qu'il a contractées pour raison d'immeubles qui lui sont propres; & par conséquent elles doivent être exceptées de la regle qui fait tomber en la communauté les dettes mobiliaires des conjoints.

Observez une différence entre le mari & la femme, qui est que lorsque la succession échue à la femme est onéreuse, & qu'elle n'a point été autorisée par son mari, mais par Justice, pour l'accepter; la communauté n'est tenue de la part des dettes que le mobilier de cette succession doit porter, que jusqu'à concurrence de la valeur de ce mobilier; ce qui est une suite de ce qui a été dit, *n. 28;* au lieu qu'elle est tenue indéfiniment lorsque c'est au mari à qui la succession est échue.

Observez à l'égard des dettes des successions, que si l'un des conjoints avoit lors du mariage une créance contre un tiers, laquelle, ou par sa nature, ou par la convention du contrat de mariage, n'est pas tombée en sa communauté; & que depuis, durant sa communauté, la succession de son débiteur lui soit échue, & y soit tombée, soit par la nature des choses dont elle étoit composée, soit par la convention du contrat de mariage; la communauté devient en ce cas débitrice envers ce conjoint de cette dette, nonobstant que ce conjoint semble en avoir fait confusion & extinction, devenant héritier de son débiteur: car la communauté est vis-à-vis de ce conjoint, ce qu'est vis-à-vis de l'héritier un cessionnaire de droits successifs, lequel étant obligé d'indemniser son cédant de tout ce qu'il lui a coûté pour être héritier, doit lui faire raison de tout ce qui lui est dû par le défunt dont il a cédé les droits successifs; *l. 2, §. 18, ff. hered. vend.*

Contrà vice versâ, si l'un des conjoints lors du mariage étoit débiteur envers un tiers d'une dette qui, ou par sa nature, ou par la convention du contrat de mariage, n'est pas tombée en sa communauté, & qu'il devienne ensuite durant la communauté héritier de son créancier; cette créance, nonobstant la confusion qu'il semble en avoir faite en devenant héritier de son créancier, ne laisse pas de tomber en sa communauté, si elle est de nature à y tomber; & ce conjoint en sera débiteur envers la communauté, de même qu'un héritier qui a cédé à quelqu'un ses droits successifs, est débiteur envers son cessionnaire de ce qu'il devoit au défunt; *l. 37, ff. de pecul.*

30. 5°. *Enfin la communauté est chargée des alimens des conjoints*, de l'éducation des enfans, de l'entretien des héritages propres des conjoints dont elle a la jouissance.

Les frais de l'inventaire qui doit être fait lors de la dissolution de communauté, ceux des compte mobilier, liquidation & partage, sont aussi des charges de la communauté.

31. Mais les frais funéraires du prédécédé ne sont point une charge de la communauté, & doivent être payés en entier sur sa part; car la communauté a été dissoute par sa mort.

Lorsque le mari est prédécédé, les frais du deuil de la veuve sont censés faire partie des frais funéraires du mari. On les arbitre suivant l'état du mari & les facultés de sa succession; mais il n'est pas d'usage ici d'avoir aucun égard à la quantité du douaire pour les régler. Lorsque c'est la femme qui est prédécédée, il n'appartient rien au mari pour le deuil de sa femme; *Arg. l. 9, his qui not. inf.*

Il eſt évident que les legs faits par le prédécédé ne ſont pas charges de la communauté. Cette déciſion a lieu quand même ceux faits par le mari prédécédé ſeroient prétextés de reſtitution pour torts par lui faits durant le mariage; à moins que la cauſe ne fût juſtifiée ; auquel cas ce ſeroient des dettes dont la communauté eſt tenue; *ſuprà*, n. 27.

CHAPITRE II.

De la Communauté conventionnelle, ou des clauſes qui concernent la Communauté.

32. LA communauté légale ou coutumiere, dont il a été traité au Chapitre précédent, n'a lieu qu'au défaut de la conventionnelle, c'eſt-à-dire de celle qui eſt ſtipulée par le contrat de mariage.

Cette communauté conventionnelle dépend, de même que toutes les autres conventions portées aux contrats de mariage, de la condition tacite, *ſi nuptiæ ſequantur.* C'eſt pourquoi, ſi le mariage ne ſe contracte pas, ou ſi c'eſt un mariage auquel les Loix refuſent les effets civils, la communauté ſtipulée n'aura pas lieu, non plus que toutes les autres conventions portées au contrat de mariage.

Elle eſt cenſée convenue, pour commencer ſeulement du jour que le mariage commencera.

Les parties peuvent s'écarter, à l'égard de cette communauté ; des regles de la communauté légale ; elles peuvent la compoſer différemment.

On peut ne l'accorder qu'à la ſeule perſonne de la femme ; comme lorſqu'il eſt dit, qu'en cas de diſſolution de communauté par le prédécès de la femme, ſes héritiers n'y pourront rien prétendre. Cette clauſe exclut les enfans auſſi-bien que les collatéraux : *Lebrun*, I, III, 8. Enfin on peut exclure tout-à-fait la communauté.

Les clauſes qui concernent la communauté ſont les clauſes d'apport, d'ameubliſſement, de réaliſation, de ſéparation de dettes, de repriſe de l'apport de la femme en cas de renonciation, de préciput, les clauſes d'excluſion de communauté, celle qui réduit la femme ou les héritiers du prédécédé à une certaine ſomme pour ſon droit de communauté. La clauſe par laquelle le futur ou la future ſont mariés francs de dettes, a paru auſſi à quelques Auteurs concerner la communauté. Nous parlerons de ces différentes clauſes ſéparément, après avoir prémis quelque choſe en général ſur les conventions de mariage.

ARTICLE PREMIER.

Des Conventions de mariage en général.

33. Les conventions de mariage doivent ſe faire par le contrat de mariage ;

ou par des actes faits en présence des mêmes parens qui ont assisté au contrat. Les actes faits depuis hors leur présence sont nuls; *art.* 223. *Voyez cet article.*

Ce contrat & ces actes doivent être faits avant la célébration, *art.* 202, & passés devant Notaires, pour prévenir les antidates dont les actes sous signature privée sont susceptibles.

34. Réguliérement toutes conventions sont permises dans un contrat de mariage; *art.* 202.

Il faut en excepter, 1°. celles qui blesseroient la bienséance publique; telles sont réputées selon nos mœurs celles qui tendroient à soustraire en quelque façon la femme à la puissance maritale. C'est sur ce fondement que les Arrêts ont réprouvé dans les contrats de mariage les clauses par lesquelles des femmes étoient autorisées à disposer à leur gré, même de leurs immeubles, & ont restreint ces clauses aux seuls actes d'administration. *Arrêts du 9 Mars 1712, au Tome 6 du Journal, du 19 Juillet 1721; T. 7 du 31 Mai 1702*, dans Augeard.

35. Il faut, 2°. en excepter celles qui tendroient à éluder quelque Loi prohibitive. C'est pour cela que les clauses qui laissent indirectement au mari le pouvoir de s'avantager des biens de la communauté aux dépens de sa femme, ou d'en avantager sa femme à ses dépens, ne sont pas valables.

Telle est celle par laquelle on conviendroit que les conjoints n'auroient aucun remploi du prix des propres aliénés: car cette clause laisse indirectement au mari le pouvoir d'avantager durant le mariage sa femme, en aliénant les héritages propres de lui mari; ou de s'avantager lui-même aux dépens de sa femme, en aliénant les héritages ou procurant le remboursement des rentes propres de sa femme.

36. Telle est pareillement celle par laquelle les parties, en se mariant sans communauté de biens, se réserveroient néanmoins le pouvoir de l'établir, si bon leur sembloit, pendant leur mariage: car cette communauté qu'ils établiroient par un nouveau consentement durant leur mariage, seroit un avantage fait durant le mariage à celle des parties à qui elle seroit avantageuse. C'est pourquoi une telle clause est nulle, comme laissant aux parties le pouvoir de s'avantager durant le mariage.

37. Telle est aussi celle par laquelle il seroit convenu que la femme n'auroit que le tiers dans les meubles & conquêts, & seroit tenue néanmoins de la moitié des dettes; ou celle par laquelle on conviendroit qu'elle auroit le tiers des meubles & conquêts franc de dettes: car la premiere clause laisse au mari le pouvoir de s'avantager aux dépens de sa femme, en faisant de grosses acquisitions dont le prix seroit dû; & la seconde, lui laisse le pouvoir d'avantager par le même moyen sa femme à ses dépens: c'est pourquoi dans ces deux especes la femme, nonobstant ces clauses, doit partager par moitié l'actif & le passif. Qu'on ne dise pas que la seconde clause doit au moins être jugée valable, quant à la premiere partie qui restreint la part de la femme au tiers; car cette premiere partie est inséparable de la seconde, la femme n'ayant consenti à la réduction de sa part au tiers que parce qu'on la lui accordoit franche de dettes; c'est pourquoi la nullité de l'une entraîne celle de l'autre.

38.

38. Ce principe, que les clauſes qui tendent à laiſſer aux conjoints la faculté de s'avantager durant le mariage, ſont nulles, ne doit pas être pris trop à la rigueur : car l'Ordonnance de 1731, *art. 18*, approuve les donations univerſelles faites par contrat de mariage entre conjoints, avec la réſerve de diſpoſer d'une certaine ſomme qui demeurera compriſe en la donation, ſi le donateur n'en diſpoſe pas ; quoique cette réſerve laiſſe en quelque façon au conjoint donateur la liberté d'avantager ou non l'autre conjoint durant le mariage, en diſpoſant de cette ſomme, ou n'en diſpoſant pas.

39. 3°. Les clauſes qui tendent à engager les propres de la femme ſont auſſi nulles; telles que celle par laquelle il ſeroit dit que la femme ſeroit tenue des dettes de la communauté pour ſa part au-delà de l'émolument qu'elle y a ; ou qu'elle n'auroit pas d'indemnité pour les dettes pour leſquelles elle ſe ſeroit obligée pour ſon mari.

ARTICLE II.

Des différentes clauſes des Contrats de mariage.

§. I.

De la clauſe de l'apport.

40. Il eſt très-ordinaire dans les contrats de mariage que chacune des parties faſſe l'apport d'une certaine ſomme à la communauté.

L'effet de cette clauſe eſt que le conjoint qui n'avoit pas en biens mobiliers, lorſqu'il s'eſt marié, la ſomme qu'il a promis mettre en communauté, eſt fait par cette clauſe débiteur envers elle de ce qui s'en manque.

41. On n'impute pas ſur cette ſomme le mobilier qui lui avient depuis le mariage, par ſucceſſion ou autrement : car c'eſt ſur ſes biens préſens qu'il eſt cenſé avoir promis d'apporter la ſomme contenue en la clauſe d'apport.

42. Le conjoint ne peut pas auſſi imputer ſur la ſomme qu'il a promis apporter, les fruits qui étoient pendans ſur ſon héritage lors du mariage, quoique la récolte en fût pour lors imminente ; car les fruits ayant été perçus durant la communauté, y ſont tombés, en vertu du droit général qu'a la communauté de percevoir, *ad ſuſtinenda onera matrimonii*, tous les fruits des héritages des conjoints, qui ſont à percevoir pendant tout le temps qu'il dure. Lebrun ajoute que cette déciſion doit avoir lieu, même dans le cas auquel l'héritage auroit été donné en dot avec cette expreſſion, *avec les fruits qui y ſont pendans*, & que cette expreſſion doit être regardée comme ſuperflue, & comme ne ſignifiant autre choſe, ſinon que l'héritage eſt donné en dot tel qu'il eſt, & ſans en réſerver les fruits.

43. Lorſque ce n'eſt pas l'héritage qui a été donné en dot, mais les fruits de cet héritage, pendant un certain nombre d'années, ces fruits faiſant en ce cas le capital de la dot, *L. 4, ff. de Pact. dot.* non-ſeulement peuvent être imputés ſur la ſomme que le conjoint à qui ils ont été donnés en dot, a promis apporter

en communauté; mais même s'ils excédoient cette somme, ils seroient, pour cet excédant, compris dans la réserve de propres que le conjoint auroit faite du surplus de ses biens.

Il en est de même, lorsque les pere & mere de l'un des conjoints se sont obligés par le contrat de mariage de nourrir chez eux les futurs conjoints pendant une ou plusieurs années : ces années de nourriture sont censées faire partie de la dot de ce conjoint, & par conséquent le prix doit s'imputer sur son apport à la communauté.

44. Il en est autrement lorsqu'on a donné en dot le droit d'usufruit d'un certain héritage au conjoint. Les fruits de l'héritage perçus en vertu de ce droit d'usufruit durant la communauté, ne s'imputent pas plus sur la somme qu'il a promis apporter en communauté, que si c'étoit l'héritage même qui lui eût été donné en dot : car ce ne sont pas ces fruits qui sont la dot, c'est le droit d'usufruit; & les fruits perçus en vertu de ce droit, ne sont que comme les fruits de ce droit. *Arg. L. 7, §. 1, ff. de jur. dot.*

45. C'est au conjoint qui a promis apporter en communauté une certaine somme, à justifier de la quantité de son mobilier qui y est entré; faute de quoi il est débiteur envers la communauté de toute la somme qu'il a promis y apporter. La quantité de ce mobilier peut se justifier, 1°. par le contrat de mariage, lorsqu'elle y est déclarée.

Observez que l'apport de la femme doit être quittancé par le mari. A l'égard de celui du mari, comme on ne se donne pas quittance à soi-même, il suffit, pour qu'on le juge acquitté, que le mari déclare qu'il a en mobilier la somme qu'il apporte en communauté; c'est à la famille de la femme à s'en informer. Ainsi jugé par Arrêt du 23 Juillet 1712, *au T. 6 du Journal des Aud.*

46. 2°. La quantité du mobilier que chacun des conjoints avoit lors du mariage peut aussi se justifier par un *état fait entre les conjoints*, quoique depuis le mariage, & quoique sous leurs signatures privées. Ces conjoints ne seroient pas même recevables à alléguer que le conjoint l'a grossi dans cet état, ou l'a diminué pour avantager l'autre conjoint : car on n'est pas recevable à alléguer sa fraude. Leurs héritiers pourroient y être plus recevables, quoiqu'ils ne le doivent être que difficilement. Qu'on ne dise pas que l'héritier n'est pas *plus recevable que le défunt à alléguer la fraude du défunt* : car ce principe souffre exception lorsque la fraude a été commise envers l'héritier en tant qu'héritier.

47. 3°. Cette quantité peut même se prouver par quelque acte non suspect fait avant ou peu après le mariage ; tel qu'un compte de tutele rendu à ce conjoint, ou un inventaire fait par ce conjoint à ses enfans d'un précédent mariage, quoique ces actes aient été faits hors la présence de l'autre conjoint.

48. Lorsque la quantité du mobilier du conjoint n'est pas justifiée par aucun acte, on lui permet, & encore plus à ses héritiers, d'en justifier par enquêtes de commune renommée.

On doit dans cette preuve par commune renommée plus subvenir à la femme qu'à son mari, parce qu'il n'a pas été souvent en son pouvoir de constater son mobilier, à cause de la puissance de son mari sous laquelle elle étoit.

49. Observez une autre différence, qui est que les dettes actives du mari

ne doivent être imputées ſur la ſomme qu'il s'eſt obligé d'apporter en communauté, qu'autant qu'il eſt juſtifié qu'elles ont été effectivement reçues durant la communauté; au lieu que celles de la femme doivent être imputées ſur la ſomme qu'elle a promiſe, quoiqu'il ne parût pas qu'elles aient été reçues; à moins qu'il ne ſoit juſtifié qu'elles n'ont pu être reçues, après des diligences convenables faites contre les débiteurs.

§. II.

De la clauſe d'ameubliſſement.

50. La clauſe d'ameubliſſement eſt une clauſe par laquelle un conjoint fait entrer ou tous ſes immeubles, ou quelqu'un d'eux, dans la communauté. Elle eſt appellée *clauſe d'ameubliſſement*, & les immeubles ainſi apportés en communauté, ſont appellés *propres ameublis*, parce que cette clauſe les fait entrer en communauté de la même maniere que la Coutume y fait entrer les meubles des conjoints.

51. Quoique l'ameubliſſement ſoit une eſpece d'aliénation, néanmoins les mineurs, lorſqu'ils n'ont pas en biens meubles de quoi faire un apport à la communauté du tiers de leurs biens, peuvent ameublir de leurs immeubles pour ce qui s'en manque. *Lebrun*, *l. 1*, *ch. 5*, *d. 2.*

52. Il y a différentes clauſes d'ameubliſſement. Il y en a de générales, comme lorſque les conjoints ſtipulent une communauté de tous biens : une telle clauſe comprend l'ameubliſſement de tous les biens des conjoints, de quelque nature qu'ils ſoient, même de leurs propres anciens.

C'eſt une queſtion ſi cette communauté s'étend aux immeubles qui écherroient durant icelle par ſucceſſion aux conjoints? Suivant les Loix Romaines, la ſociété de tous les biens s'y étendoit. *L. 3*, *§. 1*, *ff. pro ſoc.* Mais les clauſes d'ameubliſſement étant parmi nous de droit étroit, il y a de la difficulté à étendre la communauté de tous biens à d'autres immeubles qu'à ceux que les conjoints avoient lors du contrat, lorſque ceux à venir ne ſont pas expreſſément compris dans la clauſe.

La clauſe que les ſucceſſions ſeront communes, renferme auſſi un ameubliſſement général de tous les immeubles qui aviendront à titre de ſucceſſion. Ceux qui ſont donnés ou légués aux conjoints par leurs aſcendans ſont auſſi compris dans cette clauſe : car ces titres tiennent lieu de ſucceſſion.

53. Quelquefois l'ameubliſſement eſt d'un corps certain & déterminé, comme lorſqu'on met dans la communauté, une telle maiſon, une telle métairie.

L'immeuble ainſi ameubli eſt aux riſques de la communauté s'il vient à périr en tout ou en partie.

Si la communauté ſouffroit éviction de ce propre ameubli, pour une cauſe qui exiſtât dès le temps du contrat, le conjoint qui a fait l'ameubliſſement, ſeroit-il tenu de l'éviction envers la communauté? Il faut diſtinguer. Si la clauſe commençoit par une promeſſe du conjoint d'apporter une certaine ſomme en communauté, en paiement de laquelle il eût apporté un certain héritage, il n'eſt pas douteux qu'il seroit tenu de l'éviction, & obligé de fournir à la communauté en autres effets la somme qu'il s'est obligé d'y apporter : car la prestation par lui faite d'une chose que la communauté n'a pu conserver, n'est pas un paiement valable qui ait pu le libérer de son obligation. *L. 98, ff. de solut.* Si la clause porte simplement que le conjoint a apporté en communauté un tel héritage, il y en a qui décident indistinctement qu'il n'y a pas lieu en ce cas à la garantie. Je pense qu'il faut encore distinguer. Lorsque l'apport que j'ai fait de cet héritage compose un apport égal à celui de l'autre partie, je crois que je dois en ce cas être obligé envers elle à la garantie, & en conséquence, tenu de conférer en autres effets la valeur de cet héritage; cette obligation de garantie étant de la nature de tous les contrats commutatifs, tel qu'est en ce cas le contrat de communauté de biens que j'ai contracté. Mais si l'autre conjoint n'avoit de sa part rien apporté en communauté, ou si outre cet héritage, j'avois d'ailleurs apporté autant que lui, en ce cas l'apport que j'ai fait de cet héritage étant un titre lucratif pour l'autre conjoint, je ne dois pas être obligé envers lui à la garantie, qui n'a pas lieu dans les titres lucratifs.

A l'égard de celui qui a fait un ameublissement général, il est clair qu'il ne peut être tenu d'aucune éviction : car par cet ameublissement général, il n'entend mettre en communauté que les immeubles qui lui appartiennent, & seulement autant qu'ils lui appartiennent.

54. Lorsqu'il est dit par le contrat de mariage, que pour composer l'apport de la femme le mari pourra vendre un certain héritage de la femme, dont le prix entrera en communauté, une telle clause ne contient pas l'ameublissement de cet héritage : car ce n'est pas l'héritage qu'on a entendu mettre en communauté, mais le prix qu'il seroit vendu. S'il ne l'a pas été, la femme ou les héritiers, lors de la dissolution de communauté, seront débiteurs envers la communauté du prix qu'il vaut, & peut être vendu.

55. Quelquefois l'ameublissement n'est déterminé à aucun corps certain; comme lorsqu'il est dit que le conjoint apporte ses biens meubles & immeubles jusqu'à la concurrence de la somme de tant; ou lorsqu'il est dit que le conjoint apporte en la communauté une certaine somme à prendre sur ses meubles, ou pour ce qui s'en manqueroit, sur ses immeubles, lesquels jusqu'à concurrence *sortiront nature de conquêts. Si quelqu'un des héritages* du conjoint qui a fait un tel ameublissement, venoit à périr en tout ou en partie, on n'en peut pas faire tomber la perte sur la communauté : car tant que l'ameublissement n'est pas déterminé à aucun héritage, on ne peut dire que l'héritage qui est péri fût celui qui a été mis en communauté, ni par conséquent que la communauté en doive supporter la perte.

C'est par cette raison qu'il a été jugé par Arrêt rapporté par Mornac, que lorsqu'une femme avoit fait un ameublissement indéterminé, le mari ne pouvoit aliéner aucun des immeubles de sa femme. Je pense néanmoins qu'il le peut : car les ameublissemens se faisant principalement pour qu'il y ait un fonds de communauté dont le mari puisse disposer lorsqu'il le jugera à propos, on doit supposer que cet ameublissement renferme un pouvoir que la femme donne à son mari d'aliéner tels de ses immeubles qu'il jugera à propos, jusqu'à la concurrence de la somme portée par la clause d'ameublissement, & de déterminer, par cette aliénation, l'ameubliſſement aux héritages qu'il aliénera.

56. Le propre ameubli étant un conquêt conventionnel, & les conventions n'ayant d'effet qu'entre les parties entre qui elles ſont faites, *L. 27*, §. 4, ff. *de pact.* il ſuit de là, que le propre ameubli par l'un des conjoints ne doit être réputé pour tel que vis-à-vis l'autre conjoint ou ſes héritiers, ou ſes ayans cauſe; mais vis-à-vis d'autres perſonnes il conſerve ſa nature.

C'eſt pourquoi, ſi le propre ameubli eſt un ancien propre du conjoint qui a fait l'ameubliſſement, cet héritage, pour la part qui en demeurera à ce conjoint, ou pour le total, s'il lui demeure pour le total par le partage des biens de la communauté, appartiendra dans ſa ſucceſſion à l'héritier aux propres de la ligne d'où il procede; il ſera ſujet aux réſerves coutumieres, &c.

§. III.

De la clauſe de réaliſation.

57. La clauſe de réaliſation eſt une clauſe par laquelle une ſomme de deniers, ou d'autres biens mobiliers d'un conjoint, ſont exclus de la communauté.

Cette réaliſation ſe fait, ou en ſtipulant expreſſément que ces biens mobiliers que le conjoint veut exclure de la communauté lui ſeront propres, ou lorſqu'il eſt dit qu'une ſomme de deniers ſera employée en achat d'héritages: car cette deſtination équipolle à la ſtipulation de propre; *art. 350.*

58. La limitation de l'apport de la communauté à une certaine ſomme, renferme auſſi tacitement l'excluſion du ſurplus; comme lorſque par le contrat de mariage, on donne à un enfant une ſomme de 30,000 liv. en deniers, dont il eſt dit qu'il entrera 10,000 liv. en communauté, c'eſt en exclure les 20,000 liv. reſtans, ſuivant cette regle des Docteurs, *Qui dicit de uno, negat de altero.*

Suivant cette regle, il a été jugé que cette clauſe, *les futurs ſeront communs en tous les biens qu'ils acquerront*, renfermoit une réſerve de propre pour les biens mobiliers qu'ils avoient.

Il en ſeroit autrement s'il étoit dit qu'*ils ſeront communs en tous biens meubles & immeubles qu'ils acquerront*: car cette clauſe étant ſuſceptible de deux ſens; l'un qui rapporteroit ces termes, *qu'ils acquerront*, tant aux meubles qu'aux immeubles; l'autre qui les rapporteroit ſeulement aux immeubles. Ce dernier ſens doit être préféré, comme plus conforme au droit commun des communautés, qui y fait entrer le mobilier.

59. Lorſqu'un mineur qui ſe marie a plus du tiers de ſon bien en mobilier, ce qu'il a de plus que le tiers, eſt de droit réſervé propre. Il y a plus: il ne lui eſt pas permis de mettre plus que ce tiers en communauté; & s'il avoit fait un apport plus conſidérable, il ſeroit réductible au tiers; *Louet*, *M.* 20. Cela a lieu lorſqu'il ſe marie *de ſuo;* mais lorſque ſes pere ou mere, ou autres le dotent, il eſt permis à celui qui fournit la dot de la faire entrer en entier, ſi bon lui ſemble, dans la communauté de ce mineur.

60. Les clauſes de réſerve de propre ſont de droit étroit, & ne s'étendent pas aux biens qui échéent durant le mariage au conjoint qui a fait la réſerve des propres, à moins qu'il n'y ait expreſſément compris les biens à venir.

Par la même raison, lorsqu'il est dit que les successions seront propres, cela ne s'étend point à ce qui avient aux conjoints à titre de donation ou legs; à moins que ce ne soit de la part de quelqu'un de leurs ascendans : car ces donations ou legs tiennent lieu de succession.

61. La réserve de propre n'empêche pas le mari de disposer des effets mobiliers réservés propres par sa femme. Tout l'effet est de donner à celui des conjoints qui a fait la réserve, ou à ses héritiers, le droit de reprendre, avant part sur les biens de la communauté, la somme à laquelle montent les biens mobiliers réservés propres; *infrà, chap. 5.*

62. L'addition de ces termes, *aux siens*, & de ceux-ci, *ceux de son côté & ligne*, donnent à la réserve de propres des effets plus étendus. *Voyez l'Introd. gén. ch. 3, art. 4, §. 3.*

63. C'est au conjoint qui a fait la réserve de propre à justifier la quantité du mobilier qui y est comprise. Ce qui a été dit *suprà*, §. 1, pour la justification de l'apport, reçoit ici application.

§. IV.

De la clause de séparation de dettes.

64. Les dettes que les conjoints doivent lors de leur mariage, & que la Coutume fait tomber en la communauté, en sont exclues par la clause de séparation de dettes.

65. C'est une question, si lorsque les conjoints ont apporté chacun en communauté une somme certaine, il y a lieu à cette séparation de dettes, quoique non exprimée ? Lebrun tient la négative. Je crois préférable l'opinion de la Thaumassiere, qui tient l'affirmative, & que j'ai vu autrefois être l'avis unanime de tous les Officiers, Avocats, & Praticiens du Bailliage d'Orléans. En effet, la Coutume ne fait tomber en communauté les dettes mobiliaires des conjoints que parce qu'elles sont une charge naturelle de l'universalité de leurs biens mobiliers dont elle compose leur communauté : mais lorsqu'il a plu aux conjoints de la composer autrement, non de l'universalité de leur mobilier, mais d'une somme certaine que chacun y apporte, leurs dettes, par une raison contraire, n'y doivent pas tomber; parce que *æs alienum universi patrimonii, non certarum rerum (aut summarum) onus est. L. 50, §. 1, ff. de judic.* Ajoutez que le contrat de communauté étant de la classe des contrats commutatifs, dans lequel, selon la nature de ces contrats, chacune des parties est censée vouloir recevoir autant qu'elle donne, & par conséquent faire un apport égal, on doit présumer, lorsque deux futurs conjoints ont promis apporter en communauté chacun une certaine somme, *putà*, de dix mille livres, qu'ils ont entendu *dix mille livres de net, & toutes dettes payées*; autrement l'égalité qu'ils sont censés s'être ptoposée selon la nature de ce contrat, seroit renversée : car celui qui ne devroit rien apporteroit dix mille livres effectives, pendant que l'autre qui devroit beaucoup n'apporteroit rien d'effectif

66. La clause de séparation de dettes exclut de la communauté toutes les dettes des conjoints avant le mariage, quoiqu'elles soient devenues exigibles,

ou même quoiqu'elles ne ſoient liquidées que depuis le mariage, même quoiqu'elles ſoient contractées ſous une condition qui n'eſt échue que depuis le mariage : car l'effet rétroactif qu'ont les conditions au temps du contrat, font regarder ces dettes comme dues dès le temps du contrat, & avant le mariage.

Lebrun va juſqu'à décider que l'amende à laquelle l'un des conjoints eſt condamné durant le mariage pour un délit commis auparavant, eſt exclue de la communauté par la ſéparation des dettes. Quoique cette dette ne naiſſe proprement que par le jugement de condamnation & durant le mariage, il ſuffit qu'elle ait une cauſe antérieure, qui eſt le délit : cela ſouffre néanmoins difficulté.

A l'égard des arrérages des rentes que le conjoint devoit avant ſon mariage, il n'eſt pas douteux que nonobſtant la clauſe, la communauté eſt tenue de tous ceux qui courent pendant le temps que la communauté dure, quoiqu'ils aient une cauſe antérieure : car les arrérages ſont une charge naturelle des revenus des biens du conjoint qui tombent en la communauté.

Il en eſt de même des intérêts courus pendant le mariage, de quelque eſpece de dette que ce ſoit, antérieure au mariage.

Lebrun va juſqu'à dire que la convention par laquelle on ſeroit expreſſément convenu que les dettes des conjoints, antérieures au mariage, ſeroient exclues de la communauté, même pour les arrérages & intérêts qui en courroient durant la communauté, ne ſeroit pas valable : mais il va trop loin ; cette convention, quelque extraordinaire qu'elle ſoit, ne contient rien de contraire aux loix.

67. L'effet qu'a la clauſe de ſéparation de dettes, eſt que le conjoint qui étoit débiteur doit récompenſe à la communauté, ſi elle a acquitté ce qu'il devoit ; *infrà, ch. 6*, §. 4. Cette clauſe a même quelquefois effet vis-à-vis des créanciers du conjoint. *Voyez ſur ce l'art. 212.*

§. V.

De la clauſe de repriſe de l'apport de la femme, en cas de rénonciation.

68. Il eſt d'uſage de convenir par les contrats de mariage que la femme, en cas de renonciation à la communauté, reprendra ce qu'elle y a apporté.

69. Cette clauſe par laquelle la femme eſt aſſociée pour le gain, ſans l'être pour la perte, contient une eſpece d'iniquité : c'eſt pourquoi, quoiqu'elle ſoit aujourd'hui d'uſage dans tous les contrats de mariage, la femme, quoique mineure, ne ſeroit pas reſtituable contre cette omiſſion.

70. Quoique réguliérement chacun ſoit cenſé avoir ſtipulé pour ſes héritiers & autres ſucceſſeurs univerſels ce qu'il a ſtipulé pour lui, néanmoins, dans la clauſe de repriſe, qui eſt de droit étroit, la femme eſt cenſée n'avoir ſtipulé que pour elle le droit de repriſe, ſi ſes héritiers ne ſont pas expreſſément compris dans la clauſe : c'eſt pourquoi ſi elle prédécede, ſes héritiers n'auront pas ce droit.

Mais ſi la femme a ſurvécu à la diſſolution de communauté, le droit de reprendre a été ouvert à ſon profit par la diſſolution de communauté, & elle le transmet à ses héritiers. Cela a lieu quand même elle seroit morte avant que de s'être expliquée sur l'acceptation ou la répudiation de la communauté. *Arrêt du 29 Juillet 1716, au tome 6 du Journal.* La raison est, que cette répudiation que la femme doit faire pour exercer la reprise de son apport, n'est pas une condition suspensive qui arrête l'ouverture du droit de reprise, mais seulement *lex faciendi;* c'est-à-dire, une chose que la femme à qui le droit est acquis, ou ses héritiers, doivent faire pour pouvoir exercer ce droit, qui n'est accordé qu'à cette charge.

Par la même raison, lorsque le droit de reprise a été une fois ouvert au profit de la femme, les créanciers de cette femme peuvent l'exercer pour elle, comme ayant droit d'exercer le droit de leur débitrice. Lebrun est néanmoins d'avis contraire, mais mal-à-propos. Il y a plus: quand même cette femme, en fraude de ses créanciers, & pour les priver du bénéfice de cette reprise, auroit accepté une communauté onéreuse, les créanciers de cette femme pourroient, sans avoir égard à cette acceptation de la femme, exercer pour elle la reprise de son apport, en abandonnant aux héritiers du mari les biens de la communauté; de même que les créanciers d'un héritier qui, pour les frauder, a renoncé à une succession avantageuse, peuvent, sans avoir égard à cette renonciation, exercer dans cette succession les droits de leur débiteur.

71. Lorsque la femme a compris ses enfans ou quelques autres parens dans la clause, le droit de reprise est, par son prédécès, transmissible dans sa succession; si ce sont ses enfans ou autres parens compris dans la clause qu'elle laisse pour ses héritiers, autrement non.

Lorsque la clause de reprise est conçue en ces termes, *la future & les siens pourront, &c.* ces termes ne comprennent que les héritiers de la ligne descendante, c'est-à-dire les enfans, en quelque degré qu'ils soient.

S'il est dit, *la future & ses enfans, &c.* je pense que les enfans, en quelque degré qu'ils soient, sont compris dans la clause, suivant la signification commune de ce terme; *L. 220, ff. de v. s.* Il n'y a aucune raison de croire que les parties s'en soient écartées dans cette clause, leurs affections pour leurs petits-enfans étant la même que pour leurs enfans.

Ce terme *enfans*, lorsqu'il est illimité, comprend aussi tant les enfans des précédens mariages, que ceux du futur mariage. Lorsqu'il est dit, *les enfans qui naîtront du futur mariage*, ceux des précédens mariages sont exclus pour le cas auquel il ne se trouveroit aucun enfant du futur mariage qui vînt à la succession de sa mere: mais lorsqu'il y en a, ceux des précédens mariages concourent avec eux dans la reprise, & ils ne sont pas censés en avoir été exclus dans ce cas, la loi du rapport ne permettant pas que des enfans soient plus avantagés que les autres dans la succession de leur mere commune.

Lorsqu'il est dit que *la future & ses collatéraux pourront, en renonçant, reprendre, &c.* il y a tout lieu de présumer que les parties ont entendu, à plus forte raison, comprendre leurs enfans dans la clause, & même les ascendans de la femme, & qu'elle doit être entendue en ce sens, *ses héritiers, même collatéraux.* La question n'est pas néanmoins sans quelque difficulté. Lebrun, *p. 3, ch. 2, s. 2, d. 5, n. 12*, rapporte un Arrêt de 1607, qui est le 112e de ceux de Montholon, qui a jugé la question contre les enfans. On a pu se fonder sur cette

raison,

raison, que la femme en ne stipulant pas pour ses enfans la reprise qu'elle a stipulée pour ses collatéraux, a pu avoir cette raison, que ses biens devant retourner, après la mort du pere, à ses enfans, il n'étoit pas nécessaire, pour les conserver à sa famille, de leur en stipuler la reprise.

72. Le droit qui résulte de la clause de reprise étant de nature à ne se pas transmettre dans la succession de la femme par son prédécès, à moins que ceux qui la recueillent ne se trouvent eux-mêmes compris dans la clause, il suit de là que s'il est dit que *la femme, ses enfans & ses collatéraux pourront, en cas de renonciation à la communauté, reprendre, &c.* & que la femme étant prédécédée, aucun de sa famille n'accepte sa succession, la reprise ne pourra être exercée ni par le haut Justicier qui lui succéderoit par droit de déshérence, ni par le curateur à sa succession vacante pour les créanciers.

Mais si un parent de cette femme, compris dans la clause, se porte héritier de cette femme sous bénéfice d'inventaire; quoiqu'ensuite il abandonne la succession aux créanciers, le droit de reprise qui a été ouvert au profit de cet héritier, pourra être exercé par les créanciers.

Pareillement lorsqu'il y a un étranger légataire universel, le droit de reprise qui a été ouvert au profit du parent héritier compris dans la clause, qui a accepté la succession, se trouvant faire partie des effets compris au legs universel, pourra être exercé par le légataire après qu'il aura été saisi de son legs. Lebrun, *ibidem*, est néanmoins d'avis contraire : il prétend que la reprise ne peut, en cette espece, être exercée ni par l'héritier, ni par le légataire, n'ayant pu être ouverte ni au profit du légataire, qui est un étranger, ni au profit de l'héritier, à cause du legs universel. La réponse est que le legs universel n'empêche point que ce droit de reprise n'ait été ouvert au profit de l'héritier, pour de là passer au légataire. En vain dit-on que la propriété des choses léguées est censée passer directement du défunt au légataire : l'héritier étant essentiellement le successeur à tous les droits du défunt, *successor in universum jus*, tous les droits du défunt, quoique légués, ne laissent pas de passer en sa personne : ce n'est que par une fiction de Droit établie en faveur du légataire, qu'ils sont censés passer directement en la personne du légataire; & ce qui n'est établi qu'en sa faveur, ne doit pas, en cette espece, être rétorqué contre lui, ni empêcher qu'il y ait eu ouverture au droit de reprise qui se trouve faire partie de son legs universel. Ajoutez que dans l'opinion de Lebrun, il seroit au pouvoir de la femme, en faisant un legs universel à un étranger, d'avantager son mari, & de le décharger de l'obligation de la restitution de l'apport; ce qui est un très-grand inconvénient. Il y a un Arrêt de 1711, rapporté par l'Annotateur de Lebrun, *ibid. n. 17*, conforme à notre avis.

Il y en a qui vont jusqu'à soutenir que le légataire pourroit prétendre la reprise, quand même l'héritier compris en la clause de reprise, auroit renoncé à la succession; & que cette renonciation doit passer pour une renonciation frauduleuse à laquelle on ne doit pas avoir égard. Je ne puis être de cet avis : car cette reprise étant un droit de la succession de la femme, ne peut être ouvert au profit des personnes comprises dans la clause, qu'elles n'acceptent sa succession. On ne peut pas dire non plus que la renonciation soit frauduleuse. Il est bien vrai que selon notre Jurisprudence, un débiteur est censé commettre une fraude envers ses propres créanciers, lorsqu'il renonce à une succession avantageuse qui pourroit servir à les payer ; & en conséquence, sans avoir égard à cette renonciation frauduleuse, ses créanciers sont admis à exercer ses droits dans cette succession: mais dans cette espece, l'héritier appellé à la succession a pu renoncer sans commettre de fraude envers le légataire universel dont il n'étoit pas le débiteur.

73. Lorsqu'il est dit que la future reprendra, en renonçant, *son apport*, ou *ce qu'elle a apporté*, la clause, qui est de droit étroit, ne comprend que ce qu'elle avoit lors du mariage. Mais s'il est dit qu'elle reprendra *ce qu'elle aura apporté*, ces termes, qui sont au temps futur, comprennent, outre ce qu'elle avoit lors du mariage, tout ce qui lui est depuis avenu par donation ou succession, & est tombé en communauté. *Lebrun, ibid. n. 38.*

74. C'est la dissolution de communauté qui donne ouverture au droit de reprise au profit de la femme, soit qu'elle arrive par le prédécès du mari, soit qu'elle arrive par la séparation, quand même la clause seroit conçue dans ces termes, dans lesquels plusieurs Notaires ont coutume de la concevoir : *La femme survivante pourra, &c.* Car l'intention des parties, par ce terme de *survivante*, n'a été que de signifier que le droit de reprise n'étoit accordé qu'à la future & non à ses héritiers, si la communauté étoit dissoute par son prédécès. *Lebrun, ibid. n. 22.*

Le droit de reprise ayant été ouvert en ce cas par la séparation, quoique la femme vienne par la suite à prédécéder, le mari n'a pas la répétition des deniers de son apport dont elle a eu la reprise. *Arrêt du 30 Octobre 1718, au T. 7 du Journal.* Lebrun, *ibid. n. 23.*

75. Lorsque c'est du mobilier qui a été mis en communauté, la reprise est de la somme à laquelle montoit sa valeur lorsqu'il y est rentré. Lorsque la femme a mis des immeubles en communauté, elle les reprend en nature, s'ils se trouvent pardevers son mari, ou sa succession, lors de la dissolution de communauté. S'il les avoit aliénés, elle ne pourroit pas les revendiquer contre les tiers détenteurs : car par la clause d'ameublissement, qui doit se concilier avec la clause de reprise, elle est censée avoir consenti que son mari ait, durant la communauté, sur ces propres ameublis le même droit que sur les conquêts; qu'il pût par conséquent les aliéner (sans préjudice néanmoins de ses hypotheques) de même que les conquêts; & qu'en ce cas la créance de la reprise de ces héritages fût convertie en celle du prix pour lequel ils auroient été vendus, pourvu que la vente ait été faite de bonne foi & sans fraude. *Lebrun, ibid. n. 37.* Que si le mari les avoit vendus à vil prix, il devroit rendre leur juste valeur, eu égard au temps de l'aliénation.

76. Le mari, comme tout autre débiteur de corps certain, doit entretenir en bon état les héritages sujets à la reprise, & il est tenu des dommages & intérêts s'ils ne s'y trouvent pas lorsque la femme les reprend en nature. Par la même raison, s'ils n'y étoient pas lorsqu'il les a vendus, il doit faire raison à sa femme de ce qu'ils auroient été vendus de plus s'ils eussent été en bon état.

§. VI.

De la clause de préciput.

77. C'est une clause très-ordinaire dans les contrats de mariage, que le futur époux, en cas de survie, aura dans les biens de la communauté par préciput, ses habits & linges à son usage; & ses armes & chevaux, si c'est un homme de guerre; ou *ses livres*, si c'est un homme de lettres; ou *ses outils*, si c'est un artisan; & pareillement que la future, en cas de survie, aura par préciput ses habits, linges, bagues & joyaux. Ce préciput est quelquefois limité à une certaine somme; quelquefois il est illimité; quelquefois on convient que le survivant aura le choix de ces choses ou d'une certaine somme.

Dans le cas d'un préciput illimité, *putà*, lorsqu'il est dit que le mari survivant aura par préciput ses livres; s'il s'est fait une bibliotheque qui monte à une somme excessive, il doit être réduit *arbitrio Judicis*.

78. Il n'y a que la mort naturelle de l'un des conjoints qui donne ouverture au préciput de l'autre : car il n'est pas probable que dans cette convention on ait eu un autre cas en vue. *Arrêt du 2 Juin 1549, le Roi Henri II tenant son lit de Justice.*

Lorsque l'un des conjoints dont les biens ont été confisqués survit à l'autre, il y a des Auteurs qui refusent le préciput au fisc.

79. Il est évident que la clause de préciput devient inutile au mari survivant, lorsque les héritiers de la femme renoncent à la communauté. Lorsque la femme survivante y renonce, elle *est censée* renoncer à tout ce qu'elle peut prétendre dans les biens de la communauté, tant à titre de préciput qu'autrement; & en conséquence, la clause de préciput lui devient pareillement inutile; *Lebrun, p. 3, ch. 2, s. 1, d. 4, n. 4.* Mais on convient fort souvent par les contrats de mariage que la femme, même en cas de renonciation, aura son préciput : & en ce cas le préciput est une créance que la femme qui a renoncé à la communauté a contre la succession de son mari.

§. VII.

Du forfait de la part de la Communauté.

80. On convient quelquefois par le contrat de mariage, que la femme ou ses héritiers n'auront pour tout droit de communauté qu'une certaine somme.

Cette convention renferme une espece de vente & d'abandon à forfait que fait la femme à son mari, de la part qu'elle auroit pu avoir dans la communauté. Comme il est pour-lors incertain si la communauté sera avantageuse ou onéreuse, cette vente est un contrat aléatoire, semblable à la vente d'un coup de filet : c'est pourquoi le mari ne laisseroit pas de devoir cette somme, quoiqu'il ne restât aucuns biens dans la communauté. Cela a lieu, quand même il seroit dit que la femme prendroit cette somme sur les biens de la communauté : car ce terme, SUR, n'est pas limitatif, mais seulement démonstratif; *Lebrun, l. 1, ch. 3, n. 42 & suiv.*

81. La femme, au moyen de cette ſomme, ne devant rien avoir des biens de la communauté, on doit lui faire déduction ſur cette ſomme de tout ce qu'elle en a tiré, pendant qu'elle duroit, pour ſes affaires; même de la moitié des dots qui en ont été tirées lorſqu'elle a doté ſes enfans conjointement avec ſon mari : *ſecùs*, ſi elle n'avoit pas été partie dans la dotation, car ne dote qui ne veut.

82. La femme doit avoir cette ſomme franche de dettes : elle n'en eſt pas même tenue vis-à-vis des créanciers, comme elle le ſeroit ſi elle avoit vendu à forfait ſa part de communauté à un tiers : car elle n'auroit pu la tranſmettre à ce tiers qu'en ſe portant commune; au lieu que par le forfait qu'elle fait avec ſon mari, elle renonce plutôt au droit d'acquérir une part en la communauté, qu'elle ne la lui tranſmet.

La femme devant avoir cette ſomme franche de dettes, elle ne doit faire aucune confuſion de toutes ſes repriſes de propres, remplois, & autres choſes qui lui ſont dues par la communauté, qui doivent lui être payées en total par le mari, outre la ſomme ſtipulée par ſon droit de communauté.

§. VIII.

Des clauſes d'excluſion de Communauté.

83. Lorſqu'on eſt convenu, par le contrat de mariage, qu'il n'y auroit point de communauté entre les futurs conjoints, l'effet de cette clauſe eſt que la femme, après la diſſolution du mariage, ne peut prétendre aucune part dans les choſes acquiſes par ſon mari durant le mariage, & qu'elle ne peut demander autre choſe que la reſtitution de ce qu'elle juſtifiera avoir apporté à ſon mari.

Mais cette clauſe ne prive pas le mari du droit de jouir pendant le mariage de tous les biens de la femme, *ad ſuſtinenda onera matrimonii*. Il faut, pour l'en priver, ajouter à la clauſe d'excluſion de communauté, celle-ci, *que les conjoints jouiront ſéparément de leurs biens*. On appelle cette clauſe, *ſéparation contractuelle*.

§. IX.

Des clauſes par leſquelles le futur ou la future ſont mariés francs & quittes de dettes.

84. Une femme peut avoir intérêt à deux égards, que l'homme qu'elle épouſe ſoit franc de dettes; 1°. afin que la reſtitution de ſa dot & l'acquittement de ſes autres conventions matrimoniales n'en ſouffre aucun préjudice; 2°. afin que ſa part dans la communauté ne ſoit pas diminuée par ce qui en ſeroit tiré pour acquitter les dettes de ſon mari. Ce n'eſt ordinairement que la premiere de ces deux eſpeces d'intérêts de la femme qu'on a en vue dans la clauſe par laquelle les parens du futur époux le déclarent franc & quitte de dettes. C'eſt pourquoi l'opinion la plus ſaine, eſt que par la convention que renferme cette clauſe, qui ſe contracte entre les parens du garçon & la future épouſe, les parens du

garçon ne s'obligent envers la future à autre chose, sinon qu'à l'indemniser de ce que les collocations des créanciers de son mari, antérieurs au mariage, sur les biens de sondit mari, empêcheroient la femme de toucher du prix desdits biens pour le paiement de ses reprises & créances : tel est l'avis de Lebrun. Renusson est d'avis contraire, & il étend cette clause même à la seconde espece d'intérêts que la femme peut avoir que son mari soit franc de dettes ; mais cette opinion n'a pas prévalu : l'interprétation de la clause que nous avons suivie s'éclaircira par des exemples. Je suppose qu'après la dissolution de la communauté les biens immeubles du mari ont été discutés ; le prix desdits biens se monte à 20,000 liv. Il s'est trouvé pour 5,000 liv. de créanciers hypothécaires antérieurs au mariage, colloqués avant la femme sur ladite somme ; la femme, qui étoit créanciere de 40,000 livres pour ses reprises & conventions matrimoniales, n'a pu toucher que les 15,000 livres restantes. Les pere & mere qui ont marié leur fils franc & quitte, seront tenus, en vertu de cette clause, d'indemniser la femme de la somme de 5,000 liv. qu'elle auroit touchée de plus sans les créanciers antérieurs au mariage.

Je fais une autre supposition. Le bien du mari consiste en mobilier dont le prix n'a produit que 10,000 livres : il laisse pour 100,000 livres de dettes ; sçavoir, 40,000 livres qui sont dues à sa femme, quarante autres mille livres qui sont dues à des tiers pour des dettes contractées depuis le mariage, & 20,000 livres de dettes antérieures au mariage, soit hypothécaires, soit chirographaires, n'importe, pourvu qu'elles soient constamment antérieures au mariage : ces créanciers antérieurs au mariage auront pour leur sou la livre la somme de 2,000 liv. Sans ces créanciers la femme auroit touché de plus qu'elle ne touchera une somme de 1,000 livres, moitié de cette somme de 2,000 livres qui seroit partagée entre elle & les autres créanciers. Ces créanciers antérieurs font donc tort à la femme d'une somme de 1,000 livres, de laquelle les parens de son mari sont tenus de l'indemniser en vertu de la clause de franc & quitte.

Il résulte de ceci que les pere & mere qui ont garanti leur fils franc & quitte des dettes, ne sont pas obligés indéfiniment à la restitution de la dot & conventions matrimoniales de leur bru, comme ils le seroient s'ils s'en étoient rendus cautions ; mais qu'ils y sont seulement obligés jusqu'à concurrence de la somme que les créances du mari, antérieures au mariage, ont empêché leur bru de toucher sur le prix des biens de son mari.

85. Si après les créances du mari, antérieures au mariage, acquittées, il est resté suffisamment de quoi payer entiérement les créances de la femme, l'effet de cette clause cesse entiérement. Au reste il ne suffit pas qu'il reste de quoi acquitter la dot ; cette clause s'étend à toutes les créances que la femme peut avoir contre son mari. Lebrun en excepte mal-à-propos celle qu'elle a pour indemnité des dettes auxquelles elle s'est obligée pour son mari pendant le mariage : car les pere & mere, en déclarant leur fils franc & quitte, se sont obligés envers leur bru, *in id quanti ejus interest maritum esse ære alieno liberum qualem eum esse affirmaverunt :* or ce n'est pas seulement par rapport à sa dot, mais c'est par rapport à toutes les créances qu'elle peut avoir contre son mari, quelles qu'elles soient, qu'elle a intérêt qu'il ait été tel. Lorsqu'elle s'est obligée

pour son mari durant le mariage, elle a compté sur le bien de son mari, & sur l'assurance qu'on lui a donnée qu'il étoit franc de dettes. La raison qu'allegue Lebrun pour excepter la créance pour les indemnités de la femme, est qu'une femme pouvant s'obliger pour son mari à des dettes sans bornes, l'obligation que les pere & mere contracteroient seroit sans bornes, si elle s'étendoit à cette espece de créance : mais cette raison est fausse, puisque l'obligation des pere & mere qui résulte de cette clause, ne peut jamais excéder ce que leur fils devoit au temps de son mariage.

86. Lorsque les parens de la fille la déclarent & garantissent franche de dettes (ce qui arrive rarement), le futur époux envers qui les parens de la fille contractent cette obligation, ne pouvant avoir une autre espece d'intérêt que la future épouse soit franche de dettes, sinon pour que sa communauté n'en soit pas diminuée, il n'est pas douteux que les parens de la fille s'obligent par cette clause envers le mari à lui faire raison de ce dont sa part en la communauté se trouve diminuée par tout ce qu'il en a fallu tirer pour payer les dettes de la fille, antérieures au mariage, tant en principaux qu'intérêts.

En cela cette clause oblige à plus les parens de la fille, que la clause de *séparation de dettes n'oblige les conjoints entre eux : car elle n'oblige qu'à la récompense de ce qui a été payé pour les principaux*, & *non de ce qui a été* payé pour les intérêts courus durant la communauté.

Observez une autre différence entre cette clause & celle de séparation de dettes. Par la clause de séparation de dettes, ce sont les conjoints qui contractent & s'obligent l'un envers l'autre : mais par la clause par laquelle l'un des conjoints est déclaré franc & quitte, ce sont les parens du conjoint qui le déclarent tel, qui contractent & s'obligent envers l'autre conjoint ; de maniere qu'une fille que ses parens ont mariée franche & quitte de dettes, n'est tenue de cette clause qu'autant qu'elle seroit leur héritiere.

CHAPITRE III.

De la dissolution de la Communauté ; de l'acceptation & de la renonciation.

§. I.

De la dissolution de Communauté.

87. LA communauté se dissout par la mort naturelle ou civile de l'un des conjoints ; *Livon. tit. de la Com. R.* 40. Il y a néanmoins des Jurisconsultes qui trouvent de la difficulté à l'égard de la mort civile de la femme ; parce que, disent-ils, le mari ne doit pas souffrir du délit qui a fait condamner sa femme à une peine qui emporte mort civile, ni être privé par le fait de la

femme du droit qu'il a, comme chef de la communauté, de jouir des biens de sa femme pendant tout le temps que durera le mariage. La réponse est, que quoique le mariage ne soit pas dissous quant au lien naturel, par la mort civile de sa femme, il ne subsiste plus comme mariage civil; & par conséquent la communauté, qui est un effet civil du mariage, ne peut plus subsister : on ne peut pas concevoir une communauté avec une personne qui dans l'ordre civil n'existe plus.

88. La communauté se dissout aussi par la séparation. Il y en a deux especes : la simple séparation de biens, qui donne droit à la femme de jouir de ses biens, & de les administrer sans son mari ; la séparation d'habitation, qui donne à la femme le droit d'habiter séparément de son mari, & qui entraîne la séparation de biens comme accessoire.

89. Ces séparations ne peuvent se faire par le consentement mutuel des parties. Il faut, pour qu'elles soient valables, qu'elles soient ordonnées par le Juge, sur une demande judiciaire donnée par la femme contre son mari.

Le Juge ne doit ordonner ces séparations que pour de justes causes, dont la femme doit faire la preuve, soit par écrit, soit par témoins.

Les causes de la séparation de biens sont la dissipation, & le mauvais état des affaires du mari qui met en péril la dot de la femme, ou lorsqu'il est en demeure de faire l'emploi de la dot qu'il s'étoit, par le contrat, obligé de faire ; *Arrêt du 10 Janvier 1699, rapporté par Augeard.* Les causes de la séparation d'habitation sont les mauvais traitemens exercés par le mari contre sa femme. *Voyez sur la séparation, les art. 198 & 199.*

On a jugé que c'étoit aussi une cause de séparation d'habitation, lorsque le mari avoit intenté une accusation capitale contre sa femme dans laquelle il avoit succombé. *Arrêt du premier Février 1716.*

§. II.

De l'acceptation de Communauté.

90. Les biens de la communauté dont le mari, pendant qu'elle duroit, étoit réputé le seul maître, se divisent, lors de la dissolution, en deux parties égales, entre le mari & la femme ou leurs héritiers, pourvu que ladite femme ou ses héritiers veuillent accepter la communauté.

Cette regle souffre exception, 1°. lorsqu'il en a été convenu autrement par le contrat de mariage ; 2°. lorsque la femme, pour quelque délit, a été déchue du droit de communauté ; *putà*, lorsque sur la plainte de son mari, elle a été déclarée convaincue d'adultere. La femme, pour cause d'abandon de son mari, après des sommations de retourner avec lui, auxquelles elle n'a pas obéi, est aussi quelquefois déclarée déchue de son droit de communauté ; si ce n'est dans tous les biens de la communauté, c'est au moins dans ceux acquis depuis sa désertion.

91. L'acceptation de la communauté se fait ou expressément, comme, lorsque la femme, depuis la dissolution de la communauté, prend la qualité de commune ; ou tacitement, lorsque depuis la dissolution de communauté elle

fait quelque chose qui suppose en elle la volonté d'être commune ; comme lorsqu'elle dispose des effets de la communauté, ou lorsqu'elle paie des dettes de la communauté auxquelles elle n'étoit point obligée.

La cession qu'une femme fait de son droit de communauté à un étranger, comme aussi la renonciation qu'elle fait en faveur de l'un des héritiers du mari préférablement aux autres, suppose aussi en elle une acceptation : car elle ne peut pas transmettre son droit à cet étranger, ni à cet héritier du mari, préférablement aux autres héritiers, qu'elle ne l'ait acquis elle-même ; ce qu'elle ne peut faire qu'en acceptant la communauté. Si elle renonce indistinctement en faveur des héritiers de son mari, auxquels sa part accroît naturellement par sa renonciation, elle ne sera point censée avoir accepté, quand même elle auroit reçu quelque chose pour renoncer. *Arg. l.* 24, ff. *de acq. her.*

§. III.

De la rénonciation à la Communauté.

92. Le droit de renoncer à la communauté pour se décharger des dettes, ne fut d'abord accordé qu'aux personnes nobles dans le temps des Croisades, à cause des grandes dettes que les Seigneurs & les Gentilshommes avoient contractées pour les voyages d'outre-mer. Depuis, ce droit a été étendu à toutes les femmes & à leurs héritiers.

Cette renonciation à la communauté devoit se faire autrefois lors des obseques du mari, avec certaines cérémonies. La veuve, en signe de sa renonciation, se déceignoit, & jetoit sur la fosse de son mari la bourse & les clefs qu'elle avoit pendues à sa ceinture. Aujourd'hui la renonciation se fait par un acte pardevant Notaires, & il n'y a aucun temps limité pour la faire.

Lorsque la communauté se dissout par le prédécès du mari, la Coutume veut que la veuve qui se trouve en possession des biens de la communauté, ne puisse renoncer qu'en faisant bon & loyal inventaire desdits biens. *Voyez l'art.* 204 *& les notes.*

93. La Coutume n'ayant limité aucun temps pour cette renonciation, la femme & ses héritiers sont toujours à temps de la faire, tant qu'ils n'ont pas accepté la communauté, soit expressément, soit tacitement, en faisant quelque acte de commun, & tant qu'ils ne sont pas poursuivis pour prendre qualité. Mais lorsqu'un créancier de la communauté assigne la veuve, elle n'a droit de jouir que des délais de l'Ordonnance de 1667, qui sont celui de trois mois qui lui est accordé pour faire inventaire, & qui court du jour de la mort de son mari ; & celui de quarante jours qui lui est accordé pour délibérer, & qui court du jour que l'inventaire a été fini ; ou, lorsqu'il n'a pas été fini dans les trois mois, du jour de l'expiration du terme de trois mois, dans lequel elle le devoit finir. Ces délais étant expirés, si la veuve ne rapporte pas de renonciation, elle doit être condamnée envers le demandeur comme si elle étoit commune : elle peut néanmoins sur l'appel, & tant qu'il n'y a pas de condamnation qui ait passé en force de chose jugée, rapporter sa renonciation ; auquel cas elle doit être déchargée de la condamnation, & condamnée aux dépens faits jusqu'au jour qu'elle l'a rapportée.

L'Arrêt de condamnation qui intervient contre la veuve, faute par elle de s'être expliquée, l'oblige bien de payer le créancier au profit de qui il est rendu, de même que si elle étoit commune; mais il ne la rend pas commune, & ne l'oblige pas envers les autres créanciers, auxquels elle peut toujours oppofer une renonciation; car *res inter alios judicata alteri non prodest. L. 2, Cod. quæ res jud. non, &c.*

Idem des héritiers de la femme.

Lorsque la femme ou ses héritiers ont pris qualité ou fait acte de commun, ils ne peuvent plus renoncer à la communauté, à moins qu'ils n'aient fait cette acceptation en minorité; auquel cas ils peuvent être restitués contre en prenant des lettres de rescision. Lorsque l'acceptation a été faite en majorité, ils ne peuvent être restitués contre, si ce n'est pour cause de dol, c'est-à-dire, s'ils étoient en état de justifier qu'on eût employé quelque supercherie pour les engager à cette acceptation.

94. L'effet de la renonciation à la communauté est de décharger la femme, ou ses héritiers, de toutes les dettes de la communauté, même vis-à-vis des créanciers, lorsqu'elle ne les a pas contractées elle-même; *art. 204.*

Cette décision a lieu même à l'égard des dettes dont il pourroit sembler qu'elle a profité; telles que sont celles du boulanger, du boucher, du marchand qui a vendu les étoffes qui ont servi à l'habiller: car la femme est censée avoir payé à son mari tout ce qu'elle a pu consommer de ces différentes fournitures, par la jouissance de la dot qu'elle lui a apportée *ad sustinenda onera matrimonii;* & l'ayant payé à son mari, elle ne peut être obligée à le payer une seconde fois aux marchands, qui n'ont contracté qu'avec son mari, & non avec elle. Ils ne sont pas plus fondés à le demander que ne le feroit un boulanger qui, ayant fourni du pain à un maître de pension, s'aviseroit d'en demander le prix aux pensionnaires qui l'ont mangé.

Cette décision doit avoir lieu quand même la femme auroit arrêté les parties ou fait les emplettes; car elle n'est censée faire cela que pour & au nom de son mari, & non pas s'obliger elle-même.

A l'égard des dettes qui procedent du chef de la femme, ou auxquelles elle s'est obligée avec son mari, la renonciation ne peut l'en décharger, ni ses héritiers, vis-à-vis des créanciers; mais elle lui donne un recours contre le mari ou sa succession. *Voyez l'art. 205.*

La femme qui renonce doit pareillement être acquittée entiérement des frais d'inventaire. C'est sans raison que Lebrun décide qu'elle en doit porter moitié: ces frais sont une charge privilégiée des biens de la communauté qu'il étoit nécessaire de constater par un inventaire, & doivent être par conséquent payés sur lesdits biens, & non par la veuve; de même que les frais d'inventaire d'une succession acceptée sous bénéfice d'inventaire, se paient sur les biens de la succession, & non par l'héritier bénéficiaire. Lebrun veut tirer argument de l'*art. 107* de Troyes, qui dit indistinctement que le survivant paie la moitié des frais d'inventaire: la réponse est, que cet article suppose le cas d'acceptation comme le plus commun.

§. IV.

Du cas auquel la femme laisse plusieurs héritiers, dont les uns acceptent la Communauté, & les autres y renoncent.

95. Les biens de la communauté étant quelque chose de divisible, la moitié dans ces biens, que la femme transmet dans sa succession, se divise entre les héritiers de la femme, & chacun d'eux n'y peut succéder que pour la part pour laquelle il est héritier. C'est pourquoi, si de quatre héritiers de la femme, trois, en se portant ses héritiers, renoncent à la communauté, le quatrieme qui seul accepte la communauté, n'étant héritier de la femme que pour un quart, ne peut prétendre que le quart en la moitié de la femme dans les biens de la communauté ; les autres portions demeurent pardevers le mari, *jure non decrescendi*, de même que le total lui demeureroit si tous avoient renoncé.

Si la reprise de l'apport avoit été stipulée au profit de ces héritiers en cas de renonciation à la communauté, le mari, qui profite seul de la part que chacun de ces héritiers qui renoncent, a dans les biens de la communauté, doit être aussi seul tenu de payer à chacun des renonçans le quart qui lui revient dans l'apport à la communauté ; cet apport étant comme le prix pour lequel ils abandonnent leur part en la communauté.

CHAPITRE IV.

Du Partage de la Communauté.

96. LA premiere démarche nécessaire pour parvenir au partage de la communauté entre le survivant & les héritiers du prédécédé, est l'inventaire qui doit être fait entre les parties de tous les effets mobiliers qui la composent, & des titres des immeubles.

On comprend dans cet inventaire, parmi les effets qui composent le mobilier de la communauté, même les hardes qui sont à l'usage du survivant, à moins qu'il n'y ait une clause par le contrat de mariage qui lui permette de les retenir par droit de préciput ; & même sans cette clause on doit laisser au survivant un habillement complet qui ne doit pas tomber en partage, ni par conséquent être compris dans l'inventaire. Si le survivant est un homme d'épée, on doit aussi lui laisser l'épée qu'il a coutume de porter ; si c'est un homme de robe, on doit lui laisser sa robe de cérémonie : on doit aussi lui laisser les marques des Ordres de Chevalerie dont il est décoré, telle qu'est une Croix de Saint Louis. Mais lorsque sa femme survit, les pierreries dont elle a coutume de se parer ne sont pas partie de l'habillement complet qu'elle a droit de retenir, & doivent par conséquent être comprises en l'inventaire : *ea enim magis ornamentis quàm vesti annumerantur. L. 25, §. 10, ff. de aur. leg.*

Les manuſcrits des Ouvrages d'eſprit qu'un homme a compoſés, ne doivent pas non plus être compris dans l'inventaire; car ce ſont choſes ineſtimables, qui ne peuvent être cenſées faire partie d'une communauté de biens, ni même d'une ſucceſſion, & qui ne peuvent appartenir qu'à l'Auteur, & après ſa mort, à ſon plus proche parent, quand même il renonceroit à ſa ſucceſſion.

Lorſque le ſurvivant qui étoit en poſſeſſion des biens de la communauté, a détourné quelques effets corporels, ou quelques titres des biens & droits de la communauté, & a omis malicieuſement de les comprendre dans l'inventaire; non-ſeulement il eſt tenu de les rapporter lorſque le recel vient à être découvert, mais il doit être, en punition de ſon recel, déclaré déchu de ſa part dans les effets recelés, laquelle accroît aux héritiers du prédécédé. Lorſque c'eſt la femme ſurvivante qui eſt coupable du recel, outre cette peine, elle eſt privée du droit qu'ont les femmes de renoncer à la communauté, & de n'être tenue des dettes que juſqu'à concurrence de l'émolument. Au reſte, on ne préſume pas facilement que les omiſſions des choſes qui n'ont pas été compriſes en l'inventaire aient été malicieuſes; & lorſque la fraude n'eſt pas conſtante, on ne peut demander autre choſe, ſinon que les choſes qu'on avoit omis de comprendre en l'inventaire y ſoient ajoutées. Il faut auſſi pour qu'il y ait lieu aux peines du recel, que la malice ait été perſévérante. Si le ſurvivant, après avoir détourné des effets, les avoit, avant aucunes pourſuites, ajoutés à l'inventaire, il n'y auroit pas lieu à la peine. *Louet*, *R. n.* 48.

97. Après l'inventaire fait, on procede au compte mobilier par lequel les parties ſe font reſpectivement raiſon de ce que chacune d'elles a reçu des biens de la communauté depuis la diſſolution de la communauté, & de ce que chacune d'elles a mis pour ladite communauté.

Enſuite on fait la liquidation de toutes les repriſes, remplois de propres, & autres créances que chacun des conjoints a droit d'exercer ſur la communauté, & des récompenſes & autres dettes dont il peut être tenu envers la communauté. Nous verrons dans les deux Chapitres ſuivans quelles ſont ces différentes créances & ces différentes dettes.

On doit compenſer juſqu'à due concurrence ce dont chacun des conjoints eſt créancier de la communauté, avec ce dont ce même conjoint eſt débiteur envers elle, & le rendre ſeulement créancier ou débiteur de l'excédant.

Après la liquidation, on dreſſe la maſſe des biens dont la communauté eſt compoſée, tant en actif qu'en paſſif.

Lorſqu'il y a quelque mineur parmi les co-partageans, ou lorſqu'étant tous majeurs, ils ne conviennent pas entre eux de l'eſtimation pour laquelle les conquêts & les propres ameublis ſeront couchés dans cette maſſe, il faut les faire viſiter & eſtimer par des eſtimateurs ſuivant leur valeur actuelle.

Ces Experts doivent être nommés par le Juge lorſqu'il y a des mineurs, ſinon il ſuffit que les parties en conviennent entre elles.

98. La maſſe dreſſée & arrêtée, lorſque par la liquidation les conjoints ſe ſont trouvés être créanciers de la communauté de quelque ſomme, déduction faite de ce dont ils lui étoient débiteurs, ils doivent prélever cette ſomme ſur les biens de la communauté; & c'eſt la femme ou ſes héritiers qui doivent prélever les premiers : le mari ou ſes héritiers ne peuvent prélever ce qui

leur est dû que sur ce qui reste après les créances de la femme acquittées.

Lorsque les conjoints se sont au contraire trouvés débiteurs par la liquidation, on précompte au conjoint, sur la part qu'il doit avoir en la communauté, la somme dont il lui est débiteur.

Voyez au surplus, sur le partage des biens de la communauté, & sur l'obligation de garantie qu'il produit entre les co-partageans, ce qui sera dit ci-après au *tit. 17*, du partage des successions. Tout ce qui y est dit pour le partage des successions peut s'appliquer à celui de la communauté.

CHAPITRE V.

Des différentes Créances des Conjoints contre la Communauté.

99. CHACUN des conjoints peut être créancier de la communauté lors de sa dissolution, 1°. De la reprise de la somme à laquelle se trouvent monter les effets mobiliers qu'il s'est réservés propres par le contrat de mariage; & qui sont entrés dans la communauté; *suprà, chap. 2, art. 2, §. 3.*

100. 2°. Du prix pour lequel ses héritages propres ont été vendus, ou pour lequel ses rentes propres ont été rachetées pendant la communauté, & qui y est entré; *art. 192.*

Il est pareillement dû remploi du prix de la coupe d'un bois de haute futaie qui étoit sur l'héritage de l'un des conjoints: car la haute futaie n'est pas un fruit de l'héritage, & le fonds est diminué par la coupe qui en est faite.

Il en est de même, à plus forte raison, du prix des pierres tirées des carrieres ouvertes sur le fonds de l'un des conjoints durant la communauté; car les pierres ne renaissent pas. On cite à ce sujet la loi 7, §. *si vir*, ff. *sol. matr.* dont la leçon est vicieuse. *Voyez* la note sur cette loi, *in Pand. Justin.* tit. *sol. matr. n. 44.*

Cette créance pour le remploi du prix des propres, est fondée sur cette raison, que n'étant pas permis aux conjoints de s'avantager pendant le mariage, chacun des conjoints doit reprendre sur les biens de la communauté tout ce dont la communauté a profité aux dépens de ses biens propres; autrement l'autre conjoint se trouveroit, pour la part qu'il a en la communauté, avantagé aux dépens de ce conjoint.

De là il suit qu'il n'est dû reprise au conjoint que du prix qui est entré en communauté. C'est pourquoi lorsque l'héritage propre de l'un des conjoints, qui, par le contrat de mariage, a été estimé à une certaine somme, a été vendu pendant le mariage pour un prix au-dessus ou au-dessous de cette estimation, c'est du prix pour lequel il a été vendu, & qui est entré en la communauté, que la reprise est due, & non de cette estimation.

101. La reprise est due non-seulement du prix principal pour lequel l'héritage a été vendu, mais aussi de tout ce que la communauté a reçu pour pot-

de-vin, épingles, & sous quelque autre dénomination que ce soit, soit en argent, soit en effets mobiliers.

On doit aussi y comprendre le prix des charges appréciables à prix d'argent, imposées à l'acheteur, dont la communauté a profité.

102. Il n'est pas dû de reprise des intérêts du prix; car la communauté, qui auroit joui de l'héritage s'il n'eût été aliéné, doit jouir du prix qui en tient lieu.

103. Lorsque l'héritage a été vendu pour un seul prix avec les fruits pendans, si la communauté a duré au-delà du temps de la récolte de ces fruits, on doit déduire sur le prix pour lequel cet héritage a été vendu en l'état qu'il étoit, le prix de ces fruits pendans : car la communauté ne profite pas du prix desdits fruits, qui lui auroient appartenu si l'héritage n'eût pas été vendu; elle ne profite que du surplus, & par conséquent la reprise n'est due que du surplus.

Par la même raison, lorsque le conjoint a vendu son héritage durant la communauté, pour un certain prix que l'acheteur qui entreroit en jouissance du contrat ne paieroit néanmoins qu'au bout de trois ans sans intérêt; si la communauté a duré jusques & au-delà de ces trois ans, le conjoint ne peut prétendre la reprise de ce prix que sous la déduction de celui des trois années de jouissance qui auroient appartenu à la communauté, & qui est entré dans ce prix.

104. *Contrà vice versâ*, si le conjoint a vendu son héritage propre pour une certaine somme payée comptant, & néanmoins à la charge que l'acheteur n'entreroit en jouissance qu'au bout de trois ans; si la communauté a duré jusqu'à ce temps, on doit ajouter à la reprise du prix pour lequel l'héritage a été vendu, ce qu'il auroit été vendu de plus sans la réserve des trois années de jouissance : autrement ce seroit une perte que le conjoint feroit, & dont la communauté profiteroit, qui, pendant ces trois ans, a eu tout-à-la-fois & la jouissance de l'héritage & la jouissance du prix.

105. Lorsque le conjoint a vendu son héritage propre à rente viagere, la reprise est due de ce dont les arrérages de la rente viagere, courus pendant toutes les années que la communauté a duré depuis le contrat, ont excédé les revenus qu'auroit produits pendant ledit temps l'héritage vendu, toutes charges & risques déduits : car c'est de cet excédant dont la communauté a profité.

106. Lorsque l'un des conjoints a vendu, durant la communauté, un droit d'usufruit ou de rente viagere qui lui étoit propre; si c'est par son prédécès que la communauté a été dissoute, ses héritiers ne peuvent prétendre aucun remploi du prix : car comme en ce cas ce droit, s'il n'eût pas été vendu, se seroit entiérement confondu dans la communauté, sans qu'il en restât rien au conjoint lors de la dissolution de la communauté, c'est la communauté qui doit seule profiter du prix pour lequel il a été vendu.

Si le conjoint à qui ce droit appartenoit a survécu à la dissolution de communauté, il doit avoir la reprise d'une partie seulement du prix, pour raison du temps incertain qui reste dudit usufruit. Par exemple, si la communauté a duré cinq ans depuis la vente de l'usufruit, & qu'on estime à dix ans le temps incertain qui en reste à courir, le conjoint aura la reprise des deux tiers du prix.

107. Le conjoint qui avoit vendu son héritage avant le mariage, & qui depuis reçoit de l'acheteur, contre qui il avoit une action rescisoire, une somme pour supplément du prix, doit avoir le remploi de cette somme : car elle est le prix du rachat de l'action rescisoire qu'il avoit contre cet acheteur, laquelle ayant pour objet l'héritage, étoit une action immobiliaire, & par conséquent propre de communauté.

108. *Contrà*, si le conjoint avoit acheté un héritage avant son mariage, & que depuis le vendeur eût fait rescinder le contrat, je ne crois pas que le conjoint pût prétendre le remploi de la somme qui lui aura été rendue par le vendeur : car l'effet de la rescision du contrat est que le conjoint est censé n'avoir jamais été propriétaire de l'héritage, mais seulement créancier de la somme par lui payée au vendeur, dont il a la répétition, comme l'ayant payée en conséquence d'un contrat nul, & par conséquent *sine causâ*. Or, si le conjoint n'a jamais été propriétaire de l'héritage, il n'a pu être un propre de communauté; & la créance qu'avoit le conjoint, en cas de rescision du contrat, pour la répétition de la somme par lui payée au vendeur, étant une créance qui a pour objet une somme d'argent, est une créance mobiliaire qui est tombée dans la communauté, si le conjoint, par le contrat de mariage, n'a pas réservé propre son mobilier.

109. Il en est autrement lorsqu'on exerce, durant le mariage, sur l'un des conjoints, le réméré ou le retrait d'un héritage qu'il avoit acquis auparavant : car son acquisition n'étant en ce cas résiliée que pour l'avenir, il reçoit le prix qui lui est rendu comme le prix de son héritage propre, & le remploi lui en est dû.

110. Lorsque l'un des conjoints, sur une action hypothécaire, a été condamné à délaisser l'héritage qu'il avoit acquis avant le mariage, à la charge par le demandeur de lui rembourser une certaine somme pour le prix des méliorations, il doit avoir le remploi de cette somme s'il avoit fait ces méliorations avant le mariage : car ces méliorations faisant partie de l'héritage qui lui étoit propre, la somme qu'il reçoit pour le prix de ces méliorations est le prix d'un propre.

Il en est autrement s'il a délaissé l'héritage sur une revendication : la somme qu'il a reçue pour les méliorations, quoique faites avant le mariage, ne peut en ce cas passer pour le prix de son propre ; car n'étant point en ce cas propriétaire de l'héritage, il ne l'étoit pas non plus des méliorations qui en font partie, suivant cette regle-ci, *Inædificatum solo cedit*, & celle-ci, *Accessorium sequitur jus & dominium rei principalis*. Il n'avoit pour raison de ces méliorations qu'une simple créance mobiliaire pour être remboursé de la somme qu'il avoit utilement employée sur l'héritage du demandeur, laquelle créance est tombée dans sa communauté comme le reste de son mobilier, à moins qu'il ne se le fût réservé propre.

111. Lorsque par une transaction faite durant le mariage, l'un des conjoints a délaissé pour une somme un héritage qu'il possédoit avant le mariage, à quelqu'un avec qui il avoit contestation sur la propriété, il doit avoir le

remploi de cette somme, à moins qu'il ne fût justifié que l'héritage appartenoit à celui à qui il l'a délaissé : car sans cela la possession en laquelle il étoit de cet héritage, l'en doit faire présumer le propriétaire, & par conséquent la somme qu'il a reçue pour cet héritage est le prix de son propre.

112. Il reste à observer que les conjoints doivent avoir le remploi du prix de leurs propres, non-seulement lorsqu'ils ont été vendus durant la communauté, mais même lorsqu'ayant été vendus dans le temps intermédiaire entre le contrat & la célébration du mariage, le prix en est tombé en la communauté, quoique les parties aient mis indéfiniment tout leur mobilier en communauté, suivant la Coutume. La raison est que les futurs conjoints peuvent bien, par leur contrat de mariage, se faire tels avantages que bon leur semble; mais pendant le temps intermédiaire jusqu'à la célébration, ils ne peuvent plus, à l'insçu de leurs parens qui ont assisté au contrat, en changer les conditions, & se faire aucun avantage direct ou indirect, autre que ceux qui y sont portés; *art. 223.* Or c'en seroit un que feroit le conjoint qui vendroit son héritage propre dans le temps intermédiaire pour en faire tomber le prix dans sa communauté, s'il n'en avoit pas le remploi; *Lebrun 1, ch. 4, n. 10.*

113. La communauté étant chargée de l'entretien des héritages propres des conjoints dont elle perçoit les fruits, chaque conjoint est créancier de la communauté, de la somme à laquelle sera estimé le prix des réparations d'entretien qui se trouvent être à faire à ses héritages propres lors de la dissolution de la communauté.

114. Le mari, comme administrateur des biens de sa femme, étant tenu de veiller à leur conservation, est tenu des dommages & intérêts de sa femme, si par sa négligence il a laissé perdre quelque droit des propres de sa femme; & comme c'est pendant la communauté qu'il contracte cette obligation envers sa femme, la créance desdits dommages & intérêts qui en résulte, est une créance qu'a la femme contre la communauté.

115. Le conjoint ayant droit de reprendre sur la communauté tout ce dont il l'a avantagée à ses dépens; si l'un des conjoints avoit répudié sa part dans une succession d'immeubles de son parent collatéral pour accepter un legs à lui fait par ce parent, qui tombera en sa communauté; ou s'il avoit fait rapport à la succession de son pere d'un immeuble qui lui avoit été donné, pour accepter cette succession composée, pour la plus grande partie, de mobilier qui entrera en sa communauté, quelques Auteurs ont pensé que si le parti que le conjoint a choisi dans ces cas & autres semblables, étoit en soi le moins avantageux, il est censé l'avoir choisi pour avantager sa communauté à ses dépens, & qu'il lui est dû en conséquence récompense par la communauté. Je pense que cette opinion, qui donne lieu à des discussions & à des procès, doit être rejettée, & qu'on doit décider au contraire, qu'il n'est point dû récompense au conjoint par la communauté, ni à la communauté par le conjoint, toutes les fois que le conjoint prend l'un des deux partis dont il avoit le choix; parce qu'il ne fait en ce cas qu'user du droit qu'il a de choisir, & qu'on ne doit point supposer en lui le dessein d'avantager sa communauté à ses dépens, ou de s'avantager aux dépens de sa communauté.

Voyez encore un exemple de créance d'un conjoint contre la communauté, *suprà*, n. 29.

116. Il nous reste à observer deux différences entre le mari & la femme touchant leurs créances contre la communauté. La premiere, qui concerne les reprises des propres, est que le mari ne peut prétendre sur la communauté la reprise que de ce qui y est entré; au lieu que la femme a la reprise de ses dettes actives stipulées propres, & du prix de ses propres vendus durant la communauté, quoique le mari n'en ait pas été payé, si c'est par sa faute & sa négligence qu'il ne l'a pas été. La raison est que le mari étant administrateur des biens propres de sa femme, est tenu envers elle de la négligence qu'il a commise dans le recouvrement qu'il étoit tenu d'en faire, & il charge sa communauté de cette obligation que sa négligence lui fait contracter envers sa femme.

117. La deuxieme différence, qui concerne toutes les créances que chacun des conjoints peut avoir contre la communauté, est que le mari ne peut se venger que sur ce qui reste des biens de sa communauté après que la femme à prélevé ce qui lui est dû : au contraire, la femme peut, à défaut des biens de la communauté, se venger sur les biens propres de son mari; & ils y sont hypothéqués du jour du contrat de mariage; & s'il n'y a point eu de contrat, du jour de la célébration.

De là il suit qu'en cas de renonciation à la communauté par la femme ou ses héritiers, il est inutile de liquider les reprises & autres créances que le mari peut avoir contre la communauté; car il en fait confusion sur lui. Au contraire, on doit liquider celles de la femme, qui lui doivent être en ce cas payées pour le total par le mari.

CHAPITRE VI.

Des différentes Dettes dont chacun des Conjoints peut être tenu envers la Communauté.

118. LEs dettes dont chacun des conjoints peut être tenu envers la communauté, sont, 1°. ce qui pourroit être encore dû de la somme que le conjoint auroit promis apporter en communauté.

2°. La récompense qu'il doit à la communauté des sommes qu'il en a tirées pour ses propres affaires.

Nous parcourrons les différentes especes de récompenses, après avoir établi les principes généraux sur cette matiere.

§. I.

Principes généraux sur les Récompenses.

119. Ier. Principe. Toutes les fois que l'un des conjoints s'enrichit aux dépens de la communauté, il lui en doit récompense.

II.

II. La récompense n'est pas toujours de tout ce qu'il en a coûté à la communauté ; elle n'est due que jusqu'à la concurrence de ce que le conjoint a profité.

III. Elle n'excede jamais ce qu'il en a coûté à la communauté, quelque grand qu'ait été le profit qu'a retiré le conjoint.

§. II.

Premier cas de récompense.

120. C'est un cas de récompense lorsque le conjoint a tiré de la communauté des sommes pour rentrer dans un héritage qui lui avoit appartenu, ou à ses auteurs, avant le mariage, ou pour devenir propriétaire de quelque héritage en vertu d'un droit antérieur au mariage. *Voyez ci-dessus, n. 15 & 16.*

§. III.

De la Récompense pour impenses faites sur l'héritage propre de l'un des conjoints.

121. Lorsqu'on a fait, des deniers de la communauté, des impenses nécessaires ou utiles, autres que celles de simple entretien, sur l'héritage propre de l'un des conjoints, il en doit récompense à la communauté.

A l'égard des impenses nécessaires, la récompense est toujours due de ce qu'il en a coûté, ou du moins de ce qu'il en a dû coûter, quand même l'impense ne subsisteroit plus, la maison sur laquelle elle a été faite ayant été incendiée par le feu du ciel. La raison est, que l'impense étant supposée nécessaire ; si elle n'eût été faite des deniers de la communauté, le conjoint eût été obligé de la faire de ses propres deniers : c'est pourquoi il profite toujours de toute la somme qu'il a tirée de la communauté, en ce qu'elle lui a épargné de tirer pareille somme de son propre fonds ; *hactenùs locupletior est, quatenùs propriæ pecuniæ pepercit.*

Cette raison ne milite pas à l'égard des impenses utiles qu'il auroit pu se dispenser de faire. C'est pourquoi la récompense pour ces impenses n'est due que jusqu'à concurrence de ce que l'héritage sur lequel elle a été faite, s'en trouve être plus précieux au temps du partage de la communauté.

Au reste, quelque précieux que soit devenu l'héritage, la récompense ne peut jamais être de plus que ce qu'il en a coûté à la communauté, suivant le troisieme Principe du §. 1.

122. Les impenses voluptuaires étant celles qui ne procurent que de l'agrément, & n'augmentent pas le prix de l'héritage sur lequel elles sont faites, il suit de cette définition, que le conjoint sur l'héritage duquel elles ont été faites, ne doit aucune récompense à la communauté des deniers qui en ont été tirés pour les faire, puisqu'il n'en est pas devenu plus riche. *Facit. L. 5, §. 1, ff. de donat. inter vir. & ux.* Voyez *le second Principe.*

Mais au moins si elles sont de nature à pouvoir s'enlever, telles que sont des parquets, des boiseries, des glaces, &c. l'autre conjoint peut prétendre qu'elles soient enlevées pour être vendues au profit de la communauté, si mieux n'aime le conjoint faire raison à la communauté desdites impenses, jusqu'à concurrence du prix qu'on en peut retirer.

On peut même dire que ces impenses, en tant qu'elles peuvent s'enlever, ne sont pas purement voluptuaires, puisqu'elles augmentent le patrimoine du conjoint jusqu'à concurrence de la somme qu'il en peut tirer en les enlevant & les vendant.

Observez aussi que telles impenses qui, étant faites en un lieu, sont voluptuaires, *putà* lorsqu'elles sont faites dans un château à la campagne, peuvent être réputées impenses utiles lorsqu'elles sont faites dans un autre lieu, *putà* dans une maison de ville; comme lorsqu'on fait dans une maison de ville des embellissemens qui en augmentent le loyer.

123. Lorsqu'on a laissé croître en haute futaie sur l'héritage propre de l'un des conjoints, un bois qui étoit taillis lorsque la communauté a été contractée, c'est une augmentation faite sur l'héritage du conjoint aux dépens de la communauté, qui manque de profiter du prix des coupes : c'est pourquoi il en est dû récompense.

§. IV.

De la Récompense pour l'acquittement des dettes de l'un des conjoints.

124. C'est un cas de récompense lorsque le conjoint paie, des deniers de la communauté, des *dettes propres dont il étoit tenu.*

Si c'étoit une dette exigible, il doit récompense de la somme qu'il a payée. Si c'étoit *une rente* qu'il a remboursée, comme il n'a été libéré que de la continuation d'une rente, la récompense qu'il doit à la communauté, ne doit consister que dans la continuation de la rente, suivant le second Principe *suprà, n. 119.* C'est ce qui est décidé par la Coutume de Paris, *art. 244 & 245*, qui porte que ce *rachat est réputé conquêt*, & que le conjoint qui étoit débiteur de la rente, doit la continuer à l'autre conjoint pour la moitié que cet autre conjoint a dans la communauté. Cette disposition, qui n'oblige le conjoint qu'à la continuation de la rente, étant une conséquence du principe général des récompenses, doit avoir lieu dans notre Coutume & dans toutes les autres.

Suivant le même principe, lorsque la rente de l'un des conjoints, qui a été remboursée des deniers de la communauté, étoit à un fur bas, *putà* au denier cinquante, le conjoint ne doit la continuer qu'au même fur du denier cinquante; car il ne doit pas de récompense au-delà de ce dont il a profité & de ce dont il a été libéré.

125. Lorsque la rente que devoit le conjoint étoit une ancienne rente créée au fur du denier dix-huit, avant l'établissement du fur du denier vingt, il y a plus de difficulté de sçavoir si le conjoint qui l'a remboursée des deniers de la communauté, doit la continuer au même fur du denier dix-huit, *ou* seulement au fur du denier vingt. La décision de cette question, & de plusieurs

autres, dépend de sçavoir comment on doit considérer la rente dont le conjoint est tenu envers la communauté à la place de celle qu'il a remboursée à son créancier.

Si cette rente est considérée comme une nouvelle rente que ce conjoint est censé, *potestate legis*, avoir constituée au profit de la communauté pour le prix de la somme qu'il en a tirée pour rembourser l'ancien créancier, & pour laquelle la communauté est seulement subrogée aux hypotheques de cet ancien créancier; dans cette supposition, il faudra décider que la rente ne doit être continuée à la communauté que sur le pied du denier vingt, puisqu'elle a été constituée envers elle dans le temps que les deniers en ont été tirés pour rembourser l'ancien créancier; temps auquel les rentes ne pouvoient se constituer qu'au denier vingt.

Il faudra pareillement, dans cette supposition, décider que si la rente qui a été remboursée, étoit une rente fonciere, celle dont le conjoint sera tenu envers la communauté, n'aura ni la nature, ni les prérogatives des rentes foncieres, mais sera une simple rente personnelle constituée à prix d'argent, pour laquelle la communauté sera seulement subrogée aux hypotheques de l'ancien créancier.

D'où il suit encore que si ce conjoint qui a remboursé la rente fonciere dont étoit chargé un de ses héritages propres, laisse différens héritiers, les uns aux propres, les autres aux meubles & acquêts, la rente, comme une dette personnelle de sa succession, devra être continuée par tous ses héritiers, suivant l'*art.* 330, & non pas seulement par celui qui succede à l'héritage qui en a été libéré.

Au contraire, si la rente que le conjoint qui a remboursé son créancier des deniers de la communauté, est regardée comme la même rente qui étoit due à ce créancier, & comme ayant été plutôt acquise par ce conjoint au profit & pour le compte de la communauté, qu'elle n'a été éteinte & amortie, il faudra, dans cette supposition, décider que la rente remboursée des deniers de la communauté, qui étoit au fur du denier dix-huit, continue au même fur au profit de la communauté. Si c'étoit une rente fonciere, il faudra décider qu'elle continue dans la même nature & avec les mêmes prérogatives de rente fonciere; que c'est l'héritage qui en étoit chargé qui continue d'en être principalement tenu envers la communauté; & que si le conjoint a laissé des héritiers à différentes especes de biens, il n'y a que ceux qui succedent à cet héritage qui en soient tenus.

Quoique cette seconde opinion paroisse autorisée par un Arrêt rapporté par tous les Auteurs, qui a jugé que la rente devoit continuer au taux de sa constitution, quoique plus cher que celui qui avoit lieu lors du rachat, néanmoins nous devons nous en tenir à la premiere opinion. Ceux qui suivent la seconde, s'appuient uniquement sur ces termes, *Tel rachat est réputé conquêt*, qu'ils interpretent en ce sens : *Tel rachat*, c'est-à-dire, la rente rachetée est elle-même en nature *réputée* acquise pour le compte de la communauté, & par conséquent subsister comme *conquêt*. Mais outre que ces termes pourroient être interprétés autrement, cette supposition que le conjoint, en rachetant sa rente, a acquis pour le compte de sa communauté cette même rente en nature, étant contraire à la véritable intention du conjoint, qui, en rachetant sa rente, n'a eu d'autre intention que de l'éteindre, elle ne peut tout au plus être admise que dans la Coutume de Paris, & autres dont le texte pourroit paroître l'autoriser : mais elle ne peut avoir lieu dans la nôtre, qui ne s'en est pas expliquée ; & il doit y être hors de doute que lorsqu'un conjoint a racheté, des deniers de la communauté, la rente qu'il devoit, celle dont il est tenu envers la communauté par forme de récompense n'est pas la même rente, mais une rente semblable à celle dont il seroit tenu envers un tiers, s'il eût pris de lui à constitution la somme qui a servi au rachat avec subrogation. Aussi Lebrun, qui, *l. 3, chap. 2, sect. 1, D. 5,* suit la seconde opinion, convient néanmoins, au nombre 11, qu'elle ne doit pas être suivie dans les Coutumes qui ne se sont pas exprimées comme celle de Paris.

126. Lorsque le conjoint a racheté, des deniers de la communauté, une rente viagere qu'il devoit avant son mariage ; si celui sur la tête de qui elle étoit due, se trouve encore vivant lors de la dissolution de la communauté ; dans le sentiment de ceux qui pensent que les rentes viageres sont immobiliaires (*Introd. gén. n. 55*), & ne tombent par conséquent dans la communauté que pour les arrérages qui en courent durant icelle, on doit dire que cette rente doit être continuée à l'autre conjoint pour la part qu'il a en la communauté pendant le reste de la vie de l'ancien créancier. Si cet ancien créancier étoit déja mort lors de la dissolution de communauté, il n'y aura lieu à aucune récompense ; car en ce cas ce n'est pas le conjoint qui a profité du rachat de la rente, mais la communauté, à la charge de laquelle elle auroit été pendant tout le temps qu'elle eût duré, si elle n'eût pas été rachetée.

127. Par la même raison, s'il a racheté des deniers de la communauté un droit d'usufruit dont étoit chargé son héritage propre, si l'usufruitier est mort durant la communauté, il n'y aura lieu à aucune récompense, la communauté ayant en ce cas profité entiérement du rachat. Si l'ancien usufruitier se trouve encore vivant, le conjoint doit récompense d'une partie du prix du rachat, par proportion au temps incertain qui reste à courir de la vie de cet usufruitier, avec le temps qui s'est écoulé depuis le rachat de l'usufruit jusqu'à la dissolution de la communauté. *Molin. sur l'art. 119 de Paris.*

§. V.

De la Récompense pour raison de rapport, & pour raison de substitution d'héritage à une somme promise en dot.

128. Si le conjoint a tiré une somme de deniers de la communauté, pour faire le rapport à la succession de son pere de pareille somme qui lui avoit été donnée avant son mariage, il en doit récompense à la communauté : car la dette du rapport de cette somme, quoique mobiliaire, étant due pour raison des immeubles auxquels ce conjoint succede seul, la communauté n'en doit pas être chargée ; *suprà, n. 26.*

Si la ſomme qui a été donnée au conjoint, & dont il doit le rapport, eſt entrée en ſa communauté, lui ayant été donnée pendant ſon mariage, il n'y a lieu à aucune récompenſe ; car il ne l'a acquiſe à ſa communauté qu'à la même charge du rapport à laquelle il l'avoit acquiſe lui-même.

129. Lorſque le conjoint à qui ſon pere avoit promis en mariage une ſomme de dix mille livres qui n'a point été réſervée propre, reçoit de ſon pere, en la place de cette ſomme, un héritage, il doit récompenſe de cette ſomme ; car il profite de cet héritage qui lui eſt propre, aux dépens de ſa communauté, qu'il prive de cette ſomme.

Si le pere avoit promis en dot l'alternative de l'héritage, ou de la ſomme, il n'y auroit lieu à aucune récompenſe.

§. VI.

De la Récompenſe pour dot d'enfans, & autres donations.

130. Il y a lieu à la récompenſe, non-ſeulement lorſque l'un des conjoints a été avantagé lui-même aux dépens de la communauté, mais encore lorſque le mari a donné des biens de la communauté à ſes enfans d'un précédent mariage, ou même à des collatéraux, ſes héritiers préſomptifs : car il peut bien les donner à des étrangers ; mais il ne peut en avantager les ſiens en fraude de la part de ſa femme ; *chap. 8*, §. *3*.

Pareillement, lorſque les conjoints ont donné des biens de la communauté aux enfans de la femme, nés d'un précédent mariage, la femme en doit récompenſe à la communauté, & la donation doit être entiérement précomptée à la femme ; car le mari n'a pas plus droit de donner aux enfans de ſa femme, qu'à la femme même.

131. A l'égard des enfans communs, comme ils ne ſont pas perſonnes prohibées, il n'eſt dû aucune récompenſe par le mari de ce qu'il a tiré de la communauté pour leur donner, ſoit qu'il leur ait donné conjointement avec ſa femme, ſoit qu'il leur ait donné ſeul : car il a droit de diſpoſer ſeul des biens de la communauté envers perſonnes non prohibées.

Mais lorſque la femme a doté un enfant commun, conjointement avec ſon mari, des biens de la communauté, & qu'elle renonce par la ſuite à la communauté ; devant en ce cas fournir la moitié de la dot qui a été priſe dans les biens de la communauté, dans leſquels elle ſe trouve n'avoir aucun droit, en conſéquence de la renonciation qu'elle a faite, elle doit récompenſe à la communauté de la moitié de cette dot, qui doit lui être déduite & précomptée ſur ſes propres ; *Lebrun*, *l. 3*, *chap. 2*, *ſect. 1*, *d. 6*.

§. VII.

De la Récompenſe pour raiſon de l'Office dont le ſurvivant eſt revêtu.

132. Lorſque le mari, durant la communauté, a acquis un office dont il ſe trouve revêtu lors de la diſſolution ; quoique cet héritage ſoit conquêt,

la Juriſprudence lui accorde le droit de le retenir à ſes riſques, en récompenſant la communauté. La récompenſe eſt du prix que l'office a coûté, quand même il vaudroit davantage lors de la diſſolution.

Il ne doit pas récompenſe des frais de proviſions & de réception; car ces frais ſe font en pure perte. Ils ſeroient également perdus pour la communauté, quand même le mari ne retiendroit pas l'office. D'ailleurs, la femme a profité de cette dépenſe en participant aux honneurs de l'office. *Lebrun, l. 3, ch. 2, ſect. 1, d. 9.*

A l'égard des taxes qui ont été payées des deniers de la communauté, le mari en doit récompenſe lorſque le Roi y a attaché des augmentations de gages; mais il ne doit aucune récompenſe pour les taxes ſéches qui n'ont pas augmenté l'office.

Tant que la communauté n'eſt pas diſſoute, même lorſqu'elle continue après la mort de la femme, le mari n'eſt pas obligé de s'expliquer ſur le choix qu'il a de retenir l'office ou de le laiſſer à la communauté; mais il doit s'en expliquer après la diſſolution de la communauté.

S'il tarde un temps conſidérable à s'en expliquer, il eſt cenſé l'avoir pris à ſes riſques & pour ſon compte. C'eſt ce qui a été jugé par l'Arrêt de 1705, cité par l'Annotateur de Lebrun, *L. 1, chap. 5, n. 61.* D'autres prétendent que le droit qu'a le mari de retenir l'office, étant un *privilege*, il ne peut être cenſé en avoir uſé qu'autant qu'il a déclaré le vouloir; & que faute de l'avoir déclaré, il doit plutôt en être réputé déchu, & que l'office en ce cas demeure à la communauté. C'eſt ce qui avoit été jugé auparavant par un Arrêt de 1695, cité par Lebrun, *ibid. n. 60.*

Si le mari ſe trouvoit revêtu de deux offices, il pourroit retenir les deux, ou l'un d'eux ſeulement, à moins que leur déſunion ne les dépréciât; auquel cas il ne peut retenir l'un ſans l'autre.

Tout ce qui vient d'être dit, n'a lieu qu'à l'égard des offices vénaux qui ſont partie du patrimoine des particuliers, à cauſe de la finance qui y eſt attachée. Mais ſi un homme s'étoit fait pourvoir, durant ſon mariage, d'un office de la Maiſon du Roi; quoiqu'il lui en eût coûté pour cela une ſomme d'argent priſe dans la communauté, il retiendroit l'office lors de la diſſolution de la communauté, ſans devoir pour cela aucune récompenſe à la communauté: car ces offices n'étant pas dans le commerce, & n'étant pas cenſés faire partie du patrimoine des particuliers, parce qu'ils ſont en la diſpoſition du Roi, l'homme qui a cet office, n'en eſt pas cenſé *locupletior*, & ne doit pas par conſéquent de récompenſe, ſuivant les principes établis *ſuprà*, n. 119. *Voyez l'Edit de Janvier 1678; l'Annot. de Lebrun*, ibid. *n. 75.*

133. C'eſt encore un cas de récompenſe lorſque l'un des conjoints, qui, par ſon contrat de mariage, ne s'étoit point réſervé propre ſon mobilier, a, dans le temps intermédiaire entre le contrat & la célébration, employé en immeubles une ſomme de deniers de ce mobilier: car en ne le ſtipulant pas propre, il étoit tacitement convenu qu'il entreroit en la communauté; & il n'a pas dû, en fraude de cette convention, l'en priver en l'employant en immeubles qui lui ſont propres, ſans l'en récompenſer; *Lebrun, l. 1, ch. 4, n. 19.*

§. VIII.

Des Intérêts, des Récompenses, & de leur hypotheque.

134. Le conjoint doit, du jour de la dissolution de communauté, les intérêts de ce dont il lui est débiteur, de même qu'ils lui sont dus de ce jour de ce dont il seroit créancier pour ses reprises & remplois.

Il reste à observer en général, à l'égard des récompenses, que les biens de la communauté qui échéent à celui des conjoints qui en est débiteur, sont affectés par privilege envers l'autre conjoint à ce qu'il lui doit pour ces récompenses; mais les autres biens du conjoint n'y sont hypothéqués que du jour du partage devant Notaires, par lequel il se seroit obligé à les payer, ou du jour d'une Sentence de condamnation qu'on auroit obtenue contre lui.

CHAPITRE VII.

Des Dettes de la Communauté.

135. EN cas d'acceptation de communauté, le survivant & la succession du prédécédé sont tenus entre eux, chacun pour moitié, des dettes de la communauté; sauf que la femme & ses héritiers n'en sont tenus pour cette moitié que jusqu'à concurrence de ce qu'ils ont amendé des biens de la communauté; *art. 187.*

Sur ce qui peut être compté dans ce que la femme amende de la communauté, *voyez les notes sur le même article.*

Vis-à-vis des créanciers, le mari ou ses hériers sont tenus pour le total, non-seulement des dettes de la communauté qu'il a contractées avant le mariage, & de celles des successions qui lui sont échues de son chef; mais il a prévalu contre le sentiment de Bacquet, qu'il demeuroit tenu pour le total de celles qu'il a contractées pendant le mariage. Bacquet se fondoit sur ce que les ayant contractées comme commun & chef de la communauté, il n'en étoit tenu qu'en cette qualité, & par conséquent seulement pour moitié, lorsque par la dissolution de communauté, son droit de commun étoit restreint à la moitié. On répond à Bacquet, en niant son principe: Le mari, quoiqu'il contracte pendant la communauté, s'oblige *proprio nomine:* toute personne qui n'exprime pas en quelle qualité elle s'oblige, étant censée s'obliger *proprio nomine*, celui qui a contracté avec lui, n'a connu que lui; *ejus solius fidem secutus est.*

136. Le mari est tenu solidairement envers le créancier, non-seulement lorsqu'il a contracté seul, mais même lorsqu'il s'est obligé avec sa femme, sans exprimer de solidité; quoiqu'il en seroit autrement s'il se fût obligé ainsi avec une autre personne. La raison est, que l'intention ordinaire des parties,

lorsqu'une femme intervient à l'obligation de son mari, est de procurer une plus grande sûreté au créancier, plutôt que de partager & diminuer l'obligation du mari.

137. A l'égard des dettes de la communauté, qui procedent du chef seul de la femme, telles que celles qu'elle a contractées avant son mariage, ou qui procedent des successions qui lui sont échues, il y en a qui pensent que le mari en ayant été débiteur pour le total, en sa qualité de chef de la communauté dans laquelle ses dettes sont entrées, ne cesse pas, par la dissolution de la communauté, d'en être débiteur pour le total. Je pense au contraire, que le mari n'ayant été débiteur de ces dettes qu'en sa qualité de chef & seigneur de la communauté, & non *proprio nomine*, cette qualité venant, par la dissolution de communauté, à se restreindre à celle de commun pour moitié, son obligation doit aussi se restreindre à cette moitié. C'est la différence des obligations contractées en une certaine qualité, & de celles contractées *proprio nomine*. Celles-ci ne s'abolissent point, *cùm nemo propriam personam exuere possit:* les autres ne subsistent qu'autant que subsiste, & pour la part pour laquelle subsiste la qualité en laquelle elles ont été contractées; *Arg. l. 51, ff. de procur.*

La Coutume de Melun, article 216, en a une disposition conforme à notre avis: c'est aussi celui de Lebrun, *liv. 2, ch. 3, 5, 1, n. 18.*

138. La femme est tenue solidairement envers les créanciers des dettes de la communauté qui procedent de son chef, c'est-à-dire, de celles qu'elle a contractées elle-même avant le mariage, & de celles qui procedent des successions qui lui sont échues. Elle est aussi tenue solidairement de celles contractées par son mari, lorsqu'elle s'y est obligée solidairement avec lui. Si elle s'y est obligée sans qu'on ait exprimé la solidité, elle n'en est tenue, même vis-à-vis le créancier, que pour moitié; & son intervention à cette dette n'a d'autre effet, sinon qu'elle ne peut se décharger de la moitié dont elle est tenue en renonçant à la communauté.

139. A l'égard des dettes auxquelles elle n'a pas parlé, elle n'en est tenue personnellement comme commune, que pour moitié vis-à-vis du créancier, & même seulement jusqu'à la concurrence de ce qu'elle amende de la communauté; *voyez l'art. 187 & les notes:* mais elle peut en être tenue hypothécairement pour le total, si ces dettes sont hypothécaires, & si elle est détentrice des conquêts qui y sont hypothéqués. La femme qui est détentrice des conquêts est, même dans notre Coutume, tenue hypothécairement des dettes propres du mari, lorsqu'elles sont hypothécaires, suivant l'article 190. *Voyez cet article & les notes.*

140. Celui des conjoints qui a été obligé de payer pour le total une dette de la communauté, a son recours contre l'autre pour la part dont il en doit être tenu, *art. 189:* mais il y a cette différence entre le mari & la femme, que le mari n'a, pour ce recours, d'autre hypotheque sur les biens propres de la femme, que celle du créancier qu'il a payé, lorsqu'il a eu la précaution de s'y faire subroger. Il n'en a point *ex propriâ personâ:* au lieu que la femme a *ex propriâ personâ* une hypotheque pour ce recours sur tous les biens de son mari, du jour de son contrat de mariage; ou, s'il n'y en a point, du

jour

jour de la célébration. *Voyez les Arrêts cités par Lebrun, l. 3, ch. 2, s. 2, d. 6, n. 7.*

De là il suit qu'entre plusieurs créanciers qui ont contracté avec un homme marié depuis son mariage, ceux qui ont la femme pour obligée, quoique postérieurs, sont préférés sur les biens du mari à ceux qui ne l'ont pas pour obligée. La raison est que la femme qu'ils ont pour obligée, est mise en ordre du jour de son contrat de mariage pour être acquittée de cette dette; & ces créanciers, comme exerçant les droits de la femme leur débitrice, sont mis en sous-ordre dudit jour pour toucher à la place de la femme.

141. Cette hypotheque du jour du contrat de mariage pour l'indemnité de la femme, paroît fondée sur ce que cette indemnité que le mari doit à sa femme, est une suite de l'obligation *dotem salvam fore*, que le mari a contractée en se mariant, & à laquelle il a dès ce jour hypothéqué ses biens.

142. Cette raison cesse à l'égard des cautionnemens qu'une femme auroit subis pour son mari depuis sa séparation exécutée; car l'obligation *dotem salvam fore*, contractée par le contrat de mariage, ayant été éteinte & acquittée par la restitution de la dot, on ne peut plus dire que l'indemnité due à la femme pour ces cautionnemens fasse partie de cette obligation: c'est pourquoi je pense qu'elle ne peut prétendre indemnité pour ces cautionnemens du jour de son contrat de mariage.

On m'a néanmoins assuré qu'il avoit été jugé par Arrêt, que même en ce cas la femme avoit hypotheque du jour du contrat de mariage. J'aurois de la peine à croire que l'Arrêt dût être suivi, si ce n'est peut-être dans le cas auquel par le contrat de mariage qui porteroit une *séparation* de biens, il y auroit clause expresse que la femme auroit néanmoins hypotheque du jour de son contrat de mariage pour l'indemnité des obligations qu'elle pourroit contracter pour son mari; ce qui seroit même encore contre les principes de Droit, *L. 1, §. 1; & l. 11, ff. qui potior.*

CHAPITRE VIII.

De la Puissance du Mari sur la personne & les biens de sa Femme.

§. I.

De la Puissance sur la personne.

143. LA puissance du mari sur la personne de sa femme, consiste principalement dans le droit qu'il a d'exiger que sa femme le suive partout où il voudra établir son domicile ou sa résidence, pourvu que ce ne soit pas en pays étranger, & qu'elle lui obéisse en toutes choses raisonnables.

144. Le Droit Coutumier a donné beaucoup plus d'étendue à cette puissance du mari. Il met la femme dans une telle dépendance de son mari, qu'il la rend inhabile à agir ou défendre en jugement sans lui, & même à contracter hors jugement, & à disposer de ses biens par actes entre vifs sans y être par lui autorisée. Ce principe a néanmoins ses exceptions. *Voyez les art. 194 & 196, avec les notes.*

Cette autorisation du mari, nécessaire pour tout ce que fait la femme, est bien différente de celle du tuteur, qui est nécessaire pour les actes du mineur. Celle-ci n'étant requise qu'en faveur du mineur & pour son intérêt, le défaut de cette autorisation ne rend nuls les actes du mineur qu'autant qu'il est de son intérêt qu'ils ne subsistent pas; & ce défaut ne peut être opposé au mineur lorsqu'ils lui sont avantageux. Au contraire, l'autorisation du mari n'étant pas requise pour l'intérêt de la femme, ni en sa faveur, mais parce que la dépendance en laquelle elle est de son mari la rend inhabile à tout; si elle n'est autorisée, le défaut d'autorisation rend absolument nuls tous les actes de la femme, soit qu'ils lui soient désavantageux, soit qu'ils soient avantageux : c'est pourquoi l'Ordonnance de 1731, *art. 9*, déclare nulle l'acceptation faite par une femme non autorisée, d'une donation qui lui est faite.

De là naît une autre différence, qui est que l'acte du mineur fait sans autorisation, peut être validé par la ratification du mineur devenu majeur, & qu'il a, du jour de sa date, toutes les hypotheques qui en résultent s'il a été fait pardevant Notaire. Au contraire, l'acte fait par une femme non autorisée ne peut être validé par la ratification de la femme devenue veuve; ce qui est absolument nul, ne pouvant être confirmé. C'est pourquoi cette ratification ne pourra avoir l'effet que d'une nouvelle convention entre les parties.

145. On peut définir l'autorisation du mari qui est nécessaire pour les contrats ou autres dispositions extrajudiciaires & entre vifs de la femme, un acte par lequel le mari habilite sa femme à faire tel contrat ou telle disposition.

Cette autorisation du mari est donc quelque chose de plus qu'un simple consentement. C'est pourquoi, quelque marque de consentement qu'un mari ait donnée au contrat de sa femme, quand même il l'auroit signé, quand même il auroit été partie avec elle & se seroit obligé conjointement avec elle, quand même il seroit dit que c'est de son consentement & de son agrément que la femme contracte, le contrat ne laissera pas d'être nul entre la femme & ceux qui ont contracté avec elle, s'il n'est expressément dit que son mari l'a *autorisée. Voyez les Arrêts cités par Lebrun, l. 2, ch. 1, s. 4, n. 15.*

Par la même raison, lorsqu'il est échu une succession à une femme, quoiqu'elle s'y soit immiscée conjointement avec son mari, elle n'est pas censée l'avoir valablement acceptée, si elle n'a été expressément autorisée par son mari, ou à son refus, par Justice pour l'accepter; & en conséquence elle ne contracte aucune obligation envers les créanciers de la succession & les légataires, non plus que son mari, qui est seulement tenu de compter de ce qu'il a reçu. *Ren. ch. 12.*

Ce terme *autoriser* est comme sacramentel, & je ne trouve que celui d'*habiliter* qui pût passer pour équipollent.

A l'égard des actes judiciaires, il suffit que le mari soit partie conjointement avec sa femme en l'instance, & il n'est pas nécessaire qu'il l'autorise expressément; *Lebrun*, *l. 2*, *ch. 2*, *s. 6*, *n. 2.*

146. L'autorisation doit être spéciale pour tel & tel acte; les Arrêts ont réprouvé les autorisations générales portées par une clause d'un contrat de mariage. *Voyez* suprà, *n. 34.*

147. Au reste, il n'est pas absolument nécessaire que cette autorisation soit interposée *in ipso negotio* & par l'acte même; elle peut même l'être par un acte précédent, pourvu que la femme en contractant fasse usage de cette autorisation & se dise autorisée: car ce seroit même chose qu'elle ne l'eût pas été, ou que l'ayant été, elle n'en eût pas fait usage, & n'eût pas contracté en cette qualité d'*autorisée*; *Lebrun*, *s. 4*, *n. 17.*

Si une femme, n'étant pas encore autorisée, dans la confiance que son mari l'autoriseroit, avoit contracté en se disant autorisée de son mari, l'autorisation de son mari qui interviendroit depuis l'acte, ne pourroit le valider que *ut est nunc*, c'est-à-dire du jour de cette autorisation, & pourvu que la femme & l'autre partie pussent être réputées persévérer en la même volonté; *Lebrun*, *s. 5.*

148. Cet effet de la puissance du mari étant un effet civil du mariage, il suit de là qu'il n'a pas lieu & qu'il cesse lorsque le mariage n'a pas, ou a cessé d'avoir les effets civils. C'est pourquoi si un mari perdoit la vie civile par une condamnation, sa femme n'auroit plus besoin d'aucune autorisation.

149. Il n'en est pas de même lorsqu'un mari tombe en démence. Cet état ne lui faisant pas perdre le droit de puissance que la Loi lui donne sur sa femme, *arg. l. 8*, ff. *de his qui sui vel alien.* la femme demeure inhabile à rien faire sans autorisation; & comme ce mari ne peut par lui-même l'autoriser, elle doit avoir recours à l'autorisation du Juge, qui est représentative de celle du mari.

Les femmes ont pareillement recours à cette autorisation du Juge, lorsqu'on ne sçait où est leur mari, ou lorsque l'affaire ne peut souffrir le retardement qui seroit nécessaire pour requérir l'autorisation du mari, qui est dans un lieu trop éloigné; ou enfin lorsqu'il refuse mal-à-propos de l'autoriser, soit pour poursuivre ses droits en jugement, soit pour défendre, soit pour accepter une succession, ou pour un partage, une licitation & autres actes semblables : ces autorisations doivent être accordées avec connoissance de cause.

150. Un mari, quoique muet, peut autoriser sa femme, lorsqu'il peut faire entendre ses volontés par écrit, ou par signes non équivoques.

151. Un mari, quoique mineur, peut autoriser sa femme; & même lorsqu'elle est majeure, il peut l'autoriser pour l'aliénation de ses propres; sauf que si cette autorisation apporte quelque préjudice au mari, *putà*, en le privant de la jouissance des propres de sa femme pendant le mariage, il peut se faire restituer contre son autorisation, & la rescision de son autorisation entraîne la nullité de l'acte de la femme; *Arrêt du 19 Avril 1717, au T. 6 du Journal.* Mais la femme qui est majeure ne peut de son chef & seule attaquer l'acte qu'elle a fait avec l'autorisation de son mari mineur ou majeur. *Voyez Loysel.* C'est pourquoi si une femme majeure autorisée de son mari, quoique mineur,

avoit donné à quelqu'un un de ses héritages propres sous la réserve de l'usufruit, le mari, au moyen de cette réserve, ne souffrant aucun préjudice de l'autorisation qu'il a donnée, l'acte seroit inattaquable.

152. Lorsque la femme est mineure, son mari mineur ne peut l'autoriser que pour des actes de simple administration. Elle a besoin d'un curateur pour les actions qui concernent la propriété de ses immeubles, *putà*, pour défendre à une demande en licitation, à une demande en retrait, &c. Lorsque son mari est majeur, il peut lui tenir lieu de curateur; *Lebrun, l. 2, ch. 1, s. 2.*

§. II.

De la Puissance du Mari sur les biens propres de sa Femme.

153. La puissance du mari s'étend aussi sur les biens de sa femme. Il n'a pas, à la vérité, le domaine de propriété des propres de sa femme comme le mari, par le Droit Romain, l'a des biens dotaux : mais nos Coutumes lui donnent un droit de *bail & gouvernement* sur les propres de sa femme, qui lui donne le titre de seigneur de ces biens, & l'exercice de tous les droits honorifiques qui y sont attachés, outre le droit d'en percevoir tous les fruits.

154. Mais comme il n'en est pas propriétaire, il ne peut sans sa femme les aliéner ni les engager; il ne peut sans elle les partager, les liciter, ni intenter les actions qui concernent la propriété desdits biens, ni y défendre.

155. De là naît la question, si le mari peut seul sans sa femme recevoir le rachat des rentes propres de sa femme? La raison de douter est que le rachat contient l'aliénation de la rente; & en conséquence quelques Arrêts ont jugé la présence de la femme nécessaire. Néanmoins, comme la présence de la femme à ce rachat ne pourroit lui être d'aucune utilité, ce rachat ne pouvant être empêché, & les deniers devant être remis au mari, comme légitime administrateur des biens de sa femme, le sentiment le plus commun est que le rachat peut être fait au mari seul, & doit être regardé comme un acte d'administration plutôt que comme un acte d'aliénation.

156. Il n'est pas douteux que ce droit qu'a le mari lui donne le pouvoir de faire des baux à ferme ou à loyer des héritages propres de sa femme : & comme c'est en sa qualité d'administrateur qu'il est censé les faire, la femme est censée les avoir faits par son ministere; & elle est tenue, après la dissolution du mariage ou de la communauté, de les entretenir, de même qu'un mineur est tenu d'entretenir ceux faits par son tuteur, pourvu que son mari les ait faits sans fraude, sans en retirer de pot-de-vin, & pour un temps qui n'excede pas neuf ans.

Il y auroit fraude si le mari, dans le dessein de proroger son administration au-delà du temps de la communauté, s'étoit empressé de faire ces baux pendant la derniere maladie de sa femme, ou à la veille d'une demande en séparation, ou s'il les avoit faits par anticipation plusieurs années avant l'expiration des précédens : la femme ni ses héritiers ne seroient pas tenus d'entretenir ces baux. Observez néanmoins que le vice d'anticipation se couvre lorsque la communauté se trouve subsister au temps auquel commence le bail fait par anticipation.

157. D'un autre côté, la qualité qu'a le mari de baillistre, gouverneur & administrateur des biens propres de sa femme, l'oblige à veiller à leur conservation, & le rend responsable envers sa femme des pertes & détériorations qui arriveroient par sa faute & négligence ; & elle a pour ce hypotheque sur les biens du mari du jour du contrat de mariage, ou s'il n'y en a pas, du jour de la célébration.

L'obligation qui naît de cette négligence du mari commise durant le mariage, étant une dette de communauté, la femme qui l'accepte confond pour moitié son action qui en résulte.

§. III.

De la Puissance du Mari sur les biens de la communauté.

158. La puissance que le mari a sur sa femme le rend aussi chef de la communauté qu'ils ont contractée ensemble, & en cette qualité, seul maître absolu des biens & actions qui la composent. *Voyez l'art. 193 & les notes.*

De là il suit, 1°. qu'il peut en user & mésuser à son gré, sans que la femme puisse s'en plaindre.

Il ne peut néanmoins s'en avantager au préjudice de sa femme. C'est pourquoi si, lorsque le mariage a été contracté, la femme étoit créanciere de son mari d'une somme d'argent; quoique cette créance tombe dans la communauté, le mari ne fera néanmoins confusion de cette créance que pour la part à laquelle sera restreint son droit dans la communauté lors de la dissolution.

Non-seulement il ne peut s'avantager des biens de sa communauté, il ne peut non plus en avantager les enfans qu'il a d'un précédent mariage, ni ses bâtards, ni sa concubine, ni ses pere & mere & autres ascendans, ni même ses collatéraux qui se trouveroient, lors du don qu'il leur feroit des biens de la communauté, être ses héritiers présomptifs. C'est pourquoi il doit récompense de tout ce qu'il auroit donné des biens de la communauté à toutes ces personnes.

Les héritiers présomptifs compris en cette prohibition, sont ceux qui le sont aux meubles & acquêts, & non des parens éloignés qui seroient héritiers présomptifs seulement à des propres d'une certaine ligne; car par rapport aux biens de la communauté ils sont étrangers.

Le mari n'étant seul maître des biens & actions de la communauté que pendant qu'elle dure, il peut bien en disposer à son gré par des actes entre vifs; mais il ne peut disposer par testament que de sa part; parce que le testament n'a effet qu'au temps de sa mort, auquel temps il cesse, par la dissolution de la communauté, d'en être maître pour le total. *Voyez l'art. 193 & la note.* C'est par la même raison qu'il ne confisque que sa part lorsqu'il est condamné à peine capitale. *Voyez l'art. 209.*

159. Du principe que le mari est, durant la communauté, seigneur & maître pour le total des biens & actions de la communauté, il suit, 2°. qu'il est seule partie capable pour intenter lesdites actions, & pour y défendre, quand même elles procéderoient du chef de la femme.

Cette décision a lieu quand même l'action auroit été intentée par la femme ou contre elle avant le mariage. Dès qu'elle est mariée, la procédure ne peut plus se faire par la femme, ni contre elle ; il faut que l'instance soit reprise par le mari, ou contre lui.

Quoique celui qui a une action mobiliaire contre la femme, puisse l'intenter contre le mari seul, il est néanmoins de son intérêt de l'intenter tant contre le mari que contre la femme, afin d'obtenir une condamnation contre la femme, qui lui donne une hypotheque sur les biens de la femme.

160. Il suit, 3°. de notre principe, que la femme, tant que la communauté dure, est comme si elle n'avoit aucun droit actuel aux biens de la communauté. Elle n'en peut aucunement disposer, ni les charger des dettes qu'elle contracte, soit en contractant avec l'autorisation de Justice, soit par ses délits, si ce n'est jusqu'à concurrence de ce que la communauté en auroit profité : c'est pourquoi les créanciers ne peuvent, durant le mariage, se venger même sur les biens propres de la femme, au préjudice des revenus qui en appartiennent à la communauté.

CHAPITRE IX.

De l'Edit des secondes Noces, & de l'extension qu'y a faite la Coutume.

161. NOTRE Coutume, en l'*art. 203*, qui est sous ce titre, a renouvellé le premier chef de l'Edit de François II de 1560, vulgairement appellé l'*Edit des secondes noces*, & elle a donné une extension au second chef de cet Edit.

ARTICLE PREMIER.

Du premier chef de l'Edit.

162. Par le premier chef de l'Edit, il est défendu à la femme qui, ayant des enfans d'un précédent mariage, se remarie, d'avantager ses second & ultérieurs maris d'une plus grande part dans ses biens que celle de celui de ses enfans habiles à lui succéder qui y aura la moindre part.

Quoique l'Edit, dans ce premier chef, & notre Coutume n'aient parlé que des femmes, néanmoins la Jurisprudence a étendu cette disposition aux hommes qui se remarient, lesquels étoient compris aussi-bien que les femmes en la Constitution de l'Empereur Léon, qui est la Loi 6, *Cod. de sec. nupt.* d'où a été tiré ce premier chef de l'Edit.

§. I.

Quelles especes d'avantages sont réductibles par cette Loi.

163. Le but de l'Edit étant d'empêcher que les enfans ne soient dépouillés des biens de leur pere ou mere qui se remarie, les donations, quoique mutuelles, sont sujettes à cette réduction comme les simples : même les avantages qui résultent des conventions ordinaires de mariage y sont sujets; par exemple, le préciput, quoique mutuel, le douaire accordé à une seconde femme, néanmoins seulement pour ce qu'il excéderoit le Coutumier : car jusqu'à concurrence du Coutumier, il n'est pas réputé avantage. On regarde aussi comme avantage réductible celui qui résulte de ce que la femme qui se remarie a apporté en communauté plus que n'y a apporté son second mari, soit qu'elle l'ait apporté expressément, soit qu'elle ait omis de se réserver propre ce qu'elle avoit en mobilier de plus que l'apport du second mari. *Voyez les Arrêts cités par Renusson*, IV, 3. Je pense même que le second mari ne seroit pas reçu à alléguer que son industrie, quelle qu'elle fût, suppléoit à ce qu'il apportoit de moins.

164. Non-seulement les donations faites directement au second ou autre mari, sont sujettes à la réduction; l'Edit y assujettit aussi celles faites *aux pere, mere ou enfans de leur mari, ou autres personnes interposées.*

Ce que l'Edit dit des donations faites aux pere & mere du second mari, doit s'étendre à celles faites aux autres ascendans dudit mari, y ayant même raison de les regarder comme personnes interposées pour favoriser le mari.

Les enfans du second mari, dont parle l'Edit, sont ceux qu'il a d'un précédent mariage.

On peut néanmoins regarder aussi les donations faites aux enfans qui naîtront du mariage, comme faites en considération du second mari ou de la seconde femme, & par conséquent réductibles, lorsqu'elles leur sont faites par le contrat de mariage avant qu'ils soient nés : car n'ayant pu mériter par eux-mêmes, avant qu'ils fussent nés, l'affection du donateur ou de la donatrice, la donation ne peut avoir été faite qu'en considération du second mari ou de la seconde femme. Il y a néanmoins des circonstances qui pourroient empêcher qu'une donation faite par un homme à quelqu'un des enfans qui naîtroient de son second mariage, ne dût être considérée comme faite pour favoriser la seconde femme; *putà*, si un homme de condition, qui n'a que des filles, faisoit, par le contrat du second mariage, une donation au fils ainé qui naîtroit de ce mariage : car le motif de cette donation paroît plutôt être le soutien de son nom que la volonté d'avantager sa seconde femme. *Voyez plusieurs Arrêts rapportés par Renusson*, IV, 3.

Observez aussi que les pere & mere, ou enfans du premier lit, que l'Edit regarde comme personnes interposées pour avantager un second mari, ne peuvent être regardées comme telles que lorsque la donation leur est faite du vivant du second mari, & non si elle leur est faite après sa mort.

§. II.

Quand y a-t-il lieu à la réduction portée par l'Edit.

165. Pour qu'il y ait lieu à cette réduction, il faut, 1°. que la femme ou l'homme, lorsqu'il s'est remarié, eût quelques enfans ou petits-enfans d'un précédent mariage.

Il faut, 2°. que quelqu'un desdits enfans ou petits-enfans d'un précédent mariage lui ait survécu : car la loi n'ayant été faite qu'en leur faveur, elle cesse s'il ne s'en trouve aucun au temps auquel la loi peut avoir son effet.

Il n'est pas néanmoins nécessaire que cet enfant se porte héritier, pourvu qu'il jouisse de la vie civile, & qu'il n'ait pas été déclaré indigne de la succession par une juste exhérédation.

Il faut, 3°. que la part du second mari se trouve excéder celle de celui de tous les enfans habiles à succéder, tant des précédens que du dernier mariage, qui aura la moindre part dans les biens de sa mere.

C'est pourquoi, si la mere avoit réduit quelqu'un de ses enfans à sa légitime, ayant fait ses autres enfans ses légataires universels, il suffiroit que la part du second mari excédât celle de ce légitimaire, pour qu'il y eût lieu à la réduction.

Mais si un enfant avoit bien voulu, soit par son contrat de mariage par lequel il auroit renoncé à la succession future de sa mere, soit depuis la succession échue, se contenter de ce qui lui auroit été donné ou légué par sa mere, quoique de moindre valeur que sa légitime, la part du second mari ne se réglera pas sur ce dont il a bien voulu se contenter, mais sur sa légitime qu'il auroit eu droit de prétendre s'il ne s'en fût pas contenté. *Voyez la note sur l'article 203 ; Ricard, p. 3, n. 1264 & suivans.*

166. Lorsque la succession se partage par souches entre plusieurs petits-enfans de différentes souches, la part du second mari ne se regle pas sur celle que prendra l'un de ces petits-enfans dans la subdivision, mais sur la part de l'une des souches la moins prenante. Si la succession se partageoit entre plusieurs petits-enfans nés tous d'une même souche, c'est-à-dire, d'un enfant unique, la part du second mari se régleroit sur celle de l'un de ces petits-enfans le moins prenant. *Arrêt cité par Ren. ibid.*

§. III.

De l'effet de l'Edit.

167. La donation faite au second mari lui transfere la propriété de tout ce qui y est contenu, quoiqu'elle se trouve, par l'événement, à la mort de la femme, excéder la part de l'un des enfans le moins prenant en la succession. Mais l'Edit accorde en ce cas aux enfans une action révocatoire pour faire retrancher de la donation cet excédant.

Cette action est de celles qu'on appelle *condictio ex lege ;* elle naît de l'engagement que la loi produit en la personne du donataire, de restituer aux enfans cet excédant.

Elle

Elle eſt perſonne réelle, & peut en conſéquence être formée contre les tiers détenteurs des héritages compris en la donation, ſi le ſecond mari les avoit aliénés : car ils ſont affectés à cet engagement du ſecond mari, cette charge étant tacitement inhérente à la donation qui lui a été faite.

C'eſt par cette même raiſon que les biens retranchés paſſent aux enfans ſans aucune des charges d'hypotheques, ſervitudes & autres que le donataire y auroit impoſées : car il n'a pu donner à quelqu'un ſur leſdits biens un droit plus durable que celui qu'il avoit lui-même ; *l. 54, ff. de Reg. Jur.* c'eſt le cas de la maxime *Soluto jure dantis, &c.*

168. Ces biens retranchés ne font pas partie de la ſucceſſion de la femme qui les avoit donnés à ſon ſecond mari : car ils ont ceſſé de lui appartenir ; & le retranchement ſe fait au profit des enfans, & non au profit de ſa ſucceſſion.

De là il ſuit, 1°. que les enfans peuvent avoir part à ces biens retranchés ſans être héritiers de leur mere, pourvu qu'ils n'aient pas été juſtement exhérédés ; *Ricard, n. 1300, & ſeq.* 2°. que les créanciers de leur mere, poſtérieurs à la donation qu'elle a faite à ſon ſecond mari, ne peuvent ſe venger ſur ces biens, lorſque les enfans qui en ont obtenu le retranchement ont renoncé à la ſucceſſion de leur mere, ou ſe ſont portés ſes héritiers ſous bénéfice d'inventaire.

169. Quoique ces biens ne ſoient pas de la ſucceſſion, néanmoins on peut ſoutenir que l'ainé qui eſt héritier de la mere, ne laiſſe pas d'y prendre ſon droit d'aineſſe : car ce droit s'exerce non-ſeulement ſur ceux qui ſont proprement de la ſucceſſion, mais ſur tous ceux qui y ſont rapportés & qui en tiennent lieu. D'ailleurs le préjudice que l'ainé a ſouffert de la donation des biens féodaux faite au ſecond mari, dans leſquels il auroit eu une plus grande part que ſes puînés, s'ils n'euſſent pas été donnés, étant plus grand que celui qu'ont ſouffert ſes puînés, il eſt naturel qu'il ait une plus grande part dans le retranchement qui eſt une réparation de ce préjudice, la part dans la réparation devant être proportionnée au préjudice ſouffert. Enfin on peut tirer argument de ce que Ricard décide, *p. 3, n. 1390*, que l'ainé prend droit d'aineſſe dans les biens que la femme eſt tenue de réſerver à ſes enfans du premier lit par le ſecond chef de l'Edit, quoique les enfans y aient droit en leur ſeule qualité d'enfans, & que ces biens ne ſoient proprement ni de la ſucceſſion du pere ni de celle de la mere : il y a même raiſon pour le décider à l'égard des biens retranchés en vertu du premier chef.

170. Quoique l'Edit n'ait eu en vue de ſubvenir qu'aux enfans des précédens mariages, néanmoins les enfans du dernier mariage doivent partager avec eux les biens retranchés, quoiqu'ils n'y auroient eu aucun droit s'ils euſſent été ſeuls ; n'étant pas nouveau en Droit qu'on ait du chef d'un autre ce qu'on n'auroit pas eu de ſon chef ; *Ricard, p. 3, n. 1288.*

Il y a plus ; l'action révocatoire leur ayant été une fois ouverte par la concurrence d'un enfant du premier mariage, quand même celui-ci ne l'exerceroit pas, ils peuvent l'exercer.

171. Il y en a qui penſent que le mari doit auſſi partager avec les enfans dans ce dont la donation excede la part de l'enfant le moins prenant ; parce

qu'autrement, au moyen de la part que cet enfant prendra dans le retranchement, le second mari se trouveroit avoir moins que lui. Or l'Edit n'a pas voulu qu'il eût moins que lui, mais seulement qu'il n'eût pas plus. C'est l'avis de la Glose sur la loi *hâc Edictali*, & de *Renusson*, *Tr. de la Com.* IV, III, 67.

Ricard, *p. 3*, *n. 1320*, est d'avis contraire, & les termes de la loi paroissent décisifs pour son sentiment : *Id quod plus relictum vel donatum fuerit, tanquàm non scriptum vel donatum, ad personas deferri liberorum, & inter eos dividi jubemus.* Quant à ce qui a été dit en faveur de l'avis de la Glose, la réponse est qu'il reste au mari, après le retranchement, & sans qu'il y prenne part, autant que chacun des enfans tient de sa mere : car ce que les enfans ont de plus que lui par le retranchement, ils ne le tiennent pas de leur mere, qui a voulu le leur ôter, mais de la loi.

* 172. Observez que la renonciation faite par les enfans, du vivant de leur mere, au droit que leur donne l'Edit, est de nul effet, étant présumée n'être pas libre.

§. IV.

De la nature des donations de part d'enfant; & plusieurs cas sur ces donations.

173. Les donations de part d'enfant tiennent de la nature des institutions contractuelles. Comme elles, elles sont caduques lorsque le second mari prédécede la donatrice sans laisser aucun enfant de son mariage avec elle; *Arrêt cité par Ren. p. 4, ch. 3, n. 72*; de même que dans les institutions contractuelles, les enfans qui naîtront du mariage sont censés tacitement substitués à leur pere donataire, pour, en cas de son prédécès, recueillir en sa place la donation, s'ils survivent à leur mere donatrice; *Ren. ibid. n. 73.* Ces donations ne sont pas néanmoins des institutions contractuelles, quoiqu'elles leur ressemblent en ces deux points : le mari donataire de part d'enfant, tient cette part à titre de donation, & non à titre de succession : il est donataire, & non héritier.

174. Lorsqu'une femme qui a donné une *part d'enfant* à son second mari, ne laisse à son décès aucuns enfans, le mari ne peut prétendre le total de ses biens, quoiqu'elle eût pu le lui donner : car elle lui a donné seulement *une part.* Il doit en ce cas avoir la moitié de tous les biens, de quelque nature qu'ils soient, le terme *part*, lorsqu'il est indéfini, se prenant ordinairement pour la moitié; *l. 164, §. 1, ff. de v. s.*; *Ricard, p. 3, n. 1281.*

175. Lorsque la femme a laissé pour unique enfant un fils, j'ai vu juger qu'il devoit partager avec le mari donataire *de part d'enfant*, les biens féodaux de la même maniere qu'il les auroit partagés avec un puîné : car donner une part d'enfant, c'est donner la part qu'auroit eue un autre enfant s'il y en eût eu un de plus : or il n'auroit eu qu'une part de puîné : le mari ne doit donc avoir que cette part. Cela peut souffrir difficulté.

176. Lorsque la femme qui a donné part d'enfant à son second mari, laisse

un ainé & un autre enfant, on doit donner au second mari donataire de part d'enfant, un quart dans ce qui reste des biens féodaux de la femme, après le manoir & vol de chapon opté par l'ainé; les trois quarts restans avec ledit manoir & vol de chapon, composent le total de la succession de la femme, le quart qui a été donné au mari n'en faisant pas partie, & ayant cessé d'appartenir à la femme, par la donation de part d'enfant qu'elle lui a faite. Ne se trouvant que deux enfans, l'ainé, suivant l'*art.* 90, doit avoir les deux tiers de ces trois quarts, qui font deux quarts, ou la moitié au total; l'autre quart sera la part du puîné, égale à celle du mari.

Lorsqu'il y a un plus grand nombre d'enfans, on doit, après distraction faite du manoir & vol de chapon de l'ainé, partager les biens féodaux de la femme en deux fois autant de portions qu'il y a de puînés, plus une. Par exemple, s'il y a cinq enfans, un ainé & quatre puînés, on en fera neuf portions. On en donnera une au mari donataire de part d'enfant : dans les huit neuviemes restans, qui font, avec le manoir & vol de chapon, le total de la succession de la femme, l'ainé aura quatre neuviemes, qui font la moitié desdits huit neuviemes, & chacun des puînés aura un des quatre autres neuviemes; qui est une part égale à celle du mari, suivant l'*art.* 89.

ARTICLE II.

Du second chef de l'Edit.

177. Notre Coutume, en l'*art.* 203, n'a rapporté que le premier chef de l'Edit; elle a omis le second, qui est néanmoins aussi en vigueur comme le premier. Par ce second chef, il est ordonné que tout ce qu'une femme aura eu *des dons & libéralités* de son défunt mari, sera entiérement réservé aux enfans de ce mariage, sans qu'elle en puisse rien donner à ses autres maris; & la même chose est ordonnée à l'égard des hommes pour ce qu'ils auroient eu *des dons & libéralités* de leurs défuntes femmes.

Ce second chef est tiré des loix 3 & 5, *cod. de sec. nupt.* & de la Novelle 98, *cap.* 1, néanmoins avec quelque différence.

§. I.

Quelles choses sont comprises dans la disposition du second chef de l'Edit.

178. Quoique l'Edit s'exprime ainsi, *au regard des biens à icelles veuves acquis par les dons & libéralités de leurs défunts maris;* néanmoins la Jurisprudence est constante, que non-seulement ce qu'elles ont à titre de donation proprement dite, mais aussi tous les avantages résultans de leurs conventions matrimoniales, & généralement tout ce qu'elles ont eu à titre gratuit des biens de leurs défunts maris, est compris dans la disposition de ce second chef de l'Edit; ce qui est conforme à la loi troisieme, d'où ce second chef est tiré, qui dit: *Quic-*

quid ex facultatibus priorum maritorum, sponsalium jure, quicquid etiam jure nuptiarum perceperint, &c.

Suivant ce principe, quoique le douaire d'une somme d'argent sans retour ne soit pas regardé, jusqu'à concurrence de la valeur du douaire coutumier, comme un avantage dans le premier chef de l'Edit, néanmoins ce douaire qu'une femme auroit eu de son premier mari, est censé compris dans la disposition du second chef, & doit être réservé aux enfans de ce mariage; *Ricard, p. 3, n. 1343.* Il en est autrement de celui qui consiste en un usufruit, ou une pension viagere : car ce droit d'usufruit ou de rente viagere étant un droit qui doit s'éteindre par la mort de la femme à qui il est dû, les fruits & arrérages qu'elle perçoit n'en étant que comme les fruits qu'elle perçoit pour ses alimens (*Introd. gén. n. 55.*), ce droit, périssable par sa mort, n'est pas de nature à pouvoir être réservé après sa mort à ses enfans, & n'est pas par conséquent susceptible de cette seconde disposition de l'Edit.

179. Le préciput accordé à la femme par le contrat de son premier mariage, est aussi un avantage compris au second chef de l'Edit, pour la moitié en cas d'acceptation de communauté : si elle a eu un préciput en renonçant, il est avantage pour le total; *Ricard, ibid. 1344.*

Pareillement, le préciput de l'homme est pour la moitié un avantage qu'il est censé avoir eu dans les biens de sa défunte femme, lorsque les héritiers ont accepté la communauté. S'ils y ont renoncé, le préciput lui devient inutile.

180. L'avantage qui résulte à une femme de ce que son défunt mari a apporté plus qu'elle en communauté, paroît aussi, lorsqu'elle l'a acceptée, être un avantage compris dans le second chef, pour la moitié de ce qu'il a apporté de plus qu'elle; & il en est de même de celui qui résulte à l'homme de ce que sa défunte femme a apporté de plus que lui en communauté.

181. Quant à ce que la femme a eu dans les biens de la succession de son mari à titre de garde-noble, cela ne doit pas être compris dans la disposition de l'Edit. Cela ne peut passer pour un avantage que son mari lui ait fait dans ses biens, puisque c'est la loi qui le lui fait, depuis la mort du mari, dans des biens qui ne sont plus par conséquent ceux du mari, mais ceux des enfans.

Nous n'avons pas adopté la loi Romaine pour ce que la femme auroit eu de la succession de quelqu'un de ses enfans de son premier mariage : cela n'est point censé compris dans l'Edit. *Arrêt rendu* consultis Classibus, *cité par Ricard, n. 1363.*

Ce qui lui auroit été donné en faveur du mariage, par un parent de son mari, n'y est pas non plus compris; car l'Edit ne comprend que ce qui lui vient de son mari.

§. II.

De l'effet du second chef de l'Edit.

182. L'Edit ordonne, à l'égard des biens acquis aux veuves par dons & libéralités de leurs défunts maris, qu'*elles seront tenues les réserver aux enfans*

communs d'entre elles & leurs maris, de la libéralité desquels iceux biens leur sont advenus.

Par ces termes, *seront tenues les réserver*, l'Edit charge la femme d'une espece de substitution au profit des enfans. La loi feint en leur faveur que son premier mari ne les lui a donnés qu'à la charge de les restituer, après sa mort, à leurs enfans communs dans le cas auquel elle convoleroit en seconde noces; parce qu'il y a effectivement lieu de présumer que s'il eût prévu ce cas, il auroit apposé cette charge à sa donation, & qu'il n'auroit pas voulu souffrir que la femme pût faire passer dans une famille étrangere, au préjudice de leurs enfans communs, aucune chose de ce qu'il lui donnoit.

Mais la femme demeure propriétaire de ces biens jusqu'à sa mort. C'est pourquoi ceux de ses enfans qui meurent avant elle, n'en étant pas encore propriétaires, n'en transmettent rien dans leur succession; & s'ils meurent tous avant elle, sans laisser d'enfans qui puissent les représenter, les dispositions qu'elle en auroit faites, soit envers son mari, soit envers d'autres, subsistent.

183. Lorsque la femme meurt, la substitution légale est ouverte au profit des enfans du mari qui les lui a donnés; & ils sont censés tenir ces biens, non de leur mere, mais de leur pere, qui est feint ne les avoir donnés à leur mere qu'à la charge de les leur restituer après sa mort si elle se remarioit.

184. De là il suit, 1°. que si ce sont des héritages, ils sont, dans la personne de ces enfans, des propres paternels, & non maternels; *Molin. sur l'art. 147; Arrêt du premier Juin 1619, cité par Ricard, n. 1397:* 2°. que ces biens ne peuvent être imputés sur la légitime qui leur seroit due sur les biens de leur mere: 3°. que la mere ne peut, entre ses enfans auxquels elle les doit restituer, en avantager l'un plus que l'autre: 4°. que ses enfans du second mariage n'y doivent avoir aucune part.

Ce dernier corollaire paroît devoir avoir lieu même dans le cas auquel la femme n'auroit aucuns autres biens que ceux qu'elle doit restituer aux enfans de son premier mariage, sur lesquels on peut assigner une légitime à ceux du second.

Observez que quoique les enfans du premier lit recueillent seuls, à l'exclusion de ceux du second, ce qui a été donné à leur mere par leur pere, ils ne laissent pas de partager avec ceux du second lit les choses données à leur mere par le second mari.

185. Il est évident qu'il n'est pas nécessaire que les enfans soient héritiers de leur mere pour recueillir les biens que le second chef de l'Edit leur réserve, puisqu'ils sont censés les tenir de leur pere plutôt que de leur mere. Il n'est pas nécessaire non plus qu'ils aient été héritiers de leur pere; car ces biens ne sont pas proprement partie de sa succession. Néanmoins on peut soutenir que l'ainé qui a été héritier de son pere, y exerce son droit d'ainesse; car ce droit s'exerce sur tous les biens qui sont rapportés à la succession, & qui en tiennent lieu: c'est l'avis de Ricard. *Voyez* ce que nous avons dit sur le premier chef, *suprà*, *n. 169.*

186. Ceux qui ont été justement exhérédés par le pere, sont exclus. Il sembleroit que l'exhérédation faite par la mere ne devroit pas les exclure, puisque ces biens sont censés n'être pas ceux de la mere: néanmoins il faut dire

qu'elle les en exclut. La raison est, que ce n'est que par une fiction de la loi que ces biens sont censés n'être pas ceux de la mere, & qu'on la répute chargée d'une substitution envers ses enfans. Cette fiction n'ayant été faite que pour suppléer aux devoirs d'amour & de tendresse auxquels la mere est obligée envers ses enfans du premier lit, suivant que s'en explique l'Edit dans le préambule, elle ne doit pas avoir lieu à l'égard d'enfans qui s'en sont rendus indignes.

187. Lorsque les biens qui ont été donnés ne se trouvent pas en nature, les enfans sont créanciers du prix de ces biens, & ont hypotheque sur les biens de leur mere, du jour de la donation qui lui en a été faite par son premier mari : car elle a dès ce jour contracté l'obligation de leur restituer lesdits biens après sa mort, dans le cas auquel elle se remarieroit, la donation étant censée lui en avoir été faite à cette charge; *Renusson*, *ch.* 4, *p.* 4, *n.* 9.

188. Si les biens sont des immeubles qui sont en nature, mais que la femme à qui ils ont été donnés par son premier mari, a aliénés, les enfans de son premier mariage ont action contre les tiers détenteurs pour se les faire restituer : car ces biens sont affectés à l'obligation qu'a contractée leur mere de les leur restituer, & ils ne passent aux tiers détenteurs qu'avec cette affectation.

189. Lorsqu'ils sont héritiers de leur mere, je les crois non-recevables dans cette action contre les tiers détenteurs qui les auroient acquis d'elle à titre onéreux, parce qu'en leur qualité d'héritiers, ils sont tenus envers ces détenteurs à les garantir. C'est le cas de la regle, *Quem de evictione tenet actio, eum agentem repellit exceptio.* Il semble donc qu'ils ne peuvent en ce cas se pourvoir que pour le prix contre la succession de leur mere. On dira peut-être que depuis l'Ordonnance de 1748, ces enfans, quoique héritiers de leur mere, doivent être admis dans cette action contre les tiers, en offrant de les rembourser, cette Ordonnance ayant permis, *p.* 2, *art.* 31, aux personnes appellées à une substitution, de revendiquer contre les tiers détenteurs les biens qui y sont compris, quoiqu'elles soient héritieres de la personne grevée qui les a vendus, & les chargeant seulement en ce cas de la restitution du prix & loyaux coûts : mais ce que l'Ordonnance a établi en faveur des véritables substitutions, étant *jus singulare contra rationem juris constitutum*, peut-il être étendu à cette espece de substitution légale & fictive ?

190. Lorsque la femme qui s'est remariée devient veuve de son second mari, sans aucuns enfans de ce second mariage, Duplessis & Lemaître pensent qu'elle recouvre la liberté de disposer de ce qui lui avoit été donné par son premier mari. Je ne le crois pas; car la femme, en se remariant, ayant fait exister la condition sous laquelle elle étoit obligée de restituer à ses enfans, son obligation subsiste toujours.

ARTICLE III.

De l'extension que notre Coutume a faite à l'Edit.

191. La part que la femme a eue des biens de la communauté qui a été entre elle & son premier mari, ne peut être regardée comme quelque chose

qu'elle ait des dons & libéralités de son premier mari, puisque cette part lui appartient de son chef : c'est pourquoi elle n'est pas comprise dans la disposition du second chef de l'Edit. C'est donc par une extension que notre Coutume, en l'*art.* 203, fait à l'Edit, qu'elle ordonne deux choses à l'égard des conquêts que la femme qui s'est remariée a eus de sa premiere communauté. 1°. Elle défend à la femme d'en rien donner à ses second & ultérieurs maris. 2°. Elle lui défend même d'en disposer envers des tiers, non absolument, mais seulement pour les portions qui en auroient dû être déférées dans sa succession aux enfans de son premier mariage. La raison sur laquelle cette disposition paroît être fondée, est que la femme, quoiqu'elle ne tienne pas proprement de son premier mari la part des biens de la communauté, néanmoins en étant en quelque façon redevable aux soins & aux peines que s'est donnés son mari pour la conservation & augmentation des biens de la communauté, elle ne doit pas en enrichir un second mari, & elle doit conserver à ses enfans du premier mariage, avec un soin plus particulier, les portions qu'ils ont droit d'attendre de ces biens dans sa succession.

192. Observez une grande différence entre cette disposition de notre Coutume, & le second chef de l'Edit. L'Edit contient une substitution des biens compris en sa disposition, au profit des enfans du mari qui les a donnés à sa femme ; & il a effet, soit qu'elle en ait disposé, soit qu'elle n'en ait pas disposé : notre Coutume ne contient qu'une simple interdiction d'aliéner les conquêts ; & sa disposition cesse si la femme est morte sans en avoir disposé.

En conséquence de la substitution que renferme l'Edit, les biens compris en sa disposition sont, après la mort de la femme, réputés, au profit des enfans du premier mariage, *n'être pas les biens de leur mere*, mais plutôt ceux de leur pere, qui ne les lui avoit donnés qu'à la charge de les leur restituer ; c'est pourquoi les enfans du second lit n'y ont aucune part. Au contraire, les conquêts de la premiere communauté, compris en la disposition de notre Coutume, se partagent entre les enfans de *tous les mariages*, comme étant vraiment les biens de la mere de tous lesdits enfans.

193. Lorsque la femme a donné ces conquêts à son second mari, s'il n'y a, lors de sa mort, aucun enfant de son premier mariage, comme c'est en leur faveur que l'Edit est fait, l'Edit cesse, & la donation subsiste. Mais s'il s'en trouve un du premier mariage, les enfans du second lit sont admis aussi-bien que lui à répéter les biens donnés. Ils le peuvent, quand même ni les uns ni les autres ne seroient héritiers de leur mere : car cette action révocatoire leur est accordée en leur seule qualité d'enfans.

Lorsque la femme a disposé, depuis son second mariage, des conquêts du premier envers des étrangers, les seuls enfans du premier mariage peuvent les répéter contre les acquéreurs & autres tiers détenteurs, & seulement pour les portions qui leur auroient été déférées dans la succession de leur mere.

194. Il paroît par l'Arrêt de 1696, appellé *de Garanger*, que la défense faite par la Coutume à la femme d'avantager son second mari des conquêts de son premier mariage, a été étendue à l'homme qui se remarie : mais il n'est pas également certain que l'interdiction d'aliéner ou engager à des tiers lesdits conquêts au préjudice des portions des enfans du premier lit, ait de même été étendue à l'homme.

Voyez, pour plus grande explication de cet article 203, les notes sur ledit article.

TITRE X.

De la Communauté d'entre Homme & Femme mariés.

ARTICLE CLXXXVI.

A. C. art. 167. C. de Par. art. 229.

HOMME & femme conjoincts par mariage, sont uns (1) & communs en biens meubles (2), dettes *actives* (3) *& passives*, faites tant auparavant leur mariage, que durant icelui; & ès conquests (4) immeubles faits durant ledit mariage : En telle maniere que par le trespas de l'un desdits conjoints (5), lesdits meubles, debtes & conquests, se divisent (6) entre le survivant, auquel en appartient la moitié, & les héritiers du trespassé, ausquels appartient l'autre moitié.

(1) Car la femme, à cause de la puissance que son mari a sur elle, est censée ne faire qu'*une* même personne avec son mari; lequel en conséquence est regardé comme le chef & le seul seigneur de la communauté qui est entre sa femme & lui.

(2) Quels biens sont meubles; *Voyez l'Introduction, gén. ch.* 3, *sect.* 1, *art.* 1.

A l'égard des immeubles que chacun des conjoints avoit lors de la célébration du mariage, il n'y a que la jouissance qui tombe en communauté; chacun des conjoints en demeure seul propriétaire, & ils sont pour cela appellés propres de communauté. *Voyez l'Introduction, ch.* 1, *art.* 1, §. 3.

(3) Mobiliaires, c'est-à-dire, les créances, & les dettes d'une somme d'argent, ou de quelque autre chose mobiliaire.

(4) Quels immeubles sont conquêts, quels sont propres, *Voyez l'Introd. ch.* 1, *art.* 1, §. 2.

(5) Ou par la séparation judiciaire.

(6) Il est clair que ces termes ne peuvent s'entendre d'une division réelle que le partage seul peut faire : le sens est donc que le trépas de l'un des conjoints & la dissolution de communauté ont cet effet, que le survivant & les héritiers du prédécédé ont chacun une part indivise dans les biens de la communauté. Donc avant la dissolution de communauté, chacun des conjoints n'y a pas une part; mais ils appartiennent *in solidum*, au seul mari, comme chef de la communauté, & comme ne faisant, quant aux biens de la communauté, qu'une seule personne avec sa femme, suivant les termes ci-dessus, *sont uns*. *Voyez infrà, art.* 193, *sup. Introd. N.* 1.

ARTICLE CLXXXVII.

A. C. art. 175 & 167.

Aussi est tenu le survivant payer la moitié des debtes (1) fai-

(1) Mobiliaires.

tes

tes & conçues auparavant, & durant leur mariage & arrérages (2) des rentes que iceux conjoints devoient lors de la dissolution de leurdit mariage, lesquelles debtes *& arrérages de rente* se divisent par la dissolution dudit mariage; tellement que ledit survivant n'en peut être tenu que pour la moitié, & lesdits héritiers pour l'autre moitié (3). *Et néanmoins n'est tenu la femme ny les héritiers, sinon jusques à la concurrence* (4) *des biens de la communauté, pourveu que après le décès de l'un des deux conjoincts, soit fait loyal inventaire* (5), *& qu'il n'y ait faute ou fraude* (6) *de la part de la femme, ou sesdits héritiers* (7).

(2) Ces arrérages se comptent de jour à jour; la communauté est tenue de tous ceux courus tant auparavant que depuis le mariage, jusqu'au jour de sa dissolution.

(3) A l'égard des conjoints entre eux. Mais celui qui les a contractées, demeure vis-à-vis du créancier, obligé pour le total. *Voyez l'Introd. N.* 135 *& seq.*

(4) La Coutume ne dit pas qu'elle ne sera tenue que sur les effets de la communauté, mais qu'elle en sera tenue jusqu'à la concurrence desdits biens. Elle peut donc être contrainte sur ses propres biens, mais seulement jusqu'à concurrence de ce qu'elle aura amendé de ceux de la communauté; en quoi ce privilege est différent de celui d'un héritier bénéficiaire qui ne peut être contraint sur ses propres biens pour les dettes de la succession bénéficiaire.

On comprend dans ce que la femme amende de la communauté, & la part qu'elle y a, & ce qu'elle y préleve à titre de préciput: on y comprend tout ce qui doit lui être précompté pour ce qu'elle doit à la communauté; de même qu'on diminue sur ce qu'elle amende de la communauté, tout ce qui lui est dû par la communauté pour ses reprises & remplois.

Lorsqu'elle a doté des enfans communs conjointement avec son mari, des biens de la communauté, on doit aussi comprendre dans ce qu'elle amende de la communauté la moitié de ces dots, puisqu'on l'auroit retenu sur ses biens propres, si elle eût renoncé à la communauté.

L'effet de ce privilege est que la femme peut demander à être renvoyée de la demande personnelle d'un créancier de la communauté, en justifiant qu'elle a déja payé à d'autres autant qu'elle a amendé de la communauté, ou en offrant de lui abandonner ce qu'elle a amendé desdits biens, sous la déduction de ce qu'elle a déja payé à d'autres.

Il n'en est pas de même des actions hypothécaires: la femme doit abandonner les conquêts qu'elle possede, qui sont hypothéqués au demandeur, sans qu'elle puisse retenir ce qu'elle auroit payé à d'autres créanciers qui seroient postérieurs en hypotheque au demandeur.

Observez que dans ce cas, si la femme se trouve avoir payé plus aux créanciers postérieurs qu'elle n'a amendé de la communauté, tant par la part qu'elle a eue dans le mobilier, que par les fruits qu'elle a perçus des conquêts, jusqu'au délai qu'elle a été obligée d'en faire à l'ancien créancier, elle peut répéter cet excédant du créancier postérieur *condictione indebiti*: car n'étant sa débitrice que jusqu'à concurrence de ce qu'elle a amendé, elle ne lui devoit pas cet excédant.

La femme ne peut, vis-à-vis des créanciers, user de ce privilege à l'égard des dettes qui procedent de son chef, ou auxquelles elle a parlé avec son mari; mais elle a recours contre son mari, ou ses héritiers, pour ce qu'elle en a payé au-delà de ce qu'elle amende. Elle a recours non-seulement pour ce qu'elle a payé à des tiers, mais aussi pour ce qu'elle s'est payé à elle-même au-delà de ce qu'elle amende, pour la confusion qu'elle a faite de la moitié de ce qui lui étoit dû pour ses reprises & remplois.

(5) Les héritiers de la femme sont, aussi-bien qu'elle, tenus vis-à-vis des créanciers de leur représenter un inventaire, pour leur faire connoître combien ils ont amendé. Si quelque créancier avoit fait une saisie générale, elle pourroit être employée pour inventaire.

(6) Le sens de ces termes, *qu'il n'y ait faute*, paroît être que la femme est tenue des dettes jusqu'à concurrence, non seulement des biens de la communauté dont elle profite, mais encore de ceux dont elle ne profite pas, les ayant laissé perdre par sa faute.

(7) La femme est déchue de ce privilege lorsqu'il y a fraude, c'est-à-dire, lorsqu'elle a fait des détournemens ou recelés.

ARTICLE CLXXXVIII.

A. C. art. 187. Toutefois l'action hypothécaire demeure toûjours sur l'héritage de l'obligé (1), *& conquests immeubles faits pendant ladite communauté.*

(1) Le sens de cet article est, que quoique les dettes de la communauté se divisent, & que les conjoints entre eux n'en soient tenus chacun que pour moitié, néanmoins *l'action hypothécaire demeure* pour le total *sur l'héritage*, c'est-à-dire, sur les biens propres *de l'obligé*, *id est*, de celui des conjoints qui a contracté la dette par acte devant Notaire, ou qui a été condamné à la payer; & sur les *conquêts*.

Observez, à l'égard de l'hypotheque des conquêts, une différence entre le mari & la femme. Lorsque la femme est l'obligée, il n'y a de conquêts hypothéqués que ceux qui échéent en partage à la femme: mais lorsque c'est le mari qui est l'obligé, ils sont tous hypothéqués, tant ceux qui échéent au mari, que ceux qui échéent à la femme; le mari, comme chef & seigneur de la communauté (*infrà*, *art.* 193), ayant eu le droit de les hypothéquer pour total.

ARTICLE CLXXXIX.

C. de Par. art. 244, 187. Et où le survivant, *ou héritiers du décédé* seroient contraincts payer le tout, ils en auront leurs recours & action respectivement l'un contre l'autre pour la moitié, *selon que dessus.*

Voyez l'Introd. N. 140.

ARTICLE CXC.

A. C. art. 175. *Et au regard des rentes venduës & constituées auparavant ledit mariage par l'un ou l'autre des conjoincts, ou ceux desquels ils auroient été héritiers, elles seront payées entiérement par celuy qui les aura venduës & constituées, qui en demeurera seul chargé:* sauf des arrérages (1), qui se payeront par moitié jusqu'au jour de la dissolution dudit mariage. *Et* (2) *en cas que celuy* (3) *des conjoincts qui ne*

(1) Echus jusqu'au jour de la dissolution de communauté. *Voyez l'art.* 187, *note* 2.

(2) Cette seconde partie de l'article est contraire à ce qui s'observe dans les autres Coutumes, dans lesquelles l'hypotheque des créanciers des rentes dues par chacun des conjoints avant le mariage est restreinte aux seuls conquêts échus au lot de leur débiteur.

(3) C'est-à-dire la femme, suivant qu'il résulte de l'*art.* 175 de l'ancienne Coutume, d'où cette disposition est tirée: il n'en est pas de même du mari. La raison de différence est, que le mari ayant été, pendant le mariage, seigneur pour le total des conquêts, & en ayant eu la libre disposition, notre Coutume en a conclu qu'il avoit pu les hypothéquer tous à ses propres créanciers, & qu'en conséquence même ceux échus au lot de la femme leur étoient hypothéqués: *Contrà, vice versâ*, la femme n'ayant jamais eu plus de la moitié dans les conquêts, laquelle moitié est déterminée à ceux échus dans son lot, les créanciers pro-

les auroit venduës & constituées, ny ceux desquels il seroit héritier, en fust poursuivy hypothécairement comme détenteur des conquests, il en aura son recours, pour le sort principal, & arrérages escheus depuis la dissolution de ladite communauté, contre le constituant ou son héritier, ses biens & héritages.

pres de la femme ne peuvent prétendre aucune hypotheque dans ceux échus au lot du mari, qui sont censés n'avoir jamais appartenu à la femme leur débitrice.

ARTICLE CXCI.

Rentes constituées à prix d'argent, sont réputées immeubles, jusqu'à ce qu'elles soient racheptées (1). Et n'est loisible d'acquérir & achepter rentes à moindre prix que de *douze* livres (2) tournois pour le sort principal de vingt sols tournois de rente. C. de Par. art. 94.

Cet article a été placé sous le titre de la communauté, pour nous apprendre que les rentes qui appartiennent aux conjoints lorsqu'ils contractent mariage, étant réputées immeubles, ne tombent pas dans leur communauté.

(1) Car par le rachat elles sont éteintes, & ce qui n'existe plus n'est susceptible d'aucune qualité. A l'égard des deniers provenus du rachat, quoiqu'ils soient meubles, ils ne tombent en la communauté qu'à la charge de la reprise ou remploi au profit du conjoint à qui la rente appartenoit avant le mariage, *infrà, art. seq.* car ils tiennent lieu à ce conjoint de sa rente, qui lui étoit propre de communauté.

(2) Le fur des rentes a changé plusieurs fois depuis ce temps; tout le monde sçait qu'on ne les peut acquérir aujourd'hui pour un moindre prix que de vingt livres pour chaque livre de rente; ce qui s'appelle le fur du denier vingt. Ces rentes qui se constituent à prix d'argent, doivent consister en une somme d'argent de rente annuelle & perpétuelle: les Ordonnances ont défendu d'en constituer en grains ou autres choses,

Elles doivent être constituées pour une somme d'argent, que celui au profit de qui elle est constituée, doit ou compter à celui qui la constitue, ou la compenser avec pareille somme que celui qui constitue la rente lui devroit. On ne peut pas néanmoins constituer une rente pour des arrérages d'une autre rente, ou pour des intérêts d'une somme que devroit celui qui la constitue à celui à qui elle est constituée; c'est ce qui s'appelle *anatocisme.* Mais rien n'empêche qu'on constitue une rente pour le prix d'une somme due pour des arrérages de rente fonciere ou pour des fermes.

Les constitutions de rente pour prix de marchandises vendues lors de la constitution, ou peu auparavant, sont souvent présumées usuraires, sur-tout lorsque les marchandises n'étoient pas à l'usage de celui à qui elles ont été vendues, qui ne les achetoit que pour en faire de l'argent en les revendant à perte. En conséquence, dans ce cas & autres semblables, elles sont déclarées nulles, & les arrérages qui en ont été payés, sont imputés sur le principal. *Molin. Tr. de usur.* Q. 22. Si les marchandises étoient à l'usage de celui qui a constitué la rente pour le prix d'icelle, & qu'elles n'aient été vendues qu'au juste prix, on ne déclare pas la constitution nulle, & l'on se contente de ne faire courir la rente que depuis l'expiration du temps qu'on a coutume d'accorder aux acheteurs de pareilles marchandises. Lorsque la vente des marchandises a été faite dans un temps non suspect, par exemple, un an avant la constitution, on ne peut critiquer la constitution de rente faite pour le prix de ces marchandises.

Les constitutions de rente doivent être faites sous la faculté perpétuelle de rachat, qui est imprescriptible; *infrà, art.* 268.

Toutes clauses qui tendent principalement à gêner cette faculté, sont illicites & nulles; telles que celle que le débiteur ne pourra racheter la rente qu'en avertissant le créancier un certain temps auparavant,

Enfin il est de l'essence de la constitution de rente, que la somme pour laquelle elle a été constituée ne soit pas exigible. Si le débiteur qui l'a constituée, s'étoit obligé de la rembourser au bout d'un certain temps, ou sous une certaine condition, ce ne seroit pas tant une constitution de rente, qu'un prêt usuraire; & tous les arrérages qui auroient été payés, pourroient être imputés par le débiteur sur le sort principal. C'est en conséquence de ce principe, qu'il a été fait défense au Prévôt d'Orléans, par les Arrêts de la Cour, de donner à intérêt les deniers des mineurs; à la charge de rendre la somme principale à leur majorité.

Un débiteur de rente peut néanmoins, en certains cas, être contraint à rendre la somme qu'il a reçue pour le prix; sçavoir, 1°. lorsqu'il n'a pas satisfait à quelqu'une des conditions de contrat de constitution; comme par exemple, s'il n'avoit pas fait un certain emploi des deniers par lui reçus pour le prix de la constitution qu'il s'étoit obligé de faire pour la sûreté de l'acquéreur. 2°. Le créancier de la rente qui est opposant au décret de l'héritage, ou au sceau de l'office qui lui est hypothéqué, peut étant mis en ordre sur le prix, exiger le remboursement de sa rente. 3°. Lorsque le débiteur a fait faillite, le principal devient exigible.

ARTICLE CXCII.

C. de Par. *art.* 232.

Si durant le mariage (1) est vendu aucun héritage propre appartenant à l'un ou à l'autre des conjoincts par mariage, ou si ladite rente est racheptée, le prix de la vente (2) ou rachapt est repris sur les biens de la communauté (3) au profit de celui à qui appartient l'héritage ou rente; encores que en vendant n'eust été convenu du remploy ou récompense, & qu'il n'y ait eu aucune déclaration sur ce faite.

(1) Ajoutez, *& communauté de biens.*

(2) On ne doit donc pas avoir égard au prix pour lequel il a été donné en mariage, mais seulement à celui *de la vente*; c'est-à-dire, au prix pour lequel il a été vendu durant la communauté.

(3) Ajoutez, *& subsidiairement sur les biens propres du mari*, lorsque c'est le propre de la femme qui a été vendu: *Introd. N.* 117.

ARTICLE CXCIII.

A. C. *art.* 168. C. de Par. *art.* 225.

Le mari est seigneur des meubles (1) & conquests immeubles par lui (2) faits durant le mariage de lui & de sa femme; en telle maniere qu'il les peut vendre, aliéner *ou hypothéquer*, & en faire & disposer (3) par disposition ou donation faite entre-vifs (4) à son plaisir & volonté, sans le consentement de sadite femme, *à personne capable* (5) *& sans fraude* (6).

(1) Même lorsque la femme a réservé propre son mobilier; sauf à elle la reprise de la valeur.

(2) Ces termes sont inutiles; car il en est de même des propres ameublis par la femme.

(3) Il peut les dissiper même *delinquendo. Voyez l'Introduction, N.* 27.

(4) Car par testament il ne peut disposer que de sa part. *Voyez l'Introd. N.* 158.

(5) *Voyez l'Introd. ibid.*

(6) Il y a fraude lorsque ces dispositions tendent à faire passer à lui ou à sa famille les biens de la communauté, au préjudice de sa femme. Une disposition par laquelle le mari disposeroit de l'universalité ou d'une portion considérable des biens de sa communauté, passeroit aussi pour faire une fraude du droit de sa femme, suivant la note de Dumoulin sur l'article 17 de la Coutume de Saint-Quentin.

ARTICLE CXCIV.

Femme mariée ne peut (1) donner, aliéner, dispofer, ne aucunement contracter (2) entre-vifs (3), fans autorité (4) & confentement de fon mari. A. C. art. 169.

(1) Cés termes expriment fon inhabilité. *Voyez l'Introd. ch.* 8, §. 1.

(2) Ce terme fignifie qu'elle ne peut en contractant, ni s'obliger, ni obliger les autres envers elle. *Voyez l'Introd. ibid.*

(3) Mais elle peut fans fon mari faire teftament & autres ordonnances de derniere volonté. La raifon eft, 1°. qu'il eft de la nature des dernieres volontés, d'être la volonté de la feule perfonne qui difpofe de quelque chofe après fa mort, fans que la volonté d'aucune autre perfonne y doive influer; 2°. Parce qu'elles n'ont effet qu'au temps de la mort, auquel temps ceffe la puiffance maritale qui rendoit la femme inhabile à difpofer.

(4) *Voyez l'Introd. ibid.*

ARTICLE CXCV.

Le mari eft feigneur des actions (1), pofé (2) qu'elles procedent du cofté de la femme: Et peut fans elle agir & déduire les droicts (3) d'icelle en jugement. A. C. art. 168.

(1) L'ancienne Coutume explique de quelles actions: il y eft dit, *art.* 168: *Le mari peut fans fa femme pourfuivre & défendre aux actions perfonnelles, &c.* Par *actions perfonnelles*, elle n'entend que les *actions mobiliaires*. C'eft une fuite de l'*art.* 193, qui déclare le mari feigneur des biens de la communauté: d'où il fuit qu'il eft feigneur des actions mobiliaires de fa femme, & de celles qui ne concernent que la jouiffance de fes propres, puifqu'elles font partie des biens de la communauté; *art.* 186.

(2) C'eft-à-dire, quoiqu'elles.

(3) Ce qui doit s'entendre feulement des actions mobiliaires & poffeffoires: *fecùs* de celles qui concerneroient la propriété des propres de fa femme; fur lefquelles *voyez l'article* 201.

ARTICLE CXCVI.

Femme mariée ne fe peut (1) obliger fans le confentement de A. C. art. 169.

(1) Comme elle ne peut rien faire que dépendamment de fon mari, elle ne peut fans fon autorité s'obliger par fon fait, foit en contractant, foit en acceptant une fucceffion, ou en s'y immifçant, &c. C'eft en ce fens que la Coutume dit qu'*elle ne peut s'obliger*. Mais dans tous les cas auxquels nous pouvons être obligés fans notre fait, par le fait d'un autre, la femme peut être obligée fans l'autorité de fon mari, comme toute autre perfonne: par exemple, fi quelqu'un a étayé une maifon du propre de la femme, pour en empêcher la ruine, la femme contracte fans fon mari l'obligation d'indemnifer cette perfonne. Pareillement dans tous les cas auxquels la loi feule ou la feule équité naturelle forme une obligation, elle la forme dans la perfonne de la femme dans fon mari, comme dans toute autre perfonne. C'eft par cette raifon que lorfqu'une femme a emprunté, fans être autorifée de fon mari, une fomme d'argent qu'elle a employée utilement à fes affaires, foit à acquitter fes dettes, foit à améliorer fes héritages, elle eft obligée de rendre cette fomme jufqu'à concurrence de ce qu'elle en a profité; & cette obligation naît, non du contrat d'emprunt qu'elle en a fait, lequel eft nul, étant fait fans l'autorité de fon mari, mais de cette regle de l'équité naturelle, *Neminem æquum eft cum alterius detrimento locupletari*, L. 206, ff. *de Reg. Jur.* laquelle feule, & indépendamment du contrat d'em-

C. de Par. art. 234. son mari, si elle n'est séparée de biens par effets (2), ou marchande publique. Et estant marchande publique, elle s'oblige & son mari (3) touchant le faict & dépendance (4) de ladite marchandise publique.

prunt, est suffisante pour produire en cette femme l'obligation de rendre une somme dont elle a profité.

Il n'est pas douteux aussi que la femme peut sans son mari s'obliger à la réparation des torts qu'elle auroit causés à quelqu'un par quelque délit ou quasi-délit, la loi n'ayant pas entendu lui assurer l'impunité de ses délits, en lui défendant de rien faire sans l'autorité de son mari. Mais le créancier ne pourra, tant que la communauté durera, se faire payer sur les biens de la communauté, si ce n'est jusqu'à concurrence de ce qu'elle auroit profité du délit. Il ne peut pas même se faire payer sur les revenus des propres de la femme puisque ces revenus appartiennent à la communauté.

Observez que quoiqu'une femme mariée qui, en contractant, se dit fille ou veuve, pour tromper celui avec qui elle contracte, commette en cela un délit, néanmoins elle ne contracte pour cela envers lui aucune obligation, s'il a été à portée de s'informer de l'état de cette femme; parce qu'autrement il seroit très-facile d'éluder la loi en insérant dans les contrats des femmes mariées cette fausse qualité de fille ou de veuve. *Facit. L.* 19, ff. *de R. J.*

En général le dol que commet une femme non autorisée en contractant, ne l'oblige pas, l'autre partie devant s'imputer d'avoir contracté avec elle.

(2) C'est-à-dire qu'il faut que la séparation ait été exécutée: l'ancienne Coutume, en l'*art.* 171, l'exprimoit en ces termes: *Peut & lui loist, après partage fait avec sondit mari.*

Par l'ancienne Coutume, *art.* 171, la femme séparée pouvoit contracter & disposer de ses biens meubles & immeubles, ainsi & en la maniere qu'elle pourroit faire si elle n'étoit mariée; mais on observe à présent que cette liberté qui lui est donnée de s'obliger sans autorisation, est bornée aux seuls actes d'administration, & qu'elle ne s'étend point aux aliénations & engagemens qu'elle voudroit faire de ses propres.

Elle a même besoin d'autorisation pour le rachat d'une rente qui lui est due, le mari ayant intérêt d'y être appellé pour veiller au remploi des deniers de rachat, pour la sûreté des charges matrimoniales auxquelles la femme doit contribuer.

(3) La femme marchande publique & commune, s'oblige elle & son mari, & par corps.

(4) Cela comprend non-seulement les achats & ventes de marchandises, mais aussi les lettres de change, & emprunts des deniers faits pour son commerce.

Outre les deux cas d'exception portés par cet article, la Jurisprudence a encore excepté de la nécessité de l'autorisation, 1°. l'acte par lequel une femme s'oblige envers le créancier de son mari pour le tirer de prison, lorsqu'il n'en peut être tiré autrement, la dette pour laquelle il y est retenu étant de celles pour lesquelles on n'est pas admis au bénéfice de cession: l'acte par lequel elle s'obligeroit avant que son mari soit en prison, pour empêcher qu'on ne l'y mette, n'a pas la même faveur: 2°. l'acte par lequel elle s'oblige pour se délivrer elle-même de prison où elle a été mise. 3°. Quelques Arrêts ont aussi dispensé de l'autorisation les actes par lesquels une femme s'obligeoit pour cause de dot qu'elle promettoit à un enfant en mariage, ou pour sa profession religieuse. L'obligation qu'elle contracte pour se nourrir elle & ses enfans, étant encore plus indispensable, doit aussi être exceptée.

Enfin on doit dispenser d'autorisation les actes que la femme a faits dans un temps auquel elle avoit un juste sujet de se croire veuve, sur la foi des certificats en bonne forme de la mort de son mari qu'on croyoit mort, & qui a reparu depuis. *Barbarius Philippus.*

ARTICLE CXCVII.

C. de Par. art. 235. *La femme n'est réputée marchande publique, pour débiter* (1) &

(1) La femme ne s'oblige pas en ce cas; mais elle oblige son mari, comme l'obligeroit un facteur.

recevoir la marchandise dont son mari se mesle : Mais est réputée marchande publique, quand elle fait marchandise séparée, & autre que celle de son mari.

ARTICLE CXCVIII.

Les séparations de biens (1) d'entre homme & femme conjoincts par mariage, se doivent faire *avec connoissance de cause* (2), *& information* (3) *préalablement faite par les Juges* (4), *des lieux* où seront demourans ceux qui requerront lesdites séparations. Et ne seront lesdites séparations déclarées valables, sinon que les Sentences d'icelles ayent été publiées en jugement à jour ordinaire, le Juge séant, & enregistrées en la Jurisdiction dudit Juge, *& exécutées* (5) *sans fraude* (6). A. C. art. 189.

(1) A plus forte raison celle d'habitation.

(2) Le consentement des parties n'est donc pas suffisant pour que le Juge puisse ordonner la séparation ; & une Sentence qui l'ordonneroit sans connoissance de cause, quoique rendue du consentement des parties, ne seroit d'aucun effet. A plus forte raison un acte pardevant Notaires, par lequel les parties consentiroient leur séparation, est de nul effet, quelque juste cause qu'il y eût d'ailleurs de séparation.

Sur les causes pour lesquelles le Juge peut l'ordonner, *Voyez l'Introd. N.* 89.

(3) Ce terme est pris ici pour *enquête* ; car ce n'est pas par la voie de plainte & d'information que la femme demande la séparation, mais par une demande au civil, sur laquelle le Juge rend un appointement qui permet à la femme de prouver par enquête les faits pour lesquels elle demande séparation ; sauf au mari de faire enquête contraire. Cet appointement n'est pas nécessaire lorsque la femme a la preuve littérale de ses faits, telles que peuvent être les Sentences & autres actes qui constatent la déroute des affaires du mari.

Si la femme qui veut parvenir à la séparation d'habitation, a pris la voie de la plainte, le Juge doit civiliser l'affaire ; à moins que l'atrocité des faits n'exige que la plainte soit suivie.

(4) La femme qui demande séparation ne pouvant pas encore avoir d'autre domicile que celui de son mari, c'est pardevant le Juge du lieu de ce domicile qu'elle doit donner sa demande. Les Juges d'Eglise avoient voulu autrefois s'arroger la connoissance de ces affaires ; il y auroit abus s'ils en connoissoient.

(5) Une Sentence de séparation de biens est exécutée lorsqu'en exécution, la dot de la femme lui a été restituée par son mari ; ou du moins lorsqu'elle a fait des poursuites contre son mari pour se la faire restituer, qu'elle n'a point abandonnées.

(6) Il y a fraude lorsque la séparation s'est faite clandestinement, & a été cachée aux créanciers du mari pour les tromper.

ARTICLE CXCIX.

Si après la séparation de biens d'entre homme & femme conjoincts par mariage, lesdits conjoincts se rassemblent & mettent leurs biens ensemble (1), cessera l'effet de ladite séparation ; & A. C. art. 171.

(1) Lorsque la séparation est d'habitation, le retour de la femme chez son mari on fait

rentreront en ladite communauté les meubles & acquests immeubles; mesme ceux qui sont escheus & acquis pendant ladite séparation, comme si elle ne fust advenuë, demeurant néanmoins bon & valable tout ce qui a esté contracté pendant la séparation.

cesser l'effet, & il n'est pas besoin d'aucun acte, le retour par lui-même étant assez notoire. Mais lorsque la séparation est de biens seulement, il faut pour faire cesser l'effet de la séparation, qu'il y ait un acte pardevant Notaires du rétablissement de la communauté; *Voyez Lalande, & l'Auteur des notes de* 1711.

ARTICLE CC.

A. C. *art.* 172. Femme mariée peut intenter & poursuivre (1) en jugement, sans son mary, l'injure dite ou faite à elle: & aussi peut être convenuë sans son mary, pour l'injure (2) que elle auroit faite ou dite à aucun. Toutefois si ladite femme est condamnée, le mary, & les biens que lui & sadite femme ont & possedent constant leur mariage, n'en sont tenus *durant la communauté de biens.*

C'est une exception à la regle générale qui est en l'article suivant.

(1) Mais s'il intervient quelque condamnation à son profit, ce sera à son mari à recevoir.

(2) Ce qui comprend quelque espece de délit que ce soit, par lequel elle auroit fait tort à quelqu'un.

ARTICLE CCI.

A. C. *art.* 179. Femme conjoincte par mariage peut poursuivre ses autres (1) actions & droicts avec l'authorité (2) de son mary. Et au refus de l'authoriser par sondit mary, elle peut requerir être authorisée par Justice, & en cette qualité intenter (3) lesdites actions; *sans que les Sentences ou Jugemens qui pourroient être donnez alencontre desdites femmes non authorisées, ne advoüées par lesdits maris,*

(1) Qui concernent la propriété de ses immeubles. Quoiqu'elle demeure, durant le mariage, propriétaire de ces actions, & qu'elles ne soient pas comprises sous la disposition de l'*art.* 195, néanmoins la puissance que son mari a acquise sur elle, qui la rend inhabile à rien faire que dépendamment de lui (*art.* 194), l'empêche de pouvoir intenter ces actions sans être autorisée par son mari, ou par Justice.

Par la même raison, elle ne peut défendre seule aux actions qui concernent la propriété de ses immeubles: ceux qui ont ces actions à intenter contre elle doivent assigner son mari & elle.

Quand même l'action auroit été intentée avant le mariage, par la femme, ou contre elle, la procédure ne peut plus, depuis le mariage, se faire par elle ni contre elle, si elle n'est assistée de son mari, ou sur son refus, autorisée par Justice.

(2) Il n'est pas nécessaire que cette autorité soit expresse, comme elle doit l'être dans les actes judiciaires: la femme est censée suffisamment autorisée par son mari, lorsqu'il est partie conjointement avec elle dans l'instance.

(3) Mais non pas recevoir.

puissent

puissent estre exécutées sur les biens de la communauté & pendant icelle. Toutefois le mari sera tenu rapporter (4) *ce qu'il aura pris & receu à cause desdits droicts & actions poursuivies par sadite femme.*

(4) Par exemple, lorsqu'une femme, au refus de son mari, s'est fait autoriser par Justice pour accepter une succession, poursuivre les débiteurs & défendre aux actions des créanciers de cette succession ; quoique les condamnations obtenues par lesdits créanciers contre cette femme ne puissent s'exécuter durant le mariage sur les biens de la communauté, néanmoins le mari doit leur compter de tout ce qu'il a reçu pour sa femme de cette succession.

ARTICLE CCII.

En traicté de mariage (1), & avant (2) la foy baillée, *& bénédiction nuptiale*, homme & femme peuvent faire & apposer telles conditions, doüaires, donations (3), & autres conventions (4) que bon leur semblera. A. C. art. 273.

(1) Et non par des contre-lettres ; *infrà, art.* 223.

(2) Il est dit *avant;* car après la bénédiction nuptiale, il n'est plus permis de faire aucunes conventions de mariage.

(3) Ce qui doit s'entendre, sauf la légitime des enfans. *Voyez* une autre exception, *art. suiv.*

(4) *Voyez l'Introd. ch.* 2, *art.* 1.

ARTICLE CCIII.

Femme qui se remarie (1) *en secondes, ou autres nopces, ayant enfans* (2), *ne peut avantager* (3) *son second, ou autre subséquent mari* (4), *de ses propres & acquests* (5), *plus que l'un de ses enfans, de son premier, second ou autres mariages, pourroit prendre en sa succession* (6) *après son décez. Et quant* (7) *aux conquests* (8) *faicts avec ses précédens maris, elle n'en peut aucunement avantager son* C. de Par. art. 279.

(1) *Idem* de l'homme. *Voyez l'Introd. ch.* 9.

(2) L'Edit ajoutoit, *ou enfans de leurs enfans.* La Coutume a retranché ces termes, comme superflus, les petits-enfans étant suffisamment compris sous le terme d'*enfans*, suivant la Loi 220, ff. *de verb. signif.*

Quoique la Coutume s'exprime au pluriel, *ayant enfans*, il suffit qu'elle en ait un ; car *non est sine liberis cui vel unus filius unave filia est.* L. 148, ff. d. tit.

(3) Ni directement, ni par personnes interposées. *Introd. N.* 162. *Voyez* quelles especes d'avantages sont comprises sous cette disposition, *Introd. N.* 161.

(4) Le sens est qu'elle ne peut donner que la valeur d'une part d'enfans à tous lesdits maris ; de maniere que si elle l'a déja donnée au second, elle ne peut plus rien donner aux troisieme & autres ultérieurs maris.

(5) Ce qui comprend aussi les *meubles :* l'Edit les y comprend expressément.

(6) *Voyez l'Introd. N.* 164 *& seq.*

(7) Cette disposition est particuliere à notre Coutume & à celle de Paris.

(8) Ce terme comprend même le mobilier de la premiere communauté, comme en la

second, ou autres maris. Toutefois peut disposer d'iceux à autres personnes, sans que telle disposition puisse préjudicier aux portions dont les enfans desdits premiers mariages pourroient amender (9) de leur mere. Et néanmoins succedent (10) les enfans des subséquens mariages ausdits conquests, avec les enfans des mariages précédens, également venans à la succession de leur mere : comme aussi les enfans des précédens licts succedent pour leurs parts & portions aux conquests faicts pendant & constant les subséquens mariages. Toutefois si le mariage est dissolu, ou que les enfans du premier mariage décedent, elle en peut disposer comme de sa chose.

premiere partie de l'*art.* Le terme d'*acquêts* comprend les meubles : cela a été jugé par un Arrêt célebre de 1695, rendu sur les conclusions de M. d'Aguesseau ; & par un autre de 1698, qui ont fixé la Jurisprudence. L'Arrêt de 1698 a aussi jugé que même le mobilier que la femme y avoit apporté en se mariant, y étoit compris. Lacombe cite un Arrêt du 1 Septembre 1744, qui a jugé la même chose. Il en est autrement des propres que la femme a ameublis à la premiere communauté, suivant qu'il a été jugé par un Arrêt du 24 Juillet 1741. La raison de différence est que les meubles apportés par la femme en la premiere communauté, *sont*, par leur nature de meubles, biens de cette communauté; au lieu que les propres qu'elle y a ameublis, n'étoient biens de cette communauté que par la fiction de l'ameublissement, qui ne doit avoir d'effet que pour le cas pour lequel elle a été faite.

Lorsque le mobilier de la communauté a été considérablement augmenté pendant la continuation de communauté, je ne pense pas que cette augmentation doive être comprise dans la disposition de cet article; si ce n'est dans le cas auquel cette augmentation ne pourroit se justifier facilement. C'étoit apparemment le cas de l'Arrêt du 28 Août 1702 qu'on cite.

La somme que la femme a eue pour forfait de communauté par une clause du contrat de son premier mariage, lui tenant lieu de sa part dans cette communauté, est comprise sous le terme *conquêts*.

(9) La Coutume met une différence entre les dispositions faites au profit de son mari, & celles faites au profit d'autres personnes. Lorsque la femme laisse des enfans tant du second que du premier mariage, les dispositions faites au profit d'étrangers ne sont nulles que pour les portions des enfans du premier lit; celles faites au profit du second mari le sont entiérement. *Voyez l'Introd. N.* 193.

(10) L'ancien usage étoit que les enfans du premier lit succédoient seuls aux propres & conquêts du premier mariage; & les enfans du second succédoient seuls à ceux du second, & aux meubles : ce qui a été corrigé lors de la rédaction de 1509, en la maniere qu'il est porté en cet article. *Voyez* le procès-verbal de l'ancienne Coutume sur l'*art.* 41.

ARTICLE CCIV.

C. de Par. art. 237. *Il est loisible à femme noble ou non noble (1), après le décez (2) de son mary, ou à ses héritiers, si elle prédécede, renoncer, si bon lui semble, à la communauté de biens d'elle & dudit mary, la chose*

(1) *Voyez l'Introd. N.* 92.

(2) Cela est dit par forme d'exemple : il en est de même lorsque la communauté est dissoute du vivant du mari par la séparation.

étant entiere **(3)** ***: Et en ce faisant demeure quitte*** **(4)** ***des debtes mobiliaires*** **(5)** ***deuës par ledit mary au jour de son trespas, en faisant*** **(6)** ***faire bon & loyal*** **(7)** ***inventaire; sinon*** **(8)** ***qu'il y eust convention au contraire.***

(3) C'est-à-dire, avant que la femme ou ses héritiers aient accepté la communauté, soit expressément, soit tacitement, en faisant quelque acte de commun. *Voyez l'Introd. N.* 91.

(4) Même vis-à-vis des créanciers. *Voyez l'Introd. N.* 94.

(5) Et autres dettes de la communauté; pourvu néanmoins qu'elle ne les ait pas contractées elle-même, & ne s'y soit pas obligée. *Voyez l'art. suiv.*

(6) Pour que la femme qui survit à son mari, & est en possession des biens de la communauté, puisse renoncer valablement à la communauté, il faut qu'elle ait fait un bon & loyal inventaire. Il n'est pas nécessaire lorsqu'elle renonce du vivant de son mari en cas de séparation, ni lorsque ses héritiers renoncent, la communauté ayant été dissoute par son prédécès.

(7) L'inventaire, pour être bon & loyal, doit être fait en présence des héritiers du mari qui se trouvent sur le lieu, ou eux duement appellés. Lorsqu'ils ne sont pas sur le lieu, le Procureur du Roi ou Fiscal de la Justice où étoit le domicile du mari, y assiste pour eux. Il doit contenir la prisée des meubles de la communauté, qui se fait par un Huissier, assisté de quelque revendeur ou revenderesse.

La veuve peut employer pour inventaire celui que son mari auroit fait peu avant sa mort.

Une saisie générale des meubles faite par quelque créancier après la mort du mari, ou peu avant, & la vente de ces effets peuvent aussi être employées par la veuve pour inventaire.

Le procès-verbal de carence de meubles, que la femme fait faire lorsque son mari n'en a laissé aucuns, tient pareillement lieu d'inventaire.

Un inventaire n'est pas loyal, & rend la renonciation nulle, lorsque la veuve y a omis malicieusement des effets de la communauté qu'elle avoit détournés, ou voulu soustraire à la connoissance des héritiers. L'omission d'effets qui peuvent avoir échappé à sa connoissance & n'est pas malicieuse, n'empêche pas l'inventaire d'être loyal.

(8) Cette fin de l'article a été mal-à-propos & sans réflexion, ajoutée; car il n'est pas douteux que la femme ne peut pas valablement convenir qu'elle ou ses héritiers ne pourront renoncer à la communauté: cette convention seroit inutile au mari, qui même, en cas d'acceptation, est tenu, suivant l'*art.* 187, d'acquitter sa femme ou ses héritiers de ce qu'ils paieroient de dettes au-delà de ce qu'ils amendent de la communauté; & il ne peut être au pouvoir du mari d'aliéner, en contractant des dettes, une partie de la dot. L'Annotateur de Lebrun pense que la fin de notre article doit s'entendre de la convention par laquelle on conviendroit que la femme pourroit renoncer sans faire inventaire: mais cette convention n'est pas plus valable, une telle convention, qui tendroit à donner à la femme la facilité de tromper les héritiers ou les créanciers de son mari, étant contraire aux bonnes mœurs.

ARTICLE CCV.

Et si ladite femme ayant renoncé à la communauté, estoit contrainte **(1)** ***payer quelques dettes de ladite communauté*** **(2)**, ***comme***

(1) Au lieu de ces termes, *étoit contrainte payer*, il auroit été plus correct de se servir de ceux-ci, *étoit dans l'obligation de payer*: car la femme, dès avant les poursuites des créanciers envers qui elle est obligée, a action pour en être indemnisée. Il y a plus: lorsque la femme s'est obligée à une rente pour son mari, elle ou ses héritiers peuvent demander que le mari ou ses héritiers seront tenus de la rembourser dans un délai de quelques années, qui est laissé à l'arbitrage du Juge, ou d'en rapporter décharge. Lebrun pense que ce délai peut être arbitré communément à cinq ans.

ayant parlé, & y étant obligée, elle & ses héritiers auront recours (3) *contre les héritiers dudit mary.*

(2) La dot que la femme, conjointement avec son mari, a promise à un enfant commun, quoique durant la communauté, n'est pas une dette de communauté : c'est pourquoi la femme, en cas de renonciation, n'a aucun recours pour la moitié qu'elle est obligée de payer. Au contraire le mari, s'il l'avoit acquittée, lui précompteroit cette moitié sur ses propres. *Introd. N.* 131, *in fin.*

(3) Ce recours est de la même nature que celui qu'a la femme en cas d'acceptation, pour ce qu'elle a payé au-delà de la part dont elle est tenue. *Voyez* sur ce recours, & sur l'hypotheque de ce recours, *l'Introd. N.* 140 *& suiv.*

ARTICLE CCVI.

La femme qui renonce à la communauté, ne prend avec ses propres (1) *que son doüaire* (2) *: sinon que autrement* (3) *il soit convenu & accordé par contract de mariage.*

(1) Ces termes comprennent non-seulement ses propres en nature, mais tout ce qui lui est dû par la communauté, déduction faite de ce qu'elle doit à ladite communauté.

(2) Ajoutez, & une somme pour son deuil, qui lui est due par ses héritiers, soit qu'elle accepte la communauté, soit qu'elle renonce. *Voyez l'Introd. N.* 31.

(3) Cette exception a rapport à la clause par laquelle on convient que la femme, en renonçant, pourra reprendre ce qu'elle a mis en communauté. *Voyez sur ce l'Introd. ch.* 2, *art.* 2, §. 5.

ARTICLE CCVII.

A. C. *art.* 273. Fruicts cueillis, *coupez & abbastus* (1) *estans en maturité* (2), *ensemble les moisons & fermes deues à raison desdits fruicts*, sont réputez meubles, *encore que les termes de payer lesdites moisons ou fermes ne soient écheus* (3). *Et au regard des arrérages de rentes foncieres* (4) *ou constituées, & loyers de maisons, sont réputez meubles, lors seulement que les termes de payement seront escheus* (5).

(1) Il suffit qu'ils soient séparés de la terre pour qu'ils deviennent meubles, quoiqu'ils ne soient pas serrés & soient encore sur le champ. *L.* 13, ff. *quib. mod. ususfr.*

(2) Car si le mari coupoit les fruits des héritages de sa femme avant leur maturité, & que la dissolution de communauté arrivât depuis, avant le temps qu'il auroit dû attendre pour les couper, non-seulement ces fruits coupés avant leur *maturité* n'appartiendroient pas à la communauté, mais la femme ou ses héritiers pourroient prétendre pour raison de ce des dommages & intérêts.

(3) La raison est que la ferme étant due pour les fruits que le fermier perçoit, elle est due & acquise aussi-tôt qu'il les a perçus; le terme qui lui est accordé ne concerne que le paiement, & non la substance de la dette. *Voyez l.* 213, ff. *de verb. signif.* C'est pourquoi si l'un des conjoints est mort à la mi-Août, après la récolte faite sur son héritage propre, la ferme appartiendra en entier à la communauté, quoiqu'elle ne soit payable qu'à la Toussaint, ou même à Noël. Si le conjoint est mort pendant la récolte, la communauté aura part dans la ferme à proportion de ce qu'on estimera qu'il y avoit de fruits cueillis lors de sa mort.

(4) N'importe qu'elles soient à prendre sur des fonds de terre ou sur des maisons de ville.

(5) La Coutume s'est ici mal expliquée : elle ne veut dire autre chose sinon que

l'année d'arrérages ou de loyer n'est censée meuble pour le total, & ne tombe dans la communauté pour le total, que lorsque le terme est échu avant la dissolution de la communauté. Mais lorsqu'il n'est pas encore échu, au moins ce qui a couru de ladite année jusqu'au temps de la dissolution de communauté, y tombe. Par exemple, si la communauté a été dissoute le 25 Mars, l'année qui doit échoir au terme de la Saint-Jean suivante, n'appartiendra pas en entier à la communauté, mais seulement pour le temps qui en a couru jusqu'au 25 Mars, c'est-à-dire pour les trois quarts. Telle est l'interprétation qu'un usage constant a donnée à la fin de cet article.

ARTICLE CCVIII.

Les fruicts des héritages propres pendants par les racines au temps du trespas de l'un des conjoincts par mariage, appartiennent à celui auquel appartient ledit héritage (1); à la charge de payer la moitié (2) des labours, semences, façons & impenses (3). C. de Par. art. 231.

(1) Car il retient l'héritage tel qu'il se trouve, & les fruits qui y sont pendans en font partie; *infrà art.* 354.

(2) La Coutume suppose le cas de l'acceptation de communauté par la femme ou ses héritiers. Si la femme sur l'héritage de laquelle les fruits se trouvent pendans, renonçoit à la communauté, elle devroit rendre aux héritiers de son mari, auxquels appartiennent pour le total les biens de la communauté, le total des impenses faites du fonds de la communauté pour raison desdits fruits. Si c'étoit sur l'héritage du mari que les fruits fussent pendans, il ne seroit dû à la femme qui renonce à la communauté, aucune récompense pour raison des impenses faites du fonds de la communauté, dans laquelle, au moyen de sa renonciation, elle n'a rien.

(3) Ces impenses sont une charge naturelle des fruits; car *fructus non intelliguntur nisi deductis impensis.* L. 7, ff. *sol. matr.* C'est pourquoi le conjoint à qui les fruits doivent appartenir, doit porter seul ces impenses, & en récompenser la communauté.

ARTICLE CCIX.

Homme marié, s'il est condamné pour ses démérites, en cas de confiscation, confisque avec ses propres *la moitié* (1) *des* meubles & conquests immeubles de la communauté. Mais la femme condamnée & exécutée pour ses démérites, ne confisque les meubles & conquests immeubles, que elle & son mari ont lors de la condamnation; ains demeurent aux héritiers (2) de ladite femme. A. C. *art.* 176 & 254.

(1) Par l'ancienne Coutume, *art.* 176, il confisquoit le total; ce qui a été avec raison corrigé : car au temps du jugement qui opere la confiscation, la communauté se dissout par la mort civile qu'encourt le mari; & par cette dissolution de communauté, son droit est restreint à la moitié des biens de la communauté; *suprà*, *art.* 186. Il ne peut donc en confisquer que cette moitié.

(2) Le fisc n'y peut rien prétendre; car le mari, en accordant droit de communauté à sa femme, est censé ne la lui avoir voulu accorder que pour elle & ses héritiers, & non pour le fisc. Dans d'autres Coutumes la part de la femme accroît en ce cas au mari.

La raison pour laquelle notre Coutume l'accorde aux héritiers de la femme, c'est parce que ce n'est qu'en faveur du fisc que ceux qui encourent la mort civile par une condamnation à peine capitale, ne transmettent pas leurs biens par succession à leurs héritiers: d'où notre Coutume a conclu que la femme peut transmettre à ses héritiers sa part dans les biens de la communauté, le fisc étant sans intérêt, puisque c'est une chose qui ne tombe pas en confiscation. Il faut néanmoins convenir que la disposition des autres Coutumes qui fait en ce cas accroître au mari la part de la femme, forme le droit commun.

ARTICLE CCX.

C. de Par. art. 278.

Meubles ou immeubles donnez par pere ou mere (1) *à leurs enfans, sont réputez en avancement de succession* (2).

(1) Ou autres ascendans.

(2) Dans quelques éditions on lit : *& partant ne tombent les immeubles en communauté.* Cette addition n'est pas du texte; mais elle contient la véritable conséquence qu'on doit tirer du texte.

Une autre conséquence qu'on peut tirer, est que la donation de meubles faite à l'un des conjoints par ses ascendans durant le mariage, est comprise dans la clause qui réserveroit propres leurs successions.

ARTICLE CCXI.

A. C. art. 177. C. de Paris, art. 246.

Chose immeuble (1) donnée (2) à l'un des conjoincts pendant leur mariage, à la charge qu'elle (3) sera propre au donataire, ne tombe (4) en communauté (5). Mais si elle est donnée (6) sim-

(1) Dites la même chose des meubles.

(2) Quoique par un collatéral ou un étranger.

(3) Observez, 1°. que cette condition doit être conçue en termes exprès, ou du moins équipollens. S'il étoit dit par la clause de la donation d'un héritage faite par un collatéral, qu'il fait cette donation *en avancement de sa succession*, ces termes sont équipollens ; car c'est-à-dire qu'il le tiendra de la même maniere que s'il lui étoit venu de la succession du donateur. Lorsqu'on fait donation à quelqu'un d'une rente viagere *pour ses alimens*, ces termes, *pour ses alimens*, font assez connoître que c'est pour lui être propre.

Mais quoiqu'une donation ait été faite à l'un des conjoints durant le mariage à la charge d'une substitution, elle n'est pas pour cela censée faite à la charge que la chose donnée sera propre au donataire, si cela n'est exprimé; & la chose donnée tombe dans la communauté avec la charge de la substitution.

2°. Cette constitution doit être apposée par l'acte de donation, *in continenti*. La raison est qu'il est au pouvoir du donateur de donner sous telle condition que bon lui semble: *Unicuique licet quem voluerit modum liberalitati suæ apponere.* Mais lorsque la donation a été une fois consommée, il ne peut en changer l'effet.

Au reste, quand même j'aurois souscrit au contrat de mariage de mon héritier présomptif, par lequel il a été convenu que tout ce qui aviendroit aux futurs par succession ou donation, entreroit en communauté, je ne laisserois pas de pouvoir, en lui donnant par la suite mes biens, apposer la condition qu'ils n'y entreroient pas ; car ne m'étant pas obligé, en souscrivant à son contrat de mariage, à lui laisser mes biens, je puis, en lui donnant des biens que je ne suis pas obligé de lui laisser, mettre telle condition que bon me semble à ma donation. *Lebrun*, *l.* 1, *ch.* 5, *s.* 2, *D.* 1, *N.* 77.

(4) Si ce n'est pour la jouissance, de même que les autres propres du conjoint. On pourroit même (ce qui ne se fait guere) stipuler expressément que la communauté n'auroit pas même la jouissance de la chose donnée ; auquel cas le donataire auroit la reprise de tous les fruits qui y seroient tombés : *Lebrun*, II, II, IV, 10.

(5) Quand même ce seroit une communauté stipulée de tous biens présens & à venir.

(6) Pendant le mariage.

plement à l'un des conjoincts (7), elle est commune ; *fors & excepté les donations faites en ligne directe* (8), *lesquelles ne tombent en communauté* (9). *Mais la chose immeuble donnée à l'un des conjoincts par traicté, & en faveur de mariage, est propre au donataire, s'il n'est dit* (10) *autrement.*

(7) Quand même le donataire seroit l'héritier présomptif du donateur ; car la Coutume n'excepte que les donations en directe.

(8) C'est-à-dire, celles faites à l'un des conjoints par quelqu'un de ses ascendans, parce qu'elles sont censées faites en avancement de succession ; *suprà, art.* 220. Celles qui seroient faites à l'un des conjoints par quelqu'un de ses descendans, ne sont pas comprises en l'exception, ne pouvant être réputées faites en avancement de succession. Observez aussi que cette exception n'a lieu que lorsque ce sont des immeubles qui ont été donnés. Si ce sont des meubles, ils tombent en communauté, puisque ceux qui nous aviennent par succession y tombent.

(9) *Voyez l'Introd. N.* 14.

(10) C'est-à-dire, s'il étoit dit qu'ils seroient ameublis.

ARTICLE CCXII.

Combien qu'il soit convenu entre deux conjoincts, qu'ils payeront séparément leurs debtes faites auparavant leur mariage ; ce néanmoins ils en sont tenus (1), *s'il n'y a inventaire* (2) *préalablement fait. Auquel cas ils demeurent quittes* (3), *représentant l'inventaire, ou l'estimation d'icelui.* C. de Par. *art.* 222.

Voyez l'Introd. ch. 5, *art.* 2, §. 4.

(1) Vis-à-vis des créanciers.

(2) Cet inventaire des effets mobiliers que la femme a apportés à son mari en mariage, doit être fait avec elle auparavant le mariage, & avoir une date certaine ; le détail qui en seroit fait par le contrat de mariage, seroit un vrai inventaire. Le compte rendu à la femme, quoique depuis le mariage, en peut tenir lieu, lorsque celui qui lui rend compte a administré ses biens jusqu'au temps de son mariage.

(3) Le mari poursuivi, soit durant le mariage, soit après, par les créanciers de sa femme antérieurs au mariage, peut demander à être renvoyé de leur demande, en leur abandonnant les effets compris audit inventaire, pour se venger sur iceux, & en offrant de leur rendre compte de ceux qui ne se trouvent plus ; & au cas qu'il lui reste quelque chose entre les mains du prix d'iceux, de leur remettre ce qui lui en reste.

Si depuis le mariage il est échu quelques biens mobiliers à sa femme, il est aussi obligé d'en compter, de même que de ceux compris en l'inventaire. A l'égard des fruits des immeubles de sa femme, il n'est pas obligé d'en compter, si ce n'est du jour de la demande du créancier, étant censé les avoir consommés de bonne foi, *ad sustinenda onera matrimonii.*

La clause de séparation des dettes n'a pas le même effet à l'égard de la femme. Elle ne peut pas, en représentant cet inventaire, empêcher que les créanciers de son mari, quoique antérieurs au mariage, ne se vengent, durant le mariage, sur les effets qu'elle a apportés à son mari ; car ils appartiennent à son mari.

TITRE XI.

De Société.

INTRODUCTION AU TITRE.

Article préliminaire.

1. La *Société* est un contrat par lequel deux ou plusieurs personnes conviennent de mettre en commun leurs biens ou leur industrie, pour en retirer le profit en commun.

Voyez sur ce contrat les trois premiers articles de ce titre, le titre du Digeste *pro socio*, & le titre des sociétés, de l'Ordonnance de 1673.

On appelle aussi, quoique *improprement*, *Sociétés*, les communautés que la loi établit entre quelques personnes sans convention.

La Société, ou plutôt communauté, dont il est principalement question en ce titre, est celle que notre Coutume établit en l'article 216, entre le survivant de deux conjoints qui étoient en communauté de biens, & les héritiers du prédécédé.

2. Elle est d'une nature différente de celle qu'établit la Coutume de Paris. Celle-ci n'ayant lieu que lorsque le prédécédé a laissé des enfans mineurs de son mariage avec le survivant, elle est censée établie par forme de peine contre le survivant qui, étant chargé des intérêts de ses enfans, a négligé de constater par un inventaire la part qui leur revenoit dans les biens de la communauté, & par forme de dommages & intérêts envers lesdits enfans. On ne peut pas dire la même chose de celle qu'établit notre Coutume : comme elle l'établit tant avec les majeurs qu'avec les mineurs, avec les héritiers collatéraux aussi-bien qu'avec les enfans, on ne peut dire qu'elle soit établie par forme de peine contre le survivant, qui ne peut être chargé de la conservation des intérêts de ses enfans majeurs qui sont en état d'y veiller par eux-mêmes, ni encore moins de ceux des héritiers collatéraux du prédécédé qui lui sont étrangers.

Elle ne peut donc avoir pour fondement qu'un ancien vestige de l'ancien Droit François, qui établissoit une société taisible, *ex communi vitæ consortio & communione bonorum*, sur-tout entre conjoints & affins. Voici comme s'en explique le grand Coutumier, *l.* 2, *chap.* 40. « Par usage & coutume, deux con-
» joints & affins demeurans ensemble par an & jour sans faire division ni pro-
» testation, ils acquierent l'un avec l'autre communauté quant aux meubles &
» conquêts ; & pour ce, si deux conjoints ont un fils, & après l'un d'iceux va
» de vie au trépas, & depuis icelui fils demeure avec le survivant sans faire

„inventaire,

» inventaire, partage, ni division, tout ce que le survivant a conquêté, il re- » viendra à communauté avec le fils ».

Notre ancienne Coutume, *art. 18*, admettoit entre quelques personnes que ce fût, cette société taisible, *par demeurance, communication, ou négociation de leurs biens faits en commun par personnes demeurantes ensemble par an & jour entiers.*

Notre Coutume réformée, en abrogeant, par le premier article de ce titre, l'usage des sociétés taisibles, l'a conservé néanmoins entre les conjoints par mariage, & par l'*art. 216*, entre le survivant de ces conjoints & les héritiers du prédécédé. Elle a même enchéri sur ce qui s'observoit anciennement : car au lieu que l'ancien Droit faisoit résulter ces sociétés *ex communi vitæ consortio & communione bonorum*, notre Coutume l'a fait résulter entre le survivant & les héritiers du conjoint prédécédé, *ex solâ permanente communione bonorum.* Elle la forme sans aucune convention, même tacite, des parties, & par sa seule force, puisque cette communauté a lieu quand même les héritiers du conjoint prédécédé seroient, par le défaut de leur âge, incapables de convention.

Cette communauté est appellée vulgairement *continuation de communauté*, parce que succédant sans aucun intervalle de temps à celle qui étoit entre les conjoints, elle paroît en quelque façon se continuer avec elle : mais c'est une communauté différente qui n'est pas composée des mêmes choses, & est gouvernée par d'autres principes ; & c'est pour cela que notre Coutume en a traité sous un titre différent de celui de la communauté.

Cette communauté est ou simple, lorsqu'elle n'a lieu qu'entre le survivant & les héritiers du prédécédé ; ou composée, lorsque le survivant y a fait entrer des tiers.

L'esprit de notre Coutume étant, comme nous venons de l'observer, très-différent de celui de la Coutume de Paris sur la continuation de la communauté, on ne sera pas surpris si dans le cours de ce petit Traité, on trouve plusieurs décisions différentes de celles des Auteurs qui ont écrit de la continuation de communauté, suivant la Coutume de Paris.

SECTION PREMIERE.

De la Communauté simple entre le survivant & les héritiers du prédécédé.

§. I.

Entre quelles personnes y a-t-il lieu à cette communauté ; & en quel cas.

3. Notre Coutume établit cette communauté entre le survivant & les héritiers du prédécédé, quels qu'ils soient, majeurs ou mineurs, enfans ou collatéraux.

4. Il y a lieu à cette communauté, *s'il n'en a été entre les parties autrement disposé.* Il n'est donc pas besoin, aux termes de notre Coutume, d'un inventaire, pour empêcher qu'elle n'ait lieu ; & tout acte, tel qu'il soit, par lequel les parties déclarent leur volonté de ne pas continuer communauté, suffit pour cela.

5. La Jurisprudence a modifié cette décision : car lorsque les héritiers du prédécédé sont les enfans mineurs du survivant, il a été jugé par plusieurs Arrêts rendus dans notre Coutume, que le survivant ne pouvoit en ce cas empêcher la continuation de communauté, qu'en faisant un inventaire avec un curateur nommé aux mineurs pour cet effet par le Juge, sur l'élection qui en est faite en sa présence par les parens ou amis du mineur, & qui prête, pour cet effet, serment : c'est ce qu'on appelle un légitime contradicteur. Il arrive souvent dans la campagne que le survivant fait cet inventaire avec l'aïeul des mineurs du côté du prédécédé, lorsqu'il s'en trouve, sans le faire nommer en Justice ; ce qui n'est pas tout-à-fait régulier : car le survivant ayant la tutele de ses enfans, l'aïeul n'a aucune qualité pour les défendre, s'il n'est nommé par le Juge.

L'inventaire, dans notre Coutume, n'a pas besoin d'être clos & affirmé en Justice.

6. La continuation de communauté paroissant, comme nous l'avons observé, avoir été établie par notre Coutume, à l'instar de ces sociétés taisibles qui se contractoient lorsque les parties avoient paru vivre en communauté par an & jour, il y a lieu de soutenir que pour empêcher la continuation de communauté, il suffit dans notre Coutume que l'inventaire ou autre acte déclaratif de ne pas demeurer en société, ait été fait dans l'an & jour qui court depuis que le survivant & les héritiers du prédécédé ont sçu ou pu sçavoir la mort du prédécédé, & que sa succession leur étoit déférée. Quoique notre opinion nous paroisse évidemment conforme à l'esprit de notre Coutume, il est pourtant plus sûr pour le survivant qui veut empêcher qu'il ne se forme une continuation de communauté, de faire inventaire dans le temps de trois mois, que l'Ordonnance de 1667 prescrit aux veuves, quoiqu'elle le prescrive pour une fin toute différente.

7. Il n'y a pas lieu à cette société ou continuation de communauté, si lors de la mort du prédécédé il n'y avoit pas de communauté entre les conjoints, soit que le mariage ait été contracté avec exclusion de communauté, soit qu'elle ait été dissoute par une séparation exécutée. Il n'y a pas lieu aussi à cette société lorsque tous les enfans héritiers tombent en la garde-noble du survivant ; (*Voyez l'art. 216, & les notes ;*) ni lorsque le droit des héritiers du prédécédé en la communauté est fixé à une certaine somme par le contrat de mariage : mais le don des meubles fait par ce contrat au survivant, n'empêche pas qu'il puisse y avoir lieu à la continuation de communauté, ni la clause du contrat de mariage de l'enfant héritier du prédécédé, par laquelle il seroit dit qu'il ne pourroit demander inventaire au survivant.

§. II.

Du pouvoir du survivant sur les biens de la communauté.

8. Le survivant n'a pas tout-à-fait le même pouvoir sur les biens de cette communauté, qu'a le mari sur ceux de la communauté conjugale ; il n'en est pas réputé seigneur. C'est pourquoi il n'en peut pas disposer par donation ;

mais il eſt ſeul libre adminiſtrateur de ces biens ; & cette qualité lui donne le droit d'en diſpoſer à tout autre titre que de donation, ſans que les héritiers du prédécédé puiſſent être recevables à critiquer les diſpoſitions qu'il en aura faites.

§. III.

Des choſes dont cette communauté eſt composée.

9. Les choſes qui entrent dans la continuation de communauté ſont, 1°. tous les biens meubles dont la précédente étoit compoſée ; 2°. tous les biens meubles & immeubles que le ſurvivant acquiert durant la continuation de communauté, autrement néanmoins que par ſucceſſion, don ou legs (*art. 217*) ; 3°. la jouiſſance de tous les biens immeubles, tant conquêts que propres, de la ſucceſſion du prédécédé, auſſi-bien que celle des biens immeubles, tant conquêts que propres, qui appartenoient au ſurvivant lors de la mort du prédécédé.

10. Les conquêts de la premiere communauté qui étoit entre les conjoints, n'appartiennent pas à la continuation de communauté, ſi ce n'eſt quant à la jouiſſance ſeulement.

11. Tous les biens meubles & immeubles qui aviennent durant la continuation de communauté par ſucceſſion, don ou legs, ſoit au ſurvivant (ſi ce n'eſt au cas de l'exception portée par l'*art. 217*, qu'il faut voir), ſoit aux héritiers du prédécédé, n'y entrent en aucune maniere : c'eſt pourquoi le ſurvivant qui eſt tuteur de ſes enfans, avec leſquels il eſt en continuation de communauté, leur doit un compte des revenus des biens qui leur ſont échus à ces titres.

Excepté le cas auquel les enfans de deux conjoints ont ſuccédé à leur frere, avec qui ils étoient en continuation de communauté avec le ſurvivant ; les revenus de la portion que leur défunt frere avoit dans les héritages de la ſucceſſion du prédécédé, à laquelle portion ils ont ſuccédé à leurdit frere, doivent continuer de tomber en la continuation de communauté tant qu'elle durera : car ayant la portion qu'avoit leur défunt frere dans la continuation de communauté, ils doivent y conférer leſdits revenus que leur défunt frere ſeroit lui-même obligé d'y conférer, s'il vivoit.

12. Enfin, tout ce que les héritiers du prédécédé avoient d'ailleurs que de la ſucceſſion du prédécédé, lorſque la continuation de communauté a commencé, & tout ce qu'ils acquierent depuis, à quelque titre que ce ſoit, quand même ils l'acquerroient des deniers de cette communauté, n'y entre point, à moins qu'ils ne l'acquiſſent au nom & pour le compte de la communauté.

§. IV.

Des charges de la continuation de communauté.

13. 1°. Les dettes de la communauté qui étoit entre les deux conjoints, tant celles dues à des tiers que celles dues à l'un ou à l'autre des conjoints, deviennent dettes de la continuation.

C'eſt une queſtion inutile, ſi les immeubles de la communauté n'entrant pas dans la continuation, les rentes & autres dettes immobiliaires de la communauté doivent pareillement n'y pas entrer: car que ces dettes deviennent dettes de la continuation, ou qu'elles demeurent ſeulement dettes de la communauté, le ſurvivant & les héritiers du prédécédé n'en ſont ni plus ni moins tenus chacun pour leur moitié.

A l'égard des rentes que les conjoints devoient avant leur mariage, & même de leurs dettes mobiliaires qui ont été exclues de leur communauté par une clauſe de ſéparation de dettes; comme elles n'étoient pas dettes de la communauté, elles ne le ſont pas non plus de la continuation, ſi ce n'eſt ſeulement pour les arrérages & intérêts courus pendant la communauté, & ceux qui courront pendant le temps de la continuation juſqu'au temps de ſa diſſolution.

Pareillement, les frais funéraires du prédécédé & les legs portés par ſon teſtament n'étant pas charges de la communauté, ne le ſont pas non plus de la continuation de communauté, ſi ce n'eſt pour les arrérages des rentes léguées, & intérêts des ſommes léguées, courus pendant la durée de la continuation de communauté: car les revenus de la ſucceſſion du prédécédé qui tombent entiérement, pendant ledit temps, dans la continuation de communauté, n'y peuvent tomber qu'avec leurs charges, dont leſdits arrérages & intérêts ſont partie.

14. 2°. Toutes les dettes que contracte le ſurvivant durant la ſociété, ſont auſſi dettes de cette ſociété. Il faut néanmoins qu'elles puiſſent être préſumées contractées pour les affaires de la ſociété: car le ſurvivant n'en eſt que libre adminiſtrateur, & non pas ſeul ſeigneur; c'eſt pourquoi celles qui ſeroient contractées par pure libéralité, ou qui procéderoient de quelque délit, ne ſeroient point de la ſociété.

Suivant ce principe, ſi le ſurvivant a été chargé de la tutele ou curatelle de quelque perſonne pendant le temps de la ſociété, le compte des ſommes qu'il aura reçues ſera bien une dette de la ſociété, dans le fonds de laquelle ces ſommes ſont entrées; mais il n'en ſera pas de même de ce que le ſurvivant devra pour raiſon de ſa mauvaiſe adminiſtration; *putà*, pour avoir laiſſé périr quelque droit dépendant des biens de cette tutele ou curatelle.

Pareillement, ſi le ſurvivant a vendu quelque propre des héritiers du prédécédé, l'obligation de garantie par lui contractée envers l'acheteur, ne peut paſſer pour une dette de la ſociété; un tel acte excédant les bornes de ſon adminiſtration, qui lui donne bien le droit de diſpoſer des biens de la ſociété, mais non de ceux d'autrui.

15. Les ſucceſſions qui échéent pendant cette ſociété n'y entrant point, les dettes deſdites ſucceſſions n'y entrent pas non plus.

Les dettes que les héritiers du prédécédé contractent, ne ſont pas dettes de la ſociété; n'en ayant pas l'adminiſtration, ils ne peuvent l'obliger.

16. Une autre eſpece de charge de la ſociété conſiſte dans les alimens qu'elle doit tant au ſurvivant qu'aux héritiers du prédécédé, qui ont droit de vivre & d'être entretenus aux dépens de la ſociété tant qu'elle dure. Au reſte ces alimens ſont requérables; & ſi quelqu'un d'eux n'avoit pas vécu aux dépens de la ſociété, il ne pourroit rien prétendre pour raiſon des alimens qu'elle ne lui auroit pas fournis.

L'entretien des héritages dont la ſociété a la jouiſſance, eſt auſſi une charge de cette ſociété. Enfin les frais de l'inventaire qui ſe fait pour la diſſoudre, les frais qu'il faut faire pour le partage, en ſont auſſi des charges.

§. V.

De la diſſolution de la Société.

17. La Coutume ne demande, pour diſſoudre cette ſociété, qu'une acte tel quel, par lequel les parties déclarent qu'elles ne veulent plus être en ſociété. Néanmoins lorſque les héritiers du prédécédé ſont les enfans mineurs du ſurvivant, elle ne peut ſe diſſoudre que par un inventaire fait par le ſurvivant avec un légitime contradicteur.

Obſervez que le défaut de légitime contradicteur, ou autres défauts dans un inventaire fait pour diſſoudre la ſociété, ou pour empêcher qu'elle ne ſe contracte, ne peuvent être oppoſés que par les héritiers du prédécédé. S'ils trouvent l'inventaire ſuffiſant, le ſurvivant n'eſt pas recevable à critiquer ſon propre ouvrage.

18. Cette ſociété ſe diſſout auſſi par la mort du ſurvivant : mais elle ne ſe diſſout pas par la mort de quelqu'un des héritiers du prédécédé, ni même par la mort de tous ; car notre Coutume, en établiſſant cette ſociété entre le ſurvivant & les héritiers, quels qu'ils ſoient, majeurs ou mineurs, enfans ou collatéraux, fait aſſez entendre que ces héritiers du prédécédé ſont aſſociés, non comme telle ou telle perſonne, mais en leur qualité d'héritiers du prédécédé, & que c'eſt proprement la ſucceſſion du prédécédé qui eſt aſſociée ; d'où il ſuit que cette ſucceſſion ſe continuant dans les héritiers de ces héritiers, dans leurs ſucceſſeurs univerſels & dans leur ſucceſſion vacante, tous ces ſucceſſeurs ſuccedent aux droits de cette ſociété.

19. Le mariage d'un enfant, héritier du prédécédé, qui eſt doté par le ſurvivant des biens de cette ſociété, n'empêche pas qu'elle continue avec lui ; à la charge ſeulement par lui de tenir compte un jour, & faire rapport, au partage de la ſociété, de la dot qu'il en a reçue.

§. VI.

Du partage de la Société.

20. Après la diſſolution de la ſociété, les biens qui la compoſent ſe partagent entre le ſurvivant & les héritiers, pour les mêmes parts qu'ils avoient dans la premiere communauté. C'eſt pourquoi le ſurvivant doit en avoir la moitié ; & les héritiers du prédécédé doivent avoir tous enſemble l'autre moitié, qui ſe ſubdiviſe enſuite entre eux par portions égales, ſans que l'aîné puiſſe y prétendre plus que les autres, ſuivant qu'il eſt décidé en l'*art. 216.*

21. Il peut y avoir lieu à des prélévemens & à des rapports au partage de cette ſociété.

Si la société se trouve débitrice envers l'un des associés, de quelque somme, déduction faite de ce qu'il doit à la société, cet associé la doit prélever.

Contrà, si l'un des associés se trouve débiteur de quelque somme envers la société, déduction faite de ce qui lui est dû par la société, il doit en faire le rapport à la masse des biens de la société, & la précompter sur la part qu'il a à prétendre dans cette masse.

22. Les choses qui peuvent être dues par la société au survivant, & qu'il a droit de prélever, sont, 1°. tout ce qui lui étoit dû par la premiere communauté; *putà*, la reprise de son mobilier stipulé propre, les remplois de propres, même son préciput : 2°. le prix de ses propres aliénés durant la société, qui y est entré : 3°. le mobilier qui lui est échu par succession, don ou legs durant la société, suivant l'*art. 217.*

Observez qu'il faut pour cela qu'il en justifie par quelque inventaire, ou acte équipollent. A l'égard des immeubles qui lui sont avenus par succession, don ou legs pendant la société, quoiqu'ils n'entrent en aucune maniere dans la société, suivant l'*art. 217*, & qu'en conséquence il puisse en retenir les revenus qui se trouveroient extans & encore en nature lors de la dissolution de la société, quoique courus durant icelle, néanmoins il ne doit pas avoir la reprise de ceux qui sont consommés & ne sont plus en nature, à moins qu'il ne justifiât en avoir enrichi la société; autrement on présume qu'il en a vécu plus au large, & que la société n'en a pas profité.

23. Les choses que le survivant peut devoir à la société, sont, 1°. tout ce qu'il devoit à la premiere communauté; sur quoi *voyez l'Introd. au Tit. précéd. ch. 6*; 2°. tout ce qu'il a tiré du fonds de la société depuis qu'elle a commencé, pour ses affaires particulieres, comme pour acquitter ses dettes propres, ou pour des impenses sur ses héritages propres, autres que celles de simple entretien, dont la société est tenue, &c.

Observez que suivant les principes de notre Coutume, qui établit la continuation de communauté comme une société, le survivant est tenu de tout ce qu'il a tiré du fonds de la société pour les impenses qu'il a faites sur son héritage propre, autres que celles d'entretien, & non pas seulement jusqu'à concurrence de ce que son héritage s'en est trouvé plus précieux; & qu'il est même tenu de ce qu'il en a tiré pour des impenses purement voluptuaires considérables; à la différence de la communauté conjugale, envers laquelle le mari n'est tenu de ce qu'il a tiré pour des impenses utiles faites sur ses héritages, que jusqu'à concurrence de ce que son héritage s'en trouve plus précieux au temps du partage, & n'est point du tout tenu de ce qu'il en a tiré pour des impenses voluptuaires. La raison de différence est que le mari étant seul seigneur des biens de la communauté conjugale pendant qu'elle dure, peut les dissiper & en disposer comme bon lui semble, pourvu qu'il ne s'en avantage pas; au lieu que le survivant n'étant que libre administrateur des biens de la société, ne peut en disposer que pour ce qui peut paroître concerner la société, & non pour des choses qui ne concernent que lui, & sont absolument étrangeres à la société.

Néanmoins, comme les choses ne doivent pas être traitées à la rigueur avec le survivant; si les impenses purement voluptuaires qu'il a faites sur son héritage propre, ne sont pas considérables, & n'en excedent pas le revenu, elles ne doivent passer dans l'usage que pour impenses d'entretien, dont il ne doit pas de récompense.

Lorsque le survivant a fait des impenses sur des héritages qui lui sont échus par succession, don ou legs, durant le temps de la société, il doit être présumé les avoir faites plutôt des revenus desdits héritages, autant qu'elles n'excedent pas lesdits revenus, que du fonds de la société.

3°. Le survivant est débiteur envers la société de ce qu'il en a tiré pour donner à un tiers : car n'étant que libre administrateur, il ne peut pas, au préjudice de l'autre associé, donner les biens de la société.

24. Les héritiers du prédécédé peuvent être créanciers de la société pour pareilles causes pour lesquelles nous avons vu que le survivant pouvoit l'être.

De plus, s'il leur est échu quelques biens par succession, don ou legs, durant la société, & pendant qu'ils étoient sous la tutele du survivant, le compte de tutele qui leur est dû pour raison desdits biens, est une créance qu'ils ont contre la société dans laquelle sont entrés lesdits biens. *Voyez*, sur ce qui doit entrer dans ce compte, l'*Introd. au Titre 9, n. 18*.

25. Les causes pour lesquelles les héritiers du prédécédé peuvent être débiteurs envers la société, sont aussi celles pour lesquelles nous avons vu que le survivant pouvoit l'être. Il est hors de doute à leur égard, que lorsqu'il a été fait sur les héritages de la succession du prédécédé durant la société, des impenses non nécessaires sans leur consentement, ils ne peuvent être débiteurs pour raison d'icelles envers la société, que jusqu'à concurrence de ce que les héritages s'en trouvent plus précieux.

26. Lorsqu'un enfant a été, pendant la société, doté des biens de la société, il est débiteur du rapport de cette somme qu'il a reçue, mais sans aucuns revenus ni intérêts, si ce n'est du jour de la dissolution de la société ; la jouissance de la dot qu'il a eue jusqu'à ce temps devant se compenser avec les alimens qui lui étoient dus par la société.

Il doit précompter cette dot, 1°. sur la part qui lui revient de la société ; & si cette part ne suffit, sur celle qui lui revient dans les biens propres de la succession du prédécédé. Si la dot excede tout cela, le surplus sera censé lui avoir été donné par le survivant, & devra par conséquent être précompté au survivant sur sa part en la société.

27. Les intérêts de ce qui peut être dû par la société, soit au survivant, soit aux héritiers du prédécédé, ou de ce que lesdites parties peuvent devoir à la société, courent du jour de la dissolution de la société.

§. VII.

Comment les Associés sont tenus des dettes.

28. Tant que la société dure, le survivant qui en est le seul administrateur, est tenu pour le total des dettes de cette société ; & si les héritiers du prédécédé sont poursuivis, en qualité d'héritiers du prédécédé, pour raison des dettes de la communauté, qui sont devenues dettes de la société, ils en doivent être acquittés par le survivant, pardevers qui sont tous les biens de la société.

29. Après la dissolution de la société, le survivant & les héritiers du prédécédé sont tenus entre eux des dettes de la société que le survivant a contractées, chacun pour les parts qu'ils y ont : mais vis-à-vis des créanciers, le survivant y demeure obligé pour le total ; les héritiers du prédécédé n'en sont tenus que pour leur part. Néanmoins si elles étoient hypothécaires, & que ces héritiers fussent détenteurs des conquêts de la société, ils en seroient tenus hypothécairement pour le total ; car le survivant, comme libre administrateur des biens de la société, a eu droit de les hypothéquer aux dettes qu'il contractoit.

30. Quant aux dettes de la communauté qui sont devenues dettes de la société, le survivant & les héritiers du prédécédé en sont tenus vis-à-vis des créanciers, comme ils en seroient tenus s'il n'y avoit point eu de continuation de communauté, & suivant les distinctions que nous avons faites, *Introd. au Titre précéd. ch. 7 :* car la continuation, qui est un fait étranger aux créanciers, n'a pu changer ni diminuer leurs obligations vis-à-vis d'eux.

C'est une question, si les héritiers du prédécédé conservent à l'égard des dettes de la communauté devenues dettes de la société, le privilege de n'en être tenus que jusqu'à concurrence de l'émolument qu'ils en retirent ? On dit pour la négative, que la continuation de communauté étant, selon les principes de notre Coutume, une société distincte de la communauté conjugale, qui ne se régit pas par les mêmes principes, le privilege qui leur étoit accordé par la Coutume pour la communauté conjugale, ne peut s'étendre à cette société ; & qu'ils doivent s'imputer, ou d'avoir souffert contracter cette société, s'ils étoient majeurs, ou de n'y avoir pas renoncé, s'ils étoient mineurs. On peut au contraire dire pour l'affirmative, que *ubi eadem ratio & æquitas occurrit, idem jus statuendum.* Le privilege de la femme & de ses héritiers pour les dettes de la communauté, n'est fondé que sur ce que le mari étant maître de contracter autant de dettes que bon lui semble sans consulter sa femme, il n'est pas juste que la femme, qui n'a pu l'empêcher, en soit tenue sur ses propres : les héritiers n'ayant pas pu davantage empêcher le survivant, chef de la continuation de communauté, de contracter autant de dettes qu'il voudroit, il paroît juste qu'ils jouissent du même privilege par rapport aux dettes que le survivant a contractées durant la continuation de communauté.

§. VIII.

De la renonciation à cette Société.

31. Les héritiers du prédécédé qui ont souffert cette société se contracter, en ne faisant, pendant l'année depuis la mort du prédécédé, aucun acte déclaratif d'une volonté contraire, ne peuvent pas, dans notre Coutume, y renoncer pour se décharger des dettes.

32. Néanmoins s'ils étoient mineurs lors de la mort du prédécédé, notre Coutume, *art. 216*, leur permet d'y renoncer, par la regle générale que les mineurs sont restituables contre les engagemens qu'ils contractent.

Au reste, il suffit qu'ils aient été mineurs lorsque cette société s'est contractée, c'est-à-dire, lors de la mort du prédécédé, quoique depuis la majorité ils aient laissé continuer cette société ; *Arg. L. 3, §. scio, ff. de minor.*

Ils

Ils sont même recevables à cette renonciation, quoiqu'ils aient laissé écouler plus de dix ans depuis leur majorité ; car le laps de temps opere bien une fin de non-recevoir contre les restitutions qui s'obtiennent de la grace du Prince, par des Lettres en Chancellerie, mais non contre celles que la loi accorde.

33. Cette renonciation doit se faire pour tout le temps que la société a duré: on ne peut pas l'accepter pour un temps, & la répudier pour un autre temps.

34. Lorsque les héritiers ont renoncé à cette société, le survivant leur doit un compte de leur part dans les biens dont la communauté conjugale étoit composée au temps de la mort du prédécédé, & de leurs biens propres.

Pour fixer la quantité des biens de cette communauté au temps de la mort du prédécédé, on a recours à des enquêtes de commune renommée.

35. Le droit de continuation de communauté étant un droit divisible entre plusieurs héritiers du prédécédé, les uns peuvent l'accepter; & les autres, s'ils étoient mineurs, y renoncer, chacun pour la part qu'ils y ont.

L'un d'eux, qui seroit devenu depuis héritier de ses cohéritiers, pourroit, quoiqu'il y renonce de son chef, l'accepter du chef de ceux dont il est devenu héritier; *aut vice versâ.*

Lorsqu'entre plusieurs héritiers du prédécédé, les uns acceptent la société, & que les autres y renoncent, le compte dû aux renonçans est une dette de la société, dans laquelle sont entrés les effets & revenus de la succession du prédécédé, dont le compte leur est dû ; & en conséquence cette dette doit être acquittée, tant par le survivant que par les héritiers acceptans, pour la part que chacun a dans la société.

La part du survivant & celle des acceptans dans la société doivent être en même raison entre elles, qu'étoient leurs parts dans la communauté conjugale. Supposons qu'il y avoit trois héritiers du prédécédé, dont un seul a renoncé, & les deux autres ont accepté : la part du survivant dans la communauté étoit la moitié; celle de chacun des trois héritiers, un sixieme : la moitié étant en raison triple du sixieme, la part du survivant dans la société doit être triple de celle de chacun des deux héritiers acceptans la société, & par conséquent il y doit avoir les trois cinquiemes; & chacun des deux héritiers acceptans la société, un cinquieme.

SECTION II.

De la Société composée, qui a lieu lorsque le survivant qui est en continuation de communauté avec les héritiers du prédécédé, se remarie.

36. Selon les regles des sociétés ordinaires, chacun des associés ne pouvant disposer que de sa part, *l. 68*, ff. *pro soc.* l'un d'eux, en contractant société avec un tiers, ne peut l'associer qu'à sa part, & non à celle de son associé. De là la regle : *Socii mei socius, meus socius non est. L. 47*, §. *fin. de reg. jur.* Mais dans cette société le survivant en étant seul libre administrateur, & pouvant disposer, à quelque titre que ce soit, sans le consentement des héritiers du prédécédé,

tant de leur part que de la sienne, pourvu que ce ne soit pas à titre gratuit, il peut sans leur consentement, associer un tiers à la société qui est entre eux & lui.

C'est ce qui arrive lorsque le survivant, qui étoit en continuation de communauté, se remarie : en contractant communauté de biens avec sa seconde femme, il l'associe à la société qui est entre ses enfans & lui.

37. Ces deux communautés ou sociétés, sçavoir celle en laquelle il est avec les héritiers de sa premiere femme, & celle qu'il contracte avec sa seconde femme, se réunissent, & forment, quant aux choses & aux charges qui sont tant de l'une que de l'autre communauté, une communauté par tiers que nous nommerons *tripartite*, entre trois têtes; sçavoir le survivant, sa seconde femme & les héritiers du prédécédé. Observez que nonobstant cette union, les deux communautés qui forment la tripartite, conservent chacune leur être propre & leur nature particuliere.

38. Si la femme à laquelle le survivant se remarie, étoit elle-même veuve d'un premier mari, avec les héritiers duquel elle fût aussi en continuation de communauté, il se formeroit une communauté par quart entre quatre têtes; le mari, la femme, les héritiers de la premiere femme du mari, & ceux du premier mari de la femme.

La société peut se former encore entre un plus grand nombre de têtes, lorsque les conjoints qui se remarient, sont veufs de plusieurs maris ou de plusieurs femmes, avec les héritiers de chacun desquels ils sont en continuation de communauté.

Tout ce que nous dirons de la communauté tripartite, peut recevoir application à l'égard des autres sociétés d'un plus grand nombre de têtes.

§. I.

Du Chef de la Communauté tripartite ; & de son pouvoir.

39. Le chef de cette communauté est le mari qui s'est remarié, ou le second mari, lorsque c'est la femme qui s'est remariée.

Son pouvoir est différent vis-à-vis de la femme & vis-à-vis des héritiers du prédécédé. Cette communauté tripartite étant vis-à-vis de sa femme une communauté conjugale, il a vis-à-vis d'elle un pouvoir de maître & seigneur : mais il n'a vis-à-vis des héritiers qu'un pouvoir de libre administrateur, cette communauté, vis-à-vis d'eux, étant la même qui étoit avant le second mariage. C'est pourquoi si le mari survivant, qui s'est remarié, avoit disposé par donation au profit d'un étranger, de quelque effet de cette communauté, il n'en devroit aucune récompense à sa seconde femme, vis-à-vis de qui il a un pouvoir de seigneur qui lui donne le pouvoir d'en disposer par donation : mais il en devroit récompense aux héritiers de sa premiere femme, pour le tiers qui leur appartient dans cette communauté, parce que vis-à-vis d'eux il n'a qu'un pouvoir de libre administrateur, qui ne lui donne pas le droit de donner.

§. II.

Des Choses dont la Communauté tripartite est composée.

40. Les choses qui composent la communauté tripartite, sont celles qui sont de nature à entrer dans l'une & l'autre de celles dont elle est composée; c'est-à-dire, tant dans la conjugale que dans la continuation de communauté entre le survivant & les héritiers du prédécédé.

41. Suivant cette regle, les choses qui composent la communauté tripartite, sont, 1°. le mobilier de la continuation de communauté, s'il n'a été réservé propre par le contrat du second mariage; auquel cas il ne seroit pas de la communauté tripartite, mais demeureroit commun entre le survivant & les héritiers du prédécédé seulement.

Ce mobilier comprend toutes les dettes mobiliaires; non-seulement celles dues par des tiers, mais aussi toutes celles qui peuvent être dues à la continuation de communauté, soit par le survivant, soit par les héritiers du prédécédé.

2°. Les conquêts de la continuation de communauté, que le survivant a ameublis & apportés à la communauté conjugale par le contrat du second mariage.

La raison est que la communauté qu'il contracte avec sa seconde femme, dont l'ameublissement est une clause, n'étant pas un titre gratuit, le survivant a eu droit de disposer à ce titre de ces conquêts, comme libre administrateur des biens de la continuation de communauté, & de les faire entrer en la communauté conjugale.

42. 3°. Les revenus des biens immeubles, tant du survivant que de la succession du prédécédé, qui tombent dans la continuation de communauté, tombent aussi dans la communauté conjugale avec la seconde femme, & sont de la communauté tripartite; & pareillement ceux des biens propres de la seconde femme.

43. 4°. Enfin, tout ce que le chef de cette communauté tripartite acquiert à titre onéreux pendant qu'elle dure, y entre.

A l'égard des choses qui aviennent par succession, don ou legs, soit au survivant, soit aux héritiers du prédécédé, comme elles sont excluses par l'*art. 217* de la continuation de communauté qui est entre eux, elles ne peuvent être de la communauté tripartite.

44. 5°. Ce que la seconde femme fait entrer dans la communauté conjugale du second mariage, est non-seulement ce qu'elle y fait entrer en se mariant, tant en meubles qu'en immeubles qu'elle y ameublit; mais pareillement ce qu'elle y fait entrer depuis par les dons & legs qui lui sont faits, même les immeubles qui lui aviennent par succession, lorsqu'il y a une clause par le contrat du second mariage, qui les y fait entrer. Toutes ces choses sont de communauté tripartite; car, suivant le principe que nous avons établi *suprà, n. 9*, le survivant acquiert à la communauté qui est entre lui & ses enfans, tout ce qu'il acquiert à titre de commerce. Or la communauté qu'il a contractée avec sa seconde femme, par laquelle il a acquis toutes ces choses, est un titre de commerce; il les acquiert donc à cette communauté; elles appartiennent donc aux deux communautés, & par conséquent à la communauté tripartite.

§. III.

Des Charges de la Communauté tripartite.

45. Les charges de la communauté tripartite sont celles qui le sont tant de l'une que de l'autre communauté, dont celle-ci est composée.

46. Suivant ce principe, 1°. toutes les dettes mobiliaires de la continuation de communauté deviennent dettes de cette communauté tripartite, si elles n'ont été exceptées de la communauté conjugale par le contrat du second mariage; tant celles dues à des tiers, que celles qui étoient dues, soit au survivant, soit aux héritiers du prédécédé, pour leurs reprises, remplois de propres, &c. même le préciput du survivant porté par le contrat du premier mariage.

2°. Toutes les dettes mobiliaires que devoit la seconde femme lors du second mariage, si elles n'ont été exclues lors de la communauté, par une clause de séparation de dettes.

3°. Les remplois de propres, & reprises de deniers propres à quelqu'un des trois associés, & reçues par le chef de la communauté tripartite pendant ladite communauté.

4°. Toutes les dettes, tant mobiliaires que rentes contractées durant la communauté par celui qui en est le chef, & qui n'excedent pas les bornes d'une libre administration; sur quoi *voyez suprà, n. 14.*

A l'égard de celles qui excéderoient ces bornes, telles que celles qui naîtroient de quelque délit, elles sont dettes de la seule communauté conjugale.

Enfin les alimens de tous les associés, l'entretien des héritages dont les revenus tombent dans la communauté tripartite, sont des charges de cette communauté.

§. IV.

De la dissolution de la Communauté tripartite.

47. La communauté tripartite se dissout par la dissolution de l'une des deux communautés dont elle est composée.

Mais la dissolution de l'une de ces deux communautés n'entraîne pas la dissolution de l'autre. Par exemple, lorsque celle entre le survivant & les héritiers du prédécédé vient à se dissoudre pendant le second mariage, par inventaire ou quelque autre acte dissolutif (suivant qu'il est dit, *sect. n. 17*), la communauté conjugale entre le survivant & la seconde femme continue de subsister. *Vice versâ*, lorsque la conjugale est dissoute, soit par la mort de la seconde femme ou du second mari, soit par la séparation, celle entre le survivant & les héritiers du prédécédé qui n'ont point été appellés à l'inventaire fait pour la dissolution de la communauté conjugale, ne laisse pas de continuer.

La mort du survivant dissout l'une & l'autre.

§. V.

Du Partage de la Communauté tripartite; des Prélévemens, & des Rapports qui s'y font.

48. Pour parvenir au partage des biens de la communauté tripartite, il faut dresser une masse de toutes les choses qui la composent.

Il faut aussi dresser un état des sommes dont chacune des parties est créanciere de la communauté tripartite, & des sommes dont elle lui est débitrice.

Lorsque les créances d'une partie contre cette communauté excedent les dettes dont elle lui est débitrice, cela donne lieu à un prélévement que cette partie a droit de faire sur la masse, de la somme dont ses créances excedent ses dettes.

Au contraire, lorsque les dettes dont une partie est débitrice envers la communauté tripartite, excedent les créances qu'elle a contre elle, cela donne lieu au rapport que cette partie doit faire de l'excédant, lequel lui est précompté sur sa part.

Le survivant qui s'est remarié, peut avoir trois especes de créances contre la communauté tripartite; sçavoir, 1°. des créances qui lui sont particulieres, telles que sont celles qu'il a pour le remploi du prix de ses propres qui ont été aliénés pendant le second mariage; 2°. des créances qui lui sont communes avec les héritiers du prédécédé. Telles sont les créances pour la reprise du mobilier de la continuation de communauté qui est entre lui & lesdits héritiers, lequel avoit été expressément ou tacitement réservé propre par le contrat du second mariage, & la reprise du prix des conquêts de cette continuation de communauté aliénés pendant le second mariage.

49. 3°. Le préciput du second mariage, acquis au survivant par le prédécès de sa seconde femme ou de son second mari, est aussi une créance contre la communauté tripartite, qui est commune au survivant & aux héritiers du prédécédé; car ce préciput étant un droit acquis au survivant par le contrat de communauté qu'il a contractée avec sa seconde femme ou son second mari, lequel contrat est un titre de commerce, il a acquis ce droit à la communauté particuliere qui est entre lui & les héritiers du prédécédé, à laquelle il acquiert tout ce qu'il acquiert à titre de commerce pendant qu'elle dure.

50. Il y a des créances communes au survivant & à sa seconde femme, ou à son second mari. Telles sont celles que le survivant avoit contre la continuation de communauté qui est entre lui & les héritiers du prédécédé, *putà*, pour la reprise de son mobilier stipulé propre par le contrat de son premier mariage, & par la reprise du prix de ses propres aliénés, soit pendant le premier mariage, soit pendant le temps de la continuation de communauté, jusqu'au second mariage. Il en est de même du préciput de son premier mariage. Il est créancier de toutes ces choses contre la communauté tripartite, à moins qu'il n'y ait eu, par le contrat du second mariage, une convention expresse ou tacite de séparation de dettes; car sans cela toutes les dettes de la continuation de communauté deviennent dettes de la communauté tripartite, comme nous l'avons vu *suprà*, *n.* 13; & la créance de

toutes ces choſes, étant une créance mobiliaire, eſt entrée dans la communauté conjugale du ſecond mariage, à moins qu'elle n'en eût été exclue par une réſerve de propre, & par une convention du ſecond mariage, & eſt par conſéquent une créance commune au ſurvivant, & à ſa ſeconde femme ou ſon ſecond mari.

51. On peut apporter encore pour exemple d'une créance du ſurvivant contre la communauté tripartite qui lui eſt commune avec ſa ſeconde femme ou ſon ſecond mari, la repriſe du mobilier qui eſt avenu au ſurvivant par ſucceſſion, don ou legs, pendant le ſecond mariage; car ce mobilier, étant exclus de la continuation de communauté qui eſt entre le ſurvivant & les héritiers du prédécédé, par l'*article 217*, n'entre dans la communauté tripartite qu'à la charge de la repriſe; & la créance qu'a le ſurvivant pour la repriſe de ce mobilier, lui eſt commune avec ſa ſeconde femme ou ſon ſecond mari; car il appartient à leur communauté particuliere, à moins qu'il n'en eût été exclus par une réſerve de propre portée au contrat du ſecond mrriage. Les dettes du ſurvivant envers la communauté tripartite ſont auſſi de trois eſpeces. 1°. Il y en a qui lui ſont particulieres, telles que ſont celles pour impenſes néceſſaires ou utiles, autres que d'entretien, faites pendant le ſecond mariage, à ſes héritages propres; ou pour le paiement fait, pendant le ſecond mariage, de dettes qui lui étoient propres, ayant été exclues de communauté par des ſéparations de dettes, par les contrats tant du premier que du ſecond mariage. 2°. Il y a des dettes communes au ſurvivant & aux héritiers du prédécédé; telles que ſont celles pour impenſes néceſſaires ou utiles, autres que d'entretien, faites pendant le ſecond mariage, à des héritages communs entre le ſurvivant & les héritiers du prédécédé ſeulement, telles que ſont les conquêts de la premiere communauté, & ceux faits pendant ſa continuation avant le ſecond mariage. 3°. Il y a des dettes communes au ſurvivant, & à ſa ſeconde femme ou ſecond mari, telles que ſont pareilles impenſes faites, pendant le ſecond mariage, à des héritages communs entre le ſurvivant & la ſeconde femme au ſecond mari ſeulement, tels que ſont ceux avenus pendant le ſecond mariage au ſurvivant, par don ou legs; leſquels tombent bien dans la communauté conjugale du ſecond mariage, mais ſont exclus par l'*article 217* de la continuation de communauté qui eſt entre le ſurvivant & les héritiers du prédécédé.

§. VI.

Comment chacun des Aſſociés eſt tenu des dettes de la Communauté tripartite.

52. Réguliérement chacun des aſſociés eſt tenu de ces dettes pour la part qu'il a dans cette communauté: néanmoins, lorſque le paſſif excede l'actif, la ſeconde femme qui a accepté la communauté, ſi elle a fait inventaire, n'eſt tenue de ſon tiers deſdites dettes que juſqu'à concurrence de ce qu'elle amende des biens de ladite communauté; & le ſurvivant & les héritiers ſont tenus du ſurplus. La raiſon eſt que, n'étant membre de la communauté tri-

partite que par rapport à la communauté conjugale qu'elle a contractée avec le survivant, elle ne doit être tenue des dettes que suivant les regles de la communauté conjugale. Les héritiers de la seconde femme ont le même droit.

53. Lorsque c'est une femme qui a convolé avec un second mari, non-seulement elle, mais pareillement les héritiers du prédécédé, ne sont tenus de leur part des dettes de la communauté tripartite que jusqu'à concurrence de ce qu'ils en ont amendé; car la femme, en contractant, tant pour elle que pour les héritiers du prédécédé, la communauté qu'elle a contractée avec son second mari, les y a associés aux mêmes droits & conditions qu'elle.

54. Il reste à observer que quoique chaque associé, vis-à-vis de ses associés, soit tenu des dettes pour la part qu'il a en la communauté tripartite, néanmoins le mari survivant est tenu solidairement, vis-à-vis des créanciers, des dettes qu'il a lui-même contractées, quoiqu'il les ait contractées durant cette communauté.

L'héritier de la premiere femme prédécédée est aussi tenu solidairement, vis-à-vis des créanciers, des dettes qui procedent du chef de cette premiere femme; & pareillement la seconde femme est tenue solidairement de celles qui procedent de son chef.

55. Quoique l'héritier de la femme prédécédée & la seconde femme ne soient tenus personnellement chacun que pour leur tiers des dettes de la communauté tripartite contractées par le survivant, ils peuvent encore en être tenus pour le total hypothécairement, comme détenteurs de quelque conquêt de cette société; car le survivant, comme chef & libre administrateur de cette société, a eu le droit de les hypothéquer pour le total aux dettes qu'il contractoit.

§. VII.

De la Renonciation à la Communauté.

56. Lorsque la femme survivante s'est remariée, comme c'est d'elle seule, en la qualité qu'elle a de libre administratrice de la continuation de communauté qui est entre elle & les héritiers du prédécédé, qu'il a dépendu de contracter, tant pour elle que pour eux, une nouvelle communauté avec son second mari; c'est pareillement d'elle seule qu'il dépend de l'accepter ou d'y renoncer. Lorsqu'elle y renonce, c'est pour elle & pour les héritiers du prédécédé qu'elle y renonce; & ils n'y peuvent rien prétendre, ni critiquer sa renonciation: lorsqu'elle l'accepte, ils ne peuvent y renoncer, à moins qu'ils ne renoncent à toute la continuation de communauté qui a été depuis la mort du prédécédé; ce qu'ils ne peuvent même faire que dans le cas auquel ils auroient été lors mineurs.

Par la même raison, lorsque c'est un homme survivant qui s'est remarié; comme il ne peut renoncer à la communauté qu'il a contractée avec la seconde femme, les héritiers du prédécédé ne le peuvent pas non plus, à moins qu'ils ne renoncent à toute la continuation de communauté, s'ils sont en droit de le faire.

§. VIII.

Si les Enfans d'un premier lit ſont recevables à demander contre une ſeconde Femme la communauté par tiers dans l'eſpece ſuivante.

57. Lorſqu'un homme, par le contrat de ſon ſecond mariage, s'eſt obligé envers ſa ſeconde femme à diſſoudre la continuation de communauté en laquelle il étoit avec ſes enfans du premier lit, & qu'il ne l'a pas fait, en ce cas la communauté a continué par tiers : mais ſi les enfans du premier lit ont été ſeuls héritiers de leur pere, il ſemble que leur belle-mere peut oppoſer une exception réſultante de cette qualité d'héritier, contre la demande qu'ils feroient du tiers qui leur appartient de leur chef, aux offres qu'elle fera de leur laiſſer prélever la ſomme à laquelle ſera fixée, ſur la commune renommée, la part qui leur appartient dans le mobilier de la continuation de communauté qui exiſtoit lors du ſecond mariage, & qui s'eſt confondue dans les biens dont ſe trouve compoſée la communauté depuis le ſecond mariage: car leur pere, par cette clauſe, paroît s'être obligé à faire enſorte que ſa femme ne pût être empêchée par les enfans du premier mariage, d'avoir moitié dans tout ce qui ſeroit acquis pendant le ſecond mariage; & les enfans ayant, comme héritiers de leur pere, ſuccédé à cette obligation, paroiſſent non-recevables dans leur demande, qui tend à reſtreindre au tiers la portion de leur belle-mere.

Nonobſtant ces raiſons, pluſieurs penſent que ſi les enfans étoient mineurs, la ſeconde femme ne peut pas ſe prévaloir de cette convention contre eux, quoique héritiers de leur pere. La raiſon eſt, qu'il ne doit pas être au pouvoir du ſurvivant & de ſa ſeconde femme, par un concert entre eux, de priver les enfans du premier mariage du droit de continuation de communauté que la Coutume leur accorde comme leur ſeule reſſource contre le défaut d'inventaire qu'ils n'ont pu demander. La ſeconde femme doit s'imputer de n'avoir pas fait exécuter cette convention avant que de paſſer outre au mariage; n'ayant pas veillé à l'exécution de cette convention comme elle le pouvoit, elle devient ſuſpecte de ne l'avoir faite qu'en fraude des enfans, & elle ne doit pas être écoutée à la leur oppoſer. Cet avis, auquel j'incline, paroît autoriſé par un Arrêt du mois de Juillet 1655, cité par Renuſſon.

Dans le cas auquel on s'arrêteroit à la premiere opinion, s'il y avoit des enfans du ſecond mariage, les enfans du premier n'étant héritiers que pour partie, ne ſeroient exclus de la demande en continuation de communauté par tiers, que pour la part dont ils ſeroient héritiers; ſauf à leur belle-mere à ſe faire indemniſer par ſes propres enfans pour le ſurplus.

Lorſque la ſeconde femme eſt donataire de part d'enfant, elle confond ſur elle pour cette part le droit qui réſulte de l'obligation de ſon mari envers elle; & elle ne peut par conſéquent exclure pour cette part la demande des enfans du premier mariage.

TITRE

TITRE XI.

De Société.

ARTICLE CCXIII.

SOCIÉTÉ ne se contracte entre aucuns, qu'ils ne soient conjoincts par mariage, sinon qu'il y ait entre eux convention expresse (1) *passée par escrit* (2), *présent Notaire, ou sous leurs signatures. Toutefois où elle ne seroit passée présent Notaire, elle ne pourra préjudicier à autres* (3) *que aux contractans.* A. C. art. 180.

(1) Ou dans le cas de l'art. 216.

(2) Cela est tiré de l'Ordonnance de Moulins, *art.* 54, qui défend la preuve testimoniale de toutes conventions au-dessus de cent livres.

(3) Par exemple, je ne pourrai pas, en vertu d'un acte de société sous signature privée, prétendre contre les créanciers particuliers de celui que je dis être mon associé, aucun privilege sur les effets dont il se trouve en possession, & que je soutiens dépendre de notre société, dont je me prétends créancier.

ARTICLE CCXIV.

Laquelle société, *si elle n'est limitée*, sera *seulement entendue* de tous les biens meubles (1), & conquests immeubles faits *par lesdites parties durant ladite société* (2). A.C. art. 180.

(1) Acquis, soit avant, soit durant la société.

(2) A titre de commerce; *secùs* de ce qui échet par donation. *Voyez* infrà, *art.* 217.

ARTICLE CCXV.

Et si aucun acquiert société avec deux conjoincts par mariage, par telle société & communauté de biens, il n'acquiert que la tierce partie. A. C. art. 181. C. de Par. art. 240.

ARTICLE CCXVI.

Si de deux *non nobles* (1) conjoincts par mariage, l'un va de vie à trespas, & laisse ses enfans, ou autres parens ses héritiers, A.C. art. 182.

(1) Ces termes n'ont été ajoutés à cet article, lors de la réformation, que pour marquer qu'il n'y avoit pas lieu à la société établie par cet article, lorsque les enfans nobles du prédécédé tomboient en la garde-noble du survivant. Mais lorsqu'il n'y a pas lieu à la garde-noble, soit parce que les enfans avoient passé l'âge lors de la mort du prédécédé,

Aaa

C. de Par. art. 240. & ledit survivant ne fait (2) aucun inventaire, partage ou division, ou que autrement entre les parties n'en soit disposé (3), la communauté de biens se continuë (4) & conserve entre le survivant *pour la moitié*, & lesdits enfans (5), ou autres parens (6) & héritiers, *pour l'autre moitié*, chacun pour leurs portions viriles (7) & héréditaires; ensemble la saisine (8) & possession de la succession de leurs pere, mere ou parent décédés; jusques à ce que inventaire, partage ou division en soient faits, ou que autrement par eux en soit disposé (9). Et ès acquisitions qui seront faites des biens de ladite communauté, le fils aisné *ni autre* (10) *masle* n'aura prérogative d'aisnesse. *Toutefois si lesdits enfans ou héritiers estoient mineurs* (11), *sera en leur choix & option d'accepter ou refuser ladite continuation de communauté.*

soit parce que le survivant a jugé à propos de renoncer à la garde, il y a lieu à la continuation de communauté aussi-bien entre nobles qu'entre non nobles : c'est ce qui paroît par *l'art.* 184 de l'ancienne Coutume, qui dit : « Toutefois si entre nobles le survivant veut » prendre les meubles, faire le peut, en prenant la garde des enfans mineurs; *& en ce » faisant*, n'a lieu ladite communauté ». Cette interprétation est constante dans l'usage.

(2) Dans l'année du prédécès. *Voyez l'Introd. N.* 6.

(3) C'est-à-dire, n'aient déclaré leur volonté de n'être pas en société, par quelque acte que ce soit, fait entre elles, pourvu qu'il soit par écrit. *Voyez* néanmoins ce que la Jurisprudence établit à l'égard des mineurs, *Introd. N.* 17.

(4) C'est-à-dire qu'il se contracte entre les parties une société, qui succédant *nullo interposito intervallo* à la communauté de biens qui étoit entre les deux conjoints, en paroît être comme une continuation. *Voyez l'Introd. N.* 2.

(5) Majeurs ou mineurs, n'importe.

(6) Même collatéraux.

(7) C'est-à-dire que dans la moitié que les héritiers du prédécédé ont tous ensemble dans cette société, chacun d'eux n'y a que la portion virile & héréditaire qu'il a dans la succession du prédécédé ; l'aîné, qui, à cause de son préciput d'aînesse, confere dans cette société plus de revenu que n'en conferent ses puînés, n'a néanmoins qu'une portion égale à la leur.

(8) C'est-à-dire que la jouissance ou les revenus des biens de la succession du prédécédé continuent de tomber dans cette société pendant tout le temps qu'elle durera, de même qu'ils tomboient dans la communauté qui étoit entre le survivant & le prédécédé.

(9) *Voyez l'Introd. N.* 17.

(10) C'est-à-dire, qu'entre les enfans du prédécédé, l'aîné n'aura aucune prérogative d'aînesse dans les héritages féodaux qui seront acquis durant cette société; & pareillement entre les héritiers collatéraux du prédécédé, les mâles n'y auront aucun droit de préférence sur les filles. La raison est que le droit d'aînesse entre enfans, & le droit de préférence entre héritiers collatéraux, sont des droits qui n'ont lieu qu'à l'égard des biens que le défunt a laissés dans sa succession, & non à l'égard de ces acquêts faits durant la société; lesquels n'ayant été acquis que depuis la mort du prédécédé, ne sont pas des biens de sa succession, mais des acquêts de la société, dans lesquels chacun doit avoir la même part qu'il a dans la société.

(11) Lors de la mort du prédécédé, temps auquel cette société s'est contractée. *Voyez l'Introd. N.* 32.

ARTICLE CCXVII.

Si durant la communauté (1) de biens entre plusieurs personnes, à aucunes d'icelles eschéent & adviennent quelques biens & héritages par succession, don & legs, tels héritages & biens (2) ne sont compris (3) en ladite communauté, sinon qu'il y eust convention expresse au (4) contraire. Néanmoins si au survivant de deux conjoincts par mariage, qui n'auroit fait partage à ses enfans, & héritiers (5) du décédé, ou inventaire deüement fait des biens communs, ou contract équipollent à partage, advenoient & écheussent quelques biens meubles par la succession & trespas desdits enfans; & dans l'an d'icelle succession advenue, il ne fait lesdits partage ou inventaire avec ses enfans vivans, *ou que autrement entre iceux n'en soit disposé;* en ce cas lesdits biens meubles escheus audit survivant par le trespas de sondit enfant, seront & demeureront (6) en ladite communauté, ensemble le revenu (7) desdits héritages (8), jusques à ce que (9) ledit partage ou inventaire soient faits, *ou que autrement en ait été disposé;* & sans qu'il y ait (10) droict de prérogative d'aisnesse, comme dessus. A. C. art. 183.

(1) Telle qu'elle est entre le survivant de deux conjoints & les héritiers du prédécédé, & entre toutes autres personnes que mari & femme.

(2) Même mobiliers.

(3) Même pour la jouissance. *Voyez néanmoins l'Introd. N.* 22.

(4) Par le traité de société.

(5) C'est-à-dire, à ses enfans qui sont héritiers du prédécédé.

(6) Il paroît par ce terme *demeureront*, qu'il ne s'agit ici que de la portion qu'avoit dans les biens meubles de la société l'enfant auquel le survivant a succédé, laquelle accroît aux autres enfans : mais le survivant n'est pas privé de la succession des biens meubles que cet enfant auroit pu avoir d'ailleurs.

(7) Le survivant, faute d'avoir dissous la société dans l'an de la mort de l'enfant à qui il a succédé, est entiérement exclus de la succession de la part qu'avoit cet enfant dans les biens meubles de cette société. Il n'en est pas de même des acquêts immeubles de ladite société : le survivant n'est pas exclus de succéder à la propriété de la portion qu'avoit l'enfant dans lesdits acquêts; il n'est privé que des revenus de cette portion, lesquels continueront de tomber dans la société tant qu'elle durera. En cela notre Coutume est très-différente de celle de Paris.

(8) C'est-à-dire, des héritages auxquels le survivant a succédé à cet enfant, soit en propriété, soit en usufruit. Le survivant succede en propriété à la portion que cet enfant avoit dans les acquêts faits durant la société. Il succede, suivant l'*art.* 315, en usufruit à la portion dans les conquêts de la premiere communauté avenue audit enfant, de la succession du prédécédé : mais nonobstant que le survivant succede, soit en propriété, soit en usufruit, auxdits héritages, les revenus desdits héritages continueront de tomber dans la société tant qu'elle durera, comme ils y tomboient avant la mort de cet enfant.

(9) Ces termes ne se rapportent qu'à ce qui est dit des revenus des héritages, & non aux *biens meubles*, qui demeurent irrévocablement dans la société.

(10) Ces termes sont ici mal placés, & ne sont qu'une répétition inutile de ce qui a été déja dit en l'article précédent.

TITRE XII.

Du Douaire.

INTRODUCTION AU TITRE.

Article préliminaire.

1. LE Douaire est ce qui est accordé à la femme sur les biens de son mari pour ses alimens, au cas qu'elle lui survive.

2. Il y a deux especes de douaires : le conventionnel ou préfix, qui est réglé & convenu par le contrat de mariage ; & le légal ou coutumier, que la Coutume accorde à la femme à défaut de douaire conventionnel.

On peut convenir par le contrat de mariage, que la femme n'aura aucun douaire ; & c'est sans raison que Duplessis est d'avis contraire.

3. Quoique le douaire soit un titre lucratif, il est plutôt réputé convention matrimoniale que donation : c'est pourquoi il n'est pas sujet à insinuation, quand même il seroit plus fort que le coutumier. *Renusson, 4, 5 ; Lemaître, sur Paris.*

4. Il n'est pas douteux qu'une femme aubaine, mariée en ce pays-ci, est capable d'un douaire conventionnel, les conventions étant du Droit des gens, auquel les aubains participent. Il y a plus de difficulté pour le douaire coutumier : la raison de douter est, que c'est la Loi civile qui l'accorde ; & que les droits que la Loi civile accorde, ne sont accordés qu'aux citoyens. Néanmoins il y a lieu de soutenir que lorsqu'un homme domicilié à Orléans, soit qu'il fût François, soit qu'il fût lui-même aubain, a épousé ici une aubaine sans s'expliquer sur le douaire, sa veuve, quoique aubaine, doit avoir le douaire coutumier, non comme le tenant de la Coutume, mais parce qu'étant d'usage en ces pays d'accorder un douaire à la femme toutes les fois qu'on contracte mariage, son mari est censé, en contractant mariage avec elle, lui avoir tacitement accordé un douaire, & n'avoir omis de s'en expliquer que parce qu'il s'en rapportoit aux Coutumes. Cette décision est fondée sur cette regle de Droit : *In contractibus tacitè veniunt ea quæ sunt moris & consuetudinis.*

5. L'obligation du douaire se contracte dès l'instant de la célébration du mariage ; mais le droit qui en résulte n'est ouvert que par la mort naturelle du mari, & la survie de la femme. C'est pourquoi s'ils meurent l'un & l'autre dans un naufrage & dans un même temps, sans qu'on sçache qui a survécu, il n'y aura pas ouverture au douaire.

Les Arrêts ont quelquefois, dans le cas de la mort civile ou de la longue absfence du mari, adjugé fur fes biens à la femme une penfion viagere, en attendant l'ouverture du douaire par la mort naturelle du mari.

6. Sur la queftion fi le douaire eft acquis de plein droit à la femme auffi-tôt qu'il eft ouvert, ou s'il eft fujet à délivrance, *Voyez les articles 218 & 219, & les notes.*

SECTION PREMIERE.

Du Douaire conventionnel.

7. Le douaire conventionnel confifte dans ce qui a été convenu par le contrat de mariage.

Notre Coutume ne limite point ce qu'on peut accorder à une femme pour fon douaire, & il eft permis de lui en accorder un plus confidérable que celui que la Coutume lui accorde : néanmoins, lorfqu'il eft accordé par un homme qui a des enfans d'un premier mariage, à une feconde femme, il eft, en ce qu'il excede le Coutumier, réputé avantage, & réductible fuivant l'Edit. *Voyez l'Introd. au Tit. 10, n. 161.*

8. Quoique le douaire foit de fa nature viager, néanmoins on peut accorder pour douaire à une femme un certain héritage, ou une certaine fomme en propriété : mais s'il n'eft dit expreffément qu'on lui en accorde la propriété, on préfumera, conformément à la nature du douaire, que c'eft feulement l'ufufruit de la fomme ou de l'héritage qu'on a entendu lui accorder.

9. Lorfqu'on a donné une certaine chofe, foit en propriété, foit en ufufruit, à une femme pour fon douaire, la fucceffion de fon mari lui eft garante des évictions qu'elle pourroit fouffrir dans cette chofe, quoique les titres lucratifs ne donnent pas lieu à la garantie : car le douaire ne doit pas être à cet égard confidéré comme un titre lucratif, la chofe qui eft donnée à la femme pour douaire, lui étant donnée pour & à la place du douaire que la Coutume lui accordoit, auquel elle n'a entendu renoncer qu'autant qu'elle auroit cette chofe qui lui a été accordée pour douaire.

Les Auteurs vont même jufqu'à accorder à la douairiere la garantie de fait, lorfque le débiteur d'une rente qui lui auroit été donnée pour douaire, devient infolvable ; *Renuffon, 10, 36.* Cette obligation de garantie, foit de droit, foit de fait, eft une dette de la fucceffion du mari, à laquelle tous les héritiers & autres fucceffeurs univerfels doivent contribuer comme aux autres dettes de la fucceffion.

10. Le douaire d'une certaine fomme ou d'une penfion viagere eft pareillement dû par tous lefdits héritiers & fucceffeurs univerfels, comme étant une dette de la fucceffion ; d'où il fuit que la douairiere qui devient héritiere au mobilier de fon fils débiteur de ce douaire, en doit faire confufion pour la part dont elle eft tenue des dettes de la fucceffion de fon fils. Lemaître cite un Arrêt contraire, du 3 Octobre 1657 ; mais il convient qu'il ne doit pas être fuivi.

Les biens du mari y font hypothéqués du jour du contrat de mariage.

La veuve peut, après la mort de ſon mari, ſur une permiſſion du Juge, arrêter les biens de ſon mari pour le paiement de ſon douaire; mais elle ne peut procéder contre les héritiers par voie de commandement & d'exécution, qu'après avoir obtenu Sentence de condamnation contre eux.

SECTION II.

Du Douaire Coutumier.

§. I.

En quoi conſiſte-t-il.

11. Notre Coutume, *art. 218*, à défaut de douaire conventionnel, accorde à la femme pour douaire *l'uſufruit de la moitié de tous les héritages que le mari avoit lors de la conſommation du mariage, & de ceux qui, depuis, lui aviennent de pere & de mere, aïeul & aïeule, & autres aſcendans.*

12. Ce ſtatut eſt réel, & n'exerce par conſéquent ſon empire que ſur les héritages ſitués dans le territoire de notre Coutume : le douaire ſur les autres héritages ſe regle par les Coutumes des lieux où *ils* ſont ſitués. A l'égard des rentes conſtituées, qui n'ont pas de ſituation, & qui ſont des droits attachés à la perſonne du mari, c'eſt la Coutume du domicile du mari au temps de la célébration, qui eſt le temps auquel ſe contracte le douaire, qui doit régler ſi la femme y doit avoir douaire, & pour quelle portion.

13. Notre Coutume entend par *héritages* tout ce qui eſt réputé immeuble; même les rentes conſtituées & les offices; ſauf que les offices n'y ſont ſujets que ſubſidiairement : c'eſt-à-dire que dans le partage qui ſera à faire entre les héritiers du mari & la douairiere, on ne doit pas aſſigner à la douairiere l'office, s'il y a d'autres biens pour la remplir de la moitié dont elle doit avoir l'uſufruit.

Ce terme d'*héritages* ne s'étend pas aux propres conventionnels du mari. Ils ne ſont pas ſujets au douaire, quand même il ſeroit dit qu'ils ſeroient propres *quant à tous les effets;* car la ſtipulation de propre des biens du mari ne ſe fait qu'en faveur du mari & de la famille du mari, & non en faveur de la femme : d'où il ſuit que la femme ne peut s'en prévaloir pour s'y attribuer un douaire. C'eſt l'avis de *Renuſſon*, III, *106 :* quelques Auteurs ſont d'avis contraire.

14. Les héritages que le mari a apportés à la communauté ne ſont pas ſujets au douaire, quoique le mari les eût lors du mariage; car, par l'ameubliſſement, ils ſont, entre les parties contractantes, réputés *conquêts ;* & les conquêts ne ſont pas ſujets au douaire. La femme, par la convention d'ameubliſſement, préfere le droit de communauté à ces biens au droit du douaire qu'elle y auroit eu s'ils n'euſſent pas été ameublis ; & quoiqu'il arrive par la ſuite qu'elle n'uſe pas de ce droit de communauté, par ſa renonciation à la communauté, il ſuffit qu'elle en ait pu uſer, pour que ces héritages ne ſoient pas ſujets au douaire. *Renuſſon*, III, *9*.

15. L'héritage que le futur époux a aliéné dans le temps intermédiaire entre le contrat & la célébration du mariage, doit être compté parmi les biens sujets au douaire, quoiqu'il ne s'en soit pas trouvé propriétaire lors du mariage; car il n'a pu, depuis le contrat, en changer les conditions, & diminuer les espérances de sa future épouse, qui comptoit avoir son douaire sur les héritages qu'elle voyoit appartenir à son futur époux. *Renusson*, III, 4.

Contrà vice versâ, l'héritage acheté par le mari depuis le contrat de mariage & avant la célébration, n'est pas sujet au douaire, quoique le mari s'en soit trouvé propriétaire lors de la célébration du mariage: car étant défendu au futur époux, selon l'esprit de l'*article* 223, d'augmenter depuis le contrat de mariage, sans la présence des parens qui y ont assisté, les avantages de sa femme; cette voie indirecte qu'il auroit de les augmenter, en faisant, depuis le contrat de mariage & avant la célébration, des acquisitions d'héritages qui seroient sujets au douaire, doit être interdite. *Renusson*, III, 6.

Il en est autrement de celui qui, dans ce temps intermédiaire, lui seroit échu par succession collatérale, ou lui auroit été donné; car, en ce cas, on ne peut dire qu'il l'ait acquis dans la vue d'avantager sa future épouse.

16. Le mari est censé avoir eu dès le temps de la célébration du mariage l'héritage dont il est devenu propriétaire depuis, en vertu d'un droit qu'il avoit dès ce temps; & par conséquent ces héritages sont sujets au douaire. Et pareillement il est censé avoir succédé à ses pere ou mere à un héritage, lorsqu'il a trouvé dans leur succession le droit en vertu duquel il en est devenu depuis propriétaire; car ce droit étoit un droit immobilier sujet au douaire, & doit être considéré comme étant l'héritage même auquel il s'est par la suite terminé, & dans lequel il s'est fondu & réalisé.

Cette décision a lieu, quand même le droit en vertu duquel le mari est devenu propriétaire de l'héritage depuis le mariage, n'auroit encore été qu'un droit informe lors de la célébration. Par exemple, si pour cause de survenance d'enfans, il rentre dans un héritage qu'il avoit donné auparavant son mariage, cet héritage sera sujet au douaire, quoique le droit en vertu duquel il y est rentré, n'ait été ouvert que depuis le mariage, par l'existence de la condition de la survenance d'enfans dont il dépendoit; car le droit de rentrer dans l'héritage existoit dès le temps de la donation, & par conséquent au temps du mariage, quoique alors informe & dépendant d'une condition; & il étoit, comme droit immobilier, sujet au douaire sous la condition dont il dépendoit. Cette condition ayant existé, & ce droit s'étant terminé à l'héritage, l'héritage est sujet au douaire, suivant notre maxime, que le droit à un héritage, lorsqu'il s'est effectivement terminé à cet héritage, est censé avoir été effectivement l'héritage même auquel il s'est terminé.

17. Il faut décider autrement à l'égard de l'héritage aliéné par le mari avant son mariage, & dans lequel il est rentré depuis son mariage, en vertu d'une cause nouvelle; *putà*, parce que l'acheteur, qui n'en avoit pas payé le prix pour lequel on lui avoit donné terme, s'est désisté de la vente qui lui en avoit été faite: car, quoique le mari soit censé rentrer dans cet héritage par la cessation de l'aliénation qu'il en avoit faite, plutôt que l'acquérir de nouveau, & qu'il soit par conséquent *propre de communauté*, néanmoins il n'est

pas sujet au douaire, parce qu'il n'avoit, lors de son mariage, ni cet héritage, ni aucun droit à cet héritage.

18. Observez que lorsque le mari est devenu, depuis le mariage, propriétaire d'un héritage en vertu d'un droit qu'il avoit lors du mariage ; s'il a fallu, pour exercer ce droit, payer quelque somme d'argent, l'héritage ne sera sujet au douaire que pour ce qu'il vaut de plus que cette somme : c'est pourquoi la douairiere ne jouira de la moitié de cet héritage qu'à la charge de ne point exiger, pendant tout le temps de sa jouissance, le mi-denier qui lui est dû de cette somme tirée de la communauté ; & s'il n'y avoit pas de communauté, ou qu'elle y eût renoncé, elle seroit tenue de payer, pendant tout le temps de sa jouissance, aux héritiers de son mari les intérêts de la moitié de la somme.

19. Lorsque le mari, lors de son mariage, étoit propriétaire de biens immobiliers *communs entre lui & ses cohéritiers ou copropriétaires*, le partage qui s'en fait depuis le mariage, détermine sa part aux héritages qui lui échéent par le partage ; & ce sont ces héritages qui sont sujets au douaire, à la charge par la douairiere, si le lot est chargé d'un retour, d'y contribuer de la maniere telle qu'on vient de l'expliquer.

Ceux qui lui seroient échus par licitation, ou par quelque autre acte dissolutif de communauté, seroient pareillement sujets au douaire sous la même charge, ces actes tenant lieu de partage.

20. Lorsque le mari a partagé avec ses cohéritiers, pendant le mariage, les biens, tant meubles qu'immeubles, d'une succession, soit directe, soit collatérale, à lui échue avant le mariage, ou d'une succession de ses ascendans à lui échue durant le mariage; quelques Auteurs pensent que la femme doit récompense aux héritiers de son mari, si le lot de son mari a été plus fort en immeubles & moins fort en meubles que sa part ne portoit ; & que, *vice versâ*, il lui étoit dû récompense, s'il étoit plus fort en meubles & moins fort en immeubles. J'aurois de la peine à être de cet avis, à moins qu'il ne parût une affectation marquée pour grossir le lot du mari en meubles, en fraude du douaire; car la fraude ne se présume pas; & les partages ayant un effet rétroactif, le mari est censé n'avoir pas succédé à autre chose qu'à ce qui lui est échu en son lot.

21. Ce qui est uni depuis le mariage à un héritage sujet au douaire, y est aussi sujet lorsque l'union est une union naturelle ; par exemple, l'accroissement qui se sera fait par alluvion. Les bâtimens construits sur un terrein sujet au douaire, y seront aussi sujets ; mais à la charge par la douairiere de ne pas exiger, pendant sa jouissance, le mi-denier qui lui est dû; ou, si elle n'est pas commune, à la charge de payer aux héritiers du mari, pendant sa jouissance, les intérêts de la somme que ces bâtimens ont coûtée ; non pas néanmoins toujours de la somme entiere, mais seulement jusqu'à concurrence de ce que l'héritage sujet au douaire est devenu d'un plus gros revenu par la construction desdits bâtimens.

Lorsque l'union n'est qu'une union civile ou de simple destination, la chose unie n'est pas sujette au douaire.

22. Tout ce qui reste d'une chose sujette au douaire, y demeure sujet : par

par exemple, si une maison est incendiée, le terrein, & les matériaux qui en sont restés, y sont sujets. Il est vrai que la Loi 5, §. *fin.* ff. *Quib. mod. usufr. am.* décide que l'usufruitier d'une maison n'y peut rien prétendre après qu'elle a été incendiée : mais outre que la décision de cette Loi, qui n'est fondée que sur une subtilité, pourroit n'être pas reçue parmi nous, elle n'a lieu que pour l'usufruit à titre singulier. La Loi 34, §. 2, ff. *de usufr.* décide formellement le contraire à l'égard de l'usufruit à titre universel, tel qu'est celui de la douairiere.

23. Ce que le mari reçoit à la place d'une chose sujette au douaire, y est pareillement sujet, comme, par exemple, la somme de deniers qu'il reçoit pour le rachat d'une rente constituée, ou pour retour de partage de biens sujets au douaire pour la part qui lui en appartenoit, ou pour le prix d'un réméré, ou d'un retrait lignager ou féodal exercé sur un héritage qui lui appartenoit lors de la célébration du mariage.

Il en est autrement d'une somme d'argent que le mari recevroit de celui à qui il auroit été condamné sur une action rescisoire, de restituer l'héritage qu'il lui avoit vendu avant le mariage : car la vente & l'aliénation qui lui avoit été faite de cet héritage étant rescindée, non pas, comme dans les exemples précédens, seulement pour l'avenir, mais même pour le passé, l'héritage est censé ne lui avoir jamais appartenu, ni par conséquent avoir été sujet au douaire : & d'ailleurs il reçoit cette somme, non comme le prix de cet héritage, mais comme une somme qu'il se trouve avoir payée sans cause au vendeur, au moyen de la rescision de la vente.

24. Lorsque le mari qui a été condamné à délaisser un héritage qu'il avoit lors de la célébration de son mariage, reçoit du demandeur une somme d'argent pour le prix des augmentations qu'il y avoit faites avant le mariage; si c'est sur une action hypothécaire de quelque créancier de son vendeur, cette somme est sujette au douaire : car cet héritage lui appartenoit, quoique sous la charge de cette hypotheque, & par conséquent étoit sujet au douaire, & par conséquent ces augmentations qui en faisoient partie, & par conséquent la somme qu'il a reçue pour le prix desdites augmentations.

Il en seroit autrement si c'étoit sur une action de revendication ou sur une action rescisoire qu'il eût délaissé l'héritage : car l'héritage ne lui ayant jamais, ou étant censé ne lui avoir jamais appartenu, n'étoit pas sujet au douaire, ni par conséquent les augmentations qui en faisoient partie, ni par conséquent la somme qu'il a reçue pour le prix desdites augmentations.

25. Lorsqu'un héritage sujet au douaire de la femme, a péri ou a été déprécié par la faute du mari depuis le mariage, ou lorsque le mari a fait remise d'une rente sujette au douaire, ses héritiers doivent indemniser la femme de ce dont son douaire s'en trouve diminué; *Renusson*, III, 78.

Même si le mari étoit insolvable lorsqu'il a fait cette remise, elle est censée faite en fraude du douaire; & la douairiere a l'action révocatoire contre le débiteur qui a profité de cette fraude; *tit.* ff. *his quæ in fraud. cred.*

§. II.

Quand les héritages sujets au Douaire cessent-ils, ou non, d'y être sujets.

26. Les héritages sujets au douaire que le mari a aliénés, y demeurent sujets lorsque l'aliénation a été volontaire : les acquéreurs ne peuvent le purger ni par le décret, ni par la prescription, tant qu'il n'est pas ouvert, parce qu'on ne peut acquérir la libération de ce qui n'existe pas encore.

Si celui qui s'étoit mis en possession de mon héritage avant mon mariage, accomplissoit depuis mon mariage le temps de la prescription, cette prescription me faisant perdre mon droit de propriété, feroit aussi perdre à ma femme son douaire sur cet héritage : car n'ayant pu lui accorder plus de droit que je n'en avois moi-même, & le droit de propriété que j'avois lors de mon mariage dans cet héritage, étant sujet à se perdre par l'accomplissement du temps de la possession du possesseur, le douaire de ma femme y doit être sujet aussi. D'ailleurs, la prescription empêchant d'entrer dans la question si l'héritage m'a effectivement appartenu, ma femme doit être censée n'y avoir jamais eu de douaire.

27. Quoique les héritages sujets au douaire de la femme, y demeurent sujets lorsque le mari les a aliénés, néanmoins lorsqu'il en reste assez pour remplir la moitié de ce dont elle doit jouir pour son douaire, l'équité veut qu'elle le prenne sur ceux qui sont restés à son mari, plutôt que sur ceux qu'il a aliénés, pour ne pas donner lieu à des recours en garantie de la part des acquéreurs contre les héritiers du mari, pour lesquels la femme, en mémoire de son mari, doit avoir des égards.

Par la même raison, si le mari a aliéné sans fraude, par contrat d'échange ou de bail à rente perpétuelle, l'héritage sujet au douaire ; quoique, ces aliénations étant volontaires, en rigueur l'héritage aliéné demeure sujet au douaire, néanmoins la veuve, pour éviter les recours en garantie, doit être obligée de le prendre sur l'héritage reçu en contre-échange, ou sur la rente que le mari a retenue sur l'héritage, si l'héritage reçu en contre-échange ou la rente sont suffisans pour lui fournir la moitié dont elle a droit de jouir pour son douaire; *Renusson*, III, 73.

28. Si l'aliénation a été forcée, ou si le droit que le mari avoit sur l'héritage s'est éteint sans son fait, l'héritage cesse d'être sujet au douaire, suivant la maxime, *Soluto jure dantis*, &c. sauf à la femme de le prétendre sur les sommes d'argent que le mari pourroit avoir reçues à la place de l'héritage, comme il a été observé ci-dessus : & si le droit que le mari y avoit s'est éteint sans qu'il ait rien reçu, la femme ne peut rien prétendre ; comme lorsque le droit de seigneurie utile d'un héritage que le mari avoit pour un temps, a fini par l'expiration de ce temps.

Observez que quelque peu qu'il reste de temps de cette seigneurie utile lors de la mort du mari, la femme a droit de jouir de l'héritage, & non pas seulement, comme le pense Renusson, de la somme à laquelle peut être évaluée cette seigneurie utile pour le temps qui en reste à expirer. La raison sur laquelle se fonde cet Auteur, est qu'il lui semble que sans cela le droit de propriété des héritiers du mari n'auroit aucune réalité ; ce qui est faux. Ce droit ne laisse pas d'être quelque chose de réel, quoiqu'il puisse arriver, *ex accidenti*, que cette propriété leur soit infructueuse, si la douairiere survit au temps que ce droit doit expirer : car il suffit que la douairiere puisse mourir auparavant.

29. Suivant les principes que nous venons d'exposer, il sembleroit que le douaire ne pourroit avoir lieu sur les héritages qui appartenoient au mari lors de son mariage, à la charge d'une substitution à laquelle sa mort a donné ouverture : car le droit qu'avoit le mari sur ces héritages s'éteignant sans son fait, par l'ouverture de la substitution, il sembleroit que la douairiere, à qui il n'a pas pu donner plus de droit qu'il n'en avoit lui-même, n'en peut prétendre aucun. Néanmoins l'Ordonnance des Substitutions, *T. 1, art. 45*, qui n'a fait en cela que confirmer la jurisprudence qui étoit déja établie depuis long-temps, ordonne que la femme pourra, à défaut d'autres biens de son mari, prendre son douaire coutumier, ou le préfix, jusqu'à concurrence du coutumier, sur ceux qui étoient chargés de substitution, lorsque l'auteur de la substitution étoit un des ascendans du mari. La raison est qu'on présume que l'auteur de la substitution n'a pas voulu ôter à ses enfans les moyens de s'établir par mariage : d'où il suit qu'étant ordinairement nécessaire, pour trouver à s'établir par mariage d'une maniere convenable, d'avoir de quoi assigner un douaire convenable à une femme, l'auteur de la substitution doit être présumé avoir tacitement permis à son fils ou petit-fils qu'il grevoit de substitution, d'assigner à la femme qu'il épouseroit, un douaire sur les biens compris en la substitution, à défaut d'autres biens.

Lorsque la substitution n'a été faite que depuis le mariage, cette raison semble cesser : néanmoins la femme peut encore en ce cas, à défaut d'autres biens, exercer son douaire sur les biens compris en la substitution. La raison est que la femme ayant dû compter pour son douaire sur ces biens auxquels son mari devoit succéder, on doit bénignement présumer de la bonne foi de l'auteur de la substitution, qu'il n'a pas entendu priver sa bru de ses légitimes espérances.

30. Quoique l'auteur de la substitution ne fût pas des ascendans du mari, la femme peut encore en deux cas, à défaut d'autres biens, exercer son douaire sur les biens qui, lors de la célébration du mariage, appartenoient à son mari, nonobstant la substitution dont ils sont chargés ; sçavoir, 1°. lorsque ce sont les enfans de son mari qui sont appellés à la substitution ; 2°. lorsque ce sont d'autres, sous la condition qu'*il mourra sans enfans* : car en l'un & l'autre cas, le testateur ayant supposé que celui qu'il grevoit de substitution auroit des enfans, il doit être présumé avoir voulu lui laisser les moyens de s'établir par mariage pour en avoir, & par conséquent la liberté d'assigner sur ces biens à sa femme un douaire convenable, s'il n'en avoit pas suffisamment d'autres ; *Ord. de 1748, t. 1, art. 53.*

31. Toutes ces décisions ont lieu, non-seulement à l'égard de la premiere femme du grevé de substitution, mais aussi à l'égard d'un second ou ultérieur mariage ; sauf néanmoins que les femmes d'un mariage postérieur ne peuvent

prétendre le douaire subsidiaire sur les biens substitués, contre les enfans d'un mariage antérieur appellés à cette substitution; *Ordon. de 1748, t. 1, art. 52.*

Ces décisions ont lieu, non-seulement dans le premier degré, mais aussi dans tous les degrés de substitution; *ibid.*

32. Ce droit n'étant fondé que sur une présomption de la volonté de l'auteur de la substitution, il ne doit pas avoir lieu lorsqu'il a déclaré expressément par son testament, que les biens compris en sa substitution ne pourroient être engagés pour la dot & le douaire des femmes du grevé de substitution. Il ne fait en cela aucun tort à la femme du grevé : car ayant pu ne pas laisser son bien à son mari, auquel cas elle n'y auroit pu prétendre aucun droit, il ne lui fait point de tort en les laissant à son mari à la charge qu'ils ne seront pas obligés à son douaire.

33. *Les héritages donnés au mari, soit avant, soit depuis le mariage*, par quelqu'un de ses ascendans, cessent d'être sujets au douaire, lorsqu'il les a rapportés à la succession du donateur, & qu'ils sont tombés au lot de quelqu'un de ses cohéritiers : car cet héritage étant rapportable par la nature même de la donation, & le mari n'en étant propriétaire qu'en attendant l'ouverture de la succession du donateur, & jusqu'à ce qu'il en fasse le rapport, il n'est sujet au douaire que jusqu'à ce temps. D'ailleurs, étant reçu par la Jurisprudence que le rapport se fait sans la charge des hypotheques de l'héritier qui rapporte, il doit, *par la même raison*, se faire sans la charge du douaire de sa femme. Au reste, la douairiere sera récompensée sur les effets tombés au lot de son mari par le partage des biens de la succession à laquelle il a fait rapport.

34. Si la succession n'échet qu'après la mort du mari à ses enfans, ils ne pourront pas rapporter en especes les héritages donnés à leur pere au préjudice de l'usufruit dont la douairiere se trouveroit en possession : car le rapport n'a pas lieu contre des tiers qui sont en possession; & d'ailleurs la douairiere, qui ne peut plus avoir de part à la succession qui n'échet pas à son mari, ne doit pas être tenue de la charge du rapport.

§. III.

Du Douaire subsidiaire à défaut de propres.

Voyez sur ce Douaire l'*art. 221, & les notes.*

§. IV.

De l'Usufruit de la Douairiere sur les choses sujettes au Douaire.

35. Le droit de la douairiere consiste à jouir pour moitié en usufruit des choses sujettes à son douaire.

Elle a cette jouissance par indivis avec les héritiers de son mari, jusqu'au partage de la jouissance des choses sujettes à son douaire, qui peut être demandé tant par elle que par les héritiers de son mari. Après le partage, elle doit jouir seulement des choses échues en son lot.

Ce droit consiste dans celui de percevoir tous les fruits de ces choses, tant les fruits naturels & industriels qui seront à percevoir depuis l'ouverture jusqu'à la fin du douaire, & tous les fruits civils qui naîtront pendant ledit temps. *Voyez* suprà, *Introd. au tit.* 10, *n.* 23, ce qui est réputé fruit, & quand les fruits sont réputés perçus & nés.

37. C'est une question, si elle peut jouir par elle-même, nonobstant les baux faits par son mari; ou si elle est obligée de les entretenir lorsqu'elle n'est pas commune, ou qu'elle a renoncé à la communauté. A s'en tenir aux principes de Droit, il faudroit décider qu'elle n'en est pas tenue, par les mêmes raisons qu'un acheteur n'est pas tenu d'entretenir ceux faits par son vendeur, *l.* 9, *Cod. loc.* ni un légataire ceux faits par celui qui lui a légué la chose; *L.* 32, *ff. locat.* Ces raisons sont que les locataires & fermiers n'ayant aucun droit dans la chose, mais une simple action personnelle qui naît de l'engagement personnel qu'a contracté envers eux le locateur par le contrat de louage, les locataires & fermiers du mari ne peuvent avoir aucune action contre sa veuve douairiere, qui n'étant point commune, n'est pas tenue des dettes contractées par son mari durant le mariage.

En vain dit-on qu'elle est tenue d'entretenir les baux de ses propres faits par son mari. La raison de différence est, que le mari ayant fait ceux-ci comme administrateur de sa femme, il est censé les avoir faits pour elle, & elle est censée les avoir faits elle-même par son ministere : mais elle ne peut être censée avoir fait ceux des propres de son mari. Quelque décisives que soient ces raisons, plusieurs Auteurs, *Renusson*, *Traité du Douaire*, XIV, 17, pensent que la douairiere est obligée à l'entretien des baux faits par son mari, lorsqu'ils ont été faits sans fraude & pour le juste prix. La raison qu'on peut donner de cette opinion, est que la douairiere, en mémoire de son mari, doit avoir des égards pour ses héritiers, & leur éviter les recours de garantie de la part des locataires & fermiers, lorsqu'elle le peut sans beaucoup se préjudicier, en entretenant des baux faits pour le juste prix. C'est par une raison semblable que la Coutume oblige le Seigneur qui a saisi féodalement, à l'entretien des baux faits par le vassal.

Quand même la douairiere ne seroit pas tenue de l'entretien des baux, elle devroit toujours laisser jouir le fermier ou locataire pendant l'année commencée, comme il s'observe à l'égard des successeurs aux bénéfices.

38. La douairiere, comme tout autre usufruitier, a, outre le droit de percevoir les fruits de l'héritage, celui de se servir des instrumens destinés pour servir à perpétuité à leur exploitation, & qui sont dans l'héritage pour perpétuelle demeure, tels que sont les ustensiles de pressoir, les cuves, &c. *l.* 15, §. 6, *ff. de usufr.* quoique ces choses soient réputées meubles, & ne fassent pas partie de l'héritage, *art.* 353 : mais elle n'a pas le droit de jouir des autres choses qui servent à l'exploitation, tels que sont les bestiaux & les meubles aratoires.

39. Le droit de l'usufruitier se borne à la perception des fruits. Son droit étant un droit en la chose d'autrui, il ne peut en aucune maniere disposer

des héritages dont il a l'usufruit : d'où il suit qu'il ne peut en changer la forme, quand ce seroit en une forme plus avantageuse ; *L. 7, §. fin. l. 8 ; l. 13, §. 7, ff. de usufr.*

On ne peut néanmoins empêcher un usufruitier de changer la disposition des appartemens d'une maison dont il a l'usufruit, pour le temps qu'il doit durer, à la charge de la rétablir en son premier état lors de l'extinction de l'usufruit, le propriétaire n'ayant aucun intérêt de l'empêcher.

40. A l'égard des sommes de deniers dont la douairiere a droit de jouir à la place des héritages ou rentes qui étoient sujettes au douaire dont ces sommes tiennent lieu, le droit de la douairiere est ce qu'on appelle *jus quasi usûsfructûs*, qui consiste dans le droit de se servir & de disposer comme bon lui semble de ces sommes, à la charge d'en rendre autant aux héritiers du mari après la fin de l'usufruit.

§. V.

Des obligations de la Douairiere, & des charges du Douaire.

41. La douairiere doit, 1°. donner caution, telle qu'elle est prescrite par l'*art. 218.*

42. 2°. Elle doit, comme tout autre usufruitier, jouir en bon pere de famille. D'où il suit, 1°. qu'elle ne doit point détériorer les héritages, à peine d'être tenue des dommages & intérêts du propriétaire ; 2°. qu'elle ne doit pas faire servir les héritages à d'autres usages qu'à ceux auxquels ils sont destinés ; 3°. qu'elle ne doit pas percevoir les fruits avant leur maturité. Si elle le fait, & qu'elle décede avant le temps auquel ils auroient dû être perçus, elle est tenue des dommages & intérêts du propriétaire. Si elle survit à ce temps, elle n'en doit aucuns, n'ayant en ce cas fait tort qu'à elle-même.

3°. Elle doit veiller à la conservation des héritages & rentes dont elle jouit. Si donc elle en laisse usurper la possession, si elle laisse prescrire les droits attachés aux héritages ou les rentes, faute de s'en faire servir, elle est tenue des dommages & intérêts du propriétaire.

43. C'est une question, si la douairiere qui n'est pas commune, ou a renoncé à la communauté, doit faire raison aux héritiers de son mari des frais de labour & semence faits pour les fruits qui se sont trouvés pendans lors de l'ouverture du douaire, & qu'elle a perçus en sa qualité de douairiere. Renusson décide pour l'affirmative, par la raison que ces frais étant une charge de ces fruits, *cùm fructus non intelligantur nisi deductis impensis, l. 36, §. 5, ff. de pet. her.* ils doivent être portés par la douairiere qui les perçoit. J'inclinerois à l'opinion contraire, suivie par Lemaître. La raison est que le mari, ou la Loi pour lui, sont censés accorder à la femme pour son douaire l'usufruit des héritages, tels & dans l'état qu'ils se trouveront lors de l'ouverture du douaire, & par conséquent sans restitution des frais faits pour les mettre en cet état, lesquels sont censés compris dans le don d'usufruit qui est fait à la femme.

Contrà vice versâ, on doit faire raison à la succession de la douairiere des frais de labour & semence pour les fruits qui se sont trouvés pendans lors de sa mort, & qui sont perçus par le propriétaire ; car la douairiere n'a entendu lui rien donner.

44. La douairiere est obligée à l'entretien des héritages sujets à son douaire, pour la part dont elle doit jouir. *Voyez l'art. 222.* Toutes les réparations d'entretien qui surviennent pendant le temps de son douaire, sont donc à sa charge : celles survenues auparavant, non-seulement ne sont pas à sa charge, mais elle peut faire condamner les héritiers de son mari à les faire. Cette décision, qui paroît contraire à la Loi 65, §. 1, ff. *de usufr.* est fondée sur une raison particuliere au douaire, qui est, que le mari en ayant contracté l'obligation dès le temps du contrat ou de la célébration de son mariage, il ne doit pas le diminuer en manquant d'entretenir les héritages qui y sont sujets.

45. La douairiere est aussi obligée d'acquitter toutes les charges foncieres de son temps ; non-seulement les charges annuelles, comme les arrérages de cens, de rente fonciere, de champart ; mais aussi les extraordinaires, comme les tailles d'Eglise, taxes pour le ban & arriere-ban, &c. L'usufruitier est aussi tenu des francs-fiefs s'il n'est pas de condition noble, &c. *Arrêt du Conseil du 13 Avril 1751, art. 20.*

La Coutume de Paris, *art. 40*, décide que la douairiere n'est pas tenue du rachat auquel la mort de son mari a donné ouverture ; & en charge les héritiers qui succedent à la propriété. *Voyez l'Introd. au tit. des Fiefs, n. 190.*

46. L'usufruit de la douairiere étant un titre universel de la moitié des biens immeubles que le mari avoit lors de la célébration du mariage, elle doit être tenue non-seulement des charges foncieres de chacun des héritages dont elle jouit, mais aussi d'acquitter pour sa moitié tous les arrérages qui courront pendant tout le temps de son usufruit, des rentes que le mari devoit lors de la célébration du mariage, lesquelles sont une charge desdits biens. Elle n'est pas tenue de celles créées depuis le contrat de mariage, à moins que le principal n'eût servi à acquitter celles créées auparavant : car le mari ne peut pas pendant le mariage, ni pendant le temps intermédiaire entre le contrat & la célébration, diminuer par son fait le douaire.

47. Elle n'est pas tenue non plus des dettes mobiliaires, quoique créées avant le mariage : car selon les anciens principes du Droit François, dont notre Coutume s'est écartée dans la matiere des successions pour la contribution aux dettes entre les différens héritiers, mais qu'elle a conservé dans les autres matieres, les dettes mobiliaires sont une charge des biens mobiliers seulement, & les rentes sont une charge des biens immeubles. D'où il suit que la douairiere n'ayant part qu'à la jouissance des biens immeubles, elle ne doit être tenue que des rentes, & non des dettes mobiliaires de son mari ; & que les héritiers du mari doivent l'en acquitter, si elle étoit poursuivie par quelque créancier hypothécaire d'une dette mobiliaire antérieure au mariage.

Cette décision a lieu quand même ces dettes mobiliaires auroient excédé le mobilier ; *Renusson*, VIII, 21.

48. Lorsque le mari a remboursé, durant le mariage, quelque rente qu'il devoit auparavant, la douairiere commune en biens ne peut exiger pendant

le temps de son douaire, les arrérages de cette rente, qui revit pour moitié à son profit; au moyen de quoi son douaire ne sera pas augmenté par ce rachat.

Mais si elle n'est pas commune, ou qu'elle ait renoncé à la communauté, profitera-t-elle de ce rachat? Ou doit-on l'obliger à payer, par forme de récompense, aux héritiers de son mari, pendant le temps que durera son douaire, la même part de cette rente qu'elle eût été tenue de payer au créancier, si son mari ne l'eût pas remboursée? Duplessis & Renusson pensent que la femme doit en ce cas profiter de ce rachat, sans être tenue à aucune récompense; le mari étant censé, en remboursant ces rentes, n'avoir eu d'autre vue que celle de se libérer, & non celle d'avantager sa femme. Renusson cite pour autoriser son sentiment, l'Arrêt de l'Encorne, & l'art. 396 de la Coutume de Normandie. On peut soutenir au contraire que la femme est tenue à cette récompense, parce que le douaire ne pouvant être diminué par le fait du mari, il est juste qu'il ne puisse être augmenté par son fait à ses dépens, sans que sa succession en soit récompensée. Il n'est pas nécessaire, pour qu'il y ait lieu à la récompense, que le mari, en rachetant ces rentes, ait eu principalement en vue d'avantager sa femme; il suffit qu'elle le seroit effectivement aux dépens des héritiers du mari, qui auroient joui de la somme entiere employée à ce rachat, si elle n'y eût pas été employée. *C'est l'avis de Lemaître & de M. Rousseau.*

Si le mari qui a remboursé des rentes qu'il devoit, avoit aussi reçu des sommes pour le rachat des rentes qui lui étoient dues & étoient sujettes au douaire, tous conviennent qu'en ce cas les héritiers du mari pourront opposer à la douairiere qui demanderoit à jouir du prix des rentes sujettes à son douaire, la compensation jusqu'à due concurrence des sommes employées au rachat de celles dues au mari.

49. La douairiere ayant aussi la jouissance de la moitié des biens immeubles échus à son mari des successions de ses ascendans durant le mariage, elle doit, pour cette part, contribuer aux dettes tant mobiliaires que rentes desdites successions, ne devant y avoir part que sous la même charge sous laquelle son mari y a succédé.

§. VI.

De l'action de la Douairiere.

50. La douairiere peut poursuivre le droit d'usufruit qu'elle a dans les héritages sujets à son douaire, même contre les tiers détenteurs: elle a pour cela l'action réelle qu'on appelle *confessoria servitutis usûsfructûs.*

51. Différentes fins de non-recevoir peuvent l'en exclure: 1°. lorsqu'elle a consenti l'aliénation que son mari a faite de l'héritage.

2°. Lorsqu'elle est commune, étant en cette qualité tenue pour moitié de l'obligation de garantie que son mari a, durant la communauté, contractée envers l'acquéreur en lui vendant l'héritage, elle est exclue de cette action pour moitié, suivant la regle, *Quem de evictione tenet actio, eum agentem repellit*

exceptio;

exceptio ; si mieux elle n'aime abandonner à cet acquéreur, pour ses dommages & intérêts, sa part en la communauté : car elle n'est pas tenue de la garantie au-delà ; *art. 187, in fine.*

Si à la qualité de commune elle ajoute celle de détentrice des conquêts hypothéqués à cette obligation de garantie, elle en est tenue hypothécairement pour le total, & elle doit par conséquent être exclue pour le total de son action, si mieux elle n'aime les délaisser.

En tous ces cas elle doit être indemnisée par les héritiers du mari.

SECTION III.

Pour quelle cause la Femme est-elle privée de son Douaire ; & quand son Douaire finit-il.

52. La femme est privée de son douaire, lorsque sur la plainte de son mari elle a été atteinte & convaincue du crime d'adultere ; à moins qu'il ne lui eût depuis pardonné cette faute en la reprenant chez lui ; *Anjou, 314.*

Lorsque le mari ne s'en est pas plaint pendant son vivant, les héritiers ne sont pas recevables à accuser la veuve de ce crime.

53. La femme qui a abandonné son mari, & a été, par des sommations, mise en demeure de retourner avec lui, doit aussi être privée de son douaire. Plusieurs Coutumes en ont des dispositions, qui, comme équitables, doivent être suivies dans celles qui ne s'en sont pas expliquées.

54. Quelques Coutumes, comme Anjou & le Maine, prononcent la peine de la privation du douaire contre la femme qui malverse dans les héritages qui y sont sujets, en abattant les hauts bois, & en faisant d'autres dégradations considérables. Dans la nôtre, qui ne s'en explique pas, je pense qu'il doit suffire d'ordonner en ce cas que la femme ne jouira plus que par les mains de l'héritier, ou d'un séquestre qui lui délivrera les revenus : c'est le tempérament qu'a pris la Coutume de Bretagne.

55. Le douaire qui consiste en usufruit ou pension viagere, finit non-seulement par la mort naturelle de la douairiere, mais par sa mort civile, qui résulte, ou de sa condamnation à peine capitale, ou de sa profession en religion. Quelques Arrêts ont néanmoins conservé une pension modique pour ses alimens ; *Arrêt du 23 Juillet 1629, au Journal des Audiences, tom.* 1, 11, 20.

56. Il finit aussi par toutes les manieres dont l'usufruit finit ; 1°. par la consolidation, lorsque la douairiere acquiert la propriété de l'héritage sujet à son douaire ; car elle ne peut plus avoir l'usufruit de ce qui lui appartient ; 2°. par la remise qu'elle fait de son droit ; 3°. par la prescription, si pendant trente ans elle n'a pas joui, ni fait aucune poursuite.

TITRE XII.

Des Douaires.

ARTICLE CCXVIII.

A. C. *art.* 238. C. de Par. *art.* 247 & 248.

QUAND aucune femme, soit noble ou non noble, est conjoincte par mariage, & par le traité n'y a aucun doüaire préfix, ladite femme par la Coûtume est doüée de la moitié de tous les héritages (1) que le mary avoit lors (2) de la consommation (3) dudit mariage, & de ceux qui depuis lui adviennent (4) de pere & de mere (5), ayeul ou ayeule, & autres ascendans; pour d'icelle moitié joüir par ladite femme, sa vie durant, en acquittant les charges que doivent iceux héritages durant le temps dudit doüaire, *à sa caution juratoire*, *après avoir affirmé n'en pouvoir bailler autre. Mais si elle se remarie, baillera caution suffisante :* duquel doüaire coustumier est ladite femme saisie, *après ladite caution baillée* (6).

(1) Ce terme comprend tous les immeubles. *Voyez l'Introd. N.* 13.

(2) *Voyez l'Introd. N.* 12, *& suiv.*

(3) Cela ne veut pas dire que le douaire ne se gagne qu'au coucher, selon la maxime admise par quelques Coutumes : ce terme de *consommation*, ne signifie ici que la perfection du mariage qui se fait par le consentement des parties en face de l'Église, & par la bénédiction nuptiale. C'est ce qui paroît par un manuscrit de Me. Chotard, Avocat, qui avoit été employé à dresser les cahiers de la réformation de notre Coutume.

(4) Par succession, don ou legs : car les dons ou legs que nous font nos ascendans sont successions anticipées.

(5) La raison est que nous avons une espece de droit sur les biens de nos ascendans dès leur vivant : c'est pourquoi ils sont censés avoir appartenu au mari dès le temps de la célébration de son mariage; la femme qui l'a épousé avoit droit d'y compter pour son douaire. Au contraire, comme nous n'avons aucun droit aux biens de nos collatéraux de leur vivant, & qu'ils peuvent sans injustice en disposer à notre préjudice, les biens qui échéent au mari durant le mariage par succession collatérale, ne peuvent être censés en aucune maniere lui avoir appartenu lors de la célébration de son mariage; la femme n'a eu aucun droit d'y compter, & par conséquent ils ne doivent pas être sujets au douaire.

Celui qui est appellé à une substitution, étant censé tenir de l'auteur de la substitution les biens qui y sont compris, & non de celui qui en étoit grevé, & par la mort duquel il les recueille, les héritages compris dans une substitution à laquelle le mari a été appellé par quelqu'un de ses ascendans, seront sujets au douaire, quoiqu'il les recueille durant le mariage, par la mort d'un collatéral qui en étoit grevé envers lui. *Contrà vice versâ*, ceux que le mari aura recueillis durant le mariage, par la mort de son pere, ou autre ascendant qui étoit grevé de substitution envers lui, ne seront pas sujets au douaire, si l'auteur de la substitution mort durant le mariage, n'étoit pas un des ascendans du mari.

(6) Les fruits des héritages sujets au douaire n'appartiennent donc à la douairiere que

du jour qu'elle a fait son acte de caution juratoire au Greffe, de jouir du douaire en bon pere de famille, & affirmé n'en pouvoir donner d'autre.

ARTICLE CCXIX.

Quand par le traité de mariage y a douaire préfix, les femmes ne peuvent avoir autre doüaire; sinon qu'il soit expressément dit (1) & déclaré par le contract, que lesdites femmes pourront prendre doüaire coustumier ou préfix, à leur choix & option. Et si le doüaire coustumier est choisi, se doit demander (2) : & jusques à ce qu'il soit demandé, n'est deu.

A. C. *art.* 239. C. de Par. *art.* 261.

(1) Il y a quelques Coutumes contraires à la nôtre, qui accordent à la veuve le choix du douaire coutumier ou du préfix. Si un Orléanois, *lorsqu'il s'est marié*, avoit des héritages situés sous ces Coutumes, par exemple à Chauni, sa veuve pourra choisir le douaire coutumier sur lesdits héritages, & elle ne sera par ce choix déchue du douaire préfix que pour une part qui soit en même raison que sont ses héritages au total de ceux qu'avoit le mari lorsqu'il s'est marié. Par exemple, si lesdits héritages en faisoient le tiers, la veuve, en acceptant le douaire de la Coutume de Chauni sur lesdits héritages, ne sera déchue de son douaire préfix que pour un tiers: car ce n'est que pour cette part que le douaire préfix devoit lui tenir lieu du douaire de Chauni; il lui tient lieu pour les deux autres tiers du douaire coutumier d'Orléans, dont il la prive.

(2) La Coutume, en disant que le douaire coutumier se doit demander, laisse à conclure qu'il n'est pas besoin, ou du moins qu'il n'est pas toujours besoin de demander le douaire préfix. *Qui dicit de uno, negat de altero.* On fait ici à cet égard cette distinction: Lorsque par le contrat de mariage on a accordé à la femme pour son douaire un certain héritage, soit en usufruit, soit en propriété; ou lorsque le mari lui a constitué sur ses biens une rente; la femme, dans ces cas, est réputée saisie de plein droit de son douaire dès qu'il est ouvert. Mais lorsqu'il est dit que le douaire sera d'une certaine somme d'argent, le douaire en ce cas ne gît qu'en action, & les intérêts ne courent que du jour de la demande.

ARTICLE CCXX.

Le doüaire de la femme noble ou non noble, préfix ou coustumier, est personnel (1); sinon que par le contract de mariage ladite femme eust été doüée d'aucun douaire, pour estre propre héritage d'elle (2) : auquel cas ledit doüaire sortist nature de propre.

A. C. *art.* 240. C. de Par. *art.* 249.

(1) C'est-à-dire qu'il finit par la mort de la femme, & qu'elle n'a que la jouissance pendant sa vie, de la chose ou de la somme qui lui a été assignée pour douaire.

(2) C'est-à-dire, pour qu'il appartienne en propriété à la douairiere.

ARTICLE CCXXI.

En traité de mariage, auquel n'y a convention de doüaire, & le mary n'a aucuns (1) propres héritages, la femme aura pour

A. C. *art.* 241.

(1) Il en est de même, 1°. s'il en avoit, mais qui fussent de si peu de valeur qu'ils ne

son doüaire le quart des conquests (2) de la portion (3) des héritiers (4) du décédé, en usufruit; en payant les charges (5), *& entretenant lesdits héritages & bâtimens, aux cautions que dessus.* Et s'il n'y a conquests (6), aura la quarte partie des meubles de la portion des héritiers du trespassé à perpétuité, les debtes déduites.

méritassent aucune considération; car dans les choses morales *parùm pro nihilo reputatur:* 2°. S'il en avoit lors du mariage; mais que depuis, & avant l'ouverture du douaire, il eût cessé de les avoir sans son fait ni sa faute, & sans avoir rien reçu à la place: 3°. Si le mari, lors du mariage, avoit un propre qui se trouvât, lors de l'ouverture du douaire, chargé d'un usufruit envers une autre personne antérieurement au mariage, je pense que la veuve pourroit, en abandonnant le douaire qu'elle pourroit prétendre sur cet héritage après l'extinction de l'usufruit dont il est chargé, avoir recours au douaire subsidiaire: car ses alimens, pour lesquels la loi lui accorde un douaire, ne pouvant souffrir de retardement, elle ne doit pas être sans douaire, en attendant l'extinction de l'usufruit dont ce propre est chargé.

Il y a plus de difficulté de sçavoir s'il y a lieu au douaire subsidiaire lorsque le mari a un propre, mais sous une autre Coutume. J'inclinerois à décider qu'il y a lieu; car l'esprit de notre Coutume paroît être d'accorder toujours un douaire, d'abord sur les propres, & à défaut, sur les autres biens du mari. Il suffit donc qu'elle n'ait accordé aucun douaire sur les propres, pour qu'elle l'accorde sur les conquêts. Or dans cette espece elle n'a accordé aucun douaire sur les propres; celui que la veuve a sur le propre situé sous une autre Coutume, lui étant accordé par cette Coutume, & non par la nôtre: car les Coutumes sont réelles, & disposent les unes indépendamment des autres.

(2) Lorsqu'il y a exclusion de communauté, les héritages acquis par le mari durant le mariage, sont sujets au douaire subsidiaire, comme les conquêts en cas de communauté. Il y a même raison pareillement si la communauté a été dissoute par une séparation: les héritages acquis durant le mariage, quoique depuis la séparation, y sont sujets. Mais ceux échus au mari par succession collatérale durant le mariage, n'y sont pas sujets: car ils ne peuvent passer pour conquêts.

(3) Ce qui fait la huitieme au total: mais si la douairiere renonçoit à la communauté, la portion étant en ce cas le total, la douairiere auroit en ce cas la jouissance du quart du total. *Arg. l.* 9, §. 4, ff. *de usufr.*

(4) Il n'y a donc que les conquêts que le mari laisse en sa succession qui soient sujets à ce douaire; ceux dont il a disposé par acte entre vifs n'y sont pas sujets.

(5) Elle doit payer non-seulement les charges foncieres de ces conquêts pour la part dont elle en jouira, mais elle doit aussi payer pour son quart les arrérages qui courront pendant tout le temps du douaire, des rentes dues par la succession de son mari.

(6) Il en est de même s'il y en a quelqu'un qui soit de nulle valeur & considération, ou qui soit située sous une autre Coutume, ou qui soit chargé d'usufruit envers une autre personne: mais si la femme étoit donataire en usufruit des conquêts de son mari, elle seroit plutôt censée confondre le douaire sur elle-même par cette donation, que n'avoir pas de douaire: c'est pourquoi il n'y auroit pas lieu en ce dernier cas au douaire subsidiaire sur les meubles.

ARTICLE CCXXII.

C. de Par. art. 262. *La femme qui prend doüaire coustumier, est tenue entretenir les héritages des réparations viageres* (1), *qui sont toutes réparations d'en-*

(1) Les réparations des autres corps d'héritages, comme des moulins, étangs, vignes, sont toutes réputées réparations d'entretien, dont l'usufruitier est chargé, comme l'observe l'Auteur des notes de 1711.

tretenemens, hors les quatre gros murs, poutres, & entieres couvertures & voûtes.

ARTICLE CCXXIII.

Toutes contre-lettres (1) *faites à part, & hors la présence des parens* (2) *qui ont assisté aux contracts de mariage, sont nulles.* C. de Par. art. 258.

(1) Cet article défend non-seulement les contre-lettres qui dérogeroient à quelque article du contrat de mariage, mais même celles qui contiendroient quelque nouvelle convention entre les futurs époux, ou quelque donation qu'ils se feroient.

Mais celles qui ne sont qu'explicatives des clauses du contrat, ne sont pas défendues; *Voyez Louet, L. C. n.* 28.

(2) Les contre-lettres qui dérogent à quelque article du contrat de mariage, ne sont pas seulement défendues entre les conjoints, mais aussi entre les autres personnes qui ont été parties au contrat de mariage. Ainsi si un pere a promis en dot à son fils une somme de 30,000 liv. la contre-lettre par laquelle le fils promettoit de n'exiger que 20,000 liv. seroit nulle.

ARTICLE CCXXIV.

La femme de celui qui a esté condamné & exécuté par Justice, & ses biens confisquez, ne perd son doüaire (1); ains le prend sur lesdits biens confisquez, & est préférée au fisc. A. C. art. 176.

(1) Suivant l'ancienne Coutume, la femme ne conservoit en ce cas que son douaire; mais aujourd'hui elle conserve aussi sa part en la communauté. *Suprà, art.* 209.

TITRE XIII.

Des Servitudes réelles.

INTRODUCTION AU TITRE.

ARTICLE PREMIER.

Principes généraux sur la nature des Servitudes, & de leurs différentes especes.

1. LE droit de servitude est le droit de se servir de la chose d'autrui à quelque usage, ou d'en interdire quelque usage au propriétaire ou possesseur : *Jus faciendi aut prohibendi aliquid in alieno.*

La servitude, de la part de celui qui la doit, ne consiste donc à autre chose qu'à souffrir que celui à qui elle est due, se serve de la chose pour l'usage pour lequel il a droit de s'en servir, ou à s'abstenir de ce que celui à qui elle est due a droit d'empêcher qu'on y fasse. Au reste, les droits de servitude n'obligent point le possesseur de l'héritage qui la doit, à faire quelque chose ou à donner quelque chose : en quoi ces droits different des droits de redevance fonciere & des droits de corvée. *Servitutum non ea natura est ut aliquid faciat quis .... sed ut aliquid patiatur, aut non faciat : l. 15, §. 1, ff. de servit.*

2. Il y a deux principales especes de servitudes ; les personnelles & les réelles.

Les droits de servitudes personnelles sont ceux qui sont attachés à la personne à qui la servitude est due, & pour l'utilité de laquelle elle a été constituée, & finissent par conséquent avec elle.

Les droits de servitudes réelles, qu'on appelle aussi *servitudes prédiales*, sont ceux qu'a le propriétaire d'un héritage sur un héritage voisin pour la commodité du sien.

On les appelle *réelles* ou *prédiales*, parce qu'étant établies pour la commodité d'un héritage, c'est plutôt à l'héritage qu'elles sont dues qu'à la personne. Ce sont des droits attachés à l'héritage ; ce sont des appartenances & dépendances de l'héritage, qui passent avec lui en quelques mains qu'il passe : *Quid aliud sunt jura prædiorum, quàm prædia qualiter se habentia ? L. 86, ff. de verb. signif.*

C'est de ces servitudes réelles ou prédiales dont il est traité sous ce titre.

Il résulte de la définition que nous en avons donnée, qu'il ne peut y avoir de servitude réelle sans deux héritages voisins, appartenans à différens maîtres, à l'un desquels héritages la servitude soit due, & par l'autre desquels elle soit due. L'un s'appelle *l'héritage dominant* ; l'autre, *l'héritage servant.*

3. Ces droits de servitude réelle sont indivisibles, & ne sont pas susceptibles de parties, ni réelles, ni même intellectuelles : car il répugne qu'un héritage ait pour partie sur l'héritage voisin un droit de passage, un droit de vue, ou quelque autre droit de servitude ; & il répugne pareillement qu'un héritage en soit chargé pour partie. L'usage d'un droit de servitude peut bien être limité à certains jours, à certaines heures ; mais ce droit dont l'usage est ainsi limité, est un droit entier de servitude, & non une partie de droit.

4. Le possesseur de l'héritage à qui la servitude est due, ne peut s'en servir que pour l'héritage à qui elle est due, & non pour d'autres. Par exemple, si j'ai acquis pour mon héritage le droit de tirer de la marne du vôtre pour le marner, je ne puis en tirer pour marner d'autres héritages, pas même des terres acquises depuis la constitution de la servitude, que j'aurois unies à l'héritage à qui la servitude est due : car je ne puis pas par mon fait & par cette union, qui n'est qu'une simple destination, augmenter la servitude qui est due. Il en seroit autrement des terres qui seroient accrûes à mon héritage par alluvion : car cette union est une union naturelle, & ces terres sont véritablement partie de l'héritage à qui la servitude est due.

ARTICLE II.

De la constitution des Servitudes.

5. Il est évident qu'il n'y a que le propriétaire de l'héritage qui a le droit d'en disposer & de l'aliéner, qui puisse y imposer un droit de servitude.

6. Lorſqu'il appartient à pluſieurs propriétaires ; comme chacun des propriétaires ne peut diſpoſer que de ſa part, & qu'un héritage ne peut être chargé pour partie d'un droit de ſervitude (*ſuprà*, *n. 3*), il en réſulte que le droit de ſervitude ne peut être impoſé que par tous les propriétaires. C'eſt pourquoi ſi de trois propriétaires de l'héritage voiſin du mien, deux m'ont accordé pour mon héritage un certain droit de ſervitude ſur le leur, leur héritage ne ſera pas chargé de ce droit de ſervitude juſqu'à ce que l'autre propriétaire y ait pareillement conſenti. Néanmoins quoique l'héritage n'en ſoit pas encore chargé, ceux qui me l'ont accordé ne ſeroient recevables, ni leurs héritiers, à m'en interdire l'uſage ; parce qu'en m'accordant ce droit de ſervitude, s'ils n'ont pas pu en charger leur héritage juſqu'au conſentement de leur co-propriétaire, au moins ils ont contracté envers moi un engagement perſonnel de m'en laiſſer jouir. Mais ſi avant que l'héritage eût été chargé du droit de ſervitude par le conſentement du troiſieme propriétaire, ces deux qui m'avoient accordé ce droit avoient aliéné leurs parts à titre ſingulier, ſans charger les acquéreurs de l'engagement qu'ils avoient contracté envers moi, ces acquéreurs pourroient m'empêcher d'uſer de la ſervitude, & le troiſieme propriétaire ne pourroit plus en charger l'héritage ſans leur conſentement ; *l. 11*, ff. *S. R. P. l. 18*, ff. *Comm. Pr.*

7. Perſonne ne pouvant diſpoſer de ſon héritage au préjudice des droits que des tiers y ont, il s'enſuit que le propriétaire d'un héritage qui ſeroit déja chargé d'une ſervitude envers un héritage voiſin, ne peut impoſer une autre ſervitude envers un autre héritage, qui diminueroit l'utilité de la premiere, ſans le conſentement du propriétaire de l'héritage à qui elle eſt due ; *l. 8*, ff. *de Aq. & aq. pl.*

8. Si le poſſeſſeur de l'héritage voiſin, qui paſſoit pour en être le propriétaire ſans l'être effectivement, m'a accordé ſur cet héritage un droit de ſervitude ; ce poſſeſſeur n'ayant pu me donner un droit dans une choſe dans laquelle il n'en avoit pas lui-même, je n'en acquiers aucun. Mais j'acquiers au moins *cauſam uſucapiendi :* car ſi, en vertu de ce titre, j'uſe pendant trente ans du droit de ſervitude, j'acquerrai le droit par preſcription. Ma poſſeſſion n'eſt pas en ce cas deſtituée de titre, puiſque je poſſede en vertu d'un titre d'acquiſition *ab eo quem bonâ fide credebam dominum eſſe ;* & ma poſſeſſion ne peut paſſer pour une tolérance, puiſque j'uſe du droit de ſervitude en ce cas, *tanquam juſtè exiſtimans me jus ſervitutis habere.*

9. Un droit de ſervitude ne peut être acquis à un héritage que par le propriétaire de l'héritage ; & s'il y a pluſieurs propriétaires, il doit être acquis par tous ; *l. 11*, ff. *de ſerv.*

Au reſte, il eſt cenſé acquis par le propriétaire, s'il eſt acquis en ſon nom par ſon tuteur, curateur ou autre adminiſtrateur, même par un ſimple procureur fondé de procuration générale : mais ſi quelqu'un, ſans procuration & ſans qualité pour gérer mes affaires, ſtipuloit en mon nom ce droit pour mon héritage, le droit ne me ſeroit acquis que lorſque j'aurois ratifié.

10. Les ſervitudes ſe conſtituent, ſoit par acte entre vifs, à titre de vente, de donation, &c. ſoit par teſtament. L'uſage que fait de la ſervitude, en exécution de la conceſſion qui lui en eſt faite, le propriétaire de l'héritage à qui elle eſt accordée, tient lieu de tradition de ce droit.

Les servitudes se constituent aussi souvent par les partages, lorsqu'on convient que la portion d'un héritage qui tombe dans le lot d'un co-partageant, sera chargée d'une certaine servitude envers l'autre portion qui tombe dans un autre lot.

Elles se constituent aussi par l'aliénation que quelqu'un fait de l'un de ses héritages, en retenant pour celui qu'il conserve une certaine servitude sur celui qu'il aliene; *aut vice versâ.*

A quelque titre qu'elles soient constituées, on doit observer en la constitution, pour qu'elle soit valable, ce qui est marqué par l'*art.* 227.

Les servitudes se constituent même quelquefois tacitement. *Voyez l'art.* 228, *& les notes.*

Elles ne s'acquierent pas sans titre par la seule possession, laquelle est censée, lorsqu'elle est destituée de titre, être plutôt une tolérance qu'une vraie possession. *Voyez l'art.* 225.

ARTICLE III.

Des Actions touchant les Droits de Servitude; & comment ces Droits se justifient.

11. Il y a deux actions touchant les droits de servitude; la *confessoire* & la *négatoire.*

L'action *confessoire* est une action réelle, par laquelle celui à qui appartient un droit de servitude sur quelque héritage, conclut contre celui qui le trouble dans l'usage de cette servitude, à ce que l'héritage soit déclaré sujet à ce droit de servitude, & qu'il soit fait défenses au défendeur de l'y troubler.

L'action *négatoire* est aussi une action réelle que le propriétaire d'un héritage peut former contre celui qui s'y attribue sans droit quelque servitude, à ce que son héritage soit déclaré franc de cette servitude, & qu'il soit fait défenses au défendeur d'en user.

Dans l'une & dans l'autre action, c'est à celui qui prétend un droit de servitude à le justifier, selon la maxime, *Incumbit onus probandi ei qui dicit.*

12. Ces droits se justifient non-seulement par le titre constitutif de la servitude, qu'il seroit souvent difficile de rapporter, mais aussi par quelque espece de titre que ce soit, comme partage, contrat d'acquisition, bail à ferme ou loyer, dans lequel le propriétaire de l'héritage sur lequel on prétend le droit de servitude, ou quelqu'un de ses auteurs, auroit reconnu que l'héritage est sujet au droit de servitude.

A l'égard des titres de celui qui prétend le droit de servitude, & de ses auteurs, par lesquels il seroit énoncé que son héritage a un droit de servitude sur l'héritage voisin, ces titres ne sont pas suffisans pour établir le droit; car on ne peut pas se faire des titres à soi-même.

Un décret même dans lequel le droit de servitude sur la maison voisine seroit énoncé, & auquel les propriétaires de cette maison ne se seroient pas opposés, ne seroit pas un titre suffisant; car l'effet des décrets est de purger les

droits

droits que des tiers ont ſur l'héritage adjugé par décret, & non pas de faire acquérir à l'héritage des droits qui n'y ſont pas attachés.

C'eſt une queſtion, ſi dans notre Coutume la poſſeſſion centenaire établit la ſervitude. *Voyez ſur ce l'art. 225, & les notes.*

ARTICLE IV.

De l'extinction des Servitudes.

13. Ne pouvant y avoir de ſervitude réelle ſans deux héritages, dont l'un ſoit chargé de la ſervitude envers l'autre, il en réſulte que les ſervitudes s'éteignent, 1°. par la deſtruction, ſoit de l'héritage dominant, ſoit de l'héritage ſervant.

Obſervez néanmoins que lorſque l'une de deux maiſons, dont l'une étoit chargée de ſervitude envers l'autre, eſt démolie avec eſpérance d'être rebâtie, la ſervitude eſt plutôt ſuſpendue juſqu'à ce qu'elle ſoit rebâtie, qu'elle n'eſt éteinte; & elle continue après la reconſtruction; pourvu néanmoins que la maiſon qui avoit le droit de ſervitude, ne ſoit pas reconſtruite de maniere à rendre la ſervitude plus dure qu'elle n'étoit auparavant; *l.* 20, §. 2, & 4, ff. *S. urb. pr.*

14. Les ſervitudes s'éteignent, 2°. lorſque l'héritage dominant & le ſervant viennent par la ſuite à appartenir pour le total à un même maître : car quoique l'héritage qui avoit le droit de ſervitude, continue de tirer de l'autre la même commodité qu'il avoit auparavant, ce n'eſt plus droit de ſervitude; c'eſt ſimple deſtination de pere de famille. *Voyez l'art. 228.*

Si le propriétaire de l'un des héritages n'acquéroit l'autre que pour partie, la ſervitude ne ſeroit pas éteinte; *L.* 30, §. 1, ff. *ſervit. urb. pr.*

15. 3°. Les ſervitudes s'éteignent lorſqu'ayant été impoſées ſur un héritage par un propriétaire dont le droit n'étoit pas incommutable, le droit de ce propriétaire vient à ſe réſoudre *ex causâ antiquâ & neceſſariâ* : car il n'a pas pu accorder ſur ſon héritage plus de droit qu'il n'en avoit lui-même; c'eſt le cas de la maxime, *Soluto jure dantis ſolvitur jus accipientis. L.* 11, §. 1, *quemadm. ſerv. amitt.*

Mais la ſervitude ne s'éteint pas par l'extinction du droit du propriétaire de l'héritage dominant qui l'a acquiſe pour cet héritage; car il en a pu faire la condition meilleure; *d. l.* 11.

16. 4°. Les ſervitudes s'éteignent par la remiſe qu'en accorde le propriétaire de l'héritage dominant qui a le pouvoir de diſpoſer de ſes immeubles.

Lorſqu'il y a pluſieurs propriétaires, il faut que la remiſe de la ſervitude ſoit faite par tous : car la ſervitude eſt un droit indiviſible qui ne peut s'éteindre pour partie : *Nec acquiri libertas, nec remitti ſervitus per partem poteſt, L.* 34, *ſervit. pr. ruſt.*

Mais quoique la remiſe du droit de ſervitude faite par l'un des propriétaires ne s'éteigne pas, elle a au moins cet effet, qu'elle le rend & ſes héritiers non-recevables à réclamer ce droit, tant que les autres propriétaires ne le réclament pas.

17. 5°. Les servitudes s'éteignent par la prescription de trente ans; *art. 226.*

18. Il y a à cet égard une différence entre les servitudes rustiques; telles que sont les servitudes de passage, de pâturage, le droit de puiser de l'eau, &c. & les urbaines.

Les premieres s'éteignent *non utendo*, sans aucun fait de la part du propriétaire de l'héritage servant; & par cela seul que le propriétaire de l'héritage dominant, ni personne de sa part, n'a usé, pendant le temps de trente ans, de son droit de servitude.

Il est censé en avoir usé, quoiqu'il n'ait fait qu'une partie de ce que son droit de servitude lui donnoit droit de faire dans l'héritage servant, & il n'en conserve pas moins son droit de servitude dans toute son intégrité; *L. 8*, §. *1*, ff. *quemadm. serv. amitt.*

Mais s'il n'avoit fait que ce qui n'est que l'accessoire de ce que son droit de servitude lui donne droit de faire, il ne seroit pas censé avoir usé de son droit. Par exemple, si celui qui a le droit de puiser de l'eau à mon puits, a passé souvent sur mon héritage, & est venu jusqu'à mon puits, mais sans y avoir puisé de l'eau depuis trente ans, il est censé n'avoir pas usé de son droit, & il a perdu son droit de puiser de l'eau, sans même conserver celui de passer sur mon héritage, qui n'en étoit que l'accessoire. *L. 17*, ff. *d. tit.*

Pareillement celui à qui la servitude est due, n'est pas censé en avoir usé s'il a fait autre chose sur l'héritage servant que ce qu'elle lui donnoit droit de faire; *L. 18*, ff. *d. tit.* ou s'il ne l'a fait qu'à d'autres heures que celles auxquelles il avoit droit de le faire; *L. 10*, §. *1*, ff. *d. tit.* ou enfin s'il a fait ce que la servitude lui donnoit effectivement droit de faire, mais sans sçavoir user de son droit; *L. 25*, ff. *d. tit.* comme s'il a demandé permission pour le faire.

Le titre recognitif de la servitude que celui à qui elle est due, se feroit passer par celui qui la doit, tient lieu d'usage de la servitude, & empêche la prescription de courir. Il est très-utile de faire passer ces reconnoissances, pour prévenir le cas auquel le fait de l'usage de la servitude pourroit être contesté.

19. A l'égard des servitudes urbaines, le seul défaut d'usage de celui à qui elle est due, ne suffit pas pour en acquérir la liberté : il faut que celui qui la doit, acquiere la liberté par quelque fait de sa part. *V. g.* pour prescrire contre le droit que j'ai d'asseoir mes solives sur le mur de la maison voisine, il ne suffit pas pour la prescription que je les aie retirées, & que pendant trente ans je n'y aie assis aucunes autres solives; il faut encore que le voisin ait bouché les trous destinés pour les recevoir. Ce n'est que du jour qu'il les a bouchés que court la prescription de trente ans qui éteint la servitude, si je ne m'en suis pas plaint pendant ce temps; autrement les trous ouverts réclament pour la servitude; *L. 6*, ff. *servit. pr. urb.*

Il est sur-tout nécessaire pour l'extinction des servitudes qui ne consistent que dans le droit d'empêcher qu'il soit fait quelque chose dans l'héritage servant, que le propriétaire y ait fait ce que la servitude lui interdisoit de faire. Par exemple, dans la servitude *altiùs non tollendi*, le temps de la prescription ne court que du jour que la maison serve a été exhaussée plus haut que ne le permettoit la servitude.

20. Observez aussi que le fait interdit par la servitude, ne peut en procurer

la libération qu'autant qu'il a été fait *nec vi, nec clàm, nec precariò.* C'est pourquoi, si ma maison étant sujette envers la maison voisine à la servitude, *ne prospectui officiatur*, j'ai planté des arbres qui nuisent à la vue de cette maison, avec promesse par écrit de ne les conserver que tant que le propriétaire de la maison à qui la servitude est due voudroit les souffrir, la servitude ne sera pas éteinte, quoiqu'il ait laissé passer trente ans sans s'en plaindre.

Mais ce billet ne rend mon fait précaire qu'à l'égard de la servitude due à cette maison, & n'empêche pas la prescription d'une pareille servitude que je devrois à une autre maison du propriétaire, de laquelle je n'ai pas pris une pareille permission. *L. 32, ff. 5, urb. pr.*

21. 6°. Enfin les servitudes se purgent & s'éteignent par les décrets, lorsque l'héritage qui en est redevable est adjugé sans la charge de la servitude, celui à qui elle étoit due n'ayant formé aucune opposition au décret : ce qui souffre néanmoins exception à l'égard des servitudes visibles, que le décret ne purge pas.

ARTICLE V.

Des autres matieres traitées sous ce titre.

22. Il est traité sous ce titre non-seulement des servitudes qu'un héritage peut devoir à l'héritage voisin, mais de plusieurs autres matieres qui concernent le voisinage. Il y est traité des fossés & des murs qui bornent les héritages voisins, quand ils doivent être censés communs ou propres à l'un des voisins ; *art. 234, 241, 252.* Il y est aussi traité des latrines & égouts communs entre voisins ; *art. 249.*

23. Les regles sur les obligations que forment la communauté des murs & autres choses semblables, sont, 1°. qu'un des co-propriétaires ne peut, sans le consentement de son co-propriétaire, rien faire dans la chose commune, ni s'en servir, si ce n'est pour les usages auxquels elle est destinée ; *Ll. 27 & 28, ff. comm. divid. Voyez les art. 231, 232, 233.*

2°. Chacun des propriétaires peut être contraint par les autres aux réparations de la chose commune ; *L. 12, ff. comm. divid. Voyez l'art. 239.*

3°. Chacun doit user de la chose commune de maniere qu'il ne nuise pas à l'usage qu'en doit avoir son co-propriétaire. *Voyez l'art. 238.*

24. Il est aussi traité sous ce titre des obligations que forme le voisinage entre les voisins.

PREMIERE REGLE.

Chacun des voisins peut faire ce que bon lui semble sur son héritage, de maniere néanmoins qu'il n'endommage pas l'héritage voisin : *Domum suam unicuique reficere licet, ut non officiat invito alteri in quo jus non habet ; L. 61, ff. de reg. jur.*

De cette regle dérivent les articles 243, 246, 247, 248, 259, dont l'art. 254 est un accessoire.

II. REGLE.

Je puis faire sur mon héritage quelque chose qui prive mon voisin de la commodité qu'il en retiroit, par exemple, des jours qu'il en retiroit: *Cùm eo qui tollendo obscurat vicini ædes quibus non serviat, nulli competit actio. L. 9, ff. de S. urb. pr.*

III. REGLE.

Quoique régulièrement personne n'ait droit d'entrer, ni de rien faire dans l'héritage d'autrui, néanmoins la nécessité & les loix du voisinage nous obligent quelquefois de le souffrir. *Voyez l'art. 240, 251; L. 14, §. 1, ff. quemadm. serv. amitt.*

Les art. 235 & 237 contiennent aussi des exemples d'obligations que le voisinage produit.

25. C'est encore une des obligations que forme le voisinage, que chacun des voisins, lorsque l'autre le requiert, est obligé de faire à frais communs borner leurs héritages. Il est particulier aux villes que l'un des voisins peut obliger l'autre à borner leur maison par un mur de clôture; *art. 236.*

26. L'art. 257 regle les obligations réspectives des propriétaires des portions divisées d'une maison.

27. Les art. 244, 245, 250 & 258 regardent la Police. L'art. 253 est déplacé, & appartient au titre 22. L'*art. 255* est aussi étranger à ce titre; il y est traité du franc-aleu. *Voyez cet article & les notes.*

TITRE XIII.

Des Servitudes réelles.

ARTICLE CCXXV.

A. C. *art.* 190. C. de Par. *art.* 186.

VEUES, esgoûts, & *tous autres droicts de servitutes*, ne portent saisine (1) à celui qui les a, s'il n'a titre valable; & sans titre valable (2), ne les peut prescrire par quelque temps que ce soit (3).

(1) Cela est mal exprimé: le sens est, l'usage dans lequel est le possesseur d'un héritage d'avoir sur l'héritage voisin une vue, un égout, qu'on ne peut avoir droit d'y avoir qu'en vertu d'un droit de servitude de vue ou d'égout sur cet héritage; & pareillement l'usage dans lequel il est d'y avoir ou d'y faire quelque autre chose qu'on ne peut avoir droit d'y avoir ou d'y faire qu'en vertu d'un droit de quelque autre espece de servitude, *ne porte saisine*, c'est-à-dire, n'est pas regardé comme une possession, ou quasi-possession du droit de servitude, mais comme un usage précaire & de simple tolérance, qui ne peut par conséquent faire acquérir par prescription le droit de servitude; car on ne peut acquérir par prescription qu'en possédant, *nec vi, nec clàm, nec precariò.*

(2) *Voyez l'Introd. N. 12.*

(3) La Coutume de Paris ajoute, *même de cent ans.* La raison sur laquelle elle se fonde, est qu'une possession précaire, telle qu'est présumée celle des servitudes dont il n'y a pas de titre, ne cesse pas d'être précaire par le laps de temps, quelque long qu'il soit, le laps de temps seul n'en pouvant pas changer la qualité; *cùm nemo sibi ipse mutare possit causam*

possessionis suæ. L. 3, §. 19, ff. *acq. poss.* Mais dans les Coutumes, telles que la nôtre, qui ne s'en expliquent pas, il y a de bonnes raisons pour soutenir que l'usage centenaire vaut titre & établit la servitude. Cela est conforme à la doctrine de Dumoulin, qui enseigne en son conseil 26, *N.* 24 & 25, que la possession centenaire vaut titre, & que les loix qui excluent la prescription *par quelque temps que ce soit*, ne doivent pas s'entendre de la centenaire: *Habet vim constituti, nec dicitur præscriptio, sed titulus, & nunquam censetur exclusa etiam per legem prohibitivam, nec per quæcumque verba quamcumque præscriptionem excludentia.* Quant à la raison sur laquelle s'est fondée la Coutume de Paris, il semble qu'on peut répondre qu'il est vrai que le laps de temps, même de cent ans & plus, ne peut pas changer la qualité de *précaire*, qu'une possession dont on connoît l'origine précaire, a eue dans son commencement, *cùm nemo sibi mutare possit causam possessionis suæ*; & qu'en conséquence une telle possession ne peut attribuer de droit par quelque temps que ce soit. Mais le laps de temps peut bien faire changer les présomptions touchant la qualité d'une possession dont on ne connoît pas l'origine. C'est pourquoi, quoique notre Coutume présume précaires les possessions & usages de servitude, lorsqu'on ne rapporte pas de titre, cette présomption peut cesser lorsque l'usage est centenaire, parce qu'une simple tolérance ne dure pas ordinairement si long-temps, & qu'une possession aussi longue fait présumer un titre qui s'est perdu par l'injure des temps. Ricard, sur la Coutume de Senlis, rapporte un Arrêt du 11 Février 1658, qui l'a ainsi jugé dans la Coutume de Crépy, qui porte: *Nulle servitude sans titre, par quelque temps que ce soit.* Quelque puissantes que soient ces raisons & ces autorités, on auroit peut-être aujourd'hui de la peine à réussir à établir une servitude par la seule possession centenaire; parce que la nouvelle Jurisprudence incline beaucoup à interpréter les autres Coutumes par celle de Paris.

La possession centenaire des servitudes peut se prouver par les actes faisant mention de l'état des lieux, & par la construction & ancienneté des bâtimens.

ARTICLE CCXXVI.

Mais la liberté se peut réacquérir (1) *contre le titre de servitude par trente ans entre personnes aagées* (2) *& non privilegiées* (3).

(1) *Voyez* comment, *Introd. N.* 18 *& suiv.*

(2) Si l'un des co-propriétaires de l'héritage, à qui le droit de servitude appartient, est mineur, la prescription ne court pas pendant le temps de sa minorité, ni contre lui, ni contre ses co-propriétaires majeurs; les droits de servitude étant indivisibles, & ne pouvant s'éteindre pour partie: c'est le cas auquel *le mineur releve le majeur.*

(3) Les personnes privilégiées sont, 1°. le Roi, dont le domaine est imprescriptible, & tous les droits immobiliers qui en font partie; 2°. l'Église, contre qui l'on ne prescrit que par quarante ans.

ARTICLE CCXXVII.

Quand un pere de famille met hors de ses mains partie de sa maison, il doit spécialement (1) *déclarer quelles servitudes il retient sur l'héritage qu'il met hors de ses mains, ou quelles il constituë sur le sien; & les faut nommément & spécialement déclarer* (2), *tant pour l'endroit, grandeur, hauteur, mesure, que espece de servitude, &* C. de Par. art. 215.

Cet article est tiré des Loix 7 & 10, ff. *comm. præd.*

(1) Ceci reçoit exception au cas de l'article suivant.

(2) Cela doit être observé par quelque acte que ce soit, qu'une servitude se constitue, & non pas seulement dans le cas ci-dessus, qui n'est exprimé que par forme d'exemple.

par escrit : autrement toutes constitutions générales de servitudes, sans les déclarer comme dessus, ne valent (3).

(3) Comme s'il étoit dit en termes vagues que votre maison seroit serve de la mienne, sans exprimer quelle espece de droit de servitude j'aurois ; ou s'il étoit dit que j'aurois droit de vue sur votre maison, sans exprimer à quel endroit je pourrois ouvrir une fenêtre, & de quelle grandeur elle seroit : telles constitutions de servitude seroient de nul effet ; à moins que ce vice d'indétermination ne se trouvât purgé par quelque écrit qui fût explicatif de l'espece & de la qualité de la servitude.

ARTICLE CCXXVIII.

C. de Par. art. 216.

Destination (1) *de pere de famille vaut titre, quand elle est* (2), *ou a esté* (3) *par escrit, & non autrement.*

(1) Lorsque deux héritages appartiennent au même maître, le service que l'un tire de l'autre, comme lorsqu'une maison a une vue ou un égout sur l'autre, n'est pas servitude, *quia res sua nemini servit ;* L. 26, ff. *de servit. pr. rust.* c'est *destination de pere de famille.* Si par la suite ces maisons viennent à appartenir à différens maîtres, soit par l'aliénation que le propriétaire fera de l'une de ces maisons, ou par le partage qui se fera entre ses héritiers, le service que l'une des maisons tire de l'autre, qui étoit *destination de pere de famille* lorsqu'elles appartenoient à un même maître, devient un droit de servitude que le propriétaire de cette maison a sur la maison voisine de qui la sienne tire ce service, sans qu'il soit besoin que par l'aliénation qui a été faite de l'une de ces deux maisons, ou par le partage, cette servitude ait été expressément constituée. La raison est que la maison qui a été aliénée [illegible] censée l'avoir été en l'état qu'elle se trouvoit ; & pareillement que lorsqu'elles ont été [illegible]agées, elles sont censées l'avoir été telles & en l'état qu'elles se trouvoient ; & par conséquent l'une comme ayant la vue, l'égout, &c. sur l'autre, & l'autre comme souffrant cette vue, cet égout, &c. ce qui suffit pour établir la servitude. C'est ce que signifie notre Coutume par ces termes : *Destination de pere de famille vaut titre.*

(2) Le sens est, que celui qui prétend un droit de servitude sur la maison voisine en conséquence d'une destination de pere de famille, doit, si le voisin disconvient de cette destination, en avoir la preuve par écrit ; & il ne seroit pas admis à la preuve par témoins. Par exemple, s'il s'agit d'un droit de servitude de vue ou d'égout, il doit avoir la preuve littérale que la fenêtre & l'égout existoient dès le temps que les deux maisons appartenoient au même maître ; ce qui peut s'établir par le marché par écrit qui auroit été fait pour la construction, par les quittances des ouvriers, ou par quelque acte qui contiendroit une description de ces maisons, dans laquelle la fenêtre ou l'égout seroient énoncés.

(3) M. de Lalande donne cette interprétation, que dans le cas auquel les écrits qui établissent la destination du pere de famille, seroient perdus, on pourroit être admis à prouver qu'ils ont existé, par des témoins qui les auroient vus & lus. Cette interprétation ne doit être admise qu'avec restriction, dans le cas auquel il seroit survenu quelque incendie, ruine, ou autre cas semblable, qui eût causé la perte des titres, & eût rendu nécessaire cette preuve testimoniale. Hors ces cas elle ne doit pas être admise ; autrement la Loi qui rejette la preuve par témoins, & exige une preuve par écrit de la destination du pere de famille, seroit éludée ; étant aussi facile de trouver de faux témoins qui déposent qu'ils ont vu quelque acte qui l'établissoit, comme d'en trouver qui déposent de l'état même des maisons au temps qu'elles appartenoient au même maître.

ARTICLE CCXXIX.

C. de Par. art. 201.

Celui qui a droict de veuë sur l'héritage d'autruy par fenestres, ou autres ouvertures, doit ses ouvertures tenir barrées (1) à barreaux de fer, & voirre dormant (2); sinon qu'il y ait convention expresse au contraire. A. C. art. 201.

(1) Les vues qu'il a droit d'avoir sont destinées seulement pour l'éclairer, & non pour satisfaire une curiosité inutile à lui-même, & incommode à son voisin; *neque enim malitiis indulgendum est*; l. 38, ff. *de rei vindic.* L'intérêt public & l'humanité demandent que nous usions de nos propres droits de la façon la moins incommode au prochain. Observez aussi que le droit de vue oblige bien le voisin qui doit la servitude à souffrir l'ouverture de la fenêtre dans le mur mitoyen; mais il ne l'empêche pas d'élever le sien. *Arrêt du 6 Février 1710, dans Augeard.*

(2) *Voyez l'art. suivant.*

ARTICLE CCXXX.

Voirre dormant, est voirre attaché & scellé en plastre ou chaux, que l'on ne peut ouvrir, ne au travers d'iceluy avoir regard pénétratif (1) sur l'héritage d'autrui.

(1) C'est un verre assez épais pour empêcher les regards de percer dans la maison du voisin, & assez transparent pour laisser passer autant de jour qu'il en faut *ad usum diurnum.* De Lalande, *sur cet article.*

ARTICLE CCXXXI.

En mur mitoyen & commun, on ne peut (1), sans le consentement de partie, faire veuës (2), esgoûts (3), retraits, ne cisternes (4). A. C. art. 191.

(1) Cet article est fondé sur la regle, *In re communi potior est causa prohibentis.*

(2) Lorsque le mur est propre, quoique contigu à la maison voisine, il est permis d'y ouvrir des fenêtres, pourvu qu'elles soient fermées en la maniere prescrite par l'*art.* 229: car chacun a le droit de faire en sa chose ce que bon lui semble, *dum nihil in alienum immittat.* Ce que la Coutume de Paris ordonne, que ces fenêtres soient à neuf pieds du rez-de-chaussée, & à cinq pieds de chaque étage, est une disposition locale qui semble ne pouvoir faire loi dans la nôtre: néanmoins la sagesse de cette disposition, & l'inclination de la nouvelle Jurisprudence à faire de la Coutume de Paris une espece de Droit commun sur les choses sur lesquelles les autres Coutumes ne s'expriment pas, pourroient porter à l'y étendre. Il en est de même de la distance qu'elle exige pour avoir des vues droites ou bées sur l'héritage voisin.

Il y a plus de difficulté si lorsque le mur est mitoyen jusqu'à une certaine hauteur, le voisin qui l'a exhaussé à ses dépens, peut ouvrir des fenêtres dans la partie exhaussée qui lui est propre. Lauriere rapporte un Arrêt du mois de Juillet 1670, qui a jugé qu'il le pouvoit; mais que l'autre voisin, en offrant de rembourser sa part du prix de la partie exhaussée, pouvoit les lui faire boucher. *Voyez* aussi Soefve, 11, 16, 51.

(3) On n'en peut faire même dans un mur propre, lorsqu'il est contigu à l'héritage voisin; parce qu'on ne peut, sans avoir droit de servitude, faire couler ses eaux dans l'héritage voisin, suivant la regle, *Hactenùs cuique in suo facere licet, quatenùs nihil immittat in alienum.*

(4) *Voyez* infrà, *l'art.* 243.

ARTICLE CCXXXII.

A. C. *art.* 193. C. de Par. *art.* 206. En mur mitoyen & commun, chacune des parties peut percer tout outre (1) ledit mur, pour y mettre & asseoir ses poutres & solives, & autres bois, en rebouchant les pertuis : sauf à l'endroit des cheminées, où l'on ne peut mettre aucun bois.

(1) En avertissant le voisin, à peine d'être tenu de ses dommages & intérêts, & pourvu que le mur soit suffisant pour porter la charge.

ARTICLE CCXXXIII.

A. C. *art.* 195. En mur mitoyen, quand l'un a premier assis ses cheminées, l'autre ne les lui peut faire ôter ne retirer, en laissant la moitié du mur, & une chantille (1) pour contrefeu. Mais au regard des lanciers & jambages des cheminées & cimaizes, il peut percer ledit mur tout outre, pour les asseoir à fleur dudit mur.

(1) *Ne flammâ torreatur paries. L.* 13, ff. *de Serv. urb. præd.* Cette chantille doit avoir demi-pied d'épaisseur (*Paris*, 189), & quatre pieds au moins de hauteur. Dans les chambres, quand on met une plaque, il n'est pas nécessaire de contre-mur.

ARTICLE CCXXXIV.

A. C. *art.* 196. En la ville & fauxbourgs (1) d'Orleans, *& autres villes closes du Bailliage*, tous murs sont communs (2) entre voisins jusques à neuf pieds; c'est assavoir, deux pieds en terre, & sept pieds au dessus de terre, qui n'a titre ou marques au contraire; & s'il faut réparer ou reédifier lesdits murs, ce sera aux dépens communs (3) des parties jusques à ladite hauteur.

(1) On appelle fauxbourgs *continentia ædificia sub urbe. L.* 147, ff. *de verb. signif.*

(2) La raison de cette présomption se tire de l'*art.* 236. Au-delà des neuf pieds, le mur n'est censé commun qu'autant qu'il soutient les bâtimens des deux voisins. S'il ne soutient des bâtimens que d'un côté, il est présumé, pour la partie au-delà de neuf pieds, être propre de celui de qui il soutient les bâtimens : car c'est une regle en fait de murs construits *in confinio*, que le mur est présumé appartenir à celui qui a eu intérêt de le construire.

(3) Le voisin ne peut s'en exempter en offrant d'abandonner sa part du mur & de la terre sur laquelle il est assis; car il pourroit être contraint d'en faire un neuf s'il n'y en avoit point; *art.* 236. A la campagne, où cette raison cesse, le voisin peut s'exempter de la réfection d'un mur commun, en abandonnant sa part.

ARTICLE CCXXXV.

C. de Par. *art.* 194. *Si aucun veut bâtir contre un mur non mitoyen* (1), *faire le peut,*

Voyez l'Introduction, n. 24.

(1) Mais contigu & joignant son héritage.

en payant moitié (2), tant dudit mur que fondation d'icelui, jusques à la hauteur dont il se voudra ayder; ce qu'il est tenu faire auparavant que rien démolir ne bâtir. En l'estimation duquel mur est compris la valeur de la terre sur laquelle ledit mur est fondé & assis, au cas que celui qui a fait ledit mur, l'ait prins sur son héritage.

(2) La raison pour laquelle la Coutume ne permet pas que je refuse à mon voisin la communauté de mon mur, qu'il veut acheter de moi pour bâtir contre, est que ce refus seroit contraire à l'équité naturelle, & aux devoirs du bon voisinage : car il ne pourroit procéder de ma part que d'une envie de lui nuire, & de le constituer en dépense contre mon propre intérêt, puisque j'ai intérêt de retirer de lui la moitié du prix de mon mur, en lui permettant de s'en aider, plutôt que de l'obliger d'en construire un nouveau le long du mien.

La Coutume ne restreint pas la disposition de cet article aux villes : c'est pourquoi il y a lieu de penser qu'elle doit avoir lieu pour la campagne comme pour les villes; il paroît y avoir même raison. Néanmoins j'ai vu quelque part la note d'un Arrêt du 7 Septembre 1736, de la premiere des Enquêtes, par lequel on prétend qu'il a été jugé que cet article ne devoit pas avoir lieu dans le Bourg de Châteauneuf. *Voyez l'art.* 237.

ARTICLE CCXXXVI.

Entre deux héritages joignans & contigus l'un de l'autre, assis en la ville d'Orléans, *& autres villes du Bailliage, & entre les maisons & cours joignans & contigus l'un l'autre, assis ès* fauxbourgs de ladite ville (1) d'Orléans; le Seigneur de l'un desdits héritages peut contraindre l'autre Seigneur faire, à communs dépens, mur de closture. Toutefois n'est tenu de le faire, sinon de pierre & terre, & d'un pied & demi d'épaisseur, de deux pieds de fondement, & sept pieds de haut au dessus des terres. A. C. *art.* 204.

(1) L'article n'a donc pas lieu pour les fauxbourgs des autres villes régies par notre Coutume : *Inclusio unius exclusio est cæterorum.*

ARTICLE CCXXXVII.

Si en terre commune (1) l'un des voisins édifie mur, l'autre voisin s'en peut aider pour édifier, ou autrement (2), en payant la moitié à la raison de ce dont il se voudra aider; & peut être empêché jusques à ce qu'il ait payé. A. C. *art.* 192.

(1) L'article 235 me permet de m'aider même du mur que mon voisin a bâti sur son héritage propre, lorsqu'il est contigu au mien. A plus forte raison cela doit-il m'être permis lorsqu'il a bâti en terre commune : c'est pourquoi il semble que cet article soit inutile. Il y en a qui estiment que l'*art.* 235 est pour les villes, & celui-ci pour la campagne : il y a néanmoins de bonnes raisons pour étendre à la campagne l'*art.* 235.

(2) *Putà*, pour y attacher des espaliers.

ARTICLE CCXXXVIII.

A. C. art. 194. Quand aucun (1) édifie maison, & assied ses seules *& poutres*, il ne les peut mettre & asseoir à l'endroit, & contre les autres seules *& poutres* auparavant mises & assises *par son voisin*.

(1) *Voyez l'Introd. n.* 23.

ARTICLE CCXXXIX.

A. C. art. 200. Murailles qui ne sont droites, & pendent *en danger de ruine* (1), se doivent redresser, & faire aux despens de ceux à qui appartiennent lesdites murailles.

(1) *Voyez l'Introd. n.* 23.

ARTICLE CCXL.

A. C. art. 211. Quand aucun fait édifier & réparer en son héritage, son voisin est tenu lui donner & prêter patience à ce faire, en réparant (1) & amendant en diligence par celui qui édifie, ce qu'il auroit rompu, démoli & gasté à sondit voisin. Et ne peut, pour raison de ce, acquérir droict & possession contre, ne au préjudice de celui qui a donné, ou souffert ladite patience de réparer ou édifier.

(1) *Domum suam reficere unicuique licet, dum non officiat alteri, in quo jus non habet.* L. 61, ff. *de R. J.*

ARTICLE CCXLI.

A. C. art. 208. Quand ès murailles étant entre deux héritages, sont mis & assis aucuns corbeaux ou pierres étant en veuës & lieux apparens, & ayant saillies, & tels corbeaux & pierres sont accamusez pardessous, en faisant l'œuvre & sans fraude; iceux corbeaux & pierres démonstrent que tout le mur est commun (1) auxdits deux héritages. Et si lesdits corbeaux ou pierres sont accamusez pardessus, démonstrent que lesdites murailles sont communes jusques ausdites pierres & corbeaux. Et faut que lesdites pierres & corbeaux ayent saillie.

(1) Parce que le plat du corbeau étant en dessus, paroît par-là se présenter pour recevoir les poutres & les autres fardeaux dont il plaira au voisin de charger le mur.

ARTICLE CCXLII.

A. C. art. 209. Pareillement jambages de cheminées, lanciers & autres pieces assises en murailles, & ayant saillie; & aussi bées, & ouvertures de cheminées, démonstrent du costé où ces choses sont assises, que le mur est commun (1).

(1) Car cela démontre qu'il s'est servi du mur; ce qu'il n'auroit pu faire sans en avoir acquis la communauté.

ARTICLE CCXLIII.

Aucun ne peut faire chambres aisées, nommées fosses-coyes, latrines, ou fosse de cuisine, pour tenir eau de maison auprès du mur mitoyen, qu'on ne laisse franc (1) ledit mur. Et avec ce doit être fait le mur dudit puits à retraicts, ou fosses-coyes, au danger (2) & despens de celui qui fait ledit puits, de pied & demi d'espaisseur du moins, s'il n'y a partage, division ou paction au contraire. *Et seront percées ensorte que la plus grande creuë des eaux n'y puisse atteindre* (3), *s'ils ne sont ès ruës prochaines de la riviere.* A.C. art. 197. C. de Par. art. 191.

(1) De peur que l'humidité & l'acidité corrosive des matieres ne le corrompe.
(2) C'est-à-dire que celui qui fait faire lesdites fosses, est responsable du dommage qu'il pourroit causer au voisin, s'il ne les fait conformément à la Coutume.
(3) Pour éviter que l'eau n'entraîne les ordures dans les puits voisins.

ARTICLE CCXLIV.

Tous propriétaires de maisons en la ville d'Orléans, seront tenus avoir latrines, & privez suffisans en leurs maisons. C. de Par. art. 193.

ARTICLE CCXLV.

Et seront tenus ceux qui feront faire lesdits puits à retraicts ou fosses-coyes, & pareillement les maçons, signifier aux voisins qui ont interest; & faire ladite signification par escrit, sur peine de tous despens, dommages & interests. C. de Par. art. 203.

ARTICLE CCXLVI.

On ne peut faire & tenir puits à retraicts, latrines, ne esgouts, près du puits à eau (1) de son voisin; sinon qu'il y ait entre deux neuf pieds de distance, pourveu que ledit puits à eau soit (2) premier édifié. A. C. art. 198.

(1) De peur que les matieres ne filtrent dans les puits.
(2) C'est au demandeur à justifier que son puits est le premier édifié. *L. 2, ff. de prob. l. 23, Cod. d. t.*

ARTICLE CCXLVII.

Entre un four & un mur mitoyen, doit avoir demi-pied d'espace (1) vuide, pour éviter le danger & inconvénient du feu.

(1) *Voyez* Paris, *art.* 190, qui décide la même chose à l'égard d'une forge & d'un fourneau. Il a été jugé au Bailliage d'Orléans en 1706, que cet espace vuide doit régner depuis le haut du four jusqu'au bas.

ARTICLE CCXLVIII.

A. C. *art.* 283. C. de Par. *art.* 217. On ne peut avoir ne tenir esgouts ou esviers, au moyen desquels les esgouts, eaux & immondices puissent cheoir, prendre conduict & chute au puits à eau & cave de son voisin auparavant édifié (1); sinon qu'il y ait titre exprès au contraire.

(1) La Coutume de Paris, *art.* 217, veut aussi qu'ils soient à six pieds de distance du mur du voisin.

ARTICLE CCXLIX.

A. C. *art.* 206. Quand il y a puits, retraicts, latrines, ou esgouts communs entre deux parties, les vuidanges & curages se doivent faire aux despens des parties y ayans droict. Et si la vuidange est faite par l'héritage de l'une desdites parties, de-là en avant les autres parties seront tenuës consécutivement endurer ladite vuidange par leur héritage, l'une après l'autre. Toutefois celui qui endure, & a la vuidange de son costé, ne doit payer que le tiers des frais; & l'autre partie, du costé de laquelle ne seroit faite ladite vuidange, doit payer les deux autres tiers: *Et s'il y a plus de deux parties contribuables à ladite vuidange de son costé, ne payera que le tiers de ce que chacune des autres parties y contribuera.*

Suivant un Réglement de Police rendu au Bailliage d'Orléans le 27 Juillet 1654, les curages, depuis le 15 Mai jusqu'au 15 Septembre, ne peuvent se faire qu'après cinq heures du soir, & avant huit heures du matin.

ARTICLE CCL.

A. C. *art.* 207. Et si tels puits estoient faits & assis joignant des caves servant à mettre vin, ou autres biens, si-tost que iceux puits seront pleins de la hauteur desdites caves, ceux à qui appartiennent lesdits puits, seront tenus de les faire vuider, pour éviter que lesdits puits ne se crevent, & que les immondices ne chéent esdites caves.

ARTICLE CCLI.

A. C. *art.* 205. Si par les héritages qui sont scituez sur & à l'endroit des chemins empirez & mauvais, on passe & repasse, cela n'attribue droict de chemin & voye publique par lesdits héritages, *par quelque temps que ce soit.*

ARTICLE CCLII.

Quand entre deux héritages y a des fossez (1), celui qui a le geët de son costé de la terre issuë desdits fossez, est *réputé* seigneur d'iceux fossez; *sinon qu'il apparoisse du contraire.* A. C. *art.* 212.

(1) La raison est que celui qui fait un fossé à l'extrémité de son héritage, sur son terrein, jette la terre de son côté, n'ayant pas droit de la jeter sur l'héritage voisin: celui du côté duquel est le jet, est donc présumé être celui qui a fait le fossé sur son héritage.

ARTICLE CCLIII.

Foüillement en terre, grattement & démolitions de murailles, & autres œuvres faites clandestinement par l'un des voisins au desceu de l'autre, n'attribuent, par quelque laps de temps que ce soit, droict de possession (1) à celui qui aura fait lesdites entreprises (2). A. C. *art.* 210.

(1) Une jouissance clandestine ne peut jamais servir pour la prescription, qui ne court point contre celui que la fraude de son adversaire a mis dans l'impuissance d'agir, & auquel elle a donné une juste raison d'ignorer l'usurpation.

(2) Ni à ceux qui tiendront de lui, même à titre singulier: car leur possession ne devenant pas pour cela publique, ils ne pourront prescrire de leur chef.

ARTICLE CCLIV.

Tout toisage, soit de maçon, charpentier, ou autres, se fait à la toise de six pieds, *& douze pouces pour pied*, mesure de *Roi*, *& non à moindre mesure, s'il n'est dit au contraire* (1). A. C. *art.* 213. C. de Par. *art.* 219.

(1) L'arpentage des terres & des bois se fait à raison de cent perches l'arpent. La perche qui est en usage dans l'étendue du Bailliage d'Orléans, est de vingt pieds pour les terres, & de vingt-deux pieds pour les bois. A Baugenci cependant la perche, même pour les terres labourables, est de vingt-deux pieds. On mesure aussi les terres labourables à la mine: la mine en général vaut 66 perches deux tiers, & les trois mines valent deux arpens.

ARTICLE CCLV.

Franc-aleu (1) est héritage tellement franc, qu'il ne doit fonds A. C. *art.* 214.

(1) Ducange prouve par un grand nombre d'autorités, que le mot *aleu* ne signifie proprement autre chose qu'*héritage patrimonial.* Franc-aleu est un héritage qui est franc, c'est-à-dire, qui n'est tenu d'aucun Seigneur, & n'est par conséquent sujet à aucuns devoirs, ni à aucune redevance seigneuriale. Il a depuis prévalu que le mot d'*aleu*, ou de terre allodiale, se prît pour *franc-aleu.* Dans notre Coutume, où la maxime, *Nulle terre sans Seigneur*, a lieu, celui qui prétend que sa terre est en franc-aleu, doit le justifier, sinon par le titre primordial, tel que seroit la concession que le Roi auroit faite d'une terre pour être possédée en franc-aleu, au moins par une possession immémoriale de franc-aleu, établie par des actes par lesquels l'héritage auroit été qualifié allodial; sur-tout si ces titres sont passés avec le Seigneur du territoire dans l'enclave duquel est situé l'héritage prétendu allodial. Faute de cette justification, l'héritage sera présumé n'être pas allodial, mais re-

C. de Par. art. 68. de terre (2), & n'eſt tenu d'aucun Seigneur foncier (3), & ne doit ſaiſines, deſſaiſines (4), ne autre ſervitude (5), quelle que ce ſoit. Mais quant à la Juſtice, il eſt ſubject à la Juriſdiction du Seigneur Juſticier, & ſe doit partir comme héritage cenſuel; *ſinon qu'il y ait fief, Juſtice ou cenſive, mouvans de lui; auquel cas il ſe partira comme le fief.*

lever du Seigneur dans le territoire duquel il eſt enclavé, aux mêmes droits ou devoirs que les autres héritages de ce territoire; ou s'il n'eſt pas enclavé dans le territoire d'aucun Seigneur particulier, il ſera cenſé relever du Roi.

(2) C'eſt-à-dire, aucune redevance ſeigneuriale qui ſoit due *in recognitionem directi dominii.* Mais un franc-aleu peut être chargé d'une ſimple rente créée par bail, partage ou licitation, ſans ceſſer d'être franc-aleu.

(3) *Seigneur foncier* eſt pris ici pour Seigneur direct du fonds, tel qu'eſt un Seigneur de fief ou de cenſive.

(4) C'eſt-à-dire, pour lequel le propriétaire n'eſt point obligé à ſe faire *ſaiſir* ou inveſtir par un Seigneur, comme y ſont obligés les poſſeſſeurs de fiefs; & n'eſt point ſujet, faute de cette inveſtiture, à être *deſſaiſi* par une ſaiſie de la part d'un Seigneur, comme y ſont ſujets les poſſeſſeurs de fiefs.

(5) Le mot de *ſervitude* eſt pris ici pour les devoirs dus à un Seigneur, tels que la preſtation de foi & hommage, & autrefois le ſervice militaire qui étoit dû par les vaſſaux. Au reſte, un franc-aleu peut être chargé envers un autre héritage d'une ſervitude prédiale.

ARTICLE CCLVI.

A. C. art. 201. Il n'eſt loiſible avoir & tenir moulins ſur riviere publique au-deſſus ou au-deſſous des ponts, qui puiſſent faire dommage, & ſoient préjudiciables auſdits ponts, chauſſées, turcies, tallus, *ou à la navigation* (1).

(1) Il y a un Réglement des Eaux & Forêts d'Orléans, du premier Janvier 1698, touchant les moulins de la riviere de Loire. *Voyez* auſſi la Déclaration du Roi du 24 Avril 1703, à ce ſujet, concernant la navigation de cette riviere.

ARTICLE CCLVII.

A. C. art. 215. Si une maiſon eſt diviſée en telle maniere, que l'un ait le bas d'icelle, & l'autre le deſſus; celui qui a le bas, eſt tenu de ſouſtenir & entretenir les édifices eſtans au-deſſous du premier plancher, enſemble icelui premier plancher; & celui qui a le deſſus, eſt tenu de ſouſtenir & entretenir la couverture & autres édifices qui ſont ſous icelle, juſques audit premier plancher, enſemble les carrelis d'icelui plancher (1), s'il n'y a convention au contraire. *Et ſeront faits & entretenus à communs frais les pavez eſtans devant leſdites maiſons.*

(1) Et l'eſcalier auſſi, qui n'eſt deſtiné que pour ſon uſage; *Montargis*, *ch.* 10, *art.* 13.

ARTICLE CCLVIII.

Les Paveurs de la ville & fauxbourgs d'Orléans ne peuvent lever les pavez estans devant les maisons de ladite ville & fauxbourgs, sans visitation préalablement faite desdits pavez, les propriétaires ou détenteurs d'icelles maisons appellez, ou l'un d'eux, en la présence de l'un des Maistres des Chaussées (1) *de ladite ville, & l'un des voisins proche du lieu où il sera nécessaire réparer ledit pavé. Et après ladite visitation, sera fait commandement ausdits propriétaires ou locataires de faire réparer ledit pavé par tels Paveurs que bon leur semblera, dans quinzaine du jour que l'étiquette ou bulletin du commandement aura esté délivré par escrit ausdits propriétaires ou locataires; le jour de laquelle délivrance sera mis au pied de l'exploit de commandement. Et ladite quinzaine passée, si ledit pavé n'est refait, le pourront les Maistres des Chaussées bailler à faire par tels Paveurs qu'ils aviseront; sans toutefois que lesdits Paveurs puissent, à l'environ de l'ouverture dudit pavé, enlever plus grande quantité que besoin sera pour refaire ledit pavé, sous peine d'amende arbitraire, & de tous dommages & interests des propriétaires.*

(1) Il n'y a plus de Maîtres des Chaussées; les Maire & Echevins prennent ce soin par eux-mêmes.

ARTICLE CCLIX.

Il n'est loisible planter ormes, noyers, ou chesnes au vignoble (1) *du Bailliage d'Orléans, plus près des vignes de son voisin, que de quatre toises; ne de planter hayes vives plus près de l'héritage de son voisin, que de pied & demi; & sera ladite haye d'espine blanche, & non d'espine noire.*

(1) Dans les autres lieux & à l'égard des autres arbres, soit dans le vignoble, soit hors le vignoble, on suit le Droit commun, qui exige une distance de cinq pieds de l'héritage du voisin; *L. fin. ff. regund.* Si l'arbre, quoique planté dans la distance de cinq pieds, étendoit ses branches sur l'héritage voisin, le voisin auroit le droit de faire couper les parties des branches qui s'étendent sur son héritage, par la regle générale que *non licet quidquam immittere in alienum.* Voyez *tit. ff. de arbor. cæd.*

TITRE XIV.

Des Prescriptions.

INTRODUCTION AU TITRE,

ARTICLE PRÉLIMINAIRE.

IL est traité sous ce titre de deux especes de prescriptions, qui n'ont rien de commun que le nom. Nous appellerons l'une, *prescription à l'effet d'acquérir*; l'autre, *prescription à l'effet de libérer.*

SECTION PREMIERE.

De la Prescription à l'effet d'acquérir.

1. On peut définir cette prescription, l'acquisition de la propriété d'une chose par la possession paisible & non interrompue qu'on en a eue pendant le temps réglé par la loi. *L. 3, de usurp.*

2. Cette prescription, en faisant acquérir au possesseur la propriété de la chose, lui fait aussi acquérir la libération des charges réelles & hypotheques dont il n'a pas eu connoissance: car elle lui fait acquérir la chose aussi franchement & librement qu'il a entendu la posséder.

3. Notre Coutume n'admet, à l'égard des immeubles, que deux especes de prescriptions *pour acquérir*; celle de trente ans contre les particuliers, & celle de quarante ans contre l'Eglise & les Communautés. *Voyez les art. 260 & 261.*

4. Notre Coutume ne s'est pas expliquée sur la prescription à l'effet d'acquérir les choses mobiliaires: il n'est pas bien décidé si la prescription de trois ans avec titre & bonne foi, qui avoit lieu par le droit civil, a lieu dans notre Droit François. Imbert & Bugnion, anciens Praticiens, pensent qu'elle n'y est pas admise; d'autres Auteurs prétendent qu'elle y est admise. Il est rare qu'il y ait lieu à la question, le possesseur d'un meuble en étant parmi nous présumé le propriétaire, sans qu'il soit besoin d'avoir recours à la prescription; à moins que celui qui le réclame & s'en prétend propriétaire, ne justifiât qu'il en a perdu la possession par quelque accident, comme par un vol qui lui en auroit été fait; auquel cas il ne pourroit pas y avoir lieu à cette prescription de trois ans, qui, aux termes du Droit, n'a pas lieu pour les choses furtives. *Instit. tit. de usuc.* §. 2.

ARTICLE

ARTICLE PREMIER.

Quels immeubles sont sujets aux prescriptions de trente & quarante ans.

5. Les droits incorporels comme les choses corporelles, sont sujets à ces prescriptions, *art. 261 ;* sçavoir, à celle de trente ans, lorsque la chose appartient à des particuliers ; & à celle de quarante ans, lorsqu'elle appartient à l'Eglise ou à quelque Communauté, soit Ecclésiastique, soit séculiere.

6. Si une chose est commune à un particulier & à l'Eglise, elle prescrira par trente ans pour la part du particulier, & par quarante pour celle de l'Eglise.

Lorsque l'Eglise succede à un héritage, à un particulier, contre lequel la prescription de trente ans avoit commencé de courir ; cet héritage devenant bien de l'Eglise, devient sujet à la prescription de quarante ans, pour le temps qui reste à courir de la prescription ; & comme ce temps est plus long d'un tiers en sus que celui de la prescription de trente ans, il faut ajouter un tiers en sus au temps qui en restoit à courir. Par exemple, si le possesseur avoit déja possédé dix-huit ans lorsque l'Eglise a succédé au particulier, il faudra qu'il possede encore seize ans pour parachever le temps de la prescription contre l'Eglise.

Vice versâ, lorsqu'un particulier a succédé aux droits de l'Eglise contre qui la prescription de quarante ans avoit commencé de courir, l'héritage devient sujet, pour ce qui reste à courir du temps de la prescription, à celle de trente ans, laquelle étant moindre d'un quart que celle de quarante ans, il faudra diminuer le quart du temps qui restoit à courir de celle de quarante ; *v. g.* si le possesseur avoit possédé déja pendant vingt ans, il lui suffira de posséder encore pendant quinze ans pour parachever le temps de la prescription.

7. Ce que nous avons dit, que les droits incorporels se prescrivent par trente ans contre les particuliers, reçoit exception à l'égard du droit de seigneurie qu'un Seigneur a sur les héritages qui relevent de lui, lequel droit ne peut se prescrire par un autre Seigneur que par quarante ans ; *art. 86.*

8. On peut acquérir par prescription, non-seulement des droits incorporels qui existoient & appartenoient à un autre ; comme lorsque j'ai perçu pendant trente ans un droit de rente ou de champart qui appartenoit à Pierre sur un héritage, comme me réputant propriétaire de cette rente ou champart. On peut aussi acquérir des droits incorporels qui ne doivent leur existence qu'à la prescription & à la possession en laquelle j'ai été de les percevoir. Par exemple, si j'ai perçu pendant trente ans une certaine rente ou un certain champart sur un certain héritage qui n'étoit chargé envers personne d'aucune rente ni champart, j'aurai acquis par prescription contre le propriétaire de cet héritage, un droit de rente ou champart sur son héritage.

Il y a néanmoins certains droits qui ne peuvent s'acquérir par la seule possession sans titre, comme les droits de bannalité ou de corvée ; *art. 100, 101 ;* de servitudes ; *art. 225.*

9. Il est évident que les choses qui sont hors le commerce, ne sont sujettes à aucune prescription, comme les Eglises, les chemins publics.

Les biens du Domaine de la Couronne sont imprescriptibles, quoiqu'ils aient été engagés. On ne peut pas plus les prescrire contre l'engagiste que contre le Roi lui-même : mais le droit de l'engagiste peut s'acquérir par prescription.

ARTICLE II.

Quand & contre qui courent ces prescriptions.

10. Cette prescription ne peut courir, soit contre le propriétaire, soit contre ceux qui ont quelque droit réel ou quelque hypotheque sur l'héritage, tant que ces personnes sont hors d'état de réclamer en Justice leur droit ou par elles-mêmes ou par d'autres, suivant cette maxime, *Contra non valentem agere non currit præscriptio.*

11. Suivant ce principe, on a jugé que lorsqu'un titulaire avoit fait une aliénation irréguliere de quelque héritage de son bénéfice, à quelqu'un qui me l'avoit peu après revendu depuis, comme chose à lui appartenante, la prescription de quarante ans, dont je puis, en qualité de tiers détenteur de bonne foi, user contre l'Eglise, ne devoit pas courir, ni pendant la vie du titulaire du bénéfice, qui n'auroit pas été recevable à revenir contre son propre fait, ni pendant la vacance du bénéfice ; parce que pendant lesdits temps l'Eglise n'avoit personne par qui elle pût réclamer son héritage. *Louet*, *lett. P. ch. 1.*

12. Mais à l'égard des héritages des particuliers, la prescription ne laisse pas de courir, quoique la succession du propriétaire soit vacante ; car les créanciers de cette succession en peuvent exercer les droits.

13. Le temps de la prescription pour l'héritage d'une femme qui est sous puissance de mari, ne court pas pendant le temps qu'elle est sous cette puissance, lorsque sur l'action de la femme on peut réfléchir en garantie contre le mari ; *putà*, lorsque c'est lui qui a vendu, comme à lui appartenant, l'héritage de sa femme, ou lorsqu'il a promis de la faire ratifier ; car dans ces cas, la femme est présumée empêchée d'agir par son mari : mais hors ces cas, le temps de la prescription court pendant le mariage.

14. Lorsque des mineurs ou des imbécilles, auxquels l'héritage appartient, sont destitués de tuteurs ou de curateurs, c'est le cas de la regle, *Contra non valentem*, *&c.* Il y a plus : quoique les mineurs soient pourvus de tuteurs, la Coutume veut que le temps de la prescription ne coure pas pendant leur minorité, *art.* 261 ; par une autre raison, qui est que les héritages des mineurs n'étant pas aliénables pendant le temps de leur minorité, ne doivent pas être pendant ce temps prescriptibles, la prescription étant une espece d'aliénation. Cette raison ne feroit pas néanmoins seule suffisante, si l'on n'y joignoit pas la grande faveur que méritent les mineurs, qui sont l'espérance de l'Etat : car les héritages de l'Eglise, quoique inaliénables, sont sujets à la prescription de quarante ans. C'est pourquoi on pourroit douter que ce que la Coutume a décidé pour arrêter le cours de la prescription pendant la minorité des propriétaires, dût s'étendre aux majeurs imbécilles qui ont des curateurs : néanmoins la plu-

part des Auteurs décident que ces personnes ont à cet égard le même privilege que les mineurs. *Voyez les autorités citées par Furgole sur l'art. 45 de l'Ordonnance de 1731 ;* Lemaître, *sur Paris , &c.*

15. Lorsque l'héritage est commun à des mineurs & à des majeurs, le temps de la prescription ne laisse pas de courir pour les parts des majeurs, quoiqu'il ne coure pas pour celles des mineurs. Ce n'est que lorsqu'il s'agit de quelque droit indivisible, & non susceptible de parties même intellectuelles, que le mineur releve le majeur.

ARTICLE III.

Des qualités que doit avoir la possession pour acquérir la prescription ; & de l'union de celle des successeurs avec celle de leurs auteurs.

§. I.

Ce doit être une juste possession.

16. La possession par laquelle on acquiert la prescription, doit être une juste possession. Elle ne doit être ni violente, ni clandestine, telle qu'est la possession de celui qui posséderoit des caves fouillées sous l'héritage du voisin à son insçu, *art. 253 ;* ni précaire. Ce ne doit pas être une nue détention, telle que celle d'un fermier ; ni la possession naturelle d'une chose qu'on possede comme chose d'autrui, telle que celle d'un créancier nanti de gage, ou d'un Seigneur qui tient en ses mains par saisie féodale le fief de son vassal, *art. 86.* Mais ce doit être une possession civile, c'est-à-dire, la possession d'une chose que nous possédons *animo domini*, comme nous en croyant & réputant propriétaires.

17. Cette qualité de la possession est présumée lorsque le contraire ne paroît pas. Notre Coutume dispense le possesseur de rapporter le titre de sa possession, qui a pu, par le laps de temps, s'égarer.

18. Mais si le possesseur peut prescrire sans rapporter de titre, il ne le peut pas lorsqu'on en produit un qui manifeste le vice de sa possession : *Melius est non habere titulum quàm habere vitiosum.*

C'est un titre vicieux que celui qui par sa nature n'est pas habile à transférer la propriété, & en vertu duquel on possede une chose plutôt pour un autre que pour soi-même, & comme chose d'autrui ; tels sont un bail à ferme, un établissement de séquestre, un nantissement, &c. C'est pourquoi, si l'on produit un bail à ferme fait de l'héritage au possesseur, ou à celui dont il est l'héritier, soit immédiat, soit médiat, il ne pourra pas prescrire, par quelque longtemps qu'il ait possédé, parce que sa possession, ou celle de celui dont il est héritier, ayant commencé par être une possession de fermier, continue d'être une possession de fermier inhabile à acquérir prescription : *Cùm nemo ipse sibi mutare possit causam possessionis suæ, nisi aliquid extrinsecùs contingat. L. 3, §. 19, ff. acq. poss. l. 5, Cod. d. t.*

C'est pareillement un titre vicieux que celui par lequel un héritage a été acquis de l'Eglise ou autres gens de main-morte, sans l'observation préalable des formalités requises. Le rapport d'un tel titre est un obstacle à la prescription de celui qui a commencé de posséder en vertu de ce titre, & de ses héritiers médiats ou immédiats : car cette possession ayant commencé par être une possession injuste, continue de l'être dans les personnes des héritiers : *Vitia enim possessionum à majoribus contracta perdurant. L. 11, Cod. acq. poss.*

19. Il n'en est pas de même du titre par lequel j'ai acquis un héritage que le vendeur m'a déclaré appartenir à un autre qu'à lui, dont il se fait fort, ou par lequel un tuteur, en cette qualité, m'a vendu l'héritage de son mineur. Ces titres ne sont pas proprement vicieux, mais plutôt des titres incomplets & imparfaits, auxquels il manque seulement la ratification du propriétaire dont on s'est fait fort, ou d'un mineur devenu majeur. Le laps de trente ans purge cette imperfection; & de même que le laps de temps dispense de rapporter en tout aucun titre, & fait présumer qu'il en a existé un qui s'est perdu, de même il doit dispenser de rapporter la ratification qui manque à ce titre, & en fait présumer une. On peut même dire que le long silence du propriétaire dont on s'est fait fort, ou du mineur devenu majeur, est une espece de ratification tacite.

20. Il ne suffit pas que le possesseur ait commencé de posséder avec bonne foi; il faut que cette bonne foi ait continué jusqu'à l'accomplissement du temps de la prescription. Nous avons en cela préféré les maximes du Droit Canonique à celles du Droit Romain : mais cette bonne foi est présumée avoir toujours duré, tant qu'on ne justifie pas le contraire.

21. La copie que le propriétaire a donnée de ses titres au possesseur par un exploit de demande qui depuis a été déclarée périmée, n'est pas censée avoir fait cesser la bonne foi de sa possession : car le possesseur a eu juste sujet de soupçonner qu'il y avoit quelque chose de défectueux dans ces titres. Puisque le demandeur n'a pas suivi sa demande, la copie qui lui en a été donnée ne l'a donc pas suffisamment assuré que la chose appartenoit au demandeur, pour l'obliger à la lui restituer, & faire cesser la bonne foi de sa possession.

§. II.

Des autres qualités que doit avoir la possession.

22. Les autres qualités que doit avoir la possession pour acquérir la prescription, sont qu'elle doit être paisible & non interrompue.

C'est pourquoi, si j'avois commencé à posséder l'héritage appartenant à Paul, que j'avois acquis de Jacques qui s'en disoit propriétaire, & qu'en ayant depuis laissé usurper la possession par Jean, je l'eusse recouvrée en vertu d'un Jugement au pétitoire contre cet usurpateur, je ne pourrai compter pour la prescription contre Paul le temps de ma possession avant l'usurpation de Jean, parce qu'elle a été interrompue.

23. Les Jurisconsultes Romains pensoient que même lorsque le possesseur avoit été dépossédé par violence, quoiqu'il eût été rétabli en possession par l'action de réintégrande, sa possession étoit interrompue, & qu'il ne pouvoit plus compter le temps pour prescrire, que du jour qu'il avoit été réintégré;

L. 5, ff. *de usucap. l.* 7, §. 3, *pro empt.* à quoi n'est contraire la loi 17, ff. *de acq. poss.* qui dit : *Qui vi dejectus est, perindè habendus est ac si possideret* : car cela ne s'entend que vis-à-vis du spoliateur; *Cujac.* Parmi nous il y a des Auteurs qui pensent qu'on doit s'écarter de cette rigueur du Droit Romain, & qu'un possesseur spolié qui a été rétabli dans l'année, ne doit pas être censé avoir cessé de posséder.

24. L'absence du possesseur de l'héritage, quand même il n'y laisseroit aucun gardien, n'interrompt pas sa possession; car *animo retinetur possessio* ; *l.* 3, §. 11, ff. *de acq. poss. l.* 4, *Cod. d. tit.* La démence ne l'interrompt pas; *l.* 44. §. 6, ff. *de usuc.* Quoique le furieux soit devenu incapable de volonté, on feint en lui la persévérance de la volonté qu'il avoit de posséder. La mort même du possesseur n'interrompt pas sa possession : car elle est censée passer incontinent en la personne de son héritier qui le représente, suivant la regle, *Le mort saisit le vif.* Même dans le cas auquel personne n'auroit accepté sa succession, il est censé continuer de posséder par sa succession vacante qui le représente; *Arg. l.* 31, §. 5, ff. *de usucap.*

25. La saisie réelle qui est faite de l'héritage par les créanciers du possesseur, n'interrompt pas sa possession : elle l'empêche seulement de jouir par lui-même, lorsqu'elle est suivie d'un bail judiciaire; mais il en demeure toujours le possesseur, *art.* 3. La saisie féodale n'interrompt pas non plus la possession; le vassal, par cette saisie, n'est dessaisi que vis-à-vis de son Seigneur, & non vis-à-vis de toute autre personne. *Introd. au Tit. des Fiefs*, *n.* 191.

Pareillement, lorsque j'ai donné en nantissement à mon créancier l'héritage que je possédois, ma possession n'est pas interrompue, mon créancier étant censé le posséder pour moi; *L.* 33, §. 4, ff. *de usucap.* A plus forte raison lorsque je l'ai donné à ferme : car nous possédons par nos fermiers; *L.* 25, §. 1, ff. *acq. poss.* & *passim.*

26. La possession cesse d'être paisible par l'interpellation judiciaire, c'est-à-dire, par l'exploit de demande donné au possesseur : c'est une interruption civile de la possession qui arrête le cours de la prescription, & l'empêche de s'accomplir, pourvu que par la suite l'exploit ne soit pas déclaré nul pour quelque défaut de formalité, ou l'instance périmée par discontinuation de procédure : car il n'opere en ces cas aucune interruption du cours de la prescription, suivant la regle, *Quod nullum est, nullum producit effectum.*

27. L'interpellation judiciaire n'interrompt la possession d'un héritage ou d'un droit divisible, qu'à l'égard du demandeur, & à l'égard de la partie assignée : c'est pourquoi si l'un de plusieurs propriétaires donne seul la demande, le cours de la prescription ne sera interrompu que pour la part du demandeur.

Vice versâ, si plusieurs possedent en commun mon héritage, la demande que j'aurai donnée contre l'un d'eux, n'interrompt le cours de la prescription que pour la part que possédoit la partie assignée, & non pour les parts des autres qui n'ont point été assignés.

§. III.

De l'union de la possession des successeurs avec celle de leur auteur.

28. Il faut à cet égard distinguer entre les héritiers & les successeurs à titre singulier.

L'héritier étant censé la continuation de la personne du défunt, la possession qu'il tient de lui n'est qu'une continuation de celle du défunt auquel il a succédé ; elle s'y unit nécessairement. C'est pourquoi lorsque la possession du défunt a été vicieuse, celle que ses héritiers, tant médiats qu'immédiats, tiennent de lui, est censée avoir les mêmes qualités, & ne peut servir pour acquérir la prescription ; *L. 11, Cod. acq. poss. L. 3, Cod. com. de usucap. & passim.*

On doit dire la même chose des autres successeurs à titre universel, *qui sunt heredum loco.*

29. Il n'en est pas de même des successeurs à titre singulier : leur possession ne s'unit pas nécessairement avec celle de leurs auteurs, de qui ils ont acquis la chose : c'est pourquoi, quoique celle de mon auteur ait été vicieuse, la mienne peut me servir pour acquérir la possession ; *L. 5, ff. de div. temp. præscr. & passim.*

Si la possession de mon auteur, de qui j'ai acquis à titre singulier, étoit une juste possession, je puis l'unir à la mienne, pourvu qu'elle soit pareillement juste, suivant la Constitution de l'Empereur Sévere, *Inst. T. de usuc. §. 9 ;* & pareillement celle de l'auteur de mon auteur, que mon auteur auroit pu joindre à la sienne, *& deinceps.* La raison est qu'en me cédant la chose, il est censé m'avoir cédé tout le droit qu'il avoit par rapport à cette chose, & par conséquent *causam usucapionis*, c'est-à-dire, le droit de l'acquérir par prescription, en achevant le temps de la prescription qu'il avoit commencée par lui-même ou par son auteur.

La possession de mon auteur, que je puis unir à la mienne, est celle dont il m'a cédé les droits, & qu'il avoit lorsqu'il m'a vendu & livré l'héritage.

Si depuis qu'il me l'a livré, pendant mon absence, il se fût remis en possession, & qu'à mon retour je lui eusse fait délaisser l'héritage, je ne pourrois commencer le temps de la prescription que du jour que j'y suis rentré, sans pouvoir joindre le temps pendant lequel mon vendeur s'étoit de nouveau mis en possession de cet héritage ; *L. 14, ff. de usucap.* car ce n'est pas cette possession dont il m'a cédé les droits. Je ne pourrai pas non plus compter mon ancienne possession, ni celle de mon auteur que j'aurois pu y joindre ; car elles ont été interrompues.

SECTION II.

De la Prescription à l'effet de libérer.

30. La prescription à l'effet de libérer est une fin de non-recevoir qu'un débiteur peut opposer contre l'action du créancier qui a négligé de l'exercer, ou de faire reconnoître son droit pendant le temps réglé par la Loi.

Le débiteur acquiert cette prescription sans aucun fait de sa part; elle résulte uniquement de la négligence du créancier.

Le temps ordinaire par lequel se prescrivent les droits réels & les créances personnelles, faute par le créancier de les exercer ou de s'en faire reconnoître, est le temps de trente ans.

ARTICLE PREMIER.

Du fondement de la prescription de trente ans.

31. Cette prescription n'est pas seulement établie sur la présomption de paiement qui résulte de ce qu'un créancier n'attend pas ordinairement un aussi long-temps à se faire payer de ce qui lui est dû : elle est aussi établie comme une peine contre la négligence du créancier. C'est pourquoi il ne seroit pas recevable à déférer au débiteur le serment décisoire, si la dette est acquittée : car quand même elle ne le seroit pas, la Loi, en punition de la négligence du créancier qui n'a point intenté action, & qui ne s'est pas fait reconnoître dans le temps qu'elle lui a prescrit, lui dénie l'action.

ARTICLE II.

Quels Droits sont sujets à cette prescription.

32. Réguliérement tous les droits, tant les droits réels que les droits personnels, tant les immobiliaires que les mobiliaires, sont sujets à cette prescription.

33. Il faut, 1°. en excepter certains droits qui sont imprescriptibles; tels sont ce qui est de pure faculté, lorsque cette faculté procede de la liberté naturelle, telle qu'est la faculté que chacun a d'élever sa maison, qui n'est sujette à aucune servitude, à telle hauteur que bon lui semblera; ou lorsqu'elle procede de quelque disposition du Droit public; telles que sont celles que chacun a en Beauce, suivant l'*art. 145*, de mener paître ses troupeaux sur les terres vaines de ses voisins, & celles accordées par les *art. 270 & 271.*

La faculté qui procede d'un contrat, lorsqu'elle est de l'essence de ce contrat, est pareillement imprescriptible. Telle est la faculté qu'a le débiteur de racheter la rente qu'il a constituée à prix d'argent, *art. 268*, & celle qu'il a de dégager la chose qu'il a engagée, en payant la somme pour laquelle il l'a engagée.

Mais la faculté qui ne nous appartient qu'en vertu d'une clause accidentelle du contrat, & qui ne nous appartiendroit pas sans un titre particulier par lequel elle nous est accordée, est un droit sujet à la prescription ordinaire; *art. 269.*

34. 2°. Le droit de seigneurie directe qu'a un Seigneur sur les héritages relevans de lui en fief ou en censive, est imprescriptible, & par conséquent les droits recognitifs de cette seigneurie, auxquels elle est essentielle-

ment attachée; *art. 86 & 263.* La raison est que dans notre Coutume, nulle terre n'étant présumée sans Seigneur, celui qui possede un héritage est censé le posséder comme le tenant du Seigneur, connu ou inconnu, de qui il releve; & par conséquent le Seigneur est censé posséder par lui son droit de seigneurie.

Les autres droits seigneuriaux auxquels n'est pas essentiellement attachée la seigneurie, qui, encore bien qu'ils soient de la nature des censives, ne sont pas néanmoins de leur essence, ne sont pas de même imprescriptibles: tel est le droit de percevoir des profits par les mutations. Ces droits ne sont pas néanmoins sujets à la prescription ordinaire de trente ans. La Coutume, *art. 143*, à l'égard des censives, décide que le censitaire prescrit contre ce droit par une possession de quarante ans.

Au reste, ce droit ne se prescrit pas par la seule négligence à ne pas demander les profits dûs pour les mutations qui arriveroient pendant cet espace de quarante ans. La Coutume, en décidant qu'il se prescrit par une *possession de quarante ans*, fait entendre que le censitaire doit établir, par des reconnoissances ou autres actes, qu'il a possédé l'héritage comme non sujet aux profits par les mutations.

A l'égard des arrérages de cens & des profits échus, comme ce ne sont que des fruits civils du droit, ils sont sujets à la prescription ordinaire de trente ans, lorsque le Seigneur, pendant ce temps, ne les a pas demandés.

35. 3°. Les droits immobiliers, quoique non seigneuriaux, qui font partie du domaine du Roi, sont imprescriptibles: car ce sacré domaine étant inaliénable, est conséquemment imprescriptible. Cela doit pareillement s'entendre du fond du droit, & non des fruits civils qui en naissent, lesquels sont sujets à la prescription ordinaire.

36. On doit excepter, en second lieu, de la prescription trentenaire certains droits & actions, à l'égard desquels les Loix ont établi des prescriptions plus longues, telles qu'est celle de quarante ans, dont nous parlerons *infrà, art. 6, §. 2*; & celle de soixante ans, établie par les *art. 41 & 120.*

Enfin il y a de certaines actions qui se prescrivent par un temps plus court, dont nous parlerons *infrà, art. 7.*

ARTICLE III.

De quand commence à courir la prescription de trente ans; & contre quelles personnes.

37. Il est évident que la prescription, contre quelque droit que ce soit, ne peut commencer à courir que du jour qu'il est ouvert.

Quoique l'action soit ouverte, tant qu'elle ne peut pas être utilement intentée, la prescription ne court pas. Par exemple, lorsqu'on a accordé terme pour le paiement à un débiteur, la prescription ne commencera à courir que depuis l'expiration du terme: car ce n'est que depuis ce temps que le créancier a pu intenter efficacement son action.

La

La raison est que la prescription est fondée sur la négligence du créancier, qui ne peut pas être réputé avoir négligé d'intenter son action, tant qu'il ne pouvoit pas l'intenter utilement.

De là cette maxime : *Contra non valentem agere nulla currit præscriptio.*

38. Suivant cette maxime, la prescription ne court pas contre les actions qu'un héritier bénéficiaire a de son chef contre la succession bénéficiaire, tant qu'il est en possession des biens de cette succession : car il ne peut, pendant ce temps, les exercer, ne pouvant pas agir contre lui-même.

39. Les actions qu'une femme a contre son mari, ne courent pas non plus tant qu'elle est sous sa puissance ; ni même celles qu'elle a contre des tiers, si ces tiers doivent en être acquittés par son mari : car elle est censée avoir été empêchée de les intenter par son mari, qui avoit intérêt de l'en empêcher.

A l'égard des autres actions qu'elle peut avoir contre des tiers, qui ne peuvent réfléchir contre son mari, le temps de la prescription court contre la femme, quoiqu'elle soit sous puissance de mari.

40. La prescription ne court pas contre les droits des mineurs pendant tout le temps de leur minorité.

Lorsqu'un droit est commun à un mineur & à un majeur, quoique la prescription ne coure pas pour la part du mineur, elle ne laisse pas de courir pour celle du majeur : mais si c'étoit un droit indivisible, non susceptible de parties, même intellectuelles, tel qu'un droit de servitude prédiale, la prescription ne courroit ni contre l'un, ni contre l'autre.

41. Le temps de la prescription qui a commencé de courir contre le créancier, continue de courir contre ses héritiers ou autres successeurs, si lesdits héritiers sont majeurs ; & même la prescription peut commencer à courir contre eux, si elle n'avoit pas couru du vivant du créancier, *putà*, à cause de sa minorité.

Henrys pense qu'on doit soustraire du temps de la prescription celui pendant lequel l'héritier a usé des délais que la Loi lui accorde pour délibérer. Mais cette opinion ne paroît pas suivie ni fondée : la regle *Contra non valentem*, *&c.* ne reçoit pas d'application : car il étoit au pouvoir de l'héritier, quoiqu'il soit encore dans les délais que la Loi lui donne pour délibérer, de faire les actes conservatoires pour arrêter le cours de la prescription, sans préjudicier aux qualités qu'il a à prendre.

42. La prescription ne laisse pas de courir contre les droits & actions d'un défunt, quoique sa succession soit vacante ; car ils peuvent être exercés par le curateur à la succession vacante ; & s'il n'y en a pas, ceux qui y ont intérêt doivent s'imputer de n'en avoir pas fait nommer un.

43. Le défaut d'ouverture d'une substitution empêche bien la prescription de courir contre le droit du substitué qui n'est pas ouvert : mais il ne l'empêche pas de courir contre les droits & actions qui font partie des biens substitués : car ces droits & actions, jusqu'à l'échéance de la substitution, résident en la personne de l'héritier, & lui appartiennent ; & de même qu'il peut les éteindre par le paiement que lui feroient les débiteurs, il peut aussi les éteindre au préjudice du substitué, en négligeant de s'en faire servir pendant le temps

par lequel s'accomplit la prescription. Cela est décidé formellement par la Loi 70, §. *fin.* ff. *ad Sen. Treb.* & c'est ce qu'enseigne Ricard, *Tr. des Sub.* 1, *ch.* 13, *n.* 92 & *suiv.*

Paul de Castres, & les Docteurs qui l'ont suivi, apportent une limitation à ces principes, en accordant au substitué, en cas d'insolvabilité de l'héritier grevé, une action subsidiaire contre les débiteurs qui ont prescrit la libération de leur dette : mais cette opinion, qui n'a aucun fondement, est avec raison rejettée par Ricard, & amplement réfutée par Faber, *de error. Pragm. D.* 70, 4.

ARTICLE IV.

Comment s'interrompt la Prescription lorsqu'elle n'est pas encore acquise.

44. La prescription s'interrompt par la reconnoissance de la dette, ou par une interpellation judiciaire.

§. I.

De la reconnoissance de la dette.

45. Chaque successeur du débiteur d'une rente, soit à titre universel, soit à titre singulier, est obligé de passer à ses frais au créancier un titre nouvel, par lequel il s'oblige à la rente personnellement, pour la part pour laquelle il est héritier du débiteur : & lorsque la rente est accompagnée d'hypotheque, & qu'il est possesseur d'immeubles qui y sont hypothéqués, il doit en outre, en cette qualité, s'obliger hypothécairement pour le total.

Ce titre nouvel, à l'égard des rentes foncieres, s'appelle *reconnoissance* ; & à l'égard des rentes constituées, *déclaration d'hypotheque.*

Il sert non-seulement à interrompre la prescription, mais à donner au créancier le droit d'exécution pour contraindre le reconnoissant au paiement.

46. La prescription s'interrompt non-seulement par ces titres nouvels, mais par quelque acte que ce soit, qui est recognitif de la dette.

47. Un acte recognitif de la dette, quoique sous signature privée, interrompt la prescription vis-à-vis du débiteur qui la souscrit : mais vis-à-vis des tiers, tels que sont d'autres créanciers, l'antériorité de la date de cet acte au temps de l'accomplissement de la prescription, doit être constatée, ou par le contrôle, ou par le décès de quelqu'un de ceux qui l'ont signé : autrement il n'est censé avoir de date que du jour qu'il est rapporté ; ce qui a été introduit pour éviter les fraudes qui se commettent par les antidates.

48. Le paiement que fait le débiteur des arrérages d'une rente, est un acte recognitif de cette rente : mais ce paiement ne peut se justifier par le journal du créancier où il est inscrit, parce qu'on ne peut se faire à soi-même un titre & une preuve. *L.* 5, *Cod. de probat.*

Néanmoins si la rente étoit due à une communauté d'habitans, ou à une fabrique, on juge dans ce Siege, que les comptes solemnellement rendus, par lesquels le Receveur s'est chargé en recette, peuvent faire foi des paiemens, & par conséquent de la reconnoissance de la rente.

49. Lorsque la dette n'excede pas cent livres, la reconnoissance verbale que le débiteur en a faite peut se prouver par témoins. Si elle excede cette somme, je pense que le créancier peut déférer au débiteur le serment décisoire sur le fait de cette reconnoissance.

§. II.

De l'interpellation judiciaire.

50. L'interpellation judiciaire interrompt la prescription, de maniere que le temps de trente ans requis pour la prescription, ne doit se compter que depuis le jour de cette interpellation.

Elle se fait lorsque la dette est exécutoire par un commandement de payer que le créancier fait au débiteur: elle est *judiciaire*, parce que ce commandement se fait par le ministere d'un Sergent, qui est un Officier de Justice.

Lorsque la dette n'est pas exécutoire, l'interpellation judiciaire ne peut se faire que par un exploit d'assignation.

S'il se trouvoit quelque défaut de forme dans l'un ou l'autre de ces actes qui le rendît nul, il ne pourroit interrompre la prescription; car *quod nullum est, nullum producit effectum.*

Pareillement, si l'exploit d'assignation étoit tombé en péremption par une discontinuation de procédure pendant trois ans, & que le débiteur eût fait prononcer la péremption, il n'auroit pas interrompu la prescription.

Le simple commandement n'est pas sujet à péremption, & son effet dure trente ans.

§. III.

Du cas auquel il y a plusieurs Débiteurs ou plusieurs Créanciers d'une même dette.

51. Lorsque plusieurs ont contracté solidairement une dette, la reconnoissance faite par l'un de ces débiteurs, & pareillement l'interpellation judiciaire faite à l'un d'eux, interrompent la prescription à l'égard de tous; *L. fin. Cod. de duob. reis.* La raison est qu'il a paru impliquer contradiction qu'une même dette fût pour le total prescrite & non prescrite.

Il en est de même de plusieurs héritiers du débiteur, lorsque la dette est indivisible : mais si la dette est divisible, chacun des héritiers n'en étant personnellement tenu que pour sa part héréditaire, la reconnoissance faite par l'un d'eux, non plus que l'interpellation judiciaire faite à l'un d'eux, n'interrompent pas la prescription contre les autres, quand même cet héritier seroit hypothécairement tenu pour le total, comme biens-tenant : car s'il paroît contradictoire qu'une même dette soit en même temps, pour le total, prescrite & non prescrite, il ne l'est pas que de plusieurs différens héritages hyhéritages hypothéqués à une même dette, les uns soient libérés par la prescription, & les autres ne le soient pas.

52. Lorsqu'il y a plusieurs co-créanciers solidaires, l'interpellation faite par l'un d'eux profite à tous les autres : mais celle faite par l'un des héritiers d'un créancier n'interrompt la prescription que pour la part qu'il a, & non pour celles de ses cohéritiers, à moins que la dette ne fût indivisible.

ARTICLE V.

Comment se couvre la Prescription acquise.

53. La prescription n'éteint pas la dette, mais donne seulement au débiteur une fin de non-recevoir contre la demande qu'en feroit le créancier.

54. Le débiteur peut renoncer à cette fin de non-recevoir qui lui a été acquise par l'accomplissement du temps de la prescription, soit en payant la dette, soit même seulement en la reconnoissant; & cette reconnoissance couvre & éteint la fin de non-recevoir.

55. Observez qu'au lieu que la reconnoissance de la dette qui se fait à l'effet d'interrompre la prescription qui n'est pas encore acquise, peut se faire par un mineur, par son tuteur, par un curateur, par un fondé de procuration générale, celle-ci ne peut se faire que par le débiteur lui-même, ou par un fondé de procuration spéciale *ad hoc;* parce qu'elle renferme une renonciation gratuite à un droit acquis au débiteur, qui est un acte qui passe les bornes du pouvoir de simples administrateurs. Il faut même que le débiteur soit majeur; autrement il seroit restituable.

56. Un jugement de condamnation couvre aussi la fin de non-recevoir, lorsqu'il a passé en force de chose jugée.

ARTICLE VI.

De la Prescription de quarante ans.

§. I.

De celle qui a lieu contre l'Eglise & les Communautés.

57. L'Eglise & les Communautés, même séculieres, ont ce privilege, que leurs droits & créances ne sont pas sujets à la prescription de trente ans, mais seulement à celle de quarante ans. *Voyez la note 5 sur l'art. 263.* Ces prescriptions ne different qu'en ce que le temps de celle-ci est plus long d'un tiers en sus. Au reste, tout ce qui a été dit ci-dessus sur ce qui l'empêche de courir, sur ce qui l'interrompt, &c. reçoit application à l'égard de celle-ci.

58. Lorsque l'Eglise a acquis une rente, ou un autre droit d'un particulier, contre lequel une partie du temps de la prescription de trente ans avoit déja couru, elle ne peut user de son privilege que pour le temps qui restoit

à courir ; auquel on ajoutera un tiers en sus. *V. g.* s'il s'étoit déja écoulé vingt-un ans contre le particulier à qui l'Eglise a succédé, le débiteur ne pourra parfaire contre l'Eglise le temps de la prescription qu'en ajoutant aux neuf ans qui restoient à écouler, le tiers en sus, qui est trois ans.

59. *Vice versâ*, lorsqu'un particulier a acquis de l'Eglise, on ne doit ajouter un tiers en sus qu'au temps qui a couru contre l'Eglise. Par exemple, si l'Eglise a aliéné à un particulier un droit dont elle n'avoit pas été reconnue depuis dix-huit ans, il ne faudra ajouter au temps de douze ans qui reste à courir de la prescription de trente ans, que six ans, qui font le tiers des dix-huit qui ont couru contre l'Eglise.

§. II.

De celle qui a lieu contre l'action personnelle hypothécaire.

60. Selon les principes du Droit Romain, avant la Constitution d'Anastase, lorsqu'un débiteur avoit contracté une dette sous l'hypotheque de ses biens, quoique lui ou ses héritiers eussent acquis la prescription de trente ans contre l'action personnelle du créancier ; néanmoins comme cette prescription établie par Théodose le jeune, éteignoit plutôt l'action que la dette ; & comme une dette, quoique destituée d'action, ne laisse pas de pouvoir être susceptible d'hypotheque ; les hypotheques sous lesquelles la dette avoit été contractée, subsistoient nonobstant la prescription de trente ans ; le débiteur & ses héritiers demeuroient toujours sujets à l'action hypothécaire ; *L. 3, Cod. de præsc. trig.* parce que le débiteur possédant, *à la charge de l'hypotheque*, les biens hypothéqués, ni lui, ni ses héritiers ne pouvoient jamais prescrire contre cette hypotheque, leur possession réclamant contre la prescription. Depuis, Anastase ayant établi la prescription de quarante ans contre les actions qui n'étoient pas sujettes à celle de trente, *L. 4, Cod. d. tit.* Justinien, en la Loi 7, *Cod. d. tit.* déclara que l'action hypothécaire contre le débiteur & les héritiers y étoit sujette. Telle est l'origine de cette prescription de quarante ans, que notre Coutume a adoptée en l'art. 261, en décidant que les débiteurs d'une rente, & ceux qui y étoient obligés, aussi-bien que leurs héritiers, ne prescrivoient que par quarante ans. Quoique notre Coutume n'ait parlé que des rentes il n'y a guere lieu de douter que sa disposition a aussi lieu à l'égard des simples obligations qui, étant passées devant Notaires, ont une hypotheque semblable à celle des rentes : mais elle n'a lieu qu'à l'égard des hypotheques conventionnelles qui naissent de ces actes, dans lesquels la convention d'hypotheque est toujours ou exprimée ou sous-entendue. Il en est autrement de l'hypotheque que l'Ordonnance de Moulins, *art. 53*, attribue aux Sentences de condamnation, & de l'hypotheque légale ; ces hypotheques se prescrivant par trente ans, comme l'action personnelle à laquelle la loi les a attachées. *Louet, l. H. 3 ; Henrys, n. 675.*

61. Quoique l'action personnelle réelle pour les profits, pour le réméré, &c. ait beaucoup de ressemblance avec l'action personnelle hypothécai-

re, néanmoins cette action se prescrit par la prescription ordinaire de trente ans; *art.* 263, 269.

ARTICLE VII.

Des différentes especes de prescriptions dont le temps est plus court que celui de la prescription ordinaire.

62. De ce nombre sont, 1°. la prescription de quarante jours depuis les offres contre l'action de retrait féodal; *art.* 49.

2°. La prescription de quarante jours contre l'action des journaliers; *art.* 264.

3°. Celle de six mois, pour les louages d'animaux; *art.* 266.

4°. Celle d'un an contre l'action en retrait lignager, *art.* 363; contre l'action d'injure, *L.* 5, *Cod. de inj.*; contre l'action des marchands & artisans. *Voyez l'art.* 265.

5°. Celle de deux ans, contre l'action des salaires des Procureurs, à compter du jour du décès de leurs parties ou de leur révocation. Hors ces deux cas, elle ne se prescrit que par six ans. *Réglement du 28 Mars 1692.*

6°. Celle de trois ans, accordée aux Conseillers de la Cour, leurs veuves & héritiers, qui les décharge des sacs & pieces dont ils s'étoient chargés, à compter depuis la date de l'arrêt ou transaction qui a mis fin au procès; & à l'égard des procès non jugés, du jour de leur décès, ou de la résignation de leurs offices.

A l'égard des Avocats & Procureurs, ils sont déchargés des pieces dont ils ont donné leur récépissé après cinq ans, à compter du jour du jugement, ou de la transaction; & si le procès est demeuré indécis, dans les dix ans de la date de leur récépissé.

A l'égard des Juges ordinaires, si on ne croit pas devoir leur accorder la prescription qui est accordée aux Conseillers de la Cour, au moins on ne doit pas leur refuser celle accordée aux Avocats & Procureurs.

7°. La prescription de cinq ans pour les arrérages des rentes constituées. *Voyez l'art.* 435. Pareille pour les lettres & billets de change; *Ord. de* 1673, *t.* 5, *art.* 21. Pareille pour les fermes & loyers, à compter du jour de l'expiration des baux; *Ordon. de* 1629, *art.* 142. Quoique cette belle Ordonnance de 1629 n'ait pas été exécutée, néanmoins plusieurs prétendent que cet article s'observe, sur-tout lorsque les baux n'ont été que verbaux.

TITRE XIV.

Des Prescriptions.

ARTICLE CCLX.

PRESCRIPTION (1) moindre de trente ans en l'héritage & choses immobiliaires, n'a lieu entre personnes privées (2) par la Coustume. A. C. art. 308.

(1) Cela est dit pour exclure la prescription du Droit Romain, de dix ans entre présens, & vingt ans entre absens, avec titre & bonne foi, que la Coutume de Paris & plusieurs autres ont adoptée, & que la nôtre rejette. Cet article ne doit s'entendre que de la prescription à l'effet d'acquérir : à l'égard des prescriptions à l'effet de libérer, il y en a d'un temps moindre de trente ans, même contre des actions immobilaires; *putà*, celle d'un an contre l'action du retrait lignager, celle de quarante jours contre l'action de retrait féodal, *&c.*

(2) Cela est dit, parce qu'il faut quarante ans pour prescrire contre l'Eglise & contre les Communautés, soit ecclésiastiques, soit séculieres.

ARTICLE CCLXI.

Quiconque jouit (1) d'aucun héritage, rente ou droit (2) incorporel paisiblement (3) par trente ans entiers (4) & consécutifs (5), A. C. art. 309.

(1) *Id est*, possede *animo domini*, comme s'en réputant propriétaire.

(2) Soit qu'il ait perçu pendant trente ans une rente ou autre redevance qui appartenoit à un autre, comme s'en réputant le vrai propriétaire; soit qu'il ait perçu pendant ledit temps une rente ou autre redevance qui n'étoit due à personne, comme s'en réputant seigneur & créancier. *Voyez l'Introd. n.* 8.

(3) Cela est dit, parce que l'exploit d'assignation pour délaisser l'héritage, donné au possesseur, arrête le cours de la prescription, pourvu qu'il n'ait pas été déclaré nul par quelque défaut de formalité, ou périmé pour discontinuation de procédures pendant trois ans. *Voyez* l'Arrêté des péremptions du 29 Mars 1692.

(4) Les années se comptant par jours, & non par momens, un possesseur est censé avoir possédé pendant trente ans entiers, aussi-tôt qu'il a atteint le dernier jour de la trentieme année, & par conséquent il a acquis la prescription, & est fait seigneur. *L.* 6 & 7, ff. *de Usucap. L.* 15, ff. *de divid. temp. præscript.* Il en est autrement de la prescription à fin de libérer : elle n'est acquise au débiteur contre l'action du créancier qu'après l'expiration du dernier jour de la trentieme année & ne peut être opposée que lorsque la trente-unieme année a commencé. La raison est que cette prescription n'est fondée que sur la négligence du créancier, qui n'a pas intenté son action dans le temps prescrit par la Loi : or il l'intente dans le temps lorsqu'il l'intente le dernier jour de la trentieme année, ce dernier jour faisant partie de ce temps de trente ans. *L.* 6, ff. *de oblig. & act.*

(5) Tant par lui que par ses auteurs, dont il tient son droit & sa possession, soit à titre universel, soit à titre singulier. *Voyez l'Introd. n.* 28 & 29.

entre personnes aagées (6), & non privilégiées (7), soit qu'il ait titre ou non (8), il acquiert, & est fait seigneur (9) de l'héritage, rente ou droit incorporel ainsi par lui possédé : sauf (10) le vendeur (11) & obligé (12), ou l'héritier du vendeur ou obligé, qui l'acquiert par quarante ans.

(6) Car la prescription ne court pas pendant le temps de la minorité du propriétaire. *Voyez l'Introd. n.* 14.

(7) Cela est dit pour l'Eglise & les Communautés, contre qui l'on ne prescrit que par quarante ans.

(8) La possession de trente ans suffit pour la prescription, quoique le possesseur ne rapporte pas le titre en vertu duquel lui ou ses auteurs ont commencé de posséder : mais s'il étoit rapporté, & qu'il fût vicieux, il feroit obstacle à la prescription, quelque longue qu'eût été la possession. *Voyez l'Introd. n.* 18.

(9) L'effet de cette prescription n'est donc pas seulement de donner à celui qui a prescrit une fin de non-recevoir contre l'action de revendication du propriétaire ; elle a la même force que l'usucapion du Droit Romain : elle *le fait seigneur* de l'héritage, en transférant en sa personne le droit de propriété, dont elle dépouille l'ancien propriétaire en punition de sa négligence. C'est pourquoi, si par quelque conjoncture, depuis l'accomplissement de la prescription, l'ancien propriétaire se trouvoit en possession de l'héritage, celui qui l'a prescrit pourroit le revendiquer contre lui.

(10) Jusqu'ici la Coutume n'avoit parlé que de la prescription *à l'effet d'acquérir* : cette fin de l'article concerne celle *à l'effet de délibérer* ; mais sa disposition ne pouvoit être rédigée plus imparfaitement. Pour la rendre correcte, il faut suppléer ceci : « Pareillement le » propriétaire d'un héritage acquiert la libération des hypotheques ou autres charges » dont son héritage est chargé, lorsque le créancier a négligé pendant trente ans d'user » de son droit & de le faire reconnoître ; sauf celui qui a vendu & constitué une rente, » & ses héritiers, & tous ceux qui y sont personnellement obligés, lesquels n'acquierent » la libération de l'hypotheque dont leur héritage est chargé pour sûreté de ladite rente, » qu'après quarante ans ». *Voyez l'Introd. n.* 60.

(11) C'est-à-dire, celui qui a vendu & constitué une rente sur ses biens. L'art. 309 de l'ancienne Coutume disoit le *vendeur de la rente*.

(12) Ce terme comprend tous ceux qui se sont personnellement obligés à la rente ; *putà*, ceux qui s'y sont obligés par une déclaration d'hypotheque.

ARTICLE CCLXII.

A. C. art. 314.

Pendant le temps que le Seigneur de fief exploicte l'héritage de son vassal redevable de rente (1) qui ne seroit inféodée, prescription n'a cours contre le créancier & Seigneur de ladite rente (2) : parce que le Seigneur de fief n'est tenu, quand il exploicte l'héritage de sondit vassal, des rentes constituées ou créées sur icelui, qui ne sont inféodées.

(1) Fonciere.

(2) *Voyez l'Introduction au titre des Fiefs, n.* 64. Le créancier n'ayant pu, pendant le temps que le Seigneur a tenu en sa main le fief chargé de la rente fonciere, se faire payer de cette rente sur les fruits de l'héritage par qui elle est principalement due, la prescription n'a pas pu courir contre lui pendant ce temps, suivant la regle, *Contra non valentem agere non currit præscriptio.*

ARTICLE

ARTICLE CCLXIII.

Droicts censuels (1), & autres droicts (2) seigneuriaux, ne se peuvent prescrire pour le tout (3), mais bien pour la quotité (4). Et au regard des arrérages & profits, ils sont prescriptibles par trente (5) ans. A. C. art. 311. C. de Par. art. 124.

(1) La Coutume décide la même chose à l'égard des féodaux; *art.* 86.

(2) Tels que le droit de champart, lorsqu'il tient lieu de cens, & la rente seigneuriale créée dans le cas de l'*art.* 7. Mais une rente, quoique créée par le bail à cens, n'est pas seigneuriale lorsqu'elle est séparée du cens. *V. g.* Si un héritage est baillé pour quatre sous de cens, & vingt livres de rente, la rente de vingt livres sera une simple rente fonciere prescriptible. *Secùs*, s'il étoit donné pour vingt livres de cens & rente: la rente en ce cas renfermant le cens, & n'en étant pas distinguée, seroit seigneuriale, & imprescriptible.

(3) *Voyez-en la raison* suprà, *Introd. n.* 34.

(4) Par exemple, si pendant trente ans le possesseur d'un héritage chargé de cinq sous de cens, n'a payé que deux sous, son héritage sera libéré du surplus. La raison en est que la seigneurie directe, qui seule est imprescriptible, est à la vérité nécessairement attachée au cens; mais elle est indépendante de la quotité de ce cens, étant également reconnue par la prestation de deux sous de cens, comme par celle de cinq.

Observez qu'il faut pour cette prescription que le censitaire ait payé uniformément pendant le temps de trente ans cette moindre quotité comme étant la redevance entiere.

Si l'on avoit payé, par quelque temps que ce fût, une espece l'une pour l'autre; par exemple, une poule au lieu d'une somme de vingt sous de cens, dont l'héritage est chargé; il n'y auroit pas lieu à la prescription. *Arrêt de* 1581, *rapporté par Chopin*, *de Mor. And.* Autres rapportés par *Mornac, sur la Loi* 9. ff. *de contr. empt.*

(5) Quand même ils seroient dûs à des Couvens, à des Chapitres, &c. La prescription de quarante ans n'a lieu que pour ce qui fait partie du fonds de l'Eglise: mais les fruits sont sujets à la prescription ordinaire de trente ans; car ils sont plutôt le bien du Bénéficier que celui de l'Eglise.

ARTICLE CCLXIV.

Œuvres manuelles (1) à journées (2) de bras, ne se peuvent demander après quarante jours (3), sinon qu'il y ait promesse (4) de payer depuis lesdites journées & œuvres faites. A. C. art. 312.

(1) Ce sont celles où l'ouvrier ne fournit que son travail.

(2) Si c'étoit donc à la tâche, l'ouvrier auroit un an pour les demander; *art.* 265.

(3) A compter depuis la derniere journée, lorsqu'il y a eu continuation. Ce n'est point ici le cas de l'*art.* 9, *tit.* 1 de l'Ordonnance de 1673.

(4) S'il y avoit un marché par écrit précédent, ce seroit la même chose; & en ce cas même l'action du journalier dureroit trente ans.

ARTICLE CCLXV.

Deniers, ou choses dûes pour façons ou ventes d'ouvrages, labourages, façons de vignes, voitures (1), & aussi pour salaires A. C. art. 313.

(1) Pourvu que toutes ces choses n'aient point été faites à la journée; car alors elles tomberoient dans la prescription de l'article précédent.

C. de Par. art. 126. de serviteurs, nourritures & instructions d'enfans, & autres menuës denrées & marchandises (2), se prescrivent par un an (3); & après ledit an passé (4), on n'en peut valablement rien demander; sinon qu'il y ait obligation, promesse (5), ou action intentée. Néanmoins (6) si celui qui se prétend créancier, veut du payement croire sa partie par serment, elle sera tenuë prester le serment (7). Et où elle ne voudroit jurer avoir payé, en ce cas sera tenuë payer, nonobstant ladite prescription, en affirmant par le demandeur.

(2) Par l'article 7 du titre 1 de l'Ordonnance de 1673, les marchands en gros & en détail, les maçons, charpentiers, couvreurs, serruriers, vitriers, plombiers, paveurs, & autres de pareille qualité, sont tenus de demander paiement dans l'année après la délivrance.

Suivant l'article 8 du même titre, l'action doit être intentée dans les six mois pour marchandises & denrées vendues en détail par boulangers, pâtissiers, bouchers, rôtisseurs, cuisiniers, passementiers, selliers, bourreliers, & autres semblables. On a continué ici dans l'usage de donner un an à ces sortes d'artisans, conformément à la disposition de la Coutume.

(3) Ces dispositions de la Coutume & de l'Ordonnance n'ont pas lieu de marchands à marchands qui commercent ensemble. *Arrêt du 12 Juillet 1672, au Journal du Palais, tom. 1, pag.* 258. Quelques Coutumes font mention de cette exception, comme Troyes, *art.* 201, *&c.*

(4) A compter depuis chaque fourniture, & non pas depuis la derniere, lorsqu'il y a eu continuation de fournitures ou d'ouvrages. L'article 9 du titre 1 de l'Ordonnance de 1673 en contient une disposition précise.

(5) La Coutume entend par *obligation*, un acte pardevant Notaire, portant obligation de payer une certaine somme; & par *promesse*, un billet sous la signature privée du débiteur.

(6) Il résulte de la fin de cet article, que lorsque cette prescription est acquise, le Juge ne doit faire prêter le serment au défendeur que lorsque le demandeur le lui défere: hors ce cas, le Juge, sans exiger de serment, doit déclarer le demandeur non-recevable.

(7) L'Ordonnance de 1673 ajoute: « Et à l'égard des veuves, tuteurs, héritiers & » ayans cause, pourront les marchands leur faire déclarer s'ils ont connoissance que la » chose est due, encore que l'année ou les six mois soient expirés »; *tit.* 1, *art.* 10.

Article CCLXVI.

A. C. *art.* 314. Loüages de chevaux, bœufs & autres bestes, ne se peuvent demander (1) après *six mois* passés.

(1) Mais on peut exiger le serment comme en l'article précédent.

Article CCLXVII.*

C. de Par. *art.* 128. *N'ont les Taverniers & Cabaretiers aucune action pour vin ou autre chose par eux venduë* (1) *en détail par assiette en leurs maisons.*

(1) Aux domiciliés du lieu.

ARTICLE CCLXVIII.

Faculté de rachepter rentes constituées à prix d'argent, ne se peut prescrire (1) *pour quelque temps que ce soit : ains sont les rentes rachetables à toujours, encore qu'il y ait cent ans ; & se doit faire le rachapt desdites rentes pour le prix porté par la constitution, s'il en appert ; sinon à la raison du denier douze* (2). C. de Par. art. 119.

(1) Car cette faculté est de l'essence du contrat de constitution. *Voyez l'Introduction*, *n.* 33 : mais la faculté de pouvoir la racheter en plusieurs paiemens, étant un droit qui naît d'une clause accidentelle, peut se prescrire ; *ibid.*

(2) C'étoit le fur qui avoit lieu au temps de la réformation de la Coutume. Les rentes dont on ne connoît pas le prix de la constitution, sont encore aujourd'hui rachetables suivant le fur du denier douze, s'il paroît que la rente existoit dès le temps où ce fur avoit lieu ; sinon elle doit l'être suivant le fur qui avoit lieu au temps le plus ancien auquel on ait connoissance que la rente existât.

ARTICLE CCLXIX.

La faculté (1) *donnée par contract de rachepter héritages, ou rentes de bail d'héritages à toujours, se prescrit par trente ans* (2), *entre aagez* (3), *& non privilégiez* (4). C. de Par. art. 120.

(1) La faculté accordée au vendeur par le contrat de vente, de racheter l'héritage qu'il a vendu, de même que celle accordée au preneur par le bail à rente de racheter la rente, ne sont pas de l'essence de ces contrats, & sont des droits qui naissent d'une clause qui y est accidentelle : d'où il suit, suivant nos principes, *Introduction*, *n.* 33, que ces facultés sont sujettes à la prescription ordinaire de trente ans, non-seulement lorsqu'on n'a exprimé aucun temps dans lequel ce rachat pourroit se faire, mais même dans le cas auquel il seroit porté en termes exprès par le contrat de vente ou de bail à rente, qu'il pourroit se faire *à toujours ;* car les prescriptions étant de droit public, les conventions des particuliers n'y peuvent déroger : *Privatorum conventio juri publico non derogat. L.* 45, §. 1, ff. *de R. J.*

(2) Souvent par le contrat on limite un temps plus court, comme de six ou neuf ans, dans lequel le vendeur devra exercer la faculté qui lui a été accordée de racheter l'héritage. Mais comme cette clause est extrêmement favorable, la présomption étant que le vendeur qui a vendu sous cette clause, a vendu son héritage *urgente rei familiaris necessitate*, pour un prix au-dessous de la juste valeur, la Jurisprudence a établi que l'expiration du terme limité par le contrat, ne faisoit pas déchoir de plein droit le vendeur de la faculté qui a été accordée ; & que pour l'en faire déchoir il falloit, après l'expiration du terme, obtenir contre lui un jugement de déchéance ; faute de quoi la faculté de racheter ne finit que par la prescription ordinaire de trente ans. *Brodeau sur Louet*, *l.* 5, §. 12.

(3) La prescription légale de trente ans, qui a lieu lorsque par le contrat on n'a limité aucun temps dans lequel le rachat devroit se faire, ou lorsqu'après l'expiration du temps limité par le contrat, on n'a pas obtenu de jugement de déchéance, ne court pas contre les mineurs ; mais le temps limité par la convention court contre les mineurs & les privilégiés, comme contre les majeurs & les non privilégiés ; car les conventions lient quelque personne que ce soit. *Voyez Louet, Sommaire P. n.* 36 ; *Leprêtre*, 1, 48.

(4) *Voyez la note 2 sur l'art.* 360.

ARTICLE CCLXX.

C. de Par. art. 121.

Ce que dessus n'a lieu ès rentes de bail d'héritage, sur maisons (1) assises en la ville & fauxbourgs d'Orléans (2); lesquelles rentes sont à toûjours racheptables (3), si elles ne sont les premieres (4) après le cens & fonds de terre (5).

(1) La faculté accordée par cet article est tirée des Ordonnances de Février 1539, Janvier 1552, Mai 1553 & 1575. Elle est établie en faveur de la décoration des villes, afin que les propriétaires pouvant se décharger des rentes dont leurs maisons sont chargées, soient encouragés à les entretenir & à les amplifier. Comme cette faculté procede d'une disposition de Droit public, elle est imprescriptible; *Introd. n.* 33. Elle a lieu même contre les Ecclésiastiques, nonobstant ce qui est porté par l'Edit de Décembre 1606, *art.* 20, qu'ils ne pourront être contraints de souffrir le rachat des rentes foncieres dépendantes de leur bénéfice : car on a jugé que cette disposition n'avoit pas lieu dans les Coutumes qui accordent la faculté de les racheter, sans en excepter les Ecclésiastiques.

(2) Il en est de même des autres villes, les Ordonnances les comprennent toutes.

(3) Quand même la faculté de racheter seroit expressément interdite par le contrat : *Privatorum conventio juri publico non derogat. L.* 45, §. 1, ff. *de R. J.*

(4) Une rente est la premiere après le cens, lorsqu'au temps de sa création l'héritage n'étoit chargé d'aucune autre redevance que du cens, quoiqu'il y en eût d'autres qui auroient été éteintes auparavant : mais si l'héritage étoit lors chargé d'une autre rente, celle créée en second lieu est rachetable, & elle continue de l'être, quoique par la suite l'héritage soit libéré de la premiere. Ainsi jugé au Bailliage d'Orléans tout d'une voix, contre l'Abbé de la Cour-Dieu, en l'année 1724.

(5) La Coutume entend par ces termes *fonds de terre*, la redevance créée en reconnoissance de la seigneurie directe, comme en l'*art.* 255.

ARTICLE CCLXXI.

C. de Paris, art. 122.

Legs pitoyables (1) de rentes en deniers, grains ou autres especes sur une maison assise en la ville d'Orléans & fauxbourgs d'icelle (2), sont racheptables au denier vingt, sans que ledit rachapt se puisse prescrire, ores qu'il (3) fust dit par le testateur, non racheptable (4); en faisant toutefois faire le remploi en autres héritages, ou autres rentes (5).

(1) C'est-à-dire, faits pour œuvres pieuses, comme aumônes, fondations, service divin : à plus forte raison les rentes léguées sur des maisons à des particuliers.

(2) Et autres villes; car cette disposition est aussi tirée des Ordonnances, qui permettent en général le rachat des rentes créées sur les maisons des villes.

(3) *Id est*, quoiqu'il.

(4) Le prix de ces rentes se trouve évalué aux deux tiers de plus que la valeur des rentes constituées à prix d'argent, dont le fur étoit lors le denier douze. Quoique le fur des rentes constituées à prix d'argent soit depuis augmenté, & soit aujourd'hui le denier vingt, néanmoins les rentes comprises en cet article & au précédent, ont continué d'être rachetables sur le pied du denier vingt.

(5) Ce remploi doit être fait avec l'Eglise à qui la rente est remboursée : l'héritier du testateur en est garant. Mais si la nouvelle rente qui a servi de remploi vient à être remboursée, l'héritier du testateur est déchargé, & n'est pas tenu à un second remploi.

TITRE XV.

Des Donations faites entre vifs, & en Mariage.

INTRODUCTION AU TITRE.

ARTICLE PRÉLIMINAIRE.

1. LA donation entre vifs est un contrat par lequel une personne, par libéralité, se dessaisit irrévocablement de quelque chose au profit d'une autre personne qui l'accepte.

2. Quelquefois, par le contrat de donation, on charge le donataire de restituer à un autre, après sa mort, ou au bout d'un certain temps, la chose qui lui a été donnée. En ce cas le contrat renferme deux donations; l'une *directe*, qui est faite au premier donataire; l'autre qu'on appelle *donation fidéicommissaire*, ou *substitution*, qui est faite au second donataire par l'interposition du premier. On peut faire plusieurs degrés de ces substitutions.

3. La donation entre vifs est un contrat du Droit des gens, que le Droit civil a assujetti à certaines formalités.

SECTION PREMIERE.

Des Personnes qui peuvent, & à qui on peut donner entre vifs; & des choses qu'on peut donner.

§. I.

Quelles personnes peuvent donner entre vifs.

4. La donation étant un contrat du Droit des gens, il n'est pas douteux que les étrangers, quoique non naturalisés, peuvent disposer, par donation entre vifs, des biens qu'ils ont en France; car ils participent à tout ce qui est du Droit des gens.

5. La donation renfermant l'aliénation irrévocable de la chose donnée, il suit de là que ceux qui ne peuvent aliéner, ne peuvent donner. C'est pourquoi les mineurs ne peuvent donner leurs immeubles; ils peuvent seulement, lorsqu'ils sont émancipés, soit par le mariage, soit par Lettres du Prince, disposer, par donation entre vifs, de leurs effets mobiliers. Ils ne pourroient pas même disposer de l'universalité : *nam universitas mobilium sapit quid immobile.*

A plus forte raison les interdits ne peuvent donner entre vifs. Les femmes sous puissance de mari ne le peuvent non plus, sans y être autorisées par leurs maris.

6. La donation étant une libéralité, & personne ne pouvant être libéral que de son bien, & non du bien d'autrui, il suit de là que les tuteurs, curateurs & autres administrateurs ne peuvent disposer, par donation entre vifs, des biens dont ils ont l'administration. Il leur est néanmoins permis de faire pour leurs mineurs & autres, dont ils administrent les biens, certains présens modiques que les regles de la bienséance, en certaines occasions, exigent : *L. 12, §. 3, ff. de admin. tut.*

7. Le caractere de la donation entre vifs étant d'être une libéralité parfaite, qui consiste à préférer à nous-mêmes le donataire dans ce que nous lui donnons, *cùm is qui donat, illum potiùs quàm se habere mavult, l. 35, §. 2, ff. de mort. caus. don.* on en a conclu dans notre Jurisprudence Françoise, qu'une personne malade de la maladie dont elle meurt, lorsque la maladie a un trait prochain à la mort, est incapable de donner entre vifs; parce que les donations qu'elle fait en cet état, ne peuvent plus avoir ce caractere d'une parfaite libéralité, cette personne ne pouvant plus donner que ce qu'elle ne peut plus conserver, & que la mort va lui enlever. C'est pourquoi notre Coutume décide, *article 297*, que les donations faites par les personnes en cet état, quoique conçues entre vifs, sont réputées pour cause de mort, & par conséquent nulles, faute d'être dans la forme testamentaire. *Ordonnance de 1731, article 4.*

La Jurisprudence a étendu cette disposition aux donations qu'une personne feroit depuis qu'elle a formé le dessein d'entrer en religion. Il y a même raison; car la profession religieuse que cette personne compte faire, devant la dépouiller de tous ses biens, elle ne donne que ce qu'elle compte ne pouvoir plus conserver. *Voyez, au Journal du Palais, les Arrêts du 11 Mars 1681, & ailleurs.*

Mais les donations, quoique faites à la veille d'un grand danger, comme la veille d'un combat, ou lorsqu'un homme est prêt à se faire faire l'opération de la taille, n'ont pas moins le caractere des donations entre vifs. Il en est de même de celles faites dans une extrême vieillesse; car, quelque vieux qu'on soit, on espere toujours quelques années de vie, & l'on n'en est souvent que plus attaché à ses biens.

§. II.

A qui peut-on donner entre vifs.

8. La donation entre vifs, suivant la définition que nous en avons donnée, *n. 1*, étant une convention, il est nécessaire qu'elle intervienne entre deux personnes, dont l'une soit le donateur, & l'autre le donataire. Il suit de là que pour être donataire entre vifs, il faut, avant toutes choses, exister.

Suivant ce principe, la donation qui seroit faite aux enfans à naître de quelqu'un, n'est pas valable. Néanmoins dans les contrats de mariage, la donation faite aux enfans qui naîtront de ce futur mariage, est valable, *Ord. de 1731, art. 10*, au cas qu'il en naisse quelqu'un. La faveur de ces actes fait passer pardessus la subtilité des regles.

Quoique, hors les contrats de mariage, la donation faite aux enfans à naître d'une personne, soit nulle, celle faite à ses enfans nés & à naître, est valable, même à l'égard des enfans à naître, *Ord. art. 12*: mais en ce cas les enfans nés sont les seuls donataires directs; les enfans à naître sont des donataires fidéicommissaires ou substitués, auxquels les enfans nés sont censés chargés de restituer une portion virile dans les choses données, lorsqu'ils naîtront.

On peut même, hors contrat de mariage, faire une donation directe à un enfant qui est encore dans le sein de sa mere; & la donation est valable, pourvu qu'il naisse vivant à terme, & que la donation ait été acceptée par quelqu'un qui ait qualité pour cela. C'est une suite de cette regle de Droit: *Qui in utero est, pro jam nato habetur, quoties de commodo ejus agitur; L. 26, ff. de stat. hom. l. 231, ff. de V. S.*

9. L'existence du donataire, requise pour que la donation soit valable, est une existence civile. Ceux qui ont perdu l'état civil, étant censés n'avoir aucune existence par rapport à la société civile dont ils sont retranchés, ne peuvent être capables de donations entre vifs.

Les Religieux ayant perdu l'état civil par la profession religieuse, & étant d'ailleurs, par leur vœu de pauvreté, incapables de rien posséder, sont donc incapables de donations entre vifs. On peut néanmoins leur faire, de la main à la main, des donations modiques de choses mobiliaires, sur-tout à ceux qui étant hors du cloître, dans quelque bénéfice, sont obligés d'avoir un pécule pour subsister.

10. Il faut avoir l'état civil pour être donataire entre vifs; mais il n'est pas nécessaire d'avoir les droits de citoyen. On peut valablement donner entre vifs à un aubain, quoique non naturalisé; car les aubains participent avec nous à ce qui est du Droit des gens; & les donations entre vifs étant des conventions, quoiqu'elles soient, par notre Droit civil, assujetties à quelques formes, elles appartiennent néanmoins, quant à leur substance, au Droit des gens.

11. A l'égard des Communautés autorisées par les Loix du Royaume, on peut leur donner entre vifs des biens mobiliers, des rentes sur le Roi, & les autres rentes qu'il leur est permis d'acquérir par l'Edit d'Août 1749, *article 18*; mais ils ne peuvent acquérir par donation entre vifs, non plus que par aucun autre titre, des héritages & des rentes sur particuliers, sans au préalable avoir obtenu une permission spéciale du Roi, par Lettres-patentes duement registrées; *article 14.*

Il y a des Couvens, tels que ceux des Capucins & Récollets, qui, à cause d'[illegible]e profession particuliere qu'ils font de pauvreté, sont incapables de recevoir par donation aucuns biens [illegible]mmeubles; mais on peut leur donner des choses mobiliaires, & des sommes d'argent modiques.

12. Un mari & une femme ne peuvent, pendant le mariage, se donner aucune chose (*Voyez l'article 280 & les notes*), si ce n'est par don mutuel, au

cas & sous les limitations portés par l'*article 281*. Nous traiterons séparément de ce don mutuel.

13. Les donations faites à des concubines sont à plus forte raison réprouvées : on tolere néanmoins celles qui sont modiques, & pour cause d'alimens.

14. On ne peut faire de donations à titre universel à ses bâtards : mais on peut leur donner à titre singulier, même des héritages.

Quoiqu'ils soient adultérins ou incestueux, on peut leur donner des alimens.

15. Il est défendu aux Juges, Avocats & Procureurs du Roi de recevoir aucun don & présent des parties plaidantes; *Ordonnance d'Orléans, article 43; Moulins, art. 19 & 20; Blois, art. 114*. Pareilles défenses sont faites aux Clercs des Greffes; *Orléans, art. 77*. Il est pareillement défendu aux Elus & Receveurs des Tailles de recevoir aucun don en argent, gibier ou volailles; *article 132*.

16. Les tuteurs & curateurs, quoique après la tutele finie, ne peuvent, jusqu'à ce qu'ils aient rendu compte, recevoir aucun don ni legs des personnes dont ils ont administré la tutele ou curatelle, *Coutume d'Orléans, article 296*; La Coutume néanmoins en excepte les ascendans, pourvu qu'ils ne soient pas remariés.

En général, toutes les personnes qui ont quelque autorité & puissance, ne peuvent recevoir aucunes donations des personnes qui leur sont soumises. *Voyez* ce que nous en dirons sur le titre suivant.

17. Les donations entre vifs recevant toute leur perfection au temps du contrat, c'est en ce temps qu'est requise la capacité dans la personne du donataire. Sur ce principe, dans la *Coutume d'Anjou*, qui défend aux femmes de donner à leurs maris, ou parens de leurs maris, on a jugé nulle la donation faite par une femme à la mere de son mari, quoique la donatrice, depuis la mort de son mari, l'eût confirmée; *Soefve, III, 39*.

SECTION II.

De l'irrévocabilité nécessaire pour la validité des Donations entre-vifs; & du dessaisissement de la chose donnée.

§. I.

De l'irrévocabilité.

18. L'irrévocabilité étant le caractere essentiel de la donation entre vifs, & ce qui la distingue des donations pour cause de mort, tout ce qui blesse cette irrévocabilité, en laissant au donateur le pouvoir de détruire ou d'altérer l'effet de sa donation, la rend nulle. C'est ce que décide notre Coutume, *art. 283* en ces termes : *Donner & retenir ne vaut*.

De là il suit, 1°. qu'une donation est nulle, si elle est faite sous une condition dont l'accomplissement soit au pouvoir du donateur; *Ordonnance de 1731, article 16*.

2°. Si

2°. Si le donateur, en donnant ses biens, s'est réservé la faculté d'en aliéner ce qu'il jugeroit à propos, la donation est nulle; *ibid.*

S'il a limité la somme jusqu'à laquelle il pouvoit en disposer, elle n'est nulle que jusqu'à concurrence de cette somme; & elle l'est, quand même le donateur n'useroit pas de cette faculté, & quand même il y auroit convention expresse que la donation demeureroit valable pour le total, dans le cas auquel il n'en useroit pas; car, jusqu'à cette concurrence, elle péche contre l'irrévocabilité requise pour la validité des donations; *ibid.*

3°. La donation est nulle, si elle est faite à la charge que le donataire paiera toutes les dettes que le donateur contractera; car il seroit au pouvoir du donateur d'anéantir tout l'effet de la donation, en contractant beaucoup de dettes; *ibid.*

S'il a limité jusqu'à quelle quantité le donataire en seroit tenu, la donation ne sera nulle que jusqu'à concurrence de cette quantité, & le sera, quand même le donateur n'auroit pas usé de cette faculté.

19. 4°. La donation des biens à venir est nulle; car il seroit au pouvoir du donateur de la rendre sans effet, en n'acquérant pas. Nous en rapporterons une autre raison au §. suivant.

5°. Les donations des biens présens & à venir, faites depuis 1731, sont nulles, même pour les biens présens; car cette donation renfermant la charge d'acquitter toutes les dettes que le donateur a contractées & contractera, il seroit en son pouvoir d'anéantir tout l'effet de la donation, en contractant des dettes qui absorberoient même les biens présens; *ibid*, *art. 15.*

Si ces donations ont été faites avant la publication de l'Ordonnance de 1731, on doit décider suivant la jurisprudence qui s'observoit lors de la donation. Elle avoit varié; néanmoins la derniere jurisprudence, avant l'Ordonnance, paroît avoir été que les donations des biens présens & à venir n'étoient nulles que pour les biens à venir, & que le donataire pouvoit retenir les biens présens, sans être tenu des dettes contractées depuis la donation, qui devoient être acquittées sur les biens acquis depuis: c'est ce qui avoit été jugé par Arrêts des 24 Mai 1718, & 24 Janvier 1729, au 7e T. du Journal des Audiences.

§. II.

Du Dessaisissement.

20. Notre Coutume, *art. 276*, exige, pour qu'une donation soit valable, que le donateur *se dessaisisse* de la chose donnée. D'où il suit qu'on ne peut donner ses biens à venir; car on ne peut se dessaisir de ce qu'on n'a pas.

21. La Coutume n'exige pas néanmoins une tradition réelle: la rétention d'usufruit que le donateur fait des choses données, le bail à ferme ou à loyer que le donateur s'en fait faire par l'acte de donation, la clause par laquelle il s'en constitue possesseur précaire, sont autant de traditions feintes, qui suffisent pour la perfection de la donation; *art. 284.*

La raison est, que le donateur, en se rendant par ces clauses usufruitier, ou fermier, ou locataire, ou possesseur précaire de la chose donnée, ne retient plus cette chose que comme une chose qui ne lui appartient plus, & qu'il tient dorénavant du donataire; *cùm usufructus, & conductio, & precarium rei suæ esse non possit; L. 45, ff. R. 1;* & par conséquent il en prend en quelque façon possession au nom du donataire : ce qui suffit pour que le donataire puisse être censé avoir acquis la possession, puisque nous l'acquérons non-seulement par nous-mêmes, mais par ceux qui prennent possession en notre nom; *L. 3, §. 12, l. 9, ff. acq. poss. & passim.*

22. La simple clause de *dessaisine-saisine*, dans les actes qui se passent devant Notaires, suffit même, dans notre Coutume, pour tenir lieu de tradition, *art. 278.*

Mais il faut que cette clause ne soit pas démentie par le fait, & que le donateur ne demeure plus en possession de la chose dont il a déclaré qu'il se dessaisissoit. Si, nonobstant cette clause, le donataire l'a souffert demeurer en possession jusqu'à son décès, la donation sera nulle; *art. 283.*

23. Lorsque quelqu'un a fait donation de rentes ou autres créances qui lui sont dues par des tiers, la signification faite aux débiteurs, par le donataire, de la cession qui lui a été faite par l'acte de donation, tient lieu de tradition de ces choses. Ce n'est que par cette signification que le donateur en est dessaisi, puisque, jusqu'à cette signification, ces créances peuvent lui être valablement payées, & peuvent être valablement saisies & arrêtées par ses créanciers. C'est ce que la *Coutume de Paris, art. 108*, exprime par ces termes : *Un simple transport ne saisit, & il faut signifier le transport, &c.*

C'est pourquoi si le donataire de ces sortes de choses a omis de signifier sa donation aux débiteurs pendant la vie du donateur, la donation sera nulle; le donateur, faute de cette signification, étant censé être resté jusqu'à sa mort en possession des choses données.

Observez que l'acte par lequel les débiteurs s'obligeroient de payer au donataire, équipolle à la signification du transport.

24. Lorsque quelqu'un me fait donation d'une certaine somme ou d'une certaine rente payable seulement après sa mort, dont il se constitue envers moi le débiteur, je pense que la donation est valable, & que je dois être censé suffisamment mis en possession de la chose donnée, par l'acte même de donation par lequel je suis fait, d'une maniere irrévocable, créancier de la créance qui m'est donnée, & par la clause de dessaisine par laquelle le donateur se dessaisit envers moi de ses biens jusqu'à due concurrence, en les chargeant de cette dette envers moi. Ces sortes de choses n'étant pas susceptibles d'aucune autre espece de tradition, on n'en doit pas exiger d'autre, la Coutume devant être censée n'avoir exigé que celle dont la chose donnée pourroit être susceptible. C'est l'avis de Ricard, *P. 1, n. 967 :* c'est aussi celui de Furgole. *Voyez*, au Journal, un Arrêt du 3 Décembre 1643. Il est vrai qu'il fut rendu contre l'avis de M. Talon, & que l'espece étoit favorable : la donation étoit d'une somme de 3,000 livres à prendre, après la mort du donateur, sur ses biens, pour aider à nourrir la donatrice.

25. Il reste à observer que la tradition étant principalement requise pour empêcher les fraudes par lesquelles on voudroit faire passer pour donation entre vifs des donations qui n'en ont pas le caractere, ce défaut ne peut être

oppofé contre une donation que par des tiers, ou par les héritiers du donateur, & non par le donateur lui-même, qui ne peut être reçu à alléguer fa propre fraude. *Ricard, ibid. 945.*

§. III.

Limitation à l'égard des Donations faites par contrat de mariage.

26. Ce qui eft requis dans les donations ordinaires par rapport au deffaififfement de la chofe donnée & à l'irrévocabilité de la donation, ne l'eft pas dans celles qui font faites par contrat de mariage, par quelque perfonne que ce foit, à l'un des futurs conjoints, ou aux enfans qui naîtront du mariage; la faveur de ces contrats les ayant rendus fufceptibles de toutes efpeces de conventions ou donations.

C'eft pourquoi on peut donner par contrat de mariage fes biens à venir. On peut auffi donner fes biens préfens & à venir; & il eft au choix du donataire, lors de la mort du donateur, de prendre la donation en entier, en fe chargeant de toutes les dettes du donateur, tant faites depuis qu'avant la donation; ou de fe reftreindre aux biens qu'avoit le donateur lors de la donation, pour fe décharger des dettes faites depuis; *Ord. art. 17.*

Mais le donataire ayant fait ce choix après la mort du donateur, foit expreffément, foit même tacitement, *putà*, en partageant des biens acquis depuis la donation, il ne peut plus varier. *Boutaric, fur l'art. 17 de l'Ord. de 1731.*

Le donataire des biens préfens & à venir étant tenu de toutes les dettes du donateur contractées depuis la donation, lorfqu'il ne s'eft pas tenu aux biens préfens, il ne peut répéter contre les tiers acquéreurs ceux que le donateur auroit aliénés depuis la donation; car il eft tenu de l'obligation de garantie que le défunt donateur a contractée envers eux, & par conféquent non-recevable dans la demande qu'il formeroit contre eux, fuivant la regle, *Quem de evictione tenet actio, eum agentem repellit exceptio.*

27. On peut auffi, par contrat de mariage, donner fes biens préfens ou une chofe particuliere, à la charge que le donataire fera tenu de payer les dettes que contractera le donateur, foit indéterminément, foit jufqu'à concurrence d'une certaine fomme; & fi le donateur n'en contracte pas, le donataire en profite; *Ord. de 1731, art. 18.*

Dans ces donations par contrat de mariage, le donateur peut auffi fe réferver la faculté de difpofer ou de tefter en partie des chofes données; & lorfqu'il fait cette réferve, la donation n'en eft pas moins valable, même par rapport aux chofes dont il s'eft réfervé la faculté de difpofer, qui n'en appartiennent pas moins au donataire, fi le donateur n'a pas ufé de cette faculté, *ibid. art. 18*; en quoi ces donations different des donations ordinaires, *art. 16.* La raifon de différence eft que ces donations ne font pas affujetties aux regles fur l'irrévocabilité requife dans les donations ordinaires. On ne doit point diftinguer à cet égard, comme fait Boutaric fur l'*art. 18*, entre les donations de quotité & les donations de corps certains.

Lorsqu'une personne a donné tous les biens qu'il laisseroit à sa mort, sous la réserve de disposer d'une certaine somme, il n'est pas douteux que les dispositions, soit générales, soit de sommes particulieres, qu'il fait depuis, sont censées faites sur la somme dont il s'est réservé de disposer, ne lui restant rien autre chose. Mais lorsque la donation faite sous cette réserve, n'est que d'une partie des biens du donateur, les dispositions qu'il fait par la suite, sont plutôt censées faites sur les biens qui lui restent, que sur ce dont il s'étoit réservé la faculté de disposer, s'il ne l'a pas exprimée; car le donataire ayant en sa faveur une volonté expresse, qui comprend dans la donation la chose réservée, au cas que le donateur n'en dispose pas, il faut une volonté également expresse pour l'en excepter. Furgole cite un Arrêt qui l'a ainsi jugé.

SECTION III.

Des Actes par lesquels se font les Donations; & des solemnités qui y sont requises.

28. La donation de meubles peut se faire sans qu'il soit besoin d'en passer aucun acte par écrit, par la tradition réelle que le donateur en fait au donataire.

Hors ce cas, les donations ne peuvent se faire que par un acte qui soit passé devant Notaires, & dont il y ait minute, à peine de nullité; *Ordonn. de 1731, art. 1.* L'Ordonnance a eu cette précaution, pour empêcher qu'un donateur ne pût se conserver le pouvoir d'anéantir sa donation, en retenant pardevers lui l'acte de donation, ou en le mettant entre les mains d'une personne tierce, qui le rendroit au donateur, s'il le redemandoit; ce qui est contraire à l'irrévocabilité requise dans les donations entre vifs.

Par cette raison, dès avant l'Ordonnance, on jugeoit nulles les donations faites par un acte sous signature privée, à moins qu'on n'eût assuré l'irrévocabilité de la donation par le dépôt de l'acte chez un Notaire avant la derniere maladie; *Ricard, p. 1, n. 881, & seqq.* Mais depuis qu'il y a une loi formelle qui assujettit les donations à la forme d'être passées pardevant Notaires, ce dépôt ne rendroit pas valable une donation faite sous signature privée, les formes des actes ne pouvant s'accomplir par équipollence. Par la même raison, le défaut de compétence du Notaire qui avoit reçu, hors de son ressort, l'acte de donation, pardessus lequel on passoit autrefois, *Ricard., d. loco*, doit aujourd'hui rendre la donation nulle.

L'Ordonnance, *art. 15*, a encore établi une formalité; sçavoir, que lorsqu'une donation renferme des meubles dont il n'y a pas eu de tradition réelle, il doit être fait un état détaillé de tous les meubles compris en la donation, qui soit signé des parties, & annexé à la minute de l'acte de donation; autrement la donation ne seroit pas valable pour les meubles dont il n'y aura pas d'état, ou qui ne s'y trouveront pas compris; *art. 15.*

La raison est, que si le donateur n'étoit pas, par cet état, chargé envers le donataire des meubles qu'il lui a donnés, il seroit en son pouvoir de l'en frustrer; ce qui seroit contraire au caractere d'irrévocabilité que doivent avoir les donations entre vifs. La nullité qui résulte de l'inobservation desdits *articles 1 & 15*, peut être opposée même par le donateur.

29. Dans les actes de donation, outre les formalités communes à tous les actes des Notaires, qui doivent y être observées, *Ordon. art.* 2, il y en a deux particulieres à ces actes; sçavoir, la formalité de l'acceptation, qui est une formalité intrinseque à l'acte de donation, & celle de l'insinuation, qui lui est extrinseque.

ARTICLE PREMIER.

De l'Acceptation.

30. Nous n'entendons pas ici seulement par *acceptation*, le consentement que doit donner le donataire à la donation qui lui est faite. Ce consentement n'est pas une formalité; mais il est de l'essence des donations, comme de toutes les autres conventions. L'*acceptation* qui est requise comme une formalité particuliere aux actes de donation, est la mention expresse qui doit être faite de l'acceptation du donataire.

De là il suit que, quoique la présence du donataire à l'acte de donation, sa signature audit acte, la possession qu'il auroit prise de la chose donnée, renferment une acceptation de la donation, néanmoins ces choses ne suppléent pas à la formalité de l'acceptation, qui consiste dans cette mention, & elles ne peuvent valider l'acte de donation où cette mention auroit été omise; *Ordon. art.* 6.

31. Il est constant en Droit qu'un mineur, pourvu qu'il ait passé l'âge de l'enfance, & qu'il commence à avoir l'usage de la raison, peut seul, & sans l'autorité de personne, accepter la donation qui lui est faite. C'est une suite des regles de Droit, qui disent qu'un pupille ne peut à la vérité, sans l'autorité de son tuteur, s'obliger, ni disposer de ses biens; mais qu'il n'en a pas besoin pour faire sa condition meilleure, *l.* 28, ff. *de Pact.* pour stipuler à son profit, *l.* 141, §. 2, ff. *de v. o.* & pour acquérir, *l.* 11, ff. *de acq. rer. dom.* Ricard, *p.* 1, *n.* 844 *& suivans*, est néanmoins d'avis contraire. Il se fonde sur ce qu'un mineur ne peut accepter une succession, *l.* 9, §. 2, ff. *auth. tut.* Mais la raison de différence est que celui qui accepte une succession devient nécessairement, en sa qualité d'héritier, *successor in universum jus defuncti*, & par conséquent obligé à toutes les dettes de la succession, qui peuvent quelquefois excéder l'actif; au lieu que celui qui accepte une donation ne contracte aucune obligation. Ricard insiste, & dit qu'il contracte l'obligation de rendre la chose donnée, en cas de survenance d'enfans au donateur : cette obligation éloignée, que le mineur ne contracte que *quatenùs ex re donatâ locupletior factus erit*, n'empêche pas qu'il fasse sa condition meilleure en acceptant la donation, & par conséquent n'empêche pas son acceptation d'être valable. Furgole, après être convenu que, suivant le Droit Romain, le mineur peut sans son tuteur accepter la donation qui lui est faite, & après avoir à cet égard réfuté Ricard, tombe dans une autre erreur, en décidant que la nouvelle Ordonnance, *art.* 7,

prive les mineurs du pouvoir d'accepter les donations qui leur sont faites; ce qui n'est pas vrai : car de ce qu'elle dit audit article, que les personnes y énoncées pourront accepter pour le mineur les donations qui lui sont faites, il ne s'ensuit nullement que le mineur ne le puisse pas aussi, lorsqu'il a un âge suffisant pour comprendre ce qu'il fait. On ne peut non plus tirer argument de ce qu'elle décide que la femme ne peut accepter la donation qui lui est faite, sans être autorisée : car il y a une grande différence entre la femme & le mineur, qui a été observée, *Introd. art. 10, n. 144.*

Par les mêmes raisons, un interdit pour cause de prodigalité peut, sans curateur, accepter la donation qui lui est faite. Il n'en est pas de même de l'interdit pour cause de démence; car l'acceptation renferme un consentement dont il n'est pas capable.

32. La donation peut être acceptée non-seulement par le donataire lui-même, mais par quelqu'un qui ait pouvoir ou qualité pour l'accepter pour lui.

Il n'est pas nécessaire que le pouvoir soit spécial : la procuration générale que nous donnons à quelqu'un d'administrer nos affaires, est censée renfermer suffisamment le pouvoir d'accepter pour nous les donations qui nous seroient faites; *Ordon. de 1731, art. 5.* Lorsque le Procureur du donataire accepte pour lui une donation, sa procuration doit demeurer annexée à la minute de la donation; *ibid.*

33. Il est évident qu'un tuteur a qualité suffisante pour accepter les donations faites à son mineur; le curateur à l'interdiction d'une personne, celles faites à l'interdit; le curateur au ventre, celles faites au posthume. Mais je ne crois pas qu'un simple curateur aux causes, donné à un mineur émancipé, pût accepter une donation pour lui; car sa fonction étant expressément bornée à l'assister en jugement dans les procès qu'il pourra avoir, ne peut s'étendre à autre chose.

Les personnes susdites n'ont pas besoin de prendre pour cette acceptation un avis de parens; *art. 7.* La raison est, qu'il ne peut être douteux que l'acceptation d'une donation est avantageuse.

34. Ce n'est pas seulement ceux qui ont une qualité légale pour administrer les affaires des mineurs ou interdits, tels que sont leurs tuteurs ou curateurs, qui peuvent accepter pour eux les donations qui leur sont faites. L'Ordonnance le permet pareillement à leurs peres ou meres, quoiqu'ils ne soient pas leurs tuteurs : elle le permet même à tous les autres ascendans, quoique du vivant de leurs pere & mere; *art. 7.*

Furgole étend cette disposition de l'Ordonnance aux bâtards, pour lesquels il pense que leur pere ou mere peuvent accepter une donation; la raison sur laquelle elle est fondée, se trouvant militer.

L'Ordonnance ayant compris dans sa disposition les mineurs & les interdits seulement, par une faveur particuliere que méritent ces personnes, qui ne peuvent par elles-mêmes veiller à leurs intérêts, il suit de là qu'elle a entendu que les pere & mere ne peuvent pas, sans une procuration générale ou spéciale, accepter une donation pour leurs enfans majeurs, & usans de leurs droits.

Lorsqu'une mere sous puissance de mari accepte une donation pour son fils mineur, elle n'a pas besoin pour cela d'autorisation; car ce n'est pas elle qui contracte, c'est son fils qui est censé contracter par son ministere. *Furgole, ibid.*

35. Un mari ayant le bail, gouvernement & administration de la personne & des biens de sa femme, il s'ensuit qu'il peut pour sa femme accepter une donation faite à sa femme. *Contrà vice versâ*, une femme ne pourroit pas accepter pour son mari une donation faite à son mari.

36. Les donations faites aux Corps & Communautés peuvent être acceptées par leurs Syndics : mais un membre du Corps, à qui le Corps n'a donné aucun pouvoir d'administrer ses affaires, n'a pas de qualité pour les accepter.

37. Les donations faites aux Hôpitaux doivent être acceptées par les Administrateurs, *Ord. art. 8.* Furgole pense qu'un seul des Administrateurs a qualité suffisante pour cela. Il est bien vrai qu'il n'y a que le Bureau assemblé qui puisse, à la pluralité des voix, obliger l'Hôpital : mais chaque Administrateur paroît avoir qualité suffisante pour faire la condition de l'Hôpital meilleure.

38. Les donations faites pour le Service Divin, pour fondation particuliere, ou pour la subsistance des pauvres, doivent s'accepter *par les Curés & Marguilliers* des Paroisses à qui elles sont faites; *art. 8.* Furgole, sur ledit article, pense que la conjonctive & est prise ici pour une disjonctive, & que les Marguilliers, sans le Curé, & même un seul des Marguilliers, a qualité suffisante pour accepter ces donations; sauf lorsque la donation est faite pour fondation de Service; auquel cas, comme elle concerne le Curé aussi-bien que la Fabrique, il faut que l'acceptation du Curé concoure avec celle des Marguilliers.

39. Lorsque l'acceptation d'une donation est faite par quelqu'un qui n'a ni pouvoir du donataire, ni qualité pour accepter pour lui; quoique par l'acte il se soit fait fort du donataire, la donation n'est valable que du jour de la ratification expresse du donataire faite par acte devant Notaires, dont il doit rester minute; *art. 5.*

Lorsqu'il y a plusieurs donataires, l'acceptation faite par l'un d'eux ne peut rendre la donation valable que pour la part qu'il y a, s'il n'a pouvoir ou qualité suffisante pour accepter pour ses co-donataires.

Celle faite par le Notaire pour le donataire absent, est absolument nulle. *Ordon. art. 5.*

40. L'acceptation de la donation peut se faire non-seulement par l'acte même de donation, mais même dans un autre temps, dans un autre lieu, & même hors la présence du donateur, soit par un acte au bas de la donation, soit par un acte séparé, dans lequel doit être transcrit celui de la donation. *Déclaration de 1549.*

Ce n'est que du jour de cette acceptation que la donation est parfaite; *Ord. art. 5:* car ce n'est que de ce jour qu'intervient le concours des volontés du donateur & du donataire, qui forme le contrat de donation. Auparavant, la donation n'étoit qu'un simple projet, une nue volonté de donner, qui ne donnoit aucun droit au donataire, & laissoit par conséquent au donateur le pouvoir de changer de volonté.

41. Il suit de ce principe, que pour que l'acceptation de la donation qui se fait *ex intervallo*, soit valable, il faut qu'elle se fasse du vivant du donateur & du donataire, & que le donateur ait conservé jusqu'à ce temps & le pouvoir & la volonté de faire au donataire la donation qu'il lui a faite; ce qui se présume tant que le contraire ne paroît pas.

Si donc, avant l'acceptation, le donateur avoit été interdit, s'il avoit épousé le donataire, la donation ne pourroit plus être rendue valable par l'acceptation; car il auroit perdu le pouvoir de lui donner.

Il en seroit autrement, si le donataire étoit devenu le Médecin, le Confesseur ou le Procureur du donateur : car si les donations faites à ces personnes sont déclarées nulles, ce n'est pas par une incapacité proprement dite dans ces personnes, mais par une présomption de défaut de liberté dans le donateur, qui résulte de l'empire qu'elles ont sur son esprit; laquelle présomption cesse lorsque le donateur a déclaré sa volonté de leur donner dès avant qu'elles eussent pu acquérir cet empire.

42. Il suit aussi de nos principes, que si celui qui a fait une donation à un mineur, étoit mort, ou avoit changé de volonté avant qu'elle eût été acceptée, le mineur ne pourroit être restitué contre le défaut d'acceptation, même en cas d'insolvabilité de son tuteur; *Ordon. art. 14;* car n'y ayant pas de donation avant qu'il y ait d'acceptation, il n'y a aucun droit que la restitution en entier puisse lui rendre : le mineur a seulement en ce cas recours contre son tuteur.

43. Observez que lorsqu'une donation directe est valable par l'acceptation qu'en a faite le donataire direct, il n'est pas nécessaire, pour la validité des donations fidéicommissaires ou substitutions dont le donataire a été chargé, qu'il intervienne aucune acceptation de la part des substitués, *Ord. art. 11;* car ces donations fidéicommissaires consistent dans une charge imposée au donataire direct, plutôt que dans aucune convention avec le substitué.

Les donations faites aux enfans nés & à naître d'une personne, étant regardées vis-à-vis des enfans à naître comme donations fidéicommissaires, dont les enfans déja nés sont chargés envers eux lorsqu'ils naîtront, elles n'ont besoin d'être acceptées que par les enfans déja nés; *Ord. art. 12.*

44. Les donations, quoique directes, lorsqu'elles sont faites par contrat de mariage à l'un des futurs conjoints, ou aux enfans qui naîtront du mariage, ne sont pas sujettes à la formalité de l'acceptation; *Ordon. art. 10.*

ARTICLE II.

De l'Insinuation.

45. L'insinuation est la transcription qui se fait de l'acte de donation dans un registre public, pour la rendre notoire.

Cette formalité, qui est extrinseque à l'acte de donation, a été ordonnée

par

par les Ordonnances & par la Coutume, en faveur des tiers qui contracteroient avec le donateur depuis la donation, afin que l'ignorance en laquelle ils seroient de la donation, ne puisse les induire en erreur ; comme aussi en faveur de ses héritiers, de peur que l'ignorance de la donation ne pût les porter à accepter mal-à-propos sa succession.

§. I.

Quelles Donations sont sujettes à l'insinuation.

46. Toutes donations sont sujettes à l'insinuation, même les donations mutuelles, quand même elles seroient parfaitement égales, *Ord. art.* 20 ; même les *rémunératoires*, & celles qui seroient faites *à la charge de services & de fondation*, *ibid.* ou autres charges. Si néanmoins les services ou les charges étoient appréciables à prix d'argent, & de valeur à peu près égale à celle des choses données, ces donations n'auroient de donation que le nom, & ne devroient être sujettes à l'insinuation, *Arrêt du 3 Avril 1716, au T. 6 du Journal ;* sinon elles pourront être annullées par défaut d'insinuation ; sauf au donataire son action pour le prix des services qu'il a rendus, ou des charges qu'il a acquittées, lorsque ces services ou ces charges sont appréciables.

47. Les donations, quoique faites en avancement de succession à nos enfans, y sont sujettes, si ce n'est lorsqu'elles sont faites par contrat de mariage ; car l'*Ordonnance*, *art. 19*, n'excepte que ce cas. La raison de l'exception est que l'obligation de doter ses enfans étant une obligation naturelle, on doit regarder la dot qui leur est fournie comme l'acquittement d'une dette, plutôt que comme une donation. D'ailleurs les mariages étant publiés, & ne se faisant pas ordinairement sans dot, le public n'a pas besoin d'être averti par l'insinuation, que les pere & mere qui marient un enfant, lui fournissent une dot.

Cette exception n'a lieu que pour les donations directes. Les substitutions, quoique faites par contrat de mariage au profit de nos descendans, sont, comme toutes autres substitutions, sujettes à la formalité de la publication & de l'enregistrement ; car cette formalité requise pour les substitutions étant quelque chose de différent de la formalité de l'insinuation des donations, ce que l'Ordonnance, en cet article, ordonne à l'égard de l'insinuation des donations, ne peut s'appliquer aux substitutions ; *Boutaric*, sur ledit *art. 19 ; Furgole, ibid.*

Les donations faites à nos enfans, pour être exemptes de l'insinuation, doivent être contenues dans le contrat de mariage : celles faites par des actes séparés, quoique en faveur du mariage, y doivent être sujettes : sans cela le public pourroit être induit en erreur, ne paroissant aucune donation par le contrat de mariage qui seroit représenté, & celles faites par des actes séparés, étant inconnues ; *Furgole, ibid.*

Ricard, p. 1, n. 1144, pensoit que les donations faites pour la dot de religion d'un enfant faite *intrà legitimum modum*, à un Couvent à qui il eſt permis d'en recevoir, n'étoient pas ſujettes à l'inſinuation. Il rapporte auſſi un peu plus haut, des Arrêts qui en ont jugé exemptes les donations faites à un enfant pour ſon titre ſacerdotal. Je penſe qu'on doit aujourd'hui décider que toutes ces donations y ſont ſujettes, l'Ordonnance n'ayant exempté les donations que nous faiſons à nos enfans, que lorſqu'elles ſont contenues dans un contrat de mariage. Néanmoins Furgole, *ibid.* eſtime que même encore aujourd'hui la donation pour titre ſacerdotal, peut être valable ſans inſinuation, mais ſeulement juſqu'à concurrence du taux du Dioceſe, & non au-delà.

48. Les donations que les conjoints ſe font entre eux par contrat de mariage, ou qui ſont faites à l'un d'eux, ou aux enfans qui en naîtront, par autres que par les aſcendans, quoiqu'elles ſoient diſpenſées des autres formalités des donations, *ſuprà*, n. 26, 27, ſont néanmoins ſujettes à l'inſinuation; car l'Ordonnance n'excepte que celles faites en ligne directe.

Mais tout ce qui eſt convention ordinaire de mariage, plutôt que donation, n'y eſt pas ſujet; *art. 21.*

49. L'Ordonnance, *art. 22*, diſpenſe de l'inſinuation les donations des choſes mobiliaires en deux cas.

Le 1er cas eſt lorſqu'il y a tradition réelle. *Furgole, ſur ledit art.* penſe que dans les donations de créances mobiliaires, la ſignification du tranſport au débiteur équipolle à cet égard à la tradition réelle, & doit diſpenſer ces donations de l'inſinuation, parce que dans ces donations de choſes incorporelles, qui ne ſont pas ſuſceptibles de la tradition réelle, cette ſignification eſt équipollente, puiſqu'elle dépoſſede de la choſe donnée le donateur auſſi parfaitement que la tradition réelle le dépoſſede dans les donations de choſes corporelles.

Si le donataire, en exécution du tranſport, s'étoit fait payer, il ſeroit ſans difficulté que ce paiement tiendroit lieu de tradition réelle, & que la donation n'auroit pas beſoin d'inſinuation.

Le 2e cas eſt lorſque la donation des choſes mobiliaires n'excede pas la ſomme de mille livres: elle eſt en ce cas diſpenſée d'inſinuation, quoiqu'il n'y ait pas eu de tradition réelle.

Lorſque quelqu'un a fait, *en différens temps*, *à la même perſonne*, pluſieurs donations de choſes mobiliaires, & que chacune n'excede pas la ſomme de mille livres, quoique toutes enſemble l'excedent, toutes les donations ſont bonnes; *Furgole, ſur ledit art.*

Si la donation d'une choſe mobiliaire excédant la ſomme de mille livres, n'eſt pas inſinuée, elle eſt entiérement nulle. Il eſt vrai que par le Droit, la donation qui excédoit la ſomme juſqu'à laquelle il étoit permis de donner ſans inſinuation, étoit valable juſqu'à cette ſomme; mais c'eſt parce qu'il y avoit une loi qui le décidoit ainſi: au lieu que l'Ordonnance ne diſpenſe de l'inſinuation que les ſeules donations qui n'excedent pas mille livres: mais elle ne dit pas que celles qui excedent cette ſomme, en ſeront diſpenſées juſqu'à concurrence de ladite ſomme; *Furgole, art. 22.*

50. Enfin les donations qui ſeroient faites au Roi, & celles que le Roi fait, ne ſont pas ſujettes à l'inſinuation; c'eſt ce qui réſulte de ces termes de

l'Ordonnance de 1539, qui a établi l'insinuation : *Les donations qui seront faites par & entre nos sujets.*

§. II.

Quand l'insinuation doit être faite.

51. L'Ordonnance de Moulins, *art. 58*, veut que l'insinuation des donations se fasse dans les quatre mois, à compter de la date de la donation, *pour les personnes & biens qui sont dans le Royaume ; & dans six mois pour ceux qui sont hors du Royaume.*

Lorsque l'acceptation ne s'est pas faite en même temps que la donation, le temps ne court que du jour de la date de l'acceptation; car c'est l'acceptation qui forme la donation.

Mais, quoique la donation ait été faite sous une condition suspensive, le temps court du jour de la date de l'acte de donation, & non pas du jour de l'échéance de la condition: car, dans les actes entre vifs, les conditions ont un effet rétroactif au temps de l'acte ; *L.* 18, & *l.* 144, §. 1, ff. *de R. J.*

52. Lorsque l'insinuation se fait dans le temps prescrit, elle a un effet rétroactif au temps de la donation : d'où il suit, 1°. qu'elle rend la donation valable vis-à-vis de ceux qui auroient contracté avec le donataire dans le temps intermédiaire entre la donation & l'insinuation; 2°. qu'elle peut se faire dans ce temps, même après la mort du donateur.

Après l'expiration du temps prescrit, l'insinuation peut encore se faire; mais elle n'a d'effet que du jour de sa date. D'où il suit, 1°. qu'elle ne peut préjudicier aux hypotheques qu'ont acquises sur les héritages donnés les créanciers qui ont contracté avec le donateur dans le temps intermédiaire, ni aux tiers acquéreurs, qui, dans ce temps intermédiaire, auroient acquis de lui les choses données. De là il suit, 2°. que l'insinuation qui se fait après le temps prescrit par l'Ordonnance, ne peut se faire que du vivant du donateur; car elle ne peut dépouiller les héritiers du droit qu'ils ont acquis lors de la mort du donateur dans les biens dont la donation ne se trouvoit pas insinuée.

Mais l'insinuation se fait valablement, quoique après la mort du donateur, & quoique le donateur soit devenu incapable de donner; car l'insinuation n'est qu'une formalité extrinseque à la donation, qui a reçu sa perfection entre le donateur & le donataire; & en cela l'insinuation differe de l'acceptation.

§. III.

Comment & où se doit faire l'insinuation.

51. L'insinuation se fait en transcrivant en entier dans le registre public l'acte de donation. Si l'acceptation s'est faite par un acte séparé, il faut transcrire l'acte d'acceptation. Il ne suffiroit pas d'insinuer un acte confirmatif de la donation, à moins que l'acte de la donation ne s'y trouvât inséré en entier.

Il n'importe à la requête de qui se fasse cette insinuation : il n'est pas besoin, pour insinuer, d'avoir pouvoir ni du donateur ni du donataire ; & la clause par laquelle on donne ce pouvoir au porteur, est superflue.

52. Le registre public où doit se faire l'insinuation, est celui du Greffier des Insinuations laïques du Bailliage Royal dans le ressort duquel se trouve le lieu du domicile du donateur : le Greffier ordinaire de la Jurisdiction est incompétent pour cette fonction.

53. Avant la Déclaration du Roi du 7 Février 1731, les insinuations se faisoient aux Bureaux d'arrondissement établis dans les Justices des Seigneurs, aussi valablement qu'au Bureau principal établi près de la Justice Royale : mais depuis cette Déclaration, on ne peut plus faire d'insinuation qu'au Greffe des Insinuations de la Justice Royale ; tous autres Greffiers ont cessé d'être compétens pour en faire à l'avenir.

54. Lorsque l'insinuation se fait dans le temps de l'Ordonnance, comme elle a effet rétroactif au temps de la donation, elle doit se faire au lieu du domicile qu'avoit le donateur au temps de la donation, quoiqu'il en ait changé depuis : mais lorsqu'elle se fait après l'Ordonnance, elle doit se faire au lieu où est le domicile du donateur au temps de l'insinuation ; *Ricard, 1, n. 1212.*

55. L'insinuation doit se faire non-seulement dans le Greffe du Bailliage Royal où est le domicile du donateur, mais aussi dans ceux des autres Bailliages Royaux où se trouvent situés chacun des immeubles compris en la donation : autrement la donation est nulle ; non pour toutes les choses qui y sont comprises, mais seulement pour celles dans le lieu de la situation desquelles l'insinuation n'aura pas été faite.

Cette décision a lieu, quoique la donation soit d'une universalité de biens ; *putà*, de droits successifs. Quoique les différens corps d'héritages qui composent cette universalité n'aient pas été spécifiés, l'insinuation doit se faire dans les différens lieux où ils sont situés.

56. Mais lorsque quelqu'un donne les biens qu'il laissera à son décès, ou une part desdits biens ; comme une telle donation ne comprend aucun héritage déterminé, étant incertain quels seront ceux que le donateur laissera à son décès, il n'est pas besoin d'insinuer ailleurs qu'au lieu du domicile du donateur.

57. Lorsqu'on a donné une terre tenue en fief d'où dépendent plusieurs morceaux situés en différens Bailliages, il y a lieu de penser qu'il suffit de faire l'insinuation dans celui où est situé le chef-lieu ; car ce chef-lieu est représentatif de toute la terre : c'est l'avis de Ricard & de Lalande ; & on peut tirer argument de l'*art.* 467. Je conseillerois, pour plus grande sûreté, de la faire dans les différens lieux.

§. IV.

Par qui le défaut d'insinuation peut être opposée ; & des fins de non-recevoir que peut avoir le Donataire contre ceux qui lui opposeroient ce défaut.

58. A l'exception du donateur, qui ne peut lui-même opposer le défaut d'insinuation de la donation qu'il a faite, toutes les autres personnes qui ont inté-

rêt que la donation soit nulle, peuvent opposer ce défaut; *Ord. art. 27.* Tels sont les créanciers du donateur, les tiers acquéreurs, même à titre gratuit, des choses comprises en la donation; la femme du donateur, & ses héritiers, pour la part qu'ils prétendent à titre de communauté dans les conquêts compris en la donation; enfin les héritiers & légataires du donateur; *art. 27.*

59. Toutes ces personnes peuvent opposer ce défaut, quand même elles auroient eu connoissance de la donation. *Arrêt rapporté par Ricard, p. 1, n. 1253; autre de Toulouse, de 1728, cité par Furgole.* La raison est que les formalités ne se suppléent pas; & que tant qu'on n'y a pas satisfait, ces personnes, quelque connoissance qu'elles aient d'ailleurs de la donation, sont en droit de la réputer nulle & simulée.

60. Quoique le donateur se fût expressément chargé, par l'acte de donation, de la faire insinuer, à peine des dommages & intérêts du donataire, les héritiers du donateur ne laisseroient pas de pouvoir opposer le défaut d'insinuation. L'Ordonnance, *art. 27*, déclare cette clause nulle, comme faite dans la vue de tenir la donation impunément secrette, & d'éluder la loi qui en ordonne la publicité.

61. Si le donateur avoit une qualité qui le chargeât de l'administration des biens du donataire, il seroit tenu du défaut d'insinuation, qu'il étoit, en sa qualité d'administrateur des biens du donataire, obligé de faire: d'où il suit que ses héritiers, qui succedent à toutes ses obligations, ne pourroient en opposer le défaut.

C'est pour cette raison que l'Ordonnance, *art. 30*, décide que le défaut d'insinuation des donations faites à une femme par son mari, ou par d'autres personnes, ne peut être opposé à la femme par les héritiers du mari; & il faut tenir pour regle générale, que tous ceux qui ont été les administrateurs des biens du donataire, ni leurs héritiers *ou ayans cause*, ne peuvent lui opposer le défaut d'insinuation; *art. 31.*

L'Ordonnance, par ces termes d'*ayans cause*, entend que si quelqu'un avoit acquis, même à titre singulier, quelque immeuble du mari ou autre administrateur, il ne pourroit opposer le défaut d'insinuation de la donation; parce que ces choses par lui acquises se trouvant hypothéquées à l'obligation en laquelle étoit le mari ou autre administrateur de faire insinuer la donation, il se trouveroit lui-même hypothécairement tenu des dommages & intérêts résultans du défaut qu'il opposeroit, & par conséquent non-recevable à l'opposer, si mieux il n'aimoit délaisser les choses hypothéquées.

62. Le donataire qui est en possession des choses données, peut encore opposer contre le défaut d'insinuation la prescription de trente ans, tant contre les héritiers du donateur que contre ses créanciers. Le temps de cette prescription ne court contre les héritiers du donateur que du jour du décès du donateur; *Ricard, p. 1, n. 1283*: car ce n'est que de ce jour que naît l'action utile *in rem*, révocatoire de la donation qu'ils avoient droit d'intenter. A l'égard des créanciers, le temps de la prescription court contre l'action qu'ils ont de leur chef, du jour qu'ils ont contracté avec le donateur, & acquis hypotheque sur ses biens; car dès ce jour leur action est née contre le donataire: mais ils peuvent exercer celle que l'héritier du donateur leur débiteur, devenu le leur, est encore dans le temps d'exercer.

Au reste, ni les mineurs, ni l'Eglise, ni toutes les autres personnes qui jouissent du privilege des mineurs, ni la femme qui étoit sous la puissance de son mari, ne peuvent être restitués contre le défaut d'insinuation, même en cas d'insolvabilité de leurs tuteurs & autres contre lesquels ils pourroient avoir recours ; *Ord. art.* 32 & 28. La raison est que l'intérêt de la sûreté publique, qui a fait établir l'insinuation, doit prévaloir à celui des particuliers.

SECTION IV.

De l'effet des Donations.

63. L'effet de la donation est que le donateur, par la donation, se dépouille, au profit du donataire, de tout le droit qu'il a dans la chose qu'il lui donne. Mais il ne la donne que telle qu'elle lui appartient, & autant qu'elle est à lui ; & il ne s'oblige à aucune garantie envers le donataire, s'il n'y en a une clause spéciale. En cela la donation differe de la vente.

C'est pourquoi si le donataire est par la suite obligé de délaisser l'héritage qui lui a été donné, soit sur une action de revendication, soit sur l'action hypothécaire d'un créancier de quelqu'un des auteurs du donateur, soit sur quelque autre espece d'action que ce soit, il n'a aucun recours contre le donateur ; & il ne peut pas même répéter les dépenses que lui a occasionnées la donation, quand même, lors de l'éviction, il n'auroit encore perçu aucuns fruits de la chose donnée qui eussent pu l'en dédommager, à moins qu'il ne parût manifestement que le donateur eût fait la donation par malice, pour constituer en dépense le donataire, qu'il prévoyoit devoir être bientôt évincé ; *L. 18, §. 3, ff. de donat.*

Si un donataire à titre singulier a été obligé de délaisser l'héritage sur l'action hypothécaire d'un créancier du donateur, & que ce créancier ait été payé sur le prix de l'héritage délaissé, le donataire aura en ce cas la même action contre le donateur, qu'ont contre un débiteur ceux qui ont acquitté pour lui sa dette.

64. Le donateur n'étant pas obligé à la garantie de la chose donnée, qui ne lui appartient pas, il suit de là que le propriétaire, quoiqu'il soit devenu son héritier, ne laisse pas de pouvoir la revendiquer.

Mais si le donateur devenoit l'héritier du propriétaire, il ne seroit pas recevable, en sa qualité d'héritier, à la revendiquer ; car en la donnant, il est censé avoir cédé tout le droit, non-seulement qu'il y avoit, mais qu'il pourroit y avoir un jour : s'il ne s'est pas obligé *præstare donatario rem habere licere*, au moins il est censé s'être obligé *præstare per se non fieri quominùs haberet.*

65. La donation des choses particulieres n'oblige pas le donataire aux dettes du donateur : mais si le donateur avoit fait la donation en fraude de ses créanciers, sçachant ou devant sçavoir qu'il ne lui restoit pas de quoi les payer, le donataire seroit sujet à l'action révocatoire des choses données, quoiqu'il n'eût pas eu connoissance de la fraude du donateur : & en cela le donataire differe de l'acquéreur à titre onéreux, qui n'est sujet à cette action révocatoire que lorsqu'il a été *conscius fraudis*.

A l'égard des donataires universels, ils sont tenus des dettes du donateur, ou pour le total, s'ils sont donataires du total, ou pour la part que le donateur leur a donnée dans ses biens; car les dettes en sont une charge.

Sur la question, quels sont ceux qui sont réputés donataires ou légataires universels, *Voyez l'Introduction au Titre suivant.*

SECTION V.

Des Retranchemens que peuvent souffrir les Donations.

66. Les donations peuvent souffrir retranchement en deux cas:

1°. Par l'Edit des secondes noces. *Voyez* ce que nous en avons dit, *Introd. au Tit. 10, chap. 9.*

2°. Lorsqu'elles donnent atteinte à la légitime des enfans du donateur.

§. I.

De la nature de la légitime.

67. Les pere & mere doivent, par le Droit naturel, à leurs enfans une part de leurs biens, qu'on appelle *légitime*. La Loi civile en a fixé la quotité.

Notre Coutume l'a fixée à la moitié de la part que l'enfant auroit eue dans les biens de ses dits pere ou mere, s'ils n'en eussent disposé par donation entre vifs ou derniere volonté. *Voyez l'art. 274.*

68. Cette légitime doit être laissée aux enfans sans aucune charge. C'est pourquoi si un pere avoit grevé son fils de substitution, en le chargeant de restituer en entier, après sa mort, à ses enfans ou à d'autres sa portion héréditaire, le fils peut demander que la moitié qui lui appartient pour sa légitime, lui soit délivrée franche de la substitution. Il n'est pas même tenu d'imputer sur sa légitime la jouissance qu'il aura du surplus de cette portion héréditaire, jusqu'à l'ouverture de la substitution; *l. 36, Cod. de inoff. testam.* à moins que le testateur ne lui eût laissé ce surplus que sous cette condition expresse. Quoique régulièrement la légitime ne puisse être grevée, néanmoins si le pere avoit fait connoître par son testament que c'étoit pour l'avantage de son fils qu'il chargeoit de substitution sa portion héréditaire, par un sujet bien fondé, de crainte de dissipation, & que le fils n'eût pas des créanciers en fraude desquels cette disposition parût faite, la substitution pourroit être confirmée pour le total; *Arg. l. 16, §. potuit, ff. de curat. fur.*

69. L'enfant est censé saisi de plein droit de sa légitime dès l'instant du décès de son pere ou autre ascendant qui la lui doit: en conséquence les donations, soit d'héritages, soit de sommes d'argent, qui se trouveront, par la supputation, y avoir donné atteinte, sont dès ce temps censées de plein droit annullées jusqu'à la concurrence de ce qu'elles y donnent atteinte; & les fruits des héritages, & les intérêts des sommes qu'on doit retrancher desdites donations pour former la légitime, sont dus dès ce temps au légitimaire; *Furgole, Q. 37; Lebrun, l. 3, ch. 2, sect. 11, n. 3.*

§. II.

Quelles Donations sont sujettes au retranchement pour la légitime des enfans du Donateur.

70. Les donations, de quelque espece qu'elles soient, soit entre vifs, soit testamentaires, sont sujettes à ce retranchement, les mutuelles comme les simples.

Celles faites pour récompense de services ou sous des charges, y sont sujettes, si les services ou les charges ne sont pas constans, ou ne sont pas de nature à être appréciés à prix d'argent. S'ils sont appréciables & constans, la donation ne peut être sujette au retranchement que jusqu'à concurrence de ce qu'elle excéderoit la valeur des services ou descharges qui ont été acquittés.

Un legs, quoique prétexté de restitution, ne laisse pas d'y être sujet, à moins que le légataire ne justifie de la cause pour laquelle le testateur étoit obligé envers lui à restitution; *Furgole, &c. Lebrun*: autrement on pourroit éluder la loi de la légitime.

71. Les donations sont sujettes à ce retranchement, quelque favorable que puisse être la cause pour laquelle la donation a été faite.

C'est pourquoi la donation faite à une fille pour sa dot de mariage, est sujette à retranchement pour la légitime des autres enfans. On auroit pu douter si cette légitime peut être prétendue contre le mari, sur-tout lorsque la dot consistoit en deniers qui ne sont plus en nature; & la raison de douter est qu'il a reçu cette dot à titre onéreux, pour supporter les charges du mariage. Néanmoins l'Ordonnance, *art. 35*, décide que le mari en est tenu en ce cas. La raison est que la dot étant donnée par le pere à sa fille, le mari ne la reçoit qu'à cause de sa femme. Il ne peut donc la recevoir que sous les mêmes charges sous lesquelles elle est donnée à sa femme, & par conséquent sous la charge de parfournir la légitime des autres enfans, qui doit être sous-entendue dans cette donation comme dans toutes les autres.

Cela a lieu, quand même la fille auroit, par son contrat de mariage, renoncé pour cette dot à la succession future de son pere; *Ord. art. 35.* On en doutoit néanmoins avant l'Ordonnance; & la raison de douter étoit, que la fille ayant pris, comme par une espece de forfait, la dot qu'elle a reçue pour sa portion héréditaire, sans pouvoir jamais profiter de l'augmentation qui pourroit arriver dans la fortune de son pere, elle sembloit ne devoir pas non plus rien supporter du dérangement qui y pourroit arriver. Mais cette raison n'a pas paru suffisante au Législateur pour faire en ce cas une exception à la regle générale.

La dot donnée en mariage à une fille étant sujette à la légitime des autres enfans, quoique le mari la reçoive pour supporter les charges du mariage, par la même raison, celle qui lui seroit donnée pour sa profession religieuse paroît y devoir être sujette, quoique le Couvent l'ait reçue pour subvenir aux alimens de cette fille. Furgole est d'avis contraire.

Dufresne, en son *Journal*, IV, 7, cite un Arrêt du 3 Avril 1629, par lequel il dit avoir été jugé que la donation faite à quelqu'un pour lui servir de titre clérical,

clérical, n'étoit pas sujette à souffrir retranchement pour la légitime. Je crois qu'elle devroit y être sujette, sur-tout si l'Ecclésiastique donataire se trouvoit pourvu de bénéfice, ou avoit du bien d'ailleurs.

Les conventions matrimoniales, lorsqu'elles dégénerent en avantages, & excedent les bornes ordinaires, sont aussi sujettes à la légitime des enfans de la personne qui a fait ces avantages; *Ricard*, III, 1085.

72. Tous les avantages indirects qui sont sujets à rapport, sur lesquels *Voyez* infrà, *l'Intr. au Tit. 17, ch. 6, art. 3*, §. 1, sont aussi sujets au retranchement pour la légitime.

§. III.

Quelles Personnes ont droit de légitime.

73. Il n'y a que nos enfans qui sont habiles à nous succéder, qui puissent prétendre une légitime dans nos biens.

74. La légitime étant une portion que les pere & mere doivent dans leur succession à leurs enfans, & conséquemment la demande de la légitime étant une espece de *petitio hereditatis*, plusieurs Auteurs en ont tiré cette conséquence, que pour la demander par voie d'action, il faut être héritier au moins sous bénéfice d'inventaire; *Ricard, p. 3, n. 978* : mais tous conviennent qu'on peut la retenir par voie d'exception, quoiqu'on ait renoncé à la succession.

75. Les enfans que nous avons justement exhérédés, & les filles qui, pour une dot qu'elles ont reçue de nous, ont, par contrat de mariage, renoncé à notre succession future, ne peuvent prétendre aucune légitime dans nos biens.

§. IV.

De la supputation de la légitime: quels sont les enfans qu'on doit compter; & de ce qui s'y doit imputer.

76. Il résulte de la définition de la légitime qui est en l'*art. 274*, que pour la supputation de la légitime, on doit faire une masse, tant des biens que le défunt a laissés dans sa succession, que de tous ceux dont il a disposé par des donations, soit entre vifs, soit testamentaires.

Les biens dont il a disposé entre vifs, doivent être couchés par fiction pour leur valeur au temps du décès, sauf les meubles & les offices, qu'on y couche pour le prix pour lequel ils ont été donnés.

Observez néanmoins que l'estimation des héritages dont le défunt a disposé par donations entre vifs, ne doit être faite que sous la déduction des impenses nécessaires & utiles, autres que celles de simple entretien qui y ont été faites par les donataires. Lesdites impenses nécessaires doivent être entiérement déduites sur la valeur présente desdits héritages: mais les utiles doivent l'être seulement jusqu'à concurrence de ce que l'héritage s'en trouve actuellement plus précieux.

Ces impenses & augmentations ne s'estiment que sous la déduction des dégradations arrivées par le fait ou la faute des donataires.

On partage par fiction cette maſſe entre tous les enfans qui doivent être comptés, & faire part dans cette ſupputation ; & la moitié de la part qui revient à chaque enfant dans cette maſſe, déduction préalablement faite ſur cette part de la part virile qu'il doit porter dans les dettes, frais funéraires & autres charges néceſſaires de la ſucceſſion, eſt ſa légitime.

Obſervez néanmoins que lorſqu'il eſt queſtion de fixer la légitime de l'aîné, ſi c'eſt vis-à-vis des autres enfans qui ſont donataires ou légataires des biens nobles, la légitime de cet aîné à l'égard deſdits biens nobles, eſt le total de ce qui lui revenoit dans leſdits biens, & non pas ſeulement la moitié, comme nous l'avons dit, *Introd. au T. des Fiefs*, *n.* 311.

Lorſque le paſſif ſurpaſſe l'actif des biens que le défunt a laiſſés, les enfans héritiers ſous bénéfice d'inventaire, peuvent laiſſer ces biens pour les dettes, frais funéraires & autres charges ; & en ce cas la maſſe ſur laquelle doivent être priſes les légitimes des enfans, eſt compoſée ſeulement de ceux dont le défunt a diſpoſé par des donations entre vifs.

77. Les enfans qui doivent être comptés pour faire part dans cette ſupputation de la légitime, ſont non-ſeulement ceux qui viennent effectivement à la ſucceſſion du défunt, mais ceux qui y ſeroient venus ſans les donations ou legs qui leur ont été faits ; *Ricard*, *p.* 3, *n.* 1063.

Suivant ce principe, on ne compte pas ceux qui ſont prédécédés, ou qui ont perdu l'état civil par la profeſſion religieuſe ou par une condamnation à une peine capitale, quelque donation qu'ils euſſent reçue auparavant, à moins qu'ils n'aient des enfans qui les repréſentent. Les exhérédés & ceux qui renoncent gratuitement, ne ſont pas non plus comptés ; *Ricard*, *p.* 3, *ch.* 8, *ſ.* 7.

78. Après qu'on a ainſi réglé la ſomme à laquelle monte la légitime de chaque enfant, pour ſçavoir s'ils en ſont remplis, on doit imputer ſur la légitime de chaque enfant tout ce qu'il tient de la ſucceſſion ou de la libéralité du défunt, même à titre de donations entre vifs : en quoi notre Droit eſt différent du Droit Romain, qui n'imputoit pas ſur la légitime ce qui avoit été donné entre vifs, s'il n'avoit été donné expreſſément pour en tenir lieu.

Obſervez que ce qui n'eſt pas ſujet à rapport, (*infrà*, *Intr. T.* 17, *S.* 6, *A.* 3), *ne s'impute pas ſur la légitime* ; telles que ſont toutes les dépenſes faites pour l'éducation d'un enfant.

Il eſt évident qu'on n'impute pas ſur la légitime d'un enfant les biens compris dans une ſubſtitution dont le défunt a été grevé envers lui, & qu'il a recueillis à ſa mort : car il les tient de l'auteur de la ſubſtitution, & non du défunt, qui n'a été que le canal par lequel ils lui ſont paſſés.

Ce que l'enfant d'un premier lit a fait retrancher, en vertu de l'Edit des ſecondes noces, d'une donation faite à une ſeconde femme, ne s'impute pas non plus ſur ſa légitime vis-à-vis des légataires & des donataires poſtérieurs ; car il ne tient cela uniquement que de l'Edit des ſecondes noces. Il ne le tient pas du défunt, qui a fait ce qui étoit en lui pour le lui ôter : il ne le tient pas non plus de la loi de la légitime, qui ne donne aucune atteinte à cette donation, tant qu'il y a dans les donations poſtérieures & dans les legs de quoi la fournir, comme nous le verrons au §. ſuivant. Mais s'il n'y avoit pas dans les legs & donations poſtérieures de quoi la fournir, la donation faite à la ſeconde femme indépendamment de l'Edit des secondes noces, souffriroit le retranchement de ce qui, après les legs & les donations postérieures épuisés, manqueroit encore à la légitime ; & ce qui seroit ainsi retranché s'imputeroit sur la légitime à la décharge des donataires antérieurs.

§. V.

Dans quel ordre les Donations souffrent-elles retranchement pour la légitime.

79. Les donations entre vifs ne peuvent souffrir aucun retranchement pour la légitime des enfans du donateur, jusqu'à ce que tous les legs qu'il a faits aient été épuisés.

Car si depuis la donation il reste au donateur des biens suffisans pour fournir la légitime de ses enfans, ce sont les legs qu'il a faits de ses biens, & non les donations, qui y ont donné atteinte.

Les enfans doivent donc se pourvoir pour leur légitime, 1°. contre les légataires universels ; car ils ne sont légataires que de ce qui reste après les legs particuliers acquittés : 2°. après les legs universels épuisés, contre les légataires particuliers, qui doivent tous contribuer au sou la livre aux légitimes : car tous les legs n'ayant effet que du jour de la mort du testateur, ils sont tous de même date, & les uns n'ont aucun avantage sur les autres. 3°. Les enfans peuvent, après tous les legs épuisés, se pourvoir contre les donataires entre vifs, en commençant par le dernier, & sans qu'ils puissent attaquer les donations antérieures, que les postérieures n'aient été entiérement épuisées ; *Ord. art.* 34 : car tant qu'il reste dans les biens donnés en dernier lieu de quoi fournir les légitimes, il est vrai de dire que ce sont les donations faites en dernier lieu, & non celles faites auparavant, qui y ont donné atteinte.

Observez néanmoins que si parmi les légataires ou donataires il se trouvoit quelque enfant du nombre de ceux à qui il est dû une légitime, il ne seroit tenu des légitimes des autres enfans que pour ce qu'il auroit de plus que la sienne ; *Ord. art.* 34.

80. Il n'est pas douteux que le donataire par contrat de mariage du total des biens présens & à venir, est tenu indistinctement d'acquitter les légitimes, lorsqu'il ne se restreint pas aux biens présens : mais le donataire d'une certaine partie des biens présens & à venir par contrat de mariage, n'en est tenu que dans son ordre, s'il n'en a point été expressément chargé par la donation. S'il l'a été, il est tenu, même avant les donataires postérieurs, d'acquitter lesdites légitimes pour la part pour laquelle il a été dit par la donation qu'il les acquitteroit ; ou si elle n'y a pas été déterminée, pour la même part qui lui a été donnée dans les biens ; *art.* 37.

Si néanmoins ces donataires se restreignoient, comme ils le peuvent, à la donation des biens que le donateur avoit lors de la donation qui leur a été faite, ils ne seront tenus des légitimes que dans leur ordre & subsidiairement, si les biens postérieurement acquis ne suffisoient pas; *art.* 37.

81. Lorsque le donataire postérieur, contre qui on doit se pourvoir pour la légitime, est insolvable, & que les biens qui lui ont été donnés n'existent plus,

on peut se pourvoir contre les donataires qui le précedent. Mais dans la masse des biens pour la fixation de la légitime, on ne comprendra pas les biens qui ont été donnés à cet insolvable ; (sauf à les y rapporter s'il devenoit solvable par la suite ;) ce qui réduira la légitime à moins. Ce donataire les ayant dissipés, c'est, par rapport à la légitime, la même chose que si le défunt qui les lui a donnés les eût dissipés lui-même.

§. VI.

Si l'enfant légitimaire doit profiter des augmentations & souffrir des diminutions survenues depuis le décès dans les choses dont est composée la masse qu'on forme pour la supputation de la légitime.

82. La décision de cette question agitée par les Auteurs, résulte de deux principes. Le premier est, que la légitime des enfans dans les biens de leur pere ou autres ascendans, étant due au temps du décès de leurdit pere ou autre ascendant, elle se fixe sur la valeur des biens, eu égard au temps de ce décès ; *suprà*, *n.* *76*. Le second principe est que ce qui doit être retranché des legs & donations pour la légitime, est dû en nature, *in specie*, à l'enfant légitimaire ; *infrà*, *n.* 91.

La légitime, suivant le premier de ces principes, devant être fixée sur la valeur des biens, eu égard au temps du décès, la part qui, suivant cette fixation, s'est trouvée devoir être retranchée sur les legs ou sur les donations faites par le défunt, sera toujours la même, quelque augmentation ou quelque diminution qui survienne depuis le décès sur les biens que le défunt a laissés dans sa succession, & sur lesquels la légitime doit être prise avant que les legs & donations puissent être entamés : d'où il suit que c'est le légitimaire qui profite de cette augmentation, & qui supporte cette diminution. *Finge.* Un homme a donné à un premier donataire étranger un héritage qui, lors de son décès, valoit 10,000 livres : à un second, un autre héritage de valeur de 15,000 livres. Il a légué un autre héritage de 5,000 livres, & il laisse pour 10,000 livres d'effets dans sa succession, & un enfant pour unique héritier. Le total de cette masse se monte à 40,000 livres ; par conséquent la légitime de l'enfant est de 20,000 livres. Ne se trouvant que 10,000 livres dans la succession, le légitimaire, pour parfaire les 10,000 livres qui lui manquent, retiendra en entier l'héritage légué qui est de valeur de 5,000 livres, & le tiers de l'héritage donné au second donataire ; ce qui fait la somme de 10,000 livres qui manquoit à la légitime. Quand même les effets laissés dans la succession, qui valoient, lors du décès, 10,000 livres, seroient depuis augmentés de valeur jusqu'à vingt ou trente, le légitimaire n'en retiendra pas moins en entier l'héritage légué, & n'en retranchera pas moins de la seconde donation le tiers de l'héritage donné au second donataire : d'où il suit qu'il profite entiérement de cette augmentation. *Vice versâ*, quand même lesdits effets laissés en la succession seroient diminués de valeur, il ne retranchera rien de plus des legs & donations : d'où il suit qu'il porte entiérement cette perte.

A l'égard de l'augmentation qui survient depuis le décès sur les héritages légués ou donnés, le légitimaire ne profite de cette augmentation & ne supporte cette diminution que pour la part qui en doit être retranchée pour fournir sa légitime. C'est pourquoi, en retenant la même hypothese, si l'héritage donné au second donataire est augmenté ou diminué, le légitimaire profitera de cette augmentation ou supportera cette perte pour le tiers qu'il a droit de retrancher de cette donation. Si c'est l'héritage donné au premier donataire qui est augmenté ou diminué, l'augmentation ni la diminution ne concerneront en rien le légitimaire, qui n'a rien à retrancher de cette donation.

Ces décisions ont lieu, soit que ces augmentations ou diminutions soient extrinseques, c'est-à-dire, causées seulement par la variation qui arrive dans le prix des choses; soit qu'elles soient intrinseques, telle que l'augmentation que fait une alluvion, & la diminution que cause un incendie par le feu du ciel, ou autre cas fortuit.

§. VII.

Si la légitime des puînés doit prévaloir au droit d'ainesse.

83. Le droit qu'a chaque enfant d'avoir une portion dans la succession de ses pere & mere, étant un droit qu'il tient de la loi naturelle, il n'est pas douteux que ce droit doit l'emporter sur celui qu'a l'ainé dans les biens nobles de ces successions, la loi qui accorde ce droit à l'ainé étant une loi purement arbitraire. C'est pourquoi lorsque le préciput de l'ainé ne laisse pas dans la succession de quoi fournir une légitime aux puînés, le préciput doit souffrir un retranchement pour les légitimes.

Cette maxime reçoit application dans plusieurs cas.

84. Le premier cas est lorsqu'il ne se trouve dans la succession qu'un manoir féodal, sans aucuns autres biens immeubles.

Notre Coutume a prévu ce cas en l'*art. 96.* Elle ne permet pas que l'ainé jouisse en ce cas du droit qu'elle lui accorde par l'*art. 89*, de prendre un manoir entier, parce qu'il ne resteroit plus rien pour la légitime des puînés.

Cette raison n'est pas néanmoins la seule sur laquelle la disposition de cet article 96 soit fondée : car si la Coutume n'avoit eu en vue que de fournir une légitime aux puînés, elle ne leur auroit pas accordé la part entiere qu'elle accorde aux puînés dans les biens nobles, la légitime n'étant que la moitié de cette portion. La raison sur laquelle est fondée la disposition de cet article, est que la Coutume, par l'*art. 89*, ne donnant à l'ainé un manoir que par forme *de préciput*, elle a jugé qu'il ne pouvoit y avoir lieu à ce *préciput* lorsque le manoir étoit le total de la masse immobiliaire, étant contre la nature d'un *préciput* ou *délibation sur la masse*, d'être le total de la masse.

85. Le second cas est lorsqu'il y a avec le manoir d'autres immeubles, mais qui ne sont pas de valeur suffisante pour fournir la légitime aux puînés.

La Coutume de Paris, *art. 17*, a prévu ce cas, & sa disposition doit, pour son équité, être adoptée dans la nôtre : elle veut qu'en ce cas le manoir de l'ainé puisse être entamé pour les légitimes des puînés. Elle ne dit pas en quoi, dans cette espece, consiste cette légitime : mais ayant, en l'*art. 298*, semblable au nôtre 274, décidé que la légitime d'un enfant est la moitié de la portion qu'il auroit sans les donations entre vifs & testamentaires qui y sont obstacle, il est facile de conclure *ex mente Consuetudinis*, que la légitime dont elle entend parler dans l'espece de cet article 17, est la moitié de ce que chaque puîné auroit tant dans le manoir considéré simplement comme bien noble, que dans les autres biens de la succession, sans la disposition de cet article qui, en donnant le manoir entier, fait obstacle à leur légitime. *Finge.* Il y a dans la succession un manoir de 15,000 liv., 1,500 liv. d'autres biens féodaux, 1,000 liv. de biens ordinaires, & deux enfans. La légitime du puîné est, pour la moitié de sa part dans les biens ordinaires, 250 liv.; plus, pour la moitié de son tiers dans les 1,500 liv. de biens féodaux, 250 liv.; plus, pour la moitié de son tiers dans le manoir, 2,500 liv.; ce qui fait en tout 3,000 liv. L'aîné, qui retiendra le manoir, sera donc obligé, pour fournir la légitime de son puîné, de lui abandonner le surplus des biens qui monte à 2,500 liv., & de lui retourner encore sur son manoir 500 liv. pour parachever la somme de 3,000 liv. à laquelle monte sa légitime. *Voyez* la note de Lauriere sur cet article, d'où nous avons pris cette interprétation.

86. Le troisieme cas est lorsque les portions des puînés se trouvent épuisées ou presque épuisées par les dettes de la succession, dont le préciput de l'aîné est affranchi.

Finge. Un homme laisse douze enfans, 220,000 liv. de biens féodaux, 20,000 liv. de biens ordinaires, & 144,000 liv. de passif. Chacun des onze puînés doit avoir pour sa onzieme portion dans la moitié des biens féodaux, 10,000 liv., & 1,666 liv. pour sa douzieme portion dans les biens ordinaires; ce qui fait en tout 11,666 liv. Il est tenu de 12,000 liv. pour sa part du passif; par conséquent il ne reste rien aux puînés. Au contraire, l'aîné ayant pour sa moitié dans les biens féodaux 110,000 liv., & 1,666 liv. dans les biens ordinaires, & ne devant que 12,000 liv. pour son douzieme dans le passif, il lui reste près de 100,000 liv. de net. Quoique nos Coutumes n'aient pas prévu ce cas, néanmoins il n'est pas douteux, suivant le principe que nous avons établi au commencement, que l'aîné doit en ce cas fournir sur le préciput qu'il a franc de dettes, une légitime à ses puînés. La difficulté est de la fixer. Dira-t-on que nos Coutumes n'ayant pas pourvu en ce cas à la légitime des puînés, la légitime ne leur étant due par conséquent que dans les purs termes du Droit naturel, la fixation en doit être laissée à l'arbitrage du Juge, qui arbitrera, *pro facultatibus hereditatis & dignitate personarum*, la somme qu'il jugera convenable pour les alimens & l'établissement de chacun des puînés? J'inclinerois plutôt à dire que *ex mente Consuetudinis*, de même que dans le cas précédent, la légitime des puînés est la moitié de la portion qu'ils auroient sans la disposition de la Coutume, qui, en adjugeant à l'aîné un manoir entier, fait obstacle à leur légitime. On doit en ce cas-ci fixer leur légitime à la moitié de la portion qu'ils auroient sans la disposition de la Coutume, qui, en affranchissant de dettes le préciput de l'aîné, fait obstacle à la légitime des puînés. Suivant cette décision, pour fixer la légitime des puînés dans l'espece proposée, on doit prélever les dettes sur tous les biens de la succession, tant féodaux qu'ordinaires. Le total de la succession montant à 240,000 liv., les féodaux, qui montent à 220,000 liv, en font les onze douziemes; par conséquent on doit prélever sur les biens féodaux les onze douziemes du passif; & la légitime de chacun des onze puînés dans lesdits biens sera la moitié de la onzieme partie de la moitié de ce qui restera desdits biens. Pareillement on doit prélever sur les biens ordinaires, qui font la douzieme partie de la masse, une douzieme partie du passif; & chacun des puînés aura pour sa légitime desdits biens, la moitié de la douzieme partie de ce qui en restera.

87. Le quatrieme cas, est lorsqu'une personne qui a fait des donations à des étrangers, qui n'excedent pas la valeur des légitimes de tous ses enfans, laisse dans sa succession plus qu'il ne faut pour la légitime de son ainé, & moins qu'il ne faut pour la légitime de ses puînés.

Finge. Un homme laisse deux enfans. Il a donné entre vifs à un étranger la somme de 12,000 liv.: il lui reste pour 15,000 liv. de bien, tout en fief sans manoir, & il ne laisse aucunes dettes. La portion de son puîné dans les 12,000 liv. qu'il a données auroit été de 6,000 liv., laquelle jointe avec celle de 5,000 l. pour son tiers dans les biens qui restent, auroit fait celle de 11,000 liv. Sa légitime est donc de 5,500 liv. Il s'en faut 500 liv. qu'il n'en soit rempli par le tiers auquel il succede dans le bien qui reste. Au contraire l'ainé est beaucoup plus que rempli de la sienne : car sa portion dans les 12,000 liv. qui ont été données, est de 6,000 liv., laquelle jointe avec 10,000 liv. pour les deux tiers qui lui appartiennent dans les biens qui restent, fait la somme de 16,000 liv. Sa légitime n'est donc que de 8,000 liv. Il en trouve 10,000 dans la succession: par conséquent il a 2,000 liv. au-delà de sa légitime. Il est certain que le puîné doit être rempli de ce qui lui manque de sa légitime : la question est de sçavoir par qui ? *Ricard, p. 1, n. 1029*, décide que c'est le frere ainé qui en est tenu, & non le donataire, parce que les donataires ne sont tenus des légitimes que subsidiairement, & lorsqu'il ne se trouve pas dans la succession de quoi les fournir.

§. VIII.

De l'action qu'ont les enfans pour réclamer leur légitime.

88. L'enfant étant réputé saisi de plein droit de sa légitime, comme nous l'avons vu au §. 1er, il suit de là que lorsque les legs ou les donations entre vifs y donnent atteinte; il a une action *in rem* contre les légataires ou donataires, pour revendiquer dans les choses léguées ou données entre vifs, ce qui est nécessaire pour fournir sa légitime.

Cette action peut être intentée, tant par l'enfant à qui la légitime appartient, que par ceux qui sont à ses droits, tels que peuvent être ses héritiers ou autres successeurs ou cessionnaires.

Ses créanciers peuvent l'exercer pour lui & malgré lui ; car elle fait partie des biens de l'enfant leur débiteur.

89. Elle peut être donnée non-seulement contre les donataires, mais contre les tiers détenteurs qui ont acquis d'eux les choses données : car ces donataires n'ayant acquis de droit dans les choses données que sous la déduction de ce qu'il en faudroit retrancher pour remplir la légitime des enfans, ils n'ont

pu transférer dans ces choses à ceux qui les ont acquises d'eux, plus de droit qu'ils n'en avoient eux-mêmes.

90. Lorsque ce sont des héritages ou rentes qui ont été donnés, on doit délivrer en nature à l'enfant la part dans lesdits héritages ou rentes qu'il est nécessaire d'en retrancher pour parfaire sa légitime; à la charge par lui de faire raison au donataire, au *prorata* de la part retranchée, des impenses & augmentations faites par le donataire. Il ne suffiroit pas au donataire d'offrir l'estimation de cette part; car la donation est nulle jusqu'à concurrence de cette part : de là la maxime que la légitime doit être fournie en corps héréditaires.

On doit aussi faire raison à l'enfant des fruits de la part retranchée, perçus ou nés depuis le jour du décès; car il est réputé saisi dès ce jour de sa légitime.

91. Il résulte de ce que nous venons de dire, que ce retranchement doit donner lieu à un partage des choses données entre le légitimaire pour qui on en doit retrancher une part, & le donataire qui doit retenir le surplus; ou à une licitation des choses données, si elles ne peuvent se partager.

92. Ce partage donne aussi lieu à une espece de garantie réciproque : car si le légitimaire souffre éviction de quelqu'une des choses échues en son lot, n'ayant pas, au moyen de cette éviction, sa légitime complette, il a recours contre ce donataire sur les biens qui lui sont restés, & subsidiairement sur le donataire précédent, pour répéter la valeur de la chose qui lui a été évincée. Il ne la répétera néanmoins que sous la déduction d'une part pareille à celle qu'il avoit droit de prendre pour sa légitime dans la masse qu'on dresse pour en faire la fixation. Par exemple, si ce qui lui a été évincé vaut 800 liv., & que le défunt eût quatre enfans, sa légitime étant le huitieme de cette masse, il ne répétera que 700 liv. : car la masse des biens dans laquelle il doit prendre un huitieme pour sa légitime, se trouvant, par cette éviction, diminuée de 800 liv., sa légitime, qui est un huitieme de cette masse, doit diminuer dans la même proportion, & par conséquent de 100 liv.

93. *Vice versâ*, & par la même raison, si c'est le donataire qui a souffert éviction de quelqu'une des choses qui lui étoient restées, il a droit de répéter contre le légitimaire une portion de la valeur de la chose évincée, pareille à celle que le légitimaire a droit de prendre dans la masse universelle des biens. Par exemple, dans la même supposition qu'il y eût quatre enfans, & que la chose évincée au donataire fût de valeur de 800 liv., il répétera 100 liv. contre le légitimaire.

Il a pour cette répétition une hypotheque sur les biens retranchés, privilégiée à tous les créanciers du légitimaire, telle que celle qui naît des partages.

§. IX.

Des fins de non-recevoir contre la demande en légitime.

94. Lorsque l'enfant, depuis l'ouverture de son droit de légitime, y a renoncé, soit expressément, soit tacitement, en consentant par écrit au legs ou à la donation qu'il sçavoit y donner atteinte, il en résulte une fin de non-recevoir

cevoir qui le rend non-recevable à demander sa légitime contre ce légataire ou donataire.

95. La prescription de trente ans, qui met fin à toutes les actions, met aussi fin à la demande en légitime. Ce temps commence à courir du jour de la mort de celui sur les biens duquel la légitime est prétendue, *art. 38* : car c'est de ce jour que l'action est ouverte.

96. Il y en a qui pensent qu'il y a fin de non-recevoir contre la demande en légitime, lorsque l'enfant s'est mis en possession des biens de la succession sans en constater les forces par un inventaire; parce que par son fait on ne peut plus sçavoir s'il est resté ou non assez de bien pour l'en remplir. Néanmoins Ricard pense que ce seroit punir trop rigoureusement l'imprudence de cet enfant que de le priver de sa légitime, & qu'on doit en ce cas suppléer au défaut d'inventaire par des enquêtes de commune renommée. Le Juge doit se décider par les circonstances.

SECTION VI.

De la révocation des Donations.

97. Réguliérement les donations entre vifs sont irrévocables dès l'instant qu'elles ont été contractées.

Le donataire mis en possession de la chose donnée, ne peut même la rétrocéder au donateur que par une nouvelle donation revêtue de ses formalités.

98. Il y a néanmoins deux causes de révocation des donations entre vifs; la survenance d'enfans au donateur, & l'ingratitude du donataire; dont nous allons traiter dans les articles ci-après.

Le rapport que l'enfant est tenu de faire à la succession du donateur, est aussi une espece de révocation : nous remettons à en traiter au *Tit. 17, ch. 6, art. 3.*

ARTICLE PREMIER.

De la révocation des Donations à cause de survenance d'enfans.

99. Les donations entre vifs, faites par une personne qui n'avoit pas d'enfans, sont révoquées de plein droit lorsqu'il lui en survient. Cette révocation est de Jurisprudence Françoise, confirmée par l'Ord. de 1731. La loi *Si unquam*, *Cod. de revoc. don.* n'avoit établi cette révocation que pour le cas particulier d'une donation faite par un patron à quelqu'un de ses affranchis. La raison de notre Jurisprudence est qu'on doit supposer dans le donateur qui n'a pas d'enfans, une disposition secrete de volonté de ne pas donner s'il en avoit : d'où il suit qu'elles doivent être censées faites sous la condition implicite que le donateur n'aura pas d'enfans, & qu'elles doivent par conséquent, s'il lui en survient, être révoquées. Cette raison porta l'Archevêque Aurele à restituer les biens donnés à son Eglise par une personne à qui il étoit depuis survenu des enfans, quoique, au rapport de S. Augustin, il n'y eût alors aucune

loi humaine qui l'y obligeât. *Can. 17, 2, 4 :* ce qui prouve que la loi *Si unquam* n'étoit pas une loi générale.

§. I.

Quelles Donations sont sujettes à cette révocation.

100. Les donations sujettes à cette révocation sont celles *faites par personnes qui n'avoient point d'enfans ou de descendans actuellement vivans dans le temps de la donation ; Ordonnance, art. 39 ;* c'est-à-dire, qui n'en avoient pas seulement un : *nam non est sine liberis cui vel unus filius unave filia est. L. 148, ff. de verb. signif.*

Quand même il y en auroit eu un de conçu au temps de la donation, elle ne laisseroit pas d'être sujette à révocation par sa naissance ; *Ordonnance, art. 40 :* car on présume que le donateur n'auroit pas fait la donation s'il eût éprouvé les sentimens de la tendresse paternelle, qu'on n'éprouve qu'après la naissance des enfans.

Observez qu'une personne est sans enfans, quoiqu'elle en ait d'illégitimes, ou de légitimes ayant perdu leur état civil, ou qu'elle ait justement exhérédés, ou dont elle ignore l'existence.

101. Les donations faites par les personnes qui n'ont pas d'enfans sont sujettes à cette révocation, *de quelque valeur qu'elles puissent être ; d. art. 39 ;* c'est-à-dire, non-seulement celles qui sont considérables, mais même les modiques ; ce qui ne doit pas néanmoins être étendu aux petits présens de choses mobiliaires.

Elles y sont sujettes, soit qu'elles soient faites en propriété ou seulement en usufruit : elles y sont sujettes, *à quelque titre qu'elles soient faites, encore qu'elles soient mutuelles, rémunératoires ; Ordonnance, art. 39 ;* ou onéreuses ; lorsque les services ou les charges ne sont pas appréciables à prix d'argent, ou sont d'un prix inférieur à celui des choses données ; & sauf, en cas de révocation, l'action du donataire pour le paiement de ses services, ou des charges par lui acquittées.

102. Les donations sont sujettes à cette révocation, quoiqu'elles soient faites pour causes pieuses & pour fondations d'établissemens utiles ; *même celles faites en faveur de mariage par autres que par les conjoints ou autres ascendans, art. 39.* On n'entend pas bien ce que l'Ordonnance entend par ces derniers mots : car n'étant question dans cet article que des donations faites par des personnes qui n'ont point d'enfans, il ne peut être question de celles qui seroient faites à l'un des futurs conjoints par quelqu'un de ses ascendans. Ces termes ne peuvent s'entendre que des donations que feroit l'un des conjoints, par exemple, au fils aîné qui naîtroit du futur mariage ; laquelle ne doit pas être révocable par la survenance d'autres enfans.

On jugeoit autrefois que la donation faite à un Ecclésiastique pour lui servir de titre clérical, n'étoit pas sujette à cette révocation ; il y en a Arrêt du 15 Juin 1643, au Journal des Audiences : mais l'Ordonnance de 1731 ne l'ayant pas exceptée, cette donation n'étant pas plus favorable que celles faites pour dot de mariage, que l'Ordonnance y assujettit, je pense qu'on doit décider aujourd'hui qu'elle y est sujette. Peut-être pourroit-on laisser en ce cas l'usufruit des choses données à l'Ecclésiastique donataire, jusqu'à ce qu'il soit pourvu d'un bénéfice qui lui donne de quoi subsister.

103. Il nous reste à observer que la clause expresse par laquelle le donateur auroit renoncé à cette révocation, n'empêcheroit pas que la donation y fût sujette; *Ord. art.* 44. Le donateur est présumé s'être fait illusion. De là il suit que si la donation étoit faite sous cette clause, qu'en cas de survenance d'enfans elle seroit réduite à la moitié, elle ne laisseroit pas, le cas arrivant, d'être révoquée pour le tout.

§. II.

Quelle espece de survenance d'enfans donne lieu à la révocation.

104. La survenance d'un enfant révoque la donation, soit qu'il naisse du vivant du donateur, soit qu'il ne naisse qu'après sa mort; *Ordon. art.* 39. La raison est que la condition de la survenance d'enfans, qui est sous-entendue dans le contrat de donation, ayant, comme toutes les autres conditions des contrats, un effet rétroactif au temps du contrat, quoiqu'elle n'existe qu'après la mort du donateur, il est censé avoir eu dès le temps du contrat le droit de révoquer la donation, & l'avoir transmis dans sa succession.

L'Ordonnance, *art.* 39, regarde aussi comme une espece de survenance d'enfans, la légitimation d'un enfant naturel, par un mariage subséquent contracté depuis la donation, quoique l'enfant fût né avant la donation. Il en doit être de même du retour imprévu d'un enfant qu'on croyoit mort ou perdu depuis long-temps; *Furgole*, *Q.* 19.

Il n'en est pas de même du cas auquel un fils ci-devant Jésuite lors de la donation, auroit été depuis congédié avant l'âge de trente-trois ans. Ce cas ne me paroît pas pouvoir passer pour une survenance d'enfant; car ce fils existoit lors de la donation; son état civil n'étoit qu'en suspens; *Introd. gén. n.* 29. Le donateur sçavoit son existence, son retour pouvoit être prévu.

Observez que la survenance d'un bâtard au donateur ne révoque pas la donation: car la loi ne reconnoît pour enfans que les légitimes. L'enfant né d'un mariage qui, quoique valablement contracté, est privé des effets civils, ne differe pas à cet égard du bâtard.

Mais la survenance d'un enfant né d'un mariage nul, à qui les loix accordent les droits d'enfant légitime en considération de la bonne foi des parties qui l'ont contracté, ou de l'une d'elles, révoque la donation faite par celui des conjoints qui a contracté le mariage de bonne foi: car quoique cet enfant, dans la vérité, ne soit pas né de légitime mariage, il suffit que les loix lui donnent les droits des enfans légitimes. On peut, pour cette décision, tirer un argument concluant de ce que l'Ordonnance décide pour les enfans légitimés *per subsequens matrimonium*, lesquels ne sont pas, dans la vérité, nés de légitime mariage, quoique les loix leur en accordent les droits.

Observez que l'enfant né d'un mariage nul contracté par des parties dont l'une étoit de bonne foi, ne donne pas lieu à la révocation de la donation faite par celle qui n'étoit pas de bonne foi, quoiqu'il ait dans sa succession les droits des enfans légitimes, & que cette donation soit sujette au retranchement de sa légitime lorsqu'elle l'a entamée. La raison de différence est que l'action en retranchement de légitime est un droit de l'enfant, lequel ayant tous les droits des enfans légitimes, doit avoir celui-ci : mais le droit de révoquer la donation pour cause de survenance d'enfans, est un droit accordé au donateur, qu'il n'a pu acquérir en contractant sciemment l'union illégitime dont l'enfant est né ; *cùm nemo ex proprio delicto possit sibi quærere actionem*. Voyez *Furgole*, *Q. 17*.

§. III.

Comment se fait la révocation de la Donation en cas de survenance d'enfans.

105. La survenance d'enfans révoque de plein droit la donation, & l'annulle de maniere qu'il ne reste aucun titre au donataire pour retenir les choses données.

De là il suit que le donateur peut les répéter même dans le cas auquel l'enfant dont la naissance a annullé la donation, seroit mort depuis ; *Ord. art. 43* ; car la donation ayant été une fois annullée, ne peut plus revivre.

106. Par la même raison, le donateur peut répéter l'héritage donné, quand même, depuis la naissance de l'enfant, il auroit souffert le donataire entrer ou demeurer en possession de cet héritage, ou qu'il auroit fait quelque autre acte approbatif ou confirmatif de la donation : car on ne peut pas confirmer ce qui est nul ; le titre du donataire ayant été annullé, la chose ne peut lui être donnée que par une nouvelle donation ; *art. 41 & 43*.

Par la même raison, les héritiers du donateur peuvent, même dans lesdits cas, révoquer la donation : car le droit de la révoquer ayant été acquis de plein droit au donateur, se transmet à ses héritiers.

107. L'action qu'a le donateur pour répéter les choses données, est celle qu'on appelle en droit *condictio sine causâ*. Elle est personnelle-réelle : car le donataire n'ayant acquis l'héritage qui lui a été donné que sous la charge sous-entendue de la révocation en cas de survenance d'enfans, laquelle charge affecte la chose, il n'a pu l'aliéner à d'autres, ni accorder à d'autres quelque droit sur cet héritage que sous la même charge, suivant la regle, *Nemo plus juris in alium transferre potest quàm ipse haberet. L. 54, ff. de Reg. Jur.*

D'où il suit, 1°. que le donateur peut répéter l'héritage contre les tiers détenteurs ; 2°. qu'il le recouvre libre de toutes les hypotheques & autres droits que le donataire y auroit imposés, même de celles de la femme du donataire, quand même la donation auroit été faite à ce donataire par contrat de mariage ; *art. 42*. L'Ordonnance va plus loin ; elle veut que l'héritage soit déchargé des hypotheques de la femme, *quand même le donateur se seroit obligé comme caution par cette donation, à l'exécution du contrat de mariage* ; *art. 42*. En cela elle établit un droit nouveau. Si la chose s'étoit passée avant l'Ordonnance, il faudroit décider, au contraire, que l'héritage demeure hypothéqué comme tous les autres biens du donateur, non en vertu de la donation, qui est révoquée ; mais en vertu du cautionnement qu'il a bien voulu subir envers la femme du donataire ; lequel cautionnement n'étant pas une donation vis-à-vis de cette femme envers qui il est subi, n'est pas révoqué par la survenance d'enfans : mais l'Ordonnance a regardé ce cautionnement, lorsqu'il étoit à la suite d'une donation faite au mari, comme une suite de cette donation, & comme un moyen indirect de s'en interdire la pleine révocation ; c'est pourquoi elle a voulu que la révocation de la donation entraînât aussi en ce cas celle de ce cautionnement.

108. Le donataire doit restituer la chose avec les fruits qu'il en a perçus du jour de la notification qui lui en aura été faite par un *acte en bonne forme*, & non pas seulement du jour de la demande ; ce qui est conforme à la nature de l'action *condictio sine causâ*, *L. 38*, ff. *de usur.* La donation étant révoquée de plein droit, & le donataire n'ayant plus de titre pour retenir la chose, il n'en a plus pour en percevoir les fruits. Il n'est pas néanmoins tenu de restituer ceux qu'il a perçus avant que la survenance d'enfans lui ait été notifiée, quoique depuis la naissance de l'enfant : car quoique cette naissance eût détruit de plein droit son titre, néanmoins ayant lieu de croire qu'il possédoit en vertu de sa donation, tant qu'il ignoroit la naissance de l'enfant qui l'avoit révoquée, cette opinion en laquelle il étoit lui tenoit lieu de titre pour percevoir les fruits, suivant cette maxime, *Justa opinio tituli æquipollet titulo.*

Le donateur ne feroit pas même recevable à la preuve testimoniale que le donataire a eu connoissance de la survenance d'enfans avant la notification qui lui en a été faite : car le donateur ayant eu une voie de droit pour assurer cette connoissance du donataire, il doit s'imputer de ne s'en être pas servi.

Il en est autrement du tiers acquéreur ; il ne doit rendre les fruits que du jour de la demande donnée contre lui, & il faut que par la demande on lui ait donné copie, tant de l'acte baptistaire de l'enfant, que de l'acte de donation.

109. L'action en révocattion des choses données se prescrit, comme toutes les autres actions, par trente ans : mais l'Ordonnance a décidé, *art. 45*, que ce temps ne courroit que du jour de la naissance du dernier enfant. On peut dire pour raison de cette décision, que quoique la naissance du premier enfant ait donné ouverture au droit de révoquer la chose donnée, la naissance de chacun des enfans qui naît depuis ajoute un nouveau droit de la révoquer à celui que le donateur avoit déja acquis par la naissance du premier : *nam idem ex pluribus causis deberi potest* ; *L. 159*, ff. *de reg. jur.* C'est pourquoi, quoique celui acquis par la naissance du premier, soit prescrit par le laps de trente ans, celui acquis par la naissance du dernier ne laisse pas de subsister jusqu'à ce qu'il se soit écoulé un pareil temps depuis sa naissance.

ARTICLE II.

De la révocation des Donations pour cause d'ingratitude du Donataire.

110. Les donations peuvent se révoquer pour cause d'ingratitude ; *L. fin. Cod. de revoc. donat.* Cette loi en rapporte cinq especes. On peut dire en général qu'un donataire est coupable d'une ingratitude qui donne lieu à cette révoca-

tion, lorſqu'il a fait quelque injure atroce au donateur, ſoit dans ſa perſonne, en attentant à ſa vie, ou en le maltraitant par lui ou par d'autres; ſoit en lui cauſant par malice quelque tort conſidérable dans ſa réputation ou dans ſes biens. L'injure faite du vivant du donateur à la femme ou à quelqu'un des enfans du donateur, peut auſſi, lorſqu'elle eſt conſidérable, paſſer pour faite au donateur lui-même; comme ſi le donataire avoit attenté à l'honneur de la femme ou de la fille du donateur: car *patimur injuriam non ſolùm per noſmetipſos, ſed per liberos, per uxorem. Inſtit. tit. de injur.*

111. Au ſurplus, il n'y a que l'injure qui peut être cenſée faite au donateur lui-même, qui puiſſe donner lieu à la révocation, & non celle qui auroit été faite après ſa mort à ſa veuve ou à ſes héritiers, quelque grande qu'elle fût; & pareillement il n'y a que celle commiſe par le donataire lui-même qui y puiſſe donner lieu. C'eſt pourquoi celle commiſe par le mari de la donataire, ou par le titulaire de l'Egliſe à qui la donation a été faite, ne doit pas les faire priver même de la jouiſſance des choſes données. Il eſt vrai que le mari ou le titulaire de bénéfice en eſt privé pour l'offenſe par lui commiſe envers le Seigneur de qui relevent les fiefs de ſa femme ou de ſon bénéfice; mais c'eſt qu'il a la qualité de vaſſal pour ces fiefs, au lieu que le mari de la donataire n'a pas la qualité de donataire.

112. Toutes les donations ſont ſujettes à cette révocation, même les rémunératoires, & celles qui ſont onéreuſes, juſqu'à concurrence de ce que la valeur des choſes données excede le prix des ſervices ou des charges acquittées.

Ricard penſoit que les donations mutuelles n'étoient pas ſujettes à cette révocation. On a jugé par Arrêt du 18 Décembre 1714, au T. 6 du Journal, *qu'elles y étoient ſujettes. La raiſon eſt* que dans les donations mutuelles on doit préſumer que c'eſt l'amitié que j'ai pour le donataire, qui eſt le principal motif qui m'a porté à donner, quoique l'eſpérance de profiter de celle qu'il me fait réciproquement, y entre auſſi pour quelque choſe; en quoi ces donations different des contrats aléatoires: c'eſt pourquoi elles exigent de la gratitude, & doivent être révocables lorſque le donataire manque à ce devoir.

Les remiſes qu'un créancier fait à ſon débiteur lorſqu'elles ſont une pure libéralité, & qu'elles partent de l'amitié qu'il a pour lui, ſont des donations révocables pour cauſe d'ingratitude; *ſecùs* des remiſes qui ſont faites par contrat d'atermoiement, ou pour une compoſition de profits.

Les donations, quoique faites en faveur de mariage, ſont ſujettes à cette révocation, ſans préjudice néanmoins du droit du mari de la donataire, comme nous le verrons ci-après; *Ricard* III, 111, *n. 681.* Il y a néanmoins quelques Auteurs d'avis contraire.

Celles faites pour ſervir de titre clérical ne doivent être ſujettes à cette révocation qu'à la charge de laiſſer jouir le donataire juſqu'à ce qu'il ſoit pourvu de bénéfice.

113. La révocation pour cauſe d'ingratitude procédant du fait du donataire, & n'étant pas juſte qu'il puiſſe par ſon fait préjudicier à ceux qui ont acquis de lui quelque droit ſur les choſes qui lui ont été données, *nemo enim ex alterius facto prægravari debet*, cette donation ne doit avoir lieu que pour

les choses données qui se trouvent pardevers le donataire ; & le donateur ne peut les révoquer que telles qu'elles se trouvent, avec la charge des hypotheques, servitudes & autres droits réels que le donataire y a imposés ; *L. 7, §. fin. Cod. de revoc. don.* Mais depuis la demande le donataire ne peut plus aliéner les choses données, ni y imposer aucune charge ; parce que par la demande elles deviennent *litigieuses*, & ne peuvent plus par conséquent être aliénées au préjudice du droit du demandeur ; *L. 1, Cod. de litig.*

114. Lorsque le donataire a vendu les choses données, Ricard décide, contre le sentiment de Dumoulin, que le donateur ne peut répéter le prix dont il a profité, ni même les choses qu'il auroit reçues en échange de celles qui lui ont été données ; & ce sentiment paroît plus conforme au texte de la Loi, qui n'accorde la révocation que de ce que le donataire *donationis titulo tenet.* Si c'étoit de l'argent qui eût été donné ; comme dans l'argent on ne considere que la valeur, il n'est pas nécessaire que le donataire ait les mêmes especes pour qu'il y ait lieu à la révocation ; il suffit qu'il se trouve dans ses biens une augmentation de valeur causée par la donation qui lui a été faite, pour qu'il y ait lieu à la révocation de la somme donnée.

115. L'ingratitude ne révoque pas la donation de plein droit ; elle n'est révoquée que par la Sentence du Juge sur la demande du donateur : d'où il suit que le donataire ne doit être condamné à la restitution des fruits que depuis la demande ; car il avoit un juste titre pour percevoir ceux qu'il a perçus auparavant.

116. Cette demande, conformément à la nature de l'action d'injure, ne peut être donnée que par la personne même du donateur, & non par ses héritiers ; & contre la seule personne du donataire, & non contre ses héritiers ; *d. l. fin.* Mais si l'un ou l'autre meurt depuis la demande donnée, l'instance peut être reprise par ses héritiers ou contre ses héritiers ; *L. 39, de R. J.* En un cas les héritiers du donateur seroient recevables à intenter cette action ; sçavoir lorsque le donataire a tué le donateur, qui n'a pas eu le loisir de poursuivre par lui-même la réparation de l'offense, ou lorsque l'injure a été faite à la mémoire du donateur après sa mort.

La réconciliation intervenue depuis l'offense, opere une fin de non-recevoir contre cette action, de même que contre l'action d'injure.

SECTION VII.

Du Don mutuel entre mari & femme.

117. Notre Coutume, après avoir défendu aux personnes mariées de se faire aucun avantage, *art. 280*, leur permet, *art. 281*, de se donner par don mutuel au survivant l'usufruit des biens de leur communauté, sous certaines charges & conditions. *Voyez cet article.*

§. I.

De la nature de ce Don mutuel.

118. Le don mutuel étant un contrat qui, dès l'instant qu'il est fait, lie les parties, & ne peut plus se révoquer que par leur mutuel consentement,

est un don entre vifs : car c'est l'irrévocabilité qui est le caractere propre des donations entre vifs, & qui les distingue de celles à cause de mort, qui ne sont parfaites & ne se confirment que par la mort du donateur.

119. Il n'empêche pas néanmoins le mari de disposer librement, par des actes entre vifs, des effets de la communauté : car le don mutuel n'étant que des effets *qui se trouveront communs à l'heure du trépas du premier mourant*, (*Voyez la note 4 sur l'art. 281.*) les effets dont il a disposé par des actes entre vifs n'étoient pas compris au don mutuel.

120. Ce don doit être mutuel & égal : d'où il suit que l'une des parties ne peut donner à l'autre qu'autant que l'autre peut lui donner.

Suivant ces principes, s'il étoit porté par le contrat de mariage que le mari auroit les deux tiers des biens de la communauté, & la femme le tiers, le mari ne pourroit donner à sa femme par don mutuel en usufruit que la moitié de sa part, qui est un tiers des biens de la communauté, la femme n'ayant de son côté qu'un tiers qu'elle puisse lui donner; *Ricard, n. 165.*

121. Si l'un des conjoints, *putà* le mari, avoit donné à sa femme, par contrat de mariage, sa part des meubles & conquêts, ils ne pourroient plus se faire de don mutuel pendant le mariage, le mari en ce cas n'ayant plus rien à donner; *Arrêt du 27 Août 1678, cité par Lemaître.* Par la même raison, s'il avoit donné à sa femme la moitié de ses meubles & conquêts, ne lui restant plus à pouvoir donner par don mutuel que l'autre moitié de sa part, la femme ne pourroit pareillement lui donner par don mutuel que la moitié de la sienne.

122. Suivant ces principes, lorsqu'il est porté par le contrat de mariage que les héritiers de la femme, au cas qu'elle prédécede, auront pour tout droit de communauté une certaine somme, *putà* de 10,000 liv., les conjoints ne pourront se faire de don mutuel; *Arrêt cité par Ricard, n. 164.* La raison est, que la part du mari qu'il donne à sa femme, au cas qu'elle survécût, pouvant surpasser la somme de 10,000 liv., le mari auroit donné plus que ce que la femme lui a pu donner.

On ne pourroit même faire valider le don mutuel en y ajoutant cette clause, que le don fait par le mari ne pourroit excéder la somme de 10,000 liv. : car le don mutuel seroit encore nul par une autre raison, qui est que la part du mari pouvant ne pas monter à 10,000 liv., la femme qui a donné à son mari les 10,000 liv. qui lui reviennent dans la communauté, auroit donné plus à son mari que son mari ne lui a donné.

Ces raisons militent pareillement dans le cas auquel il seroit dit que la femme auroit moitié en la communauté, ou une certaine somme à son choix; & il ne peut y avoir en ce cas de don mutuel; *Ricard, n. 173.*

Si la condition de l'un ou de l'autre conjoint étoit égale, & qu'il fût dit que les biens de la communauté demeureroient à celui des deux conjoints qui survivroit, en payant aux héritiers de l'autre une certaine somme, il n'est pas douteux qu'ils pourroient se faire don mutuel, lequel seroit de part & d'autre de cette somme.

123. Il paroît suivre de nos principes, que la femme donataire mutuelle qui renonce à la communauté, ne peut prétendre jouir que de la moitié des

biens

biens qui demeurent pour le total à la succession de son mari : car n'ayant jamais pu en aucun cas avoir plus que la moitié desdits biens, & n'ayant pu donner à son mari que la moitié desdits biens, il semble que suivant nos principes, le mari ne lui en a pu donner davantage : c'est aussi le sentiment de Ricard. Néanmoins quelques Arrêts ont jugé que la femme devoit jouir en ce cas du total. Il faut supposer que dans l'espece de ces Arrêts, la femme, comme il se pratique ordinairement, avoit, par une clause de son contrat, le droit de reprendre, en renonçant à la communauté, ce qu'elle y avoit mis. Ces Arrêts ont jugé que le total de ce qui restoit des biens de la communauté après que la femme en a retiré son apport, ne se trouvant pas plus considérable qu'auroit été la moitié de la femme dans les biens de la communauté dont on n'auroit pas ôté son apport, l'égalité requise au don mutuel n'étoit pas blessée en lui accordant la jouissance du total.

124. Lorsque les conjoints se sont donné mutuellement la part égale qu'ils auroient chacun dans les biens de la communauté, le don mutuel est valable, quoique l'un d'eux ait beaucoup de dettes propres, qui, à défaut de ses biens propres insuffisans pour les acquitter, eussent pu entamer la part qu'il a donnée dans les biens de la communauté : c'est un événement incertain qui ne doit pas entrer en considération; *Ricard, n.* 193 *& suivans.*

125. Lorsque les parties, ou l'une d'elles, ont donné plus que la Loi ne leur permet de donner par don mutuel, le don mutuel est entiérement nul. En cela il est différent des legs, qui ne sont pas nuls lorsque le testateur a légué plus que la Loi ne lui permettoit de léguer, mais sont seulement réductibles. La raison de différence est que le legs subsistant par la seule volonté du testateur, il suffit, pour qu'il soit valable, que le testateur ait voulu léguer ce que la Loi lui permettoit de léguer. Or il n'est pas douteux que le testateur qui, contre la disposition de la Loi, a voulu léguer le total de ses propres, a voulu en léguer la portion que la Loi permet de léguer, puisqu'elle est comprise dans le total. Mais le don mutuel ne subsistant pas par la seule volonté du donateur, & l'une des deux donations ne pouvant valoir sans l'autre, il suffit que la donation que j'ai faite à mon conjoint ne puisse pas avoir toute son exécution, pour que celle qu'il m'a faite de son côté soit nulle, puisqu'il ne m'a donné qu'à cause du don que je lui faisois; & si elle est nulle, celle que je lui ai faite ne peut valoir en aucune partie, l'une ne pouvant pas subsister si l'autre n'est pas valable.

126. La Coutume ne permettant le don mutuel que sous certaines charges, elles sont de l'essence du don mutuel; elles y sont toujours sous-entendues, & même les parties ne peuvent, par une clause du don mutuel, s'en décharger.

127. Il n'est pas douteux qu'outre les charges imposées par la Coutume au donataire mutuel, on peut par le don mutuel en imposer d'autres, pourvu qu'elles le soient de part & d'autre; car si on ne peut étendre le don mutuel au-delà des bornes prescrites par la Coutume, on peut le restreindre dans des bornes plus étroites.

Il ne faut pas que ces charges dépendent de ce que voudra le donateur après le don mutuel, comme s'il étoit dit que le donataire sera tenu d'avancer tous les legs qu'aura faits le donateur; car l'imposition de pareilles charges laissant le pouvoir au donateur de diminuer tant qu'il voudra l'effet de sa donation, donne atteinte au caractere d'irrévocabilité qui est de l'essence du don mutuel comme de toutes les autres donations entre vifs, & le rend nul.

S'il étoit dit que les conjoints se font don mutuel sous la réserve d'une certaine somme déterminée, *putà* de 6,000 liv. dont ils pourront tester, la clause est valable, & le don mutuel est de leur part en la communauté sous la déduction de cette somme, laquelle n'entrera pas dans la donation, quand même le donateur n'en auroit pas testé.

128. Il est aussi de l'essence du don mutuel qu'il dépende de la condition qu'il ne se trouvera aucun enfant, ni de lui, ni de l'autre des conjoints, lors du décès du premier mourant. *Voyez l'art. 281, & la note premiere.*

On ne peut pas dire qu'il ne se soit trouvé aucun enfant, lorsque le mari prédécédé a laissé sa femme grosse d'un posthume qui depuis est né vivant & à terme; ou lorsque par l'opération césarienne, on a tiré un enfant vivant du sein de la femme prédécédée; *L. 141 & 153, ff. de V. S.* & par conséquent en l'un & l'autre cas, le don mutuel n'est pas valable.

Il est évident que les enfans qui se trouveront, lors du décès du premier mourant, être morts civilement, ne sont comptés pour rien, & ne peuvent faire obstacle au don mutuel.

Je penserois même qu'un enfant justement exhérédé ne devroit pas faire obstacle: car la Coutume, en faisant dépendre le don mutuel de la condition *s'il ne se trouve aucun enfant*, n'ayant eu d'autre vue que de conserver entiérement aux enfans la succession de leurs pere & mere, il y a lieu de penser qu'elle n'a entendu comprendre dans cette condition que les enfans capables de recueillir leur succession, tel que n'est pas un exhérédé, qui en est rendu incapable par l'exhérédation. *C'est l'avis de Lemaître sur Paris; Ferriere est d'avis contraire.*

Au reste il suffit, pour faire manquer la condition dont la Coutume fait dépendre le don mutuel, qu'il se soit trouvé un enfant capable de succéder, quoiqu'il ait par la suite renoncé à la succession.

Les conjoints ne pourroient pas convenir par le contrat de don mutuel, qu'il auroit lieu au cas que les enfans qui se trouveroient lors du décès du premier mourant, mourussent sans postérité du vivant du survivant; *Ricard, n. 113*: car ils ne peuvent pas excéder les bornes prescrites par la Coutume, qui ne leur permet le don mutuel que sous la condition qu'il ne se trouvera aucun enfant. On ne peut pas même dire que cette clause ne fasse aucun préjudice aux enfans en faveur desquels la Coutume a prescrit cette condition: car elle les priveroit de la faculté de disposer librement de leur part dans les biens de la communauté.

§. II.

De la forme du Don mutuel.

129. Le don mutuel, comme toutes les autres donations entre vifs, doit être fait par un acte devant Notaires, dont il reste minute. Il est sujet à l'insinuation; mais les héritiers du mari n'en peuvent opposer le défaut à la femme; *suprà, n. 61.*

L'art. 284 de Paris semble requérir l'insinuation pour la perfection du don mutuel, même vis-à-vis du donateur : mais cette disposition ne s'étend pas aux autres Coutumes ; *Ricard, du Don mutuel, ch. 4, n. 79.*

Il n'est pas sujet ni à la tradition ou dessaisine, dont il n'est pas même susceptible, étant des biens que le donateur aura lors de son décès ; ni à la formalité de l'acceptation ; *Ord. art. 46.*

130. *Ricard* pense qu'il n'est pas nécessaire que la femme, pour le don mutuel, soit autorisée ; parce que l'autorisation n'étant requise que pour l'intérêt du mari, (*Introd. au t. 10, n. 144,*) le défaut ne doit être rétorqué contre lui dans un acte qui lui est avantageux, & où il semble même qu'il ne puisse autoriser sa femme, *cùm nemo possit esse author in rem suam. L. 1, ff. de auth. tut.* Ces raisons me paroissent fort bonnes. *Auzanet sur Paris*, croit cette autorisation nécessaire, & cite des Arrêts ; & dans l'usage on observe dans ces actes d'exprimer que la femme est autorisée ; ce qui est plus sûr.

§. III.

Des qualités requises dans les conjoints qui se font Don mutuel.

131. Le don que la Coutume permet aux conjoints de se faire, étant un don *entre vifs* qui doit être mutuel, il ne peut être valable ni de part ni d'autre, si l'une des parties, lors du don, n'avoit pas les qualités nécessaires pour faire un don entre vifs ; comme si le mari étoit interdit, si l'une des parties étoit en démence, si l'une d'elles étoit malade de la maladie dont elle est morte ; *art. 297.*

132. Quoique les mineurs régulièrement ne puissent disposer de leurs immeubles, néanmoins la Jurisprudence a établi qu'ils peuvent se faire le don mutuel permis par les Coutumes, ce don étant favorable & censé avantageux aux conjoints qui le font ; *Arrêts des 24 Avril 1563, 11 Février 1620, 26 Mai 1625, cités par Lemaître sur Paris.*

133. Il est évident qu'il faut que les conjoints soient communs en biens pour pouvoir se faire don mutuel, puisqu'il ne peut se faire que des biens de la communauté.

134. Notre Coutume n'ayant pas, comme quelques autres, requis une égalité d'âge, je pense que la disproportion d'âge, quelque grande qu'elle soit, non plus que celle de santé, n'empêche pas les conjoints de pouvoir se faire don mutuel. Il y a un Arrêt dans *Soefve* qui a confirmé un don mutuel, quoique la femme fût paralytique.

§. IV.

Des charges dont est composé le Don mutuel.

135. Le don mutuel est de la part du donateur dans les biens dont la communauté se trouve composée lors de son décès.

136. Quoique les héritiers de la femme, par une clause du contrat de mariage qui le leur permet expressément, eussent, en renonçant à la commu-

nauté, le droit de reprendre la somme qu'elle y a apportée, le mari donataire mutuel ne laissera pas d'en avoir la jouissance : c'est ce qui a été jugé contre l'avis de Ricard, par Arrêt de 1696, rapporté par Lemaître. La raison est que cette clause, bien loin d'empêcher que cette somme ne fasse partie de la communauté, suppose au contraire qu'elle y est entrée en l'exceptant des biens de communauté, que la femme ou ses héritiers sont obligés abandonner en renonçant ; & par conséquent elle fait partie du don mutuel qu'elle a fait à son mari.

Le mari jouira-t-il du total ? La raison de douter, est que le don mutuel fait par la femme étant de sa part en la communauté, il semble qu'il ne peut comprendre que la part qu'elle avoit comme commune dans les effets dont elle a stipulé la reprise, & non celle qu'y avoit le mari. La raison de décider que le mari doit jouir du total, est que les héritiers de la femme en abandonnant au mari, par leur renonciation à la communauté, le surplus des biens de la communauté, & se tenant à la reprise de ce qui y a été apporté par la femme, cet apport devient pour le total la part de la femme en la communauté ; & est par conséquent compris pour le total dans le don mutuel que la femme a fait à son mari de sa part en la communauté.

137. *Lorsque l'un des conjoints, putà le mari, a tiré une somme de la communauté pour ses affaires particulieres, putà, pour acquitter une dette propre de laquelle il doit récompense à la communauté*, c'est une question si la femme sa donataire mutuelle doit jouir de cette récompense, dont son mari fait confusion sur lui pour la moitié qui lui appartient dans la communauté, à laquelle cette récompense est due ? J'inclinerois pour l'affirmative ; autrement il y auroit de l'inégalité dans le don mutuel : car il n'est pas douteux que si le mari eût survécu, il eût joui, comme donataire mutuel de sa femme, de la part qui appartient à sa femme dans la récompense qu'il doit à la communauté. Si la femme survivante n'avoit pas droit pareillement de jouir de celle qui appartient au mari, il se trouveroit que le mari auroit moins donné qu'elle ne lui a donné. Cette raison me paroît devoir prévaloir à celle qu'on allegue pour la négative, qui consiste à dire que le don mutuel du mari ne peut comprendre la part qui lui appartient dans la récompense, puisque cette part n'existe pas, au moyen de la confusion & de l'extinction qu'opere le concours en sa personne, des qualités de créancier & de débiteur de cette récompense. Cette raison n'est qu'une subtilité. Au fond, l'émolument que le mari a retiré de la libération de sa dette propre, est quelque chose de réel qui fait partie de son droit de communauté, & qui doit par conséquent faire partie du don mutuel qu'il en a fait à sa femme. C'est le cas de la maxime, *Æquitas scrupulositati nimiæque subtilitati præponderare debet.* C'est l'avis de Ricard, *n.* 199, & de Lemaître.

138. La Loi qui permet le don mutuel est un statut réel : c'est pourquoi lorsque des Orléanois se sont fait don mutuel, il ne peut s'étendre qu'aux biens régis par cette Coutume, ou par des Coutumes qui le permettent, & non aux conquêts situés sous des Coutumes qui ne le permettent pas ; *Arrêt du 31 Janvier 1663, au T. 2 du Journal.*

§. V.

Du Droit que le Don mutuel donne au Donataire dans les choses qui y sont comprises.

139. Le droit du donataire, par rapport aux héritages & autres immeubles compris au don mutuel, est un droit d'usufruit proprement dit, qui consiste dans le droit de percevoir tous les fruits qui seront à percevoir ou qui naîtront pendant tout le temps qu'il doit durer. Tout ce que nous avons dit en notre Introduction au Titre 12, ch. 4, touchant l'usufruit de la douairiere, peut recevoir ici application. A l'égard des dettes actives mobiliaires, de l'argent comptant, & autres choses fongibles & de nature à se consumer par l'usage qu'on en fait, & qui en conséquence ne sont pas susceptibles d'un usufruit proprement dit, il n'est pas douteux que le droit que donne le don mutuel par rapport à ces choses, est le droit qu'on appelle de *quasi-usufruit*, qui consiste dans le droit qu'a le donataire d'en disposer à son gré, à la charge d'en rendre après sa mort la valeur.

Il y a plus de difficulté à l'égard des autres meubles corporels qui ne se consument pas entiérement par l'usage, quoiqu'ils s'usent & se déprécient, ces choses pouvant absolument être susceptibles du droit d'usufruit proprement dit; *L. 3, §. 1, ff. de usufr.* Quelques Auteurs cités par Lemaître sur Paris, ont pensé que le donataire mutuel pouvoit avoir un droit d'usufruit proprement dit, par rapport à ces choses, & qu'il étoit recevable à les rendre en nature en l'état qu'elles se trouvent après l'expiration du don mutuel: mais cette opinion n'est pas suivie, & il est constant dans l'usage que le donataire mutuel n'a, par rapport à ces meubles, qu'un droit de *quasi-usufruit*, qui consiste dans le droit d'en disposer, à la charge d'en rendre le prix lors de l'expiration du don mutuel, ou suivant que lesdites choses auront été vendues, déduction faite des frais de vente, lorsqu'il en a fait faire une vente publique; ou suivant la prisée, lorsqu'il n'a pas fait faire de vente.

140. Observez que les héritiers ne peuvent obliger le donataire mutuel à faire vendre les meubles de la communauté, ni à ajouter la crue du parisis de l'inventaire, lorsqu'il n'a pas vendu. La Coutume de Paris, *art. 288*, leur permet seulement de demander une nouvelle prisée par Experts, dont ils conviendront avec le donataire mutuel, lorsqu'ils croient que celle de l'inventaire n'est pas juste. Quoique notre Coutume n'ait pas une pareille disposition, je pense qu'on peut aussi ici accorder aux héritiers de faire une nouvelle prisée, lorsqu'ils font cette demande peu de temps après la confection de l'inventaire. Je pense qu'elle doit se faire à leurs dépens; ce qui doit surtout avoir lieu, s'il paroissoit par la nouvelle prisée que celle portée par l'inventaire étoit juste.

§. VI.

Quand le Don mutuel eſt-il ouvert ; & quand le Donataire mutuel en eſt-il ſaiſi.

141. Le don mutuel ſe faiſant *au ſurvivant*, *art.* 281, il eſt ouvert par la mort naturelle du prédécédé. La mort civile de l'un des conjoints n'y peut donner ouverture ; *Ricard*, *n.* 116.

142. Le donataire mutuel n'eſt ſaiſi du droit d'uſufruit qui lui eſt donné, que du jour qu'il a préſenté aux héritiers du prédécédé une caution pour jouir des choſes compriſes au don mutuel. *Voyez l'art.* 282 *& les notes.*

Comme ce n'eſt que de ce jour qu'il commence à avoir droit de jouir de la part du prédécédé dans les biens de la communauté ; ſi dans le temps intermédiaire entre la mort du prédécédé & le jour auquel il a donné cette caution, il a perçu quelques fruits des biens de la communauté, il ne peut les prétendre en vertu de ſon don mutuel, & les héritiers du prédécédé peuvent lui en demander leur part.

§. VII.

Des charges du Don mutuel.

143. Le donataire mutuel eſt obligé d'avancer la part des dettes de la communauté dont le prédécédé eſt tenu, *art.* 281. La raiſon eſt que les biens de la communauté n'étant proprement que ce qui reſte après les dettes prélevées, *Bona intelliguntur quæ deducto ære alieno ſuperſunt*, *L.* 39, §. 1, *ff. de verb. ſig.* le donataire n'eſt proprement donataire & n'a droit de jouir que de ce qui reſte après ledit prélévement.

Par la même raiſon, il doit avancer la part des frais d'inventaire & liquidation des biens de la communauté dont la ſucceſſion du prédécédé eſt tenue : car ces frais ſont des charges des biens de la communauté, qui, de même que les dettes, la diminuent de plein droit.

144. Les frais funéraires du prédécédé ne ſont pas une charge de la communauté : mais comme, ſuivant les anciens principes du Droit François, ils étoient une charge du mobilier du défunt, & que le mobilier du prédécédé ſe trouve compris dans ſa part des biens de la communauté dans laquelle tombe le mobilier de chacun deſdits conjoints, notre Coutume a auſſi chargé le donataire mutuel d'avancer en entier les frais funéraires du prédécédé.

Quoique les frais funéraires ne ſoient plus regardés aujourd'hui comme une charge particuliere du mobilier de la ſucceſſion du défunt, mais comme une charge univerſelle de tous les différens biens dont elle eſt compoſée ; & même, quoique, depuis l'invention des clauſes de réaliſation, le prédécédé ait ſouvent d'autre mobilier que celui de la communauté, néanmoins le donataire mutuel a toujours continué d'être chargé de l'avance du total des frais funéraires du prédécédé. L'art. 281 l'y aſſujettit expreſſément.

L'habit de deuil qui eſt dû à la veuve, faiſant partie de ces frais funéraires, la veuve donataire mutuelle doit ſe l'avancer ; ſauf, après l'expiration du don mutuel, à retenir ſur la part des biens du prédécédé la ſomme à laquelle il aura été fixé.

145. Lorsque le prédécédé a laissé différens héritiers, les uns aux meubles & acquêts, les autres aux propres, le donataire mutuel n'en est pas moins tenu d'avancer pour le total la part des dettes de la communauté dont le prédécédé étoit tenu, & les frais funéraires. Mais comme c'est pour l'héritier aux meubles & acquêts qu'il fait cette avance, & qu'il doit, à l'expiration du don mutuel, la retenir sur la part de cet héritier dans les biens de la communauté, cet héritier est censé avoir payé ; & en conséquence ledit héritier pourra répéter de l'héritier aux propres la part que ledit héritier aux propres doit porter dans lesdites dettes & frais funéraires, suivant l'art. 360, de même que si ledit héritier aux meubles & acquêts les eût payés lui-même.

146. Le donataire mutuel percevant irrévocablement les revenus des biens de la communauté pendant tout le temps que dure son usufruit, il doit acquitter sans aucune répétition tout ce qui courra d'arrérages des rentes dues par la communauté pendant tout ledit temps ; car ces arrérages sont des charges desdits revenus, qu'elles diminuent de plein droit.

Il en est de même des intérêts des autres dettes de la communauté qui courront pendant ledit temps.

A l'égard des arrérages courus jusqu'au jour que l'usufruit du donataire mutuel a commencé, il est seulement tenu de les avancer, de même que les autres dettes de la communauté, pour la part dont la succession du prédécédé est tenue.

147. Le donataire mutuel doit aussi, de même que tout autre usufruitier, acquitter sans aucune répétition toutes les charges réelles, tant ordinaires qu'extraordinaires, des héritages compris au don mutuel, nées pendant le temps que dure son usufruit : celles nées auparavant sont dettes de la communauté.

Il est pareillement tenu de toutes les réparations d'entretien qui surviennent pendant le cours de son usufruit.

A l'égard de celles qui étoient à faire lors de la mort du prédécédé, on ne peut dire qu'elles soient charges de son usufruit, puisqu'elles ne sont pas nées pendant le temps de son usufruit : elles sont plutôt charges de la communauté ; c'est pourquoi il est seulement tenu d'en avancer le coût pour la part dont le prédécédé en est tenu.

Enfin le donataire mutuel est tenu, comme tous les usufruitiers, de veiller à la conservation des choses dont il a l'usufruit ; & en conséquence de faire reconnoître les rentes, de s'opposer aux décrets, d'arrêter le cours des prescriptions, d'empêcher les usurpations, &c.

Sur toutes ces choses, *Voyez ce qui a été déja dit au tit. 12, ch. 5.*

148. Il nous reste à observer que lorsque le don mutuel n'est pas de la part entiere de chacun des conjoints, mais d'une certaine portion, *putà* de la moitié ou du tiers de cette part ; ou lorsqu'il est seulement des meubles & non des conquêts, *aut vice versâ*; le donataire mutuel des meubles n'est tenu des charges universelles du don mutuel, telles que l'avance des dettes, frais funéraires, &c. qu'à proportion de ce qui est compris dans le don mutuel; *Molin. sur l'art. 158 de Paris.*

TITRE XV.

Des Donations faites entre vifs, & en Mariage.

ARTICLE CCLXXII.

A. C. *art.* 216.

SI pere ou mere, *ayeul ou ayeule, ou autres ascendans*, font à leurs enfans, en faveur de mariage, ou émancipation (1), donations de biens meubles ou immeubles, telles donations sont bonnes & valables, pourvû qu'elles ne soient immenses, & que la légitime portion dûë à chacun des autres enfans, selon que cy-après sera déclaré, soit réservée (2) & gardée.

(1) Il auroit fallu dire *ou autrement*. L'usage d'émanciper les enfans auxquels on veut donner ne s'observe plus ici. Cela est nécessaire par le Droit Romain, parce que la propriété de tout ce qu'acquiert un fils *ex re patris*, lorsqu'il est sous sa puissance, appartient au pere : mais la puissance paternelle, telle qu'elle a lieu dans notre Droit coutumier, n'ayant pas cet effet, il est inutile de les émanciper & mettre hors sa puissance pour leur donner.

(2) Lorsqu'elles donnent atteinte à la légitime, elles ne sont pas entiérement nulles, mais seulement jusqu'à concurrence de ce qu'elles y donnent atteinte. *Voyez l'art.* 274, & *l'Introd. S.* 5.

ARTICLE CCLXXIII.

A. C. *art.* 216. C. de Par. *art.* 27.

Sont telles donations censées & réputées en avancement d'hoirie & succession (1) : *pour raison desquelles donations ne sont deus aucuns profits de fief ou censuel* (2), *ou autres droits seigneuriaux, par fils ou filles, & autres descendans en droicte ligne, mariez* (3) *ou à marier, ausquels lesdites choses sont données.* Et lesquels enfans & autres descendans pourront revenir & retourner ausdites suc-

(1) Ces mots & *succession* sont ajoutés, comme l'explication de celui d'*hoirie*, qui vient d'*hereditas*, & ne signifient autre chose que *succession à titre d'héritier*. Les donations que nous faisons à nos enfans sont réputées en avancement de succession ; parce que leur devant notre succession par les loix de la nature, lorsque nous leur donnons quelque chose de notre vivant, nous ne semblons pas tant leur donner, que nous acquitter envers eux d'avance de cette dette naturelle, & les admettre d'avance à la succession de nos biens que nous leur devons.

(2) Pas même ceux des relevoisons à plaisir, quoiqu'ils soient dûs à toutes mutations, même de succession en ligne directe; *art.* 126. La raison est que ces donations étant réputées en avancement de succession, ce ne sont que comme des provisions que le pere ou autre ascendant accorde à ses enfans, en attendant l'échéance de sa succession, au partage de laquelle elles doivent se rapporter.

(3) *Art.* 36 & 127.

cessions

cessions de leur pere ou mere, *ayeul ou ayeule*, en rapportant (4) ce qui leur a été donné, *ou moins prenant*. Et se pourront iceux donataires tenir à la donation qui leur aura été faite, en renonçant ausdites successions; pource que (5) pere, mere, *ayeul ou ayeule, & autres descendans* ne peuvent avancer l'un de leurs enfans plus que l'autre venans (6) à leurs successions.

(4) *Voyez l'article* 306. *& suivans, & l'Introd. au Titre* 17, *Sect.* 6, *art.* 3.
(5) La raison pour laquelle l'enfant, pour pouvoir retenir ce qui lui a été donné & se dispenser du rapport, doit renoncer à la succession, est *pource que, &c.*
(6) La regle n'a lieu qu'entre les enfans qui viennent à la succession en se portant héritiers; ceux qui renoncent ne sont pas obligés à ce rapport.

ARTICLE CCLXXIV.

La légitime (1) est la moitié de telle part & portion, que chacun enfant eust eu en la succession desdits pere ou mere, ayeul ou ayeule, ou autres ascendans, soit en meuble ou immeuble : si lesdits pere, mere, ou autres ascendans n'eussent disposé par donations entre vifs, ou de derniere volonté, sur le tout déduict les (2) dettes & frais funéraux. C. de Par. art. 298.

(1) *Voyez l'Introd. S.* 5.
(2) *Voyez* un cas où l'on n'en fait pas déduction, *Introd. N.* 76, *in fine.*

ARTICLE CCLXXV.

Il est permis à toutes (1) personnes, soit homme ou femme estant en bon sens & entendement, donner & disposer de ses propres (2) héritages à qui bon lui semble (3), par don fait entre vifs, sans le pouvoir révoquer; *pourveu que ledit donateur soit aagé de vingt-cinq ans.* A. C. art. 217. C. de Par. art. 272.

(1) *Voyez l'Introd. Sect.* 1.
(2) Même *de ses propres;* à plus forte raison de ses autres biens.
(3) *Voyez l'Introd. Sect.* 1, *art.* 2.

ARTICLE CCLXXVI.

Laquelle donation est valable, pourveu qu'elle soit acceptée (1) du vivant des donateurs, & insinuée (2), & que dès le temps du don les donateurs se dessaisissent de la propriété & seigneurie des choses données, ou (3) qu'ils retiennent l'usufruit leur vie du- A. C. art. 217.

(1) *Voyez*, sur la formalité de l'acceptation, *l'Introd. Sect.* 3, *art.* 1.
(2) *Voyez l'Introd. Sect.* 3, *art.* 2.
(3) Cet article est mal conçu; il devoit l'être ainsi: *Pourvu que les donateurs se dessaisissent de la propriété des choses données, soit par la tradition réelle, soit en retenant l'usufruit, soit même par la seule clause de dessaisine saisine*, &c. *Voyez* sur la clause de rétention d'usufruit, *l'Introd. N.* 21.

rant : Par laquelle retention d'usufruit les donataires sont & demeurent saisis des héritages ainsi donnez, en sont tenus & reputez possesseurs par la saisine & dessaisine (4) faite en présence de Notaires, ou Notaire de Cour laye, & tesmoins, au préjudice desdits donateurs, & leurs héritiers.

(4) On ne peut rien de plus mal conçu. La rétention d'usufruit est suffisante par elle-même pour faire réputer le donataire saisi de la chose donnée; & en ce cas la clause de saisine & dessaisine n'est pas nécessaire: mais lors même qu'il n'y a pas rétention d'usufruit, ou quelque autre semblable clause, notre Coutume, *infrà*, *art.* 278, a voulu que cette simple clause de dessaisine saisine équipollât à tradition, & fît réputer le donataire saisi. *Voyez ledit art.*

ARTICLE CCLXXVII.

A. C. *art.* 217. Si ladite donation est immense & excessive, les enfans *& autres descendans* (1) *en droicte ligne desdits donateurs* la peuvent quereller, *& faire réduire à la légitime telle que dessus* : Et les héritiers *collatéraux*, *en cas qu'il n'y ait enfans ou autres descendans en droicte ligne desdits donateurs*, la peuvent aussi quereller, selon la disposition de Droit (2).

(1) Le Droit Coutumier n'accorde de légitime qu'aux descendans; il n'a pas adopté la disposition du Droit Romain, qui l'accorde aux ascendans.

(2) Suivant la Loi 27, *Cod. de inoff. test.* les freres & sœurs germains ou consanguins peuvent attaquer les donations faites à leur préjudice à des personnes infâmes; *quæ infamiæ, vel turpitudinis, vel levis notæ maculâ aspergantur;* & en ce cas ils ne la font pas seulement réduire, mais annuller en entier. Cette action qui est accordée aux freres & sœurs à cause de l'injure que leur fait le donateur, en leur préférant dans la succession de ces biens de telles personnes, doit à plus forte raison être accordée aux ascendans.

ARTICLE CCLXXVIII.

A. C. *art.* 218. Dessaisine & saisine (1) faites présent Notaire de Cour laye, de la chose aliénée, valent & équipolent à tradition de fait & possession prinse de la chose, sans qu'il soit requis autre appréhension.

(1) Notre Coutume, par cet article, établit une espece de tradition feinte qui tient lieu de tradition réelle, & transfere la propriété de la chose; on peut la comparer à cette cérémonie qu'on appelloit chez les Romains *cessio in jure*. Elle consiste dans la clause par laquelle un vendeur ou donateur déclare par un acte pardevant Notaires, qu'il se dessaisit de la chose donnée, & qu'il en saisit l'acquéreur; ce qui s'exprime par ces termes, *dessaisine saisine*. Il faut, pour que la clause ait cet effet, que le vendeur ou donateur soit, lors de l'acte, en possession de la chose; car la fiction étant une image de la vérité, on ne peut pas feindre que quelqu'un se dessaisisse de ce qu'il ne possede pas: il faut aussi qu'il ne demeure plus en possession depuis.

ARTICLE CCLXXIX.

A. C. *art.* 219. Un vendeur ou donateur, par les don ou vente qu'il fait de son héritage, peut retenir l'usufruit de la chose donnée ou venduë : laquelle retention d'usufruit finie, icelui usufruit demeure uni & consolidé avec la propriété au profit des donataires & achepteurs, qui s'en peuvent dire & porter Seigneurs, possesseurs & saisis, sans (1) qu'il en soit requis autre appréhension de fait: ne que pendant la vie du donateur ou vendeur, le donataire ou achepteur ait payé en leurs noms (2) les droicts seigneuriaux des héritages donnez ou vendus.

(1) On acquiert ordinairement la possession d'une chose par l'appréhension qu'on en fait, c'est-à-dire, en prenant possession réelle : mais cette appréhension n'est pas en ce cas nécessaire à l'acquéreur pour posséder la chose, puisque dès le temps du contrat la rétention d'usufruit que le vendeur ou donateur en a faite, lui a fait acquérir la possession; *art.* 276.

(2) Lorsqu'un vendeur ou donateur s'est retenu l'usufruit d'un héritage, l'acheteur ou donataire n'est pas tenu entrer en foi, ni payer les cens en son nom tant que l'usufruit dure, *art.* 285 : mais quoiqu'il n'entre pas en foi, & ne paie pas le cens en son nom, il n'en a pas moins la possession de l'héritage, qu'il a acquise par la clause de rétention de l'usufruit.

ARTICLE CCXXXX.

Homme & femme conjoincts par mariage, ne peuvent par disposition faite entre vifs, ne testamentaire, durant leur mariage, donner aucune chose l'un à l'autre, *directement ou indirectement* (1), & ne se confirme par (2) mort. A. C. *art.* 220. C. de Par. *art.* 282.

(1) Un conjoint donne indirectement à l'autre toutes les fois qu'il l'enrichit à ses dépens; comme lorsqu'un mari, des deniers de la communauté, améliore les héritages de sa femme, acquitte ses dettes propres : c'est ce qui donne lieu aux récompenses que la femme en ce cas est obligée de faire à la communauté (*Introd. au Tit.* 10, *ch.* 6), pour empêcher l'avantage indirect prohibé par cet article. C'est aussi donner indirectement, lorsque l'un des conjoints donne à une personne interposée quelque chose pour qu'elle le rende à l'autre conjoint; comme aussi lorsqu'il donne au pere, à la mere, & autres ascendans de l'autre conjoint, qui doit le retrouver dans leur succession. Enfin, par Arrêt de la Grand'-Chambre du 15 Février 1729, rendu en forme de Réglement, il a été jugé que les donations faites par l'un des conjoints aux enfans que l'autre conjoint a d'un autre mariage, étoient nulles, comme devant être réputées faites indirectement au conjoint, la tendresse paternelle nous faisant réputer donné à nous-mêmes ce qui est donné à nos enfans. Cet Arrêt doit être suivi en notre Coutume & dans les autres, hors en celle de Paris, qui, en l'*art.* 283, paroît permettre ces donations.

(2) Suivant la constitution du Septime Sévere, en la Loi 32, ff. *de donat. inter vir. & ux.* les donations faites entre conjoints se confirmoient par la mort du donateur qui ne les avoit pas révoquées lorsque le donataire lui survivoit, & valoient comme donations pour cause de mort : mais notre Coutume ayant défendu entre conjoints les donations pour cause de mort & testamentaires, aussi-bien que celles entre vifs, il étoit superflu d'avertir que les donations entre conjoints ne se confirment pas par mort.

ARTICLE CCLXXXI.

Toutefois (1) homme & femme conjoincts par mariage, non A. C. *art.* 221.

(1) C'est au temps du décès du premier mourant, qui donne ouverture au don mutuel, & non au temps du contrat, qu'on doit considérer si les conjoints ont des enfans : la

C. de Par. art. 280. ayans enfans de quelque mariage que ce ſoit, peuvent faire don mutuel entre eux de tous leurs biens meubles (2), & conqueſts immeubles faits (3) durant leur mariage (4), pour en joüir, par le ſurvivant, ſa vie durant ſeulement, en faiſant inventaire & priſée (5) des biens meubles & conqueſts (6) immeubles, après le treſpas de l'un deſdits conjoints, & baillant par ledit ſurvivant *bonne & ſuffiſante* caution, de rendre après ſon treſpas, aux héritiers du décédé, l'eſtimation (7) de la moitié deſdits biens *meubles, ou de telle autre part & portion qui reſtera de ladite moitié*: Sur laquelle ledit ſurvivant ſera tenu avancer les obſeques & funerailles (8) du premier décédé, enſemble la portion des dettes communes (9) *par lui* (10) *deuës*.

Coutume de Paris qui dit, *Pourvu qu'il n'y ait enfans, ſoit des deux conjoints ou de l'un d'eux, lors du décès du premier mourant*, doit ſervir d'explication à la nôtre.

(2) Qui ſont de la communauté : les repriſes de propres, quoique biens meubles, n'entrent pas dans le don mutuel.

(3) Quoique les propres ameublis ne ſoient pas dans la vérité *conquêts faits durant le mariage*, ils ne laiſſent pas d'être compris dans le don mutuel ; il ſuffit que par la fiction de l'ameubliſſement ils ſoient réputés pour tels.

(4) La Coutume de Paris ajoute : *Qui ſont trouvés être communs entre eux à l'heure du trépas du premier mourant.* Le ſurvivant peut donc à ſon gré diſpoſer par actes entre vifs des effets de la communauté nonobſtant le don mutuel, puiſqu'il ne comprend que ceux qui ſe trrouvent *à l'heure du trépas du premier mourant.*

(5) *Voyez l'Introd. Sect.* 7, §. 5.

(6) Il n'eſt pas néceſſaire pour le don mutuel d'eſtimer les conquêts : mais s'il y a des réparations à y faire lors de l'ouverture du don mutuel, le donataire mutuel a intérêt de les faire conſtater, afin qu'en ayant avancé le coût, il puiſſe en avoir la répétition contre les héritiers du prédécédé, pour leur part, après l'expiration de ſon uſufruit ; autrement il ſeroit préſumé avoir trouvé les héritages en bon état.

(7) C'eſt-à-dire, *de ce qui reſtera de ladite moitié* ; parce qu'il y a ſur ladite moitié des déductions à faire, comme on va l'expliquer.

(8) Ces frais funéraires ſe prennent pour le total ſur la portion du premier décédé, dont le ſurvivant jouit en uſufruit ; car ils ſont une charge de ſa ſucceſſion ſeule, & non de la communauté.

(9) Tant de celles dont la communauté eſt tenue envers des tiers, que de celles dont elle eſt tenue envers chacun des conjoints : c'eſt pourquoi les repriſes que chacun des conjoints a à exercer ſur la communauté, auſſi-bien que le préciput, doivent être avancées par le donataire mutuel pour la part dont les héritiers du prédécédé en ſont tenus.

Il n'en eſt pas de même du douaire : ce n'eſt pas une dette de la communauté, mais de la ſucceſſion du mari. C'eſt pourquoi la donataire mutuelle n'eſt tenue d'en faire aucune confuſion, ni pour le principal, ni pour les intérêts ; & les héritiers du prédécédé ſont tenus de le lui payer, quand même il n'y auroit pas d'autres biens dans la ſucceſſion du prédécédé que ceux dont elle jouit en uſufruit comme donataire mutuelle.

Ces termes, *dettes* communes, comprennent auſſi toutes les charges de la communauté ; telles que les frais d'inventaire des effets de la communauté, de liquidation, &c. les réparations d'héritages dont la communauté étoit tenue, &c.

(10) Prédécédé.

ARTICLE CCLXXXII.

A. C. art. 221. Auſſi eſt tenu celui qui veut joüir dudit don mutuel, bailler caution de faire faire les réparations *viageres* (1), sur les héritages *sujets audit don mutuel*, & payer les *cens & charges annuelles, les arrérages, tant de rentes foncieres, que autres rentes constituées pendant la communauté, écheus depuis* (2) *la jouissance dudit don mutuel, sans espérance de les recouvrer*. Et ce (3) faisant, demeure icelui survivant saisi (4) dudit don, & en peut intenter & soustenir le possessoire. C. de Par. art. 287.

(1) *Voyez art.* 222. Entendez ceci de celles survenues depuis l'ouverture du don mutuel. A l'égard de celles qui étoient à faire lors de l'ouverture du don mutuel, il n'est tenu que d'en avancer le coût pour la part dont les héritiers en sont tenus.

(2) A l'égard de ceux échus auparavant, il est seulement tenu d'avancer la part qu'en doivent les héritiers : cette échéance se compte de jour à jour.

Sur les autres obligations dont le donataire mutuel est tenu comme tous les autres usufruitiers, *Voyez l'Introd. au Tit.* 12, *S.* 2, §. 5.

(3) C'est-à-dire, en donnant cette caution.

(4) Il n'est donc pas saisi plutôt; les fruits qu'il auroit perçus auparavant que de donner caution ne lui appartiennent pas : mais dès qu'il a présenté une caution, quand même elle seroit jugée non-recevable, il est réputé saisi du jour qu'il l'a présentée, & il est tenu seulement de donner des certificateurs.

ARTICLE CCLXXXIII.

Donner & retenir ne vaut (1): Et est donner & retenir, quand le donateur *s'est réservé la puissance de disposer librement de la chose par lui donnée, ou qu'il* demeure en possession (2) *jusqu'au jour de son déceds* (3). A. C. art. 222. C. de Par. art. 273, 274.

(1) C'est-à-dire qu'une donation entre vifs n'est valable si elle n'est irrévocable. Sur l'irrévocabilité, & l'exception que souffre la regle dans les contrats de mariage, *Voyez l'Introd. S.* 2.

(2) En son nom comme s'en portant toujours propriétaire : *secùs* s'il étoit resté en possession comme usufruitier ou comme fermier.

(3) Car il n'y a que les héritiers du donateur qui soient recevables à opposer ce défaut de dessaisissement, qui fait présumer en leur faveur que la donation entre vifs n'a pas été sérieuse; le donateur n'y est pas recevable. *Voyez l'Introd. N.* 25.

ARTICLE CCLXXXIV.

Ce n'est donner & retenir, quand on donne la propriété d'aucun héritage, retenu à soi l'usufruict *à vie ou à temps : ou quand il y a clause de constitution* (1) *ou précaire. Et vaut telle donation.* A. C. art. 222. C. de Par. art. 275.

(1) C'est-à-dire, une clause par laquelle le donateur déclare qu'il entend tenir dorénavant la chose donnée au nom & pour le donataire, ou bien qu'il entend ne la tenir que précairement dudit donataire. Ces clauses équipollent à tradition, & transferent la propriété de la chose donnée au donataire, qui dès-lors commence à la posséder par le donateur, qui ne la retient que pour & au nom dudit donataire. *Voyez l'Introd. N.* 21.

ARTICLE CCLXXXV.

Le donataire (1), quand il y a retention d'usufruict, n'est tenu A. C. art. 222.

(1) Il en est de même de l'acheteur, lorsque le vendeur s'est retenu l'usufruit.

entrer en foy (2), ne payer les cens (3), encore que par la donation il soit fait Seigneur & possesseur. *Mais l'usufruict fini, les profits féodaux & censuels sont acquis* (4) *au Seigneur féodal & censuel.*

(2) La clause de rétention d'usufruit est une tradition feinte qui transfere la propriété du fief en la personne du donataire; *suprà*, *art.* 276 : car l'usufruit étant essentiellement *jus in re aliena*, *Inst. tit. de usuf.* le donateur, en se retenant l'usufruit, déclare qu'il n'entend plus retenir & posséder dorénavant le fief en son nom & comme une chose qui lui appartienne, mais au nom du donataire, comme chose qui ne lui appartient plus, mais au donataire. Par cette clause il en prend en quelque façon possession au nom & pour le donataire; & cette prise de possession transfere la propriété du fief au donataire, & opere une véritable mutation de fief, qui donne ouverture à la foi & au rachat. Mais la Coutume, par indulgence, accorde par cet article au donataire une souffrance ou délai pour porter la foi & payer le rachat, jusqu'à ce qu'il entre en jouissance par l'extinction de l'usufruit que le donateur s'est retenu.

(3) Mais le donateur qui s'est retenu l'usufruit doit les payer pour & en acquit du donataire, qui est devenu le propriétaire & censitaire.

(4) C'est-à-dire qu'ils sont acquis parfaitement, & deviennent exigibles. Au reste, ils étoient déja nés & dûs dès le temps de la donation qui a opéré la mutation qui y a donné ouverture, quoiqu'ils n'étoient pas encore exigibles: c'est pourquoi je pense qu'ils sont dûs au fermier du temps de la donation, plutôt qu'à celui du temps auquel ils sont devenus exigibles par l'extinction de l'usufruit. C'est l'interprétation que l'Auteur des notes de 1711 donne à cet article, & c'est le vrai sens de l'article.

ARTICLE CCLXXXVI.

A. C. *art.* 223 & 224.

Hommes & femmes, tant nobles que non nobles, ayant plusieurs enfans, leur peuvent donner en mariage (1) héritages ou meubles. Et vaut telle donation, sans que lesdits enfans soient tenus eux porter héritiers (2) de leurs pere & mere, si bon ne leur semble. Et où ils voudroient revenir èsdites successions, rapporteront (3) ce qui leur aura esté donné, ou moins prendront; sauf les fruicts, *qui ne se rapportent que du jour de la provocation à partage* (4).

(1) Ou hors mariage : ces termes *en mariage* ne sont qu'*exempli gratiâ*.

(2) Cela a déja été dit, *art.* 273. Cet article n'en contient qu'une répétition inutile.

(3) Cela avoit aussi été dit en l'*art.* 273, & le sera encore en l'*art.* 306. *Voyez sur le rapport l'Introd. au Titre* 17, *Sect.* 6, *art.* 3.

(4) *Voyez l'art.* 309, où cela est rapporté.

TITRE XVI.

Des Testamens, & Donations testamentaires, & pour cause de mort.

INTRODUCTION AU TITRE.

ARTICLE PRÉLIMINAIRE.

NOUS traiterons en autant de Sections, 1°. de la nature des testamens, & des différentes donations testamentaires; 2°. de la forme des testamens, & des différens défauts qui peuvent se rencontrer dans les donations testamentaires; 3°. des personnes qui peuvent tester, de celles qui peuvent recueillir des dispositions testamentaires, & de celles qui peuvent en être grevées; 4°. de ce qui peut être l'objet des dispositions testamentaires, & jusqu'à quelle concurrence on peut disposer de ses biens par testament; 5°. de l'ouverture des donations testamentaires; 6°. des droits que leur ouverture donne aux légataires & fidéicommissaires, & des charges auxquelles ils s'engagent en acceptant le legs ou fidéicommis; 7°. des exécutions testamentaires; 8°. de l'extinction des legs, & de ceux qui en profitent; 9°. du concours des colégataires & du droit d'accroissement; 10°. de l'interprétation des dispositions testamentaires.

SECTION PREMIERE.

De la nature des Testamens; & des différentes Donations testamentaires.

1. Un testament est un acte revêtu des formes prescrites par la Loi, qui renferme les ordonnances de derniere volonté d'une personne sur la disposition qu'elle entend faire de ses biens après sa mort.

Les donations testamentaires que les testamens renferment sont appellées *Ordonnance de derniere volonté*; parce qu'au lieu que les donations entre vifs se forment par le concours des volontés du donateur & du donataire, & sont irrévocables, celles-ci sont l'ouvrage de la seule volonté du testateur; & cette volonté doit être sa derniere volonté, c'est-à-dire, en laquelle il ait persévéré jusqu'à la mort: d'où il suit qu'elles ne reçoivent leur perfection qu'à la mort du testateur, & sont toujours jusqu'à ce temps révocables.

2. On divise les donations testamentaires en directes, qu'on appelle *legs*; & en fidéicommissaires, qu'on appelle *substitutions*.

Les *legs* sont des donations testamentaires que le testateur fait à quelqu'un directement.

Les *substitutions* sont des donations testamentaires par lesquelles le testateur laisse à quelqu'un ses biens, ou des choses particulieres, par l'interposition d'une autre personne qu'il charge de les lui restituer dans un certain temps, ou lors d'une certaine condition.

3. On peut faire plusieurs degrés de substitution : mais selon l'Ordonnance d'Orléans, confirmée par celle de 1748, il ne peut y en avoir que deux, non compris le degré de l'héritier ou légataire qui recueille en premier les biens du testateur, qui puissent avoir effet.

Ces degrés se comptent par chaque personne qui recueille successivement les biens du testateur, & non par souches ou générations. C'est pourquoi si quelqu'un avoit laissé ses biens à son héritier, à la charge d'une substitution graduelle & perpétuelle envers sa famille, & que cet héritier eût laissé deux enfans qui fussent morts l'un après l'autre; le dernier décédé de ces enfans ne rempliroit à la vérité que le premier degré de la substitution par rapport à la portion qu'il auroit recueillie de son chef à la mort de son pere héritier du testateur, & il la posséderoit à la charge d'un second degré de substitution: mais par rapport à l'autre portion qu'il auroit recueillie à la mort de son frere premier décédé, il rempliroit le second degré, & la posséderoit sans aucune charge de substitution, ne pouvant pas y en avoir au-delà.

Observez que suivant les *art. 36, 37, 38 & 39* de l'Ordonnance de 1748, une personne n'est pas censée avoir rempli le degré de premier légataire ou de substitué, non-seulement lorsqu'elle est prédécédée avant l'ouverture du legs ou de la substitution; ou lorsqu'ayant survécu, elle y a renoncé même *aliquo dato*; mais aussi lorsque depuis l'ouverture elle est décédée avant que d'avoir accepté ledit legs ou substitution; soit expressément, par quelque acte ou demande judiciaire en délivrance; soit tacitement, en s'immisçant dans la possession des biens, & sans que les créanciers de cette personne aient de son vivant demandé à en jouir à sa place : mais quand une fois le légataire ou substitué a formé la demande en délivrance, quand même il s'en seroit depuis désisté, ou l'auroit laissé périmer, il est censé avoir rempli son degré.

4. Les donations testamentaires, soit directes, soit fidéicommissaires, se divisent encore en universelles & particulieres.

Les legs universels ou substitutions universelles sont les dispositions par lesquelles le testateur donne à quelqu'un l'universalité de ses biens, ou une quotité, comme la moitié, le tiers, le quart, le douzieme, le centieme, ou quelque autre partie aliquote que ce soit.

Comme on divise les biens en *biens meubles & biens immeubles*, biens *acquêts* & biens *propres*, *biens propres d'une telle ligne*, les dispositions que fait le testateur de l'universalité de quelqu'une de ces especes de biens, ou d'une quotité de quelqu'une desdites especes, sont aussi réputées dispositions universelles.

Tous les autres legs ou substitutions sont des legs particuliers ou substitutions de chose particuliere, quand même le legs seroit d'un certain héritage

qui

qui ſeroit le ſeul immeuble qui appartînt au teſtateur, le legs étant fait *tanquam certi corporis, & non per modum univerſitatis.*

5. Les legs & ſubſtitutions ſont les ſeules diſpoſitions que nous puiſſions faire de nos biens par teſtament dans notre Coutume : l'inſtitution d'héritier n'y a pas lieu; *art. 287.*

6. De là il ſuit que nos teſtamens ne ſont autre choſe que ce qu'étoient par le Droit Romain les codicilles d'un inteſtat, c'eſt-à-dire d'une perſonne qui n'avoit inſtitué aucun héritier : & comme on pouvoit laiſſer pluſieurs de ces codicilles, on peut parmi nous laiſſer pluſieurs teſtamens qui ſont tous valables en ce qu'ils ne contiennent rien de contraire, & pourvu qu'il n'y ait pas de clauſe dans les derniers qui abroge les précédens.

Lorſqu'il ſe trouve des diſpoſitions contraires, ſoit dans pluſieurs teſtamens, ſoit dans le même, il eſt évident que la derniere doit prévaloir.

SECTION II.

De la forme des Teſtamens ; & des différens défauts qui peuvent ſe rencontrer dans les diſpoſitions teſtamentaires.

ARTICLE PREMIER.

De la forme du Teſtament.

7. Notre Coutume, *art. 289*, admet deux eſpeces de teſtamens, l'olographe & le ſolemnel.

§. I.

De la forme du Teſtament olographe.

8. La forme de l'olographe conſiſte en ce qu'il doit être écrit en entier & ſigné de la main du teſtateur. L'Ordonnance, *art. 38*, y requiert auſſi la date du jour, du mois & de l'année. Il a été jugé qu'un teſtament daté du Vendredi-Saint de l'an 1756, étoit valable : car le jour & le mois auxquels tombe le Vendredi-Saint étant conſtans, cette expreſſion renferme la date du jour & du mois.

La date peut être écrite en chiffres, quoiqu'il ſoit mieux de l'écrire en lettres.

La ſignature doit être à la fin de l'acte dont elle eſt le complément : c'eſt pourquoi un *poſtſcriptum* après la ſignature eſt nul, s'il n'eſt auſſi ſigné.

Les interlignes ne ſont pas défendus, pourvu qu'ils ſoient de la main du teſtateur.

Les ratures des mots qui ne ſont pas eſſentiels ne ſont d'aucune conſidération. Si c'étoit le nom du légataire ou de la choſe léguée qui fut raturé, la rature ſeroit une preuve de la révocation du legs : mais le ſurplus du teſtament n'en devroit pas moins ſubſiſter. Cela eſt hors de doute, lorſque ce qui eſt raturé ſe peut lire. S'il y avoit ſur-tout à la fin du teſtament plusieurs lignes raturées, de maniere qu'on ne pût les lire absolument, & que le testament se fût trouvé, après la mort du testateur, en la possession d'un légataire, il pourroit en résulter une fin de non-recevoir contre lui, qui l'excluroit du legs à lui fait par le testament; parce qu'on pourroit soupçonner que les lignes raturées contenoient une révocation ou limitation desdits legs. Ce peut être l'espece d'un Arrêt cité par les Auteurs.

9. Une lettre missive, par laquelle une personne écriroit à quelqu'un qu'elle lui fait un tel legs, quoiqu'écrite en entier, signée & datée de la main du testateur, ne peut passer pour un testament olographe, cette forme de tester étant expressément rejettée par l'Ordonnance de 1735, *art. 3*.

10. Un testament olographe, pour pouvoir être exécuté, doit être déposé chez un Notaire, soit du vivant, soit après la mort du testateur. Il est utile qu'il le dépose de son vivant, & reconnoisse en le déposant, qu'il est entiérement écrit & signé de sa main, pour éviter après sa mort la procédure de la reconnoissance du testament, qui sans cela seroit nécessaire, si les héritiers ne vouloient pas reconnoître l'écriture.

Le testament olographe d'une personne qui s'est faite Religieuse, doit absolument être déposé avant sa profession; *Ord. art. 21*; ce qui a été ordonné pour empêcher que les Religieux ne puissent faire des testamens depuis leur profession, qu'ils antidateroient.

§. II.

De la forme du Testament solemnel.

11. Le testament solemnel doit être fait dans la forme prescrite par la Loi du lieu où il est fait, quoique le testateur n'ait pas son domicile en ce lieu, & ne s'y trouve qu'en passant. C'est pourquoi il n'est pas douteux que le testament qu'un Orléanois auroit fait à Lyon, dans la forme observée dans les Provinces régies par le Droit écrit, seroit valable: c'est ce qui a été jugé par plusieurs Arrêts cités par Ricard, *p. 1, ch. 5, s. 1*; *Voyez l'Introd. générale*, n. 25.

Il pourroit paroître y avoir plus de difficulté pour les testamens faits par un François en pays étranger suivant la forme prescrite par la Loi du pays, aucune Loi étrangere n'étant reconnue en France: néanmoins les Arrêts les ont jugés valables; Ricard, *d. loco*; parce que c'est une regle du Droit des gens de se conformer, pour la forme des actes, aux loix du lieu où on les passe.

12. L'Ordonnance, *art. 22 & 23*, en dérogeant aux Coutumes, a établi pour le testament solemnel une forme qui doit avoir lieu dans tout le pays coutumier.

Ce testament doit être reçu par deux Notaires, qui doivent être présens l'un & l'autre, ou par un Notaire assisté de deux témoins. Ces deux Notaires doivent être compétens; *Voyez l'Introduct. au tit. 20, n. 10.*

L'Ordonnance permet aussi aux Curés, même réguliers, & aux Desservans séculiers, de recevoir les testamens dans l'étendue de leur Paroisse, lorsque la

Coutume des lieux le leur permet: la nôtre est de ce nombre; *Voyez l'art. 289 & les notes.*

Ils doivent aussi se faire assister de deux témoins. Les Chapelains de notre Hôtel-Dieu ont pareillement le droit de recevoir les testamens des malades qui y décedent.

13. L'Ordonnance de Blois, *art.* 63, défend aux Curés de recevoir les testamens dans lesquels il leur seroit fait quelque legs, ou à leurs parens.

L'Ordonnance ne s'étant pas expliquée sur le degré de parenté, on peut tirer argument des Réglemens de la Cour, qui défendent aux Notaires de recevoir des actes pour leurs cousins germains & autres parens plus proches. Il y en a un du 11 Août 1607, rendu sur un appel du Bailli de Touraine. Néanmoins par Arrêt du 6 Juillet 1722, *au T. 7 du Journal*, un testament reçu par deux Notaires, dont l'un étoit par sa femme cousin germain du légataire universel, a été confirmé.

14. Les témoins étant requis pour la solemnité de l'acte, leur fonction est une fonction civile: d'où il suit que ceux qui sont incapables de ces fonctions, ne peuvent être témoins dans un testament, non plus que dans les autres actes.

Tels sont, 1°. ceux qui ont perdu l'état civil; *Voyez l'Introd. gén. ch.* 2, §. *1.* Un Religieux Curé ne peut donc pas l'être, même dans le testament de son paroissien, quoiqu'il eût pu le recevoir comme Curé: car la Loi, en lui permettant de remplir une Cure, lui permet de faire les fonctions civiles qui y sont attachées, mais non les autres qui sont indépendantes de la qualité de Curé.

Lorsqu'une personne qui a perdu l'état civil, *putà* par la profession religieuse, est établie dans un lieu où l'on ignore sa profession religieuse, la quasi-possession en laquelle elle est de l'état civil en ce lieu, supplée à l'état civil qui lui manque, & suffit pour rendre valable le testament où elle a fait fonction de témoin; *Arg. l. Barbarius Philippus*, ff. *de off. præt.*

2°. Les étangers non naturalisés ne peuvent être témoins.

3°. Ceux qui ne jouissent pas de leur état de bonne fame, soit qu'ils l'aient perdu par une condamnation à peine infamante, soit qu'il soit seulement suspendu par quelque décret de prise de corps ou d'ajournement personnel d'un Juge séculier.

4°. Les mineurs qui n'ont pas vingt ans accomplis.

5°. Les femmes; la pudeur de leur sexe, qui ne leur permet pas *in cœtibus hominum versari*, les ayant toujours fait réputer incapables des fonctions civiles; *L.* 2, ff. *De Reg. Jur.*

6°. Les Novices, quoiqu'ils n'aient pas encore perdu l'état civil, ne peuvent par la même raison être témoins, l'habit qu'ils portent devant les éloigner de toutes les fonctions civiles & séculieres.

7°. La signature des témoins étant requise dans les testamens, il suit de là que ceux qui ne sçavent pas signer, n'y peuvent être témoins.

8°. L'Ordonnance exclut aussi de cette fonction les Clercs & domestiques du Notaire ou autre personne publique qui reçoit le testament; *art.* 42.

9°. Ceux à qui le testateur a fait par son testament quelque legs, soit universel, soit particulier, n'y peuvent aussi être témoins; *Ord. art.* 43.

Mais un Curé peut être témoin, quoiqu'il ait été fait par le testament un legs à son Eglise: car ce n'est pas lui qui est légataire, quoiqu'il profite du legs; *Ricard, p. 1, n. 555.*

Rien n'empêche que l'exécuteur testamentaire soit témoin, lorsqu'il n'est pas légataire; *Ricard, p. 1, n. 554.*

L'incapacité d'un témoin ne rend pas le testament nul, lorsqu'il en reste un nombre suffisant de capables.

L'Ordonnance, *article 23*, veut que *les Notaires, ou l'un d'eux, écrivent les dernieres volontés du testateur telles qu'il les dictera.* De-là il suit que le testament seroit nul s'il étoit écrit d'une autre main, *putà* de l'un des témoins ou du Clerc du Notaire, quoique sous la dictée du Notaire; *Arrêt du 9 Décembre 1740, cité par Aymar.* Au reste, il n'importe par lequel des deux Notaires le testament soit écrit: il n'importe aussi que l'un des Notaires l'ait écrit seul, ou qu'il ait été écrit en partie par l'un d'eux & en partie par l'autre.

Ce que l'Ordonnance ordonne à l'égard des Notaires, s'applique à toutes les autres personnes à qui la Loi donne la qualité de personnes publiques pour recevoir les testamens : c'est pourquoi un testament reçu par un Curé seroit nul, s'il n'étoit entiérement écrit de la propre main du Curé qui l'a reçu.

Après que les Notaires ou autres personnes publiques ont écrit le testament, elles doivent en faire lecture au testateur, & il doit être fait mention de cette lecture. Enfin le testament doit être signé par le testateur; & s'il ne sçait ou ne peut signer, il doit être fait mention de la déclaration qu'il en aura faite. Il doit être pareillement signé par le Notaire ou autre personne publique qui a reçu le testament, & par les témoins; *art. 23.*

L'Ordonnance abroge expressément toutes les autres formalités qui étoient requises par les Coutumes.

L'Ordonnance ne s'est pas expliquée sur la date du testament solemnel: mais ayant déclaré que la date du jour, du mois & de l'année est nécessaire dans un testament olographe, elle laisse à conclure qu'elle l'est, à plus forte raison, dans le testament solemnel. D'ailleurs les anciennes Ordonnances, auxquelles celle-ci ne déroge pas, la requierent en général dans tous les actes reçus par personnes publiques.

A l'égard des autres formalités prescrites par ces anciennes Ordonnances, *Ricard, p. 1, n. 1535,* nous apprend que leur inobservation n'emporte pas nullité, si ce n'est pour ce qui concerne la mention du lieu où le testament a été passé; parce qu'autrement on ne pourroit sçavoir si la personne qui l'a reçu étoit compétente, & s'il a été passé selon la loi du lieu.

Observez, touchant les formalités des testamens, qu'il y en a à l'égard desquelles la Loi ne se contente pas qu'elles soient observées; elle veut qu'il soit fait mention qu'elles ont été observées. Telles sont la lecture qui doit être faite au testateur de son testament; la déclaration qu'il doit faire qu'il ne sçait ou ne peut signer. Quant aux autres formalités à l'égard desquelles la Loi n'ordonne pas qu'il soit fait mention qu'elles ont été observées, elles sont présumées l'avoir été; sauf à ceux qui ont intérêt d'attaquer le testament, de justifier le contraire. Par exemple, si on prétendoit que le testament n'est pas écrit de la main du Notaire ou du Curé qui l'a reçu, c'est à l'héritier qui attaque le testament, à le justifier.

Observez aussi que c'est à la minute seule à laquelle on doit avoir égard pour juger si le testament est revêtu de ses formalités ; ne devant pas dépendre d'un Notaire de détruire un acte parfait par le défaut de sa grosse, ni de rétablir après coup un testament défectueux ; *Ricard, p. 1, n. 1573.*

15. Les testamens militaires, & ceux faits en temps de peste, soit que les testateurs soient malades ou non, sont dispensés de plusieurs des regles ci-dessus prescrites.

Dans ceux-ci, les Officiers de Justice Royale, seigneuriale ou municipale, jusqu'au Greffier inclusivement, le Curé, Vicaire, ou autre préposé pour administrer les Sacremens, quoique régulier, peut tenir lieu de Notaire. Dans les militaires, les Majors & Officiers d'un rang supérieur, les Prévôts d'armée, leurs Lieutenans, Greffier ou Commissaires des Guerres, en peuvent tenir lieu : l'Aumônier, même régulier, peut aussi recevoir les testamens des malades & blessés ; *Ord. 1735, art. 27, 33.*

On peut, dans les uns & les autres, se servir de témoins qui ne sçavent pas signer, lorsque le testateur signe ; *ibid. 28, 34.* Les étrangers non naturalisés, pourvu qu'ils ne soient pas notés d'infamie, peuvent aussi être témoins dans les militaires ; *ibid. art. 40.*

Ces testamens militaires peuvent être faits par les Officiers & soldats, lorsqu'ils sont ou en expédition militaire, ou prisonniers de guerre, ou en quartier hors le Royaume, ou dans une place assiégée, ou citadelle fermée ; *ibid. art. 30.*

Ceux qui, sans être Officiers ni soldats, sont à la suite des armées, soit au service de quelque Officier, soit pour la fourniture des vivres, ou pour quelque autre emploi, peuvent aussi tester dans la forme militaire ; mais le testament de ces personnes qui n'a pas été fait dans les formes ordinaires, cesse d'être valable six mois après que le testateur est de retour dans un lieu où il peut tester selon les formes ; *ibid. art. 32.*

Ceux faits en temps de peste, cessent de l'être six mois après le rétablissement du commerce dans le lieu où se trouvera le testateur ; *ibid. art. 37.*

16. Il y a une autre espece de testament, qu'on appelle *testament maritime* : c'est celui qui est fait sur mer, & reçu par l'Ecrivain du vaisseau en présence de trois témoins, qui doivent signer avec le testateur ; & lorsque le testateur ne signe pas, il doit être fait mention de la cause pour laquelle il n'a pas signé. Le testateur ne peut disposer par ce testament que des effets qu'il a sur mer, & des gages qui lui sont dûs ; & il n'est valable que s'il meurt dans le voyage ; *Ordon. de la Mar. tit. XI, art. 1 & 2.*

§. III.

Des formalités particulieres aux substitutions.

17. L'Ordonnance de 1748, *art. 5*, a établi une formalité pour les substitutions particulieres de deniers comptant & autres effets mobiliers : elle ordonne, à peine de nullité, qu'il sera fait mention expresse par l'auteur de la substitution qu'il en sera fait emploi.

Elle excepte de cette regle les bestiaux & ustensiles qui servent à faire valoir une terre, & les meubles qui servent à meubler une maison ou château, lorsqu'ils sont compris dans la même substitution que la terre, maison ou château où ils se trouvent; *art. 6 & 7.*

Observez en passant, que le grevé n'est pas obligé de vendre ni faire emploi des bestiaux & ustensiles de la terre comprise en la substitution, mais seulement de les faire priser, pour en rendre de pareille valeur lors de l'ouverture de la substitution; *art. 6.* A l'égard des meubles qui servent à meubler la maison substituée, il les conserve pour les rendre en nature, pourvu que le testateur l'ait ordonné expressément; *ibid. art. 7.*

18. La publication & enregistrement des substitutions est une formalité qui n'appartient pas, comme les autres formalités dont nous avons parlé jusqu'à présent, à la perfection de l'acte, & elle n'est requise que pour sa publicité, & pour l'intérêt des tiers qui pourroient contracter avec le grevé de substitution. C'est pourquoi le défaut de cette formalité peut bien être opposé par les tiers qui auroient acquis du grevé les biens substitués, ou auxquels il les auroit hypothéqués, quand même ils auroient eu connoissance d'ailleurs de la substitution : mais il ne peut l'être par le grevé, par ses héritiers légataires universels ou particuliers, *p. 2, art. 34*; d'autant plus que c'étoit lui qui étoit chargé de l'exécution de cette formalité.

Cette publication à l'Audience & cet enregistrement doivent se faire au Bailliage Royal du lieu du domicile du testateur au temps de son décès, & à celui des différens lieux où sont situées les choses comprises en la substitution, *p. 2, art. 19*; & ce dans les six mois depuis le décès du testateur, *art. 27.* L'acte d'emploi qui a été fait des sommes substituées en héritages ou droits réels, est aussi sujet à cette formalité dans les six mois de sa date, au lieu de leur situation; *art. 23 & 30.*

La publication & l'enregistrement des substitutions qui se font après le temps prescrit, n'ont d'effet que pour l'avenir; *art. 29.* Les tiers acquéreurs & créanciers hypothécaires qui ont acquis ou contracté avec la grevé auparavant, en peuvent opposer le défaut, contre lequel on ne peut être restitué pour quelque cause que ce soit; *art. 32.*

Le défaut de publication au lieu du domicile rend la substitution défectueuse pour tout ce qu'elle comprend. Ce défaut au lieu de la situation, ne la rend nulle que pour raison des biens qui y sont situés.

§. IV.

De l'abrogation des Testamens mutuels; & des clauses dérogatoires.

19. C'est une formalité qui convient très-fort à la nature des testamens, qui sont l'ouvrage de la volonté d'un seul, que chacun ne puisse faire que séparément son testament. C'est ce qu'a établi l'Ordonnance de 1735, *art. 77*, en abrogeant l'usage des *testamens mutuels ou faits conjointement*, qu'elle veut être réputés nuls à l'avenir.

Néanmoins les conjoints par mariage, qui ont des biens dans le Dunois, peuvent encore en disposer par testament mutuel au profit du survivant, suivant que la Coutume de Dunois le permet. L'Ordonnance n'a abrogé les testamens mutuels, que dans le cas auquel les testateurs peuvent faire séparément leurs dispositions : mais elle n'a pas entendu déroger à la Coutume de Dunois, qui ne permet pas aux conjoints par mariage de disposer autrement au profit l'un de l'autre, que par testament mutuel, ou par don mutuel confirmé par testament mutuel. C'est ce qui paroît par la fin dudit *art. 77*, & par l'*art. 46 de l'Ord. de 1731*, auquel il renvoie. Aussi l'usage de ces testamens pour les biens du Dunois a-t-il toujours continué depuis l'Ordonnance.

20. La forme des testamens étant de Droit public, ils ne peuvent être sujets qu'aux formalités prescrites par la Loi. L'Ordonnance ne permet pas de s'en imposer d'autres : c'est pour cela qu'elle déclare nulles les clauses dérogatoires, *art. 76*. On appelloit de ce nom les clauses par lesquelles un testateur déclaroit nuls tous les testamens & codicilles qu'il feroit par la suite, si telle formule ou telle formalité ne s'y trouvoit.

ARTICLE II.

Des différens défauts qui peuvent se rencontrer dans les Donations testamentaires, & qui les rendent nulles.

21. Ces défauts sont, 1°. l'incertitude de la personne à qui le testateur a voulu léguer; *putà*, lorsque le legs est fait à Pierre, & qu'il se trouve deux personnes de ce nom qui aient eu une relation de parenté & d'amitié avec le testateur parfaitement égale; ensorte qu'il n'y ait pas lieu de juger laquelle des deux personnes le testateur a eue en vue; *L. 10*, ff. *de reb. dub.*

Le legs fait *à l'Hôpital*, sans exprimer de quelle ville, n'a pas ce défaut : on présume facilement que le testateur a eu en vue celui du lieu où il avoit son domicile au temps qu'il faisoit son testament; *arg. L. 39*, §. *1*, ff. *de cond. & dem.* C'est pourquoi le legs appartiendra à cet Hôpital, quand même il auroit depuis changé de domicile.

Il y a pareil défaut d'incertitude lorsque le testateur ayant fait des legs à deux personnes de même nom, en a révoqué un, sans qu'il paroisse lequel des deux il révoquoit. Les deux seront nuls, étant incertain à l'égard de l'un & de l'autre, s'il est celui dans lequel le testateur a persévéré; *L. 3*, §. *7*, ff. *adim. leg.*

22. 2°. L'incertitude absolue de ce que le testateur a voulu léguer, est aussi un défaut qui rend le legs nul; comme lorsque le testateur a omis d'écrire la somme qu'il léguoit, pourvu qu'on ne puisse pas d'ailleurs la connoître : car s'il a légué *la somme de.... pour faire un tel ouvrage*, il sera censé avoir légué celle que cet ouvrage doit coûter; *L. 30*, ff. *de leg. 2*. S'il a légué la somme de.... de pension viagere à une personne à qui il en faisoit une de son vivant, comme il paroît par ses livres de dépense, il sera censé lui avoir légué celle qu'il avoit coutume de lui faire; *L. 14*, ff. *de ann.*

Lorsqu'il est seulement incertain laquelle de certaines choses le testateur a voulu léguer ; comme lorsque le testateur qui avoit plusieurs maisons de vignes, a légué en ces termes, *Ma maison de vignes*, sans expliquer laquelle; le legs n'est pas nul; mais il est au choix de l'héritier de délivrer celle qu'il voudra ; *L. 32*, §. *1* ; & *L. 37*, §. *1*, ff. *de leg. 10.*

23. 3°. Le vice dans le motif qui a porté le testateur à léguer, peut aussi rendre les legs nuls : car les legs étant par leur nature un bienfait, doivent avoir pour motif la bienveillance, l'estime, la charité : tout autre motif, comme contraire à la nature des legs, les doit rendre nuls. C'est pour cela que la Loi 54, ff. *de leg. 10*, déclare nuls les legs qui sont faits à quelqu'un plutôt dans la vue de l'insulter que par motif de bienveillance, *denotandi magìs legatarii gratiâ ;* comme seroit le legs : *Je legue à une telle, la plus grande putain de la ville.* Il en est autrement de ce legs-ci : *Je legue à mon indigne fils*, &c. car le testateur paroît avoir employé cette épithete pour faire connoître que la piété paternelle l'emportoit sur les sujets de mécontentement qu'il avoit de son fils ; *L. 48*, §. *1*, ff. *Hær. instit.*

24. Suivant notre principe, on doit aussi déclarer nuls les legs qui n'auroient d'autre motif qu'un pur caprice ; comme si quelqu'un avoit fait un legs à celui qui rendra le pain-bénit dans une telle Paroisse, le Dimanche qui précédera sa mort. Il n'en est pas de même du legs fait à celui qui aura remporté le prix d'une telle Académie : car ce legs, qui a pour motif une juste estime que le testateur témoigne pour ceux qui se distinguent dans les sciences ou les arts, a un motif légitime.

25. C'est encore un motif vicieux qui doit rendre un legs nul, lorsque le testateur paroît avoir été porté à le faire principalement pour s'élever au-dessus des Loix & les éluder ; comme si quelqu'un, dans la vue d'avantager sa femme, faisoit un legs à l'Hôpital, au cas que ses héritiers fissent à sa femme une certaine demande.

26. Il en est de même des legs qu'un testateur paroît avoir faits par le motif d'une haine injuste qu'il portoit à ses héritiers, & pour les dépouiller de ses biens. C'est sur ce fondement que plusieurs Arrêts ont cassé des testamens, comme faits *ab irato patre.* On a plus facilement égard à ce motif lorsque ce sont des enfans qui sont héritiers, que lorsque ce sont des collatéraux.

27. Le motif de captation est aussi un motif vicieux qui rend nul le legs fait par ce motif. On appelle motif de captation, lorsque je fais un legs à quelqu'un dans la vue de l'engager à en faire de son côté, soit à moi, soit à quelque autre personne pour qui je m'intéresse ; comme si j'avois légué ainsi : *Je legue telle somme à Pierre, s'il m'en legue autant*, ou *s'il en legue autant à ma sœur.* Mais il n'y auroit pas de captation, si j'avois légué ainsi : *Je legue à un tel telle chose, en reconnoissance de ce que j'ai appris qu'il m'a fait un legs par son testament ;* L. 70 & 71, ff. *de hered. instit.*

28. En général, tout motif contraire aux bonnes mœurs, doit rendre nul le legs fait par ce motif ; comme si quelqu'un avoit légué de cette maniere *Je legue à un tel, parce qu'il m'a bien servi dans mes plaisirs ;* ou bien, *parce qu'il s'est battu en duel en brave homme*,

29. La suggestion est aussi un vice dans les legs, qui les rend nuls. Un legs est fait par suggestion, lorsque le testateur a été vivement sollicité à le faire, soit par le légataire, soit par d'autres, dans le temps, ou peu avant la confection de son testament; ce qui fait présumer que le testateur l'a fait plutôt pour se délivrer de l'importunité de ceux qui le portoient à le faire, que par un motif d'une juste affection.

La suggestion peut se prouver par écrit, comme par des lettres écrites au testateur peu avant la confection de son testament, qui se seroient trouvées parmi ses papiers. On peut aussi en admettre la preuve par témoins, lorsque les faits de suggestion articulés par l'héritier, sont bien circonstanciés. La présence du légataire lors de la confection du testament, n'est pas un fait suffisant de suggestion.

30. Nous avons vu quels sont les défauts qui rendent nulles les donations testamentaires : il reste à observer que l'erreur dans le nom de la personne du légataire ou de la chose léguée, ou dans ce qui a été dit pour les désigner, n'empêche pas la validité du legs, lorsque d'ailleurs elles sont suffisamment désignées.

31. Il en est de même de l'erreur dans ce que le testateur a allégué sur les raisons qui l'avoient porté à faire le legs; comme s'il a dit : *Je legue à un tel en reconnoissance du soin qu'il a pris de mes affaires :* le legs sera valable, quoique le légataire ne se soit jamais mêlé des affaires du testateur; car le testateur n'a pas fait dépendre le legs de la vérité de ce motif, & a pu en avoir d'autres qu'il n'a pas exprimés. *L. 17, §. 2; L. 72, §. 6, ff. de cond. & dem.*

Il en seroit autrement si dans l'espece précédente il avoit ajouté, *si c'est lui qui les a faites*, ou que les circonstances fissent connoître que sa volonté étoit de faire dépendre le legs de ce fait.

32. Lorsqu'un legs est fait sous une condition qui se trouve impossible, ou que les loix ne permettent pas d'accomplir, ou sous la charge de faire quelque chose d'impossible, ou que les loix ne permettent pas de faire, le legs ne laisse pas d'être valable, & la condition ou la charge de faire cette chose, sont réputées comme non écrites. *L. 14, ff. de cond. instit. Ll. 3 & 37, ff. de cond. & dem.*

SECTION III.

Des Personnes qui peuvent tester; de celles qui peuvent recueillir des dispositions testamentaires; & de celles qui en peuvent être grevées.

§. I.

Des Personnes qui peuvent tester.

33. Les testamens sont purement de Droit civil : il n'y a donc réguliérement que ceux qui jouissent des droits de citoyen, qui puissent tester.

Les aubains non naturalisés ne le peuvent. Cette regle souffre néanmoins quelques exceptions, comme à l'égard des Ambassadeurs, Envoyés, Résidens,

& des personnes de leur suite ; à l'égard des marchands fréquentans les foires de Lyon & autres, ou résidans en certaines places de commerce ; comme aussi à l'égard des soldats étrangers qui sont au service du Roi ; à toutes lesquelles personnes il est permis de tester des biens meubles qu'ils ont dans le Royaume. La regle souffre encore exception à l'égard des sujets de certaines nations, à l'égard desquels il faut suivre ce qui est porté par les traités d'alliance faits entre le Roi & ces Nations.

Enfin la regle souffre exception à l'égard de certaines rentes créées avec la clause que les étrangers qui les acquerroient, pourroient en disposer par testament envers qui bon leur sembleroit.

A l'égard des étrangers naturalisés, ils jouissent de tous les droits des François, & ils peuvent par conséquent tester : mais ils perdent tous ces droits que leur a donnés la naturalisation, aussi-tôt qu'ils ont transféré leur domicile en pays étranger.

34. Les François qui ont abdiqué leur patrie, en s'établissant dans le pays étranger où ils meurent, sont pareillement incapables de tester des biens qu'ils ont en France ; *secùs* de ceux qui y sont prisonniers de guerre, ou qui y voyagent, ou qui y ont des établissemens de commerce sous la protection des Consuls de France.

35. Il est évident que ceux qui ont perdu l'état civil par une condamnation à peine capitale, ne peuvent tester. *Voyez l'Introd. gén. n.* 30, 31 & 32. Leur testament n'est pas valable, soit qu'il ait été fait avant ou depuis qu'ils ont perdu l'état civil, s'ils meurent sans l'avoir recouvré par lettres de réhabilitation.

Cette décision a lieu, pourvu que la condamnation soit émanée d'un Juge François. Mais si un François a été condamné à mort en pays étranger, par un Juge étranger, le testament qu'il a fait, quoique depuis la condamnation, est valable, & doit être exécuté sur les biens qu'il a laissés en France : car, comme on ne reconnoît en France d'autre autorité que celle qui émane du Roi, la condamnation intervenue contre ce François, qui est émanée d'une autre autorité, ne peut avoir aucun effet en France, & n'y peut faire regarder cet homme comme privé, par cette condamnation, de son état civil & du pouvoir de tester.

Le Religieux ayant perdu la vie civile par sa profession, ne peut plus tester ; mais le testament qu'il a fait avant sa profession est valable, parce que par une fiction semblable à celle de la Loi *Cornelia*, il est censé mort dans le dernier instant auquel il jouissoit encore de l'état civil.

Par un privilege particulier à l'Ordre de Malthe, autorisé par Lettres-patentes de nos Rois duement enregistrées, les Chevaliers peuvent, depuis leur profession, tester, avec la permission du Grand-Maître, d'une partie de leur pécule.

Le Religieux Evêque peut tester, de même qu'il peut transmettre sa succession ; l'éminence de l'épiscopat le restitue à l'état civil. *Ricard*, *p.* 1, 324.

Le Novice peut tester ; car il jouit encore de l'état civil, qu'il ne perd que par la profession. S'il ne peut être témoin dans les testamens des autres, *suprà*, *n.* 14, c'est par une raison particuliere qui ne reçoit pas d'application à son testament.

Les infâmes, quoiqu'ils ne puissent pas être témoins dans les testamens des autres, peuvent tester. Nous ne suivons pas la disposition des Loix 18, §. 1, & *L.* 26, 9, 2, ff. *de testam.*

Il n'est pas douteux que ceux qui sont captifs chez les Maures, peuvent tester : cette captivité ne leur fait pas perdre l'état civil ; ils sont semblables à ceux qui étoient pris par des brigands. *L.* 13, ff. *d. tit.*

36. La capacité de tester qui résulte de l'état de citoyen, est nécessaire tant pour la valable confection du testament, que pour le droit de transmettre ses biens par testament.

D'où il suit qu'elle est requise au temps de la mort du testateur, aussi-bien qu'au temps de la confection du testament. *L.* 19, ff. *de testam.* En cela la capacité de tester differe de l'exemption de certains défauts de l'esprit & du corps, qui n'est requise qu'au temps de la confection du testament, parce que la seule raison pour laquelle elle est requise, est parce que ces défauts forment un obstacle à la valable confection du testament. *L.* 6, §. 1, *d. tit.*

Voyez sur ces défauts, & sur l'âge requis pour tester, les *art.* 292, 293 & 294, & *les notes.*

§. II.

De ceux à qui on peut léguer, & qui peuvent recueillir des donations testamentaires.

37. On peut léguer non-seulement à des personnes qui vivent lors de la confection du testament, mais même aux enfans à naître d'une telle personne ; ce que l'ancien Droit Romain ne permettoit pas.

38. On peut léguer à des personnes indéterminées, comme *à celui qui épousera ma niece.*

Le legs fait aux pauvres indéterminément est valable. Les pauvres de la famille du testateur doivent être préférés à d'autres pour recueillir ce legs ; sinon il est censé fait aux pauvres de la Paroisse où le testateur avoit son domicile lors de la confection du testament.

39. Par la même raison que pour être capable de tester il faut jouir de l'état civil & avoir les droits de citoyen, il faut aussi jouir des mêmes droits pour être capable de recueillir des donations testamentaires.

On tolere néanmoins les legs de pensions viageres modiques faits à des Religieux ou Religieuses pour leurs alimens. Les Déclarations du Roi ayant limité à 500 livres pour Paris, & à 350 pour les autres villes, les pensions qu'on peut assigner en dot aux Religieuses qui font profession dans les Couvens établis depuis 1600, on en peut conclure que les legs des pensions faits à des Religieux ou Religieuses, ne peuvent jamais excéder ces sommes. Mais on peut les réduire à beaucoup moins, selon les circonstances tirées des facultés du Couvent, des forces de la succession du testateur, de la qualité des héritiers grevés de ces legs, &c.

Observez à l'égard de ces legs, qu'à moins que le Religieux à qui le legs est fait n'ait un bénéfice hors du cloître, qui lui donne droit d'avoir un pécule, la demande en délivrance du legs doit être donnée non par les Religieux, mais au nom du Couvent ; & le paiement doit s'en faire au Supérieur, ou autre par lui préposé, & non au Religienx à qui le legs a été fait.

On peut aussi tolérer les legs d'alimens faits à des aubains établis en France. On peut tirer argument, 1°. de ce que par le Droit on pouvoit léguer des alimens à ceux qui avoient perdu les droits de citoyen par la déportation, & même à ceux qui n'avoient aucun état civil ; *L. 113, §. 1, ff. de leg. 10.* 2°. de ce qu'on tolere ceux faits à des Religieux, quoique l'incapacité d'un Religieux, qui est mort civilement, soit encore plus grande que celle d'une personne à qui manquent seulement les droits de citoyen. Cette décision doit sur-tout avoir lieu, lorsque le legs est fait dans des circonstances favorables ; comme lorsqu'un homme né en France d'un pere aubain, légue des alimens à son pere ou à ses freres aubains.

40. L'Eglise, les Hôpitaux, les Fabriques, les Corps & Communautés autorisés par Lettres-patentes, & même certains établissemens favorables, tels que les Ecoles de charité, & autres énoncés en *l'article 3* de l'Edit du mois de Décembre 1749, quoiqu'ils n'aient pas de Lettres-patentes, sont capables de recevoir des legs ; avec cette limitation néanmoins, que depuis l'Edit de 1749 on ne peut plus leur léguer aucuns héritages ni droits réels, ni même aucunes rentes sur particuliers ; & ces legs sont nuls, quand même ils seroient faits sous la condition qu'ils obtiendroient des Lettres-patentes qui leur permettroient d'acquérir les choses léguées, & quand même ils seroient faits à des personnes interposées qui seroient chargées de leur en remettre les revenus, ou de vendre les choses léguées pour leur en remettre le prix ; *Edit de 1749, art. 17.*

Par la même raison, les legs universels qui leur sont faits ne sont valables que jusqu'à concurrence des biens de la succession qu'il leur est permis d'acquérir.

Il y a de certains Couvens, tels que ceux de l'Ordre de Saint François, qu'une profession particuliere de pauvreté rend incapables de posséder d'autres biens que le terrein de leur monastere, lesquels sont en conséquence incapables de legs, si ce n'est de sommes modiques d'argent ou autres choses mobiliaires, faits par forme d'aumône, pour subvenir à leurs besoins pressans.

41. La capacité de recueillir des donations testamentaires n'est requise qu'au temps de leur ouverture. C'est pourquoi le legs fait à une Communauté qui se trouve revêtue de Lettres-patentes au temps de la mort du testateur, est valable, quoiqu'elle ne les ait obtenues que depuis la confection du testateur. La regle Catonienne du Droit Romain, n'étant fondée que sur une subtilité, ne doit pas avoir lieu parmi nous.

42. Les incapacités de recueillir des dispositions testamentaires dont il a été parlé jusqu'à présent, sont absolues : il y en a qui ne sont que relatives.

Telle est, 1°. celle des tuteurs & autres personnes qui sont présumées avoir quelque empire sur la volonté du testateur ; *Voyez l'art. 296, & les notes.*

Telle est aussi celle des conjoints par mariage ; *Voyez l'art. 280 & les notes* ; & celle des personnes qui vivent ensemble en concubinage.

43. Les simples bâtards sont incapables de legs universels de leurs pere & mere ; mais il est permis de leur faire des legs particuliers, même d'héritages,

Si néanmoins ils étoient excessifs & absorboient la plus grande partie du bien du testateur, ils seroient réductibles *arbitrio Judicis.*

Cette incapacité est fondée sur l'indécence qu'il y a qu'une personne préfere ou égale ses bâtards à ses parens légitimes. C'est pourquoi si une personne qui n'a aucuns parens, avoit fait un legs universel à son bâtard, la raison de l'incapacité cessant en ce cas, le legs seroit valable, & le Seigneur qui prétendroit le droit de déshérence, ne seroit pas recevable à le contester.

Ce qui est dit des simples bâtards, s'applique aux enfans qui nous sont nés d'un mariage qui, quoique valablement contracté, n'a pas les effets civils, tel que celui qui a été toujours tenu secret, ou celui qui a été contracté *in extremis*, entre personnes qui avoient eu un mauvais commerce : car quoique ces enfans ne soient pas proprement bâtards, néanmoins vis-à-vis de leurs pere & mere, avec qui ils n'ont pas les droits de parenté légitime, ils ne sont pas plus favorables que les bâtards.

Les bâtards adultérins ou incestueux étant beaucoup plus défavorables que les simples bâtards, ne sont capables de recueillir aucun don & legs de leurs pere & mere, si ce n'est de simples alimens.

Nous ne pouvons pas plus laisser aux enfans de notre bâtard, quoique issus de son légitime mariage, que nous pourrions laisser à notre bâtard; car c'est par les mêmes liens & par la même origine criminelle qu'ils nous appartiennent, puisque c'est par lui qu'ils nous appartiennent.

44. Observez à l'égard des incapacités, soit absolues, soit relatives, qu'on ne peut léguer aux incapables, même par personne interposée à qui le testateur légueroit qnelque chose pour le faire passer à l'incapable.

C'est pourquoi lorsqu'un héritier soupçonne qu'un légataire est une personne interposée pour faire passer le legs à un incapable, *putà* à la femme du testateur, il peut exiger sur cela le serment de ce légataire : & il ne suffit pas que ce légataire offre affirmer qu'il n'y a eu aucune paction entre lui & le testateur pour le rendre à sa veuve ou autre incapable ; car souvent il n'y en a pas, & le testateur se fie que la personne interposée pénétrera sa volonté : mais il doit jurer précisément qu'il ne croit pas que le legs ait été fait pour être restitué à la veuve, & qu'il n'entend pas le lui rendre. *Voyez un Arrêt du mois de Février 1716, cité par Furgole.*

45. Un autre genre d'incapacité relative est celle qui résulte de l'incompatibilité des qualités d'héritier & de légataire, sur laquelle *Voyez l'art. 288, & les notes.*

§. III.

De ceux qui peuvent être grevés de legs ou de fidéicommis.

46. Tous ceux à qui le testateur a laissé par sa mort ses biens, ou quelque chose de ses biens qu'il auroit pu ne leur pas laisser, peuvent être par lui grevés de legs ou de substitutions : *Sciendum est eorum fideicommittere quem posse ad quos aliquid perventurum est morte ejus, vel dum eis datur, vel dum non adimitur* ; 1, §. 6, ff. *de leg.* 3.

COROLLAIRE I. L'enfant qui se tient à sa légitime de droit, & l'héritier qui se tient à sa légitime coutumiere, c'est-à-dire à la portion que la Coutume lui réserve dans les propres du défunt, ne peuvent être grevés d'aucun legs ni substitution; car ils tiennent ces légitimes uniquement de la loi, & non du testateur, qui ne pouvoit en disposer & les en priver.

COROL. II. Lorsque Pierre m'a laissé ses biens, à la charge de les restituer à celui de mes parens que je choisirai, je ne puis pas grever celui que je choisirai d'aucun legs ni fidéicommis, pour raison du choix que je fais de sa personne; *Ord. de 1748, p. 1, art. 14;* car par ce choix je ne lui laisse rien de mes biens; ce sont ceux de Pierre que je lui restitue, qui ne m'appartenoient que jusqu'à l'ouverture de la substitution.

COROL. III. Je ne puis grever par testament d'aucun legs ni fidéicommis, ceux à qui j'ai fait des donations entre vifs, si je ne leur laisse autre chose; *ibid. art. 13:* car ce que je leur ai donné ayant cessé de m'appartenir, je n'en puis tester.

47. Le legs ou substitution dont le testateur auroit grevé une personne à qui il n'a rien laissé, ne deviendroit pas valable, quand même cette personne, par la suite, recueilleroit les biens du testateur en devenant héritiere de son héritier; *quoniam qui fortuitò, non judicio testatoris consequitur hereditatem, non debet onerari;* L. 6, §. 1, ff. *de leg. 4.*

Mais le testateur peut, *in abstracto, nullâ demonstratâ personâ*, grever de legs ou de substitution l'héritier de son héritier; *L. 5, §. 1*, ff. *de leg. 3;* car c'est en ce cas sa succession même qu'il greve.

SECTION IV.

De ce qui peut être l'objet des dispositions testamentaires; & jusqu'à quelle concurrence on peut disposer par testament.

§. I.

De ce qui peut être l'objet des dispositions testamentaires.

48. Les legs, comme les substitutions, peuvent être ou de l'universalité des biens, ou de choses particulieres, soit immeubles, soit meubles, ou de corps certains, ou de choses indéterminées.

On peut laisser par testament quelque chose que ce soit, pourvu qu'elle existe ou doive un jour exister, & qu'elle ne soit pas hors du commerce. Néanmoins si on avoit légué un office militaire, ou de la Maison du Roi, à une personne de qualité à l'obtenir, le legs ne seroit pas nul, quoique ces offices soient hors le commerce, le testateur devant être présumé en ce cas avoir voulu léguer, non pas tant l'office, que la somme qu'il en coûte pour en obtenir l'agrément.

49. On peut léguer non-seulement sa propre chose, mais même celle qui appartient à son héritier, ou même à des tiers.

Observez néamoins cette différence, que lorsque j'ai légué la chose de mon héritier, le legs est valable, soit que j'aie sçu ou non qu'elle ne m'appartenoit pas; & il ne peut se dispenser de la prestation de cette chose qu'en abandonnant tous les biens disponibles de ma succession: au lieu que lorsque j'ai légué la chose d'un tiers, le legs ordinairement n'est valable que lorsqu'il paroît que j'ai sçu qu'elle ne m'appartenoit pas; *L. 67, §. 8, ff. de leg. 20:* auquel cas mon héritier est tenu de donner au légataire la chose, lorsque celui à qui elle appartient veut bien la vendre pour le prix qu'elle vaut, sinon le prix de cette chose; *L. 14, §. fin. ff. Leg. 30.*

Quelquefois le legs de la chose d'autrui est valable, quoique le testateur ait cru en être le propriétaire; sçavoir, lorsqu'il y a de fortes raisons de présumer que le testateur, quand même il auroit sçu ne l'être pas, n'auroit pas laissé de faire un legs à ce légataire; *Leg. 10, Cod. de leg.; putà* si c'étoit un de ses héritiers présomptifs à qui il a fait ce legs par forme d'égalemeent, ou que ce fût son bâtard à qui il a légué l'usufruit de cette chose pour ses alimens.

50. Lorsque le testateur a légué une chose dont il n'avoit qu'une propriété imparfaite, ou qui lui étoit commune avec une autre personne, il doit, dans le doute, être présumé n'avoir voulu léguer que le droit qu'il y avoit, & n'avoir légué cette chose que pour la part qu'il y avoit; *L. 71, §. fin. ff. de leg. 1.* Cela est sur-tout hors de doute lorsqu'il s'est servi du pronom *ma;* comme si ayant en commun avec une autre personne la maison de la Croix-blanche, il a légué en ces termes, *ma maison de la Croix-blanche;* car ce pronom restreint le legs à la part qu'il y a; *L. 5, §. 2, ff. de leg. 1.*

51. Lorsque le légataire se trouve être d'ailleurs propriétaire de la chose qui lui a été léguée, s'il n'en a qu'une propriété imparfaite, le legs sera valable pour ce qui manque à son droit de propriété. Par exemple, s'il n'en avoit que la nue propriété, ou qu'il n'en fût propriétaire qu'à la charge d'une substitution, le legs seroit valable, à l'effet que l'héritier seroit tenu de l'indemniser de ces charges; *L. 82, ff. de leg. 1.* Pareillement s'il n'étoit propriétaire qu'à titre onéreux de la chose qui lui a été léguée, le legs sera valable, à l'effet que l'héritier fût tenu lui rendre le prix qu'elle lui a coûté; *L. 34, §. 7, ff. de leg. 1; nec enim videtur perfectè cujusque id esse cujus ei pretium abest.*

52. Les faits peuvent aussi être l'objet des dispositions testamentaires, pourvu qu'ils soient possibles, licites, & que le légataire y ait intérêt. Par exemple, un testateur peut ordonner que son héritier sera tenu de blanchir le devant de sa maison pour donner du jour à la mienne qui est à l'opposite; ou qu'il ne pourra la louer à des ouvriers travaillans du marteau, tandis que j'occuperai la maison voisine.

§. II.

Jusqu'à quelle concurrence peut-on disposer par testament.

53. Notre Coutume permet à chacun de disposer de ses biens meubles & acquêts, & du quint de ses propres: elle réserve à l'héritier les quatre autres quints qu'il peut retenir, en abandonnant aux légataires le surplus des biens.

Cette légitime coutumiere des quatre quints des propres differe de la légitime de ce droit. Celle-ci est due aux enfans en leur qualité d'*enfans*, lesquels en conséquence peuvent l'avoir au moins *jure retentionis*, quoiqu'ils aient renoncé à la succession. Au contraire, la légitime est due aux héritiers uniquement en leur qualité d'*héritiers :* c'est pourquoi entre plusieurs qui sont appellés à une succession, ceux qui y renoncent pour se tenir à leur legs, ne peuvent avoir aucune part dans les quatre quints des propres, que la Coutume réserve aux héritiers.

Observez aussi que c'est aux héritiers du côté & ligne d'où les propres procedent, que la Coutume en réserve les quatre quints. S'il ne se trouve aucun héritier de la ligne, ceux qui à défaut de la ligne y succedent, n'en peuvent rien retenir; & ces propres sont en ce cas aussi disponibles que des acquêts.

54. La Coutume réserve aux héritiers les quatre quints, non de chaque héritage propre, mais du total des propres. Néanmoins lorsqu'il y a différens héritiers aux propres de différentes lignes, il ne suffit pas que l'héritage propre légué n'excede pas le quint de tous les propres ; les héritiers des propres de chaque ligne doivent avoir les quatre quints des propres de leur ligne; car c'est comme autant de successions différentes de la même personne déférée à chaque famille. *Molin. sur l'art. 93 ; Ricard, p. 111, n. 1458 & 1459.*

55. C'est une question sur laquelle la Jurisprudence n'est pas bien constante, si lorsque le testateur a légué ses propres en nature, l'héritier qui veut en retenir les quatre quints, est obligé d'abandonner au légataire tous les biens disponibles. L'opinion pour l'affirmative me paroît la plus juridique : car la loi ne peut pas donner plus de droit à l'héritier dans les quatre quints des propres qu'elle lui réserve, que celui qu'il a dans sa propre chose. Or nous avons vu ci-dessus qu'il ne pouvoit se dispenser de la prestation du legs de sa propre chose, qu'en abandonnant au légataire tous les biens disponibles du testateur : il ne peut donc retenir les quatre quints que la Coutume lui réserve, qu'en abandonnant les biens disponibles.

Les raisons qu'on allegue pour l'opinion contraire, consistent à dire que l'héritier peut retenir les quatre quints des propres, parce que le testateur, en léguant le total, *voluit quod non potuit;* & qu'il n'est pas obligé pour cela de laisser au légataire les biens disponibles, parce que le testateur ne les lui a pas légués, quoiqu'il eût pu le faire; *noluit quod potuit.* On ajoute qu'un testateur peut bien léguer la chose de son héritier, & même la chose d'autrui, parce que les loix ne le défendent pas, au contraire elles le permettent ; mais qu'il ne peut pas de même léguer le total de ses propres, les loix lui défendant expressément d'en léguer au-delà du quint. Enfin on tire argument de ce qui est défini par Justinien en la Loi 36, §. 1, *Cod. de inoff. test.*, que lorsqu'un testateur a institué un étranger héritier dans le total de ses biens, à la charge qu'il les rendroit après sa mort au fils du testateur, ce fils, qui fait retrancher de l'institution, sans attendre la mort de l'héritier, la portion qui lui est due pour sa légitime, n'est pas obligé d'abandonner à cet héritier le droit qu'il aura, après la mort de cet héritier, à l'autre portion disponible. Ces raisons sont plus spécieuses que solides, & elles ne détruisent pas celle sur laquelle nous avons établi notre opinion, qui consiste dans la parfaite parité qu'il y a entre le legs de la chose de l'héritier que tous conviennent devoir être acquittée, si mieux n'aime l'héritier abandonner tous les biens disponibles de la succession, & le legs

de

de l'héritage propre du testateur. On nous oppose contre cette parité, qu'il y a une loi qui défend de léguer les propres au-delà du quint. La réponse est que cette loi, qui est contenue dans l'art. 292, qui porte que *toutes personnes peuvent disposer de tous leurs biens meubles, acquêts & conquêts immeubles, & de la cinquieme partie de tous leurs propres héritages, & non plus avant*, n'a d'autre objet que de conserver à l'héritier les quatre quints des propres, comme une espece de portion légitimaire qu'il puisse avoir dans la succession franche de legs, en abandonnant au légataire le surplus des biens, suivant qu'elle s'en est exprimée en l'art. 295; qu'elle ne défend pas de tester de ses propres *plus avant* que du quint, mais seulement de tester *plus avant* que de tous les meubles, acquêts, conquêts, & le quint de tous les propres: ces termes *& non plus avant* se rapportent à toute la phrase. Mais quand même on trouveroit dans cet article une défense expresse de tester plus avant que du quint des propres, elle ne devroit s'entendre qu'en ce sens, que le testateur ne peut ôter à l'héritier le pouvoir de conserver les quatre quints francs de legs en abandonnant les biens disponibles. Qu'y a-t-il de plus exprès que la défense que fait au mari la loi *Julia* d'aliéner de quelque maniere que ce soit le fonds dotal? Néanmoins cette défense n'empêche pas que la femme instituée héritiere par son mari, ne soit tenue de délivrer au légataire le fonds dotal que son mari lui a légué, si elle veut retenir les biens de la succession. Une loi positive qui défend aux testateurs de disposer du quint de leurs propres au préjudice de leur héritier, ne doit pas avoir plus de force que la loi naturelle qui défend de disposer du bien d'autrui; & l'affection que l'héritier peut avoir pour les propres du testateur, ne peut pas être plus grande que celle qu'il a pour son propre bien: néanmoins tous conviennent que la loi naturelle qui défend de disposer du bien d'autrui, ne rend pas absolument nul le legs que le testateur a fait de la chose de son héritier, & qu'elle n'a d'autre effet que de donner à l'héritier le pouvoir de conserver sa chose en abandonnant au légataire les biens de la succession dont le testateur pouvoit disposer. Donc *à pari, imò à fortiori*, la loi qui défend de tester plus avant que du quint des propres, ne rend pas absolument nul ce legs; mais elle donne seulement à l'héritier le pouvoir de retenir les quatre quints en abandonnant au légataire les biens disponibles. A l'égard de l'argument qu'on tire pour l'opinion contraire, de la loi 36, §. 1. *Cod. de inoff. test.* la réponse est que cette décision, qui n'est établie que sur la grande faveur que mérite la légitime de droit, ne doit pas être étendue à la légitime coutumiere, qui ne mérite pas la même faveur. Notre opinion est aussi celle de Lalande & de Dumoulin sur la Coutume de Paris, & en sa note sur la Coutume de Montargis. Quoique notre opinion me paroisse très-bien établie, néanmoins comme il y a variété de sentimens & même d'Arrêts, il est à propos, pour lever toute difficulté, lorsqu'un testateur veut léguer à quelqu'un un héritage propre qui excede le quint de ses propres, qu'il le legue avec cette alternative: *Je legue à un tel un tel héritage, ou tous les biens dont je puis disposer, au cas que mon héritier voulût le retenir.*

Lorsqu'un testateur laisse des propres situés sous différentes Coutumes; comme chaque Coutume défere, indépendamment des autres Coutumes, les biens situés sous son territoire, l'héritier peut retenir les quatre quints des héritages propres légués qui se trouvent situés sous la Coutume d'Orléans; quoique ces héritages légués n'excedent pas le quint de tous ceux que le testateur avoit dans les différentes Coutumes où ils sont situés. Mais suivant les principes que nous venons d'établir, il doit, pour les retenir, abandonner tout ce qu'il y a de disponible sous les différentes Coutumes. Cela est conforme à l'avis de Dumoulin sur la Coutume d'Auvergne, laquelle, *ch. 12, art. 41*, défend de léguer plus du quart de ses biens. Dumoulin en sa note dit : *Fallit si habet bona alibi sita ubi potest amplius legare, quia residuum capietur in bonis alibi sitis.*

Ricard, *part. 3, n. 1445*, & Duplessis apportent au principe que nous avons établi, ce tempérament; sçavoir, que l'héritier, pour pouvoir retenir les quatre quints du propre légué, doit abandonner les biens disponibles, seulement jusqu'à concurrence de la valeur de ce qu'il retient dans le propre légué, & non pas absolument tous les biens disponibles. Ce tempérament est rejetté par Dufresne, *Journal, l. 2, ch. 86*, qui pense que l'héritier ne peut rien retenir du propre légué qu'en abandonnant absolument tous les biens disponibles; de même qu'en point de Droit, lorsque le testateur a légué la chose de son héritier, cet héritier n'est pas admis à offrir à la place l'estimation, & ne peut éviter la prestation du legs qu'en abandonnant au légataire entiérement tous les biens dont le testateur pouvoit disposer.

56. Lorsque l'héritier de la ligne d'où est le propre légué, n'a pas succédé à d'autres biens, y ayant des héritiers aux meubles & acquêts & aux propres des autres lignes, le légataire ne peut pas demander aux autres héritiers l'estimation des quatre quints qui ont été retranchés de son legs. C'est l'avis de Dumoulin sur l'*art. 93* de Paris, *quia*, dit-il, *legatum est de certo corpore.* Car il y a cette différence entre les legs de corps certains & ceux de sommes d'argent ou de choses indéterminées, que ceux-ci sont une charge de toute la succession & de tous les différens héritiers; au lieu que les legs de corps certains ne sont une charge que des seuls héritiers qui y succedent. D'où il suit que le légataire d'un corps certain ne peut jamais rien demander aux héritiers qui n'ont succédé qu'à d'autres especes de biens.

57. Lorsque l'héritier, pour retenir les quatre quints des propres, abandonne aux légataires les biens disponibles, il doit comprendre dans cet abandon les sommes qu'il devoit au testateur, quoique ces créances que le défunt avoit contre lui soient éteintes par la confusion qui s'en est faite en sa personne.

58. Les dettes de la succession étant une charge de tous les biens, tant des disponibles que de la portion que la loi réserve à l'héritier elles doivent se répartir sur tous les biens, & l'héritier en doit porter une part qui soit dans la même raison & proportion qu'est la valeur de la part qu'il retient à la valeur du total des biens de la succession : le surplus doit être acquitté sur les biens disponibles qu'il abandonne; & par conséquent l'héritier qui a acquitté ou doit acquitter ce surplus, peut en faire déduction aux légataires sur lesdits biens qu'il leur abandonne. On doit comprendre dans ce passif qui doit se répartir sur tous les biens, ce qui étoit dû par le testateur à l'héritier, quoique cette dette se trouve éteinte par la confusion; de même qu'on ne laisseroit

pas d'y comprendre celles dues à des tiers que l'héritier auroit acquittées avant l'abandon.

Si les dettes étoient conditionnelles ou conteſtées, l'héritier ne retiendroit rien, & il ſuffiroit que les légataires lui donnaſſent caution de rapporter la part que les biens abandonnés devront porter dans leſdites dettes, au cas que la condition arrive, ou qu'elles ſoient jugées être dues; & dans celles qui pourroient ſe découvrir par la ſuite, & dont on n'avoit pas de connoiſſance lors de l'abandon.

59. Lorſqu'il y a un légataire univerſel, il ne peut rien prendre dans les biens diſponibles dont l'héritier a fait l'abandon, qu'après que tous les legs particuliers auront été acquittés: car il n'eſt légataire que du ſurplus; & s'il ne reſte rien, ſon legs eſt de nul effet.

Lorſqu'après le prélévement de la ſomme à laquelle monte la part que l'univerſalité des biens diſponibles dont l'héritier a fait abandon, doit porter dans le paſſif de la ſucceſſion, il ne ſe trouve pas ſuffiſamment dans ce qui reſte de la maſſe deſdits biens diſponibles de quoi acquitter tous les legs particuliers, chacun deſdits legs qui doivent être acquittés ſur cette maſſe, ſouffre diminution à proportion de ce qui s'en manque pour les acquitter, ſans que les legs pieux puiſſent prétendre en ce cas aucune préférence ni privilege ſur les autres.

A l'égard des legs de corps certains qui ſe trouvent en nature dans la ſucceſſion, je penſe que ces legs ne doivent ſouffrir aucune diminution, tant que dans ce qui reſte de la maſſe des biens diſponibles, il y a de quoi payer la part des dettes dont eſt tenue cette maſſe; & qu'ils ne doivent venir à cet égard à aucune contribution avec les légataires de ſommes d'argent qui ne trouvent pas dans cette maſſe de quoi être payés en entier de leurs legs. C'eſt l'avis de Dupleſſis, qui me paroît fondé ſur ce principe de Droit, que les dettes étant un charge d'une univerſalité de biens, & non des choſes particulieres, *æs alienum univerſi patrimonii, non ſingularum rerum onus eſt*, la part des dettes que doit porter la maſſe ou univerſalité des biens diſponibles, n'eſt aucunement une charge des corps certains que le teſtateur en a diſtraits pour en faire des legs particuliers, mais une charge ſeulement de cette univerſalité: d'où il ſuit qu'il n'y a que les legs qui ſont à prendre dans cette univerſalité, qui doivent ſouffrir des dettes dont cette maſſe eſt tenue; parce que les dettes, en la diminuant, empêchent qu'il n'y reſte à ſuffire pour acquitter leſdits legs. Mais les legs de corps certains ſe prenant en nature dans les choſes que le teſtateur a diſtraites de ladite maſſe, & non dans ce qui reſte de cette maſſe, ils ne peuvent ſouffrir aucune diminution de ce que ladite maſſe ſe trouve diminuée par les dettes.

On oppoſe contre cette déciſion, que le teſtateur ayant également voulu que les légataires de ſommes d'argent euſſent la ſomme entiere qu'il leur léguoit, comme il a voulu que les légataires de corps certains euſſent la choſe entiere qu'il leur léguoit, la condition de tous ces légataires doit être égale, & ils doivent par conſéquent ſouffrir un égal retranchement dans leurs legs, lorſque la volonté du teſtateur ne peut être exécutée en entier. La réponſe eſt, qu'il n'eſt pas vrai que le teſtateur ait *également* & de la même maniere voulu que les légataires de ſomme d'argent euſſent la ſomme entiere qu'il leur léguoit ; comme il a voulu que les légataires de corps certains euſſent le corps certain entier qu'il leur léguoit ; car la volonté qu'il a eue que les légataires de ſommes d'argent euſſent la ſomme entiere qu'il leur léguoit, avoit néceſſairement cette condition, *s'il ſe trouve ſuffiſamment de quoi les acquitter dans ce qui reſtera de la maſſe des biens diſponibles*, ſur laquelle le teſtateur a voulu que leſdits legs fuſſent pris ; au contraire la volonté que le teſtateur a eue que les légataires de corps certains euſſent la choſe *entiere* qu'il leur léguoit, n'avoit pas cette condition, mais elle en avoit une autre, ſçavoir celle-ci, *ſi le corps certain légué ſe conſerve entier juſqu'au temps auquel le legs devra être acquitté.* Si les légataires de corps certains ne courent pas le riſque de la diminution que les dettes peuvent cauſer dans le reſtant de la maſſe des biens ſur laquelle les legs de ſommes d'argent ſont à prendre, ils courent à la place le riſque de la diminution, & même de la perte totale qui peut arriver du corps certain qui leur eſt légué.

On oppoſe en ſecond lieu la loi 56, §. 4, ff. *ad l. Falc.* qui décide nettement que les legs de corps certains & les legs de ſommes d'argent ſouffrent un égal retranchement pour la Falcidienne. La réponſe eſt, que la Falcidienne, lorſque le teſtateur a épuiſé ſes biens par des legs particuliers, retranche au profit de l'héritier une quarte dans tout ce qui compoſe la ſucceſſion, & par conſéquent dans les corps certains qui ont été légués, auſſi-bien que dans le ſurplus. Mais nos Coutumes ne réſervent à l'héritier une portion que dans les propres ; c'eſt pourquoi il n'y a aucune parité, & l'argument tiré de la Falcidienne n'a aucune application.

SECTION V.

De l'ouverture des Donations teſtamentaires.

§. I.

Principe général ſur l'ouverture des Donations teſtamentaires.

60. Lorſqu'une donation teſtamentaire n'eſt ſuſpendue par aucune condition qu'y ait appoſée le teſtateur, quand même il y auroit appoſé un terme d'un temps certain, elle eſt ouverte, & le droit en eſt acquis au légataire dès l'inſtant du décès du teſtateur ; *L. 5, §. 1, ff. Q. dies leg.*

Nous verrons en la Section ſuivante, quels droits donne au légataire l'ouverture du legs.

Lorſque le legs eſt fait ſous une condition, il n'eſt ouvert que lorſque la condition eſt accomplie, ou réputée accomplie. S'il eſt fait ſous pluſieurs conditions ; ſi ces conditions ont été appoſées par une disjonctive, comme lorſqu'on a légué à quelqu'un lorſqu'il ſera majeur, ou marié ; il ſuffit que l'une de ces conditions s'accompliſſe, pour que le legs ſoit ouvert. Mais lorſque les conditions ſont appoſées par une conjonctive, comme lorſqu'il eſt dit, *lorſqu'il ſera majeur & marié*, il n'y a ouverture au legs que lorſque toutes les conditions ont été accomplies ; *L. 5*, ff. *De cond. inst.* Il faut au reste bien prendre garde en quel sens le testateur les a entendues. *Voyez la sect. 10, R. 25.*

61. Quoique le légataire, avant que le legs soit ouvert par l'accomplissement de la condition, n'ait encore aucun droit, néanmoins l'espérance qu'il a, suffit pour qu'il puisse faire tous les actes conservatoires du droit qu'il espere avoir un jour. Par exemple, il peut interrompre une prescription, ou s'opposer à un décret, pour la conservation de quelque droit dans l'héritage qui lui a été légué.

§. II.

De ce qui fait condition, ou non, dans les legs.

62. On appelle *condition* un événement incertain, ou un temps incertain de l'événement duquel le testateur a voulu faire dépendre sa disposition ; *dies incertus pro conditione habetur ;* L. 75, ff. *de cond. & dem.*

Un temps ou un événement est réputé incertain, & fait condition dans les legs, quoiqu'il soit certain qu'il arrivera, pourvu qu'il soit incertain si ce sera du vivant du légataire.

En cela les legs different des actes entre vifs. Dans ceux-ci, comme celui qui stipule quelque chose à son profit, est censé le stipuler tant pour lui que pour sa succession, il n'importe que la condition sous laquelle il a stipulé arrive après ou avant sa mort. C'est pourquoi une chose qui doit certainement arriver, ne peut jamais rendre la disposition incertaine & conditionnelle. Au contraire, les legs n'étant faits qu'à la personne du légataire, & conséquemment la condition des legs ne pouvant donner ouverture au legs que lorsqu'elle existe du vivant du légataire, il suffit qu'il soit incertain si une chose arrivera du vivant du légataire, quoique d'ailleurs elle doive certainement arriver, pour qu'elle puisse faire une véritable condition dans les legs.

63. Il n'y a que les choses futures qui puissent faire une véritable condition. C'est pourquoi si quelqu'un, sur le bruit d'une bataille donnée en Allemagne, avoit fait un legs de cette maniere, *Je legue telle chose à Pierre, si mon frere a été tué*, ou *si mon frere est mort*, ce legs n'est pas conditionnel : mais il est d'abord, ou valable, si le frere a été tué ; ou nul, s'il ne l'a pas été. C'est pourquoi, si le testateur meurt, & le légataire ensuite, avant qu'on ait eu la nouvelle de la mort du frere du testateur, le legs n'en aura pas moins été acquis au légataire dès l'instant de la mort du testateur, & le légataire l'aura transmis dans sa succession ; *Nulla est conditio quæ in præteritum confertur, vel quæ in præsenti, veluti si Rex Parthorum vivit ;* L. 10, §. 1, ff. *de cond. instit.*

Lorsqu'une chose qui étoit déja arrivée au temps du testament, est de nature à pouvoir arriver une seconde fois, le testateur qui a mis cette chose pour condition de son legs, lorsqu'il ignoroit que la chose fût arrivée, est censé avoir mis pour condition ce qui est déja arrivé, & non ce qui peut arriver une seconde fois, quoique son legs soit conçu en termes du temps futur. Mais s'il sçavoit que la chose étoit arrivée, le legs sera présumé fait sous la condition, non de la chose qui est déja arrivée, mais de celle qui peut arriver une seconde fois, & sera conditionnel. Par exemple, lorsqu'on a fait un legs à quelqu'un ſous cette condition, *lorſqu'il ſe mariera;* ſi le teſtateur ignoroit qu'il fût marié, le legs ſera préſumé fait ſous la condition du mariage que le teſtateur ignoroit, & par conſéquent pur & ſimple, comme fait ſous la condition improprement dite d'une choſe arrivée. Mais ſi le teſtateur ſçavoit que le légataire étoit marié, le legs eſt conditionnel, comme préſumé fait ſous la condition, non du mariage préſent du légataire, mais d'un ſecond mariage qu'il pourra contracter après la diſſolution de celui-ci; *L. 11 & L. 68*, ff. *de cond. & dem. L. 45*, §. 2, ff. *de leg.* 20.

64. La condition étant, ſuivant notre définition, un *événement incertain*, il s'enſuit qu'une choſe impoſſible ne peut pas faire une condition. Si donc le teſtateur a fait un legs ſous la condition d'une choſe impoſſible, le legs ne ſera pas conditionnel. Mais ſera-t-il nul? ou n'y aura-t-il que la condition qui ſera nulle, & le legs réputé comme s'il étoit fait ſans condition? Ce dernier ſentiment a prévalu: *Obtinuit impoſſibiles conditiones in teſtamento adſcriptas pro non ſcriptis habendas;* L. 3, ff. *de cond. & dem.*

Il en eſt de même des conditions contraires aux loix & aux bonnes mœurs: *Conditiones contrà leges vel contrà bonos mores pro non ſcriptis habentur;* L. 14, ff. *de cod. inſtit.*

Il ne faut pas regarder comme contraire aux loix la condition d'une choſe qui eſt contraire à une loi dont il eſt d'uſage d'obtenir diſpenſe. C'eſt pourquoi ſi on a légué à quelqu'un ſous la condition qu'il épouſeroit ſa couſine germaine, la condition eſt valable.

On peut regarder une condition comme contraire aux bonnes mœurs, non-ſeulement lorſque la choſe miſe pour condition eſt contraire aux bonnes mœurs, mais auſſi lorſqu'il eſt contraire aux bonnes mœurs d'en faire la condition d'un legs. C'eſt ſur ce principe que *Ricard, Tr. des diſpoſit. cond. n. 264*, décide qu'un legs fait à quelqu'un *au cas qu'il ſe faſſe Prêtre*, eſt fait ſous une condition contraire aux bonnes mœurs. Car, quoique ce ne ſoit pas une choſe contraire aux bonnes mœurs que de ſe faire Prêtre, il eſt contre les bonnes mœurs & l'honnêteté publique d'en faire la condition d'un legs, & d'inviter par des vues temporelles le légataire à prendre cet état.

La condition de ne ſe pas marier abſolument, eſt auſſi du nombre de celles qui ſont regardées comme non écrites, étant contraire à l'intérêt public; *L. 63*, §. 1, ff. *ad Treb.* Mais celle de ne ſe pas marier à telle ou telle perſonne, eſt valable; *L. 63; L. 64*, §. 1, ff. *de cond. & dem.* Celle de ne ſe pas remarier eſt auſſi valable, ſuivant la *Novel. 22, cap.* 44, que nous ſuivons.

65. Il ne faut pas non plus prendre pour vraies conditions qui different l'ouverture du legs, celles *quæ vi ipsâ & ex naturâ rei legatæ inſunt.* Par exemple, ſi j'ai légué les fruits qui ſeroient cueillis l'année de mon décès dans un tel jardin; quoique ce legs renferme cette condition, *au cas qu'il s'en trouve à recueillir*, néanmoins ce legs n'eſt pas conditionnel; & le droit en ſera acquis dès l'inſtant de ma mort au légataire, lequel le tranſmettra en ſa ſucceſſion, quoiqu'il meure avant la récolte; *L. 26*, ff. *Q. dies. L. 99;* ff. *cond. & dem.*

66. Obſervez auſſi qu'il faut bien prendre garde ſi la phraſe qui paroît renfermer une condition, ſe réfere à la diſpoſition même; comme lorſque je legue à quelqu'un une telle ſomme, *lorſqu'il ſera majeur;* ou ſi elle ne ſe réfere qu'à

l'exécution de la disposition; comme lorsque je legue à quelqu'un une telle somme, *qui lui sera payée lorsqu'il sera majeur*. Dans la premiere espece, le legs est conditionnel : mais dans la seconde, il est pur & simple, & est ouvert & acquis au légataire dès l'instant de la mort du testateur, & se transmet dans la succession du légataire, quoiqu'il décede avant que d'être parvenu à l'âge de majorité; parce que ces termes, *lorsqu'il sera majeur*, qui sont placés après ceux-ci, *qui lui sera payée*, se réferent à ce qui concerne le paiement & l'exécution du legs, & ne peuvent par conséquent avoir d'autre effet que d'en différer l'exécution : *l. 5, cod. quando dies, leg.* Suivant cette regle, il y a une grande différence entre cette espece, *Je legue à un tel une telle somme lorsqu'il entrera dans le service, pour servir à l'équiper* ; & celle-ci, *Je legue à un tel une telle somme pour servir à l'équiper lorsqu'il entrera dans le service.* Le legs, dans la premiere espece, est conditionnel : mais dans la seconde, il est pur & simple ; parce que cette phrase, *lorsqu'il entrera dans le service* ; ajoutée après celle-ci, *pour servir à l'équiper*, ne se réfere pas à la disposition, mais seulement à ce qui concerne l'emploi & la destination de la somme léguée.

67. Il ne faut pas prendre pour condition dans les testamens, les phrases qui n'expriment que le motif qui a porté le testateur à léguer, ou la destination de la somme ; comme lorsqu'on legue à une fille une certaine somme *pour servir à la marier*, ou à un garçon *pour servir à le faire étudier en Droit*. Ces legs ne sont pas conditionnels ; ils sont dès l'instant de la mort du testateur acquis au légataire qui les transmet dans sa succession, quoique la fille meure avant d'être en âge nubile, & quoique le garçon meure avant que d'être en âge de faire ses études : ces expressions ne sont pas même censées imposer aucune obligation au légataire de suivre les vues du testateur, quand il sera parvenu à un âge suffisant pour cela, & elles ne sont censées renfermer qu'un simple conseil. Si le testateur avoit dit, *si elle se marie*, ou *ou cas qu'elle se marie*, le legs seroit conditionnel.

68. Il faut aussi bien distinguer de la condition, la charge de donner ou de faire quelque chose. La condition suspend le legs, & en arrête l'ouverture jusqu'à ce qu'elle soit accomplie. Au contraire, la charge qui est imposée par le testament au légataire de faire ou de donner quelque chose, ne suspend pas le legs, & n'empêche pas qu'il soit ouvert, & que le droit soit acquis au légataire dès l'instant de la mort du testateur ; de maniere que le légataire puisse le transmettre dans sa succession, quand même il mourroit avant que d'avoir accompli la charge qui lui a été imposée. Il en résulte seulement une exception qu'a l'héritier contre la demande du légataire jusqu'à ce qu'il ait accompli la charge qui lui est imposée : il en résulte aussi une action pour obliger le légataire à l'accomplir, comme nous le verrons *infrà*.

Les termes qui expriment la condition sont ceux-ci, *si*, *au cas que*, *quand*, *lorsque*. Au contraire ceux-ci, *à la charge que*, *à condition que*, &c. n'expriment qu'une charge imposée au légataire. Par exemple, si quelqu'un a légué ainsi : Je legue telle chose à un tel, *s'il me fait une épitaphe* ; le legs est conditionnel, & n'est ouvert que lorsque le légataire aura fait l'épitaphe. Au contraire, s'il est dit, *à condition qu'il me fera une épitaphe*, c'est un legs *sub modo relictum*, qui est ouvert & acquis au légataire dès l'instant de la mort du testateur; *d. l. 80.*

Lorsque le testateur s'est exprimé par le gérondif, comme lorsqu'il a légué de cette maniere : *Je legue à un tel une telle maison, en donnant par lui à mon héritier la somme de tant;* ou bien, *je legue telle chose à un tel, en faisant par lui telle chose;* c'est une question si ce gérondif exprime une condition, ou seulement une simple charge de donner ou de faire quelque chose? Dumoulin, *in Cons. Par.* §. 20, *gl.* 7, suit cette distinction de Barthole. Si le gérondif est régi par le temps du présent, comme dans les especes ci-dessus proposées, il n'exprime qu'une simple charge de donner ou de faire. Si au contraire il est régi par le temps du futur, il exprime une condition; comme s'il est dit : *Un tel recevra de mon héritier telle somme, en faisant telle chose.* Dans le doute sur le sens des termes, on doit plutôt croire qu'ils expriment une simple charge plutôt qu'une condition; *Molin. d. gl. n.* 3.

§. II.

Quand & comment une condition doit-elle être accomplie, ou réputée pour accomplie, pour donner ouverture au legs.

69. Une condition *positive*, c'est-à-dire, *au cas que telle chose arrive*, est accomplie, lorsque la chose mise pour condition est arrivée. Une condition *négative*, c'est-à-dire, *au cas que telle chose n'arrive pas* ou *ne se fasse pas*, n'est accomplie que lorsqu'il devient certain que la chose n'arrivera pas ou ne se fera pas.

70. Quoique la chose léguée soit divisible, & que ce qui a été mis pour condition du legs soit aussi quelque chose de divisible, s'il n'y a qu'un légataire à qui elle a été imposée, la condition n'est censée accomplie à l'effet de pouvoir donner ouverture au legs, que lorsqu'elle est totalement accomplie; *l.* 23, ff. *de cond. & dem.*

S'il y a deux légataires auxquels la condition ait été imposée, l'un d'eux en l'accomplissant pour sa part, donne ouverture au legs pour sa part; & le legs pour l'autre part demeure en suspens, jusqu'à ce que l'autre légataire ait accompli la condition pour ce qui en reste à accomplir; *d. l.* 56, ff. *d. T.*

Cette décision a lieu lorsque la condition consiste dans quelque chose de divisible; comme lorsqu'on a légué à deux personnes un tel héritage, si elles donnoient à un tel 2,000 livres. Mais lorsque la condition consiste dans quelque chose d'indivisible, comme lorsque j'ai fait un legs à deux Architectes, *s'ils construisoient un tel bâtiment*, il est évident que la condition ne peut s'accomplir que pour le total : mais les anciens Jurisconsultes avoient douté si elle devoit être accomplie par les deux légataires, ou si l'un d'eux, en l'accomplissant seul, pouvoit donner lieu à l'ouverture du legs. Justinien a défini qu'il le pouvoit; *l.* 6, *Cod. de cond. Inf. tam. leg. &c. Cujac. ad d. tit.*

71. Observez aussi que pour que l'accomplissement de la condition donne ouverture au legs, il faut que la condition soit accomplie dans le terme que

le

le testateur a limité. Inutilement l'accompliroit-on après l'expiration de ce terme; *l. 41*, §. *12*, ff. *Fid. lib. 1.*

Si le testateur n'a limité aucun terme pour l'accomplissement de la condition, il n'importe en quel tems la condition soit accomplie.

Cette regle souffre exception à l'égard de certaines conditions qu'on appelle *promiscuæ*, qui consistent *in dando*, ou dans quelque fait qui dépende de la volonté du légataire à qui la condition est imposée. Ces conditions ne peuvent s'accomplir que depuis que le légataire a eu connoissance du legs: *nam si fato fecerit, non videtur obtemperasse voluntati; l. 2, de cond. & dem.*

Il faut aussi que le légataire accomplisse ces sortes de conditions aussi-tôt qu'il lui est possible; *l. 29*, ff. *d. tit.* ce qui doit être arbitré par le Juge.

72. Il y a ouverture au legs, non-seulement par l'accomplissement effectif de la condition, mais aussi toutes les fois qu'elle est réputée pour accomplie.

C'est un principe commun à toutes les conditions, qu'une condition est réputée pour accomplie toutes les fois que c'est par le fait de l'héritier ou autre qui a été grevé du legs, qu'elle ne l'a pas été: *Pro impletâ habetur conditio, quùm per eum stat qui, si impleta esset, debiturus erat. L. 81*, §. *1*, ff. *de cond. & dem.*

On ne doit pas néanmoins dire que c'est par le fait de l'héritier que la condition n'a pas été accomplie, lorsque ce n'est qu'indirectement & sans dessein qu'il a mis obstacle à son accomplissement.

Supposons qu'on a fait un legs à quelqu'un sous cette condition, *s'il donne mille livres à un tel dans l'année de ma mort;* & qu'après la mort du testateur, l'héritier, qui étoit de son chef créancier de ce légataire d'une somme considérable, l'ait fait saisir en ses meubles pour avoir paiement de ce qui lui étoit dû, & l'ait mis par ce moyen hors d'état de satisfaire à la condition du legs: on ne dira pas pour cela que c'est par le fait de l'héritier que le légataire n'a pas accompli la condition; car l'héritier n'a usé que de son droit en se faisant payer de ce qui lui étoit dû, & n'a pas eu dessein de mettre obstacle à l'accomplissement de la condition du legs. C'est en ce sens que Paul dit: *Non omne ab heredis personâ interveniens impedimentum pro expletâ conditione cedit. L. 38*, ff. *de statu l.*

Observez, à l'égard de notre principe, une différence entre les conditions dont l'accomplissement est momentané, & celles qui ne peuvent s'accomplir que par succession de tems. Les premieres sont réputées pour accomplies aussi-tôt & dès le premier moment que le légataire s'étant présenté pour accomplir entiérement la condition, l'héritier ne l'a pas souffert. Il n'en est pas de même des autres: par exemple, dans l'espece d'un legs fait à un vigneron sous cette condition, s'il fait dix journées à ma vigne; la condition ne sera pas réputée pour accomplie dès la premiere fois qu'il se sera présenté, & qu'il aura été empêché par l'héritier de travailler: elle ne le sera qu'après qu'il s'y sera présenté à dix jours différens; *L. 20*, §. *5*, ff. *de statu l.*

Observez aussi que si l'héritier n'a empêché l'accomplissement que d'une partie de la condition, elle n'est réputée pour accomplie que pour cette partie, & il n'y aura ouverture au legs que lorsque le légataire l'aura accomplie pour le surplus; *l. 3*, §. *13*, *l. 18*, ff. *de statu lib.*

73. Il y a un principe qui est particulier aux conditions potestatives. On appelle de ce nom les conditions qui consistent dans un fait qui dépend uniquement de la volonté du légataire à qui elles sont imposées. Le principe à l'égard de ces conditions, est qu'elles sont réputées pour accomplies aussi-tôt qu'elles ont cessé de pouvoir l'être, sans qu'il ait tenu au légataire qu'elles le fussent. Par exemple, si un legs a été fait à quelqu'un sous cette condition, *s'il envoie son fils au College de sainte Barbe aussi-tôt qu'il sera en âge d'y aller*; la mort de l'enfant avant l'âge pour y aller, fera réputer la condition pour accomplie; *L. 54*, §. 2, ff. *de leg. 10.*

Il n'en est pas de même des conditions mixtes. On appelle de ce nom celles qui ne dépendent pas uniquement du légataire, mais pour l'accomplissement desquelles il faut avec sa volonté le concours de la volonté d'un tiers: telles sont celles-ci : *s'il épouse ma filleule*, *s'il prend Pierre à son service*, &c. Pour que ces conditions mixtes soient réputées pour accomplies, il ne suffit pas, comme à l'égard des potestatives, qu'elles aient cessé de pouvoir l'être sans qu'il ait tenu au légataire qu'elles le fussent. Par exemple, cette condition, *s'il épouse ma filleule*, n'est pas réputée pour accomplie par la mort de ma filleule avant que le légataire ait pu l'épouser; *L. 4*, *Cod. de cond. insert. tam legat.* Mais ces conditions sont réputées pour accomplies, lorsque le légataire se mettant de son côté en devoir de les accomplir, il tient à la tierce personne qu'elles ne le soient. Par exemple, cette condition, *s'il épouse ma filleule*, sera réputée pour accomplie, si le légataire l'ayant demandée en mariage, elle a refusé de l'épouser; *L. 31*, ff. *de cond. & dem. adde L. 3*, *& L. 11*, ff. *Cond. inst.*

SECTION VI.

Des Droits que l'ouverture des legs ou fidéicommis donne aux Légataires ou Fidéicommissaires; & de leurs obligations.

74. L'ouverture des legs ou fidéicommis donne aux légataires ou fidéicommissaires, 1°. la propriété des choses léguées; 2°. une action personnelle *ex testamento* contre les héritiers ou autres personnes qui en sont grevées, pour en avoir la délivrance; 3°. une hypotheque sur les biens de la succession auxquels ont succédé les héritiers grevés de la prestation du legs.

ARTICLE PREMIER.

De la translation de propriété des choses léguées en la personne des Légataires ou Fidéicommissaires.

75. La propriété des choses léguées, lorsque ce sont des corps certains dont le défunt étoit propriétaire lors de son décès, est transférée de plein droit par la vertu de la Loi, en la personne des légataires ou fidéicommissaires, dès l'instant de l'ouverture du legs ou fidéicommis; & par conséquent dès

l'instant de la mort du testateur, si c'est un legs qui n'étant suspendu par aucune condition, est ouvert dès ce temps; *L. 80*, ff. *de legat.* 20.

Néanmoins la possession des choses léguées demeure pardevers l'héritier; & comme juste possesseur, il a droit d'en percevoir à son profit les fruits, même depuis l'ouverture du legs ou fidéicommis, soit particulier, soit universel, jusqu'à ce qu'il en ait saisi le légataire ou fidéicommissaire, ou qu'il ait été mis en demeure de le faire par une demande judiciaire que doit donner contre lui le légataire ou fidéicommissaire; *Ord. de 1748*, 4, *p. 1*, *art.* 40.

Le légataire ou fidéicommissaire, quoique devenu propriétaire des choses léguées, ne peut donc pas de lui-même s'en mettre en possession; *toto tit.* ff. *quod legat.* il faut qu'il s'en fasse saisir.

Cela a lieu, quand même le testateur auroit expressément ordonné par son testament que le légataire seroit saisi de plein droit des choses qu'il lui legue, & qu'il pourroit s'en mettre en possession: car le testateur ne peut pas, par sa seule volonté, transférer après sa mort au légataire la possession des choses dont la Loi saisit son héritier; *Nemo potest cavere ne leges in testamento suo locum habeant.*

Cette délivrance est si nécessaire, qu'un légataire universel ayant obtenu du Juge, lors de la levée des scellés, la délivrance des effets & titres d'une succession qui étoient sous les scellés, sans en avoir demandé la délivrance à l'héritier, il fut condamné envers l'héritier à la restitution des fruits des héritages de la succession, depuis le jour qu'il s'en étoit mis en possession, jusqu'au saisissement de son legs; *Arrêt du 16 Mars 1717, au T. 6 du Journal.*

De ce droit de propriété que la Loi transfere au légataire, naît une action de revendication contre les tiers détenteurs qui se trouveroient en possession des choses qui lui ont été léguées. Mais selon nos usages, il ne peut intenter contre eux cette action, qu'il ne se soit préalablement fait saisir de son legs par l'héritier; *Ord. de 1748*, *p. 1*, *art. 40.*

Il est évident que cette translation de propriété qu'opere l'ouverture des legs ou fidéicommis ne peut avoir lieu lorsque les choses léguées n'appartenoient pas au testateur, ni à l'égard des legs de choses indéterminées, ou de sommes d'argent.

ARTICLE II.

De l'action personnelle ex testamento.

76. L'héritier, en acceptant la succession, s'oblige *ex quasi contractu*, envers les légataires & fidéicommissaires, à la prestation des legs & fidéicommis dont il est grevé envers eux; & de cette obligation naît l'action personnelle *ex testamento* qu'ont les légataires & fidéicommissaires pour en être payés.

Cette acceptation de la succession ayant un effet rétroactif au temps du décès, l'obligation qui en résulte a le même effet rétroactif; & en conséquence l'action *ex testamento* qui en naît, est censée acquise dès ce tems aux légataires, lorsque leur legs n'est suspendu par aucune condition.

§. I.

Contre qui se donne cette action.

77. Lorsque le testateur n'a grevé nommément personne de la prestation du legs, si le legs est d'un corps certain dépendant de la succession, il n'y a que les héritiers qui succedent au genre de biens dans lequel se trouve la chose léguée, qui en soient tenus; & ils le sont chacun pour la part pour laquelle ils y succedent. Lorsque le legs n'est pas d'un corps certain dépendant de la succession, mais ou d'une somme d'argent, ou d'une chose indéterminée, ou d'un corps certain qui appartient à un tiers, tous les héritiers en sont tenus, chacun pour la part qu'il a en la succession; & cette action doit se donner contre chacun d'eux pour la part dont il en est tenu; *L. 33*, ff. *Leg. 20;* à moins qu'il ne parût que le testateur ait voulu qu'ils en fussent tenus solidairement. Cette volonté ne se présume pas de cela seul que le legs a été fait pour cause d'alimens; *L. 3*, ff. *de alim. leg. in fin.* On le présumeroit plus facilement, s'il y avoit dans le testateur une obligation naturelle de pourvoir aux alimens du légataire, comme en l'espece de l'Arrêt cité par *Ricard, p. 2, n. 35 & 36.*

Lorsqu'il y a un héritier aux meubles & acquêts, & un autre héritier aux propres, il y en a qui pensent que la Coutume ne donne d'autre droit à l'héritier aux propres que celui de retenir les quatre quints pour se décharger des legs en abandonnant en entier le quint disponible; & que lorsqu'il ne l'abandonne pas, il doit contribuer aux legs à proportion du total des propres auxquels il succede. L'opinion contraire me paroît plus réguliere. Les legs ne sont point, comme les dettes, une charge de tous les biens; ils ne sont une charge que des biens disponibles: l'héritier aux propres ne doit donc contribuer à cette charge que pour le quint disponible des propres, à moins que le testateur n'en ait ordonné autrement; *Ricard, p. 11, n. 21.*

78. Lorsque le testateur a nommé celui ou ceux de ses héritiers qu'il chargeoit de la prestation du legs, le légataire peut demander le paiement de son legs pour le total à celui qui en a été chargé; & s'ils sont plusieurs qui en aient été chargés, ils en sont tenus *viritim*, c'est-à-dire, par portions égales; *L. 124*, ff. *de leg. 1.*

Mais comme notre Coutume ne permet pas que quelqu'un puisse avantager l'un de ses héritiers qui viennent ensemble à la succession d'une même espece de biens plus que les autres, & qu'en chargeant quelqu'un de ses héritiers plutôt que les autres de la prestation des legs, ce seroit avantager indirectement ceux qu'il n'en a pas chargés; ceux qui en ont été chargés peuvent s'en faire récompenser par les autres pour la part qu'ils ont en la succession: mais ils ne peuvent pas y faire contribuer les héritiers qui succedent à une autre espece de biens; car ils ne sont pas proprement cohéritiers; *Ricard, ibid.*

79. Lorsqu'un héritier ou autre personne que le testateur a nommément grevé de la prestation de quelque legs ou fidéicommis, ne recueille pas les biens que le testateur lui a laissés, soit par son prédécès, soit parce qu'il les

a répudiés, ou par quelque autre maniere que ce ſoit, ceux qui les recueillent à ſa place, ſont tenus à ſa place de la preſtation des legs ou fidéicommis dont il avoit été grevé; *L.* 49, §. *fin. l.* 61, §. 1; *l.* 77, §. 7, ff. *leg.* 2.

Il y avoit néanmoins à cet égard quelques diſtinctions dans le Droit Romain; mais qui étant fondées ſur des raiſons de ſubtilité, ne ſont pas ſuivies parmi nous.

80. Lorſqu'il y a un exécuteur teſtamentaire, l'action *ex teſtamento* ſe donne ordinairement contre lui; mais il doit la dénoncer aux héritiers, & ne délivrer les legs que de leur conſentement : car ce ſont eux qui en ſont les vrais débiteurs. C'eſt pourquoi cette action pourroit auſſi, quoiqu'il y ait un exécuteur, ſe donner directement contre les héritiers, leſquels en ce cas la dénonceroient à l'exécuteur qui eſt ſaiſi des biens, pour qu'il acquitte les legs à leur décharge.

§. II.

Quand & où les legs ou fidéicommis doivent-ils être acquittés.

81. Il eſt évident qu'un légataire ne peut demander la délivrance de ſon legs avant qu'il ſoit ouvert. D'où il ſuit que lorſque le legs eſt conditionnel, il ne peut le demander avant que la condition ſoit accomplie ou réputée accomplie.

Cette regle néanmoins ſouffre exception à l'égard des legs faits ſous quelque condition *in non faciendo*, qui ne peut s'accomplir que par la mort du légataire; tel qu'eſt celui qui ſeroit fait à une veuve, *ſi elle ne ſe remarie pas.* Il a été favorablement admis, ſelon le ſentiment du Juriſconſulte Mucius, que le légataire pouvoit en ce cas, ſans attendre l'accompliſſement de la condition, qui ne pouvoit s'accomplir que par ſa mort, demander la délivrance de ſon legs, aux offres de donner caution de rendre la choſe léguée avec tous les fruits qu'il en auroit perçus, dans le cas auquel il contreviendroit à la condition qui lui eſt preſcrite; *L.* 7, *l.* 79, §. 2, ff. *de cond. & dem.* La raiſon de cette Juriſprudence eſt, que ſans cela le légataire ne pourroit jamais profiter du legs qui lui a été fait; ce qui ſeroit contraire à l'intention du teſtateur.

82. Quoique le legs ſoit ouvert, le légataire ne peut pas toujours auſſi-tôt en exiger le paiement : car s'il y a un terme porté par le teſtament pour le paiement du legs, il faut attendre l'expiration du terme.

Cette regle a ſur-tout lieu lorſque le terme eſt appoſé en faveur de l'héritier ou autre qui eſt grevé de la preſtation du legs; & la préſomption eſt que c'eſt en ſa faveur qu'il eſt appoſé. Mais lorſqu'il paroît par les circonſtances que ce n'eſt point en faveur du grevé, mais uniquement en faveur du légataire que le terme a été appoſé, dans la vue de conſerver au légataire la ſomme qui lui a été léguée, le legs peut être exigé avant le terme, lorſque la cauſe pour laquelle il paroît que le teſtateur en avoit voulu différer le paiement, vient à ceſſer; comme dans l'eſpece ſuivante. Un teſtateur a légué à un mineur une certaine ſomme, & a ordonné qu'elle ſeroit remiſe à un tiers, qui en paieroit les intérêts au mineur juſqu'à ce qu'il fût parvenu à un certain âge. Scévola décide en la Loi 62, §. 1, ff. *ad Treb.* que le mineur étant mort avant cet âge, la somme pouvoit être exigée avant le terme : car il paroît que ce n'est pas en faveur de celui qui avoit été chargé de payer la somme au temps marqué, que le testateur avoit apposé le terme, puisqu'il le chargeoit d'en payer l'intérêt pendant ce temps ; mais uniquement dans la vue de conserver la somme au mineur.

83. Observez que le terme dont on doit attendre l'expiration, est celui qui est apposé à la disposition. A l'égard de celui qui n'a été apposé qu'à la condition, aussi-tôt que la condition a été accomplie, on peut exiger le legs sans attendre l'expiration de ce terme. Par exemple, si l'on a fait à Pierre le legs d'une telle maison sous cette condition, *s'il donne une telle somme dans les trois ans, en trois termes, d'année en année ;* Pierre peut incontinent exiger le legs de la maison en offrant toute la somme, sans attendre l'expiration du terme de trois ans, qui n'a été apposé qu'à la condition ; *arg. l. 3, §. 14, de statu l. & passim.*

Mais lorsque le terme apposé à la condition paroît l'être pareillement à la disposition ; quoique la condition ait été accomplie, il faut attendre l'expiration du terme pour pouvoir exiger le legs. C'est ce que Pomponius décide en la Loi 4, §. 1, ff. *de cond. & dem.* en cette espece : *Si in quinquennio, Titio filius non erit, tùm decem Seio heres dato.* Quoique la mort de Titius, arrivée avant l'expiration des cinq ans, ait accompli la condition, étant certain par sa mort qu'il n'aura pas d'enfans, néanmoins le legs ne pourra être exigé qu'après l'expiration du terme ; parce que l'adverbe *tùm*, qui signifie *pour-lors*, ou bien *ledit temps passé*, applique le terme de cinq ans à la disposition aussi-bien qu'à la condition.

84. Quoique les legs & fidéicommis ne puissent être exigés avant l'expiration du terme, ni encore moins avant leur ouverture, néanmoins l'héritier ou autre grevé peut, pour exécuter plus pleinement les volontés du défunt, en faire la délivrance sans attendre l'expiration du terme, & même avant leur ouverture. Mais si le grevé qui a fait cette délivrance anticipée, est un homme obéré qui n'a pas sur ses propres biens de quoi satisfaire ses propres créanciers, cette délivrance anticipée passe dans notre Droit pour faite en fraude des créanciers du grevé ; & en conséquence lesdits créanciers, même chirographaires, pourvu que leurs créances aient une date certaine qui soit antérieure à cette délivrance anticipée, ont l'action révocatoire contre les légataires ou substitués, afin de pouvoir se venger sur les fruits des biens dont la délivrance anticipée a été faite, pendant tout le temps que le grevé leur débiteur auroit eu le droit d'en jouir ; *Ord. de 1748, p. 1, art. 42.* En cela les principes de notre Droit sont opposés à ceux du Droit Romain, *l. 19 & 20, ff. his quæ in fraud. cred.*

A plus forte raison, lorsqu'un grevé de substitution a aliéné quelqu'un des biens compris en ladite substitution, la restitution anticipée qu'il fait ensuite de ladite substitution ne doit pas nuire à l'acquéreur ; & en conséquence il ne pourra être évincé pendant tout le temps pendant lequel le grevé de qui il a acquis auroit eu le droit de jouir des biens substitués ; *Ord. de 1748, p. 1, art. 43.*

85. Lorsque la délivrance anticipée du legs ou du fidéicommis a été faite à des personnes qui depuis sont mortes avant la condition qui doit y donner ouverture ; & que lors de l'existence de cette condition, il s'en trouve d'autres qui sont appellées au legs ou fidéicommis, c'est à celles-ci que le legs ou fidéicommis doit appartenir ; & le grevé n'en est pas libéré envers elles par la délivrance anticipée qu'il en a faite aux personnes qui, par leur prédécès avant l'ouverture du legs ou fidéicommis, se trouvent n'être pas celles à qui il devoit appartenir ; *L. 41, §. 12, ff. de leg. 3 ; l. 114, §. 11, ff. de leg. 1.*

86. Quoique ces personnes se trouvent par l'événement n'avoir pas été celles à qui le legs ou fidéicommis devoit appartenir, néanmoins leur succession n'est pas tenue à la restitution des fruits qu'elles ont perçus avant l'ouverture du legs ou fidéicommis. Elles ne peuvent l'être ni envers le véritable légataire ou substitué, les fruits ne lui pouvant appartenir que depuis l'ouverture du legs ou fidéicommis, & même seulement depuis sa demande après ladite ouverture ; ni envers le grevé, qui, par la délivrance qu'il leur a faite, a volontairement renoncé en leur faveur au droit qu'il avoit de jouir des biens compris audit legs ou fidéicommis jusqu'à son ouverture : c'est pourquoi Ricard, *Tr. des Subst. p. 2, n. 37*, dit que cette restitution anticipée est valable vis-à-vis d'eux.

Par la même raison, lorsque celui à qui la délivrance anticipée a été faite, & qui est mort depuis, avant l'ouverture du fidéicommis, y étoit seul appellé ; de maniere que si la délivrance ne lui en eût pas été faite, le legs ou fidéicommis auroit été caduc ; la délivrance qui lui en a été faite est valable, & sa succession n'est sujette à aucune répétition : car le grevé étant en ce cas le seul qui eût intérêt que le legs ou fidéicommis dépendît de la condition que le testateur y avoit apposée, il a pu valablement convenir avec le légataire ou fidéicommissaire qu'il n'en dépendroit pas.

Cette décision a lieu, pourvu que le grevé, lorsqu'il a fait la restitution anticipée, eût connoissance de la condition qui suspendoit le legs ou le fidéicommis : car s'il n'en avoit pas connoissance, il n'est pas douteux qu'il a la répétition *condictione indebiti ; L. 1, §. 1, ff. de cond. ind.* Mais s'il en avoit connoissance, il ne peut avoir aucune répétition : car si dans la these générale, celui qui paie sciemment ce qu'il ne doit pas, n'en a aucune répétition, *l. 9, Cod. de cond. ind.*, à plus forte raison dans cette espece le grevé n'est pas recevable à répéter ce qu'il a payé avant la condition, ayant eu un motif plausible pour le faire ; sçavoir, celui de remplir plus parfaitement la volonté du défunt.

87. Lorsque le legs n'est suspendu par aucune condition, & que le testament ne porte aucun terme pour le paiement, ou que celui qui y est porté est expiré, l'héritier qui a pris qualité, ou qui a laissé passer ses délais pour la prendre, ne peut éviter d'être condamné à payer les choses ou sommes léguées : le Juge néanmoins peut quelquefois, pour des causes raisonnables, lui accorder quelque délai modique ; *l. 71, §. 2, l. 69, §. 4, ff. de leg. 1.*

Observez que lorsque le testament est olographe, & qu'il n'a pas été reconnu par le teſtateur pardevant Notaires, il faut, avant que les légataires puiſſent obtenir Sentence de délivrance des legs qui y ſont contenus, qu'il ait été reconnu par l'héritier, ou ſur ſon refus, vérifié par experts : mais lorſqu'il a été reçu par perſonne publique, l'accuſation de faux n'en retarderoit pas l'exécution; *l. 9, Cod. de leg.*

88. Lorſque la choſe léguée eſt un corps certain qui dépend de la ſucceſſion, elle doit être délivrée au lieu où elle s'eſt trouvée lors du décès du teſtateur, & le légataire ou fidéicommiſſaire doit à ſes frais l'envoyer chercher; à moins que le teſtateur n'en eût ordonné autrement. Si l'héritier malicieuſement l'a transférée dans un endroit plus éloigné, le légataire en doit être indemniſé; *l. 47*, ff. *de legat. 1.*

Lorſque le legs eſt d'une ſomme d'argent, ou d'une choſe indéterminée, le legs doit être payé, ou la délivrance en doit être demandée : *Ubi petitur, d. l. 47, §. 1.*

§. III.

Comment la choſe léguée doit-elle être délivrée.

89. La délivrance du legs conſiſte à mettre le légataire ou fidéicommiſſaire en poſſeſſion de la choſe léguée : *Debet in vacuam rei poſſeſſionem induci.* Comme cela ne ſe peut faire lorſque la choſe léguée ſe trouve engagée pour quelque dette, l'héritier eſt obligé de la dégager. Cela eſt indiſtinctement vrai, lorſque c'eſt pour une dette de la ſucceſſion. Si c'eſt pour la dette d'un tiers, l'héritier eſt tenu pareillement de la dégager lorſque teſtateur a ſçu qu'elle étoit engagée, ou qu'il y a de fortes raiſons de préſumer que le teſtateur, qui ne le ſçavoit pas, n'auroit pas laiſſé de faire le legs s'il l'eût ſçu; *L. 57*, ff. *de leg. 1; L. 6, Cod. de fideic.*

90. De ce principe les Juriſconſultes Romains avoient conclu que l'héritier devoit auſſi racheter l'uſufruit dont la choſe léguée ſe trouvoit chargée, le légataire ne pouvant pas ſans cela être mis en poſſeſſion de la choſe; *L. 66, §. 6*, ff. *de leg.* 22. Je penſerois que cette déciſion ne doit pas parmi nous être ſuivie. Il y a grande différence entre l'uſufruit & le gage. La choſe léguée ne pourroit jamais être délivrée, ſi l'héritier n'étoit obligé de la dégager : mais l'uſufruit étant de nature à s'éteindre un jour, on doit préſumer que le teſtateur a voulu que la choſe fût délivrée au légataire lorſqu'elle pourroit l'être, & que l'uſufruit ſeroit éteint; *cùm non facilè quis præſumatur heredem ſuum redemptione onerare velle.*

A l'égard des autres ſervitudes dont la choſe léguée eſt chargée, l'héritier n'eſt pas obligé de les racheter, & il lui ſuffit de laiſſer la choſe en l'état qu'elle eſt. On doit même lui conſerver celles qu'il avoit ſur l'héritage légué; *L. 18*, ff. *de ſervitut. & paſſim.*

91. Le principe ci-deſſus établi, que le légataire *debet in vacuam rei poſſeſſionem induci*, a ſervi de fondement à la Juriſprudence, que l'héritier doit acquitter les droits d'amortiſſement & indemnité, lorſqu'un héritage a été légué à des gens de main-morte, comme on le pouvoit faire avant l'Edit de 1749; ces gens ne pouvant pas ſans cela être mis en libre poſſeſſion de la choſe

chose léguée. Il en est autrement, lorsque l'héritage leur a été donné entre vifs. La raison de différence est que les actes entre vifs sont de droit étroit, & qu'il a été au pouvoir du donataire, qui étoit partie à l'acte, de faire expliquer le donateur.

A l'égard des profits, ils doivent être acquittés par les gens de main-morte à qui le legs a été fait; car ce sont des charges de l'héritage qui leur est légué.

§. IV.

En quel état, & avec quels accessoires la chose léguée doit être délivrée; & en quel cas l'estimation est-elle dûe à la place de la chose.

92. Lorsque le legs est d'une chose indéterminée, il faut en donner une qui, lors de la délivrance qu'on en fait, soit en bon état, & soit d'une bonté commune & ordinaire.

Le légataire ne peut demander ce qu'il y a de meilleur, ni l'héritier offrir ce qu'il y a de pire; *L. 37*, ff. *de legat. 1.*

93. Lorsque la chose léguée est un corps certain, elle doit être délivrée en l'état qu'elle se trouve. Le légataire profite des augmentations & accroissemens que la chose a réçus depuis la confection du testament; & si elle a été diminuée ou dégradée, il en souffre la perte. Cela a lieu, soit que ces augmentations ou diminutions soient survenues du vivant du testateur, sans son fait ou par son fait, soit par une union ou désunion réelle, soit par une union ou désunion de simple destination; *L. 24*, §. *2*, ff. *de leg. 1*; *L. 39*, ff. *de leg. 2*; *L. 16*, ff. *de leg. 3.*

A l'égard des augmentations survenues depuis la mort du testateur, si elles sont survenues naturellement & sans le fait de l'héritier, comme est une alluvion, il n'est pas douteux que le légataire en profite. Mais si elles ont été faites aux dépens de l'héritier, il doit permettre à l'héritier de les enlever, si mieux il n'aime lui en rembourser le coût.

Le légataire supporte aussi les diminutions survenues en la chose sans le fait de l'héritier, sur-tout lorsqu'il n'étoit pas encore en demeure de délivrer la chose.

Si la chose a été dégradée par la faute de l'héritier ou autre personne grevée du legs ou fidéicommis, le grevé en doit indemniser le légataire; il est à cet égard tenu de la faute commune, *de levi culpâ.* En un cas, il n'est tenu que *de dolo & latâ culpâ*; sçavoir, lorsque c'est une personne qui n'a été interposée que pour rendre la chose, sans profiter des biens du testateur; *L. 108*, §. *12*, ff. *de leg. 1.*

Lorsque le grevé a été en demeure de faire délivrance, il est tenu de la perte survenue, quoique sans sa faute, dans le cas auquel le légataire ne l'eût pas pareillement soufferte, si elle lui eût été délivrée; *d. L. 108*, §. *11.*

94. La chose léguée doit être délivrée avec ses accessoires, tels que sont, à l'égard d'un héritage, les titres, les clefs; tel qu'est le droit de passage par les héritages de la succession, lorsqu'il est absolument nécessaire pour aller

à celui dont le testateur a légué à quelqu'un l'usufruit; *L.* 2, §. 2, ff. *si serv. vind.*

Suivant les principes du Droit Romain, les bestiaux, & autres meubles qui servent à la culture d'un héritage, ne sont pas censés compris dans le legs de cet héritage; à moins qu'il n'ait été expressément légué *cum instrumento*, ou *ut instructus est*; *L.* 2, §. 1, ff. *de instr. fund.*; *L. fin.* ff. *de suppell. leg.* Mais l'Ordonnance de 1748, *p.* 1, *art.* 6, veut que ces choses soient comprises dans les substitutions des terres. Le motif paroît être une raison politique, de peur que des terres qui seroient délivrées sans bestiaux à des substitués qui souvent ne seroient pas en argent comptant pour les bien embestialer, ne fussent mal cultivées. Ce que l'Ordonnance a décidé pour les substitutions, paroît devoir s'étendre aux legs directs, y ayant même raison. Cela sur-tout est hors de doute, lorsque le legs particulier d'une terre est grevé de substitution; les bestiaux, &c. ne pouvant être compris dans la substitution qu'ils ne le soient dans le legs.

95. Les fruits perçus depuis la demande en saisissement de legs, sous la déduction des impenses faites par l'héritier pour les faire venir, & non de celles faites par le testateur, & les intérêts des sommes léguées courus depuis ce jour, sont aussi des accessoires qui peuvent être prétendus par les légataires; *Paulus*, *sentent.* III, 7, *fin.* Mais ceux perçus avant appartiennent à l'héritier, suivant qu'il a été dit ci-dessus, *n.*° 74. Il me paroît que c'est mal-à-propos que Ricard & Lebrun en exceptent ceux qui étoient pendans lors de l'ouverture du legs; parce que, disent-ils, ils faisoient partie de l'héritage légué, & que l'héritier, en les percevant, a diminué cet héritage par son fait. La réponse est, que la regle qui charge l'héritier de la diminution arrivée par son fait sur l'héritage légué, souffre exception, lorsqu'il n'a fait qu'user du droit qu'il avoit de percevoir les fruits, comme juste possesseur. La Loi *Si pendentes*, 27, ff. *de usufr.* sur laquelle il paroît que ces Auteurs se fondent, n'a pas été par eux bien entendue : il est absolument nécessaire de supposer que dans l'espece de cette Loi le légataire avoit eu délivrance de son legs & étoit entré en jouissance de l'héritage avant la récolte; puisque, suivant les principes du Droit Romain les plus connus, les fruits n'étoient acquis à l'usufruitier que lorsqu'ils avoient été perçus par lui ou par quelqu'un de son ordre; *L.* 13, ff. *q. m. usufr. am.* La seule question de la Loi étoit de sçavoir si l'usufruitier, quoique entré en possession avant la récolte, avoit droit de percevoir les fruits qui étoient venus à maturité par les soins du défunt, & non par les siens.

Les fruits & les intérêts sont dûs au légataire du jour de la demande en saisissement de legs, quoiqu'il n'y ait pas conclu par sa demande, mais long-temps après, dans le cours de l'instance : car il suffit que l'héritier ait été constitué en demeure par sa demande, pour qu'il ait dès-lors contracté l'obligation de faire raison des fruits & intérêts qu'il a fait perdre au légataire par sa demeure; *Ricard*, *p.* 2, *n.* 105.

96. Quelquefois le légataire peut prétendre les fruits perçus & les intérêts courus avant sa demande; sçavoir, lorsqu'il justifie de quelque manœuvre par laquelle l'héritier, en lui cachant le legs, l'auroit empêché d'en demander

la délivrance aussi-tôt son ouverture. La *Novelle 132*, *cap. 12*, veut aussi que dans les legs pour cause pie, les fruits & les intérêts soient dûs du jour de la mort du testateur : mais elle n'est pas suivie parmi nous, non plus que le privilege qu'avoient les mineurs par le Droit Romain, que leurs débiteurs étoient censés en demeure *ex solâ tardâ solutione*, sans interpellation; *Ricard*, *p. 2*, *n. 109 & 110*.

Si le testateur avoit expressément ordonné que la chose seroit délivrée au légataire, avec tous les fruits qui en seroient perçus depuis sa mort, ou qu'il y eût des circonstances assez fortes pour faire présumer sa volonté à cet égard, les fruits lui seroient dûs, non comme un accessoire, mais comme étant principalement légués avec la chose; *Ricard*, ibid. *n. 111 & 114*.

97. L'héritier est obligé de donner à l'héritier l'estimation de la chose à la place de la chose, en deux cas; sçavoir, 1°. lorsqu'elle existe & appartient à un tiers qui ne veut pas la vendre; 2°. lorsqu'elle a péri ou a été volée ou perdue par la faute de l'héritier, ou sans sa faute, mais depuis sa demeure, dans le cas auquel le légataire n'auroit pas souffert cette perte, si elle lui eût été délivrée lorsqu'il l'a demandée.

Lorsqu'il y a plusieurs héritiers grevés du legs, il n'y a que celui qui a été mis en demeure, ou par la faute de qui la chose est périe, qui en doit l'estimation; *L. 48*, §. *1*, ff. *de leg. 10*. En cela ils different des co-débiteurs solidaires; *L. 18*, ff. *de duob. reis*.

Hors ces cas, l'héritier n'est point tenu d'en payer le prix, mais seulement de céder ses actions contre ceux qui auroient causé la perte de la chose, ou qui l'auroient volée.

§. V.

Si l'Héritier est garant des évictions que souffre le Légataire.

98. Lorsque le legs est d'une chose certaine & déterminée, le légataire qui en a été évincé, pourvu que ce ne soit pas sur quelque action hypothécaire des créanciers de la succession, n'a aucun recours de garantie contre l'héritier, à moins que le testateur n'eût expressément déclaré sa volonté d'assujettir son héritier à cette garantie, ou que de fortes circonstances le fissent présumer; comme lorsque le legs est fait à l'un des héritiers présomptifs du testateur, par forme d'également. Hors ces cas, le testateur est censé n'avoir voulu léguer la chose qu'autant qu'elle lui appartiendroit, & son héritier n'en est pas garant; il est seulement tenu de céder au légataire les actions que le testateur pouvoit avoir pour la garantie de cette chose; *l. 78*, §. *1*, ff. *de leg. 2*; & *l. 59*, ff. *de evict.*

99. Lorsque le legs est d'une chose indéterminée, comme lorsque le testateur a dit, *Je legue à un tel une de mes maisons*; ou encore plus indéterminément, *une maison pour le loger*; le légataire qui est évincé de celle qui lui est délivrée, a droit de sommer en garantie l'héritier, pour qu'il le garantisse, ou qu'il lui en donne une autre à la place; *l. 29*, §. *3*, ff. *de leg. 3*.

100. Lorsque deux choses certaines ont été léguées sous une alternative, dont l'une a été délivrée au légataire, le légataire qui en est évincé peut

pareillement sommer l'héritier en garantie pour qu'il le défende, ou qu'il lui donne l'autre : car il est de la nature des obligations alternatives que les deux choses soient dues, & qu'il n'y a qu'un paiement valable de l'une de ces choses qui puisse procurer au débiteur la libération de l'autre ; & c'est un autre principe que le paiement d'une chose n'est valable & ne peut procurer la libération qu'autant que celui à qui elle est payée la peut retenir ; *l. 61, ff. de solut.; l. 167, junctâ l. 190, ff. de R. J.*

§. VI.

De ce qui est compris dans la délivrance d'un legs universel, ou d'une substitution universelle.

101. L'héritier qui fait délivrance à un légataire universel de son legs universel, doit lui faire délivrance, 1°. de toutes les choses qui se sont trouvées dans la succession lors de la mort du défunt, telles qu'elles se trouvent encore en nature, sauf des quatre quints des propres, qu'il lui est permis de retenir.

A l'égard des choses qui ont péri, ou ont été détériorées, l'héritier grevé n'est pas tenu d'en faire raison, à moins qu'elles n'eussent péri ou été détériorées par sa faute. La Loi 22, §. 3, ff. *ad Sct. Treb.* dit qu'il n'est tenu que de la grossiere : mais plusieurs Auteurs la restreignent au cas auquel l'héritier n'a pas joui des biens : s'il en a joui, il est tenu *de levi culpâ*. Observez à l'égard des substitutions qui étoient suspendues lors du décès du testateur par quelque condition, telle que celle de la mort du grevé, que l'héritier grevé d'une pareille substitution n'est pas admis à offrir en nature les meubles corporels, sinon ceux servant à l'exploitation des maisons & châteaux compris en la substitution que le testateur a expressément permis de garder en nature. (*Ord. de 1748, p. 1, art. 7.*) Hors ce cas, cet héritier étant obligé de vendre les meubles corporels compris dans la substitution, & de faire emploi du prix ; s'il a manqué à ce devoir, il doit faire raison du montant de la prisée desdits meubles, & de la crue ou parisis pour ceux qui y sont sujets ; & il n'en est pas déchargé par la perte, quoique fortuite, qui seroit arrivée desdits meubles, ayant dû les vendre.

A l'égard des bestiaux servans à l'exploitation des terres comprises en ces substitutions, l'héritier grevé n'est pas à la vérité obligé de les vendre ; mais il les retient à ses risques, & il en doit laisser au substitué pour pareille somme que celle de la prisée desdits bestiaux portée par l'inventaire ; *ibid. art. 6.*

2°. L'héritier grevé doit faire délivrance des titres & enseignemens, tant des héritages que des créances & droits dépendans de la succession, & compris dans le legs universel ou substitution universelle.

102. 3°. L'héritier grevé doit faire délivrance de tout ce qu'il a reçu ou dû recevoir des débiteurs de la succession, & du prix de la vente des choses de la succession.

Cela ne comprend pas seulement ce qu'il a reçu de ceux qui étoient débiteurs de sommes d'argent envers la succession : mais si le testateur a laissé dans sa succession des droits à quelque héritage ; *putà*, l'action pour se faire livrer un héritage qu'il avoit acheté, ou quelque action pour rentrer dans quelque héritage qu'il avoit aliéné ; l'héritier grevé doit faire délivrance au légataire ou fidéicommissaire universel desdits héritages qu'il a acquis, ou dans lesquels il est rentré en vertu desdits droits dépendans de la succession, & compris dans le legs universel ou substitution universelle.

Il n'importe que lesdits droits fussent ouverts lors du décès du testateur, ou suspendus par une condition qui n'a été accomplie que depuis.

Si l'héritier ou autre grevé avoit laissé perdre lesdits droits par sa faute, il seroit à cet égard tenu des dommages & intérêts du légataire ou fidéicommissaire universel.

103. 4°. Lorsque l'héritier grevé étoit lui-même débiteur de quelque chose envers le testateur lors de son décès, soit qu'il fût débiteur pur & simple, soit qu'il le fût sous une condition qui a été accomplie depuis, il doit faire délivrance au légataire ou fidéicommissaire universel de ce qu'il devoit au défunt; *l. 95, ad l. Falc.* Car quoique cette créance que le testateur avoit contre son héritier n'ait subsisté que pendant un instant de raison dans la succession du testateur, étant censée avoir été confuse & éteinte dès l'instant de sa mort, suivant la regle, *Le mort saisit le vif*, par l'acceptation que l'héritier a faite de la succession, il n'en est pas moins vrai que cette créance étoit un effet de la succession, dont l'héritier a profité par la confusion qui s'est faite de sa dette, & dont il doit par conséquent faire raison au légataire ou fidéicommissaire universel.

104. A l'égard des fruits, soit naturels ou civils, des héritages & droits de la succession, perçus ou nés depuis le décès du testateur jusqu'à l'ouverture du legs ou fidéicommis, & depuis ladite ouverture jusqu'à la demande en saisissement, ils appartiennent au grevé, qui n'est point tenu d'en faire aucune raison au légataire ou fidéicommissaire universel, à moins que le testateur n'ait fait connoître que sa volonté étoit que ses biens fussent restitués avec tous les fruits que son héritier auroit perçus; *l. 18, princ. & §. 2, ff. ad Sct. Treb.*

Lorsque l'héritier, ou ceux qui le représentent, veulent retrancher d'une substitution universelle dont il étoit grevé, les quatre quints des propres, je pense, & c'étoit l'avis de feu M. Duhamel, qu'ils doivent compter des fruits du surplus des biens que l'héritier a perçus jusqu'à l'ouverture de la substitution : car la Loi ne peut lui donner plus de droit par rapport à ces quatre quints, qu'il n'en a par rapport à son propre bien ; & il est décidé en Droit qu'un héritier grevé de rendre après sa mort, tant son propre bien que celui du testateur, est tenu du fidéicommis de son propre bien jusqu'à concurrence des fruits par lui perçus du bien du testateur; *l. 77, §. 31, ff. de leg. 2.* Ceux qui sont d'avis contraire, se fondent sur ce qu'un enfant grevé de substitution à qui l'on fait distraction de sa légitime, n'est pas obligé de compter aux substitués des fruits du surplus : mais ce qui a été établi, *contrà rationem juris*, en faveur de la légitime de droit, ne me paroît pas devoir être étendu à la légitime coutumiere, qui ne mérite pas la même faveur, sur-tout lorsque c'est un collatéral qui est grevé; au moins faudroit-il que cette extension eût été autorisée par quelque Arrêt.

105. Sur toutes ces choses l'héritier grevé retiendra ce qu'il a payé pour acquitter les dettes de la succession; sauf que lorsque l'héritier ne compte pas des fruits, il n'a aucune répétition des arrérages & intérêts desdites dettes courus depuis le décès du testateur jusqu'à la fin de sa jouissance; & il en doit même acquitter le légataire ou fidéicommissaire, s'il ne les avoit pas payés; car ils sont une charge de la jouissance des biens. Si l'héritier étoit lui-même créancier du testateur lors de son décès, il retiendra la somme qui lui étoit due; *l. 104, §. fin.* ff. *de leg. 1.*

Il retiendra pareillement tout ce qu'il a déboursé pour acquitter les autres charges de la succession, tels que sont les frais funéraires, les frais d'inventaire, de scellé, de vente des meubles, &c.; les frais du testament, de l'enregistrement de la substitution; ce qu'il a mis pour les réparations qui étoient à faire aux maisons & héritages de la succession au temps du décès du testateur, & qui auront été constatées. A l'égard de celles survenues depuis, si ce sont de grosses réparations, telles que celles mentionnées en l'art. 222, il retiendra ce qu'il en a coûté pour les faire : mais si ce sont des réparations de simple entretien, & qu'il ait joui des héritages de la succession jusqu'à l'ouverture du legs ou fidéicommis, il ne retiendra rien, ces réparations étant une charge de sa jouissance. Il en est de même des charges foncieres des héritages de la succession, tant ordinaires qu'extraordinaires, courues & nées pendant le temps de la jouissance du grevé : elles sont des charges de cette jouissance. Il ne peut pareillement retenir ce qu'il a payé pour le centieme denier ou pour les profits dûs par la mort du testateur.

106. Lorsque l'héritier n'a pas été chargé de restituer absolument les biens de la succession, mais seulement ce qui lui resteroit, *quod ex hereditate supererit*, il n'est tenu de restituer que les choses de cette succession qui lui sont demeurées en nature. A l'égard de celles dont il a disposé, à moins qu'il ne parût qu'il en eût disposé en fraude de la substitution, *intervertendi fideicommissi causâ*, le substitué n'en peut rien prétendre, pas même le prix pour lequel elles ont été vendues, si ce n'est jusqu'à concurrence de ce que l'héritier s'en trouve plus riche; ce qui arrive lorsque de ce prix il en a acquis d'autres choses, ou en a acquitté ses propres dettes; *l. 54*, ff. *ad Sct. Treb.; l. 70, §. fin. l. 71, & l. 72, §.* ff. *de leg. 2.* L'héritier grevé de cette espece de substitution, pouvant vendre pour ses besoins les effets de la succession, il peut par la même raison les engager pour ses propres dettes, sans être tenu de les dégager; *l. 58, §. 8*, ff. *ad Sct. Treb.*

Le substitué à qui l'on ne tient pas compte du prix des choses de la succession dont l'héritier grevé a disposé, n'est pas non plus obligé de tenir compte à cet héritier de tout ce que cet héritier a payé pour l'acquittement des dettes de la succession, ni même de ce qui étoit dû à cet héritier par le défunt; cet héritier étant censé les avoir acquittées & s'être payé lui-même du prix des effets de la succession qu'il a vendus, & dont il ne compte pas; *l. 80*, ff. *d. tit.*

C'est encore une chose particuliere à cette espece de substitution, qu'elle comprend les revenus des biens de la succession qui se trouvent extans lors de l'ouverture de la substitution : c'est la disposition précise de la Loi 3, §. 2, ff. *de usur.* & même de la Loi 58, §. 7, ff. *ad Sct. Treb.* dans le texte de laquelle Cujas, *obs. l. 12, cap. 10*, prouve fort bien qu'on doit ôter la négation. Ricard néanmoins, *Tr. des Substit. p. 2, n. 78*, est d'avis contraire à ces Loix.

ARTICLE III.

Du droit d'hypotheque qu'ont les Légataires & Fidéicommissaires sur les biens de la succession.

107. La Loi 1, *Cod. comm. de leg.* que notre Jurisprudence a adoptée, donne aux légataires & fidéicommissaires une hypotheque sur la part des biens de la succession du testateur à laquelle a succédé chacun des héritiers grevés, du legs ou fidéicommis.

Cette part à laquelle un héritier a succédé, n'est hypothéquée que pour la part dont il est tenu du legs ou fidéicommis : *In tantum hypothecaria unumquemque volumus conveniri, in quantum personalis actio adversùs ipsum competit ; d. l. 1.* En cela les legs different des dettes ; & la raison de différence est sensible. Les dettes ont été contractées pour le total par le défunt qui y a hypothéqué tous & chacuns ses biens ; & par conséquent chaque portion des biens auxquels chaque héritier succede se trouve hypothéquée au total des dettes. Au contraire l'obligation qui résulte des legs n'a été contractée que divisément dès son commencement par chacun des héritiers qui en sont tenus ; & par conséquent la partie des biens auxquels chacun a succédé, ne peut être hypothéquée qu'à la part dont il est tenu des legs. Quoique ces raisons fondées, sur le texte formel de la Loi, *Cod. Comm.* & sur les vrais principes des obligations & des hypotheques, soient très-décisives, néanmoins il se trouve quelque Arrêt qui a jugé que les immeubles tombés au lot de chaque cohéritier étoient hypothéqués au total du legs. Je ne pense pas qu'on doive s'y arrêter.

Comme c'est la Loi qui donne cette hypotheque, il n'importe que le testament ait été reçu pardevant Notaires, ou soit olographe.

Les légataires ou fidéicommissaires doivent, selon nos usages, avoir été saisis de leurs legs par les héritiers avant que de pouvoir donner l'action hypothécaire contre les tiers qui auroient acquis des héritiers des biens de la succession.

ARTICLE IV.

Lorsque deux ou plusieurs choses ont été léguées sous une alternative, ou lorsqu'une chose a été léguée à prendre dans un certain genre de choses, est-ce à l'héritier ou au légataire à qui le choix appartient ?

108. Suivant les principes du Droit Romain, lorsque deux ou plusieurs choses ont été léguées sous une alternative, si le legs est de nature à donner

au légataire la revendication des choses léguées, il a le choix de revendiquer celle qu'il lui plaira. Mais si le legs est de nature à ne donner au légataire que l'action personnelle *ex testamento* qui naît de l'obligation que l'héritier contracte d'acquitter les legs, c'est à l'héritier à qui appartient le choix de donner celle qu'il lui plaira ; à moins que le testateur n'en ait expressément accordé le choix au légataire : car il est de la nature des obligations alternatives que le débiteur ait le choix, s'il n'est dit au contraire.

Suivant ce principe, lorsqu'un ou plusieurs corps certains & déterminés dépendans de la succession avoient été légués sous une alternative, les anciens Jurisconsultes distinguoient si le legs avoit été fait *per vindicationem*, c'est-à-dire, par paroles adressées au légataire ; *putà : Je legue à un tel telle ou telle chose ; Un tel prendra dans ma succession telle ou telle chose*, &c. ou s'il avoit été fait *per damnationem*, c'est-à-dire, par paroles adressées à l'héritier ; *putà : Je charge mon héritier de donner à un tel telle ou telle chose.* Au premier cas, ils donnoient le choix au légataire ; au second cas, ils le donnoient à l'héritier : c'est ce qui résulte de la Loi 19, *ff. de leg.* 2. Mais Justinien ayant, par la Loi 1, *Cod. Comm. de Leg.* aboli la distinction entre les différentes formules de legs, & ayant accordé aux légataires le droit de revendication, en quelque forme que le legs soit fait, il en résulte que suivant cette Loi, lorsque des corps certains de la succession ont été légués sous une alternative, le choix en appartient indistinctement au légataire, à moins que le testateur n'ait fait connoître sa volonté de donner ce choix à l'héritier ; & on doit décider la même chose à l'égard des fidéicommis, Justinien les ayant égalés au legs ; *l.* 2, *Cod.* ~~de Tit.~~ Communia de Legatis.

Observez que Justinien, par la Loi citée, n'a fait autre chose qu'abolir la différence des formules, & qu'il n'accorde les droits attachés au legs *per vindicationem*, qu'à ceux qui n'en sont différens que par la différence de la formule employée par le testateur, & qui sont d'ailleurs susceptibles de ce legs ; c'est-à-dire, aux legs de corps certains dépendans de la succession du testateur : mais il n'a pu ni voulu rendre legs *per vindicationem* les legs de choses qui n'appartenoient pas au testateur, mais à son héritier ou à un tiers ; le testateur ne pouvant pas transférer à son légataire la propriété de ces choses qu'il n'a pas lui-même, ni par conséquent lui donner le droit de revendication, qui suppose nécessairement le droit de propriété dans celui qui revendique. Par la même raison, il n'a pu ni voulu rendre legs *per vindicationem* le legs d'une somme d'argent, ou de toute autre chose *quæ in sola quantitate consistat*, ou d'une chose indéterminée, toutes ces choses n'étant pas susceptibles de revendication.

De là il suit que si deux ou plusieurs de ces choses qui ne sont pas susceptibles de la revendication, ont été léguées sous une alternative, le légataire ne pouvant avoir en ce cas que l'action personnelle *ex testamento* contre l'héritier, le choix, suivant notre principe, doit appartenir à l'héritier.

Il suffit même que l'une des choses léguées sous une alternative, ne soit pas susceptible de revendication, quoique l'autre en soit susceptible, pour que le legs ne puisse être réputé legs *per vindicationem* ; un seul & même legs ne pouvant pas être & n'être pas legs *per vindicationem* : c'est pourquoi si quel-

qu'un

qu'un a légué *son cheval* ou *une somme de deux cents livres*, c'est l'héritier qui doit avoir le choix.

Observez que lorsque celui à qui le choix appartient, soit l'héritier, soit le légataire, a une fois fait son choix, le legs est déterminé à la chose qu'il a choisie, & il ne peut plus par conséquent choisir l'autre; *L. 11*, §. *1*, & *L. 19*, ff. *de leg.* 20.

109. Lorsque le legs est d'une ou plusieurs choses à prendre en un certain genre de choses appartenantes au testateur, les anciens Jurisconsultes faisoient la même distinction que pour le legs alternatif, entre le legs fait *per vindicationem*, & celui fait *per damnationem*; Ulp. *in fragm. tit.* 24, §. *14*. Mais depuis la constitution de Justinien, on doit décider indistinctement, de même que pour le legs alternatif, que le choix appartient au légataire, si le testateur n'a pas fait connoître sa volonté de l'accorder à l'héritier.

Observez que lorsque dans le genre de choses dont le légataire a le choix, il s'en trouve quelqu'une d'un prix beaucoup plus grand que toutes les autres, il ne peut pas la choisir; & pareillement lorsque c'est l'héritier qui a le choix, il ne doit pas donner au légataire ce qu'il y a de plus mauvais; *L. 37*, ff. *leg. 1*.

ARTICLE V.

Des obligations des Légataires.

110. Le legs étant par sa nature un titre lucratif, un légataire ne contracte aucune obligation en acceptant le legs qui lui a été fait, à moins qu'il ne lui ait été fait sous une certaine charge, ou que la chose léguée ne renferme par elle-même quelque charge.

§. I.

Du cas auquel le legs a été fait sous une certaine charge.

111. Lorsqu'un legs est fait sous une charge, le légataire, en acceptant le legs, contracte envers l'héritier l'obligation d'accomplir cette charge. Cela a lieu, quand même l'accomplissement de cette charge ne concerneroit que l'utilité d'un tiers ou du public, & n'intéresseroit pas personnellement l'héritier; *L. 19*, ff. *de leg. 3*; car étant chargé de l'exécution des dernieres volontés du défunt, il a un intérêt, en sa qualité d'héritier, qu'elles soient exécutées, & cet intérêt est un fondement suffisant pour l'obligation que le légataire contracte à cet égard envers lui.

112. Si ce que le testateur a ordonné ne concerne que le seul intérêt du légataire, cela ne doit pas ordinairement passer pour une charge que le testateur ait voulu imposer au légataire, mais pour un simple conseil qui ne produit aucune obligation; à moins qu'il ne parût par les circonstances que le testateur a voulu absolument que ce qu'il ordonnoit fût exécuté. Par exemple, si on a légué en ces termes: *Je legue à un tel une telle somme pour l'employer en acquisition d'héritages;* le légataire ne contracte aucune obligation de faire cet emploi. Mais si le testateur avoit expressément ordonné que cet

emploi fût fait, de crainte que le légataire ne diſſipât la ſomme léguée, & ne profitât pas du bienfait du teſtateur, l'héritier pourroit le contraindre à faire l'emploi ; *L. 71, de cond. & dem.* Voyez un autre exemple de clauſe qui ne renferme qu'un ſimple conſeil, en la Loi 114, §. 14, ff. *de leg. 1.*

113. Lorſque la choſe à la charge de laquelle le legs a été fait, eſt quelque choſe qui n'intéreſſe ni l'héritier, ni un tiers, ni le public, ni la religion, ni l'honneur de la mémoire du défunt, & que le teſtateur a ordonné par pur caprice ; *putà*, ſi un legs avoit été fait à la charge que le légataire monteroit à la troiſieme galerie du clocher de Sainte-Croix ; une telle choſe ne produit aucune obligation en la perſonne du légataire qui accepte le legs : car le teſtateur n'ayant pu avoir aucun intérêt d'affection raiſonnable pour vouloir ce qu'il a ordonné, l'héritier, comme revêtu de la perſonne du défunt, ne peut être cenſé avoir un intérêt raiſonnable à l'exécution d'une telle volonté, qui puiſſe ſervir de fondement à l'obligation du légataire. Une telle volonté eſt de celles qu'on appelle *ineptæ voluntates*, qui ſont indignes du ſecours des Loix ; *Arg. l. 113, §. fin. ff. de leg. 1.*

114. A plus forte raiſon lorſque la choſe à la charge de laquelle le legs a été fait, eſt quelque choſe d'impoſſible, ou de contraire aux loix, il n'en réſulte aucune obligation, & cette charge doit être réputée comme non écrite ; *L. 37*, ff. *cond. & dem.* En cela *la charge* convient avec *la condition ;* ſuprà, *n. 64.*

Il y a plus : quand même la choſe à la charge de laquelle le legs a été fait, ne ſeroit pas une choſe qui fût par elle-même impoſſible, dès que, ſans que le légataire ait été mis en demeure, il ne tient plus à lui de faire cette choſe, l'obligation qui auroit pu réſulter de cette charge, ceſſe, & le legs n'en eſt pas moins dû au légataire. Par exemple, lorſque quelqu'un m'a fait un legs à la charge que je ſerois le tuteur de ſes enfans ; ſi le Juge, ſur l'avis de la famille, a nommé un autre tuteur ; comme en ce cas il ne tient pas à moi de l'être, je ſuis quitte de la charge ſous laquelle le legs a été fait, & il ne laiſſe pas de m'être dû ; *L. 76, §. 6*, ff. *de leg. 2.* En cela le legs fait *ſub modo* eſt différent de celui fait ſous condition, *s'il eſt le tuteur de ſon fils.*

Si néanmoins il paroiſſoit par les circonſtances que le teſtateur ne m'a fait le legs uniquement que par forme de récompenſe des ſoins que je prendrois pour la tutele, le legs ne me ſeroit pas dû.

115. Lorſque le legs eſt fait ſous la charge de faire une choſe qui ne peut, à la vérité, ſe faire de la maniere dont le teſtateur l'a ordonné, mais qui peut ſe faire d'une autre maniere qui réponde aux vues du teſtateur, le légataire n'eſt pas quitte de la charge, mais il doit faire la choſe de la maniere qu'elle peut l'être : par exemple, ſi on m'a fait un legs à la charge que je dépoſerois ma bibliotheque dans le Couvent des Carmes, pour y être publique ; quoique les Carmes refuſent de ſe charger de ce dépôt, & qu'ainſi il ne tienne pas à moi de faire ce que le teſtateur a ordonné, de la maniere dont il l'a ordonné, néanmoins je ne ſuis pas quitte de cette charge, ſi les Jacobins, au refus des Carmes, ſe préſentent pour ſe charger de ce dépôt ; & je ſerai en ce cas obligé de dépoſer chez eux ma bibliotheque pour y être publique, parce que la volonté du teſtateur peut par ce moyen être accomplie, ſinon de la maniere qu'il l'a

voulu, au moins d'une maniere équipollente, & qui réponde à ses vues. *Voyez* un autre exemple, *L. 16, ff. de us. leg.*

116. De l'obligation que le légataire contracte d'accomplir la charge sous laquelle le legs lui a été fait, il naît une exception contre la demande en délivrance du legs, jusqu'à ce qu'il l'ait accomplie, si c'est une chose qui puisse se faire incontinent, ou jusqu'à ce qu'il ait fait ses soumissions de l'accomplir; *d. L. 19, ff. de leg. 3.*

Il en naît aussi une action qu'a l'héritier contre le légataire à qui la chose léguée a été délivrée, pour qu'il soit condamné à accomplir la charge. L'héritier peut même faire condamner le légataire, en cas de refus de l'accomplir, à restituer la chose léguée avec les fruits; *L. 21, §. 3, ff. de ann. leg.*

Observez que quand même le légataire auroit accompli une partie de la charge sous laquelle le legs lui a été fait, s'il ne l'accomplit pour le surplus, il doit être condamné à restituer en entier la chose léguée; *Arg. L. 111, ff. de leg. 1.*

117. Lorsque la chose à la charge de laquelle le legs est fait, intéresse un tiers, le légataire, en acceptant le legs, contracte l'obligation d'accomplir cette charge non-seulement envers l'héritier, mais encore envers ce tiers. Par exemple, si on a légué à Pierre quelque chose à la charge qu'il en donneroit une certaine partie à Jacques, Jacques a action contre Pierre pour se la faire donner; ce qui néanmoins n'avoit été admis que tard & par degrés chez les Romains; *L. 2, Cod. his quæ sub mod.*

118. Le légataire ne s'oblige à l'accomplissement de la charge sous laquelle le legs lui a été fait, que jusqu'à concurrence de ce qu'il profite du legs, soit en principal, soit en intérêts ou fruits. C'est pourquoi si on m'a légué une certaine somme à la charge de donner à l'héritier un certain héritage qui est à sa bienséance & qui appartient à un tiers, je ne suis pas obligé à employer à l'achat de cet héritage plus que la somme qui m'a été léguée, & les intérêts que cette somme m'a dû produire. Si celui à qui il appartient veut le vendre davantage, & que l'héritier le veuille avoir, c'est à lui à fournir le surplus.

Hæc ita si quantitas cum quantitate conferatur, dit la Loi 70, §. 1, *ff. de leg. 2:* mais si cette somme m'avoit été léguée à la charge de donner à l'héritier une certaine chose qui m'appartient; après avoir accepté le legs fait sous cette charge, je ne serois pas recevable à opposer que ma chose vaut plus que la somme qui m'a été léguée, ni à offrir de rendre la somme que j'ai reçue; car en acceptant le legs sous cette charge, j'ai moi-même estimé que ma chose ne valoit pas plus; & étant le légitime estimateur de mon bien, je ne suis pas recevable à revenir contre ma propre estimation; *d. l.*

119. Lorsque le légataire souffre retranchement du legs qui lui a été fait sous la charge de donner quelque chose à un tiers, il doit être déchargé dans la même proportion de partie de la charge qui lui a été imposée; *L. 32, §. 4, ff. ad l. Falc. & passim.*

Les loix apportent quelques exceptions à cette regle. Celle fondée sur la faveur des alimens, *L. 25, §. 1, ff. d. tit.* peut avoir lieu parmi nous; les autres n'ont pas d'application à nos usages.

§. II.

Du cas auquel la chose léguée renferme elle-même quelque charge.

120. Le légataire qui sçait ou doit sçavoir que la chose qui lui est léguée, renferme en elle-même une certaine charge, s'oblige à cette charge en acceptant le legs. En conséquence de ce principe, le légataire universel, ou d'une quotité de biens, ou d'une certaine espece de biens du défunt, comme des meubles, du quint des propres, &c. s'oblige, en acceptant le legs, à l'acquittement des dettes ou de la part des dettes dont est chargée la part des biens qui lui est léguée ; car il sçait ou doit sçavoir que les biens d'une personne renferment la charge de ses dettes, *cùm bona non intelligantur nisi deducto œre alieno.*

Il contracte cette obligation envers l'héritier qu'il est obligé d'indemniser des dettes pour la part dont en est chargée la part des biens qui lui est léguée, & il la contracte aussi, *celeritate conjungendarum actionum*, envers les créanciers.

Au reste il n'est tenu que jusqu'à concurrence des biens.

A l'égard des légataires particuliers, lorsqu'ils ont connoissance des rentes foncieres & autres charges dont est chargé l'héritage qui leur est légué, ils contractent l'obligation de les acquitter, tant & si longuement qu'ils en seront détenteurs. Lorsqu'ils n'en ont pas connoissance, ils ne contractent aucune obligation ; & lorsqu'ils sont poursuivis pour les reconnoître, ils peuvent éviter la condamnation, tant pour le passé que pour l'avenir, en déguerpissant avant contestation en cause, comme nous le verrons au *Tit.* 19, *ch.* 2.

SECTION VII.

De l'Exécution testamentaire ; & des Exécuteurs testamentaires.

121. Les héritiers, légataires universels, & autres qui sont grevés de la prestation des legs & fidéicommis, portés au testament (sur quoi *voyez la sect. précéd. art.* 2, § 1), sont les exécuteurs naturels de ces dispositions testamentaires dont ils sont grevés.

Cette exécution consiste non-seulement à acquitter les legs dont ils sont grevés, qui sont ouverts & exigibles, mais encore à veiller & à pourvoir à la sûreté & conservation des substitutions, soit universelles, soit particulieres, portées audit testament, qui sont suspendues par quelque condition.

Pour cela l'héritier ou autre grévé doit faire procéder, dans les six mois de mort du testateur, à la publication & enrégistrement des substitutions, soit universelles, soit particulieres dont il est grevé, qui sont portées par le testament ; sur quoi *voyez* suprà, *n.* 17.

2°. L'héritier ou le légataire universel doit faire procéder pardevant un Notaire Royal, dans le temps de l'Ordonnance, (c'est-à-dire, dans les trois mois du jour de la mort du testateur), à un inventaire des biens de la succession, en présence des substitués, ou de ceux qui ont qualité pour les défendre, ou eux duement appellés ; & si les substitués n'étoient pas encore nés, en présence d'un curateur qui doit être élu à la substitution; *Ordonnance de 1748, p. 2, art. 1, 4 & 5.*

Faute par les héritiers ou légataires universels d'avoir fait procéder à cet inventaire, un mois après l'expiration du délai, les substitués peuvent, aux frais de la succession, y faire procéder, lesdits héritiers ou légataires universels présens ou appellés; & à défaut des substitués, le Procureur du Roi du Siege Royal ayant les cas Royaux, dans le ressort duquel l'auteur de la substitution étoit domicilié lors de son décès, peut y faire procéder, les héritiers ou légataires universels & les substitués présens ou appellés; *p. 2, art. 2, 3 & 6.*

3°. L'héritier ou autre grevé doit faire procéder sur des affiches, à une vente publique des meubles compris en la substitution; *ibid. art. 8.*

4°. Il doit employer, tant le prix desdits meubles, que les autres deniers provenus des biens compris en la substitution, d'abord à acquitter les dettes dont lesdits biens sont chargés, & ce qui restera, en acquisition d'héritages ou rentes; & si lesdites rentes qui auroient servi d'emploi venoient à être remboursées, il doit pareillement faire un remploi du prix du rachat; *ibid.* lesquels emploi & remploi doivent être faits en présence des substitués ou du curateur à la substitution; *ibid. art. 10, 11, 13, 14.*

122. Pour obliger d'autant plus le grevé à observer toutes ces choses, ladite Ordonnance, *p. 2, art. 35*, veut que *les donataires, héritiers institués, légataires universels ou particuliers qui seront grevés de substitution, ou qui prendront leur place à leur défaut*, ne puissent se mettre en possession des biens compris en la substitution, que sur une permission du Juge, au bas d'une requête; laquelle permission ne pourra leur être accordée que sur les conclusions du Procureur du Roi, & sur la représentation de l'acte de publication & enrégistrement de la substitution, & d'un extrait de la clôture de l'inventaire fait après le décès de l'auteur de la substitution, qui seront attachés à leur requête; *art. 37.* De plus, elle veut, *art. 41*, que s'ils n'ont pas fait procéder dans les six mois à la publication & enrégistrement de la substitution, ils soient privés des fruits des biens substitués jusqu'audit enrégistrement; lesquels fruits seront adjugés aux substitués; ou s'ils ne sont pas encore nés, à l'Hôpital du lieu où le jugement sera rendu.

L'Ordonnance prononce la même peine de privation de fruits contre le grevé qui aura manqué de faire l'inventaire & prisée, dans les cas où il en est tenu; *art. 42.*

Elle exempte de cette peine les mineurs, les interdits & les communautés; *art. 44.*

Observez que l'Ordonnance, en l'art. 35, ne parle que des *donataires, héritiers institués, & légataires universels;* d'où il suit qu'elle n'a pas entendu assujettir l'héritier légitime à obtenir une ordonnance du Juge pour se mettre en possession des biens compris dans la substitution dont il est grevé. Observez aussi que l'art. 41, qui porte la peine de la privation des fruits perçus avant l'enrégistrement des biens de la substitution, étant relatif aux personnes dont il est parlé en l'art. 35, cette peine ne doit pas concerner l'héritier légitime, puisqu'il n'est pas compris en l'art. 35.

123. Enfin l'exécution des dispositions testamentaires dont les héritiers &

autres sont chargés, les oblige à apporter le même soin pour la conservation de toutes les choses comprises dans les legs ou substitutions dont ils sont chargés, qu'un diligent pere de famille apporte à la conservation de son propre bien. C'est pourquoi, s'ils laissent périr par leur négligence quelques droits dépendans des biens légués ou substitués, en manquant d'interrompre les prescriptions, ou de s'opposer à des décrets, ils sont tenus des dommages & intérêts des légataires ou substitués, lorsqu'il y aura ouverture auxdits legs ou substitutions.

Sur l'espece de faute dont ils sont tenus, *Voyez suprà, n. 93.*

124. Les héritiers & autres grevés de legs ou substitutions, s'obligent, *ex quasi contractu*, à tout ce que dessus envers les légataires & substitués, en acceptant la succession ou les biens qui leur sont laissés à la charge desdits legs ou substitutions.

Non-seulement les biens de la succession auxquels ils succedent, sont hypothéqués à cette obligation, suivant que nous l'avons vu, *sect. 6, art. 3*; l'Ordonnance de 1748, *p. 2, art. 17*, veut encore que les propres biens desdits héritiers ou autres grevés de substitutions, soient hypothéqués à leur obligation du jour qu'ils auront recueilli les biens compris dans les substitutions dont ils sont grevés.

125. Quoique les héritiers & légataires universels soient les exécuteurs naturels des legs de la prestation desquels ils sont chargés, néanmoins, pour en assurer davantage l'exécution, sur-tout de ceux qui doivent être acquittés incontinent après la mort du testateur, les testateurs en confient l'exécution à une ou plusieurs personnes qu'ils nomment à cet effet par leur testamens par leurs exécuteurs testamentaires.

Cette exécution est un simple office d'ami : c'est pourquoi on ne peut être forcé de l'accepter ; & ceux qui sont incapables de fonctions publiques & offices civils, en sont capables, même les personnes auxquelles on ne peut rien léguer. Par exemple un mari peut nommer sa femme pour son exécutrice testamentaire ; & il peut même en ce cas lui faire un présent modique par son testament, qui est considéré plutôt comme une juste récompense des soins de l'exécution, que comme une donation.

Mais comme cette exécution oblige à un compte, il n'y a que ceux qui sont capables de s'obliger, qui en sont capables : c'est pourquoi un Religieux, un mineur, un interdit, en sont incapables, aussi-bien qu'une femme sous puissance de mari, si son mari ne l'autorise à accepter l'exécution. Au reste une personne, quelque pauvre qu'elle soit, ne peut être exclue de cette charge, & l'on ne peut même lui demander caution, le testateur ayant bien voulu suivre sa foi ; à moins que le dérangement de ses affaires n'étant survenu que depuis le testament, il n'y eût lieu de présumer que le testateur, s'il l'eût prévu, ne lui eût pas confié l'exécution de son testament ; *Ricard, p. 2, n. 66 & seq.*

Lorsque le testateur a désigné son exécuteur testamentaire, non par son nom, mais par sa qualité, comme s'il a dit : *Je nomme pour l'exécuteur de mon testament le Procureur du Roi*, ou *le Doyen des Avocats* ; il est censé avoir voulu attribuer l'exécution de son testament plutôt à la qualité de la personne, qu'à la personne même, & avoir nommé celle qui se trouveroit avoir cette qualité lors de l'ouverture de sa succession. Si néanmoins la personne qui avoit cette qualité lors de la confection du testament, étoit étroitement unie au testateur par les liens du sang, de l'affinité, ou d'une amitié particuliere, il y auroit lieu de présumer que c'est plutôt cette personne qu'il a eue en vue, que la qualité par laquelle il l'a désignée; *Ricard, p. 2, n. 70.*

Observez que lorsqu'un testateur veut attacher son exécution testamentaire à une certaine qualité de personne, il faut que ce soit une qualité reconnue par les loix du Royaume. S'il avoit nommé pour exécuteurs les Supérieurs de quelque confrairie non revêtue de Lettres-patentes, la nomination seroit nulle. *Arrêt du 8 Avril 1647, cité par Ricard, ibid. n. 69.*

Sur la saisine, le pouvoir, les fonctions & les obligations des exécuteurs testamentaires, & la durée de l'exécution testamentaire, *Voyez les art. 290 & 291, & les notes.*

SECTION VIII.

De l'extinction des Legs; & de ceux qui en profitent.

§. I.

De l'extinction des Legs de la part du Testateur.

126. Les legs & les fidéicommis s'éteignent de la part du testateur, 1°. lorsqu'il a perdu le droit de tester par une condamnation à peine capitale; 2°. par la révocation qu'il en fait. La preuve testimoniale de cette révocation n'est pas reçue; mais l'écrit qui la contient n'a pas besoin d'être revêtu des formes testamentaires: c'est pourquoi la révocation d'un testament faite par un testament postérieur, nul dans la forme, mais signé du testateur, est valable.

127. Il n'est pas même nécessaire que la révocation soit expresse; elle se présume en plusieurs cas. 1°. Lorsque le testateur a légué par une disposition postérieure à quelqu'un une partie de ce qu'il lui avoit légué par une disposition précédente, il est censé avoir révoqué pour le surplus la premiere; *l. 20*, ff. *de instr. fund. leg. L. 28, §. 5*, ff. *de adim. leg.*

2°. Le legs de la chose léguée à un premier légataire, fait à un second, *animo transferendi legati*, renferme une révocation tacite du premier legs, quand même ce second seroit nul par l'incapacité du légataire ou autrement; *l. 20. & l. 34*, ff. *de leg. 1.* Mais cette volonté de transférer le legs au second légataire, doit paroître par quelques circonstances; autrement le testateur sera censé avoir voulu léguer la chose aux deux légataires, & les faire concourir: *Voyez Pand. Justin. n. 34 & seq.*

3°. C'est une révocation non équivoque, quoique tacite, lorsque le testateur a barré ou raturé l'écrit qui contenoit le legs ou fidéicommis; *l. 16*, ff. *de adim. leg.*

128. 4°. La vente ou la donation que le testateur a faite du total ou de partie de la chose léguée, renferme, *ex præsumptâ ejus voluntate*, une tacite révocation du legs pour ce qui a été vendu ou donné.

Cette présomption a lieu, quoique la vente ou la donation soient nulles; *l.* 24, §. 1, ff. *de adim. leg.* Elle a lieu, quand même depuis, le testateur auroit racheté la chose; *l.* 15, ff. *d. tit.*

Les circonstances peuvent faire cesser cette présomption; comme lorsque le testateur a été forcé à vendre; *l.* 11, §. 12, ff. *de leg.* 3; sur-tout lorsqu'il a vendu avec clause de *réméré*, cette clause marquant la volonté qu'il avoit de recouvrer la chose, & de la conserver au légataire.

A plus forte raison, lorsque le testateur a seulement engagé la chose léguée, il ne doit pas être présumé avoir révoqué le legs, & l'héritier est tenu de la dégager; *inst. t. de. leg.* §. 13.

Ricard, *p.* 3, *n.* 268, cite un Arrêt qui a jugé que la chose léguée ayant été depuis échangée par le testateur contre une autre, le legs ne devoit pas être présumé révoqué, & que la chose reçue en échange pouvoit être prétendue par le légataire.

129. 5°. De grandes inimitiés survenues entre le testateur & le légataire, font aussi présumer la révocation du legs; *l.* 3, §. 11; *l.* 22; *l.* 31, §. 2. ff. *de adim. leg.* C'est sur ce fondement que le legs fait à un domestique est présumé révoqué, lorsque son maître l'a chassé de chez lui. Il en seroit autrement s'il en étoit sorti pour cause d'infirmité, ou pour prendre quelque établissement, de l'agrément de son maître.

Une légere brouillerie, un petit refroidissement, *levis offensa*, ne donne pas lieu à cette présomption; *d. l.* 3, §. 11.

Une grande offense n'y donne même pas lieu quelquefois, lorsqu'elle a été suivie d'une parfaite réconciliation, ou lorsque le légataire est le plus proche parent du testateur, ou son insigne bienfaiteur. On doit en ce cas plutôt présumer que le testateur a encore été plus sensible aux liens du sang ou aux bienfaits reçus, qu'à l'injure qui lui a été faite.

130. 6°. Lorsque la cause pour laquelle il est évident que le legs a été fait, vient à cesser, la révocation en est présumée. Voyez-en des exemples *in l.* 25, & *l.* 30, §. 2, ff. *de adim. leg.* Suivant ce principe, un legs modique fait à celui que le testateur avoit nommé pour son exécuteur testamentaire, peut être présumé révoqué, si depuis le testateur a nommé un autre exécuteur à sa place.

7°. Enfin la survenance d'enfans au testateur qui n'en avoit pas lors de la confection du testament, doit opérer l'extinction des legs considérables, par une conjecture de la volonté du testateur, qu'on doit présumer ne les avoir faits que parce qu'il ne croyoit pas qu'il auroit des enfans; *Arg. l.* 33, §. 2; & *l.* 36, §. 2, ff. *de testam. mil.*

131. Il reste à observer, sur la révocation des legs, que leur révocabilité étant en quelque façon de leur essence, le testateur ne peut s'interdire la faculté de les révoquer, si ce n'est par le contrat de mariage du légataire; ces actes étant, parmi nous, susceptibles de toutes sortes de conventions.

Il suit de notre principe, que le testateur peut révoquer le legs, quoiqu'il ait, de son vivant, délivré au légataire la chose léguée. Mais si cette chose est une chose mobiliaire, on présumera que par la tradition réelle qu'il lui en a faite, il a voulu lui en faire une donation entre vifs & irrévocable; *Ricard*, *p.* 3, *n.* 104

n. 104 & 105. On ne pourroit pas dire la même chose si la chose léguée étoit un héritage, la donation entre vifs d'un héritage ne pouvant se faire que par un acte devant Notaires.

132. Lorsque quelqu'un m'a légué une somme qu'il a prétexté me devoir, & a ensuite révoqué le legs ; s'il a expliqué la cause de la dette, son aveu subsiste nonobstant la révocation du legs, & me donne droit de demander la somme, non comme m'étant léguée, mais comme m'étant due. Mais s'il n'a pas expliqué la cause de la dette, l'aveu qu'il en a fait ne forme qu'un commencement de preuve : & si elle n'est justifiée d'ailleurs, on doit présumer que le testateur, par délicatesse de conscience, avoit cru, lors de la confection de son testament, me devoir cette somme; mais que s'étant depuis consulté, il avoit reconnu ne la pas devoir ; *V. Ricard, p. 3, n. 108 & 109.*

§. II.

De l'extinction des Legs de la part du Légataire.

133. Les legs ou fidéicommis s'éteignent de la part du légataire ou substitué, 1°. par leur prédécès avant l'ouverture du legs ou fidéicommis, sans qu'ils puissent en aucun cas transmettre à leurs héritiers l'espérance qu'ils avoient; *Ordonn. de 1748, p. 1, art. 20 ; l. 59, ff. de cond. & dem ; l. 5, ff. qu. dies leg.* La raison est qu'au lieu que dans les contrats celui qui stipule est censé stipuler tant pour lui que pour ses héritiers, dans les legs le testateur ne se propose de léguer qu'à la personne du légataire ; c'est pourquoi l'ouverture du legs ne se peut faire qu'au profit de la personne du légataire : d'où il suit que si elle meurt avant l'ouverture, toute l'espérance du legs s'évanouit. 2°. Ces legs ou fidéicommis s'éteignent si le légataire, lors de l'ouverture, se trouvoit incapable de les recueillir.

134. 3°. Pareillement, lorsque le légataire, pour quelque juste cause, est déclaré indigne & déchu du legs à lui fait, le legs est éteint, & celui qui en étoit grevé en est déchargé. En cela nous n'avons pas suivi le Droit Romain, qui appliquoit au fisc en ce cas la chose léguée. Les causes d'indignité qui sont rapportées au titre *de his quib. ut indig.* ne sont pas toutes admises parmi nous. Celles qui sont admises sont, lorsque le légataire est convaincu d'avoir eu part à la mort du testateur, lorsqu'il a fait quelque affront sanglant à sa mémoire, lorsqu'il est convaincu de l'avoir empêché de retoucher à son testament. Mais celui qui a impugné le testament par les voies de droit, quoiqu'il ait succombé, n'est pas pour cela déchu des legs qui lui sont faits par ledit testament ; *Ricard, p. 3, n. 218.*

4°. Le legs est aussi éteint par le fait du légataire, lorsqu'il refuse d'accomplir la charge sous laquelle il lui a été fait. Le legs modique qu'un testateur a fait à celui qu'il a nommé son exécuteur testamentaire, est censé lui être fait à la charge qu'il se chargera de cette exécution, & par conséquent est éteint s'il refuse de s'en charger. Par la même raison, le legs qu'un testateur auroit fait à un de ses parens en le priant de se charger de la tutele de ses enfans, sera éteint si ce parent étant élu par les parens, devant le Juge, à cette tutele, use de quelque privilege pour s'en faire décharger.

135. Enfin le legs s'éteint par la répudiation expresse ou tacite qu'en fait le légataire, lorsqu'il est capable de la faire, c'est-à-dire, qu'il est usant de ses droits.

Un légataire est censé tacitement renoncer à son legs, lorsqu'il consent expressément à la vente ou autre disposition que l'héritier fait de la chose qui lui a été léguée ; à moins qu'il ne paroisse par les circonstances que son intention a été de consentir seulement à recevoir le prix au lieu de la chose; *l. 120*, §. *1*, ff. *de leg. 1*; *l. 88*, §. *14*, ff. *leg.* 2. S'il avoit été seulement présent à l'acte, on n'en pourroit pas induire une renonciation au legs; *l. 34*, §. 2, ff. *de leg.* 2.

Je ne puis répudier pour partie le legs qui m'est fait; mais l'un de mes héritiers peut l'accepter, & l'autre le répudier, chacun pour sa part; *l. 38*; ff. *de leg. 1*.

Celui à qui le testateur a fait plusieurs legs, peut accepter l'un & répudier l'autre. Si néanmoins l'un des legs étoit fait sous certaines charges, il ne pourroit pas, pour s'y soustraire, le répudier, & accepter celui fait sans charges; *l. 5*, *pp.* §. *1*, ff. *legat.* 2; *l. 22*, ff. *de fideic. libert.*

On ne peut proprement répudier un legs ou fidéicommis avant qu'il soit ouvert; *l. 45*, §. *1*, ff. *de leg.* 2: car on ne peut répudier un droit qui n'existe pas encore. On le peut néanmoins répudier d'une maniere indirecte, avant son ouverture, par une convention entre le légataire ou substitué & le grevé, par laquelle le légataire ou substitué s'oblige envers le grevé de ne le pas demander lorsqu'il sera ouvert. *L'Ordonn. de 1748*, *p. 1*, *art. 28*, veut que cette convention qui se fait entre le substitué & le grevé avant l'ouverture de la substitution, soit faite par un acte devant Notaires, dont il reste minute, à peine de nullité.

§. III.

De l'extinction des Legs de la part de la chose léguée.

136. Lorsque le legs est d'un corps certain, il s'éteint lorsque sans le fait & avant la demeure du grevé, la chose léguée vient à périr, ou lorsqu'elle cesse d'être susceptible du legs.

La chose léguée cesse d'être susceptible du legs lorsqu'elle cesse d'être dans le commerce; comme si le terrein légué a été pris pour faire un chemin public. Elle cesse aussi d'en être susceptible lorsque le légataire en est devenu d'ailleurs propriétaire à titre lucratif, suivant la regle, *Quod meum est, ampliùs meum fieri non potest*; & suivant cette autre regle, *Duæ causæ lucrativæ in eamdem rem & personam concurrere non possunt.* Il en seroit autrement si c'étoit à titre onéreux que le légataire en fût devenu propriétaire, suivant cette regle, *Non videtur perfectè cujusque id esse cujus pretium ei abest.* C'est pourquoi en ce cas le legs subsiste à l'effet que le légataire doive être remboursé de ce qu'il lui en a coûté pour acquérir la chose.

137. La chose léguée est censée périe, lorsque ce qui constituoit sa substance ne subsiste plus.

Observez que ce qui constitue la substance de chaque chose, n'est pas tant la matiere dont elle est composée, que la forme qui lui est propre & qui la caractérise essentiellement, & la différencie des autres choses. C'est pourquoi une chose est censée avoir cessé d'exister, lorsque la forme qui la caractérisoit est détruite, quoique la matiere dont cette chose est composée existe, & n'ait fait que passer en une autre forme.

C'est sur ce principe qu'il est décidé que le legs que le testateur a fait de toutes les laines qu'il avoit, est éteinte lorsqu'elles ont été converties en habits; *L. 88, ff. de leg. 3.*

Au contraire, tant que la forme d'une chose continue de subsister, elle n'est point censée périe, & le legs subsiste, quoiqu'il ne reste plus rien de l'ancienne matiere dont elle étoit composée lors de la confection du testament; comme lorsque le bateau ou le moulin qui a été légué, a été si souvent réparé par parties, qu'il ne reste plus aucune des planches & autres choses dont il étoit lors composé; *l. 24, §. 4, ff. leg. 1; l. 65, ff. de leg. 2.*

Par la même raison, un fonds de boutique, un troupeau, &c. sont censés être le même fonds de boutique & le même troupeau qui a été légué, quoiqu'il ne reste aucune des marchandises ou des bêtes dont il étoit composé.

138. Observez qu'on doit faire une grande différence entre la forme qui constitue la substance & l'essence d'une chose, & celle qui n'est qu'accidentelle & accessoire. Le changement de cette derniere espece de forme qui arrive dans la chose léguée, n'empêche pas qu'elle soit censée continuer d'exister, & qu'elle soit due au légataire en la forme & l'état qu'elle se trouve lors de l'ouverture du legs. Par exemple, ce sont des formes accidentelles par rapport à un fonds de terre, qu'il soit en terre nue, ou planté en vignes, ou occupé par un bâtiment : c'est pourquoi, si quelqu'un m'a légué un certain morceau de terre qui, lors de son testament, étoit en terre nue, & que depuis il ait construit dessus un bâtiment, l'héritier sera tenu de me le délivrer avec le bâtiment qui y est construit & en est un accessoire; à moins qu'il ne prouvât par quelques circonstances que le testateur a changé de volonté; *l. 44, §. 4, ff. de leg. 1.*

139. Lorsque la chose léguée n'est pas totalement périe, le legs subsiste pour ce qui en reste. Par exemple, le legs d'un troupeau subsiste pour les bêtes qui en restent, n'en restât-il qu'une; *l. 22, ff. de leg. 10.*

Si la chose léguée étoit un individu qui par sa nature ne peut pas subsister pour partie, cette chose étant périe avant l'ouverture du legs, ce qui en reste ne pourroit pas être prétendu par le légataire. Par exemple, s'il a été légué un certain bœuf ou un certain bateau, & que le bœuf soit mort, ou le bateau dépecé avant l'ouverture du legs, la peau du bœuf, ni les planches qui restent du bateau n'appartiendront pas au légataire; *l. 49, ff. de leg. 2; l. 88, §. 2, ff. de leg. 3.*

Le légataire ne peut pas non plus prétendre les choses qui ne sont comprises au legs que comme les accessoires de la chose léguée, lorsqu'elle a cessé d'exister avant l'ouverture du legs; *l. 2, ff. de pecul. leg.* Par exemple, si on a légué un tel cheval harnaché, & qu'il soit mort avant l'ouverture du legs, le légataire ne pourra demander le harnois, qui n'est compris au legs que comme l'accessoire du cheval.

Si la chose léguée n'avoit cessé d'exister que depuis l'ouverture du legs, le légataire ayant acquis la propriété de cette chose & de tous ses accessoires dès l'instant de l'ouverture du legs, il n'est pas douteux que tout ce qui reste de cette chose & de ses accessoires, lui appartient.

140. A l'égard des legs alternatifs de deux ou plusieurs choses, si l'une des choses périt, le legs subsiste dans celles qui restent, à moins que l'héritier n'eût mis le légataire en demeure de recevoir une de ces choses : car le legs étant par ces offres, d'alternatif qu'il étoit, déterminé à la chose offerte, il s'éteint totalement lorsque cette chose vient à périr.

Il est évident que les legs d'une chose indéterminée, & ceux d'une somme d'argent, ne peuvent être sujets à s'éteindre de la part de la chose léguée.

§. IV.

Qui doit profiter de la chose léguée lorsque le Legs est éteint de la part du Légataire, ou par la révocation qu'en a faite le Testateur.

141. Lorsque le testateur a substitué quelqu'un à son légataire par substitution vulgaire; comme s'il est dit, *Je legue à Pierre*, & à son défaut, à ses enfans; ce sont les substitués qui doivent recueillir le legs même, préférablement au droit d'accroissement que pourroient prétendre les colégataires, s'il y en avoit : *Jus substitutionis potentius est jure accrescendi.*

S'il ne se trouve aucun substitué, & qu'il y ait des colégataires, il y aura lieu au droit d'accroissement à leur profit, comme nous le verrons en la section suivante.

S'il n'y a ni substitués ni colégataires, ce sont les héritiers ou autres qui sont grevés de la prestation du legs, qui profitent des choses ou sommes léguées.

142. Lorsqu'il y a un légataire universel, si le testament commence par le legs universel, tous conviennent que le légataire universel doit profiter, préférablement à l'héritier, de l'extinction des legs particuliers, ces legs n'étant que des délibations du legs universel, qui doit rester dans son intégrité, lorsque par l'extinction de ces legs particuliers, il n'y a pas lieu à ces délibations. Il y a plus de difficulté lorsqu'après tous les legs particuliers, le testateur a légué à quelqu'un *le surplus de ses biens.* Néanmoins je pense que même en ce cas le légataire universel doit profiter des legs particuliers, & que ces termes, *le surplus*, doivent s'entendre *du surplus* qui restera après que tous les legs particuliers qui seront à acquitter l'auront été; Ricard, *p. 3*, *n. 501 & 502*, est de notre avis, & rapporte un Arrêt qui l'a jugé ainsi; *Facit*, *l. 95*, ff. *de v. s.*

Non-seulement le légataire universel proprement dit, profite préférablement à l'héritier de la nullité ou de l'extinction des legs particuliers; pareillement le légataire d'un genre de certaines choses profite préférablement à l'héritier de la nullité ou de l'extinction des dispositions particulieres que le testateur a faites de quelqu'une des choses de ce genre; *l. fin.* §. *fin.* ff. *de auro leg.* Par exemple, si quelqu'un m'a légué ses livres, & à Pierre son Saint Augustin;

ce livre, qui auroit été excepté de mon legs si celui fait à Pierre eût eu effet, y sera compris si le legs fait à Pierre n'a pas effet, soit par l'incapacité, soit par le prédécès de Pierre, ou par sa répudiation; *Ricard, ibid. n. 503.*

143. Lorsque c'est un légataire particulier qui est chargé de quelque fidéicommis, il doit profiter de la somme ou chose comprise au fidéicommis dont il étoit chargé lorsqu'il est éteint; *l. 60, ff. de leg. 2;* à moins qu'il ne parût par les circonstances que l'intention du testateur, en le chargeant de ce fidéicommis, n'avoit pas été de lui rien laisser, mais de le faire un simple exécuteur de ses volontés.

SECTION IX.

Du concours des Colégataires; & du Droit d'accroissement qui a lieu entre eux.

§. I.

Du Concours.

144. Lorsqu'une même chose ou une même somme a été léguée à plusieurs légataires, soit par une même disposition, soit par des dispositions séparées, & qu'ils se présentent tous pour recueillir le legs, elle doit se partager entre eux.

Si cette chose a été léguée à plusieurs d'entre eux par une même disposition, & à d'autres par des dispositions séparées, ceux qui sont légataires par une même disposition n'auront dans ce partage tous ensemble qu'une part: *Si conjuncti disjunctis commixti sunt, conjuncti unius vice funguntur;* L. 34, ff. *de leg. 1.*

Si entre plusieurs à qui un legs est fait par une même disposition, quelques-uns d'entre eux sont compris sous un nom collectif, on présume assez souvent que l'intention du testateur a été que ceux qu'il a compris sous un nom collectif, n'eussent tous ensemble qu'une part. *Vide exemplum in l. 7. ff. de usufr. accresc.* Cette présomption n'a pas toujours lieu, & elle dépend beaucoup des circonstances.

§. II.

Du droit d'accroissement entre les Colégataires.

145. Lorsqu'une même chose ou une même somme a été léguée à plusieurs sans aucune limitation de part, *partibus non assignatis*, si l'un d'entre eux ne recueille pas le legs, sa part accroît aux autres; *Inst. T. de leg.* §. 9.

Si entre ceux qui recueillent le legs, les uns étoient légataires avec celui qui ne le recueille pas par la même disposition, *conjuncti re & verbis*, les autres étoient légataires de la même chose par des dispositions séparées, l'accroissement se fera à ceux *qui sunt conjuncti re & verbis*, préférablement à ceux-ci; *l. 89, ff. de leg. 3.* Car si le légataire qui ne recueille pas le legs, l'eût recueilli, il n'y auroit que ceux qui sont *conjuncti re & verbis* avec lui, qui en eussent souffert, n'ayant avec lui qu'une part pour eux tous; *suprà*, *n.* 140: ils doivent donc aussi seuls profiter de ce qu'il ne le recueille pas.

Par la même raison, si l'un de ceux que le testateur avoit renfermés sous une appellation collective, dans la vue qu'ils n'eussent ensemble qu'une part, ne recueille pas le legs, ceux qui étoient compris avec lui sous cette appellation collective, doivent être préférés pour l'accroissement aux autres colégataires.

146. Par les loix Romaines, lorsqu'à défaut de conjoints *re & verbis*, l'accroissement se faisoit à des conjoints *re tantùm*, c'est-à-dire, à qui la chose avoit été léguée par des dispositions particulieres, l'accroissement se faisoit nécessairement & sans qu'ils fussent tenus des charges imposées à celui qui n'avoit pas recueilli le legs, *accrescebat invitis & sine onere;* parce qu'étant légataires de la chose entiere par une disposition séparée, ils la retenoient en entier, *magìs jure non decrescendi quàm accrescendi*, & plutôt de leur chef que du chef de celui qui ne recueilloit pas le legs à lui fait: & en cela ces conjoints *re tantùm* différoient des conjoints *re & verbis*, à qui l'accroissement se faisoit *non nisi volentibus & cum onere; L. un. Cod. de Cad. Toll.* Cette distinction n'a pas été suivie par notre Jurisprudence; & soit que l'accroissement se fasse à des conjoints *re & verbis*, soit qu'il se fasse à des conjoints *re tantùm*, il ne se fait qu'avec les charges imposées à celui qui ne recueille pas le legs, & dont néanmoins peuvent s'exempter ceux au profit de qui se fait l'accroissement, en renonçant à l'accroissement; *Ricard*, *p.* 3, *n.* 551 & 552.

Ce principe, que la part du légataire qui ne recueille pas le legs, accroît à ses colégataires avec les charges qui lui avoient été imposées, souffre exception à l'égard des charges qui étoient personnelles au légataire. Par exemple, si j'ai légué un héritage à Pierre, Jean & Jacques, *à la charge que Pierre* (qui étoit Mathématicien) *enseignera les mathématiques à mon fils;* Pierre étant prédécédé ou ayant répudié le legs, Jean & Jacques, qui ne sont pas Mathématiciens, & auxquels la part de Pierre accroît, ne sont pas tenus de cette charge.

147. Le légataire qui meurt après que le legs a été ouvert à son profit, transmet à ses héritiers le droit qu'il a d'avoir par droit d'accroissement les parts de ses colégataires qui pourroient par la suite devenir caduques, soit par leur répudiation, soit par la défaillance de la condition sous laquelle le legs leur avoit été fait, ou par quelque autre maniere que ce soit; *l.* 26, §. 1, ff. *de cond. & dem.*

C'est une suite de ce principe, que si après avoir répudié de mon chef le legs fait à mon frere & à moi d'une certaine chose, je deviens héritier de mon frere, mort sans s'être expliqué s'il entendoit accepter ou répudier le legs ouvert à son profit, je puis, en acceptant le legs comme héritier de mon frere, avoir la chose entiere qui nous a été léguée. Les Jurisconsultes Romains avoient néanmoins été d'avis différens sur cette question. Les Sabiniens dont nous suivons le sentiment, tenoient l'affirmative; *l.* 40, & *l.* 59, ff. *de leg.* 2. Les Proculéiens tenoient la négative; *l.* 14, ff. *de leg.* 1; *l.* 55, ff. *de leg.* 2.

148. Il y avoit dans le Droit Romain des regles pour le droit d'accroissement, qui étoient particulieres au droit d'usufruit, *l.* 33, §. 1, ff. *de usufruct.* *l.* 1, §. 3, *de usufr. accr.* que je ne crois pas devoir être suivies dans notre Droit François.

149. Il nous reste à observer que lorsque le testateur a légué à plusieurs, quoique par une même disposition, une part pour chacun dans une même chose, ou lorsqu'il leur a légué une chose pour la partager, ils ne sont pas colégataires, puisqu'ils le sont chacun de leur part; & il n'y a pas réguliérement lieu entre eux au droit d'accroissement, à moins qu'il ne parût par les circonstances que le testateur le leur a voulu accorder; ce qui doit se supposer en l'espece de la loi 16, §. 2, ff. *de leg. 1; V. Cujac. ad h. l.* Arrêt dans Soefve, *n. 31.*

Lorsqu'il a légué l'usufruit d'une terre à plusieurs personnes *pour leurs alimens*, quoiqu'il n'ait point exprimé qu'il le leur léguoit pour chacun une part, il n'y a pas lieu au droit d'accroissement entre eux; *l. 57*, §. *1*, ff. *de usufr.*; parce qu'en exprimant que c'étoit pour leurs alimens, il a suffisamment fait entendre qu'il ne léguoit à chacun que la part nécessaire pour frayer à ses alimens.

Lorsqu'un testateur a chargé ses deux héritiers de laisser chacun à leurs enfans l'usufruit d'une telle terre, les enfans de l'un sont bien colégataires entre eux, mais ils ne sont pas colégataires avec les enfans de l'autre : car ils ne sont légataires que de l'usufruit de la part de leur pere; & les enfans de l'autre le sont de l'usufruit de la part du leur, & par conséquent légataires de différentes parts; *L. 11, & l. 12, de usufr. accr.*

SECTION X.

De l'interprétation des Legs.

ARTICLE PREMIER.

Regles générales sur l'interprétation des Legs.

PREMIERE REGLE.

150. Les dernieres volontés sont susceptibles d'une interprétation large; & on doit principalement s'attacher à découvrir quelle a été la volonté du testateur.

In testamentis, pleniùs voluntates testantium interpretantur; l. 12, ff. *de R. J. In ambiguis orationibus, maximè sententia spectanda est ejus qui eas protulisset;* l. 96, ff. d. tit.

II. REGLE.

151. Il ne faut pas néanmoins s'écarter de la signification propre des termes du testament, s'il n'y a de justes raisons de croire que le testateur les a entendus dans un autre sens que leur sens naturel. *Non aliter à significatione verborum recedi oportet quàm cùm manifestum est aliud sensisse testatorem;* l. 69, ff. *de leg. 3.*

Voyez la regle suivante.

III. Regle.

152. Lorſque les termes pris dans leur ſens propre, mettent de la contradiction dans la diſpoſition, ou expriment quelque choſe que le teſtateur ne pouvoit ordonner, ou auroit inutilement ordonné, on doit en ce cas négliger le ſens propre des termes, pour s'attacher au ſens, quoique impropre, dans lequel il y a apparence que le teſtateur les a entendus. *Benignè interpretari oportet, & ſecundùm id quod credibile eſt cogitatum;* l. 24, *de reb. dub.*

On peut apporter pour exemple de la premiere partie de cette regle, les formules de ſubſtitutions fidéicommiſſaires dont ſe ſervent dans les teſtamens les Notaires: *Je veux que la portion qu'un tel, mon neveu, aura dans ma ſucceſſion, ſoit, après ſa mort, ſubſtitué à ſes enfans nés & à naître, en réſervant ſeulement l'uſufruit à mondit neveu.*

Il eſt clair que dans cette formule le terme *uſufruit* n'eſt pas pris dans ſon ſens propre, c'eſt-à-dire, pour un droit ſéparé de la propriété, *jus fruendi re alienâ:* mais il eſt pris pour le droit de propriété du grevé de ſubſtitution, que le teſtateur a appellé improprement *uſufruit;* parce que de même que le droit d'uſufruit ne paſſe pas dans la ſucceſſion de l'uſufruitier, de même le droit de propriété qu'a le grevé de ſubſtitution ne paſſe pas dans ſa ſucceſſion, s'il y a ouverture à la ſubſtitution, mais paſſe en celle des ſubſtitués. Si on l'entendoit autrement, la diſpoſition impliqueroit contradiction: car l'héritier étant chargé de *ſubſtitution* après ſa mort envers ſes enfans, c'eſt-à-dire, chargé de leur reſtituer après ſa mort ſa portion héréditaire, il en demeure propriétaire juſqu'à ſa mort. Or il impliqueroit qu'en étant propriétaire, il en ait l'uſufruit, à prendre ce terme dans ſon ſens propre.

Voici un exemple de la ſeconde partie de la regle:

Un teſtateur a fait un legs à un mineur qu'il ſçavoit être âgé de plus de dix-huit ans, en ces termes, *lorſqu'il aura l'âge de puberté.* Il eſt viſible que le teſtateur n'a pas entendu ce terme de *puberté* dans ſa vraie ſignification, & qu'il l'a entendu de la *majorité;* autrement il auroit inutilement appoſé cette condition. On doit donc dans cette eſpece entendre ce terme de la majorité; *l. 50,* §. *5,* ff. *leg. 3.*

Autre exemple. Lorſque le teſtateur s'eſt exprimé ainſi: *J'inſtitue un tel mon héritier;* le terme d'*héritier* doit ſe prendre pour *légataire univerſel;* un teſtateur ne pouvant pas ſe faire un héritier; *art. 287.*

IV. Regle.

153. Une diſpoſition teſtamentaire doit s'interpréter plutôt dans le ſens ſelon lequel elle peut avoir effet, que dans le ſens ſelon lequel elle n'en pourroit avoir.

Cette regle eſt une ſuite de la précédente. Voyez-en un exemple en la Loi 109, ff. *de leg. 1.*

V. Regle.

154. On peut juger de ce que le teſtateur a eu en vue par les différentes circonſtances

circonstances tirées de l'usage du testateur, de celui du pays où il vivoit, de la qualité de la personne du légataire, de l'amitié que le testateur lui portoit, & autres.

Ante omnia patris-familias consuetudo exquirenda est; deindè regionis in quâ versatur exquirenda est: sed & legatarii dignitas, vel charitas & necessitudo, &c. L. 50, §. *fin. de leg. 1.*

On peut appliquer cette regle à celle-ci: *Je legue à mon filleul un tel, lorsqu'il se mariera, une bourse de cent pieces de la monnoie qui aura lors cours.* Pour juger si le testateur a entendu parler de louis d'or ou d'écus, il faut avant toutes choses examiner si le testateur a fait de semblables présens de noces à d'autres filleuls de même condition que le légataire; car il est présumé avoir voulu léguer cent pieces de monnoie de la même qualité que celles dont il a fait présent à ses autres filleuls. A défaut de cette circonstance, on doit avoir égard à l'usage du pays. Si ces présens y sont usités, & qu'entre personnes de la qualité du testateur & du légataire, ils aient coutume de consister en une bourse de louis d'or, le testateur sera présumé avoir voulu léguer des louis d'or. *Contrà vice versâ,* si l'usage du pays est de faire présent seulement de bourses d'écus, il sera censé n'avoir légué qu'une bourse d'écus. La qualité du légataire, & l'affection que le testateur lui a témoignée de son vivant, entrent aussi en considération: car si un présent d'une bourse d'écus éoit au-dessus de la qualité du légataire, ou ne répondoit pas à l'affection que le testateur avoit pour lui, on doit juger que le testateur a voulu léguer des louis d'or. Les autres legs que le testateur a faits à d'autres personnes de même condition que le légataire, & avec qui le testateur avoit de pareilles liaisons, peuvent aussi servir à juger de la volonté du testateur: car si la valeur de chacun de ces legs ne monte qu'environ à celle d'une bourse de cent écus, on en conclura que le testateur a entendu léguer une bourse d'écus plutôt qu'une bourse de louis; *contrà vice versâ;* d. l. 50, §. *fin.*

La Loi 1, ff. *de re dub.* nous fournit l'exemple d'une autre espece de circonstance qui sert à faire juger de la volonté du testateur. Un testateur a légué sous une alternative à quelqu'un la terre *A* ou la terre *B.* Il avoit annexé à cette derniere plusieurs nouveaux acquêts considérables. Dans le doute si le testateur a entendu léguer la terre *B* avec toutes ses annexes, ou seulement l'ancien domaine de cette terre, l'égalité de la valeur de la terre *A* avec celle de l'ancien domaine de la terre *B* fait décider que le testateur n'a entendu léguer que l'ancien domaine.

VI. Regle.

155. A défaut de circonstances, dans le doute sur la plus ou moins grande quantité de ce qui a été légué, on doit décider pour la moins grande. *Semper, in obscuris, quod minimum est sequimur;* L. 9, ff. *de R. J.*

Par exemple, si quelqu'un a légué à un étranger une part dans ses biens, telle que celle qu'y auroit l'un de ses enfans, & que ses enfans y aient des parts inégales, la part du légataire doit être mesurée sur celle de celui des enfans qui aura la moindre part; *L. 43,* §. *1,* ff. *de leg. 2.*

Autre exemple. Si un testateur, après avoir fait plusieurs legs à une perſonne, dit, par un codicille, qu'il la réduit à un ſeul des legs qu'il lui a faits, il eſt cenſé ne lui avoir conſervé que le moindre; *L. 14*, §. *11*, ff. *de leg. 1.*

Voyez d'autres exemples dans les loix 39, §. 6, ff. *leg. 1;* L. 47, ff. *leg. 2;* & *l. 75, de leg. 3.*

Cette regle eſt fondée ſur ce que l'héritier ou autre ſucceſſeur univerſel qui eſt grevé du legs, étant ordinairement une perſonne plus favorable que celle du légataire, & la cauſe qui tend à la libération étant ordinairement la plus favorable, on doit préférer l'interprétation la plus favorable à la cauſe de l'héritier, ſuivant cette autre regle du Droit, *Semper in dubiis benigniora præferenda ſunt;* L. 56, ff. *de R. J.*

D'où il ſuit que notre regle ſouffre exception dans les cas auxquels c'eſt au contraire la cauſe du légataire qui ſe trouve la plus favorable; comme dans les eſpeces de la Loi 27, §. 1, ff. *de leg. 3;* & de la Loi 38, §. 2, ff. *de aur. leg.*

VII. Regle.

156. Ce n'eſt pas toujours celui par qui le teſtateur a marqué que la ſomme léguée ſeroit comptée, qui eſt grevé du legs; mais plutôt celui que le teſtateur a eu effectivement envie de grever. Par exemple, ſi le teſtateur a légué ainſi: *Je legue à un tel une telle ſomme, que mon fermier d'un tel endroit lui paiera ſur ſes fermes;* c'eſt l'héritier, & non pas le fermier, qui eſt réputé grevé du legs de cette ſomme, quoique le teſtateur eût auſſi fait des legs à ce fermier; *L. 27*, §. *fin.* ff. *de leg. 3.*

Voyez un autre exemple en la Loi 108, §. 13 & 14, ff. *leg. 1.*

VIII. Regle.

157. Ce n'eſt pas toujours celui à qui le teſtateur a ordonné que la ſomme léguée ſeroit comptée, qui eſt le légataire; mais c'eſt celui que le teſtateur a voulu gratifier. Par exemple, s'il eſt dit dans un teſtament, *Je veux qu'on paie à Pierre les mille écus pour leſquels il retient mon couſin Jacques en priſon;* il eſt évident que ce n'eſt pas Pierre qui eſt légataire, mais Jacques. C'eſt pourquoi ſi Jacques prédécede, le legs ſera caduc. Il y a une eſpece ſemblable en la Loi 11, §. 22, ff. *leg. 3.*

En général, toutes les fois qu'un teſtateur ordonne qu'on paiera à un créancier ce qui lui eſt dû par un tiers, le legs eſt plutôt cenſé fait au débiteur qu'au créancier; & pareillement lorſque le teſtateur m'a fait un legs à la charge de payer à ſon créancier ce qu'il lui doit, cette diſpoſition eſt cenſée faite au profit des autres ſucceſſeurs du teſtateur qui ſeroient tenus de cette dette, plutôt qu'au profit du créancier.

Cependant il peut y avoir des circonſtances qui faſſent préſumer que le teſtateur, en ordonnant qu'on paieroit au créancier d'un tiers ce qui lui étoit dû par ce tiers, a voulu gratifier non-ſeulement le débiteur, mais auſſi le créancier, qui avoit intérêt d'avoir un autre débiteur que le ſien, qui n'étoit peut-être pas trop bon; *l. 3*, §. *fin.* & *l. 4*, ff. *de lib. leg.* Cela ſe préſume par les relations d'amitié que le teſtateur pouvoit avoir avec ce créancier; & en ce cas l'un & l'autre ſont légataires, & peuvent demander l'accomplissement du legs. C'est pourquoi le créancier, même dans le cas auquel le débiteur seroit prédécédé, peut demander que les héritiers du testateur lui paient sa dette. Mais en ce cas, comme le legs fait au débiteur est éteint par son prédécès, les héritiers du testateur pourront se faire subroger aux actions du créancier pour répéter la somme contre les héritiers du débiteur : ce qu'ils ne pourroient pas faire si le débiteur que le testateur a voulu libérer, eût survécu, & eût acquis le droit résultant du legs que le testateur a voulu lui faire.

Il y a plusieurs autres exemples de ce cas auxquels d'autres que la personne à qui le testateur a exprimé que la chose léguée seroit délivrée ou comptée, sont, par les circonstances, présumés en être légataires. *Voyez in Pand. Justin. tit. de leg.* depuis le N. 156 jusqu'au 164.

IX. REGLE.

158. Le legs général de toutes les choses d'une certaine matiere renferme celles qui ne sont pas entiérement de cette matiere, & dans lesquelles il entre quelque autre matiere comme accessoire.

Par exemple, si quelqu'un a légué ses boîtes d'écailles, le legs comprend même celles qui ont des charnieres & des clous d'or & d'argent; *arg. l. 100, §. fin.* ff. *de leg. 3.*

Si quelqu'un a légué ses meubles de bois, le legs comprend non-seulement ceux qui ne sont composés que de bois, comme des tables, &c. mais ceux dont le bois fait la principale matiere, quoiqu'il y en entre d'autre, comme des armoires dans lesquelles il entre des serrures & fiches de fer : mais ce legs ne comprendra pas les miroirs ni les tableaux, quoique encadrés de bois, parce que le cadre n'en est que l'accessoire.

X. REGLE.

159. Lorsque le testateur a ajouté au legs général d'une certaine espece de choses, certaines choses qui en sont les accessoires, le legs comprend toutes les choses de cette espece, même celles qui n'ont pas ces accessoires.

Par exemple, si quelqu'un a légué ses chevaux avec leurs équipages, le legs comprend même ceux qui n'ont pas d'équipage.

Si quelqu'un a légué son vin avec les bouteilles, le legs comprend même celui qui n'est pas en bouteilles, mais dans des foudres; *l. 6 & 15*; ff. *Trit. vin. leg.*

XI. REGLE.

160. Lorsque le testateur, par le legs général d'un genre de choses qui contient plusieurs especes ou genres subalternes, a énoncé une ou deux de ces especes, il n'est pas censé, à la vérité, avoir par cette énonciation voulu restreindre son legs à ces especes, mais plutôt avoir voulu déclarer que les especes qu'il a énoncées étoient renfermées sous ce genre, ayant pu croire qu'on en auroit pu douter : mais s'il a fait une énonciation détaillée de plusieurs especes, il sera présumé avoir renfermé le legs dans ces seules especes, à moins qu'il n'ait ajouté ces termes, *& autres*, ou bien, *&c.*

Quum species ex abundanti per imperitiam enumerantur, generali legato non derogatur; si tamen species certi numeri demonstratæ fuerint, modus generi datus, in his speciebus intelligitur; L. 9, ff. *de supell. leg.*

Par exemple, si quelqu'un avoit légué ainsi : *Je legue mes meubles d'une telle maison, ma bibliotheque, & l'argenterie qui s'y trouvera;* il ne sera pas censé avoir restreint le legs général des meubles de cette maison à la bibliotheque & à l'argenterie. L'énonciation de la bibliotheque & de l'argenterie paroît n'être faite que dans la vue de lever le doute que le testateur pensoit qu'il pouvoit y avoir, si ces choses étoient comprises sous le terme générique de meubles d'une maison. Mais s'il a légué ainsi : *Je legue les meubles d'une telle maison, lits, chaises, fauteuils, tapisseries, tables, coffres, armoires & batterie de cuisine;* ce long détail dans lequel il est entré fait présumer qu'il a voulu expliquer tout ce qu'il a entendu comprendre par ce terme générique de meubles d'une telle maison, & le legs ne renfermera rien autre chose que les especes exprimées, à moins qu'il n'y ait ajouté un *&c.*

XII. REGLE.

161. Lorsque le testateur, par un legs général, énonce certaines choses particulieres comprises sous une certaine espece particuliere ou genre subalterne, on en conclut qu'il n'a point entendu comprendre les autres choses de cette espece particuliere ou genre subalterne; *l.* 18, §. 11, ff. *de instr. vel instr.*

Par exemple, si quelqu'un a légué ainsi : *Je legue les meubles d'une telle maison, & le Dictionnaire de Moreri qui y est;* les autres livres, quoique compris sous l'appellation générale de meubles d'une telle maison, ne seront point compris dans ce legs : car s'il eût entendu les comprendre, il n'eût pas par ce legs légué en particulier le Dictionnaire de Moreri.

XIII. REGLE.

162. Un legs général ne renferme pas les choses de ce genre qui n'appartenoient point au testateur. Par exemple, si j'ai légué ma terre avec tous les meubles qui servent à son exploitation, je ne suis censé avoir légué que ceux qui m'appartiennent, & non ceux qui appartiennent à mes fermiers; *l.* 24, ff. *de instr. vel instr.*

Si rien n'appartenoit au testateur des meubles de cette terre, en ce cas il seroit censé avoir légué ce qui appartient à ses fermiers; *d. l.* 24.

XIV. REGLE.

163. Un legs général ne renferme pas les choses comprises sous ce genre qui n'ont été acquises que depuis la mort du testateur, quoique par son ordre; *l.* 4, ff. *de aur. leg.*

XV. REGLE.

164. Un legs général ne comprend pas les choses comprises sous ce genre qui ont été léguées en particulier à d'autres personnes.

C'est une suite de cette regle, *In toto jure generi per speciem derogatur, & illud potissimum habetur quod ad speciem directum est;* *l.* 80, ff. *de R. J.*

Par exemple, ſi j'ai légué à quelqu'un toutes les proviſions de bouche qui ſe trouveront lors de ma mort, & que j'aie légué à un autre le vin qui ſe trouvera dans ma cave lors de ma mort; quoique ce vin ſoit compris ſous le terme général de proviſions de bouche, il ne ſera pas néanmoins compris dans ce legs général, parce que le teſtateur en a diſpoſé envers un autre; *l. 2, de Trit. vin. leg.*

Obſervez néanmoins que ce qui eſt compris dans une diſpoſition particuliere, n'eſt excepté du legs général qu'autant que la diſpoſition particuliere ſeroit valable; *l. fin.* §. *fin.* ff. *de aur. leg.*

XVI. Regle.

165. Le legs d'une certaine rente viagere, ou d'une certaine ſomme une fois payée, fait en termes généraux à chacune des perſonnes compriſes ſous un certain genre, ne comprend pas ordinairement celles à qui le teſtateur a fait quelque legs particulier.

Voyez des exemples de cette regle en la Loi 16, §. 2, & en la Loi 20, ff. *de alim. leg.*

Cette regle ſouffre exception par les circonſtances qui ſe rencontrent. Par exemple, ſi j'ai légué en général une rente viagere d'une certaine ſomme à chacun de tous mes domeſtiques, le legs particulier que j'aurois fait à un des plus affidés, qui ſeroit beaucoup moindre que ce que j'ai légué à chacun par le legs général, ne doit pas l'exclure du legs général.

Il y a une eſpece à peu près ſemblable en la Loi 19, §. 1, ff. *de alim leg.*

XVII. Regle.

166. Le legs fait en termes généraux à un certain genre de perſonnes, n'eſt pas cenſé comprendre celles contre leſquelles le teſtateur étoit indiſpoſé, quoiqu'il ne les ait pas nommément exceptées.

Par exemple, ſi un teſtateur a légué une certaine ſomme à chacun de ceux qui ont été à ſon ſervice, il n'eſt pas cenſé avoir compris dans ſon legs ceux qu'il a chaſſés & n'a pas voulu voir depuis; *l. 88*, §. *11*, ff. *de leg. 2.*

Cette regle me paroît devoir ſouffrir exception dans le cas d'un legs que quelqu'un auroit fait en termes généraux à ſes plus proches parens, quoique l'un d'entre eux fût brouillé avec le teſtateur. On doit facilement préſumer que le teſtateur qui ne l'a pas excepté nommément, a voulu le comprendre dans le legs auſſi-bien que les autres, & que les liaiſons du ſang ont prévalu aux ſujets de mécontentement qu'il avoit de lui.

XVIII. Regle.

167. Lorſque le teſtateur, après un legs fait en termes généraux aux perſonnes compriſes ſous un certain genre, en a recommandé quelques-unes en particulier, il n'eſt pas cenſé pour cela avoir reſtreint ſon legs aux ſeules perſonnes recommandées.

Par exemple, ſi j'ai légué cinquante livres de penſion viagere à chacun de mes domeſtiques, & que je diſe enſuite: Je recommande à mes héritiers,

André & Martine, que j'aime beaucoup ; le legs que j'ai fait précédemment ne sera pas censé restreint par cette recommandation aux seuls André & Martine ; *arg. l. 5, ff. de alim. leg.*

XIX. Regle.

168. Dans les testamens, comme ailleurs, une disposition conçue au pluriel se distribue souvent en plusieurs dispositions singulieres.

Par exemple, si j'ai légué ainsi : Je legue à Pierre & à Jacques une telle chose, s'ils sont à mon service lors de mon décès ; quoique l'un d'eux ait quitté le service du testateur, le legs ne laissera pas d'être valable à l'égard de celui qui y sera demeuré, & cette disposition équipolle à celles-ci : *Je legue à Pierre telle chose, s'il est à mon service lors de mon décès ; Je legue à* Jacques telle chose, s'il est à mon service lors de mon décès ; *Arg. l. 29, §. fin. ff. de leg. 3 ; & l. 2, §. 1, ff. de cond. inst. ; & l. 33, §. fin. ff. de cond. & dem.*

Un autre exemple. Si quelqu'un a légué ainsi : Je fais Pierre mon légataire universel pour moitié, & Paul pour l'autre moitié, & je leur substitue Jacques *après leur mort : c'est comme s'il avoit dit : Je substitue Jacques à Pierre* après sa mort, & à Paul après sa mort ; *arg. l. 78, §. 7, ff. ad Sct. Treb.* Cette interprétation dépend néanmoins des circonstances ; car le substitué ne recueillera les biens qu'après la mort du dernier décédé, s'il y a des circonstances qui fassent connoître que telle a été la volonté du testateur, comme en l'espece de la Loi 34, *ff. de usufr. leg.*

XX. Regle.

169. Dans les testamens, comme ailleurs, ce qui est à la fin d'une phrase se rapporte à toute la phrase, & non pas à ce qui précede immédiatement ; pourvu néanmoins que cette fin de phrase se rapporte entiérement en genre & en nombre à toute la phrase.

Par exemple, si quelqu'un a légué ainsi : Je legue à mes domestiques mes provisions de bouche, à l'exception des bouteilles de vin qui sont à Paris ; ces termes, *qui sont à Paris*, ne se rapportent pas seulement *aux bouteilles de vin*, mais à toute la phrase, & parconséquent il n'y aura de *provisions de bouche* comprises dans le legs que celles *qui sont à Paris*, & non celles qui sont ailleurs ; *L. 4, §. fin. ff. de pen. leg.*

Il en seroit autrement, s'il avoit légué ainsi : Je legue mes provisions de bouche, à l'exception du vin qui est à Paris. Car ces termes, *qui est à Paris*, n'étant pas concordans en genre avec ceux-ci, *mes provisions*, ne peuvent s'y rapporter, & ne restreignent point par conséquent le legs aux seules provisions qui sont à Paris. *Facit l. 8, ff. aur. leg.*

XXI. Regle.

170. Le genre masculin renferme souvent le féminin ; mais le féminin ne comprend jamais le masculin.

Suivant cette regle, si quelqu'un legue ses mulets, ses chevaux, ses moutons, les mules, les cavalles, les brebis sont comprises dans le legs; *L. 62; l. 65, §. 6, ff. leg. 3.*

Au contraire, si quelqu'un a légué ses cavalles, ses brebis, &c. les chevaux & moutons n'y seront pas compris : *exemplo pessimum est feminino vocabulo etiam masculos contineri.* L. 45, ff. *de leg. 2.*

Observez que sur ces questions on doit plutôt consulter l'usage de notre langue, que les décisions des Loix Romaines. C'est pourquoi quoique, suivant ces Loix, le terme *filii* comprenne les filles, & le terme *fratres* les sœurs, *l. 116, ff. de V. S.; l. 93, §. 3, ff. de leg. 3;* parmi nous, le terme de fils ne comprend pas les filles, comme l'observe Ricard, *Tr. des disp. cond. n. 467 & suiv.* ni celui de *freres* les sœurs.

XXII. Regle.

171. Une disposition conçue par termes du présent ou du passé, ne s'étend pas à ce qui survient depuis.

Par exemple, si quelqu'un a légué ainsi : *Je legue à Pierre ce qu'il me doit,* ou *ce que je lui ai prêté;* le legs ne s'étend pas aux nouvelles dettes que Pierre a contractées depuis le testament envers le testateur; *l. 28, §. 2, ff. de lib. leg.*

Au reste, il suffit que la cause de la dette existât lors du testament, quoique le droit n'ait été ouvert que depuis.

Par exemple, si j'ai légué à mon débiteur d'une somme qui porte intérêt, ce qu'il me doit, le legs comprend les intérêts courus depuis le testament; *l. 28, §. 6, l. 31, §. 4, ff. de lib. leg.*

172. Cette regle souffre exception, 1°. à l'égard du legs de choses qui sont de nature à se subroger les unes aux autres; car ces legs, quoique conçus par termes du présent ou du passé, comprennent tout ce qui se trouve au jour de la mort : comme lorsque je legue une métairie telle qu'elle est garnie, *L. 19; l. 28, ff. de inst. fund.; l. 28, ff. qu. dies leg. &c.* un magasin & les marchandises qui y sont, &c.

La regle souffre une autre exception à l'égard de cette clause qui se trouve dans les legs, *autant que la Loi me permet de donner.* Car, quoiqu'elle soit conçue par termes du présent, néanmoins elle s'interprete de ce que le testateur peut donner au temps de sa mort; *Voyez l. 51, ff. de leg. 2.*

La raison de cette exception est que les Loix qui défendent de donner au-delà d'une certaine quantité, se référant au temps de la mort, la disposition par laquelle le testateur déclare se soumettre à cette loi, doit s'y référer pareillement.

Une troisieme exception est à l'égard de cette clause, qui se trouve dans certains legs : Je veux qu'on donne à tels & à tels tous les ans pendant leur vie *ce que j'ai coutume,* ou *ce que j'avois coutume de leur donner pour leurs alimens, pour leurs étrennes, &c.* Ces termes, *ce que j'ai coutume,* ou *ce que j'avois coutume, quæ vivus præstabam,* quoique termes du temps présent ou du passé, du moins de l'imparfait, s'entendent de ce que le testateur aura eu coutume de leur donner, non au temps du temps du testament, mais au temps qui aura précédé sa mort; *L. 14, §. 2, ff. de alim. leg.*

Une quatrieme exception est à l'égard de la clause de prorogation dont il sera parlé ci-après, *Art.* 4, §. 2.

XXIII. REGLE.

173. Une disposition conçue par termes de futur se réfere au temps de la mort du testateur.

Par exemple, si dans les Coutumes qui le permettent, j'ai légué à ma femme tous les bijoux & joyaux *qui seront* à son usage, ce legs conçu au futur renferme tous ceux qui *se* trouveront lors de sa mort: au lieu que si j'avois légué tous les bijoux *qui sont* à son usage, le legs ne renfermeroit que ceux qui étoient à son usage au temps du testament; *L.* 34, §. 1, & 2, ff. *de aur. leg.*

Quelquefois, pour obvier aux fraudes du légataire, on est obligé de restreindre un legs, quoique conçu au futur, à la quantité que le testateur avoit au temps du testament.

Par exemple, un Epicier qui se reposoit de son commerce sur son Facteur, a légué à ce Facteur toutes les marchandises d'une certaine espece qui se trouveront. Ce Facteur, qui avoit connoissance du legs, a rempli les magasins de son maître d'une beaucoup plus grande quantité de marchandises de cette espece, que son maître n'avoit coutume d'en avoir: on doit restreindre le legs de ces marchandises à la quantité que le testateur avoit coutume d'en avoir lors du testament; *L.* 32, §. 3, ff. *de leg.* 2; & *l.* 34, §. 1, ff. *de leg.* 3.

XXIV. REGLE.

174. Une disposition qui, dans les termes dans lesquels elle est conçue, n'exprime ni temps présent, ni passé, ni futur, se rapporte ordinairement au temps du testament.

Par exemple, si j'ai légué à quelqu'un *mon argenterie*, le legs ne comprend que celle que j'avois lors de mon testament, & non celle que j'aurois acquise depuis: *Cùm dicit argentum meum, hâc demonstratione* meum, *præsens, non futurum tempus ostendit;* L. 7, ff. *de aur.*

Si j'ai légué à quelqu'un les Journaux des Sçavans depuis trois ans, on doit entendre que ce sont ceux depuis trois ans avant le testament, & non ceux depuis trois ans avant la mort du testateur; *Arg. l.* 41, §. 4, ff. *de leg.* 3, où il est dit que si quelqu'un a légué cinq de ses esclaves, à les prendre parmi ceux de l'âge au-dessous de sept ans, le legs doit s'entendre de ceux qui étoient au-dessous de cet âge au temps du testament.

La regle souffre exception à l'égard des legs de choses qui se subrogent les unes aux autres: car si cette espece de legs, quoique conçu en termes exprès du temps présent, comprend les choses qui se trouvent lors du décès, *suprà n.* 147, à plus forte raison doit-on le décider lorsque la disposition n'exprime aucun temps.

XXV. REGLE.

175. Comme dans l'usage ordinaire de parler, on prend souvent les particules disjonctives pour des copulatives, & *vice versâ*, (*l.* 53, ff. *de v. s.*)

il faut bien prendre garde, sur le sens de cette proposition, quelle a pu être vraisemblablement la pensée du testateur.

Voyez en la Loi 13, §. *fin. de R. dub.* & en la Loi 85, ff. *her. inst.* des exemples de particules disjonctives prises en un sens copulatif, *ex probabili mente testatoris.*

Il y en a un autre exemple en la Loi 6, *Cod. de instit. & subst.* où Justinien décide que dans une substitution fidéicommissaire faite sous ces conditions, *Si mon fils décede sans enfans, ou sans avoir fait de testament*, la disjonctive *ou* devoit être entendue en un sens copulatif, & qu'en conséquence la substitution ne pouvoit être ouverte que par l'accomplissement de l'une & l'autre condition.

XXVI. REGLE.

176. Ce qui est écrit en dernier lieu, est présumé contenir la volonté en laquelle le testateur a persévéré, & contenir une dérogation à ce qu'il a écrit auparavant de contraire : *In testamentis novissimæ scripturæ valent; l. 12 §. 3, ff. de leg. 1.*

Cette regle a lieu quand même le testateur auroit ajouté une clause par laquelle il déroge à ce qu'il pourroit ordonner de contraire ; & il n'est plus nécessaire en ce cas, comme il l'étoit par les Loix 22, ff. *de leg. 3, & l. 12, §. 3, ff. de leg 1*, de déroger expressément à ces clauses dérogatoires ; l'Ordonnance de 1735 les ayant déclarées nulles & de nul effet ; *suprà, n. 20.*

177. Lorsqu'un testateur, par un même testament, a légué deux ou plusieurs fois à la même personne une même somme, il est censé avoir fait cette répétition par inadvertance, & le légataire ne peut prétendre qu'une seule fois cette somme, à moins qu'il ne prouve que la volonté du testateur a été de multiplier le legs ; *l. 34, §. 3, ff. de leg. 1.*

Cette décision a lieu lorsque ce sont les mêmes personnes qui sont grevées de la prestation du legs, ou lorsque le testateur n'a pas exprimé qui il en grevoit ; comme lorsqu'il a légué ainsi : *Je legue à Pierre mille livres ;* & qu'après quelques autres articles de son testament, il a ajouté : *Je legue à Pierre mille livres;* Pierre ne pourra prétendre qu'une seule fois mille livres.

Il en seroit autrement, s'il avoit grevé différens héritiers par ses différentes dispositions; *putà*, s'il avoit ainsi légué : *Mon fils donnera à Pierre la somme de mille livres ;* & plus bas : *Ma fille donnera à Pierre la somme de mille livres.* En ce cas le légataire aura soin de demander à chacun mille livres; *l. 44, §. 1, ff. de leg. 2.*

XXVII. REGLE.

178. Lorsque ce n'est pas par le même testament, mais par différens testamens ou codicilles, que le testateur a légué à quelqu'un plusieurs fois la même somme, elle lui sera due plusieurs fois, quoiqu'il en ait grevé les mêmes héritiers, ou qu'il n'ait pas exprimé qui il en grevoit ; *l. 12, ff. de probat.*

La raison de différence est que s'étant passé un intervalle de temps depuis la premiere disposition, il n'est pas nécessaire de supposer que le legs a été répété par inadvertance, le légataire ayant pu mériter une nouvelle marque d'amitié & de reconnoissance de la part du testateur.

Cette décision doit beaucoup dépendre des circonstances : car s'il paroissoit que le testateur, en faisant son second testament, auroit plutôt eu intention de tester de nouveau, que de faire une simple continuation de son premier testament, il faudroit décider autrement. C'est ce qui paroîtroit si le testateur avoit répété sans aucun changement la plupart des legs contenus au premier ; sur-tout si c'étoient des legs de certains corps qui ne peuvent être susceptibles de multiplication.

XXVIII. Regle.

179. Lorsque le testateur a légué par un codicille postérieur une somme différente que celle qu'il avoit léguée par un testament ou codicille antérieur, la présomption est qu'il a voulu augmenter ou diminuer la somme portée par le testament ou codicille antérieur, & non pas qu'il ait voulu léguer les deux sommes ; *l. 18*, ff. *de alim. leg.*

Cette décision a lieu lorsque les deux sommes sont léguées à la même personne : il en seroit autrement s'il avoit légué une somme au pere par le testament, ensuite par le codicille une autre somme aux enfans ou à la femme ; *l. 28*, ff. *de leg. 3.*

XXIX. Regle.

180. Lorsqu'un testament contient plusieurs dispositions au profit d'une même personne, & que l'une de ces dispositions a une condition ou un terme de paiement, cette condition ou ce terme de paiement ne doivent pas être sous-entendus dans les autres dispositions, à moins que la connexion des dispositions & des phrases qui les renferment ne le fassent présumer, & qu'il ne paroisse pas de raison pour laquelle la condition ou le terme auroient été apposés à l'une des dispositions plutôt qu'à l'autre ; *Voyez in Pand. Just. T. de cond. & dem. n. 87 & seq.*

Article II.

Regle pour l'interprétation de certaines clauses fréquentes dans les testamens.

§. I.

De la clause d'exception.

181. Lorsque le testateur a fait un legs de ses biens, ou d'un certain genre de choses, à l'exception de certaines choses, la clause d'exception n'est valable qu'autant qu'on peut connoître quelles sont les choses que le testateur a voulu excepter ; *arg. l. 36*, ff. *de leg. 1.*

Quand on les connoît, la clause a son entier effet, quand même le legs se trouveroit par cette exception entiérement anéanti. Par exemple, si un homme qui avoit un grand nombre de chiens, legue à quelqu'un tous ses chiens, à l'exception de deux que son héritier retiendra à son choix, &

qu'il n'en laisse que deux en mourant, ces deux seront exceptés du legs, quoiqu'il n'en reste aucun autre; *l. 65*, ff. *de leg. 1.*

§. II.

De la clause de prorogation.

182. On appelle *clause de prorogation*, une clause générale par laquelle le testateur accorde à ses héritiers un certain terme pour le paiement de ses legs; comme lorsqu'il est dit, *Mon héritier aura le terme d'un an pour acquitter les legs du présent testament;* ou bien, *les legs seront payables en trois termes, d'année en année.*

183. Cette clause ne comprend que les legs de sommes d'argent ou d'une certaine quantité, comme de tant de bled, tant de vin, & non pas les legs de corps certains; *l. 30*, *Pr. &* §. *6*, ff. *leg. 1.*

184. Elle ne comprend pas les legs que le testateur a faits sous un certain terme ou sous une certaine condition; *d. l. 30*, §. *1*, *3*, *4*, *5.* Le terme particulier qui leur est assigné déroge au terme général accordé pour le paiement des legs, suivant la maxime *Generi per speciem derogatur.*

Cette clause ne comprend pas non plus les legs que le testateur a déclaré expressément devoir être payés incontinent après sa mort, *presenti die;* d. l. 30, §. 2.

Elle ne comprend pas non plus les legs faits à un créancier de ce qui lui est dû, qui ne renferment d'autre avantage pour le légataire que l'avancement du paiement, & qui seroient entiérement inutiles, s'ils n'étoient payables qu'à l'expiration du terme accordé par la clause générale; *L. 4*, ff. *de dot. præleg.*

185. Cette clause, quoique conçue par termes du temps passé, comprend non-seulement les legs que le testateur a déja faits, mais ceux qu'il fera depuis, soit par le même testament, soit par des codicilles postérieurs; *L. 30*, §. *fin. & l. 31*, ff. *de leg. 1.*

186. Observez sur le sens de cette clause, que lorsqu'il est dit que les legs seront payés en trois termes d'année en année, cela doit s'entendre en paiemens égaux; à moins que le testateur n'ait déclaré le contraire; *L. 3*, *pp. &* §. *1*, ff. *de ann. leg.*

Que si le testateur a dit que l'héritier pourroit les payer en trois paiemens inégaux, sans exprimer de quelle portion de la somme léguée devroit être chaque paiement, le Juge les arbitrera eu égard à l'état de la succession; *d. l. 3*, §. *2.*

§. III.

De la clause de répétition.

187. La clause de répétition est une clause par laquelle le testateur répete au profit de quelqu'un le legs d'une somme ou d'une chose qu'il lui a déja fait, ou qu'il a fait à un autre.

Cette clause s'exprime par ces termes, *de plus* que cela, *hoc ampliùs;* ou par ceux-ci, *outre & pardessus.* Par exemple, si quelqu'un a légué ainsi : Je legue à Pierre une telle métairie, & à Paul *outre &* pardessus cela la somme de cent pistoles; il est censé par ces termes avoir répété au profit de Paul le legs de la métairie qu'il avoit fait à Pierre : c'est pourquoi Paul & Pierre concourront au legs de cette métairie; *L. 13*, ff. *de leg. 3.*

188. Cette clause a quelquefois l'effet de rendre valable un legs qui étoit nul : *Legata inutiliter data Papinianus putat confirmari per repetitionem;* L. 19, ff. *leg. 1.*

189. Cette clause est quelquefois générale; comme lorsque le testateur s'exprime ainsi par un codicille : Je legue à chacun de mes légataires, outre & pardessus ce que je leur ai déja légué, la somme de tant.

§. IV.

De la clause d'augmentation de Legs.

190. Lorsqu'un testateur par un codicille déclare qu'il legue à tous ses légataires une fois autant qu'il leur a déja légué, il est évident que cette clause ne comprend que les legs de somme d'argent ou de quantité, comme de tant de vin, tant de bled, &c. & non pas les legs de corps certains.

Elle ne comprend pas non plus ceux par lesquels le testateur n'a fait qu'ordonner la restitution de ce qu'il devoit avant le terme; *L. 88*, §. *7*, ff. *de leg. 2.*

C'est une question sur l'effet de cette clause, si lorsque l'un des legs étoit fait sous des charges, on devoit doubler la somme entiere, ou seulement doubler celle qui reste après la déduction des charges. La Loi 18, §. 3, *v. idem*, ff. *de alim. leg.* paroît décider qu'on doit doubler la somme entiere. Cela doit beaucoup dépendre des circonstances.

ARTICLE III.

Regles pour l'interprétation de différens noms employés par les Testateurs pour désigner les choses qu'ils leguent.

§. I.

Interprétation de quelques noms à l'égard des legs d'immeubles.

191. Si j'ai légué mes maisons d'*Orléans*, le legs comprend celles que j'ai dans les fauxbourgs; *L. 46*, §. *6*, ff. *leg. 3.*

Si j'avois légué *les maisons que j'ai dans la ville*, il y auroit lieu de soutenir que celles des fauxbourgs n'y seroient pas comprises; pourvu qu'il y en eût au moins deux dans la ville sur lesquelles pût tomber cette expression. Cette décision est fondée sur la Loi 2, ff. *de v. s.* qui dit : *URBIS appellatio, muris ROMÆ continentibus ædificiis finitur.* Lorsqu'on dit *la ville* simplement, cela paroît dit par opposition aux fauxbourgs. Si je n'avois pas dit simplement, *que j'ai dans la ville*, mais *que j'ai dans la ville d'Orléans*, on pourroit peut-être dire que celles des fauxbourgs y sont comprises; *arg. l.* 4, §. 4, ff. *de pen. leg.* qui dit: *Romam continentibus (finiri) & urbem Romam æquè continentibus.*

Si j'ai légué *mes biens de ville*, *mes maisons de ville*, je pense que celles des fauxbourgs y sont comprises : car *maisons de ville* se disent par opposition à celles de campagne, & comprennent celles des fauxbourgs.

§. II.

Du Legs des biens meubles, & du Legs des meubles.

192. Lorsque je legue mes *biens meubles*, ou mes effets mobiliers, ce legs comprend toutes les choses mobiliaires, tant incorporelles que corporelles, & généralement tout ce qui n'est pas immeuble.

Mais lorsque je legue *mes meubles*, le legs ne comprend que les choses qui servent à meubler mes maisons, soit à la ville, soit à la campagne; les marchandises, l'argent comptant, les billets, &c. n'y *sont pas compris.*

S'il étoit dit, *les meubles & acquêts*, le terme de *meubles*, en ce cas, contiendroit tous les biens meubles.

§. III.

Du Legs d'une terre, avec les meubles servant à son exploitation.

193. Lorsque j'ai légué une terre que je faisois valoir, *avec les meubles qui servent à son exploitation*, *fundum cum instrumento*, ce legs comprend toutes les choses qui servent à faire venir les fruits, à les recueillir & à les conserver; *ea quæ fructus quærendi, cogendi, conservandi gratiâ parata sunt;* L. 8, ff. *de instr.;* telles que sont les bestiaux qui servent à fumer les terres; les bœufs ou chevaux qui servent à les labourer, ou à voiturer les fumiers & les fruits; les charrues, les charrettes, les herses, & tous autres instrumens aratoires; les cuves, les tonneaux, les vans, les cribles, &c. Ce legs comprend aussi les provisions pour la nourriture des valets & servantes employés pour l'exploitation de la terre; les marmites & autres ustensiles de cuisine; les meubles à leur usage; *L.* 12, *l.* 18, §. 3 & 9, ff. *de instr. fund.* Mais ce legs ne comprend pas ce qui est dans la terre pour l'usage de la personne du pere de famille : *Supellex cæteraque si qua in agro fuerunt quo instructior esset paterfamilias, instrumento fundi non continentur;* d. l. 12, §. 15.

§. IV.

Du Legs d'une terre ou d'une maison meublée.

194. Lorsque je legue une telle terre toute garnie, *fundum ut instructus est*, le legs comprend non-seulement les meubles qui servent pour l'exploitation

des métairies, mais il comprend aussi tous les meubles qui servent à meubler le château, & généralement tout ce qui y est pour l'usage du pere de famille. *Hoc legato non agri instrumentum, sed proprium suum instrumentum reliquisse videtur;* L. 12, §. 27, ff. de instr. vel instr. *Instructo continebuntur quæ ibi habuit ut instructior esset;* d. §.

Ce legs comprend donc, de même que le legs d'une maison garnie, non-seulement les meubles d'hôtel qui servent à garnir les appartemens, comme lits, fauteuils, chaises, tapisseries, tableaux, tables, bureaux, armoires, batterie & ustensiles de cuisine; il comprend aussi l'argenterie, le linge de table, les draps, la garde-robe, carrosse, chevaux; provisions de ménage, tant pour la table du pere de famille que pour celle de ses domestiques, tant de ceux qui sont employés auprès de sa personne, que de ceux qui sont employés aux ouvrages de la campagne; & pour la nourriture des animaux, tant de ceux qui servent pour sa personne, que de ceux qui servent à l'exploitation des terres; telles que sont les provisions de bled, avoine, foins, pailles, vins, vinaigre, sel, liqueurs, fruits, &c. *Si fundus sit instructus legatus, & supellex continebitur, & vestis non solùm stragula, sed & quâ ibi uti solebat... aurum & argentum, vina quoque, si quæ ibi fuerint usûs ipsius causâ, & si quid aliud utensilium;* d. l. 12, §. 28. Les livres sont aussi compris dans le legs d'une terre meublée ou d'une maison de ville meublée, quoique quelques-uns en eussent douté; *d. l. 12*, §. 34, 43.

Mais les bleds, vins, foins, & autres fruits qui n'étoient point destinés pour la provision du pere de famille, & qui étoient destinés à être vendus, ne sont point compris dans ce legs; *fructus ibi repositos ut vænirent, instructo non contineri;* d. l. 12, §. 30.

Les choses qui y sont comme en réserve, & qui ne servent ni à meubler les appartemens, ni à l'usage du pere de famille, ne sont pas non plus comprises dans ce legs: *Imagines hæ solæ legatæ videntur quæ in aliquo ornatu villæ fuerunt.... Sed si quæ eò congesserat non usûs sui causâ, sed custodiæ gratiâ, non continebuntur;* d. l. 12, §. 36 & 29.

Les choses même qui servent à l'usage du pere de famille, telles que l'argenterie, le linge, la garde-robe, & autres choses que nous avons dit ci-dessus être comprises dans ce legs, n'y sont comprises que lorsqu'elles y sont pour y être consommées, ou pour y rester; & non pas celles qui y sont transportées pour y être seulement pendant le temps d'un séjour passager que le pere de famille y fait, & qu'on remporte lorsqu'il s'en retourne: *Fundo sicut instructus est legato, omnia quæ vel ut ipse paterfamilias quùm ibi ageret, vel ut fundus esset instructus, non temporis causâ in eo habuit, relicta esse juris authoritate definitum est;* L. 2, Cod. de v. s.

§. V.

Du Legs des choses qui sont dans un tel lieu.

195. Lorsque le testateur a légué sa terre ou sa maison & *ce qui y est*, le legs renferme les choses qui y sont pour y rester.

Celles qui y sont pour y rester y sont comprises, quoique au temps de la mort du testateur elles ne s'y soient pas trouvées, le testateur les ayant envoyées ailleurs pour quelque temps, à dessein de les y faire revenir; & au contraire celles qui s'y sont trouvées au temps de la mort n'y sont pas comprises, si elles n'y étoient pas pour y rester, mais seulement pour un temps: *Rebus quæ in fundo sunt legatis accedunt etiam ea quæ tunc non sunt si esse solent; nec quæ casu ibi fuerunt, legata existimantur;* L. 78, §. 7, ff. *de leg.* 3

Par exemple, si le testateur qui a légué une telle terre ou une telle maison, & *ce qui y est*, avoit prêté quelque livre ou autre chose qui avoit coutume d'être dans cette maison, ou l'avoit mis en dépôt pendant un voyage, ou l'avoit mis en gage, de telle maniere que la chose ne se trouvât pas lors de sa mort dans cette maison, cette chose ne laissera pas d'être comprise au legs, comme le décide fort bien Labéon, contre le sentiment d'Ofilius; *L.* 39, §. 1, ff. *Aur. leg.; l.* 20, §. 6, ff. *instr. leg.*

Vice versâ, les choses qui se seront trouvées dans cette terre ou dans cette maison lors de l'échéance du legs, ne seront pas comprises au legs, si elles n'y étoient pas pour y rester; comme, par exemple, les bestiaux d'une autre terre qui n'étoient dans celle-ci que pour y hiverner.

Suivant le même principe, les choses que le testateur avoit dans cette terre ou dans cette maison pour les vendre quand il en trouveroit l'occasion favorable, tels que sont les bleds, les vins de ses récoltes, à l'exception de ce qu'il a coutume d'en garder pour sa provision, & généralement toutes especes de marchandises ne sont point comprises dans ce legs; *L.* 32, §. 2 & 3, ff. *usufr. leg.*

Par la même raison, l'argent comptant qui s'y trouve n'est point compris dans le legs, parce qu'il n'y étoit que pour en sortir à mesure que le testateur auroit occasion de le dépenser; *l.* 41, §. 6; *l.* 44; *l.* 92, §. 1, ff. *de leg.* 3.

A l'égard des dettes actives dont les billets & cédules se seroient trouvés dans la maison, il est évident qu'elles ne sont point comprises dans ce legs; car les billets & cédules n'en sont que l'instrument probatoire. Ces choses sont en elles-mêmes quelque chose d'incorporel, qui ne peut être en aucun lieu; *l.* 18, §. *fin.* ff. *de instr. d. l.* 41, §. 6.

§ VI.

Du Legs de l'argenterie.

196. Lorsqu'un testateur a légué à quelqu'un *son argenterie*, si, comme je le pense, notre terme françois d'*argenterie* répond à celui d'*argentum factum*, ce legs comprend seulement la vaisselle d'argent, *Q. Mucius definit argentum factum, vas argenteum videri esse; l.* 27, ff. *Aur. leg.;* c'est-à-dire, tout ce qui sert pour la table, plats, assiettes, cuillers, fourchettes, couteaux, bassins, salieres, chandeliers, réchauds, &c.

Les autres meubles d'argent n'y sont pas compris, comme une table d'argent, des lustres & bras d'argent, un foyer d'argent, de petites statues d'argent: *Lectum argenteum, vel si qua alia supellex argentea fuit, argenti appellatione non continetur, si numero argenti habita non est, nec candelabra vel sigilla quæ in domo reposita sunt, &c.* l. 19, §. 8, ff. *de aur. leg.* Tout ce qui fait partie des bijoux ou de la toilette, quoique d'argent, n'est point non plus compris sous le terme d'argenterie, ni ce qui est en lingot, ni les médailles, encore moins l'argent monnoyé. *Argentum factum rectè quis definierit quod nec in massâ, nec in laminâ, nec in signato, nec in supellectili, nec in mundo, nec ornamentis insit?* d. l. 27, §. 6.

S'il paroissoit néanmoins par les circonstances que le testateur eût réputé dans son argenterie quelques-unes des choses que nous avons dit n'y être pas comprises, elles y seroient comprises : c'est pourquoi la Loi ci-dessus citée dit, *numero argenti habita non est.*

§. VII.

Du Legs de la garde-robe, de la toilette, des bijoux.

197. Lorsqu'une personne legue sa garde-robe, ce legs comprend tout ce qui sert à nous vêtir. Il comprend toutes sortes de vêtemens tant pour le jour que pour la nuit, les chemises comme les vêtemens extérieurs, même ce qui sert pour la chaussure & la coëffure; en quoi le legs de la garde-robe a plus d'étendue parmi nous que le legs *vestimentorum*, qui ne comprenoit pas la chaussure; *l. 25, §. 4, ff. de aur. leg.*

Les gants, les manchons, les manteaux, parapluies, parasols, paroissent aussi devoir y être compris.

Ce legs de la garde-robe comprend non-seulement les habits ordinaires, mais les habits de masque; *vestis appellatione & scenica continetur;* l. 27, ff. *de v. s.*

Et les habits de cérémonie, comme une robe rouge, une fourrure, &c. les habits de chœur d'un Ecclésiastique, l'aumusse.

198. Ce legs ne comprend pas les pierreries, les anneaux, pendans d'oreilles, bracelets, ornemens de tête, & autres choses semblables, qui servent plutôt à parer qu'à vêtir.

199. Il ne comprend pas les chasubles, aubes, &c., ces choses faisant partie de la chapelle plutôt que de la garde-robe.

200. La toilette ne fait pas non plus partie du legs de la garde-robe. Les choses qui composent la toilette d'une femme, composent une espece particuliere de meubles, qui peut répondre à ce que les Romains appelloient *mundus muliebris; de quo V. in Pand. Justin. tit. de aur. leg. art.* 2. On connoît assez ce qui compose & fait partie de la toilette des femmes; il n'est pas besoin ici de le détailler.

201. *Les bijoux* font aussi une espece particuliere de meubles. Elle a plus d'étendue qu'*ornamenta muliebria* chez les Romains : car le legs que fait une femme de ses bijoux ne comprend pas seulement les choses qui servent à se parer; tels sont les colliers, pendans d'oreilles, bracelets, anneaux, pierreries, ornemens de tête, rubans, &c.; il comprend aussi les montres,

tabatieres,

tabatieres, petites boîtes, bourses, petites statues, &c. Il ne doit pas comprendre ce qui fait partie de la toilette; car la toilette compose une espece particuliere. Le legs que fait un homme de ses *bijoux*, comprend aussi les susdites choses qui sont à son usage.

§. VIII.

Du Legs des provisions de ménage ou de maison.

202. Ce legs a rapport à celui dont il est traité au titre du Dig. *de pen. leg.* Il comprend toutes les provisions que le testateur avoit, tant pour son usage que pour celui de ses domestiques, & pour ses chevaux & autres animaux qu'il peut avoir à son service; comme le bled, le vin, le vinaigre, l'huile, le sel, le foin, l'avoine, la paille, le sucre, les confitures, les épiceries, &c. *Pand. Just. tit. de pen. leg.*

Le bois, le charbon, la chandelle, les bougies y sont aussi compris; *L. 3, §. 9, ff. de pen. leg.* Quelques Jurisconsultes néanmoins en avoient douté, sur l'autorité de *Q. Mucius*, qui dit, *penû contineri quæ esui potuique sunt*; d. L. 5.

Les vins & autres liquides qui ne peuvent être sans les tonneaux & barils qui les renferment, entraînent avec eux les tonneaux & barils où ils sont renfermés; *L. 4, ff. de pen. leg.*

Les coffres, boîtes, paniers qui renferment les autres provisions, ne sont point compris dans ce legs, encore moins les ustensiles de cuisine; *L. 3, §. 11; L. 6, ff. d. tit.*

203. Ce legs comprend non-seulement les choses qui se sont trouvées dans la maison du testateur lorsqu'il est mort, mais même celles qu'il avoit ailleurs, & qui néanmoins étoient destinées pour sa provision; *L. 4, §. 5; L. 7, d. tit.*

204. Lorsque le testateur se servoit pour son ménage du bled, du vin & autres marchandises semblables qu'il avoit à vendre, sans avoir séparé ce qu'il destinoit pour sa provision, de ce qu'il destinoit pour vendre, on doit prendre sur le total la quantité qu'il avoit coutume de dépenser pour sa maison dans une année; *d. L. 4, §. 2.*

205. Observez aussi que ce legs ne comprend pas les provisions pour les serviteurs & animaux employés pour l'exploitation des terres du pere de famille, mais seulement pour ceux employés au service de sa personne; *L. 3, §. 6 & 7, ff. d. tit.*

§. IX.

Du Legs des meubles d'hôtel, ou meubles meublans.

206. Les meubles d'hôtel, ou meubles meublans, ont rapport à ce que les Romains appelloient *supellex.* C'est pourquoi lorsque quelqu'un a légué ses *meubles d'hôtel*, ses *meubles meublans*, ou même simplement *ses meubles*, je pense que ce legs comprend tout ce qui sert à garnir une maison pour

l'usage ordinaire du pere de famille, à l'exception des choses qui appartiennent à quelque autre genre particulier de meubles : *Supellectilis eas res esse puto quæ ad usum communem patris-familiæ paratæ essent quæ nomen sui generis separatum non haberent* ; l. 6, ff. *de supell. leg.*

C'est pourquoi ce legs doit comprendre les lits, chaises, fauteuils, tapisseries, tapis, miroirs, tables, bureaux, armoires, lustres, foyers, batterie de cuisine, vaisselle d'étain & de faïance, porcelaines, crystaux de table, linge de table ; *l. 3, pp.* §. *1, 3, 4, 5*, ff. *d. tit.* L'argenterie, les provisions de ménage, la garde-robe, la toilette, les bijoux n'y sont point compris ; car ces choses sont d'autres genres particuliers de meubles ; *l. 1 ; l. 7*, §. *1*, ff. *d. t.*

La bibliotheque n'y est point comprise ; *l. 3*, §. *2*.

Les chevaux & équipages, & autres animaux, ne sont pas non plus compris dans ce legs ; *l. 2, d. tit.* ni tout ce qui sert pour les voyages, comme les malles, valises, &c.

§. X.

Du Legs d'une certaine somme payable par chacun an.

207. Nous ne suivons pas la disposition de la Loi 12, ff. *Q. dies*, à l'égard du legs qui est fait à une personne d'une certaine somme par chacun an, pendant qu'elle vivra. Nous regardons un tel legs comme n'étant qu'un seul legs d'une rente viagere, dont les arrérages se comptent de jour à jour au profit du légataire, à compter du jour du saisissement ou de la demande en saisissement de legs jusqu'au jour de sa mort, à moins que le testament ne porte expressément que la rente commencera à courir du jour de la mort du testateur.

Lorsqu'on a légué à quelqu'un une somme d'argent *jusqu'à ce que* ; putà, *jusqu'à ce qu'il se marie* ; quoiqu'il ne soit pas dit *par chacun an*, le legs n'est pas de cette somme une fois payée, mais de la rente de cette somme *jusqu'à ce qu'il se marie* : c'est ce qui résulte de ces termes *jusqu'à ce que*, *pendant que*, & autres qui répondent au terme latin *donec* ; *L. 17*, ff. *de ann.*

208. Lorsque le testateur a légué à quelqu'un une somme par chacun an, pendant un certain nombre limité d'années ; par exemple, pendant dix ans, il est censé n'avoir légué qu'une seule somme, dont il a distribué le paiement en plusieurs parties, d'année en année, pour la commodité du grevé : c'est pourquoi si le légataire meurt pendant ce temps, il transmet dans sa succession la somme entiere. Il en seroit autrement si le legs étoit causé, ou parût par les circonstances avoir été fait pour les alimens du légataire ; *L. 20 ; l. 26*, §. *2*, ff. *Qu. dies leg. ced.* Dans ce cas, le légataire ne transmettra dans sa succession que ce qui aura couru jusqu'à sa mort.

ARTICLE IV.

Regles d'interprétation sur les conditions & les termes de paiement.

PREMIERE REGLE.

209. Une disposition testamentaire n'est pas censée contenir aucune condi-

tion ni terme de paiement, si le testateur ne s'en est suffisamment expliqué, ou que sa volonté ne soit évidente.

II. Regle.

Néanmoins la substitution dont quelqu'un est grevé envers d'autres que ses enfans, par un de ses ascendans, est censée faite sous la condition tacite, *au cas que ce grevé meure sans enfans*; l. 102, ff. *de cond. & dem.* l. 6, §. 1, Cod. *de inst. & subst.*

III. Regle.

210. La condition ou le terme de paiement insérés dans une premiere disposition testamentaire, ne sont pas censés apposés à une seconde faite au profit de la même personne, lorsque cette seconde est renfermée dans une phrase indépendante de celle qui renferme la premiere. Il en est autrement, si la partie du testament qui renferme la seconde disposition, ne fait qu'une même phrase avec celle qui renferme la premiere, & n'auroit pas sans elle un sens parfait.

Cette regle est prise de Dumoulin, *in Consuet. Par. art. 55, gl. 1, n. 2.* La premiere partie de la regle a lieu, selon lui, quoique le testateur se soit servi dans la seconde disposition, de ces termes, *item*, *plus*. Comme dans cette espece : *Je legue à un tel une telle maison, s'il se marie. Item* ou *plus*, *Je lui legue trois mille livres.* La condition du mariage ne doit pas être censée répétée dans le legs de trois mille livres. Car, quoique chez les Romains les termes *item*, *ampliùs*, emportassent répétition des conditions & autres modifications de la premiere disposition; *l. 108*, ff. *de cond. & dem.*; *l. 63*, ff. *de leg. 3*; dans notre usage de parler & d'écrire, les termes *item*, *plus*, & autres semblables, comme l'observe Dumoulin, *non inducunt repetitionem, sed simplicem sermonis continuationem.*

Si le testament portoit, *Je legue à un tel une telle maison s'il se marie, plus trois mille livres*; la condition doit être censée apposée au legs de trois mille livres aussi-bien qu'au premier : car la partie qui le contient ne fait qu'une même phrase avec celle qui contient le legs de la maison, & ne feroit pas un sens parfait, si elle n'empruntoit d'elle ces termes, *Je legue à un tel*; c'est le cas de la secconde partie de la regle.

Cette seconde partie de la regle souffre exception lorsqu'il paroît quelque raison que le testateur a pu avoir d'apposer la condition ou le terme de paiement au premier legs plutôt qu'au second; comme dans cette espece : *Je legue à un tel mille écus dans un an après ma mort, & en outre ma bibliotheque.* Quoique le legs de la bibliotheque soit compris dans la même phrase que celui de mille écus, le terme d'un an accordé pour celui de mille écus ne doit pas être censé répété pour le legs de la bibliotheque : car le testateur a accordé ce terme pour que son héritier eût le temps de faire de l'argent; laquelle raison ne se rencontre pas pour le legs de la bibliotheque, que l'héritier qui l'a en sa possession peut délivrer incontinent. C'est ce qui fait dire à Dumoulin, *ibid.* que *diversitas rationis tantùm, excludit repetitionem.*

IV. REGLE.

Lorsque la condition ou le terme de paiement se trouvent en tête de plusieurs dispositions, ils se rapportent à toutes.

Cette regle est encore tirée de Dumoulin, *ibidem*. Par exemple, s'il est dit: Si mon fils meurt sans enfans, je legue à Pierre telle chose; Je legue audit Pierre telle autre chose; Je legue à Jacques telle chose; la condition doit être censée apposée aux trois legs. Il en seroit autrement si la condition n'étoit pas en tête, mais étoit insérée dans l'une des dispositions; comme s'il étoit dit: *Je legue à Pierre, si mon fils meurt sans enfans, telle chose; Je legue audit Pierre, &c.* La condition ne seroit censée apposée qu'au premier legs, suivant la regle précédente.

Cette regle me paroît devoir souffrir exception, 1°. lorsque la premiere disposition suit sans aucun alinea la condition, & qu'au contraire les autres en sont distinguées par des alinea; 2°. lorsqu'il y a quelque raison qui paroît avoir dû porter le testateur à apposer la condition ou le terme de paiement à la premiere disposition plutôt qu'aux autres.

V. REGLE.

211. Lorsque le testateur a apposé à un legs la condition ou la charge de donner une certaine somme, sans dire à qui, il est censé avoir entendu que ce seroit à ses héritiers qu'il a grevés du legs; *l. 8, ff. de statu lib.*

VI. REGLE.

La condition de donner quelque chose à une certaine personne, ne s'accomplit pas en le donnant à elle-même, si elle est sous puissance d'autrui; il faut en ce cas le donner à son tuteur, curateur ou mari; *l. 68, ff. solut.*

VII. REGLE.

Nous accomplissons la condition de donner une certaine somme à quelqu'un, en lui offrant la compensation d'autant qu'il nous doit; *l. 20, §. 2, ff. de statu lib.*

VIII. REGLE.

212. Lorsqu'un legs ou fidéicommis est fait sous la condition de la mort de quelqu'un, sa mort civile fait exister la condition aussi-bien que sa mort naturelle; *Ordon. de 1748, p. 1, art. 24.*

IX. REGLE.

213. Lorsqu'on legue une somme à quelqu'un *lorsqu'il sera en âge*, la condition doit s'entendre de l'âge de majorité, & non pas de l'âge auquel il peut être émancipé; *l. fin. Cod. his qui ven. ætat.*

X. REGLE.

Cette condition, lorsqu'il aura l'âge de tant d'années; *putà*, de seize ans, s'entend de seize ans accomplis; *l. 49, ff. leg. 1; l. 48, ff. de cond. & dem.; l. 5, Cod. Q. dies leg.*

XI. Regle.

214. Le legs d'une somme fait à une personne *lorsqu'elle se mariera*, ne doit pas s'entendre en ce sens, *toutes les fois qu'elle se mariera*, mais en ce sens, *la premiere fois qu'elle se mariera*; l. 89, §. 1, ff. *de V. S.*

XII. Regle.

215. Lorsqu'un legs a été fait à quelqu'un *lorsqu'il aura des enfans*, il est censé avoir accompli la condition s'il laisse sa veuve grosse, qui accouche à terme d'un enfant vivant; *l. 18, §. Q. dies leg. ced.*

Pareillement, lorsque quelqu'un est grevé de substitution sous la condition, *s'il meurt sans enfans*, la naissance d'un posthume fait défaillir la condition; *l. 187, ff. de R. J.* aussi-bien que celle de l'enfant qui a été tiré vivant du sein de la personne grevée, par l'opération césarienne; *l. 141, ff. de V. S.*

Le terme d'*enfans* comprend aussi dans ces conditions les petits-enfans, quoique par une fille; *l. 1, Cod. de cond. in testam. &c.*

Dans ces conditions, un enfant mort civilement n'est compté pour rien, ni un bâtard, ni un enfant né d'un mariage qui n'a pas les effets civils; *Ord. de 1748, p. 1, art. 23.*

Mais un enfant, quoique exhérédé, me paroît devoir faire défaillir la condition, *s'il meurt sans enfans* : car on ne peut dire que le grevé est mort sans enfans lorsqu'il en a laissé un, quoiqu'il l'ait exhérédé : cette exhérédation ne doit pas tourner au profit du substitué; *V. Ricard, Tr. des disp. cond. n. 545.*

Dans ces conditions, les termes *nés en loyal mariage*, n'ajoutent rien, & n'en excluent pas les enfans légitimés par un mariage subséquent : car ils sont censés nés de ce mariage par anticipation; *Arrêt cité par Ricard, Tr. des disp. cond. n. 535.*

S'il est dit *sans enfans mâles*, les descendans mâles, quoique par filles, sont compris dans la condition; à moins que les circonstances ne fassent connoître que le testateur n'a entendu parler que des mâles descendans par mâles; ce qui doit se présumer lorsqu'un homme de condition greve son héritier de substitution au profit d'un parent de son nom sous cette condition, *s'il décede sans enfans mâles.*

Observez aussi que la condition, *s'il meurt sans enfans*, en renferme deux; celle de la mort du grevé, & celle qu'il ne laissera pas d'enfans : c'est pourquoi quand même il deviendroit certain, par la promotion du grevé aux Ordres sacrés, qu'il ne laissera pas d'enfans, il faudroit encore attendre sa mort pour l'ouverture du fidéicommis.

XIII. Regle.

Lorsqu'un legs est fait à un domestique sous cette condition, *s'il sert mon fils pendant dix ans*, la condition est accomplie au bout de dix ans courus depuis qu'il est entré au service du fils du testateur, sans qu'on doive faire déduction du temps pendant lequel il a été malade; *l. 4, §. ff. de statu : Servire enim nobis intelligitur etiam hi quos curamus ægros, qui cupientes servire propter adversam valetudinem impediuntur; d. §.*

XIV. Regle.

216. Ce terme, *après quelques années*, signifie après deux années; *l. 17*, §. 3, ff. *de man. test.*

Article V.

Regles d'interprétation pour les substitutions.

Premiere Regle.

Les substitutions ne se présument pas; la volonté qu'a eue le testateur de charger son héritier ou son légataire de restituer à quelqu'un ce qu'il lui laisse, doit être manifestée.

II. Regle.

Elle l'est suffisamment, quoique le testateur se soit servi du terme *je prie:* il est censé ne l'avoir employé que pour s'exprimer plus poliment, & non pour laisser sa disposition à la discrétion de son héritier ou légataire.

III. Regle.

Les termes qui semblent n'exprimer qu'une simple espérance ou un simple desir du testateur, sont même suffisans pour faire une substitution fidéicommissaire, lorsqu'ils sont adressés à l'héritier ou légataire que le testateur a voulu grever de la substitution. Il faut décider autrement lorsqu'ils sont adressés à la personne qui prétend en induire une disposition en sa faveur.

La premiere partie de cette regle est fondée sur la Loi 115, ff. *de leg. 1;* qui dit: *etiam hoc modo, Cupio des, opto des, credo te daturum, fideicommissum est.* Voyez des exemples de la seconde partie dans la Loi 68, §. 1, ff. *de leg. 3;* & dans la Loi 32, ff. *de us. leg.*

IV. Regle.

Ces termes ajoutés à un legs, *pour lui être propres & aux siens de son côté & ligne*, ne renferment aucune substitution. *Ricard, Tr. des Subst. N. 381.*

Ils n'ont d'autre effet que d'exclure les choses léguées de la communauté de biens en laquelle se trouvoit le légataire lors de l'ouverture du legs. Si néanmoins ils se trouvoient joints à une défense d'aliéner les choses léguées, il en résulteroit une substitution, comme nous verrons *infrà.*

V. Regle.

Lorsqu'un testateur a chargé son héritier ou légataire de substitution envers quelqu'un dans le cas auquel ledit héritier ou légataire décéderoit sans enfans, il n'est pas pour cela présumé l'avoir, dans le cas contraire, grevé de substitution au profit des enfans qu'il laisseroit.

C'est une suite de la premiere regle, & c'est la disposition de l'Ord. de 1748, *p. 1. art. 19*, qui défend en outre d'avoir aucun égard aux différentes circonstances qui faisoient autrefois présumer cette substitution.

Par la même raison, si une personne a eté grevée *après sa mort & celle de ses enfans*, de substitution au profit de quelqu'un, on ne doit pas supposer aucun degré de substitution au profit des créanciers.

VI. REGLE.

Le legs fait à un tel *& à ses enfans*, ne contient aucune substitution, & est censé fait tant aux enfans qu'au pere, pour le partager ensemble par moitié; *Ricard, Tr. des subst. p. 1, n. 539.*

Cette regle est fondée sur ce qu'on ne doit pas facilement présumer que le testateur ait voulu autre chose que ce que le sens naturel des termes exprime: or le sens naturel de ces termes n'exprime qu'un legs fait tant aux enfans qu'au pere. A l'égard des Loix que cite Ricard pour appuyer cette regle, elles ne sont point décisives. Dans la Loi *fin. Cod. imp. & al. substit.* ces termes *unà, cum;* & dans la Loi 8, ff. *de usufr. accresc.* les termes *cum*, sont bien plus expressifs pour signifier que le legs est fait concurremment aux enfans & au pere, que ne l'est dans l'espece de notre regle la conjonctive *&*.

Si le testateur avoit dit: *Je legue à un tel, & à ses enfans après son décès;* il n'y auroit en ce cas nul doute que le legs est fait au pere seul, avec charge de substitution au profit de ses enfans.

S'il avoit dit: *Je legue à un tel ou à ses enfans;* ces termes ne contiendroient pas de substitution fidéicommissaire, mais une *substitution vulgaire*, qui appelleroit les enfans, au cas que le pere ne recueillît pas le legs.

S'il avoit dit: *Je legue à un tel, pour lui appartenir & à ses enfans & ayans cause en propriété;* il n'y auroit qu'un legs fait au pere seul, & le surplus de la phrase, *pour lui appartenir, &c.* ne seroit qu'un verbiage inutile par lequel le testateur auroit seulement voulu dire qu'il entendoit que son légataire eût une propriété parfaite de ce qu'il lui laissoit, qu'il pût transmettre dans sa succession.

VII. REGLE.

La simple prohibition d'aliéner ne renferme aucune substitution, lorsque le testateur n'a désigné aucunes personnes en faveur de qui il puisse paroître qu'il ait fait cette prohibition.

C'est en ce cas, *nudum præceptum*, un simple conseil qui n'impose aucune obligation; *l. 114, §. 14, ff. de leg. 1.*

VIII. REGLE.

Lorsque le testateur qui a défendu d'aliéner le bien qu'il laisse, a ajouté qu'il vouloit le conserver à la famille, ou lorsqu'il a défendu de l'aliéner hors de la famille, la défense d'aliéner contient une substitution dont l'héritier ou légataire à qui la dépense est faite, est grevé envers la famille sous condition & au cas qu'il aliéneroit le bien hors la famille.

Il n'y a que les aliénations volontaires, & qui procedent du fait du grevé, qui donnent ouverture à cette substitution. C'est pourquoi si le défunt avoit laissé dans ses biens quelque héritage qui lui fût commun avec un tiers, la licitation de cet héritage, sur la demande de ce tiers contre l'héritier grevé, ne donneroit pas ouverture à la substitution. Pareillement la saisie réelle & l'adjudication des biens qui seroit faite pour les dettes du défunt, ne donneroit pas ouverture à la substitution; *l. 114*, §. *14*, ff. *leg. 1*; *l. 78*, §. *fin.* ff. *de leg. 2*: même la vente des héritages qui auroit été faite de gré à gré, pour acquitter les dettes du défunt, ne donneroit pas ouverture à la substitution, s'il ne s'étoit pas trouvé dans le mobilier de la succession de quoi les acquitter; *l. 38*, ff. *de leg. 3.*

Il en seroit autrement, si les héritages avoient été saisis & adjugés pour les dettes du grevé: car l'aliénation en ce cas procede du fait du grevé qui a contracté lesdites dettes. Il y a néanmoins cette différence entre cette aliénation & les aliénations volontaires, que celles-ci donnent ouverture à la substitution incontinent & sans attendre la mort du grevé; au lieu que cette vente qui a été forcée de la part du grevé, n'y donne ouverture que lors de sa mort; *L. 69*, §. *1*, ff. *de leg. 2.*

Lorsque la substitution ne résulte que de la défense qui a été faite à un héritier ou légataire d'aliéner hors de la famille les biens qui lui ont été laissés, il y a, à la vérité, ouverture à la substitution, soit qu'il les ait aliénés par des actes entre vifs, soit qu'il les ait aliénés par des legs particuliers ou universels dans lesquels lesdits biens se trouvent compris; *l. 114*, §. *15*, ff. *de leg. 1.* Mais il n'y a pas ouverture à cette substitution, quoiqu'il laisse pour héritier *ab intestat* une personne étrangere de la famille du testateur, qui recueillera lesdits biens; *l. 77*, §. *28*; ff. *de leg. 2*: car sa succession *ab intestat* étant déférée par la Loi, elle ne peut passer pour une aliénation qui procede de son fait, qui puisse donner ouverture à cette espece de substitution.

IX. REGLE.

Toute substitution est présumée simple, si le testateur n'a manifesté sa volonté de faire plusieurs degrés.

C'est encore une suite de la premiere regle. Suivant cette regle, Ricard décide que lorsque l'héritier est grevé de substitution envers *la famille*, la substitution est simple, & finit à celle à laquelle donne ouverture la mort de l'héritier; à moins que le testateur n'ait manifesté sa volonté de faire plusieurs degrés de substitution, par ces termes, *Je substitue à toujours*, ou *à perpétuité*, ou *de degré en degré*, ou *de mâle en mâle*, ou par quelques autres termes semblables.

X. REGLE.

Lorsque le testateur a chargé le survivant de deux légataires de restituer à un tiers la chose entiere comprise au legs, on doit supposer un premier degré de substitution tacite de la portion du prédécédé envers le survivant.

Cette regle est tirée de la Loi 87, §. 2, ff. *de leg. 2.* Elle est fondée sur ce que le survivant qui a été grevé de restituer à un tiers la chose entiere comprise au legs, n'a pu en être grevé, qu'en supposant que le prédécédé a été tacitement grevé en premier lieu de lui laisser sa part, ne pouvant pas être grevé de restituer à ce tiers plus que ce qu'il a reçu du testateur.

Il n'y a lieu à la présomption de ce premier degré de substitution tacite réciproque, que lorsque c'est le survivant seul qui a été chargé de restituer à un tiers la chose entiere comprise au legs. Si le testateur s'est ainsi exprimé : *Je legue à Pierre & à Paul une telle chose, qu'ils restitueront à Jean après leur mort;* Pierre & Paul, dans cette espece, ne sont pas substitués l'un à l'autre ; mais ils sont grevés chacun de la substitution de leur part envers Jean. S'il étoit dit *qu'ils restitueront après la mort du dernier décédé*, on ne devroit pas pareillement supposer une substitution tacite entre Pierre & Paul, ces termes, *qu'ils restitueront*, au pluriel, faisant connoître que ce n'est pas le survivant seul qui est chargé de la substitution envers Jean, & qu'ils en sont chargés chacun pour leur part ; sauf qu'en cette derniere espece le testateur a voulu que la substitution dont il a grevé le premier décédé, fût différée au temps de la mort du dernier décédé ; *putà*, afin qu'ils pussent, en attendant, se succéder l'un à l'autre, s'ils étoient héritiers l'un de l'autre. Il paroît un peu plus de difficulté lorsque le testateur s'est exprimé impersonnellement, comme lorsqu'il a dit : *Je donne à Pierre & à Paul un tel héritage, à la charge qu'il sera restitué à Jean après la mort du dernier décédé.* Néanmoins, comme on ne doit pas supposer un premier degré de substitution tacite au profit du survivant, s'il n'y a nécessité de le supposer, on doit décider dans cette espece qu'il n'y en a pas, & que ce n'est pas le survivant seul qui est chargé de la substitution envers Jean, mais chacun des légataires ; sauf que le prédécédé n'est chargé de la substitution de sa part que lors de la mort du dernier décédé. Il suffit pour qu'on doive décider ainsi, que la phrase soit susceptible de cette interprétation ; *Ricard, Tr. des Subs. n. 402 & suiv.*

XI. REGLE.

Lorsqu'une substitution est faite au profit de la famille, soit que la substitution soit expresse, soit qu'elle résulte seulement de la prohibition d'aliéner hors la famille, soit qu'elle soit simple, soit qu'elle soit graduelle, ce sont les parens du testateur qui se trouvent, lors de son ouverture, être les plus proches en degré avec le grevé de substitution, qui sont admis à la recueillir, sans qu'au surplus on observe entre eux les Loix des successions *ab intestat*, à moins que le testateur n'ait déclaré sa volonté pour qu'elles fussent gardées.

C'étoit une question, avant l'Ordonnance de 1748, si dans ces substitutions le testateur devoit être présumé avoir voulu se conformer à l'ordre des successions *ab intestat.* Ricard tenoit l'affirmative ; mais l'Ordonnance paroît avoir embrassé le sentiment contraire, puisqu'elle décide, *art. 21*, que la représentation n'a pas lieu dans ces substitutions, si le testateur n'a expressément déclaré qu'elles seroient déférées suivant l'ordre des successions. Il y a même raison pour décider que les autres regles des successions *ab intestat* n'y doivent pas être observées, telles que celles qui accordent une préférence aux parens du double lien pour certain bien, un droit d'ainesse en ligne directe à l'ainé dans les fiefs, une préférence aux mâles sur les filles dans lesdits biens en ligne collatérale.

Sur l'espece de substitution qui est faite avec la clause que le grevé pourra choisir la personne de la famille à qui il restituera les biens substitués, *Voyez l'Ord. de 1735, art. 62, 63, 64, 65 & 66.*

TITRE XVI.

Des Testamens, & Donations testamentaires, & pour cause de mort.

ARTICLE CCLXXXVII.

A. C. art. 225 & 226. C. de Par. art. 299.

INSTITUTION d'héritier n'a lieu : *c'est-à-dire, qu'elle n'est requise ne nécessaire* (1) *pour la validité d'un testament. Mais* (2) *ne laisse de valoir la disposition jusques à la quantité des biens, dont le testateur peut valablement disposer* (3) *par la Coustume.* Et au regard de l'exhérédation (4), est permise ès cas de droict (5).

(1) Cette explication ajoutée lors de la réformation est très-imparfaite : car dans notre Coutume, non-seulement l'institution d'héritier n'est pas nécessaire pour la validité de nos testamens ; mais nous ne pouvons faire aucune institution d'héritier par testament. C'est principalement en ce sens que la Coutume dit, *Institution d'héritier n'a lieu.*

(2) Quoique dans notre Coutume on ne puisse proprement instituer un héritier par testament, néanmoins si un testateur s'étoit exprimé ainsi par son testament : *J'institue pour mon héritier un tel*, la disposition ne laisseroit pas de valoir, non comme *institution d'héritier*, mais comme un legs universel fait à cette personne jusqu'à la quantité de biens dont il est permis de disposer. Cet institué ne seroit pas un héritier, mais seulement un légataire universel, qui doit demander la délivrance de son legs à l'héritier que la Loi appelle à la succession.

(3) *Voyez l'art.* 292.

(4) L'exhérédation est un acte par lequel un pere ou une mere, suivant le pouvoir que la Loi lui en donne, prive un enfant, pour quelque juste cause, du droit de succéder à ses biens. Cette exhérédation doit se faire par écrit : mais l'acte qui la contient n'a pas besoin d'être revêtu d'aucune formalité ; il faut seulement que la cause pour laquelle l'exhérédation est faite y soit exprimée.

(5) C'est-à-dire, pour quelqu'une des quatorze causes rapportées en la Novelle 115, *cap.* 3 ; sauf que la cause de l'hérésie de l'enfant n'a plus d'application parmi nous, n'y ayant plus en France qu'une seule Religion. Nos Ordonnances de 1556, 1639, *art.* 2 ; 1697, *art.* 6, ont ajouté une nouvelle cause d'exhérédation, en assujettissant à cette peine les enfans qui se marient sans le consentement de leur pere ou de leur mere ; sçavoir, les garçons avant l'âge de trente ans, & les filles avant l'âge de vingt-cinq ans accomplis ; & même ceux qui après cet âge se marieroient sans avoir requis ce consentement. L'Arrêt de Réglement du 27 Août 1692 prescrit la forme de cette requisition : il veut que l'enfant, en vertu d'une Ordonnance du Juge Royal du domicile des pere & mere, obtenue au bas d'une Requête, aille trouver lesdits pere ou mere en leur domicile, pour requérir leur consentement, & qu'il se fasse assister de deux Notaires, ou d'un Notaire & de deux témoins, pour donner acte de sa requisition. On appelle ces requisitions *sommations respectueuses* : on en doit faire au moins deux, à jours différens, le Réglement s'étant exprimé au pluriel : l'usage est même d'en faire trois.

ARTICLE CCLXXXVIII.

A. C. art. 226 & 269.

Aucun ne peut (1) être héritier & légataire, *ne héritier & dona-*

(1) Il n'est pas impossible, par la nature des choses, que celui qui n'est héritier qu'en

taire, pour cause de mort (2), d'une même personne : peut toutefois entre vifs estre donataire & héritier en ligne collatérale. C. de Par. art. 300 & 301.

partie, soit en même temps légataire d'une chose, non pour la part qu'il a comme héritier, mais pour les parts qu'y ont ses cohéritiers : *Hæredi à semetipso legari non potest, à cohærede, potest*; *L.* 116, §. 1, ff. *Legat.* 1.

Mais notre Coutume voulant conserver une égalité entre tous ceux qu'elle appelle à une même succession, ne permet pas qu'aucun des héritiers qui acceptent la succession, puisse en même temps prélever les legs qui lui auroient été faits; & elle l'oblige à laisser & conférer les choses ou sommes léguées dans la masse commune des biens qui sont à partager entre lui & ses cohéritiers.

Elle n'exige pas néanmoins une si grande égalité entre les héritiers collatéraux, qu'entre les enfans qui viennent à la succession de leur pere ou mere, ou de quelqu'un de leurs ascendans : car elle oblige ceux-ci de rapporter non-seulement ce qui leur a été légué, mais même ce qui leur auroit été donné entre vifs; *infrà*, *art.* 306; non-seulement ce qui auroit été donné ou légué à eux-mêmes, mais même ce qui auroit été donné ou légué à leurs enfans; *art.* 308. Au contraire, l'héritier collatéral n'est pas obligé de rapporter ce qui lui a été donné entre vifs; & quoiqu'il ne puisse pas lui-même être légataire, ses enfans peuvent l'être, sans qu'il soit obligé de précompter sur sa part ce qui leur a été légué.

La Coutume défend les prélegs *à l'héritier*, c'est-à-dire, à celui à qui elle défere une part de la succession. Mais rien n'empêche qu'un légataire universel d'une quotité de biens soit en même temps légataire de choses ou sommes particulieres qu'il prélévera au partage; (*Arrêt du* 25 *Juin* 1716, *au tome* 6 *du Journal.*) car quoique le légataire soit *loco hæredis*, il n'est pas héritier, & il tient son legs universel du testateur, & non de la Loi.

Cette disposition de notre Coutume étant un statut réel, ne peut exercer son empire sur les biens situés hors son territoire. C'est pourquoi je puis être héritier dans notre Coutume, & légataire de biens situés sous une Coutume qui n'a pas une disposition pareille à la nôtre; ou sous une Coutume qui a une disposition pareille à la nôtre, mais dans laquelle je ne suis pas héritier.

C'est une question sur laquelle il y a variété d'Arrêts & de sentimens, si celui qui est héritier seulement aux propres d'une certaine ligne, peut être légataire des meubles & acquêts? Je pense qu'il le peut être : ses cohéritiers aux propres ne peuvent s'en plaindre, puisque ce n'est pas à leurs dépens qu'il est légataire. Les héritiers aux meubles & acquêts auxquels il demande la délivrance de son legs, ne peuvent lui opposer sa qualité d'héritier aux propres d'une ligne qui leur est étrangere : car il n'est pas leur cohéritier, & il n'a aucun partage à faire avec eux en la masse duquel ils puissent prétendre qu'il doive laisser les choses qui lui ont été léguées.

Par la même raison, un héritier aux meubles, acquêts & propres d'une ligne, peut être légataire du quint des propres d'une autre ligne. C'est l'avis de Dumoulin, sur l'article 121 de la Coutume de Paris; de Coquille, *quæst.* 232, *in fine*; de Renusson, *Traité des Propres*, *III*, *sect.* 9, *n.* 19; de Lemaître, sur Paris, &c.

(2) Un héritier non-seulement ne peut être légataire direct, au préjudice de ses cohéritiers, à une même espece de biens; il ne peut pas davantage rien recueillir desdits biens à leur préjudice, à quelque autre titre de donation pour cause de mort que ce soit. Ainsi un héritier ne peut être substitué à la portion à laquelle son cohéritier à la même espece de biens a succédé : car il seroit, contre la disposition de cet article, héritier & *donataire pour cause de mort*, au préjudice de son cohéritier à la même espece de biens, une substitution étant une donation pour cause de mort; *Arrêts cités par Ricard*, *Traité des Subst. n.* 175.

ARTICLE CCLXXXIX.

Pour reputer un testament solemnel, est requis qu'il soit écrit A. C. art. 227.

C. de Par. art. 289. & signé du testateur (1) : ou qu'il soit passé pardevant deux Notaires, *ou pardevant le Curé de la Paroisse du testateur* (2), *ou son Vicaire* (3), *& un Notaire* (4), *ou dudit Curé ou Vicaire, & trois tesmoins* (5), ou d'un Notaire & deux tesmoins, *iceux tesmoins idoines* (6), *suffisans, masles, & aagez de vingt ans accomplis, & non légataires; & qu'il ait été dicté & nommé par le testateur ausdits Notaires, Curé ou Vicaire, & depuis à lui releu en la présence d'iceux Notaires, Curé ou Vicaire, & tesmoins: Et qu'il soit fait* (7) *mention audit testament, qu'il a été ainsi dicté, nommé & releu: & qu'il soit signé par ledit testateur, & par les tesmoins; ou que mention soit faite de la cause* (8) *pour laquelle ils n'ont pu signer. Et néanmoins pour les testamens de ceux qui seront malades, & décéderont en l'Hôtel & Maison-Dieu* (9) *de la ville d'Orléans, pourra estre prins l'un des Chapelains dudit Hôtel-Dieu, au lieu de Curé ou Vicaire, en gardant le surplus du présent article.*

L'Ordonnance de 1735 ayant établi une forme générale pour les testamens dans tout le pays coutumier, a dérogé en plusieurs points à cet article. *Voyez l'Introd. sect.* 1.

(1) L'Ordonnance exige en outre la date du jour, du mois & de l'an. *Introd. n.* 8.

(2) Il est réputé tel lorsque le testateur a une demeure de résidence sur sa paroisse, ou lorsqu'il y est surpris de maladie.

(3) Depuis l'Ordonnance, les Vicaires ne peuvent plus recevoir les testamens; *art.* 25.

(4) Le Curé qui reçoit le testament, doit aujourd'hui être assisté de deux témoins : un Notaire n'équipolleroit pas aux deux témoins. *Ordonn. art.* 25.

(5) Il n'en faut plus que deux; *art.* 25.

(6) Ces termes, *idoines, suffisans*, paroissent ici synonymes : ils signifient que les témoins doivent avoir toutes les qualités requises pour cette fonction. *Voyez ces qualités, Introduction, n.* 14.

(7) Il n'est plus nécessaire de faire mention que le testament *a été ainsi dicté, nommé & relu* : il suffit de faire mention de la lecture qui en a été faite au testateur; *art.* 23.

(8) Il suffit de déclarer que le testateur a déclaré ne sçavoir ou ne pouvoir signer, & il n'est plus nécessaire de faire mention de la cause pour laquelle il n'a pu signer. A l'égard des témoins, il est absolument nécessaire qu'ils signent, excepté dans le cas du testament militaire, ou fait en temps de peste; auquel cas on peut se servir de témoins qui ne sçavent pas signer, lorsque le testateur signe. *Voyez l'Ordonnance de* 1735, *art.* 23, 28 & 34.

(9) Les testamens reçus par les Chapelains de l'Hôtel-Dieu ne sont donc valables qu'au cas que le testateur y décede. Si étant revenu en santé, il sort de l'Hôtel-Dieu, il doit faire un autre testament.

ARTICLE CCXC.

A.C. art. 263. Les exécuteurs des testamens sont saisis (1) des biens meubles.

Voyez sur cet article l'Introduction, sect. 7.

(1) C'est-à-dire, qu'ils peuvent d'eux-mêmes se mettre en possession des biens du testateur, en faisant faire un inventaire desdits biens, & sans qu'ils soient tenus d'en demander aucune délivrance à l'héritier; ce qui n'empêche pas que l'héritier ne demeure vrai possesseur de tous les biens de la succession dont il a été saisi par le défunt dès l'instant de sa mort, suivant l'article 301 : car ces exécuteurs ne sont en possession que

& héritages (2) du testateur jusques (3) à la valeur & accomplissement du (4) testament : *sinon que le testateur eust ordonné que ses exécuteurs fussent saisis de certaine somme (5) seulement.* Et peuvent dedans l'an de la mort (6) du testateur, intenter complainte (7) & autres actions (8) pour raison de ladite exécution. C. de Par. art. 297.

comme procureurs légaux de l'héritier, pour exécuter à sa décharge les dispositions testamentaires ; de maniere que l'héritier est censé continuer de posséder par eux.

(2) En cela notre Coutume accorde plus aux exécuteurs que celle de Paris, qui ne les saisit que des biens meubles.

(3) De là il suit qu'un héritier pourroit empêcher que l'exécuteur ne se mît en possession des biens de la succession, en lui offrant deniers à suffire pour l'entiere exécution du testament.

(4) L'acquittement des dettes mobiliaires en fait partie : car tous les testamens contenoient autrefois la clause que le testateur vouloit que *ses dettes fussent acquittées* ; & elle y doit toujours être sous-entendue. L'article suivant décide formellement que l'acquittement des dettes est une des fonctions de l'exécuteur.

(5) Lorsque le testateur a limité la somme jusqu'à laquelle l'exécuteur seroit saisi de ses biens, l'exécuteur ne peut se mettre en possession des biens du testateur que jusqu'à concurrence de cette somme, quand même elle ne seroit pas suffisante pour l'entier accomplissement du testament, & il doit recevoir le surplus des mains de l'héritier ; car la saisine de l'exécuteur testamentaire n'étant ordonnée par la Loi qu'en faveur du testateur, il est libre au testateur de modifier un droit qui n'est établi qu'en sa faveur, & même d'y déroger entiérement, suivant la maxime, *Unicuique licet juri in favorem suum introducto derogare.* Au contraire, le testateur ne pourroit pas ordonner que l'exécuteur seroit saisi de ses biens pour une somme plus grande que celle à laquelle doit monter l'entier accomplissement du testament ; car le testateur n'a pas par lui-même le pouvoir de saisir quelqu'un de ses biens après sa mort : la Loi seule a ce pouvoir.

(6) Ce temps d'un an est un temps utile qui ne court pas tant que le testament n'a pas été reconnu, ou que les contestations faites sur sa validité n'ont pas été terminées : mais aussi-tôt que l'exécuteur s'est mis ou a pu se mettre en possession, l'an court ; & il ne paroît pas devoir être prorogé, quand même l'exécution n'auroit pas pu être terminée dans ce temps ; & quand même il y auroit des legs dont la condition ne seroit pas encore échue ; ce qui reste de l'exécution doit en ce cas s'exécuter par l'héritier. Néanmoins s'il y avoit péril que l'héritier dissipât les biens de la succession, l'exécuteur pourroit l'obliger à donner caution pour ce qui reste à exécuter du testament, avant que de le remettre en possession des biens ; *Molin. ad* §. 95.

(7) Comme ce n'est qu'en qualité de procureur légal de l'héritier qu'il est saisi, (*suprà, not.* 1,) lorsqu'en sa qualité d'exécuteur testamentaire, il intente complainte contre ceux qui le troubleroient dans la possession & jouissance des héritages de la succession, il est censé ne l'intenter que comme procureur légal de l'héritier : c'est pourquoi il ne peut prendre cette voie de complainte que contre des tiers. Si c'étoit l'héritier qui l'y troublât, il auroit contre lui une action *in factum*, à ce qu'il lui fût fait défense de le troubler dans la disposition qu'il doit avoir des biens.

(8) *Putà*, contre les débiteurs de la succession, pour les faire payer.

Article CCXCI.

Lesdits exécuteurs testamentaires, qui ont pris la charge, peuvent dans l'an & jour du trespas du testateur être convenus : & doivent, comme exécuteurs, respondre des debtes (1) & choses mentionnées audit testament. Et aussi peuvent & doivent faire bail C. de Par. art. 229.

(1) Mobiliaires.

& délivrance de legs aux légataires, *les héritiers du testateur présens, ou duëment appellez* (2), *inventaire préalablement* (3) *fait, des biens de la succession.* Et (4) ce fait lesdits légataires en sont & demeurent saisis: & peuvent intenter & soustenir toutes actions possessoires, pétitoires, personnelles & autres, pourveu que le testament soit fait en la forme que dessus.

(2) Pour ne pas s'exposer au refus que l'héritier pourroit lui faire de lui allouer ce qu'il auroit payé, si cet héritier avoit des moyens pour se défendre de la demande des légataires.

(3) Il résulte de ce terme, que l'exécuteur doit, avant toutes choses, faire à sa requête un inventaire des biens de la succession en présence des héritiers, ou eux duement appellés, s'ils se trouvent sur le lieu où le défunt est mort; sinon en présence du Procureur du Roi, ou du Procureur fiscal.

Ricard, p. 2, n. 87, pense que l'exécuteur peut être dispensé par le testateur de faire cet inventaire, & d'en rendre aucun compte, pourvu que cet exécuteur fût capable d'être légataire des biens dont on lui confie l'administration; parce que le testateur ayant pu les lui donner entiérement, a pu à plus forte raison le décharger d'en compter, suivant la regle *Qui potest plus, potest minùs.* Il convient néanmoins que son sentiment est contraire à l'opinion commune, que je crois devoir être suivie plutôt que la sienne.

La raison est qu'il seroit contre l'honnêteté & la bienséance que l'exécuteur voulût se prévaloir de la permission que le testateur lui donne de ne pas faire inventaire, n'ayant aucun intérêt de ne le pas faire, & ayant au contraire intérêt de le faire, pour purger les soupçons sur sa conduite, auxquels il pourroit donner lieu en ne le faisant pas. Ajoutez que notre Coutume ne saisissant pas l'exécuteur indéfiniment de tous les biens meubles, comme celle de Paris, mais le saisissant des biens jusqu'à concurrence du testament, il est nécessaire qu'il constate les biens par un inventaire.

Il ne doit pas, avant que cet inventaire soit fait, s'immiscer dans l'administration des biens de la succession. Cet inventaire fait, l'exécuteur doit procéder à l'acquittement des dettes mobiliaires & des legs. S'il ne trouve pas dans les deniers comptans de la succession, & dans ce qui peut être exigé promptement des débiteurs, de quoi les acquitter, il doit faire procéder à une vente publique des meubles en présence des héritiers, ou eux duement appellés, & jusqu'à concurrence seulement de ce qui est nécessaire pour l'accomplissement du testament.

A l'égard des héritages, il ne peut pas les vendre. Si la Coutume l'en saisit, c'est seulement pour en recevoir les revenus pendant le temps de l'exécution.

(4) Ces termes se rapportent à ceux ci-dessus, *peuvent faire* bail & délivrance des legs aux légataires. Ils sont bien propriétaires des choses léguées avant la délivrance; mais ce n'est que la délivrance qui les en saisit, & les en rend possesseurs.

ARTICLE CCXCII.

C. de Par. art. 280. Toutes personnes *saines d'entendement, aagés &* (1) *usans de leurs droits*, peuvent disposer par testament & *ordonnance de derniere volonté, au profit de personne* (2) *capable*, de tous leurs biens meubles, *acquests* & conquests immeubles, & de la *cinquieme* partie de tous leurs (3) propres héritages, *& non plus avant* (4), *encore que ce fust pour cause pitoyable.*

(1) Ces termes signifient seulement *jouissantes de l'état civil, & des droits de citoyen.* Voyez l'Introd. sect. 3, §. 1.

(2) *Voyez l'Introd. sect.* 3, §. 2.

(3) *Voyez l'Introd. génér. p.* 3, *art.* 3.

(4) *Voyez l'Introd. sect.* 4, §. 2.

ARTICLE CCXCIII.

Pour tester des meubles, acquests & conquests immeubles, faut avoir accompli l'aage de vingt ans. Et pour tester du quint des propres, faut avoir accompli l'aage de vingt-cinq ans. C. de Par. art. 293.

C'est sans raison qu'on a voulu dispenser de cette Loi les mineurs qui sont sur le point de faire profession religieuse. Les Arrêts cités par *Ricard*, *p.* 1, *n.* 192, ont justement proscrit cette opinion. Ils n'ont qu'à différer leur profession, s'ils veulent tester.

ARTICLE CCXCIV.

Toutefois si le testateur (1) *n'a meubles, acquests, ne conquests immeubles, peut audit cas tester du quint de ses propres, après vingt ans accomplis.* C. de Par. art. 294.

(1) Ou en a si peu, qu'ils ne sont d'aucune considération par rapport à ses autres biens & sa condition; car dans les choses morales, *parùm pro nihilo reputatur.*

ARTICLE CCXCV.

Si l'héritier se veut contenter de prendre les quatre quints des propres, & abandonner les meubles, acquests & conquests immeubles, avec le quint desdits propres, à tous les légataires, faire le peut. En quoi faisant il demeurera (1) *saisi desdits quatre quints, & lesdits légataires prendront le* (2) *surplus, les debtes toutefois préalablement payées sur tous les biens de l'hérédité.* C. de Par. art. 295.

(1) Il en étoit déja saisi avant cet abandon. La Coutume veut dire seulement que, par cet abandon, il les aura franchement & quittement de tous les legs, & ne pourra être sujet à aucune demande de la part des légataires.

(2) *Voyez l'Introd. n.* 58.

ARTICLE CCXCVI.

Les mineurs & autres personnes estans en (1) *puissance d'autrui, ne peuvent donner* (2), *ou tester, directement ou* (3) *indirectement au* C. de Par. art. 276.

' *Voyez l'Ordonnance de* 1539, *art.* 131, *& la Déclaration de Février* 1549. Le motif de cette Loi est pour empêcher que ceux qui ont quelque autorité & pouvoir sur une personne, n'en abusent pour se faire donner.

(1) C'est-à-dire, soumises à la conduite & à la direction d'une autre personne.

(2) Entre vifs.

(3) C'est tester indirectement au profit de la personne prohibée, que de tester au profit de ses enfans, de sa femme, de ses pere & mere. *Voyez infrà* la note 7. C'est aussi tester indirectement à son profit, que d'ordonner qu'il lui sera remis une certaine somme pour en disposer selon les intentions du testateur qu'il lui a déclarées, & dont elle ne rendra aucun compte; *Ricard*, *p.* 1, *n.* 765.

profit de leurs tuteurs (4), *curateurs*, *pedagogues* (5), *ou autres administrateurs* (6), *ou leurs enfans* (7), *pendant le temps de leur administration*,

(4) Le tuteur honoraire doit être compris dans cette prohibition pour le moins autant que le tuteur onéraire; car il a autorité sur la personne & l'éducation du mineur; & c'est principalement cette autorité qui lui assujettit la personne du mineur, qui est la cause de la prohibition de la Loi. Mais comme il n'a aucun compte à rendre, aussi-tôt la tutele finie, la prohibition de la Loi cesse à son égard. Les conseils de tutele, curateurs au fait d'inventaire, ou pour quelque action particuliere, ne sont pas compris en cette prohibition, n'étant administrateurs ni de la personne ni des biens du mineur, & n'ayant qu'une fonction passagere qui ne leur donne aucune autorité sur lui.

(5) Ce terme comprend les Précepteurs & Gouverneurs des jeunes gens, les Principaux, Régens de College, & le College même; les Maîtres de pension, les Communautés où de jeunes filles sont en pension, les Maîtres & Maîtresses de métier. Mais les Professeurs des Facultés supérieures, n'étant pas chargés de la conduite de leurs écoliers, ne sont pas compris sous ce terme.

(6) Ce terme d'*administrateurs* ne comprend que ceux qui dirigent & administrent la personne ou les biens du testateur avec autorité, & non ceux qui administreroient ses biens dépendamment de lui, & à qui il peut ôter cette administration quand bon lui semble; tel qu'est un Intendant d'affaires, ou un fondé de procuration.

La Jurisprudence a étendu la prohibition de cet article aux Confesseurs & Directeurs, à cause du grand pouvoir qu'ont assez souvent ces personnes sur l'esprit de leurs pénitens, & sur-tout de leurs pénitentes. Lorsque le Confesseur est un Religieux, le pénitent ne peut donner au Couvent dont est le Confesseur; *Arrêt du 30 Mai 1718, au T. 7*; ni aux autres Couvens du même Ordre. Le même motif a fait rejetter les donations & les legs faits par les malades à leurs Médecins, Chirurgiens & Apothicaires. On a, par le même motif, déclaré quelquefois nulles des donations faites à des Procureurs par leurs cliens; ce qui ne doit avoir lieu que lorsque l'affaire dont est chargé le Procureur, est d'une discussion & d'une importance à mettre le client dans sa dépendance, & à l'obliger à ne lui rien refuser. On doit se porter beaucoup plus difficilement à déclarer nulle une donation qui seroit faite par un client à son Avocat, la noblesse de cette profession, & l'élévation de sentimens qui regne dans l'Ordre des Avocats, les met à l'abri de tout soupçon. *Voyez Ricard, p. 1, ch. 3, S. 9.*

L'Ordonnance de Blois, *art.* 28, défend aux novices de disposer au profit de leur monastere, ni d'aucun autre: la Loi présume qu'un autre monastere est une personne interposée par celui où est le novice.

La Déclaration du Roi du 28 Avril 1693, défend aux veuves & aux filles qui s'engagent dans des Communautés séculieres où l'on vit sous l'autorité d'une Supérieure en conservant la propriété de ses biens, de donner à ces Communautés plus de trois mille livres outre leur pension.

Observez que les legs faits à des personnes à qui il est défendu de léguer par une Loi précise, tels que sont un tuteur, une épouse, sont nuls, quand même elles ne seroient devenues personnes prohibées que depuis le testament: car n'ayant plus été permis au testateur, depuis que cette personne est devenue prohibée, de vouloir lui léguer, le legs qu'il lui a fait, qui ne peut valoir que comme une ordonnance de sa derniere volonté, ne peut plus être valable: cette personne se trouvant prohibée & incapable lors de l'ouverture du legs, ne peut pas le recueillir.

Il n'en est pas de même des personnes à qui il n'est défendu par aucune Loi de léguer, quoiqu'on ait coutume de déclarer nuls les legs qui leur sont faits, comme étant présumés être l'effet de l'empire de ces personnes sur la volonté du testateur, tels que sont les Directeurs, Médecins, &c. car si ce legs leur a été fait dans un temps où elles n'avoient pas encore cette qualité, n'y ayant pas lieu en ce cas à cette présomption, le legs doit être confirmé. Observez encore une autre différence entre ces personnes & celles à qui il est défendu de donner par une Loi précise. Les legs faits à celles-ci sont indistinctement nuls; à l'égard des autres, cela dépend beaucoup des circonstances.

(7) La défense de la Loi est étendue aux enfans des tuteurs, & autres personnes pro-

nistration, & jusqu'à ce qu'ils ayent (8) *rendu compte. Peuvent toutefois disposer au profit de leur pere, mere, aïeul ou aïeule, ou autres ascendans, encore qu'ils soient de la qualité susdite : pourveu que lors du testament, ou du décès du testateur, lesdits pere, mere, ou autres ascendans, ne soient remariés.*

hibées ; autrement la Loi seroit toujours éludée, lorsque ces personnes auroient des enfans : car l'affection paternelle nous faisant regarder comme donné à nous-mêmes ce qui est donné à nos enfans ; ces personnes ne manqueroient pas de faire donner à leurs enfans ce que la Loi leur empêche de se faire donner à elles-mêmes. On doit, par la même raison, étendre la défense à l'époux & à l'épouse de la personne prohibée ; & à ses pere & mere : car comme la personne prohibée profiteroit indirectement de ce qui seroit donné à sa femme par la jouissance qu'elle en auroit, & pareillement de ce qui seroit donné à ses pere & mere qu'elle retrouveroit un jour dans leur succession, elle ne manqueroit pas de faire donner à ces personnes ce que la Loi l'empêche de se faire donner à elle-même. C'est l'avis de Ricard, *p.* 1, *N.* 714. C'est ce qu'a voulu dire la Déclaration de 1549, qui a déclaré nulles les donations qui seroient faites *à personnes interposées venant indirectement au profit des tuteurs, &c.* On peut aussi tirer argument de ce qui est dit dans l'Edit des secondes noces, des pere & mere du second mari.

Observez que la défense de donner aux enfans du tuteur & des autres personnes prohibées, ne subsiste que du vivant de la personne prohibée ; & il en est de même de sa femme & de ses pere & mere : car ces personnes ne peuvent passer pour personnes interposées par la personne prohibée, lorsque la personne prohibée ne vit plus.

Les legs que j'ai faits aux enfans, à la femme, au pere ou à la mere d'une personne qui n'est devenue que depuis personne prohibée, *putà*, en devenant mon tuteur, ne peuvent pas non plus être répétés leur avoir été faits comme à personnes interposées par elle ; car ayant fait mon testament dans un temps où je ne prévoyois pas que cette personne le deviendroit, si c'étoit à elle à qui j'eusse voulu léguer, je lui aurois légué directement sans interposer personne.

(8) La raison est que le tuteur qui n'a pas rendu compte, tenant en sa possession le bien de son mineur, quoique sorti de tutele & déja majeur, il le retient encore indirectement dans sa dépendance.

ARTICLE CCXCVII.

Toutes donations, encore qu'elles soient conceuës entre-vifs (1), faites par personnes gisans au lict (2) malades de la maladie dont ils décedent, sont réputées faites à cause de mort, *& testamentaires* (3), *& non entre-vifs.* C. de Par. art. 233.

Voyez l'Introduction au Titre précédent, N. 7.

(1) Quoiqu'il soit dit que le donateur donne par *donation entre-vifs pure, parfaite & irrévocable.*

(2) La Coutume a voulu signifier par ces termes, qu'il ne suffisoit pas qu'une personne fût atteinte d'une maladie mortelle de sa nature, pour qu'elle ne pût donner entre-vifs ; qu'il falloit que cette maladie eût déja un trait prochain à la mort ; par exemple, un pulmonique, lorsque la maladie n'est pas parvenue encore à son dernier période, ne laisse pas de pouvoir donner entre-vifs. Au reste, ces termes de *gisans au lit* ne doivent pas être pris à la lettre : un hydropique, quoique dans son fauteuil, lorsque la maladie est parvenue au dernier période, n'en est pas moins incapable de donner entre-vifs.

(3) Et par conséquent nulles, faute d'être faites en la forme des donations testamentaires.

ARTICLE CCXCVIII.

A. C. *art.* 235.

Si les exécuteurs d'un teſtament eſtoient refuſans & dilaïans de faire délivrance aux légataires, des legs à eux faits par le teſtateur, ou que iceux exécuteurs fuſſent demourans hors la Juriſdiction ordinaire, en laquelle ledit teſtateur eſt décédé, ou les choſes léguées aſſiſes ; en ce cas leſdits légataires peuvent demander la délivrance au Juge de la Juriſdiction en laquelle ledit teſtateur eſt décédé, ou les choſes léguées aſſiſes : *& leur ſera faite*, *les* (1) *heritiers apparens & préſomptifs oüis, & deuëment appellés.*

(1) Même hors ces cas, la demande des légataires ſeroit bien donnée contre l'héritier qui eſt le vrai débiteur du legs ; mais comme l'exécuteur eſt en poſſeſſion des biens, l'héritier le mettroit en cauſe.

ARTICLE CCXCIX.

A. C. *art.* 236.

Tuteurs, & Curateurs, Gagers d'Egliſe, Receveurs, Executeurs de teſtamens, & autres ſujets à rendre compte, ſont creus par ſerment de leurs miſes vraiſemblables, & ſans fraude ; juſques à *dix* ſols (1) pour chacun article, ſans quittance.

(1) La ſomme dont un comptable peut être cru ſans quittance, n'eſt plus reſtreinte à dix ſous, mais eſt laiſſée à l'arbitrage du Juge.

ARTICLE CCC.

A. C. *art.* 237.

Il n'eſt requis (1) inſinuer dons faits par teſtamens, & diſpoſition de derniere volonté, à quelque valeur que ſe puiſſent monter les choſes léguées ou données.

(1) L'Edit de 1703, & les Déclarations qui l'ont ſuivi, ont aſſujetti les diſpoſitions teſtamentaires à l'inſinuation : mais comme elle n'eſt requiſe que pour un intérêt de finance, le défaut n'emporte pas la nullité de la diſpoſition, mais donne ſeulement lieu aux amendes portées par l'Edit.

TITRE XVII.

Des Droits de Succeſſions.

INTRODUCTION AU TITRE.

ARTICLE PRÉLIMINAIRE.

1. *SUCCESSION* eſt la tranſmiſſion de tous les droits actifs & paſſifs du défunt en la perſonne de ſon héritier.

Un *héritier* eſt celui qui ſuccede à tous les droit actifs & paſſifs du défunt.

Cette univerſalité des droits actifs & paſſifs d'un défunt conſidérée indépendamment de la tranſmiſſion qui s'en fait en la perſonne de l'héritier, s'appelle auſſi *ſucceſſion ;* & lorſqu'il n'y a aucun héritier, elle s'appelle *ſucceſſion vacante.*

SECTION PREMIERE.

De ceux qui peuvent tranſmettre leur ſucceſſion ; & de ceux qui peuvent ſuccéder.

2. C'eſt la loi qui défere les ſucceſſions, & qui appelle ceux qui doivent ſuccéder : d'où il ſuit qu'il n'y a que ceux qui jouiſſent de l'état civil & des droits de citoyen, qui puiſſent tranſmettre leur ſucceſſion, & qui puiſſent ſuccéder.

§. I.

De ceux qui peuvent tranſmettre leur ſucceſſion.

3. Tous ceux qui jouiſſent de l'état civil & des droits de citoyen, ont le droit de tranſmettre leur ſucceſſion à leurs héritiers.

Il n'eſt pas beſoin pour avoir ce droit d'être né de légitime mariage. C'eſt pourquoi un bâtard tranſmet ſa ſucceſſion à ſes enfans, & à défaut d'enfans, à ſa femme. S'il ne la tranſmet pas à d'autres, ce n'eſt pas par aucune incapacité de ſa part, mais c'eſt qu'il n'y a pas d'autres perſonnes qui ſoient capables de la recueillir.

4. Dans notre Coutume, où le droit de confiſcation a lieu, ceux qui ſont condamnés à une peine capitale, perdent par cette condamnation leur état civil & le droit de tranſmettre leur ſucceſſion ; leurs biens ſont dévolus au Roi, ou aux autres Seigneurs hauts-juſticiers dans le territoire deſquels ils ſe trouvent.

Mais ceux qui perdent l'état civil par la profession religieuse, transmetten leur succession; parce que, par une fiction semblable à celle de la Loi *Cornelia*, ils sont censés être morts, & leur succession est censée ouverte dès l dernier instant qu'ils ont joui de leur état civil, lequel instant est uni à celu de leur profession qui le leur a fait perdre, de la même maniere que le dernier instant de la vie naturelle est uni à celui de la mort.

5. Les étrangers qui ne sont pas naturalisés n'ayant pas le droit de citoyen, n'ont pas le droit de transmettre leur succession; & leurs biens sont dévolus au Roi par un droit qu'on nomme *droit d'aubaine*.

Néanmoins lorsque l'aubain laisse des enfans François, ou naturalisés avec la clause qu'ils pourront lui succéder, il peut leur transmettre sa succession.

Le droit d'aubaine souffre encore d'autres exceptions, sur lesquelles *Voyez l'Introd. au tit. précédent*, *N.* 33.

Les François qui, par l'abdication qu'ils ont faite de leur patrie, ont perdu les droits de citoyen, sont aussi privés du droit de transmettre leur succession. Voyez *ibid.* & *l'Introd. gén. N.* 34.

§. II.

De ceux qui peuvent succéder.

6. Pour pouvoir succéder à quelqu'un, il faut avant toutes choses, exister au temps de l'ouverture de sa succession: c'est pourquoi ceux qui au temps de cette ouverture n'étoient pas encore conçus, ne peuvent jamais la prétendre. Mais les posthumes qui étoient dans le sein de leur mere au temps de l'ouverture de la succession; pourvu qu'ils naissent vivans & à terme, succedent comme s'ils eussent été déja nés, suivant cette maxime de Droit: *Qui in utero est, pro jam nato habetur, quoties de commodo ejus agitur*; L. 231. ff. *de verb. signific.*

7. C'est à celui qui a intérêt que quelqu'un ait succédé à un autre, à prouver qu'il étoit vivant au temps de l'ouverture de la succession, & qu'en conséquence il l'a recueillie, suivant cette regle de Droit: *Ei incumbit probatio qui dicit*; L. 2, ff. *de probat.* C'est pourquoi si l'un de mes héritiers présomptifs étoit absent de longue absence dès avant ma mort, ses enfans ne pourront pas de son chef, non plus que ses créanciers, prétendre aucune part dans ma succession, s'ils ne prouvent qu'on a eu de ses nouvelles depuis ma mort.

On opposera peut-être contre notre décision, ce que quelques Praticiens ont donné pour maxime: qu'un homme étoit présumé vivre cent ans. Mais elle est évidemment fausse & absurde; car toute présomption doit être fondée sur quelque vraisemblance, & sur ce qui arrive communément: *præsumptio ex eo quod plerumque fit.* Cujac. in parat. ad tit. ff. *de probat.* Il faudroit donc, pour qu'un homme pût être présumé vivre cent ans, que ce fût le temps ordinaire de la vie des hommes, & qu'il y en eût très-peu qui mourussent avant les cent ans. La Loi 8, *de usufr. leg.* & autres qu'ils citent pour fondement de cette maxime, sont citées à contre-sens. Ces textes disent seulement qu'un homme eſt préſumé ne pas vivre au-delà de cent ans ; ce qui eſt bien différent de ce qu'on leur fait dire. Juſqu'à ce que le temps de cent ans ſe ſoit écoulé depuis la naiſſance d'un abſent, il n'eſt ni préſumé vivre, ni préſumé mort ; & c'eſt à ceux qui ont intérêt qu'il ſoit vivant, à prouver ſa vie, comme c'eſt à ceux qui ont intérêt qu'il ſoit mort, à prouver ſa mort.

Il eſt vrai que, contre le ſentiment que nous embraſſons par l'Arrêt de Tielment, cité dans les livres, les créanciers du nommé Tielment ont été admis à exercer ſes droits dans une ſucceſſion échue au bout de treize ans depuis qu'on n'avoit eu aucunes nouvelles de lui. Mais cet Arrêt, fondé apparemment ſur cette vieille erreur, qu'un homme eſt préſumé vivre cent ans, ne doit pas être ſuivi ; & depuis, la Cour, par Arrêt du 11 Août 1719, au 6e. T. *du Journal*, a jugé conformément à notre ſentiment.

8. L'exiſtence néceſſaire pour pouvoir ſuccéder, eſt une exiſtence civile. Ceux donc qui, avant l'ouverture de la *ſucceſſion*, *ont perdu* l'état civil par une condamnation à peine capitale, ne peuvent pas ſuccéder. *Voyez l'Introd. gén. N. 20 & ſuiv.*

9. La profeſſion religieuſe rend les Religieux incapables de ſuccéder, non-ſeulement parce qu'elle leur fait perdre l'état civil, mais encore par le vœu de pauvreté qu'elle renferme. C'eſt pourquoi le Religieux-Evêque, quoique reſtitué à l'état civil par l'éminence de ſa dignité, demeure incapable de ſuccéder à ſes parens, quoiqu'il recouvre le droit de leur tranſmettre ſa ſucceſſion.

Les Jéſuites congédiés de la Société avant l'âge de trente-trois ans, étoient, par une fiction ſemblable à celle qu'on appelloit *Juris poſt liminii*, cenſés n'avoir jamais perdu leur état civil, & avoir ſuccédé à leurs parens, dont les ſucceſſions étoient échues pendant qu'ils étoient dans la Société : les biens leur devoient être rendus, ſans néanmoins aucune reſtitution de fruits. A l'égard de ceux qui étoient congédiés après l'âge de trente-trois ans accomplis, ils demeuroient incapables des ſucceſſions mêmes qui étoient échues depuis qu'ils avoient été congédiés. *Voyez l'Introd. gén. N. 29.*

10. Il faut auſſi, pour être capable de recueillir une ſucceſſion, jouir des droits de citoyen : c'eſt pourquoi les étrangers en ſont incapables, à moins qu'avant l'ouverture de la ſucceſſion, ils n'aient obtenu des lettres de naturaliſation qui leur accordent ce droit.

Cette regle ſouffre encore exception dans le cas auquel un aubain laiſſe pluſieurs enfans, dont les uns ſont nés en France, les autres ſont aubains : en ce cas le concours des enfans nés en France, donne aux enfans aubains le droit de venir à la ſucceſſion, qu'ils n'auroient pas s'ils étoient ſeuls ; *Lebrun, p. 1, ch. 2, ſect. 2. n. 15.*

Cette regle ſouffre encore une exception dans les différens cas auxquels nous avons vu que les étrangers pouvoient laiſſer leur ſucceſſion à leurs parens étrangers.

Obſervez que les étrangers qui, par les traités, ont en France le droit de ſucceſſion paſſive, c'eſt-à-dire de tranſmettre leurs ſucceſſions à leurs parens, même étrangers, n'ont pas pour cela le droit de ſucceſſion active, c'eſt-à-dire, d'y ſuccéder à leurs parens François, à moins qu'il ne leur ſoit auſſi ſpécialement accordé par les traités.

11. Outre les qualités générales qui résultent de l'état civil & des droits de citoyen, il faut, pour succéder à quelqu'un, être son parent dans le degré que la Loi appelle à la succession ; sauf qu'à défaut de parens, le survivant de deux époux succede à l'autre.

La parenté est la relation qui se trouve entre deux personnes, dont l'une descend de l'autre, ou qui descendent l'une & l'autre d'une souche commune.

La premiere partie de notre définition s'applique à la ligne directe des descendans & des ascendans ; la seconde partie à celle des collatéraux.

12. Il y a deux manieres de compter les degrés de parenté ; l'une, suivant le Droit civil ; l'autre, suivant le Droit canonique. Ces deux manieres ne different point entre elles pour ce qui regarde la ligne directe. Il y a autant de degrès qu'il y a eu de générations par lesquelles l'un des parens est descendu de l'autre ; mais elles different par la ligne collatérale. Suivant le Droit civil, il y a autant de degrés comme il y a de générations, en montant, depuis l'un des parens jusqu'à la souche commune, & en descendant, depuis ladite souche jusqu'à l'autre parent. Suivant cette maniere de compter, il ne peut y avoir de premier degré dans la ligne collatérale ; les freres sont entre eux au second degré, l'oncle & le neveu au troisieme, les cousins germains au quatrieme, &c. C'est cette maniere de compter qu'on suit en matiere de succession, suivant qu'il résulte de l'*art.* 328. Suivant le Droit canonique, on ne compte les générations que depuis l'un des parens jusqu'à la souche commune ; & lorsqu'ils sont en distance inégale, on les compte depuis celui qui en est le plus éloigné. Suivant cette maniere de compter, les freres sont entre eux au premier degré, l'oncle & le neveu au second ; les cousins germains sont aussi entre eux au second, &c.

13. Il n'y a que la parenté civile qui donne le droit de succéder. Pour qu'elle soit parenté civile, il faut que toutes les générations qui la forment de l'un & de l'autre côté procedent toutes d'une union légitime. Un mariage, quoique valablement contracté, lorsqu'il est privé des effets civils, n'est pas réputé être une union légitime à l'effet de produire une parenté légitime. Tel est celui qui a été tenu secret jusqu'à la mort ; celui qui a été contracté *in extremis*, lorsqu'il a été précédé d'un mauvais commerce ; celui contracté entre le ravisseur & la personne ravie, quoique ce soit en majorité, & depuis qu'elle a été mise en liberté, qu'elle y a donné son consentement : enfin celui qui est entre deux personnes, dont l'une a perdu l'état civil. Au contraire, un mariage, quoique nul à cause de la bonne foi des contractans, ou même seulement de l'un d'eux, produit une parenté légitime, même vis-à-vis de celui qui étoit en mauvaise foi à qui les enfans nés de cette union ont le droit de succéder, aussi-bien qu'à tous les parens de son côté, quoique *vice versâ*, ce conjoint, à cause de sa mauvaise foi, n'ait pas le droit de leur succéder ; *Lebrun, p. 1, ch. 2, Sect. 2, n. 10.*

Le vice d'une union illégitime, pourvu qu'elle ne soit pas adultérine, peut aussi se purger par le mariage subséquent, & donner aux enfans les droits de parenté légitime, comme s'ils étoient nés durant le mariage ; pourvu, comme il a été dit, que ce mariage n'ait pas été contracté *in extremis.* Quoique les parties qui ont eu ce commerce fussent parentes, & qu'en conséquence le commerce fût inceſtueux, les enfans qui en ſont nés ne laiſſent pas d'être légitimés par le mariage contracté depuis avec diſpenſe. La diſpenſe a un effet rétroactif comme le mariage; & il ſuffit qu'au temps de ce commerce les parties fuſſent capables au moins, avec diſpenſe, de contracter mariage enſemble. Pareillement, quoiqu'un homme fût pourvu de bénéfices eccléſiaſtiques lors du commerce qu'il a eu avec une fille, les enfans qui en ſont nés ne laiſſent pas d'être légitimés par le mariage qu'il a contracté depuis, après avoir quitté ſes bénéfices. Cela a été jugé par l'Arrêt de Dampierre, cité par Lebrun, *p. 1, ch. 2, Sect. 1, d. 1, n. 9.*

14. Il reſte à obſerver qu'un parent peut même, ſans perdre ſon état civil, perdre le droit de ſuccéder à quelqu'un de pluſieurs manieres.

1°. Si le défunt l'a exhérédé pour quelque juſte cauſe; ſur quoi *voyez l'art. 287, & les notes.*

2°. S'il s'eſt rendu indigne de ſa ſucceſſion. La principale cauſe d'indignité eſt lorſque quelqu'un eſt coupable de la mort du défunt: les lettres de grace qu'il auroit obtenues ne remettent que la peine publique, & n'effacent pas cette indignité. Il peut y avoir pluſieurs autres cauſes d'indignité.

3°. Enfin on peut perdre le droit de ſuccéder, même à ſes pere & mere, par une rénonciation à leur ſucceſſion future. Ces rénonciations ne peuvent ſe faire que par des contrats de mariage, qui, dans notre Juriſprudence, ſont ſuſceptibles de toutes eſpeces de conventions.

Une fille, quoique mineure, peut ainſi par ſon contrat de mariage, renoncer à la ſucceſſion future de ſes pere & mere, moyennant une dot qui lui ait été par eux donnée ou promiſe; & cette rénonciation vaut & peut être oppoſée par ceux au profit de qui elle eſt faite, tant à ſes enfans qui la repréſentent, qu'à elle-même, pourvu que le contrat ait été confirmé par la célébration du mariage avant l'ouverture de la ſucceſſion à laquelle elle a renoncé, & pourvu que lors de cette ouverture, le défunt ne ſe ſoit point trouvé en demeure de lui payer la dot; enfin purvu qu'il ne l'ait pas depuis rappellée à ſa ſucceſſion.

Un majeur peut auſſi renoncer à la ſucceſſion de ſes pere & mere ou autres parens par le contrat de mariage de celui en faveur de qui il renonce; & il ne peut en ce cas y être appellé; *Voyez Lebrun, l. 3, ch. 8, §. 1.*

SECTION II.

De la Succeſſion dès Deſcendans.

15. La Coutume appelle à la ſucceſſion les deſcendans du défunt, avant tous les parens des autres lignes.

Elle obſerve entre les deſcendans la priorité du degré. Le fils eſt appellé à la ſucceſſion de ſon pere avant ſes enfans, qui ſont les petits-fils du défunt; le petit-fils avant l'arriere-petit-fils, &c.

16. Lorſque le défunt a eu pluſieurs fils ou filles, dont quelqu'un l'a prédécédé, les enfans du prédécédé le repréſentent à l'effet de ſuccéder tous enſemble en ſa place, à la part qu'il auroit eue avec les autres fils ou filles du défunt.

Cette représentation a lieu à l'infini dans cette ligne : car non-seulement les petits-fils prennent la place de leur pere qui étoit le fils du défunt lorsqu'il est prédécédé; mais si quelqu'un des petits-fils est aussi prédécédé, les enfans de ce petit-fils, qui sont les arriere-petits-fils du défunt, prennent aussi sa place, & *deinceps*.

Ce droit de représentation n'a commencé à avoir lieu en cette Province qu'en 1509, lors de la rédaction de notre Coutume, qui l'établit pour l'avenir, comme il paroît par l'*art.* 244 de notre ancienne Coutume, qui dit : » En ligne directe, représentation *aura* lieu, &c. ».

17. On peut définir la représentation, une fiction de Droit, par laquelle des enfans d'un degré ultérieur sont rapprochés & mis au degré qu'occupoit leur pere ou mere en la famille du défunt, à l'effet de succéder tous ensemble en sa place, à la même part à laquelle leurdit pere ou mere auroit succédé.

18. Il suit de cette définition que, pour que les enfans d'un degré ultérieur puissent succéder par représentation, il faut que lors de l'ouverture de la succession, le degré qu'occupoit leur pere ou mere dans la famille du défunt, se trouve vacant par sa mort naturelle ou civile arrivée avant celle du défunt. De-là cette maxime, qu'*on ne peut représenter un homme vivant.* C'est pourquoi lorsque l'un de plusieurs fils ou filles du défunt renonce à la succession, les enfans de ce renonçant ne peuvent le représenter & succéder en sa place; mais sa part accroît aux autres fils ou filles ses cohéritiers; *art.* 359.

19. Par la même raison, je pense que les enfans d'un exhérédé qui se trouve vivant lors de l'ouverture de la succession, ne peuvent l'y représenter : car quoique l'exhérédation l'ait privé du droit de succéder, néanmoins l'exhérédé occupe son degré dans la famille, & il jouit de tous les autres droits de famille.

20. Les enfans qui succédent par représentation de leur pere ou mere prédécédé, non-seulement concourent avec les autres fils ou filles du défunt; mais si l'autre fils du défunt renonçoit à la succession ou étoit exhérédé, ils excluroient les enfans de ce fils renonçant ou exhérédé, qui ne peuvent occuper le degré de leur pere qui est rempli; de même que leur pere ou mere qu'ils représentent, & dans le degré duquel ils sont placés, les auroit exclus. C'est une conséquence de l'*art.* 359.

21. Les enfans qui succédent par représentation, succédent même aux prérogatives attachées au sexe de la personne qu'ils représentent. C'est pourquoi, lorsque le fils aîné prédécédé n'a laissé que des filles, ces filles succédent en sa place au droit d'aînesse, *art.* 305, quoique ce droit soit attaché à la masculinité. La raison est que ces filles ne succédant pas de leur chef, ce n'est pas leur sexe qu'on doit considérer, mais celui de la personne du chef de qui elles succédent, & qu'elles représentent.

22. Par la même raison, les enfans qui succédent par représententation, succédent aux mêmes charges auxquelles auroit succédé la personne qu'ils représentent, suivant cette regle, *Qui altereus jure utitur, eodem jure uti debet.* C'est pourquoi ils sont tenus du rapport de tout ce qui lui a été donné, quoiqu'ayant

qu'ayant renoncé à ſa ſucceſſion, ils n'en aient pas profité ; *art.* 307.

Il ne faut pas conclure de ceci que les enfans qui ſont mis au degré de leur pere prédécédé, qui avoit été exhérédé, ne puſſent prétendre de part dans la ſucceſſion de leur aïeul, parce que leur pere qu'ils repréſentent ayant été exhérédé, n'en eût pu prétendre; car cette exhérédation a été éteinte par le prédécès de l'exhérédé, & ne peut plus être conſidérée.

23. Il reſte à obſerver que dans la ligne directe, outre la repréſentation dont nous avons traité juſqu'à préſent, qu'on peut appeller à *l'effet de ſuccéder*, & qui conſiſte à rapprocher les enfans d'un degré ultérieur au degré de leur pere ou mere prédécédés, pour les faire concourir avec les enfans plus proches en degré, il y a une autre eſpece de repréſentation, qui eſt ſeulement à *l'effet de partager*, par laquelle les petits-enfans de différentes ſouches, quoiqu'ils ſuccedent dans leur degré de petits-enfans, & ſans être placés au degré de la ſouche d'où ils deſcendent & qu'ils repréſentent, partagent néanmoins comme auroient partagé leſdites ſouches; de maniere que les enfans de chaque ſouche ne prennent tous enſemble que la part qu'elle auroit priſe. En conſéquence de cette eſpece de repréſentation, ſi le défunt a laiſſé deux fils qui aient l'un & l'autre renoncé à ſa ſucceſſion, & qu'il y ait un petit-fils né de l'un de ces fils, & trois de l'autre qui viennent à la ſucceſſion, quoiqu'ils y viennent dans leur degré de petits-enfans, ne pouvant pas être placés dans le degré de leur ſouche qui n'eſt pas vacant, néanmoins ils partageront la ſucceſſion par ſouches, & l'enfant de l'une des ſouches aura autant que les trois autres; *Lebrum, p. 1, ch. 4, Sect. 6, d. 1, n. 28.*

24. Nous avons traité au titre premier du droit d'aineſſe que la Coutume accorde dans la ſucceſſion des deſcendans.

SECTION III.

De la Succeſſion des Aſcendans.

25. A défaut ou refus de tous les deſcendans du défunt, notre Coutume défere ſa ſucceſſion à ſes parens de la ligne aſcendante. Elle les préfere quelquefois à tous les collatéraux : quelquefois elle préfere certains parens de la ligne collatérale à certains parens de la ligne aſcendante, ſuivant la différente nature des biens.

26. Dans la ſucceſſion des meubles, notre Coutume préfere les aſcendans, en quelque degré éloigné qu'ils ſoient, à tous les collatéraux, en obſervant néanmoins entre leſdits aſcendans la priorité du degré; de maniere que les pere & mere du défunt qui ſont au premier degré, ſont préférés à l'aïeule qui n'eſt qu'au ſecond; & à défaut ou refus des pere & mere, l'aïeul eſt préféré au biſaïeul qui n'eſt qu'au troiſieme, &c.

Lorſque l'aïeul & l'aïeule d'un côté, & un aïeul ou aïeule de l'autre côté, concourent à cette ſucceſſion, ils la doivent partager *in viriles.* La diſpoſition de la Novelle 116, qui veut qu'en ce cas l'aïeul d'un côté la partage par moitié avec ceux de l'autre côté, étant une diſpoſition purement arbitraire qui s'écarte du principe général des ſucceſſions, ne peut être ſuivie dans notre Coutume qu'autant qu'il paroîtroit qu'elle l'a adopté; ce qui ne paroît pas.

27. Il en étoit de même par notre ancienne Coutume, de la succession des acquêts, comme de celle des meubles. L'*article* 258 de cette ancienne Coutume préfere expressément l'aïeul, *ou autres ascendans*, aux *freres & sœurs du trépassé.* Mais la nouvelle Coutume, *art.* 313, a jugé à propos, à défaut ou refus des pere & mere, d'appeller les freres & sœurs du défunt à la succession de la propriété de ses acquêts, & d'en laisser seulement l'usufruit à l'aïeul ou autre ascendant; Voyez cet *art.* 313.

Lorsque la succession de cet usufruit est déférée à deux ou plusieurs ascendans en même degré, il n'est pas d[illegible]ux que si l'un d'eux renonce, l'usufruit entier demeure à celui qui accepte la succession, suivant l'*art* 359: mais s'ils ont l'un & l'autre accepté la succession, la part du premier qui mourra sera réunie à la propriété, & n'accroîtra pas au survivant. Il est vrai que les Loix Romaines accordoient le droit d'accroissement entre des colégataires qui avoient accepté en concurrence le legs d'un même usufruit: *toto tit. de usufr. accr.* Mais la raison sur laquelle les Jurisconsultes Romains fondoient ce droit d'accroissement, *quia*, disoient-ils, *usufructus legatus quotidie cedit*, ne peut s'appliquer à notre espece; un héritier selon notre façon de penser, étant censé acquérir totalement le droit d'usufruit dans l'instant de la mort du défunt qui l'en a saisi, & non pas par succession de temps; *Lebrun*, *ch.* 5, *Sect.* 9.

28. A l'égard de la succession des propres de côté & ligne, les pere & mere & autres ascendans qui ne sont pas du côté d'où ils procédent, n'y succedent pas, si ce n'est au défaut de tous les parens du côté d'où ils procédent; sauf néanmoins qu'à l'égard des conquêts de la communauté de deux conjoints, quoique ceux qui sont échus à l'enfant par la succession du prédécédé soient en la succession de cet enfant propres du côté du prédécédé, néanmoins l'autre conjoint succede à l'usufruit desdits propres, *velut in præmium collaborationis*; Voyez l'*art.* 316, *& les notes.*

Les pere & mere, & autres ascendans ne sont exclus que de la succession des propres qui sont venus à leur enfant d'un autre côté que le leur: mais lorsque le propre ne vient pas d'un autre côté, ils ne sont pas exclus d'y succéder; Voyez l'*art.* 317. Ils succedent sur-tout à ceux qu'ils ont donnés; Voyez l'*art.* 315.

SECTION IV.

De la Succession des Collatéraux, & de celle de undè vir & uxor.

§. I.

De la Succession des Collatéraux.

29. La Coutume appelle les parens de la ligne collatérale au défaut ou refus de ceux de la ligne directe descendante & ascendante.

Elle préfere néanmoins, comme nous l'avons vu en la section précédente, les freres & sœurs du défunt en la succession des acquêts, à l'aïeule & autres ascendans plus éloignés; comme aussi dans la succession des propres, elle préfere tous les collatéraux de la ligne aux ascendans qui n'en sont pas; & lorsque les ascendans sont eux-même de la ligne, elle préfere en parité de degré les collatéraux qui sont descendus de celui qui a mis l'héritage dans la famille, à l'ascendant qui n'en est pas descendu; *art. 317.*

30. Entre les collatéraux, la Coutume appelle tous ceux qui sont dans le degré le plus prochain; sauf, 1°. qu'elle fait succéder par droit de représentation les neveux & nieces avec les freres & sœurs du défunt; sur quoi *Voyez les articles 318, 319, 320, 321 & 322.*

2°. En parité de degré, elle préfere, dans la succession des biens nobles, les mâles aux filles, *art. 99.* Ce qui n'a pas été établi par aucune considération pour la conservation du nom du défunt, mais uniquement parce qu'anciennement les filles, comme incapables du service militaire, étoient incapables de succéder aux fiefs, suivant qu'on l'a remarqué sur ledit article. C'est pourquoi les mâles, quoiqu'ils ne soient parens du défunt que par les femmes, tel qu'est un neveu, fils d'une sœur du défunt, excluent en parité de degré les femmes qui sont du nom & de l'agnation du défunt, telle qu'est une niece, fille du frere du défunt.

3°. Dans certains degrés de parenté, la Coutume préfere le parent du double lien à celui du simple lien pour la succession des meubles & acquêts; *art. 330.*

4°. Dans la succession des propres, c'est-à-dire des immeubles que le défunt possédoit à titre de succession, ceux qui sont du côté & ligne d'où le propre procede, en quelque degré éloigné qu'ils soient, sont préférés à ceux qui n'en sont pas.

31. Suivant notre ancienne Coutume, la succession de ces propres n'étoit affectée qu'aux parens du défunt qui étoient descendus en ligne directe du premier de la famille de qui le propre est provenu; mais depuis la réformation, *art. 324,* il suffit pour y succéder, de toucher de parenté collatérale ce premier acquéreur ou possesseur de l'héritage.

32. Les parens du défunt qui touchent en directe ou en collatérale ce premier acquéreur ou possesseur connu, sont préférés, pour cette succession, à tous les autres parens du défunt, quoique beaucoup plus proches en degré; mais entre eux ce sont ceux qui sont les plus proches du défunt qui sont appellés les premiers; sauf qu'on observe dans cette succession comme dans celle des autres biens, le droit de représentation en faveur des neveux, la préférence des mâles en pareil degré sur les femelles pour les biens nobles; comme aussi qu'en parité de degré avec le défunt, ceux qui sont descendus du premier acquéreur ou possesseur connu de l'héritage, sont préférés à ceux qui ne le touchent que de parenté collatérale, suivant l'opinion commune, & suivant ce qui paroît résulter de l'article 317.

33. Lorsque quelqu'un touche le défunt de deux especes de parenté, dont l'une est de la ligne d'où procede l'héritage propre, & l'autre est étrangere à cette ligne, on ne doit considérer pour la succession du propre que la seule parenté de la ligne, puisque l'autre n'y peut donner de droit. C'est pourquoi

ſi un pere avoit épouſé ſa couſine germaine, on ne doit point conſidérer dans la ſucceſſion aux propres maternels de ſes enfans, ſa parenté de pere, & il ne peut y ſuccéder qu'après tous ceux qui ſeroient dans un degré plus proche de la parenté maternelle que le cinquieme degré dans lequel il eſt, & concurremment avec ceux qui ſeroient au même degré.

34. Lorſqu'il ne ſe trouve aucun parent de ceux auxquels la Coutume accorde la ſucceſſion des propres, cette ſucceſſion n'eſt pas dévolue au fiſc, comme le prétendoient autrefois les partiſans du fiſc; mais les choſes rentrent dans le droit commun des ſucceſſions; & les plus proches parens du défunt indiſtinctement y ſuccedent, comme ils ſuccederoient à un acquêt; ſans que ceux qui ſont parens du côté de celui par la ſucceſſion de qui l'ancien propre eſt venu au défunt, ſans être néanmoins de la ligne d'où il procede, puiſſent prétendre aucune préférence ſur les parens de l'autre côté. C'eſt la déciſion de pluſieurs Arrêts rapportés par Louet, le Preſtre, Renuſſon, Auzanet, &c. La raiſon eſt, que les parens les plus proches en degré, de quelques côté qu'ils ſoient, étant les héritiers naturels du défunt, ils ont qualité pour ſuccéder à tous ſes biens de quelque eſpece que ſoient les biens; & ils ne peuvent être exclus de la ſucceſſion d'aucun deſdits biens que par ceux auxquels la Loi les auroit ſpécialement affectés: d'où il ſuit que la Coutume n'ayant affecté la ſucceſſion des propres qu'aux parens *du côté & ligne d'où le propre eſt provenu*, c'eſt-à-dire, qui touchent au moins de parenté collatérale celui qui l'a mis dans la famille, les plus proches parens, de quelque côté qu'ils ſoient, ne peuvent être exclus de ſuccéder à ces propres par des parens qui n'ont pas cette qualité.

§. II.

De la Succeſſion undè vir & uxor.

35. Lorſque le prédécédé de deux conjoints par mariage n'avoit aucuns parens pour recueillir ſa ſucceſſion, l'Edit du Préteur, au titre *undè vir & uxor*, y appelloit, au défaut de parens, le ſurvivant deſdits conjoints. Nos Auteurs François atteſtent que dans les Coutumes qui ne s'en ſont pas expliquées, *telle qu'eſt la nôtre*, cette ſucceſſion a été admiſe.

Ce droit qu'a le ſurvivant de ſuccéder à défaut de parens au prédécédé, eſt un des effets civils du mariage; c'eſt pourquoi il ne peut avoir ce droit, ſi leur mariage, quoique valablement contracté, eſt privé des effets civils, tel qu'eſt celui qui a toujours été tenu ſecret juſqu'à la mort, celui qui a été contracté *in extremis* entre perſonnes qui avoient eu un mauvais commerce; celui qui a été contracté entre le raviſſeur & la perſonne ravie, quoique remiſe en liberté.

Au contraire, dans les cas auxquels la Loi accorde les effets civils à un mariage quoique nul, à cauſe de la bonne foi des parties qui l'ont contracté, ou de l'une d'elles; comme lorſqu'une femme ſur des atteſtations en bonne forme de la mort de ſon mari, qui néanmoins étoit vivant, a de bonne foi épouſé un autre homme, ou lorſqu'une fille a épouſé un homme qu'on ignoroit être engagé dans les Ordres ſacrés; dans ces cas & autres ſemblables, la partie qui étoit de bonne foi, peut succéder à l'autre à défaut de parens; mais celle qui étoit de mauvaise foi, ne peut succéder à l'autre, *cùm nemo ex suo delicto jus sibi quærere possit.*

Il n'est pas douteux qu'une femme judiciairement convaincue d'adultere, doit être jugée indigne de cette succession dans le cas du prédécès de son mari sans parens, de même qu'elle est privée de tous ses avantages matrimoniaux; mais si elle prédécede, son mari, à défaut de parens, lui peut succéder; car il demeure toujours son mari.

Un mari doit pareillement être jugé indigne de la succession de sa femme qui a été séparée de lui pour cause de sévices; mais s'il prédécede, sa femme peut à défaut de parens lui succéder; & c'est sans aucune raison que Lebrun lui refuse ce droit.

Cette succession *unde vir & uxor* est une vraie succession qui ne difere en rien des autres successions, si ce n'est en ce que les héritages qui aviennent par cette espece de succession, n'ont pas la qualité de *propres*. Au reste, le survivant qui succede à ce titre au prédécédé, est un vrai *héritier*, & il est, de même qu'un parent, suivant l'art. 301, saisi de tous les droits actifs & passifs du défunt dès l'instant de sa mort: c'est pourquoi cet article dit, *le mort saisit le vif son plus proche héritier*, en termes généraux, & non pas *son plus prochain parent.*

SECTION V.

De l'ouverture des Successions; comment elles s'acceptent, s'acquierent & se répudient.

ARTICLE PREMIER.

De l'ouverture des Successions; & comment elles s'acquierent.

36. Il y a ouverture à la succession d'une personne, par sa mort naturelle, ou par sa profession religieuse. La mort civile qu'une personne encourt par une condamnation à peine capitale, n'y donne pas ouverture pour les biens régis par notre Coutume, le droit de confiscation ayant lieu dans notre Coutume.

37. Lorsqu'une personne est absente, & qu'on n'a d'elle aucune nouvelle, quoiqu'il soit en ce cas incertain si cet absent est vivant ou mort, & par conséquent si sa succession est ouverte ou non, néanmoins comme il est de l'intérêt public que les biens des absens ne soient pas abandonnés pendant un trop long-temps, après un certain temps différemment fixé par les Coutumes, & qui dans celles qui, comme dans la nôtre, ne s'en sont pas expliquées, est ordinairement de dix ans, depuis la derniere nouvelle qu'on a eue de l'absent, ou depuis son départ si on n'en a eu aucune, il est d'usage que les parens de cet absent, qui sont en degré de lui succéder, soient mis provisionnellement en possession de ses biens. Ils doivent pour cet effet donner requête au Juge du lieu du dernier domicile de l'absent, lequel, après une enquête qui constate la longue absence, rend une Ordonnance qui leur permet de se mettre

en possession des biens de l'absent, à la charge de donner caution, ou du moins de faire leurs soumissions de les restituer & d'en rendre compte à l'absent en cas de retour, ou à qui il appartiendra, dans le cas auquel on auroit par la suite des nouvelles de lui. En conséquence les parens mis en possession, peuvent faire rendre compte à la personne chargée de l'administration des biens de l'absent, & en recevoir le reliquat, en donnant caution à ce Procureur de le garantir du compte qui pourroit lui être demandé par l'absent en cas de retour.

C'est une question sur laquelle les sentimens sont partagés, de sçavoir de quand la succession doit être réputée provisionnellement ouverte; si c'est du jour de la derniere nouvelle qu'on a eue de cet absent, & si en conséquence les successeurs des parens de cet absent, qui étoient lors en degré de lui succéder & qui sont morts depuis, doivent être admis à être envoyés en possession de ses biens; ou si elle ne doit être réputée provisionnellement ouverte que du jour que le Juge envoie les parens de l'absent en possession de ses biens; auquel cas il n'y auroit que ceux qui se trouveroient lors vivans & en degré de lui succéder, qui y seroient envoyés. Il y a un Arrêt du 22 Mars 1688, rapporté par Renusson, *Tr. du Douaire, ch. 5, n. 46*, qui a jugé pour la premiere opinion. On dit pour cette opinion, que dans l'incertitude quand la succession de l'absent a été réellement ouverte, il n'y a aucun temps auquel il convienne mieux de la réputer ouverte, que celui auquel on a cessé d'avoir de ses nouvelles, & par conséquent au temps des dernieres nouvelles; une personne de qui on n'a pas de nouvelles, étant comme morte par rapport à la société. Néamoins nonobstant cet Arrêt, plusieurs tiennent pour la seconde opinion: il leur semble que dans l'incertitude il convient encore mieux réputer la succession de l'absent ouverte au temps auquel on commence à désespérer de recevoir de ses nouvelles, & auquel en conséquence le Juge envoie sa famille en possession de ses biens, qu'au temps auquel on a reçu de ses nouvelles, quoique ç'ait été pour la derniere fois, ou dès l'instant de son départ, lorsqu'on n'en a pas reçu depuis; étant contre la vraisemblance qu'il soit mort précisément en ce temps. J'incline à ce dernier sentiment.

Observez néanmoins qu'il y a de certaines circonstances qui peuvent former des présomptions pour assigner à certains temps l'ouverture de la succession d'un absent. Par exemple, si un homme de guerre a cessé de paroître & de donner de ses nouvelles après une bataille où son régiment s'est trouvé; quoiqu'il n'y ait pas de certitude entiere de sa mort, il y a une présomption suffisante qu'il a été tué, pour assigner au jour de cette bataille l'ouverture de sa succession. Pareillement lorsqu'un homme s'est embarqué sur un certain vaisseau dont on n'a eu aucune nouvelle depuis long-temps, la présomption est qu'il est péri avec le vaisseau, & que l'ouverture de sa succession ne peut être assignée plus tard qu'au bout du temps qu'à pu durer le voyage du vaisseau.

38. Lorsque deux personnes habiles à succéder l'une à l'autre, meurent ensemblent dans un combat, un naufrage, un incendie, ou sous une ruine, on a recours aux circonstances pour estimer laquelle des deux successions

doit être cenſée avoir été ouverte la premiere. Celui qui étoit dans l'avant-garde ou dans l'appartement le plus voiſin du lieu où le feu a pris, eſt préſumé mort le premier.

Dans l'eſpece de l'Arrêt de Bobé, ſa femme & deux petits enfans, l'un de 22 mois, l'autre de 8 ans, ayant été maſſacrés par des voleurs, on préſuma que ces enfans avoient ſurvêcu leur mere, parce qu'il étoit de l'intérêt des voleurs de ſe défaire de la mere avant les enfans, qui n'étoient pas en âge de leur réſiſter; *Cæteris paribus.* L'enfant impubere eſt cenſé mort avant ſon pere, mais le pere eſt cenſé mort avant l'enfant pubere. Entre deux perſonnes de même ſexe, le plus jeune eſt préſumé avoir ſurvêcu: mais s'ils ſont de différens ſexes, la femme, comme plus foible, eſt préſumée morte la premiere; *Ll. 9, §. 1, 22, 23, ff. de reb. dub.*

39. Une ſucceſſion, dès l'inſtant de ſon ouverture, c'eſt-à-dire, dès l'inſtant de la mort du défunt, eſt acquiſe de plein droit à l'héritier *etiam ignoranti*, (*art. 301*,) *& non tamen invito*, (*art. 335:*) car s'il renonce, elle ſera cenſée ne lui avoir jamais été acquiſe. Au reſte, lorſqu'il accepte, elle eſt cenſée lui être acquiſe dès l'inſtant de la mart du défunt, même pour les parts qui lui ſont accrues par les rénonciations de ſes cohéritiers, leſquels ſont cenſés l'avoir répudiée dans le même inſtant qu'elle leur a été déférée, & avoir donné lieu dans le même inſtant à l'accoiſſement de leurs portions au profit de leurs cohéritiers.

Pareillement, lorſque tous les héritiers du plus prochain degré renoncent, & que ceux du degré ſubſéquent l'acceptent; elle eſt cenſée acquiſe à ceux de ce degré ſuſéquent dès l'inſtant de la mort du défunt, par l'effet rétroactif qu'on donne à la rénonciation de ceux du degré précédent, & à l'acceptation de ceux-ci; *Voyez l'art. 301.*

ARTICLE II.

De l'acceptation & de la répudiation des Succeſſions.

§. I.

De l'acceptation des Succeſſions.

40. L'acceptation d'une ſucceſſion eſt la déclaration que fait celui à qui elle eſt déférée, de la volonté qu'il a d'être héritier.

L'acceptation d'une ſucceſſion renfermant une obligation envers les créanciers & légataires de cette ſucceſſion, il ſuit de là qu'il n'y a que ceux qui peuvent s'obliger, qui peuvent accepter par eux-mêmes les ſucceſſions qui leur ſont déférées. Les interdits, les femmes ſous puiſſance de mari qui ne ſont pas autoriſées ni par leur mari ni par le Juge, ne le peuvent donc pas.

41. Lorſque celui à qui la ſucceſſion a été déférée, eſt mort ſans s'être expliqué s'il entendoit ou non l'accepter, ſes héritiers ou autres ſucceſſeurs univerſels peuvent l'accepter de ſon chef. S'il avoit laiſſé des héritiers à différens biens, parmi leſquels les uns vouluſſent l'acceptation, & les autres qui

auroient des intérêts différens, voulussent la rénonciation, il faudroit en ce cas entrer dans l'examen du *quid utilius*, & faire prévaloir le parti qui eût été le plus avantageux au défunt à qui la succession a été déférée.

42. Ceux à qui une succession est déférée, ou leurs successeurs, peuvent l'accepter, non-seulement par eux-mêmas, mais par le ministere d'un fondé de procuration spéciale, d'un tuteur ou d'un curateur.

43. Nul ne peut accepter valablement une succession, non-seulement avant qu'elle soit ouverte, mais même depuis son ouverture, avant qu'il ait connoissance de son ouverture, & que c'est à lui à qui elle est déférée; *l. 21, §. 2; l. 32, & passim*, ff. *de acquir. hered.* mais depuis il est toujours à temps de pouvoir l'accepter, tant qu'il ne l'a pas répudiée.

Observez néanmoins que quoiqu'une personne ait répudié une succession, les créanciers de cette personne qui prétendent que cette répudiation a été faite en fraude de leurs créances, peuvent nonobstant cette répudiation être admis à exercer les droits de leur débiteur dans cette succession.

Par la même raison, si une femme mariée refusoit d'accepter une succession qui lui est déférée, le mari, dans la communauté duquel elle doit tomber, pourroit être admis à exercer à ses risques les droits de sa femme dans cette succession, nonobstant le refus qu'elle feroit de l'accepter : mais lorsque je répudie la succession qui m'est déférée, ma femme ne peut s'en plaindre; car le mari est le maître de disposer à son gré de la communauté.

44. Il y a deux especes d'acceptation de succession, celle qui est pure & simple, & celle qui se fait sous bénéfice d'inventaire.

L'acceptation pure & simple se fait *verbo aut facto : verbo* en prenant dans quelqu'acte soit judiciaire, soit extrajudiciaire la qualité d'héritier; *facto* lorsque celui à qui une succession est déférée, fait quelque chose qui suppose en lui la volonté d'être héritier; *Pro herede gerere videtur qui aliquid facit quasi heres;* l. 20, ff. *de acq. hered. Putà,* lorsqu'il dispose des effets de la succession, qu'il en paie les dettes, sans avoir aucune autre raison, ni autre qualité pour faire ce qu'il a fait; *Voyez l'art. 336 & les notes.*

L'acceptation sous bénéfice d'inventaire, est celle que quelqu'un fait en obtenant au préalable du Prince le bénéfice de n'être tenu des dettes de la succession qu'il accepte, que sur les biens de ladite succession, à la charge par lui d'en faire un fidele inventaire.

§. II.

Du bénéfice d'inventaire.

45. Notre Coutume n'accorde pas par elle-même ce bénéfice; elle ne fait que le supposer dans les articles où elle en parle. C'est pourquoi un héritier ne peut jouir de ce bénéfice, qu'il ne l'obtienne du Prince par des lettres qui s'expédient en la Chancellerie du Palais, & qui doivent être entérinées devant le Juge du lieu où la succession est ouverte; c'ést-à-dire, de celui où le défunt avoit fait son domicile lors de sa mort.

46. Celui à qui une succession est déférée, est toujours à temps par notre

Droit

Droit coutumier d'avoir recours à ce bénéfice; *Lebrun, l. 3, ch. 4, n. 12;* pourvu néanmoins qu'il n'ait pris qualité ni fait aucun acte d'héritier : car ce bénéfice donne bien le droit à celui à qui une succession est déférée, de l'accepter sans s'obliger envers les créanciers sur ses propres biens; mais lorsqu'une fois il s'est obligé envers eux par une acceptation pure & simple, ce bénéfice ne peut pas dépouiller les créanciers d'un droit qui leur est acquis.

47. Lorsqu'il y a plusieurs héritiers, & que l'un d'eux a obtenu des lettres de bénéfice d'inventaire & les a fait entériner, Lebrun pense que les autres qui n'ont encore fait aucun acte d'héritier pur & simple, peuvent, sur une requête, faire déclarer par le Juge les lettres de bénéfice d'inventaire communes avec eux, aux offres de contribuer aux frais : c'est aussi l'avis de Dumoulin, sur l'art. 150 de Paris.

48. L'héritier, pour jouir de ce bénéfice, doit faire inventaire devant Notaires des effets & titres de la succession. Il n'importe que cet inventaire ait été fait avant qu'il ait obtenu les lettres, ou qu'il le fasse depuis; il doit y appeller les créanciers qui se sont fait connoître par des oppositions aux scellés qui auroient été mis sur lesdits biens; il n'est pas nécessaire d'y appeller les autres créanciers. Cet inventaire doit être fidele; les omissions de quelques effets de la succession n'empêchent pas qu'il ne soit réputé tel, à moins qu'elles n'aient été faites malicieusement; ce qui se présume lorsqu'il y a preuve que l'héritier a détourné les effets qui n'ont pas été compris en l'inventaire, ou lorsqu'ils étoient si considérables & tellement en évidence, qu'il soit hors de vraisemblance qu'ils aient été omis par oubli. L'héritier bénéficiaire est aussi tenu de donner caution aux créanciers & légataires apparens; *Molin.* ibid.; *Lebrun*, ibid.

Sur ce qu'il doit observer pour la vente des effets de la succession, *Voyez les art. 342 & 343.*

49. Le principe sur les effets du bénéfice d'inventaire, est que l'héritier bénéficiaire est réputé vis-à-vis des créanciers & légataires de la succession, plutôt comme un administrateur des biens de ladite succession, que comme l'héritier & le propriétaire desdits biens. De ce principe résultent les trois effets du bénéfice d'inventaire.

Le premier, est qu'il n'est tenu sur ses propres biens, ni des legs, ni des dettes, ni même des arrérages courus de son temps; de maniere que, lorsqu'il est condamné en cette qualité d'héritier bénéficiaire, il n'est tenu à autre chose envers celui qui a obtenu Sentence contre lui, qu'à lui donner un bref état de compte des deniers de la succession qu'il peut avoir entre les mains : & si le reliquat du compte n'est pas suffisant pour payer le montant de la condamnation, celui qui l'a obtenue ne peut en exiger davantage de l'héritier bénéficiaire; & il n'a d'autre voie pour être payé du surplus, que celle de saisir les meubles, s'il en reste encore en nature, ou les immeubles de la succession.

50. L'héritier bénéficiaire doit coucher en recette dans ce compte les deniers comptant qui se sont trouvés lors de la mort du défunt, & ce qu'il a reçu ou dû recevoir des débiteurs de la succession ou du prix de la vente des meubles. S'il avoit cédé à un tiers ses droits successifs, il devroit se charger

en recette de ce que son cessionnaire a reçu ou dû recevoir, comme de ce qu'il a reçu lui-même : mais il n'est pas tenu de compter du prix qu'il a reçu pour cette cession ; car ce prix ne fait pas partie des biens de la succession, mais est son propre bien.

Dans le chapitre de mise, l'héritier bénéficiaire doit coucher tout ce qu'il a payé pour la succession, comme pour frais d'inventaire, de scellés & autres ; pour centieme denier, droits & profits seigneuriaux, &c. : mais il ne doit pas coucher les frais des lettres & de leur entérinement, ces frais étant faits pour son intérêt personnel plutôt que pour la succession. On doit lui allouer pareillement toutes les dépenses qu'il a faites pour faire valoir les biens de la succession, pour réparations nécessaires, pour les frais des procès qu'il a soutenus pour la succession, quoiqu'il n'ait pas réussi, pourvu qu'il ne les ait pas entrepris témérairement & sans aucun fondement. Enfin le créancier à qui il rend compte, doit lui allouer tout ce qu'il a payé à d'autres créanciers de la succession, ou même à des légataires ; pourvu qu'il n'ait pas fait ces paiemens au préjudice de saisies & arrêts qu'auroit faits le créancier à qui il rend compte.

51. De là naît la question, si le créancier qui ne trouve pas dans le reste des biens de la succession de quoi être payé, peut agir en recours contre les autres créanciers & légataires qui ont reçu, pour leur faire rapporter ? Cela est sans difficulté à l'égard des légataires, leurs legs ne pouvant être valables qu'autant & jusqu'à concurrence de ce qui resteroit des biens de la succession après toutes les dettes acquittées. Il y a plus de difficulté à l'égard des créanciers. Lebrun, *l. 3, ch. 4, n. 19*, pense qu'ils ne sont sujets à aucune répétition. Il semble que n'ayant reçu que ce qui leur étoit effectivement dû, ils peuvent dire : *Vigilavi, meum recepi : Jus civile vigilantibus scriptum* ; l. 24, ff. *quæ in fraud.*

D'autres pensent au contraire, que l'héritier bénéficiaire étant comme le receveur de tous les créanciers de la succession, qui sont tous censés en diligence, par la caution qu'il a donnée à tous, tout ce qu'il reçoit des biens de la succession, il est censé le recevoir pour chacun d'eux, pour la part que chacun d'eux a droit de recevoir dans l'ordre & distribution des biens de la succession au prorata de sa créance, & il est censé ne payer ce qu'il paie à chacun d'eux que sous la condition tacite du rapport de ce que le créancier se trouveroit avoir reçu de plus qu'il ne lui revenoit dans ladite distribution : c'est l'avis de M. Rousseau.

52. Le second effet du bénéfice d'inventaire, est que l'héritier conserve contre la succession tous les droits & actions qu'il avoit contre le défunt : c'est pourquoi il est payé par contribution avec les autres créanciers sur le prix des meubles, & par ordre d'hypotheque sur le prix des immeubles. Il suit aussi de là que si le défunt avoit vendu quelque héritage qui appartînt à celui qui est devenu depuis son héritier bénéficiaire, ou qui lui fût hypothéqué, cet héritier bénéficiaire ne seroit point exclus de ses actions en revendication, ou hypothécaires contre les acquéreurs, lesquels pourroient seulement le faire condamner, en sa qualité d'héritier bénéficiaire, aux dommages & intérêts résultans de l'éviction. Ce second effet du bénéfice d'inventaire

n'est qu'une suite du premier : car si l'héritier bénéficiaire faisoit confusion de ses droits & actions contre le défunt, il acquitteroit sur son propre bien les dettes de la succession.

53. Le troisieme effet du bénéfice d'inventaire, & qui est encore une suite du premier, est que l'héritier est reçu quand bon lui semble à se décharger entiérement envers les créanciers de la succession, en leur abandonnant les biens de la succession, & leur en rendant compte, au reliquat duquel ses biens sont hypothéqués du jour qu'il s'est chargé de les administrer, c'est-à-dire, du jour de l'entérinement du bénéfice d'inventaire.

Cet abandon que fait l'héritier bénéficiaire est improprement appellé *renonciation à la succession ;* car il n'a d'autre effet que de le décharger envers les créanciers : mais suivant la maxime, *Qui semel heres, semper heres*, il demeure toujours héritier, & comme tel, propriétaire des biens qu'il a abandonnés, jusqu'à ce qu'ils soient vendus & adjugés sur la poursuite des créanciers.

54. L'obligation que contracte l'héritier bénéficiaire envers les créanciers, d'administrer les biens de la succession & d'en rendre compte, passe à l'héritier de cet héritier bénéficiaire, à qui il transmet sa qualité d'héritier bénéficiaire. C'est pourquoi le compte que l'héritier de cet héritier bénéficiaire doit, tant de la gestion de l'héritier bénéficiaire que de sa propre gestion, est dû en vertu de l'obligation qu'a contractée l'héritier bénéficiaire ; & les biens de l'héritier bénéficiaire qu'il a hypothéqués à cette obligation, sont hypothéqués à tout ce compte, sans distinction de la gestion faite par l'héritier bénéficiaire, & de celle faite par l'héritier de cet héritier ; *Lebrun, l. 3, ch. 4, n. 70.*

Observez une différence à l'égard de ce compte entre l'héritier bénéficiaire & les administrateurs du bien d'autrui. Ceux-ci sont tenus *de levi culpâ ;* mais il a paru équitable que l'héritier bénéficiaire fût seulement tenu *de dolo & latâ culpâ ;* parce que c'est de son propre bien qu'il rend compte ; *Arg. l. 22, §. 3, ff. ad Treb. ; Lebrun, l. 3, ch. 4, in fine.*

Lorsque plusieurs héritiers bénéficiaires ont partagé entre eux les biens de la succession, chacun n'est tenu de rendre compte que des biens échus en son lot.

Lebrun prétend au contraire que chacun ayant été saisi pour sa part de tous les biens, chacun, nonobstant le partage fait entre eux, est pour sa part comptable de tous les biens. La réponse est que le partage ayant déterminé la part de chacun à ce qui est échu dans son lot, chacun est censé n'avoir succédé & n'avoir été saisi que de cela : d'où il suit qu'il n'est comptable que de cela. C'est une suite du principe sur l'effet rétroactif que notre Jurisprudence donne aux partages.

55. Le bénéfice d'inventaire n'a d'effet que contre les créanciers & légataires de la succession ; encore en faut-il excepter le Roi ; l'Ordonnance de Roussillon, *art. 16*, ayant défendu que les héritiers des comptables pussent s'en servir pour ce que le défunt devoit au Roi : ce que la Jurisprudence a étendu aux successions des commis des comptables, à celles des receveurs des consignations, en n'admettant pas les héritiers de ces personnes à se servir

du bénéfice d'inventaire pour ce que le défunt devoit pour raison de ces emplois; *Louet, somm. H. 18.*

56. Le bénéfice d'inventaire n'a d'effet que vis-à-vis des créanciers & légataires de la succession; d'où il suit que l'enfant héritier bénéficiaire n'est pas moins tenu au rapport envers les autres enfans ses cohéritiers, que s'il étoit héritier pur & simple: ce qui a lieu, quand même il auroit depuis renoncé à la succession, puisque cette renonciation, qui n'est qu'un abandon qu'il fait aux créanciers, ne le fait pas cesser d'être héritier, comme il a été dit, *Arrêt du 20 Avril 1682, au Journal du Palais.*

57. L'héritier bénéficiaire doit renoncer au bénéfice d'inventaire, lorsqu'il se présente un autre parent qui se porte héritier pur & simple; sinon celui-ci l'exclut de la succession. Voyez sur ce les *art. 340 & 341.* Ce droit est de grande ancienneté dans le pays coutumier, & a été établi en faveur du défunt, à la mémoire duquel un héritier pur & simple fait plus d'honneur qu'un héritier bénéficiaire, & en faveur des créanciers de la succession. Voyez les exceptions que souffre ce droit, aux *art. 338 & 339.*

58. Observez aussi que ce droit d'exclure est accordé aux parens, quoiqu'en degré plus éloigné, sur celui qui est en degré plus proche, ainsi que nous l'apprenons des anciens Praticiens qui ont traité de ce droit; *Masuer.* XXXII, 28. Plusieurs Coutumes en ont des dispositions, comme Melun, 271; Bourbonnois, 329. C'est le droit commun du pays coutumier; *Brodeau sur Louet*, H. 1, 5. L'art. 339 suppose le principe.

Le survivant de deux conjoints, quoique appellé à la succession du prédécédé à défaut de parens, ne peut pas exclure les parens qui se sont portés héritiers bénéficiaires, en offrant de se porter héritier simple: car ce droit de préférence de l'héritier simple sur le bénéficiaire n'est accordé qu'entre *parens.* C'est ce qui résulte de ces termes de l'*art. 338, n'est exclus par autres parens.*

Plusieurs Auteurs pensent aussi que dans la succession des propres, le parent qui n'est pas de la ligne, quoique capable de succéder à défaut de ceux de la ligne, ne peut pas, en se portant héritier simple, exclure les parens de la ligne qui se sont portés héritiers bénéficiaires; parce que sa parenté est d'une espece différente, qui le fait regarder tellement étranger, qu'on doutoit autrefois s'il devoit être préféré au fisc. C'est l'avis de *Lebrun, l. 3, ch. 4, n. 41; & de Lemaître, sur Paris.*

A l'égard de la prérogative de la masculinité, & de celle du double lien, je ne crois pas qu'elles doivent empêcher que l'héritier bénéficiaire puisse être exclus par une femelle, ou par un parent du simple lien, qui se porteroit héritier simple, ces prérogatives étant moindres que celle de la proximité du degré, qui n'empêche pas cette exclusion.

59. Il n'y a que celui qui se porte d'abord héritier pur & simple, qui est reçu à exclure l'héritier bénéficiaire: celui qui a eu recours avec ses cohéritiers au bénéfice d'inventaire, n'est pas reçu par la suite à les exclure, en offrant de renoncer au bénéfice; *Brodeau, sur Louet*, L. H. *n. 1; Lebrun, ibid. n. 45.*

60. Les créanciers d'un parent ne sont pas admis à exercer les droits de

leur débiteur pour cette exclusion; *Lebrun*, ibid. *n.* 50 : car les créanciers ne peuvent exercer que les droits de leur débiteur, qui ont pour principal objet un émolument que leur débiteur paroît n'avoir répudié qu'en fraude, & dans la vue de les en priver. Mais ce droit qu'a un parent d'exclure les héritiers bénéficiaires en se portant héritier simple, a moins pour objet l'émolument qui peut résulter de la succession, que l'honneur de la mémoire du défunt, que le parent, en sa qualité de parent, a intérêt de procurer; & d'ailleurs la juste défiance des forces de la succession, qui a empêché ce parent d'user de ce droit, qui est justifié par le recours que les autres parens ont jugé à propos d'avoir au bénéfice d'inventaire, exclut tout soupçon de fraude envers ses créanciers.

61. Le parent qui, en se portant héritier pur & simple, a exclus le bénéficiaire, doit nécessairement être censé avoir été héritier dès l'instant de la mort du défunt, & avoir été par lui, dès cet instant, saisi de sa succession, suivant l'*art.* 301. D'où il suit que celui qui est exclus doit être censé n'avoir jamais été héritier, ni saisi de la succession : *nam duo non possunt simul possidere in solidum* ; L. 3, §. 5, ff. *acq. pos.*

De là il suit que l'héritier exclus doit restituer à cet héritier simple tous les biens de la succession, même les fruits qu'il en a perçus ; car ces fruits en font partie : *fructus augent hereditatem ;* l. 20, §. 3, ff. *de petit. hered.* Lebrun est tombé dans une erreur grossiere, en décidant que cet héritier exclus n'étoit pas tenu de restituer aucuns fruits, parce qu'il a été possesseur de bonne foi : car ce n'est que dans la revendication des choses particulieres que le possesseur de bonne foi est dispensé de la restitution des fruits. Mais dans la pétition d'hérédité, le possesseur de bonne foi, comme celui de mauvaise foi, est obligé de restituer tous les fruits dont il a profité, suivant cette regle, *Omne lucrum auferendum esse, tam bonæ fidei possessori quàm prædoni, dicendum est ;* L. 28, ff. *de petit. hered. & passim.* Si un vrai possesseur de bonne foi, qui a juste sujet de se croire propriétaire incommutable d'une hérédité, est tenu de restituer les fruits dont il a profité, à plus forte raison cet héritier bénéficiaire, qui sçavoit qu'un héritier simple pouvoit l'exclure, en doit-il être tenu.

On doit par la même raison décider, contre Lebrun, que l'héritier bénéficiaire exclus doit restituer à l'héritier simple le fief mouvant d'une Seigneurie de la succession, dont, en sa qualité qu'il avoit d'héritier bénéficiaire, il a exercé le retrait féodal, à la charge par cet héritier simple de l'indemniser: car cet héritier exclus n'ayant point été véritablement héritier, & n'ayant pu avoir, lorsqu'il a exercé le retrait, que celle d'administrateur provisionnel de la succession, il n'a pu exercer ce retrait que pour le compte de la succession.

62. Quoique l'héritier bénéficiaire qui est exclus par l'héritier simple, soit censé n'avoir jamais été propriétaire, & qu'en conséquence l'héritier simple puisse revendiquer les héritages qu'il auroit aliénés sans décrets ; néanmoins comme on ne peut contester qu'il ait été au moins légitime administrateur des biens de la succession jusqu'à son exclusion, tout ce qu'il a fait jusqu'à ce temps, qui n'excede pas les bornes d'une juste administration, est valable, comme

ſont les baux à ferme ou à loyer qu'il auroit faits des biens de la ſucceſſion ; les paiemens qui lui auroient été faits par les débiteurs de la ſucceſſion, &c.

§. III.

De la renonciation aux Succeſſions.

63. Il n'y a que ceux à qui une ſucceſſion eſt déférée, qui puiſſent la répudier. C'eſt pourquoi un mari ne peut ſans ſa femme renoncer à une ſucceſſion échue à ſa femme, quoiqu'elle eût dû tomber entiérement dans ſa communauté. Il auroit bien eu le droit de diſpoſer ſans ſa femme de tout l'émolument de cette ſucceſſion, ſi elle eût été acceptée ; mais il ne peut ſans elle diſpoſer de la qualité d'héritier, qui eſt quelque choſe de perſonnel à ſa femme. C'eſt pourquoi la femme, nonobſtant la renonciation faite par le mari ſeul, qui eſt nulle, peut après la diſſolution du mariage, ou même durant le mariage, en ſe faiſant autoriſer par Juſtice, accepter la ſucceſſion : l'émolument tombera dans la communauté, qui ne ſera tenue des dettes de cette ſucceſſion que juſqu'à concurrence de l'émolument.

64. Ceux à qui une ſucceſſion eſt déférée peuvent la répudier, ou par eux-mêmes, ou par Procureur fondé de leur procuration ſpéciale, lorſqu'ils ſont capables de diſpoſer de leurs biens ; lorſqu'ils ne le ſont pas, leurs tuteurs ou curateurs peuvent renoncer pour eux. Pour plus grande précaution, ils ſe font ordinairement autoriſer par un avis de parens décrété par le Juge. Les héritiers ou autres ſucceſſeurs univerſels de celui à qui la ſucceſſion a été déférée, & qui eſt mort ſans avoir pris aucune qualité, peuvent auſſi de ſon chef la répudier, comme ils peuvent l'accepter.

65. La répudiation à une ſucceſſion ſe fait par un acte devant Notaires, ou par un acte au Greffe, ou par une déclaration faite en Juſtice, dont le Juge donne acte.

66. Hors les contrats de mariage, dans leſquels la Juriſprudence a admis les renonciations aux ſucceſſions futures, aucun ne peut valablement répudier une ſucceſſion, ſi ce n'eſt depuis qu'elle lui eſt déférée, ſuivant cette regle : *Quod quis ſi velit habere non poteſt, id repudiare non poteſt* ; l. 174, §. 1, ff. *de R. J.* Il faut de plus, que celui qui la répudie ſçache qu'elle eſt déférée, & que c'eſt à lui à qui elle eſt déférée ; *L.* 23, ff. *de acquir. hered.* Au reſte on eſt toujours à temps de répudier une ſucceſſion tant qu'on ne l'a pas acceptée.

67. Celui qui a répudié une ſucceſſion perd la faculté qu'il avoit de l'accepter, & il ne peut plus y revenir que par la voie de reſtitution, dans les cas auxquels elle peut être accordée, comme pour cauſe de minorité. Cette répudiation a un effet rétroactif au temps de l'ouverture de la ſucceſſion, & la part qui étoit déférée au renonçant, eſt cenſée dès ce temps accroître à ſes cohéritiers ; *Voyez l'art.* 359. Et lorſqu'il n'a pas de cohéritiers, l'hérédité qu'il a répudiée eſt cenſée dès ce temps dévolue & acquiſe à ceux du degré ſuivant, lorſqu'ils veulent bien l'accepter.

Quoique par la renonciation de tous ceux qui ſont appellés en premier lieu à la ſucceſſion, elle ſoit déférée aux parens du degré ſuivant, néanmoins tant qu'ils ne l'ont pas acceptée, les créanciers peuvent faire déclarer la ſucceſſion vacante, & y faire créer un curateur, ſans être obligés d'attendre que ceux du degré ſuivant ſe ſoient expliqués; ſauf à eux à l'accepter quand bon leur ſemblera, & en ce cas à ſe faire rendre compte par le curateur.

§. IV.

Des délais pour prendre qualité.

68. L'Ordonnance de 1667 accorde aux héritiers préſomptifs d'un défunt un délai de trois mois pour s'inſtruire des forces de la ſucceſſion par un inventaire des meubles, titres & enſeignemens qui en dépendent : ce délai court depuis que la mort du défunt qui a donné ouverture à la ſucceſſion, a été connue dans le public. Elle leur accorde un ſecond délai de quarante jours pour délibérer s'ils accepteront ou répudieront la ſucceſſion : & ce délai court du jour que l'inventaire a été achevé, s'il l'a été avant l'expiration du premier délai de trois mois; ſinon il court du jour de l'expiration du délai de trois mois dans lequel il a dû l'être.

Les créanciers peuvent bien, avant que ces délais ſoient expirés, arrêter les biens de la ſucceſſion; ils peuvent bien donner demande contre les héritiers préſomptifs : mais ces héritiers peuvent oppoſer contre leur demande l'exception qu'ils ſont dans les délais que l'Ordonnance leur accorde; & cette exception arrête l'effet de la demande, & empêche que le créancier ne puiſſe la pourſuivre, ni obtenir aucune condamnation avant qu'ils ſoient expirés.

69. Les intérêts de la ſomme demandée courent-ils du jour de la demande pendant le temps des délais? La raiſon de douter eſt que l'héritier, pendant le délai que la loi lui accorde, ne peut pas être cenſé en demeure, ſuivant cette maxime, *Ibi nulla videtur fieri mora, ubi nulla petitio eſt;* L. 88, ff. *de R. J.* On peut dire au contraire que quoique l'héritier ne ſoit pas proprement en demeure, il ſuffit que le créancier ſouffre du retardement que l'héritier apporte au paiement, pour qu'il doive en être récompenſé par les intérêts; la loi qui lui a accordé les délais de délibérer, n'ayant pas entendu lui accorder cette grace au détriment des créanciers : c'eſt pourquoi ce délai de grace ne doit pas arrêter les intérêts : & en cela il differe d'un délai de droit qui feroit partie de la convention.

70. Le Juge peut quelquefois proroger ces délais, lorſque la grande étendue d'une ſucceſſion les rend inſuffiſans. Hors ce cas, l'héritier aſſigné doit incontinent après l'expiration des délais, ou défendre aux demandes données contre lui, ou rapporter une renonciation; ſinon il doit être condamné comme héritier. Néanmoins ſi le jugement de condamnation n'eſt pas un jugement ſouverain & contradictoire, il peut, ſur l'appel qu'il interjettera, ou ſur l'oppoſition qu'il formera, rapporter une renonciation, & ſe faire en conſéquence décharger de la condamnation. Il doit ſeulement en ce cas être condamné aux dépens faits juſqu'au rapport de ſa renonciation, les ayant occaſionnés par ſa demeure. Lorſqu'il n'y a plus lieu à l'appel ni à l'oppoſition contre le jugement de condamnation, l'héritier ne peut plus, en renonçant, éviter de payer

celui au profit de qui la condamnation a été rendue : mais il peut toujours renoncer vis-à-vis des autres créanciers de la succession, qui ne peuvent lui opposer le jugement qui l'a condamné comme héritier, dans lequel ils n'étoient pas parties, suivant cette regle de Droit, *Res inter alios judicata, aliis nec prodest, nec nocet.*

SECTION VI.

Des partages des Successions.

ARTICLE PREMIER.

De l'action de partage.

71. L'état de communauté de biens est un état qui ne peut subsister pour toujours, & qui exige un partage.

De là naît l'obligation que chacun des héritiers contracte envers ses cohéritiers, de partager les biens de la succession lorsqu'il en sera requis ; & de cette obligation naît l'action aux fins de partage, que chacun des héritiers peut intenter contre ses cohéritiers.

Si le défunt avoit ordonné que ses héritiers ne pourroient se provoquer à partage, ou si les héritiers étoient convenus de ne s'y jamais provoquer, telle ordonnance & telle convention seroient de nul effet, comme contraires à la nature de l'état de communauté de biens : *Nulla in æternum societatis communio est ;* l. 70, ff. *pro soc.*

Mais les héritiers peuvent convenir que le partage sera différé pendant un certain temps limité ; *l. 14, §. 2, ff. comm. divid. ; putà*, jusqu'à la majorité de quelqu'un des héritiers, ou jusqu'à la décision d'un certain procès, &c.

72. Tant que les héritiers & leurs successeurs possedent en commun les biens de la succession, l'action de partage, ou le droit qu'a chacun des héritiers de demander le partage, ne peut jamais se prescrire : car cette action naît de la nature même de la communauté, qui exige toujours le partage. Mais cette action se prescrit par trente ans comme toutes les autres actions, lorsqu'un héritier a joui seul & séparément pendant ce temps des biens dont on lui demande le partage.

73. Un mineur, ou son tuteur pour lui, peut aussi-bien qu'un majeur demander le partage des meubles d'une succession ; mais il ne peut provoquer ses cohéritiers à un partage définitif des immeubles : il peut seulement en demander un provisionnel, par lequel chacun des cohéritiers jouiroit séparément du lot qui lui écherroit, jusqu'au partage définitif. La raison est que les mineurs ne peuvent aliéner ni disposer de quelque maniere que ce soit, par acte entre vifs, du fonds de leurs immeubles. Or, quoiqu'un partage définitif des immeubles d'une succession ne soit pas dans notre Jurisprudence Françoise une vraie aliénation, il est au moins une disposition que le cohéritier fait de ses immeubles, puisque par le partage il restreint le droit universel & illimité qu'il avoit pour sa part dans tous les immeubles de la succession, à ceux qui lui échéent dans son lot.

Quoique

Quoique le mineur ne puisse pas provoquer à un partage définitif, il peut y être provoqué par son cohéritier majeur. La raison de différence est que le partage de la part de celui qui le provoque, est une disposition volontaire, puisqu'il ne tenoit qu'à lui de ne le pas demander : mais elle est nécessaire de la part de celui qui est provoqué. Or les loix n'interdisent aux mineurs que les aliénations & dispositions volontaires de leurs immeubles, & non les nécessaires; *L. 1, §. 2, in fine, ff. de reb. eor. qui sub tut.; L. 17, Cod. de præd. min.*

ARTICLE II.

Des objets de l'action de partage.

74. La division des biens est le principal, mais n'est pas le seul objet de l'action de partage; elle a aussi pour objet les raisons que les cohéritiers ont à se faire respectivement les uns aux autres; *toto tit. ff. Fam. erc.* C'est ce qu'on appelle *le compte mobilier* qui précede le partage.

Chacun des cohéritiers doit faire raison à ses cohéritiers, 1°. de ce qu'il devoit au défunt; 2°. du prix des meubles dont il s'est rendu adjudicataire à la vente; 3°. de ce qu'il a reçu des débiteurs de la succession; 4°. du dommage qu'il a causé par sa faute dans les choses dépendantes de la succession. Les loix le chargent, à cet égard, de la faute commune, *de levi culpâ;* L. 25, §. 16, *ff. fam. ercisc.*

Observez, à l'égard de ce qu'il a reçu des débiteurs, que si n'étant pas chargé du recouvrement des dettes de la succession, il a fait connoître par la quittance qu'il a donnée à un débiteur de la succession, qu'il n'entendoit recevoir que sa portion, il n'est pas obligé d'en faire raison à ses cohéritiers, quoiqu'ils ne puissent plus recevoir la leur du débiteur, qui est depuis devenu insolvable; *L. 38, ff. fam. ercisc.* Ils doivent s'imputer de n'avoir pas été aussi vigilans que lui.

Vice versâ. Chacun des cohéritiers a droit de se faire faire raison par ses cohéritiers de ce qui lui étoit dû par le défunt, & de tout ce qu'il a mis utilement pour la succession, soit pour en acquitter les dettes & autres charges, soit pour la culture des héritages, ou pour les réparations des bâtimens dépendans de la succession.

Si l'un des héritiers avoit une action contre un tiers, laquelle, s'il l'eût exercée, eût donné lieu à un recours en garantie & à des dommages & intérêts contre la succession, l'estimation de ce qu'il perd en n'exerçant pas cette action, peut être regardée comme une mise utile qui a servi à décharger la succession, & dont il lui doit être fait raison.

75. Le partage ne pouvant se faire sans une estimation préalable des biens qui sont à partager, cette estimation est un objet de l'action de partage. Lorsque tous les héritiers sont majeurs, elle peut se faire à l'amiable : lorsque quelqu'un d'entre eux est mineur, elle doit se faire par des Experts nommés par le Juge, qui doivent prêter serment.

Les rapports sont aussi un des objets de l'action de partage : nous en traiterons partculiérement en l'article suivant.

ARTICLE III.

Des rapports que les Enfans qui viennent à la succession de leur pere ou mere, ou autre ascendant, doivent faire.

76. C'est un principe de notre Coutume, art. 273, que *pere, mere & autres ascendans, ne peuvent avantager l'un de leurs enfans plus que l'autre, venans à la succession.*

D'où il suit qu'un enfant peut bien retenir ce qui lui a été donné en renonçant à la succession, *art. 273*, sauf la légitime des autres enfans : mais s'il se porte héritier du donateur, s'il *vient à la succession*, il doit rapporter au partage de la succession tout ce qui lui a été donné; *art. 306 & suiv.*

§. I.

Quels avantages sont sujets à rapport.

77. Les avantages, même indirects, son sujets à rapport : telles sont les donations que le défunt auroit faites à l'un de ses enfans par l'interposition d'une tierce personne, ou celles qui auroient été déguisées sous l'apparence d'un autre contrat. Par exemple, lorsqu'un pere vend à l'un de ses enfans un héritage pour un prix au dessous de la juste valeur, un tel acte est réputé une donation déguisée sous le nom de vente, & l'enfant est tenu de rapporter l'héritage à la sucession, qui lui doit faire raison du prix que le défunt a reçu.

78. Par la jurisprudence des Arrêts, l'enfant doit rapporter non-seulement ce qui lui a été donné, mais même les sommes qui lui ont été prêtées par le défunt, quand même il en auroit constitué rente au défunt; & il ne seroit pas recevable à offrir de continuer la rente à ses cohéritiers pour leur part; *Arrêt cité par Lebrun*, III, *ch. 6, s. 2, n.* 3. De là il suit aussi que si un fils débiteur envers son pere, a fait faillite, & qu'il lui ait été fait remise par un contrat d'atermoiement auquel son pere a été forcé de souscrire, le fils ne laissera pas d'être tenu de précompter la somme entiere qui lui a été prêtée.

79. Observez qu'il n'y a d'avantages indirects sujets à rapport, que ceux par lesquels le défunt fait passer quelque chose de ses biens à l'un de ses enfans. S'il commue un fief en roture; quoique cette commutation soit un avantage pour ses puînés, elle ne les oblige à aucun rapport envers leur aîné; parce que le défunt, par cette commutation, n'a rien fait passer de ses biens à ses puînés. Par cette raison je ne serois pas de l'avis de Lebrun, qui dit que c'est un avantage sujet à rapport, lorsqu'un pere renonce à la succession de son frere pour favoriser ses enfans mâles, qui venant à la succession à son défaut, excluront leurs sœurs dans les fiefs de cette succession : car le pere, par cette renonciation, ne fait rien passer de ses biens à ses enfans : les biens de la succession à laquelle il a renoncé ne lui ont jamais appartenu; ses enfans les tiennent directement de leur oncle, & non de leur pere.

Suivant le même principe, l'avantage que ressentent les enfans d'un second lit de la renonciation que fait leur mere à une communauté opulente qui étoit entre elle & feu leur pere, ne doit pas être sujet à rapport envers leurs freres & sœurs du premier lit : ils sont censés tenir de leur pere le total des biens de cette communauté, dans laquelle leur mere, qui y a renoncé, est censé n'avoir jamais eu aucune part. D'ailleurs la femme en ce cas use du droit qu'elle a de choisir le parti de l'acceptation ou de la renonciation à la communauté. On doit présumer que le parti qu'elle prend est celui qu'elle juge lui convenir le mieux, plutôt que de supposer en elle la volonté d'avantager ses enfans du second lit ; & ce seroit donner lieu à des discussions & à des procès, si les enfans du premier lit étoient admis à discuter les forces de la seconde communauté, & l'intention qu'a pu avoir leur mere en y renonçant ; *Arrêt cité par Brodeau sur Louet, somme, C. ch. 30, n. 16.*

Par la même raison on ne doit pas regarder comme avantage sujet à rapport celui que fait une femme à ses enfans du second lit, en acceptant la communauté de son second mariage, quoique mauvaise, & se privant par-là de la faculté qu'elle auroit eue de reprendre son apport en renonçant ; à moins que la fortune du mari ne fût notoirement renversée.

L'avantage que ressentent les enfans du second lit de ce que le survivant est resté en continuation de communauté avec eux, quelque intérêt qu'il eût à la dissoudre, n'est pas plus sujet à rapport, suivant le même principe ; *Brodeau, ibid.*

80. Du principe qu'il n'y a que les avantages par lesquels le défunt a fait passer quelque chose de ses biens à l'un de ses enfans, qui soient sujets à rapport, il suit aussi que si le défunt s'étoit démis, de l'agrément du Roi, en faveur de l'un de ses enfans, d'un Gouvernement, d'un emploi militaire, ou d'une charge de la Maison du Roi, cet enfant ne seroit obligé à aucun rapport : car ces emplois, qui sont en la disposition du Roi, ne sont pas censés être *in bonis* & faire partie des biens des particuliers. Il en seroit autrement si le défunt avoit donné une somme à un tiers à la requisition de son fils, pour faire avoir un de ces emplois à son fils : car c'est comme s'il avoit donné la somme à son fils lui-même ; *Arg. l. 180, ff. de R. J.* & par conséquent le fils ne pourroit se défendre de la rapporter.

81. L'égalité est tellement requise entre les enfans qui viennent à la succession de quelqu'un de leurs ascendans, que nous sommes obligés de rapporter à ces successions, non-seulement ce qui nous a été donné à nous-mêmes par le défunt, mais aussi ce qu'il a donné à nos enfans.

Si le rapport de ce qui a été donné à nos enfans ne nous laissoit pas notre légitime, nous répéterions ce qui s'en manqueroit contre nos enfans donataires : mais si, par leur insolvabilité, cette ressource nous manquoit, la loi du rapport, qui n'est qu'une loi purement arbitraire, devroit céder à la loi de la légitime, qui est fondée dans une équité naturelle ; & nous devrions être déchargés du rapport jusqu'à concurrence de notre légitime.

82. La fille, après la dissolution de la communauté qui a été entre elle & son mari, n'est obligée au rapport de ce qui a été donné ou prêté à son mari, qu'autant qu'elle a accepté avec lui la donation ou le prêt, ou qu'elle ou ses enfans en ont profité. Mais si elle ne l'a pas accepté, & qu'elle ni ses enfans n'en aient point profité, elle ayant renoncé à la communauté de son mari, & ses enfans à sa succession, elle ne peut être tenue au rapport. Mais si le par-

tage se fait durant la communauté, on précompte tout ce qui a été donné ou prêté à son mari.

83. Lorsque quelqu'un vient à la succession de son aïeul par représentation de son pere ou de sa mere prédécédés, il est tenu au rapport de tout ce que la personne qu'il représente auroit été obligée de rapporter, *art. 317*, suivant la regle, *Qui alterius jure utitur, eodem jure uti debet:* ce qui a lieu quand même il auroit renoncé à la succession de la personne qu'il représente. Il ne pourroit même en ce cas demander aucune légitime, quand même ce rapport absorberoit entiérement sa portion: car n'étant pas héritier de son chef, mais du chef de la personne qu'il représente, ce n'est que du chef de cette personne qu'il a droit à la légitime, & il n'en peut prétendre lorsque cette personne en a été remplie.

Il y a certaines choses dont la donation n'est pas sujette à rapport; *Voyez l'art. 309.*

§. II.

A la succession de qui le rapport doit-il se faire.

84. Il est évident que ce n'est qu'à la succession du donateur que l'enfant doit rapporter ce qui lui a été donné: c'est pourquoi l'enfant n'est pas tenu de rapporter à la succession de son pere ce qui lui a été donné par son aïeul.

Néanmoins si son pere, en venant à la succession de cet aïeul, avoit été obligé de rapporter à ses cohéritiers cette donation; comme le pere en ce cas auroit, par ce rapport, indemnisé la succession de l'aïeul donateur, & pris pour son compte la donation, & que par ce moyen il seroit en quelque façon devenu le donateur à la place de l'aïeul, l'enfant donataire seroit en ce cas tenu de rapporter à la succession de son pere ce qui lui a été donné par son aïeul; *Lebrun, l. 3, ch. 6, s. 2, n. 49 & 51.*

Lebrun, *ibid.* pense qu'il en est de même lorsque le pere n'a renoncé à la succession de l'aïeul que pour éviter le rapport de cette donation: *secùs* s'il avoit sujet sans cela d'y renoncer.

85. Lorsque le pere & la mere ont doté conjointement un de leurs enfans, cet enfant doit rapporter ce qui lui a été donné pour moitié à la succession de l'un, & pour l'autre moitié à celle de l'autre: ce qui a lieu quand même la mere auroit renoncé à la communauté; car elle n'en a pas moins donné; & on lui précompte en ce cas sur ses reprises la moitié de ce qui a été tiré de la communauté à laquelle elle a renoncé.

Lorsque les pere & mere ont doté conjointement, le rapport doit se faire à chacune des deux successions pour moitié, quand même la chose donnée en dot seroit le propre de l'un des deux. Par exemple, si un pere & une mere ont donné en dot à un enfant un héritage de 40,000 liv. propre du pere; le pere n'ayant en ce cas donné pour son compte que la moitié de cet héritage, & ayant donné l'autre moitié pour le compte de sa femme, qui en conséquence devient débitrice, *actione mandati contrariâ*, envers son mari de la somme de 20,000 livres, prix de cette moitié; si le pere vient à prédécéder, l'enfant ne sera obligé de rapporter l'héritage à sa succession qu'à la charge qu'on lui fera raiſon de 20,000 livres, dont la ſucceſſion paternelle a droit de ſe faire rembourſer par la mere ſurvivante; laquelle ſomme de 20,000 livres l'enfant donataire rapportera par la ſuite à la ſucceſſion de ſa mere. *Vice versâ*, ſi c'eſt la mere qui prédécede, l'enfant, en retenant l'héritage qui lui a été donné en dot, rapportera à la ſucceſſion de ſa mere la ſomme de 20,000 livres, prix de la moitié de l'héritage dont elle s'eſt rendue débitrice envers ſon mari pour le doter, & la ſucceſſion maternelle fera raiſon de cette ſomme au ſurvivant. Par la ſuite, lorſque le pere mourra, l'enfant ne ſera tenu au rapport de l'héritage qu'à la charge que la ſucceſſion paternelle lui fera raiſon de cette ſomme dont le pere a été indemniſé.

86. Lorſqu'il eſt porté par la donation que la dot s'imputera en entier ſur la ſucceſſion du prédécédé, le prédécédé eſt cenſé avoir ſeul donné le total, & le rapport ne s'en fera qu'à ſa ſucceſſion.

Mais s'il eſt ſeulement dit qu'au moyen de la dot qui m'eſt donnée par mes pere & mere, je ne pourrai demander partage au ſurvivant qu'en rapportant la dot entiere à la ſucceſſion du prédécédé; ſi je n'ai pas demandé partage au ſurvivant, & que je l'aie laiſſé jouir de ce qui pouvoit me revenir dans les biens de la ſucceſſion du prédécédé, le rapport ſe fera par moitié à chacune des deux ſucceſſions.

87. Lorſque le pere a ſeul parlé à la donation faite des effets de la communauté, comme en ce cas le mari eſt cenſé avoir donné en ſa qualité de chef de la communauté, la femme, en cas d'acceptation de la communauté, eſt cenſée avoir donné pour moitié, *organo mariti;* & le rapport doit ſe faire par moitié à ſa ſucceſſion: mais ſi elle renonce à la communauté, le rapport ſe fera pour le total à la ſucceſſion du mari, n'y ayant en ce cas que lui qui ait donné.

Paeillement, lorſqu'un pere étant en communauté avec ſa femme, a prêté une ſomme d'argent à l'un de ſes enfans, le rapport s'en fera par moitié à chacune des ſucceſſions du pere & de la mere en cas d'acceptation de la communauté: mais en cas de renonciation à la communauté, le rapport s'en fera pour le total à la ſeule ſucceſſion du pere, parce que c'eſt au pere ſeul en ce cas à qui la ſomme eſt due.

§. III.

A qui le rapport eſt-il dû.

88. L'enfant donataire n'eſt obligé au rapport qu'envers ſes cohéritiers. C'eſt pourquoi ſi une perſonne a laiſſé pour héritiers deux enfans, à l'un deſquels il avoit donné entre vifs une certaine ſomme, & a légué le tiers de ſes biens à un étranger, l'enfant donataire partagera avec l'autre enfant la ſomme qui lui a été donnée, & qu'il doit rapporter, ſans que le légataire y puiſſe prétendre aucune part.

Il ſembleroit qu'une ſeconde femme donataire de part d'enfant de ſon mari, ne devroit pareillement prendre aucune part dans les choſes données à l'un des enfans qui les rapporte au partage de la ſucceſſion de ſon pere. Néanmoins ſi la donation n'a été faite que depuis le contrat du ſecond mariage, il faut décider que la femme donataire de part d'enfant y doit prendre part : autrement il seroit au pouvoir du donateur de diminuer ou réduire à rien la donation de part d'enfant qu'il a faite à sa femme par celles qu'il feroit à ses enfans; ce qui ne doit pas être.

89. Le rapport n'étant dû qu'aux cohéritiers, il suit de là que si un pere laisse deux enfans, à l'un desquels il a donné entre vifs plus qu'à l'autre, lesquels enfans soient l'un & l'autre ses héritiers sous bénéfice d'inventaire, les créanciers ne pourront rien prétendre dans ce que l'enfant qui a été le plus avantagé, sera tenu de rapporter à l'autre. Mais si celui qui a été le moins avantagé, s'étoit porté héritier pur & simple, les créanciers de la succession étant devenus, par son acceptation pure & simple, ses propres créanciers pour la part dont il est héritier, ils pourront, en cette qualité, exercer les droits de leur débiteur pour le rapport qui lui est dû par son frere.

§. IV.

Si c'est de la chose même ou de la valeur dont le rapport se fait.

90. Lorsque ce sont des meubles qui ont été donnés, comme ces choses sont de nature à se consumer ou à se déprécier par le temps, ce n'est point des choses en nature dont le rapport est dû, mais de la somme qu'elles valoient lors de la donation.

Il en est de même des offices, quoiqu'ils soient réputés immeubles : le rapport n'est pas dû de l'office en nature, mais de la somme qu'il valoit lors de la donation, & de celle que le pere a donnée à son fils pour les provisions & la réception. La raison est tirée de l'indécence qu'il y auroit qu'un Officier se démît de son office pour le rapporter.

Lorsque ces choses ont été données pour un certain prix, l'enfant donataire qui a bien voulu les prendre pour le prix, ne doit pas être écouté à se plaindre du prix. Au contraire les autres enfans peuvent être reçus à prouver que le prix pour lequel elles ont été données est au-dessous de sa juste valeur; autrement ce feroit ouvrir la voie aux avantages indirects. Cette regle néanmoins souffre une exception à l'égard des offices. Les Arrêts ont permis qu'un pere pût donner à l'un de ses enfans son office pour le prix qu'il lui a coûté, quoiqu'il fût d'une plus grande valeur lors de la donation : on a toléré ce petit avantage comme un moyen qu'on laisse à des personnes de conserver la splendeur de leur famille en y conservant leur office. D'où l'on doit conclure que cette exception ne doit avoir lieu que pour des offices de Magistrature, & qu'elle n'auroit pas lieu à l'égard d'un office de Procureur, ou de Receveur des Tailles, & autres semblables; *Lebrun*, *l.* 3, *ch.* 6, *f.* 3, *n.* 42.

Il suit de ces principes, que le rapport dû par un enfant donataire d'effets mobiliers ou d'un office, est invariable : car soit que les choses qui lui ont été données soient augmentées, soit qu'elles soient diminuées, ou même totalement péries, il est toujours débiteur du rapport d'une même somme, sçavoir de celle qu'elles valoient lors de la donation.

91. Lorsque ce sont des héritages ou autres immeubles (si l'on en excepte

les offices) qui ont été donnés, l'enfant donataire doit le rapport de la chose même en nature; *art. 306.*

C'est pourquoi il doit rapporter les héritages qui lui ont été donnés, tels qu'ils se trouvent lors du partage, soit qu'ils aient reçu quelque augmentation, soit qu'ils aient souffert quelque diminution; sauf que la succession doit lui faire raison des impenses qu'il a faites sur l'héritage, suivant les distinctions qui seront expliquées dans nos notes sur ledit *art. 306*; & il doit de son côté faire raison à la succession des dégradations & diminutions que l'héritage auroit souffertes par sa faute.

Suivant le même principe, si l'héritage donné étoit totalement péri sans la faute de l'enfant donataire, il seroit entiérement déchargé du rapport.

92. Lorsque l'enfant a aliéné l'héritage qui lui a été donné; si l'aliénation qu'il en a faite a été volontaire, il ne doit pas le rapport du prix pour lequel il l'a vendu: mais il demeure toujours débiteur du rapport de l'héritage en nature; car il ne peut par son fait changer l'objet de son obligation. Mais comme il ne peut remplir cette obligation, n'ayant plus l'héritage, il doit rapporter le prix qu'il vaut au temps du partage, soit qu'il soit plus considérable, soit qu'il soit moindre que celui pour lequel il l'a vendu, sous la déduction néanmoins des impenses faites, soit par lui avant l'aliénation, soit par ses successeurs depuis qu'il l'a aliéné, & à la charge de faire par lui raison des dégradations faites par sa faute ou celle de ses successeurs.

C'est aussi une conséquence, que si l'héritage est totalement péri depuis qu'il l'a vendu, il est totalement déchargé du rapport (*a*). Il profite à la vérité du prix qu'il a reçu en le vendant; mais ce profit lui vient de sa bonne fortune, & n'est pas un avantage qu'il ait aux dépens de la succession du défunt, qui ne lui a donné que l'héritage, qui, étant péri, ne se trouveroit plus dans la succession du défunt, quand même il ne lui auroit pas été donné.

93. Il en est autrement lorsque l'aliénation que l'enfant a faite de l'héritage sujet au rapport a été nécessaire: en ce cas l'obligation du rapport de cet héritage se convertit en celle du rapport de la somme pour laquelle il a été vendu; & ce rapport est invariable, quelque augmentation ou diminution qui survienne depuis à cet héritage, & quand même il périroit totalement.

Il en est de même lorsque les rentes qui avoient été données à un enfant, lui ont été remboursées, ou qu'on lui a déguerpi malgré lui l'héritage qui en étoit chargé: en ce cas l'obligation du rapport de la rente se convertit en celle du rapport de la somme de deniers ou de l'héritage déguerpi, dans lesquels se sont converties les rentes: car si la donation ne lui avoit pas été faite, il ne se feroit pareillement trouvé dans la succession du défunt que les deniers du rachat, ou l'héritage déguerpi.

(*a*) Ce sentiment de M. Pothier ne peut guere être adopté. Il n'est pas juste que le donataire qui a reçu le prix de l'héritage par lui vendu, profite d'un événement qui lui est aussi étranger que l'incendie de cet héritage entre les mains d'un tiers. Il ne peut, à la vérité, rapporter alors l'estimation de l'héritage qui n'existe plus, mais il doit rapporter ce qu'il a reçu à raison du prix de la vente de cet héritage dont il a profité. Il en est autrement si le donataire n'a point aliéné l'héritage, & qu'il soit péri entre ses mains par un incendie ou autre force majeure; alors il n'est tenu d'aucun rapport, parce qu'alors il n'a profité de rien.

§. V.

Des fruits & des intérêts des choses sujettes à rapport.

Voyez l'article 309.

§ VI.

Comment se fait le rapport, & quel en est l'effet.

94. On satisfait à l'obligation du rapport, en deux manieres; 1°. ou en portant dans la masse des biens qui sont à partager, l'héritage ou autre immeuble sujet au rapport, pour le prix auquel il a été estimé par les estimateurs des biens de la succession; ce qui s'appelle proprement rapporter; 2°. ou en moins prenant, c'est-à-dire, en souffrant que chacun de mes cohéritiers préleve avant moi sur la masse des biens de la succession autant que ce qui m'a été donné de plus qu'à eux.

Pour que je puisse satisfaire de cette seconde maniere à l'obligation du rapport, il faut qu'il y ait dans les biens de la succession des choses de pareille valeur & bonté à celles qui m'ont été données, suffisamment de quoi égaler à moi chacun de mes cohéritiers: autrement je dois être obligé précisément à porter dans la masse des biens à partager, ce qui m'a été donné.

95. Lorsque le rapport s'est fait en moins prenant, & pareillement lorsque l'héritage rapporté à la masse est tombé dans le lot de celui qui l'avoit rapporté, le rapport n'est que fictif; l'héritage rapporté n'en est pas moins censé avoir toujours continué d'appartenir à l'enfant à qui il avoit été donné. Le rapport est réel lorsque l'héritage rapporté tombe dans le lot de quelqu'un des cohéritiers de celui qui l'a rapporté; celui dans le lot duquel il est tombé, n'est point censé le tenir de celui qui l'a rapporté, mais du défunt, à la succession duquel il a été rapporté; c'est pourquoi il y succede sans aucune charge des hypotheques, servitudes & autres droits qu'y auroit pu imposer celui qui l'a rapporté. Tous ces droits s'évanouissent par le rapport réel de l'héritage: car celui qui les a imposés, n'étant propriétaire de l'héritage qu'à la charge du rapport, n'a pu donner à d'autres aucun droit sur l'héritage que sous la même charge; *cùm nemo plus juris in alium transferre possit quàm ipse haberet; l. 54, ff. de Reg. Jur.* Lebrun, *l. 3, ch. 6, s. 4.*

Il n'en faut pas conclure que les cohéritiers d'un enfant qui est débiteur du rapport d'un héritage, puissent agir contre les tiers détenteurs lorsqu'il l'a vendu: ils doivent se contenter que l'enfant qui l'a vendu leur fasse raison du prix qu'il vaut au temps du partage, & ils ne doivent pas l'exposer à des recours de garantie; *cùm res non sint amarè tractandæ inter conjunctos.*

ARTICLE IV.

Des effets du partage, & des obligations qui en résultent.

96. Les partages ne sont pas regardés dans notre Jurisprudence comme des titres d'acquisition, mais comme des actes qui n'ont d'autre effet que de déterminer la part de chacun des cohéritiers, qui, avant le partage, étoit indéterminée aux seules choses qui échéent à ce cohéritier par son lot de partage.

Suivant

Suivant ce principe, chaque héritier est censé avoir succédé seul directement au défunt à toutes les choses échues en son lot, & n'en rien tenir de ses cohéritiers; & il est pareillement censé n'avoir succédé à aucune autre chose qu'à ce qui lui est échu en son lot.

C'est en conséquence de ce principe, que les partages ne donnent ouverture à aucun profit, & que dans notre Jurisprudence les créanciers particuliers de chaque héritier ne peuvent prétendre aucune hypotheque que sur les biens échus au lot de l'héritier leur débiteur, ceux qui échéent à ses cohéritiers étant censés ne lui avoir jamais appartenu. De là il suit que les créanciers particuliers d'un héritier, ayant intérêt qu'il tombe dans le lot de leur débiteur des biens sur lesquels ils puissent se venger, peuvent pour lui intervenir au partage, lorsqu'il est encore à faire.

97. Les obligations qui résultent du partage, sont, 1°. celles qui résultent du compte mobilier, dont il a été parlé ci-dessus, *art.* 2.

2°. Celles qui résultent des retours de partage.

Comme on ne peut pas toujours diviser les biens de la succession en des lots qui soient parfaitement égaux, lorsqu'un lot se trouve plus fort, on le charge d'un retour envers le lot qui est le plus foible, pour les égaler.

Ce retour consiste, ou dans une rente, ou dans une somme de deniers.

Lorsqu'il consiste dans une rente, c'est-à-dire, lorsqu'il est porté par le partage qu'un tel lot, comme plus fort, sera chargé de tant de rente envers un autre lot, cette rente est une rente fonciere, & une charge réelle des héritages compris dans le lot, dont les arrérages commencent à courir du jour que l'héritier est entré en jouissance du lot qui en est chargé. Celui à qui ce retour est dû, a pour ce retour tous les privileges des seigneurs de rente fonciere; & celui qui en est chargé n'est tenu de cette rente que tant qu'il possede les héritages compris dans le lot qui en est chargé, ou quelque partie d'iceux; & il peut s'en libérer en les déguerpissant; à moins que le partage ne contînt la clause de fournir & faire valoir la rente créée pour le retour.

Il en seroit autrement si le retour étoit réglé par le partage à une somme d'argent, pour le prix de laquelle le débiteur du retour auroit incontinent, & par le même acte de partage, constitué une rente: cette rente est une dette personnelle, qui ne differe pas des autres rentes constituées.

Lorsque le retour consiste dans une somme d'argent, pour le prix de laquelle il n'a pas été constitué de rente, cette somme est exigible, soit dans les termes convenus par le partage, soit incontinent, s'il n'en a été accordé aucun; & dans l'un & l'autre cas, les intérêts de cette somme courent de plein droit, & sans qu'il soit besoin d'en faire aucune demande, du jour que l'héritier est entré en jouissance du lot chargé de ce retour.

98. 3°. La principale obligation qui résulte des partages, est l'obligation de la garantie que les co-partageans se doivent réciproquement.

Il y a lieu à cette garantie toutes les fois que quelqu'un des cohéritiers est obligé de délaisser quelqu'une des choses comprises dans le lot qui lui est échu, ou est empêché de jouir de quelqu'un des droits compris audit lot, ce qui s'appelle *éviction:* tous ses cohéritiers sont en ce cas tenus, chacun pour sa part héréditaire, de le dédommager de la diminution que son lot en souffre, sa part demeurant confuse sur lui.

99. Pour qu'une éviction donne lieu à cette garantie, il faut, 1°. qu'elle procede d'une cause qui existoit dès le temps du partage; comme lorsqu'un cohéritier a été obligé de délaisser un héritage échu en son lot, parce qu'il n'appartenoit pas à la succession, ou parce qu'il n'appartenoit à la succession que pour un temps, ou jusqu'à l'échéance d'une certaine condition.

Si l'éviction procede d'une cause nouvelle survenue depuis le partage, il n'y a pas lieu à la garantie; *putà*, si depuis le partage on m'a pris quelque morceau de terre pour faire un grand chemin, ou si le Roi a supprimé un office, ou quelque autre droit échu en mon lot.

100. Il faut, 2°. que ce ne soit pas par sa faute que l'héritier ait souffert l'éviction. Par exemple, si par sa faute il a perdu la possession de quelque morceau d'héritage échu en son lot, dans laquelle il auroit pu se maintenir s'il ne l'avoit pas perdue; ou si n'ayant pas sommé en cause ses cohéritiers, il a été condamné à délaisser un héritage échu en son lot, faute par lui d'opposer un moyen de prescription dont il auroit pu se défendre.

101. Enfin, 3°. il faut que ce soit une éviction du risque de laquelle l'héritier n'ait pas été chargé par le partage.

Mais la simple connoissance qu'il auroit eue que la chose étoit sujette à cette éviction, ne l'exclut pas du droit de garantie.

102. C'est aussi une espece d'éviction qui donne lieu à la garantie, lorsque l'un des héritiers est obligé de souffrir sur un héritage échu en son lot, quelque charge réelle dont il n'a pas été chargé par le partage. La simple connoissance qu'il en auroit eue n'exclut pas cette garantie.

Il y a néanmoins certaines charges pour lesquelles il n'y a pas de garantie, quoiqu'elles n'aient pas été exprimées par le partage, ni même connues de l'héritier à qui l'héritage est échu; telle est la charge des droits seigneuriaux ordinaires: car la regle, *Nulle terre sans seigneur*, ayant lieu parmi nous, cette charge est toujours sous-entendue: telle est aussi la charge des servitudes visibles.

103. Outre la garantie ordinaire dont nous venons de parler, qui a lieu pour toutes les choses qui nous tombent en partage, & qu'on appelle *garantie de droit*, il y a une garantie qui est particuliere aux rentes, qu'on appelle *garantie de fait*.

Il y a lieu à cette garantie lorsqu'une rente tombée au lot de l'un des héritiers devient caduque par l'insolvabilité & la discussion des biens du débiteur.

Il y a lieu à cette garantie quelque long-temps qu'il se soit écoulé depuis le partage, y eût-il plus d'un siecle, à moins qu'on n'ait limité par le partage la durée de cette garantie, ce qu'il est très-à-propos de faire. Cette garantie oblige les cohériers ou leurs successeurs, chacun pour leur part, à indemniser l'héritier qui a souffert cette caducité, en lui continuant chacun pour leur part la rente à la place du débiteur insolvable, la sienne confuse.

104. On demandera peut-être pourquoi l'héritier à qui une rente est échue en partage, n'en souffre pas la perte qui n'arrive que depuis le partage, de

même qu'il souffre la perte des autres choses, lorsqu'elle survient depuis le partage, par incendie ou quelque autre cas fortuit, sans en pouvoir prétendre aucune indemnité contre ses cohéritiers. La raison de cette différence me paroît prise de la nature des rentes, qui sont un être successif, lequel consiste dans tous les arrérages qui en doivent courir jusqu'au rachat: d'où il suit que l'héritier à qui une rente est échue par le partage, est censé n'avoir pas reçu encore toute la chose qui lui est échue, lorsqu'il cesse de pouvoir en percevoir les arrérages; c'est pourquoi ses cohéritiers la lui doivent parfournir.

105. Cette garantie n'a pas lieu lorsque la rente est devenue caduque par la faute de l'héritier à qui elle est échue, qui en a laissé périr les hypotheques, ou par la prescription, ou en manquant de s'opposer à des décrets.

Les autres créances ne donnent pas lieu à cette garantie de fait, lorsque le débiteur ne devient insolvable qu'après un temps suffisant dans lequel l'héritier à qui elle est échue a pu s'en faire payer, à moins qu'il ne justifie de ses diligences.

106. Lorsqu'entre plusieurs héritiers qui sont tenus d'une garantie de partage envers leurs cohéritiers, il y en a d'insolvables, la caducité des portions dont étoient tenus les insolvables, donne lieu à une nouvelle garantie contre les solvables: en conséquence les portions des insolvables doivent se répartir entre les solvables, & celui à qui la garantie est due. Par exemple, si j'ai souffert l'éviction d'un héritage de 6,000 liv. tombé en mon lot, ou la caducité d'une rente au principal de 6,000 livres, & que nous soyons six héritiers, dont deux sont insolvables, chacun des trois solvables me devra mille livres de son chef, & cinq cents livres pour son quart des deux mille livres à quoi montent les portions des insolvables, dont la caducité a dû être répartie entre eux & moi.

Il nous reste à observer que les biens de la succession échus au lot de chaque héritier, sont affectés à toutes les obligations résultantes du partage dont est tenu cet héritier, par privilege à tous les créanciers particuliers de cet héritier, quoiqu'antérieurs au partage: car n'ayant lesdits biens qu'à la charge desdites obligations, il n'a pu les hypothéquer que sous ladite charge à ses propres créanciers, n'ayant pu leur donner plus de droit qu'il n'en avoit lui-même. Ce privilege a lieu quand même le partage ne seroit fait que sous signature privée; car il naît de la nature même du partage: mais les biens particuliers de l'héritier ne sont hypothéqués aux obligations du partage que lorsqu'il a été passé devant Notaires, & cette hypotheque n'a aucun privilege.

SECTION VII.

Des charges des Successions.

107. Les charges des successions sont les dettes du défunt, les frais funéraires, les legs, les frais d'inventaire, de partage & licitation.

ARTICLE PREMIER.

Des Dettes.

§. I.

Qui sont ceux qui en sont tenus.

108. L'héritier est tenu des dettes du défunt pour le total, lorsqu'il est l'unique héritier : lorsqu'ils sont plusieurs, ils en sont tenus chacun pour la part dont il est héritier.

Ils en sont tenus non-seulement parce que les dettes sont une charge des biens, mais parce qu'un héritier est essentiellement le successeur à tous les droits actifs & passifs du défunt, & par conséquent à toutes ses obligations & à toutes ses dettes.

109. De là il suit, 1°. que lorsque le passif de la succession excede l'actif, ils sont tenus de leur part du passif au-delà des forces de la part de l'actif à laquelle ils succedent, à moins qu'ils ne fussent héritiers sous bénéfice d'inventaire.

De là il suit, 2°. que lorsqu'un héritier partage les biens de la succession avec des légataires universels ou donataires universels, il est tenu des dettes vis-à-vis les créanciers, non-seulement pour la part qu'il a au partage des biens, mais ou pour le total, s'il est unique héritier, ou pour la part pour laquelle il est héritier; sauf son recours contre les légataires ou donataires universels. Par exemple, si le défunt a laissé deux héritiers, & a fait un étranger légataire du tiers de ses biens, chaque héritier, quoiqu'il ne prenne au partage des biens que le tiers, ne laissera pas d'être tenu des dettes vis-à-vis du créancier, pour la moitié pour laquelle il est héritier; sauf son recours contre le légataire pour la part qu'en doit porter le légataire.

De là il suit, 3°. que l'héritier qui a cédé à quelqu'un ses droits successifs, ne laisse pas, nonobstant cette cession, de continuer d'être tenu des dettes vis-à-vis des créanciers; sauf son recours contre son cessionnaire pour en être acquitté : car cette cession ne lui fait pas perdre sa qualité d'héritier, qui l'y rend obligé.

110. L'héritier de l'héritier est, pour la part pour laquelle il succede à cet héritier, tenu des dettes dont étoit tenu cet héritier, de la même maniere que lui.

111. Le cessionnaire des droits successifs est tenu des dettes comme en est tenu l'héritier son cédant, c'est-à-dire, même au-delà des forces de la succession qui lui est cédée : car prenant à ses risques, par cette cession, les droits successifs qui lui sont cédés, il est obligé d'acquitter son cédant de tout.

Il est même tenu de faire raison à l'héritier son cédant, de ce qui étoit dû audit cédant par le défunt, quoiqu'il se soit fait confusion & extinction de cette dette par l'acceptation de la succession : car de même que l'héritier cédant doit faire raison à son cessionnaire de tout l'émolument qu'il a eu de la succession, de même le cessionnaire doit faire raison à l'héritier son cédant, de tout ce que ledit cédant a mis pour la succession, & de tout ce qu'il en a coûté audit cédant pour être héritier; dans quoi l'on doit comprendre la créance qu'il avoit contre le défunt, dont il a fait confusion en acceptant sa succession; *l.* 2, §. *18*, ff. *de hered. vend.*

Quoiqu'un cessionnaire de droits successifs ne soit tenu des dettes de la succession proprement que vis-à-vis son cédant, néanmoins les créanciers de la succession peuvent s'adresser directement à lui, pour éviter le circuit inutile du recours que l'héritier cédant auroit contre lui.

112. Lorsqu'une succession échue à l'un des conjoints par mariage, est tombée dans leur communauté, cette communauté est à cet égard comme un cessionnaire de droits successifs; sauf néanmoins que si c'est la femme qui a accepté une succession sans être autorisée de son mari, mais seulement par Justice, la communauté dans laquelle *les biens sont tombés*, n'est tenue des dettes que jusqu'à concurrence de l'actif de la succession dont elle profite; une femme ne pouvant, sans le fait de son mari, engager la communauté au-delà de ce que la communauté profite; *Voyez Introd. au tit. 10; n. 29.*

113. Les légataires & donataires universels sont aussi tenus des dettes, ou pour le total, s'ils sont légataires du total, ou pour la part des biens dont ils sont légataires & donataires: mais comme ils n'en sont tenus que parce que les dettes sont une charge des biens qui leur ont été légués ou donnés, ils n'en sont pas tenus *ultrà vires*, & ils peuvent se décharger des dettes en abandonnant les biens; & en cela ils different des héritiers.

114. Les légataires particuliers ne sont pas ordinairement tenus des dettes; mais ils peuvent quelquefois en être tenus indirectement: car n'étant pas permis au testateur de léguer au-delà de ce qu'il reste à son héritier, les dettes acquittées, *Introd. au tit. 16, n. 53*, si les legs particuliers excédoient ce qui lui reste, ils devroient souffrir retranchement jusqu'à cette concurrence; & s'ils avoient été payés en entier, l'héritier ou les créanciers, comme exerçant à cet égard les droits de l'héritier, en auroient la répétition jusqu'à ladite concurrence.

Lorsque le legs est d'un corps certain, & qu'il y a des héritiers à différentes especes de biens, l'héritier de l'espece de biens dans laquelle est la chose léguée, & qui est seul grevé de ce legs, *Introd. audit tit. n. 76*, peut en retrancher ce qui lui manque, pour acquitter la portion de dettes dont l'espece de biens à laquelle il succede est chargée: & ce légataire n'a aucun recours contre les héritiers aux autres especes de biens, quand même ils auroient plus qu'il ne leur faut pour acquitter la part dont ils sont tenus des dettes; car ce ne sont pas eux qui sont chargés du legs envers lui.

§. II.

Comment se distribuent les dettes entre plusieurs Héritiers ou Successeurs de différentes especes de biens.

115. [illegible]oique dans plusieurs matieres, telles que celles de la garde-noble, de la communauté, du douaire, notre Coutume, suivant l'esprit de l'ancien

Droit François, ait regardé les dettes mobiliaires d'une personne comme une charge de ses seuls biens mobiliaires, néanmoins elle a suivi un principe différent en matiere de succession : car à l'exception des dettes de corps certains qui existoient dans la succession lors de son ouverture, lesquelles ne sont dues que par ceux qui ont succédé à ces corps certains, toutes les autres dettes d'un défunt, tant celles de sommes exigibles que les rentes passives, sont réputées charges de tous les biens du défunt, & non d'aucune espece particuliere de biens; & en conséquence les différens héritiers ou successeurs universels qui succedent à ces différentes especes de biens, sont tenus chacun de toutes les dettes du défunt pour une part proportionnée à celle qu'ils ont dans la masse générale de l'actif de la succession : c'est ce qui est décidé par l'*art. 360 ; Voyez cet article.*

116. On ne considere pas à cet égard ni l'origine ni la cause de la dette : c'est pourquoi l'héritier aux propres est tenu pour sa part de ce que le défunt devoit pour le prix d'un acquêt, quoiqu'il ne succede pas à cet acquêt ; & l'héritier aux acquêts qui y succede seul, n'est tenu de cette dette que pour la même part pour laquelle il est tenu de toutes les autres dettes de la succession.

Vice versâ, s'il étoit dû quelque chose pour le prix des façons de l'année faites sur un héritage propre, l'héritier aux propres, quoiqu'il ait seul profité des fruits qui se sont trouvés pendans lors de l'ouverture de la succession, ne sera néanmoins tenu de cette dette que pour la même part pour laquelle il est tenu de toutes les autres. En vain opposeroit-on ces axiomes de Droit, *Impensæ sunt onera fructuum ; Fructus non intelliguntur nisi deductis impensis.* Ils n'ont d'application que pour obliger la personne qui recueille les fruits, à rembourser les impenses à celle qui les a faites, lorsque ce sont différentes personnes ; mais ils ne peuvent avoir d'application dans notre espece, dans laquelle le défunt qui a fait les impenses, & son héritier qui recueille les fruits, sont censés la même personne.

117. En suivant nos principes, on doit aussi décider que si Jacques, peu après avoir recueilli la succession aux propres de Pierre son cousin paternel, meurt, & laisse pour héritiers un héritier paternel & un héritier maternel; l'héritier maternel de Jacques, quoiqu'il ne succede à aucune des choses auxquelles Jacques a succédé à Pierre, sera néanmoins tenu pour sa part, de la part des dettes de la succession de Pierre dont Jacques étoit tenu, si elles se trouvent encore dues : car il suffit qu'elles soient devenues les dettes de Jacques par l'acceptation qu'il a faite de la succession de Pierre, pour qu'elles soient dues par tous les héritiers de Jacques, & on ne doit pas considérer leur origine.

Il y auroit plus de difficulté si Jacques n'eût été qu'héritier bénéficiaire de Pierre ; l'effet du bénéfice d'inventaire étant de séparer les biens de la succession bénéficiaire de Pierre, des biens de Jacques, & d'empêcher que les dettes de cette succession bénéficiaire soient exigées sur les biens de Jacques. Néanmoins Auzanet décide que même en ce cas, si la succession bénéficiaire de Pierre est avantageuse, tous les héritiers de Jacques doivent contribuer aux dettes de cette succession qui se trouvent encore dues ; [illegible] que ce n'est que vis-à-vis des créanciers de la succession bénéficiaire que l'effet du bénéfice d'inventaire a lieu. Mais dans la vérité l'héritier bénéficiaire étant véritablement héritier, & par conséquent étant devenu véritablement le débiteur des dettes de cette succession, tous ses héritiers doivent y contribuer comme à toutes ses autres dettes. Mais si la succession bénéficiaire étoit onéreuse; comme il est en ce cas de l'intérêt général de la succession de Jacques de se décharger de ces dettes en abandonnant les biens de la succession bénéficiaire de Pierre, les héritiers paternels de Jacques, pour l'intérêt particulier qu'ils ont de conserver ces biens, ne pourroient pas obliger les héritiers de l'autre ligne à contribuer à ces dettes : on doit entrer dans la discussion du *quid utilius*.

Il en seroit de même si Jacques étoit mort sans s'expliquer sur l'acceptation ou la répudiation de la succession.

118. En suivant toujours nos principes, on doit décider que les héritiers aux propres d'une femme, quoiqu'ils ne succedent aucunement à sa part dans l'actif de la communauté de biens qui étoit entre elle & son mari, ne laissent pas de contribuer à la part des dettes de cette communauté dont la succession de la femme est tenue, pourvu qu'il ait été de l'intérêt général de la succession de la femme d'accepter cette communauté : autrement il ne doit pas être au pouvoir des héritiers au mobilier, en acceptant pour leur intérêt particulier une communauté obérée, d'obliger aux dettes de cette communauté les héritiers aux propres; il faut entrer dans la discussion du *quid utilius*.

119. Suivant le même principe, l'héritier aux propres du mari, quoiqu'il ne succede pas à l'actif des biens de la communauté, contribue aux dettes de la communauté, ces dettes étant dettes de la personne du mari & de sa succession. Il contribue non-seulement à la moitié de ces dettes dont le mari étoit tenu de son chef, mais même à l'autre moitié, lorsque par la renonciation de la veuve à la communauté, la succession du mari devient seule tenue du total desdites dettes, quoiqu'il ne profite en rien de la part de la veuve, qui, par sa renonciation, accroît à la succession du mari; il suffit que lesdites dettes soient pour le total dettes de la succession du mari; *Arrêt cité par Louet, somm. P. ch. 13.*

Entre les dettes de la communauté auxquelles l'héritier aux propres du mari contribue, on doit comprendre les reprises & autres créances que la veuve a droit d'exercer sur les biens de la communauté, compensation préalablement faite jusqu'à due concurrence, de ce que ladite veuve peut devoir à la communauté. Cela est indubitable dans le cas auquel la veuve a renoncé à la communauté.

Il y a plus de difficulté à l'égard des reprises en cas d'acceptation de communauté, lorsqu'il se trouve dans le fonds de la communauté de quoi les acquitter; (car il n'est pas douteux que les reprises de la femme, pour ce qu'il s'en faudroit, sont une dette de la succession du mari, à laquelle tous ses héritiers doivent contribuer). Plusieurs pensent aujourd'hui que le conjoint à qui ces reprises appartiennent, ne doit pas être censé créancier de l'autre conjoint pour la moitié desdites reprises, mais qu'il doit être plutôt considéré comme ayant par rapport auxdites reprises un plus grand droit dans les biens de la communauté que l'autre conjoint, qui n'a dans lesdits biens d'autre droit que la moitié de ce qui restera après le prélévement desdites reprises. D'autres pensent au contraire, que les reprises d'un conjoint, *putà* de la femme, sont une vraie créance pareille à celle d'un tiers qui auroit prêté des deniers à la communauté; que la femme, lorsqu'elle a accepté la communauté, confond sur elle pour moitié cette créance, & a pour débitrice de l'autre moitié la succession de son mari, à laquelle dette par conséquent tous les héritiers du mari doivent contribuer; que cette dette naît du contrat de société par lequel les conjoints s'obligent réciproquement à se faire raison de ce que la communauté pourroit, pendant qu'elle dureroit, profiter de leurs biens propres. Cette seconde opinion paroît plus conforme aux principes sur le contrat de société, & elle est autorisée par un Arrêt du mois d'Avril 1619, rapporté par Brodeau, *l. P. ch.* 13, & par Lebrun & Renusson.

Observez que si on suit cette seconde opinion, lorsque deux conjoints ont de part & d'autre des reprises à exercer sur la communauté qui a de quoi les acquitter toutes, on doit en faire compensation jusqu'à due concurrence, & faire le conjoint qui en a pour une moindre somme que l'autre, débiteur envers l'autre de la moitié seulement de l'excédant des reprises de l'autre. *V. g.* si les reprises & créances de la femme contre la communauté, toutes déductions faites de ce qu'elle doit à la communauté, sont de la somme de 12,000 liv. & celles du mari, toutes déductions pareillement faites, de 8,000 l. la succession du mari sera débitrice envers la femme de la somme de 2,000 l. moitié de l'excédant de ses créances, qui monte à 4,000 liv.

120. Les rentes foncieres dont sont chargés les héritages du défunt, ne sont dettes de la succession du défunt que pour les arrérages qui en ont couru jusqu'à sa mort; il n'y a que celui qui succede à l'héritage qui en est chargé, qui soit tenu de la continuer à l'avenir. Néanmoins si le défunt avoit contracté l'obligation de la fournir & faire valoir, cette obligation seroit une obligation de la personne dont tous ses héritiers seroient tenus: mais comme elle n'est que subsidiaire à l'obligation de l'héritage, elle ne les oblige à la prestation de la rente qu'en cas d'insuffisance de l'héritage qui en est chargé.

Prenez garde de confondre avec les rentes foncieres celles qui sont constituées avec un assignat spécial sur un certain héritage: cet assignat n'empêche pas qu'elles soient dettes de la personne du défunt, & que tous les héritiers en soient en conséquence tenus.

121. Chaque espece particuliere de biens qui compose la masse générale des biens du défunt, étant chargée d'une portion des dettes en même raison qu'est cette espece de biens au total de l'actif de la succession, l'héritier qui succede à cette espece de biens, est tenu de toute cette portion de dettes, quoiqu'il ne recueille pas toutes les choses dont cette espece de biens est composée, le testateur ayant disposé par des legs singuliers, de plusieurs de ces choses.

122. Comme ce n'est qu'après la liquidation de la succession qu'on peut connoître pour quelle part des dettes doit être tenu chacun des héritiers qui succede à chaque différente espece de biens, & que les créanciers ne sont pas obligés d'attendre la fin de cette liquidation, les créanciers peuvent, en attendant, exiger de chacun des héritiers sa portion virile des dettes; sauf

aux

aux héritiers, lorsque la succession sera liquidée, à se faire raison entre eux de ce qu'ils auroient payé de plus ou de moins ; *Lebrun.*

123. Cette répartition des dettes sur les différentes especes de biens ne peut jamais avoir lieu dans les successions des peres & meres & autres ascendans : quoique l'aîné ait une plus grande portion que les autres enfans dans les biens nobles, il n'est tenu des dettes que pour la même portion que chacun de ses cohéritiers, étant, dans notre Coutume, censé n'avoir que comme un prélegs légal, ce qu'il a de plus qu'eux ; *Voyez l'art. 360.*

Suivant le principe établi *suprà, n. 116*, cette décision a lieu, quand même la dette seroit pour le prix du manoir noble auquel l'aîné succede seul ; *Lebrun, l. 4, ch. 2, Sect. 3, n. 4.* Elle souffre limitation lorsque la légitime des puînés se trouve entamée ; *suprà, Introd. au Tit. 15, n. 86.*

124. Lorsque la dette est indivisible, telle qu'est celle qu'un Architecte a contractée euvers moi de me construire une maison, chacun des héritiers ou successeurs universels est débiteur du total, ne pouvant pas être débiteur de partie d'une chose qui n'est pas susceptible de parties. Mais, comme l'observe Dumoulin, *Tract. de Divid. & indiv. Totum quidem debent, sed non totaliter* : c'est-à-dire, quoiqu'ils soient débiteurs chacun du total, ils ne me doivent pas solidairement, *totaliter*, la construction de la maison, comme me la devroient plusieurs débiteurs solidaires qui se seroient obligés envers moi à la construire ; c'est pourquoi je puis bien demander à chacun desdits héritiers la construction totale de la maison ; mais faute par eux de satisfaire à cette obligation, ils ne seront condamnés en mes dommages & intérêts chacun que pour la part dont il est héritier ; car l'obligation des dommages & intérêts en laquelle s'est convertie l'obligation principale, n'étant pas indivisible, comme l'étoit la principale, les héritiers qui ne sont pas débiteurs solidaires, n'en peuvent être tenus chacun que pour la part dont il est héritier.

§. III.

De l'action hypothécaire des Créanciers.

125. Les créanciers, lorsqu'ils sont hypothécaires, outre l'action personnelle qu'ils ont contre chacun des héritiers ou autres successeurs universels du défunt pour la part dont ils sont personnellement tenus des dettes de la succession, ont encore l'action hypothécaire contre ceux desdits héritiers ou successeurs universels qui possedent quelque immeuble de la succession ; *Voyez sur cet action, l'art. 358.*

ARTICLE II.

Des autres charges des Successions.

126. Les autres charges des successions sont, 1°. les frais funéraires. Tous les héritiers des différentes especes de biens sont tenus de ces frais pour la même part pour laquelle ils sont tenus des dettes. Les créanciers de ces frais

peuvent demander le total de ce qui leur est dû pour ces frais à celui qui a commandé en son nom de les faire, quoiqu'il ne soit héritier qu'en partie, ou même qu'il ne soit pas héritier, ou qu'il ait renoncé à la succession; sauf son recours contre les autres héritiers qui en sont tenus; pour lequel recours il a un privilege sur les biens de la succession avant tous les créanciers.

2°. Les legs sont aussi une charge des successions; *Voyez sur ce l'Introd. au tit. précéd. Sect. 6.*

3°. Les frais d'inventaire sont une charge des successions, qui paroît ne devoir concerner que ceux des héritiers & autres successeurs universels qui succedent au mobilier. Les héritiers aux propres n'en doivent pas être tenus, si ce n'est pour la partie de l'inventaire qui concerne la description des titres de leurs propres.

Les scellés ayant pour objet la conservation des titres aussi-bien que celle des meubles, les héritiers aux propres y doivent contribuer.

Lorsqu'il y a différens héritiers à différentes especes de biens, les frais de partage de chaque espece particuliere de biens, & ceux qui se font pour y parvenir, doivent être portés par les seuls héritiers qui y succedent: mais l'acte de liquidation de la part que chacun des héritiers doit porter dans les dettes, doit se faire aux frais de tous les héritiers.

ARTICLE III.

De la séparation de biens.

127. Les créanciers de la succession, quoique simples chirographaires, & même les légataires, ont droit d'être payés préférablement aux créanciers de l'héritier, sur les biens de la succession, en demandant pour cet effet la séparation desdits biens d'avec ceux de l'héritier. La justice de cette séparation est évidente: l'héritier n'ayant droit lui-même aux biens du défunt qu'à la charge d'acquitter les dettes & les legs, ses créanciers n'y doivent pas avoir plus de droit que n'en a leur débiteur, & ne doivent par conséquent être payés sur lesdits biens qu'après l'acquittement de toutes lesdites dettes & legs.

Le Droit Romain avoit fixé un temps de cinq ans, dans lequel cette séparation devoit être demandée; *L. 1, §. 13, ff. de separ.* Notre Droit n'ayant fixé aucun temps, elle peut toujours être demandée tant que les biens peuvent se reconnoître; *Lebrun, liv. 4, ch. 2, Sect. 1, n. 24, in fin.*

128. Les créanciers qui demandent cette séparation des biens de la succession, n'y peuvent comprendre les biens que le défunt a donnés entre vifs à l'un de ses enfans, qui en doit le rapport à ses cohéritiers: car ces biens, dans la vérité, ne sont pas de la succession, & le rapport que l'enfant donataire en doit faire, n'est établi qu'en faveur de ses cohéritiers; *Lebrun, ibid. n. 28.*

129. Suivant les décisions d'Ulpien, en la Loi 1, §. 17, & de Paul, en la Loi 5, ff. *de separat.* les créanciers de la succession qui n'avoient pu être entiérement payés sur les biens de la succession dont ils avoient demandé la

séparation, n'étoient plus reçus à se faire payer sur les biens particuliers de l'héritier, même après les créanciers particuliers de l'héritier acquittés.

Ces créanciers, en demandant cette séparation, étoient censés avoir refusé de recevoir l'héritier pour leur débiteur en la place du défunt. Notre Jurisprudence n'a pas adopté ces décisions. Nous admettons les créanciers de la succession à se venger, pour ce qui leur reste dû, sur les biens de l'héritier, après ceux de l'héritier payés. Nous n'avons pas cru que la séparation établie en leur faveur dût leur préjudicier, & décharger l'héritier de l'obligation qu'il a contractée envers eux en acceptant la succession; *Lebrun, ibid.*

130. On a demandé si les créanciers de l'héritier pouvoient aussi être admis à demander la séparation des biens particuliers de l'héritier d'avec ceux de la succession? Les Loix Romaines décident pour la négative, & en donnent cette raison, que l'héritier a pu, en s'obligeant, par son acceptation de la succession, envers les créanciers de la succession, de même qu'en contractant quelque autre dette que ce soit, préjudicier à ses créanciers; *nam licet alicui, adjiciendo sibi creditorem, creditoris sui facere deteriorem conditionem;* L. 1, §. 2, ff. *d. tit.*

Mais notre Jurisprudence, plus rigoureuse que la Romaine pour la rescision de tout ce qu'un débiteur peut faire en fraude de ses créanciers, n'a aucun égard à l'acceptation d'une succession onéreuse qu'un débiteur fait en fraude de ses créanciers, & accorde à ses créanciers la séparation des biens de leur débiteur, contre les créanciers de cette succession; *Brodeau sur Louet, l. H. ch. 19, n. 3.*

SECTION VIII.

Des Successions irrégulieres.

131. Le Roi seul, à l'exclusion des Seigneurs hauts-justiciers, a droit de succéder aux biens des aubains. Ce droit a plusieurs exceptions; *Voyez Sect. 1.*

Le Roi succede aussi aux biens des François bâtards qui meurent intestats & sans héritiers. Le Seigneur justicier ne peut succéder aux biens desdits bâtards, que lorsque trois choses concourent; 1°. lorsque le bâtard est né dans son territoire; 2°. lorsqu'il y a son domicile lors de son décès; 3°. lorsque ses biens s'y trouvent; *Grand Coutum. Tit. 3, §. fin.*

A l'égard des François nés de légitime mariage, lorsqu'ils meurent intestats & sans héritiers, les Seigneurs hauts-justiciers ont droit de succéder par droit de déshérence, tant à leurs immeubles qui sont situés dans le territoire de leur justice, qu'à leurs meubles qui s'y trouvent; & il n'est pas nécessaire qu'ils soient nés dans le territoire, ni qu'ils y meurent, & y soient domiciliés.

Il en est de même du droit de confiscation. Lorsque quelqu'un a perdu son état civil par une condamnation à peine capitale, les Seigneurs hauts-justiciers ont droit de succéder aux biens qui se trouvent dans leur territoire; *art. 331.*

Dans tous ces cas le Roi & les Seigneurs hauts-justiciers succedent aux biens de ces personnes comme à des biens vacans, & non à la personne. C'est pour quoi ils ne sont tenus des dettes qu'autant qu'ils sont une charge des biens, & ils peuvent s'en décharger en les abandonnant.

132. Suivant un Arrêt de Réglement du Parlement de 1710, la succession des biens des Religieux Curés est déférée pour moitié aux pauvres de la Paroisse, & pour l'autre moitié à la Fabrique : mais suivant la jurisprudence du Grand-Conseil, où les Moines & Abbés qui y ont leurs causes commises, ne manquent pas de se pourvoir, le Monastere ou l'Abbé a droit de succéder au total de ces biens, qu'il retient comme un pécule dont le Religieux n'avoit que la libre administration pendant sa vie, étant incapable de posséder rien en propriété, & dont la propriété par conséquent est censée avoir toujours appartenu au Monastere.

Ces successeurs ne succedent pas à la personne du Religieux, qui étant mort civilement, n'avoit pas de personne : ils ne succedent qu'à son pécule. C'est pourquoi ils ne sont tenus des dettes du Religieux que jusqu'à concurrence du pécule auquel ils succedent, & en tant qu'elles en sont une charge. Au reste, suivant notre Droit, ils n'ont pas le privilege que les Loix Romaines accordoient aux peres & aux maîtres, d'être préférés, pour ce qui leur étoit dû, aux autres créanciers du pécule, mais ils doivent venir au marc la livre avec les autres créanciers.

APPENDICE.

Des Démissions de biens, & des Institutions contractuelles.

§. I.

Des Démissions de biens.

Les démissions de biens étant une anticipation de succession, *juris hereditarii prærogatio*, suivant l'expression de d'Argentré, nous avons cru qu'il étoit à propos d'en dire un mot par forme d'Appendice au Titre des Successions.

1. On peut définir la démission de biens, un acte par lequel une personne, en anticipant le temps de sa succession, se dépouille de son vivant de l'universalité de ses biens, & en saisit d'avance ses héritiers présomptifs, en retenant néanmoins le droit d'y rentrer lorsqu'elle le jugera à propos.

2. L'Ordonnance de 1731, en ordonnant, *art. 3*, qu'il n'y auroit que deux manieres de disposer de ses biens à titre gratuit, *la donation entre vifs & la testamentaire*, n'a pas abrogé l'usage des démissions de biens ; car ces démissions ne sont pas tant une troisieme espece de *donation*, qu'une simple exécution anticipée de la Loi des successions. D'ailleurs cette disposition de l'Ordonnance qui retranche toutes les autres voies que le testament, par lesquelles on pourroit diminuer les droits des héritiers légitimes dans les successions, étant faite en faveur des héritiers, ce seroit l'appliquer mal, & contre la fin qu'elle s'est proposée, que de vouloir en conclure qu'elle a abrogé les démissions de biens qui se font uniquement en faveur des héritiers. L'Ordonnance, par cette disposition, n'a fait que rendre général un droit déja reçu dans plusieurs Coutumes où néanmoins les démissions de biens ne laissoient pas d'être en usage,

3. Ces démissions de biens n'étant ni donations entre vifs, ni donations testamentaires, elles ne sont sujettes ni aux formalités des donations entre vifs, ni à celles des testamens. Elles se forment par le concours de la volonté de la personne qui se démet de ses biens au profit de ses héritiers présomptifs, & de celle desdits héritiers présomptifs qui acceptent cette démission.

4. La démission de biens n'étant, comme nous l'avons dit, que l'exécution anticipée de la Loi des successions, il suit de-là, 1°. que cette démission doit être de l'universalité des biens, & non de choses particulieres : car c'est l'universalité des biens des personnes que la Loi des successions transmet en celles de leurs héritiers.

Si donc quelqu'un s'étoit démis au profit de ses héritiers, de quelques corps d'héritages, cet acte ne seroit pas une démission, mais une donation, qui pour être valable, devroit être revêtue des formes des donations entre vifs, ou faite dans la forme des testamens.

Au reste, la démission est de l'universalité des biens, quoique celui qui l'a faite en ait excepté & se soit retenu des choses particulieres.

5. De notre principe, il suit 2°. qu'il n'y a que les personnes qui ont le droit de transmettre leur succession, qui puissent faire un acte de démission de biens; & que cette démission ne peut être faite qu'envers ceux que la Loi doit un jour appeller à la succession du démettant, & qu'elle doit leur être faite pour les mêmes parts pour lesquelles ils doivent y être appellés.

Si celui qui a fait la démission de biens, avoit, par l'acte de démission, distribué ses biens autrement que la Loi des successions ne les distribue, & avoit avantagé quelqu'un de ses héritiers au préjudice des autres; le démettant ne s'étant pas en ce cas renfermé dans les bornes d'exécuteur, par anticipation de la Loi, de sa succession, l'acte ne seroit pas une simple démission de biens, mais dégénéreroit en donation, & ne pourroit par conséquent être valable qu'autant qu'il seroit revêtu des formes des donations, ou de celles des testamens.

Quoique l'acte de démission de biens soit accompagné d'un partage inégal desdits biens entre les démissionnaires, néanmoins, s'il paroît que l'intention du démettant a été d'en faire un partage égal : & qu'il s'est seulement trompé dans l'exécution de son intention, sur-tout s'il a expressément déclaré cette volonté par l'acte; comme c'est l'intention des parties qui doit régler la nature des actes, l'acte de démission ne laissera pas d'être une véritable démission de biens; sauf à la partie lésée par le partage à se pourvoir contre le partage & à en demander un autre.

6. Il suit du même principe, 3°. que les enfans démissionnaires sont obligés de rapporter au partage des biens compris dans la démission tous les avantages particuliers qui leur ont été faits, de même qu'étant héritiers, ils seroient tenus de les rapporter au partage de la succession : car, comme il vient d'être établi ci-dessus, la démission n'est censée faite à chacun d'eux que pour la même part que chacun d'eux auroit dans la succession, & par conséquent sous la même charge du rapport.

7. De notre principe il suit, 4°. que si quelqu'un des démissionnaires,

depuis la démiſſion, vient à prédécéder le démettant, ce démiſſionnaire ne pouvant plus, par ſon prédécès, être appellé par la Loi à ſa ſucceſſion, la démiſſion devient nulle en ſa perſonne pour ſa part dans les biens compris en la démiſſion.

Si néanmoins ce démiſſionnaire laiſſoit des enfans que la Loi appellât par le droit de repréſentation à la part que ce démiſſionnaire auroit eue dans la ſucceſſion du démettant, ils pourront retenir ladite part dans les biens compris dans la démiſſion.

Si le démiſſionnaire ne laiſſe pas d'enfans qui puiſſent le repréſenter dans la ſucceſſion, ſa part, dont il n'avoit joui que proviſionnellement en attendant l'ouverture de la ſucceſſion, & qui ſe trouve caduque par ſon prédécès, doit accroître à ſes co-démiſſionnaires auxquels la démiſſion a été faite conjointement avec lui.

Si tous les démiſſionnaires prédécedent, la démiſſion devient abſolument nulle; & non-ſeulement le démettant, mais ſes héritiers après ſa mort, peuvent en ce cas répéter les biens compris en la démiſſion.

8. Il ſuit de notre principe, 5°. que lorſqu'une perſonne s'eſt démiſe de ſes biens envers ſes enfans, & qu'il lui ſurvient d'autres enfans depuis la démiſſion, les enfans ſurvenus depuis la démiſſion peuvent, après la mort du démettant, demander leur part héréditaire dans les biens compris dans la démiſſion : car la démiſſion, qui n'eſt qu'une exécution anticipée de la Loi des ſucceſſions, n'ayant pu donner à ceux à qui la démiſſion a été faite, dans les biens y compris, que la part à laquelle la Loi des ſucceſſions les appelleroit, ils ne peuvent retenir que cette part, & ils doivent abandonner le ſurplus aux enfans ſurvenus depuis, qui ſont comme eux appellés à la ſucceſſion.

9. Il ſuit du même principe, 6°. que les immeubles compris en la démiſſion de biens, ſont propres en la perſonne des démiſſionnaires, quoiqu'ils ſoient de la ligne collatérale; car la démiſſion de biens étant, comme nous l'avons dit, une anticipation de la ſucceſſion du démettant, plutôt qu'une donation, les démiſſionnaires ſont cenſés tenir ces héritages à titre de ſucceſſion, qui eſt un titre qui fait des propres, & non à titre de donation.

10. Le démettant transfere aux démiſſionnaires dès avant ſa mort la propriété des biens dont il ſe démet, par la tradition qu'il leur en fait; mais elle ne leur eſt transférée juſqu'à la mort du démettant que d'une maniere révocable. Le démettant conſerve toujours juſqu'à ſa mort le pouvoir de révoquer ſa démiſſion, toutes & quantes fois qu'il le jugera à propos. Telle eſt la juriſprudence du Parlement de Paris, atteſtée par tous les Auteurs; *Lebrun*, *Boullenois*, *&c.* La raiſon eſt que de même que, ſelon les principes du Droit, les donations pour cauſe de mort ſont toujours révocables juſqu'à la mort du donateur, parce qu'étant faites pour cauſe de mort, c'eſt la mort du donateur qui les confirme; de même ces démiſſions n'étant que des anticipations de la ſucceſſion du démettant, à laquelle il n'y a que la mort du démettant qui puiſſe donner ouverture, elles ſe confirment par la mort du démettant, & ſont par conſéquent révocables juſqu'à ſa mort.

Lebrun dit que le démettant doit prendre des lettres pour faire cette révocation : en quoi il est avec raison repris par Me Boullenois : car cet acte de démission étant, comme Lebrun est obligé d'en convenir, révocable par sa nature, il est inutile, pour le révoquer, de prendre des lettres qui ne se prennent que pour rescinder des actes qui sont par leur nature irrévocables.

11. Notre principe de la révocabilité des démissions souffre exception lorsqu'elles sont faites par le contrat de mariage de l'un des héritiers présomptifs du démettant. La démission, en ce cas, n'est pas révocable pour la part qu'y a celui en faveur du mariage duquel la démission de biens a été faite ; car vis-à-vis de lui, & pour sa part, cette démission n'est pas une simple démission, mais une condition de son contrat de mariage : mais elle ne laisse pas d'être révocable pour la part de ses co-démissionnaires, la même raison n'ayant pas lieu à leur égard ; *Lebrun, l. 4, ch. 1, n. 14.*

12. Le démettant s'étant exproprié de ses biens, il ne peut plus les aliéner ni les hypothéquer, tant qu'il n'en a pas recouvré la propriété en révoquant sa démission : car on ne peut aliéner ni hypothéquer ce qui n'est plus à soi. Les biens compris en la démission qui n'est pas révoquée, ne peuvent donc pas *per se* être hypothéqués aux créanciers du démettant, postérieurs à la démission ; mais le droit que le démettant conserve de rentrer dans lesdits biens peut leur être hypothéqué. Ce droit étant un droit immobilier par rapport aux immeubles compris en la démission, & par conséquent susceptible d'hypotheque, lesdits créanciers peuvent en conséquence, du vivant du démettant, comme exerçant les droits du démettant leur débiteur, révoquer la démission, & venir par ordre d'hypotheque sur les biens immeubles compris en la démission, lesquels, par cette révocation de la démission, leur deviennent hypothéqués, tant parce qu'ils redeviennent les biens de leur débiteur, que parce que le droit de les révoquer qui leur étoit hypothéqué, s'est fondu & résous dans lesdits biens. Mais si le démettant est mort sans que ni lui ni ses créanciers, comme exerçant ses droits, aient révoqué la démission, & que les démissionnaires aient accepté la succession, les créanciers postérieurs à la démission auront bien une action personnelle contre les démissionnaires devenus héritiers de leur débiteur ; mais ils ne pourront prétendre aucune hypotheque ni sur les biens compris en la démission, leur débiteur n'ayant pu leur hypothéquer ce qui ne lui appartenoit plus ; ni sur le droit qu'avoit leur débiteur de révoquer sa démission, ce droit ayant été éteint par sa mort.

13. Les démissionnaires, quoique devenus propriétaires des biens du démettant par la démission qu'il leur en a faite en anticipation de sa succession, ne sont pas néanmoins encore ses héritiers, tant qu'il vit : car un héritier étant la continuation de la personne du défunt, il implique qu'on puisse être héritier d'un homme qui est jouissant de son état civil : *viventis nulla est hæreditas.* De là il suit que les démissionnaires ne sont pas tenus indéfiniment *& ultrà vires* des dettes du démettant, quoiqu'antérieures à la démission ; ils n'en sont tenus qu'autant qu'elles sont une charge des biens compris en la démission, & par conséquent jusqu'à concurrence desdits biens.

14. Ils peuvent aussi, après la mort du démettant, éviter d'en être tenus *ultrà vires*, en acceptant sa succession sous bénéfice d'inventaire : ils peuvent même renoncer à sa succession, & abandonner les biens compris en la dé-

mission pour se décharger entièrement des dettes. Quoique la démission fût une anticipation de cette succession, on ne peut dire qu'en acceptant la démission, ils ont accepté d'avance la succession, & se sont mis par-là hors d'état d'y renoncer : car une succession ne peut être acceptée avant qu'elle existe & qu'elle soit déférée ; *L. 21*, §. 2, ff. *de acq. hered. & passim.*

15. C'est une question plus difficile, de sçavoir si les démissionnaires, en renonçant à la succession du démettant pour n'être pas tenus des dettes postérieures à la démission, peuvent, nonobstant leur renonciation, retenir les biens compris en la démission, en se chargeant des dettes antérieures ? Boullenois le décide pour l'affirmative, & il cite un Arrêt du 9 Août 1683, rapporté au Journal du Palais. Je ne crois pas qu'on puisse suivre aujourd'hui cette décision, lorsque l'acte de démission n'est pas revêtu des formes des donations entre vifs, ou qu'elle n'est pas faite par contrat de mariage : car l'acte en ce cas ne pouvant passer pour une donation, puisque l'Ordonnance de 1731 n'admet d'autres donations que celles entre vifs & les testamentaires, & ne pouvant valoir que comme une anticipation de la succession du démettant, la démission en conséquence n'étant faite au démissionnaire qu'en tant qu'il doit être un jour l'héritier du démettant, cette démission renferme *vi ipsâ* & par sa nature la condition qu'il sera l'héritier du démettant ; d'où il suit que lorsque le démissionnaire renonce à la succession, il n'a plus ni titre ni qualité pour pouvoir retenir les biens compris en la démission. A l'égard de l'Arrêt, la réponse est, que dans l'espece de l'Arrêt, la démission a pu être regardée comme donation, & que dans le temps de cet Arrêt, la Jurisprudence confirmée par l'Ordonnance, qui ne reconnoît aucunes donations que celles revêtues des formes des donations entre vifs ou des testamentaires, n'étoit pas encore bien établie.

§. II.

Des institutions contractuelles.

16. *Institution d'héritier* est *la nomination que quelqu'un fait d'une ou de plusieurs personnes à qui il entend transmettre après sa mort tous ses droits actifs & passifs ;* ou, ce qui revient au même, c'est *la donation que quelqu'un fait de sa succession.*

17. La Loi Romaine permet aux particuliers de disposer de leur succession & de se choisir des héritiers par testament, à qui ils transmettent après leur mort tous leurs droits actifs & passifs ; elle ne défere leur succession à ceux qu'elle y appelle, qu'à défaut de ces héritiers testamentaires.

Les Coutumes, pour la plupart, n'ont pas permis ces institutions d'héritiers dans les testamens ; la nôtre les rejette expressément en l'*art. 287*. Mais la faveur des contrats de mariage est si grande en France, que la Jurisprudence y a fait admettre les institutions d'héritier en faveur de quelqu'une des parties contractantes, ou des enfans qui naîtront du futur mariage, même dans les Coutumes qui ont rejetté expressément l'institution d'héritier.

Non-seulement on peut par contrat de mariage instituer un héritier ; on peut

peut aussi en substituer à ceux qu'on y a institués, & faire ainsi plusieurs degrés.

Ces institutions d'héritiers qui se font dans les contrats de mariage, s'appellent *institutions contractuelles*, parce qu'elles sont une des clauses & conditions du contrat.

On peut les définir, la donation que quelqu'un fait de sa succession en tout ou en partie, par contrat de mariage, à l'une des parties contractantes, ou aux enfans qui naîtront du futur mariage.

18. Ces institutions faisant partie des conditions & clauses du contrat de mariage, sont irrévocables; & en cela elles different des institutions d'héritiers testamentaires, qui étant une ordonnance de derniere volonté, sont révocables jusqu'à la mort du testateur, suivant la nature des dernieres volontés.

L'institution contractuelle étant une donation que l'instituant fait de sa succession à la personne instituée, & ayant pour objet de rendre la personne instituée héritiere de l'instituant, il suit de là qu'elle ne peut s'effectuer que par la mort de l'instituant, & qu'elle devient caduque si la personne instituée le prédécede : car il est impossible, *per rerum naturam*, qu'on soit héritier de quelqu'un, si on ne lui survit ; & il ne peut y avoir de *succession* d'une personne vivante, *hereditas viventis non est.* C'est en cela que l'institution contractuelle participe de la nature des donations pour cause de mort. Elle n'est pas néanmoins donation pour cause de mort, comme l'a prétendu Lauriere, *Tr. des institutions contr. ch. 2;* mais elle est plutôt donation entre vifs, puisqu'elle fait partie des conditions d'un contrat de mariage, qui est un acte entre vifs ; & qu'elle est irrévocable, l'irrévocabilité étant une des qualités qui caractérisent principalement les donations entre vifs, & les distinguent de celles pour cause de mort. Lauriere, pour établir qu'une donation, quoique irrévocable, peut n'en être pas moins une donation pour cause de mort, abuse de la Loi 25, §. 4, ff. *de mort. caus. donat.* Le Jurisconsulte en cet endroit rapporte les différentes especes de donations que peut faire un homme dans un grand danger & par la pensée de la mort, & il dit : *Sic quoque potest donari mortis causâ, ut nullo casu sit repetitio*, ce qui ne doit pas être entendu en ce sens, qu'on peut faire une véritable donation pour cause de mort, qui soit irrévocable, comme l'a mal entendu Lauriere; mais le sens est qu'on peut, *mortis causâ*, c'est-à-dire, dans la pensée de la mort, faire non-seulement des donations pour cause de mort, mais même des donations entre vifs & irrévocables. Notre interprétation se prouve par la Loi 27, ff. *d. tit.* qui dit expressément que lorsqu'une personne, *mortis causâ*, donne par donation irrévocable, la donation, quoiqu'elle ait pour cause & pour motif la pensée de la mort, n'est pas néanmoins donation pour cause de mort, mais vraie donation entre vifs. *Ubi ita donatur mortis causâ, ut nullo casu revocetur, causâ donandi magìs est quàm mortis causâ donatio, & ideò perindè haberi debet atque alia quævis inter vivos donatio.*

19. Il est évident qu'une institution contractuelle ne peut être faite que par ceux qui ont le droit de transmettre leur succession à des héritiers : c'est pourquoi ceux qui ont perdu la vie civile ne peuvent faire d'institution contrac-

tuelle. Les aubains n'ayant pas le droit de transmettre leur succession; si ce n'est à leurs enfans François, il s'ensuit qu'ils ne peuvent instituer héritiers par contrat de mariage d'autres personnes que leurs enfans François.

Il n'en est pas de même des bâtards: s'il n'y a que leurs enfans & leurs veuves qui puissent leur succéder *ab intestat*, c'est parce qu'il n'y a que ces personnes qui aient le droit de leur succéder *ab intestat;* mais les bâtards n'en ont pas moins le droit parfait de transmettre leur succession: c'est pourquoi ils peuvent instituer héritier un étranger par son contrat de mariage.

20. Le droit de succession active étant, aussi-bien que celui de succession passive, un droit propre aux citoyens, il s'ensuit qu'on ne peut par ces institutions contractuelles instituer, ni ceux qui sont morts civilement, ni ceux qui ne jouissent pas des droits de citoyen, tels que sont les aubains.

21. Ces institutions étant des dispositions universelles, nous ne pouvons pas instituer nos bâtards; car ils ne sont pas capables de dispositions universelles vis-à-vis leurs pere & mere.

22. Ces institutions étant fondées sur la faveur des contrats de mariage, & cette faveur ne concernant que les parties qui contractent le mariage, & les enfans qui en naîtront, il s'ensuit qu'on ne peut par contrat de mariage instituer ni substituer par substitution directe & vulgaire d'autres personnes que les parties contractantes, ou les enfans qui naîtront du mariage: mais on peut grever les personnes instituées, de substitutions fidéicommissaires au profit de quelque personne que ce soit, pourvu qu'elles soient faites *in continenti.*

23. L'institution contractuelle, en tant qu'elle est institution d'héritier, a les mêmes effets que l'institution testamentaire dans les Provinces où elle est admise: c'est pourquoi lorsque la succession de l'instituant vient à s'ouvrir par sa mort naturelle ou sa profession religieuse, l'institué peut, si bon lui semble, accepter sa succession; & en l'acceptant, il devient son véritable héritier: il succede, de même que tout autre héritier, en tous les droits actifs & passifs du défunt, & par conséquent il est tenu des dettes de la succession, même *ultrà vires*, s'il n'a pas eu recours au bénéfice d'inventaire.

L'héritier contractuel étant un vrai héritier lorsqu'il accepte la succession, il en est censé saisi, de même que tout autre héritier, dès l'instant de la mort de l'instituant, suivant la regle, *Le mort saisit le vif;* & il peut se mettre en possession de tous les biens qui en dépendent, sans en demander aucune délivrance.

24. L'institution contractuelle ayant les mêmes effets que la testamentaire, de même que la succession testamentaire, dans les Provinces où elle est admise, y fait cesser la succession légitime & *ab intestat*, de même ici la succession contractuelle fait cesser la succession légitime ou *ab intestat* pour le total, lorsque l'héritier contractuel a été institué héritier pour le total, ou pour la partie pour laquelle il a été institué.

De là il suit que dans les Coutumes qui, comme la nôtre, ne restreignent pas la liberté de donner entre vifs ses propres, l'héritier contractuel, quoique étranger, succede à tous les biens, même aux propres, pour le total, s'il a été institué héritier pour le total; sans que le parent de la ligne d'où *les* propres procedent, que la loi, sans cette institution contractuelle, appelleroit à la succession desdits propres, en puisse prétendre les quatre quints : car ces quatre quints ne peuvent être dûs à ce parent de la ligne d'où procedent lesdits propres qu'en la qualité qu'il auroit d'héritier aux propres de ladite ligne, la réserve coutumiere n'étant accordée qu'à l'héritier; *Introd. au T. 16, n. 53.* Or la succession contractuelle faisant cesser la succession légitime, ce parent n'est pas héritier; par conséquent les quatre quints des propres ne lui sont pas dûs. D'ailleurs la Coutume défend bien de léguer au-delà du quint des propres; mais l'institution contractuelle n'est pas un legs, & elle tient plutôt des dispositions entre vifs. Or notre Coutume n'empêche pas de disposer des propres, même pour le total, par des dispositions entre vifs. On peut tirer argument de la Coutume de la Marche, qui, comme la nôtre, rejette l'institution d'héritier, & ne permet pas de disposer par testament au-delà du tiers de ses biens, & néanmoins permet les institutions contractuelles pour le total des biens, sauf seulement la légitime des enfans. Enfin Lauriere rapporte un Arrêt du 30 Août 1700, qui a adjugé au Duc de Chevreuse, héritier contractuel du Duc de Chaulnes, tous les propres, contre le parent de la ligne qui en prétendoit les quatre quints; *Voyez Lauriere, Tr. des Inst. contr. ch. 4.*

Suivant le même principe, lorsque l'héritier contractuel étranger a été institué seulement pour une portion, *putà* pour la moitié, il succede aux propres de même qu'aux autres biens, pour la portion pour laquelle il a été institué; & l'héritier lignager *ab intestat* n'y succede que pour l'autre moitié, n'étant héritier que pour cette portion.

25. L'enfant héritier contractuel de son pere pour une certaine portion, *putà* pour un tiers ou pour un quart, n'est pas obligé envers ses freres & sœurs héritiers légitimes & *ab intestat* pour les autres portions, au rapport de ce qui lui a été donné ou légué par son pere : car l'obligation du rapport étant une obligation que la loi impose aux enfans à qui elle défere la succession de leurs pere & mere, cet héritier contractuel, qui ne tient pas de la loi, mais de l'homme, la part qu'il a en cette succession, ne peut être soumis à cette obligation; sauf seulement la légitime de ses freres & sœurs; *Lauriere, Tr. des Instit. contr. ch. 6, n. 105.*

Il en seroit autrement si quelqu'un avoit institué héritier l'un de ses enfans, *pour la part qu'il auroit dans sa succession ab intestat.* En ces cas on doit lui précompter sur sa part tout ce qui est sujet à rapport dans les successions *ab intestat*, & qui auroit été précompté sur sa part s'il eût succédé *ab intestat*, puisqu'il n'est institué que pour cette part.

Même hors ce cas, & lorsque l'un des enfans a été institué héritier pour une certaine part, comme pour un tiers ou un quart, cet héritier institué peut être quelquefois obligé au rapport de ce qui lui a été donné ou légué par l'instituant; sçavoir lorsque l'instituant, en le lui donnant ou le lui léguant, a fait connoître que telle étoit sa volonté.

26. L'effet de l'institution contractuelle, en tant qu'elle est clause d'un contrat de mariage, est que l'instituant n'y peut donner aucune atteinte. Mais il n'est pas censé y donner atteinte en aliénant & engageant sans fraude ses biens

par contrat entre vifs depuis ladite institution. La Coutume de Bourbonnois, *art.* 220, en a une disposition. La raison est que l'institution contractuelle étant la donation que l'instituant fait de sa succession, & sa succession n'étant que des biens qu'il laissera lors de son décès, les biens dont il dispose entre vifs ne font pas partie de cette institution; d'où il suit qu'il n'y donne pas atteinte en les aliénant.

L'instituant peut bien aliéner sans fraude ses biens depuis l'institution; & il n'y a aucun soupçon de fraude, lorsqu'il les aliene à titre de vente ou autre titre de commerce : mais il y a fraude toutes les fois que l'instituant cherche à favoriser d'autres personnes au préjudice de l'héritier contractuel, par des donations qu'il leur feroit.

27. Les donations entre vifs, quoique faites par contrat de mariage, étant sujettes à la révocation pour cause de survenance d'enfans, *Ordon. de 1731, art.* 39, il en doit être de même des institutions contractuelles.

Elles doivent aussi être sujettes à la révocation pour cause d'ingratitude : mais il faut que l'instituant ait de son vivant donné la demande pour faire déclarer son institution révoquée pour cause d'ingratitude; autrement il est censé avoir pardonné l'offense.

28. Lorsque quelqu'un institue héritier par contrat de mariage l'un des futurs conjoints, il est présumé lui avoir tacitement substitué par substitution directe vulgaire les enfans qui lui naîtront de ce mariage : c'est pourquoi si l'institué prédécede, les enfans nés du mariage recueilleront en sa place la succession; *Lebrun, l. 3, ch. 2, n.* 34.

Ceux des précédens & subséquens mariages n'y pourront rien prétendre; car on ne peut par contrat de mariage faire aucune institution ni substitution directe que des parties contractantes, ou des enfans qui naîtront du mariage : d'où il suit que les enfans des autres mariages qui n'auroient pas pu être compris dans la substitution, même expressément, ne peuvent pas y être censés tacitement compris. S'ils étoient les petits-enfans de l'instituant, ils pourroient seulement prétendre leur légitime.

Quand même l'instituant, par le contrat du second mariage de l'institué, auroit réitéré l'institution déja faite par le contrat de son premier mariage, & même substitué expressément les enfans qui naîtroient de ce second mariage, l'institué étant prédécédé, il y a lieu de soutenir qu'il n'y aura que ses enfans nés du premier mariage qui seront héritiers en vertu de la substitution tacitement sous-entendue dans le contrat du premier mariage. Cette substitution tacite des enfans du premier mariage, qui est une institution contractuelle au second degré, étant par sa nature irrévocable, l'institution répétée dans le contrat du second mariage n'a pu y donner atteinte, ni faire concourir avec eux les enfans du second; *Lauriere, ibid. ch. 7, n. 46 & 47.*

29. La substitution contractuelle expresse ou tacite, étant de même nature que l'institution, & pareillement irrévocable; si l'instituant ne s'est pas expliqué par le contrat de mariage, sur la maniere dont les enfans de l'institué, en cas de prédécès de l'institué, partageroient la part à laquelle il a expressément ou tacitement substitué, il ne peut plus, *ex intervallo*, en ordonner un partage inégal entre eux. Lauriere, *ibid. n. 55 & seq.* est néanmoins d'avis contraire.

30. Les enfans de l'institué venant de leur chef, par le prédécès de leur pere, à la succession de l'instituant en vertu de la substitution tacitement sous-entendue en leur faveur, il suit de là qu'ils peuvent venir à cette succession, quoiqu'ils aient renoncé à celle de leur pere, & même quoiqu'ils en aient été exhérédés.

TITRE XVII.

Des Droits de Successions.

ARTICLE CCCI.

LE mort (1) saisit (2) le vif (3) son plus prochain (4) héritier habile à lui succéder. A.C. *art.* 230. C. de Par. *art.* 318.

(1) *Le mort*, c'est-à-dire, celui de la succession duquel il s'agit, est censé, dès l'instant même de sa mort, qui est le dernier de sa vie, avoir lui-même saisi & mis en possession de tous ses droits & biens *le vif son plus prochain*, &c. c'est-à-dire celui qui lui survit, & qui, comme son plus proche parent, est appellé à lui succéder.

(2) Cette saisine est une pure fiction de Droit : elle ne requiert dans le défunt aucune volonté réelle de mettre ainsi son héritier en possession de ses biens, ni dans l'héritier de les recevoir. Il y a plus : cette saisine a lieu quand même le défunt auroit déclaré une volonté contraire ; ce qui arrive lorsqu'une exhérédation est déclarée nulle. A l'égard de l'héritier, il n'est pas à la vérité nécessaire qu'il ait, au temps qu'est censée faite cette saisine, une volonté formelle de recevoir ces biens, puisqu'elle est censée se faire même avant qu'il ait connoissance de la mort du défunt : mais il n'est censé saisi qu'autant que par la suite il ne renoncera pas à la succession. Lorsqu'il y renonce, la Loi donne une effet rétroactif à sa renonciation ; il est censé y avoir renoncé dès l'instant de l'ouverture ; & en conséquence le défunt est censé ne l'avoir pas saisi de la part qui lui étoit déférée, mais en avoir saisi en sa place ses cohéritiers, ou à défaut de cohéritiers, ceux du degré suivant.

(3) L'héritier est censé ainsi saisi non-seulement des droits actifs & passifs du défunt, mais même de la possession des choses que le défunt possédoit ; & il peut former la complainte pour raison desdites choses, même avant qu'il en ait pris par lui-même aucune possession réelle : & en cela nos principes sont bien opposés à ceux du Droit Romain.

(4) Les biens de la succession étant ainsi acquis de plein droit à l'héritier, il s'ensuit que lorsqu'il vient à mourir ensuite, il les transmet à ses héritiers, quand même il mourroit avant que d'avoir eu connoissance que la succession eût été déférée.

ARTICLE CCCII.

En ligne directe les enfans succedent également (1) ès meubles, & héritages roturiers. A.C. *art.* 242. C. de Par. *art.* 302.

(1) *Voyez l'art.* 361.

ARTICLE CCCIII.

Héritage acquis est fait propre aux enfans, & *autres héritiers* (1) de l'acquereur après son trespas. A.C. *art.* 263.

(1) Ces termes & *autres héritiers* ont été ajoutés lors de la réformation, & renferment

un droit nouveau. Notre ancienne Coutume étoit *souchere*; elle ne réputoit propres que les héritages qui avoient souché en directe, c'est-à-dire, ceux que quelqu'un avoit transmis à ses enfans par succession, ou titre équipollent à succession; & elle ne les affectoit qu'à la descendance & postérité du premier de la famille qui les avoit transmis par sa succession à ses enfans. Notre Coutume réformée n'a retenu ce principe que pour la matiere du retrait lignager, comme nous le verrons au titre suivant; mais elle a changé de principe pour les matieres des successions & des testamens. Elle répute propres non-seulement les héritages que celui qui les a acquis a transmis par succession à ses enfans, mais aussi ceux qu'à défaut d'enfans, il a transmis à ses héritiers, en quelque autre ligne de parenté qu'ils soient, ascendante ou collatérale; & elle les affecte non-seulement à la descendance & postérité, mais à toute la parenté, même collatérale, du premier acquéreur.

ARTICLE CCCIV.

A. C. *art.* 244. C. de Paris, *art.* 319.

En ligne directe (1) représentation a lieu (2) *infiniment*, & *en quelque degré que ce soit.*

(1) Descendante.
(2) *Voyez l'Introd. S.* 3.

ARTICLE CCCV.

A. C. *art.* 250. C. de Par. *art.* 324.

Les enfans du fils aisné, soient masles ou femelles, survivans leur pere, venans à la succession de leur ayeul ou ayeule, représentent leurdit pere en sa portion & droict d'aisnesse. *Et s'il n'y a que filles, elles représentent leur pere toutes ensemble pour une teste audit droict d'aisnesse, sans aucun droit d'aisnesse entre elles. Et s'il y a masles, se partira la succession entre les enfans du fils aisné, le droit de prérogative gardé à l'aisné de sesdits enfans* (1).

(1) *Voyez l'Introd. N.* 21.

ARTICLE CCCVI.

A. C. *art.* 305.

Si le donataire, lors du partage, a les héritages à lui donnés en sa possession, il est tenu de les rapporter en essence & espece, ou moins prendre (1) *en autres héritages de la succession de pareille valeur & bonté. Et faisant ledit rapport en espece, doit être remboursé par ses cohéritiers des impenses utiles & nécessaires qu'il aura faites pour l'augmentation desdits héritages. Et si lesdits cohéritiers ne veulent rembourser lesdites impenses, en ce cas le donataire est tenu rapporter seulement l'estimation* (2) *desdits héritages, eu esgard au temps, que divi-*

Cet article ne concerne que les successions en la ligne directe descendante. Dans les autres successions, il n'y a pas lieu au rapport des choses données entre vifs. *Voyez* sur ce rapport *l'Introd. S.* 6, *art.* 4.

(1) C'est-à-dire, si mieux il n'aime précompter sur sa part l'héritage qui lui a été donné, & laisser prendre à ses cohéritiers d'autres héritages de la succession de pareille valeur & bonté, pour les égaler à ce qu'il a reçu de plus qu'eux. S'il n'y avoit pas des héritages de pareille valeur & bonté dans la succession pour cet égalemeut, il seroit tenu précisément au rapport en essence.

(2) Car il a droit de rétention de l'héritage pour lesdites impenses : c'est pourquoi,

ſion & partage eſt fait entre eux, déduction faite deſdites impenſes.

faute par ſes cohéritiers de lui en offrir le rembourſement, il ne ſera obligé au rapport de l'héritage en nature, mais ſeulement à moins prendre, c'eſt-à-dire à précompter ſur ſa part au partage le prix de l'héritage, déduction faite des impenſes.

ARTICLE CCCVII.

L'enfant ayant ſurveſcu ſes pere & mere, venant à la ſucceſſion de ſes ayeul ou ayeule, ſurvivans ſeſdits pere & mere, encore qu'il renonce à la ſucceſſion deſdits pere & mere, eſt néanmoins tenu rapporter à la ſucceſſion deſdits ayeul ou ayeule, tout ce qui a eſté donné à ſeſdits pere ou mere, par ſeſdits ayeul ou ayeule, ou moins prendre. C. de Par. art. 308.

Cet article eſt fondé ſur cette regle de Droit, *Qui alterius jure utitur, eodem jure uti debet.* Voyez *l'Introd. N.* 83.

ARTICLE CCCVIII.

Pareillement ce qui a eſté donné aux enfans de ceux qui ſont héritiers, & viennent à la ſucceſſion de leurs pere, mere & autres aſcendans, eſt ſubjet au rapport, ou à moins prendre. C. de Par. art. 306.

Voyez l'Introd. N. 81.

ARTICLE CCCIX.

Les nourritures, entretenemens (1), inſtructions & apprentiſſages (2) d'enfans, ni les fruicts de la choſe donnée par le pere, mere, ayeul ou ayeule, ſoit héritage ou rente, ne ſe (3) rapportent, ſinon du

(1) La dépenſe faite pour l'équipage d'un enfant qu'on envoie au ſervice, eſt compriſe ſous ce terme.

(2) Cela comprend les penſions qu'on paie pour les enfans qu'on envoie dans les Colleges ou dans les Univerſités, dans les Académies à monter à cheval ; les appointemens des Précepteurs, Gouverneurs, & des différens maîtres qu'on donne aux enfans pour leur éducation ; les livres, *intrà legitimum modum* ; les frais de baccalauréat & de licence. Mais les frais de doctorat, & dans les arts méchaniques les frais de maîtriſe, ſont ſujets à rapport, parce qu'ils ſe font pour l'établiſſement de l'enfant.

(3) Tous ces frais de nourriture, entretenemens, &c. ne ſont pas ſujets à rapport, non-ſeulement lorſqu'ils étoient dûs, tels que ſont ceux faits pour nos propres enfans, mais lorſqu'ils n'étoient pas dûs, tels que ſont ceux que fait un aïeul pour un de ſes petits-enfans qu'il éleve chez lui à la décharge de ſes pere & mere, qui avoient le moyen de le faire par eux-mêmes : mais lorſqu'ils font partie de la dot d'un enfant qu'on marie, ils y ſont ſujets. C'eſt pourquoi le trouſſeau & les habits nuptiaux qu'on donne en mariage à un enfant ſont ſujets à rapport. Il en eſt autrement des frais de feſtin des nôces, parce qu'il n'en reſte rien à l'enfant. Lorſqu'un pere, en mariant un de ſes enfans, s'oblige de nourrir pendant un certain nombre d'années les futurs époux, ces nourritures ſont partie de la dot, & par conſéquent ſont ſujettes à rapport.

Obſervez auſſi que les nourritures, entretenemens, &c. ne ſont diſpenſés du rapport que lorſque celui *de cujus bonis agitur* les a fournis de ſon vivant ; car il n'eſt pas douteux qu'un legs d'alimens eſt ſujet à rapport.

jour de la provocation (4) *à partage. Et s'il y a deniers baillés, les profits* (5) *se rapportent depuis ledit temps, à raison du denier vingt* (6). *Et où il y aura mineurs ou absens, l'interpellation du tuteur* (7) *ou curateur du mineur, ou procureur de l'absent, vaut provocation.*

(4) L'Auteur des notes de 1711 prétend que cette disposition singuliere de notre Coutume, qui n'oblige pas au rapport des fruits & intérêts du jour du décès, mais seulement du jour de la provocation au partage, n'a lieu que dans le cas auquel tous les enfans auroient été dotés, quoique inégalement; mais que, dans le cas auquel il y en a quelqu'un qui n'a pas été doté du tout, le rapport des fruits & intérêts doit avoir lieu, selon le Droit commun, du jour du décès. Cette opinion est contraire au texte de la Coutume, qui ne fait aucune distinction, & il ne paroît pas qu'elle soit suivie dans l'usage. Au reste, la premiere démarche qui tend au partage, comme la demande à fin d'inventaire, ou même sans demande, la premiere vacation à l'inventaire tient lieu, dans l'usage, de provocation à partage; & de ce jour, le rapport des fruits & intérêts est dû.

(5) C'est-à-dire les intérêts.

(6) Fur beaucoup au-dessous de celui des rentes constituées, qui étoit alors le denier douze. On pensoit alors que les intérêts d'une somme exigible devoient être à un moindre fur que les arrérages d'une rente dont le capital ne peut s'exiger, & que d'ailleurs entre cohéritiers *res non sunt amarè tractandæ*. Quoique le fur des rentes soit beaucoup diminué, & ne soit plus aujourd'hui que le denier vingt, ces intérêts continuent de se payer sur le pied du denier vingt, tel qu'il est réglé par cet article.

(7) S'il y manquoit, il seroit responsable envers son mineur des intérêts qu'il n'auroit pas fait courir contre les cohéritiers de son mineur.

ARTICLE CCCX.

A. C. *art.* 246. Enfans bastards ne succedent.

Cet article est fondé sur ce qu'il n'y a que la parenté légitime qui puisse donner droit aux successions. C'est pourquoi cet article n'empêche pas que les bâtards puissent succéder à leurs enfans qu'ils ont eus d'un légitime mariage; car la parenté qu'ils ont avec ces enfans est une parenté légitime.

ARTICLE CCCXI.

A. C. *art.* 247. *Mais* enfans bastards peuvent disposer de tous leurs biens, tant entre vifs que par testament, & à eux succedent leurs enfans issus de leur mariage.

ARTICLE CCCXII.

A. C. *art.* 256. Les veuves des bastards & aubains, *& de ceux qui n'ont point d'héritiers*, ne perdent leurs doüaires, communauté de biens, & *autres conventions matrimoniales.*

Cet article laisse indécise la question, si à défaut d'héritier, le mari succede à sa femme, ou la femme à son mari, suivant le titre *unde vir & uxor.* La jurisprudence des Arrêts paroît avoir décidé depuis la question pour l'affirmative. *Voyez l'Introd. S.* 4, §. 2.

ARTICLE CCCXIII.

Pere & mere, & à leur défaut, ayeul (1) ou ayeule, succe-

(1) Il en est de même de tous les ascendans, en quelque degré éloigné qu'ils soient.

dent

dent à leurs enfans *nés en loyal mariage*, s'ils vont de vie à trespas *sans hoirs* (2) *de leurs corps*, aux meubles *acquests*, & conquests immeubles. *Toutefois où il y auroit aucuns freres ou sœurs du décedé, ledit ayeul, ou ayeule, ne succedent ausdits acquests & conquests, sinon en usufruit à leur caution juratoire.* C. de Par. art. 311.

L'ancienne Coutume, *art.* 258, s'en expliquoit formellement. Si dans la nouvelle Coutume on a omis ces termes *& autres ascendans*, ce n'est pas qu'on ait voulu donner moins de droit à ceux d'un degré plus éloigné, & innover en cela à l'ancienne Coutume ; car il paroît par le procès-verbal, que toute l'innovation qui a été faite ne concerne que la préférence que la nouvelle Coutume a accordée aux freres & sœurs sur les aïeuls pour la succession de la nue propriété des acquêts. Ces mots, *& autres ascendans*, n'ont donc été omis que parce que la Coutume est assez dans l'usage de comprendre tous les ascendans sous les termes d'*aïeul & aïeule*, le degré gardé entre eux, comme aux *articles* 23, 25, 27, 33, 178, 179, 309.

(2) Les hoirs de notre corps sont nos descendans.

Article CCCXIV.

Propre héritage ne remonte (1) par succession en ligne directe aux pere, mere, ayeul ou ayeul, & autres ascendans. A. C. art. 243. C. de Par. art. 312.

(1) Par l'ancien droit des fiefs, qui avoit été étendu aux successions des autres biens, les pere & mere & autres ascendans ne succédoient jamais à leurs descendans, suivant qu'il paroît par les autorités rapportées par Lauriere sur l'*art.* 312 de Paris. Cet ancien droit n'a plus lieu, & la regle *Propre ne remonte*, n'a lieu que lorsque les ascendans sont d'une autre ligne que celle d'où le propre procede. C'est ce qu'observe Dumoulin sur l'*art.* 107 d'Artois, & sur l'*art.* 3 du *ch.* 12 d'Auvergne. Mais lorsqu'ils sont de la ligne, ils y succedent ; *infrà*, *art.* 317.

Article CCCXV.

Toutefois (1) succedent (2) ès choses (3) par eux données à leurs enfans (4) décédés sans enfans (5) & descendans d'eux (6). A. C. art. 248. C. de Par. art. 313.

(1) Cette particule n'est pas ici employée comme une particule d'exception, mais comme adversative : c'est comme s'il étoit dit, *mais succedent*. L'article précédent exclut les ascendans de succéder aux propres qui procedent d'une autre famille que la leur. Celui-ci les appelle à la succession des propres qui procedent d'eux par la donation qu'ils en ont faite au défunt.

(2) Puisque notre Coutume dit que les ascendans *succedent* aux choses par eux données, ce n'est donc pas à titre de réversion, mais à titre de succession qu'elle les leur défere ; il faut qu'ils se portent héritiers de leurs enfans. D'où il suit que si un pere avoit donné un acquêt à un de ses enfans, auquel il a depuis succédé, l'héritage ne redevient pas acquêt en la personne du pere ; mais il est propre, puisqu'il l'a eu à titre de succession.

Il y en a qui pensent que l'ascendant donateur ne succede qu'en son rang à l'héritage qu'il a donné, & autant qu'il se trouve le plus proche de sa ligne ; qu'ainsi l'aïeul paternel qui a donné un héritage à son petit-fils, n'y succede pas à l'exclusion du pere : mais il paroît par la maniere dont est conçu l'article 248 de notre ancienne Coutume, dont celui-ci est tiré, que la Coutume a voulu que lorsque le donataire ne laissoit point d'enfans pour ses héritiers, le donateur fût préféré à tous autres. Voici cet article : « Quand pere & mere, aïeul ou aïeule, ou l'un d'eux, donnent aucune chose à leurs » enfans ou à aucuns d'eux pour être leur propre héritage, & le donataire va de vie

» à trépas sans héritiers en droite ligne, délaissés pere & mere, aïeul ou aïeule, ou des » freres & autres parens, à iceux parens en ligne directe retourneront les héritages par » eux donnés audit défunt, & à leur défaut, aux plus prochains ».

(3) Cela ne doit s'entendre que des *choses immobiliaires*, qui sont les seules susceptibles de la qualité de propre; car il paroît qu'il s'agit dans cet article d'une succession de propre, par sa relation avec l'article précédent, marquée par le mot *toutefois*. Cela paroît encore par ces termes de l'ancienne Coutume: *Donnent aucune chose à leurs enfans pour être leur propre héritage.*

(4) Le donateur succede à ces choses non-seulement dans la succession de son fils à qui il les a données lorsqu'il est mort sans enfans, mais encore dans celle de l'enfant de ce fils qui les a eues de la succession de son pere. S'il a donné à son fils un héritage, & que ce fils l'ait donné au petit-fils, qui meurt ensuite sans enfans du vivant de son pere & de son aïeul, je pense qu'en ce cas le pere & l'aïeul étant l'un & l'autre donateurs, le pere, comme le plus proche & comme le donateur immédiat, doit être préféré à l'aïeul.

(5) L'ancienne Coutume s'exprimoit mieux par ces termes, *sans héritier en droite ligne.* Car quand même le donataire laisseroit quelque enfant qui fût exhérédé, ou qui renonçât à sa succession, il y auroit lieu à cet article, de même que s'il n'en eût laissé aucun.

(6) C'est-à-dire d'eux donataires, suivant qu'il paroît par ces termes de l'ancienne Coutume: « Et le donataire va de vie à trépas *sans héritier en droite ligne* ».

ARTICLE CCCXVI.

C. de Par. art. 314.

Les pere & mere (1) *jouissent par usufruit* (2) *des héritages délaissez par leurs enfans, qui ont esté acquis par lesdits pere & mere* (3),

Cet article est une exception à l'*art.* 314.

(1) Dans l'*art.* 314 de la Coutume de Paris, qui est en entier dans les mêmes termes que celui-ci, ces termes de *pere & mere* s'étendent aux autres ascendans: ce qui est constant par l'*art.* 230 de la même Coutume. On doit suivre dans notre Coutume la même interprétation, quoique nous n'ayons pas de texte formel, comme en celle de Paris, pour l'autoriser. Il doit suffire, pour l'admettre, que cette succession d'usufruit qui est accordée au survivant *in solatium orbitatis & in præmium collaborationis*, est des plus favorables, & que les mêmes raisons militent à l'égard des aïeux & aïeules comme à l'égard des pere & mere, & même encore plus fortement; car l'aïeul qui a souffert la double perte de son fils & de son petit-fils, est d'autant plus digne de cette succession accordée *in solatium orbitatis*. L'Auteur des notes de 1711 atteste que la Jurisprudence a admis cette interprétation; & il cite une Sentence du Bailliage d'Orléans de 1704, qui a jugé en faveur de l'aïeul. Il fait néanmoins une distinction: il admet l'aïeul à succéder à l'usufruit du conquêt qui est échu à son petit-fils, immédiatement de la succession de l'aïeule, au moyen du prédécès du fils: mais il lui refuse cette succession dans le cas auquel son petit-fils n'y auroit succédé que par le canal de son pere qui y auroit succédé à sa mere, & le lui auroit ensuite transmis par sa mort. Je ne vois aucun fondement solide de cette distinction; & il me paroît qu'il y a même raison d'accorder à l'aïeul, en l'un & l'autre cas, la succession en usufruit du conquêt de sa communauté.

(2) A titre de succession, & par conséquent à la charge de contribuer aux dettes; *Lebrun*, p. 1, ch. 5, S. 3, N. 17.

(3) C'est-à-dire aux conquêts de la communauté qui a été entre le survivant & le prédécédé desdits pere & mere. Il ne peut donc y avoir lieu à cet article, lorsqu'il y a eu exclusion de communauté par le contrat de mariage, ou lorsque les héritages n'ont été acquis que depuis une séparation de biens; à moins que cette séparation n'ait été anéantie par un rétablissement de la communauté. Au reste, quoique le droit de la femme en la communauté ait été fixé par le contrat de mariage à une somme, elle n'en a pas moins le droit de succéder à ses enfans aux conquêts qui leur sont échus par la succession de son mari; *Lebrun*, p. 1, ch. 5, S. 3, N. 2.

Quoique la veuve ait renoncé à la communauté, elle n'a pas moins de droit à cette

& par le décès (4) de l'un d'eux advenu à l'un de leursdits enfans, encore qu'ils soient, & ayent esté faits propres ausdits enfans : au cas toutefois que les enfans décedent sans enfans, & descendans d'eux (5) : en baillant caution (6), s'ils la peuvent bailler, d'entretenir lesdits héritages, & payer les charges foncieres, & droits seigneuriaux : sinon (7) à leur caution juratoire. Et après le décès desdits pere ou mere, qui auront joui desdits héritages par usufruit, lesdits héritages retournent (8) au plus proche parent desdits enfans du costé dont procedent lesdits héritages.

succession ; car le droit de la partager, auquel elle a renoncé, n'a rien de commun avec le droit de succéder à ses enfans aux conquêts de cette communauté. Ce que dit *Lebrun*, que lorsque la veuve a renoncé à la communauté, il n'y a pas eu de communauté, ni par conséquent de conquêts auxquels elle puisse succéder, est très-faux : au contraire, sa renonciation à la communauté suppose une communauté, puisqu'on ne peut renoncer qu'à ce qui est. *Lalande* est de notre avis.

Ces termes de notre Coutume, *acquis par lesdits pere & mere*, comprennent non-seulement les véritables conquêts, mais même les propres ameublis. Il y a plusieurs Arrêts qui l'ont jugé ainsi. Quoiqu'ils n'aient pas été véritablement acquis en commun par les pere & mere, & que la raison de la collaboration, qui est une de celles sur lesquelles est fondé cet article, ne se rencontre pas à leur égard, il suffit que la fiction de l'ameublissement les fasse réputer tels, pour que les conjoints exercent à leur égard tous les mêmes droits que s'ils l'étoient effectivement.

(4) Ces termes ne doivent pas s'entendre *restrictivè*. Il en seroit de même si l'enfant avoit eu cet héritage par le don entre vifs que lui en auroit fait le prédécédé, auquel l'enfant auroit depuis survécu. Il n'importe aussi, lorsque c'est un petit-fils, qu'il l'ait eu immédiatement ou seulement médiatement du conjoint prédécédé, comme il a été déja observé en la note premiere.

(5) Ces termes, dans la Coutume de Paris, s'entendent d'*eux pere & mere acquéreurs* ; ce qui est constant par l'*art.* 230 de cette même Coutume ; de maniere que les freres & sœurs du défunt excluent le survivant des pere & mere de cette succession en usufruit. Mais dans notre Coutume, où nous n'avons point de texte qui oblige à donner cette interprétation à ces termes *descendans d'eux*, on les a toujours entendus d'*eux enfans* ; de maniere qu'il n'y a que les héritiers de la ligne descendante de l'enfant qui excluent le survivant de cette succession d'usufruit. Cette interprétation est la plus grammaticale ; & quand les termes seroient également susceptibles des deux interprétations, on devroit choisir celle-ci, comme la plus favorable aux pere & mere. Ajoutez que si notre Coutume eût voulu que les freres & sœurs exclussent les pere & mere, elle s'en seroit expliquée, comme elle n'a pas manqué de le faire dans l'espece de l'article suivant. Enfin elle est constante dans l'usage.

(6) Le survivant ayant cet usufruit à titre de succession en est saisi, suivant l'*art.* 301, dès l'instant de la mort du défunt, & par conséquent avant d'avoir donné cette caution. Les héritiers aux propres n'ont que la voix d'action contre lui pour l'obliger à la donner. S'il étoit en demeure, ils pourroient obtenir du Juge la permission de séquestrer l'héritage jusqu'à ce qu'il eût satisfait.

(7) Donc en affirmant par lui qu'il n'a trouvé personne qui voulût être caution pour lui, sa caution juratoire doit suffire.

(8) La Coutume s'explique ici improprement. Dès l'instant du décès de l'enfant, les cohéritiers de la ligne du prédécédé ont été saisis de la propriété de ces héritages ; mais après le décès du survivant qui a succédé à l'usufruit, ledit usufruit retourne & se consolide à la propriété.

ARTICLE CCCXVII.

C. de Par. art. 325. *Si l'enfant fait acquisition d'héritages, ou autres biens immeubles, & il décede délaissant à son enfant lesdits héritages* (1), *& ledit enfant décede après sans descendans de lui, & sans freres* (2) *& sœurs, l'ayeul ou* (3) *l'ayeule succedent ausdits héritages en pleine propriété, & excluent tous autres collatéraux.*

(1) Lesquels par conséquent deviennent propres audit enfant qui a succédé.

(2) Qui soient enfans de l'acquéreur; car s'ils étoient freres ou sœurs d'un autre côté; ils ne pourroient succéder à ce propre, n'étant pas de la ligne d'où il procede.

Les aïeul & aïeule, suivant cet article, sont préférés aux neveux du défunt lorsque le défunt n'a laissé que des neveux. Mais s'il avoit laissé un frere & des neveux d'un autre frere, quoique le frere renonçât, les neveux excluroient l'aïeul; car ils sont en ce cas placés par la représentation au même rang que le frere, *art.* 318, & la part du frere renonçant leur accroît; *art.* 359.

(3) Qui sont le pere ou la mere de l'enfant qui a fait l'acquisition.

De cet article on tire la maxime que les parens de la ligne qui sont descendus de celui qui a mis l'héritage en la famille, sont préférés, en parité de degré, aux autres parens de la ligne qui n'en sont pas descendus.

Suivant cette maxime, il paroît qu'on doit décider que le bisaïeul du défunt, pere de l'enfant qui a mis l'héritage en la famille, doit être exclus par les neveux & par les oncles du défunt pere qui sont descendus de l'enfant qui a mis l'héritage en la famille, parce qu'il sont en parité de degré avec le bisaïeul.

ARTICLE CCCXVIII.

C de Par. art. 320. *En ligne collaterale, les nepveux* (1) *& niepces viennent par représentation* (2) *à la succession de leur oncle ou tante, avec les freres & sœurs du décédé. Et en cas de représentation, les représentans succedent par souches* (3), *& non par testes: & outre ledit degré, représentation n'a lieu.*

(1) Les neveux propres; les petits-neveux n'ont pas ce droit.

(2) De leur pere & mere prédécédés, qui étoient frere ou sœur du défunt.

(3) C'est-à-dire que tous les neveux & nieces issus d'un frere ou d'une sœur, n'ont tous ensemble que la part qu'auroit eue leur pere ou mere qu'ils représentent.

Les mêmes regles ont lieu tant pour cette représentation en collatérale que pour celle qui a lieu en directe. *Voyez l'Introd. Sect.* 3.

ARTICLE CCCXIX.

C. de Par. art. 321. *Mais si les nepveux en semblable degré* (1) *viennent de leur chef, &*

(1) Lorsque le défunt n'a laissé que des neveux de différens freres ou sœurs tous prédécédés, il n'y a pas lieu à la représentation; la succession se partage par personnes: en cela la ligne collatérale differe de la directe. Mais lorsqu'il a laissé un frere ou une sœur à qui la succession a été déférée avec les neveux & nieces des autres freres & sœurs prédécédés, quoiqu'il ait renoncé, la succession se partagera par souches telle qu'elle a été déférée. Ce frere renonçant ayant eu pour ses cohéritiers les souches, c'est aux souches à qui sa part doit accroître, suivant l'*art.* 359.

Il en seroit autrement si le frere qui a renoncé avoit été appellé seul à la succession,

non par représentation, ils succedent par testes, & non par souches: tellement que l'un ne prend plus que l'autre (2).

parce qu'il étoit du double lien, & les neveux du simple lien (*infrà*, *art.* 530). La succession étant en ce cas, par sa renonciation, dévolue aux neveux de leur chef & dans leur degré, ils la partageront par personnes, suivant cet article.

Lorsqu'il n'y avoit avec le frere germain qui a renoncé, que des neveux de différentes sœurs aussi germaines, le partage des biens ordinaires se fera par souches, parce qu'ils ont été appellés par représentation de leur mere à la succession de ces biens: mais celui des biens féodaux se fera par personnes: car la succession de ces biens avoit été déférée au frere seul; & par sa renonciation, les neveux qui sont dans le degré suivant y sont appellés de leur chef, & non par représentation.

Lorsque le défunt a laissé un frere du simple lien, qui a été exclus par des neveux de différentes souches du double lien (*infrà*, *art.* 330), comme en ce cas les nouveaux succedent par représentation, puisque ce n'est que par le secours du droit de représentation qu'ils ont exclus le frere du défunt, le partage doit se faire entre eux par souches.

(2) Ainsi, si un défunt laisse pour tous héritiers un neveu fils d'un de ses freres, & trois autres fils d'un autre frere, ils auront tous chacun un quart.

ARTICLE CCCXX.

Toutefois les masles venans d'une fille, & succedans par représentation, ne prennent aucune chose ès fiefs délaissez par le trespas de leur oncle & tante, non plus que leur mere eust fait venant à succession avec ses freres. C. de Par. art. 322.

Cet article se rapporte au 318. Il contient une conséquence de cette regle, que lorsque quelqu'un succede, non de son chef, mais par représentation, ce n'est pas son sexe qu'on doit considérer, mais celui de la personne qu'il représente; & de cette autre regle, que les représentans ne peuvent avoir plus de droit que la personne qu'ils représentent.

ARTICLE CCCXXI.

Mais la fille venant du masle, représente son pere en la succession de son oncle décédé, avec le frere du décédé oncle de ladite fille.

Cet article est une autre conséquence de la premiere regle ci-dessus citée; & de celle-ci, que les représentans succedent à tous les droits de la personne qu'ils représentent: laquelle regle néanmoins souffre une exception en l'article suivant.

Observez que les nieces qui succedent par représentation de leur pere, frere du défunt, succedent aux fiefs lorsqu'elles sont les seules représentantes de leur pere: mais lorsqu'elles ont un frere qui, conjointement avec elles, représente leur pere dans la succession de leur oncle; ce frere, dans la subdivision de la portion à laquelle elles viennent ensemble avec lui par représentation, prend seul les biens féodaux, parce que les mêmes regles qui s'observent dans le partage, s'observent aussi dans les subdivisions, & par conséquent le mâle y exclut les filles.

ARTICLE CCCXXII.

Et si en ladite succession collatérale il y a fiefs, les enfans des freres (1) *n'excluent leurs tantes, sœurs du deffunt: ains y succedent* C. de Par. art. 323.

(1) On peut dire pour raison de cet article, que la fiction peut bien imiter la vérité, mais non pas l'emporter sur elle. C'est pourquoi la Coutume a voulu que les neveux &

leſdites tantes, de leur chef, comme eſtant les plus proches avec les enfans des freres. Et s'ils ſont pluſieurs enfans de frere, ſuccedent ſeulement pour une teſte avec leur tante.

nieces, qu'elle met, par la fiction de la repréſentation, dans le prochain degré de ſuccéder, puiſſent bien concourir à la ſucceſſion avec les ſœurs du défunt, qui ſont véritablement dans le prochain degré; mais elle n'a pas voulu qu'ils l'excluſſent, parce que la fiction l'emporteroit ſur la vérité.

Cet article n'a lieu que lorſque le défunt n'a pas laiſſé de frere. Lorſqu'il en a laiſſé un, quoiqu'il ait renoncé, je penſe que la ſucceſſion des fiefs appartient aux enfans des autres freres prédécédés à l'excluſion des ſœurs. La raiſon eſt qu'il ſuffit qu'il ſe ſoit trouvé un frere habile à ſuccéder, lors de l'ouverture de la ſucceſſion, pour qu'elle lui ait été déférée, & aux enfans de l'autre frere, à l'excluſion de la ſœur. Ce frere venant enſuite à renoncer, la part qui lui étoit déférée accroît, ſuivant l'*art.* 359, aux enfans du frere qui étoient ſes ſeuls cohéritiers appellés avec lui à cette ſucceſſion.

Lorſque le défunt a laiſſé des ſœurs, des enfans d'un frere prédécédé, & des enfans d'une ſœur prédécédée, c'eſt une queſtion qui ſouffre difficulté, & ſur laquelle les Arrêts & les Commentateurs ſont partagés, ſi les enfans du frere excluent les enfans de la ſœur dans la ſucceſſion des fiefs. On dit contre l'excluſion, que la fiction de la repréſentation donne, à la vérité, aux neveux qui repréſentent leur pere, frere du défunt, dans la ſucceſſion de leur oncle, la part & les droits qu'y auroit eus leur pere; mais qu'elle en a excepté par cet article le droit excluſif qu'il auroit ſur les femelles par rapport aux fiefs; qu'ils ne peuvent donc pas prétendre ce droit excluſif contre les enfans de la ſœur prédécédée; que la repréſentation donnant aux enfans de cette ſœur prédécédée tous les droits qu'auroit eus leur mere, ils ont droit de concourir avec les enfans du frere dans la ſucceſſion des fiefs, de même que leur mere y auroit concouru. Ceux qui tiennent pour l'excluſion, répondent que ce n'eſt qu'à l'égard des ſœurs du défunt que la Coutume, par cet article, refuſe aux enfans du frere le droit excluſif que leur pere auroit eu ſur les femelles par rapport aux fiefs, par une raiſon qui leur eſt perſonnelle, qui eſt qu'elles ſont dans la vérité dans le degré le plus prochain, ce que la Coutume inſinue par ces termes, *comme étant les plus proches;* que cette raiſon ne ſe rencontrant pas vis-à-vis des enfans des ſœurs prédécédées, les enfans des freres doivent jouir vis-à-vis d'eux de tous les droits qu'auroit eus leur pere qu'ils repréſentent, & par conſéquent du droit de les exclure dans la ſucceſſion des fiefs. Ce dernier ſentiment me paroît le plus probable; il eſt autoriſé par un Arrêt de 1660, cité par Fortin, qui en cite auſſi un de 1648 pour le ſentiment contraire.

Nous n'avons pas, ſur cette queſtion, diſtingué entre les enfans du frere les neveux des nieces. Si on décide que le neveu fils du frere, venant à la ſucceſſion avec la ſœur du défunt, & les neveux enfans d'une autre ſœur, doit exclure les neveux enfans de la ſœur, on doit pareillement décider que la niece fille du frere doit, dans le même cas, les exclure, puiſque la Coutume, *art.* 320, lui donne le droit, auſſi-bien qu'au neveu, de repréſenter ſon pere dans tous ſes droits & prérogatives.

ARTICLE CCCXXIII.

A. C. *art.* 242. C. de Par. *art.* 325.

En ligne collatérale les *plus proches* parens du décédé, *ſans hoirs de ſon corps*, lui ſuccedent quant aux meubles & conqueſts immeubles, *ſans exclure toutefois les enfans des freres & ſœurs venans par repréſentation, comme il eſt dit ci-deſſus.*

ARTICLE CCCXXIV.

A. C. *art.* 251.

Et quant aux héritages (1) propres (2) en ſucceſſion de la ligne

Voyez ſur cet article l'*Introd. Sect.* 4.

(1) *Voyez en l'Introd. gén. ch.* 3, *Sect.* 1, *art.* 3, quels immeubles ſont propres.

(2) Ce terme comprend tous les immeubles.

collatérale, on n'a point esgard à la consanguinité, & proximité de lignage, mais seulement au costé & ligne dont les héritages sont provenus. Et à iceux héritages propres ne succedent les plus prochains en degré de consanguinité, mais seulement ceux du costé & ligne, dont lesdits héritages procedent, retournans les héritages (3) paternels aux parens paternels, & les héritages maternels aux parens maternels, *le degré* (4) *néanmoins gardé entre eux.* C. de Par. art. 326.

(3) Les propres naissans paternels appartiennent indistinctement à tous les parens paternels; & il en est de même des propres naissans maternels, qui appartiennent indistinctement à tous les parens maternels. Mais à l'égard des propres anciens, il faut remonter à celui qui les a acquis à la famille, ou à celui de la famille qui est connu pour les avoir le plus anciennement possédés; & ce n'est qu'à ceux qui touchent, au moins de parenté collatérale, ce premier acquéreur ou plus ancien possesseur du propre, que cette succession est affectée.

(4) De parenté avec le défunt.

ARTICLE CCCXXV.

Et sont reputez parens du costé & ligne dont procede l'héritage, supposé qu'ils ne soient descendus (1) *de celui qui a acquis ledit héritage.* C. de Par. art. 329.

(1) Il suffit qu'ils le touchent de parenté collatérale.

ARTICLE CCCXXVI.

S'il n'y a aucuns héritiers du costé & ligne dont sont venus les héritages, ils appartiennent au plus prochain habile à lui succéder de l'autre costé & ligne, en quelque degré que ce soit, ascendant ou collatéral. C. de Par. art. 330.

L'affectation n'étant faite qu'à cette ligne, il s'ensuit qu'à défaut de parens de cette ligne, les autres du même côté n'excluent point les parens de l'autre côté plus proches en degré.

Cet article fut débattu par le Procureur du Roi, les Fiscaux ayant autrefois soutenu que le fisc, à défaut de la ligne, succédoit aux propres.

ARTICLE CCCXXVII.

Les héritiers d'un deffunt en ligne collatérale, tant masles que femelles, partissent & divisent également entre eux par testes & non par souches, les biens & successions dudit deffunt, tant meubles que héritages non tenus & mouvans en fief (1) : *Sauf* (2) *que les nepveux venans avec les oncles par représentation, succedent par souches; mais entre eux ils partissent également.* C. de Par. art. 327.

(1) A l'égard des fiefs, les femelles sont exclues par les mâles; *art.* 99.

(2) Cette exception tombe sur les mots ci-dessus, *divisent également.*

ARTICLE CCCXXVIII.

C. de Par. art. 338.

L'oncle ſuccede au nepveu avant le couſin germain.

Car l'oncle d'un défunt lui eſt parent au troiſieme degré, & le couſin germain n'eſt qu'au quatrieme. *Voyez l'Introd. N.* 12.

ARTICLE CCCXXIX.

C. de Par. art. 339.

L'oncle & le nepveu d'un deffunt, qui n'a laiſſé frere ni ſœur, ſuccedent également, comme eſtans en meſme degré (1), *& ſans que audit cas y ait repréſentation* (2).

(1) Le neveu du défunt eſt au troiſieme degré, ainſi que l'oncle du défunt.
(2) Il n'y a de repréſentation que lorſqu'il y a des freres & ſœurs du défunt.

ARTICLE CCCXXX.

C. de Par. art. 340, 341.

En meubles, & conqueſts (1) *immeubles, les collatéraux conjoincts des deux coſtez* (2) *du décédé ſans hoirs de ſon corps* (3), *excluent ceux qui ſont conjoints d'un coſté ſeulement, juſques au degré des oncles & tantes, nepveux & niepces dudit décédé incluſivement* (4).

(1) Ce mot ne ſe prend pas ici ſeulement pour des héritages acquis en communauté, mais pour toute ſorte d'acquêts.

(2) On eſt parent conjoint des deux côtés lorſqu'on deſcend de deux ſouches communes; c'eſt ce qu'on appelle être parent *du double lien;* car *lien de parenté* eſt la même choſe que *ſouche commune.* Ainſi les freres de pere & de mere ſont entre eux conjoints des deux côtés; car ils ont deux ſouches communes, ſçavoir, leurs pere & mere; à la différence des freres conſanguins, qui n'en ont qu'une, ſçavoir leur pere; & des freres utérins, qui n'ont pour ſouche commune que leur mere.

Pareillement les neveux ou nieces du défunt, enfant de ſon frere ou de ſa ſœur germaine, lui ſont parens du double lien, parce qu'ils ont avec lui deux ſouches communes, ſçavoir, le pere & la mere du défunt, qui ſont leur aïeul ou aïeule. Pareillement les oncles & tantes du défunt, qui ſont freres germains ou ſœurs germaines du pere ou de la mere du défunt, ſont ſes parens du double lien, parce qu'ils ont avec lui deux ſouches communes, ſçavoir leurs pere & mere, qui ſont l'aïeul & l'aïeule du défunt. On peut de même trouver un double lien dans tous les autres degrés de parenté collatérale; mais il n'a dans les autres degrés aucune prérogative ſur le ſimple lien.

(3) Et ſans pere & mere, leſquels précedent tous les collatéraux; *art.* 313.

(4) Le ſens obvie de ces termes, eſt qu'on a égard à la duplicité du lien juſqu'au troiſieme degré de parenté collatérale incluſivement, c'eſt-à-dire à l'égard des oncles & tantes du défunt, & des neveux & nieces du défunt, & non au-delà. Lalande obſerve que notre Coutume a ſuivi par cet article l'opinion de pluſieurs Auteurs, qui ont écrit que la prérogative du double lien accordée par la Novelle aux neveux & nieces du défunt, devoit s'étendre aux oncles & tantes du défunt, parce qu'il devoit y avoir réciprocité dans les ſucceſſions; que le neveu, s'il fût venu à la ſucceſſion de ſon oncle du double lien, auroit joui de la prérogative du double lien, & exclus ſes autres oncles freres conſanguins ou utérins du défunt; que de même l'oncle du double lien venant à la ſucceſſion de ſon neveu, devoit jouir de la même prérogative, & exclure les autres oncles du défunt qui n'étoient que freres conſanguins ou utérins du pere ou de la mere du défunt; *Arg. tit. inſt. de orph. S. C. princ.*

Lalande convient que cette opinion eſt fondée ſur le faux principe, qu'il doit y avoir réciprocité dans les ſucceſſions. Mais ayant plu à notre Coutume de la ſuivre, elle

Et

Et quant aux propres, ſuccedent (5) ceux du coſté & ligne, dont ſont advenus & eſchus audit décédé leſdits propres, encore qu'ils ne ſoient conjoincts que d'un coſté ; fors & excepté, que en fief le maſle exclut la femelle en pareil degré.

fait notre Loi municipale. Me. Berroyer, en ſes additions ſur Bardet, *T.* 2, *p.* 615 *& ſuiv.* prétend que notre Coutume a été mal entendue, & que par cet article elle n'a point parlé des oncles & tantes du défunt, & n'a point accordé aux oncles & tantes du double lien une préférence ſur ceux & celles du ſimple lien. Voici l'interprétation qu'il donne à cet article : *Les collatéraux conjoints des deux côtés du décédé.....* c'eſt-à-dire, non-ſeulement les freres & ſœurs germains, mais les neveux du défunt, enfans deſdits freres & ſœurs germains, *excluent ceux qui ſont conjoints d'un côté ſeulement, juſqu'au degré des oncles & tantes, neveux & nieces dudit décédé incluſivement;* c'eſt-à-dire, excluent leurs oncles & tantes qui ne ſont que freres & ſœurs conſanguins & utérins du défunt, & les neveux & nieces du décédé qui ſont enfans d'un frere conſanguin ou utérin, ou d'une ſœur conſanguine ou utérine du décédé. Il fait rapporter ces termes *dudit décédé*, à ceux-ci ſeulement, *neveux & nieces*; & il entend les termes d'*oncles & tantes*, qui précedent, non des oncles & tantes du défunt, mais des freres & ſœurs du ſimple lien du défunt, qui ſont les *oncles & tantes* des collatéraux du double lien, qui les excluent. Cette interprétation de Me. Berroyer n'eſt pas ſuivie dans l'uſage.

Suivant la Novelle 118, les neveux & nieces qui ont le double lien, excluent les freres & ſœurs du ſimple lien. Notre ancienne Coutume, quoiqu'elle n'eût pas adopté le droit de repréſentation, ne laiſſoit pas de donner cette préférence aux neveux & nieces du double lien ſur les freres & ſœurs du ſimple lien, *art.* 245 ; à plus forte raiſon doivent-ils avoir cette préférence dans la nouvelle Coutume, qui ayant adopté le droit de repréſentation, les place au même degré que les freres & ſœurs. Cela a été jugé par un Arrêt de 1618, confirmatif d'une Sentence du Bailliage d'Orléans, rapporté par Lalande.

Mais lorſque les parens du double lien ne ſont ni de leur chef, ni par le ſecours de la repréſentation, en dégré égal à ceux du ſimple lien, ceux-ci leur doivent être préférés ; c'eſt pourquoi les freres & ſœurs du ſimple lien doivent exclure les oncles du double lien. C'eſt ce qui a été jugé par Arrêt de 1634, rapporté par Brodeau ſur Louet, *l. S. ch.* 17, *in fin.* C'eſt ce qu'on avoit voulu déclarer lors de la réformation, par ces mots, *en parité de degré*, qui avoient été inſérés après les mots *excluent*, dans le cahier original de la réformation, & qui ſe trouvent encore dans l'édition de Saturnin Hotot : mais on jugea enſuite à propos de les raturer, de peur qu'on ne crût qu'on eût voulu par ces mots ôter aux neveux & nieces qui viennent par repréſentation, la préférence ſur les freres & ſœurs. M. de Lalande atteſte avoir vu cette rature dans le cahier original qui étoit de ſon temps à l'Hôtel-de-Ville.

La prérogative du double lien étant fondée ſur la liaiſon du ſang, laquelle eſt plus étroite dans les parens du double lien que dans ceux du ſimple lien, doit l'emporter ſur la prérogative que la Coutume accorde aux mâles ſur les filles dans la ſucceſſion des fiefs, laquelle n'eſt fondée que ſur des veſtiges d'un ancien droit qui ne ſubſiſte plus. C'eſt pourquoi la ſœur germaine & ſes enfans doivent être préférés, même pour la ſucceſſion des fiefs, aux freres du ſimple lien. Cela a été jugé en cette Coutume dans la famille de Mrs. de Saint-Meſmin.

(5) L'article 245 de l'ancienne Coutume, qui parloit du double lien, n'avoit fait aucune diſtinction entre les meubles & acquêts, & les propres ; & c'étoit une queſtion entre nos Juriſconſultes Orléanois, ſi cette prérogative devoit avoir lieu en la ſucceſſion des propres, ſuivant qu'il réſulte d'une note de Léon Tripault. La nouvelle Coutume décide la queſtion ; elle reſtreint la prérogative du double lien à la ſucceſſion des meubles & acquêts, & elle ne l'admet pas dans la ſucceſſion des propres. La raiſon de différence eſt évidente. Chacune des parentés paternelle & maternelle peut donner droit à la ſucceſſion des meubles & acquêts ; c'eſt pourquoi le parent qui réunit ces deux parentés, a un double droit à cette ſucceſſion, qui le fait préférer aux parens qui n'ont que l'une de ces parentés. Mais il n'y a que la ſeule parenté du côté d'où le propre procede, qui donne droit à la ſucceſſion des propres :

c'est pourquoi le frere ou autre parent du simple lien, qui n'est parent que de ce côté, a autant de droit à cette succession que le frere ou autre parent des deux côtés, la parenté de l'autre côté que celui-ci a de plus, étant une parenté inutile pour la succession de ce propre.

Ce qui est dit en cet article des propres, doit s'entendre aussi-bien des conventionnels comme des réels. C'est pourquoi le frere utérin succédera concurremment avec les freres germains à la part qu'avoit le défunt dans la reprise d'une somme stipulée propre par leur mere à elle *& aux siens* : car la parenté paternelle que les freres germains ont de plus que lui, étant une parenté qui ne peut leur donner aucun droit à la succession de ce propre conventionnel, ils n'y ont pas plus de droit que lui.

Mais si la mere du défunt ayant stipulé propre une certaine somme à ceux de son côté & ligne, il se présentoit, pour succéder à ce propre conventionnel maternel, un oncle maternel du défunt, frere germain de sa mere, & un autre oncle maternel frere de sa mere d'un côté seulement, l'oncle maternel du double lien devroit être préféré comme pour une succession mobiliaire ; car cette reprise n'est réputée un propre que vis-à-vis la famille du pere du défunt, avec qui la stipulation de propre a été faite : mais entre les parens maternels, qui ne peuvent être censés avoir rien stipulé entre eux, cette reprise ne peut être regardée que comme une action mobiliaire, telle qu'elle l'est dans la vérité.

Il paroît que la Coutume n'a pensé qu'aux propres de ligne. C'est une question, si la prérogative du double lien doit être admise dans la succession des propres sans ligne. Il semble que la même raison qui l'a fait admettre dans la succession des meubles & acquêts, doive la faire admettre dans la succession de ces propres : car n'étant pas plus affectés à la parenté paternelle qu'à la maternelle, celui qui réunit les deux parentés a un double droit pour cette succession, comme pour celle des meubles & acquêts, qui semble le devoir pareillement préférer à ceux qui ne sont parens que d'un côté, suivant l'esprit & les principes de notre Coutume. Néanmoins notre Coutume ayant, par cet article, restreint la prérogative du double lien à la succession des meubles & acquêts, je ne pense pas qu'on doive l'étendre à d'autres biens. C'est ce qui a été jugé en dernier lieu en ce Siege, quoique le contraire eût été jugé quelque temps auparavant.

ARTICLE CCCXXXI.

A. C. *art.* 252. C. de Paris, *art.* 183.

Quand aucun pour ses démérites est exécuté (1) par Justice, & ses biens déclarés (2) confisquez, lesdits biens meubles & immeubles sont acquis au Seigneur haut-Justicier, en la Jurisdiction duquel lesdits meubles sont trouvez (3), & lesdits immeubles assis ; à la charge de payer & acquitter les dettes dudit (4) exécuté :

(1) Il en est de même lorsqu'il a été condamné par contumace, & que le temps de cinq ans qui lui est accordé pour se représenter, est expiré sans qu'il se soit représenté ; & généralement dans tous les cas où il y a lieu à la confiscation.

(2) Ces termes sont superflus ; car la confiscation ne laisseroit pas d'avoir lieu, quoiqu'on eût omis de le prononcer dans le jugement de condamnation à peine capitale ; elle est de droit.

(3) Observez qu'en matiere de confiscation, les meubles ne suivent pas le domicile de la personne du défunt, comme en matiere de succession : la raison est que le condamné n'a pas de succession ; ses biens meubles appartiennent aux Seigneurs, comme biens vacans : or chaque Seigneur a droit de s'approprier tous les biens vacans qu'il trouve en sa Justice.

A l'égard des dettes actives qui appartenoient au condamné, on ne peut les attribuer à d'autres qu'aux Seigneurs du lieu du domicile qu'avoit le condamné lors de la condamnation ; ou s'il n'en avoit point, à celui de la Justice où lui a été fait son procès.

(4) Car elles sont une charge de ses biens : chacun des Seigneurs confiscataires y doit contribuer à proportion de ce qu'il a dans la masse totale des biens. Ils doivent pareillement contribuer à l'amende prononcée au profit du Seigneur de la Justice où le procès a été fait au condamné. Si elle étoit excessive, les Seigneurs pourroient appeller de ce chef de la Sentence. *Fournier, sur cet article.*

& auſſi à la charge du doüaire & *conventions matrimoniales* de la femme juſques à la valeur deſdits biens & héritages.

ARTICLE CCCXXXII.

Le Seigneur bas-Juſticier (1) prend ſur ladite confiſcation pareille ſomme juſques à laquelle il a juſtice. A. C. *art.* 253. C. de Par. *art.* 183.

(1) « Il ſemble que cette Coutume ne reconnoît proprement que deux ſortes de Juſtice; la haute, qui eſt toute Juſtice, & la baſſe, qui eſt limitée à quelque ſomme que ce ſoit ».

ARTICLE CCCXXXIII.

Quand aucune perſonne entre en Religion, & avant ſa profeſſion elle ne diſpoſe (1) de ſes biens meubles & héritages, ſes proches parens lui *ſuccedent, comme par mort naturelle.* A. C. *art.* 267.

(1) Ces termes ſont inſérés mal-à-propos: car quoique le Religieux, avant que de faire profeſſion, étant alors en âge de teſter, ait par teſtament diſpoſé de ſes biens, ſes proches parens ne laiſſent pas de lui ſuccéder, s'ils veulent accepter ſa ſucceſſion; & c'eſt à eux que ceux au profit deſquels il a diſpoſé, doivent demander la délivrance.

ARTICLE CCCXXXIV.

Religieux & Religieuſes profès ne ſuccedent à leurs parens; ne le Monaſtere pour eux.

Car ayant perdu l'état civil par la profeſſion religieuſe, ils en ſont incapables. *Voyez l'Introd. Sect.* 2.

ARTICLE CCCXXXV.

Il ne ſe porte héritier qui ne veut. A. C. *art.* 270. C. de Par. *art.* 316.

Nous n'avons aucun héritier néceſſaire; chacun a le pouvoir de renoncer aux ſucceſſions qui lui ſont déférées. *Voyez*, ſur les renonciations, *l'Introd. Sect.* 6, §. 3.

ARTICLE CCCXXXVI.

Et néanmoins ſi aucun étant en degré (1) *de ſuccéder, prend & appréhende* (2) *les biens d'un deffunct* (3), *ou partie d'iceux, quelle* C de Par. art. 317.

(1) Celui qui n'eſt pas en degré de ſuccéder, ne peut, en s'immiſçant dans la ſucceſſion, devenir héritier; non plus que celui qui étant en degré, & ayant renoncé, s'immiſceroit après ſa renonciation.

(2) La Coutume ſe ſeroit expliquée plus exactement, ſi elle eût dit qu'on fait acte d'héritier lorſqu'on fait quelque choſe qu'on ne feroit point ſi on ne vouloit pas être héritier; comme on devient héritier en manifeſtant la volonté de l'être, tout acte qui ſuppoſe cette volonté rend héritier, & eſt un acte d'héritier: *pro herede gerit qui aliquid quaſi heres gerit*; L. 20, ff. *de acq. hered.*

Ainſi un héritier qui paie de ſes deniers quelque dette du défunt ſans avoir aucune qualité pour les payer que celle d'héritier, fait acte d'héritier, encore qu'il n'appréhende en aucune maniere les biens de la ſucceſſion; *L.* 2, *cod. Jur. delib.*

qu'elle soit, sans avoir autre qualité (4) *ou droict de prendre lesdits biens ou partie, il fait acte d'héritier, & s'oblige en ce faisant, à payer les dettes du deffunct. Et supposé qu'il lui fust deu, légué ou donné, pour cause de mort, aucune chose par le deffunct, il le doit demander, & se pourveoir par Justice : Autrement s'il prend lesdits biens, ou partie d'iceux, de son auctorité, il fait* (5) *acte d'héritier.*

Au contraire, si l'héritier présomptif appréhende les biens de la succession, mais pour les conserver, & non pas dans l'esprit d'en user & d'en disposer comme maître ; par exemple, s'il fait valoir les héritages, s'il fait faire des réparations urgentes, s'il vend même les effets de la succession qu'il est nécessaire de vendre, soit parce que ce sont des effets périssables, soit parce qu'ils occupent des appartemens qu'il faille vuider ; il ne fait point en cela acte d'héritier ; *d. L.* §. 1, ff. *acquir. hered.* Il doit néanmoins se faire autoriser par le Juge pour vendre & faire des protestations.

Ce n'est pas non plus un acte d'héritier que de commander les obseques du défunt ; ou de poursuivre la vengeance de sa mort ; car ce sont des devoirs de piété dont on s'acquitte envers ses parens, quand même on ne seroit pas leur héritier ; ainsi ces actes ne dénotent point la volonté d'être héritier ; *d. L.* 20, §. 1.

L'héritier qui cede ses droits successifs fait acte d'héritier ; car il ne pourroit pas en disposer s'il ne l'étoit pas, personne ne pouvant céder à un autre ce qu'il n'a pas lui-même. Mais l'héritier qui renonce à la succession, quoique pour renoncer il reçoive quelque chose de ses cohéritiers, ne fait pas acte d'héritier, suivant cette regle, *Qui pretium omittendæ hereditatis causâ capit, non videtur heres esse;* L. 24, ff. *de acq. hered.* : car il ne cede rien à ses cohéritiers de qui il reçoit cette somme pour renoncer, & ce n'est pas de lui, mais de la loi, qu'ils tiennent la part qui leur accroît par sa renonciation ; le contrat qu'ils font avec lui, n'est pas le contrat *do ut des*, mais *do ut facias.* S'il avoit renoncé en faveur d'un de ses cohéritiers préférablement aux autres, quand même il n'auroit rien reçu pour cela, ce ne seroit pas tant une renonciation, qu'une cession de ses droits qu'il lui auroit faite ; & il auroit fait acte d'héritier.

(3) C'est-à-dire, les biens qui sont réputés être dans la succession du défunt : car si un héritier présomptif se met en possession & dispose d'un héritage qui passe pour être de la succession, le défunt en étant mort en possession, il fait acte d'héritier, quand même il paroîtroit par la suite que cet héritage n'eût pas appartenu au défuut ; *L.* 88, ff. *acquir. hered.*

(4) Car lorsque l'héritier présomptif a d'ailleurs un droit de se mettre en possession des biens de la succession, comme s'il étoit exécuteur testamentaire, on ne peut dire en ce cas qu'il ne se seroit pas mis en possession s'il n'eût voulu être héritier, puisqu'il avoit une autre raison pour s'y mettre ; & par conséquent on ne peut dire, suivant notre regle ci-dessus, qu'il ait fait acte d'héritier en s'y mettant.

(5) L'héritier qui se met de lui-même en possession de la chose léguée, ne peut avoir d'autres raisons pour s'y mettre que la volonté qu'il a d'être héritier, puisque le legs ne lui en donne pas le droit : il s'ensuit donc qu'il fait acte d'héritier en s'y mettant.

ARTICLE CCCXXXVII.

A. C. *art.* 270. Le parent habile à succéder, qui ne se seroit immiscé ès biens & succession du décédé, a quarante jours pour délibérer, & déclarer s'il se veut porter héritier *simple, ou sous bénéfice d'inventaire, ou répudier la succession, à commencer du jour de l'adjournement* (1) *fait à sa personne : Et en deffaut dudit adjournement*, du jour

(1) L'Ordonnance de 1667 a dérogé à cet article. *Voyez l'Introd. N.* 68.

que le temps pour délibérer lui aura esté ordonné par le Juge. *Et servira l'interpellation faite par l'un des créanciers ou autres, pour tous y ayans intérest.*

ARTICLE CCCXXXVIII.

L'héritier en ligne directe, qui se porte héritier par bénéfice d'inventaire (1), n'est exclus par autre parent, qui se porte héritier simple. C. de Par. art. 342.

(1) En Pays coutumier, le parent du défunt qui offre être son héritier pur & simple, est préféré à celui qui ne veut l'être que sous bénéfice d'inventaire. Cet article contient une premiere exception à cette regle, qui est fondée sur la faveur de la ligne directe. Un enfant ne doit pas, pour avoir eu recours à un secours que la loi civile lui offroit, être privé d'une succession qui lui est due par la loi naturelle; un ascendant ne doit pas non plus être facilement privé d'une succession qui lui est déférée *in solatium orbitatis*; mais les successions étant déférées aux collatéraux comme un pur bienfait de la loi civile, cette loi peut entre eux préférer ceux qui, par une acceptation pure & simple, font le plus d'honneur à la mémoire du défunt & à sa succession.

ARTICLE CCCXXXIX.

Le mineur qui se porte héritier simple, ne peut exclurre l'héritier par bénéfice d'inventaire, qui est en plus proche degré. C. de Par. art. 343.

Cet article contient une seconde exception, fondée sur ce qu'un mineur étant restituable contre son acceptation, son acceptation n'est guere plus avantageuse aux créanciers de la succession, que celle de l'héritier bénéficiaire. S'il offroit donner caution de ne se pas faire restituer, cette raison cesseroit, & il devroit en ce cas avoir la préférence sur l'héritier bénéficiaire : c'est ce qui a été jugé par Arrêt de 1658, rapporté par Lalande.

ARTICLE CCCXL.

Quand quelqu'un s'est porté héritier sous bénéfice d'inventaire, nul n'est reçu à se porter héritier simple pour l'exclurre : Sinon qu'il se déclare tel dedans l'an (1) après ladite appréhension sous bénéfice d'inventaire, & qu'il fasse signifier (2), ladite déclaration audit héritier sous bénéfice d'inventaire.

(1) Cette année court du jour de l'entérinement des Lettres.
(2) Dans ladite année.

ARTICLE CCCXLI.

Il est loisible à celui qui s'est porté héritier sous bénéfice d'inventaire, de se porter puis après héritier pur & simple : Et lui sera gardé son degré en se déclarant tel dans quarante (1) jours après que un autre sera apparu héritier simple.

(1) L'Auteur des notes de l'Edition de 1711 remarque que ce laps de quarante jours ne fait pas déchoir de plein droit l'héritier bénéficiaire du droit de pouvoir conserver la

succession en le déclarant héritier pur & simple, & qu'il faut l'en faire déchoir par une Sentence. Il remarque même que M. Beauharnois pensoit que cet héritier étoit encore à temps sur l'appel de faire cette déclaration, quoique le contraire ait été jugé au Bailliage, contre son avis, le 3 Décembre 1667.

ARTICLE CCCXLII.

C. de Par. art. 334. *L'héritier sous bénéfice d'inventaire, ou curateur aux biens vacans d'un deffunct, ne peut vendre* (1) *les biens meubles de la succession, sinon publiquement & au plus offrant & dernier enchérisseur, & faisant dénoncer la vente devant la principale porte de l'Eglise de la Paroisse où le deffunct demouroit, à issue de Messe Parrochiale, & délaissant une affiche contre la porte de ladite Eglise, & une autre contre la porte de la maison où le deffunct est décédé.*

(1) S'il vend sans garder ces solemnités, il est tenu de compter de ce que les meubles auroient pu être vendus davantage qu'il ne les a vendus. On peut estimer cela en ajoutant la crue du parisis, qui est le quart en sus de la prisée portée par l'inventaire à l'égard des meubles sujets à cette crue.

S'il n'a pas vendu les meubles, il n'est tenu qu'à les représenter : mais s'ils étoient dépéris faute d'avoir été vendus, il seroit tenu des dommages & intérêts que la succession auroit soufferts à cet égard.

ARTICLE CCCXLIII.

Et quant aux immeubles, n'en peut faire vente, sinon en gardant (1) *les solemnités requises, en maniere de criées d'héritages.*

(1) Faute de les avoir gardées, les hypotheques sur l'héritage qu'il a vendu n'étant pas purgées, l'acheteur est sujet aux actions hypothécaires des créanciers, & a un recours de garantie contre l'héritier bénéficiaire qui lui a vendu.

Observez que l'héritier peut se rendre lui-même adjudicataire des héritages de la succession. Cette adjudication ne lui en fait pas acquérir la propriété, puisqu'il en étoit déja propriétaire en sa qualité d'héritier ; mais elle lui en assure la possession contre les créanciers, qui ne peuvent plus se venger que sur le prix de l'adjudication, dont il leur doit rendre compte.

ARTICLE CCCXLIV.

A. C. *art.* 255. C. de Par. *art.* 167. Si aucun va de vie à trespas, sans héritiers, au Seigneur haut-Justicier en appartient la succession de ce qui est (1) en sa Justice: sinon que le décédé fust aubain (2).

(1) C'est-à-dire, des meubles qui s'y trouvent comme biens vacans, & des héritages qui y sont situés.

(2) C'est-à-dire *étranger*, quand même il seroit naturalisé : le Roi, à défaut d'héritier, lui succéderoit à l'exclusion du Haut-Justicier, qui ne doit pas profiter des Lettres de naturalisation, qui n'ont été accordées qu'en faveur de l'aubain, pour qu'il pût transmettre sa succession à ses parens François, s'il s'en trouvoit. *Arrêt du 24 Mai 1580, rapporté par Bacquet, p. 4, ch. 34.*

ARTICLE CCCXLV.

Héritage féodal baillé à cens, eſt réputé cenſuel en la ſucceſſion du preneur, qui l'a pris à cette charge : Et comme tel ſe doit partir entre ſes héritiers après ſon treſpas, combien que le bailleur d'héritage le tînt en fief. A. C. art. 260.

Voyez ſur cet article & les ſuivans, l'*Introduction au titre des Fiefs*, ch. 8, *art.* 2.

ARTICLE CCCXLVI.

Héritage féodal pris à rente, à toujours, à vies ou à long-temps, dont le bailleur a retenu (1) à ſoi la foi & hommage (2) : ſe partiſt & diviſe entre les héritiers du preneur, *& ſes ayans cauſe*, comme cenſuel. A. C. art. 261.

(1) Dans le bail à cens, le bailleur eſt toujours cenſé s'être retenu la directe de l'héritage à laquelle eſt attachée la charge d'en porter la foi au Seigneur de qui il releve en fief, quoique cette rétention ne ſoit pas exprimée ; car elle eſt de l'eſſence du bail à cens : mais dans le bail à rente il faut l'exprimer. C'eſt pourquoi la Coutume ajoute ici, *dont le bailleur a retenu, &c.*

(2) C'eſt-à-dire, la directe de l'héritage, à laquelle eſt attachée la charge d'en porter la foi.

ARTICLE CCCXLVII.

Mais la rente (1) ſe partiſt entre les héritiers du bailleur & ſes ayans cauſe, comme héritage féodal. A. C. art. 261.

(1) C'eſt à cette rente qu'eſt attachée la féodalité de l'héritage ſur lequel elle eſt à prendre, le bailleur ſe l'étant retenue.

ARTICLE CCCXLVIII.

Rentes venduës & conſtituées ſe partiſſent & diviſent en ſucceſſion comme héritage cenſuel ; jaçoit que leſdites rentes ſoient ſpécialement conſtituées ſur fonds & héritages féodaux (1), *ou cenſuels, ou généralement ſur tous les biens du débiteur.* A. C. art. 262.

(1) A moins que la rente ne fût inféodée ; & elle le feroit ſi le Seigneur de fief de l'héritage ſur lequel elle eſt à prendre, avoit admis le propriétaire de cette rente à lui en porter la foi. *Voyez l'article* 6.

ARTICLE CCCXLIX.

Toutes rentes créées par bail, *partage*, ou licitations d'héritages, ſont cenſées & réputées foncieres (1) : *ſuppoſé* (2) *qu'elles ſoient créées ſous faculté de rachapt.* A. C. art. 272.

(1) Bien entendu lorſque l'héritage eſt baillé immédiatement, ou licité immédiatement pour une rente, ou que le lot plus fort eſt chargé immédiatement d'une rente pour re-

tour. Si l'héritage étoit vendu ou licité pour une ſomme de deniers, & qu'en même temps par le contrat de vente, ou par la licitation, on conſtituât une rente de ce prix, ou que le lot plus fort fût chargé d'une ſomme de deniers pour retour, & qu'en même temps & par le même acte, on conſtituât une rente pour cette ſomme de deniers, telles rentes ne ſeroient que des rentes conſtituées, & non pas des rentes foncieres.

(2) C'eſt-à-dire, quoiqu'elles, &c.

ARTICLE CCCL.

C. de Par. art. 93.

Somme de deniers donnée par pere, mere, ayeul ou ayeule, ou autres aſcendans (1), *à leurs enfans en contemplation de mariage, pour être employée en achapt d'héritage, encore qu'elle n'ait été employée, eſt réputée immeuble* (2), *à cauſe de la deſtination.*

(1) Ceci eſt dit par forme d'exemple. Cette deſtination auroit le même effet à l'égard d'une ſomme qui ſeroit donnée par un collatéral ou un étranger, ou qui appartiendroit à la perſonne qui ſe marie.

(2) A l'effet ſeulement d'être excluſe de la communauté; à moins que le contrat de mariage ne porte quelque choſe de plus. *Voyez ſur les propres conventionnels, l'Introd. génér. chap.* 3, *art.* 4, §. 3.

ARTICLE CCCLI.

A. C. art. 175 & 262. C. de Par. art. 94.

Rentes conſtituées (1) *à prix d'argent, ſont réputées immeubles, juſques à ce qu'elles ſoient rachetées. Toutefois* (2) *au cas que celles qui appartiennent à mineurs* (3), *ſoient rachetées pendant leur minorité, les deniers* (4) *du rachapt, ou le remploi* (5) *d'iceux en*

(1) *Voyez l'art.* 191.

(2) Le motif de cette diſpoſition a été d'obvier aux fraudes des tuteurs, qui, contre l'intérêt de leurs mineurs, dans la vue d'avoir meilleure part dans leur ſucceſſion, s'ils venoient à mourir, procureroient le rachat des rentes de leurs mineurs propres d'une autre famille que la leur.

(3) C'eſt une queſtion, ſi cette diſpoſition doit être étendue aux interdits. Il y a lieu de craindre les mêmes fraudes de la part de leurs curateurs, que celles auxquelles la Coutume a voulu remédier par cet article : c'eſt pourquoi on peut dire : *Ubi eadem æquitas & ratio occurrit, idem jus ſtatuendum eſt.* D'un autre côté, on dit que les Loix qui s'écartent du Droit commun, telles que celle-ci, ne ſont pas ſuſceptibles d'extenſion; *L.* 141, ff. *de R. J.* La queſtion paroît avoir été différemment jugée. Il y a au cinquieme tome du Journal, un Arrêt du 1 Juillet 1686, qui a jugé que l'article ne s'étendoit pas aux interdits.

(4) Soit qu'ils ſe trouvent encore en nature dans la ſucceſſion du mineur, ſoit qu'il ne s'y trouve que l'action qu'avoit le mineur contre ſon tuteur qui les a reçus pour s'en faire rendre compte.

(5) Si le tuteur, en faiſant l'acquiſition d'une rente ou d'un héritage, avoit, par le contrat d'acquiſition, déclaré que la ſomme par lui payée pour cette acquiſition, procede du prix du rachat qui lui avoit été fait de la rente du mineur, cette rente ou cet héritage acquis avec cette déclaration ſeroit *determinatè* le remploi de la rente propre remburſée : les héritiers aux propres de la ligne d'où la rente remburſée procédoit, prendroient dans la ſucceſſion du mineur la rente ou l'héritage ainſi acquis en l'état que ledit héritage ſe trouveroit, ſoit qu'il fût augmenté, ſoit qu'il fût diminué; & ils ne pourroient prétendre aucun remploi s'il étoit totalement péri. Mais ſi le tuteur, après avoir reçu le rachat de la rente propre, a fait des acquiſitions d'autres rentes ou héritages ſans

autres

autres rentes (6) ou héritages, ſont cenſées (7) de même nature & qualité (8) d'immeuble, qu'étoient les rentes ainſi rachepteés, pour retourner au parent du coſté & ligne, dont leſdites rentes étoient procédés. Et le ſemblable aura lieu pour deniers procédans de la vente d'héritages (9) des mineurs.

faire aucune déclaration, le remploi qui appartient dans la ſucceſſion du mineur aux héritiers de la ligne d'où la rente rembourſée procédoit, étant en ce cas indéterminée, doit être fourni auxdits héritiers en effets de la maſſe des acquêts du mineur, pour le prix qu'ils vaudront lors de la liquidation de la ſucceſſion, & qui ne ſeront ni les meilleurs ni les moindres.

(6) Si le prix du rachat de cette rente avoit ſervi à payer les dettes du mineur, la libération des dettes acquittées de ces deniers, dont les biens du mineur ſe trouvent déchargées, tenant en ce cas lieu du remploi du prix de la rente propre, les héritiers de la ligne d'où la rente rembourſée procédoit, doivent confondre ſur eux la même portion du remploi, que les biens auxquels ils ſuccedent auroient porté dans les dettes qui ont été acquittées du prix du rachat; & ils doivent être payés ſur les autres biens de la ſucceſſion du mineur, du ſurplus dudit remploi; leſquels autres biens y doivent contribuer pour la même portion qu'ils auroient portée deſdites dettes.

Si les deniers du rachat de la rente propre avoient ſervi à racheter une rente fonciere dont étoit chargé quelque héritage du mineur, ou à y conſtruire quelque édifice, le remploi qui eſt dû dans la ſucceſſion du mineur aux héritiers de la ligne d'où procédoit la rente propre rembourſée, ſeroit dû en entier par les héritiers qui ſuccedent à cet héritage; & ſi cet héritage étoit de la même ligne d'où procédoit la rente rembourſée, il ne ſeroit dû aucun remploi.

Lorſque le prix du mobilier du mineur a ſervi à acquitter ſes dettes, Lebrun, *l.* 4, *ch.* 2, *ſect.* 2, *n.* 28, décide que ſes héritiers au mobilier peuvent de même demander un remploi ſur les autres biens dans la ſucceſſion du mineur. Mais cette opinion n'eſt pas ſuivie; car le mobilier étoit deſtiné à cela. *Arrêt du* 10 *Juillet* 1755, *rapporté par Renuſſon*, *tit. des Propres*, III, 13, 38.

(7) La Coutume auroit dû ajouter, *dans la ſucceſſion du mineur décédé mineur :* car il eſt conſtant que la diſpoſition de cet article ceſſe entiérement, auſſi-tôt que le mineur eſt parvenu à l'âge de majorité, ces choſes n'étant réputées propres que pour le cas de la ſucceſſion du mineur. Il ſuit auſſi de ce principe, que ſi le mineur étoit parvenu à l'âge de teſter, quoiqu'il décédât mineur, la diſpoſition teſtamentaire qu'il auroit faite de ces choſes ſeroit valable. Par la même raiſon, ſi l'héritier aux propres qui ſuccede au mineur à ces deniers étoit en communauté de biens avec ſa femme, quoiqu'il y ſuccede comme à un propre, néanmoins ils ne laiſſeroient pas de tomber dans ſa communauté.

Quoique ces choſes ne ſoient réputées propres que pour le cas de la ſucceſſion du mineur, néanmoins la Juriſprudence a établi que ſi le mineur laiſſoit pour héritiers des mineurs qui décédaſſent auſſi mineurs, la fiction continueroit d'avoir lieu dans la ſucceſſion des héritiers de l'héritier; autrement la vue de la Loi ne ſeroit pas remplie, & un tuteur de pluſieurs freres mineurs qui ſe ſuccéderoient les uns aux autres, pourroit, dans la ſucceſſion du dernier mort, profiter des fraudes que la Loi a voulu empêcher. *Voyez Dupleſſis*, *conſ.* 23, *Ricard*, *&c.*

(8) Ces termes ſignifient-ils que les deniers du rachat de la rente, ou le remploi, ſont cenſés avoir non-ſeulement la même *nature* de propre qu'avoit la rente, mais toutes les autres qualités qui peuvent être conſidérées dans une ſucceſſion? Par exemple, ſi la rente qui a été rembourſée étoit une rente noble à laquelle les ſeuls héritiers mâles du mineur auroient ſuccédé préférablement aux filles, les deniers du rachat ou le remploi, quoique fait en un bien roturier, ne doivent-ils pas être cenſés avoir la même qualité de bien noble, pour appartenir dans la ſucceſſion du mineur aux ſeuls mâles qui auroient ſuccédé à la rente? Et *contrà vice verſâ*, ſi la rente qui a été rembourſée étoit un bien roturier, & que le remploi en ait été fait en un héritage féodal, cet héritage, quoique féodal, ne doit-il pas être cenſé, dans la ſucceſſion du mineur, comme un bien ordinaire

auquel les filles doivent succéder concurremment avec les mâles, de même qu'elles auroient succédé à la rente dont il tient lieu ? On peut dire d'une part, que les termes qui suivent, *pour retourner au parent du côté & ligne dont lesdites rentes étoient procédées*, paroissent résister à l'étendue de cette interprétation, & restreindre ces termes, *de même nature & qualité d'immeubles qu'étoient les rentes ainsi rachetées*, à la seule qualité de *propre de la ligne* d'où procédoient les rentes. On peut dire d'autre part, que l'interprétation étendue qu'on donne à ces termes, paroît nécessaire pour remplir parfaitement les vues de la Coutume, & empêcher les fraudes des tuteurs qu'elle a voulu empêcher : car les fraudes que peut commettre un tuteur héritier présomptif du chef de sa femme, en changeant les biens nobles du mineur en biens roturiers, & celles que peut commettre un tuteur héritier présomptif de son chef, en changeant les biens roturiers du mineur en biens nobles, pour en exclure les filles parentes au même degré que lui, sont des fraudes que la Coutume n'a pas dû moins vouloir empêcher que celles qu'il commettroit en convertissant en acquêts des propres d'une autre ligne que la sienne.

(9) Il en est de même aussi des deniers qui proviendroient du prix des propres conventionnels du mineur, & de l'emploi qui en sera fait ; *Introduction générale*, *chap.* 3, *art.* 4, §. 2.

ARTICLE CCCLII.

A. C. *art.* 271. C. de Par. *art.* 90.

Moulins à eauë assis sur batteaux, qui se peuvent mouvoir de place en autre, sont réputez (1) meubles. *Et au regard des moulins qui ne sont sur batteaux, & moulins à vent, sont du (2) tout réputez immeubles, & de telle nature que le fonds où ils sont assis.*

(1) Dumoulin, sur l'article 282 de Bourbonnois, excepte les moulins bannaux : car le droit de bannalité est un droit immobilier, & le moulin qui sert à l'exercice de ce droit en est une dépendance qui en doit suivre la nature.

(2) A l'égard des moulins bâtis sur pilotis, ils sont immeubles.

Par conséquent même les toiles du moulin en sont censées faire partie.

ARTICLE CCCLIII.

A. C. *art.* 375. C. de Par. *art.* 90.

Les jumelles, arbres, boées, metz, viz & escrouës d'un pressoüer, & ce qui y tient, & est affiché par chevilles ou cloux, & crampons, sont héritage, & le reste (1) est meuble.

Cet article doit s'entendre non-seulement des pressoirs à arbre, mais des pressoirs à roue. On a depuis inventé de petits pressoirs à auge qui peuvent aisément se mouvoir, & qui par conséquent doivent être censés meubles.

(1) Comme planches, coussins, anches, même les grandes cuves.

ARTICLE CCCLIV.

A. C. *art.* 273. C. de Par. *art.* 92.

Tous fruicts pendans par les racines (1) sont héritage.

D'où il suit que si, lors de la mort du défunt, ils étoient encore pendans sur un héritage propre, ils appartiennent à l'héritier aux propres qui succede à l'héritage, sans qu'il soit tenu de rembourser les frais de labour & semence à l'héritier aux meubles : mais aussitôt qu'ils ont été coupés, ils sont meubles, quoiqu'ils ne soient pas encore serrés.

(1) Les arbres des pépinieres, jusqu'à ce qu'ils aient été levés pour être vendus, sont des fruits pendans par les racines, qui, de même que les autres fruits, doivent être jusqu'à ce temps censés faire partie de la terre qui les a produits ou qui leur a donné la nourriture & l'accroissement. Pareillement les fleurs sont censées faire partie de la terre

qui les a produites, ou qui les nourrit; même les oignons qui en ont été tirés pendant l'hiver pour y être replantés, conservent leur nature d'héritage, à cause de leur destination. A l'égard des fleurs & arbustes qui sont dans des vases ou des caisses, il n'est pas douteux que ce sont des meubles.

ARTICLE CCCLV.

Poisson estant en estang ou en fosse, est réputé (1) *immeuble. Mais quand il est en boutique, huche, chalan percé, gardoüer ou reservoüer, est réputé meuble* (2). C. de Par. art. 91.

(1) La raison est qu'on ne peut pas proprement dire en ce cas que j'ai *in bonis* des poissons, mais seulement que j'ai un étang empoissonné; car suivant les principes de Droit, les animaux *feræ naturæ* ne sont *in bonis nostris* que lorsqu'ils sont *sub manu & custodiâ nostrâ*, & non point lorsqu'ils sont *in naturali laxitate*. Si je n'ai point un domaine de ces poissons, distingué de celui de l'étang qui les contient, il s'ensuit qu'ils en doivent suivre la nature.

Par la même raison, les pigeons de colombier sont immeublés, & ceux qui sont enfermés sous une mue ou dans une voliere, & nourris dans la maison, sont meubles.

(2) Il est encore réputé meuble lorsque la bonde est levée; *Voyez l'art.* 74.

ARTICLE CCCLVI.

Ustenciles d'hostel, qui se peuvent transporter sans fraction, & détérioration, sont aussi reputez meubles. Mais s'ils tiennent à fer & (1) *à clou, ou sont scellez en plâtre ou chau, & sont mis pour perpétuelle demeure, & ne peuvent estre transportez sans fraction & détérioration, sont censez & reputez immeubles* (2). C. de Par. art. 90.

(1) Il n'est pas toujours nécessaire que des choses tiennent à fer & à clou pour être réputées faire partie de la maison; car les clefs d'une maison, les planches qui servent à faire la fermeture d'une boutique, l'artillerie d'un château, les ornemens de la chapelle, sont censés faire partie de la maison. Au contraire, il y a bien des choses qui tiennent à fer & à clou, & qui n'en font pas partie. Il auroit plutôt fallu dire que tout ce qui sert *ad integrandam domum*, c'est-à-dire, à completter une maison, sans quoi il manqueroit quelque chose à sa perfection, est censé en faire partie. Au contraire, tout ce qui ne sert que *ad instruendam domum*, à la meubler, n'en fait pas partie, & est meuble. Suivant cette distinction, pour décider si une glace ou tableau qui est encadré dans une cheminée ou dans un autre endroit, fait partie ou non de la maison, il faut examiner si ce qui est derriere est de même parure avec le reste de la cheminée. En ce cas la glace ne fait pas partie de la cheminée, qui avoit toute sa perfection sans cette glace; elle n'est qu'un meuble. Mais si derriere il n'y avoit que les briques, ou quelques planches de différente parure du reste de la cheminée, elle sert en ce cas à completter cette cheminée, qui, sans cette glace, seroit imparfaite & exigeroit quelque chose; & en conséquence elle est censée faire partie de la maison.

(2) Pour qu'une chose soit censée faire partie d'une maison, il est sur-tout nécessaire qu'elle y soit pour perpétuelle demeure. C'est pourquoi tout ce qu'un locataire & même un usufruitier ont placé dans une maison, étant censé n'y avoir été placé que pour le temps de leur jouissance, n'est point censé en faire partie, quoique les mêmes choses qui y auroient été placées par le propriétaire, seroient censées en faire partie, comme des cloisons, des parquets, &c.

ARTICLE CCCLVII.

C. de Par. art. 335.

En succession collatérale, quand il y a masles & femelles succédans en fief & roture (1), chacun paye les debtes pour portion de l'émolument (2).

(1) Sçavoir, les mâles au fief à l'exclusion des femelles (*art.* 99.), & tant les mâles que les femelles aux rotures.

(2) C'est-à-dire, à proportion de ce que chacun a dans l'actif de la succession; & par conséquent, les mâles qui succedent seuls aux fiefs, doivent une plus grande part dans les dettes que les femelles.

ARTICLE CCCLVIII.

C. de Par. art. 333.

Toutefois s'ils sont détenteurs (1) d'héritages qui ayent appartenu au deffunct, & qu'ils ayent esté obligez & hypothéquez à la debte par ledit deffunct; chacun des héritiers est tenu payer le tout, sauf son (2) recours contre ses cohéritiers.

(1) Il fut suppléer auparavant cette regle générale : Chaque héritier est tenu des dettes pour la même part qu'il a dans l'actif de la succession : toutefois, &c.

(2) L'héritier qui possede quelque partie des biens immeubles de la succession, est sujet à deux actions envers le créancier hypothécaire; sçavoir, à l'action personnelle qui naît de l'obligation contractée par le défunt; & comme l'héritier ne succede à cette obligation que pour la part pour laquelle il est héritier, il n'est tenu de cette action que pour la même part : l'autre action dont il est tenu est l'action hypothécaire. C'est en vertu de cette action qu'il est tenu payer le tout; parce que, quelque petite que soit la partie des immeubles de la succession qu'il possede, cette partie est hypothéquée au total de la dette du créancier hypothécaire, l'hypotheque étant un droit indivisible qui est *totum in toto, & totum in qualibet parte. Voyez l'Introd. au tit.* 20, *ch.* 1, *sect.* 3, *art.* 2.

Quand il se seroit fait subroger aux droits du créancier, il ne pourroit exercer ce recours contre ses cohéritiers que pour leur portion; autrement, comme il est tenu solidairement lui-même, il se feroit un cercle d'actions. Cela a été jugé le 30 Avril 1738, d'une voix unanime au Bailliage d'Orléans, dans le procès des Tanneurs de Meung. Au reste, si quelque héritier étoit insolvable, la portion que l'insolvable auroit dû porter, se répartiroit entre tous les autres.

Quand même l'un des cohéritiers seroit de son chef créancier hypothécaire du défunt, il ne pourroit agir solidairement, sa part seulement confuse, contre chacun de ses cohéritiers détenteurs d'immeubles : la garantie réciproque que se doivent les cohéritiers exclut cette solidité. Il ne peut demander à chacun de ses cohéritiers que la part dont ce cohéritier en est tenu personnellement, & la répartition des portions dont sont tenus les héritiers insolvables, entre lui & ceux qui sont solvables; *Lebrun, ibid.*

ARTICLE CCCLIX.

C. de Par. art. 310.

Le droict & part de l'enfant, qui s'abstient & renonce à la succession de ses pere ou mere, accroist aux autres enfans & héritiers, sans aucune prérogative d'aisnesse (1), de la portion qui accroist.

(1) Par exemple, s'il y a trois enfans, & que l'un des puînés renonce, le quart que ce puîné renonçant auroit eu dans le féodal, se partagera également entre l'aîné & l'autre puîné qui accepte. La raison est que l'aîné n'est censé être héritier que pour sa portion virile, ayant ce qu'il a de plus que les autres comme un prélegs légal : de là vient qu'il ne porte des dettes que sa portion virile; *art.* 360.

Il faut obſerver, touchant le droit d'accroiſſement, que lorſqu'une ſucceſſion eſt déférée par ſouches, & que l'un des enfans d'une ſouche renonce, ſa part accroît aux autres enfans de cette ſouche, & non point aux autres ſouches, tant qu'il y a quelqu'un de la ſouche du renonçant : car c'eſt une maxime priſe dans la nature du droit d'accroiſſement, que la part du défaillant n'accroît qu'à ceux avec leſquels il auroit partagé, & dont il auroit diminué la part, s'il eût concouru avec eux. Or il eſt évident que ſi cet enfant fût venu à la ſucceſſion, il n'auroit diminué que les parts de ceux de ſa ſouche, & non celles des autres ſouches.

Il ſuit pareillement de ce principe, que le droit d'accroiſſement n'a lieu qu'entre cohéritiers d'une même eſpece de biens. Ainſi lorſqu'un défunt laiſſe un frere, des neveux d'un autre frere, & une ſœur, & que le frere renonce, il n'y a que les neveux qui aient droit d'accroiſſement dans le féodal, parce qu'il n'y avoit qu'eux qui fuſſent cohéritiers du renonçant dans cette eſpece de bien.

ARTICLE CCCLX.

Quand les héritiers (1) ſuccedent, les uns aux meubles, acqueſts & conqueſts, les autres aux propres, ou qu'ils ſont donataires ou légataires univerſels (2), ils ſont tenus entre eux contribuer au payement des debtes, chacun pour telle part & portion qu'ils amendent (3) : En quoi ne ſont compris les aiſnez en ligne directe, leſquels ne ſont tenus des dettes perſonnelles & rentes conſtituées, en plus que les autres cohéritiers, pour le regard de ladite aiſneſſe. C. de Par. art. 334.

(1) *Voyez l'Introduction, ſect.* 8.

(2) *Voyez l'Introduction au tit.* 16, *n.* 4.

(3) C'eſt-à-dire, pour la même part que chacun a dans l'actif de la ſucceſſion. Par exemple, ſi l'actif de la ſucceſſion eſt compoſé de meubles, acquêts & propres maternels auxquels je ſuccede, montant à 60,000 liv., & qu'il y ait pour 300,00 liv. de propres paternels, auxquels deux autres héritiers ſuccedent, les biens auxquels je ſuccede, faiſant les deux tiers de l'actif, je ſerai tenu des deux tiers des dettes, & les héritiers aux propres de l'autre tiers.

Lorſque le paſſif excede l'actif, Lebrun décide que l'excédant doit être porté par tous les héritiers *in viriles. V. g.* dans l'eſpece ci-deſſus, s'il y avoit pour 10,0000 liv. de paſſif, les 10,000 liv. dont il excede l'actif devroient, ſelon lui, être portées, par tiers par les deux héritiers aux propres & moi ; parce que, dit-il, l'actif étant abſorbé par le paſſif, aucun de nous *n'amende rien.* Cette déciſion ne me paroît pas juſte. Quoique le paſſif excede l'actif, il n'en eſt pas moins vrai que je ſuccede aux deux tiers de l'actif, & que *j'amende* les deux tiers de l'actif ; & qu'étant réputé héritier pour le paſſif, aux termes de cet article, pour la même part que je le ſuis pour l'actif, je dois porter les deux tiers de tout le paſſif, puiſque je ſuccede aux deux tiers de l'actif.

ARTICLE CCCLXI.

Interdiction (1) de vendre ou aliéner ſes biens & héritages n'a lieu : ains ſuccedent également les enfans des premiers, ſeconds A. C. art. 41.

(1) Anciennement dans le reſſort de la Prévôté d'Orléans, il étoit défendu au ſurvivant de deux conjoints non nobles ayant enfans de leur mariage, d'aliéner ſes propres, acquêts & conquêts qu'il avoit lors de la diſſolution du mariage, & les immeubles qui lui avenoient depuis en ligne directe, ſi ce n'étoit en cas de néceſſité, par permiſſion du Juge, les enfans appellés ; autrement, après la mort du ſurvivant, les enfans, en renonçant à la ſucceſſion, pouvoient évincer les poſſeſſeurs.

& autres mariages à leurs peres & meres, ayeuls ou ayeules, en tous biens meubles & immeubles, propres & conqueſts, aſſis eſdits Bailliage & Prevoſté d'Orléans, & Reſſorts d'iceux : Sauf la prérogative de l'aiſné, & ſans que leſdits enfans puiſſent alléguer ladite couſtume d'interdiction.

Il n'y avoit auſſi que les enfans du premier mariage qui ſuccédaſſent au ſurvivant à ces biens; & en revanche les enfans du ſecond lit ſuccédoient ſeuls aux meubles, & à tous les autres héritages que leur pere ou mere qui s'étoit remarié, auroit acquis depuis la diſſolution du premier mariage, ou qui lui ſeroient échus en collatérale depuis ledit temps.

La même choſe s'obſervoit entre nobles dans pluſieurs endroits du Bailliage d'Orléans. M. Delalande, en ſon Commentaire, rapporte pluſieurs extraits d'un vieux manuſcrit intitulé, *Papiers de Coutumes qui étoient à l'Hôtel-de-Ville*, leſquels contiennent ces diſpoſitions. Cet ancien droit a été abrogé par l'article de l'ancienne Coutume d'où celui-ci eſt pris.

ARTICLE CCCLXII.

A. C. *art.* 275. Les eſtaux des Bouchers de la ville d'Orléans ſe partiſſent également en leur ſucceſſion, comme les meubles & héritages cenſuels.

Par une charte du Roi Philippe-Auguſte, de l'an 1220, la place où eſt aujourd'hui la grande Boucherie d'Orléans, avoit été donnée à cens aux Bouchers d'Orléans, qui depuis y conſtruiſirent une grande halle, & des étaux pour y débiter leurs chairs. Ces étaux, pendant pluſieurs ſiecles, n'ont appartenu qu'à des Bouchers, & ils avoient des Statuts particuliers pour la ſucceſſion de ces étaux dans leurs familles, leſquels ſont confirmés par l'article 275 de notre ancienne Coutume : mais cet article de la nouvelle Coutume y déroge, & remet dans le droit commun la ſucceſſion de ces étaux, qui même depuis long-temps n'appartiennent plus aux Bouchers qui les ont aliénés, mais à différens particuliers qui les donnent à ferme aux Bouchers. Suivant d'anciens Réglemens, la ferme de chaque eſtail ne peut excéder la ſomme de 150 liv. pour chaque eſtail.

TITRE XVIII.

De Retrait lignager.

INTRODUCTION AU TITRE.

1. Le droit de retrait eſt le droit de prendre le marché d'un autre, & de ſe rendre acheteur en ſa place.

Il y a trois eſpeces de retraits; le lignager, dont il eſt ſpécialement traité ſous ce titre; le féodal, ſur lequel *Voyez l'art.* 49, *& l'Introd. au tit.* 1, *ch.* 7; & le conventionnel, dont nous dirons quelque choſe ci-après.

SECTION PREMIERE.

De la nature du Retrait lignager.

2. Le retrait lignager est le droit que la loi municipale accorde à ceux du lignage du vendeur, de prendre le marché de l'étranger à qui l'héritage propre de leur famille a été vendu, & de se faire en conséquence délaisser l'héritage, à la charge d'indemniser l'étranger acquéreur de tout ce qu'il lui en a coûté pour l'acquisition.

L'attachement de nos peres aux héritages de leurs ancêtres, a donné lieu à ce droit dans le Pays coutumier.

La famille tenant de la loi le droit de retrait, il ne doit pas être au pouvoir des parties contractantes de l'en dépouiller. C'est pourquoi si par le contrat les parties étoient convenues qu'en cas de retrait la vente demeureroit nulle, je pense qu'une telle clause seroit nulle, comme faite en fraude du retrait & pour l'empêcher. Néanmoins Grimaudet, v, 5, croit cette clause valable.

3. Du droit de retrait naît l'action de retrait lignager, qu'ont les lignagers du vendeur contre l'étranger acquéreur, pour se faire délaisser l'héritage par lui acquis, en l'indemnisant.

Cette action est personnelle : car elle naît de l'obligation que l'étranger contracte, en acquérant, de délaisser l'héritage à celui de la famille du vendeur qui voudra prendre le marché. Comme c'est la loi qui forme cette obligation en la personne de l'acquéreur, l'action qui en naît est du nombre de celles qu'on appelle en Droit *condictio ex lege.* Elle est *personnelle réelle :* car la loi affecte l'héritage à l'obligation que contracte l'acquéreur, & à l'action de retrait qui en naît; & elle peut en conséquence être intentée contre tous ceux à qui l'héritage a pu passer depuis qu'il a été acquis par l'étranger.

4. Cette action tient de la nature de celles qu'on appelloit en Droit *populares actiones :* car auparavant qu'elle soit intentée, elle n'appartient à aucune personne déterminée de la famille, mais plutôt à la famille indéterminément : ce n'est qu'en l'intentant que celui de la famille qui est le plus diligent, se l'approprie, *jure quodam occupationis.*

De là il suit qu'elle ne devient transmissible aux héritiers du lignager que depuis qu'elle a été intentée : car ce n'est que depuis ce temps qu'elle commence à être proprement *in ejus bonis.*

5. Cette action n'est pas cessible : car il est contre la nature du droit de retrait lignager, qui a été établi pour conserver les héritages dans les familles, qu'il puisse être cédé à des étrangers. C'est pourquoi si l'acquéreur sur qui le retrait a été exercé, découvroit, même après l'adjudication, que le lignager a donné l'action en retrait, non pour son compte, mais pour celui d'un étranger à qui il avoit tacitement cédé son droit, l'acquéreur sur qui le retrait a été exercé, qui pourroit prouver cette fraude, auroit une action en répétition du retrait.

6. L'action de retrait lignager ayant pour objet l'héritage vendu, qui est

une chose divisible au moins en parties intellectuelles, est une action divisible. C'est pourquoi si plusieurs ont acheté ensemble un héritage, chacun des acheteurs n'est tenu de l'action en retrait que pour la part divisée ou indivisée qu'il a dans l'héritage; ce qui a lieu quand même ils auroient acheté solidairement: mais en ce cas le retrayant doit, pour l'indemnité de l'acheteur sur qui il exerce le retrait, lui rapporter décharge ou quittance du vendeur pour le total du prix; sauf audit retrayant à répéter des autres acheteurs sur lesquels il ne juge pas à propos d'exercer le retrait, la part dont ils sont tenus de ce prix.

Pareillement, lorsque l'acquéreur a laissé plusieurs héritiers, l'action de retrait n'a lieu contre chacun que pour la part de l'héritage à laquelle il a succédé.

Vice versâ, si le lignager, après avoir intenté l'action, meurt & laisse plusieurs héritiers, chacun de ses héritiers ne succede à l'action & n'a droit de reprendre l'instance que pour *la part dont il est héritier* : mais l'acquéreur peut, s'il le juge à propos, l'obliger à retirer le total, parce qu'autrement cet acquéreur, qui n'auroit pas acquis s'il n'eût cru avoir le total, ne seroit pas indemne.

SECTION II.

Des choses qui sont sujettes au Retrait lignager; & des Contrats qui y donnent lieu.

ARTICLE PREMIER.

Des choses sujettes au Retrait.

7. Il n'y a que les héritages propres qui soient principalement par eux-mêmes sujets au retrait lignager; les acquêts ne le sont pas.

Sur la distinction de ce qui doit être censé propre ou acquêt, *Voyez la Préface, ch. 3, art. 3, §. 1, ci-dessus, page 23.*

Observez que lorsqu'un héritage est devenu sujet au retrait lignager envers une famille, en faisant souche, & devenant propre en la personne de quelqu'un de cette famille, il y demeure toujours sujet jusqu'à ce qu'il sorte de cette famille, quand même par la suite il seroit possédé par quelqu'un de cette famille à un titre qui ne fait que des acquêts. C'est sur ce principe que sont fondés les art. 133 de Paris, & 379 de la nôtre; *Voyez cet art. & les notes.*

8. La vente d'un héritage acquis par le défunt, faite sur sa succession vacante, n'est que la vente d'un acquêt, qui ne peut donner lieu au retrait: c'est le défunt qui est censé lui-même le vendre, comme se survivant à lui-même dans sa succession vacante, qui le représente.

Mais si la vente étoit faite par un enfant de cet acquéreur, qui se seroit porté son héritier sous bénéfice d'inventaire, l'héritage étant en ce cas devenu propre en la personne de cet héritier, cette vente seroit la vente d'un propre, & les autres enfans pourroient exercer le retrait, (pourvu que la vente n'eût pas été faite par décret; *art. 400.*)

La vente que le mari fait de son héritage propre donne lieu au retrait,

quoiqu'il

quoiqu'il l'ait ameubli à sa communauté; *Introd. au tit.* 10, *n.* 56. Celle qu'il fait du propre ameubli de sa femme, donne lieu au retrait au profit de la famille de sa femme: car le mari le vendant comme chef de la communauté, sa femme est censée, comme commune, le vendre avec lui; & cet héritage est censé n'avoir pas cessé, par l'ameublissement, d'appartenir à la femme, qui a continué d'y avoir, comme commune, un droit habituel, & l'espérance de le retenir, s'il lui tomboit par le partage de la communauté.

9. On comprend sous le terme d'*héritages*, non-seulement les fonds de terre & maisons, mais tous les droits réels qu'on a dans ces choses, tels que sont les droits de champart, de censive, de fiefs, de rente fonciere, &c. Les droits successifs sont aussi sujets au retrait, lorsqu'il y a quelque héritage propre dans la succession qui est vendue: car la vente qui est faite de *la succession*, renferme celle de toutes les choses qui la composent.

Lorsqu'une rente fonciere est rachetable, il n'y a que la vente qui en est faite à un tiers, qui puisse donner lieu au retrait: le rachat qu'en fait le débiteur en vertu de la faculté portée par le bail, n'y donne pas ouverture, ce rachat n'étant pas tant une vente qui soit faite de cette rente au débiteur, que l'exécution d'une clause du bail à rente rachetable qui a déja donné ouverture au retrait; la famille doit s'imputer de n'avoir pas exercé dans ce temps le retrait de l'héritage.

Mais lorsque la rente n'est pas rachetable, le rachat que le créancier de la rente permet au débiteur d'en faire, est une vraie vente qu'il lui fait de cette rente qui doit donner lieu au retrait. On opposera que la rente étant éteinte & amortie par le rachat, n'existe plus, & ne peut pas par conséquent être retirée: la réponse est que l'acquisition que le débiteur fait de cette rente en la rachetant, n'étant pas une acquisition irrévocable, mais sujette à se résoudre par le retrait, elle suspend plutôt qu'elle n'éteint la rente, laquelle revit par le résiliement de l'acquisition que le débiteur en avoit faite.

Les droits de justice sont aussi compris sous le terme d'héritages, & sont sujets au retrait; car ils ont pour sujet un territoire.

Les droits réels sont sujets au retrait, quand même ils ne seroient pas perpétuels, tel que le droit de seigneurie utile réversible.

Le terme d'*héritages*, dans la matiere des retraits, comprend non-seulement les droits réels que nous avons dans un héritage, qu'on nomme *jus in re*, mais aussi le *jus ad rem*, c'est-à-dire, les actions personnelles que quelqu'un a pour avoir un héritage, ou pour rentrer dans un héritage: car ces actions sont censées être en quelque façon par anticipation l'héritage même auquel elles doivent se terminer, suivant cette regle de Droit, *Qui actionem habet, ipsam rem habere videtur; l. ff. de R. J.;* & la vente de ces actions contenant au moins *eminenter* la vente de tout ce qui doit provenir desdites actions, elle contient la vente de l'héritage auquel elles doivent se terminer.

Suivant ce principe, si mon pere a acheté un héritage, & qu'il soit mort avant que de se le faire livrer; que l'action qu'il avoit pour se le faire livrer soit tombé dans mon lot de partage, & qu'ensuite je vende à un étranger cette action; mes freres & sœurs pourront en exercer le retrait: car cette action à laquelle j'ai succédé à mon pere, est un propre en ma personne, & représente l'héritage auquel elle doit se terminer.

Les immeubles fictifs, quoique susceptibles de la qualité de propres, ne sont pas néanmoins sujets au retrait lignager. La Coutume, *art.* 399, le décide à l'égard des rentes constituées; il en doit être de même des offices.

10. Lorsqu'on vend, sans l'héritage, les fruits qui y sont pendans, cette vente, ne pouvant en faire acquérir à l'acheteur la propriété que lorsqu'ils sont coupés, & par conséquent devenus meubles, est une vente de meubles qui ne peut donner lieu au retrait.

Il en est de même de la vente d'une futaie pour l'abattre. Lhoste, sur Montargis, *ch.* 16, *art.* 1, prétend néanmoins que l'héritier présomptif du vendeur s'obligeant de ne la pas abattre, peut être reçu à en exercer le retrait; ce qui ne me paroît pas véritable : car si l'on considere cette futaie telle que les parties l'ont considérée par le contrat, c'est-à-dire comme devant être abattue, c'est la vente d'un meuble; si on la considere comme devant rester sur pied, ce n'est pas ce qui a été vendu; & de l'une & l'autre maniere elle ne peut être sujette au retrait. D'ailleurs ce retrait renfermeroit une espece d'attente de la succession du vendeur, qui choque les bonnes mœurs.

11. Il reste à observer que, suivant une disposition de notre Coutume qui lui est particuliere, toutes les choses qui ne sont pas par elles-mêmes sujettes au retrait, y deviennent sujettes lorsqu'elles sont vendues par un même contrat & pour un même prix, avec un héritage sujet au retrait; *Voyez l'art.* 395, & *les notes.*

ARTICLE II.

Des Contrats qui donnent lieu au retrait.

12. Les contrats qui donnent lieu au retrait lignager sont, 1°. les contrats de vente. Il faut en excepter les ventes qui se font pour cause d'utilité publique, & celles qui se font par décret sur une saisie réelle; *Voyez l'art.* 400 & *les notes.* Cette exception, n'étant fondée que sur une raison particuliere, ne doit pas être étendue aux autres ventes qui se font *ex necessitate.* C'est pourquoi si un héritier vendoit un héritage à une personne à qui le testateur a ordonné de le vendre, nul doute que cette vente donneroit lieu au retrait.

13. Les contrats équipollens à vente donnent aussi lieu au retrait; *Voyez* quels sont ces contrats, *Introd. au tit. des Fiefs, S.* 5, *art.* 2.

14. Enfin les contrats mêlés de vente & d'un autre contrat non sujet à retrait, quoique conçus dans les termes & sous le nom d'un contrat non sujet à retrait, donnent lieu au retrait lignager, de même qu'aux autres especes de retrait.

C'est suivant ce principe que la Coutume déclare sujet au retrait le contrat d'échange, lorsque le retrait en deniers excede la valeur de l'héritage donné en contr'échange, *art.* 384; & le bail à rente non rachetable, lorsque les deniers d'entrée excedent la valeur de la rente; *Voyez l'art.* 389, & *les notes.*

15. Suivant le même principe, les donations rémunératoires & onéreuses

donnent lieu au retrait, lorsque le prix des services ou des charges excede la moitié du prix de l'héritage donné. *Voyez* ce que nous en avons dit, *Introd. au tit. des Fiefs, n. 245.*

La raison pour laquelle, dans ces especes, on ne s'attache pas au nom qu'on a donné au contrat, mais plutôt à la nature de celui qui y prédomine, est parce qu'autrement il seroit au pouvoir des parties contractantes d'éluder le droit de retrait en fraude de la famille, en concevant leur contrat dans les termes & sous le nom d'un contrat non sujet à retrait : mais dans le cas inverse, lorsque l'acte est conçu sous les termes & sous le nom de vente, quoique la nature de la donation y prédomine, parce que le contrat porte une remise de plus de moitié du prix, on s'attache au nom du contrat plutôt qu'à la nature de donation qui y prédomine, & il y a lieu au retrait; car dans ce cas il n'y a aucune fraude à craindre. Il y a lieu de croire que celui qui a disposé ainsi de son héritage, a voulu exprès conserver le contrat en contrat de vente, afin de conserver à sa famille le retrait de cet héritage; en quoi il ne fait aucune fraude, lui étant permis de faire l'avantage qu'il veut faire à l'acquéreur, de la maniere que bon lui semble.

Si néanmoins on avoit fait remise par le contrat du total du prix, il n'y auroit pas lieu au retrait; parce que ce contrat ne seroit aucunement contrat de vente, étant de l'essence de ce contrat qu'il y ait un prix que l'acheteur se soit obligé de payer : *Sine pretio nulla est venditio ;* l. 2, §. 1, ff. *de contr. empt. Quùm in venditione quis pretium rei ponit donationis causâ non exacturus, non videtur vendere ;* l. 36, ff. *d. tit.* Mais lorsque la remise est seulement d'une partie du prix, quoique la plus considérable, le contrat ne laisse pas d'être véritablement vente, & de donner lieu au retrait : *nam si quis donationis gratiâ minoris vendat, venditio valet ;* l. 38, ff. *d. t.*

Pareillement, quoique la remise soit du total du prix, si elle n'a pas été faite par le contrat, mais *ex intervallo*, il y a lieu au retrait : car y ayant eu un prix que l'*acheteur s'est véritablement obligé de payer*, il y a eu une véritable vente.

16. Les contrats qui donnent ouverture au retrait, y donnent ouverture aussi-tôt que le contrat est parfait par le consentement des parties, quoiqu'il n'ait pas encore été exécuté par la tradition; *Mol. in Cons. Par.* §. *20, gl. 3.* La raison est que le droit de retrait, suivant que nous l'avons défini, *n. 1*, n'étant autre chose que le droit de prendre le marché d'un autre, il suffit qu'il y ait un marché ou contrat parfait, pour qu'il puisse y avoir lieu au retrait. *Nec obstat* que la Coutume donne aux lignagers le droit de retirer sur l'acheteur étranger l'*héritage* vendu, ce qui ne se peut faire avant que cet acheteur l'ait acquis par la tradition qui lui en aura été faite : la réponse est que la Coutume, en donnant au lignager le droit de retirer l'*héritage*, est censé lui donner pareillement le droit de retirer sur cet acheteur l'action *ex empto*, dans le cas auquel la tradition de l'héritage ne seroit pas encore intervenue; cette action étant censée en quelque façon l'héritage auquel elle se doit terminer, suivant cette regle : *Qui actionem habet, ipsam rem habere videtur.* Retirer sur cet acheteur cette action, c'est retirer sur lui l'héritage.

17. Lorsque la vente a été contractée sous une condition suspensive, quand même elle auroit été suivie de tradition, il n'y a pas lieu au retrait jusqu'à l'ac-

compliſſement de la condition, qui ſuſpend le contrat de vente juſqu'à ce qu'elle ſoit accomplie, & par conſéquent le droit de retrait.

Si la condition n'étoit que réſolutoire, la vente en ce cas étant parfaite, quoique ſujette à ſe réſoudre, il y aura lieu au retrait : mais l'acquiſition du lignager ſera ſujette à ſe réſoudre par l'événement de la condition, comme l'auroit été celle de celui ſur qui le retrait a été exercé.

18. Il eſt évident qu'un contat nul ou ſimulé, en le ſuppoſant tel, ne peut donner lieu au retrait; *nam quod nullum eſt, nullum producit effectum.* Mais comme il n'eſt pas préſumé tel tant que le vendeur de la part de qui il eſt nul, ou eſt ſimulé, ne le fait pas déclarer tel, & que l'acheteur n'eſt pas recevable à en oppoſer la nullité ou la ſimulation, parce qu'il exciperoit du droit d'autrui; le lignager peut cependant exercer le retrait; mais il ſera ſujet aux actions qu'a le vendeur pour faire déclarer le contrat nul ou ſimulé.

Obſervez que le lignager ne peut prouver contre le lignager qui eſt un tiers, la ſimulation du contrat que par le rapport d'une contre-lettre qui ſoit paſſée devant Notaires, & qui ſoit de même date que le contrat, ou d'une date antérieure. Une contre-lettre ſous ſignature privée ne feroit pas foi, n'ayant de date contre un tiers que du jour qu'elle eſt rapportée, à cauſe de la facilité de l'antidate.

19. Il eſt évident que les actes qui renferment un *diſtract*, *diſceſſionem à contractu*, plutôt qu'un contrat, ne donnent pas ouverture au retrait. Suivant ce principe, ſi mon pere avoit acheté un héritage, qui par le partage des biens de ſa ſucceſſion me fût échu, à la charge d'en payer le prix que mon pere n'avoit pas payé, & que je convinſſe avec le vendeur qu'il reprendroit l'héritage, & qu'il me tiendroit quitte du prix; mes freres & ſœurs ne pourroient exercer le retrait : car la convention que j'ai eue n'eſt pas un contrat de vente, mais un diſtract, c'eſt-à-dire le réſiliement de celle qui avoit été faite à mon pere; *Voyez Introd. au tit. des Fiefs, n. 132.*

SECTION III.

A qui la Coutume accorde-t-elle le droit de Retrait; par qui peut-il être exercé, & ſur qui.

§. I.

A qui la Coutume accorde-t-elle le Droit de Retrait.

20. Ce n'eſt à aucune perſonne déterminée que la Coutume, *art. 363*, accorde le droit de retrait, mais à la famille du vendeur en général, pour appartenir à celui de cette famille qui ſera le plus diligent à l'exercer. *Hoc jus*, dit Dumoulin en ſa note ſur la Coutume de Vermandois, *art. 252*, ſemblable en cela la nôtre, *non certæ perſonæ*, *ſed cognationi datur.*

Il ſuit de ce principe, 1°. que les lignagers qui meurent depuis le contrat de vente qui a donné ouverture au retrait avant d'en avoir intenté la demande, ne tranſmettent pas à leurs héritiers le droit de retrait, puiſqu'avant la demande ce droit n'appartient proprement à aucun des particuliers de la famille, mais à la famille en général.

Il suit, 2°. du même principe, que la demande en retrait peut être donnée par celui qui n'étoit pas même conçu au temps de la vente qui a donné ouverture au retrait : car le droit de retrait n'étant acquis par le contrat de la vente qu'à la famille en général, & chaque particulier de la famille ne pouvant l'acquérir & se l'approprier que par la demande en retrait qu'il intente, il suffit qu'au temps de sa demande il existe & soit habile à retraire.

Voyez une troisieme conséquence de notre principe en l'*art.* 366.

21. Sur ce que la Coutume entend par *le vendeur*, à la famille duquel elle accorde le droit de retrait, *Voyez l'art.* 363, *& les notes.*

22. Cette famille du vendeur à laquelle notre Coutume donne le droit de retrait, ne comprend que les parens du vendeur qui sont *issus & descendus* de la ligne, souche & fourchage dont vient l'héritage, c'est-à-dire, qui sont de la postérité du premier, ou du moins du plus ancien propriétaire connu de la famille, qui le premier a transmis l'héritage à ses enfans par succession, ou titre équipollent à succession.

Sur la préférence que la Coutume donne à celui qui est le plus diligent à exercer le retrait, *Voyez l'art.* 378, *& les notes.*

§. II.

Par qui la demande en Retrait peut-elle être donnée ; & pour quelles causes le Lignager en peut-il être exclus.

23. Tout parent du vendeur qui peut justifier qu'il est descendu de l'ancienne souche d'où procede l'héritage, peut, en quelque degré éloigné de parenté qu'il soit avec le vendeur, donner la demande en retrait ; *art.* 363 ; pourvu que cette parenté soit une parenté légitime, telle que celle requise pour les successions ; *art.* 310.

24. On peut même donner cette demande sous le nom d'un parent qui n'est que conçu, & n'est pas encore né, en faisant créer pour cet effet un curateur au posthume ; ce qui est conforme à cette regle de Droit, *Qui in utero est, pro jam nato habetur, quoties de commodo ejus agitur ; L.* 231, ff. *de verb. signific.* Mais cette demande n'aura d'effet qu'autant que ce posthume naîtra effectivement *vivant*, & à terme.

25. Les droits de parenté civile se perdant par la mort civile, le parent qui ne jouit pas de l'état civil, qu'il a perdu, soit par une condamnation à peine capitale, soit par la profession religieuse, ne peut pas exercer le retrait.

Au contraire, l'exhérédation ne faisant perdre à l'exhérédé que le droit de succéder à celui qui l'a exhérédé, & non les autres droits de famille, elle ne l'empêche pas d'exercer le retrait même des héritages de la succession de celui qui l'a exhérédé, lorsque ses freres & sœurs qui y ont succédé, les vendront.

26. Il est évident que le lignager qui s'est engagé à ne pas exercer le retrait, y est non-recevable.

Il n'importe que ce lignager ait eu cette convention avec l'acheteur avant ou depuis le contrat, pourvu que l'acheteur n'ait pas caché au lignager les conditions du contrat : car cette dissimulation seroit un dol qui rendroit la convention nulle.

Si c'étoit avec le vendeur que le lignager eût eu cette convention, il seroit pareillement exclus du retrait, pourvu que le vendeur eût en conséquence garanti l'acheteur, du retrait de la part de ce lignager : car si le vendeur ne l'a pas garanti, cette convention sera de nul effet, ne pouvant pas être valable vis-à-vis du vendeur avec qui elle a été faite, parce qu'il n'y a aucun intérêt ; *instit. tit. de inut. stipul.* §. 20 ; ni vis-à-vis de l'acheteur, avec qui elle n'a pas été faite ; *d.* §.

Lorsqu'un lignager du vendeur, qui ne peut avoir d'autre droit présent ni futur sur l'héritage vendu, que le droit de retrait lignager, intervient au contrat pour consentir la vente, il est évident que ce consentement renferme une renonciation au droit de retrait : car le vendeur n'ayant pas besoin de son consentement pour vendre, il ne peut y avoir d'autre fin pour laquelle on l'ait fait intervenir & consentir à la vente, que celle de renoncer au droit de retrait. Mais le lignager ne doit pas être exclus du retrait pour avoir reçu comme Notaire le contrat de vente, ou y avoir assisté comme témoin.

27. Le lignager à qui le vendeur, avant que de vendre son héritage à l'étranger, en avoit proposé la vente pour le même prix pour lequel il l'a depuis vendu à l'étranger, & qui en a été refusant, n'est pas pour cela censé avoir renoncé à son droit de retrait, & n'en est pas pour cela exclus. S'il a refusé la proposition, c'est qu'il pouvoit n'avoir pas alors d'argent : c'est pour en trouver que la Coutume donne aux lignagers le temps d'un an.

28. Il est évident que le vendeur ne peut pas exercer en son nom le retrait d'un héritage sur la vente qu'il en a faite : car exercer le retrait n'est autre chose que se rendre acheteur à la place de l'étranger ; & il est évident qu'on ne peut être dans le même contrat tout à-la-fois le vendeur & l'acheteur : mais rien n'empêche que le vendeur ne puisse en une autre qualité, comme en celle de tuteur de ses enfans, exercer le retrait de l'héritage qu'il a vendu. Pareillement s'il devient l'héritier de son parent qui avoit donné la demande en retrait, il peut, en qualité d'héritier de ce lignager, reprendre l'instance ; sa qualité de vendeur ne l'y rend pas non-recevable ; l'obligation de garantir l'acheteur de toutes évictions, ne s'étendant pas à la garantie du retrait lignager, à la charge duquel l'acheteur est censé avoir acheté l'héritage.

Par la même raison, le lignager qui a de son chef le droit de retrait, n'en est pas moins recevable à l'exercer, quoiqu'il soit devenu héritier d'un autre lignager qui y avoit renoncé.

29. Un tuteur qui, sur une demande en licitation, a vendu en sa qualité de tuteur, n'est pas exclus du retrait de l'héritage qu'il a vendu en cette qualité à un étranger, non plus que celui qui vend comme fondé de pouvoir de quelqu'un : car ce n'est pas le tuteur ni le fondé de pouvoir qui sont vendeurs ; c'est le mineur, ou celui qui a donné le pouvoir, qui vendent par le ministere du tuteur ou du fondé de pouvoir.

Il n'en est pas de même d'un héritier bénéficiaire qui vend en cette qualité un héritage de la succession bénéficiaire : car, quoiqu'il ne s'oblige pas personnellement par ce contrat, & qu'il oblige seulement la succession, d'où il semble suivre que ce n'est pas tant lui que la succession qui est le vendeur, & qu'il n'a fait que prêter son ministere à la succession ; néanmoins comme ce n'est que par une pure fiction que la succession bénéficiaire est distinguée de la personne de l'héritier bénéficiaire, & que cette fiction n'a lieu que vis-à-vis des créanciers de la succession, & seulement à l'effet que l'héritier ne soit pas tenu sur ses propres biens des dettes de cette succession, & que dans la réalité des choses l'héritier bénéficiaire est le véritable propriétaire des biens de la succession bénéficiaire, il s'ensuit que lorsqu'il les vend, il en est le véritable vendeur, & qu'en conséquence il ne peut en exercer le retrait. C'est ce qui a été jugé par deux Arrêts rapportés par *Boughier*, & cités par *Lebrun, Tr. des succ. L. 3, chap. 4, n. 24*. En cela un héritier bénéficiaire est différent d'un simple curateur établi à la succession vacante de son parent, lequel n'est pas exclus du retrait des héritages de la succession qu'il a vendus en cette qualité, lorsque la vente y peut donner lieu. C'est mal-à-propos que *Lebrun, n. 72*, excepte le cas auquel l'héritier bénéficiaire auroit depuis renoncé à la succession : car cette renonciation, qui n'est qu'un simple abandon des biens, n'empêche pas qu'il demeure héritier, ni par conséquent qu'il ait été le véritable vendeur.

30. Lorsque deux personnes, quoique par même charte, vendent chacune la part qu'elle a dans un héritage, chacune n'étant venderesse que de sa part, peut retirer la part de l'autre.

Mais si ces deux personnes propriétaires de portions indivises ou même divisées, vendent la chose *indefinitè*, & *sub specie unitatis*, chacune est censée avoir vendu ou concouru à la vente de la chose entiere, & ne peut être par conséquent admise au retrait de la portion de l'autre. Cette décision a lieu, quand même il ne seroit pas dit qu'elles vendent solidairement : car le défaut d'expression de solidité empêche seulement qu'elles soient tenues solidairement de l'obligation de garantie qu'elles ont contractée ensemble ; mais il n'empêche pas que ce soit la chose entiere qui ait été par elles vendue à l'acheteur, qui n'auroit pas voulu acheter des portions. C'est la doctrine de Dumoulin, *in Cons. Par. §. 20, gl. 1, n. 15*.

§. III.

Sur qui le Retrait lignager peut-il être exercé.

31. Le retrait lignager s'exerce sur l'acquéreur étranger de la ligne dont l'héritage procede ; *Voyez l'art. 363 & les notes.*

On excepte avec raison le Roi ; car le Roi, en donnant force de loi aux Coutumes qui ont établi le retrait lignager, y a assujetti ses peuples ; mais il ne doit pas être censé s'y être assujetti lui-même : *Princeps legibus solutus est. L. 31, ff. de legib.*

Quelques Auteurs ont prétendu que l'Eglise n'étoit sujette au retrait lorfqu'elle acquéroit des dîmes inféodées : mais cette décision n'a aucun fondement solide, les dîmes conservant dans la main de l'Eglise qui les a acquises, leur nature de dîmes laïques, & de bien profane.

32. Lorsqu'un acquéreur étranger de la ligne est en communauté de biens avec sa femme qui est de la ligne, le retrait est suspendu, & ne peut être exercé tant que la communauté dure; *Voyez l'art. & les notes.* La raison est que la vente qui lui est faite, n'est pas censée avoir mis l'héritage hors de la famille, tant qu'il y a espérance qu'il n'en sortira pas en tombant par le partage au lot de la femme, ou des héritiers de la femme, qui sont de la famille.

Par une raison semblable, lorsque l'acquéreur étranger a des enfans qui sont de la ligne, les autres lignagers ne peuvent exercer le retrait tant qu'il y a espérance qu'ils lui succéderont; *Voyez l'art. 403 & les notes.*

33. Sur le cas auquel l'acquéreur est étranger par rapport à une partie des héritages compris au contrat, & lignager par rapport à l'autre partie, *Voyez l'art. 396.*

34. La demande en retrait lignager étant une action personnelle réelle, peut être donnée non-seulement contre l'acquéreur étranger, mais contre ceux qui lui ont succédé à l'héritage, soit à titre universel, soit à titre singulier, soit médiatement, soit immédiatement.

Néanmoins, si celui qui a succédé à l'étranger avant qu'il ait été donné aucune demande en retrait contre cet acquéreur étranger, étoit de la ligne, les autres lignagers ne pourroient plus exercer le retrait, qui seroit en ce cas éteint par le retour de l'héritage à la famille; *infrà, S. 5, §. 1.*

La demande en retrait lignager peut aussi être donnée contre le Seigneur qui auroit retiré l'héritage par retrait féodal; *Voyez l'art. 395 & les notes.*

SECTION IV.

Des formalités des Retraits lignagers; & des obligations du Retrayant & de l'Acquéreur.

ARTICLE PREMIER.

Des formalités du Retrait.

35. L'exploit de demande en retrait lignager doit être fait par un Huissier ou Sergent ayant droit d'exploiter dans le lieu où l'assignation est donnée, & qui ne soit parent du demandeur au degré prohibé. Par Arrêt de Réglement du 6 Septembre 1721, registré en ce Siege, un exploit de demande en retrait a été déclaré nul pour avoir été fait par un Sergent parent au troisieme degré du demandeur. Il doit être revêtu de toutes les formalités requises par l'Ordonnance dans tous les exploits de demande; *Voyez le Tit. 2 de l'Ordonnance de 1667.*

Notre Coutume, *art. 367*, en ajoute une, qui est l'élection de domicile dans le lieu de la Jurisdiction où la demande est donnée : elle n'en requiert aucune autre ; les offres du retrayant de rembourser l'acquéreur du prix de son acquisition, loyaux coûts & mises ne sont pas même nécessaires pour la validité de l'exploit, & elles ne servent qu'en ce que ce n'est que du jour desdites offres que les fruits doivent être restitués au retrayant.

36. C'est une chose particuliere à l'action en retrait, que si l'exploit de demande se trouve nul, soit par l'incapacité de l'Huissier, soit par l'inobservation de quelqu'une des formalités qui y sont requises, le demandeur est déchu de son droit sans qu'il lui soit permis de se pourvoir par une nouvelle demande.

De là il suit que les défauts de formalités, qui dans les autres actions ne peuvent être opposés qu'avant contestation en cause, peuvent, dans l'action en retrait, s'opposer en tout état de cause, & même sur l'appel, si on a omis de les opposer en cause principale ; parce que dans cette action ces défauts forment des exceptions péremptoires ; *Ricard*, *Brodeau*, *&c.*

ARTICLE II.

Des obligations tant du Retrayant que de l'Acquéreur.

37. Tout ce qui a été dit dans l'*Introd. au Tit. des Fiefs*, *ch. 7*, sur les obligations du retrayant & de l'acquéreur dans le cas du retrait féodal, est commun au retrait lignager : c'est pourquoi, pour éviter les redites, nous y renvoyons.

Ce qui est particulier au retrait lignager, est le terme fatal de vingt-quatre heures depuis le retrait adjugé ou reconnu, dans lequel le retrayant est obligé de rembourser le prix, loyaux coûts & mises qui se trouvent lors liquides, à peine d'être déchu de plein droit du retrait.

Voyez sur ce terme les *art. 370*, *371*, *& les notes.*

A l'égard de ce qui n'est pas liquide, le lignager doit le rembourser après que la liquidation en sera faite, & il n'y a pas de temps fatal pour ce remboursement.

38. Le lignager, pour satisfaire à son obligation de rembourser dans le terme fatal ce qui est liquide, doit dans ce terme faire ses offres à l'acquéreur ; & dans le cas auquel l'acquéreur auroit été refusant de recevoir, ou n'auroit pas été trouvé chez lui, il doit les constater par un procès-verbal qu'en doit dresser un Huissier en présence de deux témoins.

Ces offres doivent être faites, 1°. au vrai domicile de l'acquéreur, ou de celui qui a droit de recevoir pour lui, tel qu'est son tuteur ou curateur. Elles pourroient aussi être faites à sa personne, pourvu que le retrayant offrît en même temps de porter l'argent au lieu où il voudroit le recevoir.

39. 2°. Elles doivent être faites en especes qui aient cours au temps & lieu où elles se font.

Soit que les especes soient diminuées, soit qu'elles soient augmentées dans le temps intermédiaire entre le contrat d'acquisition, & les offres ; ce n'est pas le même nombre d'especes, mais la même somme que le retrayant doit offrir. La raison est qu'on ne considere dans la monnoie que la somme ou valeur qu'il plaît au Roi de lui donner. Cette décision est constante dans l'usage, quoiqu'elle ne laisse pas de pouvoir être combattue par des raisons assez puissantes : car l'acquéreur qu'on rembourse après une augmentation survenue sur les especes, ne se trouve pas indemne, puisque s'il n'eût pas acquis l'héritage qu'on lui retire, ou il auroit profité de l'augmentation survenue sur les especes, s'il eût gardé son argent, où il auroit acquis d'autres héritages à meilleur compte qu'il ne les achetera, l'augmentation sur les especes ayant fait augmenter le prix des héritages.

40. Les offres de remettre à l'acquéreur la quittance du vendeur, de la somme que le retrayant a payée pour lui, ou la décharge du vendeur de la somme que l'acquéreur lui devoit, équipollent à des offres en especes.

Lorsque l'acquéreur est débiteur d'une somme liquide envers le retrayant, les offres de tenir quitte l'acquéreur de cette somme en compensation de celle que le retrayant est tenu de rembourser, équipolle jusqu'à due concurrence à des offres en especes ; *Dumoulin*, §. 20, *gl.* 7, *n.* 10.

Tiraqueau va plus loin, & il décide que si l'acquéreur devoit au retrayant une somme liquide égale à celle que le retrayant doit rembourser, la compensation se faisant de plein droit, *l. fin. Cod. de compens.* le retrayant, qui en conséquence ne doit rien à l'acquéreur, n'est pas tenu en ce cas de faire aucunes offres : il est néanmoins plus sûr d'offrir la compensation.

41. 3°. Les offres doivent être réelles, & en conséquence il doit être fait mention par le procès-verbal d'offres, de l'exhibition & numération des especes, ou de l'exhibition de la quittance ou décharge du vendeur.

42. Enfin, 4°. les offres doivent être intégrales ; pour peu qu'il manque dans les especes offertes pour faire la somme qui doit être remboursée à l'acquéreur, les offres sont nulles. La maxime *Parùm pro nihilo reputatur*, n'a pas lieu en matiere de retrait, qui est de rigueur. Néanmoins Grimaudet, VII, 9, pense qu'on ne devroit pas déclarer nulles les offres, si ce qui manquoit n'étoit d'aucune considération, comme s'il ne manquoit qu'un liard : mais cette décision n'est pas sûre, & il ne la regarde pas lui-même comme telle, puisqu'il conseille d'offrir plutôt plus que moins.

La consignation de la somme totale ne rétabliroit pas ce défaut des offres: car il ne suffit pas de consigner, si l'on n'a offert.

43. Ces offres doivent être accompagnées d'une sommation faite par le retrayant à l'acquéreur de recevoir, & suivies d'une consignation de la somme offerte.

Cette consignation doit, 1°. se faire partie appellée. A cet effet l'Huissier doit, par la sommation qui contient les offres, déclarer à l'acquéreur que faute par lui d'avoir reçu la somme offerte, le retrayant la consignera en tel lieu & à telle heure, où il le sommera de se trouver.

2°. Elle doit se faire dans le terme fatal.

3°. Elle doit être intégrale comme les offres.

44. Observez que si dans le temps intermédiaire entre les offres & la consignation, les especes sont augmentées ou diminuées, il doit consigner les mêmes especes qui sont énoncées dans la sommation qui contient ses offres, sans qu'il soit tenu d'y rien ajouter, ni qu'il puisse en rien diminuer : car de

débiteur qu'il étoit d'une ſomme en eſpeces indéterminées avant les offres, il s'eſt, par ſes offres, rendu débiteur des eſpeces par lui offertes comme de corps certains : or, lorſqu'un corps certain eſt dû, c'eſt le créancier qui doit reſſentir l'augmentation ou la diminution qui ſurvient ſur ce corps certain.

45. Quoique la conſignation ne ſoit pas un véritable paiement, puiſqu'elle ne transfere pas la propriété des eſpeces conſignées au créancier juſqu'à ce qu'il ait plu au créancier de les retirer, néanmoins lorſque la conſignation & les offres qui l'ont précédée ont toutes les qualités ci-deſſus énoncées, la conſignation libere le retrayant envers l'acquéreur, de la même maniere que s'il eût payé ; *nam obſignatio pro ſolutione eſt ; L. 9, Cod. de ſolut.* ſauf à l'acquéreur à retirer les eſpeces de chez le conſignataire, lequel en ce cas demeure obligé, *ex quaſi contractu*, à les rendre à l'acquéreur. Au contraire, s'il ſe trouvoit quelque défaut, ſoit dans la conſignation, ſoit dans les offres qui doivent la précéder, qui la fît déclarer nulle, le retrayant ſeroit déchu de ſon retrait ; ſauf à lui à retirer ſes eſpeces de chez le conſignataire.

46. Tout ce que nous avons dit juſqu'à préſent des qualités que doivent avoir les offres du retrayant & la conſignation, & du terme fatal dans lequel elles doivent être faites, n'eſt établi qu'en faveur de l'acquéreur qui voudroit ſe conſerver l'héritage. Mais comme il eſt permis à chacun de ne pas uſer de ce qui n'eſt établi qu'en ſa faveur, lorſque le retrayant n'a pas ſatisfait aux obligations qu'il a contractées par l'adjudication ou reconnoiſſance du retrait, l'acquéreur peut, ſi bon lui ſemble, au lieu de conclure à la déchéance du retrait, pourſuivre le retrayant pour l'exécution de ſes obligations, ſans qu'il puiſſe être reçu pour s'en défendre, à ſe déſiſter du retrait ; *Voyez Brodeau ſur Louet*, c. 37, 4.

47. Il reſte à obſerver que lorſque le retrait s'exerce contre un tiers acquéreur, le retrayant eſt obligé à la reſtitution du prix & des loyaux coûts de la premiere vente qui a donné ouverture au retrait, de même que s'il l'exerçoit ſur le premier acquéreur. Si le prix de la premiere vente eſt plus fort que celui de la ſeconde, ce tiers acquéreur ſur qui le retrait s'exerce, en profitera : mais s'il eſt moindre, aura-t-il recours contre ſon vendeur pour ce qui manque à ſon indemnité ? Il faut diſtinguer. Si ſon vendeur ne lui a pas fait connoître que l'héritage qu'il lui vendoit étoit encore ſujet au retrait envers la famille du premier vendeur, il doit avoir recours contre lui ; mais ſi ſon vendeur lui a donné connoiſſance du premier contrat de vente, & l'a chargé du riſque du retrait, il n'a aucun recours ; *Voyez Grimaud. III, 1.*

SECTION V.

De l'effet du Retrait lignager.

48. Le retrait lignager a les mêmes effets que le retrait féodal, tant à l'égard de l'acheteur ſur qui il eſt exercé, qu'à l'égard du retrayant.

A l'égard de l'acheteur, ſon acquiſition par le retrait venant à ſe réſoudre *ex cauſâ neceſſariâ & inexiſtente contractui*, la confuſion & conſolidation qu'elle avoit opérée des droits d'hypotheque, de ſervitudes & autres qu'il avoit avant ſon acquiſition de l'héritage par lui acquis, ſe réſout pareillement ; & en conſéquence tous ces droits revivent, & ſont cenſés avoir été plutôt ſuſpendus qu'éteints.

Ceci ne peut recevoir d'application à l'égard de l'acheteur qui a acheté un héritage qu'il tenoit à ferme du vendeur avant ſon acquiſition : car le droit d'un fermier n'eſt pas un droit réel dans l'héritage qu'il tient à ferme, (*Introd. au T. ſuivant, ch. 1 ;*) c'eſt un droit perſonnel qui réſulte de l'obligation perſonnelle que le bailleur a contractée envers lui de le faire jouir ; & le bailleur a été déchargé entiérement de cette obligation en lui vendant l'héritage : car en le lui vendant, il s'eſt mis hors d'état d'exécuter le bail, par le fait de ſon fermier, qui a conſenti qu'il le lui vendît, & qui s'eſt chargé du riſque du retrait. Mais ſi l'acheteur, en cas de retrait, n'a pas d'action contre ſon vendeur pour l'exécution du bail à ferme qu'il lui avoit fait avant la vente, il a action à cet égard contre le retrayant, qui doit l'indemniſer de ce qu'en acquérant il a perdu le droit qu'il avoit de jouir comme fermier ; & cette indemnité conſiſte à l'en laiſſer jouir à ce titre. Obſervez qu'il faut pour cela que l'antériorité de la date du bail ſoit conſtante.

Quelques Auteurs donnent encore cet effet au retrait, que l'acheteur ſur qui l'héritage eſt retiré, eſt déchargé de ſes obligations envers le vendeur : mais nous avons vu, *Introd. au Tit. des Fiefs*, *n. 257*, *in fine*, que ſuivant les principes de notre Coutume, il n'étoit pas déchargé envers le vendeur, mais devoit ſeulement en être indemniſé par le retrayant.

Sur l'effet du retrait à l'égard du retrayant, *Voyez* ce que nous avons dit, *Tit. des Fiefs*, *ch. 7*, *art. 6*.

Il y a cela de particulier dans le retrait lignager :

1°. Que ce retrait n'étant pas ceſſible, l'héritage retiré par retrait lignager par l'un des conjoints par mariage durant la communauté, n'eſt pas conquêt, mais propre de communauté, à la charge de récompenſe ; *Voyez l'art. 382 & les notes.*

2°. L'héritage retiré par retrait lignager, quoiqu'il ſoit acquêt, eſt néanmoins ſujet au retrait lignager lorſqu'il eſt revendu, comme s'il étoit propre ; *Voyez l'art. 279 & les notes.*

49. 3°. Il y a quelque choſe de particulier pour la ſucceſſion de l'héritage retiré par retrait lignager. Lorſque le retrayant laiſſe différens héritiers, les uns aux acquêts, les autres aux propres, cet héritage étant principalement acquêt, puiſque le retrayant en eſt propriétaire en vertu d'un contrat de vente fait à celui aux droits duquel le retrait l'a ſubrogé, il ſembleroit que dans la ſucceſſion du retrayant l'héritier aux acquêts y devroit ſuccéder.

Mais comme la vue que s'eſt propoſée la Coutume en établiſſant le retrait lignager, qui eſt de conſerver les héritages dans les familles, n'auroit pas ſon effet ſi le retrayant tranſmettoit l'héritage qu'il a retiré, à des héritiers étrangers de la ligne, & que d'ailleurs l'héritage retiré par retrait lignager, quoiqu'il ſoit principalement acquêt, tient néanmoins auſſi quelque choſe de la nature des héritages propres, le retrayant l'ayant en quelque façon *jure ſanguinis & familiæ*, puiſque ce droit a été, ſinon la cauſe principale, au moins une cauſe concurrente qui l'en a rendu propriétaire, en lui faiſant donner la préférence sur l'acheteur étranger, la Coutume, *art. 383*, a sagement ordonné que l'héritage retiré par retrait lignager sera, dans la succession du retrayant, considéré comme un propre, & appartiendra à l'héritier aux propres de la ligne d'où il procede ; à la charge néanmoins par cet héritier aux propres d'indemniser l'héritier aux acquêts, en lui rendant dans l'année la somme d'argent que cet héritage avoit coûtée au défunt, & qui lui donnoit la nature d'acquêt.

50. Ce droit que la Coutume accorde par cet article à l'héritier aux propres, a paru à quelques Auteurs une espece de droit de retrait, en ce que de même que le droit de retrait ordinaire subroge le lignager à l'acheteur étranger pour acheter en sa place, celui-ci subroge l'héritier de la ligne à l'héritier aux acquêts pour succéder à sa place. Ce n'est pas néanmoins proprement un droit de retrait : car l'héritier aux propres qui satisfait à ce qui lui est prescrit par cet article, est saisi par le défunt, suivant la regle, *Le mort saisit le vif.* Il succede à cet héritage directement ; il ne peut donc être censé proprement le retirer sur l'héritier aux acquêts, à qui il n'a jamais appartenu.

51. Comme cet héritage est principalement acquêt, & qu'il n'est réputé propre par la Coutume, & comme tel, déféré à l'héritier aux propres qu'en rendant par ledit héritier aux propres à l'héritier aux acquêts ce qu'il en a coûté au défunt pour l'acquérir, & en effaçant en quelque façon par cette restitution la qualité d'acquêt qui faisoit obstacle à la qualité de propre, tant que l'héritier aux propres ne se met pas en devoir de satisfaire à cette condition, l'héritage doit passer pour acquêt, tel qu'il est effectivement, & l'héritier aux acquêts peut s'en mettre en possession.

Si l'héritier aux propres ne satisfait pas dans le terme d'un an à la condition que la Coutume lui impose, l'héritage demeure à l'héritier aux acquêts : si au contraire il y a satisfait dans ce terme, en remboursant à l'héritier aux acquêts, ou en consignant, sur son refus, ce qu'il est obligé de lui rembourser, il peut aussi-tôt se mettre de lui-même en possession de l'héritage, si l'héritier aux acquêts ne s'y étoit pas encore mis : s'il s'y étoit mis, il doit l'assigner pour le lui délaisser, & lui restituer les fruits qu'il avoit perçus. Cette action est l'action de pétition d'hérédité.

52. Lorsque c'est l'héritier aux acquêts étranger de la ligne qui succede à l'héritage retiré par le défunt, faute par celui aux propres d'avoir satisfait à la condition, il y succede comme à un acquêt ; & par conséquent lorsqu'il viendra lui-même à mourir, cet héritage sera dans sa succession un propre naissant, qui ne remontera pas plus haut qu'à la personne du retrayant qui l'a acquis, & il suffira pour y succéder d'être parent du côté du retrayant.

Mais lorsque c'est l'héritier aux propres qui y succede, il y succede comme à un ancien propre : la qualité d'acquêt qu'avoit contractée cet héritage en la personne du défunt, étant purgée par le remboursement qui a été fait à l'héritier aux acquêts, cet héritage n'est plus regardé en la personne de l'héritier aux propres, que comme un ancien propre auquel il n'y aura que les parens de la ligne d'où il procédoit anciennement qui y succéderont.

53. Lorsque l'héritier du retrayant réunissoit la qualité d'héritier aux acquêts & celle de l'héritier aux propres de la ligne d'où procédoit l'hé-

ritage retiré par le défunt, il eſt cenſé y avoir ſuccédé comme à un propre de cette ligne, & avoir fait confuſion ſur lui-même de l'obligation que la Coutume impoſe à l'héritier aux propres de rembourſer l'héritier aux acquêts : c'eſt pourquoi dans la ſucceſſion de cet héritier, l'héritier aux propres de la ligne d'où procede anciennement cet héritage, y ſuccédera ſans être obligé de faire aucun rembourſement à l'héritier aux propres naiſſans ; *Arrêt cité par Livoniere, en ſes notes ſur Dupineau.*

54. L'héritier aux propres ſuccédant à l'héritage retiré comme à un propre, en peut retenir les quatre quints lorſqu'il a été légué, en donnant à la place les quatre quints de ce que la Coutume l'oblige de rembourſer.

55. L'héritier aux propres ne doit contribuer aux dettes de la ſucceſſion pour raiſon de cet héritage, qu'autant qu'il vaut de plus que ce qu'il eſt obligé de rembourſer à l'héritier aux acquêts, & pour raiſon ſeulement de cette plus value.

56. Ce n'eſt qu'à l'héritier aux propres, en ſa qualité d'héritier, que la Coutume accorde le droit de ſuccéder à la place de l'héritier aux acquêts à l'héritage retiré par le défunt : c'eſt pourquoi ſi cet héritier aux propres, après avoir accepté la ſucceſſion aux propres dans laquelle il y en a d'autres que l'héritage, ne jugeoit pas à propos d'uſer du droit que la Coutume lui accorde par rapport à cet héritage, les autres parens de la ligne qui ne ſont pas en degré de ſuccéder avec lui, ne ſeroient pas admis à y ſuccéder à ſon refus.

Mais celui qui eſt héritier en partie aux propres de la ligne, a qualité ſuffiſante pour ſe mettre en poſſeſſion de l'héritage retiré par le défunt, en rembourſant l'héritier aux acquêts ; & ſi ſes cohéritiers refuſent de lui en faire raiſon pour leur part, l'héritage lui demeurera en entier à titre de ſucceſſion.

57. Quoique notre Coutume n'ait accordé le droit de retrait lignager qu'aux deſcendans de celui qui a mis l'héritage en la famille, néanmoins je penſe qu'il n'eſt pas néceſſaire que l'héritier aux propres en ſoit deſcendu pour y ſuccéder en vertu de cet article : car la Coutume par cet article accorde ce droit à l'héritier aux propres en ſa qualité d'héritier aux propres, ſans rien exiger davantage. D'ailleurs ſi cette qualité de deſcendant étoit néceſſaire, il pourroit arriver que ni l'héritier aux propres n'y ſuccéderoit, parce qu'il ne ſeroit que collatéral de celui qui a mis l'héritage en la famille ; ni ceux qui en ſont deſcendus, parce qu'étant parens du défunt retrayant dans un degré plus éloigné, ils ne ſeroient pas ſes héritiers aux propres ; ce qui eſt évidemment contraire aux vues qu'a eues la Coutume de conſerver l'héritage en la famille.

58. La préférence que la Coutume donne par cet article à l'héritier aux propres ſur l'héritier aux acquêts, doit avoir lieu quand même l'héritier aux acquêts ſeroit lignager en degré plus éloigné : car la Coutume ne s'eſt pas ſeulement propoſé d'empêcher que l'héritage ne ſortît pas de la famille à la mort du retrayant ; mais elle a voulu qu'on y ſuccédât comme à un propre, afin qu'il ne puiſſe plus à l'avenir être tranſmis par ſucceſſion qu'à des héritiers de la ligne d'où il procede.

59. Cet article doit-il être étendu à l'héritage qu'un lignager auroit acheté directement de son parent ? Il n'y a pas même raison, cet héritage qu'il a acheté comme un étranger, ne paroissant rien tenir de la qualité de propre. Il est néanmoins vrai qu'en matiere de retrait lignager il est réputé tel, à l'effet d'être sujet à retrait lorsque cet acheteur lignager le revendra; *Paris, art.* 133.

Sur ce qui doit être remboursé à l'héritier aux acquêts, *Voyez notre art.* 383, *& les notes.*

SECTION VI.

Comment s'éteint le Retrait.

60. Le retrait s'éteint, 1°. par le retour de l'héritage à la famille; 2°. par la prescription annale; 3°. par la prescription trentenaire, lorsque la prescription annale a été arrêtée.

§. I.

Du retour de l'héritage à la famille.

61. Lorsqu'avant qu'il ait été donné aucune demande en retrait, l'héritage est rentré dans la famille, il ne peut plus y avoir lieu au retrait; car la famille ne peut plus retirer ce qu'elle a pardevers elle.

Cette décision a lieu, soit que le vendeur soit rentré dans l'héritage par un désistement du contrat fait entre lui & l'acheteur, soit que l'acheteur l'ait revendu ou donné, soit au vendeur, ou à quelque autre de la famille.

S'il l'avoit revendu ou donné à une personne qui fût elle-même étrangere de la famille, mais qui fût en communauté de biens avec une femme ou un mari lignager, ou qui eût des enfans lignagers, le retrait seroit suspendu tant qu'il y auroit espérance que les enfans lignagers y succédassent, ou qu'il échût par le partage au conjoint lignager, ou aux héritiers lignagers de ce conjoint.

62. Lorsqu'il y a une demande en retrait donnée par quelqu'un de la famille, le retrayant s'étant par cette demande approprié ce droit de retrait, qui dès-lors cesse d'appartenir à la famille en général, il n'est plus au pouvoir de l'acheteur d'éteindre le droit du retrait en faisant rentrer l'héritage dans la famille.

§. II.

De la Prescription annale.

63. Le droit de retrait s'éteint par l'expiration de l'année que la Coutume accorde pour l'exercer. *Voyez l'art.* 363 *& les notes.*

Cette année court du jour de la vente; mais il faut pour cela, 1°. qu'elle soit parfaite. C'est pourquoi tant qu'elle est suspendue par une condition, l'an du retrait ne court pas; car le temps de la prescription ne peut courir contre un droit avant qu'il soit ouvert, & le retrait n'est pas ouvert avant que la vente qui y doit donner lieu soit parfaite.

Observez qu'une vente est parfaite par le seul consentement des parties qui n'est suspendu par aucune condition, quoiqu'elle n'ait pas été consommée par la tradition : c'est pourquoi il n'est pas besoin d'attendre la tradition pour qu'il y ait ouverture au retrait; *Introd. au tit. 1, n. 247*, ni pour que l'an du retrait coure.

Pareillement lorsque l'acheteur a stipulé par le contrat la faculté de décréter l'héritage, la vente ne laisse pas d'être d'abord parfaite & de donner ouverture au retrait, & il n'est pas nécessaire d'attendre le décret pour que l'an du retrait coure.

64. Il faut, 2°. que la vente soit connue dans le public.

Observez qu'elle n'est pas réputée suffisamment connue tant qu'elle n'est pas insinuée dans le registre des insinuations : c'est pourquoi l'Edit de 1703 porte que l'an du retrait ne courra que du jour de l'insinuation.

Quoique la vente soit réputée suffisamment publique lorsqu'elle a été insinuée, néanmoins si le vendeur & l'acheteur avoient pratiqué des manœuvres & mauvais artifices pour en dérober la connoissance à la famille, l'an du retrait ne courroit pas tant que la vente auroit été cachée à la famille, l'acheteur ne devant pas profiter de sa fraude.

Pareillement, si un contrat sujet au retrait avoit été déguisé sous la fausse apparence d'une autre espece de contrat non sujet au retrait, l'an du retrait ne courroit que du jour de la découverte de la fraude. Par exemple, si un héritage avoit été aliéné par bail à rente rachetable, en ne faisant pas mention par le contrat de la faculté de rachat, mais par une contre-lettre tenue secrete, l'an du retrait ne courroit que du jour de la découverte de la contre-lettre.

Observez que la preuve de ces especes de fraude peut se faire par témoins. L'Ordonnance, qui interdit cette preuve contre & outre le contenu aux actes, ne l'interdit qu'aux parties contractantes, au pouvoir desquelles il a été de se procurer une preuve par écrit; mais elle n'est pas interdite à des tiers, tels que sont des retrayans, à qui souvent il n'est pas possible de pouvoir prouver autrement la fraude qu'on a faite à leur droit.

Dans le procès qu'a le retrayant contre l'acheteur, le vendeur peut être assigné pour déposer de la fraude; mais son témoignage n'est pas seul suffisant pour la justifier; *Grimaudet, V, 9*. Au reste on ne peut, pour exclure son témoignage, opposer la maxime, *Nemo auditur propriam allegans turpitudinem;* car il est vrai que personne ne peut l'alléguer dans sa propre cause pour en profiter, pour en prendre droit, *quia nemini sua fraus patrocinari debet :* mais rien n'empêche qu'on ne puisse la confesser dans la cause d'un tiers.

65. 3°. Lorsqu'une vente a été contractée sous une clause résolutoire, telle qu'est la clause de réméré; quoiqu'elle soit parfaite dès le temps du contrat, & qu'en conséquence elle donne dès ce temps ouverture au retrait, néanmoins l'an de la prescription ne court pas tant qu'elle est sujette à se résoudre. *Voyez l'art. 393 & les notes.*

66.

66. 4°. Lorſque c'eſt un fief qui eſt vendu, le temps du retrait ne court que du jour de la réception en foi. *Voyez l'art. 364 & les notes.*

67. Le procès qui eſt fait à l'acheteur ſur la validité de la vente, n'empêche pas qu'elle ne donne ouverture au retrait, & n'empêche pas l'an du retrait de courir. Le lignager, qui doit prendre le marché de l'acquéreur avec toutes ſes charges, doit ſupporter la charge du procès ſur la validité du marché; & il doit par conſéquent, nonobſtant le procès, exercer ſon retrait dans le temps preſcrit par la Coutume, & reprendre l'inſtance à la place de l'acquéreur.

Sur l'interruption de cette preſcription, *Voyez les art. 368 & 369.*

§. III.

De la Preſcription trentenaire.

68. Lorſque la preſcription d'un an a été arrêtée, ſoit par le défaut d'inſinuation du contrat, ſoit par le défaut de réception en foi, ſi l'héritage eſt un fief, ſoit parce qu'une faculté de réméré ſtipulée par le contrat l'empêchoit de courir, en tous ces cas le droit de retrait s'éteint, comme tous les autres droits, par la preſcription de *trente ans*, qui commence à courir auſſi-tôt que le droit a été ouvert. Mais tout ce qui arrête l'ouverture du retrait, arrête cette preſcription, aucune preſcription ne pouvant courir contre une action avant qu'elle ſoit ouverte.

Les fraudes pratiquées pour cacher la vente ne doivent pas empêcher cette preſcription de courir, le temps de trente ans étant ſuffiſant pour les découvrir.

SECTION VII.

Du Retrait de mi-denier.

§. I.

Ce que c'eſt que le Retrait de mi-denier; & quand y a-t-il lieu au Retrait.

69. Lorſque deux conjoints par mariage communs en biens, dont l'un étoit lignager du vendeur, & l'autre étranger, ont acquis un héritage, notre Coutume, en l'*art. 381*, accorde aux héritiers du conjoint lignager qui ſont eux-mêmes lignagers, & aux autres lignagers du vendeur le retrait de la moitié qui appartient dans ledit héritage au conjoint ſurvivant étranger, à la charge de le rembourſer dans l'année du décès, du *mi-denier*, c'eſt-à-dire, de la moitié de ce qu'il a coûté: c'eſt pour cette raiſon que ce retrait eſt appellé retrait de *mi-denier. Voyez cet article & les notes.*

Par la même raiſon, le ſurvivant a le droit de retrait de la portion du prédécédé étranger ſur les héritiers; à moins que leſdits héritiers ne fuſſent lignagers ; car, ſelon les principes de notre Coutume, le retrait lignager ne peut s'exercer ſur un lignager.

Si les conjoints qui ont acquis étoient l'un & l'autre lignagers, il n'y auroit pas lieu au retrait, quand même l'un d'eux laiſſeroit des héritiers qui fuſſent étrangers ; car il n'y a que la vente faite à un étranger qui puiſſe donner lieu au retrait ; *art. 363.*

70. Ce retrait de *mi-denier* n'eſt pas d'une nature différente du retrait lignager ordinaire ; il y a néanmoins certaines choſes dans ce retrait qui lui ſont particulieres.

Les ſeuls contrats qui donnent ouverture au retrait, donnent ouverture à celui-ci : ſi c'étoit à titre de donation, d'échange, ou à quelque autre titre qui ne fût pas de nature à donner ouverture au retrait, que les conjoints euſſent acquis un héritage, il n'y auroit pas lieu à ce retrait.

Mais au lieu que dans les cas ordinaires, les contrats de vente & autres qui ſont de nature à donner ouverture au retrait, y donnent ouverture auſſi-tôt qu'ils ont reçu leur perfection; au contraire, dans le cas de l'*art. 381*, la vente faite à des conjoints par mariage, dont l'un eſt lignager du vendeur, ne donne ouverture au retrait de *mi-denier* que du jour de la diſſolution de la communauté de biens *qui étoit entre eux*; *juſqu'à ce temps* ce retrait eſt ſuſpendu. C'eſt la premiere différence que nous obſerverons entre ce retrait & le retrait ordinaire.

§. II.

De ce qui ſuſpend ou non ce Retrait.

71. La cauſe qui ſuſpend ainſi ce retrait, eſt la communauté de biens qui eſt entre le conjoint étranger & le conjoint lignager. Tant qu'elle ſubſiſte, l'héritage ſemble n'être pas ſorti de la famille : car les conjoints étant, ſuivant l'expreſſion de la Coutume, *uns & communs en biens*, & n'étant que comme *une* même perſonne par rapport aux biens de la communauté, cet héritage eſt cenſé appartenir auſſi-bien à celui des conjoints qui eſt lignager, qu'à celui qui ne l'eſt pas, & par conſéquent n'être pas ſorti de la famille.

Comme c'eſt cette communauté de biens, plutôt que le mariage, qui ſuſpend ce retrait, quoique le mariage vienne à ſe diſſoudre par la mort de l'un des conjoints, ſi la communauté continue entre le ſurvivant & les héritiers du prédécédé, le retrait demeure ſuſpendu, & ne ſera ouvert que lors de la diſſolution de cette communauté; *art. 381 & les notes.*

Vice verſâ, quoique le mariage ſubſiſte, ſi la communauté ſe diſſout par une ſéparation, on doit décider qu'il y a ouverture à ce retrait.

72. Le don mutuel en uſufruit fait au ſurvivant, n'arrête pas le retrait des héritiers du conjoint lignager ſur le ſurvivant étranger. Il eſt étonnant que Dupleſſis ait décidé le contraire. Il dit que le don mutuel donnant au ſurvivant le droit de jouir de la part du prédécédé, il doit à plus forte raiſon jouir de la ſienne, & qu'on ne peut par conſéquent en exercer ſur lui le retrait pendant ſa vie. Mais c'eſt une pure pétition de principe. Le don mutuel n'ayant pour objet que la part qui appartenoit au donateur, il ne peut avoir

d'effet que pour cette part; il n'en peut avoir par rapport à celle que le survivant étranger a de son chef; & par conséquent il ne peut empêcher le retrait que les héritiers lignagers ont droit d'exercer de cette part, d'autant plus que ce droit de retrait est un droit que les héritiers ont de leur chef & qu'ils tiennent de la Loi, & dont par conséquent le don mutuel ne peut les priver.

Pareillement le don mutuel fait au survivant lignager par le prédécédé étranger, ne doit pas arrêter le retrait qu'il a droit d'exercer de la portion du prédécédé étranger; & en ce cas le survivant qui avoit droit de jouir de la portion qu'il retire, doit jouir à la place, de ce que la Coutume l'oblige de rembourser : c'est pourquoi il suffira de donner, dans le temps fatal, caution de faire ce remboursement après l'expiration de son don mutuel.

§. III.

Que retire-t-on par ce retrait.

73. Ce retrait n'est ordinairement que de la moitié de l'héritage acquis; & pour cette raison il est vulgairement appellé retrait de *mi-denier*, parce que dans le cas d'acceptation de communauté, qui est le cas que la Coutume suppose comme le plus ordinaire, le conjoint étranger ou ses héritiers, sur lesquels ce retrait s'exerce, n'ont que la moitié dans l'héritage. Cependant ce retrait peut quelquefois être du total; ce qui arrive lorsque par la renonciation à la communauté de la femme lignagere ou de ses héritiers, l'héritage est demeuré pour le total au mari étranger ou à ses héritiers.

Cela peut arriver encore même dans le cas d'acceptation de communauté, lorsque ce retrait s'exerce après le partage par lequel cet héritage est échu en entier au lot du conjoint étranger.

Dans ce retrait, de même que dans le retrait ordinaire, le retrait de l'héritage propre attire celui de tout ce qui a été vendu avec le même propre pour un même prix.

§. IV.

A qui ce retrait est-il accordé.

74. Ce retrait de mi-denier est, comme le retrait ordinaire, accordé à tous les parens du vendeur : ce qu'il a de particulier, est que les héritiers du conjoint lignager sont préférés pour ce retrait aux autres lignagers du vendeur; *art. 381*; & à plus forte raison, le conjoint lignager, lorsque c'est lui qui a survécu.

Cette préférence pourroit être fondée sur ce que l'héritage se trouve indivis entre les héritiers & le survivant; *arg. de l'art. 378* : c'est pourquoi on pourroit peut-être soutenir qu'elle n'auroit pas lieu, si par leur renonciation à la communauté, ils n'y avoient aucune part : ce que je n'oserois pas néanmoins décider; car d'un autre côté on peut dire que la Coutume n'ayant fait aucune distinction en leur accordant cette préférence, *ubi lex non distinguit, nec nos debemus distinguere.*

75. Observez que la qualité d'héritier du conjoint lignager à laquelle la Coutume donne la préférence sur les autres lignagers du vendeur, n'est qu'une qualité accessoire à celle de lignager que l'héritier doit avoir. S'il n'étoit pas lui-même lignager du vendeur, il ne pourroit prétendre à ce retrait : car ce retrait étant un vrai retrait lignager, établi pour conserver l'héritage dans la famille, la Loi ne peut être censée l'avoir accordé qu'à des lignagers. Lalande, *art. 381*, qui est d'avis contraire, se fonde sur ce qu'il dit que les héritiers n'ont pas de leur chef ce droit de retrait, mais y succedent au conjoint; ce qui est faux : car ce droit de retrait, qui n'a été ouvert que par la mort du défunt, n'a jamais pu appartenir au défunt, qui n'a pu par conséquent le leur transmettre. Ils le tiennent donc directement de la Loi, qui le leur accorde par l'*art 381*; & ce retrait étant un retrait lignager, elle ne peut être censée le leur accorder qu'en supposant en eux la qualité de lignagers.

76. Si parmi les héritiers du conjoint lignager, il y en a qui soient lignagers, & d'autres qui ne le soient pas, le droit de retrait de la portion du survivant étranger appartient en entier à ceux qui sont lignagers; & pareillement si entre plusieurs héritiers lignagers, les uns veulent exercer ce retrait, les autres ne le veulent pas, il appartient en entier à ceux qui le veulent exercer : mais s'ils veulent tous l'exercer, ils doivent concourir, & celui d'entre eux qui auroit prévenu, ne doit avoir aucune préférence sur les cohéritiers. En exerçant ce retrait en qualité d'héritier, il est censé l'exercer pour tous ses cohéritiers qui voudroient y avoir part; car c'est un principe, en fait de partage de succession, que tout ce qu'un héritier fait en qualité d'héritier, il est censé le faire pour tous ses cohéritiers, & il doit leur en faire raison au partage.

77. Les héritiers ayant la préférence sur les autres lignagers, ceux-ci ne peuvent exercer le retrait avec effet, qu'au cas auquel les héritiers ne voudroient pas l'exercer; ce qui ne se connoît qu'au partage. Mais comme le partage pourroit être retardé jusqu'après le temps d'un an dans lequel le retrait peut être exercé, ces parens doivent, pour interrompre la prescription, donner leur demande en retrait dans ledit temps, sur laquelle il sera sursis à faire droit jusqu'au partage.

§. V.

Dans quel temps & comment s'exerce ce retrait.

78. Le temps dans lequel le retrait de mi-denier doit s'exercer, est le même temps d'un an dans lequel doit s'exercer le retrait ordinaire; sauf qu'il ne court que du jour de la dissolution de la communauté, parce qu'il n'est pas ouvert plutôt; *suprà*, *N. 62 & 64*.

79. Lorsque ce retrait s'exerce au partage, il n'est pas sujet à la rigueur des formalités des demandes en retrait; car en ce cas la demande qui en est faite, fait partie & est un incident de la demande en partage : mais lorsque le retrayant n'a aucune part en l'héritage, sa demande ne peut passer que pour une vraie demande en retrait, qui doit être sujette à la rigueur des formalités de ces demandes.

§ VI.

Des obligations du Retrayant.

80. Le retrayant doit rembourser le mi-denier des mêmes choses qui doivent être remboursées dans le retrait ordinaire : de plus, il est tenu faire raison des impenses, quoique non nécessaires, mais seulement utiles, jusqu'à concurrence de ce que l'héritage s'en trouve plus précieux. La raison est que le retrait n'étant ouvert que lors de la dissolution du mariage, qui peut quelquefois durer long-temps, il seroit injuste, & même contraire à l'intérêt public, que l'acquéreur fût empêché pendant tout ce temps de méliorer son bien ; au lieu que dans le retrait ordinaire on ne fait pas un grand préjudice à l'acquéreur en l'obligeant d'attendre l'expiration du temps du retrait pour faire les méliorations qu'il juge à propos de faire sur l'héritage, étant en son pouvoir de faire courir ce temps aussi-tôt qu'il a acquis.

81. Il est évident que le terme fatal de vingt-quatre heures dans lequel le remboursement de ce qui est liquide doit se faire dans le retrait ordinaire, n'a pas lieu dans le retrait de mi-denier, lorsqu'il s'exerce par les héritiers au partage : mais lorsqu'il est exercé par les autres parens, ou même par les héritiers qui ont renoncé à la communauté, le remboursement de ce qui est liquide doit se faire dans le terme fatal, & on doit observer tout ce que nous avons dit sur le retrait ordinaire.

82. Les fruits dans ce retrait, comme dans le retrait ordinaire, ne sont dus au retrayant que du jour de ses offres réelles de rembourser l'acquéreur.

83. Ce retrait étant ouvert déterminément au profit du conjoint survivant lignager, ou lorsque c'est lui qui est prédécédé, au profit de ses héritiers, préférablement à tous les autres lignagers, ce retrait ne s'éteint pas par la disposition que le conjoint étranger survivant ou ses héritiers en feroient au profit de quelqu'un de la famille ; & en cela ce retrait est différent du retrait ordinaire, lequel n'appartenant déterminément à aucune personne de la famille avant que la demande en ait été intentée, s'éteint lorsque l'héritage a passé à quelqu'un de la famille avant aucune demande.

SECTION VIII ET DERNIERE.

Du droit de Retrait conventionnel.

§. I.

De la nature de ce Retrait.

84. Le droit de retrait conventionnel, que nous appellons ici *droit de refus*, est un droit retenu dans un héritage par une convention intervenue lors de l'aliénation qui en a été faite, qui consiste à pouvoir, toutes les fois que l'héritage sera vendu, prendre le marché de l'acquéreur, en l'indemnisant.

Le droit de retrait conventionnel convient avec le seigneurial ou féodal en ce qu'ils ſont l'un & l'autre un droit réel dans l'héritage ſujet à ces eſpeces de retraits, formé par une convention expreſſe ou implicite ; & ils different en cela l'un & l'autre du retrait lignager, qui conſiſte plutôt dans une grace que la Coutume accorde à la famille du vendeur d'un héritage propre.

85. Le retrait conventionnel & le féodal different auſſi entre eux en ce que celui-ci eſt un droit ſeigneurial attaché à la ſeigneurie directe retenue par le Seigneur ſur l'héritage par lui donné en fief, & qui, lorſque le Seigneur eſt de la qualité requiſe, eſt préſumé retenu par le titre d'inféodation, quoiqu'il n'en ſoit pas fait mention, à moins qu'il ne ſoit formellement exclus ; au lieu que le retrait conventionnel n'eſt pas un droit ſeigneurial, mais un pur droit foncier, qui doit être expreſſément retenu lors de l'aliénation qui a été faite de l'héritage.

De là naiſſent deux différences : la premiere, que le retrait féodal eſt imprescriptible pour le fond du droit ; au lieu que le conventionnel ſe perd par la preſcription, lorſqu'un tiers détenteur a acquis l'héritage ſujet à ce droit ſans la charge de ce droit, & l'a poſſédé ſans avoir connoiſſance de cette charge pendant le temps requis par la preſcription. A l'égard de ceux qui ont acquis eux-mêmes l'héritage à cette charge, *ils ne peuvent, non plus que leurs héritiers médiats ou immédiats, preſcrire contre le fond de ce droit*, leur titre, qui les en charge, réclamant contre la preſcription.

Une ſeconde différence eſt, que le Seigneur eſt fondé dans le droit de retrait par ſa ſeule qualité de Seigneur, s'il eſt Châtelain, & il n'a pas beſoin de l'établir autrement ; au lieu que celui qui prétend avoir droit de retrait conventionnel, doit le juſtifier, ou par le rapport du titre de l'aliénation de l'héritage qui contient une réſerve expreſſe de ce droit, ou par une longue ſuite de reconnoiſſances des poſſeſſeurs & propriétaires de l'héritage, qui auroient reconnu que leur héritage eſt chargé de ce droit.

86. Du droit de retrait conventionel naît l'action en retrait conventionel à laquelle donne naiſſance & ouverture la vente de l'héritage ſujet à ce droit : cette action differe du fond du droit de retrait comme la fille differe de ſa mere ; elle en eſt un fruit civil.

87. Cette action differe en bien des choſes de l'action de retrait lignager. Celle-ci eſt principalement perſonnelle, quoique *in rem ſcripta*, & naît de l'obligation que la Loi forme en la perſonne de l'acheteur étranger, de laiſſer l'héritage à celui de la famille du vendeur qui voudra prendre ſon marché ; au lieu que l'action en retrait conventionnel eſt une action principalement réelle, qui naît d'un droit qu'a dans la choſe celui au profit de qui elle a été ouverte.

88. Cette action de retrait conventionnel eſt ceſſible comme tous les autres droits & actions que nous avons *in bonis*, à moins que la convention qui a établi ce droit, ne portât le contraire ; en quoi elle differe encore de l'action en retrait lignager, qui n'eſt pas ceſſible.

89. S'il étoit dit par le contrat d'aliénation, que le vendeur SEUL auroit le droit de retrait toutes les fois que l'héritage ſeroit vendu, il eſt évident que l'action de retrait ne ſeroit pas ceſſible : mais on ne devroit pas en conclure que le droit de retrait ne fût pas tranſmiſſible aux héritiers du vendeur, ſes

héritiers succédant aux droits & à la qualité de vendeur, comme à tous les autres droits du défunt. Si dans l'aliénation que Pierre auroit faite de l'héritage, il étoit dit que *Pierre seul* auroit le droit de retrait, ce seroit un droit personnel à Pierre, qui seroit éteint par sa mort, & ne passeroit pas à ses héritiers.

Outre les différences qu'on a remarquées entre le retrait conventionel & le lignager, on en observera plusieurs autres *in decursu*, qui résultent des principes établis en ce Paragraphe.

§. I I.

Quels Contrats donnent ouverture à l'action de retrait conventionnel; & pour raison de quelle chose.

90. Le droit de retrait conventionnel tirant tout son être de la convention, c'est la convention qui doit régler quels contrats doivent donner ouverture à l'action en retrait conventionnel.

Lorsque la convention se trouve conçue en termes généraux, & qu'il n'est dit autre chose, sinon, que celui qui a aliéné son héritage, s'est retenu le droit de retrait conventionnel toutes les fois que l'héritage seroit vendu, ce terme, *vendu*, comprend non-seulement la vente proprement dite, mais généralement tous les contrats équipollens à vente, qui donnent ouverture au retrait seigneurial ou lignager.

91. Il n'importe que l'héritage sujet au retrait conventionnel ait été spécialement vendu, ou qu'il se trouve compris dans la vente d'une universalité, comme de droits successifs, pour qu'il y ait lieu au retrait conventionnel; & il y a lieu en ce cas à une ventilation.

92. Il n'importe aussi que ce soit l'héritage sujet au retrait conventionnel qui ait été vendu, ou que ce soit une action, lorsqu'elle s'est terminée ou qu'elle doit se terminer à l'héritage; car en ce cas l'action est réputée l'héritage même auquel elle se termine : *Qui actionem habet, rem habere videtur.*

Par exemple, si ayant vendu mon héritage sous faculté de réméré, je cede à un tiers mon droit de réméré, cette cession donne ouverture à l'action de retrait conventionnel contre l'acheteur du droit de réméré, lequel sera tenu de délaisser au retrayant, ou l'action de réméré qui lui avoit été cédée, ou l'héritage même, s'il l'avoit déja réméré.

Les rentes foncieres créées sur l'héritage postérieurement à la création du droit de retrait conventionnel, paroissent devoir être sujettes au retrait conventionnel de même que l'héritage, lorsqu'elles sont vendues à des tiers.

93. L'*art.* 395, qui permet aux lignagers de retirer toutes les choses qui se trouvent comprises dans une même vente avec l'héritage propre de leur ligne, ne doit pas être étendu au retrait conventionnel, qui n'étant fondé que dans la convention, ne peut s'étendre qu'à l'héritage compris en la convention.

L'acquéreur ne peut pas aussi en ce cas obliger le retrayant, par forme d'indemnité, à retirer autre chose que l'héritage sujet au retrait conventionnel; & en cela il differe encore du retrait lignager. La raison de différence est, que celui-ci n'est qu'une grace que la Coutume n'accorde pas au préjudice du droit qu'a le vendeur de disposer de ses biens comme bon lui semble : mais le retrait conventionnel étant un droit dans l'héritage, le propriétaire n'a pas pu, en le vendant avec d'autres choses, rendre plus onéreuse la condition de celui à qui ce droit de retrait conventionnel appartient : c'est pourquoi la ventilation doit se faire aux dépens de l'acquéreur.

§. III.

Par qui & sur qui l'action de retrait conventionnel peut-elle être exercée.

94. L'action de retrait conventionnel étant un pur fruit civil du droit de retrait conventionnel, elle appartient à celui qui avoit l'usufruit de ce droit, ou qui en jouissoit comme fermier au temps du contrat qui a donné ouverture à l'action; & cet usufruitier ou fermier en peut faire remise à l'acquéreur de l'héritage, puisque cette action étant un fruit qui lui appartient, il en peut disposer.

Mais lorsque l'usufruitier ou fermier n'a ni exercé ni fait remise de l'action en retrait conventionnel, l'acquéreur ne peut empêcher le propriétaire du droit d'exercer cette action, sur le prétexte qu'elle appartient à l'usufruitier plutôt qu'à lui; car ce seroit exciper du droit d'autrui. La qualité de propriétaire donne un droit suffisant aux fruits de la chose, lorsque l'usufruitier qui seul a droit de les percevoir à l'exclusion du propriétaire, ne veut pas user de son droit.

Il suit de ces principes, que lorsque des mineurs sont propriétaires d'un droit de retrait conventionnel, & qu'il est vendu pendant le temps de la garde-noble un héritage sujet à ce droit, le gardien-noble a le choix d'en exercer le retrait en son nom & pour lui en sa qualité d'usufruitier, ou pour ses mineurs, qui sont les propriétaires du droit.

95. Lorsque le droit de retrait conventionnel se trouve appartenir par indivis à plusieurs héritiers, chacun d'eux ne peut exercer l'action que pour la part qu'il a dans le droit : mais l'acquéreur peut, si bon lui semble, pour son indemnité, l'obliger à retirer le total; car sa condition ne doit pas changer, & il ne doit pas souffrir de ce que le droit de retrait appartient à plusieurs.

Sur le droit de retrait conventionnel qui appartient aux gens de main-morte, *Voyez ce qui a été dit, Introd. au tit. 1, en parlant du féodal, n. 322.*

S'il y a plusieurs acquéreurs ou plusieurs héritiers de l'acquéreur, il s'exerce contre chacun pour la part que chacun a dans l'héritage. Ce retrait s'exerce sur l'acquéreur & ses héritiers, même sur ses successeurs à titre singulier; ce qui est une suite du principe établi *suprà, n. 81.*

§. IV.

§. IV.

Comment s'exerce l'action de retrait conventionnel; dans quel temps; & des fins de non-recevoir contre cette action.

96. L'action de retrait conventionnel s'exerce par un exploit de demande, qui n'est sujet à d'autres formalités qu'à celles qui sont communes pour tous les exploits. L'inobservation de quelqu'une qui auroit rendu l'exploit nul, ne fait pas déchoir le demandeur de son droit; il peut se pourvoir par nouvelle action. En cela ce retrait differe du lignager; & la raison de différence est que le retrait conventionnel est *un droit* dont celui à qui il appartient ne doit pas déchoir si facilement que les lignagers déchéent du retrait lignager, qui n'est qu'une grace de la Loi.

97. L'action de retrait conventionnel dure trente ans, comme toutes les autres actions, tant que l'acquéreur ne notifie pas son acquisition à celui à qui le droit de retrait appartient: mais l'acquéreur qui lui a notifié son contrat, peut en même temps l'assigner pour qu'il lui soit imparti par le Juge un délai dans lequel il pourra exercer le retrait, après lequel temps passé il en sera déchu. Le Juge peut, pour ce temps, se régler sur celui que la Coutume accorde pour le retrait féodal, qui est de quarante jours. Si le titre constitutif du retrait conventionnel portoit quelque chose sur le temps dans lequel il doit être exercé, il faudroit suivre ce qui est porté par le titre.

98. Il y a fin de non-recevoir contre l'action de retrait conventionnel, lorsque celui à qui elle appartenoit a, de quelque maniere que ce soit, donné son consentement ou approbation à la vente qui en a été faite à l'acheteur; *putà*, en acceptant une reconnoissance de la redevance dont l'héritage est chargé envers lui, ou en recevant les arrérages sans protestation.

99. Il y a pareillement fin de non-recevoir, lorsqu'il est devenu l'héritier du vendeur, qui a vendu sans la charge de ce droit: car succédant à l'obligation de garantie que le vendeur a contractée, il est non-recevable, suivant la regle, *Quem de evictione tenet actio, eum agentem repellit exceptio.* Il en seroit autrement si la vente eût été faite à la charge de ce droit.

§. V.

Des obligations du Retrayant & de l'Acquéreur.

100. Les obligations de ce retrayant envers l'acquéreur sur qui il retire l'héritage, sont les mêmes que celles d'un lignager, sauf qu'il n'y a pas un temps fatal pour s'en acquitter: mais le Juge peut, sur le requis de l'acquéreur, fixer un temps dans lequel le retrayant sera tenu d'indemniser l'acquéreur, lequel temps passé, s'il est en demeure de satisfaire, l'acquéreur peut demander la déchéance du retrait.

101. Une autre différence est, que lorsque l'acquéreur n'a pas eu connoiſ-

ſance que l'héritage fût ſujet au droit de retrait conventionnel, le retrayant doit lui rembourſer même les impenſes utiles, juſqu'à concurrence de ce que l'héritage s'en trouve plus précieux; l'acquéreur en ce cas n'eſt pas en faute pour les avoir faites.

102. L'acquéreur, de ſon côté, eſt obligé de délaiſſer l'héritage avec les fruits par lui perçus depuis les offres, comme dans le cas du retrait lignager. Il n'eſt tenu des dégradations par lui faites avant la demande, que dans le cas auquel il auroit eu connoiſſance du droit de retrait; car s'il l'a ignoré, il a été le maître de négliger un héritage qu'il croyoit être irrévocablement à lui: mais au moins, même en ce cas, les dégradations doivent venir en compenſation des augmentations & méliorations qu'il pourroit prétendre; car un héritage n'eſt mélioré que ſous la déduction de ce dont il a été dégradé.

TITRE XVIII.

De Retrait lignager.

ARTICLE CCCLXIII.

A. C. *art.* 276. C. de Par. *art.* 129.

QUAND aucun a vendu (1) ſon héritage (2), ou rente *fonciere à lui appartenant de ſon propre* (3), à aucune perſonne eſtrange de la ligne, ſouche (4) & fourchage, dont lui eſt venu ledit héritage ou rente; le parent du vendeur, iſſu & deſcendu (5) de ladite ligne, ſouche & fourchage, dont vient ledit héritage *ou rente*, peut demander & requérir dans l'an (6) & jour *de*

(1) Soit qu'il ait vendu lui-même, ſoit qu'il ait conſenti à la vente qu'un autre a faite; car quoique je ne vende pas proprement mon héritage, lorſque je conſens à la vente qu'un autre en a faite en ſon nom, & non au mien, ſelon la regle, *Aliud eſt vendere, aliud venditioni conſentire; L.* 160, ff. *R. J.* en ce ſens que je ne contracte pas l'obligation de garantie qui naît du contrat de vente; néanmoins, comme par ce conſentement j'aliene mon héritage & le mets hors de ma famille, de même que ſi je l'avois vendu moi-même, & que c'eſt cette aliénation qui donne lieu au retrait, je ſuis, quant à l'effet du retrait, cenſé l'avoir vendu.

(2) Sur ce qui eſt compris ſous ce terme, *Voyez l'Introd. n.* 9.

(3) Les acquêts ne ſont donc pas ſujets au retrait. Quels héritages ſont propres, *Voyez l'Introd. génér. chap.* 3, *art.* 3.

(4) C'eſt-à-dire à quelqu'un qui n'eſt pas deſcendu de celui qui a mis le premier l'héritage en la famille, ou de celui qui en eſt le plus ancien poſſeſſeur connu.

(5) Il réſulte du terme *deſcendu*, qu'il ne ſuffit pas, pour être admis au retrait d'un héritage, de toucher de parenté collatérale celui qui l'a mis le premier en la famille; quoique cela ſuffiſe pour y ſuccéder comme à un propre: il faut en être deſcendu en ligne directe; *Voyez infrà, l'art.* 380.

(6) C'eſt-à-dire dans l'an, non-compris le jour de la vente. Ainſi, ſi le contrat eſt du premier Janvier 1771, & a été inſinué le même jour, il ſera encore temps d'exercer le retrait pendant tout le jour du premier Janvier 1772. Lorſqu'il ſe rencontre une année

ladite vente, avoir par retrait icelui héritage ou rente, en remboursant (7) l'acheteur du sort principal (8) qu'il en aura payé (9) & baillé, & de ses loyaux (10) cousts & mises.

bissextile, le jour intercalaire, qui est le 29 Février, n'est compté que pour un seul & même jour avec le 28 qui le précede.

(7) *Voyez l'Introd. au tit. des Fiefs, ch.* 7, *art.* 5, §. 1.

(8) A l'égard des intérêts, l'acquéreur n'en doit pas être remboursé, si avant la demande il a perçu des fruits qui l'en indemnisent; sinon il en doit être aussi remboursé.

(9) Même de celui qu'il doit encore, à moins qu'on ne lui en rapporte quittance ou décharge du vendeur; même de celui dont on lui a fait don & remise, soit par le contrat même, soit *ex intervallo. Voyez l'Introd. au tit. des Fiefs, d. loco.*

(10) Sur ce qui est compris sous ce terme de *loyaux coûts*, *Voyez l'Introduction au titre des Fiefs, n.* 259. Outre les choses qui y sont rapportées, les frais d'instance que l'acquéreur a faits jusqu'à ce que le lignager lui ait fait ses offres & justifié de son droit, doivent être couchés en loyaux coûts. Il en est de même de ceux qu'il a été obligé de faire pour contraindre le vendeur à livrer l'héritage, en cédant ses droits au lignager pour les répéter contre le vendeur. Le franc-fief que l'acheteur a payé, fait aussi partie des loyaux coûts; & le Seigneur, ou lignager retrayant, quoique noble, doit le rembourser à l'acheteur, qui lui cédera ses droits pour le répéter du traitant. Le coût des ports de foi, dénombremens, reconnoissances censuelles, déclarations d'hypotheques, &c. en fait aussi partie. Il en est de même des profits : le lignager doit les rembourser en entier, quoique le Seigneur, par considération personnelle pour l'acquéreur, lui eût fait remise d'une partie. *Voyez aussi, sur le remboursement des profits, ce qui est dit en l'Introduction au titre des Fiefs, ch.* 5, *du Droit de quint, art.* 4.

Voyez *infrà, art.* 372 & 373, & *les notes.*

Article CCCLXIV.

Héritage féodal sujet à retrait, se peut retraire par le lignager, dedans l'an & jour, comme le roturier : & outre (1) le peut ledit lignager avoir jusques à ce que l'achepteur ait fait la foi (2) & hommage, ou *fait deuëment* ses offres, *ou qu'il ait été reçu en souffrance*, & aussi dedans l'an & jour après lesdites foi ou offres deuëment faites, *ou souffrance baillée.* A. C. *art.* 297. C. de Par. *art.* 159.

Voyez l'article 398 & *les notes.*

(1) Il n'y a pas lieu à cette disposition lorsque le fief est acquis dans la propre mouvance de l'acquéreur qui se trouve en foi pour le fief dominant, dont le fief qu'il a acquis releve : car l'acquéreur ne devant à personne la foi en ce cas, l'an du retrait ne peut être retardé par le défaut de foi de sa part. *Secùs*, s'il n'étoit pas en foi; car la devant en ce cas pour l'un & l'autre fief (*art.* 18), l'an du retrait ne court jusqu'à ce qu'il l'ait portée.

Observez aussi que le défaut de foi empêche bien le cours de la prescription annale, mais non celui de la trentenaire.

(2) La réception par main souveraine équipolle à cet égard à la foi faite au Seigneur. Mais le paiement des profits ne suffit pas pour faire courir l'an du retrait; *Arrêt du* 17 *Février* 1605, *cité par Ricard.*

Article CCCLXV.

Le lignager habile à retraire, est préféré (1) au Seigneur féo- A. C. *art.* 268.

(1) La raison est que l'inféodation est présumée faite en faveur de toute la famille. Il

dal, qui pourroit avoir par puissance de fief l'héritage aliéné, ores (2) que le Seigneur de fief l'eust ja retiré (3), si le lignager vient dedans l'an & jour *comme dessus.*

en est autrement du retrait conventionnel ; il est préféré au lignager. Ainsi jugé au Bailliage au mois d'Août 1720, au profit de Messieurs de Sainte-Croix.

(2) Quoique.

(3) Il en est de même s'il l'avoit acquis directement.

ARTICLE CCCLXVI.

C. de Par. art. 131. *L'an du retrait court tant contre le mineur que majeur, sans espérance de restitution.*

La raison est, qu'avant la demande en retrait, le droit de retrait appartenant à la famille indéterminément, & non à aucune personne déterminée de la famille, (*Introd n.* 13.) c'est plutôt contre la famille que contre un particulier de la famille que l'an du retrait court : c'est pourquoi il n'importe que les particuliers de la famille aient été mineurs, ou même destitués de tuteur, ou même absens *reipublicæ causâ ;* Arrêt du 6 Mars 1552, cité par Lalande.

Cette raison s'applique pareillement à la prescription trentenaire.

Si l'acquéreur étoit le tuteur d'un lignager, quoique le mineur eût alors des fonds qui ne pouvoient être mieux employés qu'à exercer le retrait sur son tuteur, le mineur n'auroit pas, après l'an expiré, l'action de retrait contre son tuteur : mais le tuteur étant en ce cas responsable, *actione tutelæ,* de n'avoir pas fait créer à son mineur un curateur aux actions contraires, comme l'intérêt de son mineur le demandoit, le mineur, après la tutele finie, pourroit être fondé à demander, non par l'action de retrait, qui est éteinte, mais par l'action de tutele, que son tuteur lui délaissât l'héritage pour le prix qu'il a coûté : *nam venit in judicio tutelæ quod tutor à se non exegit ; L.* 5, §. 4 ; *L.* 9, §. 2, ff. *adm. tut.*

ARTICLE CCCLXVII.

Par l'adjournement en action de retrait lignager, le lignager sera tenu eslire domicile au lieu de la Justice ordinaire (1), *où l'adjourné sera trouvé demourant. Et à faute de ce, l'adjournement est nul, & sans effet.*

(1) Quoique le motif qui a fait établir cette formalité, ait été afin que l'acquéreur n'eût pas trop loin à aller chercher le retrayant pour les significations qu'il auroit à lui faire, néanmoins comme les formalités ne s'accomplissent pas par équipollence, sur-tout en matiere de rigueur, telle qu'est celle du retrait lignager, il a été jugé par une Sentence de 1599, rapporté dans un manuscrit de M. Duchon, lors Avocat du Roi, qu'une demande en retrait étoit nulle, dans laquelle l'élection de domicile avoit été faite dans une maison hors la Justice, quoiqu'elle fût vis-à-vis la maison de l'ajourné.

Sur les formalités des demandes en retrait, *Voyez l'Introd. sect.* 4, *art.* 1.

ARTICLE CCCLXVIII.

Si l'achepteur n'a domicile au Bailliage d'Orléans, suffit faire l'adjournement au détenteur (1) *de l'héritage pour interrompre la prescription d'an & jour.*

(1) Tel qu'est un fermier ou locataire. S'il n'y avoit pas de détenteur, M. de Lalande pense qu'il suffiroit de faire une protestation au Greffe de la Justice où l'héritage est situé :

on pourroit aussi avoir recours à la voie de la proclamation ou cri public que propose la Coutume de Berry ; *tit. du Retrait lignager*, *art.* 8.

Hors le cas de cet article, l'assignation pour interrompre la prescription annale, doit être donnée à la personne ou au domicile de l'acquéreur sujet au retrait. S'il y avoit plusieurs acquéreurs, ou plusieurs héritiers de l'acquéreur, tous demeurans en ce Bailliage, l'assignation donnée à l'un d'eux ne l'interromproit que pour la part qu'il a dans l'acquisition; car l'action de retrait ne procede contre chacun d'eux que pour cette part : c'est une suite du principe que cette action est divisible ; *Introd. n.* 6.

L'assignation donnée au détenteur ne sert que pour interrompre la prescription annale, & ne dispense pas le retrayant d'assigner l'acquéreur dans le temps qui lui sera fixé par le Juge à son vrai domicile, sur l'indication qu'en doit faire le détenteur.

ARTICLE CCCLXIX.

Si l'adjourné en retrait lignager, avant (1) que l'adjournement lui ait esté fait, avoit aliéné l'héritage, & que ainsi le déclare & affirme en jugement, l'action du retrayant est perpétuée, & la peut poursuivre contre les autres achepteurs & cessionnaires, après les an & jour passez, *en faisant appeller lesdits achepteurs dedans quarante jours, après qu'il aura esté adverti (2) de l'aliénation faite par le premier achepteur.* A.C. *art.* 303. C. de Par. *art.* 140.

(1) A plus forte raison s'il ne l'a aliéné que depuis.

(2) Le temps du retrait ne se perpétue par cet article au-delà de l'année que jusqu'à quarante jours, à compter depuis que l'acquéreur assigné a indiqué la personne à qui il a aliéné l'héritage : s'il restoit quarante jours ou plus lors de cette indication, l'action ne seroit pas prorogée.

ARTICLE CCCLXX.

Dedans vingt-quatre (1) heures que le retrait est adjugé, *ou* A. C. *art.* 289.

(1) Ce terme est continu; les heures de la nuit y sont comprises, quoique les offres ne puissent se faire la nuit : il suit aussi de là que ce terme court un jour de fête. Lhoste, sur Lorris, en rapporte un Arrêt du 11 Mars 1603. Mais il est permis de faire le remboursement, & les actes judiciaires pour y parvenir, le jour de la fête.

M. Delalande dit que lorsque le retrait est prononcé par une Sentence contradictoire rendue à l'audience, le délai court depuis une heure après midi, qui est l'heure à laquelle, pour le plus tard, on leve l'audience. Si la Sentence est rendue à une audience de relevée, le délai doit courir depuis six heures du soir. Si c'est par une Sentence rendue en procès par écrit ou par défaut, le délai court du jour & heure que la Sentence aura été signifiée. Lorsque l'heure n'est pas marquée par l'acte de signification, comme il a pu se faire jusqu'au coucher du soleil, le délai ne commencera à courir que depuis l'heure à laquelle le soleil se couche ce jour-là.

Je ne crois pas que ce délai de vingt-quatre heures coure, si dans cet intervalle il y a eu un appel interjetté de la Sentence. Et en effet l'acquéreur ne paroît pas recevable à opposer que le retrayant n'a pas exécuté la Sentence dans le délai, lorsque c'est lui-même qui, par son appel, & par conséquent par son fait, en a arrêté l'exécution. Quelques Coutumes en ont une disposition, comme Rheims, *art.* 202. Il est néanmoins plus sûr de faire les offres nonobstant l'appel.

Notre Coutume n'exige pas, comme celle de Paris, pour faire courir ce terme de vingt-quatre heures, que l'acquéreur ait mis au Greffe son contrat d'acquisition : c'est pourquoi lorsqu'il n'en a pas été requis, le terme de vingt-quatre heures ne laisse pas de courir, quoiqu'il ne l'y ait pas mis. Mais si le retrayant l'en a requis, soit avant, soit

reconnu (2), faut payer & (3) rembourser l'achepteur du sort principal (4), loyaux cousts & mises qui se trouveront & seront déclarez clairs & liquides, en faisant l'adjudication dudit retrait ou délais. Et si lesdites vingt-quatre heures se passent *sans avoir fait ledit remboursement*, le retrayant déchet (5) de son retrait.

lors, soit incontinent après l'adjudication du retrait, ce délai de vingt-quatre heures est arrêté jusqu'à ce qu'il ait satisfait à cette requisition, en procurant au retrayant la communication de son contrat : car tant qu'il ne fait pas cette communication lorsqu'il en est requis, c'est lui qui empêche le retrayant de satisfaire à son obligation, le retrayant ne pouvant pas rembourser s'il n'est informé de ce qu'il doit rembourser. Or le terme dans lequel un débiteur doit satisfaire à son obligation, ne peut jamais courir tant que c'est par le fait du créancier qu'il est empêché d'y satisfaire.

(2) Il semble, à s'en tenir à ces termes, qu'il n'est pas nécessaire, pour faire courir les vingt-quatre heures, que la signification faite au retrayant, par laquelle l'acquéreur reconnoît le retrait, soit décrétée par le Juge ; & c'est le sentiment de M. Delalande. Néanmoins il a été jugé au Bailliage d'Orléans, le 22 Décembre 1603, que cela étoit nécessaire, ce qui s'est observé depuis. On a pris ce parti pour éviter les fraudes des acquéreurs, qui pourroient faire faire une signification au retrayant, dont le retrayant n'auroit pas connoissance, soit en prenant leur temps pour reconnoître le retrait, lorsqu'ils sçauroient que le retrayant seroit absent, soit par des voies encore plus criminelles.

(3) Il ne suffit donc pas au retrayant d'avoir offert ; il doit, sur le refus de l'acquéreur, consigner dans le terme de vingt-quatre heures. *Voyez sur cette consignation, & les offres qui la doivent précéder, l'Introd. sect.* 4, *art.* 2, ibid.

(4) Sur tout ce que le retrayant doit rembourser, *Voyez l'Introd. sect.* 4, *art.* 2.

(5) Ceci est établi en faveur de l'acquéreur, qui peut, s'il veut, n'en pas user ; *Introduction*, *n.* 39.

ARTICLE CCCLXXI.

A. C. *art.* 290. Toutefois s'il y a procès, il est en l'arbitrage du Juge, après contestation, de limiter (1) le temps dans lequel sera fait ledit remboursement. Et si dedans le temps limité le retrayant ne paye, il déchet de son retrait.

(1) C'est-à-dire, de fixer le délai à un temps plus long que celui de vingt-quatre heures ; ce que le Juge ne doit faire que pour juste cause ; autrement il y auroit lieu d'appeller du jugement par lequel il auroit prorogé le temps ; & s'il étoit infirmé, le retrayant qui n'auroit pas satisfait dans le temps porté par la Coutume, seroit déchu du retrait.

ARTICLE CCCLXXII.

A. C. *art.* 293. Celui qui retrait aucun héritage est tenu payer les réparations & impenses nécessaires (1) faites sans fraude par celui sur lequel il a été retrait, icelles *préalablement* liquidées.

Voyez sur cet article & le suivant, l'Introd. au tit. des Fiefs, *n.* 61.

(1) L'ancienne Coutume, *art.* 293, ajoutoit *& utiles* ; à quoi se rapportoient principalement les termes *sans fraude*, qui suivent ; c'est-à-dire, à moins qu'il ne parût qu'elles eussent été faites dans la vue de rendre le retrait plus onéreux. La nouvelle Coutume dénie absolument en l'article suivant la répétition des impenses utiles.

Lorsque l'acquéreur a fait de bonne foi les réparations nécessaires, elles doivent lui être remboursées, quand même, par quelque cas fortuit survenu depuis, elles ne subsisteroient plus : car dès qu'on les suppose nécessaires, il a été obligé de les faire; & il ne seroit pas indemne, si on ne les lui remboursoit.

Par la même raison il doit être remboursé de tout ce qu'il lui en a coûté, quoique le retrayant eût eu des moyens personnels de les faire à meilleur compte, si on les lui eût laissées à faire : mais si l'acquéreur a affecté de se dépêcher de faire ces réparations, nécessaires à la vérité, mais non urgentes, afin qu'il en coûtât davantage au retrayant, qu'il sçavoit avoir le moyen de les faire à meilleur compte ; en ce cas *il y a fraude*, & l'acquéreur ne doit être remboursé que de ce qu'elles auroient pu coûter au retrayant si on les lui eût laissées à faire.

ARTICLE CCCLXXIII.

Durant l'an & jour du retrait, l'achepteur ne peut (1) faire aucun bastiment de neuf, ni aucunes grosses réparations, si elles ne sont nécessaires. Pareillement ne peut empirer (2) l'héritage, ne immuer (3) la forme & nature d'icelui. Et s'il le fait, est tenu le restablir. C. de Par. art. 146.

(1) C'est-à-dire, *ne doit*, sous la peine de ne pouvoir prétendre aucune répétition des impenses non nécessaires, quoiqu'utiles. On doit néanmoins lui permettre d'enlever ce qu'il a fait, pourvu qu'il le puisse faire sans détérioration, & qu'il lui en revienne quelque utilité.

Cette décision a lieu, quand même il y auroit eu clause au contrat que l'acheteur feroit ces méliorations pour assurer la rente due au vendeur pour le prix de l'héritage ; car l'acheteur devoit en ce cas attendre l'expiration du temps du retrait pour les faire. En les faisant plutôt il fait tort au retrayant, qui auroit pu se dispenser de les faire, en remboursant la rente. S'il étoit porté que l'acheteur seroit tenu faire ces méliorations incessamment & dans l'année, la clause devroit être censée mise en fraude du retrait, & l'on n'y devroit avoir aucun égard.

(2) C'est-à-dire, dégrader, détériorer. Il n'est tenu à cet égard que de la faute grossiere ; *Arg. l.* 22, §. 3, *ff. ad sct. Treb.* Cette obligation de l'acheteur de conserver l'héritage en l'état qu'il l'a acquis, & de ne le pas détériorer, est une suite de l'obligation personnelle du retrait qu'il contracte, *ex quasi contractu*, envers la famille du vendeur; *Introduction*, *n.* 3.

Le tiers détenteur qui n'est pas tenu personnellement du retrait, mais seulement comme détenteur de l'héritage, n'est pas tenu des dégradations qu'il a faites avant la demande : mais l'acheteur qui a contracté l'obligation du retrait, & qui n'en a pas chargé ce détenteur, est tenu en sa place de ces dégradations.

(3) Même en mieux; *Arg. l.* 4, *ff. de usufr.*

ARTICLE CCCLXXIV.

Les fruits qui, lors de l'adjournement *en action de retrait lignager*, & offres (1) *deuëment faites* (2), sont *pendans par les racines* (3) en l'héritage sujet à retrait, sont acquis au retrayant, *en remboursant par lui les frais de la culture & semence* (4). A. C. art. 291. C. de Par. art. 134.

(1) L'exploit de demande ne suffit donc pas, s'il n'est accompagné ou suivi d'offres réelles de rembourser; & ce n'est que du jour des offres que les fruits sont dus au retrayant.

(2) C'est-à-dire, faites au domicile de l'acquéreur, avec exhibition & numération de deniers, attestée par le procès-verbal du Sergent, assisté de deux témoins.

(3) A plus forte raison ceux qui naîtront depuis.

On doit pareillement faire raiſon au retrayant de tous les fruits civils nés depuis la demande, même de ceux que l'induſtrie, les ſoins & le travail de l'acquéreur ont produits. Par exemple, dans le cas du retrait d'un moulin, tous les profits du moulin faits depuis la demande appartiennent au retrayant, ſur leſquels l'acquéreur retiendra le prix de ſon travail.

Non-ſeulement on doit faire raiſon au retrayant de tous les fruits perçus depuis la demande; on doit auſſi lui faire raiſon des fruits qui n'ont pas été perçus, mais que le retrayant auroit pu percevoir ſi l'héritage lui eût été délaiſſé auſſi-tôt qu'il a donné la demande & fait ſes offres; car il ne doit pas ſouffrir de la demeure de l'acheteur; *L.* 31, ff. *de R. Jur. & paſſim.*

C'eſt pourquoi, ſi la demande en retrait ayant été donnée avant ou dans le temps de la ſemence, l'acheteur aſſigné en retrait a négligé d'enſemencer une piece de terre de la ſaiſon de celles qui devoient l'être, on doit faire raiſon au retrayant des fruits qui auroient été perçus ſur cette piece de terre ſi elle eût été enſemencée; parce que le retrayant l'auroit enſemencée, ſi on lui eût délaiſſé l'héritage auſſi-tôt ſa demande. Mais ſi la demande n'a été donnée qu'après le temps de la ſemence, le retrayant ne pourra demander compte des fruits qui n'ont pas été perçus ſur cette piece que l'acheteur a négligé d'enſemencer: car le retrayant eſt bien obligé à la conſervation de l'héritage, mais il n'eſt pas, avant la demande, comptable des fruits. *Grimaudet*, IV, 37.

(4) Quand même il auroit ſemé du bled qu'il auroit recueilli ſur la terre. C'eſt l'avis de Pallu, ſur Tours; Dupineau, ſur Angers, &c.

ARTICLE CCCLXXV.

A.C. *art.* 291. *Mais ſi leſdits fruicts ſont abbatus*, (1), *ils appartiennent à* (2) *l'achepteur, & pareillement la moiſon qui eſt deuë à cauſe d'iceux, poſé que* (3) *le terme de payer ladite moiſon ne ſoit encore* (4) *eſcheu.*

(1) Pourvu qu'ils ne l'aient pas été avant leur maturité, en fraude de la demande en retrait. Il n'y auroit fraude s'il y avoit eu raiſon pour le faire; *putà*, l'approche d'une armée ennemie.

(2) Dumoulin, *in Conſ. Par.* §. 20, *gl.* 1, *n.* 75 *& ſeq.* en excepte avec raiſon ceux qui étoient pendans lors du contrat d'acquiſition: car ces fruits ayant augmenté le prix de la vente, ſi l'acquéreur qui eſt rembourſé par le retrayant du prix entier de la vente, dans lequel ſe trouve compris celui deſdits fruits, ne faiſoit pas raiſon de ces fruits au retrayant, il auroit la choſe & le prix; ce que l'équité ne permet pas. Par la même raiſon l'acquéreur qui a coupé un taillis avant la demande en retrait, doit, ſur le prix de la vente qu'il reçoit du retrayant, faire déduction du prix des feuilles dont le bois étoit âgé lors du contrat: car le prix de ces feuilles eſt entré dans le prix de la vente, & l'a augmenté. Si les fruits pendans ont été vendus pour un prix ſéparé, l'acquéreur les retiendra pour ce prix, à moins qu'il ne parût qu'on eût beaucoup diminué ce prix pour groſſir celui de l'héritage en fraude du retrait.

(3) C'eſt-à-dire, quoique.

(4) Les fermes ou moiſons étant dues pour le prix des fruits, elles ſont dues par le fermier auſſi-tôt qu'il a recueilli les fruits; le terme porté par le bail en differe ſeulement l'exigibilité.

ARTICLE CCCLXXVI.

A. C. *art.* 291. *Et ſi c'eſt une rente fonciere, l'achepteur prend les termes qui eſcherront depuis l'acquiſition, & outre ce qui aura couru depuis ledit dernier terme eſcheu au jour de l'adjournement au retrait, & offres deuëment faites. Et le ſemblable ſera obſervé pour le regard des loyers de maiſon.*

ARTICLE

ARTICLE CCCLXXVII.

Toutefois en cas de procès, si le retrayant délaisse le procès discontinué par an & jour, sans y procéder, les fruicts & revenus qui escherront pendant ledit temps de l'interruption & discontinuation, ne sont audit retrayant acquis, ains demourent au deffendeur en ladite action de retrait. A. C. art. 291.

Cet article ne dit autre chose, sinon que la discontinuation de procédure pendant un an fait perdre au retrayant le droit aux fruits perçus par l'acquéreur pendant le temps de cette discontinuation. Lalande en a mal conclu que l'instance sur la demande en retrait se périme par un an. Cet article suppose plutôt le contraire; car si cette instance se périmoit par un an, cette disposition pour les fruits seroit inutile & superflue. Enfin, par Arrêt du 7 Juillet 1697, cité par l'Auteur des notes de 1711, il a été jugé que la demande en retrait ne se périmoit que par trois ans, comme toutes les autres instances.

ARTICLE CCCLXXVIII.

Entre les prochains *du costé & ligne dont vient l'héritage vendu, ausquels par la Coustume appartient droit de retrait lignager*, le plus diligent, *& qui aura prévenu par adjournement fait à l'acquéreur*, sera préféré (1) à tous autres, encore qu'ils fussent plus prochains en degré du vendeur, *sinon* (2) *qu'ils fussent enfans, ou freres ou sœurs du vendeur, & que iceux enfans, ou frere ou sœurs, eussent portion par indivis en l'héritage, & que ledit héritage ne fust encore adjugé à autre lignager: auquel cas de préférence d'entre lesdits enfans, & après eux, ledit frere ou sœur seront tenus rembourser ledit lignager de ses frais.* Mais s'il y avoit entre plusieurs lignagers A. C. art. 279. C. de Par. art. 141.

(1) De là il suit que si deux personnes ont donné chacune en différens temps demande en retrait, il doit être sursis sur la seconde demande jusqu'à ce qu'il ait été statué définitivement sur la premiere. Le second n'est pas même reçu à intervenir sur la premiere demande pour en soutenir la nullité dans la forme: car les formalités des retraits n'ayant été établies qu'en faveur de l'acquéreur défendeur au retrait, il n'y a que lui qui soit recevable à les opposer; les autres lignagers n'y sont pas recevables. Mais si le second demandeur contestoit au premier la qualité de lignager, il seroit recevable à intervenir pour la lui constater.

Si sur la premiere demande le demandeur est débouté du retrait, le second pourra suivre la sienne sur laquelle il avoit été sursis. Si au contraire le retrait a été adjugé au premier demandeur, la demande du second tombe, à moins que le second n'offrît justifier que la demande du premier n'étoit pas sérieuse; ce qui paroîtroit si le premier à qui le retrait a été adjugé, avoit laissé l'acquéreur en possession, ou lui avoit rendu l'héritage peu après qu'il le lui a fait délaisser.

Lorsque le premier demandeur ne fait aucunes poursuites sur sa demande, le second sur la demande duquel il a été sursis, après avoir mis en demeure ce premier demandeur, & lui avoir fait prescrire un délai pour la faire juger, peut faire déclarer collusoire la demande de ce premier demandeur, & en conséquence être admis à poursuivre la sienne.

(2) Concours de trois conditions pour la préférence.

concurrence de jour & (3) heure en l'adjournement, *& qu'il n'apparust lequel a prévenu*, sera le plus prochain lignager préféré. Et s'ils étoient en pareil dégré (4), chacun des concurrens l'aura par égale portion.

(3) Il paroît que notre Coutume, différente en cela de plusieurs autres, estime en cette matiere la priorité du temps, non-seulement par les jours, mais par les heures & les momens. La raison est que le lignager qui a prévenu, ayant dans le moment de sa demande acquis pour lui, *jure quodam occupationis*, le droit de retrait, les autres lignagers cessent dès ce moment d'y pouvoir prétendre aucun droit; & par conséquent ils ne sont plus dès-lors en état de donner la demande, quoique dans le même jour & même dans la même heure. C'est pourquoi si dans un lieu où il y a une horloge publique qui sonne les quarts d'heure, deux lignagers avoient donné chacun leur demande, & que l'exploit de l'un portât à huit heures & un quart du mâtin, & que l'exploit de l'autre portât à huit heures & demie du matin, le premier devroit être préféré : mais si les exploits avoient été donnés dans un lieu où il n'y a point d'horloge publique, je ne crois pas qu'on dût avoir égard à l'expression des quarts d'heure, comme trop incertaine.

Lorsque de deux lignagers qui ont donné la demande le même jour, l'un a exprimé l'heure, *putà* huit heures du matin, & l'autre ne l'a pas exprimée, ou a exprimé simplement avant midi, celui qui a exprimé l'heure doit être censé avoir prévenu, & être préféré : car il justifie avoir donné la demande à l'heure par lui exprimée; au lieu que l'autre ne justifie pas l'avoir donnée plutôt qu'à la derniere heure du jour, ou à la derniere heure avant midi.

(4) La fiction de la représentation, qui a été établie pour le cas des successions, ne doit pas avoir lieu ici, les fictions ne devant pas s'étendre à un autre cas que celui pour lequel elles ont été établies.

ARTICLE CCCLXXIX.

A. C. *art.* 277. Si celui qui a retraict aucun héritage, le revend à personne estrange, *& hors* de la ligne, les parens descendus de ladite ligne dont vient l'héritage, le peuvent avoir dedans l'an & jour de ladite vente.

La raison de douter pouvoit être, que retirer n'étant autre chose qu'acheter à la place d'un autre, l'héritage retiré étoit, en la personne du retrayant, un héritage qu'il a à titre d'achat, & par conséquent un acquêt qui ne peut être sujet à retrait, la Coutume n'accordant le retrait que pour les propres. La raison de décider est, que lorsqu'un héritage est une fois devenu propre en la personne de quelqu'un de la famille qui y a succédé, il est toujours, jusqu'à ce qu'il en soit sorti, réputé tel, quant à la matiere du retrait, en la personne de tous les lignagers, à quelque titre qu'il leur soit avenu. C'est pourquoi la décision de cet article a lieu, non-seulement lorsque le lignager a retiré l'héritage vendu par son parent à un étranger, mais même lorsqu'il l'a acheté lui-même directement de son parent, (*Paris*, *art.* 133; ainsi jugé au Bailliage en la cause de Chauvreux, en 1738) ou lorsqu'il lui a été donné par un collatéral; *Arrêt du* 21 *Mars* 1713, *au sixieme tome du Journal.*

ARTICLE CCCLXXX.

A. C. *art.* 278. Si un frere ou sœur vend à personne estrange l'héritage acquis par son pere ou mere, & à lui escheu par la succession de sesdits pere ou mere, *ou à lui par eux donné en avancement de succession*; le frere ou sœur dudit vendeur, & leurs enfans, le peuvent avoir par retraict dedans l'an & jour de la vente. Mais les oncles & cousins dudit vendeur ne le peuvent avoir par retraict, sinon (1) qu'il fust venu de leur estoc, souche & ligne (2).

(1) C'est-à-dire, sinon que l'héritage n'eût pas été acquis par les pere & mere du vendeur, mais qu'il lui fût venu de plus loin, sçavoir, de la souche dont descendent lesdits oncles & cousins.)

(2) Cet article est l'explication de ces termes de l'*art.* 363 : le parent du vendeur, *issu & descendu de ladite ligne, souche & fourchage, &c.*

ARTICLE CCCLXXXI.

Si homme & femme conjoincts par mariage, acheptent (1) de leurs parens héritages mouvans de l'estoc & ligne de l'un desdits conjoincts, *le retraict lignager n'a lieu* (2), *tant que le mariage dure* (3) : *Mais* après le trespas de celui desdits conjoincts, dont meut ledit héritage, *& qu'il y a dissolution de communauté*, ledit retraict aura lieu. Et sera tenu le survivant, *s'il en est requis & appellé* dedans l'an & jour (4) dudit trespas, *& dissolution de communauté*, de rendre & restituer sa part & portion (5) aux héritiers du trespassé, ou autres parens du costé dont meut ledit héritage, en lui payant le sort principal, loyaux cousts, mises, *& impenses utiles* (6) *& nécessaires* de ladite portion : sans que ledit survivant soit tenu rendre le revenu qu'il auroit perceu dudit héritage. *Toutefois ledit retrait n'a lieu alencontre dudit survivant, si ledit survivant est lignager du vendeur. Et quant aux héritiers du prédécédé, en cas que ledit retraict ait lieu, ils sont préférez aux autres parens du vendeur, pourvu que lesdits héritiers soient aussi parens* (7) *de l'estoc & fourchage dudit vendeur.* A. C. art. 281. C. de Par. art. 155.

(1) Quand même le mari seroit seul partie au contrat, il seroit vrai de dire, à cause de la communauté de biens, que l'*homme & la femme achetent ;* & il doit y avoir lieu par conséquent à la disposition de cet article. *Secùs* s'il n'y avoit pas communauté de biens ; car on ne peut pas dire alors que l'*homme & la femme achetent :* c'est pourquoi le retrait ne seroit pas en ce cas suspendu pendant le mariage, suivant cet article, qui n'a lieu que lorsque *l'homme & la femme*, dont l'un d'eux est lignager, *achetent.*

(2) Le retrait lignager que produit la vente faite à ce conjoint étranger est suspendu, & *n'a lieu que tant que le mariage dure.*

(3) Ajoutez, & que la communauté de biens qui a été contractée entre eux subsiste. *Voyez l'Introd. N.* 25.

(4) *Voyez* sur la maniere dont ce retrait s'intente, l'*Introd. Sect.* 7, *N.* 72.

A moins qu'il n'y eût quelque autre cause qui l'empêchât de courir, comme le défaut d'insinuation du contrat, & dans les fiefs, le défaut de port de foi. Il y a néanmoins lieu de penser que le mari lignager survivant ne peut pas profiter du défaut d'insinuation ou de port de foi pour se proroger le temps du retrait, puisque c'est de lui qu'il a tenu d'insinuer ou de porter la foi.

(5) C'est quelquefois le total. *Voyez l'Introd. Sect.* 7, *N.* 66.

(6) Il est particulier à ce retrait que le retrayant doive rembourser les impenses utiles. *Voyez* la raison, *Introd. Sect.* 7, *N.* 73.

(7) Car s'ils ne l'étoient pas, ils ne pourroient retirer. *Introd. Sect.* 7, *N.* 68.

ARTICLE CCCLXXXII.

A. C. art. 2[illegible]3.

Si le mari, à cause de sa femme, retraict quelque héritage, il est fait propre (1) d'icelle femme. Et après le trespas d'elle, ou dudit mari, appartient entiérement à ladite femme ou à ses hoirs, en rembourſant (2) ledit mari, ou ses héritiers de la moitié (3) du sort principal qui aura esté payé pour ledit héritage, & des loyaux-cousts & mises (4) par lui faits, & ce dans l'an & jour (5) du trespas (6) de l'un desdits conjoincts. Et le pareil est pour le regard du mari.

(1) C'est-à-dire qu'il ne tombe pas en communauté, quoiqu'acquis durant la communauté : la raison est que le droit de retrait n'étant pas cessible (*Introd. N.* 5), n'est pas par la même raison communicable. *Voyez l'Introd. au tit.* 10, *N.* 12.

(2) Cette obligation que la Coutume impose ici à la femme, est fondée sur le principe établi en notre Introduction au Titre de la Communauté, *Sect. N.* 119, que chaque conjoint est obligé de récompenser la communauté des sommes qu'il en a tirées pour une affaire qui lui étoit personnelle, & dont il profite seul. Mais comme, suivant une autre maxime établie au même endroit, il n'est tenu de cette récompense que jusqu'à concurrence de ce dont il profite, le conjoint qui a tiré des sommes de la communauté pour exercer le retrait lignager d'un héritage, peut, en abandonnant à la communauté l'héritage, se décharger de la récompense; & il est censé avoir pris ce parti lorsqu'il a laissé passer l'an & jour depuis la dissolution de communauté, sans faire raison à l'autre conjoint ou à ses héritiers de la récompense qu'il devoit.

(3) Si elle renonçoit à la communauté, elle devroit rembourser le total.

(4) Même des utiles, comme dans l'article précédent.

(5) C'est-à-dire l'an, non compris le jour du trépas.

(6) S'il y avoit continuation de communauté, l'an ne courroit que du jour de la dissolution.

ARTICLE CCCLXXXIII.

C. de Par. art. 139.

L'héritage retiré est tellement affecté à la famille, que si le retrayant meurt délaissant un héritier des acquests, & un héritier des propres, tel héritage doit appartenir (1) à l'héritier des propres de ladite ligne, dont est venu & issu ledit héritage, & non à l'héritier des acquests (2): en rendant (3) toutefois dedans l'an & jour du décès aux héritiers desdits acquests, le prix dudit héritage, avec les loyaux-cousts & mises.

Voyez l'Introd. N. 42 *& suiv.*

(1) A titre de succession.

(2) Ces termes emportent ici une condition sous laquelle la Coutume accorde à l'héritier aux propres le droit de succéder, à la place de l'héritier aux acquêts, à l'héritage retiré par le défunt. Faute d'y satisfaire dans le terme d'un an, qui est fatal, il est de plein droit déchu du droit que la Coutume lui accorde, & l'héritier aux acquêts y succede.

(3) On rend, dans le cas de cet article, les impenses utiles faites par le défunt; car il n'étoit pas interdit au défunt d'en faire. A l'égard de celles qui ont été faites par l'héritier aux acquêts, elles ne lui sont dues que dans le cas où elles étoient nécessaires.

On ne fait point raison des dégradations faites par le défunt, lui ayant été permis d'abuser de sa chose. Elles peuvent néanmoins venir en déduction des impenses utiles, car le défunt n'a amélioré l'héritage que sous la déduction de ce dont il l'a dégradé. Elles viendront même en un cas en déduction sur le prix, sçavoir, lorsqu'elles ont produit quelque somme au défunt, comme s'il a vendu une futaie; car s'il a acheté, par exemple, l'héritage 10,000 liv. & qu'il ait retiré 2,000 liv. de cette futaie, il est vrai de dire que l'héritage ne lui coûte effectivement que 8,000 liv. : or on ne doit rendre aux héritiers aux acquêts que ce que l'héritage a effectivement coûté.

ARTICLE CCCLXXXIV.

En eschange (1) fait but à but sans aucunes tournes (2), n'y a retrait : *mais s'il y a tournes excédant la moitié de la valeur de l'héritage baillé sans tournes* (3), *tous les héritages baillez de part & d'autre sont subjets* (4) *à retrait.*

A. C. art. 284.
C. de Par. art. 145.

La raison pour laquelle la Coutume n'accorde le retrait lignager qu'en cas de vente ou d'autre contrat équipollent à vente, & non en cas d'échange, est parce que celui qui aliene son héritage propre par échange contre un autre immeuble, reçoit quelque chose qui lui tient lieu & à sa famille de l'héritage qu'il a aliéné, & a la même qualité de propre qu'il avoit : c'est pourquoi la famille n'étant pas dépouillée par ce genre d'aliénation, il ne doit pas y avoir lieu au retrait.

(1) Non-seulement d'un héritage contre un autre héritage, mais même contre une rente constituée, pourvu qu'elle soit due par un tiers : car cette rente est propre à la place de l'héritage aliéné, & tient lieu de cet héritage à la famille ; *Dumoulin sur l'article* 84 *de Paris*, *gl.* 1, *N.* 83 *&* 85. *Voyez les Arrêts cités par Lalande sur cet article.*

Cette décision a lieu, quand même celui qui m'a cédé une rente constituée en échange de mon héritage propre, me l'auroit cédée avec garantie & promesse de la fournir & faire valoir ; & quand même depuis, en conséquence de cette obligation, il me l'auroit remboursée. Il y a plus : quand même celui qui m'a donné cette rente en échange, m'auroit par le contrat indiqué une personne qui me l'acheteroit, le contrat n'en seroit pas moins un contrat d'échange, qui ne donneroit pas lieu au retrait. *Voyez Lalande sur cet article.*

(2) Ou avec tournes qui n'excedent pas la moitié du prix de l'héritage qui est le plus précieux.

(3) C'est-à-dire, de l'héritage pour lequel celui qui l'aliene ne *baille* aucunes tournes avec, mais en reçoit.

(4) Lorsque les tournes excedent la moitié du prix de l'héritage qui est le plus précieux, la nature de la vente prédomine dans le contrat : celui qui donne ces tournes est censé acquérir l'héritage à titre de rachat, & ne donner son héritage que comme un supplément au prix, qui consiste principalement & pour la meilleure partie en argent. Celui au contraire qui reçoit les tournes est censé recevoir l'héritage qu'on lui donne, comme en paiement de ce qui manque du juste prix de celui qu'il a vendu : ainsi de part & d'autre ce sont titres d'acquisition sujets à rettait.

ARTICLE CCCLXXXV.

Quand aucun a eschangé son *propre* (1) héritage à l'encontre d'un autre, l'héritage baillé lui est *fait propre*, tout ainsi que celui qu'il a délaissé. *Et s'il le vend, il chet en retrait.* Toutefois s'il avoit en faisant l'eschange, baillé quelques tournes, *l'héritage lui*

A. C. art. 298.
C. de Par. art. 143.

(1) Si quelqu'un échangeoit une rente constituée propre contre un héritage, l'héritage qu'il recevroit en contre-échange seroit bien à la vérité propre de succession, mais il ne seroit pas propre retrayable, ne pouvant recevoir une qualité que la rente dont il tient lieu n'avoit pas.

est conquest, jusques à la concurrence desdites tournes. Et néanmoins lui, ou son héritier aux propres, le peut retenir en remboursant (2).

(2) La moitié des tournes doit être remboursée à la femme : l'autre moitié sera remboursée par l'héritier aux propres aux héritiers aux acquêts; *art.* 381, 383.

ARTICLE CCCLXXXVI.

A. C. *art.* 304. Si (1) l'héritage propre est eschangé à un autre héritage, & après l'héritage baillé par contre-eschange, est dedans l'an & jour dudit eschange *rachepté* par celui qui l'avoit baillé, ou autre par lui, *moyennant quelque somme de deniers, ou autre chose mobiliaire*, ledit héritage propre chet en retrait lignager. *Et commence l'an & jour dudit retrait, du jour* (2) *que ledit héritage baillé par eschange, aura esté rachepté.*

(1) Cet article établit une présomption de droit, qu'en ce cas le contrat doit passer pour une vente déguisée sous le titre d'échange.

(2) Car c'est de ce jour que la fraude est découverte.

ARTICLE CCCLXXXVII.

A. C. *art.* 285. En donation (1) pure & simple, (2) *soit entre-vifs ou pour cause de mort*, n'y a retrait.

(1) Le retrait étant le droit de prendre le marché d'un autre, la donation n'y peut donner lieu ; car une donation n'est pas un marché. Il n'y a aucun inconvénient que le retrait lignager rende le lignager acheteur à la place de l'acheteur étranger ; car celui qui vend son héritage n'a d'autre vue que d'en recevoir le prix : mais c'est à la personne seule du donataire, & par une considération personnelle, que le donataire a voulu lui faire passer son héritage en le lui donnant. Ce seroit donner atteinte à la liberté naturelle que chacun doit avoir de disposer de sa chose comme bon lui semble, que d'en permettre le retrait sur celui à qui il a voulu le donner.

(2) La Coutume dit *pure & simple*, parce que les donations qui sont faites pour récompense & en acquittement de services, ou sous des charges, lorsque ces services ou ces charges sont appréciables à une somme d'argent qui fait le prix de l'héritage, sont regardées moins comme des donations, que comme des actes de *dation en paiement*, & équipollens à vente, lesquels donnent lieu au retrait ; *infrà, art.* 397 : mais lorsque les services ou les charges ne sont pas appréciables à prix d'argent, la donation n'en est pas moins une vraie donation qui ne donne pas lieu au retrait.

Pareillement lorsque les charges sont des charges intrinseques de la chose même qui est donnée, dont le donataire seroit tenu, quand même elles ne seroient pas exprimées par la donation ; comme lorsqu'un héritage est donné à la charge des rentes foncieres dont il est chargé, ou que quelqu'un donne l'universalité de ses biens à la charge de payer ses dettes ; c'est une donation pure & simple qui ne donne pas lieu au retrait.

Une donation, quoique mutuelle, faite au survivant, ne donne pas non plus lieu au retrait.

ARTICLE CCCLXXXVIII.

A. C. *art.* 292. En bail d'héritage, *soit féodal ou roturier*, à titre de rente *à perpétuité*, ou à vies, ou à temps, *sans faculté de réméré* (1) *ac-*

(1) C'est-à-dire, sans faculté de racheter la rente. *Voyez l'art.* 360.

cordée, n'y a retrait (2). *Mais quand ladite rente est vendue* (3), *elle chet en retrait* (4).

(2) Si ce n'est au cas de l'article suivant.

(3) La Coutume ne distingue pas ici si c'est à un tiers ou à celui qui en est le débiteur, comme en *l'art.* 392. *Voyez* sur ledit *article* la raison de différence.

(4) Car cette rente est un propre de la même nature qu'étoit l'héritage. *Voyez l'Introd. gén. N.* 83.

ARTICLE CCCLXXXIX.

Si par *ledit* bail, *ou moyennant icelui*, y a quelque somme de deniers (1) ou chose mobiliaire baillée, *ou promise bailler*, *par le preneur au bailleur*, *ou à son profit*, l'héritage chet en retrait, *encore que de ce ne soit fait mention audit bail* (2). A. C. *art.* 300.

(1) Jusqu'à quelle somme, *Voyez suprà*, *art.* 384; *H. Fornier.* Il résulte de cette note, que pour qu'il y ait lieu à la disposition de cet article, il faut que la somme excede la moitié de la valeur de l'héritage, suivant qu'il est décidé pour le cas de l'échange en l'*article* 384.

L'interprétation que donne cette note à cet article 389, s'établit en confrontant la nouvelle Coutume avec l'ancienne. Il est certain que ce qui a été ajouté à l'*art.* 384, n'est pas un droit nouveau: car le procès-verbal ne dit pas que c'est *pour avoir lieu à l'avenir*, mais *sans préjudice du passé*, lesquels termes, dans le procès-verbal, ont coutume de signifier que c'est la décision d'une question qui souffroit difficulté avant la réformation. La question naissoit de l'*art.* 300 de l'ancienne Coutume, qui disoit en général: *En héritage propre baillé à rente ou échange, où il y a argent, y a retrait.* La question étoit de sçavoir quelle devoit être cette somme d'argent. La nouvelle Coutume décide en l'*art.* 384, pour le cas de l'échange, qu'elle doit excéder la moitié de la valeur de l'héritage, & que c'est ainsi que l'*art.* 300 de l'ancienne doit être entendu. S'il doit être entendu ainsi pour le cas de l'échange, il doit être entendu de même pour le cas du bail à rente; l'*art.* 300 les ayant réunis sous une même disposition, n'y a mis aucune différence. Ajoutez que la raison de la décision est commune à l'un & à l'autre cas. Cette raison est qu'un contrat donne lieu au retrait lorsque la nature de la vente prédomine, & qu'elle prédomine lorsque l'argent donné ou promis excede la moitié de la valeur.

(2) Le lignager pourroit prouver la convention même par témoins. Cette preuve n'est interdite qu'à ceux qui ont été parties dans l'acte, & non à un tiers qui se plaint d'avoir été trompé. *Voyez l'Arrêt du* 20 *Mai* 1659, *au Tome* 2 *du Journal des Audiences.*

ARTICLE CCCXC.

L'héritage baillé à rente racheptable (1) *est subjet à retrait* (2) *de-* C. de Par. *art.* 137.

(1) N'importe que ce soit par une convention exprimée au bail, ou en vertu des articles 270 & 271; *suprà*, *Introd. au tit. des Fiefs*, *N.* 150.

(2) Quoique ce ne soit que par le rachat de la rente que le contrat de bail à rente se convertisse en une aliénation à prix d'argent, & devienne par-là un contrat équipollent à vente, néanmoins la Coutume veut qu'il donne d'abord ouverture au retrait, sans qu'il soit besoin pour cela d'attendre le rachat de la rente. La raison est, qu'étant très-difficile à la famille du bailleur d'avoir connoissance du rachat qui se feroit de la rente, on éluderoit le retrait en tenant ce rachat caché. On peut aussi dire que le bail à rente rachetable est, même avant le rachat de la rente, au moins dans le vœu de l'acquéreur, un contrat d'aliénation à prix d'argent & équipollent à rente, la rente n'étant retenue sur l'héritage qu'en attendant que l'acquéreur ait la commodité de payer la somme pour laquelle la rente est rachetable.

dans l'an & jour dudit bail , en remboursant (3) *dedans les vingt-quatre heures le sort principal de la rente, & arrérages escheus depuis le jour de l'adjournement , après que l'acquéreur aura mis ses lettres* (4) *au Greffe , & affermé le prix. Et à faute de ce faire , le retrayant est décheu du retrait.*

(3) Ou rapportant décharge du bailleur envers qui le preneur sur qui le retrait s'exerce, est obligé. Cette disposition de notre Coutume doit être limitée au cas auquel le bail à rente contient quelque obligation personnelle du preneur , qui le fait demeurer obligé à la rente après qu'il a cessé de posséder, telle qu'est celle qui résulte de la clause de *fournir & faire valoir* , dont il est parlé *infrà* , *art.* 412 : mais dans le cas d'un simple bail à rente , le preneur sur qui le retrait s'exerce, étant déchargé de plein droit de la rente pour l'avenir, en cessant de posséder l'héritage, *infrà*, *art.* 412, il n'est pas nécessaire pour son indemnité que le retrayant rembourse la rente.

On peut tirer de cet article cette conséquence, que suivant les principes de notre Coutume, un acquéreur n'est pas, par le retrait, déchargé des obligations qu'il a contractées envers celui de qui il a acquis : car s'il en étoit libéré, il ne seroit pas nécessaire que dans le cas de cet article le retrayant rachetât la rente.

(4) L'article 370, *suprà*, fait courir le délai de vingt-quatre heures du moment de l'adjudication du retrait; pourquoi celui-ci ne le fait-il courir que depuis que l'acquéreur a mis son contrat au Greffe ? Pour les concilier, il faut supposer que dans le cas de cet article l'acquéreur avoit été requis de les y mettre; auquel cas le délai ne court pas, tant qu'il est en demeure de le faire : mais lorsqu'il n'en est pas requis, le délai court du moment de l'adjudication.

ARTICLE CCCXCI.

C. de Par. art. 138. *Et quant aux arrérages escheus auparavant l'adjournement, le preneur les peut mettre en loyaux-cousts & mises, en rendant* (1) *par luy les fruicts qu'il auroit perçus dedans ledit an.*

(1) Il est au choix de l'acquéreur de se faire rembourser des arrérages de la rente courus avant la demande en rendant les fruits, ou de retenir les fruits qu'il a perçus avant la demande, en n'exigeant pas lesdits arrérages.

ARTICLE CCCXCII.

Et lesdits an & jour passez, ne peut plus le parent retraire ledit héritage : mais seulement peut retraire la rente dans l'an & jour qu'elle aura esté rachetée par autres (1) *que par le preneur ou ses ayans cause.*

(1) Car le rachat de la rente qui se fait par le preneur ou ses successeurs, se faisant en vertu de la clause portée au bail à rente, n'est qu'une exécution de ce bail, & non un nouveau contrat de vente de la rente qui lui soit fait par celui à qui la rente est due.

ARTICLE CCCXCIII.

A. C. art. 225. Propre héritage ou rente, (1) vendus sous faculté de réméré, peuvent estre retraits par le lignager durant ladite faculté de réméré ;

La raison de cet article est que le but de la prescription annale est de rendre l'acqué-

méré : & dedans l'an & jour après ladite faculté finie (2), soit qu'elle fust accordée hors ou dedans le contract de vente, *& auparavant, ou depuis* (3).

reur possesseur incommutable : donc tant qu'il ne peut devenir possesseur incommutable, le but de cette prescription ne pouvant alors avoir lieu, elle ne doit point courir.

Il ne faut pas néanmoins étendre cela à tous les autres acquéreurs qui peuvent être dans le cas d'être évincés. La différence est que ces autres acquéreurs peuvent se porter & dire acquéreurs incommutables, & prétendre avoir de bons moyens qu'ils opposeroient en cas d'attaque ; mais celui-ci ne peut pas se dire tel, puisque son titre y résiste.

(1) Fonciere.

(2) Elle ne finit à présent qu'après que le vendeur en a été déchu par Sentence, ou par la prescription de trente ans.

(3) Pourvu que ce ne soit pas après que la prescription annale auroit été déja acquise.

ARTICLE CCCXCIV.

Un demandeur en action de retrait ne peut retraire portion de l'héritage vendu par un mesme contract, ains est tenu retirer le tout (1). A. C. art. 305.

(1) Il en est de même lorsque plusieurs choses ont été vendues par un contrat & pour un même prix ; le retrayant ne peut retirer l'une sans l'autre ; autrement l'acquéreur, qui n'auroit pas voulu acquérir l'une sans l'autre, ne seroit pas indemne. Cette décision a lieu, quand même parmi les choses vendues il y en auroit qui ne seroient pas de la ligne du retrayant. En cela le retrait lignager differe du féodal, qui n'oblige pas le Seigneur à retirer autre chose que son fief. *Voyez* la raison de différence en l'*Introd. au tit. des Fiefs*, *N.* 251.

Il y a plus : quand même avec les choses sujettes au retrait, il en auroit été vendu une qui appartenoit en propriété au retrayant, quoiqu'on ne puisse être acheteur de sa propre chose, *L.* 16, *ff. de contr. empt.* ni par conséquent retrayant de sa propre chose, *Introd. N.* 1, néanmoins le retrayant sera tenu de rendre le prix de tout le marché à l'acheteur, qui autrement ne seroit pas indemne, & de se faire délaisser le tout ; sauf audit retrayant son action contre le vendeur pour se faire restituer le prix de la chose qu'il prétend lui appartenir ; *Grimaudet.*

Ces décisions ont lieu lorsque plusieurs choses ont été vendues pour un même prix : mais si elles ont été vendues pour des prix différens, quoique par un même contrat, il y a autant de différentes ventes qu'il y a de prix différens, & le retrayant peut retirer ce qui fait l'objet de l'une de ces ventes sans retirer le reste ; *Arg. L.* 34, *Ædil. ed.*

Quelquefois cependant, quoiqu'il y ait différens prix, le tout est censé ne faire qu'une vente, lorsque par les circonstances, & la nature des choses vendues, il paroît qu'on n'auroit pas acheté l'une sans l'autre ; *d. L.* 34, §. 1.

Cet article est dans le cas d'un seul acquéreur : s'il y avoit plusieurs acquéreurs, l'action de retrait étant divisible (*Introd. N.* 6), pourroit être intentée sur l'un des acquéreurs pour la part qu'il a dans l'acquisition, sans l'être contre les autres acquéreurs. Mais si cet acquéreur étoit débiteur solidaire du prix avec les autres, le retrayant seroit tenu de le faire décharger de la solidité.

Pareillement lorsqu'il y a plusieurs héritiers d'un acquéreur, le retrayant peut retirer sur l'un d'eux sa portion, sans retirer celle des autres, en le rendant indemne.

Contrà, vice versâ, quoiqu'il y ait plusieurs vendeurs, & que la chose n'ait pas été vendue *sub specie unitatis*, mais que chacun ait vendu sa portion, en telle sorte qu'il y ait autant de ventes que de portions vendues, l'acquéreur pourra obliger le retrayant à prendre le tout ; parce qu'autrement cet acquéreur, qui n'auroit pas voulu acheter pour partie, ne se trouveroit pas indemne.

ARTICLE CCCXCV.

A. C. *art.* 299. Si par un même contract, *& pour un même prix* (1) ont été vendus héritages, dont aucuns sont (2) propres du vendeur & subjets à retrait, ledit propre attrait à soy les autres qui ne seroient propres & retrayables; & le féodal attrait à soy le censuel (3), & le censuel le (4) féodal. Et par ce le tout chet en retrait lignager, ensemble les meubles qui en dépendent, & qui auroient esté vendus avec iceux héritages par une mesme vente, ou autre contract subjet à retrait. *Et ne peuvent les lignagers desdits autres héritages* (5) *les avoir par retrait sur le premier retrayant.*

Le principe sur lequel s'est fondée notre Coutume en cette disposition, est qu'elle a cru qu'un marché ne devoit pas se diviser; que les lignagers du vendeur ayant le droit de prendre le marché de l'acquéreur étranger, lorsque l'héritage de leur ligne est vendu, ils avoient droit de prendre ce marché en entier, & par conséquent de retirer toutes les choses qui y sont comprises.

(1) Le prix étant de l'essence du contrat de vente, il ne peut y avoir plusieurs ventes qu'il n'y ait autant de prix; & il n'y en a qu'une lorsque quelqu'un a vendu plusieurs choses pour un seul & même prix.

Quoique plusieurs choses aient été vendues par un même contrat pour une somme, si par ledit contrat cette somme a été distribuée en plusieurs sommes particulieres pour le prix particulier de chacune des choses vendues, il y a autant de ventes qu'il y a de choses, & le retrait de l'une n'attire pas le retrait des autres.

Lorsque les propriétaires de portions indivisées ou divisées d'un héritage, dont l'un est mon parent lignager, l'ont vendu *sub specie unitatis*, quoiqu'ils n'aient pas vendu solidairement, & qu'en conséquence ils ne soient tenus chacun que pour leur part des obligations qui résultent de la vente, néanmoins il n'y a en ce cas qu'une vente, & je puis retirer le tout: mais s'ils avoient vendu chacun la portion qu'ils ont dans un tel héritage, il y auroit autant de ventes que de portions vendues, & je ne pourrois retirer que celle de mon parent, quoique l'acquéreur, pour son indemnité, pût m'obliger à retirer le tout; *Introd. N.* 6.

(2) Quand même ce qui est propre seroit de peu de considération en comparaison du reste, il ne laisseroit pas de l'attirer; car la Coutume ne dit pas, dont la plus grande partie est propre, mais *dont aucuns sont propres.*

(3) Ainsi quoique la prescription du retrait fût acquise à l'égard du censuel, si elle ne l'est pas à l'égard du féodal pour lequel on aura tardé à porter la foi, on pourra, en retirant le féodal, quelque peu qu'il y en ait, retirer en même temps le censuel qui aura été vendu conjointement.

(4) Si le bien censuel est propre & sujet à retrait, il attirera le féodal qui ne seroit qu'acquêt, ou seroit d'une autre souche, quoiqu'on eût pu douter que le censuel, étant moins noble, pût attirer le plus noble.

(5) Quand même ils composeroient la plus grande partie de la vente, & que ce qui est de la souche du premier retrayant seroit de peu de valeur, le plus diligent en ce cas est préféré.

ARTICLE CCCXCVI.

Si par un même contract, & pour un mesme prix, sont acheptez plusieurs héritages (1), *dont partie est de l'estoc & souche de l'achep-*

(1) L'article précédent est dans le cas où l'acquéreur est étranger pour tout ce qu'il achete: celui-ci est dans le cas où partie des héritages est de la souche de l'acquéreur.

teur, & le surplus d'autre estoc, l'action en retrait n'est ouverte, si la portion pour laquelle on veut parvenir au retrait est moindre (2) *que celle qui n'est retrayable sur ledit achepteur.*

(2) Le retrait, suivant cet article, n'étant exclus que lorsque les héritages de la ligne de l'acheteur sont la plus grande partie du marché, & ceux de l'autre ligne *la moindre partie*, il s'ensuit qu'il y a lieu au retrait, non-seulement lorsque ceux de l'autre ligne sont la plus grande partie du marché, mais lorsqu'il y a égalité de part & d'autre. Il y a néanmoins cette différence, que dans le premier cas les lignagers de l'autre ligne peuvent retirer le tout, la plus grande partie devant emporter la moindre; au lieu que dans le dernier cas, ils ne peuvent avoir droit de retirer que ce qui est de leur ligne, l'acheteur ayant en ce cas autant de droit pour retenir ce qui est de la sienne, comme ils en ont pour retirer ce qui est de la leur; sauf que l'acheteur peut, si bon lui semble, pour son indemnité, les forcer à retirer le tout. C'est l'explication que donne l'Auteur des Notes de 1711.

ARTICLE CCCXCVII.

Héritage propre baillé en payement *de debte* (1), est subjet à retrait. A. C. art. 300.

(1) Un tel contrat est une vente véritable; *Leg.* 4, *cod. evict.*

ARTICLE CCCXCVIII.

Héritage féodal subjet à retrait, baillé à rente, dont le bailleur retient à soi la foy, & après iceluy bailleur vend la rente au preneur, ou autre ayant droict de lui, en soi démettant de la foi: En ce cas tout l'héritage est (1) retrayable. Mais si ledit bailleur vend sa rente à autre personne que au preneur de l'héritage, ou à celui qui a droict de lui, en ce cas n'y aura que ladite rente retrayable, & non ledit héritage (2). A. C. art. 301.

(1) La Coutume en cet article établit que dans la matiere du retrait lignager, un preneur n'est pas censé avoir acquis l'héritage féodal tant que la foi demeure devers le bailleur: il ne l'acquiert que du jour que la foi lui passe; & par conséquent dès ce jour l'héritage féodal devient retrayable. C'est par une suite des mêmes principes qu'il n'est censé saisi de l'héritage que du jour qu'il en a porté la foi, & que l'an du retrait ne court que de ce jour, comme nous avons vu, *art.* 364.

(2) Car on ne peut retirer que ce qui est vendu: or il n'y a que la rente vendue.

ARTICLE CCCXCIX.

Rentes constituées, *spécialement ou* généralement (1), *ne* sont subjettes à retrait. A. C. art. 303.

La raison de cet article est que le retrait lignager n'a été établi que pour les *héritages*: or une rente constituée n'est pas *héritage* sous aucun respect. Il est vrai qu'elles sont par fiction réputées immeubles; mais cette fiction, qui dans les autres matieres les rend susceptibles de la qualité de *propres*, n'a pas été étendue à la matiere du retrait lignager, qui est une matiere de rigueur.

(1) C'est-à-dire, quoiqu'accompagné d'hypotheque spéciale ou générale sur les héri-

tages du débiteur ; car cette hypotheque est bien un droit dans lesdits héritages : mais cette hypotheque n'est pas la rente, elle n'en est que l'accessoire ; & la rente en soi n'est ni héritage, ni droit dans un héritage, ni droit à un héritage.

ARTICLE CCCC.

C. de Par. *art.* 150.

Héritage vendu & adjugé par décret (1), *n'est subjet à retrait.*

Cette disposition est particuliere à notre Coutume & à quelques autres. Dumoulin, sur Tours, *art.* 180, dit qu'elle a pour fondement une raison de commisération pour le débiteur, afin que l'héritage soit mieux vendu. Cet article ne s'étend pas au retrait féodal. Il paroît par un acte de notoriété rendu en ce Siege le 5 Janvier 1693, en exécution d'une Sentence des Requêtes du Palais qui l'avoit ordonné, que c'étoit le sentiment commun des Officiers & Avocats. La raison de différence est que le retrait féodal étant un droit établi par une convention exprimée ou sous-entendue par le titre d'inféodation, la faveur que mérite le débiteur n'est pas une raison suffisante pour dépouiller le Seigneur de son droit ; au lieu que le retrait lignager n'étant qu'une grace & une pure faveur que la Coutume accorde à la famille, la Coutume a pu la refuser par une autre raison de faveur qui militoit pour la refuser.

(1) Ce terme comprend non-seulement le décret solemnel, mais aussi les ventes qui, après une saisie réelle commencée de l'héritage, se font en Justice sur une affiche & trois publications. L'Auteur des Notes de 1711 rapporte plusieurs Sentences du Bailliage qui l'ont ainsi jugé ; & cette jurisprudence a été confirmée par Arrêt. La même faveur du débiteur saisi milite à l'égard de ces ventes comme à l'égard du décret solemnel : mais cet article ne s'étend pas aux adjudications qui se font en Justice à un tiers sur la poursuite d'une licitation où les encheres étrangeres sont reçues.

ARTICLE CCCCI.

Quand un héritage est vendu ou autrement aliéné par contract subjet à retrait, avec condition de le faire décréter pour la seureté de l'acquéreur, l'action de retrait lignager est ouverte du jour dudit contract. Et l'action en retrait se doit intenter dedans l'an & jour d'iceluy, ou foy & offres deuëment faites, selon la qualité des héritages, pour l'avoir par le lignager pour le prix & aux conditions portées par le contract. Et supposé que (1) *le décret fust intervenu dedans l'an & jour, le peut néanmoins* (2) *ledit lignager retirer pour le prix & aux conditions portées par ledit contract, en remboursant l'achepteur du sort principal, loyaux cousts & mises, & satisfaisant à la Coustume.*

(1) Quoique.

(2) La raison de douter étoit que l'acheteur devenant adjudicataire par décret, sembloit ne devoir pas être sujet au retrait, suivant l'article précédent. La raison de décider est que dans cet article ce n'est pas le décret qui donne lieu au retrait, mais la vente volontaire qui a été faite à l'acheteur, laquelle n'est pas détruite, mais est plutôt confirmée par le décret.

ARTICLE CCCCII.

C. de Par. *art.* 142.

Les héritiers (1) *du vendeur, après son trespas, peuvent retraire*

(1) La qualité d'héritier du vendeur qui survient au lignager, n'est pas un obstacle à la

l'héritage propre par luy vendu dedans l'an & jour de la vente, pourvû qu'ils soient du costé, ligne & fourchage.

demande en retrait qu'il donne de son chef; car le retrait est un droit dont le vendeur ne garantit pas l'acheteur.

Article CCCCIII.

Quand celuy qui n'est en ligne & fourchage, a des enfans (1) qui sont en ladite ligne & fourchage, retrait n'a (2) lieu : mais s'il revend (3) l'héritage, il sera subjet à retrait (4). C. de Par. art. 156.

La décision de cet article est fondée sur ce principe de la Loi 11, ff. *de lib. & posth.* que nos enfans sont censés en quelque façon co-propriétaires avec nous de tout ce qui nous appartient; *quodammodo vivo patre domini existimantur* : d'où il suit qu'un héritage ne doit pas être censé sorti de la famille, lorsque l'acquéreur, quoique par lui-même étranger, a des enfans qui sont de la famille; & qu'en conséquence le retrait auquel la vente qui lui est faite donne lieu, doit être suspendu tant que dure l'espérance que l'héritage passera à ses enfans.

(1) Ou petits-enfans.

(2) Cet article est fait en faveur des enfans lignagers de l'acquéreur contre les autres lignagers qui voudroient le retirer. De là vient que les Arrêts ont jugé que cet article ne devoit point préjudicier auxdits enfans, ni les empêcher de retirer sur leur pere acquéreur étranger, si bon leur sembloit.

(3) Il en seroit de même s'il le donnoit; car ce n'est pas l'aliénation qu'il en fait qui donne ouverture au retrait, c'est la vente qui lui en a été faite. Le retrait, auquel cette vente donnoit lieu naturellement, a été suspendu tant qu'il y a eu espérance que cet héritage passeroit à ses enfans, & seroit conservé dans sa famille. Lorsque cette espérance cesse par l'aliénation qu'il en fait, le retrait commence à avoir lieu. Il en sera de même si les enfans le prédécedent; ou s'ils le survivent, mais renoncent à sa succession; du jour du prédécès du dernier, ou de la renonciation du dernier, le retrait aura lieu. Pareillement si l'acquéreur a laissé des enfans de différens mariages, dont les uns soient étrangers & les autres soient lignagers, il doit y avoir lieu au retrait des portions auxquelles succéderont les enfans étrangers, auquel retrait doivent être préférés les enfans lignagers.

(4) Ce retrait est sur la vente qui lui en a été faite, & non sur celle qu'il a faite.

Article CCCCIV.

Qui n'est habile (1) à succéder, comme un bastard, ne peut (2) venir au retrait lignager. C. de Par. art. 158.

(1) Cela s'entend de l'inhabilité de droit de ceux qui n'ayant pas les droits de famille, tels que sont les aubains & les bâtards, ne sont pas habiles à succéder. Cet article décide avec raison qu'ils ne sont pas non plus habiles au retrait, le droit de retrait étant un droit de famille, aussi-bien que celui de succéder. Mais ceux qui ne sont inhabiles à succéder à quelqu'un que par le fait de l'exhérédation, conservent tous les autres droits de famille, & par conséquent le droit de retrait; *Grimaudet, l.* 2, *N.* 6. *Voyez l'Introd. N.* 18.

(2) Mais, *vice versâ*, qui est habile à succéder, n'est pas pour cela habile au retrait; car ceux qui ne touchent qu'en collatérale le premier acquéreur du propre, sont habiles à succéder, *art.* 325; & ils ne sont pas habiles à retrait, *art.* 363.

ARTICLE CCCCV.

A. C. art. 282. En retrait d'héritage tenu en fief ou en censive, n'est deu aucun profit de fief, de ventes & relevoisons au seigneur de fief, ne censier, pour raison dudit retrait.

Voyez la raison, *Introd. au tit.* 1, *N.* 144.

TITRE XIX.

Des Exécutions pour Rentes foncieres, Moisons, Fermes ou Pensions d'héritages, Loyers, & Bénéfice de Cession & Atermoiement.

INTRODUCTION AU TITRE.

CE Titre renferme plusieurs matieres, dont nous traiterons en bref.

CHAPITRE PREMIER.

Du Louage des Maisons & Métairies; des différens Droits que la Coutume donne aux Locateurs des Maisons & Métairies, & aux Seigneurs des Rentes foncieres; & de la Reconduction.

ARTICLE PREMIER.

De la nature du Contrat de Louage; & des obligations qui naissent de ce Contrat.

§. I.

Du Louage des Maisons & Métairies; & de la nature du Contrat de Louage, & des obligations qui naissent de ce Contrat.

1. IL y a deux especes de louage; le louage d'ouvrages, & le louage des choses.

Le *louage d'ouvrages*, dont il n'est pas ici question, est un contrat par lequel l'une des parties s'oblige envers l'autre à faire un certain ouvrage pour un certain prix que l'autre s'oblige de lui payer.

Le *louage de choses* est un contrat par lequel l'une des parties s'oblige envers l'autre à lui faire avoir la jouissance ou l'usage d'une certaine chose pour un certain temps, & pour un certain prix que l'autre s'oblige de lui payer.

Le contrat de louage d'une maison s'appelle *Bail à loyer;* celui d'une métairie s'appelle *Bail à ferme.* Celle des parties qui s'oblige à faire jouir l'autre, s'appelle *Locateur* ou *Bailleur;* l'autre partie s'appelle *Locataire*, si c'est une maison qui est louée; ou *Fermier*, si c'est une métairie. C'est de ces especes de louage dont il est traité sous ce Titre.

2. Le contrat de louage est purement du Droit des gens, n'étant assujetti à aucune forme. Il est du nombre des *consensuels;* car il est parfait par le seul consentement des parties contractantes. Il est *synallagmatique;* car par ce contrat chacune des parties s'oblige envers l'autre. Il a beaucoup d'analogie avec le contrat de vente; & on peut dire qu'il renferme une espece de vente, non de la chose même qui est louée, mais de la jouissance ou usage de cette chose: c'est pourquoi ce contrat étoit quelquefois chez les anciens appellé *Vente; Ll. 19 & 20, ff. de act. empt. ad d. Ll.*

3. Il y a néanmoins une différence essentielle entre ces deux contrats, qui est que par le contrat de vente, le vendeur s'oblige envers l'acheteur à lui transférer tout le droit qu'il a dans la chose vendue, & le lui transfere effectivement par la tradition qu'il lui fait en exécution du contrat; au lieu que dans le contrat de louage, le locateur s'oblige seulement envers le locataire à le faire jouir de la chose, sans lui transférer aucun droit dans cette chose par la tradition qu'il lui en fait.

C'est aussi en cela qu'un bail à loyer ou à ferme differe d'un bail à cens & d'un bail à rente; car par la tradition qui est faite au preneur à qui un héritage a été baillé à cens ou rente, ce preneur acquiert le droit de propriété qu'avoit le bailleur, sous la réserve seulement du droit de cens ou rente que le bailleur retient.

§. II.

Des Engagemens que contracte le Locateur.

4. La principale obligation que contracte le locateur, est de faire jouir le locataire de la chose louée, *præstare frui licere, uti licere.*

Cette obligation à l'égard des maisons & métairies, dont il est ici principalement question, consiste en ce que le locateur doit non-seulement faire entrer le locataire ou fermier en jouissance de la maison ou métairie, mais encore le garantir des évictions qu'il pourroit souffrir dans la jouissance de ladite maison ou métairie, ou de partie, & généralement de tout trouble qui pourroit être apporté à sa jouissance, même par des tiers.

5. Il faut excepter les évictions dont la cause est nouvellement survenue depuis le bail sans le fait du bailleur ni de ses héritiers, comme lorsqu'un locataire a été obligé de déloger durant le cours de son bail en vertu d'ordres supérieurs, parce que la maison a été prise pour faire des casernes, ou lorsqu'on a pris des terres d'une métairie pour faire un chemin. Le bailleur n'est pas garant de ces évictions, personne n'étant garant de cas fortuits & de la for-

ce majeure : le locataire ou fermier doit ſeulement en ce cas être déchargé de ſa ferme ou loyer, ou en total, ou en partie, pour le temps qui reſte du bail depuis qu'il a ceſſé de jouir ou du total, ou de partie de l'héritage.

6. Mais ſi la cauſe de l'éviction ou du trouble procede du fait du bailleur ou de ſes héritiers ; *putà*, ſi le bailleur a vendu l'héritage ſans charger l'acheteur de l'entretien du bail, & que cet acheteur ait contraint le locataire ou fermier de quitter l'exploitation de l'héritage avant la fin de ſon bail ; ou ſi le bailleur a accordé à un voiſin quelque droit de ſervitude onéreuſe au fermier ou locataire de l'héritage ; le bailleur eſt en ces cas obligé à la garantie envers le locataire ou fermier, & en conſéquence tenu envers lui de tous ſes dommages & intérêts réſultans de l'éviction, ou du trouble qu'il a ſouffert en ſa jouiſſance.

7. Il en eſt de même des évictions dont la cauſe exiſtoit dès le temps du contrat de louage, & de l'événement deſquelles le locataire ou fermier n'a pas été chargé ; comme lorſque le bailleur a donné à bail un héritage qui ne lui appartenoit pas, ou qui ne lui appartenoit pas incommutablement, ou dont il n'avoit pas la pleine propriété, & que le locataire ou fermier a ſouffert éviction dans ſa jouiſſance de la part du propriétaire, ou de quelque autre qui avoit le droit de ſe faire délaiſſer l'héritage. Il n'eſt pas douteux qu'en ce cas le locataire ou fermier qui n'a pas été chargé par le bail du riſque de cette éviction, a action de garantie contre le bailleur pour les dommages & intérêts réſultans de l'éviction.

8. Lorſque le bailleur s'eſt annoncé par le bail comme ayant dans l'héritage un droit, par ſa nature, réſoluble, il eſt cenſé ne pas garantir les évictions auxquelles l'extinction de ce droit ſurvenue ſans ſon fait, pourroit donner lieu. Par exemple, ſi l'uſufruitier d'un héritage l'a donné à ferme ou loyer en ſa qualité d'uſufruitier ; ſi le titulaire d'un bénéfice a fait bail, en cette qualité, d'un héritage dépendant de ce bénéfice ; que la mort du bailleur étant ſurvenue depuis, & le droit dudit bailleur étant éteint par ſa mort, le locataire ou fermier ait été contraint par le propriétaire ou par le ſucceſſeur au bénéfice, de quitter l'exploitation de l'héritage ; ce locataire ou fermier n'aura en ces cas aucune action de garantie contre le bailleur, & il ſera ſeulement déchargé de la ferme ou loyer pour le temps reſtant à courir du bail depuis qu'il a quitté l'exploitation. Il en ſeroit autrement ſi le droit du bailleur eût été éteint par ſon fait ; comme ſi dans cette eſpece l'uſufruitier bailleur avoit fait une remiſe volontaire de ſon uſufruit.

Obſervez que le bailleur eſt cenſé avoir fait le bail en ſa qualité d'uſufruitier, de bénéficier, ou autre qualité ſemblable, quoiqu'il ne ſoit pas dit expreſſément qu'il le fait en cette qualité, pourvu qu'il ſoit exprimé par le bail, que l'héritage eſt un héritage dont il eſt uſufruitier, ou qui dépend de ſon bénéfice.

9. Le bailleur devant garantir le locataire ou fermier, des troubles qui ſeroient apportés à ſa jouiſſance de la part des tiers, ne doit pas à plus forte raiſon lui en apporter aucun de ſa part. De là il ſuit que le locataire ou fermier peut empêcher le bailleur de démolir ſans néceſſité quelqu'un des bâtimens compris au bail, pour en conſtruire d'autres à la place, & d'y faire des changemens ; car cette démolition ou ces changemens apporteroient un trouble

à la

à la jouiſſance du locataire ou fermier qui a droit de jouir deſdits bâtimens qui exiſtoient lors du bail. Cette déciſion néanmoins ne doit avoir lieu qu'autant que le locataire auroit un véritable intérêt à s'oppoſer à ces changemens; mais s'il s'y oppoſoit ſans intérêt & par mauvaiſe humeur, il ne devroit pas être écouté.

10. Si les ouvrages que le locataire veut faire, étoient des réparations néceſſaires, il n'eſt pas douteux que le locataire ou fermier eſt tenu de les ſouffrir; il a dû s'attendre que pendant le cours du bail il en ſurviendroit. C'eſt pourquoi non-ſeulement il ne peut empêcher de les faire, ni prétendre aucuns dommages & intérêts; mais il ne peut même demander aucune diminution de ſes loyers pour raiſon du temps qu'ont duré les réparations, à moins que pendant qu'elles ont duré, elles n'euſſent rendu entiérement inexploitable toute la maiſon, ou une partie conſidérable de la maiſon; auquel cas il ſeroit dû diminution ſur les loyers au prorata du temps & de la portion de la maiſon dont il n'auroit pas joui.

11. L'obligation que le locateur contracte de faire jouir le locataire ou fermier, renferme celle de faire toutes les réparations néceſſaires pour l'exploitation: il doit ſur-tout tenir le locataire *clos & couvert*, & en conſéquence réparer les portes & fenêtres, de maniere que le locataire ſoit clos & à l'abri des voleurs; & les couvertures, de maniere qu'il ne pleuve pas dans les logis. Le bailleur qui a été mis en demeure de ſatisfaire à cette obligation, eſt tenu des dommages & intérêts du locataire, s'il en a ſouffert.

Les concluſions ordinaires des locataires & fermiers dans ces cas, ſont à ce que faute par le bailleur de faire les réparations dans le temps qui lui ſera fixé par le Juge, le locataire ou fermier ſera autoriſé à les faire, & à en avancer le coût, dont il aura la répétition contre le bailleur. Quelquefois ils ſont fondés à conclure au réſiliement du bail, lorſque les réparations néceſſaires pour l'exploitation ſont conſidérables.

12. Enfin l'obligation de faire jouir le locataire, renferme celle de garantir que la choſe n'a aucun des vices qui empêcheroient le locataire de pouvoir utilement s'en ſervir pour l'uſage pour lequel elle lui eſt louée. Il y a à cet égard une diſtinction à faire. Si le locateur a connu ou a dû connoître ces vices, il eſt tenu de tous les dommages & intérêts que le locataire en a ſoufferts; mais s'il les a ignorés, le locataire ne peut prétendre autre choſe que la décharge des loyers ou fermes; *L. 19, ff. locat.* Par exemple, ſi quelqu'un a donné à ferme un pâturage qui produit de mauvaiſes herbes, nuiſibles aux troupeaux, s'il a ſçu ce vice, il ſera tenu, envers le locataire, des dommages & intérêts réſultans de la mortalité que ce vice a cauſée dans ſon troupeau : mais s'il l'a ignoré, il en ſera quitte pour être privé de la ferme.

13. Outre l'obligation de faire jouir le locataire ou fermier, qui naît de la nature même du contrat de louage, le locateur ou bailleur contracte encore différentes obligations qui naiſſent, ſoit de la bonne foi qui doit régner dans les contrats, ſoit des différentes clauſes du contrat.

14. Par exemple, c'eſt une obligation qui naît de la bonne foi, que le bailleur ſoit tenu de tenir compte au locataire ou fermier, des impenſes qu'il a été

obligé de faire pour réparations, sur-tout lorsqu'elles étoient si urgentes qu'il n'a pas eu le temps d'avertir le bailleur.

Lorsqu'il a le temps, il est, à la vérité, de son devoir d'avertir le bailleur, & de le mettre en demeure avant que de faire lui même les réparations ; & si le locataire a manqué à ce devoir, il n'est pas facilement cru sur la nécessité de ces réparations. Néanmoins lorsqu'il est constant qu'elles étoient nécessaires, le bailleur, quoiqu'il n'ait pas été averti, n'en est pas moins tenu d'en faire raison jusqu'à concurrence de ce qu'il en profite, & de ce qu'il lui en auroit coûté pour les faire si le locataire ne les eût pas faites, suivant la regle de Droit, *Neminem æquum est cum alterius damno locupletari.*

§. III.

De l'obligation que les Locataires ou Fermiers contractent de payer les loyers ou fermes, & des remises qui leur doivent quelquefois être faites.

15. Ces obligations consistent, 1°. à payer les loyers ou fermes aux termes portés par le bail.

Lorsqu'on n'a pas exprimé par le bail les termes de paiement, les fermes & loyers des métairies & maisons de la campagne doivent se payer chaque année en un seul terme, à la Toussaint.

Les loyers des maisons de ville se paient en deux termes, à Noël & à la S. Jean. Les parties qui ne se sont pas expliquées sur les termes de paiement, sont censées être virtuellement convenues de ceux-ci, suivant la regle, *In contractibus veniunt ea quæ sunt moris & consuetudinis in regione in quâ contrahitur.*

16. Les loyers & les fermes en argent doivent se payer au bailleur au lieu convenu par le bail. Si l'on n'est convenu d'aucun, sur-tout lorsque les fermes consistent en une certaine quantité de bled ou d'autres fruits, elles doivent se payer au lieu où les fruits ont été recueillis. Si l'on étoit expressément convenu qu'ils seroient voiturés & rendus en la maison du bailleur, & que depuis le bail, le bailleur eût transféré sa demeure en un lieu plus éloigné qu'elle n'étoit au temps du bail, le fermier ne seroit obligé de les livrer qu'au lieu où étoit la demeure du bailleur au temps du bail.

17. Les loyers étant le prix de la jouissance, il suit de là qu'un locataire en doit être déchargé pour le temps qu'il n'a pu jouir de la maison qui lui a été louée, quoique ce soit sans le fait ni la faute du bailleur qu'il n'a pu en jouir.

De là il suit que lorsqu'une maison menace ruine & a besoin d'être entiérement rebâtie, & que le bailleur en convient, ou que, sur son refus d'en convenir, ce danger est constaté par une visite d'Experts nommés par le Juge, le locataire peut en ce cas faire ordonner qu'il lui sera permis de déloger, & qu'il sera déchargé des loyers pour l'avenir; à moins que le bailleur n'offre lui fournir un autre logement pendant le temps que dureront les réparations, & l'indemniser des frais de délogement.

18. Lorsque par quelque accident survenu depuis le bail, quoique sans le fait ni la faute du bailleur, la maison devient sujette à quelque incommodité considérable à laquelle elle n'étoit pas sujette lors du bail, le locataire a droit de prétendre une diminution de loyer : il pourroit même quelquefois demander le résiliement du bail, si l'incommodité étoit telle que la maison fût devenue tout-à-fait inexploitable, eu égard à l'état du locataire.

19. La jouissance d'une métairie consistant dans les fruits que le fermier perçoit, & les fermes étant le prix desdits fruits, il suit de là que si une force majeure, telle qu'est une inondation de riviere, une incursion d'ennemis, &c., a privé le fermier du total ou d'une partie considérable de la récolte qu'il espéroit, il doit être déchargé pour cette année du total ou d'une partie de la ferme. Mais pour que le fermier puisse prétendre cette remise, il faut que plusieurs choses concourent.

20. 1°. Il faut que la perte soit arrivée sur les fruits étant encore sur pied : car dès qu'ils ont été recueillis, le fermier doit la ferme pour la récolte qu'il en a faite ; ces fruits lui appartiennent, & par conséquent doivent être à ses risques. C'est pourquoi s'ils viennent à périr, soit par une inondation, soit par le feu du ciel qui aura embrasé la grange où ils étoient engrangés, il en doit souffrir la perte, suivant la maxime, *Res perit domino.*

21. Il faut, 2°. que la perte soufferte par le fermier sur les fruits étant encore sur pied, ait été très-considérable : *modicum enim damnum æquo animo ferre debet colonus, cui immodicum lucrum non aufertur ;* L. 25, §. 6, ff. *locat.* Il faut, 3°. que cette perte n'ait pas été récompensée par une abondance extraordinaire dans les autres années du bail. Lorsque cette abondance est survenue dans les années qui ont précédé la perte, elle exclut le fermier de pouvoir prétendre une remise : lorsqu'elle est survenue dans les années du bail qui ont suivi cette perte, non-seulement elle exclut le fermier de pouvoir demander un remise, s'il ne l'avoit pas encore demandée, mais elle donne au bailleur le droit de révoquer celle qu'il auroit faite, étant censé ne l'avoir voulu faire qu'autant qu'elle feroit due à son fermier; *L. 15*, §. 4, ff. *locat.*

Enfin, 4°. il faut que l'accident qui a causé la perte des fruits sur pied, ait été un accident extraordinaire, & non un de ces accidens fréquens & auxquels un fermier doit s'attendre, tels que ceux de la gelée & de la coulure à l'égard des vignes.

22. On peut même convenir par le bail, que le fermier se charge du risque de tous les accidens, tant ordinaires qu'extraordinaires qui pourroient arriver sur les fruits, sans qu'il puisse prétendre, quelque chose qui arrive, aucune remise ou diminution de sa ferme. Mais cette convention ne renferme que les accidens qui ont pu être prévus, tels que les grêles, les inondations de rivieres dans les pays où il y a mémoire d'homme qu'il en est arrivé; mais non ceux auxquels on n'a pu penser, tel que seroit celui d'une incursion d'ennemis dans le cœur d'un Etat, où il n'y a pas mémoire d'homme que la guerre ait été portée ; *nec enim videri potest contineri pacto id de quo cogitatum non est ;* L. 9, §. *fin.* ff. *de transf.*

§. IV.

Des autres obligations des Locataires ou Fermiers.

23. 1°. Le locataire ou fermier est obligé de jouir de l'héritage dans la nature dans laquelle il lui a été loué. Par exemple, le locataire d'une auberge doit l'entretenir en nature d'auberge; faute de quoi il peut être expulsé; & il est tenu des dommages & intérêts du bailleur, résultans de ce qu'en cessant de tenir auberge, il a écarté ceux qui avoient coutume d'y loger, & empêché par ce moyen que le bailleur ne puisse à l'avenir louer sa maison aussi avantageusement qu'il l'auroit louée si elle eût été entretenue comme auberge.

Vice versâ, le locataire d'une maison bourgeoise ne peut pas en faire un cabaret, ni y établir une forge de maréchal, &c.; mais il doit l'occuper comme maison bourgeoise.

24. 2°. Le locataire ou fermier doit jouir en bon pere de famille, de maniere qu'il rende à la fin du bail l'héritage, si c'est une maison, en bon état de réparations locatives; si ce sont des terres, en bon état de culture.

Par exemple, le fermier d'une vigne doit la bien façonner, la bien fumer, la provigner, l'entretenir d'échalas, en un mot, la cultiver de la même maniere qu'un bon & soigneux vigneron cultiveroit sa propre vigne. Si, faute d'avoir fait cela, la vigne se trouve, à la fin du bail, en mauvais état, le fermier est tenu des dommages & intérêts du bailleur.

Le fermier de terres labourables ne doit pas les doubler ni les dessaisonner, ni divertir les pailles & fumiers; sur quoi *Voyez l'art. 421 & les notes.*

A l'égard des menues réparations, ou réparations locatives, dont les locataires de maisons ou autres bâtimens sont tenus, elles consistent à faire remettre des carreaux de vitre, des pavés ou carreaux où il en manque; à réparer & recrépir les foyers & le bas des murs des chambres & autres cénacles qui se trouvent dégradés. Il est tenu de ces réparations parce que la présomption est que c'est lui ou ses gens qui y ont donné lieu. Il doit aussi faire ramonner les cheminées, pour éviter le danger du feu.

25. 3°. Le locataire ou fermier doit veiller à la conservation de l'héritage; d'où il suit qu'il est tenu des dommages & intérêts du bailleur, s'il a laissé usurper la possession de quelque partie des terres comprises au bail, sans avoir averti à temps le bailleur, afin qu'il pût former la complainte & empêcher l'usurpation. C'est pourquoi il est de l'intérêt du bailleur de détailler dans le bail qu'il fait d'une métairie, toutes les pieces de terres, avec leur continence, & les tenans & aboutissans, afin de connoître à la fin du bail si le fermier n'a rien laissé usurper.

Par la même raison le fermier ou locataire est tenu des dommages causés aux bâtimens par sa faute, celle de ses domestiques, de ses sous-locataires, & de tous ceux qu'il reçoit en sa maison. Il est tenu à cet égard de la faute légere; *L.* 23, ff. *de R. J.; L. 11*, ff. *locat.*

26. C'est pour cette raison qu'un locataire ou fermier est responsable des incendies, à moins qu'il ne justifie que c'est le feu du ciel qui les a causés, ou des malfaiteurs qui ont mis le feu par-dehors; autrement la présomption est que

l'incendie est arrivé par la faute des gens de la maison, dont le locataire est responsable; *Incendia plerumquè fiunt inhabitantium culpâ;* L. 3, §. 11, ff. *off. præf. vig.*

Lorsqu'il y a dans une maison deux locataires principaux, chacun d'une partie de la maison, si on peut connoître par quelle partie de la maison le feu a pris, il sera tenu de l'incendie, la présomption étant que l'incendie est arrivé par sa faute: si on ne peut sçavoir par quelle partie de la maison le feu a commencé, étant incertain en ce cas par la faute duquel des deux locataires l'incendie est arrivé, il y a lieu de penser qu'aucun des deux n'en sera tenu.

27. Entre ces obligations qui naissent de la nature même du contrat, les locataires de maisons sont obligés par la Coutume à la garnir de meubles, pour répondre de deux termes; *Voyez l'art. 417 & les notes.* Cette disposition ne s'étend pas aux fermes des métairies, le bailleur ayant dans les fruits une sûreté pour ses fermes: mais au moins ceux-ci sont-ils obligés de garnir suffisamment la métairie de meubles aratoires, & autres meubles nécessaires pour la faire valoir; ce qui résulte de la nature même du contrat.

28. Voyez en l'*art.* 72 une obligation des fermiers & locataires qui naît de la bonne foi.

29. C'est une clause assez fréquente dans les baux des métairies, que le fermier sera obligé de faire les voitures des matériaux nécessaires pour les réparations qui seront à faire pendant le cours du bail. Le bailleur doit user avec modération du droit qui naît de cette obligation, en choisissant le temps commode à son fermier pour exiger de lui ces voitures. Il ne seroit pas recevable à les exiger pendant le temps de la moisson ou de la semence, lorsqu'elles peuvent se différer. Il ne doit pas exiger qu'il aille chercher des matériaux dans des lieux éloignés, lorsqu'on en trouve dans le voisinage.

Cette obligation ne comprend que les voitures nécessaires pour les réparations ordinaires, & non celles qui seroient à faire pour une reconstruction à laquelle un accident, tel qu'un incendie, a donné lieu. Si le bailleur vouloit couvrir en tuile des bâtimens qui ne l'étoient qu'en chaume, le fermier ne seroit pas obligé à ces voitures de tuiles, auxquelles il ne s'est pas attendu.

ARTICLE II.

Des droits d'hypotheque tacite & d'exécution sur les fruits & sur les meubles qui occupent les métairies ou maisons.

30. Notre Coutume, *art.* 421, conformément aux principes du Droit Romain, accorde aux locateurs de métairie un droit d'hypotheque tacite sur les fruits qui y sont recueillis; *L.* 7, ff. *in q. c. pign.*

De plus, elle leur accorde, *art.* 406, de même qu'aux locateurs des maisons, magasins, boutiques & autres logis, un pareil droit sur les meubles qui garnissent lesdites métairies, maisons ou autres logis; & en cela elle differe du Droit Romain, qui ne l'accordoit que pour les maisons & autres logis, & non pour les métairies; *L.* 4, ff. *d. t.*

Elle accorde, *ibid.* les mêmes droits aux seigneurs de rente fonciere; mais seulement lorsque c'est le possesseur de l'héritage & débiteur de la rente qui occupe par lui-même la métairie ou maison sujette à la rente fonciere.

31. Cette hypotheque n'est pas une hypotheque parfaite, telle que celle qu'accordoit le Droit Romain: car lorsque les fruits ou meubles sur lesquels il a cette hypotheque, sont sortis de la métairie ou maison, le locateur n'a qu'un temps très-court pour les y faire rétablir, passé lequel son hypotheque s'évanouit, soit qu'ils soient passés à des tiers, soit qu'ils soient encore en la possession du locataire ou fermier, mais dans un autre lieu.

§. I.

Quelles Personnes ont ce droit d'hypotheque, & pour quelles obligations.

32. Celui qui a donné à ferme une métairie, ou à loyer une maison ou autre logis, a ce droit d'hypotheque. Il n'importe qu'il en soit ou non le propriétaire; c'est la seule qualité de locateur qui lui donne ce droit: c'est pourquoi le principal locataire a le même droit vis-à-vis des sous-locataires auxquels il a sous-baillé; *art. 414.*

Il n'importe aussi que le bail ait été fait pardevant Notaire, ou sous signature privée, ou même verbalement.

Les tiers succedent aussi au locateur à ce droit pour la répétition de ce qu'ils lui ont payé en acquit du locataire.

33. Ce droit d'hypotheque a lieu non-seulement pour les fermes & loyers, mais généralement pour toutes les obligations qui résultent du bail, dont le fermier ou locataire est tenu envers le locateur; *L. 2, ff. d. t.;* & en cela il est différent du droit d'exécution, dont il sera parlé ci-après, qui n'est que pour trois termes.

Lorsqu'un propriétaire de métairie a fait par le bail une avance d'une somme d'argent à son fermier pour l'aider à la faire valoir, il n'est pas douteux que l'obligation que contracte le fermier de rendre cette somme, fait partie des obligations du bail, & qu'en conséquence le propriétaire de métairie a pour cette créance le même droit d'hypotheque tacite & la même préférence sur les autres créanciers qu'il a pour toutes les autres clauses qui résultent du bail. Il y a plus de difficulté lorsque les avances n'ont pas été faites par le bail, mais depuis. Néanmoins lorsqu'il est manifeste que ces avances faites pendant le cours du bail ont été faites pour faire valoir la métairie, on peut dire que l'obligation pour raison de ces avances fait en quelque façon partie de celles du bail: car mon fermier s'étant obligé par le bail à faire valoir à ses frais ma métairie, c'est une suite de son obligation qu'il me rende les avances qu'il faudra que je lui fasse pour la faire valoir. Par cette raison, on accorde au seigneur de métairie les mêmes privileges pour ces avances, que pour les obligations du bail.

§. II.

A quelles choses s'étend ce droit d'hypotheque.

34. Ce droit d'hypotheque à l'égard des métairies s'étend, 1°. à tous les fruits, soit qu'ils aient été recueillis par le fermier à qui j'ai donné ma métairie à ferme, soit qu'ils l'aient été par les sous-fermiers à qui il a sous-baillé ma ferme en tout ou en partie; car il n'a pu, en la sous-baillant, me priver du gage que la Loi me donne sur les fruits de ma métairie.

35. Les fermes que doivent les sous-fermiers à mon fermier principal, peuvent aussi être réputées fruits civils de ma métairie, & comme telles, sujettes à mon hypotheque pour ce qui m'est dû par le fermier principal; & j'ai le choix d'exercer mon hypotheque sur lesdites sous-fermes, en les arrêtant, ou de l'exercer sur les fruits recueillis par les sous-fermiers: mais si je l'ai exercée sur ces fruits, je ne pourrai pas demander les sous-fermes; car les fermes étant dues pour les fruits, les sous-fermiers ne peuvent pas devoir de sous-fermes, si je leur enleve les fruits.

36. Cette hypotheque tacite s'étend, 2°. tant à l'égard des métairies que des maisons de ville & autres logis, sur tous les meubles corporels qui garnissent lesdites métairies, maisons ou logis, tant sur ceux du principal locataire, que sur ceux des sous-locataires.

37. Suivant le Droit commun, les meubles qui garnissent les différens appartemens de chacun des sous-locataires, ne sont engagés que jusqu'à concurrence du loyer de cet appartement; *L. 11, §. 5. V. Plane, ff. de pig. act.; Paris, art.* 162. Mais notre Coutume, plus rigoureuse, déclare les meubles de chacun des sous-locataires, quelque petite que soit la partie de la maison qu'il occupe, obligés solidairement à tout le loyer de la maison; *art.* 408.

Cette décision a lieu lorsque toute la maison a été louée à un seul principal locataire qui l'a sous-baillée à plusieurs, ou lorsqu'elle a été louée à plusieurs principaux locataires indivisément: mais si j'avois donné à loyer à différens principaux locataires différentes parties de ma maison, comme en ce cas il y a autant de baux que de portions de maison, les meubles de l'un ne sont pas tenus des loyers de l'autre.

38. A l'égard des sous-locataires, leurs meubles sont obligés à tout le loyer du principal locataire, quand même le seigneur d'hôtel auroit agréé le sous-bail: car comme personne ne doit être facilement présumé renoncer à ses droits, le seigneur d'hôtel, en agréant le sous-bail, doit être censé avoir par-là seulement reconnu que le sous-locataire étoit une personne recevable, à qui le sous-bail avoit pu être fait, & non pas avoir renoncé au droit d'hypotheque que la loi lui donne sur les meubles de ce sous-locataire. Mais si le seigneur d'hôtel avoit, en agréant le sous-bail, expressément déchargé son locataire principal de la partie sous-baillée, & accepté pour locataire immédiat le sous-locataire; en ce cas le seigneur d'hôtel ayant fait du sous-bail un bail séparé du premier, les meubles de l'un de ces locataires ne seront pas tenus des loyers de l'autre.

39. Les meubles des locataires & sous-locataires qui garnissent la maison ou

métairie, sont censés hypothéqués aux obligations du bail, quand même ils appartiendroient à des tiers : c'est l'interprétation constante que l'usage a donnée à l'*art. 408*, & pour laquelle on peut tirer argument de l'*art. 456*. Cela a été ainsi établi afin que les seigneurs d'hôtel & de métairie, qui comptent, pour la sûreté de leurs fermes ou loyers, sur les effets qui garnissent leurs hôtels ou métairies, & qui ne peuvent pas sçavoir s'ils appartiennent ou non à leurs locataires ou fermiers, ne fussent pas trompés. Mais comment, dira-t-on, les locataires peuvent-ils hypothéquer ce qui ne leur appartient pas ? La réponse est que la chose d'autrui peut être hypothéquée du consentement de celui à qui elle appartient, *Aliena res pignori dari voluntate domini potest;* L. 20, ff. *de pig. act.;* & ceux à qui appartiennent les meubles qui garnissent ma maison ou ma métairie, sont censés, en souffrant qu'ils la garnissent, avoir tacitement consenti qu'ils fussent hypothéqués aux obligations du bail, parce qu'ils ont sçû ou dû sçavoir que tout ce qui garnissoit une maison, y étoit hypothéqué.

Quid, si le Tapissier qui a donné à mon locataire à loyer des meubles de quoi garnir ma maison, avoit expressément déclaré par le bail de ces meubles, qu'il n'entendoit pas qu'ils me fussent hypothéqués; en ce cas, *subtili jure*, ils ne me seront pas hypothéqués, puisque ce Tapissier à qui ils appartiennent n'a pas consenti qu'ils le fussent : mais comme, par cet acte fait à mon insçu entre lui & mon locataire, il m'a induit en erreur, il est tenu envers moi, *actione de dolo*, ou *actione in factum, in id quanti meâ interest non esse deceptum;* & ces dommages & intérêts consistent en ce que je puisse me venger pour ce qui m'est dû, sur les effets qui garnissent mon hôtel, comme s'ils m'étoient véritablement hypothéqués.

40. Le droit d'hypotheque qu'a le seigneur d'hôtel sur les meubles exploitant son hôtel, qui appartiennent à des tiers, résultant de ce que les propriétaires de ces meubles, en souffrant qu'ils exploitassent l'hôtel, ont consenti à cette hypotheque, c'est une conséquence qu'il n'en peut prétendre sur ceux qui se trouvent dans son hôtel contre le gré de ceux à qui ils appartiennent : c'est pourquoi si quelqu'un justifie que des meubles qui exploitent mon hôtel lui ont été volés, je ne pourrai empêcher qu'il en ait la récréance.

Pareillement, si quelqu'un a vendu à mon locataire, sans jour & sans terme, des meubles, il en doit avoir la récréance, pourvu qu'il ne tarde pas à les réclamer; car il n'a consenti qu'ils fussent enlevés par mon locataire, & qu'ils garnissent ma maison, que dans l'espérance & sous la condition qu'il seroit payé sur le champ. Mais s'il avoit tardé quelque temps à les réclamer, il seroit présumé avoir fait crédit à mon locataire, & il n'y auroit en ce cas nul doute que ces effets, comme appartenans en ce cas à mon locataire, fussent hypothéqués aux obligations du bail.

41. Toutes les choses qui se trouvent dans une maison ou métairie ne sont pas sujettes à l'hypotheque du locateur, mais seulement celles qui peuvent paroître y être pour servir à la garnir : *Videndum ne non omnia illata vel inducta, sed ea sola quæ ut ibi sint, illata fuerint, pignori sint, quod magis est;* L. 7, §. 1, ff. *in quib. caus. pign. tac.*

On

On doit sur-tout observer cette distinction à l'égard des meubles qui n'appartiennent pas aux locataires, mais à des tiers. Ces choses sont à la vérité sujettes à l'hypotheque du seigneur d'hôtel, lorsquelles peuvent paroître y être pour le garnir, c'est-à-dire, si elles paroissent y être à demeure, tels que sont des meubles qu'un Tapissier a fournis à mon locataire pour meubler ses chambres, une chaise qui se trouvera sous une remise. Celles qui paroissent y être pour y être consommées ou débitées, comme le bois à brûler qui se trouve sous les remises, le vin qui se trouve dans les caves, les marchandises qui se trouvent dans les magasins, &c. peuvent paroître aussi y être pour garnir l'hôtel, & comme telles, sont sujettes à l'hypotheque du seigneur d'hôtel. Mais lorsqu'il paroît par la cause pour laquelle les choses se trouvent dans la maison, & par la condition du locataire, qu'elles n'y sont pas pour la garnir, mais pour quelque cause momentanée, comme sont les valises des passans qui se trouvent dans une auberge, le linge qu'on a donné à une blanchisseuse pour le blanchir, l'étoffe qu'on a donnée à un tailleur pour en faire des habits, les livres qu'on a donnés à un relieur pour les relier, les montres qu'on a données à un horloger pour les raccommoder, &c. ces choses, en tous ces cas, ne sont pas sujettes à l'hypotheque du seigneur d'hôtel.

42. Il est aussi évident que les meubles d'un voisin, qui ont été portés dans la maison de mon locataire à l'occasion d'un incendie, ou qui sont dans le cas de quelque autre espece de dépôt nécessaire, n'y sont pas pour garnir la maison, & ne sont pas sujets à mon hypotheque.

43. Dans le cas même d'un dépôt volontaire, les choses qu'un ami a données en dépôt à mon locataire, & pareillement celles qui lui ont été données en nantissement par son débiteur, lorsqu'elles sont gardées sous la clef, & ne sont pas en évidence, ne doivent pas être sujettes à mon hypotheque, ces choses, qui ne se trouvent dans ma maison que pour une cause momentanée, jusqu'à ce que celui qui les a données en dépôt ou en nantissement les vienne retirer, ne pouvant pas passer pour effets qui servent à garnir ma maison.

Mais si les effets qui ont été donnés à mon locataire en dépôt ou en nantissement, étoient des effets qui fussent en évidence, comme un miroir, un bureau, &c. quoique dans la vérité ils n'aient pas été portés en la maison pour la garnir, néanmoins comme ils peuvent paroître y être pour cette fin au seigneur d'hôtel, qui n'est pas obligé de sçavoir s'ils appartiennent ou non à son locataire, ils sont hypothéqués aux obligations du bail; & celui qui les a donnés en dépôt ou nantissement, doit être censé y avoir consenti, & en avoir bien voulu courir les risques.

44. A l'égard des meubles qui appartiennent aux locataires ou sous-locataires, soit qu'ils soient en évidence ou non, ils sont facilement présumés y être pour garnir l'hôtel; & par conséquent sujets à l'hypotheque du seigneur d'hôtel. Néanmoins s'il étoit évident qu'ils n'y sont que pour une cause momentanée, ils ne devroient pas y être sujets; *Arg.* L. 7, §. 1, ff. *in q. caus. pig. tac.*; & L. 32, ff. *de pig. & hyp.*

C'est pour cette raison qu'Auzanet décide que l'argent comptant des locataires n'y est pas sujet, parce que le locataire n'ayant cet argent que pour le dépenser, on ne peut pas dire qu'il serve à garnir la maison.

45. A l'égard des billets & obligations qui se trouvent dans la maison, il n'est pas douteux qu'ils ne sont pas sujets à l'hypotheque du seigneur d'hôtel : car ils ne sont que des instrumens probatoires des créances qui appartiennent au locataire ; & ces créances étant des êtres incorporels qui, par leur nature, *nullo continentur loco*, on ne peut pas dire qu'ils garnissent la maison.

§. III.

Du droit qu'a le Locateur d'empêcher le déplacement des effets sujets à son hypotheque, & de les faire rétablir lorsqu'ils ont été déplacés.

46. C'est une conséquence du droit d'hypotheque que la Coutume accorde aux locateurs des maisons ou de métairie sur les effets qui les garnissent, qu'ils puissent en empêcher le déplacement, & les faire rétablir lorsqu'ils ont été déplacés.

La Coutume accorde pour cela au locateur deux voies ; 1°. celle de la simple action pour les faire rétablir, *art. 419*, tant contre les locataires ou fermiers qui les ont déplacés, & ceux qui ont été complices de leur fraude, que contre ceux qui s'en trouvent en possession, quand même ils les auroient achetés de bonne foi du locataire ; *Molin.* sur Bourbonnois, *art. 125 ;* quand même ils en seroient les propriétaires, qui les auroient retirés de chez le locataire, à qui ils les auroient donnés à titre de dépôt, de prêt ou de nantissement.

47. La seconde voie est la voie de saisie des effets déplacés, que la Coutume accorde au locateur par les *articles 415 & 416.* Cette saisie peut se faire, soit que les effets soient encore en la possession du locataire ou fermier, soit qu'ils soient en la possession de tiers acquéreurs : mais pour les saisir dans la maison d'un tiers, il faut une permission du Juge ; *art. 455.* Il n'en faut point pour les saisir en chemin.

48. Lorsque mon locataire, à l'expiration de son bail, a délogé furtivement de ma maison ses meubles, & les a portés dans un autre qu'il a pris à loyer, je puis, en les saisissant dans cette maison dans le temps qui m'est accordé pour les suivre, être préféré au locateur de cette maison ; car tant que mon hypotheque sur ces meubles dure, mon locataire n'a pu malgré moi les hypothéquer au locateur de l'autre maison, en les y portant à mon insçu.

49. L'usage a limité le temps dans lequel le locateur pouvoit poursuivre par l'une ou par l'autre voie les meubles déplacés de son hôtel ou métairie ; sçavoir, à huit jours pour les maisons de ville, & à quarante jours pour les métairies. Après ce temps expiré, l'hypotheque que le locateur avoit sur les effets déplacés s'évanouit, soit qu'ils soient en la possession de tiers, soit qu'ils soient encore en celle du locataire son débiteur ; & le locateur n'est plus recevable à les suivre.

Néanmoins si c'étoit un créancier du locataire qui les eût saisis & déplacés, le locateur seroit recevable, même après ce temps, à s'oppôser à la saisie tant qu'elle dureroit, & à demander la main-levée & le rétablissement dans son hôtel ou métairie, des effets saisis : car la main de Justice sous laquelle sont ces effets saisis, conserve les droits de tous les créanciers, & par conséquent ceux du locateur.

50. Il y a trois fins de non-recevoir qui peuvent être opposées au locateur qui poursuit par l'une ou par l'autre voie le rétablissement des meubles déplacés de son hôtel ou métairie.

La premiere résulte de l'expiration du temps de huit jours ou de quarante jours, dont il a été parlé ci-dessus : la seconde résulte des marques de consentement que le locateur auroit données à leur déplacement : la troisieme a lieu lorsque les meubles dont on demande le rétablissement, ont été vendus à l'encan, soit à la requête de quelque créancier qui les auroit saisis, soit à celle des héritiers ou de la veuve du locataire, ou même lorsqu'ils ont été vendus en foire ou en marché public.

C'est à celui qui allegue ces fins de non-recevoir à les justifier.

51. Il reste à observer que la Coutume, en accordant au locateur l'hypotheque sur les effets qui garnissent la maison ou métairie, n'entend pas interdire au locataire ou fermier toute disposition de ces effets, & n'accorde pas indistinctement & indéfiniment au locateur le droit d'y faire rétablir tout ce qui en est déplacé, mais seulement autant que cela est nécessaire pour la sûreté des loyers ou fermes, & pour l'exploitation de la métairie. C'est pourquoi tant qu'il demeure assez d'effets dans la maison ou métairie pour répondre des fermes & loyers, & pour faire valoir la métairie, le locateur ne seroit pas recevable à poursuivre le rétablissement de quelques effets particuliers qui auroient été déplacés.

52. Lorsque c'est un créancier du locataire ou fermier qui saisit, il ne suffit pas à ce créancier d'offrir de laisser dans la maison ou métairie de quoi répondre de trois termes échus & deux à échoir ; le locateur peut obtenir main-levée de la saisie, s'il n'offre donner caution pour l'entiere exécution de toutes les obligations du bail. Tel est l'usage constant.

§. IV.

De la préférence qu'a le Locateur & le Seigneur de rente fonciere sur les autres Créanciers.

53. Le droit qu'a le locateur sur les effets qui garnissent l'hôtel ou métairie, étant un droit d'hypotheque & une espece de nantissement, c'est une conséquence qu'il ait droit de les faire vendre, & d'être préféré sur le prix à tous les autres créanciers.

54. Ce droit de préférence ne doit pas être restreint à trois termes échus & deux à échoir, comme l'est celui d'exécution : ces deux droits étant différens, on ne peut pas argumenter de l'un à l'autre : le locateur doit être préféré indistinctement pour tout ce qui lui est dû, non-seulement pour loyers & fermes, mais pour toutes les obligations résultantes du bail dont le locataire ou fermier est tenu envers lui. On ne doit pas non plus à cet égard distinguer, comme fait Lalande, entre les baux pardevant Notaires, & ceux faits sous

signature privée ou verbaux : car ce n'est pas à l'authenticité, mais à la nature de l'acte qu'est attaché le droit d'hypotheque dont nous traitons, & le droit de préférence qui en est une suite. C'est ce qui a été jugé par une Sentence du Bailliage de 1707, au profit des Jésuites d'Orléans, contre les créanciers du sieur Boucquin, qui accorda privilege aux Jésuites, seigneurs d'hôtel, pour huit années de loyer qui leur étoient dues, quoique leur bail ne fût que sous signature privée. Cela est rapporté dans une note manuscrite de M. de Manthelon, qui avoit présidé au Jugement, qui ajoute que la Sentence fut confirmée par Arrêt du mois de Juillet 1708.

55. Ce droit de préférence souffre quelques exceptions à l'égard de certaines créances préférables à celles des seigneurs d'hôtel & de métairie, comme nous le verrons, *Intr. au titre suivant*, en traitant de l'ordre des privileges sur les meubles.

§. V.

Du droit d'exécution accordé au Locateur.

56. Le droit d'exécution est le droit qu'a un créancier de saisir les effets de son débiteur, & de les faire vendre, pour, sur le prix, être payé de ce qui lui est dû. Ordinairement un créancier n'a ce droit contre son débiteur que lorsqu'il a contre lui un titre exécutoire, c'est-à-dire, lorsque son débiteur s'est lui-même obligé envers lui par un acte pardevant Notaire, ou a été condamné envers lui par un Jugement qui ne soit suspendu par aucun appel. Mais par un privilege particulier qu'accorde notre Coutume, *art. 406 & suiv.* les locateurs des maisons & métairies, ou ceux qui sont à leurs droits, peuvent sans titre exécutoire, c'est-à-dire quoique le bail n'ait pas été passé devant Notaire, & ne soit même que verbal, & sans avoir obtenu de condamnation contre le locataire, saisir & exécuter les meubles qui garnissent l'hôtel ou la métairie.

57. Cette exécution differe de celles qui se font en vertu d'un titre exécutoire, en ce qu'elle ne peut pas se faire indistinctement sur tous les effets du débiteur, ni indistinctement pour tout ce qui est dû de liquide, mais seulement sur les effets qui garnissent l'hôtel ou la métairie, & seulement pour trois termes.

58. Elle a de plus que les exécutions ordinaires, 1°. que le seigneur d'hôtel ou de métairie peut exécuter non-seulement les meubles du locataire son débiteur, mais même ceux des sous-locataires, quoiqu'ils ne soient pas ses débiteurs, & quoiqu'ils n'occupent que partie de sa maison, *art. 408*, & même généralement tous les effets des tiers qui se trouvent garnir l'hôtel ou la métairie; sur quoi *Voyez suprà, n. 34 & suiv.* : 2°. que le seigneur d'hôtel ou de métairie peut lui-même faire cette exécution, par le ministere néanmoins d'un Sergent, & y être présent, *art. 406*; au lieu que les exécutions ordinaires se font par le Sergent, à la requête du créancier, sans qu'il puisse y être présent. 3°. Ce droit d'exécution ne résultant pas de l'obligation subie par acte devant Notaire par la personne du locataire, ni d'une condamnation obtenue contre lui, ce droit ne s'éteint pas par sa mort.

59. Au ſurplus, elle a cela de commun avec les autres exécutions, 1°. qu'elle doit être faite avec toutes les formalités que l'Ordonnance de 1667 requiert pour les exécutions; 2°. que le locateur doit attendre la huitaine pour vendre, après avoir fait ſignifier le jour au ſaiſi; & que s'il y a oppoſition formée à ſa ſaiſie, il doit ſurſeoir à la vente, juſqu'à ce qu'il ait été ſtatué ſur l'oppoſition : mais pendant le procès ſur l'oppoſition la ſaiſie tient, & le locataire n'en peut avoir main-levée qu'en conſignant.

§. VI.

Du droit des Seigneurs de rente fonciere.

60. Lorſque c'eſt le propriétaire ou poſſeſſeur de la maiſon ou métairie chargée de la rente fonciere, qui jouit par lui-même de cette maiſon ou métairie, le ſeigneur de rente fonciere a, tant ſur les fruits des terres dépendantes de la métairie, que ſur les meubles qui garniſſent la métairie ou la maiſon, le même droit d'hypotheque tacite qu'ont les locataires, *art. 406*; ce qui lui donne le même droit de préférence ſur leſdits effets à tous les autrrs créanciers.

61. Il a ces droits non-ſeulement pour les arrérages de ſa rente fonciere, mais généralement pour toutes les obligations réſultantes du bail à rente fonciere; *putà* pour les deniers d'entrée ſtipulés par le bail, qui n'auroient pas été encore payés; pour les dommages & intérêts qui réſultent des dégradations faites par le poſſeſſeur, & qui ſont dus au ſeigneur de rente fonciere lorſque, faute de paiement, il rentre dans l'héritage.

62. Il a pareillement, comme le locateur, le droit de pourſuivre les effets enlevés de la maiſon & métairie pour ſûreté de trois termes échus de ſa rente, & de deux à échoir; *art. 415*.

Il a, de même que le locateur, le droit de les ſaiſir & exécuter pour trois termes dans la maiſon & métairie ſujette à rente fonciere, quand même il n'auroit pas de titre exécutoire contre le poſſeſſeur, qui ne lui auroit pas encore paſſé titre nouvel.

63. Lorſqu'une maiſon eſt chargée de pluſieurs rentes foncieres, chacun des ſeigneurs de ces rentes a tous ces droits; mais entre eux ils ſont payés ſuivant l'ordre de la création de leurs rentes, & les plus anciennes ſont préférees aux plus nouvelles : ce qui a lieu lorſque ces rentes ſont ſubordonnées les unes aux autres, c'eſt-à-dire, lorſque celui qui tenoit l'héritage à la charge d'une premiere rente, l'a aliéné à la charge d'une ſeconde, & ainſi de ſuite. Mais lorſque ces rentes ne ſont pas ſubordonnées, mais ſont à prendre ſur différens terreins ſur leſquels la maiſon a été bâtie, & leſquels terreins ne ſont pas ſéparés entre eux, ce qui eſt le cas de l'*art. 422*, en ce cas on n'a aucun égard à l'antiquité des rentes, & tous les ſeigneurs deſdites rentes viennent entre eux par concurrence.

64. Lorſque le propriétaire ou poſſeſſeur de la maiſon ou métairie chargée de la rente fonciere, l'a donnée à loyer ou à ferme, le ſeigneur de rente fonciere n'a aucun droit ſur les meubles ni ſur les fruits qui appartiennent

au fermier ou locataire : il a seulement le droit de saisir & arrêter les fermes & loyers échus & à échoir, lesquels tiennent lieu des fruits de la maison ou métairie, & il est préféré sur lesdits loyers ou fermes à tous les autres créanciers. La raison de différence à cet égard entre les seigneurs de rente fonciere, & les seigneurs d'hôtel & de métairie, est que celui qui prend à ferme ou loyer du propriétaire une métairie ou maison chargée de rente fonciere, ne peut pas si facilement sçavoir qu'elle est chargée de rente fonciere, comme un sous-locataire peut apprendre que celui qui lui sous-baille n'est pas le propriétaire.

ARTICLE III.

Des cas auxquels le Locateur peut expulser le Locataire ou le Fermier.

§. I.

Exposition générale de ces cas.

65. La Coutume, en *l'art. 417*, rapporte un cas auquel le locateur d'une maison peut expulser le locataire ; sçavoir, lorsqu'il ne garnit pas l'hôtel de meubles suffisans pour répondre de deux termes de loyer à échoir; *Voyez-le.*

Il n'importe à cet égard que le locateur soit le propriétaire de la maison, ou ne soit lui-même qu'un principal locataire qui l'a sous-baillée en tout ou en partie.

Le seigneur de métairie n'a pas le même droit d'exiger que le fermier garnisse la métairie d'effets suffisans pour répondre de deux années de ferme, parce qu'il a dans les fruits une sûreté pour ses fermes : mais il peut au moins obliger le fermier à garnir la métairie des meubles aratoires & bestiaux qui sont absolument néceſsaires pour la faire valoir, & à faute de ce, l'expulser.

66. Il y a trois autres cas dans lesquels le seigneur d'hôtel peut déloger son locataire avant l'expiration du bail, qui sont contenus dans la fameuse Loi *Æde, 3, Cod. de locato*, souvent citée au Barreau.

Le premier est lorsqu'il en a besoin pour y demeurer lui-même. Nous traiterons de ce cas au Paragraphe suivant.

Le second est lorsqu'il veut la rebâtir, *si corrigere maluerit :* sur quoi observez que si cette reconstruction est nécessaire, comme c'est en ce cas par une espece de force majeure, plutôt que par l'effet du locateur, que le locataire est empêché de jouir, le propriétaire peut en ce cas obliger le locataire à déloger, sans même que le locataire puisse en ce cas prétendre autre chose que d'être déchargé du loyer pour l'avenir, & sans qu'il puisse demander aucun dédommagement. Il en seroit autrement si la reconstruction n'étoit pas nécessaire; car c'est, en ce cas, par le fait du locateur que le locataire ne jouit pas : c'est la distinction que fait la Loi 30, ff. *loc.*

Le troisieme cas est lorsque le locataire se comporte mal, *si in re conductâ malè versata es;* comme s'il en fait un cabaret, s'il fait à la maison des dégradations considérables.

Dans tous ces cas, si le locataire refuse de sortir, le seigneur d'hôtel doit l'assigner, & obtenir Sentence pour l'y contraindre.

§. II.

Du cas auquel le Propriétaire veut occuper sa maison.

67. La Loi, comme nous l'avons vu, permet au propriétaire de déloger son locataire lorsqu'il en a besoin pour lui-même, *si usibus suis dominus necessariam esse probaverit.*

Aux termes de cette Loi, le seigneur d'hôtel ne devroit être reçu à user de ce droit & à déloger son locataire que lorsqu'il justifieroit que sa maison lui est effectivement nécessaire, & non lorsque se trouvant logé dans une autre, il ne paroîtroit aucune raison ni aucun changement dans son état, qui l'obligeât à la quitter pour venir occuper celle qu'il a donnée à loyer, & déloger son locataire. Néanmoins l'usage a prévalu que le seigneur d'hôtel étoit admis indistinctement à déloger son locataire lorsqu'il vouloit occuper sa maison en personne, sans que le Juge entre dans les raisons qu'il peut avoir de la venir occuper.

68. Ce droit n'est accordé qu'au propriétaire de la maison; car la Loi dit, *si usibus suis dominus, &c.* Un principal locataire, quoiqu'il exerce tous les autres droits du seigneur d'hôtel, ne peut pas user de ce droit vis-à-vis des sous-locataires : mais le bénéficier a ce droit pour une maison dépendante de son bénéfice; car il représente parfaitement le propriétaire, quoiqu'il ne le soit pas proprement.

Un mari peut exercer ce droit, en sa qualité de mari, pour les maisons de sa femme; un pere ou une mere pour celles de ses enfans mineurs; un tuteur pour ses mineurs : car toutes ces personnes *dominorum loco sunt :* & lorsqu'ils exercent ce droit en leur qualité de mari, pere ou tuteur, ce sont la femme, les enfans ou les mineurs propriétaires qui sont censés l'exercer.

69. Quoiqu'il faille être propriétaire pour user de ce droit, il n'est pas néanmoins nécessaire que celui qui possede la maison *animo domini* justifie de son droit de propriété lorsqu'il veut user de ce droit : car le possesseur d'une chose en est réputé & présumé propriétaire tant qu'il n'en est pas évincé.

70. Celui qui n'est propriétaire qu'en partie, peut user de ce droit, mais avec le consentement de tous ses copropriétaires.

71. Le seigneur d'hôtel qui veut user de ce droit, doit le signifier par un Sergent à son locataire; il ne peut lui donner congé en conséquence que pour le terme prochain de Saint-Jean. On pense communément qu'il doit signifier ce congé trois mois avant la Saint-Jean, afin que le locataire ait le temps de se pourvoir d'une autre maison; sinon, que le congé ne doit valoir que pour la Saint-Jean de l'année suivante.

Néanmoins on n'observe pas toujours ce terme; on a égard à la qualité du locataire. Un bourgeois n'a pas pas besoin d'un si long-temps pour se pourvoir d'une maison, qu'un aubergiste ou un manufacturier. On a aussi égard aux circonstances. Un seigneur d'hôtel n'est pas facilement admis à signifier un congé dans un temps trop voisin de la Saint-Jean, lorsqu'il n'a tenu qu'à lui de le faire plutôt : mais si c'est par un cas imprévu, survenu peu avant le terme, qu'il se trouve avoir besoin de sa maison, il y sera plus facilement admis.

72. C'est l'usage constant du Bailliage d'Orléans, que le seigneur-d'hôtel qui déloge son locataire pour occuper lui-même sa maison, doit lui donner un dédommagement, qu'on estime communément à une demi-année de loyer. Il y a néanmoins des locataires de certains états à qui l'on en adjuge un plus fort, tels que sont un aubergiste qui a fait de grosses provisions qui lui deviennent inutiles au moyen du congé qu'on lui signifie; un teinturier, qui est obligé à de grands-frais pour placer ses chaudieres, &c. On a coutume de renvoyer pardevant des Arbitres pour le réglement du dédommagement dû à ces sortes de locataires. Le dédommagement ordinaire qu'on accorde aux locataires étant dû pour les frais du délogement, on n'a pas coutume de leur en adjuger aucun lorsque le seigneur d'hôtel use de la Loi avant que son locataire soit entré en jouissance.

73. Quelquefois le démmagement est fixé par le bail à une certaine somme dans le cas auquel le propriétaire voudra user de la Loi : quelquefois le propriétaire renonce par le bail au droit que la Loi lui donne : ces clauses doivent être exécutées ; car il est permis de déroger aux Loix qui n'ont pour objet qu'une utilité particuliere ; *L. 31*, ff. *de pact.*

74. Il reste à observer que ce droit que la Loi accorde aux propriétaires de déloger leurs locataires *lorsqu'ils* veulent occuper leur maison en personne, n'a lieu qu'à l'égard des maisons destinées pour l'habitation, soit qu'elles soient dans des Villes, soit dans des Bourgs, & non à l'égard des métairies. Au reste, quoiqu'il dépende d'une maison dans un Bourg quelque petit morceau de terrre, si ce petit morceau de terre est de nulle considération en comparaison de la maison, elle ne passera pas pour métairie, mais pour simple maison, à l'égard de laquelle la Loi *Æde* peut avoir lieu.

ARTICLE IV.

De la Reconduction.

75. Notre Coutume, *art. 420*, traite de la tacite reconduction des maisons.

Lorsqu'après l'expiration du bail, le locataire, ou celui qui a droit de lui, a continué pendant huit jours d'occuper la maison sans contradiction de la part du locateur, ses héritiers ou successeurs, la Coutume présume que les parties sont tacitement convenues entre elles, l'une de donner, l'autre de prendre à loyer la maison pour le temps d'un an, pour le même prix & aux mêmes conditions que par le précédent bail : c'est ce qu'on appelle *tacite reconduction.*

76.

76. Cette tacite reconduction n'est pas une continuation du premier bail, mais un nouveau bail tacitement contracté entre les parties ; & lorsqu'un locataire, depuis l'expiration du premier bail, a, sans convention expresse, continué de jouir pendant plusieurs années, autant qu'il a joui d'années, autant on présume qu'il est intervenu de baux tacitement contractés; *L. 14*, ff. *locat.*

77. La tacite reconduction se formant par le consentement présumé des deux parties, la continuation de jouissance du locataire ne donne pas lieu à la tacite reconduction, si lors de cette continuation de jouissance le locateur étoit en démence sans avoir de curateur, ou étoit mort sans qu'il y eût ni héritier, ni aucun administrateur de la succession vacante : car dans tous ces cas il n'y a pas de locateur avec qui le locataire puisse être présumé avoir fait un nouveau contrat tacite de reconduction ; *d. L. 14*.

78. La tacite reconduction étant un nouveau bail, les cautions du précédent bail ne sont pas tenues des obligations de la reconduction.

A l'égard des hypotheques que le locataire avoit constituées sur ses biens par le précédent bail, elles avoient lieu dans le Droit Romain pour la tacite reconduction : car les parties étant censées avoir fait le nouveau bail tacite à toutes les mêmes clauses & conditions que le précédent, elles sont censées être convenues des mêmes hypotheques ; *L. 13*, §. *11*, ff. *locat.* Il en doit être autrement dans notre Droit François ; & la raison de différence est que la seule convention des parties n'est pas suffisante dans notre Droit pour former l'hypotheque, si elle n'est contenue dans un acte muni de l'autorité publique : c'est pourquoi la reconduction qui se contracte tacitement sans aucun acte ne peut produire d'hypotheque sur les biens immeubles des contractans. Au reste, le locateur conserve les hypotheques résultantes du premier bail, pour raison des dégradations qui se trouvent lors de l'expiration des reconductions : car le locataire ayant, par le premier bail, contracté l'obligation de remettre l'héritage en bon état, il n'est point déchargé de cette obligation contractée par le premier bail, jusqu'à ce qu'il l'ait remis ; & par conséquent l'hypotheque qui y est attachée subsiste.

79. La Coutume n'a parlé que de la tacite reconduction des maisons ; mais elle a pareillement lieu pour les métairies, & généralement pour toutes les autres choses corporelles ou incorporelles, lorsque le locataire a continué de jouir pendant un certain temps sans contradiction de la part du locateur : c'est pourquoi si un fermier, après l'expiration de son bail, a, sans aucune contradiction du locateur, levé les guérets, ou ensemencé les terres qu'il n'avoit plus droit d'ensemencer, il y a tacite reconduction.

Observez que lorsque les terres d'une métairie sont partagées en trois saisons, comme dans la Beauce, le temps de la tacite reconduction est de trois ans ; ce qui a été ainsi établi à cause de l'inégalité qui peut se rencontrer dans les différentes saisons.

Lorsque les terres sont partagées en deux saisons, comme dans le Val-de-Loire, la tacite reconduction est de deux ans.

Par la même raison, lorsque le territoire sur lequel une dîme ou un champart est à prendre, est partagé en trois ou deux saisons, la tacite reconduction de ce droit de dîme ou champart doit être de deux ou trois ans.

CHAPITRE II.

Du Déguerpissement pour Rente fonciere.

80. LA Coutume traite sous ce titre, *art.* 409, 410, 411, 412 & 413, du déguerpissement pour rentes foncieres.

On peut le définir un acte par lequel le possesseur d'un héritage sujet à une rente fonciere, signifie au seigneur de la rente l'abandon qu'il fait en Justice de cet héritage, pour se décharger de la rente.

ARTICLE PREMIER.

Quelles Personnes peuvent déguerpir ; & pour quelles Rentes.

81. Le déguerpissement d'un héritage contient l'abandon & l'abdication de la propriété de l'héritage déguerpi : d'où il suit, 1°. qu'il n'y a que le propriétaire qui puisse déguerpir. L'usufruitier ne le peut pas ; & pareillement un mari ne peut déguerpir l'héritage propre de sa femme, si elle ne le déguerpit avec lui. Mais le propriétaire, quoique grevé de substitution, peut déguerpir sans préjudice de la substitution dont l'héritage, quoique déguerpi, demeure changé.

L'héritier bénéficiaire étant vrai propriétaire des biens de la succession bénéficiaire, peut aussi déguerpir un héritage de cette succession, sans préjudice des hypotheques des créanciers.

82. Il suit, 2°. de notre principe que même les propriétaires ne peuvent déguerpir qu'autant qu'ils ont le droit d'aliéner. C'est pourquoi les mineurs, ni leurs tuteurs pour eux, ne peuvent déguerpir leurs héritages qu'en vertu d'un décret du Juge sur un avis de parens, & après une estimation de l'héritage, qui constate l'utilité du déguerpissement. Pareillement l'Eglise & les Communautés ne le peuvent qu'en observant les formalités requises pour l'aliénation des biens d'Eglise.

83. On avoit douté autrefois si le preneur & ses héritiers pouvoient déguerpir. Notre ancienne Coutume ne les y admettoit pas ; (*V. l'art.* 134 ;) mais la nouvelle Coutume, *art.* 412, les y admet. La raison est que la rente fonciere étant principalement un droit réel que le bailleur par le bail à rente se retient dans l'héritage, le preneur est censé ne s'y obliger qu'autant qu'il devient & qu'il continuera d'être possesseur de l'héritage : d'où il suit qu'il peut s'en décharger en l'abandonnant.

84. Le déguerpissement ne peut se faire que pour les rentes & redevances foncieres, soit qu'elles soient seigneuriales, soit qu'elles soient simplement foncieres.

ARTICLE II.

Que doit-on déguerpir.

85. Celui qui déguerpit, doit déguerpir tout ce qu'il possede des héritages compris dans une même baillée : il ne peut pas en déguerpir une partie & retenir l'autre. Cela est évident lorsque le tout a été baillé pour une seule & même rente : car comme en ce cas non-seulement le total, mais chaque partie de la baillée, quelque petite qu'elle soit, est tenue du total de la rente, le déguerpissement d'une partie ne peut le libérer en rien, puisque pour raison de celle qu'il retient, il demeure chargé du total de la rente.

Il y a plus de difficulté lorsque la partie que je veux déguerpir & celle que je veux retenir sont chargées, quoique par une même baillée, de rentes séparées ; comme lorsque plusieurs arpens ont été baillés à rente pour tant de rente pour chacun arpent. Loyseau pense que même en ce cas je ne dois pas être reçu au déguerpissement, si je ne déguerpis tout ce que je possede, n'étant pas juste que je fisse porter au bailleur la perte qui peut être survenue sur ce que je déguerpirois, pendant que je profiterois de l'augmentation qui pourroit être survenue sur ce que je retiendrois.

86. Celui qui déguerpit ne peut rien enlever des méliorations qu'il a faites à ses frais sur l'héritage, quoiqu'elles pussent être enlevées sans nuire à l'héritage. Mais, dira-t-on, le Seigneur s'enrichira donc à ses dépens, contre cette regle de l'équité : *Neminem æquum est cum alterius detrimento locupletari ?* L. 206, ff. *de R. J.* La réponse est qu'étant au pouvoir de celui qui déguerpit de retenir l'héritage, il ne souffre aucun tort en le déguerpissant tel qu'il est ; *volenti non fit injuria.*

87. Une personne n'est pas à la vérité admise à déguerpir une partie de ce qu'elle possede ; mais pourvu qu'elle déguerpisse tout ce qu'elle possede, quelle que soit la partie qu'elle possede, son déguerpissement est valable vis-à-vis d'elle, & la décharge de la rente ; sauf au Seigneur à ne point accepter l'héritage qui lui est déguerpi, comme nous verrons ci-après.

ARTICLE III.

Comment & à qui se fait le déguerpissement.

88. Le déguerpissement peut se faire de gré à gré & hors Justice, lorsque le seigneur de rente fonciere consent de rentrer dans l'héritage qu'on veut lui déguerpir : mais lorsqu'il n'y consent pas, le propriétaire ou possesseur ne peut valablement le déguerpir, & se libérer de la rente qu'en le déguerpissant *en Justice*, c'est-à-dire en assignant le seigneur de rente fonciere pour lui voir donner acte de son déguerpissement, & en offrant de satisfaire au préalable à tous ses engagemens pour le passé. La bonne foi dont la prestation est requise dans le contrat de bail à rente, exige cela.

89. Lorsque la rente est due à plusieurs, le déguerpissant les doit assigner tous ; autrement il ne seroit déchargé que de la part due à celui qu'il a

assigné, à moins qu'il n'eût accepté le déguerpissement : car en cas il se seroit chargé de la rente pour les parts de ses copropriétaires, & le déguerpissant en seroit totalement déchargé.

90. Pareillement, lorsque l'héritage est chargé de plusieurs rentes, le déguerpissant doit assigner les seigneurs des différentes rentes ; autrement il n'est déchargé que de celle due à celui qu'il a assigné. Si néanmoins il avoit assigné le seigneur de la rente derniere créée, qui eût bien voulu accepter le déguerpissement de l'héritage fait à la charge des rentes précédentes, le déguerpissant seroit déchargé de toutes.

ARTICLE IV.

Des conditions sous lesquelles le Preneur ou ses Héritiers sont admis au déguerpissement.

§. I.

Premiere condition.

91. La premiere condition sous laquelle le preneur & ses héritiers sont admis au déguerpissement, est que le déguerpissant doit au préalable s'acquitter de toutes les obligations dont il est tenu par le bail.

C'est pourquoi il doit, 1°. payer tous les arrérages échus qu'il doit, & même le terme courant qui doit échoir ; *art. 412.*

92. 2°. Lorsque le déguerpissement se fait pour un cens ou redevance seigneuriale à un seigneur de censive, le déguerpissant doit aussi payer les profits qu'il doit, tant de son chef que de ceux dont il est héritier médiat ou immédiat : *secùs* de ceux dus du chef de ses auteurs auxquels il n'a succédé qu'à titre singulier ; car il ne les doit pas personnellement, l'héritage y est seulement affecté.

A l'égard des défauts pour cens non payés, & des amendes pour ventes recelées, quoique dues de son chef, Loyseau, *V*, *9*, *11*, pense qu'il n'est pas tenu de les payer pour déguerpir ; sauf l'action du seigneur contre lui après le déguerpissement : il se fonde sur ce que ces dettes lui paroissent n'avoir d'autre cause que le délit du censitaire, & n'être pas dues en vertu du bail à cens. Cette décision me paroît souffrir difficulté : car quoique ce soit le délit qui y donne ouverture, on peut dire néanmoins qu'elles sont dues en vertu du bail à cens, qui a été fait expressément ou virtuellement sous ces peines, & par lequel le preneur est censé s'être obligé & soumis à ces peines, lorsque le cas arriveroit.

93. 3°. Lorsque par le bail on a stipulé des deniers d'entrée qui sont encore dus, le preneur ou ses héritiers doivent les payer avant que de pouvoir être admis à déguerpir. Mais, dira-t-on, ces deniers étant en partie le prix de l'héritage, n'est-il pas injuste que le déguerpissant soit privé tout à-la-fois de l'héritage & du prix, contre cette regle d'équité, *Nemo carere debet re & pretio ?* La réponse est que son déguerpissement étant volontaire, il ne souffre aucune injustice ; *volenti non fit injuria.*

§. II.

Seconde condition.

94. Le preneur & ses héritiers doivent, avant que d'être admis au déguerpissement, remettre l'héritage en aussi bon état qu'il étoit lors du bail, lorsque c'est par le fait du déguerpissant ou de ses auteurs qu'il a été détérioré, ou même seulement faute d'avoir fait ce qu'un prudent pere de famille fait pour la conservation de son héritage.

C'est pourquoi lorsque des vignes ou des arbres sont morts, ou des bâtimens sont tombés par vétusté, le preneur qui veut déguerpir ne laisse pas d'être tenu de remettre l'héritage en aussi bon état qu'il étoit lors du bail : car il devoit prévenir ce cas en renouvellant les vignes & les arbres, & en réparant les édifices à mesure qu'il en étoit besoin, comme ont coutume de le faire les prudens peres de famille.

Mais si les héritages étoient péris par le feu du ciel, ou par quelque autre force majeure, il ne seroit pas tenu de les rétablir; *nemo enim præstat casus fortuitos.*

95. Observez qu'il n'est pas nécessaire que le déguerpissant remette l'héritage précisément en la même forme qu'il étoit lors du bail; car lui ou ses auteurs en étant les propriétaires, ont pu en changer la forme : il suffit qu'il remette l'héritage *en aussi bon état*, & en une forme aussi profitable; *Voyez l'art. 412.*

96. Observez aussi qu'il ne suffiroit pas au déguerpissant d'offrir la somme à laquelle seroient estimées les dégradations : il doit remettre l'héritage en bon état avant que de pouvoir le déguerpir. En vain opposeroit-on la maxime, *Nemo potest cogi præcisè ad factum.* Elle est vraie lorsqu'elle est par voie d'action : mais il peut, par voie d'exception, être exclus du déguerpissement jusqu'à ce qu'il ait satisfait à ce qu'il est obligé de faire.

97. Lorsque le déguerpissant ou ses auteurs ont, depuis le bail à rente, imposé des servitudes sur l'héritage, Loyseau, *v. T. 19*, décide que le déguerpissant doit les racheter avant que de pouvoir être admis au déguerpissement; autrement il ne remettroit pas l'héritage en aussi bon état qu'il étoit lors du bail, puisqu'au lieu d'un héritage libre qui lui a été baillé, il rendroit un héritage chargé de servitudes que le déguerpissement n'éteint pas; la regle *Soluto jure dantis, &c.* n'ayant lieu que lorsque *solvitur ex causâ antiquâ & necessariâ*, & non lorsqu'il se résout *ex causâ novâ & voluntariâ*, tel qu'est le déguerpissement.

Néanmoins si ceux à qui appartiennent ces droits de servitudes n'en vouloient pas souffrir le rachat, Loyseau, *ibid.* estime qu'il suffiroit au déguerpissant d'offrir au seigneur à qui il déguerpit, l'estimation de ce dont l'héritage en est déprécié.

98. A l'égard des hypotheques, Loyseau décide que le déguerpissant n'est pas obligé de les acquitter pour être admis au déguerpissement; autrement ce seroit rendre impossibles presque tous les déguerpissemens : & d'ailleurs le seigneur à qui le déguerpissement est fait, peut s'en défendre; car le dé-

guerpissant ou ses auteurs n'ayant pu hypothéquer l'héritage que jusqu'à concurrence de ce qu'il pourroit valoir de plus que la rente dont il est chargé, le seigneur de rente à qui l'héritage a été déguerpi pour obtenir le congé des demandes hypothécaires des créanciers, si mieux ils n'aiment se charger de faire vendre l'héritage, à la charge de sa rente, sans qu'il soit tenu d'aucuns frais; *Loyseau, VI, 3, 16.*

§. III.

De quelques autres conditions.

99. S'il avoit été trouvé un trésor, le déguerpissant devroit rendre la portion qu'il en auroit eue comme propriétaire du fonds; car ce n'est pas un fruit, mais une espece d'accessoire du fonds, qu'il doit rendre avec le fonds; *arg. l. 7, §. 12, ff. sol. matrim.*

100. Le déguerpissant doit être condamné aux dépens, si le seigneur de rente n'a pas fait de contestation; car le déguerpissement se faisant pour l'intérêt de celui qui déguerpit, doit être à ses frais.

ARTICLE V.

Des conditions sous lesquelles peuvent déguerpir les tiers Détenteurs qui ont acquis à la charge ou avec connoissance de la rente.

101. Il n'est pas douteux que ces détenteurs, pour être admis à déguerpir, doivent au préalable payer tous les arrérages courus depuis leur acquisition, avec le terme courant, puisqu'ils en sont personnellement tenus.

Par la même raison, ils doivent réparer toutes les dégradations survenues depuis leur acquisition par leur fait ou par leur faute, en négligeant d'entretenir l'héritage comme ils le doivent.

Loyseau va bien plus loin: il enseigne que ces détenteurs ne doivent être admis au déguerpissement s'ils ne paient tous les arrérages de la rente, même ceux courus avant leur acquisition, quoiqu'ils n'en soient pas tenus personnellement; & s'ils ne remettent l'héritage en aussi bon état qu'il étoit lors du bail, quoique les dégradations soient survenues avant leur acquisition, & qu'elles ne puissent leur être imputées.

Le principe sur lequel il se fonde, est que ces acquéreurs s'étant volontairement obligés à la continuation de la rente, en acquérant l'héritage à la charge ou avec la connoissance de la rente, ils ne peuvent s'en décharger que de deux manieres; ou en aliénant sans fraude l'héritage à quelqu'un qui en soit chargé à leur place; ou en faisant au seigneur de rente un déguerpissement de l'héritage, sous les conditions sous lesquelles la Loi accorde la faculté de déguerpir, dont la principale est que le seigneur à qui il est fait, soit rendu indemne: d'où il suit, 1°. que l'héritage lui doit être remis en aussi bon état qu'il étoit lors du bail, à moins que les dégradations ne fussent survenues par quelque force majeure que le seigneur auroit pareillement souffert s'il n'eût pas donné à bail l'héritage: d'où il suit, 2°. qu'il doit être payé de tous les arrérages de la rente, qui lui tiennent lieu des fruits qu'il auroit perçus.

Loyseau autorise son principe par l'Ordonnance de 1441, *art.* 20, qui, sans faire aucune distinction entre les tiers détenteurs & les héritiers du preneur, dit indistinctement que tous propriétaires de maisons ou possessions chargées de rentes, seront reçus à renoncer en délaissant icelles maisons & possessions en tel état qu'elles étoient *au temps de la prise.* Il s'autorise aussi sur les Coutumes d'Anjou, *art.* 464, Maine, Poitou, & autres qui ont traité particuliérement des *exponses* ou déguerpissemens, lesquelles pareillement, sans faire aucune distinction entre les héritiers du preneur & les tiers détenteurs, exigent pour condition du déguerpissement, *qu'on paie tous les arrérages échus & dus*, sans distinguer s'ils sont échus du temps du déguerpissant ou avant.

Mais quoique Loyseau assure qu'il n'y a aucune Coutume qui dise le contraire, il paroît que la nôtre s'est écartée de son principe pour le déguerpissement du tiers détenteur qui a acquis à la charge de la rente; car elle dit, *art.* 134, qu'il sera tenu payer *les arrérages qui sont dus & échus* PENDANT LE TEMPS QUE LEDIT DÉTENTEUR AURA TENU L'HÉRITAGE. Donc, aux termes de notre Coutume, il n'est pas tenu payer ceux échus auparavant; car *inclusio unius est exclusio alterius.*

102. Notre Coutume ne s'est pas expliquée sur l'état dans lequel le tiers acquéreur à la charge de la rente devoit laisser l'héritage lorsqu'il le déguerpissoit : il semble que de même qu'elle ne l'assujettit qu'au paiement des arrérages de son temps, elle doit être censée ne l'assujettir qu'au rétablissement des dégradations de son temps. Il y a néanmoins de la différence entre l'un & l'autre cas. Il a paru à notre Coutume que le tiers acquéreur ne faisoit pas de tort au seigneur de rente en lui déguerpissant l'héritage sans lui payer les arrérages du temps de ses prédécesseurs, qu'il ne lui doit pas personnellement, & dont le seigneur a pu facilement se faire payer à mesure de leurs échéances. Mais le seigneur n'ayant pas eu la même facilité d'empêcher les dégradations faites par les prédécesseurs du déguerpissant, ce déguerpissement lui feroit un très-grand préjudice, si le détenteur étoit admis à lui déguerpir l'héritage dégradé en le renvoyant, pour les dégradations, à recourir contre ceux qui les ont faites, que souvent on ne connoît plus. C'est pourquoi il y a lieu de soutenir que dans notre Coutume, de même que dans les autres, & conformément au principe de Loyseau, celui qui a acquis à la charge ou avec connoissance de la rente, ne doit être admis à déguerpir qu'en remettant l'héritage en aussi bon état qu'il étoit lors du bail.

103. Tout ce qui a été dit de l'acquéreur à la charge ou avec connoissance de la rente, s'étend à celui qui n'ayant pas eu à la vérité connoissance de la rente lors de son acquisition, s'y est néanmoins depuis volontairement soumis par un titre nouvel qu'il a passé.

ARTICLE VI.

Des conditions sous lesquelles l'Acquéreur qui n'a eu connoissance de la rente, est admis au déguerpissement.

104. Lorsque le tiers acquéreur, assigné pour reconnoître la rente dont son héritage est chargé, produit son contrat d'acquisition, par lequel il paroît qu'il n'a pas été chargé de la rente, & qu'on ne peut pas lui justifier d'ailleurs qu'il en ait eu connoissance, la Coutume, *art. 409*, l'admet à déguerpir l'héritage sans payer aucuns arrérages, même ceux courus de son temps. La raison est qu'ayant possédé de bonne foi l'héritage comme n'étant chargé d'aucune rente, il a eu le droit, en sa qualité de possesseur de bonne foi, d'en percevoir les fruits sans aucune charge de rente.

105. Par la même raison, il est admis à déguerpir l'héritage tel qu'il se trouve, sans être tenu des dégradations, quoiqu'elles procédassent de son fait : car il a pu mésuser d'un héritage dont il croyoit de bonne foi avoir la parfaite propriété : *qui quasi rem suam neglexit, nulli querelæ subjectus est ;* L. 31, §. 3, ff. *de petit. hered.*

Observez néanmoins que si les dégradations étoient des dégradations dont il eût profité, comme s'il avoit abattu des futaies pour les vendre, ou s'il avoit démoli des bâtimens dont il eût vendu les matériaux, il seroit tenu rendre les sommes dont il auroit profité.

106. Le tiers détenteur qui n'a pas eu connoissance de la rente, n'est dispensé du paiement des arrérages de son temps, & de faire raison des dégradations par lui faites, que lorsqu'il abandonne l'héritage sur la demande qui lui est faite, avant qu'il y ait eu contestation en cause. Lorsqu'il ne déguerpit qu'après, notre Coutume veut qu'en punition de sa mauvaise contestation, il soit tenu payer les arrrérages de son temps ; non pas à la vérité absolument comme en est tenu celui qui a acquis à la charge ou avec connoissance de la rente, mais *jusqu'à* concurrence des fruits qu'il a perçus depuis son acquisition. Nos Coutumes ne se sont pas expliquées sur les dégradations : mais Loyseau décide avec raison que cela se doit suppléer, & que celui qui déguerpit après contestation, doit, jusqu'à concurrence des fruits, faire raison au seigneur des dégradations de son temps aussi-bien que des arrérages ; l'esprit de la Coutume étant que ce détenteur ne puisse profiter des fruits aux dépens de ce qui peut être dû au seigneur.

Sur la contestation en cause, *Voyez l'art. 411.*

107. Le tiers détenteur qui n'a déguerpi qu'après la Sentence définitive, soit qu'il y en ait appel ou non, doit à plus forte raison porter la peine que la Coutume prononce contre celui qui n'a déguerpi qu'après la contestation en cause, quand même cette Sentence n'auroit été précédée d'aucun appointement d'instruction : car la cause est en ce cas censée contestée en même temps qu'elle est jugée.

108. Loyseau, *V, XI, 13, & suiv.*, va plus loin : il prétend que ce détenteur qui s'est laissé condamner, n'est pas à la vérité tenu, en délaissant, payer les arrérages courus avant sa détention, comme l'est, selon lui, celui

qui

qui a acquis à la charge de la rente, ou qui s'y eſt volontairement ſoumis par un titre nouvel; mais qu'il eſt tenu payer tous les arrérages de ſon temps abſolument, & non pas ſeulement comme en eſt tenu celui qui déguerpit avant la Sentence, quoique depuis la conteſtation en cauſe, lequel n'en eſt tenu que juſqu'à concurrence des fruits. La raiſon ſur laquelle ſe fonde Loyſeau, eſt que la condamnation le rend débiteur perſonnel de ces arrérages, au paiement deſquels il eſt condamné : les condamnations forment des obligations, *cùm in judiciis quaſi contrahamus.* Ce ſentiment de Loyſeau n'a pas été ſuivi. Bacquet, en ſon Traité des Droits de Juſtice, XXI, *n.* 201, rapporte deux Arrêts qui ont jugé le tiers détenteur recevable à délaiſſer après un Arrêt de condamnation, ſans être tenu des arrérages, en comptant des fruits. Boughier en rapporte un ſemblable rendu *conſultis Claſſibus; Voyez* Lalande ſur ledit *art.* La réponſe à la raiſon de Loyſeau eſt que le détenteur n'étant condamné qu'en cette qualité de détenteur, n'eſt cenſé condamné qu'avec l'alternative, *ſi mieux n'aime délaiſſer*, qui doit être ſous-entendue, quoique non exprimée.

109. Si la Sentence définitive étoit une Sentence par défaut, à laquelle le détenteur eût été reçu oppoſant, cette Sentence étant détruite par l'oppoſition, c'eſt comme ſi elle n'avoit pas été rendue; & s'il n'eſt pas d'ailleurs intervenu quelque appointement auparavant ou depuis cette Sentence, qui ait opéré la conteſtation en cauſe, le déguerpiſſement fait par le détenteur, quoique depuis cette Sentence, ſera cenſé fait avant conteſtation.

110. Le détenteur à qui la Coutume permet de déguerpir avant conteſtation, ſans payer les arrérages même courus de ſon temps, eſt celui qui juſqu'à la demande n'a pas eu connoiſſance de la rente. Mais celui qui ayant acquis ſans charge ni connoiſſance de la rente, en a eu connoiſſance avant la demande, eſt tenu des arrérages courus depuis qu'il a eu cette connoiſſance : car il a dès-lors ceſſé de poſſéder l'héritage comme franc de rente : il n'a pu le poſſéder qu'à la charge de la rente dont il avoit connoiſſance. Il doit même être tenu des arrérages depuis ce temps abſolument, & non pas ſeulement juſqu'à concurrence des fruits qu'il a perçus : car en continuant de poſſéder l'héritage qu'il avoit appris être chargé de la rente, il eſt cenſé s'être volontairement ſoumis à la preſtation de la rente.

Loyſeau va plus loin, & ſoutient que ce détenteur eſt tenu en déguerpiſſant, quoiqu'avant conteſtation, de payer tous les arrérages depuis ſa détention, & non pas ſeulement depuis qu'il a eu connoiſſance de la rente. Son argument eſt, que la litiſconteſtation, *quæ eſt ficta mala fides*, obligeant le détenteur au paiement de tous les arrérages depuis ſa détention, au moins juſqu'à concurrence des fruits, *à fortiori* la connoiſſance qu'il a eue de la rente, *quæ eſt vera mala fides*, doit l'y obliger, & même abſolument, & non pas ſeulement juſqu'à concurrence des fruits; ſa mauvaiſe foi devant à cet égard avoir plus d'effet que celle qui n'eſt que feinte, & qui réſulte de la litiſconteſtation. Ce ſentiment de Loyſeau ne me paroît pas ſuffiſamment fondé : il me paroît qu'on peut répondre que ſi le détenteur qui déguerpit après la conteſtation, eſt tenu de tous les arrérages depuis ſa détention juſqu'à concurrence des fruits, ce n'eſt pas parce que la litiſconteſtation *eſt ficta mala fides*; cette raison seule ne l'oblige qu'au rapport des fruits du jour de la demande; mais c'est en punition de la téméraire contestation : or les peines ne doivent pas être étendues hors le cas pour lequel elles ont été prononcées.

111. Il reste à observer que la connoissance de la rente pour obliger l'acquéreur à sa prestation, doit être bien plus formelle lorsqu'elle ne survient que depuis l'acquisition : car celui qui dès avant l'acquisition, a un doute raisonnable, doit l'éclaircir avant que d'acquérir; mais celui qui a acquis de bonne foi sans aucune connoissance de la rente, ne doit pas être obligé à s'y soumettre, si on ne la lui fait connoître bien clairement.

La copie que le seigneur de la rente a donnée au possesseur de ses titres sur une demande qu'il a abandonnée & laissé tomber en péremption, ne doit pas être censée avoir donné au possesseur une connoissance suffisante : car il a eu quelque sujet de croire que le demandeur n'étoit pas fondé dans sa demande, puisqu'il l'abandonnoit.

ARTICLE VII.

§. I.

De l'effet du Déguerpissement vis-à-vis de celui qui déguerpit.

112. L'effet du déguerpissement vis-à-vis de celui qui déguerpit, est de le décharger pour l'avenir de la rente dont l'héritage qu'il déguerpit étoit chargé.

113. Le déguerpissement ne résout que pour l'avenir le bail à rente qui a été fait au preneur qui déguerpit : d'où il suit qu'il ne laisse pas de devoir les profits seigneuriaux auxquels ce bail a donné ouverture, s'il ne les a pas déja acquittés.

114. Les droits de servitude, de rente ou d'hypotheque que celui qui déguerpit avoit dans l'héritage lors du bail ou de l'acquisition qu'il en a faite, revivent à son profit lors du déguerpissement, selon la doctrine de *Loyseau*, *VI*, *4*.

Cette décision souffre peu de difficulté lorsque celui qui déguerpit avoit acquis sans charge de la rente : car le déguerpissement en ce cas renfermant une espece d'éviction, on peut dire que l'acquisition qu'il a faite de l'héritage, n'ayant pas été irrévocable, n'a pu produire une confusion & extinction irrévocable des droits qu'il y avoit. Il y a plus de difficulté lorsque le déguerpissement est fait par le preneur, ou par celui qui a acquis à la charge de la rente : car le déguerpissement étant en ce cas purement volontaire, l'acquisition de celui qui déguerpit étoit une acquisition irrévocable qui semble avoir dû produire une confusion & extinction irrévocable des droits qu'il avoit dans l'héritage; néanmoins *Loyseau* décide indistinctement à l'égard de tous les déguerpissemens, que les droits réels que le déguerpissant avoit dans l'héritage lors de son acquisition, revivent lors du déguerpissement. Son principe est que la confusion qui se fait des droits qu'une personne avoit dans un héritage par l'acquisition qu'elle fait de l'héritage, *L.* 1, ff. *quem serv. amitt.* n'est pas tant une extinction absolue de ces droits, qu'une suspension & cessation de ces droits pendant le temps qui lui appartient; & que les regles *Res sua nemi servit, nemini pignori esse potest*, sur lesquelles cette confusion est fondée, doivent s'entendre en ce sens, *quandiù est sua*. On peut dire pour l'éclaircissement de ce principe de Loyseau, que lorsque j'acquiers un héritage dans lequel j'avois déja quelque droit réel, comme de servitude, de rente fonciere ou d'hypotheque, ce droit que j'avois s'éteint à la vérité quant à la forme de droit de servitude, de rente ou d'hypotheque; mais le fond en subsiste dans une autre forme, sçavoir, comme étant devenu une partie du domaine que j'ai acquis de cet héritage, & auquel droit de domaine ce droit que j'avois s'est réuni. Par exemple, si j'ai acquis un héritage dans lequel j'avois un droit de rente fonciere de 10 livres, ce droit d'une rente fonciere de 10 livres que j'avois dans cet héritage, ne subsiste plus dans sa forme de rente fonciere, mon propre héritage ne pouvant pas être chargé envers moi d'une rente. Je ne perds pas néanmoins le fond du droit que j'avois, il ne fait que changer de forme : car je conserve le droit que j'avois de tirer de cet héritage 10 livres par an; non pas à la vérité comme une rente, ni à titre de rente, mais *jure dominii*. Le droit de domaine que j'ai acquis, ne renfermoit le droit de percevoir l'utilité de l'héritage que sous la déduction des 10 livres de rente que j'avois droit d'y prendre avant mon acquisition : si depuis mon acquisition j'ai droit de percevoir, même ces 10 livres par an avec le surplus, ce n'est pas en vertu du droit que j'ai acquis, qui ne le renfermoit pas, mais en vertu du droit que j'avois dès auparavant, lequel s'est transformé en droit de domaine, en s'unissant au domaine que j'ai acquis. Ce droit n'est donc pas éteint, mais a seulement changé de forme par l'acquisition que j'ai faite; il a quitté sa premiere forme pour prendre celle de droit de domaine, en s'unissant au droit de domaine que j'ai acquis. *Vice versâ*, lorsque le droit de domaine que j'ai acquis viendra à se résoudre, soit que ce soit une résolution nécessaire, soit que ce soit une résolution volontaire, telle que celle qu'opere le déguerpissement, le droit que j'avois dans l'héritage avant mon acquisition, se trouvant, par la résolution du droit de domaine que j'ai acquis, séparé de ce droit, auquel il s'étoit uni, il doit quitter sa nouvelle forme, & reprendre la premiere qu'il avoit auparavant. Il est vrai que lorsque j'aliene un héritage à titre de vente, de donation, ou à quelque autre titre que ce soit, les droits que j'avois dans cet héritage avant que je l'eusse acquis ne revivent pas; *L. 30, de serv. urb. pr.* La raison de différence est que lorsque j'aliene un héritage, je suis censé aliéner tout le droit que j'y ai lors de l'aliénation que j'en fais, si je n'en réserve quelque partie; mais lorsque je déguerpis un héritage pour me libérer des charges foncieres auxquelles l'acquisition que j'en ai faite m'avoit assujetti, je n'ai d'autre intention que de renoncer au droit de domaine que j'ai acquis. Il n'y a donc que celui que j'ai acquis, & tel que je l'ai acquis, qui doit se résoudre, & les droits que j'avois auparavant me doivent être conservés.

On peut opposer contre la décision de Loyseau la Loi 17, ff. *quib. mod. ususfr. amitt.* qui, dans le cas d'une résolution même nécessaire du droit de propriété qu'avoit acquis dans un héritage celui qui en avoit auparavant l'usufruit, décide que le droit d'usufruit qu'il avoit avant son acquisition ne revit pas. Loyseau répond fort bien que cette décision est particuliere au droit d'usufruit, qui, par le droit Romain, se perdoit facilement; & Dumoulin enseigne qu'elle ne doit pas être suivie parmi nous. On ne peut tirer non plus argument de la loi *heredem*, 17, ff. *his quib. ut indign.* cette décision étant en haine de l'indignité de l'héritier.

§. II.

De l'effet du déguerpissement vis-à-vis du Seigneur de rente à qui le déguerpissement est fait.

115. Le déguerpissement n'est pas une cession, mais un simple abandon que celui qui le fait, dénonce judiciairement au seigneur de rente fonciere. C'est pourquoi il ne transfere pas *per se* au seigneur de rente fonciere la propriété de l'héritage déguerpi; il lui donne seulement, en cas qu'il veuille bien accepter le déguerpissement, le droit de rentrer dans l'héritage, & d'en recouvrer la propriété par le résiliement du bail à rente que le déguerpissement opere, & par la cessation de l'aliénation qu'il en avoit faite, plutôt que par aucun titre d'acquisition.

Le seigneur de rente fonciere doit être préférable, lorsqu'il veut bien accepter le déguerpissement, au seigneur justicier qui prétendroit l'héritage comme bien vacant, aux offres de se charger de la rente : car le seigneur de rente fonciere ayant un droit d'y rentrer par le résiliement du bail à rente que le déguerpissement opere, l'héritage ne peut être regardé comme bien vacant.

116. Le seigneur peut avoir intérêt de ne pas accepter le déguerpissement, lorsqu'il lui est fait par un détenteur de partie des héritages sujets à la rente, afin de conserver la solidité de sa rente contre les autres. Il doit en ce cas dénoncer aux détenteurs du surplus des héritages sujets à la rente le déguerpissement qui lui est fait, & le refus qu'il fait de l'accepter : ces détenteurs doivent en ce cas être subrogés aux droits du seigneur pour rentrer dans la partie déguerpie, & ils y doivent avoir chacun une part proportionnée à celle dont ils sont entre eux tenus de la rente.

Même dans le cas auquel on déguerpit l'héritage entier, le seigneur peut avoir intérêt de ne pas l'accepter; sçavoir, lorsqu'il y a d'autres charges plus anciennes que la rente pour laquelle on le lui déguerpit, & dont il ne veut pas se charger, comme les trouvant trop onéreuses.

117. Lorsqu'il y a plusieurs seigneurs d'une rente à qui le déguerpissement est fait, s'ils l'acceptent tous, ils rentrent dans l'héritage, chacun pour les portions qu'ils avoient dans la rente. Si quelqu'un d'entre eux refuse de l'accepter, la portion qu'y auroit eue le refusant, accroît aux autres pour les mêmes portions.

Lorsque le déguerpissement est fait à plusieurs seigneurs de différentes rentes, le seigneur de la plus ancienne doit être préféré pour rentrer : mais le seigneur de la rente postérieurement créée peut lui déférer le choix, ou de se charger de la rente postérieurement créée, ou s'il ne veut pas s'en charger, délaiſſer l'héritage au ſeigneur de la rente poſtérieurement créée, aux offres que doit faire ledit ſeigneur de continuer l'ancienne.

Si le déguerpiſſement n'étoit fait qu'au ſeigneur de la derniere rente, il pourroit rentrer dans l'héritage en ſe chargeant des plus anciennes, ſans que les ſeigneurs des anciennes rentes auxquels le déguerpiſſement n'a pas été fait, puſſent l'en dépoſſéder.

ARTICLE VIII.

Des différentes clauſes qui empêchent le déguerpiſſement.

118. Le preneur & ſes héritiers ne ſont pas admis à ſe décharger de la rente par le déguerpiſſement, lorſque par le bail le preneur a renoncé à cette faculté.

Il eſt cenſé y avoir renoncé par la clauſe qu'on appelle *de fournir & faire valoir la rente :* car promettre cela, c'eſt promettre de faire enſorte que le bailleur & ſes ſucceſſeurs ſoient toujours ſervis de la rente, quelque cas qui arrive. Il eſt évident que cette obligation réſiſte à la faculté de pouvoir s'en décharger par le déguerpiſſement.

La clauſe par laquelle le preneur s'oblige de payer la rente *à perpétuité* équipolle, ſuivant Loyſeau, à la clauſe de fournir & faire valoir : mais celle par laquelle il s'oblige ſimplement de la payer, ou même de la payer *tant qu'elle aura cours*, ne l'exclut pas de la faculté de déguerpir.

119. La clauſe par laquelle le preneur s'oblige à méliorer tellement l'héritage *qu'il puiſſe toujours valoir la rente & plus*, l'exclut auſſi & ſes héritiers de la faculté de déguerpir : mais elle n'empêche pas qu'il ſoit déchargé de la rente dans le cas auquel, par quelque force majeure, il ne reſteroit plus rien de l'héritage ; *putà*, ſi la riviere l'avoit totalement emporté ; & en cela l'obligation qui réſulte de cette clauſe eſt moindre que celle qui réſulte des clauſes précédentes.

120. La clauſe par laquelle le preneur s'eſt obligé à faire une certaine mélioration, comme à planter une certaine piece d'héritage en vignes, à conſtruire un bâtiment, l'exclut & ſes héritiers de la faculté de déguerpir ; non pas à toujours, comme les clauſes précédentes, mais ſeulement juſqu'à ce qu'il ait rempli ſon obligation, ou qu'il en ſoit libéré, ſoit par la décharge que lui auroit donnée le bailleur, ſoit par le paiement des dommages & intérêts auxquels le bailleur l'auroit fait condamner faute de l'avoir remplie.

Lorſque le preneur a fait la mélioration qu'il s'étoit obligé de faire, quoiqu'elle ſoit par la ſuite détruite, pourvu que ce ne ſoit pas ni par ſon fait ni par ſa faute, il conſerve la faculté de déguerpir.

Lorſque la mélioration que le preneur s'étoit obligé de faire, a ceſſé, ſans ſa faute, de pouvoir être faite, & avant qu'il ait été en demeure de la faire, il n'eſt pas pour cela libéré de ſon obligation, & il doit la remplir par équipollent : *putà*, s'il s'étoit obligé de faire un certain exhauſſement à un édifice, quoiqu'avant qu'il l'eût fait, cet édifice eût été incendié par le feu du ciel, & ne pût plus par conſéquent être exhauſſé, néanmoins il ſera tenu de remplir son obligation par équipollent à l'exhaussement qu'il s'étoit engagé de faire: mais en ce cas, pour être admis à déguerpir, il n'est pas obligé à faire précisément cet autre édifice, comme il seroit obligé à faire l'exhaussement qu'il avoit promis de faire, s'il étoit encore possible; car son obligation ne pouvant plus s'accomplir que par équipollent, il n'importe que ce soit par équipollent en argent ou en autres édifices; *Loyseau*, *IV*, *12*, *5*.

121. Toutes ces clauses ne privent de la faculté de déguerpir que le preneur & ses héritiers. Elles ne peuvent être opposées au tiers détenteur, quoiqu'il ait acquis à la charge de la rente, à moins qu'il ne se fût spécialement obligé à acquitter le preneur de ces clauses: mais lorsque le détenteur déguerpira, le seigneur de rente pourra, en le dénonçant au preneur ou à ses héritiers, & leur offrant de les subroger en ses droits pour rentrer dans l'héritage déguerpi, les faire condamner à lui continuer la rente.

CHAPITRE III.

Des Bénéfices de Cession, & des Lettres de répit; & de la Police & de la Vente des Porcs.

LEs articles 424, 428 & 429 traitent des dettes pour lesquelles les débiteurs ne sont pas admis aux bénéfices de cession & de répit; *Voyez ces articles & les notes.*

§. I.

Du Bénéfice de Cession.

122. Le bénéfice de cession consiste dans la décharge de la contrainte par corps que le débiteur, sur l'assignation par lui donnée à ses créanciers, obtient du Juge en conséquence de la cession & abandon par lui fait à ses créanciers de tous ses biens.

123. Ce bénéfice étant accordé par la loi civile, il n'y a que ceux qui jouissent des droits de citoyen qui puissent y être admis; les étrangers qui ne sont pas naturalisés en sont exclus; *Ordon. de 1673, tit. 10, art. 2.*

Il n'a pas lieu non plus contre les étrangers; *Voyez les Arrêts rapportés par M. Jousse sur cet article, édit. de 1740;* ni contre le Roi; *Ordon. des Fermes de 1681.*

124. Il n'a pas lieu pour les dettes qui procedent de quelque dol ou fraude. Il a été aussi jugé que les fermiers de métairies qui par leurs baux s'étoient soumis expressément à la contrainte par corps, ne devoient pas jouir du bénéfice de cession lorsqu'ils avoient vendu & appliqué à leur profit les fruits dont le prix devoit être employé au paiement de leurs fermes; car c'est de leur part une espece de fraude. Par la même raison, il n'a pas lieu non plus à l'égard des gardiens, Commissaires, Huissiers & autres dépositaires de biens

de Justice, reliquataires de comptes de tutele, ou de quelque administration publique. *Voyez* plusieurs autres especes de dettes pour lesquelles on n'est pas admis au bénéfice de cession, aux *art.* 428 & 429.

125. Le débiteur peut avoir recours à ce bénéfice, ou lorsqu'il est déja constitué prisonnier, ou auparavant.

Pour y parvenir il doit, en vertu de l'Ordonnance du Juge Royal du lieu de son domicile, au bas de sa requête, assigner ses créanciers, pour voir dire qu'en conséquence de l'abandon général qu'il leur fait de tous ses biens, suivant l'état détaillé qu'il en a déposé au Greffe, & dont il les somme de prendre communication, il sera admis au bénéfice de cession.

Il paroît équitable qu'il puisse excepter de cet abandon un lit, & les autres petits effets que l'Ordonnance de 1667, *XXXIII*, *14*, défend de saisir.

Il doit, au jour que le Jugement doit être rendu sur cette assignation, comparoir à l'audience en personne, & non par Procureur; *Ordonnance de Louis XII, de 1510, art. 10;* & y affirmer la sincérité de l'état de ses biens.

Anciennement on obligeoit par ce Jugement le débiteur qui étoit admis au bénéfice, à porter le bonnet verd que ses créanciers lui fourniroient, à peine d'être déchu du bénéfice: cela ne se pratique plus.

126. L'effet du bénéfice de cession est que les créanciers avec lesquels le Jugement a été rendu, ne peuvent plus emprisonner le débiteur qui y a été admis, ni le retenir en prison, s'ils l'y avoient déja mis. Mais le débiteur n'est pas, par cette cession, libéré de ses dettes; & si le prix de la vente qu'en auront faite ses créanciers n'est pas suffisant pour les payer, il demeure débiteur du surplus, au paiement duquel il peut être contraint sur les biens qu'il acquerroit par la suite, pourvu qu'ils soient un peu considérables, & à la charge de lui laisser en ce cas le nécessaire; *Ll. 6 & 7*, ff. *cess. bon.*

127. Cet abandon ne renferme pas une translation de propriété, mais seulement un pouvoir qui est donné aux créanciers de vendre les biens abandonnés, & d'en percevoir les fruits en paiement de leurs dettes: le débiteur cessionnaire, jusqu'à ce qu'ils aient été vendus, en demeure toujours le véritable propriétaire, & peut y rentrer en satisfaisant ses créanciers; *L. 3*, ff. *cess. bon.*

§. II.

Des Répits.

128. Les Lettres de répit sont des Lettres expédiées en grande Chancellerie, par lesquelles le Roi, par de grandes considérations, accorde à un débiteur une surséance contre les poursuites de ses créanciers.

129. Il n'y a que le Roi qui puisse accorder répit aux débiteurs. Il est néanmoins permis aux Juges d'accorder, en jugeant, une surséance pour l'exécution de la condamnation de la somme à laquelle la partie est condamnée, qui ne peut être que de trois mois au plus, & ne peut être réitérée; *Ordonnance de 1669, VI, 1.*

130. Les causes pour lesquelles le Roi accorde ces Lettres sont les pertes qu'un débiteur justifie avoir faites par quelque accident imprévu, qui le mettent hors le cas de pouvoir satisfaire ses créanciers.

Il doit y en avoir un commencement de preuves par des actes authentiques, qui doivent être expliqués par les Lettres, & attachés sous le contre-scel; *Ordonnance de 1669, VI, 2.*

131. Il y a plusieurs especes de dettes à l'égard desquelles le débiteur ne peut valablement obtenir des Lettres de répit, pour quelque cause que ce soit; *Voyez sur ces dettes les art. 424, 428 & 429 de la Coutume, & l'Ordonnance de 1669, VI, 11.*

132. Le temps de la surséance est, par les Lettres, laissé à la discrétion du Juge à qui elles sont adressées, & ne peut excéder le temps de cinq ans; *Ordonnance de 1669, VI, 4.* Ce temps de cinq ans répond aux *quinquennales induciæ*, que les Empereurs accordoient aux débiteurs, & dont il est parlé en la Constitution de Justinien; *L. fin. cod. Qui bon. ced. poss.* De là le terme vulgaire de faire *quinquenelles*, qui se dit de ceux qui obtiennent des Lettres de répit.

133. Sur le Juge à qui ces Lettres doivent être adressées pour être entérinées; sur ce que doit faire le débiteur pour les obtenir, & après qu'il les a obtenues; sur la signification qu'il en doit faire à ses créanciers, & sur leur entérinement; *Voyez l'Ordonnance de 1669, Tit. 6; & celle de 1673, Tit. 9; avec les Déclarations du Roi qui sont rapportées au Commentaire de M. Jousse sur ces titres de l'édition de la Coutume de 1740.*

134. L'effet de ces Lettres est que les créanciers auxquels elles ont été signifiées avec assignation pour les voir entériner, ne peuvent, dans le délai de six mois qui est accordé au débiteur pour en poursuivre l'entérinement, ni encore moins après qu'elles ont été entérinées pendant le terme du répit, attenter en aucune maniere à la personne de l'impétrant, ni aux meubles servant à son usage : mais ces Lettres, quoiqu'entérinées, n'empêchent pas les créanciers de pouvoir saisir & arrêter les autres meubles, & même saisir réellement les immeubles, sans néanmoins qu'ils puissent, avant l'expiration du terme, faire procéder à la vente, si ce n'est des meubles périssables; *Ordonnance de 1669, VI, 4 & 6.*

135. Les Lettres d'Etat que le Roi accorde aux Officiers de ses troupes, tant de terre que de mer, & à ceux qui sont employés pour le service de l'Etat dans quelques affaires importantes, ont quelque rapport avec les Lettres de répit, en ce qu'elles accordent à l'impétrant une surséance aux poursuites de ses créanciers. Elles sont néanmoins très-différentes des Lettres de répit. 1°. Elles s'accordent pour le temps de six moix, qui court du jour de leur date; *Ordonnance de 1669, Tit. 5, art. 3; Déclaration de 1702, art 3.* 2°. Elles ne sont pas sujettes à entérinement; & ceux qui les veulent débattre d'obreption ou de subreption, doivent se pourvoir pardevers le Roi; *art. 4.* 3°. Elles ont un effet plus étendu; car elles renferment une surséance, non-seulement aux contraintes des créanciers, mais aussi à toutes procédures pour les procès indécis qu'a l'impétrant : elles empêchent que les créanciers ne puissent, depuis qu'elles leur ont été signifiées, saisir les meubles de l'impétrant; il leur est seulement permis de saisir réellement ses immeubles, & de faire enregistrer la saisie réelle, mais sans pouvoir procéder au bail judiciaire. Si le bail judiciaire avoit été fait avant la signification des Lettres, il tient; & même s'il expiroit pendant le délai des Lettres, on peut procéder à un nouveau; &

on

on peut aussi continuer les criées commencées, jusqu'au congé d'adjuger exclusivement; *Ordonnance de 1669, V, 5; Déclaration de 1702, art. 12.* 4°. Ces Lettres n'emportent aucune note; au lieu que les Lettres de répit emportent une note qui, de même que la cession de biens, exclut l'impétrant des fonctions publiques; *Ordonnance de 1673, IX, 5.* 5°. Enfin un Officier peut, en contractant, renoncer à la faculté d'obtenir des Lettres d'Etat; *Déclaration de 1702, art. 9;* au lieu qu'on ne peut en contractant renoncer à la faculté d'avoir recours aux Lettres de répit, de même qu'au bénéfice de cession; *Ordonnance de 1669, VI, 12.*

§. III.

De la Police qui concerne les Langueyeurs de porcs; & des Actions redhibitoires.

136. Les langueyeurs de porcs sont des gens dont la profession consiste à être employés dans les marchés à visiter les porcs qui ont été vendus, pour connoître par l'inspection de la langue de l'animal, s'il est *mezeau*, c'est-à-dire, *ladre;* c'est pour cela qu'ils sont appellés *langueyeurs*. Les articles 425 & 427 contiennent des dispositions de police qui les concernent. L'article 426 en contient une qui concerne ceux qui sont employés à tuer les porcs.

137. Il est aussi parlé de l'action redhibitoire que l'acheteur a contre le vendeur lorsque le porc se trouve ladre.

On appelle action redhibitoire l'action qu'a l'acheteur contre le vendeur pour faire déclarer nulle la vente par rapport à quelque vice de la chose vendue, que l'acheteur a ignoré.

Ces vices, & l'action à laquelle ils donnent lieu, sont appellés redhibitoires, du mot latin *redhibere*, qui signifie la même chose que *reddere;* L. 21, ff. *Ædil. ed.;* parce que l'acheteur par cette action, sur les offres qu'il fait au vendeur de lui rendre la chose, le fait condamner à lui rendre le prix, ou à l'en décharger, s'il ne l'a pas encore payé.

138. Outre l'action redhibitoire pour le vice de ladrerie des porcs, dont la Coutume parle, l'usage a admis des actions redhibitoires pour certains vices des chevaux, qui sont la pousse, la morve & la courbature; & à l'égard des vaches, pour le mal caduc & la pommeliere. L'usage est ici que ces actions doivent être données dans les quarante jours de la vente du cheval ou de la vache.

TITRE XIX.

Des Exécutions pour Rentes foncieres, Moisons, Fermes, ou Pensions d'héritages, Loyers, & Bénéfice de Cession & Attermoyement.

Article CCCCVI.

A. C. *art.* 315, 317 & 352.

Un seigneur (1) d'hostel (2), *mestairie*, ou ayant rente fonciere, peut audit hostel & *mestairie*, par ses mains (3), son Procureur ou Commis, exécuter (4), ou faire exécuter pour trois termes (5) précédens & derniers à lui deus, du loyer, rente fonciere, *moison*, *ferme* ou *pension*, sans contract, obligation, ny auctorité de Justice (6), appellé avec lui un Sergent pour le garder de force (7), & faire signifier la vente des biens saisis; & s'il y a opposition, donner jour (8) à l'opposant. Mais pen-

(1) Ces termes de *seigneur d'hôtel & métairie*, comprennent, dans cet article & dans les autres articles de ce titre, non-seulement le propriétaire, mais quiconque a donné à loyer ou ferme l'hôtel ou la métairie; même un simple locataire qui l'auroit sous-baillée; *infrà*, *art.* 414: car les droits de seigneur d'hôtel ou de métairie, dont il est traité dans cet article & dans les autres de ce titre, ne sont pas attachés à la qualité de propriétaire, mais à celle de locateur, & à l'action qui naît du bail de l'hôtel ou métairie.

(2) *Hôtel* est une maison destinée pour l'habitation.

(3) Dans les autres saisies & exécutions ce n'est pas le créancier qui saisit, c'est l'Huissier ou Sergent qui saisit à la requête du créancier, & le créancier n'a pas le droit d'entrer dans la maison de son débiteur & d'être présent à la saisie; mais l'exécution que la Coutume, par cet article, permet de faire aux seigneurs d'hôtel ou de métairie, des meubles qui se trouvent en leur maison ou métairie, est une exécution qu'ils ont droit de faire eux-mêmes *par leurs mains*; & même par notre ancien Droit François, ils n'avoient pas besoin, pour la faire, du ministere d'un Sergent; *Somme Rurale*, *Tit.* 102, *art.* 11; *Faber*, *tit. de act.* §. *Item Serviana.* Notre Coutume veut néanmoins par cet article qu'ils se fassent assister d'un Sergent; ce qui est fondé sur la Loi *Non est singulis concedendum*, &c. 176, ff. *de reg. Jur.*; & l'usage a prévalu que ces saisies des seigneurs d'hôtel, métairie, &c. se fissent dans la forme de toutes les autres saisies, & qu'elles soient sujettes à toutes les formalités que l'Ordonnance de 1667 prescrit: elles doivent aussi être précédées d'un commandement.

(4) Tous les meubles trouvés en l'hôtel ou métairie. *Voyez l'Introd. N.* 56 & *suiv.*

(5) Lorsque le seigneur d'hôtel, métairie, &c. a un titre exécutoire, il peut, en vertu de son titre, saisir pour tout ce qui lui est dû de liquide: mais cette exécution que la Coutume lui permet de faire, quoiqu'il n'ait point de titre exécutoire, est restreinte à trois termes.

(6) C'est-à-dire, sans qu'il ait besoin d'obtenir du Juge permission de saisir.

(7) *Ne occasio fiat majoris tumultûs*; L. 176, ff. *de reg. Jur.*

(8) C'est-à-dire, l'assigner pour en avoir main-levée.

dant le procès, ledit ſeigneur demeure ſaiſi deſdits biens : Et n'a l'oppoſant proviſion de ſes meubles, ſinon en conſignant entre les mains dudit ſeigneur, *qui ſera tenu bailler caution.*

ARTICLE CCCCVII.

Et où il n'y a que un terme de payement en l'année, les trois années ne ſont comptées que pour trois termes. A. C. *art.* 316.

ARTICLE CCCCVIII.

Le Seigneur d'hoſtel peut faire exécution, comme deſſus, ſur tous les biens meubles qu'il trouve (1) *en ſondit hoſtel, pour le payement des loyers qui lui ſont deus, encore que celuy ſur lequel l'exécution ſera faite, ne tinſt que partie de ladite maiſon.*

(1) *Voyez l'Introd. N.* 37, 58.

ARTICLE CCCCIX.

Quand un tiers détenteur d'héritage eſt pourſuivi pour raiſon d'une rente (1) *dont eſt chargé ledit héritage qui lui a été vendu* (2) *ſans la charge de ladite rente, & dont il n'avoit eu connoiſſance* (3) *paravant* (4) *ladite pourſuite ; [après* (5) *qu'il a ſommé ſon garand, ou* (6) *celui qui lui a vendu [illegible] promis garantir ledit héritage, lequel lui défaut de garantie,] ledit tiers détenteur ainſi pourſuivi, paravant conteſtation* (7) *en cauſe, peut renoncer audit héritage. Et en ce faiſant, il n'eſt tenu de ladite rente & arrérages d'icelle ; ſuppoſé* (8) *même que les arrérages fuſſent & ſoient eſcheus de ſon temps, & paravant ladite renonciation.* C. de Par. *art.* 102.

(1) Fonciere.

(2) Ou qu'il a acquis à quelque autre titre que ce ſoit.

(3) Il eſt cenſé ne l'avoir pas eue, lorſque la charge de cette rente n'eſt pas exprimée par ſon contrat, & qu'on ne lui juſtifie pas par écrit qu'il en a eu connoiſſance.

(4) Car s'il en avoit eu connoiſſance auparavant, quoique depuis ſon acquiſition, il ſeroit obligé, pour être admis à déguerpir, de payer les arrérages courus depuis qu'il en a eu connoiſſance. *Voyez l'Introd. N.* 110.

(5) Ce qui eſt renfermé entre [ ] eſt ſuperflu, cet article ayant lieu, ſoit que le détenteur ait ſommé ſon garant, ſoit qu'il ne l'ait pas ſommé, pourvu qu'il n'ait pas conteſté.

(6) Pour *id eſt.*

(7) *Voyez l'art.* 411.

(8) *Voyez en la raiſon, Introd. N.* 104.

ARTICLE CCCCX.

Et après conteſtation tel détenteur peut renoncer à l'héritage, en payant les arrérages de ſon temps, juſques à la concurrence des fruicts par lui perceus, ſi mieux il n'aime rendre leſdits fruicts. C. de Par. *art.* 103.

Voyez l'Introd. N. 107 *& ſuiv.*

ARTICLE CCCCXI.

C. de Par. art. 104. *Contestation* (1) *en cause, est quand y a réglement* (2) *sur les demandes & deffenses des parties : ou bien quand le défendeur est défaillant & débouté de deffenses* (3).

(1) Cela est conforme à l'*art.* 13 *du tit.* 14 de l'Ordonnance de 1667, qui porte que la cause sera tenue pour contestée par le premier réglement, appointement ou jugement qui interviendra après les défenses fournies.

(2) Un jugement rendu par défaut n'emporte pas contestation quand le condamné vient dans la huitaine y former opposition & déguerpir l'héritage, en refondant les dépens du défaut.

Lorsque l'instance est périmée par le laps de trois ans, c'est comme s'il n'y avoit pas eu de contestation.

(3) L'usage des déboutés de défense a été abrogé par l'*art.* 3 du *tit.* 5 de l'Ordonnance de 1667. On prend seulement défaut faute de défendre.

ARTICLE CCCCXII.

C. de Par. art. 109. *Si aucun prend, cy-après* (1) *un héritage à cens ou rente à certain prix par chacun an, il y pourra renoncer en Jugement* (2) *partie présente ou appellée, en payant tous les arrérages du passé, & le terme ensuivant* (3), *jaçoit que par les lettres* (4) *il eust promis payer ladite rente, & obligé tous ses biens. Et s'entend telle promesse, tant qu'il sera propriétaire : sinon* (5) *que par les lettres d'accensement il eust promis mettre aucun amendement* (6), *ce qu'il n'eust fait,* (7) *ou qu'il eust promis fournir* (8) *& faire valoir ladite rente,* [*& à ce obligé* (9) *tous ses biens,*] *en laissant* (10) *toutefois l'héritage en aussi bon état* (11) *& valeur qu'il estoit au temps de la prise.*

(1) La nouvelle Coutume, en accordant aux preneurs & à leurs héritiers la faculté de se libérer par le déguerpissement, ne l'a permis que pour les baux qui seroient faits à l'avenir, & non pour ceux faits avant la réformation, suivant cette regle, *Leges futuris certum est dare formam negotiis, non ad præterita revocari*; L. 7, *Cod. de leg. Voyez* suprà, *art.* 134.

(2) C'est-à-dire qu'il doit obtenir Sentence qui lui donne acte du déguerpissement qu'il fait.

(3) C'est-à-dire, tout le terme courant depuis la derniere échéance jusqu'à la prochaine : ajoutez, & satisfaisant à toutes les autres obligations du bail. *Voyez l'Introd. N.* 91 *& suiv.*

(4) C'est-à-dire, par le bail à cens ou bail à rente.

(5) Ces termes se réferent à ceux qui sont ci-dessus, *pourra renoncer.*

(6) C'est-à-dire, faire quelque mélioration; *v. g.* planter une certaine quantité de terres en vignes.

(7) Auquel cas il n'est pas admis au déguerpissement jusqu'à ce qu'il ait satisfait à cette obligation. *Voyez l'Introd. N.* 120.

(8) Promettre de fournir & faire valoir la rente, c'est promettre de faire ensorte qu'elle dure toujours, & que le bailleur & ses successeurs en soient à toujours servis. Il est évident qu'une telle obligation rend le preneur qui l'a contractée & ses héritiers non-recevables à déguerpir.

(9) Ce qui est entre [ ] est superflu dans le texte.

(10) Hors ces cas le preneur pourra renoncer en *laissant, &c.*

(11) La Coutume ne dit pas, *en même état ;* elle se contente que le preneur le rende *en aussi bon état*, quoique dans une différente forme. *Voyez l'Introd. N.* 95.

ARTICLE CCCCXIII.

Celui qui n'est preneur, mais est acquéreur du preneur, à la charge de la rente seulement, sans faire mention (1) d'autres charges, comme de mettre amendement, fournir & faire valoir, & laisser l'héritage en bon estat (2), il peut renoncer (3), pourveu qu'il n'ait promis expressément acquitter & garantir (4) son vendeur & bailleur. C. de Par. art. 110.

(1) C'est-à-dire, lorsqu'il est dit seulement par le contrat d'acquisition que l'héritage est vendu à la charge d'une telle rente, & qu'il n'est pas ajouté, *à la charge de mettre tel amendement ;* c'est-à-dire, de faire telle mélioration que le preneur s'étoit obligé de faire : ou bien, *à la charge de fournir & faire valoir la rente* que le preneur s'étoit obligé de fournir & faire valoir.

(2) La clause de laisser l'héritage en bon état, est une clause superflue qui est renfermée dans l'obligation de continuer la rente, n'y ajoute rien, & n'empêche point l'acquéreur de déguerpir en satisfaisant à cette obligation. C'est pourquoi il faut dire que ces termes, *& laisser l'héritage en bon état*, sont superflus, & se sont glissés dans le texte par inadvertance ; ou que la Coutume a entendu parler, non de la clause par laquelle on auroit simplement promis de laisser l'héritage en bon état, mais de celle par laquelle on auroit promis de le laisser en aussi bon état qu'il pût toujours faire valoir la rente, laquelle clause exclut du déguerpissement celui qui s'y est soumis. *Voyez l'Introd. N.* 119.

(3) *Sauf au seigneur de rente à se pourvoir contre le preneur ou ses héritiers*, lorsque le bail contient quelque clause qui exclut le déguerpissement. *Voyez l'Introd. N.* 121.

(4) Car en ce cas s'il renonçoit, le seigneur auroit droit de sommer le preneur de faire cesser le déguerpissement, & le preneur auroit droit de sommer l'acquéreur de l'acquitter de cette demande du seigneur; ce qui fait un circuit d'actions qu'on doit éviter en déclarant l'acquéreur non-recevable à déguerpir.

ARTICLE CCCCXIV.

Le locataire d'une maison, qui l'a relouée à un autre, peut durant le temps de sa tenuë & location, faire procéder par exécution, pour loyer & exploitation de ladite maison, sur les biens qu'il trouve en icelle, & joüir de pareils droicts (1) que pourroit faire un seigneur d'hostel. A. C. art. 329.

(1) Pour l'exécution du sous-bail : mais il n'a pas le droit qu'a le seigneur de résilier le bail lorsqu'il veut occuper la maison en personne. *Voyez l'Introd. N.* 68.

ARTICLE CCCCXV.

Le seigneur d'hostel, ou de rente fonciere, peut poursuivre (1) les biens (2) enlevez de son hostel, & iceux par lui, son Procureur ou Commis, (un Sergent appellé) prendre (3) saisir, & en- A. C. art. 320.

(1) Sur cette poursuite, & sur le temps dans lequel elle doit être faite, *Voyez l'Introd. N.* 47 *& suiv.*

(2) C'est-à-dire les meubles qui garnissoient l'hôtel.

(3) En quelque endroit qu'il les trouve. Si néanmoins ils étoient en la maison d'un

lever par exécution, pour la feureté & payement de ce qui lui est deu, pour trois termes escheus, & deux à escheoir, pour garnissement *dudit hostel.*

tiers, il ne pourroit les y saisir qu'en vertu d'une permission du Juge au bas d'une requête.

ARTICLE CCCCXVI.

Et pour le regard des moisons, ferme ou pension d'héritages, le Seigneur d'iceux peut poursuivre les biens enlevez de son hostel, pour le paiement de trois années eschuës, & garnissement d'une année à escheoir.

ARTICLE CCCCXVII.

A. C. art. 328. Le locataire, qui n'a de quoi payer, ou qui ne garnist l'hostel de biens meubles pour le paiement de deux termes de loyer, en peut estre expulsé & mis hors par ledit seigneur d'hostel, avec auctorité *& permission* (1) de Justice.

(1) C'est-à-dire, en vertu d'une Sentence de condamnation contre le locataire, qu'il doit assigner à ces fins.

ARTICLE CCCCXVIII.

A. C. art. 318. S'il y a différend entre deux seigneurs d'hostel, ou de rente fonciere, le locataire qui aura esté exécuté, en consignant la pension & loyer de ladite maison, ou rente fonciere, aura délivrance de ses biens.

ARTICLE CCCCXIX.

A. C. art. 319. Si le locataire, ou autre que le seigneur d'*hostel, ou* de rente fonciere, enlevoit les biens estans en l'hostel baillé à loyer, sans le consentement du locateur : iceluy locateur peut appeller ledit locataire, ou celui qui a enlevé (1) lesdits biens, pour les restablir audit hostel pour seureté de trois termes derniers, si tant il en prétend. Et outre, peut contraindre ledit locataire à garnir ladite maison pour un an à advenir.

L'article 415 donne au seigneur d'hôtel, métairie, &c. le droit de saisir les meubles enlevés de l'hôtel par-tout où il les trouve : celui-ci lui donne la voie de l'action contre le locataire ou celui qui les a enlevés, pour qu'il soit condamné à les rétablir ; & faute de le faire, qu'il sera tenu de vuider la maison, & condamné aux dommages & intérêts.

(1) Lorsqu'il les possede, ou lorsqu'il est prouvé qu'il a été complice de la fraude.

ARTICLE CCCCXX.

A.C. art. 370. Celuy qui exploicte une maison à luy baillée à titre de loyer, huit jours après ledit loyer fini, ſans que dénonciation lui ſoit faite de vuider, il joüira, & parachevera l'année pour le prix à quoy il tenoit ladite maiſon auparavant. Et pareillement le ſeigneur de ladite maiſon le pourra contraindre à tenir icelle maiſon, & en payer le loyer audit prix pour ladite année.

Cet article eſt fondé ſur la préſomption que les parties ſont tacitement convenues entre elles d'un nouveau bail au même prix & aux mêmes conditions : c'eſt ce qu'on appelle *tacite reconduction* ; ſur quoi *Voyez l'Introd. N.* 75 *& ſuiv.*

ARTICLE CCCCXXI.

Les fruicts (1) d'une meſtairie, pour la rente fonciere (2), moiſons, ferme *ou penſion* d'icelle, peuvent eſtre arreſtez & empeſchez par le ſeigneur de ladite meſtairie. Et tient tel arreſt & empeſchement juſques à plein payement deſdites rentes, moiſons, ferme *ou penſion*. Et ſemblablement peuvent eſtre empeſchez les *foins*, fourrages & pailles (3) pour la nourriture du beſtial de ladite meſtairie, & auſſi pour faire des fumiers, afin de les convertir à fumer & à amender les terres d'icelle meſtairie : ores que (4) le meſtayer ne fuſt à ce expreſſément obligé. Et ſi leſdits fruicts, pailles, fumiers & fourrages eſtoient enlevez, ledit ſeigneur les pourra pourſuivre & les faire arreſter : & ſera préféré (5) à tous autres (6). A. C. art. 325 & 326.

(1) Coupés ou non ; *Berry*, IX, 44.

(2) Voyez néanmoins une différence entre la rente fonciere & les fermes, *Introduct. N.* 64.

(3) La cauſe de cet Arrêt eſt différente. La Coutume permet au ſeigneur de métairie de ſaiſir & arrêter les fruits, parce qu'ils ſont le gage qui répond des fermes qui lui ſont dues ; le fermier, en payant ſon maître, ne peut être empêché d'en diſpoſer : mais à l'égard des pailles & fourrages, la Coutume permet au ſeigneur de les arrêter, s'ils étoient divertis de la métairie, parce qu'ils doivent y reſter pour ſervir à l'engrais des terres de la métairie : il n'eſt pas permis au fermier, quand même il auroit payé toutes ſes fermes d'avance, d'en diſpoſer ; ces choſes ſont cenſées comme faire partie de la métairie ; *L.* 17, §. 2, ff. *de act. empt.* On tolere néanmoins que les fermiers des métairies voiſines du vignoble vendent les chaumes, dont ils font un gros profit, pourvu qu'ils ne faſſent point couper trop haut, & qu'ils faſſent enſorte que la métairie ſoit ſuffiſamment garnie de pailles.

(4) Pour *quoique.*

(5) Sur le prix des fruits.

(6) Sauf certains créanciers qui lui ſont préférés. *Voyez l'Introd. au T. ſuiv.*

ARTICLE CCCCXXII.

Quand une maiſon eſt édifiée & aſſiſe ſur héritages tenus (1) A. C. art. 327.

(1) L'eſpece de cet article eſt lorſqu'une maiſon eſt bâtie ſur pluſieurs terreins tenus à rente fonciere de différens ſeigneurs, leſquels terreins ne compoſent qu'une ſeule maiſon, qui n'a qu'une entrée.

de diverses personnes, & que icelle maison n'est séparée par diverses demeurances, cenacles, huisseries & entrées, il est loisible à chacun des seigneurs fonciers (2) & directs desdits héritages, où est située ladite maison, ou partie d'iceux, entrer en icelle maison, & sur les biens qui y sont trouvez, procéder ou faire procéder par voye d'exécution (3) pour les arrérages de sa rente fonciere ou loyers (4).

(2) *Seigneurs fonciers* sont ceux à qui il n'est dû qu'une simple rente fonciere. Les *Seigneurs directs*, dont il est parlé en cet article, sont les seigneurs de censive auxquels il est dû aussi une rente fonciere, soit qu'elle soit jointe au cens, soit qu'elle en soit séparée. A l'égard des seigneurs de censive auxquels il n'est dû qu'un cens, ils ne sont pas compris en la disposition de cet article, n'ayant aucun droit sur les meubles.

(3) Avec un Sergent, & sans permission de Justice : car les différens terreins des différens seigneurs n'ayant qu'une même entrée, cette entrée leur est commune ; chaque seigneur est censé entrer dans sa maison lorsqu'il entre par cette entrée.

(4) Ce qui a été dit de plusieurs seigneurs de rente fonciere, a lieu à l'égard de plusieurs qui seroient propriétaires d'une maison chacun pour la partie du terrein qui lui en appartient, & qui l'auroient donnée à loyer chacun pour la portion qui lui en appartient.

ARTICLE CCCCXXIII.

A.C. *art.* 330.

Pour les droicts seigneuriaux (1) on peut arrester les rentes, loyers & pensions des héritages redevables desdits droits seigneuriaux.

(1) Ce qui comprend tant les arrérages & amendes de cens que les profits censuels ou féodaux, tant dus du chef du possesseur, que les anciens dus du chef de ses prédécesseurs.

ARTICLE CCCCXXIV.

A. C. *art.* 332. C. de Par. *art.* 111.

Le bénéfice de respit (1) d'un an & de cinq ans n'a lieu, & n'en doit aucun joüir pour les debtes qui procedent, & sont deuës à cause des arrérages de rentes foncieres (2), loyers de maison, pension, *moison*, ferme, tenuë & exploitation (3) d'héritages, fruicts & revenus d'iceux, pensions & nourritures d'escoliers, apprentifs & autres pensionnaires, biens & deniers baillez en dépost (4), reliqua de l'administration & gouvernement, que les debteurs ont eu des biens de l'Eglise, chose publique, mineurs, prodigues, insensez: ne pareillement de crimes & delicts, (5) gages & salaires des serviteurs & mercenaires (6).

(1) Répit est une surséance aux poursuites des créanciers que le Roi accorde à un débiteur. *Voyez l'Introd. ch.* 3, §. 2.

(2) Il en est de même des droits seigneuriaux.

(3) Telle est la créance qui procede d'une Sentence qui condamne à une restitution de fruits celui qui a joui sans droit d'un héritage.

(4) Nécessaire ou volontaire. *Déclaration du* 23 *Décembre* 1699, *art.* 10.

(5) Cela doit s'entendre des réparations, dommages & intérêts adjugés en matiere criminelle, non de simples dépens.

(6) A ces créances contre lesquelles le répit n'a pas lieu, ajoutez celles mentionnées aux

articles

articles 428, 429 & 439 de notre Coutume, & celles exprimées dans l'Ordonnance de 1669, *tit. des répits*, & de la Déclaration de 1699, qui sont pour alimens, médicamens, pensions, lettres de change, cautions judiciaires, frais funéraires, stellionat, & celles qui ont des cautions extrajudiciaires, & des coobligés contre celui pour lequel ils ont été contraints de payer.

ARTICLE CCCCXXV.

Quand aucun achepte des porcs au marché, & après qu'il les a acheptez il les fait langueyer, (1) & le langueyeur (2) trouve qu'ils soient mezeaux, (3) ledit achepteur ne sera tenu les prendre, (4) si bon ne lui semble : Et est deu au langueyeur de chacun porc cinq deniers tournois. Et combien que en langueyant, lesdits porcs ne se trouvent mezeaux, néanmoins si l'achepteur les fait mener, tuer & ouvrir, & que en ce faisant, iceux porcs se trouvent mezeaux par dedans au corps ou jambons, ledit achepteur ne les prendra, si bon ne lui semble : & en sera quitte, en les rendant à son vendeur, lequel est tenu les prendre. Et s'il est trouvé que en la langue y ait des grains de mezellerie, ledit langueyeur (5) sera tenu de les prendre, & en bailler l'argent audit vendeur, & en acquitter ledit achepteur. Aussi doivent lesdits vendeur ou langueyeur, payer les frais faits par ledit achepteur : & faut que ladite langue demeure attachée ausdits porcs sans l'arracher ; autrement n'en seront tenus le vendeur ne langueyeur. Aussi si en le langueyant, le porc se trouve mezeau, le langueyeur sera tenu fendre l'oreille audit porc pour marque, *à peine de quinze sols tournois pour chaque porc.* A. C. art. 334.

(1) C'est-à-dire, visiter la langue pour connoître s'ils sont entachés du vice de ladrerie.
(2) Ce sont ceux dont la profession consiste à faire cette visite dans les marchés.
(3) *Mezeau* & *mezellerie* sont mêmes choses que ladre & ladrerie.
(4) Il, a pour raison de ce vice, l'action redhibitoire contre son vendeur. *Voyez l'Introd. N.* 137.
(5) Qui n'en a pas donné connoissance en fendant l'oreille du porc ; comme il est dit ci-après.

ARTICLE CCCCXXVI.

Si celui qui tuë un porc, arrache la langue sans avertir l'achepteur, & lui dénoncer qu'il y a des grains en ladite langue, ou aux jambons, ou dedans le corps, il est tenu prendre ledit porc, & en payer à l'achepteur les deniers, à quoi ledit porc auroit esté achepté, ensemble les frais faits par l'achepteur, par prison. A. C. art. 334.

ARTICLE CCCCXXVII.

A. C. art. 335. Les langueyeurs en marché sont responsables & tenus l'un pour l'autre solidairement.

ARTICLE CCCCXXVIII.

A. C. art. 336 & 337. Tous achepteurs de bestial, *vin, bled, & autres grains*, (1) *achepteʒ en marché public, encore que lesdits bled & vin ne fussent achepteʒ que sur le simple tesmoin;* ensemble tous achepteurs de poisson (2), tant d'eau douce que de mer, sont contraints au payement par prison *après la huictaine*, sans pouvoir joüir du bénéfice de cession, (3) ny de respit d'un an & de cinq ans.

(1) L'Ordonnance de 1669, *titre des répits*, *art.* 11, ajoute : « Et autres marchandises » prises sur l'étape, foire, marchés, halles & ports publics » ; ce qui doit aussi s'entendre de celles achetées dans les bateaux qui sont aux ports. Ainsi jugé au Présidial le 30 Juillet 1703.

(2) Ce qui s'entend du poisson vendu sur la chaussée de l'étang, ou en autre lieu public.

(3) *Voyeʒ* sur ce bénéfice l'*Introd. ch.* 3, §. 1.

ARTICLE CCCCXXIX.

A. C. art. 338. Ceux qui sont proxenetes, couratiers, & qui s'entremettent, *moyennant salaire*, de faire vendre ou achepter *bleds, vin*, chevaux, ou *autres* marchandises (1), sont contraints rendre & restituer ladite marchandise, ou le prix qu'elle aura esté venduë, & ce par prison : *sans qu'ils puissent joüir d'aucun respit, ne du bénéfice de cession.*

(1) Ce qui comprend les revenderesses publiques.

TITRE XX.

Des Arrêts & Exécutions faites par vertu de Lettres obligatoires & Sentences.

INTRODUCTION AU TITRE.

LES matieres qui ſont traitées ſous ce Titre concernent l'hypotheque, le droit d'exécution & d'arrêt.

CHAPITRE PREMIER.

De l'Hypotheque.

ARTICLE PRÉLIMINAIRE.

1. L'HYPOTHEQUE, ou droit de gage, eſt le droit qu'a un créancier dans la choſe d'autrui de la faire vendre en Juſtice, pour, ſur le prix, être payé de ce qui lui eſt dû.

2. Il y a dans notre Coutume quatre eſpeces d'hypotheques. La premiere eſt celle qu'on appelle nantiſſement, *pignus*, qui ſe forme par la tradition qui eſt faite de la choſe au créancier, & qui conſiſte dans le droit qu'il a de la retenir pour ſûreté de ſa créance, juſqu'au parfait paiement, & même de la faire vendre s'il n'eſt pas payé.

La ſeconde eſpece eſt celle que les locateurs de maiſons ou métairies, ou ſeigneurs de rente fonciere, ont dans les choſes qui garniſſent leurs maiſons ou métairies, dont il a été traité au titre précédent.

Elle differe de la précédente en ce qu'elle ſe contracte ſans tradition : elle lui reſſemble en ce que le locateur ou ſeigneur de rente fonciere eſt cenſé avoir en quelque façon ſous ſa main les choſes qui garniſſent ſa maiſon ou métairie, d'où elles ne peuvent être enlevées au préjudice de ſa créance.

La troiſieme eſpece eſt le gage judiciaire qu'un créancier acquiert par la ſaiſie-exécution des effets de ſon débiteur : elle differe du nantiſſement en ce que le créancier ne détient pas par lui-même le gage judiciaire : les effets ſont ſous la main de la Juſtice, plutôt que ſous la main particuliere du créancier.

La quatrieme eſpece eſt l'hypotheque ſimplement & proprement dite, qui ſe contracte ſans tradition ni ſaiſie de la choſe, & ne la met point ſous la main du créancier ni de la Justice, mais consiste dans un simple droit qu'a le créancier dans la chose. C'est de cette derniere espece d'hypotheque dont nous traitons ici.

3. Elle se divise en conventionnelle & légale.

La conventionnelle est celle qui résulte des obligations contractées par des actes passés devant Notaires, dans lesquels la convention de l'hypotheque des biens de l'obligé est toujours ou exprimée ou sous-entendue. La légale est celle que la loi accorde aux jugemens sur les biens du condamné, & à de certaines obligations, quoique contractées sans aucun écrit.

4. Elle se divise encore en générale & spéciale. La générale est celle qui est contractée sur tous les biens présens & à venir du débiteur ; la spéciale est celle qui est contractée sur certaines choses désignées & déterminées. Cette hypotheque spéciale n'exclut pas la générale sur le surplus des biens.

5. Enfin l'hypotheque se divise en hypotheque privilégiée & hypotheque simple. La privilégiée est celle qui est accompagnée d'un privilege qui fait préférer le créancier aux autres créanciers, quoiqu'antérieurs. L'hypotheque simple est celle qui n'est accompagnée d'aucun privilege.

Tout ceci présupposé, nous verrons, 1°. *comment s'acquiert l'hypotheque ;* 2°. quelles choses en sont susceptibles ; quelles personnes peuvent hypothéquer leurs biens, & pour quelles dettes. Nous traiterons ensuite, 3°. de l'effet de l'hypotheque, & des actions qui en naissent ; 4°. des manieres dont l'hypotheque s'éteint ; 5°. de la subrogation. Nous renvoyons au titre suivant ce qui concerne l'ordre des hypotheques.

SECTION PREMIERE.

Comment s'acquiert l'Hypotheque.

6. Selon les principes rigoureux du Droit civil, l'hypotheque étant un droit dans la chose, ne pouvoit, de même que les autres droits réels, s'acquérir que par la tradition. Mais pour la commodité du commerce, le Préteur avoit par la suite établi qu'elle pût s'acquérir par la simple convention. Par notre Droit François l'hypotheque peut bien s'acquérir sans tradition par la convention ; mais il faut que cette convention soit portée par un acte muni de l'autorité publique.

C'est pourquoi les actes sous signature privée ne peuvent seuls & par eux-mêmes produire d'hypotheque, quoiqu'elle y fût expressément convenue, & que la date de l'acte eût été constatée par le contrôle. Au contraire les actes munis de l'autorité publique produisent l'hypotheque de tous les biens présens & à venir des parties qui s'obligent par ces actes, quand même la convention d'hypotheque n'y seroit pas exprimée ; parce qu'étant d'usage dans ces actes, elle y est sous-entendue, suivant la maxime, *In contractibus tacitè veniunt quæ sunt moris & consuetudinis.*

7. Les actes qui contiennent les conventions sont censés munis de l'autorité publique, & acquierent l'hypotheque du jour de leur date, lorsqu'ils sont reçus par deux Notaires, ou par un Notaire en présence de deux témoins capables, & qu'ils sont revêtus des formes requises.

8. Ceux reçus par les Notaires subalternes sont censés munis de l'autorité publique, aussi-bien que ceux reçus par les Notaires Royaux; car les Justices seigneuriales ayant été concédées par le Roi, & étant des émanations de l'autorité Royale, les Officiers de ces Justices sont revêtus de l'autorité publique.

9. C'est une question entre les Auteurs, & sur laquelle il y a variété d'Arrêts, si les actes reçus par les Notaires des pays étrangers peuvent produire hypotheque sur les biens du Royaume. Dufresne, *l. 5*, *ch. 4*, tient l'affirmative: il dit que l'hypotheque étant du Droit des gens, & les Notaires des pays étrangers étant revêtus d'une autorité publique pour tout ce qui est du Droit des gens, il s'ensuit que leurs actes doivent être censés revêtus d'une autorité publique, à l'effet de produire l'hypotheque. Basnage, *Tr. des hyp.* est de cet avis: on l'autorise de deux Arrêts rapportés par Boughier. Brodeau, sur la Coutume de Paris, & sur Louet, *l. H*, *ch. 15*, est d'avis contraire, & il rapporte aussi plusieurs Arrêts pour son sentiment. J'incline à ce dernier sentiment. L'hypotheque est bien en soi du Droit des gens; mais la maniere de l'acquérir sans tradition est établie sur notre Droit civil, qui exige que la convention soit faite par un acte muni de l'autorité publique, tels que ne sont pas les actes des Notaires étrangers. Ces personnes ont bien en France une espece d'autorité publique qu'on peut appeller *autorité de créance*, leurs actes devant faire foi par-tout; mais elles n'ont pas l'autorité publique *de pouvoir*, telle qu'est celle nécessaire pour imprimer le droit d'hypotheque sur les biens des contractans, n'y ayant en France aucune autorité publique de cette espece que celle qui émane du Roi. Ce sentiment a été embrassé par l'Ordonnance de 1629, *art. 121*; mais cette Ordonnance étant, comme l'on sçait, demeurée sans exécution, la question demeure indécise.

Par la même raison, avant l'établissement des Notaires Royaux Apostoliques, les actes reçus par les Notaires Apostoliques ne produisoient pas d'hypotheque, la puissance Ecclésiastique ne s'étendant pas au temporel.

10. L'acte n'est pas muni de l'autorité publique, & ne peut produire d'hypotheque, si le Notaire qui l'a reçu étoit interdit, pourvu que son interdiction fût alors suffisamment connue dans le public.

Il en est de même si le Notaire étoit incompétent: il est tel lorsqu'il instrumente hors son territoire. Basnage, *Tr. des hyp. ch. XII*, fait néanmoins une distinction à cet égard entre les Notaires subalternes & les Royaux; il convient qu'un acte passé par un Notaire subalterne hors son territoire est absolument nul, & ne peut produire d'hypotheque, mais peut seulement valoir comme acte sous signature privée, lorsqu'il est souscrit par toutes les parties contractantes; mais il prétend que les actes passés par les Notaires Royaux, quoique hors leur territoire, sont valables, le scel royal dont ils sont munis étant suffisant pour leur faire produire l'hypotheque; qu'il est vrai que les Ordonnances prononcent la peine de nullité contre ces actes; mais que cette peine étant trop rigoureuse vis-à-vis des parties qui ont pu ignorer les limites de la Jurisdiction, qui souvent ne sont pas certaines, ne doit passer que pour comminatoire, & qu'il suffit d'assujettir le Notaire à la restitution des émolumens envers les Notaires du lieu où il a instrumenté. Ce sentiment de Basnage me paroît souffrir beaucoup de difficulté. Pour qu'un acte soit authentique & produise hypotheque, la qualité de personne publique est requise dans la personne qui le reçoit ; & un Notaire, de même que tout autre Officier, n'a pas cette qualité hors son territoire.

Par un privilege particulier des Châtelets de Paris, Orléans & Montpellier, les Notaires de ces Châtelets ont le droit de passer des actes par tout le Royaume ; *Voyez l'art. 463.* Ce privilege leur donne le caractere de personnes publiques par tout le Royaume.

Plusieurs Réglemens exigent de plus, pour la compétence des Notaires subalternes, que les parties contractantes soient domiciliées dans leur territoire, & que les biens qui sont l'objet de la convention, y soient situés : mais il paroît que ces Réglemens ne sont plus observés.

11. Les témoins, dont la présence est nécessaire lorsque l'acte est reçu par un seul Notaire, doivent non-seulement jouir de la vie civile & des droits de citoyens, mais être capables des fonctions civiles : d'où il suit que ni les femmes, ni les novices, ni les infâmes, ne peuvent être témoins dans les actes. Suivant les Réglemens de la Cour des 2 *Juillet 1708* & 25 *Avril 1709*, ils doivent avoir l'âge de vingt ans accomplis, & n'être ni les enfans ni les clercs du Notaire.

12. Ces actes doivent être écrits sur du papier timbré : *ils doivent exprimer le lieu où ils ont été passés ; car autrement on ne sçauroit pas si le Notaire a été compétent. Ils doivent être datés ; autrement on ne pourroit sçavoir de quand l'hypotheque auroit commencé. Enfin ils doivent être souscrits tant par le Notaire que par les témoins & les contractans, lorsqu'ils sçavent & peuvent signer. Il faut qu'il y ait au moins l'un des témoins qui signe avec le Notaire. Lorsque l'autre témoin ou quelqu'une des parties ne sçavent ou ne peuvent signer, il en faut faire mention.* Enfin, suivant l'Edit du contrôle, l'acte, pour produire l'hypotheque, doit être contrôlé.

13. Les actes sous signature privée deviennent munis de l'autorité publique, & produisent hypotheque du jour de la reconnoissance qui en est faite pardevant Notaire par le débiteur, ou du jour que la reconnoissance en est prononcée par le Juge, soit contradictoirement, soit par défaut.

Lorsque, sur la dénégation du débiteur, il y a eu une vérification par Experts, sur laquelle le Juge a prononcé la reconnoissance de l'acte, l'hypotheque a lieu du jour de la dénégation ; *Ordonnance de 1539, art. 93.*

14. Les créanciers qui n'ont aucun acte ni de Notaire, ni sous signature privée, acquierent une hypotheque générale sur les biens de leur débiteur par le jugement de condamnation qu'ils obtiennent contre lui, l'Ordonnance de Moulins ayant accordé aux jugemens cette hypotheque sur les biens de la partie condamnée.

Elle est accordée aux jugemens tant des Juges subalternes que des Royaux, tant des Juges ordinaires que des Juges d'attribution, même à ceux des Juges-Consuls : mais ceux des Juges d'un pays hors de la domination du Roi, des Juges d'Eglise & des Arbitres, ne peuvent produire d'hypotheque sur les biens du condamné ; celui au profit duquel ces sortes de jugemens sont rendus, ne peut l'acquérir que du jour qu'il en aura fait prononcer l'exécution par un Juge compétent pour cela.

15. Lorſque des tuteurs, des marguilliers, &c. ſont condamnés en cette qualité, ce ſont les mineurs, la fabrique, &c. qu'ils repréſentent, qui ſont cenſés condamnés, & dont les biens ſont hypothéqués.

16. Lorſque le Jugement eſt rendu contradictoirement à l'Audience, l'hypotheque a lieu du jour qu'il eſt prononcé. Lorſqu'il eſt par défaut, ou lorſqu'il a été rendu en procès par écrit, elle n'eſt que du jour de la ſignification qui en a été faite au Procureur; *Ordonnance de 1667, XXXV, 11.*

17. L'appel interjetté du jugement, de même que l'oppoſition qui eſt formée, ſuſpendant l'effet du jugement, ſuſpend l'hypotheque : mais s'il eſt confirmé par la ſuite, l'hypotheque aura lieu du jour du jugement, & non pas ſeulement du jour de l'Arrêt qui l'aura confirmé; *Déclaration du 10 Juillet 1566, art. 11.* Il en eſt de même lorſque la partie condamnée a été déboutée de ſon oppoſition.

Lorſque l'Arrêt qui a infirmé le jugement, n'a fait que réduire la condamnation à une ſomme moindre, il l'a confirmé juſqu'à concurrence de cette ſomme qui étoit contenue dans la plus grande; & par conſéquent il y a lieu de penſer que l'hypotheque doit avoir lieu du jour du jugement.

18. Il y a de certaines créances pour leſquelles la loi accorde hypotheque au créancier, qui n'a pas beſoin par conſéquent pour l'acquérir d'acte notarié, ni de jugement.

Telle eſt, 1°. la créance de la femme contre ſon mari pour la reſtitution de ſa dot, pour laquelle elle a hypotheque du jour de la célébration du mariage, quoiqu'il n'y ait pas de contrat.

Telle eſt, 2°. celle des mineurs, des interdits, &c. pour le compte qui leur eſt dû, pour laquelle ils ont hypotheque ſur le bien de leurs tuteurs & curateurs, du jour qu'a commencé la tutele ou curatelle; *L. 20, cod. de adm. tut.*

Ils ont un pareil droit d'hypotheque ſur les biens de leurs *protuteurs*, c'eſt-à-dire de ceux qui, ſans avoir une véritable qualité de tuteurs, ſe ſont néanmoins portés pour tuteurs, & ont en conſéquence adminiſtré les biens des mineurs; *L. 1, §. 1, ff. de eo qui pro tut.*; & cette hypotheque a lieu du jour qu'a commencé leur adminiſtration. C'eſt en conſéquence de ce principe que les mineurs dont la mere a perdu la tutele en paſſant à de ſecondes noces, acquierent hypotheque ſur les biens de leur beau-pere, qui, quoique ſans qualité, a continué l'adminiſtration de la tutele, ou a négligé de leur faire pourvoir de tuteur.

Ce droit d'hypotheque ſur les biens des tuteurs & curateurs a été étendu à tous ceux qui ont quelque adminiſtration publique, tels que ſont des Echevins, des Fabriciers, des Adminiſtrateurs d'hôpitaux, Syndics de communautés, &c. la loi donne une hypotheque ſur leurs biens pour le compte qu'ils doivent, du jour qu'ils ont commencé d'être chargés de l'adminiſtration, c'eſt-à-dire, du jour qu'ils l'ont acceptée, ou qu'ils ont été en demeure de l'accepter.

Les titulaires de bénéfices ſont comme des adminiſtrateurs des biens de leurs bénéfices, & leurs biens ſont hypothéqués du jour de leur priſe de poſſeſſion, à l'obligation qu'ils contractent d'entretenir leſdits biens en bons peres de famille.

Cette hypotheque légale ne s'étend pas aux simples Receveurs, Intendans & Agens des affaires des particuliers.

3°. L'Ordonnance des Substitutions, *T. 2, art. 17*, accorde une hypotheque sur les biens des grevés de substitutions, pour la restitution des sommes sujettes à la substitution, du jour qu'ils ont recueilli les biens sujets à la substitution.

4°. Enfin la loi accorde une hypotheque au fisc sur les biens de ses débiteurs, du jour de leur obligation; *L. 46, §. 3, ff. de jure fisc.; L. 2, Cod. in quib. cauf. pign. tac. contr.*

Elle n'a lieu que pour les créances qu'il a de son chef, & non pour celles auxquelles il a succédé à des particuliers, pour lesquelles il n'a d'autres droits que ceux de la personne à qui il a succédé; *L. 25, ff. de pign. & hyp.*

19. Il y a quelques autres especes de créances pour lesquelles la loi accorde une hypotheque qui n'est pas générale, comme dans les cas ci-dessus rapportées, mais qui est limitée à certains biens.

Telle est celle qu'elle donne aux copartageans sur les biens échus au lot de chacun de leurs copartageans pour les obligations résultantes du partage; celle qu'elle donne aux légataires & fidéicommissaires sur la portion des biens de la succession du testateur, échu à l'héritier grevé envers eux; celle qu'elle accorde aux ouvriers qui ont construit ou réparé un bâtiment, sur ce bâtiment; enfin celle qu'elle accorde au vendeur sur la chose vendue. Observez que cette derniere est de notre Droit : la Loi Romaine ne l'accordoit pas au vendeur lorsqu'il ne se l'étoit pas réservée.

20. Le créancier qui a acquis l'hypotheque sur les biens de son débiteur, soit par un acte devant Notaires, soit par un jugement, soit par la loi seule, ne peut l'acquérir sur les biens des héritiers de son débiteur que du jour qu'ils auront reconnu la dette par acte devant Notaires, ou qu'ils y auront été condamnés; le débiteur, en hypothéquant ses biens, n'ayant pas pu hypothéquer ceux de son héritier, qui ne lui appartenoient pas; *infrà, n. 22.*

SECTION II.

Quelles choses sont susceptibles d'hypotheque; quelles Personnes peuvent les hypothéquer, & pour quelles dettes.

§. I.

Quelles choses sont susceptibles d'hypotheque.

21. Tous les immeubles qui sont dans le commerce sont susceptibles d'hypotheque; non-seulement les héritages, mais pareillement les droits réels; même les rentes constituées, & les offices.

A l'égard des meubles, quoiqu'ils soient susceptibles des trois premieres especes d'hypotheques mentionnées *suprà, n. 2*, ils ne sont pas, dans notre Coutume, susceptibles de l'hypotheque proprement dite, dont nous traitons ici.

Quoique, suivant ce principe, les créances mobiliaires que j'ai contre des tiers ne ſoient pas par elles-mêmes ſuſceptibles d'hypotheque envers mes créanciers, néanmoins le droit d'hypotheque que j'ai ſur les immeubles de mon débiteur pour raiſon de quelqu'une de ces créances, eſt hypothéqué à mes créanciers, auxquels j'ai obligé tous mes biens : c'eſt pourquoi ſi quelqu'un de ces immeubles ayant été vendu par décret, je ſuis colloqué par ordre d'hypotheque ſur le prix pour ma créance mobiliaire, mes créanciers hypothécaires qui auront formé oppoſition en ſous-ordre, toucheront par ordre d'hypotheque la ſomme pour laquelle j'ai été colloqué, comme nous le verrons au titre ſuivant.

§. II.

Quelles Perſonnes peuvent hypothéquer.

22. L'hypotheque étant un droit dans la choſe, il eſt évident qu'il n'y a que le propriétaire de la choſe, ou la loi pour lui, qui puiſſe l'hypothéquer; *Voyez l'Introd. gén.* n. 100. *Nec obſtat* que nous pouvons hypothéquer nos biens à venir, dont nous ne ſommes pas encore propriétaires : car cette hypotheque que nous accordons dans nos biens à venir, ne naît qu'au même inſtant que nous les acquérons, & que nous en devenons propriétaires.

Il ne faut pas conclure que ſi j'ai hypothéqué en différens temps, à différens créanciers mes biens à venir, avant que j'euſſe acquis un certain héritage, les hypotheques de ces créanciers doivent concourir. Il eſt vrai qu'elles naiſſent en même temps : mais le premier avec qui je ſuis convenu de lui hypothéquer mes biens à venir, n'en doit pas moins être préféré au ſecond, & le ſecond au troiſieme, &c. car je me ſuis, par cette convention, interdit le pouvoir d'hypothéquer à d'autres mes biens à venir, au préjudice de l'hypotheque que je lui accordois : d'où il ſuit que l'hypotheque du ſecond n'a pu être que de ce qui reſteroit après la ſienne acquittée.

23. Le poſſeſſeur d'une choſe en étant réputé le propriétaire, tant que le contraire ne paroît pas, il ſuffit que je prouve qu'un héritage a été poſſédé par mon débiteur depuis qu'il m'a hypothéqué ſes biens, pour pouvoir en conclure qu'il a pu me l'hypothéquer, & me l'a effectivement hypothéqué ; à moins qu'on ne juſtifie qu'il ne lui appartenoit pas.

24. Un propriétaire peut hypothéquer ſes biens, non-ſeulement par lui-même, mais auſſi par le miniſtere de ſes tuteurs, curateurs & autres adminiſtrateurs ; & il eſt cenſé les hypothéquer par leur miniſtere, lorſque ces perſonnes contractent pour lui en cette qualité, ſans excéder les bornes de leur adminiſtration.

Mais lorſque quelqu'un, ſans qualité ni procuration, a contracté comme ſe faiſant fort de moi, par acte devant Notaire ; ce contrat, quoique je l'aie ratifié par la ſuite, ne peut produire hypotheque de mes biens : car celui qui a contracté, quoiqu'en mon nom, n'avoit ni pouvoir de moi, ni qualité pour les hypothéquer ; c'eſt la ratification que j'ai faite de ce contrat, qui ſeule peut produire l'hypotheque de mes biens : c'eſt pourquoi il faut pour cela que cet acte de ratification ſoit paſſé préſent Notaire, & l'hypotheque n'eſt que du jour de cet acte de ratification. En vain, pour la faire remonter au temps du contrat, diroit-on que les ratifications ont un effet rétroactif, & que je suis censé avoir contracté moi-même, lorsque je ratifie ce qu'un autre a contracté en mon nom; *cùm ratihabitio mandato comparetur; & qui mandat ipse fecisse, videatur.* La réponse est que cet effet rétroactif ne peut avoir lieu au préjudice des droits d'hypotheque, acquis à des tiers pendant le temps intermédiaire, ne devant pas être en mon pouvoir de préjudicier par cette ratification, qui est un fait purement volontaire de ma part, aux hypotheques que je leur ai accordées, ou la loi pour moi. Cela est conforme à cette maxime de Bartholе sur loi 16, §. 1, ff. *rat. R. hab. Actus medius interveniens impedit ratihabitionem trahi retrò in præjudicium tertii cui jus intermedio tempore quæsitum fuit.*

Il en est autrement lorsqu'ayant contracté moi-même en minorité sous l'hypotheque de mes biens, je ratifie en majorité: car en ce cas ce n'est pas ma ratification qui produit l'hypotheque; elle ne fait que confirmer celle que le contrat avoit produite, & empêcher qu'il ne soit sujet à rescision.

Cela a été jugé ainsi par Arrêt du 23 Juillet 1667, au Journal des Audiences. En effet, on ne peut nier que la ratification tacite qui résulteroit de ce que le mineur devenu majeur ne se seroit pas pourvu dans les dix ans contre le contrat, confirmeroit le contrat & l'hypotheque qui en naît. La ratification expresse ne doit pas avoir moins d'effet que n'en auroit eu cette ratification tacite. Cela suit de ce principe, que les contrats des mineurs qui sont en âge d'entendre ce qu'ils font, sur-tout lorsqu'ils sont émancipés, comme dans l'espece de l'Arrêt ci-dessus cité, ne sont pas nuls de plein droit, mais sont seulement sujets à rescision: d'où il suit que tant qu'ils n'ont pas été rescindés, ils produisent hypotheque sur le bien du mineur.

Lorsque ce mineur devenu majeur, qui a contracté en minorité, a, depuis sa majorité, contracté beaucoup d'autres dettes qui l'ont rendu insolvable, ne pourroit-on pas dire que la ratification qu'il fait ensuite du contrat par lui fait en minorité, renfermant l'aliénation du droit qu'il avoit de le faire rescinder, doit être censée faite en fraude de ses autres créanciers, lesquels en conséquence, sans avoir égard à cette ratification, doivent être admis comme exerçant les droits de leur débiteur, étant dans les dix ans de sa majorité à faire rescinder le contrat fait en minorité: je ne pense pas qu'ils y soient fondés, & que cette ratification qu'il n'a faite que pour remplir une obligation naturelle, & rendre justice à ce premier créancier qui avoit contracté de bonne foi avec lui, doive passer pour faite en fraude de ses autres créanciers. On peut dire dans cette espece, à bien plus juste titre que dans celle de la loi 20, ff. *his quæ in fr. Non videtur in fraudem alienare, sed fideliter facere.*

§. III.

Pour quelles dettes l'hypotheque a lieu.

25. L'hypotheque étant le droit qu'un créancier a dans la chose d'autrui pour sûreté de sa dette, il ne peut y avoir d'hypotheque sans dette.

C'est pourquoi lorsque, par exemple, une femme contracte sans l'autorité de son mari, son obligation étant nulle, un tiers, quoique capable d'hypothéquer ses biens, ne pourra pas les hypothéquer valablement pour cette obligation.

Cette décision a lieu, quand même l'obligation que la loi déclare nulle, pourroit paroître valable dans le for de la conscience : & en vain opposeroit-on que suivant les principes du Droit, l'hypotheque peut être contractée pour une obligation purement naturelle : car l'obligation naturelle pour laquelle le Droit Romain permet de contracter hypotheque, est une obligation que la loi ne désapprouve pas, quoique, suivant les principes du Droit Romain, elle ne lui accorde pas d'action, parce que la convention d'où elle naît, n'est pas revêtue de la forme de la stipulation ; mais les obligations que la loi désapprouve expressément, ne sont aucunement susceptibles d'hypotheque ; *L.* 2, ff. *quæ res pign.*

26. On peut hypothéquer ses biens pour quelque dette que ce soit ; *L.* 9, §. 1, ff. *de pign. act.* non-seulement pour sa propre dette, mais aussi pour celle d'autrui ; *L.* 5, §. 2, ff. *pign. & hyp.* même pour une dette conditionnelle ; auquel cas la condition qui suspend la dette, suspend aussi l'hypotheque, & la condition venant à arriver, a un effet rétroactif pour l'hypotheque comme pour la dette.

27. On peut même créer hypotheque pour une dette qui n'est pas encore contractée, & qu'on se propose seulement de contracter : mais en ce cas cette hypotheque ne commence que du jour que la dette aura été contractée, *d. l.* 5, par acte authentique. C'est pourquoi la chose ne pourra être hypothéquée, si avant ce temps j'ai cessé d'en être propriétaire.

SECTION III.

Des effets de l'hypotheque, & des actions qui en naissent.

28. Le droit d'hypotheque affecte au total de la dette, non-seulement le total de la chose hypothéquée, mais chaque partie de cette chose, quelque petite qu'elle soit. Ce droit est *totum in toto, & totum in qualibet parte.* D'où il suit que si le possesseur de la chose hypothéquée en aliene une partie, quelque petite qu'elle soit, le créancier hypothécaire peut poursuivre pour le total son droit d'hypotheque contre l'acquéreur de cette partie, qui ne pourra la conserver qu'en acquittant ou s'obligeant au total de la dette. Par la même raison, quoique chacun des héritiers du débiteur ne soit personnellement tenu de la dette que pour la part dont il est héritier, néanmoins, pour peu qu'il ait succédé à quelque portion des biens immeubles hypothéqués à la dette, le créancier peut le poursuivre pour le total de la dette.

29. Le droit d'hypotheque seul & par lui-même, s'il n'est accompagné du droit d'exécution, dont nous traiterons au Chapitre suivant & au Titre suivant, ne donne pas au créancier le droit de saisir l'héritage hypothéqué, quand même il seroit en la possession du débiteur : il ne donne au créancier que la voie d'action. Ces actions sont, 1°. l'action hypothécaire simplement dite, qui a lieu contre les tiers détenteurs de la chose hypothéquée ; 2°. l'action personnelle hypothécaire, qui a lieu contre le débiteur & ses héritiers ; 3°. l'action d'interruption.

ARTICLE PREMIER.

De l'Action hypothécaire proprement dite.

§. I.

De la nature de cette action ; contre qui a-t-elle lieu , & quand.

30. L'action hypothécaire est l'action qu'a le créancier hypothécaire pour la poursuite de son droit d'hypotheque contre le possesseur de la chose hypothéquée.

Le créancier conclut par cette action, à ce que la chose soit déclarée hypothéquée à sa créance, & à ce qu'en conséquence le possesseur soit condamné de la délaisser pour être vendue en Justice, si mieux il n'aime payer la dette à laquelle elle est hypothéquée ; ou si c'est une rente, s'obliger à la continuation de cette rente, & payer les arrérages qui en sont échus.

31. Cette action est une action réelle, puisqu'elle naît du droit que le créancier a dans la chose hypothéquée, & qu'elle a pour objet la poursuite du droit.

C'est pourquoi, suivant la nature de toutes les actions réelles, cette action s'intente contre le possesseur de la chose. Ce possesseur est le vrai possesseur : c'est pourquoi lorsque cette action est donnée contre un fermier ou locataire qui se trouve en possession de la chose, il doit, après qu'il aura indiqué celui de qui il la tient à ferme ou à loyer, être mis hors de cause, & le demandeur doit se pourvoir contre celui-ci ; car c'est lui qui est le véritable possesseur : *possidemus per colonos & inquilinos.*

32. Lorsque c'est un usufruitier qui se trouve en possession de l'héritage hypothéqué, Loyseau, *III, III, 2*, décide que c'est contre lui, & non contre le propriétaire, que l'action hypothécaire doit se donner. Mais je pense qu'elle doit être donnée contre le propriétaire. C'est lui qui est véritablement le possesseur : l'usufruitier a la jouissance plutôt que la possession, &c. ; il possede le droit d'usufruit dans l'héritage, plutôt que l'héritage même. Il y a néanmoins cette différence entre l'usufruitier & le fermier, que celui-ci n'ayant aucun droit dans la chose, doit être mis hors de cause après qu'il a indiqué celui de qui il tient à ferme : mais l'usufruitier détenant la chose en vertu d'un droit qu'il a dans la chose, doit demeurer en cause avec le propriétaire ; & le jugement qui, sur l'action hypothécaire, condamnera le propriétaire à délaisser l'héritage, doit être déclaré commun avec lui.

33. La fin de l'action hypothécaire étant de procurer au créancier le paiement de la dette à laquelle la chose est hypothéquée, il suit de là qu'il ne peut l'intenter avant l'expiration du terme de paiement, lorsqu'il y en a un. En cela elle differe de l'action d'interruption.

§. II.

De l'exception de discussion contre l'action hypothécaire.

34. L'exception de discussion est une exception que les tiers détenteurs ont droit d'opposer contre l'action hypothécaire, pour l'arrêter jusqu'à ce que le créancier ait discuté les biens des débiteurs & des cautions.

Cette exception n'est pas une exception péremptoire, mais seulement dilatoire; car elle ne détruit pas l'action; & le créancier à qui cette exception est opposée, peut, après la discussion, si elle ne lui a pas procuré le paiement de sa dette, suivre son action: c'est pourquoi cette exception, comme toutes les autres exceptions dilatoires, doit être proposée avant la contestation en cause.

35. Il n'y a que les tiers détenteurs qui sont recevables à opposer cette exception. Celui qui est personnellement tenu de la dette, quelque petite que soit la part pour laquelle il en est tenu, n'y est pas recevable: mais un tiers détenteur ne laisse pas d'y être reçu, quoiqu'il ait eu connoissance de l'hypotheque, ou même quoiqu'il ait acquis à la charge de l'hypotheque, pourvu qu'il n'ait pas acquis à la charge de la dette.

Il y est reçu, quand même l'hypotheque auroit été créée avec la clause que le créancier ne seroit pas tenu à la discussion d'autres biens: car cette convention ne peut préjudicier au tiers détenteur, qui n'y étoit pas partie; *L.* *27, §. 4, ff. de pact.*

En un cas le tiers détenteur n'est pas reçu à cette exception; sçavoir, lorsque l'héritage est spécialement hypothéqué à une rente constituée; *Voyez l'art. 436.*

36. Le créancier qui est renvoyé à discuter, doit faire vendre les meubles qui se trouvent au lieu du domicile de ses débiteurs & cautions, ou rapporter un procès-verbal de carence de meubles.

Il n'est pas obligé à rapporter des saisies des dettes actives de ses débiteurs & cautions, ni des meubles qu'ils peuvent avoir hors leur domicile, si celui qui lui a opposé l'exception de discussion ne les lui indique; car il peut ne les pas connoître.

Par la même raison, il n'est pas obligé de discuter les immeubles, s'ils ne lui sont indiqués; & comme les saisies réelles ne peuvent se faire sans de grandes dépenses, il peut demander que le détenteur qui lui indique les immeubles, lui fournisse deniers à suffire pour les discuter.

Il n'est pas obligé de discuter les biens qui sont hors le Royaume, ou qui sont litigieux, quand même ils lui seroient indiqués.

37. Le tiers détenteur assigné en action hypothécaire peut bien renvoyer le créancier à la discussion des biens du débiteur & de ses cautions: mais il ne peut le renvoyer à la discussion des héritages hypothéqués à la dette, qui sont possédés par d'autres tiers détenteurs. Néanmoins Loyseau décide que si l'héritage pour lequel le détenteur est assigné en action hypothécaire, n'est sujet qu'à une hypotheque générale, il peut obliger le créancier à discuter auparavant les héritages qui sont spécialement affectés à sa dette, quoique possédés par des

tiers; ce qui eſt fondé ſur la Loi 9, *Cod. de diſtract. pign.* & autres ſemblables. Mais cette déciſion ne peut plus guere recevoir d'application, parce qu'aujourd'hui dans la création des hypotheques ſpéciales, on ne manque pas d'inſérer la clauſe que l'hypotheque ſpéciale ne nuira pas à la générale; & cette clauſe y eſt même tellement de ſtyle, que pluſieurs penſent qu'elle doit être ſuppléée & ſous-entendue, ſi elle étoit omiſe.

§. III.

De l'exception pour raiſon des impenſes faites par le Détenteur ſur l'héritage, ou pour raiſon des hypotheques qu'il y avoit lui-même.

38. Suivant la Loi 29., §. 2, ff. *de pign. & hyp.* le détenteur d'un héritage aſſigné en action hypothécaire, qui a fait des impenſes néceſſaires ou utiles ſur cet héritage, a droit de le retenir juſqu'à ce qu'il ait été rembourſé; ſçavoir, à l'égard des néceſſaires, de ce qu'elles ont coûté, ou du moins dû coûter; & à l'égard des utiles, de la ſomme dont l'héritage s'en trouve actuellement plus précieux: ce qui eſt fondé ſur ce que le créancier ne doit pas profiter aux dépens de ce détenteur, des dépenſes qu'il a faites pour lui conſerver ou méliorer ſon gage, ſuivant cette regle, *Neminem æquum eſt cum alterius detrimento locupletari.*

Dans notre Droit nous avons bien admis le privilege du détenteur ſur l'héritage pour ſes impenſes néceſſaires & utiles, ce privilege étant fondé ſur l'équité naturelle; mais nous n'avons pas également admis le droit que la Loi 29 lui donne de retenir l'héritage juſqu'à ce qu'il en ſoit rembourſé. La raiſon eſt que par le Droit Romain le créancier poſtérieur n'avoit pas le droit de vendre la choſe hypothéquée avant qu'il eût ſatisfait les créanciers qui lui étoient préférables; au lieu que dans notre Droit le dernier créancier peut ſaiſir & vendre; ſauf aux créanciers antérieurs à s'oppoſer & à ſe faire colloquer ſur le prix, ſuivant l'ordre de leurs privileges & hypotheques. C'eſt pourquoi Loyſeau enſeigne que le détenteur peut être contraint à délaiſſer l'héritage avant que le prix de ſes impenſes lui ait été rembourſé; ſauf à lui, après que l'héritage aura été vendu, à ſe faire colloquer à l'ordre par privilege; ſçavoir, pour les impenſes néceſſaires, ſur le total du prix; & pour les utiles ſur la plus-value du prix par rapport auxdites impenſes. Mais comme il ne ſeroit pas juſte que le détenteur perdît ſes impenſes, ſi les frais du décret abſorboient le prix, je penſe que ce détenteur peut au moins en certains cas exiger qu'avant que d'être obligé à délaiſſer, le créancier lui donne caution que l'héritage ſera vendu à ſi haut prix qu'il puiſſe être payé deſdites impenſes, ſans encourir aucuns frais; & que pour cet effet il peut, dès avant le délais, demander l'eſtimation deſdites impenſes par experts. Cela doit être ordonné lorſque le prix de l'héritage, les impenſes déduites, eſt de peu de valeur, & que les impenſes ſont des impenſes néceſſaires.

39. Le détenteur doit être rembourſé par privilege ſur le prix de l'héritage, non-ſeulement de ſes impenſes; on doit auſſi lui faire raiſon des intérêts deſdites impenſes, depuis qu'il a ceſſé de jouir de l'héritage. A l'égard des impenſes

purement voluptuaires, il ne peut demander à en être remboursé : mais on ne peut lui refuser la permission de les enlever, si cela se peut : ce qui doit aussi lui être permis à l'égard des utiles, s'il aimoit mieux les enlever que d'attendre la fin du décret & de l'ordre pour en être remboursé.

On ne doit point comprendre parmi les impenses dont on doit faire raison au détenteur, celles de simple entretien, quand même elles excéderoient les fruits par lui perçus, dont il offriroit rendre compte : car ces impenses sont censées faites plutôt pour les fruits que pour la chose même ; le possesseur à qui les fruits appartiennent, *suum negotium gerebat*, en les faisant.

40. Si le défendeur avoit lui-même, lorsqu'il a acquis l'héritage pour lequel l'action hypothécaire est donnée, des hypotheques sur cet héritage préférables à celles du demandeur qui absorbent la valeur de cet héritage, il a une exception contre la demande qui doit lui en faire donner congé, si mieux n'aime le demandeur donner caution de faire monter l'héritage à si haut prix que le défendeur soit payé de ses créances. Cette exception lui est facilement accordée lorsque ses créances sont privilégiées : mais quand même elles n'auroient que l'antériorité, on doit aussi lui accorder cette exception, lorsqu'il est évident qu'elles absorbent le prix de l'héritage ; car l'équité ne permet pas que le demandeur en action hypothécaire soit écouté dans une demande dont il ne peut tirer aucun avantage, & qui ne tend qu'à faire des frais inutiles ; *Nil laturus, nisi ut officiat.*

§. IV.

De l'exception de garantie.

41. Lorsque le créancier est personnellement obligé, de quelque maniere que ce soit, envers le possesseur à la garantie de l'héritage qui lui est hypothéqué, *putà*, comme étant devenu l'héritier du vendeur, il résulte de cette obligation de garantie dont il est tenu, une exception péremptoire contre son action hypothécaire : car la garantie consistant dans l'obligation de défendre le possesseur de tous troubles en la possession de son héritage, il est évident qu'elle résiste à l'exercice de l'action pour le lui faire délaisser : de là cette maxime, *Quem de evictione tenet actio, eum agentem repellit exceptio.*

Lorsque le créancier n'est tenu qu'en partie de la garantie de l'héritage, il ne sera exclus de l'action hypothécaire que pour la partie dont il est tenu de cette garantie.

Lorsque le créancier n'est pas à la vérité personnellement tenu de la garantie, mais possede des héritages hypothéqués à cette garantie, il peut, comme possédant ces héritages, être exclus de son action hypothécaire ; mais avec cette différence, que le créancier qui est personnellement tenu de la garantie, est absolument exclus de l'action hypothécaire ; au lieu que celui qui possede seulement des héritages hypothéqués à cette garantie, n'est exclus de son action hypothécaire qu'autant qu'il veut retenir ces héritages ; & il peut, en les abandonnant, suivre l'action hypothécaire.

§. V.

De l'exception cedendarum actionum.

42. Le tiers détenteur qui a, sur l'action hypothécaire du créancier, acquitté la dette, a droit de requérir, en payant, la subrogation à tous les droits, actions, hypotheques & privileges du créancier.

Il peut les excercer non-seulement contre le débiteur, les cautions & leurs héritiers, mais aussi contre les détenteurs d'autres héritages pareillement hypothéqués à la dette, qui les ont acquis de différens vendeurs. *Finge.* Un débiteur a laissé quatre héritiers, Matthieu, Marc, Luc & Jean, qui ont chacun succédé à différens héritages hypothéqués à ses dettes, & les ont vendus à différens particuliers. J'ai acquis de Matthieu ceux auxquels il a succédé; & sur l'action hypothécaire d'un créancier du défunt, j'ai acquitté la dette, & j'ai été subrogé à ses droits. Je puis comme subrogé à ses droits, exercer son action hypothécaire contre les détenteurs des héritages hypothéqués à cette dette, qui ont été vendus par Marc, Luc & Jean.

Observez néanmoins que je ne pourrai pas l'exercer pour le total contre chacun de ces détenteurs, mais seulement au prorata de ce que chacun d'eux & moi possédons des héritages hypothéqués à la dette; autrement il se feroit un circuit d'actions: car ce détenteur contre lequel j'agirois, en me remboursant du total de la dette que j'ai acquittée, auroit droit d'être lui-même subrogé comme je l'aurois été à tous les droits & hypotheques du créancier, & par conséquent d'agir contre moi, comme étant moi-même détenteur d'héritages hypothéqués à cette dette.

43. Lorsque le créancier possede lui-même des héritages qui ont été hypothéqués à sa dette, le détenteur d'autres héritages contre qui il a intenté l'action hypothécaire, peut-il exiger que le créancier fasse confusion de sa dette au prorata de ce qu'il possede d'héritages qui y ont été hypothéqués? Il semble d'abord qu'il n'y est pas obligé; parce qu'on ne peut pas dire qu'il soit détenteur d'héritages hypothéqués à sa dette, les héritages qu'il possede qui y étoient hypothéqués, ayant cessé de l'être par l'acquisition qu'il en a faite; *cùm res sua nemini pignori esse possit.*

Néanmoins Dumoulin & Loyseau décident pour cette confusion. Le défendeur a, pour l'obtenir, l'exception *cedendarum actionum*, ainsi appellée parce qu'elle a pour fondement le droit qu'auroit eu ce défendeur en acquittant le total de la dette, de se faire subroger aux hypotheques du créancier sur les héritages hypothéqués à la dette, auquel droit le créancier n'a pu donner atteinte par son fait en acquérant ces héritages, & éteignant son hypotheque: *Repellitur exceptione, quatenùs nocuit reo, dùm facto suo non potest ei cedere actiones quas cedere debebat.*

Cette exception ne peut avoir lieu que lorsque le créancier a acquis les héritages hypothéqués à sa dette postérieurement à l'acquisition que le défendeur, ou ceux aux droits duquel il est, ont faite des autres héritages: car s'il les a acquis auparavant, on ne peut pas dire qu'il ait, en les acqué-

rant,

rant, privé le défendeur d'aucun droit de recours ſur ces héritages, qu'il ne pouvoit pas encore avoir, n'étant pas encore acquéreur.

44. La ſubrogation donne lieu à la contribution entre le poſſeſſeur qui, ſur l'action hypothécaire du créancier, a acquitté la dette, & les détenteurs des autres héritages hypothéqués à cette dette, lorſqu'ils les ont acquis de différens vendeurs. S'ils les avoient acquis du même vendeur; ou le poſſeſſeur qui a acquitté la dette, a acquis poſtérieurement, & en ce cas, il ne peut, en vertu de la ſubrogation, avoir aucun recours contre les détenteurs des autres héritages qui les ont acquis avant lui du même vendeur, puiſque le ſien ſe trouve hypothéqué à la garantie de ces héritages; ou il les a acquis antérieurement, & en ce cas il n'eſt pas beſoin de la ſubrogation contre les détenteurs qui les ont acquis depuis ſon acquiſition du même vendeur, puiſque, pour être rembourſé du total qu'il a payé, il a de ſon chef une action hypothécaire contre les détenteurs de ces héritages qui ſont hypothéqués à la garantie du ſien.

S'ils les avoient acquis en même temps, quoique du même vendeur, la ſubrogation donneroit lieu à la même contribution, comme lorſqu'ils les ont acquis de différens vendeurs.

§. VI.

De l'effet de l'action hypothécaire.

45. L'effet de l'action hypothécaire eſt de faire condamner le poſſeſſeur contre qui elle eſt donnée, au délais de l'héritage hypothéqué. Mais comme le demandeur n'a d'autre intérêt à ce délai que celui de ſe procurer le paiement de ce qui lui eſt dû, par la vente en Juſtice de l'héritage délaiſſé, le poſſeſſeur peut éviter ce délai, & conſerver l'héritage, même après la condamnation, en payant la dette à laquelle l'héritage eſt hypothéqué. C'eſt pourquoi dans le Jugement qui, ſur une action hypothécaire, condamne le defendeur à délaiſſer l'héritage, on ajoute ordinairement l'alternative, *ſi mieux il n'aime payer;* & quand même cette clauſe auroit été omiſe dans le Jugement, elle y ſeroit ſous-entendue, étant de la nature de la condamnation hypothécaire.

46. Le poſſeſſeur, pour éviter le délais, doit payer le total de la dette, & tous les acceſſoires, c'eſt-à-dire, principal, intérêts & frais. Il ne pourroit pas, en payant une partie de la dette, retenir une partie de l'héritage; car non-ſeulement le total de l'héritage, mais chaque partie de l'héritage eſt hypothéquée à toute la dette, & à ce qui reſte de cette dette.

Lorſque c'eſt une rente à laquelle l'héritage eſt hypothéqué, le poſſeſſeur n'eſt pas obligé de la rembourſer; il ſuffit qu'il paie les arrérages qui en ſont échus, & les frais, ſi aucuns ſont dûs, & qu'il s'oblige par un titre nouvel à la continuer à l'avenir pendant tout le temps qu'il ſera détenteur de l'héritage. Si par le titre nouvel il s'étoit obligé à la continuation de la rente indéfiniment, & même ſi l'acte portoit ces termes, *à toujours*, il ne ſeroit pas néanmoins cenſé s'être obligé autrement que pour le temps qu'il ſeroit détenteur ; car personne ne doit être présumé vouloir s'obliger à plus qu'il ne doit, à moins qu'il ne parût qu'il eût reçu quelque chose pour augmenter son obligation ; *Loyseau, IV, IV, 15 & 16.*

47. Le possesseur condamné à délaisser l'héritage, doit le délaisser en l'état qu'il est. Il n'est pas tenu des dégradations qu'il y a faites avant la demande, quand même il en auroit profité ; comme, par exemple, s'il avoit abattu des futaies qu'il eût vendues. Il y a plus : quand même ces bois abattus seroient encore sur l'héritage, il pourroit les retenir, & le créancier n'en pourroit rien prétendre ; car étant devenus meubles, ils ne sont plus susceptibles de ses hypotheques.

Néanmoins s'il paroissoit que le possesseur eût abattu ces bois prématurément, en fraude de l'action hypothécaire qu'il sçavoit devoir être bientôt donnée contre lui, il seroit juste qu'il fût tenu en ce cas des dommages & intérêts du créancier hypothécaire.

48. Quoique le possesseur qui délaisse ne soit pas tenu des dégradations faites avant la demande, néanmoins, s'il prétendoit qu'on doit lui faire raison de quelques impenses & méliorations qu'il auroit faites sur l'héritage, les dégradations par lui faites doivent venir en déduction des méliorations par lui *prétendues ; car un héritage n'est vraiment mélioré que sous la déduction* de ce dont il a été dégradé.

A l'égard des dégradations qu'il auroit faites depuis la demande, il en doit faire raison, aussi-bien que des fruits qu'il a perçus depuis la demande : c'est l'effet de l'obligation *judicati*, qui se contracte par la demande, comme elle se contractoit chez les Romains par la litiscontestation.

49. Le possesseur qui, sur une action hypothécaire, a délaissé un héritage hypothéqué à une rente, n'est point tenu des arrérages de cette rente courus de son temps, quoiqu'il ait eu *connoissance* de l'hypotheque ; & il n'importe qu'il délaisse avant ou après contestation, ou même après la condamnation. En cela le délais par hypotheque differe du déguerpissement pour rente fonciere. La raison de différence est que la rente fonciere est due par l'héritage : d'où il suit que le possesseur de l'héritage qui en a connoissance, est obligé à la prester ; au lieu qu'une rente constituée à laquelle un héritage est hypothéqué, est due par celui qui l'a constituée, & non par l'héritage, qui est seulement sujet à être vendu pour le paiement de la rente. D'où il suit que le possesseur n'est pas obligé à la rente, quelque connoissance qu'il en ait, mais seulement à délaisser l'héritage lorsque le créancier le veut faire vendre.

50. Le délais que le défendeur à l'action hypothécaire fait, soit avant, soit après la condamnation, se fait par un acte au Greffe, qu'il doit signifier au demandeur. Ce demandeur doit faire créer un curateur au délais, sur lequel il doit saisir réellement, & faire vendre l'héritage ; ou s'il n'est pas de valeur qui mérite un décret, il doit faire ordonner qu'il sera vendu sur une affiche & trois publications : il peut même obtenir du Juge, lorsque ses créances excedent notoirement la valeur de l'héritage, sur-tout si ce sont des créances privilégiées ou favorables, que l'héritage lui soit adjugé en déduction de ses créances, sur l'estimation qui en sera faite.

51. Le délais n'est que de la possession, & n'exproprie pas celui qui l'a

fait jusqu'à l'adjudication : il est toujours jusqu'à ce temps en son pouvoir de conserver l'héritage qu'il a délaissé, en payant les dettes pour lesquelles il est hypothéqué, & tous les frais.

ARTICLE II.

De l'Action personnelle hypothécaire.

52. L'action personnelle hypothécaire est celle qu'a le créancier contre ceux qui sont personnellement tenus de la dette, pour quelque partie que ce soit, & en même temps possesseurs de quelques immeubles hypothéqués à la dette, tels que sont les héritiers du débiteur.

Le créancier, par cette action, conclut directement au paiement de la créance pour le total : & lorsqu'il est créancier d'une rente, il conclut à ce que le défendeur soit condamné à lui passer titre nouvel ; payer les arrérages échus, & continuer la rente à l'avenir.

C'étoit une question autrefois, si cette action personnelle hypothécaire n'est qu'une seule action, ou si elle en renferme deux, qui, quoiqu'elles s'intentent conjointement par un même exploit contre la même personne, sont néanmoins deux actions différentes ? *Loyseau* enseigne que l'action personnelle hypothécaire n'est qu'une seule & même action dans laquelle se sont fondues l'action personnelle & l'action hypothécaire, lorsqu'elles ont une fois concouru contre la même personne, & qui réunit les avantages de l'une & de l'autre action. Selon lui, elle tient de l'action hypothécaire, en ce qu'elle a lieu pour le total contre chacun des héritiers, quoique, n'étant héritiers chacun que pour partie, ils ne soient tenus personnellement de la dette que pour la part dont ils sont héritiers ; & elle tient de l'action personnelle, en ce que l'héritier qui, ayant succédé à des immeubles hypothéqués à la dette, a été une fois sujet à cette action, ne peut s'en libérer par le délais de l'héritage, ni en cessant de le posséder : il paroît que tel étoit l'usage du Palais au temps de Loyseau.

Il est bien plus raisonnable de dire que les deux actions, la personnelle & l'hypothécaire, quoiqu'elles s'intentent concurremment & par une même demande, sont néanmoins deux actions différentes qui conservent chacune leur nature ; qu'en conséquence, suivant la nature de l'action personnelle, l'héritier en partie du débiteur ne peut par le délais des héritages auxquels il a succédé, ni en cessant de les posséder, se décharger de la dette pour la part dont il est héritier, & dont il est personnellement tenu ; mais qu'il peut, suivant la nature de l'action hypothécaire, se décharger du surplus de la dette par le délais des immeubles auxquels il a succédé, qui y sont hypothéqués ; ou en cessant de les posséder.

Il paroît qu'on est revenu à ces principes, & qu'on a abandonné ceux de Loyseau : car, dans l'usage, sur la demande contre un héritier en partie, qui est en même temps *biens tenant*, c'est-à-dire, détenteur des choses hypothéquées aux créances du demandeur, cet héritier n'est pas condamné purement & simplement à payer le total de la dette, comme cela devroit être, si les deux actions n'en faisoient plus qu'une; mais il est condamné *personnellement pour la part dont il est héritier*, & *hypothécairement pour le tout*, *comme biens tenant :* ce qui prouve que les deux actions sont regardées comme séparées, quoiqu'elles soient données par une même demande, & quoiqu'il y soit statué par un même Jugement, puisqu'elles donnent lieu à des différentes condamnations.

Il nous reste à observer qu'on ne peut opposer l'exception de discussion contre l'action personnelle hypothécaire.

ARTICLE III.

De l'Action d'interruption.

53. L'action d'interruption est celle que le créancier intente contre le détenteur d'un héritage hypothéqué à sa créance, pour faire déclarer par le Jugement qu'il y est hypothéqué.

Elle est appellée *action d'interruption*, parce qu'elle interrompt le temps par lequel le détenteur auroit pu prescrire la libération de l'hypotheque dont son héritage est chargé en le possédant comme franc.

Elle differe de l'action hypothécaire en ce qu'elle ne tend pas au délais de l'héritage, mais seulement à le faire déclarer hypothéqué. De là naissent les autres différences, sçavoir, 1°. que cette action peut être valablement intentée, quoique la dette à laquelle l'héritage est hypothéqué ne soit pas encore exigible, & même quoiqu'elle soit suspendue par une condition; 2°. qu'on ne peut opposer contre cette action l'exception de discussion, ni les autres qu'on oppose contre l'action hypothécaire, si ce n'est celle qui résulte de la garantie.

SECTION IV.

De l'extinction de l'Hypotheque.

54. L'hypotheque étant un droit dans la chose, s'éteint, 1°. par l'extinction totale de la chose, comme lorsqu'un champ hypothéqué est entiérement emporté par la riviere. Lorsqu'il reste quelque chose de la chose hypothéquée, le créancier conserve son hypotheque pour le total de sa créance sur ce qui en reste : *v. g.* si une maison hypothéquée est incendiée, il conserve son hypotheque sur la place.

Notre décision a pareillement lieu pour les choses incorporelles. C'est pourquoi l'hypotheque d'un créancier sur un droit d'usufruit qui appartenoit à son débiteur, s'éteint par l'extinction de cet usufruit : celle qu'il avoit sur des rentes, s'éteint par le rachat forcé ou volontaire de ces rentes.

Il y a néanmoins un moyen pour conserver son hypotheque nonobstant le rachat, en arrêtant entre les mains du débiteur des rentes, le fonds desdites rentes. L'effet de cet arrêt est qu'elles ne peuvent être rachetées sans appeller au rachat le créancier ; & qu'audit cas de rachat, les deniers doivent être mis en sûreté, & employés en achat de quelque autre immeuble sur lequel le créancier aura une hypotheque pareille à celle qu'il avoit sur la rente qui a été rachetée.

55. L'hypotheque s'éteint, 2°. lorsque la chose hypothéquée est mise hors le commerce; comme lorsque d'un morceau de terre sur lequel j'avois droit d'hypotheque, on en a fait un grand chemin.

56. L'hypotheque s'éteint, 3°. par la consolidation, lorsque le créancier devient propriétaire de l'héritage qui lui étoit hypothéqué, *cùm res sua nemini pignori esse possit.* Mais si par la suite il vient à souffrir éviction de cet héritage, ou même à le déguerpir, ses hypotheques revivent; *suprà*, *Introd. au T. 19, n. 114.*

57. L'hypotheque s'éteint, 4°. lorsque le droit du propriétaire qui l'a constituée vient à s'éteindre *ex causâ antiquâ & necessariâ*, suivant la regle, *Soluto jure dantis, solvitur jus accipientis.* La raison est que personne ne peut transférer dans une chose plus de droit qu'il n'en a lui-même; *L. Nemo, 54, ff. de R. J.* : d'où il suit que le propriétaire d'un héritage qui n'a qu'un droit de propriété imparfait, & résoluble sous une certaine condition, ne peut accorder sur cet héritage à son créancier qu'un droit d'hypotheque qui soit résoluble sous la même condition.

Ce principe a donné lieu à la question de sçavoir si lorsque mon débiteur a été obligé de délaisser un héritage sur l'action rescisoire de son vendeur, pour cause de lésion d'outre moitié du juste prix, la résolution du droit qu'il avoit dans cet héritage, doit passer pour une résolution nécessaire qui éteigne l'hypotheque qu'il m'y avoit constituée ? *Bartholе* tient la négative, parce que l'acheteur pouvoit conserver l'héritage en suppléant le juste prix : on ne peut, selon lui, dire que le droit de l'acheteur se résout *ex causâ necessariâ.* Balde en la Loi 2, *Cod. de resc. vend.* s'est écarté sur ce point, avec raison, de la doctrine de son maître. Pour qu'on puisse dire que le droit de l'acheteur se résout *ex causâ antiquâ & necessariâ*, il suffit que l'action sur laquelle il est contraint de délaisser l'héritage, soit une action à laquelle aucun fait de l'acheteur, intervenu depuis le contrat, n'a donné lieu, mais qui naît d'un vice du contrat, telle qu'est l'action rescisoire; il suffit que les conclusions principales de l'action tendent à le faire condamner à délaisser l'héritage, quoiqu'on lui conserve une faculté de le retenir en suppléant le juste prix. Ce n'est pas d'ailleurs avoir un vrai pouvoir de le retenir, que d'être obligé, pour le retenir, à l'acheter plus cher qu'on n'a voulu l'acheter. L'opinion de Balde a prévalu, comme plus conforme aux principes. *Voyez Loyseau, du Déguerp. VI, 3.*

58. Cette regle, que l'hypotheque s'éteint lorsque le droit qu'avoit dans l'héritage celui qui l'a accordée, se résout *ex causâ antiquâ & necessariâ*, souffre une espece d'exception à l'égard de l'hypotheque de la femme pour la restitution de sa dot & pour son douaire, qu'elle conserve, à défaut d'autres biens libres de son mari, sur les biens de son mari chargés de substitution, nonobstant l'ouverture de la substitution, lorsque cette substitution a été faite par quelqu'un des ascendans de son mari, ou même en certains cas par quelque personne que ce soit. La raison est que l'auteur de la substitution

eſt préſumé n'avoir pas voulu ôter au grevé les moyens de ſe marier, & avoir en conſéquence excepté de la ſubſtitution ce qui ſeroit néceſſaire pour répondre de la dot & du douaire de ſa femme. *Voyez* ce que nous avons dit ſur le titre du Douaire, *Introd. n. 29 & ſuiv.*

Cette hypotheque ſubſidiaire de la femme ſur les biens ſubſtitués de ſon mari, ne s'étend pas à ſes actions de remploi pour le prix de ſes propres à l'aliénation volontaire deſquelles elle a conſenti, ni à l'action d'indemnité qu'elle a pour les obligations qu'elle a contractées pour ſon mari; *Ordonn. de 1747, t. 1, art. 49 & 50;* la femme devant en ce cas s'imputer d'avoir conſenti à ces aliénations, ou de s'être obligée.

59. L'hypotheque ſur un héritage que mon débiteur avoit par indivis, s'éteint lorſque par le partage ou la licitation, ou par quelque autre acte tenant lieu de partage, il paſſe à quelqu'un de ſes cohéritiers ou copropriétaires. *Voyez l'Introd. au T. des Succeſ. n. 69.*

L'hypotheque s'éteint, 5°. par l'extinction de la dette pour laquelle elle a été créée, ne pouvant pas y avoir d'hypotheque ſans une créance dont elle ſoit l'acceſſoire. Il faut pour cela que la dette ſoit éteinte en entier : car l'hypotheque demeure entiere pour la partie de la dette qui reſte à acquitter, quelque petite qu'elle ſoit.

Il n'importe de quelle maniere la dette ait été éteinte, ſoit par le paiement réel, ſoit par la remiſe que le créancier en a faite à ſon débiteur, ſoit par la compenſation, ſoit par la novation; pourvu néanmoins que l'acte de novation ne contienne pas une réſerve de l'hypotheque ; car, en ce cas, elle eſt plutôt transférée à la nouvelle créance, qu'elle n'eſt éteinte.

Pareillement lorſque le paiement eſt fait avec ſubrogation au profit de quelqu'un, l'hypotheque eſt plutôt transférée à celui qui eſt ſubrogé au créancier, qu'elle n'eſt éteinte. Nous traiterons en la Section ſuivante de cette ſubrogation.

60. Lorſque le créancier devient unique héritier pur & ſimple du débiteur, ou que le débiteur le devient du créancier, la dette étant en ce cas confuſe & éteinte, l'hypotheque eſt auſſi éteinte.

Il en eſt autrement ſi l'un n'étoit héritier de l'autre que ſous bénéfice d'inventaire ; car l'effet de ce bénéfice étant d'empêcher la confuſion & l'extinction de la dette, il empêche auſſi l'extinction de l'hypotheque.

L'hypotheque ne ſeroit pas non plus éteinte, ſi l'un n'étoit devenu héritier de l'autre que pour partie; car la dette n'étant en ce cas éteinte que pour partie, l'hypotheque demeureroit entiere pour le ſurplus.

Lorſqu'il y a pluſieurs créanciers d'une même dette, & que l'un d'eux devient héritier du débiteur, ou le débiteur de lui, les hypotheques ſubſiſtent envers les autres créanciers.

Pareillement lorſqu'il y a pluſieurs débiteurs, & que l'un d'eux devient héritier du créancier, ou le créancier de lui, l'hypotheque des biens de ſes codébiteurs demeure.

61. L'hypotheque s'éteint, 6°. par la remiſe que le créancier en fait. Il n'y a que le créancier lui-même, ou ſon fondé de procuration ſpéciale, qui puiſſe remettre gratuitement un droit d'hypotheque : cette remiſe excede le

pouvoir d'un Procureur qui n'a qu'une procuration générale, quelque étendue qu'elle ſoit d'ailleurs, même celui des tuteurs, curateurs & autres adminiſtrateurs.

Le créancier ne peut même faire par lui-même cette remiſe, s'il n'eſt uſant de ſes droits.

62. Le créancier uſant de ſes droits, qui conſent à l'aliénation de la choſe hypothéquée, eſt cenſé remettre tacitement ſon droit d'hypotheque ſur cette choſe : *Creditor qui permittit rem vænire, pignus dimittit ; L. 158, ff. de reg. Jur.* La raiſon de cette préſomption eſt que ce conſentement du créancier à la vente de la choſe qui lui eſt hypothéquée, ne peut paroître intervenu pour autre fin que pour la décharge de ſon hypotheque, puiſque le débiteur n'avoit pas beſoin de ce conſentement pour vendre la choſe.

Pour que ce conſentement emporte une décharge de l'hypotheque, il faut qu'il ſoit formel : la ſimple ſouſcription du créancier à l'acte, ſoit en qualité de Notaire, ſoit en qualité de témoin, ne préjudicie point à ſes hypotheques.

S'il étoit dit par l'acte que l'héritage n'eſt chargé d'aucune hypotheque, la ſouſcription du créancier à cet acte ſans réclamation, pourroit paſſer pour une décharge de ſon hypotheque ; *L. 9, §. 1, ff. Qu. mod. pig. ſolv.* ; ſur-tout vis-à-vis de celui à qui l'héritage a été vendu ou obligé par cet acte.

Si néanmoins ſa ſouſcription étoit de celles qu'on met au bas d'un acte ſans en prendre connoiſſance, telles que ſont celles qu'on met par honneur au bas des contrats de mariage, ou celle d'un Notaire qui ſigne un acte en ſecond, elle ne pourroit lui préjudicier.

Il faut, 7°. que l'aliénation de l'héritage à laquelle le créancier a conſenti, ait eu ſon entiere exécution. C'eſt pourquoi ſi la vente de l'héritage hypothéqué, à laquelle le créancier a conſenti, n'eſt pas intervenue ; ou ſi elle a été déclarée nulle, ou ſi le contrat a été réſolu en vertu de quelque clauſe réſolutoire, ou même ſi les parties s'en ſont volontairement déſiſtées avant ſon entiere exécution, le créancier, nonobſtant le conſentement qu'il a donné, conſerve ſon hypotheque ; *L. 4, §. 2 ; l. 8, §. 6 & 7 ; L. 10, ff. Q. m. p. ſolv.*

Enfin, lorſque le créancier a conſenti à un certain titre d'aliénation de l'héritage qui lui étoit hypothéqué, ou qu'il a conſenti qu'il fût aliéné à une certaine perſonne, ou ſous certaines conditions, ce conſentement n'opere la décharge de l'hypotheque qu'autant que l'héritage a été aliéné à ce titre d'aliénation, à cette perſonne & ſous ces conditions ; *L. 8, §. 14 & 18, ff. d. tit.*

Obſervez néanmoins que ſi le créancier a permis à ſon débiteur de diſpoſer de la choſe hypothéquée par donation entre vifs, à moins que ce ne fût au profit d'une certaine perſonne, il eſt cenſé, à plus forte raiſon, lui avoir permis d'en diſpoſer à titre onéreux ; *at non vice verſâ ; L. 13 & 21, ff. de R. J.*

Au reſte, il n'importe que ce ſoit le débiteur lui-même à qui le créancier a permis de vendre la choſe hypothéquée, qui l'ait vendue, ou que ce ſoit ſon héritier. *Secùs* ſi c'étoit un tiers ; *L. 8, §. 16 & 17, ff. Q. m. p. ſolv.*

63. Lorſque la vente de l'héritage hypothéqué, à laquelle le créancier a conſenti, a été entiérement exécutée, l'hypotheque que le créancier a bien voulu perdre en conſentant à cette vente ne revivra pas, quoique le débiteur par la ſuite acquiere de nouveau cet héritage. Par exemple, ſi j'ai vendu de votre exprès conſentement un héritage dépendant d'une ſucceſſion que nous avons partagée enſemble par acte devant Notaires; quoique depuis je ſois devenu propriétaire de cet héritage par l'acquiſition que j'en ai faite de celui à qui je l'avois vendu, ou de quelque autre perſonne dans les mains de qui il étoit paſſé, vous ne pouvez plus prétendre ſur cet héritage l'hypotheque privilégiée que vous aviez pour le retour de partage dont je vous ſuis débiteur, cette hypotheque ayant été par vous remiſe & éteinte par le conſentement que vous avez donné à l'aliénation que j'avois faite de cet héritage.

Mais n'avez-vous pas au moins une hypotheque ſimple ſur cet héritage, en vertu de la clauſe du partage expreſſe ou ſous-entendue, par laquelle je vous ai hypothéqué tous mes biens à venir? Nous apprenons de Juſtinien en la Loi *fin. Cod. de Rem. pign.* que les Juriſconſultes Romains ont été partagés ſur cette queſtion; & il la décide contre le créancier. Je trouve l'opinion contraire beaucoup plus plauſible. La clauſe d'hypotheque de mes biens à venir vous doit faire acquérir un droit d'hypotheque ſur tous les biens que j'acquiers dans le même temps que je les acquiers, & par conſéquent un nouveau droit d'hypotheque ſur cet héritage en même temps que je l'acquiers de nouveau. En conſentant à la vente que j'en ai faite, vous avez bien renoncé au droit d'hypotheque que vous y aviez alors; mais rien n'oblige de ſuppoſer que vous avez auſſi renoncé au nouveau droit d'hypotheque que vous pouviez y acquérir dans le cas auquel j'acquerrois de nouveau cet héritage.

64. Le conſentement qu'un créancier donne à ce que ſon débiteur oblige à un nouveau créancier la choſe qui lui eſt hypothéquée, a paru auſſi au Juriſconſulte Paul renfermer une remiſe que cet ancien créancier faiſoit de ſon hypotheque; *L. 12, ff. Q. m. p. ſolv.*

La remiſe qui réſulte de ce conſentement ſouffre néanmoins plus de difficulté que celle qui réſulte du conſentement à l'aliénation de la choſe: car le créancier qui conſent à ce que le débiteur hypotheque à un autre la choſe qui lui étoit hypothéquée, peut n'avoir pas eu l'intention de remettre ſon hypotheque, mais ſeulement celle de conſentir que le dernier créancier paſſe à ſa place; & on le doit décider ainſi ſelon les circonſtances; *l. 12, §. 4, qui pot.* En ce cas le premier créancier ne remet pas à la vérité ſon hypotheque, mais il devient le dernier: car la préférence qu'il accorde au dernier ne doit pas nuire aux intermédiaires; *Mol. de uſur. n. 685.*

65. L'hypotheque s'éteint, 8°. par le décret. Celles ſur les offices s'éteignent auſſi par le ſceau des proviſions expédiées au ſucceſſeur du débiteur; mais les créanciers qui ont formé oppoſition au décret avant qu'il fût délivré; & à l'égard des offices, ceux qui ont fait oppoſition au ſceau avant que les proviſions fuſſent ſcellées, ſont payés ſur le prix ſelon l'ordre de leurs hypotheques.

Enfin,

Enfin, 9°. l'hypotheque s'éteint par la prescription; *Voyez au Tit. des Prescriptions, n. 2 & 60.*

SECTION V.

De la Subrogation.

66. La subrogation est une fiction de droit par laquelle le créancier est censé céder ses droits, actions, hypotheques & privileges à celui de qui il reçoit son dû.

67. Le paiement, quoique fait avec subrogation, est un vrai paiement, & ce n'est que par une fiction que celui qui est subrogé au créancier, est censé avoir plutôt acheté de lui sa créance, que l'avoir payé; *magìs emisse nomen quàm solvisse intelligitur;* laquelle fiction ne doit profiter qu'à lui.

De là il suit que lorsque le créancier d'une rente en a reçu le rachat, quoiqu'il ait subrogé à ses droits celui qui a fourni les deniers, néanmoins la rente est véritablement éteinte; les droits d'hypotheque que les créanciers de ce créancier avoient dans cette rente, le sont aussi. En cela la subrogation differe du transport.

Elle en differe encore en ce que le créancier qui a subrogé en ses droits celui de qui il a reçu son dû, n'étant réputé vendre & transporter cette créance que par une pure fiction qui ne doit pas lui préjudicier, il ne s'oblige à aucune garantie.

68. Au reste, la subrogation convient avec le transport, en ce que dans l'un & l'autre cas, la créance, qui est un droit inhérent à la personne du créancier, est toujours censée résider en sa personne; le subrogé, de même que le cessionnaire, sont seulement faits procureurs *in rem suam* du créancier pour exercer tous les droits, actions, hypotheques & privileges du créancier, de même que le créancier l'auroit pu faire lui-même.

ARTICLE PREMIER.

Comment se fait la Subrogation.

69. La subrogation se fait de différentes manieres; ou en vertu de la Loi seule, ou en vertu de la requisition qui en est faite au créancier, ou en vertu de la convention avec le créancier, ou en vertu de la convention avec le débiteur.

§. I.

De la Subrogation qui se fait en vertu de la Loi seule.

70. La subrogation se fait de plein droit sans être requise, en vertu de la Loi seule, dans les cas auxquels la Loi l'accorde.

Hors ces cas elle n'a pas lieu de plein droit sans être requise, même à l'égard de ceux à qui elle est due, quand il ne paroît pas qu'ils ont voulu l'acquérir, & qu'il peuvent paroître avoir payé pour une autre fin; sçavoir, pour libérer leur personne & leurs biens. *Non transeunt actiones nisi in casibus jure expressis; Mol. lect. 1; Dol. n. 41; Basnage, Tr. des Hyp. ch. 15; Renusson, Tr. de la Subr. ch. 4.*

71. Suivant ces principes, 1°. lorsque la rente due par l'un des conjoints seul, a été rachetée des deniers de la communauté, la subrogation aux droits, actions & hypotheques du créancier de cette rente a lieu de plein droit & sans être requise, au profit de l'autre conjoint ou ses héritiers pour la part qu'ils ont en la communauté; *Renusson*, ibid.

La raison est que c'est la Loi qui accorde cette subrogation, suivant les art. 244 & 245 de la Coutume de Paris, adoptés à cet égard dans les autres; *Renusson*, ibid. *n. fin.*

Il y a lieu de penser que la Coutume n'a parlé des rentes qu'*exempli gratiâ*, & que cette subrogation doit avoir lieu à l'égard de toutes les autres dettes que l'un des conjoints doit seul, lorsqu'elles ont été acquittées des deniers de la communauté, telles que sont les dettes mobiliaires de l'un des conjoints, antérieures au mariage, qui ont été excluses de la communauté par la clause de séparation de dettes; c'est l'avis de Duplessis & de Lemaître. Renusson, *ch. 4*, fait une distinction. Il convient que la subrogation doit avoir lieu de plein droit à l'égard des dettes de l'un des conjoints qui, quoique mobiliaires, sont de droit excluses de la communauté, telle que celle due pour un retour de partage d'immeubles; mais il prétend que la subrogation n'a pas lieu de plein droit à l'égard de celles qui n'ont été excluses de la communauté que par la convention de séparation de dettes. Cette distinction est dénuée de fondement.

72. 2°. La subrogation a lieu de plein droit lorsque le créancier postérieur, pour assurer son hypotheque, paie le créancier antérieur: cette subrogation est fondée sur la Loi 4, *Cod. de his qui in prior. cred.* D'ailleurs la volonté d'acquérir la subrogation aux droits de ce créancier antérieur, n'est pas en ce cas douteuse dans le créancier postérieur qui le paie: car il ne peut avoir d'autre intérêt de le payer que pour acquérir cette subrogation.

Il en doit être de même lorsque le créancier antérieur paie le postérieur; ce qu'il peut avoir intérêt de faire dans notre Jurisprudence, pour empêcher un créancier de consommer en frais par une saisie réelle les héritages du débiteur commun.

Ce droit d'offrir n'étant accordé au créancier que pour conserver & fortifier le droit qu'il a sur les biens de son débiteur, il n'y a que le créancier hypothécaire qui ait ce droit; le simple chirographaire n'ayant de droit que contre la personne de son débiteur, & n'en ayant aucun sur ses biens; *Molin. de usur. n. 296.*

73. Lorsqu'un tiers détenteur, pour éviter le délais de son héritage, paie un créancier hypothécaire, il a bien le droit de requérir la subrogation, *l. 19*, ff. *qui pot.*: mais lorsqu'il ne l'a pas requise, il n'y a aucune Loi qui le subroge de plein droit; au contraire la Loi 12, §. 1, ff. *d. tit.* décide formellement qu'il n'est pas subrogé en ce cas. La Loi 17, ff. *d. tit.* & la Loi 3, *Cod. d. tit.* ne sont pas contraires; car elles ne sont pas dans la these

générale d'un tiers acquéreur qui a payé un créancier hypothécaire. Dans l'espece de la Loi 3, *Cod. his qui in prior.* le tiers acquéreur avoit acquis avec la clause que le prix de son acquisition seroit employé à payer un créancier hypothécaire, & c'est en vertu de cette clause qu'il acquiert la subrogation : c'est ce que déclarent les termes de la Loi, *quam emisse te dicis ITA UT pretium perveniret ad eosdem priores creditores;* c'est-à-dire, *HAC LEGE UT.* On doit supposer la même clause dans l'espece de la Loi 17, pour la concilier avec la susdite Loi 12, §. 1 : mais hors ce cas, & lorsqu'un tiers acquéreur paie simplement un créancier hypothécaire, il n'y a point de subrogation, suivant ladite Loi 12; parce que pouvant n'avoir d'autre vue en payant que d'éviter le délais de l'héritage, sa volonté d'acquérir la subrogation n'est pas suffisamment déclarée.

Il faut néanmoins convenir que dans nos usages, & suivant l'avis des Auteurs, le tiers détenteur qui paie un créancier hypothécaire sans requérir la subrogation, n'est pas à la vérité subrogé à tous les droits & hypotheques du créancier, comme il le seroit s'il l'eût requise; mais il les exerce au moins sur l'héritage dont il est détenteur, contre les créanciers postérieurs à celui qu'il a payé; ce qui peut être fondé sur ce qu'en acquittant l'hypotheque de cet ancien créancier, *meliorem fecit in eo fundo cæterorum creditorum pignoris causam;* ce qui lui donne contre eux *exceptionem doli* pour retenir ce qu'il a payé : *dolo enim faciunt si velint cum ejus damno locupletari.* Il en est de même en ce cas comme lorsqu'il a mélioré l'héritage.

74. Lorsque des coobligés ou des cautions paient, ils n'acquierent point de subrogation, s'ils ne la requierent : car ils sont censés en ce cas payer dans la seule vue de satisfaire à leurs obligations.

§. II.

De la Subrogation qui se fait en vertu de la requisition qui en est faite.

75. Un coobligé, une caution, un tiers détenteur de biens hypothéqués, sont en droit, lorsqu'ils paient, d'exiger que le créancier les subroge en tous ses droits, actions, privileges & hypotheques : ils sont en droit de lui dire: *Ou déchargez-nous, ou subrogez-nous.*

Lorsque, par un acte sous signature privée (*a*) qui ne donne pas d'hypo-

(*a*) Voici l'espece. J'ai vendu à *Pierre* mon fonds de commerce, & l'ai chargé, par le même acte sous signature privée, d'un principal de mille livres dont je faisois la rente à *Jacques.* En conséquence *Pierre* a passé à *Jacques* titre nouvel de ladite rente devant Notaires. Mais ce titre nouvel n'opere pas une décharge envers *Jacques;* & celui-ci, au bout de quelques années, n'étant pas payé, s'adresse à moi directement. Je le rembourse & du principal & des arrérages de sa rente; & en même temps, pour acquérir une hypotheque que je n'ai point contre *Pierre*, en vertu du sous-seing privé qui le chargeoit de la rente en mon acquit, je demande à *Jacques* d'être subrogé à ses droits & hypotheques, résultans du titre nouvel que *Pierre* lui a passé. OBJECTION. Mais en acquérant ainsi les droits de *Jacques*, moi qui étois débiteur, & qui par-là suis censé devenir créancier, la dette n'est-elle pas éteinte par la confusion des deux qualités en ma personne? Non, parce que la subrogation ne me rend pas créancier proprement dit; c'est toujours *Jacques* qui est censé l'être, & je ne deviens, par cette subrogation à ses droits, qu'un procureur *in rem meam.* C'est une fiction par laquelle j'ai plutôt acheté la créance envers *Pierre*, que je n'ai acquitté la mienne.

theque, j'ai chargé un tiers de payer en mon acquit une de mes dettes, je puis, en payant le créancier, requérir la ſubrogation aux droits & hypotheques que le créancier a acquis contre ce tiers par le titre nouvel qu'il lui a paſſé. Cette ſubrogation des droits du créancier faite au débiteur n'opere aucune confuſion de la créance; car le débiteur ne devient que le procureur *in rem ſuam* du créancier; *Mol.*

Dans tous ces cas la regle de la charité qui nous ordonne d'aimer notre prochain comme nous-mêmes, & par conſéquent de lui ſubvenir autant que nous le pouvons ſans nous préjudicier, ne permet pas au créancier de refuſer cette ſubrogation.

76. Autrefois, lorſqu'il la refuſoit, il falloit l'aſſigner pour la faire prononcer ſur ſon refus : mais ſelon la Juriſprudence préſente, il ſuffit que la ſubrogation ait été requiſe par la quittance, pour que la Loi ſupplée de plein droit au refus injuſte que le créancier feroit de l'accorder.

77. Elle doit être accordée ou au moins requiſe au temps du paiement.

Lorſque quelqu'un a acquitté une créance dont il étoit tenu avec d'autres perſonnes principalement ou acceſſoirement ſans requérir la ſubrogation, il ne peut plus *ex intervallo* être ſubrogé contre les autres débiteurs à la même créance qu'il a acquittée; *L. 76, ff. de ſolut.* car cette créance ayant été éteinte par le paiement pur & ſimple, le créancier ne peut ſubroger à ce qui n'exiſte plus. Mais ſi la créance à laquelle quelqu'un demande à être ſubrogé, eſt une créance différente de celle qu'il a acquittée, à laquelle néanmoins il avoit droit de demander la ſubrogation, elle peut valablement s'accorder *ex intervallo*, quoiqu'elle n'ait pas été requiſe au temps du paiement, comme en l'eſpece de la Loi 28, ff. *mand.*

Ces principes s'éclairciſſent par des exemples. Si je me ſuis rendu caution envers vous pour une ſomme de mille livres que vous avez prêtée à Pierre, & qu'en payant cette ſomme, j'aie omis de requérir la ſubrogation, vous ne pouvez plus *ex intervallo* me l'accorder : car mon cautionnement n'étant qu'une acceſſion à la dette de Pierre, en vous payant cette ſomme j'ai éteint la dette de Pierre, & il ne vous reſte plus d'action contre lui à laquelle vous me puiſſiez ſubroger. Mais ſi je vous avois donné ordre de prêter mille livres à Pierre, & que je vous aie depuis rembourſé cette ſomme que vous aviez prêtée par mon ordre à Pierre; quoique, lors de ce rembourſement, j'aie omis de vous demander la ſubrogation à votre créance contre Pierre, que vous êtes obligé de m'accorder *actione mandati directâ*, je pourrai *ex intervallo* l'exiger de vous : car la dette de la ſomme de mille livres dont je me ſuis acquitté envers vous, ayant pour cauſe le contrat du mandat qui eſt intervenu entre nous, par lequel j'étois tenu envers vous, *actione mandati contrariâ*, de vous rembourſer de tout ce qu'il vous en coûteroit pour accomplir le mandat, & par conſéquent ayant une cauſe différente, & étant une dette différente de celle dont Pierre vous eſt débiteur par le contrat de prêt que vous lui avez fait, le paiement que je vous ai fait de ma dette n'a pas éteint celle de Pierre; elle ſubſiſte; & ayant été indemniſé par moi du prêt que vous lui avez fait par mon ordre, vous êtes obligé, *actione mandati directâ*, à me céder la créance que vous avez contre lui, qui réſulte de ce prêt : c'eſt l'eſpece de la Loi 28, ff. *mand.*

§. III.

De la Subrogation qui se fait par la convention avec le Créancier.

78. Lorsqu'un étranger paie la dette d'un autre à laquelle ni sa personne ni ses biens ne sont pas obligés, le créancier peut le subroger s'il le veut, & la subrogation se fait en ce cas par la convention qui intervient entre eux; mais le créancier ne peut être obligé à recevoir de lui & à le subroger, suivant la regle, *Nemo rem suam vendere cogitur.*

L'héritier pour partie du débiteur, lorsqu'il n'est tenu que pour sa part de la dette du défunt, *putà* parce que c'est une dette chirographaire, doit à cet égard être réputé comme étranger pour les parts dues par ses cohéritiers; & il ne peut obliger le créancier à les recevoir, & à le subroger en ses droits contre eux.

Il en est autrement d'un cofidéjusseur, qui pourroit user du bénéfice de division. Le cofidéjusseur, qui peut, si bon lui semble, ne pas user d'un bénéfice qui n'est introduit qu'en sa faveur, est vraiment débiteur du total, & peut en cette qualité obliger le créancier à recevoir de lui le total, & à le subroger.

79. Ceux à qui leur qualité de tuteurs ou de curateurs donne le droit d'obliger le créancier à recevoir le paiement de ce qui est dû par le mineur, peuvent-ils, lorsqu'ils paient de leurs propres deniers, obliger le créancier à les subroger? Il sembleroit qu'ils ne le peuvent: car ou le tuteur fait ce paiement en sa qualité de tuteur, ou en son propre nom. S'il fait le paiement en sa qualité de tuteur, ce n'est pas proprement lui, mais c'est le mineur qui est censé payer par son ministere: *factum tutoris, factum pupilli.* Il ne peut donc pas par ce paiement acquérir aucune subrogation, puisque ce n'est pas lui qui paie. S'il paie en son propre nom & de ses deniers, dès-lors il n'est plus qu'un étranger qui paie ce qu'il n'est pas obligé de payer, qui ne peut pas dire: *Ou désobligez-moi, ou subrogez-moi.* Par ces raisons, Renusson décide que le tuteur, en payant, ne peut demander la subrogation contre son mineur. Sa décision souffre difficulté, & on peut lui répondre que le tuteur qui paie en son propre nom & de ses deniers la dette de son mineur, n'ayant aucuns deniers de son mineur entre les mains, peut avoir intérêt de payer pour éviter le procès que le créancier pourroit lui faire sur le bref état de compte qu'il doit lui rendre: or il suffit que celui qui paie pour un autre, ait intérêt de payer, pour qu'il puisse, en payant, demander la subrogation.

§. IV.

De la Subrogation qui se fait par la convention avec le Débiteur.

80. Les principes de notre Droit François sont à cet égard différens de ceux du Droit Romain.

Suivant ceux du Droit Romain, lorsqu'un nouveau créancier fournit ses deniers à quelqu'un pour payer un ancien créancier, avec la clause qu'il sera subrogé à cet ancien créancier, on ne feint pas que l'ancien créancier fasse une cession de sa créance & de tous les droits qui en dépendent, à ce nouveau créancier, comme on le feint à l'égard des coobligés & des cautions. Le nouveau créancier n'acquiert pas la créance de l'ancien, qui s'éteint par le paiement; il acquiert seulement un droit d'hypotheque qui le met au même rang qu'étoit l'ancien créancier avant les créanciers intermédiaires; *L. 12*, §. 8, ff. *qui pot. & passim.* Mais ce n'est pas de l'ancien créancier qu'il l'acquiert, c'est du débiteur qui le lui accorde. C'est pourquoi cette subrogation ne pourroit avoir lieu, si le débiteur eût cessé d'être propriétaire des choses qu'il avoit hypothéquées au premier créancier, ne pouvant pas accorder un nouveau droit d'hypotheque sur des choses qui ne sont plus à lui; *L. 2*, ff. *de pign. act.*

Suivant les principes de notre Droit François contenus dans la Déclaration du Roi Henri IV du mois de Mai 1609, & dans le Réglement de la Cour de 1690, vulgairement appellé l'*Arrêté des Subrogations*, lorsqu'un nouveau créancier fournit ses deniers au debiteur, à la charge qu'ils serviront à payer l'ancien, & qu'il lui sera subrogé, & que le paiement est fait en conséquence, il n'acquiert pas seulement les mêmes droits d'hypotheque qu'avoit l'ancien créancier, mais *l'ancien créancier, ou la Loi pour lui, sont censés lui faire la* cession de sa créance; & il peut en conséquence exercer toutes les actions qui en dépendent, non-seulement contre son débiteur à qui il a fourni les deniers, mais contre tous les coobligés & cautions qui étoient obligés envers l'ancien créancier, & contre tous les détenteurs des biens hypothéqués à cet ancien créancier, quoique le débiteur eût cessé depuis d'en être propriétaire.

81. Pour que cette subrogation ait lieu, le Réglement de 1690 requiert cinq choses; 1°. que le titre de créance du nouveau créancier soit un acte devant Notaires; 2°. *qu'il contienne la clause que les deniers seront* employés à payer l'ancien, & que le nouveau lui sera subrogé; 3°. qu'il soit d'une date qui précede celle du paiement, ou du moins de même date; 4°. que la quittance du paiement fait en conséquence, soit aussi devant Notaires; 5°. qu'il soit fait mention dans cette quittance que le paiement est fait des deniers du nouveau créancier.

Lorsque ces cinq choses concourent, la subrogation a lieu de plein droit, sans qu'il soit nécessaire qu'elle ait été expressément requise lors du paiement, ni encore moins qu'elle ait été consentie par le créancier.

Il n'importe aussi quel temps se soit écoulé entre le prêt fait par le nouveau créancier & le paiement fait à l'ancien.

82. Si celui qui devoit mille livres à un ancien créancier, avoit emprunté en différens temps pareille somme de Pierre & pareille somme de Jean, & promis à l'un & à l'autre de l'employer au paiement de l'ancien créancier, & de les subroger, la subrogation auroit lieu au profit seulement de celui au profit de qui la déclaration se trouvera avoir été faite par la quittance; & si elle étoit faite au profit des deux, ils seroient subrogés chacun pour cinq cents livres.

ARTICLE II.

Des effets de la Subrogation.

PREMIER PRINCIPE.

83. Lorſqu'un débiteur paie ce qu'il doit, la ſubrogation aux droits de ſon créancier ne peut lui être utile & avoir d'effet qu'autant qu'il a recours contre quelqu'un pour ce qu'il a payé.

Suivant ce principe, lorſqu'un fidéjuſſeur paie, la ſubrogation aux droits du créancier a effet pour tout ce qu'il a payé : car il a un recours pour ce qu'il a payé contre le débiteur : & comme l'action qu'il a de ſon chef pour ce recours, peut n'avoir pas les mêmes privileges & hypotheques qu'avoit la créance qu'il a acquittée, il a intérêt d'y être ſubrogé.

Au contraire, lorſque le débiteur principal paie ce qu'il doit, inutilement ſe feroit-il ſubroger aux droits du créancier, puiſqu'il n'a pas de recours pour ce qu'il a payé.

Si néanmoins quelqu'un étoit obligé de l'indemiſer de cette dette, il pourroit ſe faire utilement ſubroger aux droits du créancier contre celui qui eſt tenu de l'indemniſer, comme nous l'avons vu *ſuprà*, n. 75.

84. Suivant les mêmes principes, lorſqu'un codébiteur paie, il peut bien ſe faire ſubroger aux droits du créancier pour les portions de ſes codébiteurs, mais non pour la ſienne, pour laquelle il n'a pas de recours ; *Traité des Obl. T. 1, n. 275, p. 290 & 291.*

De là naît la queſtion, ſi, ſa portion confuſe, pour laquelle il ne peut acquérir de ſubrogation, il peut pour le ſurplus exercer les actions du créancier ſolidairement contre chacun de ſes codébiteurs ? Il ſemble d'abord qu'il le peut, puiſque la ſubrogation donne au ſubrogé le droit d'exercer toutes les actions du créancier comme le créancier auroit pu les exercer lui-même, le ſubrogé étant comme le Procureur *in rem ſuam* de ce créancier : telle étoit la Juriſprudence du ſeizieme ſiecle, ſuivant les Arrêts rapportés par Leprêtre. Néanmoins l'opinion la plus commune, confirmée par des Arrêts plus modernes des 22 Février 1550 & 5 Septembre 1674, cités par Renuſſon, eſt qu'il ne peut les exercer contre chacun de ſes codébiteurs que pour leur portion. La raiſon eſt qu'autrement il y auroit un circuit d'actions : car mon codébiteur n'étant tenu ſolidairement envers le créancier qu'à la charge qu'en payant le total, il ſera ſubrogé à ſes droits ; s'il me paie le total, il deviendra lui-même, au lieu de moi, ſubrogé aux droits du créancier, & il pourra agir ſolidairement contre moi, ſa portion confuſe, comme étant moi-même l'un des codébiteurs ſolidaires, pour me faire rendre ce que je lui aurai payé. On cite auſſi pour ce dernier ſentiment la Loi 5, ff. *de cenſibus*, qui n'eſt pas néanmoins déciſive.

Obſervez que dans l'une comme dans l'autre opinion, les caducités des portions des codébiteurs inſolvables, doivent ſe répartir entre le ſubrogé qui a payé le total, & ſes codébiteurs ſolvables.

Le même recours que le codébiteur ſubrogé a contre chacun de ſes codébiteurs, il l'a, & de la même maniere, contre les fidéjusseurs de chacun de ses codébiteurs.

II. PRINCIPE.

85. Il y a cette différence, quant à l'effet de la subrogation, entre la subrogation d'un nouveau créancier aux droits de l'ancien qui se fait par la convention entre ce nouveau créancier & le débiteur, & les autres subrogations, que dans les autres subrogations les droits du créancier passent toujours au subrogé tels & dans la même nature que cet autre créancier les auroit exercés lui-même; au lieu que dans le cas de la subrogation d'un nouveau créancier aux droits de l'ancien, les droits de l'ancien créancier ne passent pas toujours au nouveau tels & dans la même nature qu'ils étoient, mais modifiés, & comme convertis en la nature de la créance qui résulte du contrat intervenu entre le nouveau créancier & le débiteur; de maniere néanmoins que le nouveau ne puisse jamais, en vertu de la subrogation, avoir plus qu'auroit pu avoir l'ancien.

Ce principe s'éclaircira par des exemples. Dans les subrogations ordinaires, lorsque, par exemple, un débiteur de rente fonciere la rachete & se fait subroger aux droits du créancier, les droits de ce créancier lui passent dans la nature du droit de rente fonciere : il devient par la subrogation un vrai créancier de rente fonciere, & peut exercer contre ses codébiteurs tous les droits qui sont propres aux seigneurs de rente fonciere. Au contraire, lorsque le débiteur d'une rente fonciere constitue à un nouveau créancier cinquante livres de rente pour le prix de mille livres, avec promesse qu'il emploiera cette somme au rachat de la rente fonciere, & le fera subroger aux droits du créancier de cette rente, ces droits ne passent pas par la subrogation au nouveau créancier dans leur nature de rente fonciere, mais modifiés & convertis en celle d'une rente constituée, & il ne peut pas exercer ceux qui sont propres aux seigneurs de rente fonciere.

Pareillement, lorsque le débiteur d'une somme de quatre mille livres exigible, a constitué au nouveau créancier deux cents livres de rente pour le prix de pareille somme de quatre mille livres, avec promesse de les employer à payer l'ancien créancier, & de faire subroger le nouveau aux droits de cet ancien, la subrogation ne fera pas passer à ce nouveau créancier les droits de l'ancien dans leur nature de créance exigible, mais dans la nature d'un principal de rente.

86. Nous avons observé que le nouveau créancier ne pouvoit par la subrogation avoir plus que ce qu'auroit pu avoir l'ancien. C'est pourquoi si le débiteur d'un principal de dix mille livres au denier vingt, dont il étoit dû deux mille livres d'arrérages, constitue à un nouveau créancier six cents livres de rente pour une somme de douze mille livres, avec promesse de l'employer au paiement du principal & des arrérages de l'ancienne rente, & d'y faire subroger le nouveau créancier, ce nouveau créancier pourra bien, comme subrogé à l'ancien, être colloqué pour son principal de douze mille livres, au même rang auquel auroit été colloqué l'ancien pour son principal de dix mille livres, & les deux mille livres d'arrérages qui lui en étoient dûs; mais il ne pourra

être

être colloqué dans cet ordre pour les arrérages de son principal que sur le pied de cinq cents livres par an, puisque l'ancien créancier n'avoit qu'une rente de cinq cents livres par an : pour les cent livres de surplus par chacun an, il ne sera colloqué que du jour de son propre contrat.

Si la nouvelle rente n'étoit constituée qu'au denier vingt-cinq, & ne produisoit que quatre cent quatre-vingts livres par an, rien n'empêcheroit qu'il ne fût colloqué dans le même rang que l'ancien créancier, pour tout son principal & tous ses arrérages.

III. PRINCIPE.

87. Lorsqu'un créancier a reçu en différens temps différentes portions de sa dette, de différentes personnes, qu'il a subrogées à ses droits pour les portions qu'il recevroit d'elles, & qu'il reste encore créancier d'une partie, toutes ces différentes personnes doivent venir entre elles par concurrence; mais il doit leur être préféré.

La raison de la premiere partie de la maxime est évidente : la raison de la seconde, est que la subrogation ne peut jamais être opposée ni préjudicier au créancier qui a subrogé. *Voyez Arrêt du 6 Juin 1712, au Tom. 6 du Journal.*

CHAPITRE II.

Du droit d'Exécution, & des Saisies-arrêts.

88. LE droit d'exécution est le droit qu'a le créancier d'une somme certaine & liquide, de faire, après un simple commandement, saisir & vendre les biens de son débiteur, pour sur le prix être payé de ce qui lui est dû.

L'exécution que le créancier fait sur les biens meubles de son débiteur, s'appelle proprement *exécution*, ou saisie mobiliaire; & c'est de celle-ci dont il est traité sous ce Titre. L'exécution sur les immeubles s'appelle *saisie-réelle* : il en est traité au Titre suivant.

Quoique les fruits d'un héritage, lorsqu'ils sont encore pendans par les racines, soient censés faire partie de l'héritage, néanmoins lorsqu'un créancier, sans saisir l'héritage, saisit seulement les fruits qui y sont pendans, cette saisie n'est qu'une saisie mobiliaire : car ces fruits étant saisis séparément de l'héritage, étant saisis & vendus pour n'appartenir à l'adjudicataire que lorsqu'ils auront été coupés & seront devenus meubles, cette saisie ne se réduit qu'à une saisie de meubles.

§. I.

Pour quelles dettes peut-on procéder par exécution contre le Débiteur.

89. Trois conditions sont requises à l'égard des dettes pour lesquelles on peut procéder par exécution.

1°. Il faut qu'elles procedent d'un titre exécutoire. Cette regle néanmoins souffre une exception à l'égard des seigneurs d'hôtel, métairie ou rente fonciere, comme nous l'avons vu au Titre précédent, *ch.* 2, *n.* 30 *& suiv.*

On appelle *titre exécutoire* un acte passé pardevant Notaires, par lequel le débiteur s'est volontairement obligé à payer une certaine somme, ou bien un jugement qui le condamne à la payer.

90. Pour qu'un acte passé pardevant Notaires soit exécutoire, de même que pour qu'il porte hypotheque, il faut qu'il soit passé pardevant deux Notaires, ou par un Notaire en présence de deux témoins; que le Notaire qui l'a reçu ait été compétent, & les témoins capables (*Voyez ce que nous avons dit au Chapitre précédent*, *S.* 1, *n.* 7 *& suiv.*) : il faut qu'il soit scellé. Au reste il est réputé l'être, lorsque le Commis a écrit sur l'acte qu'il l'a été, & que le droit a été payé, quoique dans la vérité il n'y ait jamais eu de sceau apposé. Il faut aussi qu'il soit contrôlé : enfin il faut qu'il ait été mis en grosse, & expédié au moins une premiere fois en parchemin timbré, dont il doit être fait mention sur la minute, & sur les expéditions qui en seront ensuite délivrées; *Edit de Juin* 1680, *& Déclaration du* 19 *Juin* 1691.

91. A l'égard des jugemens, pour qu'ils soient exécutoires, il faut qu'ils soient valablement rendus, qu'il n'y ait aucun appel ni opposition capable d'en suspendre l'exécution. Il faut aussi qu'ils soient scellés; mais ils ne sont pas sujets au contrôle. Ceux des Juges Royaux sont sujets au parchemin timbré pour être exécutoires; ceux des Juges subalternes & des Consuls n'y sont pas sujets.

92. 2°. Il faut que la dette portée par l'obligation ou par le jugement de condamnation soit exigible : car on ne peut exécuter les biens du débiteur qu'il n'ait été mis en demeure de payer; & il ne peut être mis en demeure tant que la dette n'est pas exigible, le terme de paiement n'étant pas expiré : *nulla intelligitur mora fieri ubi nulla petitio est*; l. 88, ff. *de R. J.*

93. 3°. Il faut qu'elle soit d'une somme certaine & liquide en deniers ou especes; & même lorsqu'elle est en especes, comme d'une certaine quantité de bled, on peut bien saisir; mais on doit surseoir à la vente jusqu'à l'appréciation; *Ordon. de* 1667, *tit.* XXXIII, *art.* 2; la somme n'étant pas liquide que le grain ne soit apprécié.

§. II.

Quelles Personnes peuvent procéder par exécution, & contre quelles Personnes.

94. Non-seulement la personne même du créancier au profit de qui l'obligation a été contractée ou le jugement de condamnation a été rendu, peut procéder par exécution; ses héritiers le peuvent aussi, & même un successeur à titre singulier à qui l'on auroit fait transport de la dette, pourvu qu'il ait signifié au débiteur son transport; *art.* 432.

95. Il n'en est pas de même *vice versâ*; on ne peut procéder par exécution que contre la personne même qui s'est obligée, ou qui a été condamnée, ou contre sa succession vacante, *quia hereditas jacens personam defuncti sustinet*;

art. 433. A cet effet on lui fait préalablement créer un curateur, sur qui se fait l'exécution. Mais on ne peut procéder par exécution contre les héritiers, jusqu'à ce qu'ils se soient obligés eux-mêmes par un acte devant Notaires, ou que le créancier ait obtenu jugement de condamnation contre eux. Je ne puis pareillement saisir & exécuter sur le mari de ma débitrice jusqu'à ce que je l'aie fait obliger ou condamner.

§. III.

De la forme des Exécutions sur les meubles du Débiteur.

96. Le créancier, avant que de pouvoir exécuter les biens de son débiteur, doit le constituer en demeure par un commandement. Ce commandement doit se faire par un Huissier ou Sergent, en vertu d'un titre exécutoire dont on doit donner copie au débiteur. Il doit être revêtu de toutes les formalités que l'Ordonnance de 1667 prescrit pour tous les exploits, *tit.* 2. Faute par le débiteur de payer la somme qui lui est demandée par le commandement, on procede à la saisie. Il n'est pas nécessaire qu'il y ait un intervalle de temps entre le commandement & la saisie; autrement le commandement serviroit souvent d'avertissement au débiteur pour détourner ses meubles. On peut donc saisir incontinent après le commandement. On le peut aussi *ex intervallo;* & quelque long que soit le temps qui se soit écoulé depuis le commandement, il n'est pas nécessaire de le réitérer.

97. L'opposition formée au commandement par le débiteur, n'empêche pas le créancier de pouvoir procéder à la saisie : il doit seulement surseoir à la vente jusqu'à ce qu'il en ait main-levée.

98. La saisie se fait, ou par le même Sergent qui a fait le commandement, ou par un autre, & l'on y doit observer les formalités prescrites par l'Ordonnance de 1667, *tit.* XXXIII.

Le Sergent laisse les effets saisis à la garde d'un gardien qu'il établit, ou du dépositaire qui est offert par le débiteur, lorsque ce dépositaire est solvable. *Voyez audit Titre les formes prescrites pour cet établissement de gardien.*

Huit jours après la saisie on procede à la vente, lorsque le débiteur n'a formé aucune opposition. S'il en a formé une, soit à la saisie, soit au commandement, le créancier doit, sur l'assignation qu'il donnera au débiteur, ou que le débiteur lui aura donnée, obtenir Sentence qui donne main-levée de l'opposition avant que de pouvoir vendre.

Sur la forme de cette vente, le lieu & heures auxquelles elle doit être faite, *Voyez l'Ordonnance de 1667 audit Titre; & notre Coutume, art.* 440.

L'exécution sur les immeubles se fait par la saisie réelle; il en est traité au *Titre suivant.*

§. IV.

De la concurrence des Saisies.

99. C'est une maxime de pratique Françoise, que *Saisie sur saisie ne vaut;* *art.* 453.

De là il suit qu'un créancier qui a saisi les biens de son débiteur, ne peut les saisir une seconde fois, s'il ne s'est auparavant désisté, ou donné main-levée de la premiere saisie.

Néanmoins le créancier qui n'auroit saisi qu'une partie des effets de son débiteur, peut, sans se désister de sa premiere saisie, saisir le surplus : mais cette saisie du surplus n'est pas tant une seconde saisie qu'une continuation de la premiere, & il n'y a toujours en ce cas qu'une saisie.

100. La regle *Saisie sur saisie ne vaut*, a lieu aussi à l'égard de différens créanciers. En conséquence lorsqu'un créancier a saisi les effets de son débiteur, les autres créanciers ne peuvent pas les saisir de nouveau ; & s'ils le faisoient, leur saisie n'auroit l'effet que d'une opposition à celle du créancier qui a saisi le premier.

101. Quelquefois néanmoins la saisie, quoique postérieure, est préférée à celle qui a été faite la premiere, laquelle est convertie en une simple opposition. Cela arrive, 1°. au cas de l'art. 452 ; *Voyez cet article & les notes ;* 2°. lorsque la saisie faite postérieurement est plus ample & comprend un plus grand nombre d'effets que la premiere. 3°. La saisie faite par un seigneur d'hôtel, métairie ou rente fonciere, des effets étant dans son hôtel, quoique postérieure, l'emporte sur les saisies précédentes.

102. Il reste à observer qu'il n'y a que les saisies de même nature qui ne peuvent pas concourir : mais rien n'empêche que la saisie d'un créancier ne concoure avec une saisie censuelle ou féodale, ces saisies étant de nature différente : mais le créancier, pour mettre la sienne à chef, doit procurer la main-levée de celle du seigneur en satisfaisant.

§. V.

Des oppositions des Créanciers.

103. Les oppositions que des créanciers forment à la saisie des effets de leurs débiteurs, sont des actes d'accession à la saisie qui en a été faite.

Par ces oppositions ou accessions à la saisie, les créanciers opposans deviennent co-saisissans : les effets saisis deviennent le gage judiciaire de leurs créances, comme de celle du saisissant ; & le Commissaire établi à la saisie devient chargé envers eux comme il l'est envers le saisissant.

Delà il suit que la main-levée que le saisissant donneroit de sa saisie en recevant le paiement de ce qui lui est dû, ne peut préjudicier aux opposans pour les créances desquels la saisie continue de tenir, & à laquelle ils sont admis à se faire subroger.

Par la même raison lorsque le saisissant, sans donner main-levée de la saisie, néglige de la mettre à chef & de faire vendre les effets saisis, un créancier opposant peut l'assigner pour faire ordonner que, faute par le saisissant de mettre la saisie à chef dans un tel temps, il y sera subrogé, à la charge de lui rembourser les frais.

§. VI.

De l'opposition du Saisi.

104. L'opposition du saisi est un acte par lequel le débiteur saisi soutient la nullité de la saisie, soit par quelque défaut de forme, soit par les moyens du fond, parce qu'il prétend ne rien devoir, ou parce qu'il prétend que la créance pour laquelle le saisissant a saisi, n'est pas exécutoire.

Cette opposition donne lieu à une instance, sur l'assignation de celle des parties qui prévient l'autre; soit sur celle du débiteur saisi, pour voir déclarer la saisie nulle & en avoir main-levée; soit sur celle du saisissant, pour avoir main-levée de l'opposition.

Lorsque la saisie n'est nulle que par quelque défaut de forme, le Juge en donne main-levée avec dépens, mais sans dommages & intérêts. Si elle est nulle par le fond, celui qui a saisi n'étant pas créancier, le saisissant doit être condamné aux dommages & intérêts du débiteur lorsqu'il a souffert quelque dommage.

§. VII.

Des Saisies & Arrêts.

105. La saisie-arrêt est un acte par lequel le créancier, pour la sûreté de sa créance, fait mettre sous la main de Justice les effets de son débiteur, pour l'empêcher d'en disposer.

Cet acte se fait, de même que la saisie-exécution, par un Sergent ou Huissier, qui établit un gardien aux effets saisis & arrêtés; & il doit être pareillement revêtu des formalités que l'Ordonnance de 1667 prescrit pour les exploits & les saisies.

106. La saisie-arrêt differe de la saisie-exécution principalement en ce que la saisie-exécution se fait à l'effet de vendre les effets saisis pour payer le créancier sur le prix; au lieu que la saisie-arrêt se fait seulement pour empêcher que le débiteur n'en dispose & ne les divertisse.

107. Il faut un titre exécutoire pour procéder par saisie-exécution : mais un créancier peut en certains cas, sans titre exécutoire, arrêter les effets de son débiteur.

1°. Le créancier, par promesse sous signature privée de son débiteur, avant que la promesse ait été reconnue, peut, en vertu d'une permission du Juge obtenue au bas d'une requête, saisir & arrêter les effets de son débiteur; & la saisie-arrêt sera déclarée valable, si par la suite la promesse est reconnue.

2°. Le créancier, sans avoir aucun acte par écrit de sa créance, & sans permission du Juge, peut, en vertu de la Coutume, dans le cas des articles 441, 442 & 445, saisir & arrêter les effets de son débiteur : mais s'il n'est pas en état de justifier promptement de sa créance, on donne main-levée de son arrêt.

3°. La saisie-exécution ne peut se faire que pour une dette certaine & liquide, & qui ſoit lors exigible : mais quelquefois lorſqu'il y a péril, & que le débiteur détourne ſes effets, le créancier peut, en vertu d'une permiſſion du Juge au bas d'une requête, ſaiſir & arrêter les effets du débiteur avant que la créance ſoit liquidée, & même avant que le terme ou la condition ſoient échus.

§. VIII.

De la Saiſie des créances qui appartiennent au Débiteur, & de ſes effets qui ſont entre les mains d'un tiers.

108. Le Droit Romain ne permettoit cette ſaiſie qu'après la diſcuſſion des autres biens du débiteur; *L. 15*, §. *28*, ff. *Re jud.* Mais dans notre Droit il n'importe par quelle eſpece de biens le créancier commence.

109. La ſaiſie-arrêt des créances du débiteur ſe fait par un acte que le créancier arrêtant ſignifie par le miniſtere d'un Sergent, au débiteur de ſon débiteur, par lequel il lui déclare qu'il arrête & met ſous la main de Juſtice tout ce qu'il doit & devra par la ſuite à un tel.

110. Lorſque les effets du débiteur ſe trouvent entre les mains d'un tiers, ſoit à titre de dépôt, ſoit à titre de prêt, ou de quelque autre maniere que ce ſoit, le créancier peut de la même maniere & dans la même forme les arrêter entre les mains de ce tiers.

111. L'effet de ces arrêts, eſt que l'arrêté ne peut payer ce qu'il doit à celui pour le fait duquel l'arrêt eſt fait, ni lui reſtituer les choſes qu'il a à lui appartenantes, juſqu'à ce que celui pour le fait de qui l'arrêt eſt fait, ait eu main-levée de l'arrêt.

Il doit, pour avoir cette main-levée, ou ſatisfaire l'arrêtant, s'il a eu droit de faire l'arrêt; ou s'il n'a pas eu droit de le faire, l'aſſigner devant ſon Juge pour en faire prononcer la main-levée.

112. Tous ceux que nous avons vus au §. précédent, *n. 107*, avoir droit de faire des arrêts, peuvent arrêter ainſi les créances de leur débiteur, de même qu'ils peuvent arrêter leurs effets corporels : mais il faut que l'arrêtant ſoit créancier d'une ſomme liquide & exigible, pour pouvoir faire ordonner que l'arrêté lui fera délivrance des ſommes ou choſes arrêtées.

Pour parvenir à cette délivrance, l'arrêtant doit aſſigner l'arrêté par l'acte qui contient l'arrêt, ou par un exploit ſubſéquent, à ce qu'il ſoit tenu déclarer ce qu'il doit ou devra, affirmer ſa déclaration, & faire délivrance à l'arrêtant.

Mais comme l'arrêté ne peut être contraint à faire cette délivrance ſans un conſentement de celui pour le fait duquel l'arrêt eſt fait, ou ſans un jugement rendu contre lui qui ait déclaré l'arrêt pour conſenti, l'arrêtant qui ne peut obtenir de gré ce conſentement de ſon débiteur, doit l'aſſigner pardevant le même Juge pour faire ordonner le conſentement de l'arrêt.

113. Lorſque d'autres créanciers ont fait des arrêts, l'arrêtant doit auſſi, ſur l'indication qui lui en eſt faite par l'arrêté, les mettre en cauſe pour faire ſtatuer entre les mains de qui l'arrêté fera délivrance.

114. L'arrêté qui eſt condamné à faire délivrance de la ſomme par lui

due, peut retenir sur cette somme *ses frais d'arrêt*, c'est-à-dire, ceux qu'il a faits pour se présenter sur l'assignation, & pour faire sa déclaration.

Lorsque l'arrêté prétend ne rien devoir, ou devoir une somme moindre que celle qu'on prétend être par lui due, cela forme une contestation, aux dépens de laquelle il doit être condamné, s'il y succombe, sans qu'il puisse en avoir de répétition.

115. Lorsque ce sont des effets appartenans au débiteur qui ont été arrêtés entre les mains d'un tiers, après que l'arrêté a été condamné d'en faire délivrance, & l'arrêt déclaré consenti, ces effets doivent être vendus de même que s'ils eussent été saisis sur le débiteur, & l'arrêté doit, sur le prix, être remboursé par privilege de ses frais d'arrêt.

§. I X.

Ordre dans lequel se distribue entre plusieurs Créanciers le prix des effets saisis, & les sommes arrêtées sur le Débiteur commun.

116. Sur le prix des effets saisis on doit acquitter d'abord les créances privilégiées, selon l'ordre du privilege de chacune.

1°. La créance la plus privilégiée de toutes est celle des frais de saisie, garde & vente; le saisissant qui a fait ces frais doit en être remboursé avant tous les autres créanciers. La raison est que ces frais ont profité à tous les créanciers, qui n'avoient pas d'autre voie pour être payés de leur dû, que la saisie & la vente des effets du débiteur commun.

117. Ensuite viennent les frais funéraires du défunt dont on a saisi & vendu les meubles; *L. 45, ff. de Relig.* Ils n'ont néanmoins de privilege que jusqu'à concurrence de la dépense qu'il a été convenable de faire. Un acte de notoriété du Châtelet de Paris, du 4 Août 1692, fixoit ces frais à une somme de 20 liv. Il n'est pas suivi; ils sont laissés à l'arbitrage du Juge, qui doit les arbitrer eu égard à la qualité du défunt.

Quoique ce privilege soit préférable à tous les privileges particuliers dont il va être parlé ci-dessous, néanmoins il est équitable que cette préférence n'ait lieu que subsidiairement, c'est-à-dire, dans le cas auquel les autres effets qui ne sont sujets à aucun privilege particulier, ne suffiroient pas pour acquitter les frais funéraires.

118. Les frais de la derniere maladie ont aussi un privilege général : ces frais comprennent les honoraires du Médecin, les salaires des Chirurgiens & des gardes, les alimens & médicamens fournis pendant la derniere maladie. C'est une question si ce privilege doit marcher de pas égal avec celui des frais funéraires, & précéder comme lui les privileges particuliers qui vont être ci-dessous rapportés, ou s'il ne doit être mis qu'après lesdits privileges particuliers. Lalande, *sur l'art. 447*, prétend qu'il ne doit être placé qu'après celui du seigneur d'hôtel, & qu'on le juge ainsi en ce Siege.

119. Parmi les privileges particuliers qui viennent ensuite, le plus célebre est celui des seigneurs de rentes foncieres, d'hôtel & de métairie, lequel est limité aux effets qui occupent la maison ou la métairie, & aux fruits qui y sont nés.

Ce privilege marche avant presque tous les autres privileges particuliers. Il y en a néanmoins quelques-uns qui marchent avant lui ; sçavoir, 1°. celui des métiviers sur les grains qu'ils ont métivés ; 2°. celui des moissonneurs sur ceux qu'ils ont moissonnés ; 3°. celui des valets de labour sur les grains de la derniere récolte, & sur ceux qui sont en terre, pour les services par eux rendus depuis la Saint-Jean jusqu'à la Toussaint, lesquels leur sont payés sur le pied d'une demi-année, parce que dans ce temps est le fort du travail ; *Sentence du Bailliage d'Orléans, du 24 Novembre 1709.*

120. Celui qui a fourni la semence a aussi un privilege particulier sur la récolte qui en est provenue ; mais il ne marche qu'après celui des seigneurs de métairie & de rente fonciere. C'est pourquoi les marchands qui avancent aux laboureurs les grains nécessaires pour ensemencer leurs terres, prennent ordinairement la précaution de tirer un billet du seigneur de métairie, par lequel il consent que le marchand soit payé sur la récolte avant lui.

121. Dans quelques Jurisdictions on accorde sur la récolte un privilege aux maréchaux, charrons & bourreliers pour les ouvrages & fournitures de l'année, & on le fait marcher même avant celui des seigneurs de métairie : mais au Bailliage d'Orléans on ne leur en accorde aucun, même sur les simples créanciers, *si ce n'est sur leurs marchandises qui se trouveroient en nature*, comme une charrette qu'un charron auroit vendue ; & ce privilege ne marche qu'après celui du seigneur de métairie.

122. Le marchand qui a fourni les tonneaux doit avoir privilege sur le vin qui est dedans ; & après lui, ceux qui ont fait le vin & qui ont vendangé les vignes ; ensuite le vigneron pour ses façons de l'année. Ces privileges paroissent devoir marcher avant celui des seigneurs de métairie ou de rente fonciere ; néanmoins il se fait bien des ordres où l'on ne place le privilege des façons de vignes *qu'après le seigneur de métairie ou de rente fonciere.*

On ne donne aucun privilege à ceux qui ont vendu le fumier & les échalas.

123. Les pâtres ont aussi un privilege sur les troupeaux qu'ils ont gardés, pour l'année de leur service. Il sembleroit devoir précéder celui des seigneurs de métairie & de rente fonciere, puisque ces pâtres leur ont conservé leur gage ; néanmoins cela n'est pas bien constant.

124. *Les ouvriers, tels que les maçons, charpentiers & autres*, ont un privilege sur les loyers de maisons qu'ils ont réparées ; & il a été jugé que ce privilege devoit marcher avant celui des seigneurs de rente fonciere ; *Arrêt du 15 Mars 1598, rapporté par Charondas, l. 10, rép. 79.*

125. Les voituriers ont un privilege sur les marchandises qu'ils ont voiturées, pendant le temps d'un an. Les teinturiers en ont sur celles qu'ils ont teintes pour les teintures des deux dernieres années ; *Réglement pour les Teintures, du mois d'Août 1667, art. 60.* Le vendeur qui a vendu une chose à terme, a aussi aussi privilege sur la chose vendue, lorsqu'elle se trouve en nature chez son débiteur ; *Voyez l'art. 458 & les notes.* Mais ce privilege ne doit marcher qu'après les précédens, lesquels ne doivent eux-mêmes venir qu'après celui des seigneurs d'hôtel, de métairie ou de rentes foncieres.

126. Après tous ces privileges particuliers, vient le privilege général qu'on

donne

donne sur tous les biens du débiteur emprisonné, à celui qui a payé les alimens au geolier, suivant la taxe du Juge; *Ordonnance de 1670, XIII, 23.*

127. Enfin vient le privilege général de la créance du fisc. *Voyez* sur ce privilege l'Ordonnance de 1680, l'Ordonnance des Fermes de 1681, la Déclaration du 7 Décembre 1706, celle du 16 Août 1707, l'Edit des Comptables de 1669, &c.

128. Les privileges que les Loix Romaines donnoient aux femmes pour la restitution de leur dot sur les biens de leurs maris, & celui qu'elles donnoient aux mineurs sur les biens de leurs tuteurs, n'ont pas lieu dans le Pays coutumier.

129. Après toutes les dettes privilégiées acquittées, le créancier qui a saisi ou arrêté le premier, est préféré; sauf dans le cas de déconfiture; *art. 447 & suivant, avec les notes.*

Observez que lorsqu'un créancier a saisi des arrérages de rente échus & à échoir, dûs & qui seront dûs à son débiteur, il n'est censé premier en diligence, & n'a de préférence sur les autres créanciers postérieurs que pour ce qui a couru jusqu'aux arrêts postérieurs. Il vient en concurrence pour ce qui a couru depuis : car il n'a pu acquérir avant les arrêtans postérieurs, un droit de gage sur ce qui n'étoit pas encore né.

TITRE XX.

Des Arrêts & Exécutions faites par vertu de Lettres obligatoires (1) *& Sentences.*

(1) Les *lettres obligatoires*, que la Coutume, par cette rubrique, distingue des Sentences, sont les contrats passés pardevant Notaires. Sur ce qui est requis pour les rendre exécutoires, *Voyez l'Introduction, chap. 2.*

ARTICLE CCCCXXX.

LETTRES obligatoires faites & passées sous le seel (1) Royal, ou autre seel authentique (2) de Cour (3) laye, sont exécutoires (4), & portent garnissement de main (5) contre l'obligé (6), *en baillant par le créancier bonne & suffisante caution* (7).

A. C. *art.* 347. C. de Par. *art.* 164 & 165.

(1) C'est-à-dire, les contrats reçus par les Notaires Royaux.

(2) C'est-à-dire, les contrats reçus par les Notaires des Justices des Seigneurs.

(3) Voyez l'article suivant.

(4) Voyez en quoi consiste le droit d'exécution, *suprà, Introduction chap.* 11.

(5) C'est-à-dire que lorsque quelqu'un s'est obligé par un contrat à payer une somme certaine & liquide, quelques moyens qu'il allegue contre son obligation sur l'opposition par lui formée au commandement qui lui est fait de payer, il doit, s'il ne rapporte quittance, *garnir la main* du créancier; c'est-à-dire qu'il doit être condamné à payer par provision la somme portée au contrat.

(6) Il paroît par ces termes, *contre l'obligé*, que cet article ne concerne que les contrats. Au reste, les jugemens sont aussi exécutoires lorsqu'ils ne sont pas suspendus par un appel ou une opposition : mais pour les exécuter hors le territoire ou ressort des Juges qui les ont rendus, il faut prendre une permission du Juge dans le territoire ou ressort duquel on veut faire l'exécution. Cette permission s'appelle *paréatis*, & doit s'accorder sans connoissance de cause. Les jugemens des Juges qui n'ont aucun territoire, tels que sont les Juges-Consuls, s'exécutent par tout le Royaume sans *paréatis*. *Voyez l'Ordonnance de 1667, tit. 27, art. 6, & les notes de M. Jousse.*

(7) De rapporter ladite somme, si en définitif les moyens d'opposition étoient jugés valables.

ARTICLE CCCCXXXI.

A. C. art. 360 & 364. Lettres & gagemens (1), *sentences, contracts, & autres actes & instrumens*, passez par Notaire, ou Greffier de Cour Ecclésiastique, ne gissent en exécution (2) de biens du debteur obligé, *ou condamné;* sinon qu'il y ait permission *du Juge lay*, de les mettre à exécution: Et n'attribuent droict d'hypotheque, *que du jour de ladite permission.*

(1) C'est-à-dire, *engagemens, obligations.*

(2) *La raison est que la puissance ecclésiastique étant toute spirituelle, ne peut donner* de droit sur les biens.

Depuis il a plu au Roi, par l'Edit de 1695, *art.* 44, d'accorder aux Sentences des Officiaux le droit d'exécution : mais ces Sentences tiennent ce droit, non de la puissance ecclésiastique, mais de celle du Roi, à qui il a plu de le leur accorder.

Il y a même quelques Auteurs qui prétendent que l'Edit de 1695, ne permet l'exécution des Sentences des Officiaux sans *paréatis* du Juge séculier, que dans les matieres spirituelles; & que même depuis cet Edit, il faut une permission du Juge pour faire une saisie mobiliaire en vertu d'une condamnation pécuniaire portée par la Sentence d'un Official *Voyez* Héricourt, *Loix Ecclésiastiques, traité de la procédure civile, art.* 126.

Cette disposition de l'Edit de 1695, pour le droit d'exécution, ne doit pas s'étendre au droit d'hypotheque. *Voyez l'Introd. n.* 14.

A l'égard des contrats reçus par les Notaires Apostoliques, comme ces Notaires, par l'Edit de Décembre 1691, ont été créés avec le titre de Notaires Royaux-Apostoliques, il n'est pas douteux que leurs actes portent aujourd'hui exécution & hypotheque.

ARTICLE CCCCXXXII.

A. C. *art.* 348. Porteur de lettres obligatoires peut faire exécution sur le debteur obligé, si à ce (1) ledit debteur est obligé, comme feroit le créancier principal. Et est recevable à conduire & soutenir le procès qui s'en pourra ensuivir, tant pour le créancier, que pour les (2) héritiers.

(1) C'est-à-dire, s'il s'est obligé par le contrat de payer au porteur. Cela n'est plus aujourd'hui d'usage dans les contrats ordinaires : les créances ne se cedent que par un acte de transport; & le cessionnaire ne peut faire exécution sur les biens du débiteur, qu'il ne lui ait donné copie du transport avant que de lui faire commandement, ou en tête du commandement.

Observez néanmoins que dans les affaires de commerce, les billets au porteur sont encore autorisés. L'usage en avoit été aboli par l'Edit de Mai 1716, qui avoit établi la Banque royale; mais il a été rétabli par la Déclaration du 21 Janvier 1721.

(2) C'est-à-dire que la tradition de l'obligation faite par le créancier au porteur,

lorsqu'il est dit qu'elle sera payable au porteur, est censée renfermer non une simple procuration qui finit par la mort, mais un transport qui a lieu contre les héritiers du cédant: le porteur de l'obligation peut, en sa qualité de porteur & cessionnaire de l'obligation, soutenir le procès pour raison de ladite obligation, tant du vivant du *créancier* son cédant, au lieu & place dudit créancier, qu'après sa mort au lieu & place de ses *héritiers*.

ARTICLE CCCCXXXIII.

Toutes exécutions cessent par la mort (1) de l'obligé, sinon quand la succession est jacente (2): c'est assavoir, quand il n'y a héritiers apparens: auquel cas on peut procéder par voye d'exécution, ou arrests sur les biens meubles délaissez par l'obligé. A. C. art. 349. C. de Par. art. 168.

(1) *Voyez l'Introduction, n.* 94.
(2) Car *hereditas jacens defuncti personam sustinet.*

ARTICLE CCCCXXXIV.

Lettres obligatoires de création de rente fonciere, sont exécutoires contre l'obligé pour les arrérages qui pourroient être deubs pour le temps *de trente ans* (1), que dure l'action personnelle: Et pareillement sur les biens de l'obligé, après son trespas, sa succession étant jacente (2). A C. art. 350.

(1) C'est-à-dire pour les vingt-neuf années précédentes, non compris la courante qui est la trentieme.
(2) *Voyez l'article précédent.*

ARTICLE CCCCXXXV.

Et au regard des rentes constituées (1), *lesdites lettres obligatoires*

(1) Même de celles qui sont constituées par un contrat de vente d'héritage pour le prix de la vente: c'est la jurisprudence constante du Bailliage d'Orléans. Il faut néanmoins avouer qu'il y a de puissantes raisons pour le sentiment contraire, auquel Lalande témoigne incliner. Ces raisons sont que l'Ordonnance de Louis XII de 1510, *art.* 71, qui a établi cette prescription de cinq ans, paroît n'avoir eu en vue que les contrats de constitution à purs deniers; c'est-à-dire, ceux que celui qui constitue la rente fait pour une somme de deniers qu'il reçoit dans son besoin; lesquels ont quelque analogie avec le prêt à intérêt qui les rend défavorables: c'est ce qui paroît par ces termes de l'Ordonnance, *& comme tels contrats sont odieux & à restreindre.* Cette raison ne peut s'appliquer aux contrats de constitution de rente que l'acheteur d'un héritage constitue pour le prix de la vente qui lui en a été faite. On ne peut dire que tels contrats sont *odieux* & défavorables, puisqu'ils sont entiérement à l'avantage de l'acheteur qui constitue la rente. Sans cette constitution, l'acheteur auroit dû les intérêts du prix de la vente depuis qu'il est entré en jouissance jusqu'au paiement, sans que ces intérêts eussent été sujets à d'autre prescription qu'à celle de trente ans. Ces intérêts tenant lieu des fruits qu'il perçoit, le vendeur doit-il être assujetti à une prescription à laquelle il n'auroit pas été sujet? & sa condition doit-elle être pire, parce que, pour faire plaisir à l'acheteur, il a renoncé au droit d'exiger le prix, & a consenti qu'il lui constituât rente pour ce prix? D'un autre côté, on dit que la défaveur des contrats de constitution à purs deniers, a bien pu donner occasion à porter la Loi pour la prescription de cinq ans: mais cette Loi ayant été portée par l'Ordonnance & par notre Coutume, & étant une Loi générale pour les contrats de constitution, qui ne contient aucune exception pour ceux faits pour prix

ſont exécutoires, comme dit eſt, pour cinq années ſeulement : ſinon qu'il y ait interpellation faite judiciairement (2).

d'héritage, ces contrats ſe trouvent compris ſous la généralité de la Loi ; & le vendeur de l'héritage, en permettant qu'on lui conſtituât rente pour le prix, s'eſt ſoumis à cette Loi.

(2) Un commandement eſt une interpellation judiciaire, parce qu'il eſt fait par un Sergent, qui eſt un miniſtre de Juſtice. Ce commandement interrompt la preſcription des cinq ans, de maniere qu'on peut exécuter tant pour les cinq années échues depuis le commandement, que pour les cinq années échues auparavant.

ARTICLE CCCCXXXVI.

A. C. *art.* 377. C. de Par. *art.* 101 & 102.

Celui qui a droit de rente venduë & conſtituée, ſe peut adreſſer (1) pour raiſon d'icelle rente & arrérages, ſur l'héritage ſpécialement obligé, & contre un tiers détenteur d'iceluy, qui en eſt tenu reſpondre, ou amener ſon garand comme détenteur, & payer ou délaiſſer, ſans que le ſeigneur de ladite rente ſoit tenu diſcuter (2), ſi bon ne lui ſemble, le vendeur & ſes héritiers. *Mais délaiſſant* (3) *en Juſtice par ledit tiers détenteur ledit héri*tage, pour eſtre crié, il eſt deſchargé tant du principal que des arrérages.

(1) Par action hypothécaire, ſur laquelle *Voyez l'Introd. ch.* 1.

(2) Par l'exception de diſcuſſion, qui hors le cas de cet article, peut être oppoſée contre l'action hypothécaire. *Voyez l'Introd. n.* 34 *& ſuiv.*

(3) *Voyez l'Introduction, n.* 49.

ARTICLE CCCCXXXVII.

A. C. *art.* 362.

Lettres de ſentence en déclaration d'hypotheque, données contre un détenteur, ſont exécutoires contre le condamné, tant qu'il eſt détenteur (1) de l'héritage redevable de ladite rente, nonobſtant que l'an & jour d'icelles ſoient paſſez (2).

(1) C'eſt-à-dire qu'elles ſont exécutoires ſeulement pour les arrérages auxquels il a été condamné, & pour ceux qui auront couru depuis la condamnation pendant tout le temps qu'il a continué d'être détenteur, & non pour ceux qui ont couru depuis qu'il a ceſſé d'être détenteur, en ayant été déchargé pour l'avenir en ceſſant d'être détenteur.

(2) Autrefois les Sentences tomboient en ſurannation. Cet article abroge cet uſage.

ARTICLE CCCCXXXVIII.

A. C. *art.* 351.

Contre un tiers détenteur de la choſe obligée, leſdites lettres obligatoires ne ſont exécutoires ſur les biens meubles d'iceluy détenteur *non obligé* (1), *ne condamné* : mais peut le créancier (2),

(1) Non encore obligé par une déclaration d'hypotheque, ni condamné par une Sentence qui le condamne à la payer.

(2) Ce n'eſt que d'un créancier de rente dont parle ici la Coutume, comme il paroît

par vertu desdites lettres, faire arrester (3) & empescher les loyers (4) & pensions (5), ou fruicts (6) pendans (7) par les racines, de la chose spécialement (8) obligée. Et n'en aura le détenteur pour son opposition, recréance, ne delivrance, sinon en faisant rapporter la main pleine de ce qui apparoistra estre deu par lesdites lettres obligatoires, ou de la valeur desdits fruicts empeschez, à son choix.

évidemment par la relation de l'article 351 de l'ancienne Coutume, d'où celui-ci est pris avec l'article 350 qui le précede.

(3) Il ne peut faire qu'un simple arrêt: il ne peut, jusqu'à ce qu'il ait obtenu Sentence, exécuter & vendre.

(4) A échoir; ceux échus sont par leur échéance devenus meubles, & acquis au détenteur.

(5) C'est-à-dire, les fermes.

(6) Lorsque le détenteur fait valoir l'héritage par ses mains, le créancier peut arrêter les fruits pendans par les racines: lorsque l'héritage est affermé, il ne peut arrêter que les fermes ou pensions.

(7) Le créancier peut arrêter les fruits qui sont encore pendans; parce qu'ils sont encore partie de l'héritage qui lui est spécialement obligé: il ne peut arrêter ceux que le détenteur a perçus, lesquels sont devenus le bien de ce détenteur.

(8) Ce droit d'arrêter les fruits naturels ou civils de l'héritage, avant que le détenteur soit obligé ou condamné n'est accordé qu'au créancier de rente qui a une hypotheque spéciale: le créancier de rente qui n'a qu'une hypotheque générale, n'a pas ce droit, ni celui qui n'est créancier que d'une somme exigible, quoiqu'il ait une hypotheque spéciale.

ARTICLE CCCCXXXIX.

Un achepteur de biens vendus *à l'encant* (1), la solennité de Justice gardée, peut estre contraint (2) par prison (3), & ses biens vendus sans solennité (4), ne attendre les nuicts (5). Et ne doit estre reçu à aucune chose dire, sinon qu'il allegue payement. Et tiendra prison (6), ou payera par provision, avant qu'il ait délivrance de sa personne, *en baillant néanmoins par le créancier* A. C art. 353.

(1) Vendre à l'*encan*, *la solemnité de Justice gardée*, c'est vendre par le cri & ministere d'un Sergent qui crie les choses à vendre, & les adjuge au dernier enchérisseur.

(2) Après commandement à lui fait de payer.

(3) Car ces ventes se font *præsenti pecuniâ*, & personne ne doit enchérir qu'il n'ait son argent prêt: d'ailleurs la vente se faisant par autorité de Justice, celui qui se rend adjudicataire contracte avec la Justice, & est par cette raison contraignable par corps.

(4) Ceci ne s'observe plus; on doit suivre pour la saisie des biens de cet acheteur, ce qui est prescrit par l'Ordonnance de 1667.

(5) Les délais pour les ventes judiciaires s'appellent ici *les nuits*. Cette expression, comme l'observe Lalande, nous vient des anciens Gaulois, qui, au rapport de César, *lib.* 6, *de bell. Gall.* comptoient les temps par nuits: *Galli se à Dite patre prognatos prædicant. . . . . Ob eam causam spatia omnis temporis non numero dierum, sed noctium finiunt.*

(6) Et dans le cas même où il allégueroit paiement, jusqu'à ce qu'il ait pleinement justifié ce paiement, tiendra prison.

caution (7); ſans que ledit achepteur puiſſe joüir du reſpit (8) d'un an, ne cinq ans, ni du bénéfice de ceſſion.

(7) De rendre, ſi cet acheteur juſtifioit qu'il eût payé.
(8) *Voyez* ſur le répit & ſur le bénéfice de ceſſion, l'*Introduction au titre précédent, chap.* 3, §. 1 & 2.

ARTICLE CCCCXL.

A. C. *art.* 354. Les biens pris par exécution par vertu de ceſſion *ou abandonnement* (1) *de biens*, ſur le debteur qui a fait ladite ceſſion, ſeront vendus (2) à l'encant au lieu accouſtumé, & incontinent, ſans garder (3) aucune ſolennité de Juſtice.

(1) La Coutume entend ici par *ceſſion*, celle qu'un débiteur fait de tous ſes biens en Juſtice à ſes créanciers ſans leur conſentement; & par *abandonnement*, elle entend un contrat volontaire, par lequel il leur abandonne ſes biens aux conditions convenues entre eux.
(2) Il ne ſeroit donc pas au pouvoir des créanciers à qui la ceſſion eſt faite, de les partager entre eux.
(3) *Cela ne s'obſerve plus : il faut ſuivre ce qui eſt preſcrit par l'Ordonnance de* 1667, pour la vente des biens ſaiſis.

ARTICLE CCCCXLI.

A. C. *art.* 355. C. de Par. *art.* 173. Si celuy qui eſt debteur par promeſſe, obligation, marché, ou contract par eſcrit, ou verbal, va de vie à treſpas, & ſes héritiers ſont demeurans hors le Bailliage (1) d'Orléans & Reſſorts d'iceluy; *le créancier peut* (2) *ſur les* biens dudit debteur décédé, trouvez èſdits Bailliage & Reſſorts, procéder & faire procéder par voye d'arreſt & empeſchement : & vaut & tient tel arreſt & empeſchement, juſques à plein payement de la debte. Toutefois où il n'y auroit obligation (3), & que alencontre dudit arreſt il y euſt oppoſition, doit eſtre donné par le Juge un *brief délay* à l'arreſtant, pour informer de ſadite debte.

(1) A plus forte raiſon lorſqu'on ne connoît aucuns héritiers.
(2) La Loi, par cet article, permettant en ce cas au créancier d'arrêter les biens de la ſucceſſion, il n'a pas beſoin de permiſſion du Juge.
(3) Par écrit.

ARTICLE CCCCXLII.

A. C. *art.* 323. C. de Par. *art.* 173. Les habitans demeurans ès Ville & fauxbourgs d'Orléans, peuvent, au moyen du privilege de la Ville, faire arreſter les biens meubles de l'eſtranger, *ou forain* (1) pour raiſon du contract, ou

(1) Ces mots, *étranger* ou *forain*, ſont ici ſynonymes, & ſignifient tous ceux qui n'ont pas leur domicile dans la ville d'Orléans, ni dans les fauxbourgs ou banlieue.

promesse (2) faite en ladite Ville, Fauxbourgs & Banlieuë (3). Et vaut & tient ledit arrest, comme s'il y avoit lettres obligatoires, ou écriture reconnuë. Et s'il y a opposition, l'arrestant informera de la debte dedans vingt-quatre heures (4), ou autre délay, qui lui sera préfix par le Juge. Et à faute de ce faire, l'arresté aura main-levée (5) : & suffit d'informer par un tesmoin, pour faire tenir la main (6).

(2) Même verbale.
(3) Sur les limites de la banlieue, *Voyez* Lalande *sur cet article.*
(4) Ce temps est utile : on n'y comprend pas les Dimanches & Fêtes ; *Lhoste sur Montargis*, XVIII, 8.
(5) Le Juge devra lui donner main-levée.
(6) Non pour obtenir en définitif.

ARTICLE CCCCXLIII.

Si aucun forain, ou estranger fait quelque contrat, promesse, paction (1), ou marchandise dedans la ville & fauxbourgs d'Orléans, & que pour raison de ce, il soit dedans les vingt-quatre heures (2) convenu, & appellé, il en respondra devant le Prévost d'Orléans (3) *ou son Lieutenant.* A. C. art. 333.

(1) Même verbale.
(2) Donc, passé ce temps, il ne peut plus être assigné que devant le Juge de son domicile, à moins que le contrat n'eût été reçu pardevant un Notaire du Châtelet d'Orléans, dont le sceau est attributif de Jurisdiction, comme nous le verrons sur l'*art.* 463.
(3) Le procès-verbal porte, *sans préjudicier à la Jurisdiction du Bailli d'Orléans, ni à celle des Juge-Consuls.* Donc s'il s'agissoit d'un marché entre marchands, pour fait de marchandises dont ils se mêlent, l'assignation devroit se donner au Consulat.

ARTICLE CCCCXLIV.

En Cour laye (1) l'action (2) à fin d'exhiber, ne l'exception de deniers non comptez (3), n'ont lieu. A. C. art. 382.

(1) *Idem in foro ecclesiastico* ; Dumoulin sur Bourbonnois, 36.
(2) L'action à fin d'exhiber, ou *ad exhibendum*, avoit lieu par le Droit Romain en plusieurs cas, mais principalement pour parvenir à la revendication des choses mobiliaires. Celui qui se prétendoit propriétaire d'une chose mobiliaire qui étoit en la possession d'un autre, assignoit le possesseur pour qu'il fût tenu de la représenter publiquement devant le Juge. Cette représentation donnoit le moyen au demandeur de former ensuite son action en revendication de cette chose par cette formule, en mettant la main sur la chose : *Aio hanc rem meam esse* ; L. 1, & 2, ff. *ad exhib.* Voyez *Pand. Justin. tit. de rei vindic. n.* 19, *in notis.* Cette action n'a pas lieu dans notre Droit : au lieu de cette action pour parvenir à la revendication des choses mobiliaires, on se sert de la voie de l'entiercement, dont il est parlé *infrà*, aux *articles* 454 & 455.
L'infidélité des usuriers de Rome, qui faisoient souscrire des billets à leur profit par ceux qui leur demandoient de l'argent à emprunter, avant que de le leur avoir compté, & refusoient, après qu'ils avoient le billet, d'en compter toute la valeur, avoit donné lieu à cette exception. Le Droit Prétorien la donnoit à celui qui avoit souscrit le billet ; & elle

avoit l'effet d'exclure l'action du demandeur, s'il ne justifioit d'ailleurs avoir effectivement compté la valeur portée au billet; *L.* 7; *L.* 14, *cod. de non num. pec. & passim.*

(3) Dans notre Droit cette exception n'a pas lieu: & non-seulement celui qui a un billet n'est pas obligé de justifier d'ailleurs qu'il a compté la somme qui y est portée, mais celui qui l'a souscrit, ni ses héritiers, ne seroient pas écoutés à vouloir prouver par témoins que la somme n'a pas éte comptée; *Ordonn. de* 1667, *tit.* 20, *art.* 2.

ARTICLE CC.CCXLV.

A. C. art. 356.

Ceux qui ont fait la mestive & cüeillettes des grains, ou desblées (1), voiture par eau & par terre, peuvent pour leurs salaires faire arrester & empescher les bleds, charrettes, chevaux, marchandises & biens (2) de leurs debteurs, à la requeste desquels ils ont besongné: & tiennent tels arrêsts & empeschemens jusques à plein payement. Et s'il y a opposition, le créancier, en cas de dénégation, informera (3) de sa debte dedans un brief délay, qui lui sera préfix par le Juge. Et n'auront lesdits mercenaires aucune action, sinon contre ceux qui les auront mis en besongne.

(1) *Idem* de ceux qui ont fait la vendange, ou les façons de vignes.

(2) Cela ne doit pas s'entendre indistinctement de tous les effets du débiteur, mais de ceux pour lesquels ils ont travaillé; & ils ne peuvent les arrêter que tant qu'ils sont en la possession de leur débiteur.

(3) Voyez *suprà*, *art.* 441 & 442.

ARTICLE CCCCXLVI.

A. C. art. 374.

En aliénation de meubles (1), le bénéfice de restitution (2), & *action rescisoire, n'ont lieu, quand les parties sont* capables de contracter (3).

(1) Particuliers; *secùs* d'une universalité de meubles; *Molin.* §. 33, *gl.* 1, *n.* 47. *Voyez* infrà, *art.* 489.

(2) Pour cause de lésion d'outre moitié du juste prix: ce n'est que de cette espece de restitution dont il est ici question. L'article n'exclut point celles pour cause de dol ou de violence: *c'est pourquoi l'article* 374 de l'ancienne Coutume d'où celui-ci est tiré, ajoutoit ces termes: *sinon que ladite aliénation fût faite par dol & fraude de l'acheteur.* On les a supprimés, comme superflus, & exprimant ce qui est de droit commun.

(3) Tels sont les majeurs & les mineurs émancipés, pourvu qu'ils ne soient ni interdits, ni sous puissance de maris.

ARTICLE CCCCXLVII.

C. de Par. art. 170 & 278.

Meubles n'ont point de suite (1) *par hypotheque* (2) *en maniere que celuy des créanciers, qui premier fait ses diligences par exécu-*

(1) Cette disposition souffre une espece d'exception en faveur des seigneurs d'hôtel, métairie & rentes foncieres, par les articles 415 & 416. *Voyez l'Introd. sur le tit. précéd. n.* 46 & *suiv.*

Hors ces cas les meubles non-seulement n'ont pas de suite & ne peuvent être poursuivis contre des tiers lorsqu'ils ont cessé d'appartenir au débiteur, mais ils ne sont pas susceptibles du droit d'hypotheque, si ce n'est du nantissement qui se contracte par la

tion,

tion, ou arrest sur les meubles de son debteur, est à préférer (3) à tous créanciers postérieurs en diligence, supposé (4) qu'ils fussent précédens en hypotheque : sinon qu'il y ait déconfiture (5), ou privilege (6).

tradition, & du gage judiciaire qui s'acquiert par le créancier par la saisie-exécution ou arrêt qu'il fait des meubles de son débiteur.

(2) C'est-à-dire, ne peuvent être poursuivis sur un tiers par un créancier hypothécaire; mais celui qui a le droit de propriété, tel qu'est le vendeur sans jour & terme, peut les réclamer sur les tiers.

(3) Le créancier qui le premier saisit ou arrête les effets du débiteur, acquiert sur les effets saisis ou arrêtés un droit de gage judiciaire, *pignus judiciale*, qui le rend sur lesdits effets préférable aux autres créanciers, qui ne peuvent plus acquérir de droit sur lesdits effets, au préjudice de celui qui se trouve déja acquis au premier saisissant ou arrêtant.

La priorité d'heure suffit pour cette préférence : c'est pourquoi s'il est exprimé par l'exploit de saisie qu'elle est faite *avant midi*, la saisie est préférable à celles du même jour faites *après midi*, ou sans exprimer si c'est avant ou après midi. *Voyez l'Introd. n.* 100.

(4) C'est-à-dire, quoiqu'ils fussent précédens en hypotheque : la raison est que le débiteur, en contractant avec eux sous l'hypotheque de ses biens, ne leur a donné ce droit d'hypotheque que sur ses immeubles, & non sur les meubles, qui n'en sont pas susceptibles.

(5) Voyez ce que c'est, *infrà, art.* 349. Cette exception est faite pour éviter les fraudes & collusions : un débiteur déconfit à qui la Loi ne permet pas de favoriser en ce cas un de ses créanciers plus que les autres, pourroit avertir le créancier qu'il voudroit favoriser, de saisir ses effets. Pour éviter cette collusion, la Coutume refuse la préférence au premier saisissant dans le cas de la déconfiture.

(6) Sur les privileges, *Voyez l'Introd. ch.* 2, §. 9.

ARTICLE CCCCXLVIII.

Et audit cas de déconfiture, chacun créancier vient à contribution au sol la livre sur les biens meubles du debteur. Et n'y a préference pour cause que ce soit (1), encore qu'aucun des créanciers eust faict premier saisir. C. de Par. art. 179.

(1) Sinon en cas de privilege.

ARTICLE CCCCXLIX.

Le cas de la déconfiture est, quand les biens du debteur, tant meubles que immeubles ne suffisent aux créanciers apparens. Et si pour empescher la contribution, se meut différend entre les créanciers apparens sur la suffisance, ou insuffisance desdits biens, les premiers en diligence doivent cependant avoir les deniers des meubles par eux arrestez & exécutez, en baillant pour eux caution de les représenter, au cas que lesdits biens du debteur ne suffisent. C. de Par. art. 180.

ARTICLE CCCCL.

Et n'a lieu la contribution quand le créancier se trouve saisi du meuble qui luy a esté baillé en gage (1) par le debteur. C. de Par. art. 181.

(1) Le créancier à qui l'on donne un meuble en nantissement acquiert par la tradition

qui lui en est faite, un droit de gage sur la chose qui lui a été donnée en nantissement; lequel droit le rend préférable avant toute chose à tous les créanciers. Observez néanmoins qu'en cas de faillite le créancier ne peut prétendre de préférence sur la chose qui lui a été donnée en nantissement, si son nantissement n'est revêtu des formes prescrites par l'Ordonnance du Commerce, *tit.* 6, *art.* 8, qui veut qu'il y ait un acte de ce nantissement passé devant Notaires, dont il y ait minute qui contienne la déclaration des choses données en gage, & des sommes pour lesquelles elles ont été engagées. Faute de ces formalités, non-seulement le créancier n'a aucun privilege sur les choses qui lui ont été données en gage, mais il peut être contraint par corps à les représenter pour être vendues au profit de tous les créanciers. Cela a été ainsi établi pour éviter les fraudes des débiteurs qui, sur le point de faire faillite, détourneroient leurs effets en les donnant en gage à des créanciers simulés, ou même à de vrais créanciers qu'ils voudroient favoriser au préjudice des autres, en fraude de la Loi qui le leur défend.

Le privilege de l'ouvrier sur la chose sur laquelle il a travaillé & qu'il a chez lui, & celui de l'aubergiste & du maître de pension sur les effets du voyageur ou du pensionnaire qu'ils retiennent, sont semblables à celui du nanti de gage.

ARTICLE CCCCLI.

C. de Par. *art.* 182.

Aussi n'a lieu la contribution en matiere de dépost, s'il se trouve en nature.

La raison de cette disposition est évidente. Les créanciers ne viennent à contribution que sur les effets qui appartiennent à leur débiteur: la chose qui lui a été donnée en dépôt, qui se trouve en nature, ne lui appartient pas; les créanciers n'y peuvent donc rien prétendre au préjudice de celui à qui elle appartient qui l'a donnée en dépôt. Si elle ne se trouvoit plus en nature, celui qui l'a donnée en dépôt viendroit comme les autres créanciers à contribution sur les biens du dépositaire.

ARTICLE CCCCLII.

A. C. *art.* 357. C. de Par. *art.* 178.

En exécutions faites pour debtes mobiliaires par deux créanciers non privilégiez, celui qui a enlevé, est préféré à celui qui n'a enlévé: *comme aussi* aux arrests faits sur les biens du debteur, qui n'auroient esté enlevez, & seroient laissez ès mains d'iceluy debteur.

Cet article est encore fait contre les fraudes. On présume que la premiere saisie ou le premier arrêt ont été feints & simulés, lorsque celui qui étoit établi à la garde des effets saisis ou arrêtés, ne s'est point opposé à l'enlevement des effets saisis qui a été fait par le second saisissant ou arrêtant. Au reste, pour que cette présomption ait lieu, & qu'en conséquence le second saisissant ou arrêtant soit préféré au premier, il faut que l'enlévement ait été un transport & déplacement réel & effectif des effets de la maison du saisi en une maison tierce; *Dumoulin* sur Montargis, *tit.* 20, *art.* 11; Lhoste, *ibid. Arrêt du* 19 *Juillet* 1691.

Cet article n'a pas lieu en cas de déconfiture, n'y ayant en ce cas aucune préférence; *suprà*, *art.* 448.

ARTICLE CCCCLIII.

A.C. *art.* 358.

Quand arrest sur arrest, exécution sur exécution sont faits pour un mesme debte, entre mesmes personnes, les derniers arrests & exécutions ne valent; sinon que les premiers eussent esté vuidez

& terminez, *ou que lesdits derniers arrests & exécutions fussent faits en continuant.*

L'usage est aujourd'hui que lorsqu'un créancier, après avoir saisi ou arrêté plusieurs effets de son débiteur, en saisit ou arrête d'autres, la seconde saisie ou le second arrêt sont censés être une continuation de la premiere saisie, quoiqu'il ne soit pas dit qu'elle est faite en continuant: c'est pourquoi cet article est devenu inutile.

ARTICLE CCCCLIV.

La chose mobiliaire estant veüe à l'oeil (1), peut estre entiercée (2) sauf le droict d'autrui (3). Et si arrest est fait sur chose mobiliaire à la requeste d'aucun contendant la seigneurie, tel arrest pourra par ledit arrestant estre tourné & converti en entiercement, pourveu que en faisant ledit arrest, lesdites choses mobiliaires ayent esté veuës à l'oeil par le Sergent, qui a fait lesdits arrests. *Et en cas d'opposition, les biens arrestez demeureront en Justice* (4). A. C. art. 379.

(1) *Id est, in bivio, vel loco publico;* Molin.

(2) L'entiercement, qu'on appelle ailleurs revendication, ou saisie en revendication, est un acte judiciaire par lequel celui qui trouve une chose qu'il prétend lui appartenir, en la possession d'un autre, l'arrête pour la mettre en la possession d'un tiers; c'est d'où vient le terme d'*entiercement.*

Cet acte se fait par le ministere d'un Sergent, & doit être revêtu de la forme des autres exploits de saisie. Il n'est pas besoin de permission du Juge pour entiercer une chose, lorsque l'entiercement se fait dans un marché ou dans un chemin.

(3) C'est-à-dire que l'entiercement fait par celui qui se prétend propriétaire de la chose qu'il a entiercée, ne *préjudicie point au droit d'autrui*, & notamment au droit du possesseur sur qui elle a été entiercée; & soit sur la demande que donnera celui qui a fait l'entiercement, pour voir dire que la chose lui sera remise com[illegible] à lui appartenante, soit sur celle qui sera donnée contre lui pour avoir main-levée [illegible]ntiercement, ce sera à celui qui a fait l'entiercement à justifier qu'il est propriétai[illegible]

(4) Le Juge peut néanmoins ordonner que la chose sera rendue à celui sur qui elle a été entiercée, en donnant par lui caution, ou même si c'est une personne solvable, en faisant seulement ses soumissions de la représenter en fin de cause, s'il est dit que faire se doive; ce qui n'empêche pas que la chose ne soit censée demeurer sous la main de Justice, en conséquence de l'obligation judiciaire que celui à qui elle est rendue, contracte de la représenter.

ARTICLE CCCCLV.

Aucun ne peut entrer, ne faire entrer Sergent, ne autres personnes en la maison d'autruy, pour faire entiercer & enlever les biens estans en icelle maison, *sans auctorité de Justice.* A. C. art. 380.

L'article précédent est dans le cas auquel la chose est apperçue dans quelque marché ou chemin, ou autre lieu public, comme lorsque quelqu'un apperçoit dans un marché une chose exposée en vente qui lui a été volée. Cet article est dans le cas auquel quelqu'un apprend qu'un chose qui lui appartient est dans la maison d'un particulier; il ne peut l'y faire entiercer sans une permission du Juge au bas d'une requête. On requiert même souvent en ce cas le transport du Juge.

ARTICLE CCCCLVI.

A. C. art. 359. Si un créancier pour le payement de sa debte, autre que (1) de loyer de maison, arrérages de rentes foncieres *ou moison*, fait arrester, prendre ou enlever par exécution aucuns biens meubles, qu'il prétend appartenir à son debteur, & qu'un tiers opposant maintienne lesdits biens lui appartenir, il y sera reçeu. Et de ce seront lesdits opposans & debteurs creus par leur serment. Et en affirmant par lesdits debteur & opposant, iceux biens appartenir à iceluy opposant, sans fraude, ledit opposant aura main-levée & délivrance desdits biens : sinon que ledit créancier voulsist maintenir & prouver la fraude entre lesdits opposant & debteur, ou que iceux opposant & debteur fussent capables & recevables à porter tesmoignage (2) l'un pour l'autre, *ou que ledit opposant ne peust faire comparoir ledit debteur, pour conjoinctement avec lui affirmer lesdits biens lui appartenir. Esquels cas sera ledit opposant tenu d'informer lesdits biens luy appartenir, & le créancier au contraire.*

(1) La Coutume dit, *autre que de loyers, arrérages de rentes foncieres ou moisons*, parce que les créanciers de ces choses peuvent se venger sur tous les effets qui garnissent l'hôtel ou la métairie, quand même ils n'appartiendroient pas à leur débiteur. *Voyez l'Introd. sur le tit. précéd. ch.* 2, §. 3.

(2) Comme s'ils étoient parens ou alliés au degré prohibé, ou que l'un fût serviteur ou domestique de l'autre.

ARTICLE CCCCLVII.

A. C. art. 361. Les Sentences & jugemens donnés contre les garands, sont exécutoires contre les garantis, tout ainsi que contre les condamnez, *sauf* des despens, *dommages & intéressts*, dont la liquidation & exécution ne se fera contre les garantis : sinon que (1) au préalable discussion ait esté faite sur les meubles des garands.

L'obligation de garantie formelle, qui est celle dont il s'agit ici, est celle par laquelle quelqu'un s'oblige envers un autre de le maintenir dans la possession d'une chose, & de le défendre de *toutes évictions*, c'est-à-dire de toutes les demandes qu'on pourroit donner contre lui pour la lui faire délaisser, ou pour la faire déclarer sujette à quelque charge réelle dont il n'auroit pas été chargé. En un mot, c'est l'obligation *præstare alicui rem habere licere*. Celui qui a contracté cette obligation s'appelle garant. Lorsque le possesseur d'une chose est assigné pour la délaisser, ou pour la voir déclarer sujette à quelque charge réelle dont il n'a pas été chargé, il peut sommer en cause son garant pour qu'il le défende contre cette demande, conformément à l'obligation qu'il a contractée. Le garant sommé en cause ayant, sur la demande en sommation donnée contre lui, pris le fait & cause du défendeur originaire, c'est-à-dire, déclaré qu'il entendoit le defendre, ce défendeur garanti peut être mis hors de cause, & le procès s'instruit entre le demandeur & le garant. Le demandeur ayant justifié son droit & obtenu Sentence contre le garant, on demande si la Sentence peut être exécutée contre le garanti qui a été mis hors de cause? La raison de douter est que les Sentences n'ont d'effet que contre ceux contre qui elle ont été rendues : néanmoins la Coutume décide en cet article qu'elle doit s'exécuter contre le garanti. La raison est, que ce garanti ayant donné son garant pour défendre en sa place, la Sentence rendue contre le garant est censée rendue contre le garanti, & doit s'exécuter contre lui au moins pour le principal, de même qu'en Droit, *sententia lata contra defensorem quem reus obtulerat, contra ipsum reum executioni mandabatur ;* L. 4, ff. *de re judic.*

(1) Cette derniere partie qui permet d'exécuter la Sentence contre le garanti, pour les dépens, dommages & intérêts auxquels le garant aura été condamné après discussion mobiliaire des biens du garant, paroît abrogée par l'Ordonnance de 1667, VIII, II, qui ordonne indistinctement que l'exécution pour les dépens, dommages & intérêts ne se fera que contre les garans.

ARTICLE CCCCLVIII.

Qui vend aucune chose mobiliaire sans jour & terme, espérant estre payé promptement, il peut poursuivre sa chose (1), en quelque lieu qu'elle soit transportée, pour estre payé du prix qu'il l'a venduë. Et néanmoins encore qu'il eust donné terme, si la chose mobiliaire se trouve saisie sur le debteur par autre créancier, il peut empescher la vente (2), & est préféré sur ladite chose mobiliaire aux autres créanciers (3). C. de Par. art. 176 & 177.

(1) Même contre les tiers détenteurs, en la faisant entiercer, suivant les articles 454 & 455 : car il en est toujours demeuré propriétaire, suivant le §. *Venditæ, Instit. tit. de rer. divis.* Il faut pour cela que la chose soit encore en nature. Si elle avoit changé de forme & n'étoit plus reconnoissable, comme si de la laine on en avoit fait des ouvrages, le vendeur ne pourra plus la revendiquer. Il faut aussi que la chose n'ait pas été revendue en marché public : car la foi publique donne aux acheteurs une pleine sûreté pour les choses achetées dans ces marchés contre les propriétaires, de même que le décret la donne à l'égard des immeubles.

Observez aussi que le long-temps qui s'est écoulé depuis la vente, fait présumer que le vendeur a donné terme, & en a en conséquence transféré la propriété par la tradition ; ce qui l'empêche de pouvoir la poursuivre contre les tiers.

(2) C'est-à-dire, former opposition à la saisie & à la vente, non pour revendiquer la chose dont il a cessé d'être propriétaire, mais pour être payé sur le prix par privilege. Cette hypotheque privilégiée que la Coutume donne au vendeur pour le prix, est de Droit François ; le Droit Romain ne la lui accordoit pas, s'il ne se l'étoit retenue.

(3) Excepté ceux qui auroient eux-mêmes un privilege plus fort que le sien.

ARTICLE CCCCLIX.

L'exécuteur du testament peut dedans l'an & jour du décès du testateur, faire procéder par voye d'arrest, & exécution sur les biens des debteurs du deffunct, jusques à l'accomplissement (1) dudit testament. A. C. art. 363.

(1) C'est-à-dire, jusqu'à concurrence de la somme nécessaire pour le testament. C'est une suite de l'*art.* 290.

ARTICLE CCCCLX.

De toutes amendes *provenant de fol appel, acquiescement, & au-* A. C. art. 365.

tres, réglées par les Ordonnances, & Couſtumes (1), les femmes n'en doivent que la moitié.

(1) Cela ne s'étend pas aux amendes domaniales dues par les aveux & reconnoiſſances aux ſeigneurs de fief & de cenſive.

ARTICLE CCCCLXI.

A. C. *art.* 366. Tous Preſtres, Clercs, & Laïcz, quand ils ſont convenus (1) pardevant Juge lay (2), pour cognoiſtre ou nier cedules faites ſoubs leur ſcel (3) ou ſeing manuel; ils ſont tenus icelles recognoiſtre, ou nier pardevant le Juge lay, & y reſpondre, quant à ladite (4) recognoiſſance.

(1) C'eſt-à-dire, aſſignés.
(2) Pourvu que ce ſoit le Juge ordinaire du lieu de la demeure de la partie aſſignée.
(3) Autrefois les perſonnes qui ne ſçavoient pas ſigner, ſcelloient de leur ſceau les actes où elles étoient parties, & ce ſceau tenoit lieu de ſignature; ce qui n'eſt plus en uſage.
(4) Sauf à pouvoir demander le renvoi de la cauſe pour le fond pardevant le Juge de leur privilege.

ARTICLE CCCCLXII.

A. C. *art.* 367. Cedule privée, reconnuë (1) ou vérifiée (2), porte *hypotheque*, & garniſon de main (3) contre celui qui a fait ladite cedule (4). Et eſt le debteur ſubjet à la Juriſdiction ſéculiere (5), tenu garnir ès mains *du créancier* (6), le debt contenu en ladite cedule. Et juſqu'à ce qu'il ayt garny, ne doit eſtre receu à propoſer aucune exception, & défenſe. Toutefois, ſi la cedule étoit conditionnelle,

(1) Ou volontairement pardevant Notaire, ou par Sentence; *Voyez l'Introd. chap.* 1, *n.* 13.
(2) Par Experts nommés par le Juge; *Voyez l'Introd. ibid.*
(3) De la même maniere que les actes authentiques; *Voyez l'art.* 430, *& la note* 5 *ſur ledit article.*
(4) Si elle eſt reconnue par ſes héritiers, ou vérifiée contre ſes héritiers, elle ne porte hypotheque & garniſon de main contre chacun deſdits héritiers, que pour la part dont chacun eſt héritier; l'hypotheque réſultante de la reconnoiſſance ou vérification, n'étant ſurvenue que depuis la diviſion de la dette entre leſdits héritiers.
(5) En 1509, lors de la rédaction de la Coutume, le Juge ſéculier ne pouvoit prononcer contre les Eccléſiaſtiques que la ſimple reconnoiſſance de leurs cédules: il ne pouvoit rien ſtatuer, même par proviſion, ſur le paiement. C'eſt pourquoi l'article 367, en diſant que *cédule privée reconnue porte garniſon de main*, ajoute ces termes, *contre le débiteur ſujet à la Juriſdiction ſéculiere.* Mais l'Ordonnance de Rouſſillon de 1563, *art.* 10, ayant donné le pouvoir aux Juges Royaux de décerner contre toutes perſonnes la proviſion aux cédules reconnues ou vérifiées, ces termes, *ſujet à la Juriſdiction ſéculiere*, doivent être conſidérés en cet article, qui eſt de la réforme de 1583, comme y ayant été copiés par inadvertance ſur l'article de l'ancienne, & comme de nul effet; la Coutume n'ayant pu par cette inadvertance déroger à l'Ordonnance.
(6) En donnant par le créancier caution, ſuivant qu'il eſt porté par *l'art.* 430.

(7) & que la condition emportast cognoissance de cause, le Juge, parties ouyes (8), peut ordonner de ladite garnison.

(7) Si le débiteur avoit promis payer, non purement & simplement, mais sous une certaine condition, & qu'il y eût contestation entre les parties, si cette condition a été accomplie ou non.

(8) C'est-à-dire, après être entré en connoissance de cause, si la condition a été effectivement accomplie. Si elle ne l'étoit pas, le Juge n'ordonneroit pas le paiement par provision; mais il ne laisseroit pas de prononcer la reconnoissance : & l'hypotheque aura lieu du jour de cette reconnoissance, si par la suite la condition s'accomplit.

Article CCCCLXIII.

Un Notaire ou Tabellion (1) ne peut valablement (2) passer ne recevoir lettres & contrats hors leurs Chastellenies & Jurisdiction: sinon les Notaires du Chastelet de Paris, d'Orléans, & Montpellier, qui par privilege (3) peuvent, & ont accoustumé recevoir & passer tous contrats par tout le Royaume de France. A. C. art. 368.

(1) Le Tabellion étoit autrefois différent du Notaire: celui-ci recevoit la minute, le Tabellion en faisoit la grosse; *Voyez l'Edit de* 1542. Depuis, par Edit de 1597, les offices de Tabellions ont été réunis à ceux des Notaires.

(2) Sur ce qui est requis, *Voyez l'Introd. n.* 10 *& suiv.*

(3) Il y a apparence que ce privilege tire son origine de la célébrité des Écoles de ces trois Villes. La confiance qu'on avoit en la science de leurs Juristes, qui faisoient la fonction de Notaires, les faisoit appeller de toutes les parties du Royaume pour recevoir les actes importans. C'est en conséquence de ce, que Philippe-le-Bel ayant, en 1302, érigé en titre d'office douze Clercs Notaires & Tabellions du Châtelet d'Orléans qui étoient auparavant commis par les Juges, leur donna par l'Edit de création le privilege de recevoir des actes par tout le Royaume; & ce privilege leur a été depuis confirmé par les Lettres-patentes de Louis XII en 1512, de François I en 1539, de Charles IX en 1561, & de Henri III en 1584; à la charge néanmoins qu'ils ne pourront s'établir ni résider hors la Ville d'Orléans. Ce privilege a été encore récemment confirmé par un Arrêt de la Cour du 22 Mai 1735, rendu contradictoirement contre les Notaires de Châteaudun.

Le Châtelet d'Orléans a un autre privilege, qui est que son sceau est attributif de Jurisdiction; c'est-à-dire, que ceux qui ont contracté par acte reçu par un Notaire du Châtelet d'Orléans, peuvent, eux & leurs héritiers, en quelque lieu du Royaume qu'ils aient leur domicile, être assignés au Châtelet d'Orléans pour l'exécution de leurs obligations & engagemens contenus auxdits actes. Ce privilege a été reconnu & confirmé par un très-grand nombre d'Arrêts de la Cour & de Réglemens, dont plusieurs sont rapportés dans les notes de 1740 sur cet article; il vient encore de l'être récemment par l'article 21 de l'Edit de réunion de la Prévôté d'Orléans au Bailliage, du mois de Mars 1749.

TITRE XXI.

Des Criées.

INTRODUCTION AU TITRE.

1. NOTRE Coutume, après avoir traité dans le Titre précédent, des saisies mobiliaires, traite dans celui-ci de la saisie des immeubles, qu'on appelle *saisie réelle.*

Quoique l'Edit de 1551 ait prescrit la forme dans laquelle les héritages devoient être saisis & vendus, néanmoins il faut aussi observer celle prescrite par les Coutumes dans le territoire desquelles sont situés les héritages qu'on veut saisir réellement. Notre Coutume expose dans ce Titre la forme qu'elle veut être observée, & elle donne à toute cette procédure le nom de Criées, *metonymicè*, parce que les criées ou proclamations en sont une des principales parties.

§. I.

Quelles choses peut-on saisir réellement.

2. Tous les biens immeubles, de quelque espece qu'ils soient, peuvent être saisis réellement; non-seulement les corps d'héritages, tels que sont les fonds de terre, mais même les droits incorporels, tels qu'une censive, un fief, un droit de Justice, un droit de bannalité, une rente fonciere, un droit d'usufruit.

3. Les rentes constituées étant dans notre Coutume réputées immeubles, peuvent être saisies réellement; *art. 481 & 482.* Il en est de même des Offices; *art. 484.*

4. Les propres conventionnels, tel qu'est le droit de reprise d'une somme qu'un conjoint s'est stipulée propre à lui, aux siens & à ceux de son côté & ligne, n'étant réputés propres & immeubles que pour le cas de la convention, & conservant hors ce cas leur nature de créance mobiliaire, ne sont pas susceptibles de saisie réelle.

5. La saisie réelle n'étant autre chose que l'exécution du droit d'hypotheque que le créancier a sur un immeuble, il s'ensuit que les choses qui sont hors le commerce, ne pouvant être aliénées ni engagées, ne peuvent être saisies réellement. Telles sont les choses consacrées à Dieu, comme les Eglises, les Cimetieres, les Monasteres. Néanmoins ceux qui sont créanciers pour le prix du fonds, ou pour la construction des bâtimens d'un Monastere, peuvent le saisir réellement; ne devant pas être censé consacré à Dieu & mis hors le commerce à leur préjudice; *Arrêt cité par Héricourt, III, 5.*

6. Les

6. Les biens d'Eglise qui ne sont pas, comme les choses dont nous venons de parler, spécialement consacrés à Dieu, & dont l'usage est profane, peuvent être saisis réellement pour les dettes que les Communautés ecclésiastiques ont valablement contractées, & auxquelles par conséquent ces biens sont hypothéqués.

On ne doit pas permettre la saisie réelle des biens appartenans à des communautés d'habitans pour leurs dettes, quoique valablement contractées, lorsqu'elles peuvent être acquitées par des impositions sur les habitans; *Journal des Aud. T. 1, l. 7, ch. 1.*

7. Le revenu du titre clérical d'un Ecclésiastique étant, suivant l'Ordonnance d'Orléans, *art. 12, inaliénable, & non sujet à aucune obligation & hypotheque créée depuis sa promotion*, c'est une conséquence que l'héritage qui sert de titre clérical, ne peut être saisi réellement pour aucunes dettes faites depuis cette promotion, qu'à la charge d'en laisser le revenu à l'Ecclésiastique pendant sa vie. *Héricourt, ibid. ch. 3, n. 6*, pense que cela doit avoir lieu, même dans le cas auquel l'Ecclésiastique seroit pourvu de bénéfices, parce que l'Ordonnance ne fait aucune distinction, & qu'il pourroit arriver qu'il résignât ses bénéfices.

§. II.

Pour quelles dettes peut-on saisir réellement.

8. La saisie réelle, de-même que celle des meubles, ne peut se faire que pour une dette dont le titre soit exécutoire, qui ne soit suspendue par aucune condition, dont l'exigibilité ne soit arrêtée par aucun terme, & qui soit d'une somme certaine & liquide; *Voyez ce qui a été dit en l'Introd. au Tit. précédent, ch. 1, §. 1.*

9. Il faut de plus, pour la saisie réelle, que la dette soit de quelque considération. Plusieurs Auteurs décident qu'elle doit être au moins d'une somme de cent livres.

10. Un jugement provisionnel est un titre suffisant pour saisir réellement; sauf qu'on ne peut procéder à l'adjudication qu'après la condamnation définitive; *Ordon. de 1667, Tit. 27, art. 8.*

Si les Lettres de Répit ou d'Etat doivent empêcher ou arrêter la saisie réelle, *Voyez l'Introd. au tit. 19, n. 134 & 135.*

§. III.

Sur qui peut se faire la saisie réelle.

11. La saisie réelle d'un héritage ne peut se faire que sur celui qui le possede *animo domini*, soit qu'il en soit effectivement le vrai propriétaire, soit qu'il le possede comme s'en réputant le propriétaire. De là la maxime qu'un décret n'est pas valable lorsqu'il est fait *super non domino*, c'est-à-dire, *super non possessore.* C'est pourquoi si on a compris dans la saisie faite sur un tiers, quelque bien qui m'appartienne & dont je suis en possession, le décret, quoi-

que je n'y aie pas formé opposition, ne me fera pas perdre ma propriété, pourvu que j'aie conservé la possession de ce bien.

Mais si ce bien a été compris dans le bail judiciaire fait à un autre qu'à mon fermier, & que j'en aie laissé jouir ce fermier judiciaire, je ne pourrai attaquer le décret auquel j'aurai manqué de m'opposer, comme fait *super non possessore*, m'en étant laissé déposséder par ma faute; *Héricourt*, IV, I.

12. La saisie réelle ne pouvant se faire que sur le propriétaire ou possesseur de l'héritage, on ne peut pas le saisir sur l'usufruitier : on peut seulement saisir sur lui son droit d'usufruit. On peut encore moins saisir sur un fermier.

13. Pareillement, lorsque quelqu'un a pris un héritage à titre d'emphytéose, je ne puis saisir sur lui ni sur ses héritiers que le droit d'emphytéose que ce preneur ou ses héritiers ont dans cet héritage, & non l'héritage même. Si j'avois saisi sur lui l'héritage même, le décret seroit nul, comme fait *super non domino* : car il n'est pas vrai seigneur, ni même vrai possesseur de l'héritage; il n'est propriétaire & possesseur que d'un droit d'emphytéose dans cet héritage. C'est conformément à ce principe que par Arrêt du premier Décembre 1611, le Prieur de Saint Maclou d'Orléans a été admis à rentrer dans un héritage réversible à son Prieuré, quoiqu'il n'eût formé aucune opposition au décret de cet héritage, qui avoit été saisi & vendu sur un héritier du preneur quarante-cinq ans avant la demande du Prieur. Héricourt ajoute qu'il y a eu un Arrêt semblable en 1612.

Il en seroit autrement, si celui sur qui l'héritage a été saisi, étoit un tiers acquéreur qui l'eût acquis sans aucune charge d'emphytéose, & qui le possédât comme un bien dont il croyoit avoir la pleine propriété : le décret en ce cas étant fait sur un vrai possesseur de l'héritage, seroit valable, & purgeroit le droit du seigneur direct, faute par lui de s'opposer.

14. Quoiqu'un débiteur qui a fait un abandon de ses biens à ses créanciers, en demeure toujours le vrai propriétaire jusqu'à ce que ses créanciers les aient vendus; *L.* 3, ff. *de cess. bon. Introd au T.* 19, *n.* 127; néanmoins les créanciers ne peuvent saisir réellement sur lui les biens qu'il a abandonnés. On ne doit pas avoir recours à la saisie réelle pour le dépouiller d'une jouissance dont il s'est volontairement dépouillé : c'est pourquoi si les créanciers veulent les saisir réellement, ils ne peuvent le faire que sur un curateur qu'ils doivent en ce cas faire créer aux biens délaissés. Mais il est d'usage en ce cas qu'ils nomment des directeurs ou syndics, pour vendre de gré à gré les biens délaissés.

15. Il faut encore que la personne sur qui la saisie reelle est faite, soit capable d'être en jugement. C'est pourquoi l'on ne peut saisir sur un mineur, ni sur un interdit : il faut saisir sur son tuteur ou son curateur, & s'il n'en a point, lui en faire nommer un.

Le mineur, quoiqu'émancipé, même par mariage, ne pouvant ester en jugement sans un curateur, dans ce qui tend à l'aliénation de ses immeubles, la saisie réelle ne seroit pas valablement faite sur lui seul; il faut saisir sur lui & sur son curateur.

Par la même raison, les biens propres d'une femme sous puissance de mari, doivent être saisis sur son mari & sur elle : la saisie ne seroit pas valablement faite sur elle seule, ni sur son mari seul.

16. Il faut enfin que celui sur qui je saisis, soit obligé lui-même envers moi par un acte exécutoire, c'est-à-dire, par un acte devant Notaire, ou par un billet reconnu; ou qu'il soit lui-même condamné envers moi par un jugement contre lequel il n'y ait ni appel ni opposition, ou du moins qui soit de nature à pouvoir s'exécuter nonobstant l'appel ou l'opposition.

Je ne puis donc pas saisir réellement sur les héritiers de mon débiteur les héritages qui me sont hypothéqués, jusqu'à ce qu'ils m'aient passé titre nouvel, ou que je les aie fait condamner par un jugement qui déclare mes titres exécutoires contre eux; *art. 433; Introd au tit. précéd. n. 94.*

17. Pareillement, si ma débitrice qui étoit mon obligée ou ma condamnée, s'est mariée, je ne pourrai saisir réellement ses héritages, jusqu'à ce que son mari m'ait passé titre nouvel, ou que j'aie obtenu condamnation contre lui; *ibid.* après quoi je pourrai saisir: & la saisie doit se faire sur le mari & la femme conjointement, à moins que sa femme n'eût mis en communauté ses héritages; auquel cas *je pourrai les saisir sur le mari seul*, comme seul seigneur des biens de la communauté.

18. Je puis encore moins saisir les héritages qui me sont hypothéqués, sur un tiers détenteur qui n'est ni mon obligé ni mon condamné, & je n'ai contre lui que la voie de l'action hypothécaire. Si sur cette action j'obtiens sentence de condamnation contre lui, qui ne soit suspendue par aucun appel ni opposition, je puis *saisir sur* lui l'héritage en vertu de cette condamnation: si sur mon action il le délaisse, soit avant, soit même depuis la condamnation, je dois faire créer un curateur à l'héritage délaissé, sur lequel je le saisisse.

§. IV.

De ce qui doit précéder la Saisie réelle.

19. Le créancier, avant que de pouvoir saisir les immeubles de son débiteur, doit le mettre en demeure de payer en lui faisant commandement; *Voyez l'art. 465, & les notes.*

On doit observer dans ces commandemens tout ce qui est prescrit par l'Ordonnance de 1667, *tit.* 2, pour la forme des exploits: le Sergent y doit faire mention du titre en vertu duquel la somme est due, & en donner copie. Il est d'usage qu'il y déclare qu'à faute de paiement, le créancier se pourvoira par saisie réelle.

20. L'Edit du Contrôle ayant dispensé les Sergens de se faire assister de témoins, & la Déclaration du 21 Mars 1671 sur cet Edit, n'ayant conservé la nécessité des témoins que dans les saisies féodales, les saisies réelles, criées & appositions d'affiches, il sembleroit que les commandemens pour parvenir à la saisie réelle, n'en auroient pas besoin; cependant, suivant un acte de notoriété du Châtelet de Paris du 23 Mai 1699, ils y sont jugés nécessaires, à peine de nullité. On regarde ces commandemens qui se font pour parvenir à la saisie réelle, & qui la doivent précéder, comme faisant partie de la saisie réelle, aussi-bien que les exploits de criées & d'apposition d'affiches qui la doivent suivre.

Il faut observer à l'égard de ces témoins ce qui est prescrit par l'Ordonnance de 1667, *tit.* 2.

21. Notre Coutume ni aucune Ordonnance n'ayant limité la durée de l'effet de ces commandemens, leur effet doit durer pendant trente ans; d'où il suit qu'une saisie réelle faite en vertu de ces commandemens dans les trente années depuis le dernier commandement, est valable.

22. Autrefois la saisie réelle des immeubles du débiteur devoit aussi être précédée de la discussion de ses meubles; mais l'Ordonnance de 1539, *art. 74*, a dispensé de cette discussion. Néanmoins comme cette Ordonnance n'a pas entendu déroger à la disposition de Droit qui défend l'aliénation des immeubles des mineurs, à moins qu'on ne puisse payer leurs dettes d'ailleurs, lorsque le débiteur est mineur, on doit discuter ses biens meubles avant que de passer à la saisie réelle de ses immeubles: cette discussion du mobilier du mineur se fait par un bref état de compte que le saisissant doit faire donner au tuteur. Je ne pense pas néanmoins qu'une saisie réelle fût nulle, faute par le saisissant d'avoir fait donner cet état avant la saisie, pourvu qu'il l'eût fait donner depuis la saisie & avant la vente, & qu'il parût par cet état que le mobilier du mineur n'étoit pas suffisant pour payer.

23. Quelques Auteurs ont pensé que l'Ordonnance de 1539 doit souffrir une autre exception à l'égard des offices, & qu'il est nécessaire de saisir les meubles d'un Officier avant que de saisir son office. On cite pour cette opinion un Arrêt du 8 Mai 1511: mais les derniers Edits qui ont prescrit les regles qu'on doit suivre dans la saisie des Offices, n'ayant pas parlé de cette discussion préalable des meubles, on doit en conclure qu'elle n'est pas nécessaire; *Héricourt, ch. 6, n. 4.*

24. C'est une formalité particuliere à notre Coutume, que le créancier, avant que de saisir, doit prendre une commission spéciale du Juge pour saisir les héritages qu'il entend saisir. *Voyez sur ce que doit contenir cette commission, l'art. 463.*

Cette commission se prend au Greffe du Juge devant qui l'on entend poursuivre la saisie.

Lorsque la saisie d'un héritage situé dans le territoire de cette Coutume, se poursuit à Paris, où ces commissions ne sont pas en usage, l'Auteur des notes de l'édition de 1711 dit qu'en ce cas la commission doit être prise au Greffe du Juge Royal dans le territoire duquel l'héritage est situé.

§. V.

Pardevant quel Juge doit se poursuivre la Saisie réelle.

25. L'article premier du Réglement du 23 Novembre 1598, regle quel est le Juge devant qui se doivent poursuivre les saisies réelles; il porte: « Les » adjudications par décret des immeubles mis en criées en exécution d'Ar- » rêts ou exécutoires de la Cour, seront faites en icelle, & les autres faites » en vertu de Sentences aux Sieges auxquels elles auront été données », à moins qu'elles n'eussent été rendues par des Juges qui n'ont pas l'exécution de leurs Sentences, tels que sont les Juges-Consuls & les Juges d'Eglise; auquel cas la saisie réelle qui se feroit en vertu de ces Sentences, ne pourroit se faire que pardevant le Juge ordinaire du domicile du débiteur.

26. On ne pourroit pas non plus poursuivre une saisie réelle devant un Juge criminel, pour le paiement des intérêts civils & dépens adjugés par sa Sentence : car la Jurisdiction des Juges criminels est bornée aux matieres criminelles ; & une saisie réelle est une matiere civile. C'est pour cela que, par Arrêt de 1578, cité par *Héricourt*, *Traité de la Vente des immeubles*, *ch.* 2, *n.* 7, un décret fut cassé pour avoir été fait devant le Lieutenant Criminel d'Angers.

Par la même raison, on ne pourroit pas porter au Siege de la Police une saisie réelle, quoique pour le paiement d'une amende de Police.

27. Quelques anciens Réglemens avoient fait défenses de faire les saisies réelles dans les Justices des Seigneurs, sauf dans celles qui ressortissent nuement au Parlement ; mais les nouveaux Réglemens ont déclaré les Juges compétens de cette maniere ; *Héricourt*, *ibid. n. 8.*

28. Le Réglement de 1598 ajoute : *& ce qui sera mis en criées par vertu d'obligations & contrats, pardevant les Juges auxquels l'exécution d'iceux appartient.*

Elle appartient au Juge du domicile de celui qui a contracté l'obligation, & sur qui l'on veut saisir ; à moins que l'acte n'ait été passé sous un scel attributif de Jurisdiction, tel que celui des Châtelets de Paris & d'Orléans ; auquel cas le créancier peut, si bon lui semble, porter la saisie devant le Juge sous le sceau de la Jurisdiction duquel l'acte a été passé.

29. Lorsque le saisissant, le saisi, ou quelqu'un des créanciers opposans est privilégié, ce privilégié peut faire porter la saisie réelle devant le Juge de son privilege, pourvu que, si la saisie a été portée devant le Juge ordinaire, le renvoi devant le Juge du privilege soit demandé avant le congé d'adjuger ; *Héricourt*, *ibid. n.* 11 : car c'est ce congé d'adjuger qui fait la contestation en cause dans les instances de saisies réelles : or les exceptions déclinatoires doivent être proposées avant la contestation en cause.

30. Pour qu'un créancier opposant puisse évoquer la saisie réelle devant le Juge de son privilege, il faut que son opposition soit une opposition directe : les opposans en sous-ordre ne le peuvent ; *Déclaration du 12 Juin 1694*, *art.* 7.

31. Les opposans à fin de distraire ou à fin de charge, dont il sera parlé *infrà*, §. 9, peuvent bien porter leur opposition devant le Juge de leur privilege ; mais après qu'elle y a été jugée, la saisie réelle se continue devant le Juge devant qui elle a été commencée.

§. VI.

De la forme en laquelle se fait la Saisie, & de la procédure qui doit être tenue depuis la Saisie jusqu'à l'Adjudication.

32. La saisie réelle se fait par le ministere d'un Sergent qui se transporte avec deux témoins sur les héritages que le créancier veut saisir, & dresse un procès-verbal de la saisie qu'il en fait.

Sur la forme de cet exploit de saisie réelle, *Voyez l'art.* 466, *& les notes*, *& l'art.* 467. Il doit être recordé de témoins ; *Déclaration de 1671*, *ci-dessus citée.*

33. Le Sergent, par cet exploit de saisie réelle, ou incontinent après, établit le Commissaire aux saisies réelles pour régir & gouverner les biens saisis; *art. 466.*

L'Edit de 1551, *art. 4*, veut que le Commissaire soit établi avant la premiere criée, à peine de nullité des criées.

34. Pour mettre le Commissaire en état de régir les biens auxquels il est établi, le saisissant doit faire porter à son bureau l'exploit de la saisie pour l'y faire enregistrer. Nous verrons au §. *suiv.* quelles sont les fonctions de ce Commissaire.

35. Après la saisie réelle, on doit mettre des affiches, & faire les criées, c'est-à-dire, les proclamations qui annoncent au public que l'héritage est saisi pour être vendu.

Sur le nombre de ces criées, leurs intervalles, la forme en laquelle elles doivent être faites, & les lieux où elles doivent se faire, & pareillement sur la forme des affiches, & les lieux où elles doivent être mises, *Voyez les articles 468, 469, 470, 481, 482 & 483.*

36. Les criées finies, le saisissant remet sa procédure entre les mains du Certificateur (cet office est réuni ici à la Communauté des Procureurs, qui l'exercent par tour) : *sur le rapport qu'il en fait à l'Audience, & sur* l'avis de dix Avocats ou Procureurs, le Juge ou les déclare bien faites, ou les rejette; *Voyez l'art.* 472. C'est ce qui s'appelle le *Jugement de certification de criées.*

37. Ce n'est qu'après ce jugement que le saisissant peut obtenir l'appointement à décréter, qu'on appelle aussi *congé d'adjuger;* il ne pourroit pas être prononcé par le même jugement qui a certifié les criées; *Arrêt cité par Héricourt, IX, 9.*

Cet appointement est un jugement par lequel le Juge ordonne que l'héritage saisi sera vendu au *quarantieme jour, au plus offrant* & dernier enchérisseur, & qu'à cet effet affiches seront mises.

Le saisissant, pour faire rendre ce jugement, doit assigner le saisi devant le Juge où doit se porter la saisie réelle, pour le voir prononcer; & ce n'est qu'après tous les délais des assignations portées par l'Ordonnance de 1667, qu'il doit être rendu. Il faut aussi que la saisie réelle ait été registrée au Greffe de la Justice, au moins un mois auparavant; *Arrêt du 24 Janvier 1674, au Journal du Palais.*

38. En exécution de cet appointement à décréter, & après qu'il a été signifié au Procureur du saisi, & à l'ancien des opposans, s'il y en a, le saisissant met une enchere au Greffe, qui doit contenir le sommaire des criées, la déclaration des héritages, leurs charges, & le jour auquel doit échoir l'assignation pour procéder au décret.

On lui en délivre une expédition, qu'il signifie au Procureur du saisi & à l'ancien des opposans, & qu'il doit faire afficher aux mêmes lieux où se mettent celles dont il est parlé, *art. 470.*

Ce n'est que du jour que ces affiches ont été mises dans tous les lieux où elles doivent l'être, que commence à courir le temps de quarante jours de l'appointement.

Ces affiches doivent rester pendant quinzaine, *suivant l'art. 7 de l'Edit de*

1551; l'Arrêt de vérification menace de peines corporelles ceux qui les arracheroient. Au reste, quand on mettroit en fait que l'affiche a été arrachée, cela n'opéreroit pas une nullité; à moins qu'il ne fût justifié que cela s'est fait par le dol de l'adjudicataire. Héricourt, *IX*, 20, *cite un Arrêt du 24 Juillet 1607.*

39. Pendant la quarantaine on reçoit au Greffe les encheres de ceux qui se présentent; & le jour d'Audience auquel elle echet, s'il n'y a point d'appel de l'appointement à décréter qui en suspende l'exécution (*infrà*, *n.* 64), on lit les encheres à l'Audience, on y reçoit celles qui s'y présentent, & on adjuge, sauf quinzaine, l'héritage au dernier enchérisseur.

On appelle adjuger sauf quinzaine, vendre à la charge que l'héritage pourra être crié de nouveau après la quinzaine, & que la vente n'aura lieu qu'au cas auquel il ne surviendroit pas une plus forte enchere. Cette adjudication a quelque ressemblance avec la vente qu'on appelle en Droit, *Addictio in diem : de quâ tit.* ff. *de addict. in diem.* Elles different néanmoins en plusieurs choses.

Nous traiterons ci-après, dans un Paragraphe séparé, des personnes qui sont admises à enchérir & à se rendre adjudicataires, & des engagemens que renferment les encheres, & les adjudications sauf quinzaine.

40. Au jour d'Audience auquel echet le délai de quinzaine, on lit de nouveau à l'Audience l'enchere, on reçoit celles qui se présentent; mais ce n'est qu'après trois remises de quinzaine en quinzaine, que se fait l'adjudication pure & simple.

Ces délais de quinzaine courent du jour du jugement qui ordonne la remise, & non pas seulement du jour de la signification; *Acte de notoriété du Châtelet de Paris du 11 Janvier 1690.*

Suivant un autre acte de notoriété du Châtelet de Paris du 19 Février 1677, confirmé par un Arrêt du 3 Avril 1677, cité par *Héricourt*, *IX*, 15, lorsque le délai de quinzaine tombe à jour de fête, le jour se proroge de droit à la huitaine suivante, sans qu'il soit besoin de le faire ordonner.

41. Il nous reste à observer que, suivant l'Arrêt de la Cour du 28 Mars 1692, *art.* 3, les saisies réelles & instances de criées ne tombent pas en péremption, lorsqu'il y a eu établissement de Commissaire, & baux faits en conséquence. La raison est que l'établissement de Commissaire & les baux faits en conséquence, réclament toujours pour la saisie, & empêchent qu'elle ne puisse paroître abandonnée.

§. VII.

De l'effet de la Saisie réelle, & des fonctions du Commissaire qui y est établi.

42. Pour que la saisie réelle mette sous la main de Justice l'héritage saisi, il faut que le Sergent établisse un Commissaire à l'héritage saisi, qui détienne de la part de la Justice ledit héritage, & en perçoive les revenus pour les conserver aux créanciers.

Ces Commissaires étoient autrefois des particuliers. Il arrivoit souvent que le Sergent, gagné par argent, établissoit pour Commissaires des personnes affidées au débiteur saisi, ou des gens insolvables. Sur les plaintes qui furent faites de ces malversations par les Etats assemblés à Paris, le Roi Louis XIII, par son Edit de 1626, a créé des Commissaires aux saisies réelles en titre d'office. Depuis cet établissement, on ne peut plus, à peine de nullité, établir d'autre Commissaire que le Commissaire en titre d'office de la Jurisdiction où se poursuit la saisie : c'est ce qui est porté par l'*art. 8 de l'Edit de 1689.*

43. La saisie réelle & l'établissement de Commissaire ne dépouille pas le débiteur saisi, ni de la propriété, ni même de la possession des biens saisis; car *main de Justice ne dessaisit personne; art. 3.* Il demeure, jusqu'à l'adjudication, le vrai propriétaire & possesseur : c'est pour son compte que le Commissaire perçoit les revenus, puisqu'ils sont employés à acquitter ses dettes : la saisie l'empêche seulement de jouir par lui-même, & conserve les revenus à ses créanciers.

44. Néanmoins, lorsque quelqu'un est saisi en tous ses biens, il est d'usage de lui adjuger, pendant le cours de la saisie, des provisions pour ses alimens. On en adjuge aussi aux enfans du saisi : mais on n'en adjuge pas à ses héritiers collatéraux, à moins qu'ils ne fussent les plus anciens créanciers.

45. La premiere fonction du Commissaire est d'enregistrer sur son livre d'*apport*, l'apport des saisies réelles à l'instant qu'elles sont apportées à son bureau. Il doit faire mention du jour & de l'heure qu'elles lui ont été apportées. Il ne peut, sur aucun prétexte, refuser cet enregistrement, pas même sur le prétexte qu'il y auroit déja une saisie des mêmes biens précédemment enregistrée; *Edit de 1689, art. 12; Réglement des 12 Août 1664 & 29 Avril 1722.*

Huitaine après au plus tard, il doit les enregistrer sur un autre registre destiné pour cela, dans le même ordre qu'elles ont été apportées, pourvu qu'il ne s'en trouve pas une des mêmes biens précédemment enregistrée; auquel cas il doit rendre la seconde avec son acte de refus. Si la seconde étoit plus ample, il la transcrira en entier, en donnant néanmoins son refus de se charger envers le second saisissant des biens qui sont déja compris en la premiere saisie, & dont il est déja chargé envers le premier; sauf aux saisissans à faire juger laquelle des deux saisies prévaudra; & il sera fait mention par la suite, en marge, du Jugement qui sera sur ce intervenu; *Edit de 1689, art. 10 & 11.*

46. On fait aussi mention en marge des Jugemens qui évoquent ou renvoient la saisie réelle en une autre Jurisdiction; *ibid. art. 10.*

Lorsque plusieurs saisies réelles de différens biens du même débiteur sont par un jugement réunies, pour être poursuivies par une même personne, on fait pareillement mention de ce jugement en marge de l'enregistrement de la saisie à laquelle les autres ont été réunies.

Lorsqu'il est intervenu un jugement qui a fait main-levée de la saisie, ou lorsque le saisissant l'a donnée par un acte devant Notaire, on fait pareillement en marge de l'enregistrement, mention du jugement, ou de l'acte de main-levée.

Ces registres sont publics; il permis à tout le monde d'en prendre communication. Ils doivent être cotés & paraphés par le Juge.

47. La seconde fonction du Commissaire est de faire procéder au bail judiciaire des biens saisis. Nous traiterons de ces baux au Paragraphe suivant.

Lorsqu'il

Lorſqu'il n'y a pas un mois d'intervalle entre l'enregiſtrement de la ſaiſie & le temps de la récolte, le Commiſſaire n'eſt pas tenu de ſe charger des fruits; ſauf au ſaiſiſſant à les faire vendre par les racines; *Edit de 1626.*

Lorſque c'eſt une rente ou un office qui eſt ſaiſi, il ne faut pas de bail judiciaire : mais au lieu de cela le Commiſſaire doit ſignifier la ſaiſie aux débiteurs de la rente, ou aux payeurs des gages de l'office, avec défenſe de payer à d'autre qu'à lui.

48. La troiſieme fonction du Commiſſaire eſt de faire payer les fermes dues par les fermiers judiciaires, & les arrérages des rentes par les débiteurs. Faute de diligence, il peut être rendu reſponſable de leur inſolvabilité.

49. La quatrieme fonction concerne les paiemens qu'il doit faire. C'eſt lui qui doit payer les proviſions qui ſont ordonnées par le Juge, ſoit au ſaiſi, pour ſes alimens, ſoit à d'autres : il eſt défendu aux Juges d'ordonner qu'il ſoit fait aucun paiement par les fermiers judiciaires, ſi ce n'eſt pour réparations, droits ſeigneuriaux & charges foncieres; *Edit de Juillet 1689, art. 20.*

Il eſt auſſi défendu au Commiſſaire de faire aucun paiement, notamment aux Procureurs & Huiſſiers pour leurs frais & avances, ſi ce n'eſt en vertu d'un Jugement rendu avec le ſaiſi, le ſaiſiſſant & l'ancien Procureur des oppoſans; & lorſqu'il eſt par défaut, il ne peut payer qu'après qu'il s'eſt écoulé trois jours depuis la ſignification, ſans qu'il y ait eu aucun empêchement fait par ordonnance de Juſtice; *ibid. art. 8.*

Lorſqu'il prétend n'avoir deniers pour payer, il lui ſuffit de donner un bref extrait de ſon regiſtre, contenant la recette & la dépenſe, qu'il certifiera véritable, ſous peine du quadruple; *Edit de 1689, art. 24.*

50. Enfin ſa cinquieme & derniere fonction eſt de rendre compte après l'adjudication, ou la main-levée de la ſaiſie, tant au ſaiſi qu'au ſaiſiſſant, & à l'ancien Procureur des oppoſans; & il doit payer le reliquat dans la huitaine après le jugement qui l'aura arrêté. *Voyez ſur ce compte les art. 21, 22 & 23 de l'Édit de Juillet 1689.*

Les Commiſſaires, leurs veuves & héritiers ne peuvent être recherchés pour le fait de leur commiſſion au bout de dix ans depuis la reddition & clôture de leur compte, ſi ce n'eſt pour erreur de calcul, & pour le paiement du reliquat, ſans qu'ils puiſſent à cet égard oppoſer aucune preſcription, par quelque laps de temps que ce ſoit; *art. 25 dudit Edit.*

§. VIII.

Du Bail judiciaire.

51. Le Commiſſaire établi au gouvernement des biens ſaiſis, ne les fait pas valoir par lui-même : il faut donc qu'il pourſuive le bail à ferme ou loyer. Ce bail ſe fait à l'Audience par le Juge, & eſt pour cette raiſon appellé *bail judiciaire.* La procédure pour y parvenir eſt détaillée dans le Réglement du 12 Août 1664, qui ſe trouve à la fin du Traité d'Héricourt, de la Vente des Immeubles.

52. Il y a lieu au bail judiciaire, même dans le cas auquel l'héritage ſaiſi

se trouveroit affermé : car le droit d'un fermier n'étant pas un droit dans la chose, mais un simple droit contre la personne qui lui a fait le bail, qui résulte de l'obligation qu'elle a contractée envers lui, ce fermier ne peut avoir d'action pour jouir de l'héritage que contre le saisi qui lui a fait le bail, lequel étant dépouillé lui-même, par la saisie réelle, de la jouissance de cet héritage, ne peut plus l'en faire jouir. Il n'en peut avoir contre les créanciers saisissans & opposans, auxquels la saisie réelle donne le droit de jouir de l'héritage saisi en paiement de leurs créances; car ces créanciers n'ont contracté avec lui aucune obligation, & ne sont pas tenus de celles de leur débiteur. Il ne peut donc lui rester d'autre ressource que de venir avec les autres créanciers à l'ordre, pour les dommages & intérêts qui lui sont dus par le saisi pour l'inexécution de son bail.

Quoiqu'il en soit ainsi selon la rigueur du Droit, néanmoins, par un tempérament d'équité, le fermier, avant l'adjudication du bail judiciaire, peut intervenir, & être écouté à demander la conversion de son bail en bail judiciaire, pourvu que le bail soit fait pour une ferme en deniers, & non en grains (*Arrêts rapportés par Papon*, XVIII, 21.), sans fraude & sans deniers d'entrée, au moins considérables.

Il est même d'usage que le Commissaire, avant que de procéder au bail judiciaire, somme le fermier de déclarer s'il entend convertir son bail conventionnel en bail judiciaire.

53. *Contrà vice versâ.* Le fermier conventionnel peut-il être contraint par le saisi à la conversion de son bail conventionnel en judiciaire? *Bardet*, *T.* 2, 8, 29, rapporte un Arrêt qui l'a jugé ainsi. Cet Arrêt me paroît souffrir difficulté : car il n'est pas juste que la condition de ce fermier soit changée malgré lui; qu'ayant pris l'héritage à bail pour un temps certain, il soit obligé de s'en charger pour un temps incertain qui doit finir par l'adjudication de l'héritage, & qu'il soit soumis malgré lui à la contrainte par corps, à laquelle il ne s'étoit pas soumis par le bail conventionnel. C'est pourquoi j'aurois de la peine à croire que l'Arrêt rapporté par *Bardet* dût être suivi; à moins que le saisissant & les opposans ne consentissent, pour que la condition du fermier conventionnel ne fût pas changée, qu'il ne seroit pas sujet à la contrainte par corps, & que l'adjudication de l'héritage se feroit à la charge de l'entretien de son bail.

54. Par l'art. 35 du Réglement de 1722, il est défendu, sous de très-grosses peines, aux Commissaires, leurs Commis, aux Procureurs, leurs Clercs, & aux Huissiers, de se rendre fermiers judiciaires des biens saisis dans la Jurisdiction où ils sont établis, ni cautions ou certificateurs; à moins qu'ils ne soient opposans en leur nom, pour créances dont le titre soit antérieur à l'enregistrement de la saisie réelle, ou qui leur soient échus depuis par succession ou donation.

L'Ordonnance de Blois, *art.* 132, le défend aussi aux Juges & Avocats.

55. Par les *art.* 37 & 38 du Réglement de 1722, il est fait défenses aux Commissaires de recevoir les parties saisies pour fermiers judiciaires, cautions ou certificateurs, & aux fermiers de faire cession de leurs baux aux parties saisies.

56. On ne doit pas admettre non plus les septuagénaires & les mineurs;

(*Régl. du 22 Juillet 1690*) ceux-ci, parce qu'ils ſont reſtituables contre leur obligation ; ceux-là, parce qu'ils ne ſont pas ſujets à la contrainte corps, à laquelle il eſt de l'intérêt du ſaiſi & des créanciers que le fermier judiciaire ſoit ſoumis.

57. L'adjudicataire du bail judiciaire doit donner caution ; *Régl. du 12 Août 1664, art. 7.*

Le Commiſſaire qui a négligé d'exiger cette caution, ou qui a paſſé pour caution une perſonne inſolvable, en eſt reſponſable. Il eſt tenu à cet égard *de levi culpâ.* Mais ſi la caution qui étoit ſolvable, eſt par la ſuite, par un cas imprévu, devenue inſolvable, il n'en eſt pas reſponſable.

Faute par l'adjudicataire d'avoir donné caution dans la huitaine, ou lorſque celle qu'il a donnée a été rejettée comme inſuffiſante, le Commiſſaire doit faire ordonner avec lui que le bail ſera de nouveau crié à ſa folle enchere.

58. Après l'adjudication du bail, ſi quelqu'un porte une enchere du tiers en ſus du prix de l'adjudication, avec offres d'indemniſer l'adjudicataire des frais par lui faits, il y eſt admis, pourvu que ce ne ſoit pas après la S. Barnabé, qui eſt le temps auquel les grands riſques ſont paſſés : car en ce cas ſon tiercement ne doit pas être admis pour l'année, mais bien pour les années ſuivantes.

59. Sur la maniere dont le fermier judiciaire doit faire procéder à la viſite des héritages, procéder au marché des réparations qui y ſont à faire, & ſur les ſommes qu'il y peut employer, *Voyez le Réglement du 23 Juin 1678.*

Lorſqu'il y a des réparations urgentes à faire pour une ſomme plus grande que celle qu'il eſt permis par ledit Réglement au fermier d'employer, le fermier en doit avertir par écrit le ſaiſiſſant, qui le dénoncera au ſaiſi & à l'ancien Procureur des oppoſans ; & le Juge, en connoiſſance de cauſe, en pourra ordonner le bail au rabais, à quelques ſommes qu'elles puiſſent monter.

60. Le bail judiciaire finit par l'expiration du temps pour lequel il a été fait: on ne doit pas en faire pour un moindre temps que de trois ans.

Il finit même avant ce temps, lorſque la ſaiſie réelle finit par la main-levée qui en eſt donnée, ou par l'adjudication de l'héritage ſaiſi : mais le fermier doit jouir pendant l'année commencée. Telle eſt l'interprétation que l'uſage a donnée au Réglement de 1664, *art. 13.*

§. IX.

De l'appel de la Saiſie réelle, & des différentes eſpeces d'oppoſitions à cette Saiſie.

61. Le débiteur ſaiſi a deux voies pour ſe pourvoir contre la ſaiſie ; celle de l'appel devant le Juge ſupérieur, & celle de l'oppoſition à fin d'annuller devant le Juge devant qui ſe pourſuit la ſaiſie. Nous allons traiter inceſſamment de cette oppoſition.

L'appel de la ſaiſie peut être fondé ſur les mêmes moyens ſur leſquels nous dirons ci-après que peut être fondée l'oppoſition à fin d'annuller.

62. Suivant un acte de notoriété du Châtelet de Paris, du 2 Mars 1686, cet appel ne suspend pas la poursuite de la saisie, & on peut passer outre aux criées jusqu'au congé d'adjuger inclusivement. Cette jurisprudence est fondée sur ce que le titre en vertu duquel se fait la saisie réelle, étant un titre exécutoire, la provision lui est dûe, & le tort que peut faire la continuation des poursuites est réparable en définitif.

63. Il y a quatre différentes especes d'oppositions aux saisies réelles.

La premiere est celle *à fin d'annuller*, qui est celle que forme le saisi pour faire déclarer nulle la saisie.

Elle doit être formée & le Juge y doit statuer avant l'appointement à décréter.

Elle peut être fondée sur des moyens du fond; *putà*, sur ce que le créancier n'avoit pas un titre suffisant pour saisir, ou parce que la dette étoit acquittée lors de la saisie. Elle peut être aussi fondée seulement sur des défauts de forme, soit dans l'exploit de saisie, soit dans le commandement qui l'a dû précéder : mais en ce cas, le Juge doit seulement donner main-levée de la saisie avec dépens, sans dommages & intérêts.

Lorsqu'il ne se trouve de défaut que dans quelque acte postérieur à la saisie, *le Juge déclare nul l'acte : mais ce qui a précédé subsiste*; sauf qu'à l'égard des criées, comme elles doivent être faites sans interruption, la nullité d'une emporte la nullité de toutes.

64. Après l'appointement à décréter, le saisi n'est pas recevable dans l'opposition à fin d'annuller; mais il peut appeller de l'appointement à décréter, & attaquer sur cet appel la saisie réelle, soit par des moyens du fond, soit même par des moyens de la forme.

Cet appel suspend l'exécution de l'appointement, & empêche qu'il ne puisse être passé à l'adjudication; *Louet, l. D, §. 63.*

65. La seconde espece d'opposition est l'opposition *à fin de distraire* : c'est celle que forme un tiers qui prétend avoir la propriété en total ou en partie de quelqu'une des choses comprises en la saisie, aux fins que ladite chose en soit distraite, & lui soit restituée. Cette opposition renferme une demande en revendication.

66. La troisieme espece est *l'opposition à fin de charge* : c'est celle que forme celui qui prétend quelque droit réel dans l'héritage saisi, comme, par exemple, un droit d'usufruit, un droit de rente fonciere, &c. aux fins que la chose soit adjugée à la charge de ce droit.

67. Ces opposans doivent donner copie de leur opposition au poursuivant criées; & sur la dénonciation qui en est faite par le poursuivant à la partie saisie & à l'ancien Procureur des opposans, il se forme une instance particuliere & distincte de la saisie réelle, qui peut tomber en péremption, quoique la saisie réelle, après la dépossession du saisi par le bail judiciaire, n'y tombe pas.

Si l'opposant avoit déja procès avec le saisi dans une autre Jurisdiction sur le droit de propriété, ou sur le droit réel qu'il réclame par son opposition, le Juge devant qui se poursuit la saisie doit donner un temps pour le juger; & s'il n'est pas jugé dans ce temps, l'Edit de 1551, *art. 16*, lui permet de l'évoquer.

68. L'opposition à fin de distraire, & celle à fin de charge, empêchent de rendre l'appointement à décréter jusqu'à ce qu'il y ait été statué; *Edit de 1551, art. 6.*

L'opposant à fin de distraire peut aussi, avant l'adjudication du bail judiciaire, demander que la chose dont il demande la distraction, n'y soit pas comprise; & sur cet incident, le Juge lui donne un temps pour faire juger son opposition, pendant lequel temps il ordonne qu'il sera sursis au bail de cette chose, ou même du total, si le surplus ne pouvoit pas être facilement affermé séparément.

69. Suivant le Réglement du 23 Novembre 1598, *art. 4*, rendu pour les saisies réelles qui se poursuivent au Parlement, les oppositions à fin de distraire, ou de charge, ne sont plus reçues après le congé d'adjuger, mais sont converties en oppositions à fin de conserver; & ces opposans sont renvoyés à l'ordre pour recevoir par privilege sur le prix de l'adjudication, la somme à laquelle sera estimé leur droit.

Le motif de ce Réglement est afin d'encourager les enchérisseurs qui seroient détournés d'enchérir par le retard que ces oppositions pourroient apporter à l'adjudication, si elles étoient reçues. La faveur des encheres & de l'accélération des décrets a fait passer pardessus le principe que *Nemo rem suam vendere cogi debet.* Ces opposans doivent s'imputer leur négligence, ayant eu un temps suffisant jusqu'au congé d'adjuger, pour former leur opposition, s'ils vouloient conserver leur bien.

Ce Réglement a établi un droit nouveau: auparavant il n'y avoit aucune Loi qui empêchât de recevoir ces oppositions jusqu'à l'adjudication. En vain voudroit-on induire le contraire de l'Edit de 1551, qui ordonne que ces oppositions seront jugées avant le congé d'adjuger: car de ce que celles qui sont formées avant cet appointement doivent être jugées auparavant, ce n'est pas une conséquence qu'on ne puisse en former après l'appointement.

70. Ce Réglement n'étant fait que pour les saisies qui se poursuivent au Parlement, ne fait pas loi pour celles qui se poursuivent dans les Jurisdictions du ressort, si ce n'est dans celles où l'usage l'y a adopté. Notre Jurisdiction est de ce nombre, comme l'atteste Lalande, *sur l'art. 480*, qui ajoute qu'on en excepte l'Eglise, qu'on reçoit à ces oppositions après le congé d'adjuger: cela est conforme à un Arrêt du mois de Mars 1705, rapporté au Journal des Aud. *tom. 5, liv. 5, ch. 28.*

71. Il reste à observer que suivant l'*art. 15* de l'Edit de 1551, ceux qui succombent dans leurs oppositions aux fins d'annuller, de distraire, ou de charge, doivent être condamnés en une amende de trente livres, & tenus par corps envers les créanciers saisissans & opposans, des arrérages courus pendant le temps qu'ils ont retardé par leur opposition l'interposition du décret; ce qui ne s'exécute pas, à moins qu'il ne parût que l'opposition ait été malicieusement formée.

72. Lorsque l'opposition à fin de distraire étoit d'une partie indivisée dans le bien saisi, qui ne peut se partager commodément, après que l'opposant a obtenu sur son opposition, les créanciers peuvent lui former l'incident aux fins que nonobstant la distraction qui lui a été accordée de la partie à lui

appartenante, le bien entier sera vendu, à la charge par lui de recevoir sa part du prix sans être tenu d'aucuns frais de la procédure du décret. L'adjudication tient en ce cas lieu de licitation. L'opposant peut de sa part former le même incident aux créanciers.

73. La quatrieme espece d'opposition est l'opposition *à fin de conserver* : elle se subdivise en opposition directe & opposition en sous-ordre.

L'opposition directe à fin de conserver, est celle qui est formée par les créanciers du saisi, à l'effet d'être payés de leurs créances en principal, arrérages & frais sur le prix de l'adjudication, suivant l'ordre de leurs hypotheques.

Ces oppositions sont comme des adhésions à la saisie. Si la saisie étoit nulle, sa nullité feroit tomber les oppositions : mais lorsqu'elle a été valablement faite, la main-levée qu'en donneroit le saisissant ne peut préjudicier en ce cas aux opposans, un opposant pouvant en ce cas se faire subroger à la saisie, comme on le verra au paragraphe suivant.

74. Quelques Auteurs ont pensé que le saisissant, pour conserver les hypotheques de ses créances, étoit lui-même obligé de faire opposition à sa propre saisie; & on cite un Arrêt sans date au Journal du Palais qu'on dit *avoir jugé que, faute de cette opposition, il ne devoit être colloqué* que pour ses frais de poursuite. L'opinion contraire, qui est autorisée des Arrêts cités par Bruneau & d'Héricourt, est plus raisonnable : car les oppositions n'étant, comme nous l'avons dit, qu'une espece d'adhésion à la saisie, & la saisie étant encore plus que les oppositions un exercice & exécution du droit d'hypotheque, elle ne doit pas moins que les oppositions conserver au saisissant ses hypotheques. Néanmoins comme les avis sont partagés, il est de la prudence du saisissant de former cette opposition.

75. *Ces oppositions étant une espece d'adhésion* à la saisie, dès qu'elles sont formées, la saisie est censée se poursuivre pour les opposans aussi-bien que pour le saisissant : & comme cette saisie est une poursuite toujours subsistante, elle arrête le cours de toutes les prescriptions contre les créances pour lesquelles les oppositions ont été formées, même la prescription de cinq ans pour les arrérages des rentes constituées pour lesquelles on s'est opposé. Comme *ces oppositions équipollent à une demande, elles ont aussi l'effet de faire* courir les intérêts des sommes dues pour lesquelles l'opposition est faite. Lorsque ces opposans ont différens Procureurs, l'ancien Procureur est comme le préposé de tous pour l'intérêt commun des opposans, & c'est avec lui seul, pour tous les autres, que se fait la procédure.

76. L'opposition *en sous-ordre* est celle qui est formée par les créanciers de quelque créancier du saisi, aux fins de toucher en la place de leur débiteur, selon l'ordre de leurs hypotheques, la somme pour laquelle leur débiteur devra être colloqué, comme créancier du saisi, dans l'ordre & distribution du prix de l'adjudication.

Lorsqu'un créancier du saisi ne forme pas opposition, les créanciers de ce créancier peuvent, après l'avoir sommé de la former, être autorisés à la former pour lui à leurs risques.

Les créanciers du saisi & de sa femme qui s'opposent, peuvent sans cette procédure être colloqués en sous-ordre de ce que peut prétendre la femme sur les biens de son mari ; *Arrêt du 13 Août 1690, au Tome 4 du Journ.*

77. Ces oppositions à fin de conserver, tant directes qu'en sous-ordre, ne se jugent qu'à l'ordre après l'adjudication, & n'arrêtent pas le cours du décret.

78. Elles peuvent être formées pendant tout le cours de la saisie, & même après l'adjudication, jusqu'à ce que le décret ait été délivré : il ne reste après ce temps aux créanciers qui ont manqué à s'opposer, que la voie d'arrêt sur ce qui pourra rester du prix de l'adjudication, après tous les créanciers opposans satisfaits ; *Réglement de 1598, art. 5 ; Paris, art. 354.*

79. Il reste à observer en général, à l'égard de toutes les oppositions, qu'elles se forment par un acte au Greffe, & qu'elles peuvent être reçues par le Sergent lorsqu'il procede aux criées ; *Réglement de 1598, art. 5.* Elles doivent contenir une élection de domicile dans le lieu de la Jurisdiction où toutes les significations peuvent se faire valablement à l'opposant ; & ce domicile ne finit pas par la mort de la personne dans la maison de laquelle il est élu ; *Ordonnance de Novembre 1527, art. 2 ; & de Novembre 1535, ch. 10, art. 13 ; Paris, art. 360.*

§. X.

Des autres incidens qui surviennent sur les Saisies réelles.

80. Lorsque deux ou plusieurs créanciers ont séparément fait une saisie réelle des biens de leur débiteur ; comme *saisie sur saisie ne vaut, art. 453*, il ne peut y en avoir qu'une qui subsiste, & les autres sont converties en oppositions à cette saisie. Ces différentes saisies donnent donc lieu à un incident entre les saisissans, pour décider lequel d'entre eux demeurera saisissant. La regle pour décider cette contestation, est qu'on doit préférer celle des saisies qui a été la premiere enregistrée au bureau du Commissaire aux saisies réelles, & convertir les autres en oppositions à celles-ci, quoique les autres saisies aient été faites auparavant : car elle est la premiere qui a eu quelque effet, les saisies réelles n'ayant pas d'effet tant qu'elles ne sont pas enregistrées.

81. Cette regle a lieu lorsque les saisies ne comprennent que les mêmes biens : mais lorsque la saisie qui n'a été enregistrée qu'en dernier lieu, est plus ample que la précédente, on la préfere à la premiere, pour ne pas multiplier les frais ; car il y auroit doubles frais si la premiere saisie se poursuivoit pour les biens qui y sont compris, & la seconde pour ceux qui ne sont pas compris dans la premiere.

82. Un autre incident est celui par lequel un créancier opposant demande à être subrogé à la poursuite de la saisie. Il y a lieu à cette subrogation lorsque le saisissant a donné main-levée de la saisie : la subrogation en ce cas ne peut être refusée à celui des créanciers opposans qui est le plus diligent à demander cette subrogation.

Il y a pareillement lieu à cet incident lorsque le saisissant néglige de poursuivre la saisie, soit par collusion, soit par pure négligence : mais en ce cas, sur la requête du créancier opposant aux fins d'être subrogé, le

Juge ordonne que dans un certain temps le saisissant justifiera de ses poursuites; faute de quoi, & après ce temps expiré, si le saisissant n'a pas satisfait, le Juge accorde la subrogation.

83. Par le jugement qui accorde la subrogation, le saisissant & son Procureur sont condamnés à remettre au subrogé l'exploit de saisie réelle, & toutes les procédures qui ont été faites, à la charge par le subrogé de rembourser préalablement les frais légitimement faits, suivant la taxe qui en sera faite.

84. Le créancier subrogé à la saisie prend à ses risques la poursuite. Héricourt, *VI, 24*, cite un Arrêt du 6 Juillet 1678, qui a donné congé de la demande formée par le subrogé, pour que le saisissant & son Procureur demeurassent garans des procédures commencées.

85. Suivant un acte de notoriété du Châtelet de Paris du 11 Janvier 1690, le subrogé à la saisie peut, en vertu du seul jugement de subrogation, continuer les poursuites, sans qu'il soit besoin qu'il fasse un acte de reprise au Greffe. Cette jurisprudence est très-raisonnable, le jugement tenant lieu en ce cas de l'acte de reprise.

Voyez sur cette subrogation l'*art. 477.*

86. Une autre espece d'incident est celui que forme un créancier privilégié, ou qui est notoirement le plus ancien en hypotheque, aux fins que sans poursuivre davantage la procédure de la saisie réelle, l'héritage saisi lui soit adjugé en déduction de ses créances, pour le prix qu'il sera estimé par experts dont les parties conviendront; si mieux n'aiment les autres créanciers le payer, ou du moins s'obliger envers lui de faire porter l'héritage à si haut prix qu'il soit payé en principal, intérêts & frais.

Henrys, *t. 1, l. 4, ch. 30*, rapporte plusieurs Arrêts qui ont fait droit sur ces demandes des anciens créanciers. Cette jurisprudence est très-équitable: car les grands frais des saisies réelles & des consignations consumant ordinairement une grande partie du prix des biens saisis, on doit embrasser tous les moyens de les éviter, & de conserver aux créanciers le prix de leur gage.

Cette demande paroît souffrir plus de difficulté lorsqu'elle n'est donnée qu'après le congé d'adjuger; parce que le Juge ayant une fois ordonné par cet appointement que l'héritage seroit vendu, il semble qu'il ne peut plus rétracter ce qu'il a ordonné; néanmoins Héricourt, *VI, 21*, pense qu'elle peut être valablement formée, même après le congé d'adjuger. La même raison, qui est d'empêcher qu'on ne consume les biens en frais, milite également: il cite une Sentence des Requêtes de 1724 qui l'a jugé.

87. Un créancier qui n'est que postérieur en hypotheque à d'autres créanciers, ne peut donner cette demande tant qu'il demeure créancier postérieur: mais comme les créanciers postérieurs peuvent avoir aussi intérêt que l'héritage saisi ne soit pas consumé en frais, un créancier postérieur peut offrir aux créanciers qui le précedent le remboursement de tout ce qui leur est dû; ce qu'ils ne peuvent refuser: & devenant par ce paiement premier créancier, il peut aussi donner cette demande.

§. XI.

§. XI.

Des Personnes qui peuvent enchérir & se rendre Adjudicataires ; & des différences de l'Enchere & de l'Adjudication sauf quinzaine.

88. Il est permis à toutes personnes, tant au saisissant qu'aux opposans & aux étrangers, d'enchérir & de se rendre adjudicataire des biens saisis ; sauf que les Réglemens défendent aux Receveurs des consignations & aux Juges de se rendre adjudicataires dans leur Siege, même par personnes interposées, à peine de nullité, & de perte du prix, qui tournera au profit des parties saisies. On présume que l'adjudication leur a été faite par personne interposée, lorsque l'adjudicataire leur a revendu la chose dans les trois ans ; *Réglement du mois de Septembre 1667 & de 1665, art. 13.* L'usage néanmoins limite ce qui y est dit des Juges, aux premiers Juges qui tiennent le Siege où se fait l'adjudication ; *Voyez un Arrêt du 18 Janvier 1672*, au 1er T. du Journal du Palais, qui a confirmé une adjudication faite à un Conseiller d'Amiens en son Siege. Il y en a un autre du 8 Mai 1684, en faveur d'un Conseiller de Blois, cité par Lemaître sur Paris.

89. Les encheres se font ou par l'enchérisseur en personne, ou par Procureur.

Lorsque quelqu'un enchérit en personne, il est tenu, en faisant son enchere, de constituer Procureur, chez qui il doit élire domicile ; sans quoi son enchere n'est pas reçue ; *Ordonnance de 1551, art. 9.*

Lorsque l'enchere se fait par Procureur, le Procureur doit, suivant le Réglement de 1598, *art. 10*, avoir une procuration spéciale de la personne pour qui il enchérit, qui doit être une personne connue, faute de quoi il est garant de l'enchere : lorsqu'il ne la connoît pas, il doit prendre un certificateur. Au reste, il n'est pas garant de la solvabilité de la personne pour qui il a enchéri, à moins que ce ne fût une personne notoirement insolvable, tels que sont ceux qui ont fait faillite ou cession ; auquel cas, si l'héritage lui étoit adjugé, faute de paiement, il seroit crié à la folle enchere tant de la partie que du Procureur.

C'est par cette raison qu'il est défendu aux Procureurs d'enchérir & de se rendre adjudicataires pour la partie saisie ; car elle est réputée être notoirement insolvable.

90. Il n'est pas défendu d'enchérir pour les mineurs avec un pouvoir spécial de leurs tuteurs ; ni pour les femmes, ni pour les septuagénaires, ni pour les Ecclésiastiques, quoique ces personnes ne soient pas sujettes à la contrainte par corps.

91. L'enchere differe de l'adjudication sauf quinzaine. Par l'enchere, l'enchérisseur n'achete pas ; il s'engage seulement d'acheter ; & il contracte envers la Justice cet engagement sous la condition que son enchere ne sera pas couverte par une enchere plus forte.

Aussi-tôt qu'une autre enchere est reçue, son engagement cesse ; car cette surenchere emporte la déchéance de la condition sous laquelle il s'étoit engagé.

Cela a lieu quand même le surenchérisseur ne seroit pas solvable : car il suffit que la surenchere ait été reçue, pour que la condition sous laquelle il a contracté, ait manqué ; *L. 14*, §. 2, ff. *de in diem addict.* Arrêts de 1537 & 1558, rapportés par Bouchel. Il en seroit autrement si la surenchere étoit nulle dans la forme ; car une surenchere nulle n'est pas une enchere, & n'a pu couvrir la sienne.

92. L'enchérisseur est déchargé de son enchere, sans qu'elle ait été couverte, lorsque la chose qu'il a enchérie vient à périr avant que de lui être adjugée : car l'enchere ne renfermant qu'une obligation d'acheter la chose, cette obligation cesse lorsque, sans le fait ni la faute du débiteur, elle cesse de pouvoir être accomplie ; & il est clair qu'elle cesse de pouvoir l'être, lorsque la chose périt ; car il est impossible d'acheter ce qui n'existe plus.

93. L'adjudication sauf quinzaine, bien différente en cela de l'enchere, n'est pas une simple promesse d'acheter, mais une véritable vente qui est faite à l'adjudicataire, à la vérité sous la condition qu'il ne se présentera pas de surenchérisseur. De là il suit que si la chose adjugée sauf quinzaine vient ensuite à périr avant qu'elle ait été surenchérie, la perte tombe sur l'adjudicataire. On doit le décider ainsi, soit qu'on regarde la condition comme simplement résolutoire ; *L. 2*, §. *fin.* ff. *de in diem addict.* soit même qu'on la regardât comme suspensive, *Glossa ad d. L.* car dans le même temps que la chose périt, la condition sous laquelle elle avoit été adjugée s'accomplit, & l'adjudication devient pure & simple, puisqu'il devient dès-lors certain que personne ne la surenchérira.

94. Hors ce cas, l'adjudication sauf quinzaine ne devient pure & simple que par le jugement par lequel, à défaut d'encheres pendant la quinzaine, & les autres différens délais accordés par les différentes remises, il est ordonné que la chose demeurera adjugée purement & simplement à l'adjudicataire : car, jusqu'à ce jugement, il peut toujours survenir des encheres qui peuvent faire manquer la condition sous laquelle a été faite l'adjudication sauf quinzaine.

§. XII.

De l'Adjudication pure & simple.

95. Après l'expiration du terme de la derniere remise, l'héritage saisi est de nouveau crié à l'Audience ; & le Juge, à moins qu'il n'ait quelque bonne raison pour accorder une nouvelle remise, en prononce l'adjudication pure & simple au plus offrant & dernier enchérisseur.

96. Cette adjudication, quoique pure & simple, n'est pas néanmoins entiérement irrévocable aussi-tôt qu'elle a été prononcée : car, 1°. après l'adjudication pure & simple prononcée, tant que le Juge n'a pas encore levé le siege, un enchérisseur qui survient est encore admis à enchérir ; & en ce cas, l'héritage est de nouveau sur le champ crié & adjugé. C'est ce qui résulte de notre article 476.

97. 2°. Suivant ledit article, on peut encore dans la huitaine après le

jour de l'adjudication, recevoir une enchere de tiercement, c'eſt-à-dire, du tiers en ſus du prix, ſur laquelle enchere l'héritage eſt de nouveau crié & adjugé; & on ne reçoit plus de tiercement ſur cette nouvelle adjudication; *Voyez cet article 476.*

98. Si dans la huitaine il ne ſurvient aucune enchere de tiercement, l'adjudication pure & ſimple eſt, par le ſeul laps de ce temps, entiérement purifiée & rendue irrévocable, ſans qu'il ſoit beſoin d'obtenir aucun autre jugement.

99. Il reſte à obſerver que par un Réglement de la Cour du 6 Mai 1593, il eſt défendu de faire ces adjudications en la Chambre du Conſeil; elles doivent être faites à l'Audience.

§. XIII.

Des obligations tant du Procureur qui s'eſt rendu Adjudicataire, que de ſa Partie; & de l'Ajudication ſur la folle enchere.

100. Le Procureur qui s'eſt rendu adjudicataire pour une partie, n'eſt obligé à autre choſe qu'à faire, dans la huitaine, au Greffe ſa déclaration de la partie pour qui il s'eſt rendu adjudicataire : il doit déclarer le nom, les qualités & la demeure de cette partie, & rapporter la procuration de cette partie, ou ſa ratification. Faute d'y ſatisfaire, il peut être pourſuivi en ſon propre nom pour le paiement.

101. A l'égard de la partie, l'adjudication qui a été faite à ſon Procureur, ſuivant le pouvoir qu'elle lui a donné, ou qu'elle a ratifié, oblige ladite partie à payer le prix dans la huitaine.

S'il étoit juſtifié que l'adjudicataire eût donné ou promis quelque ſomme à quelqu'un pour l'empêcher d'enchérir, il devroit être condamné à ajouter cette ſomme au prix de l'adjudication; *Arrêt du 26 Novembre 1569, cité par Héricourt.*

Le paiement du prix doit ſe faire entre les mains du Receveur des conſignations. Sur les cas auxquels il y a lieu ou non aux droits de conſignation, *Voyez l'Edit de 1689, depuis l'art. 12 juſqu'à l'art. 26.*

L'engagement que l'adjudicataire contracte de conſigner le prix, étant un engagement judiciaire, il peut être contraint par corps à cette conſignation; à moins qu'il ne ſoit du nombre des perſonnes que l'Ordonnance de 1667 exempte de cette eſpece de contrainte.

102. Le ſaiſiſſant peut auſſi, ſur une requête, faire ordonner avec l'adjudicataire, que faute par lui de conſigner, l'héritage ſera de nouveau adjugé à ſa folle enchere.

En exécution de ce jugement, on publie une affiche à l'Audience, qu'on ſignifie au ſaiſi & à l'ancien des oppoſans, & qu'on attache aux lieux ordinaires; & après les remiſes ordinaires, on adjuge le bien au plus offrant & dernier enchériſſeur.

103. Cette procédure n'eſt qu'une ſuite de la ſaiſie réelle qui ſe trouve n'avoir pas été terminée par l'adjudication, lorſque l'adjudicataire n'a pas payé le prix, cette adjudication n'ayant pas eu ſon effet.

De là il ſuit que l'adjudication qui ſe fait ſur la folle enchere de l'adjudicataire qui n'a pas payé le prix de ſon adjudication, ne ſe fait pas ſur cet adjudicataire, qui n'ayant pas payé le prix de ſon adjudication, n'a pu acquérir la propriété; mais elle ſe fait ſur le débiteur ſur qui la ſaiſie réelle a d'abord été faite.

104. L'adjudicataire à la folle enchere de qui le bien eſt réadjugé, étant tenu des dommages & intérêts réſultans de l'inexécution de l'engagement par lui contracté, il doit être tenu des frais faits depuis ſon adjudication, pour parvenir à la réadjudication à ſa folle enchere; enſemble de ce que l'héritage a été vendu de moins qu'il ne lui avoit été vendu.

105. S'il a été vendu plus, cet adjudicataire ne doit pas profiter du plus; car ce n'eſt pas lui qui vend : mais au moins ce plus doit venir, juſqu'à due concurrence, en compenſation des frais faits pour parvenir à la réadjudication, & en décharger d'autant cet adjudicataire; car le ſaiſi & les créanciers ſe trouvant dédommagés deſdits frais par cet excédant du prix de la réadjudication, ils ne peuvent pas demander que cet adjudicataire les en dédommage.

106. Il reſte à obſerver touchant l'obligation de la partie qui s'eſt rendue adjudicataire, que quelques Auteurs ont prétendu qu'elle pouvoit demander la décharge de ſon adjudication, lorſqu'il y en avoit appel : c'eſt l'avis de Lhommeau, *III*, *377*, qui cite pour l'autoriſer, un Arrêt de 1558. Héricourt a auſſi ſuivi ce ſentiment. J'y trouve beaucoup de difficulté. Il ne doit pas dépendre d'un tiers de détruire par un appel mal fondé l'obligation de l'adjudicataire : il doit encore moins être au pouvoir de l'adjudicataire de détruire ſa propre obligation; ce qui lui ſeroit néanmoins très-facile, s'il pouvoit, ſur le prétexte d'un appel, s'en faire décharger, rien n'étant plus facile que d'engager par quelque petit préſent une partie ſaiſie, qui ordinairement n'a rien à perdre, à interjetter un appel de l'adjudication. D'ailleurs l'appel étant une voie de droit, l'adjudicataire a pu la prévoir.

§. XIV.

De la Conſignation, & de ſes effets.

107. C'eſt un principe général que la conſignation duement faite tient lieu de paiement, *Obſignatio pro ſolutione eſt;* en ce ſens qu'elle libere le débiteur auſſi pleinement que le paiement; *L. 9, cod. de ſolut.* Elle n'eſt pas néanmoins un paiement, & elle en differe en ce que le paiement transfere la propriété de la choſe au créancier à qui elle eſt payée, & qui la reçoit volontairement par lui-même, ou par quelqu'un par lui prépoſé; au lieu que la conſignation ne transfere pas la propriété des effets conſignés au créancier juſqu'à ce qu'il les ait retirés; car, ſelon les regles ordinaires, la propriété d'une choſe ne peut pas paſſer à quelqu'un ſans ſon fait, & ſans qu'il veuille l'acquérir; *Dominium non acquiritur, niſi corpore & animo.*

Le débiteur qui a conſigné demeure donc toujours, quant à la ſubtilité du Droit, propriétaire des choſes qu'il a conſignées, juſqu'à ce que le créancier les ait retirées de la consignation : mais quoiqu'il en demeure propriétaire quant à la subtilité du Droit, ces choses cessent d'être à ses risques par la consignation, & elles sont aux risques du créancier pour le compte duquel la consignation a été faite, pourvu que par la suite la consignation soit jugée duement faite, & que le débiteur qui a consigné ne retire pas sa consignation. C'est une suite du principe que la consignation libere le débiteur aussi pleinement que le paiement.

En faisant maintenant l'application de ces principes à la consignation que l'adjudicataire fait du prix de son adjudication, il n'est pas douteux que l'adjudicataire est par cette consignation entiérement libéré du prix de son adjudication; & que quoiqu'il demeure, quant à la subtilité du Droit, propriétaire desdites especes jusqu'à ce qu'elles aient été retirées des consignations par ceux à qui elles doivent appartenir, ces especes néanmoins ne sont pas à ses risques.

Mais aux risques de qui sont-elles ? Est-ce aux risques du débiteur, ou aux risques des créanciers ? Il a été jugé par deux Arrêts des 3 Décembre 1594 & 20 Juillet 1598, rapportés par Louet, *l. C, ch. 50*, qu'elles étoient aux risques des créanciers. La raison est que le propriétaire ayant été déchargé des risques des especes consignées par la consignation qu'il a été en droit d'en faire, elles ne peuvent être qu'aux risques de ceux pour le compte de qui la consignation est faite : or ceux pour le compte de qui la consignation est faite, ceux *ad quos ea res pertinet*, sont les créanciers qui doivent être colloqués utilement dans l'ordre pour les retirer. Ces créanciers acquierent par la consignation un droit à ces especes; les sommes dont ils sont créanciers se déterminent à ces especes; ils en deviennent créanciers comme de corps certains, & par conséquent les especes consignées doivent être à leurs risques, comme tout corps certain est aux risques du créancier à qui il est dû.

108. Observez que la consignation équipolle bien à un paiement vis-à-vis de l'adjudicataire; parce qu'ayant acquis à la charge expresse de faire cette consignation, en la faisant il acquitte entiérement toute son obligation. Mais Héricourt a tort de dire que cette consignation libere de même, aussi-tôt qu'elle est faite, le débiteur saisi envers les créanciers qui seront utilement colloqués dans l'ordre; car l'usage est constant que les intérêts continuent de courir jusqu'à ce que l'ordre ait été arrêté. La raison est qu'il ne peut être libéré de son obligation que *aut solutione, aut rei debitæ interitu ;* & par conséquent il n'en peut être libéré avant que les especes consignées, dans lesquelles lesdits créanciers doivent être payées, leur aient été payés ou soient perdues, ou que lesdits créanciers aient été en demeure de recevoir le paiement. Or n'étant pas au pouvoir desdits créanciers de retirer lesdites especes du Bureau des consignations avant que l'ordre ait été arrêté, ils ne peuvent jusqu'à ce temps être censés ni payés, ni en demeure de recevoir le paiement.

109. Tout ce que nous avons décidé entre le saisi & ses créanciers qui doivent être colloqués utilement dans l'ordre, s'applique également entre le créancier pour le fait duquel il y a des oppositions en sous-ordre, & les opposans en sous-ordre; car l'opposition en sous-ordre est une vraie saisie du droit de ce créancier. C'est pourquoi il faut décider que les especes consi-

gnées, pour ce qui en doit être retiré par les opposans en sous-ordre, sont aux risques desdits opposans en sous-ordre, & que néanmoins les intérêts des sommes dues auxdits opposans en sous-ordre courent contre leur débiteur, jusqu'à ce que le sous-ordre ait été arrêté.

§. XV.

De l'effet de l'Adjudication vis-à-vis de l'Adjudicataire qui a consigné le prix.

110. L'adjudicataire qui a consigné le prix de son adjudication, peut se faire délivrer une expédition de son adjudication. Il est défendu aux Greffiers, par l'Edit de 1689, *art.* 30, de la délivrer avant que la quittance de consignation leur ait été mise en main, & ils doivent la garder comme minute annexée à celle du décret.

111. L'adjudicataire, par cette adjudication & par la consignation qu'il a faite du prix, acquiert la propriété de l'héritage qui lui est adjugé, même auparavant qu'il en ait pris possession réelle; *Voyez l'art.* 478 *& les notes.*

112. Il acquiert cette propriété libre & déchargée de toutes hypotheques: le saisissant & les opposans ne conservent de droit que sur le prix consigné, qui doit leur être distribué selon l'ordre de leurs hypotheques.

113. L'adjudicataire acquiert aussi par le décret la libération de tous les droits réels dont l'héritage qui lui a été adjugé étoit chargé envers ceux qui ont manqué de s'opposer au décret. Le décret purge tous ces droits de même que les hypotheques, quand même ces droits auroient appartenu à des mineurs, même dans le cas d'insolvabilité de leurs tuteurs, même dans le cas auquel ils auroient été entiérement destitués de tuteur; car la foi publique, *fiscalis hastæ fides*, doit l'emporter sur la faveur de ces personnes; *Voyez Louet, l. D. ch.* 32.

114. Les gens d'Eglise ont prétendu autrefois que le décret ne purgeoit pas les droits de propriété & autres droits réels qu'ils pouvoient avoir dans les héritages décrétés, faute d'opposition de leur part. Louet, *d. loc.* rapporte quelques autorités pour cette opinion. On allegue pour fondement de cette opinion, que les biens de l'Eglise ne peuvent être aliénés sans l'observation des formalités requises pour cela. Mais Héricourt, *VIII*, 7, nous atteste qu'on ne doute plus au Palais que le décret purge les droits appartenans à l'Eglise, comme ceux des particuliers. La raison est que l'Edit de 1551, qui oblige tous ceux qui ont des droits sur les héritages décrétés, à former leur opposition, n'ayant fait aucune exception en faveur de l'Eglise, elle est sujette à cette Loi comme les particuliers, les biens de l'Eglise étant régis par les Loix du Royaume comme ceux des particuliers. A l'égard de ce qu'on dit que les biens de l'Eglise ne peuvent être aliénés sans les formalités, la réponse est que ces formalités ne sont requises que pour les aliénations volontaires que l'Eglise fait, & non pour celles que fait la Loi. De même que la Loi, sans ces formalités, aliene & transfere les biens de l'Eglise à ceux qui ont acquis contre elle la prescription, de même elle peut, sans

ces formalités, les transférer à ceux qui s'en sont rendus adjudicataires sans opposition de sa part.

115. Il y a certains droits que le décret ne purge pas, pour lesquels il n'est pas nécessaire de former opposition : tels sont, 1°. les droits qui font partie du fonds du domaine du Roi ; car le domaine est inaliénable.

116. 2°. Tous les droits seigneuriaux : car l'Edit de 1551, *art. 13*, n'ordonne de s'opposer aux décrets qu'aux *prétendans droits non seigneuriaux*. Il suit de ces termes que non-seulement les droits seigneuriaux ordinaires, auxquels l'adjudicataire a dû s'attendre en acquérant, mais même les droits seigneuriaux extraordinaires, tels que sont les droits de corvées & de bannalité, ne sont pas purgés par le décret ; *Héricourt, VIII, 11. Voyez l'art. 480.*

117. 3°. Par une disposition particuliere à notre Coutume, le droit de champart ne se purge pas par le décret, même lorsqu'il n'est pas seigneurial, *art. 420.* Cette disposition, qui est contraire à la lettre de l'Edit de 1551, est fondée sur ce que la perception du champart se faisant publiquement, l'adjudicataire a pu avoir facilement connoissance de ce droit : d'où notre Coutume a conclu qu'il ne devoit pas être regardé comme compris dans la disposition de l'Edit, qui n'a eu d'autre vue que de décharger l'adjudicataire des charges réelles dont il auroit pu n'avoir pas de connoissance.

118. 4°. Il n'est pas nécessaire de s'opposer au décret pour les dîmes, soit laïques, soit ecclésiastiques ; car la dîme étant due de Droit commun, l'adjudicataire a dû s'attendre à cette charge. D'ailleurs la dîme n'est pas proprement une charge du fonds, le décimateur n'ayant aucun droit dans le fonds sur lequel il leve la dîme ; c'est plutôt une dette de ceux qui recueillent les fruits.

119. 5°. Les droits de servitudes visibles, tels qu'un droit de vue ou d'égout, qu'a un voisin sur l'héritage décrété, ne se purgent pas par le décret. A l'égard des autres, tels qu'un droit de passage, le décret les purge faute d'opposition ; *Louet, lettre S, N. 1.*

120. 6°. Le décret ne purge pas les substitutions, quoiqu'elles fussent ouvertes lors du décret ; *Ordonnance de 1748, art. 55 :* car l'insinuation les rend notoires.

121. Le décret ne purge pas le douaire de la femme, ni celui des enfans, lorsqu'ils en ont un, tant que le douaire n'est pas ouvert par la mort de l'homme ; car ce qui n'existe pas encore, & ne peut commencer d'exister qu'après la mort du mari, ne peut être purgé & éteint. Si, lors du décret, l'homme étoit mort, & le douaire par conséquent ouvert, le décret le purgeroit. Néanmoins quelques Arrêts ont jugé que le douaire des enfans n'étoit pas purgé par le décret, quoique fait après la mort de leur pere, du vivant de leur mere, pour des dettes auxquelles leur mere étoit obligée : mais je ne crois pas qu'on doive suivre la décision de ces Arrêts ; car la propriété du douaire leur ayant été acquise par la mort de leur pere, le décret a pu purger leur droit faute d'opposition. Quoique le décret se fît pour des dettes de leur mere, cela ne les empêchoit pas de la former, n'étant pas tenus de ces dettes du vivant de leur mere, & pouvant n'en être jamais tenus, non-seulement par leur renonciation à sa succession, mais par leur prédécès.

122. Il est nécessaire de s'opposer pour la conservation des droits d'hypotheque des créances conditionnelles, quoique la condition fût encore pendante lors du décret ; car lorsque par la suite la condition vient à exister, la créance est censée avoir été acquise, & le droit d'hypotheque est censé avoir commencé dès le temps du contrat ; *Héricourt, VIII, 17.*

§. XVI.

De l'Ordre.

123. Après l'adjudication, on procede à l'ordre. L'ordre est le rang dans lequel le saisissant & chacun des opposans doivent être payés sur le prix de l'adjudication, & sur les revenus perçus depuis la saisie réelle par le Commissaire.

Le jugement qui regle ce rang s'appelle aussi *ordre*, ou *jugement d'ordre.*

124. Les créanciers doivent être payés par ordre de leurs privileges & hypotheques sur les revenus comme sur le prix de l'adjudication : car par la saisie de l'héritage ils ont acquis le droit d'en jouir en déduction de leurs créances, selon l'ordre & le rang de leurs créances.

125. Pour parvenir à l'ordre, le Procureur du poursuivant, sur un simple acte signifié au Procureur du saisi & à l'ancien des opposans, fait rendre un jugement portant qu'il sera procédé à l'ordre devant le Commissaire. Ce jugement est signifié au Procureur du saisi & à l'ancien des opposans, & on fait une simple sommation à chaque Procureur des opposans, de produire ses titres de créance entre les mains du Commissaire, qui ne peut procéder à l'ordre que huitaine après ces sommations. Quand l'ordre est dressé, on fait une sommation à chaque Procureur d'en prendre communication ; & si à la communication l'ordre est contesté, le Commissaire renvoie à l'Audience sur les contestations ; ce qui n'empêche pas que les anciens créanciers auxquels on ne fait pas de contestation, reçoivent les sommes pour lesquelles ils sont colloqués.

126. Le Receveur des consignations est le premier payé de ses droits de consignation, sur le prix qui lui est consigné ; *Edit de 1689, art. 28.*

Les Secrétaires du Roi ont le privilege qu'il n'est dû aucuns droits de consignation lorsque leurs biens sont vendus par décret : mais ils y sont sujets pour les biens dont ils se rendent adjudicataires ; *Déclaration du 26 Avril 1712.*

127. Après le Receveur, le poursuivant doit être colloqué pour les frais extraordinaires de criées. A l'égard de frais ordinaires, ils doivent être payés par l'adjudicataire, & ne sont pas pris sur le prix ; *Edit de 1551, art. 12.*

On appelle *frais ordinaires* tous ceux qui, indépendamment d'aucun incident, sont nécessaires pour parvenir à l'adjudication, à commencer par les commandemens qui précedent la saisie.

Les *frais extraordinaires* sont ceux faits sur les incidens survenus pendant le cours de la saisie ; *putà*, les frais faits sur un appel de la saisie réelle, ceux faits pour avoir congé des oppositions, les frais d'ordre, les incidens sur

l'ordre.

l'ordre. Le pourſuivant eſt rembourſé de ces frais, quoique ceux qui ont fait les incidens aient éte condamnés envers lui aux dépens; ſauf aux créanciers ſur leſquels l'ordre manquera, à exercer contre eux les droits du pourſuivant.

128. Après ces frais, on colloque les créanciers privilégiés.

Le premier privilege eſt celui des frais funéraires, & de la derniere maladie de celui ſur la ſucceſſion duquel la ſaiſie a été faite, lorſqu'ils n'ont pu être acquittés ſur le mobilier; *Héricourt*, *X*, 7, 5.

129. Celui qui a conſervé l'héritage de telle maniere qu'il fût totalement péri ſans le travail qu'il a fait, a un privilege ſur le total de l'héritage: tel eſt celui qui a fait une digue, ſans laquelle la riviere l'auroit emporté.

A l'égard de celui qui a méliore l'héritage, il a un privilege ſeulement ſur la plus-value de l'héritage qui réſulte de ſon travail; de maniere qu'il faut faire une ventilation du prix de l'adjudication. La ſomme qu'auroit été vendu cet héritage ſans le travail qu'il a fait, ſe diſtribuera ſans avoir égard à ſon privilege, qu'il exercera ſeulement ſur le ſurplus du prix. Suivant ce principe, on a jugé que les ouvriers qui avoient réparé une maiſon, avoient privilege ſur le prix de la ſuperficie par ventilation; *Arrêt du 14 Juin 1721, au T. 7 du Journal.*

130. Viennent enſuite les Seigneurs féodaux & cenſuels, pour les arrérages de cens & profits qui leur ſont dus du chef du ſaiſi & des auteurs du ſaiſi. A l'égard de celui dû pour l'adjudication, c'eſt l'adjudicataire qui le doit.

Néanmoins Lemaître, dans ſon Traité des Criées, eſt d'avis que les Seigneurs doivent être colloqués avant les frais de criées; & ſon avis eſt ſuivi par Dupleſſis & par Héricourt: mais on m'a aſſuré que l'avis contraire au leur prévaloit dans l'uſage. La raiſon eſt que ces Seigneurs n'ayant pas demandé, comme ils le pouvoient, à rentrer dans les héritages, ſi mieux n'aiment les créanciers ſe charger de leur dû; & s'étant contentés de faire oppoſition au décret, ils ſont cenſés avoir préféré la voie de la ſaiſie réelle pour parvenir au paiement de leur dû. Le pourſuivant a donc ſaiſi pour eux comme pour les autres oppoſans: par conſéquent ils doivent ſouffrir comme les autres créanciers oppoſans, que les frais de pourſuite ſoient prélevés, comme faits pour l'affaire commune.

Ces privileges marchent avant tous les créanciers, tant avant ceux des auteurs du ſaiſi, qu'avant ceux du ſaiſi.

131. Après ces privileges, l'oppoſant à fin de diſtraire, qui, pour s'être oppoſé trop tard, a été renvoyé à l'ordre, eſt colloqué par privilege ſur le prix de l'héritage qu'il a juſtifié lui appartenir; & l'oppoſant à fin de charge, qui a été par la même raiſon renvoyé à l'ordre, eſt colloqué par privilege ſur la plus-value de l'héritage, au moyen de ce qu'il ſe trouve libéré de la charge.

132. Obſervez qu'on doit colloquer les créanciers dont les hypotheques ont été créées par les auteurs du ſaiſi, le rang de chacun d'eux gardé entre eux, avant tous les créanciers du ſaiſi, autres que les privilégiés dont il a été ci-deſſus parlé: car le ſaiſi, qui n'a pu acquérir l'héritage qu'avec la charge des hypotheques créées par ſes auteurs, n'a pu l'hypothéquer à ſes propres

créanciers que pour ce qui resteroit après lesdites hypotheques acquittées, n'ayant pu leur transférer plus de droit qu'il n'en avoit lui-même.

133. Entre les créanciers du saisi, celui qui lui a vendu l'héritage est privilégié aux autres pour le prix qui lui en est dû. Si l'héritage est échu au saisi par partage, les copartageans y ont un privilege pour toutes les obligations résultantes du partage.

134. Le Roi a aussi un privilege sur les héritages acquis par les comptables depuis qu'ils ont manié les deniers Royaux; *Edit d'Août 1669, art. 1.* Ce privilege est fondé sur ce qu'ils sont présumés les avoir acquis des deniers du Roi : d'où il suit qu'il ne va qu'après le privilege du vendeur, & de ceux qui sont subrogés au vendeur.

135. Après les créanciers privilégiés, les simples créanciers hypothécaires sont colloqués chacun selon la date de son hypotheque, selon la regle, *Qui prior tempore, potior jure.*

Ceux qui sont de même date, sont colloqués concurremment, selon la regle, *Qui concurrunt tempore, concurrunt jure.*

136. *Cette derniere regle souffre néanmoins exception*; 1°. à l'égard du créancier, qui ayant été payé d'une partie de sa créance, a subrogé à ses droits pour cette partie ceux qui l'ont payé : car quoique ceux qu'il a subrogés, & lui, pour ce qui lui reste dû, soient créanciers d'une même créance, & par conséquent de même date, néanmoins il leur est préféré; *Introduct. au Tit. 20, n. 86.*

Mais celui qui lui auroit payé ce restant avec subrogation, ne viendroit que par concurrence avec les autres.

137. 2°. Entre les créances qui résultent toutes d'un même contrat de mariage sur les biens du mari, on place d'abord la créance pour la restitution de la dot, ensuite le douaire, ensuite les remplois pour les aliénations volontaires auxquelles la femme a consenti, & son indemnité pour les obligations qu'elle a contractées pour son mari. *Voyez Basnage, Tr. des Hyp. ch. 13.*

138. S'il restoit quelque chose après tous les créanciers hypothécaires acquittés, il seroit distribué au sou la livre entre les chirographaires; & à leur défaut, payé au saisi.

139. Observez que lorsqu'une créance dépend d'une condition qui n'est pas encore échue, le créancier ne laisse pas d'être colloqué dans l'ordre en son rang, comme si elle étoit échue : mais le créancier sur qui l'ordre manque, touche à sa place, en donnant caution de rapporter à son profit, si la condition arrive.

140. A l'égard des simples termes de paiement, ils cessent par le décret, le créancier étant censé n'avoir accordé terme que tant qu'il auroit ses sûretés, & que ses hypotheques subsisteroient. C'est pourquoi le créancier touche sa collocation, quoique le temps du terme ne soit pas expiré, sans qu'on puisse pour raison de ce lui rabattre aucun escompte.

§. XVII.

Du Sous-ordre.

141. Ce n'eſt qu'après que l'ordre a été réglé, qu'on doit faire le ſous-ordre : on doit y ſtatuer par un jugement ſéparé, au rapport du même Juge qui a rapporté l'ordre; *Arrêté de la Cour du 22 Août 1691*, *art.* 1 & 2.

On peut définir le ſous-ordre, le rang dans lequel pluſieurs créanciers d'un créancier oppoſant à la ſaiſie doivent être payés ſur la ſomme pour laquelle ce créancier, leur débiteur commun, a été utilement colloqué dans le jugement d'ordre.

On prend d'abord ſur cette ſomme les frais faits pour la pourſuite, inſtruction & jugement du ſous-ordre; *art.* 3. Sur le ſurplus de cette ſomme, chacun des créanciers qui ont fait leur oppoſition en ſous-ordre avant que le décret ait été délivré, eſt payé de ce qui lui eſt dû en principal, intérêts & frais, ſelon le rang de l'hypotheque qu'il a ſur les biens de ce créancier utilement colloqué, leur débiteur commun; & on ſuit à cet égard les mêmes regles que pour l'ordre.

142. Cette déciſion a lieu, quand même la créance hypothécaire pour laquelle le créancier, débiteur commun des oppoſans en ſous-ordre, auroit été utilement colloqué dans l'ordre, ſeroit une créance mobiliaire, qui, ſelon notre Coutume, n'eſt pas de nature à ſe diſtribuer par ordre d'hypotheque: car ce n'eſt pas cette créance mobiliaire qu'ils arrêtent par leur oppoſition qu'ils forment en ſous-ordre, mais c'eſt le droit d'hypotheque que leur débiteur avoit dans les biens ſaiſis réellement; lequel droit d'hypotheque étant un droit dans des héritages, eſt un droit immobilier, dont le prix doit par conſéquent ſe diſtribuer entre eux par ordre d'hypotheque.

Pour bien entendre ceci, il faut diſtinguer la créance du droit d'hypotheque qui y eſt attaché. La créance eſt un droit contre la perſonne du débiteur; l'hypotheque eſt un droit dans les biens qui y ſont hypothéqués. Lorſque je m'attaque aux biens, en ſaiſiſſant réellement les biens de mon débiteur, ou en adhérant par une oppoſition à la ſaiſie réelle qui en a été faite, c'eſt le droit d'hypotheque que j'ai dans leſdits biens que j'exerce & que je pourſuis. La ſomme pour laquelle je ſuis utilement colloqué dans l'ordre, en même temps qu'elle eſt la ſomme qui m'eſt perſonnellement due, eſt auſſi le prix de mon droit d'hypotheque; & c'eſt en tant qu'elle eſt le prix de mon hypotheque, que je ſuis colloqué dans l'ordre. Mais ce droit d'hypotheque que j'ai dans les biens ſaiſis réellement, étant un droit dans des héritages, & par conſéquent immobilier, & ſuivant la regle, *Pignus pignori dari poteſt*; L. 1, *Cod. ſi pign. pign.* eſt lui-même hypothéqué à mes droits hypothécaires. Par l'oppoſition en ſous-ordre qu'ils forment avant que le décret ſoit délivré, ils ſaiſiſſent réellement mon droit d'hypotheque qui leur eſt hypothéqué; & l'effet de cette ſaiſie eſt de leur donner droit de recevoir en ma place la ſomme pour laquelle je ſerai colloqué, chacun ſelon le rang de l'hypotheque qu'il avoit dans mon droit d'hypotheque, dont cette collocation eſt le prix.

143. Après que le décret a été délivré, les créanciers hypothécaires du saisissant ou des opposans ne peuvent plus, par des oppositions en sous-ordre, saisir le droit d'hypotheque qu'avoit leur débiteur dans les biens décrétés; le décret l'ayant purgé; il ne leur reste plus que la voie de la saisie-arrêt de la somme pour laquelle leur débiteur sera colloqué dans l'ordre, sur laquelle ils seront payés au sou la livre, après que les créances hypothécaires de ceux qui ont formé à temps leur opposition en sous-ordre, auront été acquittées.

§. XVIII.

Du paiement qui doit être fait aux Créanciers colloqués.

144. Après que l'ordre a été arrêté, & non plutôt, chacun des créanciers utilement colloqués dans l'ordre, a droit d'exiger du Receveur des consignations la somme pour laquelle il a été colloqué.

Il doit néanmoins auparavant avoir affirmé devant le Juge la sincérité de sa créance, lorsque le Juge a ordonné cette affirmation; & il est d'usage de l'ordonner. Dans les cas auxquels il doit donner caution de rapporter, il doit aussi avoir donné cette caution.

145. Les Receveurs des consignations ne peuvent alléguer aucune prescription, par quelque laps de temps que ce soit, contre le paiement qui leur est demandé par les créanciers utilement colloqués; *Edit de Février 1689, art. 36.*

146. Les commandemens qui leur sont faits par lesdits créanciers doivent être faits en leur bureau, à leur personne, ou à celle de quelqu'un de leurs Commis, à peine de nullité; & on ne peut faire aucune contrainte contre eux que trois jours après ledit commandement. On ne peut même les exécuter dans les rues, en leurs personnes, chevaux ou carrosses, qu'en vertu d'un jugement rendu sur un procès-verbal de refus de payer; *ibid. art. 32.*

§. XIX.

De l'appel du décret, & des autres voies de se pourvoir contre.

147. Lorsque le décret a été rendu par un Juge inférieur, la partie saisie peut interjeter appel du décret, c'est-à-dire, de l'adjudication qui a été faite des biens sur elle saisis, & elle peut intimer sur cet appel de l'adjudicataire.

Le temps pour interjeter cet appel, lorsque le décret a été signifié à la partie saisie, est le même que celui qui est réglé pour l'appel de tous les jugemens par l'Ordonnance de 1667, *Tit. 27, art. 12, 14, 15 & 17.*

148. Lorsque le décret n'a pas été signifié à la partie saisie, l'adjudicataire ne peut opposer contre son appel d'autre prescription que la prescription ordinaire de trente ans.

Cette décision a lieu, quand même l'héritage seroit situé dans les Coutumes qui admettent la prescription de dix ans en faveur des acquéreurs de bonne foi: car il faut pour cette prescription titre & bonne foi; c'est-à-dire, il faut que l'acquéreur ait acquis par un titre qui ne ſoit pas attaqué : mais l'adjudicataire n'ayant d'autre titre de ſon acquiſition que le décret, il ne poſſede plus avec ce titre, dès que ce décret eſt attaqué par l'appel qui en eſt interjetté.

149. Le décret ſur l'appel peut être attaqué ou par des moyens du fond, comme lorſque l'appellant prétend que la ſomme pour laquelle la ſaiſie réelle a été faite, n'étoit pas due au ſaiſiſſant ; ou par des moyens de la forme, comme lorſqu'il prétend qu'on a manqué à quelque formalité dans la procédure pour parvenir au décret. Dans l'un & l'autre cas, l'adjudicataire appelle en garantie le ſaiſiſſant.

150. Lorſque la forme du décret eſt attaquée, le ſaiſiſſant appellé en garantie par l'adjudicataire, doit repréſenter les pieces de la procédure du décret. Il eſt néanmoins déchargé de cette repréſentation lorſqu'il s'eſt écoulé un temps long avant qu'il ait été attaqué ſur la forme du décret : en ce cas, *omnia præſumuntur ſolemniter acta* ; & l'appellant ne peut faire infirmer le décret par défaut de forme, qu'en rapportant lui-même des pieces qui juſtifient l'inobſervation de quelque formalité néceſſaire pour la validité du décret.

Le temps long au bout duquel le ſaiſiſſant eſt déchargé de la repréſentation de la procédure du décret, eſt, ſelon l'opinion la plus commune, le temps de dix ans.

151. Obſervez que le Procureur qui a pourſuivi le décret, doit répondre de ſa procédure. C'eſt pourquoi lorſque le décret eſt attaqué dans la forme, le ſaiſiſſant doit le contreſommer en cauſe pour défendre ſa procédure ; & ſi le décret eſt infirmé pour quelque défaut de procédure, le Procureur doit être condamné en tous les dommages & intérêts du ſaiſiſſant. Cette juriſprudence eſt fondée ſur ce principe de Droit, *Procurator omnem culpam præſtare debet*, l. 13, *Cod. mand.* & ſur cet autre, *Imperitia culpæ annumeratur*, L. 132, ff. *de R. J.*

152. La ſeule cauſe de léſion, fût-elle de plus de moitié du juſte prix, ne peut ſervir de moyen d'appel contre le décret. Nous avons trois Coutumes qui le décident ; Auvergne, la Marche & Bourbonnois. Dumoulin, ſur l'*art.* *487* de celle-ci, atteſte que la juriſprudence des Arrêts a fait de la diſpoſition de ces Coutumes un Droit commun. On a jugé ſelon ce principe même dans le cas auquel le décret auroit été fait ſur des mineurs ; *Héricourt*, XI, 1. *Haſtæ fides* l'emporte en ce cas ſur la faveur des mineurs. D'ailleurs les encheres, les remiſes juſtifient que le bien a été vendu tout ce qu'il pouvoit être vendu dans le temps qu'il a été vendu : d'où il ſuit qu'on ne peut proprement dire qu'il a été vendu au-deſſous de ſon prix ; car le prix des choſes ſe regle ſur ce qu'elles peuvent être vendues.

153. Les tiers qui n'ont pas été parties dans le décret peuvent auſſi l'attaquer, lorſqu'on leur oppoſe qu'il a purgé quelque droit par eux prétendu dans les biens décrétés. Lorſque le Juge qui a rendu le décret eſt un Juge inférieur, ils peuvent ſe pourvoir, ou par la voie de la tierce oppoſition devant lui, ou par la voie de l'appel devant le Juge ſupérieur. Si le décret avoit été fait dans une Cour ſouveraine, il n'y auroit que la voie de la tierce oppoſition. On ne peut oppoſer d'autre preſcription contre ces appels ou tierces oppoſitions, que la preſcription trentenaire.

Ces tiers peuvent attaquer le décret par des moyens du fond, *putà*, s'ils prétendent qu'on y a compris des biens qui leur appartiennent, & dont ils n'ont pas été dépossédés, & qu'en conséquence il est nul, comme étant fait *super non domino.* Ils peuvent aussi l'attaquer par des moyens de la forme; auquel cas il faut observer ce qui a été dit ci-dessus.

154. Lorsque le décret est infirmé, soit sur l'appel de la partie saisie, soit sur l'appel d'un tiers, ou sur sa tierce opposition, l'adjudicataire peut se pourvoir pour la répétition des droits de consignation, contre le Receveur; *Edit de Février 1689, art. 26;* pour les profits qu'il a payés, contre le Seigneur; *Introd. au Tit. des Fiefs, n. 124;* & contre les créanciers colloqués dans l'ordre pour ce que chacun d'eux a reçu du prix. Il peut aussi se pourvoir pour la répétition de toutes ces choses, ensemble pour ses dommages & intérêts, contre le saisissant qui est son garant, en le subrogeant à ses droits & actions.

155. Lorsque l'adjudicataire n'a souffert éviction que d'une portion des biens compris au décret, *ce sont ceux des créanciers qui ont été* les derniers recevans dans l'ordre, qui sont tenus de la restitution d'une portion du prix proportionnée à cette portion de biens.

§. XX.

De la Saisie réelle des Offices.

156. Il y a plusieurs choses particulieres pour la saisie réelle des offices.

157. Outre qu'elle doit, comme toutes les autres saisies réelles, être enregistrée au Bureau du Commissaire aux saisies réelles, & au Greffe de la Jurisdiction où elle se poursuit, elle doit aussi l'être au Greffe de la Jurisdiction dont dépend l'office saisi; *Edit de Février 1683, art. 6.*

Cette saisie réelle se signifie à M. le Chancelier, ou à M. le Garde des Sceaux, en la personne du Garde des Rôles, pour qu'il ne soit pas expédié de provisions au préjudice de la saisie réelle.

Elle se signifie aussi au Payeur des gages, pour qu'il ne puisse les payer qu'au Commissaire.

158. Après que l'enregistrement de la saisie réelle de l'office au Greffe de la Jurisdiction où s'en fait l'exercice, a été signifié à l'Officier partie saisie, soit à sa personne, soit à son domicile, le saisissant peut, six mois après ladite signification, si l'office est d'une Compagnie supérieure, ou trois mois après, à l'égard des autres offices, faire ordonner sur une assignation donnée à la partie saisie, qu'elle sera tenue de donner sa procuration *ad resignandum* de l'office saisi, sinon que le jugement vaudra procuration, & qu'il sera procédé en conséquence à l'adjudication, après les proclamations & remises ordinaires; *Edit de 1683, art. 6.*

159. Observez que le jugement, lorsqu'il n'y en a pas d'appel, ou lorsque sur l'appel il a été confirmé, emporte interdiction de plein droit contre l'Officier, trois mois après la signification qui lui en a été faite à personne ou domicile, & au Greffe de la Jurisdiction où s'exerce l'office; *Edit de 1683, art. 8.*

160. En conséquece de ce jugement, le poursuivant fait dresser l'affiche. Après avoir fait mention du titre de l'office, du nom, des qualités de la partie saisie, & du jugement ci-dessus mentionné, il marque le jour auquel il sera procédé à l'adjudication, & les conditions sous lesquelles elle sera faite. L'affiche se publie à l'Audience de la Jurisdiction où le décret se poursuit : on pose ensuite les affiches, & on les publie aux lieux dont il est parlé en l'article 470, notamment à la porte du lieu de la Jurisdiction où se fait l'exercice de l'office, ce lieu étant censé celui de la situation de la chose saisie : *Héricourt*, *ch.* 12, §. 5, *in fine*. On doit faire trois publications de quinzaine en quinzaine ; *Edit de 1683*, *art.* 6.

Ces publications faites, le Juge, au jour indiqué, fait lire l'affiche à l'Audience, & reçoit les encheres ; mais il ne peut faire l'adjudication pure & simple qu'après deux remises de mois en mois ; *art.* 7.

L'adjudicataire est contraint à la consignation du prix, dans la huitaine, de même qu'à l'égard des autres biens ; & le saisissant peut, de même qu'à l'égard des autres biens, faute de paiement, en poursuivre la réadjudication sur sa folle enchere ; *Voyez* suprà, *n.* 102.

Après que l'adjudicataire a consigné le prix, on doit lui délivrer une grosse ou expédition du décret. Sur la représentation de cette expédition, & de celle du jugement qui a ordonné que le saisi donneroit sa procuration *ad resignandum*, sinon que le jugement vaudroit procuration, on lui accorde des provisions.

161. Le sceau des provisions purge tous les droits sur l'office, quels qu'ils soient, même ceux que le décret ne purge pas, & qui n'étoient pas encore ouverts : car le pourvu est censé ne tenir son office que du Roi. L'opposition au sceau conserve à ceux qui l'ont formée leurs droits, non sur l'office, mais sur le prix qui le représente.

162. Dans l'ordre du prix de l'office, suivant l'Edit du mois de Février 1683, *art.* 1, les créanciers opposans au sceau, ne fussent-ils que simples chirographaires, sont préférés à tous ceux qui ne s'y sont pas opposés, quelque privilégiés que soient ceux-ci, même à ceux qui auroient fait la saisie réelle de l'office, ou y seroient opposans.

Observez que l'opposition au sceau, formée par des directeurs de créanciers valablement établis, est censée faite pour tous les créanciers qui les ont établis, & conserve les droits de tous ; *art.* 2.

163. Les créanciers opposans au sceau ne viennent pas entre eux par concurrence ; mais on colloque d'abord ceux d'entre eux qui sont privilégiés, chacun suivant l'ordre de son privilege. Après les privilégiés, chacun d'entre eux est colloqué selon la date de son hypotheque. Enfin, après tous les hypothécaires, les chirographaires opposans au sceau viennent par concurrence ; *art.* 3.

164. Le premier des privileges sur le prix de l'office, après les frais de poursuite, est celui du créancier qui a payé la paulette du dernier bail ; car il a conservé l'office à tous les autres créanciers.

Après lui viennent ceux qui sont créanciers de l'Officier pour raison des fonctions de son office, & après eux le vendeur pour ce qui lui reste dû du prix de l'office.

A l'égard des offices comptables, le Roi a un privilege pour ce qui lui est dû par le comptable, avant tous les autres privileges, néanmoins après les frais de poursuite.

165. Après tous les opposans au sceau acquittés, ceux qui ne sont pas opposans au sceau, sont colloqués sur le surplus : en premier lieu les privilégiés, chacun selon l'ordre de son privilege ; ensuite les simples hypothécaires, chacun selon la date de son hypotheque ; & enfin les chirographaires, par contribution.

§. XXI.

Des Décrets volontaires, & de plusieurs autres especes de Décrets.

166. Le décret volontaire est un décret par lequel l'acquéreur d'un héritage, pour purger les hypotheques & autres droits réels créés par ses auteurs, dont il n'a pas été chargé, se le fait adjuger sur une saisie réelle fictive qu'il fait faire de cet héritage.

Ce décret est appellé volontaire, parce que la saisie de l'héritage sur laquelle il intervient, se fait *in volentem;* à la différence du décret forcé qui intervient sur la saisie qu'un créancier fait de l'héritage de son débiteur pour être payé, laquelle se fait *in invitum.*

167. On doit observer dans les décrets volontaires toutes les solemnités & procédures requises dans les décrets ordinaires ; sauf qu'on ne procede pas ordinairement à aucun bail judiciaire.

168. L'adjudication qui intervient & est faite à l'acquéreur, est une confirmation de son contrat d'acquisition, plutôt qu'un nouveau titre.

169. On peut former à ce décret des oppositions à fin de distraire & à fin de charge comme aux décrets ordinaires. Sur ces oppositions, l'acquéreur appelle en garantie son vendeur ; ce qui forme des instances qui arrêtent le cours du décret jusqu'à ce qu'elles soient vuidées.

170. Les oppositions à fin de conserver, qu'on forme au décret volontaire, doivent pareillement être dénoncées au vendeur, qui en doit défendre l'acquéreur, ou consentir qu'elles soient converties en saisies & arrêts sur le prix. Cette conversion se fait pour éviter les droits de consignation qui sont dus dans les décrets volontaires, lorsqu'au temps du décret il se trouve quelque opposition subsistante ; *Edit de Février 1689, art. 16.*

On peut néanmoins encore, même après le décret, convertir les oppositions en saisies-arrêts, pour faire cesser les droits de consignation, pourvu que cette conversion se fasse dans la quinzaine depuis qu'elles ont été formées ; *art. 17.*

Observez aussi que pour que cette conversion fasse cesser les droits de consignation, il faut que l'ordre ne se fasse pas en Justice sur les contestations réglées entre les parties ; *art. 16.*

Lorsqu'entre plusieurs oppositions il y en a quelques-unes de contestées, & d'autres qui ne le sont pas, les droits de consignation ne sont dus que pour la part du prix pour laquelle seront colloqués les créanciers dont les opposi-

tions

tions ont été contestées & réglées après le décret, & non pour le surplus ; *Arrêt du 26 Février 1714, cité par Héricourt, ch. fin. n. 5.*

171. Les opposans peuvent obliger l'acquéreur à rapporter le prix entier de son acquisition, quand même il en auroit payé partie en achetant ; sauf à lui son recours contre son vendeur.

172. Chacun des opposans est colloqué sur le prix selon le rang de ses privileges & hypotheques. Ceux qui n'ont pas formé d'opposition, quoiqu'indiqués par le contrat & antérieurs en hypotheque, ne peuvent avoir part qu'au surplus du prix, s'il en reste, comme simples créanciers chirographaires : car le décret auquel ils n'ont pas formé d'opposition, a purgé leurs hypotheques.

Il y a même lieu de penser que l'acquéreur est pareillement obligé de former opposition au décret qu'il fait faire sur lui pour conserver les hypotheques des créanciers indiqués qu'il a payés, & auxquels il s'est fait subroger. Néanmoins il y a un Arrêt du 24 Mars 1676 au Journal du Palais, *qui a jugé qu'il les avoit conservées* sans avoir fait d'opposition : mais cet Arrêt souffre difficulté ; car il n'y a aucune Loi qui excepte les hypotheques de l'acquéreur de la regle générale, qui veut que le décret purge toutes les hypotheques pour lesquelles on n'a pas formé d'opposition. Les autres opposans qui auroient pu enchérir l'héritage, s'ils les eussent connues, avoient intérêt de les connoître.

173. Le décret volontaire peut devenir décret forcé, lorsqu'il survient des oppositions de créanciers pour des sommes qui excedent le prix de l'acquisition : car en ce cas un créancier peut faire porter une enchere au-delà du prix de l'acquisition ; & sur cette enchere l'héritage est crié, & après les remises ordinaires, adjugé, malgré l'acquéreur, à celui qui s'en rendra le dernier enchérisseur : & si l'acquéreur ayant été le dernier enchérisseur, en est lui-même adjudicataire, ce sera en vertu de cette adjudication qu'il le retiendra, plutôt qu'en vertu du titre de son contrat d'acquisition.

174. Il y a encore d'autres especes de décrets, tel que celui des biens d'une succession bénéficiaire, qu'un héritier bénéficiaire fait faire sur lui, *art. 343 ;* celui que des créanciers font de l'héritage qui leur a été délaissé, *art. 475 ;* celui qu'un Seigneur justicier fait des biens vacans, *art. 474.*

175. On observe dans tous ces décrets les mêmes formes que dans les décrets ordinaires, & ils ont la même vertu de purger les droits réels & hypotheques de ceux qui manquent d'y former opposition.

TITRE XXI.

Des Criées.

ARTICLE CCCCLXIV.

EN tout le Bailliage & Prevosté d'Orléans, & Ressorts d'iceux, n'y aura qu'une forme (1) *& usance de criées d'héritages, & choses subjettes à decret, qui sera reglée suivant celle observée au Siege Présidial desdits Bailliage & Prévosté, telle qui ensuit.*

(1) Plusieurs Châtellenies du ressort avoient leurs formes particulieres, qui sont abrogées par cet article.

ARTICLE CCCCLXV.

C'est assavoir, qu'après commandemens (1) *faits au debteur, celui qui veut parvenir au decret, obtient à cette fin commission spéciale du Juge, contenant la debte* (2), *& cause pour laquelle il veut faire proceder par saisies & criées.*

(1) Lalande, & l'Auteur des Notes de 1711, inclinent à dire que nonobstant l'expression plurielle de la Coutume, un seul commandement doit suffire : mais leur opinion n'est pas sûre, & le texte y résiste : l'expression plurielle en exige deux.

Ce que dit Héricourt, que notre Coutume, en exigeant deux commandemens, auroit donné atteinte à l'Ordonnance de 1539, qui n'en exige qu'un, n'est pas juste. Une loi municipale ne peut pas dispenser de ce que les Ordonnances prescrivent : mais elle peut y ajouter, & ce n'est pas *y donner atteinte.*

Sur la forme de ces commandemens, *Voyez l'Introd. N.* 19 & 20.

(2) La commission doit faire mention *de la dette*, c'est-à-dire, de la somme due ; & *de la cause*, c'est-à-dire, du titre en vertu duquel elle est due.

ARTICLE CCCCLXVI.

C. de Par. *art.* 346. *En vertu de laquelle commission, le Sergent exécuteur d'icelle se transporte sur les héritages* (1) *du debteur, & iceux saisit réellement*

(1) Lorsque c'est une rente fonciere ou un autre droit réel sur un héritage qu'on saisit, le Sergent doit se transporter sur l'héritage sur lequel ce droit est à prendre ; car ce droit est censé avoir la même situation que l'héritage sur lequel il est à prendre ; *infrà*, *art* 483.

Lorsqu'on saisit une rente constituée, si c'est une rente pour laquelle il y ait un bureau public de paiement, ces rentes étant censées avoir une situation au lieu où est établi ce bureau, le Sergent doit, pour la saisir, se transporter au lieu où est établi le bureau. A l'égard des autres rentes, comme elles n'ont aucune situation, & qu'elles résident dans la personne de celui qui en est le créancier & sur qui on les saisit, la saisie ne peut s'en faire qu'à son domicile ; *Introd. gén. N.* 23 & 24.

& actuellement par déclaration (2), assiette, tenans & aboutissans (3) par le menu (4), y appose brandons (5), & panonceaux (6) apparens, y établit commissaire (7); puis signifie ladite saisie & établissement de commissaires au seigneur (8) & détenteur desdits héritages saisis; & pour le saisissant eslit domicile au lieu où commission a esté obtenuë, s'il n'est domicilié en iceluy. Et desdits exploits baille (9) copie, tant au commissaire, que seigneur & détenteur desdits héritages saisis.

(2) C'est-à-dire, que le Sergent par son procès-verbal de saisie doit déclarer en quoi consiste l'héritage qu'il saisit. Cela est conforme à l'Edit de 1551, *art.* 1.

Si c'est une maison, il faut déclarer la ville, la rue, la paroisse où elle est située: si ce sont des héritages de campagne, il faut déclarer la paroisse, le hameau, le climat.

(3) Lalande, après M. Lemaistre, prétend que si une maison étoit d'ailleurs suffisamment désignée, de maniere qu'on ne pût s'y méprendre, l'omission des tenans & aboutissans ne seroit pas une nullité; comme si on avoit dit, la maison & hôtellerie des Trois Empereurs, sise en cette ville d'Orléans, rue Banniere, sans exprimer les maisons auxquelles elle tient. Il est plus sûr de suivre littéralement ce que la Coutume prescrit; d'autant plus que l'indication de la rue & de l'enseigne ne font pas connoître toute l'étendue de la maison, qui ne peut bien être connue que par les tenans & aboutissans; *Héricourt, VI*, 12.

(4) C'est-à-dire qu'il faut déclarer les différentes pieces de terre dont l'héritage qu'on saisit est composé, chacune par ses tenans & aboutissans, les différens droits attachés à cet héritage, &c. *Voyez une exception en l'article suivant.*

(5) Ce sont des piquets revêtus de paille qu'on pique en terre en signe de la saisie.

(6) Ce sont de petites enseignes qu'on applique à la porte de l'héritage saisi en signe de la saisie. Ces pannonceaux doivent être aux armes du Roi, quoique l'héritage soit situé & que la saisie se fasse dans une Justice de Seigneur; *Arrêts de 1576 & 1609, cités par Héricourt, VI*, 15. Au bas du panneau il doit être écrit que la maison est saisie; *Edit de 1551, art.* 2.

(7) Ces commissaires ont été établis en titre d'office par Edit de Février 1626. Il est défendu, à peine de nullité, d'en établir d'autres. *Voyez cet Edit, & celui de 1689. Voyez aussi l'Introd.* §. 7.

(8) C'est-à-dire, au débiteur sur qui la saisie est faite, qui doit être *seigneur & détenteur*, c'est-à-dire, possesseur *animo domini* de l'héritage qu'on saisit sur lui; autrement on ne pourroit le saisir sur lui.

(9) Tant de l'exploit de saisie réelle que de la commission.

ARTICLE CCCCLXVII.

Et néanmoins (1) en criées de fiefs, seigneuries & terres nobles (2), suffit saisir les principaux manoirs de chacun fief & seigneurie, avec les appartenances (3) & dépendances, sans qu'il soit besoin les déclarer par tenans & aboutissans, ne autrement entrer esdits manoirs. C. de Par. *art.* 345.

(1) Cet article est conforme à l'Edit de 1551, *art.* 1.

(2) Ce terme comprend les francs aleux nobles. *Voyez l'art.* 255.

(3) Ces termes comprennent tous les différens corps d'héritages qui font partie du fief saisi, & tous les différens droits qui y sont attachés.

Lorsque le débiteur possede un fief relevant du sien, qui n'y est pas encore réuni, n'ayant pas encore porté la foi pour l'un & pour l'autre (*art.* 18 & 19), ce fief servant n'est pas compris sous le titre général d'*appartenances & dépendances* du dominant saisi sur ce débiteur, puisqu'il n'en fait pas encore partie. C'est pourquoi il doit être spécialement exprimé par la saisie. Il en est de même des héritages que le débiteur auroit acquis dans sa censive, avec déclaration qu'il n'entend pas les réunir. Non-seulement ils ne sont pas compris sous les termes d'*appartenances & dépendances*, mais ils doivent être détaillés dans tout ce qu'ils contiennent, suivant qu'il est prescrit par l'article précédent; au lieu qu'à l'égard du fief non réuni, il suffit qu'il en soit fait mention expresse, sans qu'il soit besoin de détailler tout ce qu'il contient.

ARTICLE CCCCLXVIII.

Ce fait, ledit Sergent, ou autre, fait les criées (1) des choses saisies.

(1) Ce terme est pris ici dans sa signification propre & étroite, pour les proclamations que fait le Sergent pour avertir que l'héritage est saisi & doit être vendu.

ARTICLE CCCCLXIX.

Et pour ce faire, se transporte à jour de Dimanche (1) devant la principale porte de l'Eglise Parochiale (2) où l'héritage (3) est assis (4), à l'issuë de la Messe Parochiale y célébrée. Déclare, & fait sçavoir à tous en général, à haute voix & cry public, que lesdits héritages sont saisis & mis en criées, pour être vendus & décretez pardevant le Juge duquel la commission est émanée (5), à la requeste de qui, & sur qui, les sommes pour lesquelles lesdites criées sont faites, à ce qu'aucun n'en prétende cause d'ignorance, & que ceux qui ont intérest apparoissent. Lequel cry il fait audit jour de Dimanche par trois quinzaines consécutives, & encore au jour de Dimanche, que

(1) Cela est conforme à l'Ordonnance de 1551, *art.* 3. La nécessité qu'il y a que les criées soient connues de tout le monde, & que pour cet effet elles se fassent dans les assemblées les plus nombreuses, a fait passer pardessus les regles ordinaires, qui défendent de faire les jours de Dimanches les procédures & actes judiciaires. La loi qui non-seulement permet, mais ordonne de faire les criées aux jours de Dimanches, n'en excepte pas les Dimanches les plus solemnels. Par Arrêt du 22 Mars 1626, rendu en forme de réglement, on a confirmé des criées faites le jour de la Pentecôte. L'usage a seulement excepté le jour de Pâques; *Héricourt*, VII, 2.

(2) Les annexes dans lesquelles on dit une Messe de paroisse & où l'on administre les Sacremens aux habitans qui sont dans leur détroit, comme étoit ici l'Eglise de S. Sulpice, sont réputées les Eglises paroissiales où se doivent faire les criées des héritages situés dans leur detroit. Elles ne seroient pas bien faites à l'Eglise matrice; *Arrêt sans date, cité par Tournet.*

(3) *Quid*, si c'est une rente ou un office. *Voyez* infrà *les articles* 481, 482, 483 & 484.

(4) Lorsqu'une maison est bâtie sur le territoire de deux paroisses, elle est réputée de celle sur le territoire de laquelle est la principale entrée; *Doctores ad L. Quod conclave*, ff. *de damn. inf.*

Lorsque les biens saisis sont situés en différentes paroisses, les criées doivent être faites à chaque paroisse; sinon elles seront nulles pour les biens de la paroisse où elles n'auront pas été faites. Mais si d'un fief saisi relevoient en fief ou en censive des biens situés en différentes paroisses, il suffiroit de les faire à la paroisse où est situé le chef-lieu; *Héricourt*, VI, 15.

(5) Il auroit été plus exact de dire, *pardevant qui se poursuit la saisie*, qui n'est pas toujours le même que celui dont la commission est émanée. *Voyez l'Introd.* §. 5, *N.* 29.

la derniere desdites trois quinzaines finit. Après lequel cry, fin des trois quinzaines, & commencement de huitaine, d'abondant il fait encore pareil cry à autre jour de Dimanche, qu'eschet ladite huitaine, pour mettre fin ausdites criées.

ARTICLE CCCCLXX.

Auquel dernier cry il déclare en outre, lesdites criées avoir esté par luy faites, comme dessus, & met au premier cry, commencement desdites trois quinzaines, & au dernier cry, & fin d'icelles criées, affiches tant contre la porte principale de ladite Église, que contre la porte & entrée principale du Siége ordinaire de la Jurisdiction où l'adjudication par decret se doit faire, que pareillement contre la porte du lieu saisi, contenant icelles affiches la déclaration des choses saisies, pourquoy lesdites criées & saisies se font, & le lieu où les ventes & adjudication par décret doivent estre faites. Et de tout ce que dessus, fait ledit Sergent procès-verbal, deuëment recordé de tesmoins, sans faire aucune interruption (1) ni discontinuation desdits cris. A. C. art. 341.

(1) Si la Messe de paroisse avoit manqué un Dimanche, le Sergent qui se seroit transporté à la paroisse, en dresseroit son procès-verbal, qu'il feroit certifier par des témoins, & pourroit continuer ses criées le Dimanche ensuivant, sans qu'on pût en ce cas les attaquer sous prétexte d'interruption; *Arrêt de Normandie, rapporté par Basnage.*

Il a été aussi jugé, que le Dimanche de Pâques étant tombé dans l'une des quinzaines, le Sergent avoit pu, à cause de la sainteté du jour, remettre la criée au lendemain, en faisant après toutes les criées, une autre criée surabondante à jour de Dimanche; *Arrêt du 23 Juillet* 1658.

ARTICLE CCCCLXXI.

Les quarante jours à décréter ne courent que du jour (1) de la premiere affiche mise, après que l'appointement à décréter à quarante jours aura esté donné.

Cet article est transposé; car l'appointement à décréter ne se rend qu'après le jugement de certification des criées dont il est parlé dans l'article suivant. *Voyez l'Introd. N.* 37.

(1) Ce jour non compris.

ARTICLE CCCCLXXII.

Les criées faites & parfaites, seront certifiées (1) pardevant les Juges Royaux, & autres Juges estans au dedans du Bailliage d'Orléans, pardevant lesquels seront lesdites criées pendantes (2), au

(1) *Voyez l'Introd. N.* 36.

(2) Quand la saisie est pendante hors le Bailliage d'Orléans, par exemple, aux Requêtes du Palais, la certification doit se faire pardevant le Juge du lieu où est situé l'héritage; *Edit de* 1551, *art.* 5; parce qu'il est réputé plus instruit de la procédure requise par la Coutume.

Siége, les plaids tenans, par dix Praticiens, Advocats & (3) Procureurs, si tant y en a audit Siege. Et où il n'y auroit nombre suffisant (4) elles seront certifiées pardevant le plus prochain Juge Royal.

Lorsque les héritages saisis sont en différentes Jurisdictions ressortissantes d'un même Bailliage Royal, l'Auteur des notes de 1711 dit qu'il n'est pas nécessaire que la certification se fasse dans chacune de ces Jurisdictions, & qu'il suffit en ce cas de la faire au Siege supérieur où elles ressortissent : mais s'ils etoient situés en différens Bailliages Royaux, la certification devroit se faire dans chacune des Jurisdictions.

(3) *Et* est pris ici pour *ou.*

(4) Quoique les criées ne puissent être certifiées dans une Justice subalterne, où il n'y a pas nombre suffisant de Praticiens, la saisie réelle ne laisse pas de s'y poursuivre & s'y continuer après que les criées auront été certifiées par le Juge royal du ressort.

ARTICLE CCCCLXXIII.

A.C. *art.* 339. Auparavant que aucunes lettres de décret (1) soient dictes valables, & que l'on s'en puisse ayder, il convient qu'elles contiennent la cause de la saisie, pour quelles années & termes escheus, soit de cens, rentes, sommes de deniers, ou autrement, avec les subhastations (2), ventes (3), exploicts (4), proclamations (5), relations de Sergent (6), & ordre (7) desdites criées : & que de tout soit *faite mention sommaire* (8) *par* lesdites lettres de décret : Autrement ne sont valables, & ne sortissent effect.

(1) C'est-à-dire, la grosse de l'adjudication.

(2) C'est-à-dire, avec un extrait ou mention sommaire de toutes les procédures qui ont été tenues, & qui sont requises pour parvenir au décret, telles que sont les *subhastations, &c.* On appelle subhastations les publications d'encheres & proclamations faites à l'Audience pour vendre l'héritage *sub hasta judiciali.* Ce terme vient de ce que chez les Romains, dans le lieu où se faisoient les ventes judiciaires, on piquoit une lance en signe de la force de ces ventes, & de la sûreté qu'elles donnoient aux acquéreurs.

(3) Ce terme peut comprendre le congé d'adjuger, & l'adjudication sauf quinzaine.

(4) Ce terme comprend & les commandemens & l'exploit de saisie réelle, & généralement tous ceux qui doivent être faits dans le cours de la procédure.

(5) Ce sont les criées proprement dites.

(6) Tels que sont les procès verbaux d'apposition d'affiches.

(7) C'est-à-dire, & généralement tout l'ordre de la procédure qui a dû être tenue.

(8) Cette mention sommaire ne fait pas une pleine foi, & ne dispense pas l'adjudicataire du rapport des pieces pour justifier la régularité du décret sur l'appel qui en seroit interjetté, ou sur l'opposition qui y seroit formée ; si ce n'est lorsqu'il s'est écoulé un temps long. *Voyez l'Introd. N.* 150.

ARTICLE CCCCLXXIV.

A.C. *art.* 342. Les héritages vacans (1), & sans détenteur, peuvent à la requeste du Procureur de la seigneurie de la Justice où ils sont assis, estre saisis, vendus, & adjugez par décret (2), comme vacans, *pourveu que ce soit avec un curateur ordonné par Justice.*

(1) Tels que sont ceux d'un défunt qui n'a laissé aucuns héritiers apparens.

(2) L'effet de ce décret, comme de tous les autres, est de purger tous les droits, même

de propriété, qu'avoient dans cet héritage tous ceux qui ne se sont pas opposés au décret, lorsqu'ils ont été dépossédés par un bail judiciaire. C'est pourquoi s'il se présente par la suite des héritiers du défunt dont les biens ont été vendus comme vacans par déshérence, ils ne pourront pas réclamer les biens ainsi vendus, mais seulement demander compte au Seigneur du prix de l'adjudication.

ARTICLE CCCCLXXV.

Héritage délaissé en Justice par un tiers détenteur (1), *ou bien abandonné aux créanciers par un qui aura fait cession, sera sur lesdits délaissans, ou ayant fait cession, saisi. Et pour procéder aux criées & décréter, sera créé un curateur.*

(1) Sur une action hypothécaire.

ARTICLE CCCCLXXVI.

Après la vente & adjudication d'héritage (1) *faite en Justice, aucun n'est reçeu à encherir lesdits héritages vendus & adjugez, sinon le Siége tenant. Pourront néanmoins estre reçeuës dedans la huitaine après le jour de l'adjudication les encheres, qui se monteront au tiers, ou plus, de la somme à laquelle lesdits héritages auront esté adjugez : en maniere que si l'héritage a esté adjugé à soixante escus, sera l'enchere de vingt escus reçeuë, & du plus plus, & du moins moins, eslisant par l'enchérisseur domicile : laquelle enchere sera à la diligence & frais de l'enchérisseur, signifiée à l'adjudicataire, saisissant, & saisi, & ladite enchere publiée au Siége ordinaire à la huitaine ensuivant : & audit jour toutes autres encheres reçeuës, ledit Siége tenant. Et sera l'adjudication faite à celui qui se trouvera le dernier encherisseur, sans que après le Siege levé aucune enchere soit reçeuë, à quelques sommes que ce soit : ains tiendra ladite derniere adjudication.*

(1) *Voyez l'Introd.* §. 12.

ARTICLE CCCCLXXVII.

Le créancier qui a fait mettre des héritages en criées, se peut désister de la poursuite desdites criées : & en son lieu l'un des opposans se peut faire subroger, *en le remboursant des frais desdites criées : Lesquels il sera tenu faire taxer dedans le delay qui lui sera arbitré par le Juge.* A. C. art. 343 & 344.

Voyez l'Introd. N. 82 & *suiv.*

ARTICLE CCCCLXXVIII.

Celuy auquel a été vendu & adjugé par décret aucun héritage, &

a payé (1) le prix d'iceluy, est à l'instant fait vray seigneur (2) & possesseur de la chose adjugée, sans qu'il soit besoin prendre possession réelle & actuelle.

(1) L'acheteur sans terme n'acquiert de propriété qu'en payant : *Instit. tit. de rer. divis.* §. *Venditæ.* Sur le surplus de l'article, *Voyez l'Introduction*, §. 15.
(2) *Adjudicatio est modus acquirendi dominii Jure civili.*

Article CCCCLXXIX.

A. C. *art.* 345. Celuy qui a acquis héritage par décret, le peut délaisser en payant les sommes de deniers ausquelles il a enchéri ledit héritage, & les arrérages des charges, jusques au jour dudit délaissement.

Dans l'ancienne Coutume on auroit pu douter si celui qui s'est rendu adjudicataire par décret, à la charge d'une rente fonciere, pouvoit le déguerpir pour se libérer à l'avenir de cette rente. La raison de douter étoit que l'adjudication lui ayant été faite à la charge de cette rente, il s'étoit judiciairement obligé à la continuer : la Coutume décide par cet article qu'il est recevable au déguerpissement. La raison de décider est, qu'en se rendant adjudicataire à la charge de cette rente, il doit être censé s'y être obligé seulement pour le temps qu'il seroit possesseur de l'héritage : c'est le sens de cet article. Le premier sens que donne Lalande, est faux. Cet article a été laissé par inadvertance lors de la réformation, & est superflu, sa disposition ne pouvant pas être susceptible du moindre doute dans la nouvelle Coutume, qui accorde la faculté de déguerpir même aux preneurs.

Article CCCCLXXX.

A. C. *art.* 346. C. de Par. *art.* 355. En matiere de criées n'est besoin que les Seigneurs féodaux & censiers (1) *& ceux qui auront droict de champart (2) & terrage*, s'opposent auxdites criées : Car les ventes & adjudications qui en seront faites par décret, ne leur peuvent préjudicier quant ausdits droits, sinon pour les arrérages & profits ja deus & escheus, pour lesquels se faut opposer : *sans que pour raison (3) de ce lesdits champarts & terrages soient estimez droits seigneuriaux.*

(1) A cause de la regle, *Nulle terre sans seigneur. Voyez l'Introd. N.* 116.
(2) Parce que la perception s'en faisant publiquement, ce droit est présumé connu. *Voyez l'Introd. N.* 117.
(3) C'est-à-dire qu'on ne doit pas conclure de ce que le décret ne purge pas le droit de champart, qu'il soit toujours droit seigneurial ; parce que c'est par cette raison particuliere que le décret ne le purge pas : mais s'il ne l'est pas toujours, il l'est quelquefois. *Voyez l'Introd. au tit. des champarts.*

Article CCCCLXXXI.

C. de Par. *art.* 347. *Quand une rente constituée sur l'Hostel-de-Ville d'Orléans, ou autres du Bailliage, est saisie & mise en criées, faut faire les criées & proclamations devant la principale porte de l'Eglise parochiale dudit Hostel-*

Hostel-de-Ville (1), *& mettre affiches, & panonceaux contre les portes de ladite Eglise & Hostel-de-Ville* (2).

(1) Car c'est la Paroisse du lieu où est censée située la chose saisie, ces rentes étant censées avoir une situation à l'Hôtel-de-Ville où est établi le Bureau de paiement : c'est donc devant la porte de cette Paroisse où les criées doivent se faire, suivant l'*art.* 469.

(2) Sans préjudice de l'affiche qui doit être mise à la porte de l'Auditoire de la Jurisdiction où la saisie est pendante, suivant l'*art.* 370.

ARTICLE CCCCLXXXII.

Et quand une rente constituée par un particulier est saisie, & mise en criées, il suffit faire les criées devant la principale porte de l'Eglise Parochiale du saisi, auquel appartient (1) *ladite rente. Et faut mettre affiches & panonceaux, tant contre la maison du saisi, que en la principale porte de ladite Eglise, & Paroisse* (2) *dudit saisi, seigneur de ladite rente.* C. de Par. art. 348.

(1) Car les rentes constituées sur particuliers n'ont aucune situation, & résident uniquement en la personne de celui à qui elles appartiennent.

(2) Sans préjudice de l'affiche qui doit être mise à la porte de l'Auditoire.

ARTICLE CCCCLXXXIII.

Quant aux rentes foncieres, les criées doivent estre faites en la même forme que les héritages (1) *subjets à ladite rente.* C. de Par. art. 349.

(1) Car ces rentes, de même que tous les autres droits réels, sont censées l'héritage même sous certain rapport, & sont censées par conséquent avoir la même situation. Le Sergent doit donc se transporter sur l'héritage chargé de la rente, & observer ce qui devroit être observé si c'étoit l'héritage qui fût saisi.

ARTICLE CCCCLXXXIV.

Et pour le regard des offices saisis & mis en criées, doivent les criées estre faites en la Paroisse du Siége, dont dépend, & se fait le principal exercice (1) *dudit office.* C. de Par. art. 350.

(1) Car c'est au lieu dudit Siege que l'office est censé avoir sa situation.

ARTICLE CCCCLXXXV.

Office venal (1) *est réputé immeuble, & a suite par hypotheque, quand il est saisi sur le détenteur par autorité de Justice, paravant résignation admise, & provision faite* (2) *au profit d'un tiers; & peut être crié, & adjugé par décret: & toutefois* (3) *les deniers provenans* C. de Par. art. 95.

(1) Tels que sont les offices de Judicature & de Finance. A plus forte raison les offices domaniaux.

(2) Car le sceau des provisions de l'office accordées au résignataire, purge tout. *Voyez l'Introd. N.* 161.

(3) L'Edit de 1683 a dérogé à cette derniere partie de l'article, *Voyez l'Introd. N.* 163.

de l'adjudication, sont sujets à contribution, comme meubles entre les créanciers opposans, qui viennent pour ce regard à desconfiture, au sol la livre.

TITRE XXII.

Des Cas possessoires.

INTRODUCTION AU TITRE.

1. ON peut définir la possession, la détention que quelqu'un a d'une chose, soit par lui-même, soit par un autre : *Possessio appellata est à pedibus quasi pedum positio ;* ou selon la leçon Florentine, *à sedibus quasi positio ; L. 1, de acq. poss. ;* parce que celui qui possede, *rei insidet, insistit.*

SECTION PREMIERE.

Quelles sont les différentes especes de Possession, & ses différens vices ; si on peut se changer la cause de sa possession ; & quelles choses sont susceptibbles de possession.

§. I.

Quelles sont les différentes especes de Possession.

2. On distingue la possession en possession civile & possession naturelle.

La possession civile est la possession de celui qui possede une chose comme lui appartenant en propriété, soit qu'il en soit effectivement le propriétaire, soit qu'il ait quelque juste sujet de croire l'être ; *detentio animo dominantis.*

Telle est la possession qui procede d'un titre par sa nature translatif de propriété, comme sont un contrat de vente ou d'échange, une donation, un legs, &c.

La possession qui procede d'un tel titre est une possession civile, soit que le possesseur ait effectivement acquis la propriété de la chose en vertu de ce titre, soit qu'il ne l'ait pas acquise, non par le défaut du titre, mais parce que celui de qui il la tient n'étoit pas propriétaire, quoiqu'il ait disposé de cette chose comme d'une chose à lui appartenante, sans qu'il paroisse que l'acquéreur ait eu connoissance qu'elle ne lui appartenoit pas.

Lorsque le titre d'où procede la possession ne paroît pas, & qu'elle a duré trente ans sans interruption, il résulte de cette durée une présomption de droit qu'il y a eu un juste titre qui s'est perdu, d'où la possession procede,

& qu'en conséquence la possession est une possession civile. C'est sur ce fondement qu'elle opere la prescription.

3. La possession naturelle est celle de celui qui possede sans aucun titre, ou à autre titre que de propriétaire.

Telle est la possession d'un voleur ou d'un usurpateur. Ceux qui possedent en vertu d'un titre nul & vicieux, sont censés aussi posséder sans aucun titre: car un titre nul & vicieux n'est pas un titre, & par conséquent la possession de ces personnes n'est qu'une possession naturelle.

Par exemple, celui qui possede un héritage dont sa femme, contre la disposition de la Loi, lui a fait, durant le mariage, une donation, n'en a qu'une possession naturelle, *pro possessore possidet; L. 16, ff. de acquir. poss.* car un tel titre étant nul, il possede sans titre.

4. La possession de celui qui possede une chose justement à la vérité, mais à un autre titre que de propriétaire, n'est aussi qu'une possession naturelle.

Telle est la possession d'un séquestre, lorsque les deux parties qui se contestoient non-seulement la propriété, mais même la possession d'une chose, sont convenues de la séquestrer, *non simplicis custodiæ causâ*, mais avec intention de se dépouiller de la possession par elles respectivement prétendue, & de la remettre au séquestre jusqu'à la décision de la contestation; ou que sans qu'elles en soient convenues, le Juge l'a ainsi ordonné. Ce séquestre possede véritablement & justement la chose qui lui a été séquestrée: mais sa possession n'est que naturelle, parce qu'il ne la possede pas *animo dominantis*, comme une chose à lui appartenante, mais comme séquestre; *L. 39, ff. de acq. possess.*

Telle est aussi la possession du créancier nanti de gage. Celui qui la lui donne en nantissement s'en dépossede; le créancier à qui elle est donnée en nantissement en est le véritable possesseur: mais comme il ne la possede pas *animo domini*, & comme une chose à lui appartenante, mais comme une chose qui lui est simplement engagée, sa possession n'est qu'une possession naturelle; *L. 16, ff. de usurp.*

5. A l'égard des simples dépositaires, des commodataires, des fermiers & locataires, & autres semblables, ils n'ont pas même la possession naturelle des choses qui leur ont été confiées, prêtées, données à titre de ferme ou loyer, parce qu'ils sont censés tenir ces choses non en leur nom, mais au nom de ceux qui les leur ont confiées, prêtées, ou données à ferme ou à loyer, lesquels sont censés les posséder par eux. C'est ce que dit Alexandre en la Loi 1, *Cod. comm. de usucap. Qui ex conducto possidet, quamvis corporalicer teneat, non tamen sibi, sed domino creditur possidere;* & la Loi 25, §. 1, *ff. de acq. poss. Per colonos aut inquilinos possidemus.* Si c'est celui qui a donné à titre de ferme, de loyer, de dépôt ou de prêt, qui continue de posséder lui-même la chose par son fermier, locataire, dépositaire ou commodataire, il s'ensuit que ce ne sont pas ceux-ci qui la possedent: car *plures eamdem rem in solidum possidere non possunt;* L. 3, §. 5, *ff. de acq. poss.* Ceux-ci *magis sunt in possessione alterius nomine quàm ipsi possident.*

Il en est de même des Commissaires établis à des biens saisis: le débiteur saisi continue de posséder par eux les biens saisis; *Coutume, art. 3; L. 12, ff. Q. ex caus. in poss.*

§. II.

Des différens vices qui peuvent se rencontrer dans la Possession.

6. Les différens vices qui se rencontrent dans la possession, sont le vice de la simple mauvaise foi, le vice de la violence, le vice de la clandestinité & le vice de précaire.

Le vice de la simple mauvaise foi consiste dans la connoissance qu'a le possesseur que la chose qu'il possede ne lui appartient pas : *Malæ fidei possessio est scientia rei alienæ.*

Ce vice ne se présume pas dans la possession de celui qui possede en vertu d'un juste titre d'acquisition : il faut que celui qui attaque la possession prouve la mauvaise foi de la possession, par le rapport de quelque acte qui établisse que le possesseur a eu connoissance que celui de qui il a acquis la chose, n'étoit pas le propriétaire.

Au contraire, ce vice de mauvaise foi se présume dans la possession de celui qui ne peut rapporter aucun titre en vertu duquel il possede : c'est ce qu'on appelloit en Droit, *pro possessore possidere. Pro possessore possidet prædo qui interrogatus cur possideat, responsurus sit, Quia possideo,... nec ullam causam possessionis possit dicere ;* L. 11, §. 1 ; L. 12, L. 13, ff. *de petit. her.*

Néanmoins cette présomption cesseroit si cette possession avoit duré pendant trente années accomplies, ou plus ; & on présumeroit au contraire en ce cas que le possesseur possede en vertu d'un juste titre qui se seroit égaré par le laps de temps, & qu'en conséquence sa possession est une juste possession, une possession de bonne foi.

C'est en ce cas que reçoit application cette maxime des Docteurs, qu'Il vaut mieux n'avoir aucun titre de sa possession que d'en avoir un vicieux; *Melius est non habere titulum quàm habere vitiosum :* car lorsque le titre par lequel la possession a commencé est rapporté, & que ce titre est vicieux ; *putà*, si c'est un titre d'aliénation de biens d'Eglise non revêtu des formalités nécessaires, le vice de la possession qui procede de tel titre, ne peut se purger par quelque laps de temps qu'elle ait duré.

Le vice de mauvaise foi empêche plusieurs effets de la possession, comme nous le verrons en la Section III.

7. Le vice de violence & le vice de clandestinité sont des vices différens du vice de simple mauvaise foi. Il est bien vrai que l'un & l'autre renferment le vice de mauvaise foi ; mais ils y ajoutent. Le vice de violence est le vice de la possession de celui qui, pour acquérir la possession d'un héritage, en a chassé un précédent possesseur, ou a enlevé par force à quelqu'un une chose mobiliaire.

Pour que la possession soit entachée du vice de violence, il n'importe quelle espece de violence le possesseur ait employée, soit que le précédent possesseur ait été chassé à main armée ou sans armes, avec ou sans attroupement ; soit qu'on l'ait chassé lui-même, soit qu'on ait chassé ses fermiers, locataires, ou autres qui tenoient la chose en son nom ; *L. 1, §. 22, ff. de vi.*

Il n'importe aussi, pour que ma possession ait le vice de violence, que j'aie chassé de l'héritage le précédent possesseur, ses fermiers ou possesseurs pendant qu'ils y étoient; ou que m'y étant introduit pendant leur absence, je les aie empêchés d'y rentrer lorsqu'ils y sont revenus; *d. L.* 1, §. 24.

Il n'importe aussi, pour que ma possession ait le vice de violence, que ce soit moi-même qui aie employé la violence, ou que ce soit un autre qui l'ait employée pour se mettre en possession de la chose en mon nom, soit qu'il l'ait fait de mon ordre, soit que je n'aie ratifié que depuis ce qu'il avoit fait en mon nom; *d. L.* 1, §. 12, §. 14; *L.* 152, §. 1 & 2, ff. *de Reg. Juris.*

Le vice de clandestinité est le vice de la possession de celui qui est entré dans l'héritage d'autrui furtivement, à l'insçu & en se cachant du maître de la chose, qu'il prévoyoit pouvoir s'opposer à cette possession. *Clàm possidere eum dicimus qui furtivè ingressus est possessionem, ignorante eo quem sibi controversiam facturum suspicabatur, & ne faceret timebat;* L. 6, ff. *de acq. poss.* C'est l'affectation de se cacher, *animus celandi*, qui fait le caractere de la clandestinité: c'est la définition qu'en donnent les Loix; *eum clàm facere qui celandi animum haberet;* L. 3, §. 8, ff. *quod vi aut clàm.*

Voyez un exemple en l'*art.* 253.

8. Le vice de la clandestinité & le vice de violence ont cela de commun, qu'ils ne se contractent que lorsque s'acquiert la possession.

C'est pourquoi si après que j'ai acquis de bonne foi la possession d'une chose, je viens à découvrir qu'elle appartient à autrui, quelque chose que je fasse pour dérober la connoissance de ma possession à celui à qui elle appartient, ma possession ne sera pas une possession clandestine; *L.* 40, §. 2, ff. *de acq. poss. Non enim ratio obtinendæ possessionis, sed origo nanciscendæ exquirenda est;* L. 6, ff. *d. tit.* Pareillement lorsque j'ai acquis sans violence la possession d'un héritage, quoique depuis j'emploie la force pour m'y maintenir, ma possession n'aura pas le vice de violence.

En cela les vices de violence & de clandestinité different du vice de simple mauvaise foi, lequel peut se contracter pendant tout le cours de la possession: car quoique j'aie acquis une chose de bonne foi en vertu d'un juste titre, si depuis je viens à avoir la connoissance qu'elle appartient à un autre que celui de qui je l'ai acquise, cette connoissance infecte ma possession du vice de mauvaise foi.

9. Le vice de précaire est le vice de la possession de celui qui tient de quelqu'un la possession d'une chose à la charge de la lui remettre, & lorsqu'il la lui redemandera.

Nous verrons en la Section III quels effets ont ces différens vices de la possession.

§. III.

Si on peut se changer la cause & les qualités de sa possession.

10. C'est un ancien axiome de Droit, qu'on ne peut par sa seule volonté, ni par le seul laps de temps, se changer à soi-même la cause de sa possession. *Illud à veteribus præceptum est, neminem sibi ipsum causam possessionis mutare posse;* L. 3, §. 19, ff. *de acq. poss.*

C'est pourquoi s'il paroît qu'une chose m'a été donnée à titre d'engagement, ayant commencé à la posséder à ce titre, quelque déclaration que je fasse, quelque temps qu'il y ait que je la possede, je ne puis être censé la posséder à autre titre ; & mes héritiers, & les héritiers de mes héritiers, *in infinitum*, continueront toujours de la posséder au même titre.

11. Cette regle a lieu même à l'égard de la simple détention de ceux qui sont en possession pour un autre. C'est pourquoi lorsque quelqu'un a commencé de tenir une chose en qualité de dépositaire, fermier ou locataire, lui & ses héritiers, tant médiats qu'immédiats, seront toujours censés avoir continué de tenir la chose dans la même qualité ; *L. 2*, §. *1*, ff. *pro hered.* Si donc on me rapporte un bail à ferme fait à quelqu'un dont je suis héritier, d'un héritage dont je jouis actuellement, je dois être censé en jouir en vertu de ce bail à ferme, & en la même qualité de fermier, si je ne justifie du contraire.

12. Il en est de même des qualités bonnes ou mauvaises de la possession, comme du titre de la possession : telle elle a commencé, telle elle est censée continuer, non-seulement dans la personne de celui qui a commencé de posséder, mais dans celle de ses héritiers. Par exemple, si la possession a commencé par la violence, la clandestinité, le précaire, la simple mauvaise foi, elle continuera toujours d'être une possession de violence, une possession clandestine, une possession de mauvaise foi, non-seulement dans la personne dans qui elle a commencé, mais dans celle de ses héritiers, & des héritiers de ses héritiers, quelque bonne foi qu'ils eussent eux-mêmes ; ce qui est conforme à cet axiome de Droit : *Vitia possessionum à majoribus contracta perdurant ; L. 11, Cod. de acq. possessione ;* & ailleurs, *Cùm heres in jus omne defuncti succedit, ignoratione suâ defuncti vitia non excludit ; L. 11*, ff. *de div. & temp.*

Il faut dire la même chose à l'égard de tous les autres successeurs universels, *qui sunt heredum loco.*

13. Il n'en est pas de même des successeurs à titre singulier que des héritiers. Un successeur à titre singulier commence par lui-même sa possession : elle n'est point une suite de la possession de son auteur, mais une possession qui lui est propre. Il peut bien joindre à sa possession celle de son auteur, lorsque celle de son auteur a été une juste possession aussi-bien que la sienne ; mais si la possession de son auteur a été vicieuse, il ne s'en servira pas, & le vice de cette possession n'infectera point la sienne ; *Introd. au Tit. 14, n. 29.*

14. Le possesseur & ses héritiers ne peuvent à la vérité, par leur seule volonté & le seul laps de temps, changer le titre & les qualités de leur possession ; & tant qu'il ne paroît point de nouveau titre, elle est toujours censée continuer telle qu'elle a commencé : mais rien n'empêche qu'un possesseur ou un simple détenteur, ou les héritiers de ce possesseur ou détenteur, puissent, en vertu d'un nouveau titre, acquérir une nouvelle possession à la place de celle qu'ils avoient ; *L. 19*, §. 1, ff. *de acq. poss.*

Cette nouvelle possession ne tiendra rien du titre, des qualités ou défauts de la premiere. Par exemple, si le fermier d'un héritage, ou l'héritier de ce fermier, l'achete de celui de qui il le tenoit à ferme, l'achat qu'il en fait est un nouveau titre qui lui fait acquérir une juste possession de cet héritage à la place de la nue détention qu'il avoit ; *L. 33*, §. *1*, ff. *de usurp.*

Vice versâ. Si je vends l'héritage dont j'avois une juste possession, & que par le contrat de vente je convienne que j'y resterai pendant un temps à titre de loyer, je change par ce nouveau titre la possession que j'avois de l'héritage en une nue détention à titre de loyer; *L. 18*, ff. *de acq. poss.; L. 19*, ff. *d. t.*

§. IV.

Quelles choses sont susceptibles de possession.

15. Il résulte de la définition que nous avons donnée de la possession au commencement de ce Titre, qu'il n'y a proprement que les choses corporelles qui soient susceptibles de possession : *Possideri possunt quæ sunt corporalia;* L. 3, ff. *de acq. poss.* A l'égard des choses incorporelles *quæ in jure consistunt*, quoiqu'elles ne soient pas susceptibles d'une véritable possession, elles sont néanmoins susceptibles d'une quasi-possession : *Jura non possidentur, sed quasi possidentur.*

16. Cette quasi-possession consiste dans l'usage que fait quelqu'un d'un droit qu'il prétend lui appartenir. Par exemple, je suis censé en possession d'un droit de fief, d'un droit de censive, d'un droit de rente fonciere ou constituée, par les aveux qu'on me porte, par les reconnoissances qu'on me passe, par les paiemens qu'on me fait des cens ou des arrérages de rente.

Cette quasi-possession est susceptible des mêmes qualités & vices que la véritable possession.

SECTION II.

De l'acquisition, conservation & perte de la possession.

ARTICLE PREMIER.

De l'acquisition de la possession.

§. I.

De la maniere dont elle s'acquiert.

17. *Adipiscimur possessionem corpore & animo, neque per se animo, aut per se corpore;* L. 3, §. 1, ff. *de acq. poss.*

Il faut donc le concours de deux choses pour que quelqu'un acquiere la possession d'une chose.

Il faut en premier lieu la volonté de posséder, *animus possidendi;* & il ne suffit pas de tenir corporellement la chose, si on n'a la volonté de la posséder. C'est pourquoi Paul dit : *Qui jure familiaritatis fundum ingreditur, non videtur possidere, quia non eo animo ingressus est ut possideat, licèt corpore sit in possessione;* L. 41, ff. *de acq. poss.*

Il faut, en second lieu, une appréhension corporelle de la chose; & il ne suffit pas, pour que j'acquiere la possession d'une chose, que j'aie la volonté de la posséder; il faut en outre que je l'appréhende, que je m'en saisisse, soit par moi-même, soit par quelqu'un qui l'appréhende en mon nom. C'est ce qui résulte de la définition de la possession, & de l'étymologie de ce terme, *suprà*, *n. 1.*

18. Il y a néanmoins une grande différence à faire entre la possession qui s'acquiert par violence, & celle d'une chose qui nous est volontairement délaissée.

La possession d'un héritage, lorsqu'elle s'acquiert par violence, ne s'acquiert que pied à pied, & pour les parties seulement qu'on en a occupées, & dont on a chassé l'ancien possesseur. On n'acquiert point la possession du total jusqu'à ce qu'on ait occupé le total, & chassé entiérement l'ancien possesseur. *Si cum magnâ vi ingressus est exercitus, eam tantummodo partem quam intraverit obtinet;* L. 18, §. 4, ff. *de acq. poss.*

Au contraire, pour acquérir la possession d'un héritage qui nous est volontairement délaissé, il n'est pas nécessaire d'en avoir parcouru toutes les parties: dès qu'on y a mis le pied par quelque endroit que ce soit, on a acquis la possession de tout l'héritage: *Sufficit quamlibet partem fundi introire, dum mente & cogitatione hâc sit ut totum fundum usque ad terminum velit possidere;* L. 3, §. 1, ff. *acq. poss.*

19. Il n'est pas même absolument nécessaire de toucher la chose pour en acquérir la possession; la vue & montre que me fait d'une chose, ou à mon fondé de procuration, celui qui me l'a délaissée, peut me tenir lieu d'appréhension corporelle de la chose. *Non est corpore & actu necesse apprehendere possessionem, sed etiam oculis & affectu;* L. 1, §. 21.

Cela a lieu principalement à l'égard des choses de grand poids; comme lorsque j'ai acheté des bois ou autres marchandises exposées sur un port, j'en acquiers la possession par la montre qui m'en est faite, & la permission qui m'est donnée de les faire enlever quand bon me semblera, quoique ni moi, ni personne de ma part, n'y aient encore touché; *L. 1*, §. *21*, ff. *d. tit.* Les Interpretes appellent cette espece de tradition, *traditio longæ manûs.*

Ce seroit encore une plus grande marque de prise de possession, si j'avois établi quelqu'un à la garde de ces marchandises jusqu'à l'enlévement; *L. 51*, ff. *de acq. poss.*

Cette prise de possession qui se fait *oculis & affectu*, a lieu aussi à l'égard des héritages. La montre qui m'est faite de chez moi d'un terrain voisin par le propriétaire qui me le délaisse, tient lieu de prise de possession sans que j'y mette le pied. *Si vicinum mihi fundum mercator venditor in meâ turre demonstret, vacuamque se possessionem tradere dicat, non minùs possidere cœpi, quàm si pedem finibus intulissem;* L. 18, §. 2, ff. *d. tit.*

20. L'appréhension de quelque symbole représentatif de la chose tient lieu quelquefois de l'appréhension de la chose même. Par exemple, lorsque le vendeur a remis à l'acheteur la clef du magasin où sont les marchandises qu'il lui a vendues, cette remise de clefs tient lieu de la tradition des marchandises; l'acheteur, en recevant la clef, acquiert la possession des marchandises qui sont gardées sous cette clef; *L. 1*, §. *21*, ff. *de acq. poss.*

Les Jurisconsultes Romains exigeoient pour cela que la tradition des clefs se fît *in re præsenti*, c'est-à-dire, sur le lieu même où étoient les marchandises: *si claves apud horrea traditæ sint.* Mais je pense que selon nos usages, la remise des clefs, quelque part qu'elle soit faite, doit passer pour tradition des choses

renfermées

renfermées sous ces clefs, & pour prise de possession desdites choses de la part de celui à qui les clefs sont remises.

21. Les principes que nous avons établis sur la maniere d'acquérir la possession, paroissent souffrir une espece d'exception à l'égard de la possession des biens d'un défunt qui passe à son héritier : car, suivant la regle de notre Droit François, *Le mort saisit le vif*, l'héritier, dès l'instant de la mort du défunt, est censé *saisi*, & par conséquent censé acquérir la possession de tous les biens que le défunt possédoit, avant même qu'il ait connoissance que la succession lui est échue, & par conséquent avant qu'il puisse avoir aucune volonté de posséder les choses de la succession, & avant aucune appréhension corporelle de ces choses.

On peut néanmoins, pour concilier la regle *Le mort saisit le vif*, avec le principe, que la possession ne peut s'acquérir que *animo & corpore*, dire que l'héritier en tant qu'héritier, étant feint & censé n'être que la continuation de la personne du défunt, la possession qu'avoit le défunt est censée plutôt continuer qu'elle n'est censée s'acquérir par cet héritier.

§. II.

Quelles Personnes peuvent acquérir la possession.

22. La volonté de posséder étant nécessaire pour acquérir la possession, il semble suivre de là que ceux qui n'ont pas l'usage de la raison, tels que sont les fous & les enfans au-dessous de l'âge de raison, ne peuvent acquérir la possession d'aucune chose.

Effectivement ces personnes ne le peuvent par elles-mêmes ; *quia*, dit la Loi 1, §. 3, *de acq. poss. affectionem tenendi non habent, licèt maximè corpore suo rem contingant ; sicuti si quis dormienti aliquid in manu ponat.*

Mais elles peuvent acquérir la possession par leurs tuteurs & curateurs : car ces personnes, par fiction de Droit, sont réputées vouloir ce que leurs tuteurs & curateurs, en leursdites qualités de tuteurs & curateurs, veulent pour elles. *Infans possidere rectè potest, si tutore authore possidere cœpit ; nam judicium infantis suppletur authoritate tutoris ; utilitatis enim causâ hoc receptum est ;* L. 32, §. 2, ff. *d. tit.*

C'est pourquoi, soit qu'un enfant, assisté de son tuteur, se mette en possession d'une chose, soit que son tuteur, en son nom de tuteur, s'en mette en possession pour lui, l'enfant acquiert la possession ; *L. 3, Cod. d. tit.*

23. A l'égard des autres mineurs plus âgés, qui commencent à avoir quelque usage de la raison, ils peuvent, comme d'autres, acquérir la possession, même sans l'assistance de tuteur ; *d. L. 1*, §. 3.

§. III.

Par le ministere de qui peut-on acquérir la possession.

24. Nous pouvons acquérir la possession non-seulement par nous-mêmes,

mais encore par le ministere d'une autre personne qui se met en possession d'une chose en notre nom : *Animo nostro corpore etiam alieno possidemus.*

Il faut pour cela le concours de notre volonté, & de celui qui se met en possession en notre nom.

1°. Il faut notre volonté : c'est pourquoi, si quelqu'un, sans mon ordre, s'est mis en mon nom en possession d'une chose, pour que j'en acquiere la possession, il faut que ce qui a été fait en mon nom, parvienne à ma connoissance, & que je l'approuve.

Si c'est de mon ordre, en vertu d'une procuration que je lui ai donnée, qu'il s'est mis en possession en mon nom, j'acquiers la possession de la chose dès l'instant qu'il s'en est mis en possession en mon nom, & auparavant que j'en aie reçu la nouvelle. C'est dans ce cas que la Loi 1, *Cod. de acq. poss.* dit : *Per liberam personam ignoranti quoque acquiri possessionem ..... receptum est.* Ce qui n'est point contraire à notre principe : car c'est l'ordre que je lui ai donné, qui contient une volonté de ma part d'acquérir la possession de la chose dont il s'est mis en possession en mon nom, en exécution de cet ordre ; & j'ai cette volonté, quoique je ne sçache pas encore que mon ordre a été exécuté.

C'est sur ces principes qu'Ulpien fait cette distinction : *Procurator si quidem mandante domino rem emerit* (supp. *& acceperit*), *protinùs illi acquirit possessionem : quòd si suâ sponte emerit, non nisi ratam habuerit dominus emptionem* ; L. 42, §. 1, ff. *de acq. poss.*

25. Cette regle, *que notre volonté de posséder est nécessaire pour acquérir* la possession, quoique par le ministere d'un autre, souffre une espece d'exception dans un cas ; sçavoir, à l'égard des personnes qui, étant incapables de vouloir par elles-mêmes, tels que sont les enfans & les fous, ne laissent pas d'acquérir la possession des choses que leurs tuteurs ou curateurs acquierent au nom desdites personnes en leurs qualités de tuteurs & curateurs. La raison est que ces personnes étant par elles-mêmes incapables de vouloir, il a fallu établir, *utilitatis causâ*, qu'elles seroient réputées vouloir ce que leurs tuteurs & curateurs voudroient pour elles.

26. Il faut aussi en second lieu, pour acquérir la possession par le ministere d'autrui, que celui par le ministere de qui nous l'acquérons, ait la volonté de nous l'acquérir. D'où il suit, 1°. que nous ne pouvons acquérir la possession d'aucune chose par le ministere des personnes qui sont incapables de volonté, tels que sont les enfans & les fous : *Per quem volumus possidere talis esse debet ut habeat intellectum possidendi* ; L. 1, §. 9, ff. *de acq. poss.*

C'est pourquoi si je donne ordre à un fou de prendre en mon nom possession d'un héritage, quand même il iroit effectivement sur cet héritage, je n'en acquerrai pas la possession ; *d. L.* §. 10.

Il suit, 2°. du même principe, que lorsque j'ai donné ordre à quelqu'un de recevoir une chose en mon nom, s'il la reçoit au sien, ou au nom d'un autre, il ne m'en acquiert pas la possession ; *d. L. 1*, §. 20.

ARTICLE II.

De la conservation de la Possession.

27. La possession, lorsqu'elle a été une fois acquise, se conserve plus facilement qu'elle ne s'acquiert : car, 1°. nous pouvons retenir la possession d'une chose sans que nous la tenions, & sans qu'aucun autre la tienne en notre nom : *Licèt possessio nudo animo acquiri non possit, tamen solo animo retineri potest;* L. 4, *Cod. de acq. poss.*

Par exemple, lorsque le propriétaire d'une maison qui y loge ordinairement, s'en va passer quelque temps ailleurs avec tout son domestique, sans laisser personne dans cette maison, il ne laisse pas d'en conserver la possession; *arg. L.* 3, §. 11, ff. *d. tit.*

28. Il n'est pas même nécessaire, pour conserver la possession une fois acquise, que nous ayons une volonté formelle & positive de la conserver; une volonté négative suffit: c'est-à-dire, il suffit qu'ayant une fois voulu posséder la chose, nous n'ayons pas depuis changé de volonté : car on est toujours censé persévérer dans la volonté qu'on a une fois eue, tant qu'on n'en a pas changé.

C'est pourquoi, lorsqu'un homme perd l'esprit, il ne laisse pas de conserver la possession des choses qu'il possédoit, quoiqu'étant devenu incapable de volonté, il ne puisse avoir une volonté positive & formelle de posséder. Il suffit qu'avant sa démence il n'ait pas changé de volonté.

29. 2°. Quoique, pour acquérir la possession par le ministere d'un autre, il faille le concours de ma volonté, & de la volonté de celui qui l'acquiert en notre nom, au contraire nous pouvons retenir la possession d'une chose par la seule volonté que nous avons de la posséder, quoique celui par qui nous la tenions, cesse de sa part d'avoir la volonté de la tenir en notre nom.

C'est pourquoi, si celui que j'avois établi à la garde de mon héritage, & par qui je le possédois, l'a abandonné à dessein de n'y plus revenir, je ne laisse pas d'en conserver la possession, quoique cet homme cesse de le tenir pour moi. C'est ce que Justinien a décidé, suivant le sentiment des Proculéiens & contre celui des Sabiniens, en la Loi fin. *Cod. d. tit.*

Les Sabiniens convenoient eux-mêmes que la mort survenue de celui par qui je possédois l'héritage, ou sa démence, n'empêchent pas que jen conserve la possession; *L.* 25, §. 1; *L.* 40, §. 1, ff. *de acq. poss.*

ARTICLE III.

De la perte de la Possession.

On perd la possession d'une chose, ou volontairement, ou malgré soi.

§. I.

De la perte qu'on fait volontairement de la possession d'une chose.

30. Nous pouvons perdre volontairement la possession d'une chose, ou *corpore & animo*, ou *animo solo.*

Nous perdons la possession d'une chose *corpore & animo* par la tradition que nous en faisons purement & simplement, & sans aucune condition, à celui à qui nous avons intention d'en transférer la possession.

Lorsque la tradition d'une chose ne se fait pas purement & simplement, mais sous quelque condition, celui qui fait la tradition ne perd la possession que lorsque la condition existera : car il n'a pas entendu la perdre plutôt, & celui à qui la tradition a été faite sous cette condition, n'a pas entendu l'acquérir plutôt ; *L. 38 ;* §. 1, ff. *de acq. poss.*

Nous pouvons perdre la possession d'une chose *corpore & animo*, même sans tradition ; comme lorsque nous déguerpissons un héritage pour nous décharger de quelque rente fonciere ou autre charge réelle dont il est chargé, & généralement toutes les fois que nous nous retirons d'un héritage à dessein de n'y plus revenir, & d'en abandonner la possession.

Pareillement, nous perdons la possession d'une chose mobiliaire *corpore & animo*, en la jetant, soit dans la rue, soit ailleurs, comme une chose que nous ne voulons plus posséder. C'est de cette maniere qu'on perd la possession des choses qu'on juge n'être bonnes à rien.

31. On peut perdre la possession non-seulement *corpore & animo*, on peut aussi la perdre *animo solo*, par la volonté qu'on a de ne plus posséder une chose : *Possessio amitti animo solo potest, quamvìs acquiri non potest ;* L. 3, §. 6. *Si in fundo sis, & tamen nolis eum possidere, protinùs amittis possessionen ; d.* §. C'est une différence qu'Ulpien remarque entre le domaine & la possession : *Differentia inter dominium & possessionem hæc est, quòd dominium nihilominùs ejus manet qui dominus esse non vult* (tant qu'il retient la possession) ; *possessio autem recedit ut quisque constituit nolle possidere ;* L. 17, §. 1, ff. *d. tit.*

32. Il nous reste à observer que pour que quelqu'un puisse perdre volontairement la possession d'une chose, il faut qu'il soit d'état à pouvoir aliéner & disposer de ce qui lui appartient : c'est pourquoi il est décidé que les pupilles ne peuvent, sans leur tuteur, perdre même la seule possession des choses qui leur appartiennent : *Pupillus ..... alienare nullam rem potest, nisi tutore authore, & ne quidem possessionem quæ est naturalis ;* L. 11, ff. *de acq. rer. dom.*

La Loi 29, ff. *de acq. poss.* où il est dit : *Possessionem pupillum sine tutoris authoritate amittere posse constat*, n'est point contraire à cette décision : car cette Loi 29 n'entend parler que de la simple détention corporelle, qu'il est évident qu'un pupille peut perdre sans son tuteur, & non de la possession qu'il ne laisse pas de retenir *animo*. C'est ce qui paroît même par ce qui est ajouté de suite dans cette Loi opposée : *Non ut animo, sed ut corpore desinat possidere ; quod est enim facti potest amittere ;* d. L.

Le mineur, quoiqu'il ait cessé de tenir corporellement la chose qu'il tenoit, ne laissera donc pas en ce cas d'être réputé la posséder *animo* jusqu'à ce qu'un autre s'en soit emparé, & en ait usurpé sur lui la possession. C'est ce qu'on doit décider à plus forte raison à l'égard d'une personne qui n'auroit pas l'usage de la raison : car il est évident qu'elle ne peut pas avoir la volonté de ne plus posséder : *Furiosus non potest desinere animo possidere ;* L. 27, ff. *d. tit.*

§. II.

De la perte que nous faisons malgré nous de la possession.

33. Nous pouvons perdre malgré nous la possession de plusieurs manieres. Nous perdons la possession d'un héritage, lorsque nous en sommes chassés.

Nous en sommes chassés, non-seulement lorsqu'on nous oblige par force d'en sortir, mais encore lorsque celui qui y est entré en notre absence, nous empêche d'y rentrer.

34. Il n'est pas même nécessaire, pour que nous soyons réputés chassés, & pour que nous perdions en conséquence la possession de notre héritage, que nous nous soyons présentés pour y rentrer, & que nous ayons été repoussés; il suffit que sur l'avis que nous avons eu qu'il étoit occupé, nous ayons pris la résolution de n'y pas retourner, dans la crainte d'être repoussés. C'est la décision de la Loi 3, §. 8, ff. *de acq. pos. Si quis nuntiet domum à latronibus occupatam, & dominus timore conterritus noluerit accedere, amisisse eum possessionem placet.* La Loi 7, ff. *d. tit.* dit la même chose : *Si nolit in fundum reverti, quòd vim majorem vereatur, amisisse possessionem videbitur.*

C'est cette résolution de ne pas retourner, qui nous fait perdre la possession de l'héritage dans lequel un autre est entré en notre absence; ce n'est que dès-lors que l'usurpateur en acquiert la possession. Mais la connoissance de l'invasion & la résolution de ne pas retourner se présume par le laps du temps qui s'est écoulé.

35. Nous perdons la possession d'un héritage, non-seulement lorsque nous en sommes chassés nous-mêmes, mais aussi lorsqu'on en chasse nos fermiers ou autres qui le tenoient pour nous.

Cela a lieu, quand même nous n'en aurions pas de connoissance : *Dejici de possessione videtur (quis), etiamsi ignoret eos dejectos per quos possidebat;* L. 1, §. 22, ff. *de vi.*

Par la même raison, je suis réputé chassé d'un héritage, non-seulement lorsqu'on m'empêche moi-même d'y rentrer, mais lorsqu'on empêche celui qui s'y présenteroit de ma part; *L. 18*, ff. *de vi.*

36. Nous perdons malgré nous la possession des choses mobiliaires, lorsqu'elles cessent d'être sous notre garde, c'est-à-dire, lorsqu'elles cessent d'être dans un lieu où nous puissions les avoir quand nous le voudrons. *Res mobiles quatenùs sub custodia nostra sint hactenùs possideri, id est quatenùs si velimus naturalem possessionem nancisci possimus;* L. 3, §. 13.

Suivant cette définition, nous perdons la possession de ces choses, 1°. lorsqu'elles nous sont ravies ou dérobées : *Rem quæ nobis subrepta est perinde intelligimur desinere possidere atque eam quæ vi nobis erepta est;* L. 15, ff. *de acq. poss.*

Cela a lieu quand même le vol nous en seroit fait de la part de celui qui la tenoit en notre nom, *putà*, à titre de dépôt ou de prêt. Par exemple, si un dépositaire, contre la foi du dépôt, vend la chose que je lui avois confiée, il n'est pas douteux que j'en perds la possession : mais tant qu'il garde la chose, la volonté qu'il a de nier le dépôt & de ne me la pas rendre, n'empêche pas que je ne sois censé continuer de la posséder par lui : *Si rem apud te depositam furti faciendi causâ contrectaveris, desino possidere : sed si eam loco non moveris, & inficiandi animum habeas, plerique veterum rectè responderunt possessorem me manere;* d. L. 3, §. 18.

37. 2°. Nous perdons la possession des choses mobiliaires, lorsque nous les perdons de maniere que nous ne sçavons où elles sont : *Si id quod possidemus ita perdiderimus ut ignoremus ubi sit, desinimus possidere ;* L. 25, ff. *de acquir. possessione :* comme si quelques-unes de vos cavalles qui paissoient dans un pâturage, ayant été épouvantées, ont pris la fuite & ne sont pas revenues, de maniere que vous ne sçavez ce qu'elles sont devenues ; si quelque chose qui étoit derriere votre voiture s'est détaché & perdu en chemin ; si quelque chose est tombé de votre poche, &c. *Si pecus aberraverit, si vas exciderit ;* L. 3, §. 13 ; si des marchandises sont tombées dans la mer ou dans un fleuve, par naufrage, ou parce qu'on a été contraint de les jeter pour alléger le vaisseau ; *L. 13, d. tit.*

En cela la possession est différente du domaine : car dans tous les cas ci-dessus mentionnés, vous perdez la possession des choses perdues ; mais vous n'en perdez pas le domaine ou propriété ; *d. L. 13.*

38. Observez qu'il ne faut pas confondre avec les choses perdues, celles qui n'étant pas sorties de votre maison, y sont seulement égarées, parce que vous avez perdu la mémoire de l'endroit de votre maison où elles sont : vous ne laissez pas de conserver la possession des choses ainsi égarées. C'est ce que décide la Loi 3, §. 13 : *Dissimiliter atque si sub custodia mea sit, nec inveniatur, quia præsentia ejus sit, & tantùm cessat interim diligens inquisitio.*

Conformément à ces principes, Papinien décide que si quelqu'un a enfoui dans son héritage son argent pour l'y cacher pendant son absence, & qu'à son retour il ait perdu la mémoire de l'endroit de l'héritage où il l'avoit caché, il ne laisse pas d'en conserver la possession, pourvu que cet argent soit dans l'endroit où il l'avoit mis, & que personne ne s'en soit emparé ; *L. 44*, ff. *d. tit.*

39. A l'égard des animaux qui ont coutume de s'écarter & de revenir, nous ne laissons pas d'en conserver la possession, quoique nous ignorions où ils sont, tant qu'ils n'ont pas perdu l'habitude de revenir ; *L. 3*, §. 16 : mais si les animaux ont perdu cette habitude, & qu'ils aient manqué de revenir pendant un temps assez considérable pour qu'on ne doive pas en espérer le retour, nous en perdons la possession.

SECTION III.

Des droits & actions que la Possession donne au Possesseur.

40. Quoique la possession soit un fait plutôt qu'un droit (*n. 1*), néanmoins elle donne au possesseur certains droits & actions par rapport à la chose qu'il possede.

Ces droits résultent d'une présomption de Droit établie en faveur du possesseur, qui le fait réputer & présumer propriétaire de la chose qu'il possede, tant qu'elle n'est pas réclamée par le propriétaire ; & même vis-à-vis du vrai propriétaire qui la réclameroit, tant qu'il n'a pas encore justifié de son droit,

Entre ces droits, il y en a qui sont communs aux possesseurs de bonne foi & de mauvaise foi : il y en a qui sont particuliers aux possesseurs de bonne foi, sur lesquels *Voyez le* §. 3, *infrà.*

Ceux du premier genre sont les actions de réintégrande & de complainte, qui sont les deux seules actions possessoires qui aient lieu dans notre Droit François, au lieu d'une infinité qui avoient lieu dans le Droit Romain ; sur lesquelles on peut voir tout le 43e Livre du Digeste.

§. I.

De la Réintégrande.

41. La réintégrande est l'action que celui qui a été dépossédé par violence, a droit d'intenter contre le spoliateur pour être rétabli dans sa possession : cette action ressemble à l'*interdictum unde vi.*

Cette action n'a lieu que par rapport aux héritages, c'est-à-dire, aux fonds de terre ou maisons ; *L. 1*, §. 3, 4, 5, 6, 8, ff. *de vi.*

Elle suppose que le demandeur a eu une possession dont il a été dépouillé. C'est pourquoi il ne peut y avoir lieu à cette action lorsque quelqu'un a été empêché, quoique par violence, d'entrer en possession d'un héritage qu'il n'avoit pas encore commencé de posséder ; *L. 1*, §. 23, ff. *d. tit.*

Mais il y a lieu à cette action, soit que le possesseur ait été chassé de l'héritage où il étoit, soit qu'en étant sorti, il ait été empêché par violence d'y rentrer ; *d. l.* §. 24.

Une personne est censée avoir été dépossédée par violence d'un héritage, & il y a lieu à cette action, soit que ce soit elle-même, soit que ce soit son concierge, son fermier, ou autres qui demeuroient dans l'héritage de sa part ou en son nom, qu'on ait chassés ou empêchés par violence d'y rentrer ; *d. l. 1*, §. 22 ; *l.* 20, ff. *d. tit.*

42. Le possesseur qui a été dépouillé par violence, a cette action, soit que sa possession fût une possession civile & de bonne foi, soit qu'elle ne fût qu'une possession naturelle ; *d. l. 1*, §. 9.

Elle peut même être donnée par celui qui a lui-même acquis par violence sa possession, s'il en est dépouillé par violence par un autre : *Qui à me vi possidebat, si ab alio dejiciatur, habet interdictum ;* d. l. 1, §. 30.

L'usufruitier & l'usager d'un héritage qui en sont chassés, ont l'action de réintégrande, *l.* 3, §. 16 & 17, ff. *d. t.* quoiqu'ils soient plutôt possesseurs de leur droit d'usufruit & d'usage que de l'héritage même.

43. L'action de réintégrande se donne contre celui qui a dépossédé quelqu'un par violence, soit qu'il ait exercé par lui-même la violence, soit qu'elle ait été exercée par d'autres de sa part, s'il leur en avoit donné l'ordre, ou s'il a ratifié & approuvé ce qu'ils avoient fait en son nom ; *d. l. 1*, §. 12 & 14 : car *dejicit & qui mandat, & in maleficio ratihabitio mandato comparatur ;* L. 152, §. 1 & 2, ff. *de R. J.*

44. L'action de réintégrande a lieu contre le spoliateur, quand même il seroit le vrai propriétaire de l'héritage ; & il ne doit pas même être écouté à

réclamer son héritage, & à justifier de son droit de propriété, jusqu'à ce qu'il ait rétabli dans la possession de l'héritage celui qu'il en a dépouillé, & qu'il lui ait payé les dommages & intérêts, & les dépens auxquels il a été condamné par le jugement de réintégrande.

Si néanmoins le possesseur spolié étoit en demeure de les faire taxer & liquider, le spoliateur qui se prétend propriétaire, seroit admis à poursuivre le pétitoire, en donnant caution de payer lesdits dépens, dommages & intérêts, aussi-tôt que la taxe & la liquidation en auroient été faites; *Ordon. de 1667, tit. 18, art. 4.*

45. Les conclusions de la réintégrande sont à ce que le spoliateur soit tenu de rétablir & réintégrer le demandeur dans la possession de l'héritage dont il l'a dépouillé, de lui rendre toutes les choses qui étoient dans l'héritage lorsqu'il en a été dépossédé, ou la valeur, si elles ne sont plus en nature; *d. l. 1*, §. 33, 34, 37 & 38; *& l. 19*, ff. *de vi;* qu'il soit condamné à lui restituer, non-seulement tous les fruits que le spoliateur a perçus depuis la possession du demandeur, mais même tous ceux que le demandeur auroit pu percevoir, quoique le demandeur ne les ait pas perçus; *d. l. 1*, §. 40; *l.* 4, *Cod. unde vi;* enfin à ce qu'il soit condamné en ses dommages & intérêts; *d. l. 1*, §. 31 *&* 41.

Les jugemens rendus par les Juges Royaux sur l'action de réintégrande, de même que sur l'action de complainte, s'exécutent nonobstant l'appel; *Ordonnance de 1667, T. 18, art. 7.*

46. Suivant le Droit Romain, l'*interdictum de vi* étoit annal; *l. 1*, §. 39, *de vi :* mais l'*interdictum de vi armatâ* étoit perpétuel. *Cicero, Epist. ad Cass. XV, 16.* Il y a lieu de penser que parmi nous l'action de réintégrande doit être formée dans l'année, lorsqu'elle est poursuivie au civil; & que lorsque la violence est de nature à être poursuivie extraordinairement, l'accusation peut être intentée dans les vingt ans, comme les autres.

§. II.

De la Complainte.

47. L'action de complainte, qui est celle principalement dont la Coutume a voulu traiter sous ce Titre, est l'action que le possesseur d'un héritage ou droit incorporel peut intenter contre ceux qui le troublent dans sa possession, à l'effet d'y être maintenu. Elle a rapport à l'*interdictum uti possidetis*, quoiqu'elle en differe en certaines choses.

48. Cette action a lieu non-seulement pour les héritages, mais même pour les droits incorporels qu'on a dans un héritage : car quoique ces droits ne soient pas susceptibles d'une possession proprement dite, la jouissance qu'on a de ces droits, est une espece de possession, & le trouble qui est apporté à cette jouissance, donne lieu à la complainte : *Jura non possidentur, sed quasi possidentur.* La complainte a même lieu pour les bénéfices.

Mais elle ne peut être formée pour des choses que le demandeur est incapable de posséder. Par exemple, un laïque ne peut former la complainte pour une dîme ecclésiastique, quelque temps qu'il y ait qu'il ait coutume de la percevoir : il en est autrement des dîmes inféodées. *Voyez l'art. 487 & les notes.*

On ne peut la former pour des meubles, mais bien pour une universalité de meubles. *Voyez l'art. 489.*

49. Il n'y a que le vrai possesseur qui puisse intenter la complainte, c'est-à-dire, celui qui détient la chose en son nom, soit qu'il la détienne par lui-même, soit qu'il la détienne par ses fermiers, locataires ou autres qui la détiennent en son nom.

Un fermier ou locataire ne peut donc pas former la complainte pour l'héritage dont il est détenteur : car, suivant ce qui vient d'être dit, ce n'est pas ce fermier ou locataire qui possede l'héritage, c'est celui de qui il le tient à ferme ou à loyer qui le possede par lui, & qui peut seul par conséquent former la complainte pour cet héritage.

Par la même raison, un usufruitier ne peut pas former la complainte pour l'héritage dont il jouit par usufruit : car ce n'est pas proprement cet héritage qu'il possede ; il ne possede que son droit d'usufruit. S'il est troublé dans la jouissance de son droit, il peut bien former la complainte pour son droit d'usufruit ; mais c'est celui qui lui a constitué l'usufruit, ou ses successeurs, qui sont censés les vrais possesseurs de l'héritage, & qui peuvent seuls former la complainte pour cet héritage.

50. Au reste, pour qu'un possesseur puisse former la complainte, il n'importe qu'il soit possesseur de mauvaise foi ou de bonne foi ; car il n'est question dans cette action que du seul fait de la possession : *qualiscumque possessor, hoc ipso quòd possessor est, plus juris habet quàm ille qui non possidet ;* L. 2, ff. *uti possid.*

Néanmoins si j'avois usurpé sur vous la possession par violence ou par clandestinité, en usant d'artifice pour me cacher de vous lorsque je me suis introduit dans l'héritage, ou si je tenois ma possession précairement de vous, dans tous ces cas je ne pourrois pas former la complainte contre vous ; car pour la former il faut posséder, *nec vi, nec clàm, nec precariò* : mais je la pourrois former contre tous autres Ce n'est que vis-à-vis de vous que je suis censé posséder *vi, clàm, aut precariò ;* un autre qui exciperoit de ce défaut exciperoit du droit d'autrui ; *L.* [illegible], §. *fin.* ff. *d. tit.*

C'est ce que notre ancienne Coutume signifioit par ces termes, *nec vi, nec clàm, nec precariò AB ADVERSARIO.*

51. L'action en complainte s'intente contre celui qui nous a troublés, dans la possession de quelque héritage, *putà*, en le labourant, en y recueillant les fruits ; ou dans la possession de quelque droit, *putà*, en refusant de nous payer un droit de champart que nous avions coutume de percevoir.

52. Cette action doit s'intenter dans l'année du trouble ; autrement, si je ne m'y oppose, soit de fait, soit en formant la complainte dans l'an & jour, celui qui a fait l'entreprise acquerra contre moi la possession : car on acquiert possession en jouissant sans trouble par an & jour.

53. Lorsque sur la demande en complainte le défendeur ne conteste pas au demandeur sa possession, quelque chose qu'allegue le défendeur pour prouver qu'il est propriétaire, le demandeur doit être maintenu en possession, & les parties renvoyées à instruire sur le pétitoire.

Lorsque le défendeur articule possession contraire, le Juge appointe les parties à prouver respectivement leur possession, tant par titres que par témoins : & celui qui justifiera être en possession, par lui ou par ses auteurs, au moins depuis un an & plus auparavant le trouble, doit être maintenu en possession.

Si les enquêtes étoient contraires, de maniere que le Juge ne pût connoître laquelle des deux parties est en possession, le Juge, sans statuer sur la possession, ordonneroit que les parties instruiroient au pétitoire. Quelquefois en ce cas on sequestre la possession.

Voyez sur la complainte, l'Ordonnance de 1667.

§. III.

Des droits particuliers aux Possesseurs de bonne foi.

54. Ces droits sont, 1°. le droit qu'a le possesseur de bonne foi, d'acquérir par prescription la propriété de la chose qu'il possede, lorsqu'il l'a possédée sans trouble pendant le temps fixé par la Loi pour la prescription. *Voyez l'Introd. au tit. XI.*

2°. Le droit qu'il a d'acquérir irrévocablement tous les fruits qu'il perçoit pendant tout le temps que la bonne foi de sa possession dure. C'est en conséquence de ce droit que lorsqu'un possesseur de bonne foi d'un héritage est condamné à le délaisser sur la demande en revendication du propriétaire, il n'est pas condamné à restituer aucuns fruits, si ce n'est ceux qu'il a perçus depuis la demande du propriétaire, qui a donné copie de ses titres de propriété par l'exploit : car ayant été informé par la copie de ces titres du droit du propriétaire, la bonne foi de sa possession est censée avoir cessé du jour de la demande; *L. 25, §. 7, ff. de petit. hered.* Observez que notre Jurisprudence est plus favorable aux possesseurs de bonne foi que ne l'étoit le Droit Romain : car par le Droit il n'étoit déchargé de la restitution des fruits perçus avant la demande, que lorsqu'ils étoient *consumpti aut usucapti.* Il étoit tenu de restituer ceux qui se trouvoient en nature, *extantes*, L. 22, *Cod. de R. u.*, quoique perçus & coupés avant la demande : mais par notre Jurisprudence il est déchargé indistinctement de tous les fruits perçus & coupés avant la demande.

3°. Celui qui a possédé une chose avec titre & bonne foi a le droit, après qu'il en a perdu la possession, de la revendiquer contre ceux qui s'en sont mis depuis en possession sans titre; *toto titulo, ff. de public. in rem act.* La présomption qui résulte de son titre d'acquisition & de la possession qu'il a eue, forme en sa faveur une présomption qui l'emporte sur celle qui résulte de la possession de celui qui possede sans titre.

TITRE XXII.

Des Cas possessoires.

ARTICLE CCCCLXXXVI.

ON acquiert possession d'héritage, droit corporel (1) ou incorporel (2), en joüissant par an & jour (3). A. C. *art.* 369. C. de Par. *art.* 96.

(1) C'est-à-dire, droit dans une chose corporelle; un droit foncier, tel qu'un droit de champart.

(2) Comme un droit honorifique, un bénéfice.

(3) L'ancienne Coutume, *art.* 369, ajoutoit, *nec vi, nec clàm, nec precariò ab adversario.* Ces termes ont été retranchés comme superflus, & n'exprimant que ce qui est de droit commun. *L.* 1, ff. *uti possid.*

ARTICLE CCCCLXXXVII.

Un homme lay peut acquérir la possession d'une disme par an & jour, & icelle tenir, & posséder, en prouvant, & monstrant qu'elle soit inféodée (1) deuëment. A. C. *art.* 370.

(1) Faute de prouver l'inféodation, la dîme est présumée ecclésiastique, & le laïque ne peut s'en dire possesseur, étant incapable de tenir des dîmes ecclésiastiques. *Voyez l'Introd. N.* 48.

Cette inféodation ne pouvoit autrefois se prouver que par le rapport d'aveux au-dessus de cent ans; mais par l'Edit de Juillet de 1708, les possesseurs des dîmes inféodées qui ont la possession centenaire y sont maintenus, quand même ils n'auroient autres titres que les preuves de leur possession; *Edit de* 1708, *art.* 2.

ARTICLE CCCCLXXXVIII.

Opposition (1) vaut trouble de fait. A. C. *art.* 371.

(1) C'est-à-dire l'opposition que je forme à la complainte qui m'est formée, en articulant possession contraire, trouble & interrompt mon adversaire dans la possession par lui prétendue, tout ainsi que si je l'y troublois réellement, & empêche que la prescription annale qui fait acquérir la possession, ne coure à son profit.

Pareillement le refus que je fais de payer, vaut trouble de fait à la possession dans laquelle mon adversaire prétend être d'une certaine redevance sur mon héritage: c'est pourquoi Loysel, 4, 18, dit: Cessation, contradiction & opposition valent trouble de fait.

ARTICLE CCCCLXXXIX.

Pour simples meubles on ne peut intenter complainte (1); *mais bien pour université de meubles, comme en succession mobiliaire.* A. C. *art.* 372. C. de Par. *art.* 97.

(1) Mais on entre d'abord dans la question de la propriété: la raison est que la possession d'un meuble particulier ne peut guere être incertaine.

ARTICLE CCCCXC.

A. C. *art.* 373.

Le Seigneur utile (1) d'un héritage ne peut, outre le gré & volonté du Seigneur féodal, censier, ou de rente fonciere, faire perriere, foüiller, ne enlever pierre dudit héritage, sinon que ce soit pour employer en iceluy héritage. Et où on feroit le contraire, le Seigneur en peut intenter, & soustenir le possessoire (2) & toutes autres actions : sinon que ce fust lieu & héritage destiné à perriere.

(1) La Coutume appelle ainsi celui qui tient un héritage à titre de fief ou de cens, vis-à-vis du seigneur de fief ou de cens. *Voyez l'Introd. au T.* 1, *n.* 7.

(2) C'est-à-dire, former la complainte pour être maintenu dans la possession de son droit de fief, censive ou rente fonciere sur cet héritage ; car ce fouillement qui diminue le fonds, est un trouble à la possession du droit que le seigneur de fief, censive ou rente, a dans le fonds.

TITRE XXIII.

De la Taille du Pain & du Vin, & Étalon des Fûts à Vin d'Orléans.

INTRODUCTION AU TITRE.

LA taille du pain & du vin, qui étoit encore en usage au temps de *la réformation de la Coutume*, étoit *une taille qui se levoit* au profit du Roi sur les habitans d'Orléans, à raison de deux deniers par chaque muid de bled, & d'un denier par chaque muid d'avoine & autres grains qui se sement en Mars, & de deux deniers par chaque muid de vin que lesdits habitans faisoient venir à Orléans pour leur provision ; & elle étoit pour cela appellée taille du pain & du vin : c'est ce qu'on apprend par une charte de Philippe Auguste de l'an 1183, qui établit ladite taille en récompense de l'exemption de tailles & de plusieurs privileges accordés aux habitans par ce Roi & ses prédécesseurs. Depuis long-temps elle est abonnée à une certaine somme qui est payée des deniers communs. *Voyez Lalande sur ce Titre.*

TITRE XXIII.

De la Taille du Pain & du Vin, & Estalon des Fusts à Vin d'Orléans.

ARTICLE CCCCXCI.

EN la taille du pain & du vin, qui se leve par chacun an, en la ville & fauxbourgs d'Orléans, & ès environs, où ladite taille a cours, après les trois prochains Dimanches de la cherche qui se fait par les Bourgeois, Marchands & Commis à lever ladite taille du pain & du vin, les prochains Lundy, Mardy & Mercredy après la Feste de Saint Martin d'hyver, le Fermier d'icelle taille a trois prochains jours après le dernier Dimanche passé, c'est assavoir, les Lundy, Mardy & Mercredy ensuivans, & consécutifs, ledit dernier Dimanche, pour faire exécution sur les non-taillez, ou mal-taillez. Et s'il ne fait lesdites exécutions dedans lesdits trois jours, ou mette en procès les mal-taillez ou non-taillez, ne vient à temps pour en faire poursuite contre lesdits mal-taillez, ou non-taillez, soit par confiscation, ou autrement, en quelque maniere que ce soit. A. C. art. 381.

Cet article n'est plus d'usage. *Voyez l'Introd.*

ARTICLE CCCCXCII.

En tout le Bailliage d'Orléans n'y a que une jauge, & estalon de fusts à mettre vin. Et contient le poinçon douze jallayes, & chacune jallaye seize pintes de la grande mesure (1) *de la ville d'Orléans : & le quart* (2) *à l'équipollent.*

(1) Ce qui fait en tout cent quatre-vingt-douze pintes de cette grande mesure : la pinte qui est en usage aujourd'hui étant plus petite d'un douzieme que cette grande mesure, le poinçon doit contenir deux cent neuf ou deux cent dix pintes.

(2) Le quart est la moitié du poinçon, ainsi appellé parce qu'il est le quart du tonneau, qui est composé de deux poinçons.

FIN de la Coutume.

RÉGLEMENT POUR LES SÉPARATIONS.

SUR la Requête à Nous présentée par le Procureur du Roi, narrative de la multitude des séparations de biens qui se font ordinairement entre hommes & femmes conjoints par mariage, en fraude de leurs créanciers, clandestinement, avec préméditation de banqueroutes, faillites, cessions & abandonnemens de biens, ainsi que par l'expérience du passé il est assez notoire ; ce qui arrive d'autant que les solemnités & précautions de la Coutume de ce Bailliage, en l'Article cent quatre-vingt-dix-huit, pour la validité desdites Sentences, ne sont suffisantes pour les rendre connues à tous, au moyen des déguisemens & fraudes qu'apportent ceux qui les poursuivent, mettant peine qu'elles ne soient publiées en Jugement que lorsqu'il y a peu ou point d'assistans ès Auditoires des Juges qui les ont données, pour, nonobstant icelles séparations inconnues entretenir leur crédit, & négocier comme auparavant icelles, au préjudice de l'intérêt public, & sûreté du bien des familles; Nous requérant y pourvoir. La matiere mise en délibération : NOUS, en entérinant ladite Requête, & y faisant droit, DISONS que les séparations de biens d'entre hommes & femmes joints par mariage, seront faites en connoissance de cause, & les Sentences rendues sur icelles publiées au Siege de la Justice où elles auront été données, l'Audience tenant, conformément à ladite Coutume. Et pour rendre chacun certain de la condition de ceux avec lesquels ils contracteront, à ce que lesdites séparations soient notoires à tous, pour l'entretien du commerce & trafic, pour obvier aux fraudes & abus qui s'y commettent journellement : AVONS, par maniere de provision, & jusqu'à ce qu'autrement en ait été arrêté par Nosseigneurs de Parlement, ordonné & ordonnons que toutes lesdites Sentences de séparation de biens d'entre mari & femme seront publiées aux prônes des Messes des Paroisses de la demeure de ceux entre lesquels elles auront été données, ensemble ès fours & carrefours ordinaires, à son de trompe ou tambour & cri public, ès jours de marché des lieux où elles auront été obtenues. Et outre pour le regard de celles qui se donneront en cette Ville ou autres Villes de ce Bailliage, qu'elles seront signifiées à la diligence de ceux qui se trouveront séparés, aux Notaires des lieux, ou leurs Syndics, au cas qu'ils en aient : auxquels Notaires enjoignons d'inscrire les noms, qualités & demeures de ceux entre lesquels lesdites séparations auront été données, en un tableau qui pour cet effet sera par eux posé en leurs études en lieux apparens, à peine de répondre en leurs propres & privés noms, des dépens, dommages & intérêts des parties. Et encore pour le regard de celles qui se donneront en cette Ville, ordonnons outre ce que dessus, que trois jours après icelles ceux qui les auront aussi fait rendre, seront tenus pareillement faire inscrire en un tableau qui sera posé par notre Greffier en la Salle de l'Auditoire du Châtelet d'Orléans, leurs noms, qualités & demeures, date desdites Sentences, & en quelle Jurisdiction elles auront été données; le tout à peine de nullité desdites Sentences autrement obtenues & exécutées, sans qu'on s'en puisse valablement aider, sinon en gardant les formes ci-dessus : ce qui sera exécuté par provision, comme dit est, nonobstant oppositions ou appellations quelconques, & sans préjudice d'icelles. Et à cette fin sera notre présente Ordonnance lue en notre Siege, l'Auditoire tenant, publiée à son de trompe & cri public, & affichée par tous les carrefours de cette ville d'Orléans, à ce qu'aucun n'en prétende cause d'ignorance.

FAIT & donné en la Chambre du Conseil des Bailliage & Siege Présidial d'Orléans, par Nous PHILIPPE SEGOING, Conseiller du Roi, Lieutenant particulier, Civil & Criminel des Bailliage & Siege Présidial d'Orléans, assisté des Conseillers Magistrats èsdits Sieges, le 4 de Février 1624. *Signé* DUHAN, Greffier.

RÉGLEMENT

POUR les Procédures des Décrets & Ventes sur Affiches, donné au Bailliage d'Orléans le 14 Février 1685.

SUR ce qui Nous a été remontré par le Procureur du Roi & de son Altesse Royale: Que depuis quelques années il s'est introduit un si grand abus dans les procédures que font les Procureurs de ce Siege, & particuliérement dans la poursuite des décrets & ventes d'héritages sur affiches, par la multiplicité des actes & significations inutiles qu'ils en font; que les frais extraordinaires de criées & ceux qu'ils font ordonner y être couchés, montent à tel excès, que le prix des héritages vendus s'en trouve entiérement absorbé, au grand préjudice des saisissans, saisis & créanciers opposans, à quoi étant nécessaire de pourvoir; NOUS ORDONNONS, ce requérant ledit Procureur du Roi, sous le bon plaisir de la Cour, & jusqu'à ce qu'autrement par elle en ait été ordonné :

ARTICLE I. Que lorsqu'il se trouvera deux saisissans d'un même héritage, sur la demande qui sera donnée, à la requête de l'un d'eux à fin de convertir en opposition, il sera ordonné à la premiere assignation, de la communication des commissions, commandemens, procès-verbaux de saisies, & du fondement d'icelles, dont sera dressé procès-verbal au Greffe.

II. Après ladite communication les saisissans pourront respectivement donner leurs moyens de préférence sans multiplier les actes : après quoi, sur un simple acte pour en venir, se feront régler; & le réglement qui interviendra au profit de l'un des saisissans, sera signifié à l'autre, & au saisi seulement.

III. Les oppositions qui seront formées au Greffe, étant signifiées au Procureur du saisissant, ne pourront être insinuées qu'à celui du saisi, s'il y en a de constitué, & non à autre.

IV. Les opposans à fin de distraire, ou pour charges réelles & foncieres, requerront par le même acte de signification de leur opposition, la communication ou copie de la déclaration des héritages saisis seulement, laquelle le poursuivant criées sera tenu donner dans la huitaine.

V. Après que les opposans auront eu communication ou copie de la déclaration des héritages saisis, ils seront tenus de donner leurs moyens d'opposition dans le délai de l'Ordonnance, & par même carte copie des pieces sur lesquelles elles sont fondées.

VI. Le poursuivant criées n'insinuera les moyens & fondement desdites oppositions, sinon au saisi & ancien Procureur des opposans, & le dénoncera aux autres par un simple acte, pour les passer ou contredire dans la huitaine; sinon, ledit temps passé, il les contredira à leurs périls & fortunes, sans qu'il soit besoin d'obtenir aucun jugement pour ce faire.

VII. Après que le poursuivant aura donné ses contredits contre les moyens des opposans, les oppositions, sur une simple sommation d'en venir, sans autre procédure, seront réglées ou jointes au congé d'adjuger; & le jugement qui interviendra sera signifié au saisi & ancien Procureur des opposans, & aux autres les qualités & le dispositif seulement.

VIII. Celui des saisissans qui aura mal contesté sur la préférence de saisie, comme aussi les opposans qui se trouveront mal fondés en leur opposition, seront tenus des frais faits de la contestation. Pourra néanmoins le poursuivant qui aura obtenu employer ceux qu'il aura faits en frais extraordinaires de criées, ou en poursuivre le paiement contre les condamnés à son choix & option: & en cas qu'il les emploie en ses frais extraordinaires, sera tenu remettre ès mains du dernier créancier venant en ordre, le jugement par lequel le saisissant ou l'opposant qui auront succombé auront été condamnés aux dépens, avec les procédures, pour par lui en poursuivre le paiement.

IX. Lorsque par congé d'adjuger ou autre jugement il y a réglement rendu sur une opposition, & qu'il est dit que le décret ou vente se fera à la charge de quelque droit réel & foncier, le poursuivant en criées sera tenu d'insinuer à l'opposant ledit jugement ou congé d'adjuger, & les assignations à la quinzaine d'après la quarantaine (*art. 471*), & celles nécessaires pour l'interposition du décret, & n'insinuera les autres poursuites qui se feront après ledit jugement ou congé d'adjuger.

X. Si un opposant se fait subroger à la poursuite des criées, le saisissant sera seulement signifier la Sentence de subrogation au Procureur du saisi, s'il y en a de constitué, & au Commissaire, & le dénoncera aux opposans par un simple acte: & s'il étoit en demeure de faire lesdites significations & dénonciations après la huitaine de la prononciation de ladite Sentence, sera loisible au subrogé de les faire faire, sans que les significations & dénonciations subséquentes du saisissant puissent passer en taxe.

XI. S'il y a opposition de la part du saisi à la saisie réelle, ou s'il interjette appel, soit de la commission de criées ou saisie réelle faite en conséquence, soit du congé d'adjuger, ou du jugement qui ordonne de la vente sur affiches des héritages saisis, l'insinuation en sera faite à tous les opposans; si ce n'est que l'appel ou opposition regardent le saisissant seul; auquel cas n'en sera fait aucune insinuation.

XII. Pour insinuer lesdites oppositions ou appellations, lorsqu'il y aura lieu de de le faire, le poursuivant criées présentera requête expositive desdites oppositions ou appellations, & fera assigner les opposans pour se joindre en cause avec lui, & faire ordonner que, nonobstant l'opposition du saisi, il sera passé outre au décret, ou le faire déclarer sans grief sur l'appel par lui interjetté; sans que le poursuivant puisse faire autre instruction que la constitution de Procureur, & une signification pour faire sçavoir le jour de la plaidoirie de la cause.

XIII. Si l'appel ayant été porté à la Cour, intervient Arrêt confirmatif desdites criées; le poursuivant présentera Requête au Juge dont est émanée la commission de criées, afin de faire donner jugement sur l'exécution desdits Arrêts & continuation de poursuites précédentes l'appel, lequel jugement sera signifié aux saisi & opposans.

XIV. Les baux judiciaires se feront en la forme & maniere contenue en l'Arrêt de réglement de la Cour du 12 Août 1664; & suivant icelui, seront mises affiches une fois seulement, tant aux portes des Paroisses au dedans desquelles les héritages saisis se trouveront situés, qu'aux portes des maisons saisies, & au Châtelet ou Prétoire de la Justice où le décret sera poursuivi: le même sera observé pour la vente des fruits saisis.

XV. Le poursuivant criées insinuera la poursuite des baux judiciaires ou vente des fruits à l'ancien Procureur des opposans seulement; & lorsqu'il conviendra adjuger le bail ou la vente des fruits, il le fera sçavoir par un simple acte aux Procureurs des opposans, trois jours francs avant l'échéance de l'assignation, pour adjuger.

XVI. S'il survient quelque incident sur l'exécution des baux judiciaires, les parties se feront régler; sans que le poursuivant puisse faire autre insinuation, qu'une simple dénonciation de la prétention qui y aura donné lieu, & la signification du jugement définitif au Procureur de la partie, celui du saisi & ancien des opposans.

XVII. Les poursuites pour les réparations à faire aux héritages saisis, requêtes de subrogation, compulsoires, collations de pieces, reconnoissances d'écritures & signatures, appréciations de grains, nominations d'Experts, assignations à fin de prestation de serment, & autres procédures, jugement d'instruction, seront seulement insinués au saisi & ancien Procureur des opposans.

XVIII. Si les réparations sont de conséquence, & qu'il convienne en faire bail au rabais, sera posée une seule affiche qui contiendra les réparations à faire & les charges, & en sera fait une seule signification aux Procureurs des saisi, & ancien des opposans.

XIX. S'il est demandé provision alimentaire par les saisi, sa femme, ou enfans d'iceux, la demande seule en sera insinuée aux Procureurs des opposans, pour par eux la consentir ou la contredire dans la huitaine; & faute de ce faire dans ledit temps, le saisissant, sans qu'il soit besoin d'aucun jugement, pourra l'accorder ou la contredire, & le jugement qui interviendra sera signifié aux opposans.

XX. Si les opposans pour arrérages de cens ou autres droits & rentes foncieres, forment demande pour le paiement de leurs droits & arrérages de rente par provision en attendant la distribution, la requête qui sera donnée à cette fin, sera seulement insinuée aux Procureurs des saisi, Commissaire, & ancien des opposans.

XXI. La certification des criées se fera, l'Audience tenante, par un seul acte, & n'en sera délivré qu'une seule expédition, encore qu'il y eût plusieurs corps d'héritages saisis, & que les saisies eussent été faites par divers exploits & procès-verbaux.

XXII. Pour obtenir le jugement de congé d'adjuger, après l'exploit posé pour le voir rendre, le poursuivant sera tenu déposer au Greffe le procès-verbal de criées, insinuer l'acte de dépôt aux saisi & opposans, pour le passer ou contredire dans la huitaine; & par le même acte, leur déclarera quelles oppositions y ont été jointes, pour donner leurs contredits contre les productions des opposans; après lequel délai de huitaine, sur un seul acte de sommation & forclusion, pourra faire rendre le jugement de congé d'adjuger, & régler les oppositions qui y auront été jointes.

XXIII. Le jugement de congé d'adjuger sera signifié aux Procureurs des saisi & opposans.

XXIV. L'original d'affiche pour la quarantaine contiendra tous les corps d'héritages *saisis; & n'en sera fait de particuliers, si ce n'est que les* héritages saisis soient situés en diverses Paroisses, distantes les unes des autres d'une lieue au moins.

XXV. Le jugement pour la quinzaine d'après la quarantaine, sera signifié aux Procureurs des saisi & opposans, & contiendra les encheres mises sur chacun corps d'héritages, outre les frais ordinaires de criées, desquels sera fait distinction & fixation par l'affiche; si ce n'est qu'il soit ordonné que l'adjudication se fera sans charge de frais.

XXVI. *Les jugemens de remise & de continuation* pour adjuger, si aucuns sont rendus jusqu'à l'adjudication pure & simple, ne seront signifiés; mais le poursuivant les fera seulement sçavoir, & les dénoncera par un simple acte aux Procureurs des saisi & opposans.

XXVII. L'adjudication pure & simple étant faite, le Procureur poursuivant la fera sçavoir aux Procureurs des saisi & opposans, ensemble au Commissaire; *& n'insinuera la déclaration* qui sera faite par le Procureur de l'adjudicataire, non plus que la quittance de consignation.

XXVIII. Si les héritages saisis ne méritent les frais d'un décret, & qu'il en soit ordonné de la vente sur affiches, le jugement sera signifié aux Procureurs des saisi & opposans; auquel cas seront mises affiches une seule fois, sinon que pour causes nouvellement survenues, il soit ordonné d'une seconde; lesquelles affiches seront mises aux portes des Paroisses au dedans desquelles les héritages sont situés, à celles des maisons saisies, & à celles du Châtelet ou Prétoire de la Justice où la saisie est pendante; laquelle affiche contiendra tous les héritages saisis, encore bien qu'ils soient situés en diverses Paroisses, ensemble les charges & conditions de la vente: & sera tenu le poursuivant dénoncer aux saisi & opposans l'assignation pour la vente, huit jours francs devant l'échéance d'icelle.

XXIX. Les actes de tiercemens formés au Greffe & duement signifiés, seront, à la requête du saisissant, insinués aux Procureurs des opposans; & au regard de la remise de l'adjudication, sera signifiée par un simple acte.

XXX. Après l'adjudication pure & simple, le Procureur poursuivant fera rendre compte au Commissaire des fermes qu'il aura reçues; & le reliquat sera par lui rapporté pour être distribué avec le prix des héritages vendus.

XXXI. L'acte pour procéder à l'ordre & distribution, ensemble le jugement qui l'ordonnera, seront signifiés aux Procureurs des saisi & opposans.

XXXII. Sera fait une simple sommation aux Procureurs des opposans, de produire ès mains du Commissaire à la huitaine; & ne pourra être procédé à l'ordre qu'après la huitaine suivante.

XXXIII. Lorsque sur une personne faisant faillite il aura été fait saisie & exécution d'effets mobiliaires avec apposition de sceaux, il n'en sera fait aucune signification ni insinuation aux débiteurs ou leurs Procureurs, s'il y en a de constitués, ni à ceux des opposans; mais par un simple acte, leur sera signifié le jour qu'il sera procédé à la reconnoissance des sceaux & levement d'iceux, & pareillement sera signifié le jour qu'il sera procédé à la vente desdits effets.

XXXIV. Si par un créancier est demandé récréance de tout ou de partie des effets saisis, la demande sera dénoncée aux Procureurs des débiteurs & opposans, pour la consentir ou y former empêchement dans les trois jours; sinon, le temps passé, pourra le saisissant la consentir ou contester; & fera signifier le jugement qui interviendra aux Procureurs du débiteur & des opposans, sans qu'ils puissent lui faire insinuer autres actes & procédures.

XXXV. Dans la déclaration de frais, le Procureur du poursuivant fera distinction des frais ordinaires & des extraordinaires, ensemble du montant d'iceux.

XXXVI. La déclaration des frais ordinaires & extraordinaires, ceux ordonnés y être couchés, ensemble des ventes sur affiches, sera seulement signifiée au Procureur du saisi & à l'ancien des opposans, & dénoncée aux autres opposans; ce qui sera pareillement observé en discussion mobiliaire; & lorsqu'il y aura plusieurs débiteurs ou condamnés qui auront chacun leur Procureur, la déclaration sera signifiée à l'ancien, & dénoncée aux autres par un simple acte.

XXXVII. Les frais seront arrêtés par l'un des tiers référendaires qui se trouveront en mois lors de l'adjudication & vente pure & simple, qui sera nommé par le Juge qui aura prononcé l'adjudication.

XXXVIII. Si un des opposans se plaint du montant de l'exécutoire, & prétend qu'il y ait surtaxe, à la premiere requisition sur un simple acte il lui sera permis de donner des débats, pour être ensuite réglés par celui qui sera nommé par Justice. S'il se trouve par l'issue qu'il ait été bien taxé, celui qui aura requis nouvelle taxe en paiera tous les frais; & au contraire s'il fait modérer la taxe, les frais en seront payés par celui au profit de qui l'exécutoire aura été décerné, sans qu'ils puissent être pris sur le prix des biens vendus.

XXXIX. Ès états & salaires des Procureurs & Sergens, n'y aura aucun droit de déclaration ni assistance de Procureur, sinon celle du tiers, s'il est ordonné.

XL. Si un décret est fait sur un curateur à une succession vacante des biens abandonnés, ou sur un curateur de mineurs qui ne formera contestation, les salaires de leurs Procureurs n'entreront en taxe par la déclaration du poursuivant, outre l'assistance, que jusqu'à la somme de six livres & au-dessous.

XLI. Les procédures faites par contravention au présent Réglement, n'entreront en taxe; & le Procureur qui aura employé autres en sa déclaration de frais, sera tenu en son nom des frais qui se feront pour le rejet d'icelles.

Et sera le présent Réglement exécuté selon sa forme & teneur, jusqu'à ce qu'autrement par la Cour en ait été ordonné. DONNÉ & arrêté en la Chambre du Conseil du Bailliage & Siege Présidial d'Orléans, par Nous GABRIEL CURAULT, Seigneur de la Cour-Ligny, Conseiller du Roi, ancien Président & Lieutenant Général aux Bailliage & Siege Présidial d'Orléans, assisté de Mes François Foucault, Lieutenant Particulier, Jacques de Mareau, Etienne Hanet, Charles Colas, François Humery, Pierre le Maire, Claude Gaillard, Robert Mariette, Nicolas Tourtier, Charles Egrot, Pierre de la Fons, Alphonse Martin, Nicolas Allego, François Peigné, & Barthelemy Thoynard, tous Conseillers Magistrats ésdits Sieges, le 14 Février 1685.

Signé PASQUIER, *Greffier.*

Lu & publié en Jugement, l'Audience tenante, par moi Greffier Civil du Bailliage d'Orléans, soussigné, le lundi 19 Février 1685. PASQUIER, *Greffier.*

PROCÈS-VERBAL.

L'AN mil cinq cent quatre-vingt-trois, le lundi onzieme jour d'Avril, Nous ACHILLES DE HARLAY, &c. En procédant à la lecture des cahiers, articles de Coutume, par l'avis des trois Etats, a été l'intitulation mise comme ensuit:

COUTUMES DES DUCHÉ, BAILLIAGE ET PRÉVÔTÉ D'ORLÉANS, ET RESSORT D'ICEUX.

Des Fiefs.

LE premier article commençant : *Un Vassal peut vendre*, est tiré des premier & soixantieme articles de l'ancien Coutumier ; & pour le regard du Requint qui est ôté dudit premier article, est pour avoir lieu à l'avenir.

☞ *Pour l'intelligence, on doit observer qu'en ce Procès-verbal de réformation, à chacun changement est mise l'une de ces trois formules ; 1. pour avoir lieu à l'avenir ; 2. ou pour explication ; 3. ou sans préjudice du passé. La premiere signifie que c'est droit nouveau, abrogeant le passé. La seconde, au contraire, qu'il n'est rien changé, mais éclairci. La troisieme, que l'on étoit en doute auparavant, de maniere qu'il décide l'avenir ; & pour le passé, remet au droit commun. Et telle a été la pensée de Messieurs les Commissaires.*

Enfin, qu'il y a plusieurs articles dans lesquels il y a eu quelques changemens dont il n'est point ici fait aucune mention, & que l'usage a éclairci & perfectionné.

Le 2. article commençant : *Toutefois si le Seigneur*, a été accordé & ajouté, pour l'explication de ces mots, *& autres profits, si aucuns sont dûs*, contenus au premier article de l'ancien Coutumier, sans préjudice du passé.

Le 4. article commençant : *Le Curateur ou Commissaire*, a été ajouté & accordé, sans préjudice du passé.

Le 8. article commençant : *Et si le preneur*, étoit le 58. article de l'ancien Coutumier, auquel ont été ajoutés pour explication ces mots, *ou ses successeurs.*

Le 9. article commençant : *Mais si vente étoit faite*, a été tiré de la fin du 87. de l'ancien Coutumier ; & ce qui a été ajouté, est sans préjudice du passé.

Le 10. article commençant : *Si aucun Seigneur*, étoit le 87. de l'ancien Coutumier, duquel a été ôté ce mot de *Requint*, pour avoir lieu à l'avenir.

Le 13. article commençant : *En échange d'héritage*, étoit le 83. & a été tiré en partie du 61. article de l'ancien Coutumier : Et ces mots, *sous même teneure féodale*, ont été mis pour explication, au lieu de ces mots, *sous même Seigneur.*

Le 15. article commençant : *Pour partage & subdivision*, a été tiré du 54. article de l'ancien Coutumier; & ce qui a été ajouté, eſt pour explication.

Le 16. article commençant : *Si l'héritage féodal*, a été accordé & ajouté pour avoir lieu à l'avenir.

Le 20. article commençant : *Les héritages acquis*, a été accordé & ajouté, ſans préjudice du paſſé.

Sur le 21. article commençant : *Quand à un Haut-Juſticier*, le Procureur du Roi a requis que ce mot d'*Aubenage* fût rayé dudit article, ſoutenant que le droit d'Aubenage appartient au Roi, privativement à tous autres : Soutenu au contraire par les trois Etats. Sur quoi avons ordonné que l'article demeurera ainſi qu'il eſt ; & néanmoins donné acte audit Procureur du Roi de ſes remontrances, pour lui ſervir de ce que de raiſon.

Le 23. article commençant: *Quand homme ou femme*, a été tiré des 28. & 98. articles de l'ancien Coutumier, & ont été ajoutés ces mots, *& en cas de refus*, juſqu'à la fin dudit 23. article, ſans préjudice du paſſé.

Le 25. article commençant : *Les Gardiens Nobles*, étoit le 29. article, & a été tiré des 43 & 98. articles de l'ancien Coutumier : Et ce qui a été ajouté eſt pour l'explication.

Le 27. article commençant : *Bailliſtres ſont la mere*, a été tiré en partie des 38 & 39. articles de l'ancien Coutumier ; & y ont été ajoutés ces mots, *ſont les mâles préférés aux femelles*, ſans préjudice du paſſé. Et ces mots, *les Bailliſtres ne doivent aucun profit*, ont été ajoutés pour avoir lieu à l'avenir.

Le 28. article commençant: *Si pluſieurs enfans*, étoit le 51. de l'ancien Coutumier : Et ont été ajoutés ces mots, *de vingt-cinq ans*, après ces mots, *en âge*, ſans préjudice du paſſé.

Le 30. article commençant : *Si homme ou femme nobles*, étoit le 63. de l'ancien Coutumier ; & ce qui a été ajouté eſt pour explication.

Le 32. article commençant: *Et au regard des non-nobles*, étoit le 30. de l'ancien : & au lieu de ces mots : *Et porte la foi & hommage*, ont été pour explication mis ces mots : *Et doit demander, & être reçu en ſouffrance pour eux.*

Le 33. article commençant: *Et en défaut*, étoit le 33. de l'ancien Coutumier : & au lieu de ces mots : *Et porte la foi & hommage*, ont été mis pour explication ces mots : *Et doit demander & être reçu en ſouffrance.*

Le 34. article commençant : *Entre nobles, ou non-nobles*, eſt tiré des 31. 34. & 75. de l'ancien Coutumier, & abrogé la Coutume ancienne, en ce que par icelle il étoit dû profit pour la dation de tutelle & curatelle par minorité, pour avoir lieu à l'avenir.

Le 35. article commençant : *Un fils aîné*, a été tiré des 35. & 102. articles de l'ancienne ; & ces mots qui ont été ajoutés à la fin dudit article : *A laquelle foi ledit Seigneur de fief ſera tenu les recevoir, ſans pour ce payer profit*, ſont pour explication.

Les 36. commençant : *Et s'il n'y a que filles ;* & 37. commençant : *Mais ſi elles ſe remarient*, ont été mis au lieu des 40. & 49. de l'ancien Coutumier, leſquels ſont abrogés en ce que par iceux les filles payoient profit pour leur premier mariage, pour avoir lieu à l'avenir. Et avons donné acte au Procureur du Roi, de la remontrance & proteſtation par lui faite, que pour le regard du premier mariage, cela ne fît aucun préjudice aux droits du Roi.

Les articles 38. commençant : *N'est dû foi & hommage ;* & 39. commençant : *N'est aussi dû*, ont été ajoutés, sans préjudice du passé

Le 41. commençant : *Si lesdits gens d'Eglise*, étoit le 100. de l'ancien ; & ont été ajoutés ces mots, *ou qu'ils eussent Lettres d'amortissement*, sans préjudice du passé. Et avons donné acte au Procureur du Roi, de ce qu'il auroit empêché que ces mots, *ou qu'ils eussent Lettres d'amortissement*, fussent ajoutés audit article.

Le 44. article commençant : *Quand le fief est vendu*, a été tiré du 59. de l'ancienne, duquel a été ôté ce mot de *Requint*, pour avoir lieu à l'avenir.

Le 45. article commençant : *Le vassal, quand la foi faut*, a été tiré du 12. article de l'ancien Coutumier ; & ce qui a été ôté & ajouté, est sans préjudice du passé.

Le 47. article commençant : *Le vassal pour faire la foi*, a été accordé & ajouté, pour avoir lieu à l'avenir.

Le 48. article commençant : *Quand il y a plusieurs Seigneurs*, étoit le 97. de l'ancien Coutumier, auquel ont été ajoutés pour explication ces mots, *exprimé par la saisie, ou duement notifié au vassal comme dessus.*

Le 50. article commençant : *Le Seigneur féodal*, a été tiré des 8. 20. 24. 70. & 90. articles de l'ancien Coutumier, pour avoir lieu à l'avenir, & abrogé l'ancienne, en ce que par icelle le Seigneur pouvoit, incontinent après la mort de son vassal, saisir sondit fief. Et outre ont été ajoutés pour explication ces mots, *coupés & abattus en leur saison & maturité, encore qu'ils ne fussent enlevés & serrés.*

Le 51. article commençant : *La saisie féodale*, a été accordé & ajouté, sans préjudice du passé.

Le 53. article commençant : *Si ledit Seigneur de fief prend*, étoit le 15. de l'ancien ; & ce qui a été ajouté, est sans préjudice du passé.

Le 54. *Si le Seigneur féodal*, a été accordé & ajouté, sans préjudice du passé.

Le 56. commençant : *Et comme ladite année*, a été accordé & ajouté, sans préjudice du passé.

Le 58. article commençant : *Et quant auxdits bois*, étoit le 95. de l'ancienne ; & a été ajouté pour explication de ce mot, *tournois.*

Le 62. article commençant : *Et si le Seigneur féodal*, étoit le 19. de l'ancien Coutumier ; & ce qui a été ajouté, est pour avoir lieu à l'avenir.

Le 63. article commençant : *L'usufruitier d'un fief*, a été accordé & ajouté, sans préjudice du passé.

Le 64. commençant : *Quand en un même tems*, étoit le 84. de l'ancien, auquel ont été ajoutés pour explication ces mots, *après la saisie duement signifiée, & copie baillée d'icelle.*

Le 65. commençant : *Le Seigneur féodal n'est tenu*, a été mis au lieu du 77. de l'ancien Coutumier, pour avoir lieu à l'avenir.

Le 66. article commençant : *Quand un Seigneur de fief*, étoit le 53. de l'ancien Coutumier, auquel ont été pour explication, & sans préjudice du passé, ajoutés ces mots, *laquelle action il pourra intenter contre l'acquéreur & détenteur, encore qu'il fût reçu en foi, réservé à lui son recours.*

Le 71. article commençant : *Toutefois & quantes qu'un Seigneur*, étoit le 69. de l'ancien Coutumier ; & au lieu de ce mot, *toutefois*, a été mis *au préalable*, sans préjudice du passé.

Le 72. article commençant : *Le Seigneur féodal*, a été tiré des 22. & 74. articles de l'ancien Coutumier ; & ce qui a été ajouté, est pour explication.

Le 73. commençant : *Si le vassal tient*, a été accordé & ajouté, sans préjudice du passé.

Le 79. commençant : *Et après que le vassal*, a été accordé & ajouté, sans préjudice du passé.

Le 83. article commençant : *En saisissant par le Seigneur*, étoit le 68. de l'ancien Coutumier ; & ont été ajoutés pour explication ces mots, *encore que lesdits arriere-vassaux ne soient en foi* ; & ont été ôtés de l'ancien Coutumier ces mots, *soit par faute d'homme, ou autrement.*

Le 86. commençant : *Le Seigneur de fief*, a été tiré des 10. 11. & 310. de l'ancien Coutumier ; & ont été pour explication, ajoutés ces mots, *encore que ce fût par cent ans & plus.* En outre ont été ajoutés ces mots, *par quarante ans*, sans préjudice du passé.

Le 88. commençant : *Un vassal, en quelque maniere*, étoit le 55. de l'ancien. Et ont été mis ces mots, *selon qu'il est déclaré ci-dessus*, au lieu de ces mots, *ou au domaine*, qui étoit à l'ancien Coutumier, sans préjudice du passé.

Le 89. commençant : *En succession*, étoit le 25. de l'ancien Coutumier ; & ont été ajoutés pour explication ces mots, *par préciput*, & ce mot, *féodale.*

Le 91. commençant : *Les nobles & non-nobles*, a été accordé & ajouté, pour avoir lieu à l'avenir.

Le 92. commençant : *Si dedans l'enclos*, a été accordé & ajouté, sans préjudice du passé.

Le 95. commençant : *Après que le fils aîné*, a été accordé & ajouté, sans préjudice du passé.

Le 96. commençant : *Si ès successions de pere & mere*, a été accordé & ajouté, sans préjudice du passé.

Le 100. commençant : *Nul Seigneur ne peut* ; & le 201. commençant : *Le moulin à vent*, ont été accordés & ajoutés du consentement de l'Etat & de l'Eglise, & du tiers Etat, sans préjudice du passé, nonobstant l'opposition de l'Etat de la Noblesse, & de la Dame de la Trimouille. De laquelle leur avons donné acte, pour se pourvoir ainsi qu'ils verront être à faire.

Des Cens & Droits censuels.

Le 102. commençant : *Quand aucun doit cens*, a été tiré du 104. de l'ancien ; & ce qui a été changé, ou ajouté, est pour avoir lieu à l'avenir.

Le 103. commençant : *Le Seigneur de censive*, étoit le 105. de l'ancien Coutumier ; & ont été ajoutés pour explication ces mots, *& le surplus de l'amende appartient au Seigneur.*

Le 105. commençant : *Si le propriétaire saisi*, a été accordé & ajouté, sans préjudice du passé.

Le 107. commençant : *Après que aucun a achepté un héritage*, étoit le 108. de l'ancien l'ancien Coutumier, & ont été ôtés ces mots, *dans la huitaine ou autre temps, selon la nature de la censive, en suivant ladite vente;* & a été laissé le mot de *quarantaine*, pour avoir lieu généralement à l'avenir.

Le 109. commençant : *Et si on prend héritage*, est tiré des 110. & 126. de l'ancien Coutumier ; & ont été ajoutés ces mots, *ou ayans cause, Seigneurs & possesseurs dudit héritage*, sans préjudice du passé.

Le 111. commençant : *De toutes rentes constituées*, a été mis au lieu du 112. article de l'ancien Coutumier, qui a été abrogé en ce que par icelui étoit dû profit pour la rente spécialement constituée sur héritages, pour avoir lieu à l'avenir.

Le 113. commençant : *Pour partage, division & subdivision*, a été mis au lieu du 114. de l'ancien Coutumier ; & ce qui a été ajouté, est sans préjudice du passé.

Les 114. commençant : *Si l'héritage*; 115. commençant, *si l'acheteur ;* & 116. commençant, *si aucun achepte*, ont été accordés & ajoutés sans préjudice du passé.

Le 117. commençant : *Pour toutes donations*, a été tiré du 125. de l'ancien ; auquel ont été ajoutés pour explication, ces mots, *autres que celles dont l'héritage seroit chargé.* Et le surplus de ce qui a été ajouté ou changé audit article, aura lieu pour l'avenir.

Les 119. commençant : *Et si les gens d'Eglise ;* & 120. commençant : *Toutesfois si lesdits gens d'Eglise*, ont été tirés des 128. & 133. de l'ancien Coutumier : & ce qui a été ajouté ne sert que pour explication, fors ces mots, *sans que pour raison de ce ils soient tenus payer profit pour la premiere fois ;* lesquels mots ont été ajoutés, sans préjudice du passé.

Le 121. commençant : *Cens est divisible*, étoit le 129. article de l'ancien Coutumier, auquel pour explication ont été ajoutés ces mots, *Toutesfois les portions*, jusqu'à la fin dudit article.

Des Relevoisons à plaisir.

Les 124. commençant : *Toute censive étant à droit ;* & 125. commençant : *Pour être payé*, ont été tirés du 115. de l'ancien Coutumier ; & le temps de huitaine & quinzaine, limité par ledit 125. article, est pour avoir lieu à l'avenir.

Le 127. commençant : *Toutesfois les filles ni leurs maris*, est tiré de la fin du 116. de l'ancien Coutumier ; & ce qui a été ajouté de l'avis & consentement de la Noblesse & du tiers Etat, *Qu'il n'est dû aucun profit pour le premier mariage*, a été accordé par provision seulement, sans préjudice du passé, nonobstant l'opposition de l'Etat de l'Eglise, & sans préjudice d'icelle, sur laquelle avons ordonné qu'ils se pourvoiront à la Cour.

Le 128. commençant : *Le Seigneur d'un héritage ;* & le 129. commençant : *Et si le censitaire*, ont été mis au lieu des 121. & 132. de l'ancien Coutumier ; & audit 128. ont été ajoutés ces mots, *à commencer au prochain terme*, pour avoir lieu à l'avenir ; & le surplus qui a été ajouté auxdits articles aura lieu, sans préjudice du passé.

Le 131 commençant : *Et sous la généralité*, étoit le 117. de l'ancien Coutumier, auquel pour explication ont été mis ces mots, *querir & chercher*, au lieu de *à queste & cherchage.*

Le 134. commençant : *Si aucun détenteur*, a été tiré du 120. de l'ancien ; & ce qui a été ajouté, est sans préjudice du passé.

Le 135. commençant : *L'héritage tenu à droit de cher cens*, est tiré du 123. de l'ancien ; auquel ont été ajoutés ces mots, *Et n'est réputé cher cens s'il n'excede dix sols tournois pour une seule prise, ou s'il n'y a titre au contraire*, pour avoir lieu à l'avenir. Et avons donné acte au Procureur du Roi, de la remontrance & empêchement par lui fait, de ce qui auroit été ajouté audit article.

Le 139. commençant : *Pour plusieurs mutations*, a été accordé & ajouté, pour avoir lieu à l'avenir. Et avons donné acte au Procureur du Roi, de la remontrance & opposition par lui formée audit article, pour se pourvoir ainsi que de raison.

Des Champarts & Terrages.

Le 143. commençant : *Des terres tenues à droit de terrage*, étoit le 140. de l'ancien Coutumier ; auquel ont été ajoutés ces mots, *sinon qu'il y ait titre au contraire, ou possession de quarante ans*, sans préjudice du passé.

Des droits de Pâturage, Herbages, Paissons & Prinses de bestes.

Le 146. commençant : *En la saison que les bleds*, étoit le 155. de l'ancien ; & pour l'explication ont été mis ces mots, *ès chemins & voies publiques environ d'icelles terres*, au lieu de ces mots, *aux champs où il y a des bleds.*

Le 147. article commençant : *Tous prés, soient à une herbe ou deux*, est tiré du 143. article de l'ancien ; & ont été ajoutés, pour explication, ces mots, *& l'herbe d'iceux enlevée ;* & ont été rayés, du consentement des trois Etats, de l'ancienne Coutume ces mots, *& est à sçavoir qu'en plusieurs lieux les prairies ne sont défendues que jusqu'au jour & fête de Sainte Croix, en Mai*, nonobstant & sans préjudice de l'opposition des habitans de Mareau & Château-Regnard, dont ils auront acte, pour se voir ainsi qu'ils verront être à faire.

Les articles 149. commençant : *Ès prairies & pastiz ;* & 150. commençant : *L'un des Seigneurs d'un pré*, ont été accordés & ajoutés, sans préjudice du passé.

Le 151. article commençant : *Nul n'est reçu à intenter*, a été accordé & ajouté, pour avoir lieu à l'avenir.

Le 155. article commençant : *Pasturer, champayer & faire passer*, a été accordé & ajouté, sans préjudice du passé.

Les 156. article commençant : *En prinses de bestes ;* & 157. commençant : *Toutesfois s'il advient*, ont été tirés des 149. & 150. articles de l'ancien Coutumier ; desquels ont été les amendes changées ; & au 156. ajoutés ces mots, *lequel sera cru par serment avec un témoin*, le tout pour avoir lieu à l'avenir.

Le 158. commençant : *Bestes qui sont trouvées*, est tiré des 147. & 148. de l'ancien ; auquel ont été ajoutés ces mots, *répondront les bêtes ou fermier*, sans préjudice du passé.

Le 160. commençant : *Le pastre ou berger*, est tiré du 153. de l'ancien ; & ont été les amendes augmentées, pour avoir lieu à l'avenir.

Des Espaves & Bestes égarées.

Les 163. 164. 165. & 166. sous la rubriche des espaves & bêtes égarées, ont été tirés & mis au lieu du 156. de l'ancien Coutumier; & ce qui a été ajouté, est sans préjudice du passé.

Des Garennes & Coulombiers.

Le 168. article commençant : *Le Seigneur Haut-Justicier*, a été accordé & ajouté, pour avoir lieu à l'avenir.

Des Estangs, & droits d'iceux.

Les 171. 172. 173. 174. 175. 176. & 177. articles sous la rubriche des Etangs & droits d'iceux, ont été accordés & ajoutés, sans préjudice du passé.

Des Enfans qui sont en leurs droits & hors puissance paternelle.

Le 178. commençant : *Entre non nobles*, a été tiré du 159. de l'ancien; auquel ont été pour explication ajoutés ces mots, *& à défaut ou refus desdits pere & mere, l'ayeul ou l'ayeule du côté du décédé.*

Le 179. commençant : *Au regard des nobles mineurs*, est tiré du 171. de l'ancien ; auquel ont été pour explication ajoutés ces mots, *idoine & suffisant.*

Le 181. article commençant : *Quand enfans ayant pere ou mere*, étoit le 160. de l'ancienne ; auquel ont été ajoutés pour explication ces mots, *sont réputés*, jusqu'à la fin de l'article.

Le 182 article commençant : *Tous mineurs de vingt-cinq ans*, a été accordé, ajouté, & mis au lieu du 165. de l'ancien, sans préjudice du passé.

Le 183. article commençant : *Tutelles d'enfans mineurs*, est tiré du 162. de l'ancien ; auquel ont été ajoutés ces mots, *toutefois quand les mâles*, & autres suivans jusqu'à la fin de l'article, pour avoir lieu à l'avenir.

Le 184. commençant : *Esdites élections*, a été accordé, & ajouté, pour avoir lieu à l'avenir.

De la Communauté entre homme & femme mariés.

Les 187. commençant : *Aussi est tenu le survivant;* 188. commençant : *Toutefois l'action ;* & le 189. commençant : *Et où le survivant*, sont tirés des 42. 167. 175. 187. articles de l'ancien; & ont été ajoutés ces mots, *pourvu qu'après le décès*, jusqu'à la fin dudit 187. article, sans préjudice du passé.

Le 191. article commençant : *Rentes constituées à prix d'argent*, jusqu'à ces mots, *& n'est loisible*, a été accordé & ajouté, sans préjudice du passé, nonobstant la protestation faite par le Procureur du Roi, de laquelle lui avons donné acte. Et le surplus dudit article, commençant par ces mots, *Et n'est loisible*, jusqu'à la fin d'icelui, a été mis au lieu du 376. article de l'ancien, pour avoir lieu à l'avenir.

Le 192. article commençant : *Si durant le mariage*, a été accordé & ajouté, pour avoir lieu à l'avenir.

Le 193. commençant : *Le mari est seigneur des meubles*, est tiré du 168. de l'ancien ; & ce qui a été ajouté, est sans préjudice du passé.

Le 197. commençant : *La femme n'est réputée marchande*, a été accordé & ajouté, sans préjudice du passé.

Le 198. commençant : *Les séparations de biens*, a été tiré du 189. de l'ancien ; auquel ce qui a été ajouté est pour explication.

Le 199. commençant : *Si après la séparation de biens*, est tiré du 171. de l'ancien ; & ce qui a été ajouté, est sans préjudice du passé.

Le 200. commençant : *Femme mariée peut*, a été tiré du 172. de l'ancien ; auquel ont été ajoutés pour explication ces mots, *n'en sont tenus durant la communauté.*

Le 201. commençant : *Femme conjointe par mariage*, est tiré du 179. de l'ancien ; & ce qui a été ajouté, est sans préjudice du passé.

Le 202. article commençant : *En traité de mariage*, étoit le 173 de l'ancien ; auquel a été ajouté pour explication ce mot, *Bénédiction nuptiale.*

Le 203. article commençant : *Femme qui se remarie en secondes noces*, a été accordé & ajouté, pour avoir lieu à l'avenir.

Les 204. article commençant : *Il est loisible ;* 205. commençant : *Et si ladite femme ;* & 206. commençant : *La femme qui renonce*, ont été accordés & ajoutés, sans préjudice du passé.

Le 207. commençant : *Fruits cueillis, coupés & abattus*, est tiré des 174. & 273. articles de l'ancien ; & ce qui a été ajouté, est sans préjudice du passé.

Le 208. commençant : *Les fruits des héritages*, a été accordé & ajouté, sans préjudice du passé.

Le 209. commençant : *Homme marié, s'il est condamné.*, est tiré des 176. & 254. de l'ancien ; & ce qui a été ajouté, est pour avoir lieu à l'avenir.

Le 210. commençant : *Meubles ou immeublss ;* le 211. commençant : *Chose immeuble donnée ;* & le 212. commençant : *Combien qu'il soit convenu*, ont été accordés & ajoutés, sans préjudice du passé.

De Société.

Les 213. commençant : *Société ne se contracte ;* & 214. commençant : *Laquelle société*, sont tirés du 180. de l'ancien ; & ont été ajoutés ces mots, *passée par escrit*, jusqu'à la fin dudit 213. article, sans préjudice du passé.

Le 216. commençant : *Si de deux non-nobles*, est tiré du 182. de l'ancien ; & ce qui a été ajouté, est sans préjudice du passé.

Le 217. commençant : *Si durant la communauté de biens*, est tiré des 183. 184. 185. & 186. de l'ancien ; & ce qui a été ajouté, est pour explication.

Des Douaires.

Le 218. commençant : *Quand aucune femme*, est tiré du 238. de l'ancien ; & ce qui a été ajouté, est sans préjudice du passé.

Le 221. commençant : *En traité de mariage*, étoit le 241. de l'ancien ; auquel ont été ajoutés ces mots, *aux cautions que dessus*, sans préjudice du passé.

Le 222. commençant : *La femme qui prend douaire ;* & le 223. commençant : *Toutes contre-lettres*, ont été accordés & ajoutés, pour avoir lieu à l'avenir.

Des Servitudes réelles.

Le 225. commençant : *Vuës, esgouts*, étoit le 190. de l'ancien ; auquel ont été ajoutés ces mots, *& tous autres droits de servitudes*, sans préjudice du passé. Les 226. commençant : *Mais la liberté ;* 227. commençant : *Quand un pere de famille ;* & 228. commençant : *Destination de pere de famille*, ont été accordés & ajoutés, sans préjudice du passé.

Le 230. commençant : *Voire dormant*, a été accordé & ajouté, sans préjudice du passé.

Le 234. commençant : *En la Ville & Fauxbourgs d'Orléans*, étoit le 196. de l'ancien ; & ces mots, *& autres Villes closes du Bailliage*, ont été ajoutés, pour avoir lieu à l'avenir.

Le 235. commençant : *Si aucun veut bastir*, a été accordé & ajouté, sans préjudice du passé.

Le 236. commençant ; *Entre deux héritages*, étoit le 204. de l'ancien ; auquel ont été ajoutés ces mots, *& autres Villes du Bailliage*, pour avoir lieu à l'avenir.

Le 239. commençant : *Murailles qui ne sont droites*, étoit le 200. de l'ancien ; auquel ont été ajoutés ces mots, *en danger de ruine*, pour avoir lieu à l'avenir.

Le 243. commençant : *Aucun ne peut faire*, étoit le 197. de l'ancien ; & ce qui a été ajouté, est pour avoir lieu à l'avenir.

Le 244. commençant : *Tous propriétaires*, a été accordé & ajouté, pour avoir lieu à l'avenir.

Le 245. commençant : *Et seront tenus*, a été accordé & ajouté, sans préjudice du passé.

Le 251. commençant : *Si par les héritages*, étoit le 205. de l'ancien ; & ces mots, *par quelque temps que ce soit*, ont été ajoutés pour explication.

Le 252. commençant : *Quand entre deux héritages*, étoit le 212. de l'ancien ; & au lieu de ce mot *demeuré*, a été mis ce mot *réputé*, sans préjudice du passé.

Le 254. commençant : *Tout toisage*, a été mis au lieu du 213. de l'ancien, sans préjudice du passé.

Le 255. commençant : *Franc-aleu*, étoit le 214. de l'ancien ; auquel ont été ajoutés ces mots, *auquel cas il se partira comme le fief*, pour avoir lieu à l'avenir.

Le 256. commençant : *Il n'est loisible*, étoit le 201. de l'ancien ; & ces mots, *ou à la navigation*, ont été ajoutés pour explication.

Le 257. commençant : *Si une maison est divisée*, étoit le 215. de l'ancien ; & ce qui a été ajouté à la fin de l'article, est sans préjudice du passé.

Les 258. commençant : *Les Paveurs de la Ville ;* & 259. commençant : *Il n'est loisible*, ont été accordés & ajoutés, pour avoir lieu à l'avenir.

Des Prescriptions.

Le 265. commençant : *Deniers ou choses dûës*, étoit le 313. de l'ancien ; & ces mots, *par un an*, sont ajoutés pour avoir lieu à l'avenir, & le surplus pour explication.

Le 266. commençant : *Loüage de chevaux*, étoit le 314. de l'ancienne ; & au lieu de *l'an passé*, a été mis *six mois*, pour avoir lieu à l'avenir.

Le 267. commençant : *Non les Taverniers*, a été accordé & ajouté, pour avoir lieu à l'avenir.

Les 268. commençant : *Faculté de rachepter* ; 269. commençant : *La faculté donnée* ; 270. commençant : *Ce que dessus n'a lieu* ; le 271. commençant : *Legs pitoyables*, ont été accordés & ajoutés, sans préjudice du passé.

Des Donations faites entre vifs & en mariage.

Les 272. commençant : *Si pere ou mere* ; 273. commençant : *Sont telles donations*, sont tirés du 216. de l'ancien ; & ce qui a été ajouté, est sans préjudice du passé.

Le 274. commençant : *La légitime*, a été accordé & ajouté, pour avoir lieu à l'avenir.

Le 277. commençant : *Si ladite donation*, est tiré du 217. de l'ancien, & ont été ajoutés ces mots, *& faire réduire la légitime*, & autres suivans jusqu'à la fin dudit article, pour avoir lieu à l'avenir.

Les 281. commençant : *Toutefois homme & femme* ; & 282. commençant : *Aussi est tenu celuy*, sont tirés du 221. de l'ancien ; & ce qui a été ajouté, est sans préjudice du passé.

Les 283. commençant : *Donner & retenir* ; 284. commençant : *Ce n'est donner* ; 285. commençant : *Le donataire*, sont tirés du 222. de l'ancien ; & ce qui a été ajouté, est pour explication.

Le 286. commençant : *Hommes & Femmes*, est au lieu des 223. & 224. de l'ancien ; & ce qui a été corrigé dudit ancien, est pour avoir lieu à l'avenir.

Des Testamens & Donations testamentaires pour cause de mort.

Le 287. commençant : *Institution d'héritier*, est tiré des 225. & 266. de l'ancien ; & ce qui a été ajouté, est sans préjudice du passé.

Le 288. commençant : *Aucun ne peut être héritier*, est tiré des 226. & 269. de l'ancien ; & ce qui a été ajouté, est pour explication.

Le 289. commençant : *Pour réputer un testament*, a été accordé & ajouté, pour avoir lieu à l'avenir.

Le 290. commençant : *Les exécuteurs du testament*, étoit le 228 de l'ancien ; & ce qui a été ajouté, est sans préjudice du passé.

Le 291 commençant : *Lesdits exécuteurs*, est tiré du 229. de l'ancien ; & ce qui a été ajouté, est sans préjudice du passé.

Le 292. commençant : *Toutes personnes saines d'entendement* ; 293. commençant : *Pour tester des meubles* ; 294. commençant : *Toutefois si le testateur* ; 295. commençant : *Si l'héritier se veut* ; & 296. commençant : *Les mineurs*, ont été accordés & ajoutés, sans préjudice du passé.

Le 297. commençant : *Toutes donations*, est au lieu du 233. de l'ancien ; & ce qui a été changé & ajouté, est pour avoir lieu à l'avenir.

Et après la lecture dudit article, a été requis par les Députés de l'Eglise que le 234. article de l'ancien Coutumier, concernant la connoissance de l'exécution des testamens, fût mis en ce lieu, ainsi qu'il étoit en l'ancien; attendu que le sujet d'un testament est propre & péculier à la Jurisdiction Ecclésiastique; & se sont opposés au cas qu'on ne voulsist mettre ledit article. Et par le Procureur du Roy a été dit, qu'il a intérêt pour le Roy, que la Jurisdiction Royale soit gardée : Sur quoi avons ordonné que la Jurisdiction & connoissance des matieres & différends qui pourront procéder des exécutions testamentaires, il n'en sera tiré aucun article de Coûtume, ains pour ce regard seront les Ordonnances & Arrêts gardez. Et néanmoins auront les gens d'Eglise acte de leur opposition, même de ce qu'ils se sont restraints en leur opposition, à ce que la connoissance de l'exécution du testament leur soit attribuée pour les obseques, funérailles & legs pitoyables.

Le 298. commençant : *Si les Exécuteurs*, est tiré du 235. de l'ancien; & ces mots, *apparens & présomptifs*, ont été ajoutés pour explication.

Le 299. commençant : *Tuteurs & Curateurs*, étoit le 236. de l'ancien; & ces mots, *jusques à dix sols*, ont été mis au lieu de ces mots, *jusques à cinq sols*, qui étoient à l'ancien, pour avoir lieu à l'avenir.

Des droits de Successions.

Le 304. commençant : *En ligne directe*, est tiré du 244. de l'ancien; & ces mots, *infiniment, & en quelque degré que ce soit*, ont été ajoutés pour explication.

Le 306. commençant : *Si le donataire*; 307. commençant : *L'enfant ayant*; 308. commençant : *Pareillement ce qui a été*; & 309. commençant : *Les nourritures*, ont été accordés & ajoutés, sans préjudice du passé.

Le 312. commençant : *Les veufves des bastards*, étoit le 256. de l'ancien; & ce qui a été ajouté, est pour explication.

Le 313. commençant : *Pere & mere*, a été tiré du 258. de l'ancien; & ce qui a été ajouté, est pour avoir lieu à l'avenir.

Les 316. commençant : *Les pere & mere*; 317. commençant : *Si l'enfant*, ont été accordés & ajoutés, sans préjudice du passé.

Le 318. commençant : *En ligne collatérale*, a été accordé & ajouté, pour avoir lieu à l'avenir.

Le 319. commençant : *Mais si les nepveux*, a été accordé & ajouté, sans préjudice du passé.

Les 320. commençant : *Toutesfois les masles*; 321. commençant : *Mais la fille*; & 322. commençant : *Et si ladite succession*, ont été accordés & ajoutés, pour avoir lieu à l'avenir.

Le 323. commençant : *En ligne collatérale*, étoit le 242. de l'ancien; & ce qui a été ajouté, est pour avoir lieu à l'avenir.

Le 324. commençant : *Et quant aux héritages*, étoit le 251. de l'ancien; & ce qui a été ajouté & changé, est pour explication.

Le 325. commençant : *Et sont réputés*, a été accordé & ajouté, sans préjudice du passé.

Le 326. commençant : *S'il n'y a aucuns héritiers*, a été accordé & ajouté, pour avoir lieu à l'avenir. Et sur l'empêchement fait par le Procureur du Roi, que la ligne défaillant, l'héritage retournast aux parens de l'autre côté, prétendant que par la défaillance de la ligne dont procédoient les héritages ; que iceux héritages doivent appartenir au Roy, avons donné acte de ladite remontrance, pour se pourvoir ainsi qu'il verra être à faire.

Le 327. commençant : *Les héritiers d'un deffunct*, a été accordé & ajouté, sans préjudice du passé, jusques à ces mots, *sauf que les nepveux*, lesquels ont été ajoutés, pour avoir lieu à l'avenir.

Les 328. commençant : *L'oncle succede ;* 329. commençant : *L'oncle & le nepveu ;* & le 330. commençant : *En meubles, & conquests immeubles*, ont été accordés & ajoutés, sans préjudice du passé.

Les 334. commençant : *Religieux & Religieuses ;* & 336. commençant : *Et néanmoins*, ont été accordés & ajoutés, sans préjudice du passé.

Le 337. commençant : *Le parent habile*, est tiré du 270. de l'ancien ; & ce qui a été ajouté, est sans préjudice du passé.

Le 338. commençant : *L'héritier en ligne directe*, a été accordé & ajouté, pour avoir lieu à l'avenir.

Les 339. commençant : *Le mineur qui se porte ;* 340. commençant : *Quand quelqu'un s'est porté ;* 341. commençant : *Il est loisible*, ont été accordés & ajoutés, sans préjudice du passé.

Le 342. commençant : *L'héritier soubs bénéfice d'inventaire*, a été accordé & ajouté, pour avoir lieu à l'avenir.

Le 343. commençant : *Et quant aux immeubles*, a été accordé & ajouté, sans préjudice du passé.

Le 346. commençant : *Héritage féodal pris à rente*, a été mis au lieu du 261. de l'ancien, qui a été corrigé, pour avoir lieu à l'avenir.

Le 348. commençant : *Rentes vendues & constituées*, a été mis au lieu du 262. de l'ancien, sans préjudice du passé.

Le 349. commençant : *Toutes rentes créées*, est tiré du 272. de l'ancien ; & ce qui a été ajouté, est pour explication.

Le 350. commençant : *Somme de deniers*, a été accordé & ajouté, sans préjudice du passé.

Le 351. commençant : *Rentes constituées*, a été accordé & ajouté, sans préjudice du passé.

Le 352. commençant : *Moulins à eauë*, a été tiré du 271. de l'ancien ; & ce qui a été ajouté, est pour avoir lieu à l'avenir.

Les 355. commençant : *Poisson estant en estang ;* 356. commençant : *Ustencilles d'hostel ;* 357. commençant : *En succession collatérale ;* & 358. commençant : *Toutesfois s'ils sont détenteurs*, ont été accordés & ajoutés, sans préjudice du passé.

Le 359. commençant : *Le droict & part*, a été accordé & ajouté, pour avoir lieu à l'avenir.

Le 360. commençant : *Quand les héritiers succedent*, a été accordé & ajouté, sans préjudice du passé.

Le 361. commençant : *Interdiction de vendre ou aliéner*, étoit le 41. de l'ancien Coutumier, duquel ont été ôtez ces mots, *doresnavant, & soubs les représentations accordées*, qui avoient été mis à l'ancien Coutumier, pour l'usage qui étoit au contraire auparavant la rédaction dudit ancien Coutumier.

Le

Le 362. commençant : *Les estaux de Bouchers*, a été mis au lieu du 275. de l'ancien, sans préjudice du passé. Sur lequel article le Procureur du Roi a remontré qu'il y avoit Lettres-patentes du Roi, pour faire appeller ceux qui tenoient les étaux, pour apporter leurs titres, afin de les réunir au Domaine, empêchant qu'il en fût fait aucun article de Coutume : sur quoi, de l'avis & consentement des trois Etats, avons ordonné que l'article demeurera ainsi qu'il est rédigé, sans préjudice des droits du Roi, & remontrances & protestations de son Procureur, qui vaudront ce que de raison.

Du Retraict lignager.

Le 363. commençant : *Quand aucun a vendu*, étoit le 276. de l'ancien ; & ce qui a été ajouté, est pour explication.

Le 366. commençant : *L'an du retrait*, a été accordé & ajouté, sans préjudice du passé.

Les 367. commençant : *Par l'adjournement ;* & 368. commençant : *Si l'achepteur*, ont été accordés & ajoutés, pour avoir lieu à l'avenir.

Le 372. commençant : *Celui qui retrait*, étoit le 293. de l'ancien ; duquel ce mot *utiles*, a été rayé, sans préjudice du passé.

Le 373. commençant : *Durant l'an & jour*, a été accordé & ajouté, sans préjudice du passé.

Les 374. commençant : *Les fruicts qui lors* ; 375. commençant : *Mais si lesdits fruicts ;* 376. commençant : *Et si c'est une rente fonciere ;* & 377. commençant : *Toutesfois en cas de procès*, ont été mis au lieu du 291. de l'ancien ; & ce qui a été ajouté, est sans préjudice du passé.

Le 378. commençant : *Entre les prochains*, est tiré du 279. de l'ancien ; & ce qui a été ajouté, est sans préjudice du passé.

Le 380. commençant : *Si un frere ou sœur*, a été tiré du 278. de l'ancien ; & ce qui a été ajouté, est sans préjudice du passé.

Le 383. commençant : *L'héritage retiré*, a été accordé & ajouté, sans préjudice du passé.

Le 384. commençant : *En eschange fait but à but*, a été tiré du 284. de l'ancien ; & ce qui a été ajouté, est sans préjudice du passé.

Le 385. commençant : *Quand aucun a eschangé*, a été tiré du 298. de l'ancien ; & ce qui a été ajouté, est pour explication.

Le 386. commençant : *Si l'héritage*, a été tiré du 304. de l'ancien ; & ce qui a été ajouté, est pour explication.

Le 387. commençant : *En donation pure & simple*, est tiré du 285. de l'ancien ; & ce qui a été ajouté, est pour explication.

Les 390. commençant : *L'héritage baillé ;* 391. commençant : *Et quant aux arrérages ;* & 392. commençant : *Et lesdits an & jour*, ont été accordés & ajoutés, sans préjudice du passé.

Le 393. commençant : *Propre héritage*, étoit le 295. de l'ancien ; & ce qui a été ajouté, est sans préjudice du passé.

Le 395. commençant : *Si par un même contract, & pour un même prix ont été dus*, étoit le 299. de l'ancien; & ce qui a été ajouté, est sans préjudice du passé.

Le 396. commençant : *Si par un même contract, & pour un même prix sont achepte*z, a été accordé & ajouté, sans préjudice du passé.

Le 399. commençant : *Rentes constituées*, est tiré du 302. de l'ancien; & ce qui a été changé, est pour avoir lieu à l'avenir.

Le 400. commençant : *Héritage vendu*, a été accordé & ajouté, pour avoir lieu à l'avenir.

Les 401. commençant : *Quand un héritage;* & 402. commençant : *Les héritiers du vendeur*, ont été accordés & ajoutés, sans préjudice du passé.

Le 403. commençant : *Quand celui qui n'est en ligne*, a été accordé & ajouté, pour avoir lieu à l'avenir.

Le 404. commençant : *Qui n'est habile à succéder*, a été accordé & ajouté, sans préjudice du passé.

Des Exécutions pour rentes foncieres, moisons, ferme, ou pension d'héritages, loyers & bénéfice de cession & attermoyement.

Le 406. commençant : *Un Seigneur d'hostel*, est tiré des 315. 317. & 352. de l'ancien; & ont été ajoutés ces mots, *qui sera tenu bailler caution*, pour avoir lieu à l'avenir.

Les 408. commençant : *Le Seigneur d'hostel;* 409. commençant : *Quand un tiers détenteur;* 410. commençant : *Et après contestation;* 411. commençant : *Contestation en cause;* 412. commençant : *Si aucun a pris un héritage;* & 413. commençant : *Celui qui n'est preneur*, ont été accordés & ajoutés, sans préjudice du passé.

Le 414. commençant : *Le locataire d'une maison*, étoit le 329. de l'ancien; & ce qui a été ajouté, est pour explication.

Le 416. commençant : *Et pour le regard des moisons*, a été accordé & ajouté, sans préjudice du passé.

Le 425. commençant : *Quand aucun achepte des porcs*, étoit le 334. de l'ancien; auquel ont été ajoutés ces mots, *à peine de quinze sols tournois d'amende pour chaque porc*, pour avoir lieu à l'avenir.

Le 428. commençant : *Tous achepteurs de bestial*, est tiré des 336. & 337. de l'ancien; auquel ont été ajoutés ces mots, *tant d'eauë doulce que de mer*, sans préjudice du passé.

Le 429. commençant : *Ceux qui sont proxenetes*, est tiré du 338. de l'ancien; & ce qui a été ajouté, est sans préjudice du passé.

Des Arrests & Exécutions faites par vertu des Lettres obligatoires & Sentences.

Le 430. commençant : *Lettres obligatoires*, étoit le 347. de l'ancien; & ces mots, *en baillant par le créancier bonne & suffisante caution*, ont été ajoutés pour explication.

Le 431. commençant : *Lettres & gagement*, a été tiré des 360. & 364. de l'ancien; & ce qui a été ajouté, est sans préjudice du passé.

Le 434. commençant : *Lettres obligatoires de création de rente*, étoit le 350. de l'ancien ; & ces mots, *de trente ans*, ont été ajoutés pour explication.

Le 435. commençant : *Et au regard des rentes*, a été accordé & ajouté, sans préjudice du passé.

Le 440. commençant : *Les biens pris par exécution*, étoit le 354. de l'ancien ; & ce qui a été ajouté, est pour explication.

Le 443. commençant : *Si aucun forain*, étoit le 333. de l'ancien ; & sur les remontrances faites par le Bailli d'Orléans, ou son Lieutenant, & par les Juges & Consuls, a été ordonné que l'article passera, sans préjudice de leur Jurisdiction, & d'autres Juges.

Les 447. commençant : *Meubles n'ont point de suite ;* 448. commençant : *Et audit cas de déconfiture ;* 449. commençant : *Le cas de la déconfiture ;* 450. commençant : *Et n'a lieu la contribution ;* 451. commençant : *Aussi n'a lieu*, ont été accordés & ajoutés, sans préjudice du passé.

Le 453. commençant : *Quand arrest sur arrest*, étoit le 358. de l'ancien ; & ce qui a été ajouté, est sans préjudice du passé.

Le 456. commençant : *Si un créancier*, étoit le 359. de l'ancien ; & ce qui a été ajouté, est pour explication.

Le 457. commençant : *Les Sentences & Jugemens*, a été tiré du 361. de l'ancien ; & ce qui a été ajouté, est sans préjudice du passé.

Le 458. commençant : *Qui vend aucune chose*, a été accordé & ajouté, sans préjudice du passé.

Le 460. commençant : *De toutes amendes ;* étoit le 365. de l'ancien ; & ce qui a été ajouté, est pour explication.

Des Criées.

Les 464. commençant : *En tout le Bailliage ;* 465. commençant : *C'est à sçavoir ;* 466. *En vertu de laquelle ;* 467. commençant : *Et néanmoins ;* 468. commençant : *Ce fait ledit Sergent ;* 469. *Et pour ce faire se transporte ;* 470. commençant : *Auquel dernier cry ;* 471. commençant : *Les quarante jours ;* & 472. commençant : *Les criées faites & parfaites*, ont été accordés & ajoutés, sans préjudice du passé.

Le 474. commençant : *Les héritages vacans*, a été tiré du 342. de l'ancien ; & ces mots, *pourveu que ce soit*, jusqu'à la fin de l'article ont été ajoutés, pour avoir lieu à l'avenir.

Les 475. commençant : *Héritage délaissé ;* & 476. *Après la vente*, ont été accordés & ajoutés, sans préjudice du passé.

Le 477. commençant : *Le créancier*, a été tiré des 343. & 344. de l'ancien ; & ce qui a été ajouté, est pour explication.

Le 478. commençant : *Celui auquel a été vendu*, a été accordé & ajouté, sans préjudice du passé.

Le 480. commençant : *En matiere de criées*, a été tiré du 346. de l'ancien ; & ce qui a été ajouté sur la fin dudit article, est sans préjudice du passé.

Les 481. commençant : *Quand une rente ;* 482. *Et quand une rente constituée ;* 483. *Quant aux rentes foncieres ;* 484. *Et pour le regard des offices ;* & 485. *Office vénal*, ont été accordés & ajoutés, sans préjudice du passé.

Des Cas possessoires.

Le 489. commençant : *Pour simples meubles*, étoit le 372. de l'ancien ; & ce qui a été ajouté, est sans préjudice du passé.

De la Taille du pain & du vin, & Estalon des fusts à vin d'Orléans.

Le 492. commençant : *En tout le Bailliage*, a été accordé & ajouté, sans préjudice du passé.

Ce fait, & ayant été lûs tous lesdits articles, avons continué l'assignation au mardy 26. jour dudit mois d'Avril ensuivant, enjoignant à tous de se rassembler ledit jour en même lieu, pour en leur présence être fait lecture de ce qui a été accordé & passé, qui sera pendant ledit temps rédigé & mis au net. Et advenu ledit jour de mardy 26. jour d'Avril, & le mercredy 27. dudit mois ensuivant, nous nous serions derechef transportez audit lieu, où nous avons trouvé lesdits trois Estats assemblez en bon & grand nombre ; en présence desquels avons fait relire ce qui avoit été passé & accordé ès Séances précédentes ; & pendant ledit intervalle de temps, avons mis lesdites Coûtumes en cahier dressé par rubriches & articles, & ordre convenable, selon qu'il nous a semblé devoir être fait.

M. JULES THIBALLIER, Avocat du Roi, porta la parole, & fit les remerciemens à Messieurs les Commissaires.

Et sur la requeste faite par le Substitut du Procureur-Général du Roy, avons dit & ordonné, disons & ordonnons que les ajournez qui ne sont comparus à ladite rédaction durant lesdites Séances, soit gens d'Eglise, de Noblesse ou du tiers Estat, seront pour le profit du défaut par nous contre eux donné, censez & réputez être sujets ausdites Coûtumes. Et au surplus, dit & ordonné que lesdites Coûtumes seront, tant par les comparans que défaillans, gardées & observées pour Loy du Pays. Et à ce faire les avons condamnez & condamnons, leur faisant, & à tous Avocats, Procureurs, & autres gens de conseil, inhibitions & défenses de poser & articuler doresnavant autres Coûtumes que les susdites ; & ausdits Bailly, Prévôt, Lieutenans, & autres Officiers dudit Bailliage, de les recevoir à ce faire, & d'en informer par turbes. Et tout ce que dessus, Nous Commissaires susdits, certifions être vray, & avoir été fait, comme est contenu en ce présent procès-verbal ; lequel en témoin de ce, avons signé de nos seings manuels, & seellé du seel de nos armes, les jour & an que dessus.

Ainsi signé : DE HARLAY. PERROT.

Apportées & mises au Greffe de la Cour, par Me. Achilles de Harlay, Premier Président, & Nicolas Perrot, Conseiller en ladite Cour, le 4. jour de Septembre 1584.

TABLE ALPHABÉTIQUE

DE TOUTES LES PAROISSES QUI SUIVENT LA COUTUME d'Orléans, & qui dépendent en entier ou en partie du Bailliage, & des différens Sieges qui le composent, telle qu'elle se trouve dans l'édition de 1740.

Les Paroisses qui sont en Caractere italique, sont situées hors le Ressort du Siege principal du Bailliage d'Orléans.

† *Marque que l'Eglise est située hors le Ressort du Siege principal du Bailliage d'Orléans, quoique la Paroisse en dépende en partie.*

* *Marque les Paroisses qui dépendent des Sieges Royaux de Lorris, Château-Regnard, Gien, & de la Justice de la Cour-Marigny, & qui ne sont plus aujourd'hui partie du Bailliage d'Orléans.*

¶ *Marque les Paroisses qui dépendent du Bailliage d'Orléans, mais qui n'en suivent point la Coutume.*

Acoux.
Acquebouille, (*Hameau*).
* *Adon.*
Allaines.
Allainville.
Andeglou.
* *Arabloi.*
Arceville.
Ardon.
Arthenay.
Ascheres.
† Attray.
Avarai, partie.
† Averdon, *petite partie.*
Aunay-Roche-platte.
† Aunay (*proche Mer,*) *part.*
Autainville, partie.
Authon, *partie.*
† Autry, *partie.*
* *Auviliers.*
Bacon.
Bagnolet.
Baignaux.
Barmainville.
Barville.
Batilly.
† Baulle.
Bazoches-les-Galerandes.
Bazoches-les-hautes.
* *Beauchamp.*
Baugency, (2 Paroisses).
† Beaulieu, *partie.*
Beaune *en Gâtinois.*
† Beauvilliers *en Chartrain.*
* *Bellegarde*, (Duché).
Binas, partie.
* *Bleneau*, partie.
Boigny.
Boines.
Boiscommun.
* *Boismorand.*
Boisseaux.
Boisville la S. Pere.
Bondaroi.
Bonnée.
Bonneville.
* *Bonni*, partie.
Bou.
Bougi.
† Boüilli.
Boulet.
† Bouzonville-aux-bois.
Bouzonville *en Beausse.*
Bouzy.
Brai.
* *Breteau.*
† Briares, *partie.*
* *Briarre.*
Bricy.
Briou.
Buci-le-Roi.
Buci S. Liphard.
¶ † Bullou, *partie.*
¶ Buthiers.
Cercottes.
Cerdon, *partie.*
† Cernoi, *partie.*
Cesarville.
* *Chailly.*
Chaingi.
Chambon.
* *Champoulet.*
* *Changi.*
Chanteau.
Chaon.
Charmont.
Charsonville.
Château-neuf.
* *Château-Regnard.*
Château-vieux (*Hameau*).
Châtenoi.

Châtillon-le-Roi (Hameau).
Châtillon-ſur-Loire.
† Chaumont.
† Chauſſi.
Checi.
Chemault.
* *Chêne-Arnoult.*
* *Chevillon.*
Chilleurs.
* *Chuelles*, partie.
Cleri (*Bourg ſans Paroiſſe*).
Coinces.
Combleux.
Combreux.
Concriès.
Coudroi.
Coulmiers.
Coulon.
Courbehaie.
† Courbouzon.
Courcelles-le-Roi.
Courci.
† Cravan.
Creuſy.
Crottes.
Croüy.
† Dadonville.
Damberon.
* *Damemarie*, partie.
* *Dampierre en Burly.*
Darvoi.
Denonville, partie.
† Dhuiſon.
¶ Dimancheville.
Donnery.
Doſſainville.
† *Douchy.*
Dry.
Ecrennes.
Egry, partie.
Enjanville.
* *Eſcrignelles.*
* Eſpiez.
Eſtoüi.
† Faronville.
Fay-aux-Loges.
Feroles.
Fleury.
Fontaine-ſur-Conie.
† Frazay, *partie.*
Frenai-Levêque, partie.
Freſville.
Gaubertin.
Geminy.
Germignonville.
Germigny.
Gidy.
† *Gien* (2 Paroiſſes).
Gironville.
Givraines, petite partie.
* *Giy*, partie.
Gouillons.
Grangermont.
Grigneville.
Guigneville.
Guignonville.
Guilleville.
† Guillonville.
Guilly.
Hueſtre.
Huiſſeau.
Jargeau.
Ingrande.
Ingré.
Inteville-la-Guêtard.
Intreville.
† Joſnes.
† Joüi en Pithiverais.
† Joüi-le-Pothier.
Iſdes.
Iſy.
Ivoi.
Juranville, *partie.*
¶ La Broſſe.
* *La Buſſiere.*
La Chapelle S. Martin de Suévre, & la Chapelle de *Viller* ſon Annexe.
La Chapelle S. Meſmin.
* *La Chapelle ſur Laveron*, partie.
* *La Cour-Marigny.*
* *Ladon*, partie.
La Ferté S. Aubin.
† La Ferté S. Cir, *partie.*
La Ferté S. Michel.
Lailli.
† La Madeleine - Ville-Froüin, *petite partie.*
La Marole, partie.
La Motte-Beuveron.
La Neuville, petite partie.
* *Langeſſe.*
Laqueuvre.
* *La Selle en Armoi.*
Laz.
Le Bourg-l'Abbaie.
Le Bourg-neuf.
Le Moulinet.
Leouville.
Le Puiſet.
Les Bordes.
* *Les Choux.*
Leſtiou, partie.
Letuin.
Levéville-la-Chênard.
Ligny en Sologne.
† Limiers.
Lion en Beauce.
Lion en Sullias.
Loigny en Beauce.
* *Lorris.*
Loury.
Lumeau.
Luſſai (Hameau).
Maizieres.
¶ Maleſherbes.
¶ Manchecour.
Marſilly.
Mardié.
Mareau-aux-bois.
Mareau-aux-prés.
Marigny.
† Maroles, *petite partie.*
Marſinvilliers.
Marvilliers.
† Maves, *petite partie.*
Menetreau.
† Mereglíſe, *partie.*
Merouville.
* *Meſleroi*, partie.
Meſſas.
Meun (2 *Paroiſſes*).
Mezieres près Boiſcommun.
* Mezieres au Perche, *part.*
Migneres.
Moiſy, partie.
Monçai.
Mondeville-la S. Jean.
Montbarrois.
* *Monthoui*, partie.
* *Montcorbon.*
* *Montcreſſon*, partie.
* *Montereau*, partie.
Montigny, près Neuville.
† Montigny au Perche, *part.*
Montliard.
† Montrieux, *partie.*
Monville.
Morville.
† Mulſans, *partie.*
† Nancrai.
Neploi.
* *Nevoi.*
Neuvi en Beauce.
Neuvi en Sologne.
Neuville.
Nibelle.
Nids.
* *Noyers.*
† Noronville, *partie.*
Noüan-le-Fuſelier.
† Neun.
† Oiſon.

Olivet.
Ondreville.
ORLÉANS (23 *Paroiſſes dans la Ville*).
Ormes.
Orſonville.
Ouarville, partie.
Oucques (S. Jean d') part.
* *Ouſſai*, partie.
Ouſſon.
Outarville.
Ouvroüer.
* *Ouzouer des champs.*
† Ouzoüer le Marché.
† Ouzoüer ſur Loire.
* *Ouzouer ſur Trezée.*
Ouzouer ſous Bellegarde.
Oinville près Auneau, part.
Oinville St. Liphard.
† Patai, *partie.*
Pierrefitte.
Pithiviers.
Pithiviers le vieil.
† Poilly.
Poinville.
Poiſſy.
Poupry.
Praſville.
* *Prenoi.*
Quiers.
† Ramoulu.
Rebrechien.
Rouvrai S. Denis.
Rouvrar Ste. Croix.
Rozieres.
Ruan.
S. Agnan des Gués.
S. Agnan le Jaillard.
† S. André lez Cleri.
¶ †. S. Avit au Perche, *part.*
S. Ay.
S. Benoît ſur Loire.
S. Cyr en Val.
S. Denis de Jargeau.
S. Denis en Val.
† S. Denis ſur Loire, *part.*
* *S. Fzoges.*
* *S. Firmin des bois.*
S. Florent.
* *S. Germain (près Château-Regnard).*
S. Germain le Grand.
S. Gondom.
S. Hilaire-S. Meſmin.
S. Jean au Val de Pithiviers.
S. Jean de Braie.
S. Jean de la Ruelle.
S. Jean le Blanc.
S. Laurent.
S. Laurent des bois, partie.
S. Laurent des Eaux.
S. Lié.
S. Loup, près Orléans, (*Hameau*).
S. Loup des Vignes (*en Gâtinois*).
S. Marc.
S. Marceau.
S. Martin Dabat.
* *S. Martin des champs*, part.
S. Martin de Suévre.
S. Martin le ſeul, aliàs *S. Grégoire.*
S. Michel près Montbarois.
† S. Peravy-Epreux.
S. Peravy-la-Colombe.
S. Pere lez Sulli.
S. Pere S. Nicolas.
S. Privé (*près Orléans*).
* *S. Privé (près Gien).*
S. Sauveur.
S. Sigiſmond.
S. Vincent.
Sainville.
Sandillon (2 *Paroiſſes*).
Santeau.
Santilly.
Saran.
Sebouville.
* *Seſſonds*, partie.
Seichebrieres.
Semoi.
Seris, partie.
Sigloi.
¶ Sonchamp.
Sougy.
Souville.
Suevre, { S. Lubin. S. Chriſtophe. }
Sulli (2 *Paroiſſes*).
Sulli-Lachapelle.
Sury aux Bois.
Talcy.
Tavers.
Teillai le Godin.
Teillai le Péneux.
Teillai S. Benoît.
Terminiers.
* *Thimori.*
Thuis (*Succurſale de Courbouzon*).
Tigy.
Tivernon.
Toury en Beauce.
Toury en Sologne.
Tournoiſis.
Trainou.
Trancrainville.
* *Trigueres.*
Trinai.
Vannes.
* *Varennes.*
Veneci.
† Vernou, *partie.*
Vieilles-maiſons.
† Viabon.
Vienne.
Vieuxvic.
† Viglain.
Villamblain, *partie.*
Villeau.
Villemurlin.
* *Villeneuve les Genets*, part.
Villeneuve ſur Beuveron.
Villeny, partie.
† Villerbon, *partie.*
Villereau, (*Election d'Orléans*).
† Villereau, (*Election de Pithiviers*).
Villermain.
† Villexanton, *partie.*
¶ Villiers S. Benoît.
† Villiers S. Orien, *pet. par.*
Villorceau.
* *Vimory.*
Vitry aux Loges.
Vouzon.
Vrigny.
Yenville.
Yivre-la-Ville.
Yévre-le-Châtel.
Ymonville, partie.

Fin de la Table alphabétique des Paroiſſes.

TABLE DES MATIERES,

Par ordre alphabétique.

A

B

Nota que les pages 741 & suivantes, jusqu'à la page 748, se trouvent cotées deux fois : pour suppléer à cette erreur, on a marqué d'une étoile (*) les pages qui sont doubles.

nue,

C

D

E

F

G

H

M

cier

Q

R

S

T

Fin de la Table des Matieres.

A ORLÉANS, de l'Imprimerie de la Veuve ROUZEAU-MONTAUT.

www.ingramcontent.com/pod-product-compliance
Lightning Source LLC
LaVergne TN
LVHW020955300926
849160LV00007B/154

* 9 7 8 2 0 1 2 6 4 5 9 5 0 *